Michael Müller

TOSCANA

Recherchen
Sabine Becht
Ute Fuchs
Elfriede Schütz
Caroline Goltz
Magdalena Niedzielska
Michael Müller
Jan Szurmant
Marcus X. Schmid
Claudia Xander

Besonderen Dank an die Mitarbeiter der Informationsbüros: insbesondere Frau M. Casaroli (Viareggio), Lisl Bisanti (Marina di Pietrasanta), Frau Tiziana (Buonconvento), Sara Barsocchi (Lucca), Dr. Paolo Bresci (Pistoia) und Annette Popp für die Zusammenstellung der Literaturempfehlungen sowie Lorenzo u. Irene Valle, Bernd Nielsen, Anne Schmücker, Hermann Drummer, Luciana Lorenzini, Ada und Carlo Carlucci, Ilka Frankmölle (Berlin), Bärbel Goltz (Berlin), Paolo Pancotti (Mailand), Cecilia Rosa (APT-Grosseto) Luigina Benci (APT-Siena), Paolo Conti (APT- Monte Amiata), Elisa Pozzoli (APT-Castellina in Chianti), Alexander Bethke (Berlin), Britta Rogge (Siena); Sonia Bruni und Raffaella Cecchini (APT Elba, Portoferraio).

Und für die vielen Lesertipps: Werner Krisam, Maisach-Gernlinden; Heidrun v. Wehrs, Mainz; Heidi Zufelde; Kurt A. Speidel, Stuttgart; Norbert Pustlauk, Samuel Weber; Wolfang Reese, Bad Lippspringe; Ute und Thorsten Kohlstruk, Freiburg; Maria Drissner, Albstadt; Beate und Peter Groß, Esslingen; Carina Pellar, Weiterstadt; Tobias Bargmann, Frankfurt; Sascha Nutzeblum, Bocholt; Johann Werner Fruth, Augsburg; Edith Kull-Moeglich, Stuttgart; Ralph Blaes, Saarbrücken; Annette Stemmrich, Saarbrücken; Roswitha Schenkl, Lauf; Peter Spindler, Slutensee; Heinz Nederhoff, Konstanz; Martina Moretti, Elba; Paolo Bresci, Pistoia; Rosmarin Herzog; Jan Runau, Ingolstadt; Christiane Wohltmann, Hamburg; Andreas Schurig, Alfter; Martin Brandstetter, Persenbaug; Pia Jochum, Heidelberg; Klaus Eichmeser, Nürnberg; Hans Dallmann, Stuttgart; Birgit Michallik, Lohhof; Jörg Köhler, Bonn; Eckhard Hattstein, Krefeld; Steffen Benz, Tübingen; Florian Schiel, München; Silvia Dallmann, Mülheim/Ruhr; Wolfgang Heckl, München; Karl-Heinz Faber, Frankfurt; Barbara Simonsmeier, München; Christian Witschel, March; V. Klewinghaus, Burscheid; Susanne Neumann, Nürnberg; Frank Briesemeister, Darmstadt; Christa Meyer, Parderborn; Karin Stephan, Borgo San Lorenzo; Ralf Weidner, Neu-Isenburg; Monika Buchstaller Brogi, Siena; Marc Valentin, Bielefeld; Silvia Heinzelmann, Frankfurt; Michael Glaser, Aachen; Jens Ohle, Mannheim; Roswitha Kreppold, Königsbrunn; Roman Türk, Aachen; Daniel Reimann, Schonungen; Irene Radeisse, Konstanz; Detlef Schmiechen-Ackermann, Hannover; J.M. Auerbach, Leimen; Sabine Beer, Heidenheim; Maria Lühder, Rielasingen; Caroline Segenthaler, CH Wabern; Silke Aich, Schwäbisch Gmünd; Ute Kurz & Ralf Schulze, Aalen; Ralf Möller, Augsburg; Christoph Maudescheid, Rothenburg; Susanne Trescher, Backnang; G. Stump, CH Luzern; Josef Meindl, Geretsried; Rudolf Polzer, Uttenreuth; Ludwig Nyenhuis, Lehrte; Frank Schwarz, Neustadt/W.; Joachim Körner, Blaustein; Peter Röwekamp, Düsseldorf; M. Richter, München; Ulrich Franck, Stuttgart; Katharina Trauthwein, Stuttgart; Clemens Preißner, Ottobrunn; Gunther Vogelsang, Murg-Niederhof; Reinhild Schario, Le Ville CAR; Robert Hill, Bruckköbel; Petra Vaßholz, Schorndorf; M. und T. Zanner, Köln; Federico Hunsperger, Radda in Chianti; Volker Piasta, Volterra; Heidi Maier, Erlangen; Susanne Trescher, Backnang; Petra Scholz, Enger; Frank Köhnlein, Stuttgart; Ursula Oberkampf, Ludwigsburg; Susanne Pfennig, Forchheim; M. Stahlhut, Minden; Gisela Schwager, Münster, Sabine Hermes, Düsseldorf; Thomas Kummer, Mannheim; Nils Engelhardt, Krefeld; Magda Wachter, Ravensburg; Ute Broszies, Lüdenscheid; Ingrid Tottenkolber/Rudolf Gebhardt, München; Anja Exner, Aachen; Claudius Mierswa, Troisdorf; Kristine Daniela, Reutlingen; Hannelore Fuhrreich, Berlin; Daniel Guggenheim, Zürich; Jutta Ullrich; Herbert Buchen; Andrea Schweiger, Stuttgart; Kerstin Bertow, Michelstadt; Silke Mößner, Gera; Anna Engelberger, Basel; Renate Kleber; Charles de Crépy, Paris; Peter Wetscheza; Michael Reinhold, Berlin; Da-

Redaktion & Layout Sven Talaron

Lektorat Ute Fuchs, Peter Ritter, Sabine Senftleben

Kunst & Geschichte Eberhard Fohrer, Jana Müller, Martin Müller

Titel/Illustrationen Karl Serwotka, Katherina Marinova

Fotos siehe S. 743

Karten J. Ladik, S. Handtmann, G. Sztrecska,
Übersichtskarte 1:250.000 von Suse Handtmann

mann, Ottobeuren; Gabi Seuffert-Riegler, Erlangen; Gianna Bigi/Marco Borgheresi, San Casciano; Noè Bianconi, Casale Marittimo. Andrea Rinauer, Zwiefalten; Harald Friese, Heilbronn; Michael Kremer, Dormagen; Martina Töpfl, Tiefenbach; Petra Weißbarth, Tiefenbach; Dr. Peter Lochmann, Klipphausen; Veronika Haderlein, München; Marc Irsfeld, Bonn; Dr. Ulrich Fiedler, Berlin; Bernd Rappl, Nittendorf; Frank Zarska, Düsseldorf; Dr. Kai Krekeler, Bad Oeyenhausen; Susanne Diederich, Fritzlar; Manfred Lösch, Bietigheim Bissingen; Ursula Spraul-Doring, Möglingen; Siglinde Mauder, Arnstein; Frank Ramm/Sabine Sollfrank, Hanau; Ulrich Pohr, Stuttgart; Antje Hofer, Waiblingen; Elena Minguzzi / Elmar Horsch, Stuttgart; Nicole Kögler, Lauda; Ralf Oser, Freiburg; Thomas Batinic, Dr. Astrid Wetzel, Marburg; Ilka Mutschelknaus, München; Gabriele Rotter, Sülzemoos; Cornelia Reitz, Mühltal; Petra u. Rüdiger Berati; Cornelia Oblinger, Roland Kauf, Ingolstadt; Jörg Ruschke, Bielefeld; Petra Kaczmarek, A. Wiebel, Berlin; Norbert Sauer, Trier; Rudolf Rothhammer, Augsburg; H. Joachim Schulz, München; Dorothea Seckler, Gunnar Wiegand, München; Stefanie Bergmann, München; Beate Germer, Flörsheim-Weilbach; Susanne Bienert, Malchin; Ursula Seibold, Jettingen-Scheppach; Kathrin Pelke, Höchstadt/Aisch; Axel Holst, Bienenbüttel; Silvia Spaäth, Ingelheim; Ilka Guerneri, Dossenheim; Urte Müller, Osnabrück; Kerstin Deindörfer, Joachim Kolb, Rohr; Matthias Zahn, Claudia Lind, Dielheim; Sandra Weiß, Idstein; Heike Dederer, Bietigheim-Bissingen; Marco Zelano, Winnenden; Suzanne Frotee, Tauberbischofsheim; Silke Wegs, Havixbeck; Katja Zeisner; Sylvia Moser, Bischofsheim; Karl Heinz Back, Frankfurt; Rolf und Renate Benz, Winterlingen; Nina Peschel, Bad Vöslau; Renate Winkler, Granz; Johanna Luge, Amberg; Kerstin Deindörfer u. Joachim Kolb, Rohr; Christine Scherp, Kassel; Sabine Waldmann, Malsburg; Heike Wiebe u. Leo Gäbner Nürnberg; Anke Fornoff, Büttelborn; Tobias Eckstein; Rainer Neumann; Janine Müller, Augsburg; Chr. Sarrazin, Brandenburg; Petra, Klinke, Duisburg; Axel Jacobi & Christine Kalina, München; Doris Steuer, Losheim; Jutta Schneck, Reutlingen; Antognetta Seiler-Grond, Basel; Peter Wittig, Sand am Main; Claudia u. Ulli Rogga, Bielefeld; Harald Kutschrad, Plön; Petra u. Jochen Doering; Gregor Ruh u. Manuela Winkler, Alsbach-Hähnlein; Heinz Unterweger u. Elke Keplinger, Linz; Ulrich Piesendel, Bad Sassendorf; Martin Embacher, Neu-Ulm; Dorina Kube, Göttingen; Claudia Mies u. Dr. Thorsten Werner, Wuppertal; Simone Hagen, Haag; Martina Teske, Germering; Judith Heine, Selb; Maria Monica Donato, Pisa; Adelheid Ebert, Bruchköbel; Hans Dieter Kirmse, München; Jost Wolf, Detmold; Mandred Mühlmann, Innsbruck; Larissa Ellenrieder & Clemens Bartmann, Regensburg; Dr. H. G. Bubam, Ludwigshafen; Sylvia Weilke, Brühl; Dr. Sabine Kulenkampff, Erlangen; Hans-Joachim Manger, Unkel; Michael Zapf; Rolf Gerd Dasecke; Kurt A. Speidel, Stuttgart; Regina u. Frank Breidscheidt; Dr. Eckhard Zimmermann, Engelskirchen; Gerd Kuhbandner, Wunsiedel; Silke Bock, Köln; Henning Welke, Essen; Manfred Hörnemann, Heusenstamm; Siegried Henkies, Aichach-Oberwietkirsch; Klaus Knödler, Nußloch; Agnes u. Bernd Laudahl; Rita Hierl, Stuttgart; Gisela Pagenstecher, Nürnberg; Christine Dörner, Neu-Ulm; Stephanie Pfeiffer, Dormagen; Dr. Piero Giadrossi, Pievasciata; Dorothea Büttner, Soltau; Ingeborg Arendt, Kiel; Petra Büge, Bargfeld-Stegen; Christina Benedek; Eva Biesenbach; Alexander Dose, Lilienthal; Cornelia Stölting, Belm; Achim Stephan; Heiko Mattern; Peter Warwel, Friedrichsdorf; Heidi Reuther; Eckfert Martins; Eva u. Ulrich Twiehaus; Anja Häcker, Tübingen; Eveline Herda, Enns; Miriam Schmaeling, Siena; Gerhard Fröbel, Lindau; Ingrid Oertel, Weimar; Sascha Nutzeblum, Bocholt; Regina Berger, Rinn; Dr. Robert Blaich; Heinz u. Karin Krüger; M. Brenner-Tocci, St. Gallen; Werner Krisam, Maisach-Gernlinden; Marianne Pfaff, Donaueschingen; Dominique Kluge, Berlin; Ilona Klein; Ralf Vicari, Kusel; Dr. Christoph Schmidt, Stuttgart; Beate Lehn, Dortmund; Guido u. Eva Kamp, Murnau; Heidrun Hiller u. Martin Schröter, Stuttgart; Dr. Herbert Draeger, Friedrichshafen; Sabine Neuhaus, Bad Ragaz; Klaus-Reinhard Sommer, Clausthal-Zellerfeld; Nina Schilling, Wendelstein; Volker u. Susanne Walter, Iserlohn; Angela Gatterburg, München; Werner Link, Wachtberg; Manfred Brase, Hamburg; Maria Müller; Dorothea A. Zügner, Bonn; Heidrun

ISBN 978-3-89953-388-0

13. aktualisierte und erweiterte Auflage 2008

Reisse, Wolfsburg; Christian u. Vera Rehme, Jena; Thomas Verfarth; Marion Petzold, Berlin; Stefanie Bergmann, München; Ortrud Becker; Elke Glass u. Martin Glass, Berlin; Rahel Berli u. Romeo Lindner; Helga Holczik, Wien; Klaus Schmidt, Lauf; Oliver Brücker, Hannover; Monika Dörner; Helmut Eichhorst; Thomas Vogler, Heuchelheim; Annette Stiefler, Bernried; Nicolas A. Klöhn, Berlin; Hubert Schimpl, Peg; Oliver Pätzold, Köln; Claudia Heckhausen, Waldkirch; Ira Riedl, Saag; Volker Rein; Ingrid Kaltenegger;

INHALT

Kartenverzeichnis

Zeichenerklärung für die Karten und Pläne

Autobahn	Berggipfel	Information
mehrspurige Straße	Kirche, Kapelle	Parkplatz
Asphaltstraße	Leuchtturm	Bushaltestelle
Bahnlinie	Sehenswürdigkeit	Flughafen
Fährlinie	Fahrradverleih	Campingplatz

Toscana – Olivenbäume, Weinberge und Meer. Eine weiche, hügelige Landschaft und mittendrin die Kunst- und Kulturhochburgen Florenz und Siena. Generationen haben von den Reizen der Toscana geschwärmt. Millionen von Besuchern aus aller Welt haben die Säle der Uffizien durchwandert, haben mit ihren eigenen Augen gesehen, dass der Schiefe Turm von Pisa noch immer steht, haben sich am Strand von Elba einen Sonnenbrand eingehandelt. Doch die Toscana bietet noch mehr: Abseits der großen Touristenströme findet der Wanderer paradiesische Landstriche wie z. B. den Mugello oder die Garfagnana.

Badespaß auf Elba: Neben sandigen Badebuchten an der Südküste reizt die nördliche Steilküste mit kristallklarem Wasser zum Schnorcheln

Routen durch die Toscana

Die Badetour

340 km lang ist die Küste der Toscana! Wer möglichst rasch das Meer sehen möchte, zweigt auf der Autobahn vor Parma in Richtung La Spezia ab (bzw. steigt im Bahnhof von Parma um) und erreicht die toscanische Küste bei Carrara in der Versilia.

Zumindest wer mit dem eigenen Fahrzeug unterwegs ist, sollte sich die Gelegenheit nicht entgehen lassen und die Marmorbrüche von Carrara besichtigen. Weiter führt die Tour am Versilia-Strand entlang zum Badestädtchen Viareggio mit seinen Prunkfassaden aus der Zeit der Jahrhundertwende. Von hier aus bietet sich ein Abstecher in die komplett von einem Lehmwall umschlossene Stadt Lucca an.

Das Schwemmland des Arno ist zum Baden nicht sehr günstig. Darüber tröstet ein Besuch von Pisa mit seinem Schiefen Turm hinweg. Hinter Livorno erreicht man wieder die Küste, die so genannte Etruskische Riviera mit mehreren Badeörtchen. Sie zieht sich bis zur Halbinsel von Piombino. Hier wartet die Fähre nach Elba (eine Stunde Überfahrt). Auf der Insel werden alle erdenklichen Arten von Wassersport ausgeübt. Den größten Sandstrand findet man in der Lacona-Bucht im Süden, das reizendste Städtchen ist der Hafenort Porto Azzurro.

Zurück am Festland: Südlich von Piombino beginnt die hauptsächlich von italienischen Touristen aufgesuchte Küste der Maremma mit Castiglione della Pescaia als schönstem Städtchen. Im Hinterland überrascht das alte Erzabbau-Städtchen Massa Marittima den Besucher mit einer traumhaften mittelalterlichen Piazza.

Im südlichsten Abschnitt der Maremma-Küste liegt der **Parco Naturale della Maremma**, ein Rückzugsgebiet für Maremma-Rinder, Wildschweine und Flamingos. Mehrstündige Wanderungen führen durch den Naturpark.

Der **Monte Argentario**, der die Maremma-Küste im Süden abschließt, ist eine Insel, die über drei Dämme mit dem Festland verbunden ist. Hier hat sich vor allem der italienische Geldadel niedergelassen. Von **Porto San Stefano** aus erreicht man nach einer Stunde Überfahrt die kleine **Isola del Giglio**, die mit einem lang gezogenen Sandstrand für Badefreuden sorgt.

Der Kultur- und Chianti-Trip

Florenz, die Wiege der Renaissance, bietet mehr als nur die Uffizien, den Dom und den Palazzo Vecchio. Weitere Highlights der Kunstmetropole finden Sie im Reiseteil.

Eine gebührenfreie Autobahn führt von Florenz nach Siena. Weitaus interessanter aber ist eine Fahrt durchs hügelige **Chianti-Gebiet**. Erst auf die Autobahn bis zur

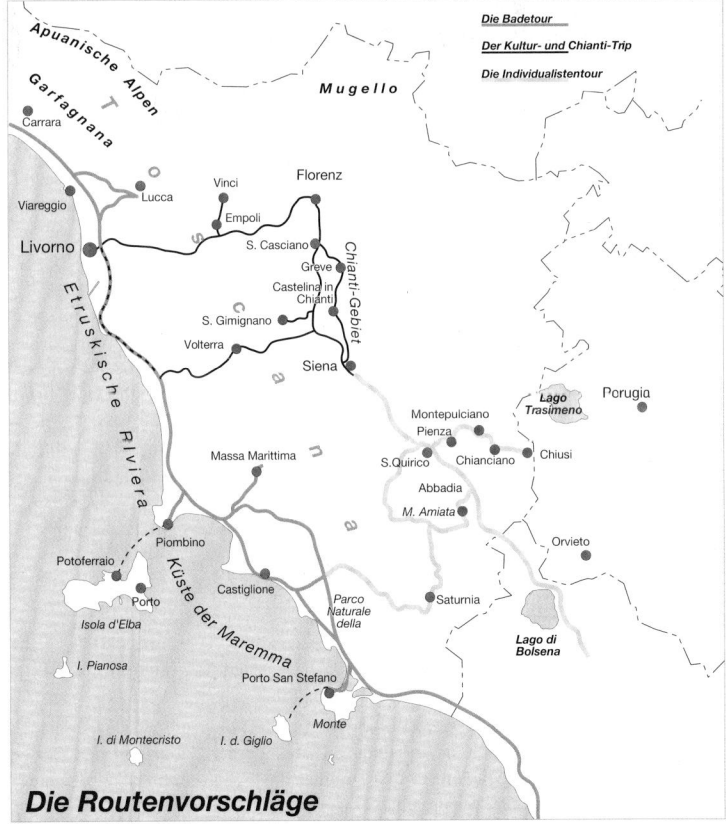

Die Routenvorschläge

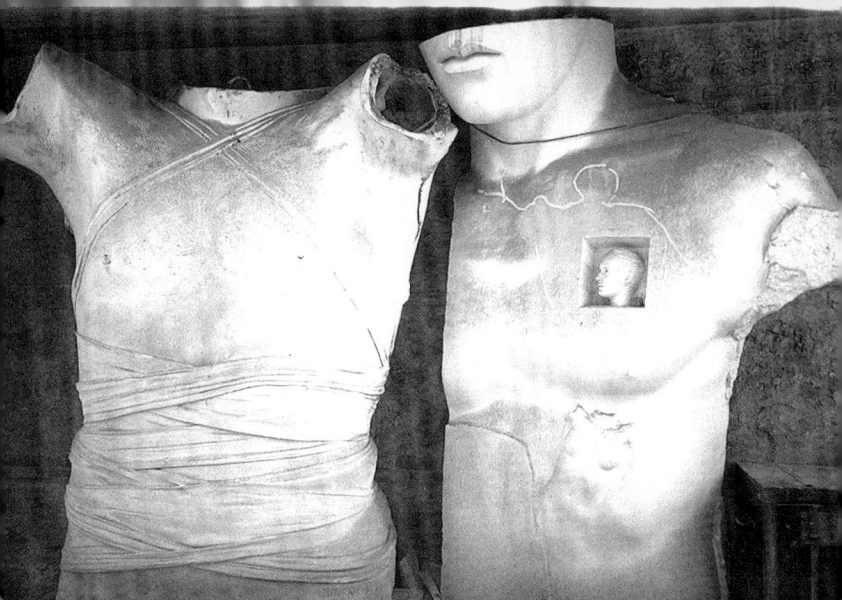

Moderne Kunst lockt bei Sonderausstellungen

Ausfahrt San Casciano, dann über Mercatale nach **Greve**, dem heimlichen Hauptort des Chianti. Von da weiter auf der alten Staatsstraße ("Chiantigiana") über Castellina in Chianti nach Siena. Unterwegs laden unzählige Weingüter zur Degustation des berühmtesten Tropfens Italiens ein. Außerdem ist auch die Küche ausgezeichnet, sodass man im Chianti mit ein paar Abstechern ohne weiteres zwei oder drei Tage verbringen kann, um dann wieder aufnahmefähig für die Kulturstadt Siena zu sein.

Siena mit seinen mittelalterlichen Straßen, die sich dem hügeligen Profil anpassen, ist eine überaus beeindruckende Stadt. Am besten setzt man sich erst auf den berühmten "Campo", Italiens schönste Piazza, und nimmt diesen Reiseführer in die Hand. Dann folgt vielleicht ein Besuch des großartigen Doms, der Nationalen Pinakothek ...

Von Siena ist es nicht weit nach **San Gimignano**, wegen seiner zahlreichen mittelalterlichen Turmbauten das "Manhattan der Toscana" genannt. Im Dom und in der Kirche des Augustinerklosters sind einzigartige Fresken zu besichtigen. Dem Durstigen verschafft der berühmte "Vernaccia", ein trockener Weißwein, Linderung.

Von San Gimignano führt eine Straße nach **Volterra**, der Stadt der Etrusker und des Alabasters, durch und durch mittelalterlich. Hier befindet sich Italiens größtes Museum zur etruskischen Kultur.

Die Straße führt weiter nach **Cecina** an der etruskischen Riviera. Hier in der Nähe vielleicht einen Badetag einlegen, dann Richtung Norden über Livorno nach **Pisa**, wo es mehr als nur den Schiefen Turm zu sehen gibt.

Von Pisa führt eine gebührenfreie, autobahnähnliche Straße nach Florenz. Nördlich von Empoli lohnt das Dörfchen **Vinci** einen Abstecher, der Geburtsort des großen Leonardo – mit einem exzellenten Museum über die technischen Erfindungen des wohl genialsten Kopfes der Renaissance.

Saturnia – auch bei Vollmond ist das Baden im heißen Wasser erlaubt

Die Individualistentour (südliche Toscana)

Unberührt wirkende, dünn besiedelte Landschaften. Hier locken nicht die grandiosen kulturellen Highlights, sondern alte Klöster und beschauliche Weinbaustädtchen. Gute Küche, preiswerter als im Norden.

Ausgangspunkt ist **Siena**, das man über die SS 2 in Richtung Rom verlässt. Durch die **Crete Senesi**, eine herbe Lehmhügellandschaft, erreicht man **San Quirico**. Hier zweigt man ab nach **Pienza**, der am Reißbrett entworfenen Renaissance-Stadt. Dann geht es weiter über das für seine Weine berühmte mittelalterliche **Montepulciano** und den Thermalort **Chianciano** mit seinen Heilquellen nach **Chiusi**, das mit einem hervorragenden etruskischen Museum aufwartet.

Von San Quirico weiter in Richtung Rom erreicht man bald **Bagno Vignoni**, ein kleines Nest, das ein 3000 Jahre altes offenes Thermalbad als Dorfplatz hat (leider Badeverbot). Hier zweigt ein Sträßchen zum **Monte Amiata** ab, einem bis spät ins Frühjahr mit Schnee bedeckten, erloschenen Vulkan. Wanderer umrunden ihn auf dem markierten Weg in zwei Tagen, Mountainbiker in einem halben Tag. Übernachtungsmöglichkeiten findet man am einfachsten in der alten Quecksilber-Stadt **Abbadia San Salvatore**.

Von Abbadia San Salvatore aus bieten sich für die Weiterreise zwei Möglichkeiten an: entweder wieder auf die Straße nach Rom und auf ihr zum **Lago di Bolsena** oder in Richtung Westen durchs Hinterland der Maremma zur Küste. Letztere Strecke kann über **Saturnia** führen, wo man auch im Mondschein in den Sinterbecken unterhalb des Wasserfalls „Cascate del Mulino" in 37 Grad warmem, schwefligem Wasser plantschen kann.

Lago di Vagli in der Garfagnana – am Seegrund ein Dorf wie aus Zuckerguss

Berg- und Wandertouren in der Toscana

Noch vor einem Jahrzehnt schien es fast abwegig, in der Toscana auf größere Wanderungen oder gar Bergtouren gehen zu wollen – Wanderwege gab es kaum. Heute stimmt das Klischee, dass Italiener in der Heimat vor allem dem Radsport frönen, nur noch bedingt. Längst haben sie auch das Wandern entdeckt.

In der Toscana bieten sich hierfür vor allem zwei Gegenden an: im Nordwesten die **Garfagnana** (Teil der Apenninkette) und die **Apuanischen Alpen** (Gebirgszug zwischen der Versilia und dem oberen Serchio-Tal), nordöstlich von Florenz der **Mugello**.

Ausgangspunkt für sportliche Unternehmungen in der Garfagnana ist das einst weltberühmte Bäderstädtchen **Bagni di Lucca** – heute ein kleines Nest, doch sehenswert: Spuren von Glanz und Gloria finden sich allenthalben im Ort. Von hier aus führt eine Straße (auch eine Eisenbahnstrecke) ins obere Serchio-Tal nach **Castelnuovo di Garfagnana**, dem Hauptort des Tals. In Castelnuovo bekommt man ausführliches Kartenmaterial und Informationen über Touren und Schutzhütten in der Garfagnana sowie über die Ostseite der Apuanischen Alpen.

Auch der Westabhang der **Apuanischen Alpen** ist ein gutes Wandergebiet. Markierte Wege führen von **Carrara** (Marmorbrüche!) und **Massa** hoch zu den Schutzhütten im Gebirge. Auskunft in diesen beiden Städten.

Ein zweites erschlossenes Trekking-Gebiet ist der **Mugello**. Nicht ganz so alpin, aber nicht minder interessant. Aufregend schöne Touren vor allem im nördlichen Zipfel zwischen **Firenzuola** und **Palazzuolo sul Senio**. Informationen im Hauptort **Borgo San Lorenzo**.

Mit der Leinwand auf Wanderschaft – Barbischio

Anreise

Die klassische Variante ist und bleibt das eigene Auto, trotz vorhersehbarer Staus in der Alpenregion (zumindest in der Hauptsaison) und Parkplatznot in den Städten vor Ort (zumindest in den größeren). Wer seinen Aufenthalt auf die Metropolen beschränken möchte, sollte aber die Bahn und – angesichts der derzeitigen Preisentwicklung auf dem Flugmarkt – insbesondere das Flugzeug als Alternativen im Auge behalten. Für ausgedehnte Streifzüge durch die entlegensten Winkel der toscanischen Provinz ist das Auto dagegen (fast) unverzichtbar.

Mit dem eigenen Kraftfahrzeug

Die gängigste und bequemste Route durch **Österreich** führt über die Brennerautobahn mit der 820 m langen und 190 m hohen Europabrücke. Hinter der österreichisch-italienischen Grenze schließt sich dann eine zügige Fahrt durch die lang ausgleitenden Südtiroler Täler an. Begleitet von schroffen Felshängen, Ritterburgen wie aus dem Bilderbuch, sonnendurchfluteten Weinhängen und Obstbaumkulturen gelangt man über Bozen und Trento schnell nach Verona, wo die endlose Weite der Poebene beginnt. Bei Modena wechselt man von der A 22 auf die A 1 nach Bologna, die als berühmte „Autostrada del Sole" von Milano kommt und sich bis Rom fortsetzt. Ab Bologna wird das Land unvermittelt wieder bergiger, z. T. fast dramatisch. Schroffe Felsen und grüne Bergrücken signalisieren den Beginn des Apennin. Über viele Kurven und durch kaum weniger Tunnels gelangt man schließlich nach Florenz. Wer aus dem Westen Deutschlands kommt und über die **Schweiz** anreist, fährt durch den über 16 km langen St.-Gotthard-Tunnel und weiter auf malerischer Strecke mit bereits prächtiger mediterraner Vegetation auf einem Damm über den Luganer

See zum schweizerisch-italienischen Grenzübergang Chiasso. Von dort geht es dann über Milano, Modena und Bologna weiter nach Florenz.

Vignetten und Maut

Autobahngebühren müssen sowohl bei der Anfahrt durch Österreich und die Schweiz wie auch in Italien gezahlt werden.

> **Achtung**: Seit 15. November 2005 müssen Autofahrer in Österreich ganzjährig auch tagsüber auf allen Straßen das Abblendlicht einschalten.

▸ **Österreich**: Seit 1997 sind alle österreichischen Autobahnen und Schnellstraßen gebührenpflichtig. Die Zehntagesvignette für PKW kostet 7,60 €, eine Zweimonatsvignette 21,80 €, die Jahresvignette 72,60 € (Motorrad 4,30/10,90/29 €). Auch bei einem Aufenthalt, der länger als 10 Tage dauert, sollte man deshalb nicht die Zweimonatsvignette nehmen, sondern für Hin- und Rückreise je eine Zehntagesvignette. Die Vignetten – oder das „Pickerl", wie die Österreicher sagen – sind bei den Automobilclubs, an grenznahen Raststätten und an der Grenze selbst erhältlich (für die Rückreise auch auf Südtiroler Seite).

Separat muss an einer Mautstelle hinter Innsbruck die **Auffahrt zum Brenner** mit der eindrucksvollen Europa-Brücke bezahlt werden. Für Kraftfahrzeuge und Gespanne bis 3,5 t schlägt das für Hin- und Rückfahrt mit jeweils 8 € zu Buche, für Gefährte über 3,5 t zahlt man je nach Achsenanzahl sogar zwischen 28 und 50 €. Seit 2004 kann man die Brennerüberquerung bereits vor der Reise beim ADAC oder später an einer der grenznahen Tankstellen (z. B. zusammen mit der Vignette) bezahlen und wird dann an der Zahlstelle vor Ort per Video registriert und freigeschaltet. Spartipp ist die kostenfreie **alte Brennerstraße** (B 182), die von Innsbruck durchs reizvolle Eisacktal zum Brenner hinaufführt (für LKW ist sie verboten).

> Kfz ab 3,5 t müssen statt der Vignette für 5 € eine sog. **„Go-Box"** erwerben, die die Gebühren elektronisch erhebt. Die Verrechnung erfolgt entweder von einem in der Box gespeicherten Guthaben (Pre-Pay) oder hinterher per Abbuchung von einer Debit-, Kredit- oder Tankkarte (Post-Pay). Erhältlich ist die Go-Box an denselben Verkaufsstellen wie die Vignetten. Weitere Informationen unter www.go-maut.at oder ☎ 0800-40011400.

▸ **Schweiz**: Wer über die Schweiz anreist und das dortige Autobahnnetz nutzen will, muss sich über 10-Tage-Fristen oder Ähnliches keine Gedanken machen. Hier regiert die 12 Monate gültige **Jahresvignette** zum Preis von umgerechnet 26,50 €, die für alle Kraftfahrzeuge bis zu einem Gesamtgewicht von 3,5 t gültig ist (Fahrzeuge über 3,5 t zahlen Staffelpreise). Erhältlich ist sie bei den heimischen Automobilclubs, an der Grenze und an jeder Schweizer Poststelle.

▸ **Italien**: In Italien werden die Gebühren nach gefahrenen Kilometern berechnet; pro hundert Kilometer sind für einen PKW knapp 6 € fällig. Kontrollstellen sind an jeder Autobahnauffahrt eingerichtet, dort verrichtet ein Automat die Ticketausgabe (gelben bzw. roten Knopf drücken und Ticket ziehen). Beim Wechsel der Autobahn und bei Ausfahrten wird man dann zur Kasse gebeten. Bezahlen kann man entweder **bar**, mit der **Viacard** und an vielen Mautstellen mittlerweile auch mit der **Kreditkarte**. Die Viacard funktioniert wie eine Telefonkarte: Man kauft zum Preis von 25,25 € oder 50,50 € ein Kontingent an Fahrkilometern, das sukzessive verbraucht

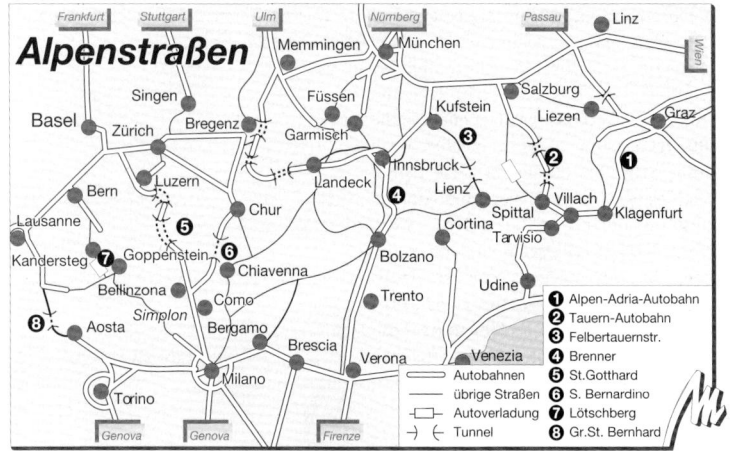

wird. Erhältlich sind die Viacards bei den Automobilclubs, an Grenzübergängen und an großen Raststätten. Viacard-Besitzer können ebenso wie Barzahler an den mit Personal besetzten Kassenhäuschen zahlen, haben aber auch die Möglichkeit, eine **Extraspur** zu benutzen („uscita riservata Viacard"), wo die Abfertigung automatisch erfolgt (für Kreditkarteninhaber ist diese Spur obligatorisch): Autobahnticket einführen, Betrag erscheint auf der elektronischen Anzeigetafel, dann Viacard einführen. Sollte ihr Kartenguthaben bei der Abrechnung nicht ausreichen, erhalten Sie dennoch eine gültige Quittung und haben dann noch zwei Wochen Zeit, die Differenz zu begleichen. Den Fehlbetrag bar zu zahlen ist bei der automatischen Abfertigung nicht möglich.

Achtung: Falls Sie bar zahlen wollen, aber sich fälschlicherweise am Viacard-Schalter eingeordnet haben, stoßen Sie keinesfalls zurück – es drohen hohe Bußgelder und sogar Fahrverbot –, sondern drücken Sie die Hilfetaste. Sie erhalten dann einen Quittungsstreifen, mit dem Sie die Gebühr bei einer anderen Mautstelle bezahlen bzw. nachträglich überweisen können.

Autobahngebühren bis Florenz: Für einen PKW muss man ab der schweizerisch-italienischen Grenze bei **Chiasso** ca. 20 € bezahlen, vom **Brenner** an der österreichisch-italienischen Grenze sind es etwa 26 €. Für Gespanne mit drei Achsen erhöht sich das Ganze auf ca. 25 bzw. 32,50 €, für Gespanne mit vier Achsen auf 39,50 bzw. 51,50 € (Stand: Winter 2007/8). Die jeweils aktuellen Tarife können Sie bei den Automobilclubs erfragen oder im Internet unter www.autostrade.it (leider nur auf Italienisch) ermitteln – Autobahngebühr heißt „pedaggio".

Mit der Bahn

Direktverbindungen in die Toscana werden in Deutschland nur von München aus angeboten. Die derzeit empfehlenswerteste Variante (Stand: Winter 2007/08) ist der **EuroNight 287** von München nach Florenz und weiter nach Arezzo und Chiusi-Chianciano Terme im Südosten der Toscana. Abfahrt ist um 21.03 Uhr, Ankunft in Florenz um 5.30 Uhr, in Arezzo um 6.09 Uhr und in Chiusi-Chianciano Terme um 6.43 Uhr. Eine Alternative in der Nacht ist der um 23.40 Uhr in München startende **DB NachtZug NZ 289**, der aber nur bis Florenz fährt, Ankunft 9.10 Uhr. Für beide Züge kann man das besonders günstige **SparNight-Angebot** nutzen (siehe unten). Wer lieber tagsüber unterwegs ist, kann z. B. von München morgens um 9.33 Uhr den **EC 85** nehmen, der um 17.53 Uhr in Florenz und um 18.38 Uhr in Arezzo ankommt (Chiusi-Chianciano Terme wird von diesem Zug nicht direkt bedient). Bei Fahrten in andere toscanische Städte muss man mindestens einmal, meist sogar mehrmals umsteigen.

● *DB-Preise* Unschlagbar günstig ist das erwähnte **SparNight-Angebot**, mit dem man für die Strecke München–Florenz inkl. Platz im 6er-Liegewagen gerade einmal 39 € bezahlt (im 4er-Liegewagen 49 €, im 2er-Schlafwagen 69 €). Natürlich ist das Angebot kontingentiert, d. h. man sollte sich so früh wie möglich um einen Platz kümmern. Informationen und Buchungen über das Servicetelefon 01805/141514 (12 Cent pro Minute, täglich 6–24 Uhr), über www.nachtzugreise.de, alle Reisezentren der Deutschen Bahn und in Reisebüros mit DB-Lizenz.

Wer nicht auf diesen supergünstigen Tarif zurückgreifen kann, muss erheblich tiefer in die Tasche greifen: Der Normaltarif von München bis Florenz liegt bei etwa 180 €. Reduzieren kann man diesen Preis durch die beiden **BahnCard-Varianten 25 bzw. 50** und durch die beiden Frühbuchertarife, den **Sparpreis 25** und der **Sparpreis 50** (jeweils 25 bzw. 50 % Rabatt auf den Normaltarif). Diese Plan-&-Spar-Tarife sind jedoch kontingentiert und gelten nicht für alle Züge!

Für Schweizer und nahe der Grenze wohnende Deutsche ist das folgende Angebot zu beachten: Die Züge der **Cisalpino AG** verkehren täglich fast 20 Mal zwischen Basel oder Zürich und vielen Städten in Italien. Bei Buchung von mindestens 7 Tagen im Voraus bezahlt man nur 32 € im Tageszug und 39 € im Nachtzug.

● *Information* Die Deutsche Bahn AG ist im Internet unter www.bahn.de vertreten (Fahrpläne für die gewünschte Verbindung, Online-Ticketbuchung für Ziele im Inland, Information

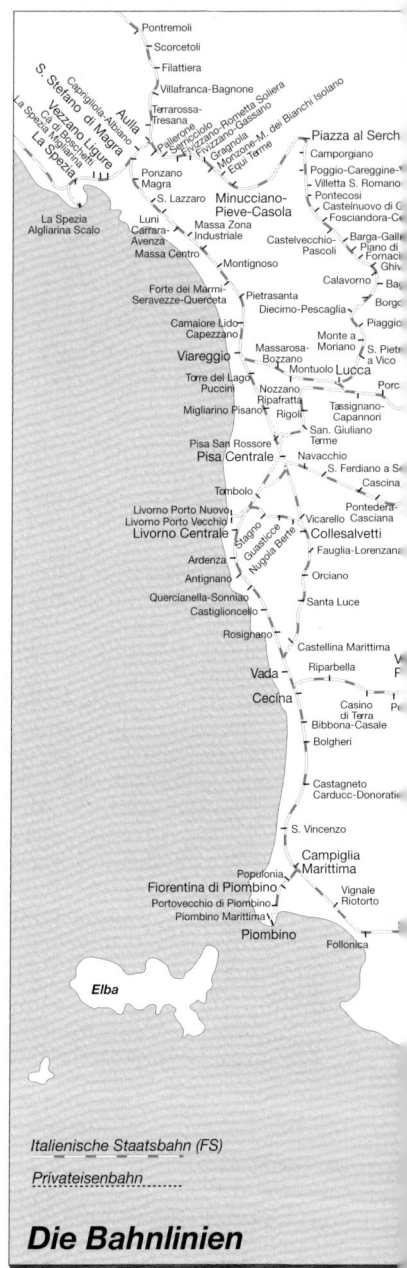

Italienische Staatsbahn (FS)

Privateisenbahn ....

Die Bahnlinien

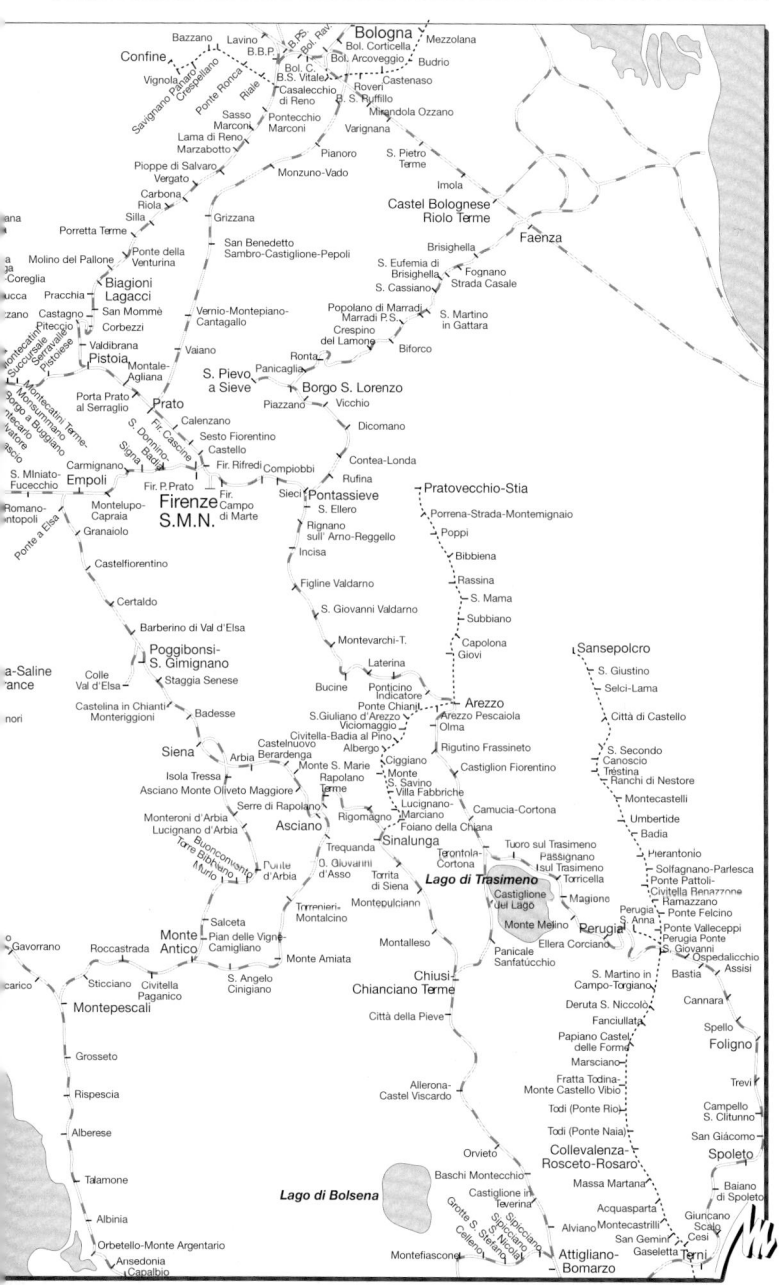

über aktuelle Sparpreise etc.). Informationen zu Verbindungen und Preisen im In- und Ausland bekommen Sie darüber hinaus unter ☎ 11861 (rund um die Uhr) oder in den Service-Centern an den Bahnhöfen. Wer sich nicht selbst durch den Tarifdschungel kämpfen möchte, dem sei www.gleisnost.de empfohlen. Die Bahnkenner finden für Sie die billigsten Verbindungen.

• *Fahrradmitnahme* Wer sein Fahrrad im Zug nach Italien transportieren möchte, wendet sich an die zuständige Radfahrer-Hotline der Deutschen Bahn, ☎ 0180-5151415. Informationen gibt außerdem der Allgemeine Deutsche Fahrrad-Club (ADFC), www. adfc.de, ☎ 0421/34629-0, 🖷 0421/34629-50.

• *AutoZug* Wer sich die Fahrt über den Brenner sparen und vor Ort mobil sein will, kann von Mai bis Oktober mit dem Auto-Zug bis Verona oder Livorno fahren. Die Züge starten ab Berlin, Frankfurt/M., Hamburg, Hildesheim und Köln. Die Kosten sind allerdings erheblich und saisonal recht unterschiedlich. Da die Kapazitäten begrenzt sind, empfiehlt sich in der Hauptreisezeit eine rechtzeitige Buchung. (Achtung: max. Höhe des Fahrzeugs inkl. Dachaufbauten 1,67 cm, Gepäckmitnahme auf dem Fahrzeug ist nicht erlaubt.) Weitere Details in der Broschüre „AutoZug-Katalog", unter ☎ 0180-5241224 (tägl. 8–22 Uhr) oder im Internet unter www.dbautozug.de.

• *Interrail* Gibt es mittlerweile in der (recht teuren) Neuauflage, in der auch Erwachsene (ab 26 Jahre) mitfahren können, sogar in der ersten Klasse. Mit dem **InterRail Global-Pass** können Jugendliche (12–25 Jahre) in der 2. Klasse 5-mal in 10 Tagen, 10-mal in 22 Tagen, an 22 aufeinanderfolgenden Tagen oder einen ganzen Monat durch Europa fahren, die Preise hierfür liegen bei 159–399 €, für Erwachsene (2. Klasse) bei 249–599 € (1. Klasse: 329–809 €). Ebenso wurde das alte System des Euro Domino unter dem neuen Namen **InterRail Ein-Land-Pass** wieder aufgenommen: An 3, 4, 6 oder 8 Tagen innerhalb eines Monats kann man in einem Land kreuz und quer Bahn fahren; die Länder sind in Preisgruppen unterteilt, für Italien kostet der Pass für Jugendliche beispielsweise 71–149 €, für Erwachsene 109–229 € (1. Klasse: 147–309 €). Lohnt, wenn man in Italien mehrmals große Strecken zurücklegen möchte und nicht länger als einen Monat bleibt. Weitere Infos unter www.bahn.de.

Innerhalb Italiens kann man nach einem ähnlichen System wie dem deutschen „Plan & Spar" Kosten reduzieren. Informationen im Internet unter **www.trenitalia.de** oder unter der deutschen Adresse: Trenitalia, Divisione Passeggeri, c/o GlobalPassGermany, Claudia Rakutt, info@trenitalia. de, ☎ 06031/737630, 🖷 06031/725081.

Mit dem Flugzeug

Zielflughäfen in der Toscana sind der „Aeroporto Galileo Galilei" bei **Pisa** und der „Aeroporto Amerigo Vespucci" bei **Florenz**.

Beide werden von der *Lufthansa* und der *Alitalia* täglich angeflogen. Die Lufthansa fliegt allerdings nur von Frankfurt/M. und München aus direkt, die Alitalia sogar nur von München. Möchte man von anderen deutschen Städten wie etwa Berlin oder Düsseldorf aus starten, muss man in Frankfurt/M, München oder Mailand umsteigen. Die Flugzeit von München beträgt kaum mehr als eine Stunde, von Frankfurt/M etwa eineinhalb Stunden. Was die Preise betrifft, muss man angesichts der zahlreichen Sonderkonditionen mit einer größeren Spanne rechnen. Als Faustregel gilt, dass ein Flug nach Florenz zwischen 300 und 350 € kostet, etwas günstiger wird es, wenn man nach Pisa fliegt. Bei Lufthansa empfiehlt sich eine frühzeitige Buchung, sonst kostet ein Flug oft sogar mehr als 1000 €. In völlig anderen Dimensionen bewegt man sich, wenn man auf ein Billigstangebot der Fluglinien *Ryanair* (www.ryanair.com) oder *Hapag-Lloyd Express* (www.hlx.com) zurückgreift. Beide fliegen derzeit (Stand: Winter 2007/08) nur Pisa an – Erstere von Frankfurt-Hahn und Hamburg/Lübeck, Letztere von Hannover, Köln/Bonn und Stuttgart –, das jedoch zu regelrechten „Nahverkehrstarifen" ab 19,99 €. Allerdings wollen solche Schnäppchen früh gebucht sein, denn die günstigen Plätze bei den sog.

Low-Cost-Carriern sind kontingentiert und je näher der Abflugtermin rückt, desto teurer werden die Angebote. Einen regelmäßig aktualisierten Überblick über alle Billigflieger bietet die Seite www.whichbudget.com.

• *Verbindungen vom Flughafen Pisa* Busse der Compagnia Pisana Trasporti (www.cpt. pisa.it) fahren alle 10 Min. vom Flughafen Gaileo Galilei ins Zentrum von **Pisa**, die Fahrt kostet ca. 0,90 €. Wichtige Stationen sind Stazione Centrale, Piazza Vittorio Emanuele und Santa Chiara Hospital nahe der Piazza dei Miracoli (Wunderwiese). Die Busstation liegt vor der Abflughalle.
Vor der Ankunftshalle starten außerdem VAI-Busse der Autolinee F.lli Lazzi nach **Lucca** und **Pietrasanta** sowie Busse der Azienda Trasporti Livornese (ATL) nach **Livorno**. Näheres auf der Flughafenwebsite (www.pisa-airport.com).
• *Verbindungen vom Flughafen Florenz* ATAF-Busse (www.ataf.net) verbinden den Flughafen Amerigo Vespucci mit dem **Florentiner Hauptbahnhof** Santa Maria Novella, Verbindungen von 6 Uhr morgens bis 20.30 Uhr alle 30 Min., danach bis 23.30 Uhr stündlich. Die Fahrt kostet ca. 4 €, ein Taxi etwa 15–16 €. Näheres auf der Flughafenwebsite (www.aeroporto.firenze.it).

Mit dem Bus

Die *Deutsche Touring GmbH* bietet mit ihren Europabussen von fast allen deutschen Großstädten (u. a. Dortmund, Düsseldorf, Frankfurt/M., Köln, Leipzig, München und Stuttgart) ein- bis zweimal wöchentlich Fahrten nach Florenz und Siena an. Erwachsene zahlen für die Hin- und Rückfahrt von Frankfurt/M. nach Florenz ca. 158 € (Kinder unter 4 J. erhalten 80 %, unter 12 J. 50 %, Studenten 10 % Ermäßigung). Hauptsaisonzuschlag ca. 15 €, bei frühzeitiger Buchung gibt es Rabatt.

• *Information* **Deutsche Touring GmbH**, Am Römertor 17, 60486 Frankfurt, www. deutsche-touring.com, ✆ 069/79030. Wichtig: Vergessen Sie nicht, sich die **Reservierung für die Rückfahrt** unter ✆ 055-357059 (in Florenz) bestätigen zu lassen, und zwar spätestens vier Tage vor der Rückreise. Unter dieser Nummer können auch einfache Rückfahrttickets gebucht werden.
• *Fahrradtransport per Bus* Eine Alternative zum Zug (s. o.) sind die Fahrradbusse der folgenden Reiseveranstalter:
Reisezeit, Guldeinstr. 29, 80339 München, ✆ 089/505050, ✆ 089/501005. www.reisezeit-online.de
Natours, Untere Eschstr. 15, 49179 Ostercappeln, ✆ 05473/92290, ✆ 05473/8219. www. natours.de
Beide bieten von verschiedenen deutschen Städten aus Busfahrten mit Radmitnahme direkt nach **Florenz, Livorno, Grosseto** und **Piombino** an. Da die Plätze limitiert sind, sollte man sich frühzeitig informieren und mit der Buchung nicht zu lange warten.

Mitfahrzentralen

Eine günstige Variante für Reisende mit schmalem Geldbeutel sind die Mitfahrzentralen (MFZ), die man in zahlreichen Städten Deutschlands findet (zu erreichen zum Großteil unter der einheitlichen Telefonnummer ✆ 19440 plus Vorwahl der jeweiligen Stadt oder im Internet unter mitfahrzentrale.de, mitfahrzentralen.org oder citynetz-mitfahrzentrale.de). Der Fahrpreis setzt sich aus der Vermittlungsgebühr (VG) und einer Betriebskostenbeteiligung (BKB) zusammen. Dazu kommt eine von der Fahrtstrecke unabhängige Versicherungsgebühr (freiwillig), die im Falle des Falles den Weitertransport per Bahn zum Zielort gewährleistet. Die Vermittlungsgebühr ist vor Antritt der Reise zu bezahlen. Die Betriebskostenbeteiligung ist von der MFZ festgesetzt und direkt an den Chauffeur zu entrichten. Der Gesamtpreis für eine Mitfahrgelegenheit ist abhängig von der Entfernung und dem Benzinverbrauch des Fahrzeugs und beträgt etwa 4 €/100 km. Außerdem fällt eine pauschale Vermittlungsgebühr an (von Deutschland nach Italien ca. 8–10 €). Der Preis für die Strecke Frankfurt/M.–Florenz beläuft sich also alles inklusive auf ca. 50 €.

In der Provinz – Landstraßen wie aus dem Bilderbuch

Unterwegs in der Toscana

Wer allein auf Bus und Bahn angewiesen ist, kann in der Toscana durchaus Probleme bekommen. Zwar sind die größeren Orte gut in das öffentliche Verkehrsnetz eingebunden, doch werden die Nebenstrecken teilweise nur sehr selten befahren, sodass immer wieder Wartezeiten in Bahnhofscafeterien und an Busstopps in Kauf genommen werden müssen.

Mit dem eigenen Kraftfahrzeug

Das Straßennetz in der Toscana ist gut ausgebaut, die Straßen selbst sind größtenteils in einem befriedigenden bis tadellosen Zustand. Zum Teil bewegt man sich jedoch auch auf unbefestigten Schotterpisten: Da dort langsames Fahren geboten ist, kann sich durch fehlenden Fahrtwind gerade im Sommer bei längeren Touren der Motor sehr aufheizen, kontrollieren Sie deshalb regelmäßig Ölstand und Kühlwasser. Verkehrsknotenpunkt der Region ist Florenz; dort laufen die zwei wichtigsten **Autobahnen** zusammen, die Autostrada 1 (Nord-Süd) und die Autostrada 11 (Ost-West). Auf ihnen gelangt man schnell nach Südosten Richtung Arezzo und weiter nach Chiusi (Autostrada 1) bzw. nach Westen (Autostrada 11) Richtung Küste (über Prato, Pistoia, Lucca). Dort führt die an der Küste entlang verlaufende Autostrada 12 entweder weiter nach Süden Richtung Rosignano Marittimo (über Livorno) oder nach Nordosten Richtung Massa (über Viareggio). Zügige Alternativen zu den gebührenpflichtigen Autobahnen – für die etwa 75 km lange Strecke (davon ca. 60 km Autobahn) von Florenz nach Arezzo zahlt man mit dem PKW 3 € – sind die gebührenfreien vierspurigen **Schnellstraßen** (*superstrade* oder *raccordi*), die von Florenz nach Westen (Livorno) bzw. Süden (Siena) führen. Von Livorno geht es ebenfalls auf einer weitgehend vierspurig ausgebauten Schnellstraße an der Küste entlang über Grosseto bis Orbetello am Monte Argentario und weiter in Richtung Rom. Zwischen den Hauptverkehrsachsen spannt sich ein weites Netz von Querverbindungen, das aus einspurigen **Staats-** und **Provinzstraßen** (*strade statale* bzw. *strade provinciale*) besteht, auf denen man schon einmal eine Weile unterwegs sein kann, um an sein Ziel zu kommen. So braucht man für die nur ca. 55 km lange Strecke Siena–Volterra eine gute Stunde.

Hinweise zum Stadtverkehr

In allen großen Städten ist die Stadtmitte mit Hinweisschildern gekennzeichnet. Achten Sie auf den Schriftzug *centro* und/oder das Zeichen ◉. Stellen Sie sich außerdem darauf ein, dass die historisch gewachsenen Stadtzentren (*centro storico*) zeitweise oder ständig für den Autoverkehr gesperrt sind *(zona a traffico limitato)*. Nur autorisierte Fahrer und Anwohner dürfen hineinfahren bzw. dort parken. Urlaubern ist es jedoch in der Regel gestattet, mit dem PKW ein Hotel in der Altstadt zu suchen.

Parken: Nicht immer unproblematisch, vor allen in den Zentren der großen Städte. Parkverbot besteht an schwarz-gelb markierten Bordsteinen und an gelb gekennzeichneten (z. B. für Taxis und Busse reservierten) Parkflächen – daran sollte man sich unbedingt halten, denn die Strafen können drastisch ausfallen. Für den Fall, dass ihr Fahrzeug wegen widerrechtlichen Parkens von der Polizei abgeschleppt wurde, setzen Sie sich am besten mit der Stadtpolizei *(vigili urbani)* in Verbindung; meist steht das gute Stück auf extra dafür eingerichteten Plätzen am Stadtrand und kann dort direkt freigekauft werden.

Gratis kann man sein Fahrzeug mit Parkscheibe im Zentrum in der *zona disco* abstellen, für Plätze mit Parkscheinautomaten zahlt man in der Regel 0,60–1,50 € pro Stunde. Bei längerem Aufenthalt ist es bequemer, die gebührenpflichtigen (und meist bewachten) Parkplätze zu nutzen, die fast jede Stadt in Fußentfernung zu den Sehenswürdigkeiten anbietet (ca. 1–2 € pro Std.). Wer in einem Hotel in der Altstadt untergekommen ist, erhält dort meist einen Anwohner-Parkausweis. Falls nicht, kann es sein, dass man seinen Wagen nach dem Entladen wieder aus dem Zentrum entfernen und außerhalb parken muss. Über eigene Garagen oder andere Parkmöglichkeiten verfügen in der Regel nur Hotels ab drei Sternen aufwärts.

Wichtig: Jeder Straßenzug wird einmal pro Woche zu nächtlicher Stunde gereinigt. Beachten Sie das Schild **Pulizia Strada** mit der Angabe des Wochentages. Wer dennoch hier parkt, findet seinen Wagen irgendwo bei der Stadtpolizei wieder und muss tief in die Tasche greifen: Das Bußgeld in Höhe von ca. 32 € wird den ausländischen Besuchern zwar derzeit erlassen, aber ca. 100 € Abschleppgebühren werden allemal fällig! Und jeder unfreiwillige „Parktag" unter polizeilicher Obhut kostet 6 € zusätzlich (angesichts der horrenden Parkgebühren in der Stadt ist es daher fast ratsam, den abgeschleppten Wagen einfach dort stehen zu lassen!). Auskunft über abgeschleppte Fahrzeuge unter ✆ 055-783882. Bei Problemen wendet man sich an die Polizia Assistenza Turistica, Via Pietrapiana 50r, ✆ 055-203911.

Es kann aber auch weniger tragisch enden, wie uns ein Leser schrieb: „Kostenschonend und fremdenfreundlich kann das Auto unter Umständen auch in einer bereits gereinigten (Neben-)Straße gefunden werden. Daher: Vielleicht hilft ein bisschen Suchen über den ersten Schock des verschwundenen Autos hinweg."

Mietfahrzeuge

In allen Städten und an Flughäfen, außerdem in vielen größeren Touristenorten sind die bekannten internationalen Firmen *Avis, Europcar, Hertz* und *Budget* vertreten; hinzu kommen italienische Firmen wie *Eurodollar* und *Maggiore*. Die Wagen sind vergleichsweise teuer, die Tagestarife setzen sich meist aus einem Grundbetrag und einer Pauschale pro gefahrenen Kilometer zusammen (oder höherer Tarif ohne Pauschale, der etwa dem Grundbetrag plus Kilometergeld für 100 km entspricht). Wenn man viel unterwegs ist, fährt man mit dem Wochentarif, bei dem kein Kilometergeld kassiert wird, meist günstiger. Bei manchen Firmen gibt es zudem noch ermäßigte Wochenendtarife (Freitagnachmittag bis Montagmorgen). Im Preis inbegriffen sind Haftpflichtversicherung und manchmal Teilkasko mit Selbstbeteiligung (die man gegen Aufpreis wegversichern kann). Einen Mietwagenvertrag kann man in Italien bereits mit 18 Jahren abschließen, allerdings fällt für Fahrer, die ein bestimmtes Mindestalter unterschreiten (meist 24 Jahre), eine Jungfahrergebühr von bis zu 18 € pro Tag an. In den größeren Urlaubsorten haben sich außerdem **Vespa- und Motorradvermieter** etabliert. Die Vespa, der legendäre italienische Motorroller, ist allerdings ein ziemlich gewöhnungsbedürftiges Gefährt, denn die kleinen Reifen sorgen für ein völlig neues Fahrgefühl. Die ab 50 ccm vorgeschriebenen Helme gibt es in der Regel gratis dazu.

Da Mietwagen in südlichen Urlaubsländern fast immer nur zu den in diesen Ländern geltenden gesetzlichen (niedrigen) Mindestdeckungssummen haftpflichtversichert sind, Sie als Fahrer eines Mietwagens im Schadenfall jedoch unbegrenzt haften müssen, ist eine sog. „Mallorca-Police" bedenkenswert: Sie gewährleistet die Haftpflichtdeckung in unbegrenzter Höhe und kann für die Dauer von einem bis zwölf Monaten bei einem deutschen Versicherer abgeschlossen werden. Bei vielen Versicherungsgesellschaften ist die Mallorca-Police sogar bereits in der Kfz-Haftpflichtversicherung enthalten, sodass Sie im Falle eines Falles automatisch und ohne zusätzliche Gebühr in den Genuss dieser Sonderleistung kommen. Erkundigen Sie sich am besten bei Ihrem Versicherungsunternehmen.

Mietwagen online: Der derzeit preiswerteste Anbieter ist nach eigener Aussage www.autoeurope.de. Auf seiner Website bietet er sogar an, etwaige günstigere Offerten von anderen Firmen nach Möglichkeit zu unterbieten – und tut das auch oft (aber nur, wenn man vorher bei ihm ein unverbindliches Angebot eingeholt hat). Andere Adressen sind z. B. www.rent.it, www.rentacar-europe.com, www.autovermietung.de, www.holidayautos.de, www.sunnycars.de und www.billiger-mietwagen.de. Auch über die Billigfluglinien Hapag-Lloyd Express und Ryan Air kann man bei der Flugbuchung einen Mietwagen ordern.

Rund um den italienischen Verkehr

● *Auskünfte* Das **CAT** (Centro Assistenza Telefonica), der telefonische Auskunftsdienst des italienischen Automobilclubs ACI (Automobile Club Italiano), gibt unter ✆ 064477 Hinweise zu Straßenzustand, Wetter, Autobahngebühren u. Ä.

● *Häufige Verkehrsschilder* Häufig trifft man auf Verkehrsschilder mit der Hinweisen wie: **accendere i fari** = Licht einschalten; **attenzione uscita veicoli** = Vorsicht Ausfahrt; **deviazione** = Umleitung; **divieto di accesso** = Zufahrt verboten; **inizio zona tutelata** = Beginn der Parkverbotszone; **lavori in corso** = Bauarbeiten; **parcheggio** = Parkplatz; **rallentare** = langsam fahren; **senso unico** = Einbahnstraße; **strada in-**

Noch Fragen?

terrotta = Straße gesperrt; **strada senza uscita** = Sackgasse; **temporamente limitato al percorso** = Durchfahrt vorübergehend verboten; **tutti direzioni** = alle Richtungen; **zona a traffico limitato** = Bereich mit eingeschränktem Verkehr; **zona disco** = Parken mit Parkscheibe; **zona pedonale** = Fußgängerzone; **zona rimorchio** = Abschleppzone.

● *Kraftstoff* Die italienischen Benzinpreise entsprechen etwa denen in Deutschland. **Tankstellen** sind an den Autobahnen 24 Std. durchgehend geöffnet, in Ortschaften meist Mo-Sa von 8.30 bis 12.30 Uhr und von 15 bis 19 Uhr. Manche Tankstellen haben einen Ruhetag, meist ist es der Sonntag. An vielen Zapfautomaten können Sie aber dann mit einem unzerknitterten Geldschein im Selfservice-Verfahren tanken. Kreditoder Bankkarten werden häufig, aber nicht immer akzeptiert.

● *Pannenhilfe/Notrufe* **Notrufsäulen** stehen in Abständen von 2 km an den Autobahnen. Der **Straßenhilfsdienst** des italienischen Automobilclubs ACI (www.aci.it) ist in ganz Italien rund um die Uhr unter ✆ 803-116 zu erreichen (aus den Mobilfunknetzen mit 800116800). Die Pannenhilfe ist kostenpflichtig, auch für Mitglieder von Automobilclubs. Im Rahmen der ADAC-Plus-Mitgliedschaft werden die Kosten für Pannenhilfe bis zu ca. 200 € und auch für das Abschleppen bis zur nächsten ACI-Werkstatt bis zu ca. 200 € übernommen.

Höchstgeschwindigkeiten

	Hubraum	Land-straßen	Schnell-straßen	Autobahnen
PKW		90 km/h	110 km/h	130 km/h, bei Regen 110
PKW mit Anhänger		70 km/h	70 km/h	80 km/h
Wohnmobil über 3,5 t		80 km/h	80 km/h	100 km/h
Motorräder	bis 149 ccm	90 km/h	110 km/h	verboten
Motorräder	ab 150 ccm	90 km/h	110 km/h	130 km/h

Polizeinotruf ✆ 112, **Straßenpolizei** ✆ 113, **Unfallrettung** ✆ 118, **deutschsprachiger Notrufdienst des ADAC** (in Mailand) ✆ 02-661591.

• *Straßenkarten* Siehe „Wissenswertes von A bis Z" auf S. 45.

• *Unfälle* An der Windschutzscheibe eines in Italien zugelassenen Wagens ist ein Aufkleber mit der Adresse der Versicherungsgesellschaft und der Versicherungsnummer angebracht. Diese unbedingt notieren und Zeugen ermitteln.

Die **Bußgelder** in Italien sind in den letzten Jahren wiederholt drastisch angehoben worden. Insbesondere Geschwindigkeitsüberschreitungen werden mit hohen Geldbußen geahndet. Seit 2004 gibt es auch in Italien Radarkontrollen und es wird eifrig davon Gebrauch gemacht. Bei stark überhöhter Geschwindigkeit können sogar Fahrverbote ausgesprochen werden! **Achtung:** Es werden auch Radarfallen benutzt, die mit dem Abstand zwischen zwei Blitzern und der für diese Strecke benötigten Zeit die Geschwindigkeit ermitteln – rechtzeitiges Bremsen hilft hier nicht. Die drakonischen Strafen haben Wirkung gezeigt, die italienischen Autofahren sind disziplinierter geworden und die Unfälle deutlich zurückgegangen.

• *Verkehrsvorschriften* **Abblendlicht** ist auch tagsüber auf allen Autobahnen und Landstraßen vorgeschrieben, für Zweiräder gilt generell „Licht an"; **privates Abschleppen** auf Autobahnen ist verboten; **Straßenbahnen** haben grundsätzlich Vorfahrt; die **Promillegrenze** liegt bei 0,5; es besteht **Gurt-/Helmpflicht**; das Telefonieren während der Fahrt ist nur mit einer **Freisprechanlage** gestattet; im **Kreisverkehr** gilt - rechts vor links, sofern nichts anderes angezeigt ist. In den meisten Fällen hat aber das im Kreis fahrende Fahrzeug Vorfahrt; **Motorräder unter 150 ccm** sind auf italienischen Autobahnen verboten; **Parkverbot** an schwarz-gelb markierten Bordsteinen und gelb markierten Flächen; Dachlasten und Ladungen, die über das Wagenende hinausragen, müssen mit einem reflektierenden, 50 x 50 cm großen, rot-weiß gestreiften **Aluminiumschild** (kein Kunststoff!) abgesichert werden (erhältlich im deutschen Fachhandel, in Italien an Tankstellen; Fahrrad- oder Lastenträger mit Heckleuchten und Nummernschild, die im Kfz-Schein eingetragen sind, sind von dieser Regelung ausgenommen). Ihr Fahrzeug muss mit **reflektierenden Sicherheitswesten** (DIN EN 471) ausgestattet sein, die Fahrer und/oder Beifahrer anzuziehen haben, wenn sie das Fahrzeug wegen Panne oder Unfall verlassen. Diese Regelung gilt prinzipiell außerhalb geschlossener Ortschaften, nachts und bei schlechter Sicht auch innerhalb von Ortschaften. Erhältlich sind die Westen in Tankstellen, Baumärkten etc. (für ca. 10 €, manchmal auch günstiger).

• *Versicherung* Anzuraten ist bei neuen Fahrzeugen unbedingt eine vorübergehende **Vollkaskoversicherung**, da die Deckungssummen italienischer Haftpflichtversicherer lächerlich niedrig sind. Bei Diebstahl springt die Vollkasko (und Teilkasko) ebenfalls ein. Auch einen **Auslandsschutzbrief** sollte man abschließen; alle Automobilclubs und Autoversicherer bieten ihn an. Erstattet werden die Versandkosten von Ersatzteilen, der Heimtransport von Fahrzeug und Personen, eventuell anfallende Übernachtungskosten, Verschrottung, Überführung und einiges mehr (genaue Bedingungen bei der jeweiligen Anbietern erfragen, Jahrespreis zwischen 40 und 70 €). Zur Mallorca-Police bei Mietwagen siehe S. 24.

Mit der Bahn

Zug fahren ist in Italien im Gegensatz zu Deutschland eine wirklich preiswerte Alternative. Der Bahnverkehrsknotenpunkt der Toscana ist Florenz. Von hier bestehen gute Verbindungen nach Siena, Arezzo und Grosseto sowie zur toscanischen Küste. So zahlt man beispielsweise nur 5,40 € für die eineinhalbstündige Fahrt von Florenz nach Arezzo. Auch die Verbindungen an der Küste selbst sind recht gut. Dünner wird das Netz südlich von Siena, lediglich von Chiusi aus hat man noch gute Anschlüsse. In der südlichen Toscana kleine und abgelegene Orte

---

Tipps und Tricks für Bahnreisende (www.trenitalia.com)

- Bevor man den Bahnsteig betritt, muss man sein Zugticket an einem der **Automaten entwerten**, die an den Zugängen aufgestellt sind. Andernfalls gilt man u. U. als potenzieller Schwarzfahrer, und das kann einiges kosten!
- **Zuschlagspflichtige IC-Züge** (7,75 €) sind auf den aushängenden Fahrplänen mit gestrichelter Linie gekennzeichnet (Zuschlag = supplemento). Noch teurer der Zuschlag für den Eurostar (18 €) und ClSalpino (8,75).
- Auf den Fahrplänen immer die Spalte „Servizi diretti e annotazioni" beachten, dort ist vermerkt, ob der betreffende Zug **nur werktags** („si effettua nei giorni lavorativi/feriali" oder **nur feiertags** („si effettua nei festivi") fährt.
- Wenige **Informationsschalter** und Fahrkartenschalter, dafür jede Menge Fahrscheinautomaten mit Anweisungen in Deutsch. Achtung: bei einigen nur mit Kreditkarte möglich.
- Auf kleineren Bahnhöfen hängen oft zusätzlich die Abfahrts-/Ankunftszeiten der **nächstgrößeren Bahnhöfe** bzw. Städte aus – nicht verwechseln!
- Auf kleinen Bahnhöfen werden oft in letzter Minute die **Gleise gewechselt**. Bis zuletzt auf Durchsagen und Mitwartende achten, außerdem immer noch einmal fragen, bevor man einen Zug besteigt.

---

mit dem Zug zu erreichen ist allerdings fast unmöglich, da die wenigen Bahnhöfe, die überhaupt angefahren werden, oft bis zu 10 km vom eigentlichen Ort entfernt liegen. Man ist also auf Busse angewiesen, und die fahren oft nur mit geringer Frequenz.

Mit dem Bus

Das Streckennetzt der **Überlandbusse** teilen sich verschiedene private Gesellschaften untereinander auf. Jeder Anbieter bedient nur eine bestimmte Region, sodass das Zurücklegen einer größeren Strecke in der Toscana fast immer mit viel Umsteigen und langen Wartezeiten verbunden ist. Auch viele kleinere Orte werden angefahren, allerdings meist nur ein- bis zweimal am Tag. Die Busterminals der größeren Orte liegen oft in der Nähe des Hauptbahnhofs. Achtung: an Sonn- und Feiertagen stark eingeschränkter Verkehr! Tickets muss man sich vor der Fahrt in Kiosken, Tabakläden, Bars oder bei den Busgesellschaften selbst kaufen, um sie dann im Bus zu entwerten. Nähere Informationen zu Fahrplänen und Verbindungen erhält man auf den Seiten der jeweiligen Anbieter (leider nur auf Italienisch): www.lazzi.it, www.ataf.net, www.sita-on-line.it, www.cpt.pisa.it.

Das System der **Stadtbusse** wirkt oft etwas chaotisch: Endstationen sind selten an den Bussen angeschrieben, ebenso kann man an den Haltestellen kaum etwas über die Streckenführung, Verkehrszeiten und Häufigkeit der Verbindungen erfahren. Am besten, man fragt sich durch, die Einheimischen sind in der Regel sehr hilfsbereit! Auch für die Stadtbusse gilt: Die Tickets muss man sich bereits vor der Fahrt besorgen.

Mit dem Taxi

Etwas preiswerter als bei uns, allerdings gibt es zahlreiche Zuschläge: für Feiertage, Gepäck, Nachtfahrten, Fahrten von und zum Flughafen. Achten Sie darauf, dass der Taxameter eingeschaltet ist.

Meist freundlicher Empfang an der Rezeption

Übernachten

Der Standard in Italien ist hoch, und die Preise bewegen sich auf einem entsprechenden Niveau. Vorsicht im Juli/August oder gar zu Ferragosto (15. August), dem Höhepunkt der Urlaubssaison: Wer dann auf Zimmersuche ist, wird sich häufig mit einem ernüchternden „tutto completo!" konfrontiert sehen.

Hilfreich bei der Suche nach einem passenden Quartier sind die Unterkunftsverzeichnisse, die von den einzelnen Provinzen der Toscana herausgegeben und in der Regel jedes Jahr aktualisiert werden. Man kann sie beim italienischen Fremdenverkehrsverband ENIT unter www.enit-italia.de oder unter www.infoitalien.de kostenlos anfordern. Wer bereits einen bestimmten Ort im Auge hat, kann sich natürlich auch direkt an das jeweilige Touristenbüro wenden (Adressen unter dem Stichwort „Information" im Reiseteil) bzw. die in diesem Buch aufgeführten Übernachtungstipps durchforsten. Bleiben schließlich noch die Recherchemöglichkeiten in den Reiseteilen überregionalen Zeitungen oder im Internet. Nützliche Websites sind z. B. www.turismo.toscana.it und www.toscana-individuell.de.

Hotels

Die italienischen Hotels und Pensionen werden von den Tourismusbehörden der Provinzen in fünf Kategorien unterteilt (1–5 Sterne). Wir haben diese Klassifizierung bei den Hotelbeschreibungen angegeben, obwohl sie nicht immer etwas über den Zustand, den Service, die Freundlichkeit der Mitarbeiter etc. aussagt.

***** = **Hotel der Luxusklasse**, Aircondition, Telefon, Farb-TV und Eisschrank/Frigobar auf dem Zimmer, ein angeschlossenes (gutes) Restaurant ist selbstverständlich. Außerdem: Swimmingpool, am Meer Privatstrand, Tennisplatz, Disko etc. Hotels dieser Kategorie sind rar gesät, meist trifft man sie nur in Großstädten und sehr bekannten Touristenorten an. Was das Preisniveau betrifft, sind sie eigentlich unbezahlbar: DZ ca. 500–900 €.

**** = First-Cass-Hotel, ebenfalls für gehobene Ansprüche, Preise ab mindestens 180 € fürs DZ, meist aber 200–270 €.

*** = Mittelklassehotel, sauber, mit ordentlicher Ausstattung und eigenem Bad. Qualitätsunterschiede sind aber durchaus feststellen. DZ ca. 75–180 €.

** = untere Mittelklasse, Qualitätsunterschiede spürbar, von vernachlässigt bis gut. Oft gibt es Zimmer wahlweise mit oder ohne eigenes Bad. Manchmal mit viel persönlicher Atmosphäre, manchmal fehlt sie völlig. DZ mit Du/WC ca. 60–80 €, ohne Dusche 40–50 €.

* = einfache Locande und Pensionen, meist in älteren Häusern im Inland und in größeren Städten, an der Küste eher selten. An die Ausstattung sollte man in den teuren Hochburgen des Tourismus bei diesen hohen Preisen schon Ansprüche stellen. DZ mit Du/WC ca. 60–80 €, mit Etagendusche meist ab 50 € aufwärts. In der Provinz zahlt man meist die Hälfte der hier genannten Preise.

Weinprobe am Wegesrand

Ferienwohnungen/Appartements/Spezialreiseveranstalter

Ferienwohnungen sind eine Alternative zu den oft kostspieligen Hotels und werden von vielen Reiseveranstaltern angeboten (mit individueller Anfahrt). Wer kein eigenes Fahrzeug hat, sollte sich bei der Buchung unbedingt nach der genauen Lage des Objekts bzw. der Entfernung zum nächsten Ort erkundigen. Die minimale Aufenthaltsdauer beträgt meist eine Woche, im Juli/August liegt sie oft bei zwei oder sogar drei Wochen.

● *Buchung* Wer in der Hauptsaison (Juli/August) anreisen will, sollte mindestens ein halbes Jahr vorher buchen. In der Vor- und Nachsaison (April/Mai/Juni bzw. September/Oktober) kann man dagegen auch direkt vor Ort fündig werden, entweder über Maklerbüros in den größeren Orten (Auskunft in den Touristenbüros) oder durch Erkundigungen auf eigene Faust. Meist weiß der Pächter der nächsten Bar Bescheid.

● *Preise* Falls man bereits zu Hause buchen will, beginnen die **Wochenpreise** bei günstigen Anbietern in der NS bei etwa 200 € für ein 4-Pers.-Appartement und können sich im Juli/August bis auf über 800 € steigern. Beim Wälzen der Prospekte nicht die **Nebenkosten** für Strom, Wasser, Gas, Endreinigung vergessen.

● *Anbieter* **Aki-tours**, Fremersbergstr. 109, D-76530 Baden-Baden, ☎ 07221/2072, 🖷 2073, www.aki-tours-villen.de. Komfortable Ferienhäuser und Landgüter.

Agenzia Ombrellone, speziell das „Dreiländereck" Toscana-Latium-Umbrien. Scharfenberger Str. 2, 13505 Berlin, ☎ 030/436714-17, 🖷 -19, www.bolsena.de.

Ciao Italia Reisen, Hardt 9, D-40764 Langenfeld, ☎ 02173/2038620, 🖷 02173/2038622, www.ciao-italia-reisen.de.

Destination Cuendet, Wellingsbütteler Landstr. 116, D-22337 Hamburg, ☎ 040/50049073, 🖷 50049074, www.reiseagentur-klos.de.

Italia-casale.de, Internet-Portal für die Vermittlung von Ferienunterkünften, etwa 200 Angebote in der Toscana inkl. Elba. Agentur ips, Eduard Tobias, Manteuffelstr. 5a,

12203 Berlin, ☎ 030/30820408, 📠 30820410, www.italia-casale.de.

Siglinde Fischer Domizile, etwa 300 Objekte, die meisten im Landesinneren, mittleres bis hohes Niveau. Ahornweg 10, D-88454 Hochdorf, ☎ 07355/93360, 📠 933666, www.siglinde-fischer.de.

Toscana Casa Immobiliare, Wohnungen und Häuser speziell im Chianti, deutschsprachige Betreuung durch Monica Bauer. Via San Leolino 14, I-50020 Panzano in Chianti, ☎ 339/2841676, www.toscana-casa.com.

Toscana Landhäuser, Corinna Hochmuth, Heidenheimerstr. 135, D-89075 Ulm, ☎ 0731/967330, 📠 9673333, www.toscana.de.

Toscana Reisedienst, 800 Angebote in der Toscana, davon 60 auf Elba. Eugen-Papst-Str. 19, D-81247 München, ☎ 089/8545521, 📠 8545522, www.toscanareisedienst.de.

Touristikservice Renate Drescher, etwa 100 Objekte (Chianti, Florenz, Siena, Lucca). Stahlgruberring 36, D-81829 München, ☎ 089/29160505, 📠 29160498, www.toscana-ala-carte.de.

Urlaubsfreude, gehobene Preisklasse. Zoppoter Str. 7, D-14199 Berlin, ☎ 030/8238000, 📠 8235926, www.toscana-exclusiv.de.

Voyage Sud-Soleil, vorrangig Häuser um Arezzo, aber auch Elba und Grosseto. Günterstalstr. 17, D-79102 Freiburg, ☎ 0761/708700, 📠 7087026, www.voyages-sud.com.

laMar-Reisen, mit Meeresbiologen auf dem Catamaran zum Delphine beobachten oder Kochkurse auf einem Landgut bei Florenz. Stresemannstr. 15, Haus 3, 22769 Hamburg, ☎/📠 040/59457064, www.lamar-reisen.de/toskana.

Agriturismo

Jedem Toscanareisenden sind sie sicher schon aufgefallen, die Hunderte von Wegweisern mit der Aufschrift „Agriturismo". Sie führen zu meist netten, zum Teil sehr aufwendig renovierten Bauernhäusern, deren Betreiber mit einer breiten Palette touristischer Annehmlichkeiten um die Gunst der Urlaubsgäste buhlen: Vom Satelliten-TV über Jacuzzi und antike Möbel bis hin zu Swimmingpool und Tennisplatz wird häufig so ziemlich alles geboten, was einen Aufenthalt angenehm machen kann. Die Preise sind entsprechend hoch, vor allem wenn der Agriturismo in einer „In"-Gegend liegt wie etwa im Chianti, in der Region rund um Montepulciano oder im Val d'Orcia. Dort kostet ein Doppelzimmer in der Hochsaison nämlich satte 80-150 € pro Nacht. Mit der ursprünglichen Idee, nämlich „Ferien auf dem Bauernhof" anzubieten und dem Gast einen Einblick ins bäuerliche Leben zu verschaffen (z. T. sogar mit der Möglichkeit, aktiv am Arbeitsalltag teilzunehmen), hat das Ganze kaum noch etwas zu tun. Zwar betreiben einige Höfe immer noch Oliven- oder Weinbau (vereinzelt auch noch Viehzucht), doch das Tourismusgeschäft, zunächst als zweites wirtschaftliches Standbein gedacht, hat sich meist zur Haupteinnahmequelle der Betriebe entwickelt. Wer es ursprünglicher haben will, findet allerdings hier und da doch noch einen Hof, auf dem biologisch-dynamische Landwirtschaft betrieben wird und der Hahn morgens bei der Dämmerung lauthals krähend Bauer und Gäste aus den Federn holt.

● *Information* Eine gute Übersicht und die Möglichkeit zur Onlinebuchung bietet **4tourist.net**, Via delle Panche 79/81, I-50141 Firenze, ✆ 055/414160 und 055/3265257, ✉ 055-39069540, info@4tourist.net, www.agriturismo.net.
Informationen auf Englisch und eine Auflistung der Unterkünfte findet man bei **Agriitalia**: www.agriitalia.it, info@agriitalia.it.

Auskünfte und eine Aufstellung der Mitglieder bekommt man außerdem bei **Agriturist Toscana**, Via degli Alfani 67, I-50100 Firenze, ✆/✉ 055-287838, www.agriturist.it, agritosc@confagricoltura.it. Um den Reservierungsservice der Organisation nutzen zu können, muss jedoch eine Mitgliedschaft erworben werden, Jahresbeitrag ca. 27 €.

Privatzimmer

Bed & Breakfast gibt es mittlerweile in vielen Orten und Städten der Toscana. Die Informationsbüros verfügen meist über einschlägige Listen und können nähere Auskünfte erteilen, oft vermitteln sie auch Zimmer. Ansonsten kann man sich einfach vor Ort umhören, vielleicht in der nächsten Bar oder im Alimentari-Laden um die Ecke. Gelegentlich sieht man auch Schilder mit der Aufschrift „affitta camere"

Idyllisch und einladend: Agriturismo

o. Ä. Man zahlt zwischen 50 und 85 € fürs DZ, gelegentlich wird ein Mindestaufenthalt von mehreren Tagen verlangt.

Bed & Breakfast Italia, diese Organisation vermittelt Tausende von Privatunterkünften in ganz Italien (DZ ca. 20–60 €), die man auch online buchen kann. Leider entsprechen die Beschreibungen auf der Website nicht immer den vorgefundenen Realitäten – bei zu starken Abweichungen sollte man sich nicht scheuen zu reklamieren. Kontakt: Palazzo Sforza Cesarini, Corso Vittorio Emanuele II 282, I-00186 Roma, ✆ 06-6878618, www.bbitalia.it.

Caffelletto, Vermittlung von exklusiven Privatunterkünften zu gehobenen Preisen. Kontakt: Via Procaccini 7, I-20154 Milano, ✆ 02-3311814, ✆ 02-3313009, www.caffelletto.it.

Jugendherbergen

Ostelli per la gioventù gibt es derzeit in Abetone, Cortona, Florenz, Livorno, Lucca, Marina di Massa, Siena, und Tavernelle (nähere Beschreibungen im Reiseteil). Eine Übernachtung mit Frühstück kostet meist um 10–18 €. Auch für Familien sind Jugendherbergen durchaus zu empfehlen: Oft gibt es Familienzimmer mit zwei bis sechs Betten, außerdem sind viele Zimmer mit einem eigenen Bad ausgestattet und unterscheiden sich kaum mehr von einfachen, aber zweckmäßigen Hotels. Die meisten Herbergen sind dem Internationalen Jugendherbergsverband angeschlossen, einige werden auch privat geführt. In Ersteren wird oft (nicht immer) der Internationale Jugendherbergsausweis verlangt, den man auch in Italien bei den einzelnen Herbergen kaufen kann (ab 27 Jahren 21 €, bis einschl. 26 Jahre 12,50 €). Aktuelle Infos über die italienischen Jugendherbergen unter www.ostellionline.org.

Camping

Vor allem an der Küste und auf der Insel Elba gibt es ein riesiges Angebot an großen und kleinen Campingplätzen (*campeggi*). Fast alle veranstalten zumindest in der Hauptsaison (ca. Mitte Juli bis Ende August) ein – biswelen lautstarkes – Animationsprogramm, was nicht unbedingt jedermanns Sache ist. Eine besonders für Familien empfehlenswerte Variante sind sogenannte Ferienparks, also Campingplätze, die in ihrer Ausstattung einer riesigen Freizeitanlage gleichen und von Sport- bis hin zu Ausflugsmöglichkeiten alles bieten. Darüber hinaus wohnt man dort wahlweise in kleinen Bungalows mit Bad und komplett ausgestatteter Küche, was eigene Zelte und Campingausrüstung überflüssig macht und noch dazu äußerst komfortabel ist. Das Landesinnere ist weniger gut mit Campingplätzen bestückt, wer sich ein wenig umschaut, wird aber auch hier garantiert fündig. In der Hochsaison sind leider viele Plätze komplett ausgebucht. Und was die Kosten anbelangt, sollte man sich keine großen Illusionen machen: Campen ist in Italien schon lange nicht mehr sonderlich günstig, und die Toscana macht da beileibe keine Ausnahme. Ein Campingurlaub auf Elba beispielsweise kann für eine dreiköpfige Familie mit Zelt durchaus mit 40–55 € pro Tag zu Buche schlagen. Die meisten Plätze sind von Mitte April bis Ende Oktober geöffnet.

● *Information* Eine gute Übersicht bietet die Internetseite **www.camping.it**. Auch unter **www.campeggi.com** erhält man übersichtliche Informationen rund um Camping in Italien, allerdings zum Teil auf Italienisch. Auf **http://www.eurocamp.de** findet man Campingplätze in ganz Europa und gelangt über ein sehr benutzerfreundliches Suchsystem schnell zum Reiseland Italien und zur Toscana.

● *Buchtipp für Wohnmobilisten* Ralf Greus, Mit dem Wohnmobil durch Toskana und Umbrien, 2 Bände (Bd. 1: Der Westen, Bd. 2: Der Osten), Womo/GeoILH 2001/2002, www.womo.de.

Die Köchin nach getaner Arbeit

Essen & Trinken

Die toscanische Küche ist bekömmlich. Gekocht wird traditionell mit wenig Fett und viel Gemüse, und das Fleisch wird oft über Holzkohle gegrillt.

In Italien begnügt man sich nicht mit einem Hauptgericht. Der Magen wird durch diverse *antipasti* (Vorspeisen) und am besten noch durch einen Campari als Aperitif auf das Hauptgericht vorbereitet. Als *primo piatto* (erster Gang) folgt dann Suppe oder Pasta (Teigwaren), wobei in der Toscana Nudelgerichte eigentlich nicht zur traditionellen Küche zählen. Der *secondo* (Hauptgang) besteht aus Fleisch oder Fisch (teuer), die Beilagen *(contorni)* müssen meist extra bestellt werden.

In Touristenorten werden häufig sog. Festpreismenüs *(menù a prezzo fisso oder menù turistico)* angeboten – oft die einzige preiswerte Art, seinen Magen mehr oder weniger angenehm gefüllt zu bekommen. Wer es liebt, à la carte zu speisen, wird tiefer in die Tasche greifen müssen – auf den Listenpreis werden noch ca. 1,50–2,50 € für *coperto* (Gedeck) aufgeschlagen, manchmal wird zusätzlich sogar *servizio* (Bedienung) als Posten aufgeführt. Einige (wenige) Restaurants haben dieses Abrechnungsgebahren aus Konkurrenzgründen aber mittlerweile ad acta gelegt.

Gastronomie

Die Unterschiede zwischen den einzelnen Lokalgattungen verwischen zusehends. Gemeinsam ist ihnen, dass sie fast alle einen Ruhetag in der Woche haben (an der Tür angeschlagen).

Ristorante: Das (auch preislich) gehobene Speiselokal, wohin man Freunde und Geschäftspartner ausführt. Reiche Auswahl an Antipasti, die oft fein säuberlich auf einer Theke in der Nähe des Eingangs aufgereiht sind. Geboten werden überregionale italienische Küche und regionale Spezialitäten, die je nach geographischer Lage ihren Schwerpunkt auf Fleisch oder Fisch haben.

Trattoria: Ursprünglich die einfachere, bodenständigere und auch preiswertere Variante. Typische Trattorie werden meist seit Generationen als Familienbetrieb geführt, auf dem Speisezettel stehen hauptsächlich Gerichte der regionalen Küche. Inzwischen hat sich manches geändert. So nennen sich viele Ristoranti Trattoria, sei es, um eine gewisse „Volkstümlichkeit" vorzuspiegeln, sei es, weil man sich wirklich dieser Tradition verpflichtet fühlt und entsprechend arbeitet. Dabei gibt es oft echte Volltreffer, was die Qualität der Speisen angeht! Wichtig jedoch: Die Bezeichnung Trattoria sagt nichts über die Preise aus, meist isst man dort genauso oder fast genauso teuer wie im Ristorante. Generell vorher einen Blick auf die Karte werfen, um vor unliebsamen Überraschungen sicher zu sein.

Osteria: Traditionell das Gasthaus um die Ecke, wo der kleine Angestellte seine Mittagspause verbrachte und seinen *quartino* (Viertelliter Wein) trank. Die echte Nachbarschafts-Osteria hat heute in ganz Italien Seltenheitswert. Die Bezeichnung besagt gar nichts mehr, dahinter kann sich auch ein gestyltes Restaurant verbergen. Zuerst mal einen Blick hineinwerfen, bevor man sich setzt.

Pizzeria: Wer auf Nummer Sicher gehen will, preislich wie kulinarisch, kehrt hier ein. Das Angebot ist wenig exotisch, und es ist durchaus üblich, auf die Vorspeise zu verzichten und nur ein Gericht zu bestellen, sei es Pizza oder eine Nudelspeise mit Salat. Nicht von ungefähr trifft man hier meist die Ortsjugend, die in den teuren Ristoranti höchstens im Familienverband auftaucht.

Birreria: Der Name täuscht, denn man trifft sich hier nicht nur zum Biertrinken, sondern auch zum Essen. Es werden vollständige Mahlzeiten serviert.

Enoteca, Vineria oder Vinaio: Weinlokal mit meist großem Angebot regionaler und überregionaler Weine. Man nimmt ein paar der oft sehr leckeren Snacks zu sich und kostet sich genüsslich durch die Weinkarte.

Tavola Calda/Rosticceria: Den ganzen Tag warm gehaltene Speisen, viele Salate, Sandwiches etc. Meist relativ preiswert, Speisen oft zum Mitnehmen.

Gaumenschmauß – einige toscanische Spezialitäten

Arista alla fiorentina: Deftige Scheiben Rinderlende (die würzigsten kommen aus dem saftig grünen Chiana-Tal), das Fleisch wird mit Öl und Knoblauch eingerieben und mit Rosmarin gewürzt und anschließend auf Holzkohle gegrillt. Serviert wird das Fleisch mit zerlassener Butter, Spinat, Gemüse oder Pilzen.

Calamari ripieni: Tintenfische, gefüllt mit Ei, Knoblauch, Petersilie und Semmelbröseln, kräftig gewürzt und in Öl gebraten. Dazu Tomatensoße.

Finocchi in tegame: Fenchel, der mit Knoblauch und Zwiebeln in Öl gedünstet wird.

Lombatine di vitella con funghi: Kalbslende, in Butter gebraten und mit Champignons und Tomatensoße weich geschmort.

Polenta alla toscana: gerösteter Maisbrei mit Kalbfleischwürfeln, Zwiebeln, Petersilie, Rosmarin und schwarzen Oliven, überstreut mit geriebenem Parmesankäse.

Pollo alla fiorentina: gewürzte Hühnerfleischstückchen, in einem Ausbackteig goldbraun frittiert.

Polpette: Hackfleischbällchen mit Petersilie, Schinkenstückchen, Ei, Muskatnuss und geriebenem Parmesankäse.

Salsa d'erbe all'uso toscana: toscanische Kräutersoße mit in Olivenöl eingeweichtem Weißbrot, Knoblauch, Oliven, Estragon, Oregano und Essig.

Trippa alla fiorentina: gekochte Kutteln mit Zwiebeln, Tomatenmark, Petersilie, Salbei und geriebenem Parmesankäse.

Selfservice: In den Großstädten inzwischen weit verbreitet. Neben der internationalen Hamburgerkultur gibt's erfreulicherweise oft eine reichhaltige Salatbar und diverse italienische Gerichte, ansonsten auch Pizza vom Blech, Fassbier etc. Vergleichsweise gute Qualität bietet die Selfservice-Kette „Brek".

Bar: An jeder Straßenecke – hier kehrt man tagsüber im Vorübergehen ein, um an der Theke morgens einen Cappuccino, tagsüber einen Caffè oder abends eine Grappa zu schlürfen, ein paar Worte zu wechseln und sich von der Arbeit zu erholen. Abends fungiert die Bar als Treffpunkt der Männer aus der Nachbarschaft, meist geht es hoch her. Sitzgelegenheiten sind hier traditionell rar, man diskutiert im Stehen. Inzwischen haben viele Bars aber Stühle und Tische im Freien aufgestellt, an denen man oft deutlich mehr zahlt als am Tresen.

Caffè: Die Übergänge zur Bar sind fließend. Entspricht unserem Café, meist mit ausgedehnter Freiluftzone an exponierten Plätzen und Straßen. Wenn man Platz nimmt, sind die Preise stolz – ein kleines Bier (0,3 l) kostet beispielsweise um die 3,50 €, aber auch Büchsengetränke wie Cola etc. machen auf die Dauer arm. Besser fährt man manchmal mit einem Glas Wein.

> **Achtung:** Seit 2005 ist in Italien in öffentlichen Gebäuden, aber auch in Gaststätten, Bars und sogar in Diskotheken das Rauchen strengstens untersagt.

Frühstück (prima colazione)

Kann man sich in Italien abgewöhnen. Kaum ein Italiener frühstückt kräftig, meist reicht ein *cornetto* (Hörnchen) oder eine *pasta* (Gebäck) in der nächsten Bar, dazu ein hastig runtergekippter Cappuccino. Dementsprechend gibt es kaum Cafés mit Frühstücksangebot; man kann sich aber meist einen Toast oder ein belegtes Brötchen *(panino)* bestellen. Auch in den Hotels fällt die erste Tagesmahlzeit in der Regel äußerst bescheiden aus.

Vorspeisen (antipasti)

Meist sehr individuell nach Art des Hauses zusammengestellt. Typisch sind z. B. *prosciutto con melone* (geräucherter Schinken mit Melone) oder spezielle toscanische Hartwurstsorten, garniert mit Oliven und manchmal auch etwas Salat. Manchmal gibt es auch *frutti di mare*, einen leckeren Meeresfrüchtesalat, *finocchiona*, eine mit Fenchel gewürzte Salami, oder *biroldo*, eine Art Presssack aus Blutwürstchen mit Schweineblut und Fleischstückchen.

Erster Gang (primo piatto)

Minestre: Darunter werden Suppen, aber auch Teigwaren und Reisgerichte verstanden.

Zuppa: Am bekanntesten ist Minestrone, eine dicke Gemüsesuppe mit allem, was der Garten zur entsprechenden Jahreszeit hergibt. Typisch für die Toscana ist *minestrone lunigianese* mit Bohnen, Kastanien, Reis und diversen Kräutern. Eine reichhaltigere Abart ist *minestrone alla Casalinga* mit Kartoffeln, Sellerie, Tomaten, Kohl, pürierten Bohnen und Nudeln. In einer einfachen Trattoria kommt auch häufig *consome* (Fleischbrühe) mit Hühnerfleisch und Nudeln auf den Tisch.

Pasta: Teigwaren werden als Vor-, aber auch als Hauptgericht serviert. Es gibt einige hundert verschiedene Nudelarten, die sich durch Rezeptur, Form oder Füllung unterscheiden. Eine gute Trattoria verzichtet auf die industriell hergestellten Teigwaren; man macht sie selber oder kauft sie beim Nudelbäcker ein.

Hauptgerichte (secondi piatti)

Ob Fisch oder Fleisch, muss die individuelle Gaumenlust entscheiden. Als *contorni* (Beilagen) kommen häufig Bohnen oder Tomaten auf den Tisch – leider oft nur in

Bei italienischen Restaurantpreisen ist das „Tischlein deck dich" auf dem Pflaster vor dem Palazzo Pitti eine preiswerte Alternative

dekorativen Dosierungen. Sie müssen, wie gesagt, normalerweise extra bestellt werden. Im Süden schätzt man ausgereiftes Gemüse bzw. Obst weit weniger als bei uns. Die Tomaten kommen deshalb oft noch grün auf den Teller, wobei die gallertartige Fruchtfüllung entfernt wurde, um damit die Minestrone anzureichern.

Fleischgerichte: Bekanntestes toscanisches Gericht ist wohl *bistecca alla fiorentina*. Das Beefsteak wird ohne Fett und ungesalzen auf den Holzkohlegrill gelegt, damit der Saft nicht verloren geht. Es soll mindestens 500 g schwer sein. Probieren Sie es einmal in einem Florentiner Restaurant, billig ist das allerdings nicht.

Fischgerichte: Wegen der Meeresnähe ist die Auswahl an Fisch und Krebsgetier groß. Auf jeden Fall mal *cacciucco* versuchen, die Livorneser Fischsuppe – ein duftendes Allerlei aus Krabben, rosig-zarten Tintenfischchen, Aal, Langusten und Ähnlichem mehr in einem fein abgeschmeckten Sud.

Pizza: Für Budget-Touristen ist Pizza oft die einzige Möglichkeit, eine preiswerte warme Mahlzeit zu bekommen. Die italienischen Pizzabäcker im deutschen Exil gehen verschwenderisch mit dem Belag um: Dicke Schinkenscheiben und viel Käse sorgen dafür, dass der Boden kaum mit dem Mund in Berührung kommt. In Italien fällt der Belag etwas spärlicher aus, dafür ist der Boden unnachahmlich knusprig.

Eis (gelato)

Das italienische Eis gilt als das beste der Welt, seine Herstellung ist (fast) eine Kunst – *gelato artigianato*, wie man oft liest, heißt nicht künstlich hergestellt, sondern vielmehr kunstfertig. Die angebotenen Sorten gehen meist in die Dutzende. Herrlich erfrischend und aromatisch ist auch *granita*, ein flüssig-körniges Eisgemisch, das in großen Rührgeräten den ganzen Tag über frisch gehalten wird. Häufige Geschmacksrichtungen sind *menta* (Minze), *limone* (Zitrone), *aranciata* (Orange) und *caffè*.

Wein

Noch bis in die 1970er Jahren hatte das Wort „fiasco" eine fatale Doppelbedeutung, bezeichnete es doch zugleich die typische Korbflasche für den Chianti (s. Kasten weiter unten) und die zumeist haarsträubende Qualität ihres Inhalts. Damals war der Chianti wie viele andere italienische Weine zu einem unbekömmlichen Massenprodukt verkommen. Doch zum Beginn der 80er Jahre entwickelte sich etwas, was man ein wenig blumig, aber gar nicht falsch als das „italienische Weinwunder" bezeichnet hat. Vorreiter dieser önologischen Revolution, die noch nicht zu Ende ist, waren die Produzenten der Toscana.

Kraftvoll, mit hohem Alkohol- und Tanningehalt versehen, körperreich und tief – so präsentiert sich der toscanische Rotwein heute. Das Tannin macht ihn gut lagerfähig, 10 bis 20 Jahre bei Spitzengewächsen; in dieser Zeit entwickelt er eine immer größere Komplexität und Tiefe in Geschmack und Bouquet. Ähnliche Charakteristiken besitzen, abgesehen vom Tanningehalt, auch die weißen Sorten. Einer der Wegbereiter der neuen toscanischen Weinkultur war neben den Traditionshäusern Antinori, Biondi Santi und Ricasoli der Marchese Mario Incisa della Rocchetta, einer der Mitbegründer des WWF. Als im Zweiten Weltkrieg die in italienischen Adelskreisen sehr geschätzten französischen Weine knapp wurden, pflanzte er – zunächst nur für den Eigenbedarf – auf seinem Weingut Tenuta San Guido bei Bolgheri die Rebsorte Cabernet Sauvignon an. Erst ab 1968 brachte er diesen Wein mit der Bezeichnung *Sassicaia* in den Handel zu bringen (benannt nach den vielen Steinen = *sassi* im Boden). Hochkompetenter Macher dieses Weines und vieler weiterer Spitzenprodukte des toscanischen und italienischen Weinwunders war der legendäre Önologe Giacomo Tachis, der jahrzehntelang für Antinori arbeitete (Marchese Piero Antinori war ein Neffe des Marchese Mario Incisa della Rocchetta), sich für eine Beschränkung der Erntemengen einsetzte und das Barrique in Italien hoffähig machte. Mittlerweile hat er auf Sardinien weitere große Erfolge erzielt. Weinmacher ähnlicher Statur sind auch die Gebrüder Riccardo und Renzo Cottarella - Riccardo, der Ältere, berät zahlreiche Weingüter in Mittel- und Süditalien, und Renzo, der jüngere, ist Nachfolger von Giacomo Tachis bei Antinori. Mit ihrem Können, das sie auch in Frankreich und Deutschland erworben hatten, sind diese Experten der Motor der Entwicklung. Dazu kommen als großes Potential die phantastischen Böden und Pflanzgründe der Toscana (oft muschelkalkdurchsetzter Gallestro), eine große Vielfalt autochthoner Traubensorten (zuallererst Sangiovese in seinen verschiedenen Varietäten) und die Unternehmungs- und Innovationsfreude der Weingutbesitzer – das Haus Avignonesi als leuchtendes Beispiel.

Entstanden sind so zweierlei Qualitätslinien: zum einen die nach dem neuen italienischen Weingesetz definierten DOC- und DOCG-Weine bestimmter Anbaugebiete und zum anderen die sog. *Supertoscaner*, die nach diesem Gesetz nur als VDTs (*Vini da Tavola*) eingestuft werden, weil sie aufgrund ihrer Rezepturen gegen die DOC- bzw. DOCG-Regeln verstoßen. Aber gerade die Supertoscaner sind in der Mehrheit Spitzenweine von internationalem Format geworden, z. B. der *Sassicaia* (Tenuta San Guido), der *Vigna L'Appartita* (Castell di Ama) und aus dem Hause der Marchesi Antinori der *Solaia*, der *Tignanello* und der *Guado al Tasso*. Bei den DOCG-Spezifikationen sind allerdings ebenso Weine von größter Statur zu finden:

großartige Vertreter des *Chianti*, des *Brunello di Montalcino*, des *Vino Nobile di Montepulciano*, des *Morrellino di Scansano* oder des *Vernaccia di San Gimignano* (um nur einige zu nennen). Die Zentren der neuen Weinkultur sind in der nördlichen wie südlichen Toscana zu finden, u. a. Castellina, Greve, Gaiole, Panzano, Radda in Chianti, Barberino und Val d'Elsa.

Leider haben die toscanischen Weine, die international Furore gemacht haben, seit einigen Jahren eine nahezu hysterische Preisexplosion hinter sich. Der bisherige Höhepunkt war das Jahr 2001, in dem der Jahrhundertjahrgang 1997 vermarktet wurde. Der *Solaia '97*, als allergrößter italienischer Wein des 20. Jh. gepriesen, ließ sehr schnell seinen Einstiegspreis von umgerechnet 60 € hinter sich. Wer ihn im Herbst 2001 noch sichtete und für umgerechnet 200 bis 350 € erstehen durfte, konnte sich glücklich schätzen. Bisweilen wurde der Tropfen in Önotheken des Nordens schon für 2 Millionen gesehen. Ein wesentlicher Ratschlag für Weinfreunde mit normalem Budget ist daher, sich in kompetenten Weinhandlungen beraten zu lassen, und zwar bezüglich ähnlich hochwertiger, aber noch nicht so bekannter Weine. Denn das Weinwunder ist beileibe nicht an sein Ende gelangt, und jedes Jahr kommen neue wunderbare Erzeugnisse dazu. Außerdem ist es sehr wohl lohnenswert, sich in der geographischen Nachbarschaft der Spitzenlagen umzusehen und dort Verkostungen vorzunehmen. Zu empfehlen sind z. B. der *Montescudaio* (in der Nähe von Bolgheri), der auch als *Tignanello di Poveri* bekannt ist, der *Chianti Rufina Riserva DOCG* (Fattoria Selvapiana in Pontassieve) oder der *Poggio ai Chiari* (Casa Emma in Barberino Val d'Elsa). Es gibt allerdings auch Fehlentwicklungen der Weinkunst zu verzeichnen wie etwa ein zu großzügiger Einsatz neuer kleiner Eichenfässer (Barriques), der zu einem Einheitsgeschmack von alles übertönenden Vanillenoten führen kann. Dabei ist das Potential der Reben, der Böden, des Klimas und der Sonne so groß, dass sanft gesteuerte Weine, die ohne große Kellertricks sich selbst und ihrer Natur überlassen werden, wunderbare Ergebnisse zeitigen. Oft sind diese Weine „biologisch", ohne dass dies besonders angestrebt oder betont werden muss. Schönstes Beispiel ist der *Brunello Paradiso di Manfredi* mit seiner großen Individualität, was die einzelnen Jahrgänge anbelangt. Auch der *Brunello von Gianfranco Soldera* ist Ergebnis einer Weinphilosophie von großem Einfühlungsvermögen in die Kräfte der Natur – auf der anderen Seite stehen dem die Praktiken des US-amerikanischen Weinkonzerns Castello Banfi gegenüber, der mit wahren „Hubschraubergriffen" Schädlingsbekämpfungsmittel auf seine immensen Rebflächen spritzt.

Der rubinrote *Chianti* spritzte nur so; die „fiaschi" (Flaschen), dickbauchig und bastumhüllt, flogen nach der Theatervorstellung auf die Bühne. Nicht, weil der Wein nicht mundete, er machte die Gemüter impulsiv – und was die Schauspieler boten, sprengte die Grenzen des Erträglichen entschieden. Das passierte irgendwann im 13. Jh. und wurde *fiasco* genannt. Ein Wort für ein missglücktes Unternehmen war geboren. Heute wird der Chianti, der wohl bekannteste italienische Wein, nicht mehr in den bauchigen Ballonflaschen abgefüllt, sondern kommt wie alle Qualitätsweine in Bordeaux-Flaschen.

Wissenswertes von A bis Z

Ärztliche Versorgung

Der offizielle Weg zu ärztlicher Hilfe führt für gesetzlich Versicherte nicht mehr über den guten alten Auslandskrankenschein, sondern über die *European Health Insurance Card (EHIC)*. Mit der EHIC (siehe auch unten) kann man im EU-Ausland wie daheim zum Arzt gehen und sich behandeln lassen, ohne die Kosten vorstrecken zu müssen. Theoretisch zumindest, denn viele Ärzte behandeln nicht im Rahmen des staatlichen Gesundheitssystems, sodass man die Behandlung oftmals bar bezahlen muss. Für Privatversicherte gilt ohnehin grundsätzlich Barzahlung. Gegen Vorlage einer detaillierten Quittung *(ricevuta)* des behandelnden Arztes einschließlich Übersetzung werden die Kosten dann daheim erstattet – allerdings nur so weit, wie sie der heimische Gesundheitsdienst getragen hätte.

Wer ganz sicher gehen will, sollte eine – in der Regel sehr günstige – **private Auslandskrankenversicherung** abschließen. Sie deckt neben den Arzt- und Arzneimittelkosten auch einen Rücktransport nach Hause ab.

● *EHIC* Die Karte ist von vielen Krankenkassen bereits ausgeliefert worden, manchmal handelt es sich schlicht um die Rückseite der normalen Versichertenkarte – werfen Sie mal einen kurzen Blick darauf. Manche Kassen sind allerdings noch im Verzug und arbeiten mit Übergangslösungen. Am besten, Sie erkundigen sich selbst bei Ihrer Kasse.

● *Notruf (pronto soccorso)* Notarzt und Krankenwagen erreicht man kostenlos von allen öffentlichen Apparaten in ganz Italien unter ☎ 118. Alternativ kann man unter

☎ 113 die Unfallrettung der Straßenpolizei anrufen, diese schickt dann die Ambulanz.

● *Erste Hilfe (soccorso medico urgente)* In den Touristengebieten gibt es während der Saison in so gut wie jedem Ort eine von der Kommune unterhaltene Station der **guardia medica turistica**, in der man kleinere Verletzungen oder Bagatellerkrankungen behandeln lassen kann.

● *Apotheken (farmacia)* Ungefähre Öffnungszeiten: Mo–Sa 8.30–13 und 16.15–19.45 Uhr, Not- und Wochenenddienste sind an jeder Apotheke angeschlagen.

Diplomatische Vertretungen

Deutschland unterhält in der Toscana zwei Vertretungen, Österreich und die Schweiz je eine. In Notfällen – z. B. beim Verlust sämtlicher Reisefinanzen – kann man sich an diese Vertretungen des Heimatlandes wenden. In erster Linie erhält man dort allerdings Hilfe zur Selbsthilfe, z. B. die Vermittlung von Kontaktmöglich-

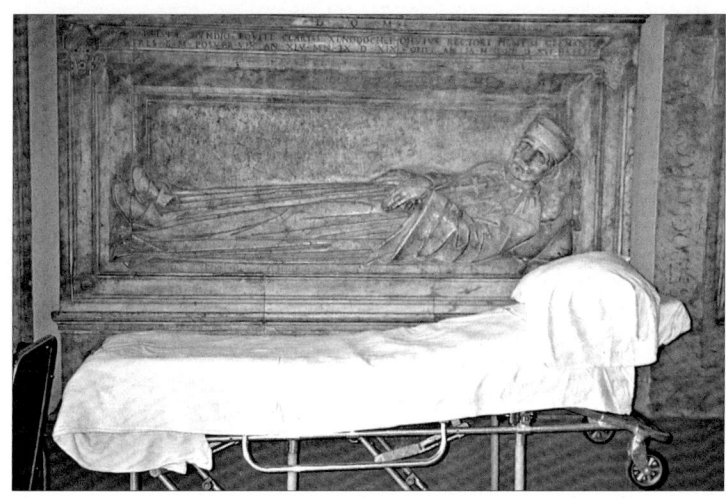

Krankenbahre vor einem Grabmal im Ospedale della Scala in Siena

keiten zu Verwandten oder Freunden und Informationen über schnelle Überweisungswege. Nur wenn keine andere Hilfe möglich ist, bekommen Sie Geld für die Heimreise vorgestreckt. Es werden aber keine Schulden übernommen (z. B. Hotelkosten) oder Mittel für die Fortsetzung des Urlaubs zur Verfügung gestellt.

Honorarkonsul der Bundesrepublik Deutschland (Console Onorario della Repubblica Federale di Germania), Honorarkonsulin Renate Wendt, I-50122 Firenze, Corso dei Tintori 3, ☎ 055-2343543, 🖷 055-2476208. Zuständig für die Provinzen Florenz, Grosseto, Livorno, Lucca, Massa-Carrara, Pisa, Pistoia, Prato und Siena.

Honorarkonsul der Bundesrepublik Deutschland (Console Onorario della Repubblica Federale di Germania), Honorarkonsul Gianfranco Duranti, I-52100 Arezzo, Casa Nuove di Ceciliano 59, ☎ 0575-321000, g.duranti@teletruria.it. Zuständig für die Provinz Arezzo.

Österreichisches Konsulat (Consolato di Austria), I-50123 Firenze, Lungarno Vespucci 58, ☎ 055-265422 o. 057-45730, 🖷 055-4571791, u.agostini@albinipitigliani.it.

Schweizer Konsulat (Consolato di Svizzera), I-50125 Firenze, c/o Hotel Park Palace, Piazzale Galileo 5, ☎ 055-222434, 🖷 220517, cons.suisse.firenze@fol.it.

Zur Möglichkeit von **R-Gesprächen** im Notfall siehe S. 51.

Eintrittspreise

Die Toscana ist ein Dorado für Kunstliebhaber. Billig ist die Besichtigung der Kunstschätze allerdings nicht, denn ihre Pflege und Präsentation verschlingen eine Menge Geld, das man sich über die Eintrittspreise zumindest zum Teil zurückholen will. Für den Besuch von **Museen** und **Galerien** zahlt man je nach Stellenwert zwischen 3 und 9 € pro Person, mit ähnlichen Tarifen muss man rechnen, wenn man sich **Kastelle** anschauen will. **Kirchen** sind dagegen im Regelfall kostenlos, Eintritt muss man derzeit in der Toscana nur für den Dom von Pisa bezahlen. Generell kostenpflichtig ist aber die Besichtigung von Sakristei, Kirchenschatz, Dommuseum und anderen „Extras".

Aber auch wer eher profaneren Vergnügungen zugeneigt ist, muss sich in der Toscana auf z. T. saftige Preise einstellen. In **Diskotheken** z. B. läuft unter 10 € Eintritt selten was, meist zahlt man sogar 15–20 €. In **Clubs** wird oft eine Mitgliedskarte verlangt, die sog. *tessera*. Sie kostet meist nur ein paar Euro und kann auch für einen einmaligen Besuch erworben werden. Da die Clubs hohe Strafen zahlen müssen, wenn bei Polizeikontrollen Besucher ohne Clubausweis erwischt werden, wird Eintritt ohne Mitgliedskarte nur selten gewährt.

Fauna

Am eindrucksvollsten präsentiert sich die Tierwelt der Toscana wohl in der Maremma, dem „Wilden Westen" der Region. Neben Reihern und Kranichen, die in den Sumpfgebieten nisten, geben sich hier noch frei laufende Rinder und Pferde die Ehre. Fürchten muss man sich aber nicht, denn die tierische Freiheit ist natürlich keine absolute: Eingeschränkt wird sie durch die *Butteri*, echte Cowboys, die seit Urzeiten als berittene Hirten in der Gegend unterwegs sind und die extrem langhornigen Maremma-Rinder, die ursprünglich aus Indien stammen, und die hochbeinigen, einst aus Libyen eingeführten Maremma-Pferde nicht aus den Augen lassen.

Ansonsten gibt es wenig Außergewöhnliches zu berichten: Die ehemals großen Bestände an Rotwild sind zu großen Teilen der Jagdleidenschaft vergangener Jahrhunderte zum Opfer gefallen, größere Bestände gibt es lediglich noch im Casentino und im Pratomagno. Da und dort durchstreifen nachtaktive Stachelschweine ihre mondbeschienenen Reviere, um sich tagsüber wieder in ihre Erdhöhlen zurückzuziehen. Im Apennin soll sich der eine oder andere Wolf versteckt halten, freilich ohne ein gesteigertes Bedürfnis nach der Begegnung mit Menschen zu verspüren. Ebenso spröde gibt sich in der Regel die giftige, ca. 70–75 cm große Apsisviper, auf die man insbesondere bei Wanderungen dennoch etwas Acht geben sollte. Gänzlich ungefährlich ist dagegen die Äskulapnatter, die geschickt in Bäumen und Sträuchern herumklettert und sich auf Mäuse und Jungvögel spezialisiert hat. Darüber hinaus tummeln sich in der Toscana noch diverse Eidechsenarten, darunter die bis zu 40 cm lange Smaragdeidechse. Und natürlich gibt es – Sie werden es unschwer anhand der Speisekarten feststellen – eine ganz erkleckliche Zahl von Wildschweinen.

Flora

Sanfte Hügel, wohlgeordnete Zypressenreihen und in der Ferne ein kleiner, silbrig flimmernder Olivenhain, davor ein frisch eingesätes Feld, daneben eins, das schon grün sprießt, und wieder ein anderes, das brachliegt: Die Toscana ist in weiten Teilen eine durch und durch kultivierte Landschaft, in der sich der jahrhundertelange gestalterische Einfluss der Menschen bereits auf den ersten Blick bemerkbar macht. Einen wesentlichen Einfluss hatte das seit dem Mittelalter praktizierte System der *mezzadria*, einer spezifischen Form der Halbpacht, bei dem der Grundbesitzer dem Pächter den Boden sowie die sonstigen Produktionsmittel (Saatgut, Dünger usw.) zur Verfügung stellte und dafür einen bestimmten Prozentsatz der Ernte in Naturalien erhielt. Die *mezzadri*, die Halbpächter, waren es, die der Landschaft im Laufe der Zeit ihren unverwechselbaren Stempel aufdrückten. Dennoch: Die gestaltete Kulturlandschaft ist nur eine Seite der Medaille. Daneben gibt sich die Toscana mancherorts geradezu wild und gänzlich undomestiziert, z. B. im Pratomagno-Gebirge östlich des Arno oder in der Garfagnana, dem oberen Tal des Serchio: tiefe, fast undurchdringliche Wälder aus Tannen und Kastanien, Buchen

und Eichen dominieren hier das Landschaftsbild. In der Küstenregion und dessen unmittelbarem Hinterland regiert dagegen das wilde Chaos der Macchia. Die Pflanzenwelt dieses immergrünen, typisch mediterranen Buschwaldes hat sich optimal an die Hitze angepasst: zurückgebildete, der Sonne abgewandte, ledrige Blätter, z. T. sogar zu Dornen oder Nadeln mutiert, um so den Wasserverlust durch Verdunstung auf ein Minimum zu reduzieren. Zu den typischen Macchia-Pflanzen gehören der Johannisbrotbaum und der Erdbeerbaum, außerdem Lavendel, Rosmarin, Oleander, Ginster, Zistrose, Myrte und Baumheide. In unmittelbarer Nachbarschaft der Macchia stößt man oft auf die ebenfalls immergrünen Steineichen, die bis zu einer imposanten Höhe von 20 m heranwachsen können.

Geld

Seit 2002 ist auch in Italien der Euro gültig, nur Schweizer müssen ihre Franken in Euro umtauschen, wobei der Kurs je nach Marktlage schwankt (1 € entsprach im Frühjahr 2008 etwa 1,61 SFr).

In allen größeren Orten sind *Geldautomaten* installiert, wo man mit Bankkarte und Geheimnummer rund um die Uhr problemlos bis zu 250 € oder mehr abheben kann (Bedienungshinweise in Deutsch). Man sollte allerdings auf die Aufkleber achten, nicht alle Automaten können mit ec-Karte bedient werden. Falls ein Automat außer Betrieb ist („fuori servizio"), findet man sicher schnell einen anderen. Eine Abhebung kostet in der Regel 5 € – allerdings gibt es auch schwarze Schafe, die mehr verlangen, da die entsprechende EU-Gebührenordnung nicht mehr verbindlich ist. Tipp: Mit der *Postbank SparCard 3000 plus* sind die ersten vier Abhebungen im Jahr gratis (Karte spätestens einen Monat vor der Reise bestellen).

Für das Einlösen von *Reiseschecks* müssen Sie am Bankschalter vorstellig werden. Wartezeiten sind hier aber die Regel, eine kleine Gebühr wird ebenfalls meist fällig. Wer nicht allzu viel Cash mit sich herumtragen will, kann auch problemlos auf die *Bankkarte* und alle gängigen *Kreditkarten* zurückgreifen, die als Zahlungsmittel weithin akzeptiert werden (Hotels, Restaurants, Läden, Fahrzeugvermietungen, Bahn- und Flugtickets etc.). Seit Einführung des Euro ist dabei das bisherige Auslandsentgelt von 1 % entfallen. Tankstellen lehnen die Kreditkarte manchmal ab, man sollte deshalb beim Tanken immer Bargeld dabeihaben. Mit Kreditkarten kann man auch bei Banken Geld abheben, allerdings sind die Gebühren recht hoch (bis 4 % vom Betrag), deswegen besser nur im Notfall darauf zurückgreifen.

• *Banköffnungszeiten* Italienische Banken haben im Wesentlichen einheitlich geregelte Öffnungszeiten, nämlich Mo–Fr 8.30– 13.30 Uhr, regional können die Zeiten leicht schwanken (z. B. 8.30–14 Uhr oder 9–14 Uhr).

• *Im Notfall* Bei Verlust von EC-Karte, Kreditkarte, Reiseschecks etc. diese sofort telefonisch sperren lassen. Seit Juli 2005 kann man zu diesem Zweck die zentrale Sperrnummer 116116 anrufen, die aus dem Ausland zusammen mit der Vorwahl 0049 erreichbar ist (für die Sperrung von EC-Karten steht darüber hinaus auch weiterhin noch die bewährte Nummer 01805-021021 zur Verfügung). Leider haben sich diesem vom *Verein zur Förderung der Sicherheit in der Informationsgesellschaft – Sperr e. V.* eingerichteten Dienst, über den man im Übrigen auch sein verloren gegangenes Handy sperren lassen kann, noch nicht alle Kreditunternehmen angeschlossen. Ob Ihres bereits dabei ist, können Sie entweder telefonisch (ebenfalls unter ✆ 116116) erfragen oder unter www.sperr-ev.de im Internet ermitteln. Wenn nicht, sollten Sie vor Reiseantritt bei Ihrem Kreditinstitut nachfragen, welche Sperrnummer gültig ist (auf neueren Kreditkarten ist die Sperrnummer auch gut sichtbar vermerkt).

Wer einen **kompletten Geldverlust** zu beklagen hat, kann sich im Rahmen des Minutenservice der Post über „Western Union Money Transfer" von einer Kontaktperson zu Hause innerhalb weniger Stunden Geld überweisen lassen. Einzahlung u. a. bei allen Filialen der Postbank, Gebühr für Überweisung von 250 € ca. 25 €, für alle weiteren Beträge über 250 € ca. 7,50 €. Dieses Verfahren funktioniert auch ohne einen eventuell abhanden gekommenen Ausweis. Auszahlung bei Postfilialen, bestimmten Banken und Reisebüros.

Gesetzliche Feiertage

An den folgenden Feiertagen sind alle Ämter und Schulen geschlossen. In der warmen Jahreszeit drängt an Feiertagen ganz Italien ans Meer, an die Seen und in die Vergnügungsparks, viele Straßen sind dann verstopft.

Capodanno (Neujahrstag)

Epifania (Dreikönigstag)

Pasqua/Lunedì dell'Angelo (Ostersonntag/Ostermontag), der Venerdì Santo (Karfreitag) ist kein Feiertag.

Festa della Liberazione (Tag der Befreiung vom Faschismus) am 25. April.

Festa dei Lavoratori (Tag der Arbeit) am 1. Mai.

Pentecoste (Pfingsten), nur der Sonntag.

Festa della Repubblica (Tag der Gründung der Republik) am 2. Juni.

La Solennità dei Santi Pietro e Paolo (Peter und Paul) am 29. Juni.

Assunzione di Maria Vergine/Ferragosto (Mariä Himmelfahrt) am 15. August. Dieses Hauptfest der Marienverehrung ist ein großes Familienereignis in Italien und Höhepunkt der Urlaubssaison.

Ognissanti (Allerheiligen) am 1. November.

Festa dell'Immacolata (Mariä Empfängnis) am 8. Dezember.

Natale (Weihnachten) am 25. Dezember.

Santo Stefano (Tag des heiligen Stephanus) am 26. Dezember.

Haustiere

Für den Trip nach Italien bestehen folgende gesetzliche Bestimmungen: 1) das Tier muss nachweislich gegen Tollwut geimpft sein (frühestens zwölf Monate, spätestens dreißig Tage vor Reiseantritt), und es muss bei der Impfung mindestens drei Monate alt sein; 2) das Tier muss durch Mikrochip gekennzeichnet sein; 3) ein EU-Heimtierpass muss mitgeführt werden, in dem Impfung und Kennzeichnung eingetragen sind. An Tierarztkosten fallen etwa 100 € an.

Bitte bedenken Sie, dass in vielen Mittelmeergebieten, so auch in der Toscana, Parasitenbefall droht, vor allem die von Sandmücken übertragene Leishmaniose kann sehr gefährlich werden (www.leishmaniose.de). Zudem akzeptieren viele Hotels, Campingplätze, Restaurants und Cafés keine Hunde, und auch der Aufenthalt an Stränden ist für Haustiere generell verboten – was aber nicht heißt, dass ein Strandspaziergang mit Hund überall sofort geahndet wird, oft kümmert sich kein Mensch darum, vor allem in der Nebensaison. Maulkorb und Leine sind aber theoretisch stets mitzuführen.

Auf Nachrichten aus der Heimat muss man in Italien nicht verzichten

Informationen

Wenn Sie sich schon daheim mit Prospektmaterial eindecken wollen, wenden Sie sich am besten an das staatliche italienische Fremdenverkehrsamt ENIT. Dort können Sie (auch bei einer der Auslandsniederlassungen) brieflich, telefonisch, per Fax oder E-Mail Material zu allen Provinzen der Toscana (mit Hotel- bzw. Campingplatzverzeichnissen) anfordern (Adressen bzw. Nummern s. u.).

In der Toscana selbst hat fast jeder größere Ort ein Informationsbüro, ansonsten übernimmt das Rathaus (municipio) diese Funktion. In Städten gibt es häufig eine Zweigstelle im Bahnhof, außerdem sind in verschiedenen Autobahnraststätten Auskunftsstellen eingerichtet. Ausgegeben werden kostenlose Unterkunftsverzeichnisse und Stadtpläne, in größeren Städten auch Listen mit Öffnungszeiten von Sehenswürdigkeiten und Museen sowie meist recht reichhaltiges Prospektmaterial. Gelegentlich spricht jemand hinter dem Schalter Deutsch oder Englisch. Ein Zimmervermittlungsservice wird nur selten angeboten.

• *Internet* www.enit-italia.de

• *Informationsbüros ENIT* **Deutschland**: Kaiserstr. 65, D-60329 Frankfurt/M., ☏ 069/259126 o. 237430, ✆ 232894, enit.ffm@t-online.de. Mo–Fr 10–17 Uhr, Sa/So geschl. Kontorhaus Mitte - 5. OG, Friedrichstr. 187, D-10117 Berlin. ☏ 030/2478398, ✆ 2478399, E-Mail: enit-berlin@t-online.de. Mo–Fr 10–17 Uhr, Sa/So geschl. Lenbachplatz 2, D-80333 München, ☏ 089/531317, ✆ 534527, enit-muenchen@t-online.de. Mo–Fr 10–17 Uhr, Sa/So geschl.

Österreich: Kärtnerring 4, A-1010 Wien, ☏ 01/5051639, ✆ 5050248, delegation.wien@enit.at. Mo–Do 9–17, Fr 9–15.30 Uhr, Sa/So geschl.

Schweiz: Uraniastr. 32, CH-8001 Zürich, ☏ 043/4664040, ✆ 4664041, info@enit.ch. Mo–Fr 9–17 Uhr, Sa/So geschl.

Internet

In Internet-Cafés wird seit kurzem oft ein Dokument verlangt, das vor der Benutzung vom Besitzer kopiert wird. Ohne Ausweis läuft meistens nichts mehr! Mittlerweile hat fast jede größere Stadt der Toscana eine Website. Oft sind allerdings Italienischkenntnisse nötig, um sie mit Gewinn nutzen zu können, und nicht immer ist der Informationsgehalt sonderlich hoch. Nützlich sind die folgenden Sites:

www.enit.it & www.enit-italia.de: die offiziellen Seiten des italienischen Fremdenverkehrsverbandes.

www.wel.it: Von hier kann man sich in die Sites regionaler Anbieter einlinken.

www.regione.toscana.it: Geboten werden ausführliche Informationen rund um das Reisegebiet Toscana. Leider nur in italienischer Sprache.

www.turismoverde.com: Wer für den Urlaub in der Toscana (insbesondere Siena) gerüstet sein möchte, sollte unbedingt einen Blick auf diese Internet-Seite werfen: u. a. gibt es Informationen zu Transportmitteln, Sport, Kultur und Sehenswürdigkeiten.

www.rivieratoscana.com/de/ct: Der Reiseführer zur toscanischen Küste, hier ist Übersichtlichkeit Trumpf! Schnell finden Sie Infos rund um die toscanische Küste, wobei die Links „Das Gebiet", „Meer und Strand" sowie „Berge und Thermen" am meisten zu bieten haben. Mit im Programm sind darüber hinaus eine Liste der Unterkünfte und ein Bericht zur regionalen Gastronomie. Leider ist die brauchbare Rubrik „Nützliche Informationen" noch im Aufbau!

www.toskanababy.de: Auf den liebevoll gestalteten Seiten finden sich jede Menge Fotos, Reisetagebücher, Rezepte, Wein-

empfehlungen etc. Die Mitgestaltung der Seiten durch begeisterte Toscana-Fans ist erwünscht.

www.toskana-ligurien.de: Der Seitenbetreiber hat seine Toscana-Erfahrungen in Rubriken wie „Städte", „Natur", „Meer", „Berge", „Landschaft", „Villen", „Kulinarisches" etc. zusammengestellt. Eine ständig aktualisierte Linksammlung, Tipps für den Autofahrer und eine Bildergalerie sind auch enthalten. Zudem sprechen über 10.000 Besucher bisher eine deutliche Sprache.

www.brummli.net/31111/toskana.html: Der Toscana-Trekkingsteckbrief gliedert sich übersichtlich in Kategorien wie „Anreise", „Wandermöglichkeiten", „Zelten", „Verkehrsverbindungen", „Klima", „Lebensmittelversorgung" usw. Persönliche Tipps, nützliche Links zur Region und „Sehnsuchtsfotos" runden das Ganze ab.

> Besuchen Sie unsere Web-Präsentation unter **www.michael-mueller-verlag.de**, wo eine ständig erweiterte Zahl an nützlichen Links zur Auswahl steht. Hilfreiche Internetadressen finden Sie darüber hinaus im **Reiseteil** dieses Buches.

Kartenmaterial

Bei vielen Informationsbüros vor Ort sind Karten kostenlos erhältlich, vor allem Stadtpläne bekommt man überall, gelegentlich auch kleinere Wanderkarten. Bei **www.maps-store.it** können online Karten der *Cartografia dell' Istituto Geografico Militare Italiano* (IGM) bestellt werden (1:25.000). Die Blätter der aktuellen *Serie 25* kosten ca. 10 € zzgl. Versandkosten.

● *ADAC* **Gesamtitalien**, zwei Karten, Nord und Süd (1:500.000).
Urlaubskarte Toskana (1:200.000).

● *Freytag & Berndt* **Chianciano – Valdichiana – Monte Amiata**, Wanderkarte - (1:50.000).

Norditalien inkl. Toscana (1:500.000), die Karte verzeichnet die Autobahnabfahrten namentlich, auf der Rückseite findet man

außerdem Kurzbeschreibungen der wichtigsten Sehenswürdigkeiten.

● *Edizioni Multigraphic* der kleine Kartographiverlag aus Florenz hat einige Wanderkarten im Maßstab 1:25.000 bzw. 1:50.000 im Programm. Die zum Teil eingedeutschten Produkte sind im örtlichen Zeitungshandel erhältlich, vom Kartenbild etwas anstrengend. www.edizionimultigraphic.it

• *Kompass* Speziell für Wanderer sind die Karten Garfagnana-Alpi Apuane (646), Siena-Chianti/Colline Senesi (Nr. 661), Firenze-Chianti (Nr. 660), Siena-Chianti-Coline Senesi (661), Pienza-Montalcino-M.Amiata (653) und Maremma-Argentario-Groseto (651) gedacht. Im Maßstab 1:50.000 bieten diese Pläne genug Detailinformation für selbst zusammengestellte Wanderungen. www.kompass.at

• *Kümmerly & Frey* **Toscana** (1:200.000), die Karte des Schweizer Verlags ist exakt und ästhetisch ansprechend. Sogar die Bahnlinien mit allen Stationen sind verzeichnet. Die Karte wurde vom Touring Club Italiano entwickelt und gehört zum Besten, was es an Kartenmaterial über diese Region gibt. Auflage 2006.

• *Mairs Geographischer Verlag* **Generalkarte Toscana** (1:200.000) mit Autobahnabfahrten, Raststätten, Campingplätzen sowie Ortsregister.

• *Michelin* **Italien-Mitte** (1:400.000), übersichtliche und genaue Karte mit Stadtplänen und Bahnlinien.

• *Reise- und Verkehrsverlag RV* **Italien gesamt** (1:800.000), enthält Teile Süddeutschlands, der Schweiz und Österreichs und ist deshalb brauchbar für die Anreise. Außerdem gibt es eine Karte **Italien 3** (Toscana, Emilia-Romagna), die auch Stadtpläne von Bologna, Florenz und Rom enthält und Campingplätze verzeichnet (1:300.000).

Klima und Reisezeit

Das Klima in der Toscana wird – immer noch – als gemäßigt bezeichnet, doch was heißt das schon angesichts der sommerlichen Hitzewellen, denen sich auch das alte Europa seit einigen Jahren ausgesetzt sieht. Tatsächlich kann es in der Toscana vor allem in den Tallagen im Sommer fast unerträglich heiß werden, und so manch einer soll sich schon bei einem kühlen Drink im Café prinzipielle Gedanken über die Gültigkeit der herkömmlichen Klimamodelle gemacht haben ... Auch an der Küste herrschten in den letzten drei, vier Jahren bisweilen bedenkliche Temperaturen, und wenn dann noch der Wind ausblieb, blieb einem oft nichts anderes übrig, als die Siesta um die eine oder andere Stunde zu verlängern. Merklich kühler ist es dagegen auch im Sommer in den höheren Lagen, beispielsweise in der Region um den Monte Amiata im Süden der Toscana. Dort ist es bereits tagsüber wesentlich erträglicher, und abends kann es sogar vorkommen, dass das T-Shirt allein nicht mehr ausreicht.

Zu jeder Jahreszeit eine Reise wert

Die Regenwahrscheinlichkeit ist im Sommer relativ gering, und entsprechend wird die Landschaft nach und nach immer ausgedörrter. Wer die Toscana erblühen sehen will, kommt am besten im Mai, wenn sich die Landschaft am üppigsten präsentiert; Unerschrockene können dann auch schon ein Bad im Meer einplanen. Kommt man dagegen bereits im März oder April, muss man mit ausgiebigen Regenfällen und oft noch kühlen Temperaturen rechnen, selbst Nachtfrost oder gar kurze, heftige Schneestürme sind – zumindest in höheren Lagen – keine Rarität. Schön kann es im September und manchmal noch in der ersten Oktoberhälfte sein: Die Touristenströme haben sich weitgehend aufgelöst, das Wetter ist noch sehr beständig, und das Meer ist durch die Sommerhitze noch angenehm aufgeheizt. Unbeständig bis unfreundlich ist das Wetter dann in den Monaten November bis Februar. Allerdings kann es auch zu dieser Zeit durchaus sonnige Perioden geben, wärmende Pullover und Regenjacken sollten im Winter aber dennoch fester Bestandteil des Reisegepäcks sein.

Literatur zur Toscana

Aus der Fülle der Literatur über die Toscana als altes Kultur- und Reiseland hier nur eine kleine Auswahl, die Sie zum Schmökern anregen soll:

Irving Stone, *Michelangelo* (Rowohlt). Fesselnde Künstlerbiographie des Bildhauers, Malers, Dichters, Ingenieurs und Baumeisters, zugleich aber auch ein bewegendes Porträt der italienischen Renaissance.

Mariella Righini, *Die Florentinerin* (Heyne). Voller Erwartung kommt die 16-jährige Simonetta 1469 nach Florenz, um Marco Vespucci zu heiraten. Mit ihrer makellosen Schönheit sorgt sie in den höchsten Künstlerkreisen von Florenz für Aufsehen. Schon bald taucht ihr Gesicht auf Gemälden berühmter Künstler wie Leonardo da Vinci oder Sandro Botticelli auf. Righini entwirft ein farbenprächtiges Bild der lebensfrohen Medici-Stadt mit ihren Malern, Bildhauern, Philosophen, Dichtern und ihren Mäzenen.

D. H. Lawrence, *Etruskische Orte* (Wagenbach). Eine literarische Wiederentdeckung: Die etruskischen Reise des großen Schriftstellers im Jahr 1927. Lawrence beschreibt nicht nur die berühmtesten Etrusker-Städte Tarquinia, Cerveteri, Vulci und Volterra, sondern auch seine Eindrücke von etruskischer Kunst. Eine spannende Reise, die obendrein noch das Lebensgefühl der 1920er Jahre wieder aufleben lässt.

Attilio Brilli, *Italiens Mitte – Alte Reisewege und Orte in der Toscana und Umbrien* (Wagenbach). Der Autor lädt ein zu einer realen Reise abseits der touristischen Hauptattraktionen und zu einem imaginären Trip in eine versunkene Zeit. Die Wege führen in mittelalterliche Hügelstädte, zu versteckten Einsiedeleien, in uralte Wälder, zu berühmten Kunstwerken und ihren Schöpfern.

Susanne Friedmann, *Ein Kuß für David – Florentiner Flirts* (Picus). Pointiert und witzig vermittelt Susanne Friedmann einen sinnlichen Eindruck vom florentinischen Lebensgefühl zwischen klassischer Schönheit, Dekadenz und der permanenten Bereitschaft zum kleinen Flirt. Eine aufregende Erkundung der Stadt am Arno in der Reihe „Picus Leserreisen".

Magdalen Nabb, *Tod in Florenz* (Diogenes). Anspruchsvoller und interessant zu lesender Krimi einer gebürtigen Engländerin und Wahlflorentinerin. Die Fälle des einfachen sizilianischen Wachtmeisters Maresciallo Guarnaccia, der seinen Dienst in Florenz ausübt, sind ein Kleinod der Kriminalliteratur.

Tod eines Holländers (Diogenes). Dieselbe Autorin, derselbe Kommissar und dieselbe Hochspannung.

Felicitas Mayall, *Nacht der Stachelschweine* (Kindler). In einem aufgelassenen Kloster bei Montalcino wird die Teilnehmerin einer deutschen Selbsterfahrungsgruppe ermordet. Die Mordkommission Siena holt sich Verstärkung aus München in der Person der etwas eigensinnigen Kommissarin Laura Gold.

Nino Filastò, *Der Irrtum des Dottore Gambassi* (Aufbau). Ebenfalls in die Kategorie der gehobenen Kriminalromane gehören die Geschichten um den Avvocato Scalzi, die immer auch eine ironische Parabel auf die italienische Gesellschaft sind. Voller Spannung, hintergründig und atmosphärisch dicht.

Fresko in Schwarz (Aufbau). In diesem Avvocato-Scalzi-Krimi ist Florenz die eigentliche Heldin, der Bogen spannt sich von der religiös-fanatischen Renaissancestadt bis zur toscanischen Metropole von heute.

Christiane Kohl, *Villa Paradiso* (Goldmann). Die Italien-Korrespondentin der Süddeutschen Zeitung verarbeitet in dem Roman ein Massaker, das Angehörige der Fallschirm-Panzer-Division Hermann Göring 1944 in der Ortschaft Civitella in Val di Chiana verübten.

Carlo Fruttero & Franco Lucentini, *Der Palio der toten Reiter* (Piper). Die Werke der beiden Turiner sind witzig und mitunter auch bitterböse. In diesem Buch dreht sich alles um das berühmte historische Pferderennen, das auf der Piazza del Campo in Siena stattfindet. Hier prallt die Welt der Fernseh- und Konsumwirklichkeit mit ural-ten kulturellen Traditionen aufeinander.

Das Geheimnis der Pineta (Goldmann). Der Roman spielt an der tyrrhenischen Küste, ist überaus mysteriös und wimmelt nur so von schrulligen, exzentrischen Typen.

Iris Origo, *Im Namen Gottes und des Geschäftes – Lebensbild eines toscanischen Kaufmanns der Frührenaissance* (C. H. Beck). Eine wahre Fleißarbeit, die aus ca. 300 Geschäftsbüchern und unzähligen Briefen des erfolgreichen Textilhändlers Marco Datini (1335–1410) Lebensart und Geschäftspraktiken der Frührenaissance zu rekonstruieren versucht. Mittlerweile liegt auch eine Taschenbuchausgabe vor (Wagenbachs Taschenbücherei).

Iris Origo, *Toskanisches Tagebuch 1943/1944* (C. H. Beck). Schilderung der Kriegsjahre im Val d'Orcia.

Öffnungszeiten

Grundprinzip ist die Mittagspause, die Siesta. Dafür hat man abends oft länger geöffnet, wenn die Hitze nachgelassen hat.

Geschäfte: In der Regel Mo–Fr von ca. 8.30/9 Uhr bis 12.30/13 Uhr, nachmittags von ca. 15/16 Uhr bis 19.30/20 Uhr, Sa von 9 bis 13 Uhr. Vor allem Souvenirläden und andere Geschäfte mit touristischem Bedarf schließen ihre Pforten aber erst wesentlich später – je nach Kundeninteresse. Gerade in den Ferienorten werden abends die größten Umsatzzahlen erzielt.

Kirchen: Von 7 bis 12 Uhr mittags, dann wird unbarmherzig geschlossen und frühestens gegen 16 Uhr, oft erst gegen 17 Uhr wieder aufgemacht; bis 19 oder 20 Uhr bleiben die Kirchen dann geöffnet. Sonntags während der Messen ist keine Besichtigung möglich. Leider werden mehr und mehr Gotteshäuser nur noch zur Messe aufgeschlossen. Der Grund: vermehrt auftretende Kunstdiebstähle.

Museen: Nicht selten verwirrend, denn oft werden die Zeiten mehrmals jährlich geändert. Immerhin zeichnet sich neuerdings landesweit eine Tendenz zu durchgehenden Öffnungszeiten von 9 bis 19 Uhr ab. Allerdings werden staatliche Museen auch künftig immer einen Tag aus Gründen der „Museumshygiene" geschlossen bleiben (normalerweise montags).

Die meisten **Restaurants** vor allem auf dem Land sind von 14 bis 19 Uhr geschlossen.

Banken und **Post** siehe in den entsprechenden Abschnitten, **Apotheken** unter „Ärztliche Versorgung".

Post

Ein Postamt gibt es in fast jedem Ort der Toscana. Jedoch genießt die italienische Post nicht den besten Ruf, die Karte an die Lieben daheim dauert ihre Zeit. Deshalb besser in einem Umschlag abschicken – Briefe werden schneller befördert. Der Vermerk „per Luftpost" (*posta aera*) bringt bei Karten und Briefen nach Mitteleuropa allerdings nichts, da sie generell mit Luftpost verschickt werden. Trotzdem dauert die Beförderung nach Deutschland etwa drei bis sechs Tage. Eine entsprechende Briefmarke für einen Standardbrief kostet derzeit 0,70 €. Die sogenannte Schnellpost („Posta Prioritaria"), wurde inzwischen abgeschafft.

Öffnungszeiten: Regional verschieden, meist Mo–Fr 8.20–13.20, Sa 8–13 Uhr. In Städten oft auch nachmittags offen, meist 16–20 Uhr.

Briefmarken (francobolli) kann man nicht nur bei der Post erstehen, sondern auch in vielen Tabacchi-Läden und Souvenirshops, die Postkarten verkaufen.

Poste restante (Fermo in Posta): Jedes Postamt nimmt postlagernde Sendungen an. Diese können mit Personalausweis und gegen kleine Gebühr abgeholt werden. Ein Brief wird normalerweise bis zu zwei Monaten aufbewahrt. Als Absender in so einem Fall immer den Empfängernamen (Nachnamen unterstreichen!), das Zielpostamt und „Fermo in Posta" auf den Umschlag schreiben.

Geld abheben mit der *SparCard 3000plus* siehe S. 42.

Radio

Die Privatsender gehen in die Hunderte, einer übertönt den anderen. Folgende deutsche Radioprogramme empfangen Sie im Kurzwellenbereich rund um die Uhr: Deutsche Welle auf 6075 kHz, Deutschlandradio auf 6005 kHz, Bayern 1 auf 6085 kHz, Radio Bremen auf 6190 kHz und Südwestfunk auf 7265 kHz.

Rauchen

Schon seit Januar 2005 ist das Rauchen in öffentlichen Räumen strikt verboten. Zu öffentlichen Räumen zählen u. a. alle gastronomischen Betriebe, Hotels, Züge, Krankenhäuser, Postgebäude, Museen und Wartehallen aller Art (also auch Flughäfen und Bahnhöfe). Nach gut zwei Jahren rauchfreien Kneipen lässt sich feststellen, dass die Umstellung hervorragend angenommen wurde – kaum ein Wirt hat sich quergestellt, die Raucher gehen vor die Tür (was bei den mediterranen Temperaturen ja relativ leicht fällt), die Nichtraucher freuen sich. Die Einrichtung von separaten Raucherräumen rechnet sich für den Durchschnittsgastronomen aufgrund der aufwendigen Rahmenbedingungen (hermetischer Abschluss des Raumes vom Nichtraucherbereich bei automatisch verschließbaren Durchgängen und entsprechenden Luftzirkulations- und Entlüftungstechniken) meist nicht. Die Zigarette zur falschen Zeit am falschen Ort kann bis zu 275 € Strafe kosten. Wer neben einer Schwangeren oder Kindern raucht, muss sogar mit dem doppelten Bußgeld rechnen. Wird ein Wirt mit rauchenden Gästen erwischt, zahlt er selbst ebenfalls ein Bußgeld, das zwischen 220 und 2200 € liegt.

Reisedokumente

Für den Aufenthalt in Italien genügt der Personalausweis (carta d'identità). Wer auf Nummer Sicher gehen will, nimmt außerdem seinen Reisepass (passaporto) mit und zusätzlich Kopien beider Papiere. Kinder unter 16 Jahren benötigen einen Kinderausweis (ab 10 Jahren mit Lichtbild) oder müssen im Pass der Eltern eingetragen sein. Kinder und Jugendliche, die ohne Erwachsene reisen, benötigen außer ihrem Ausweis eine schriftliche Vollmacht der Erziehungsberechtigten. Bei Diebstahl oder Verlust der Papiere sofort zur Polizei gehen und eine Verlustbescheinigung ausstellen lassen, diese genügt für die Heimreise. Ersatz für Autopapiere, Führerschein und Personalausweis gibt es nur in der Heimat. Bei Verlust des Passes erhält man von der Botschaft oder vom Konsulat kurzfristig ein zeitlich befristetes Ersatzpapier (zwei Lichtbilder sind dafür notwendig). Kopien des verloren gegangenen Ausweispapiers sind nützlich und helfen der Polizei bei der Identitätsüberprüfung.

Segeln

Vor allem die Halbinsel Monte Argentario und die Insel Elba sind bevorzugte Anlaufpunkte für Segler. Für die zeitweise Einfuhr von Wassersportfahrzeugen (bis zu einem Jahr) bedarf es keiner offiziellen Genehmigung. Lediglich gültige Schiffspapiere, ein Versicherungsnachweis und der amtliche Sportbootführerschein sind erforderlich. Wetterberichte bekommt man täglich bei der Capitaneria auf Italienisch, oft auch in Englisch. In der warmen Jahreszeit sendet die Deutsche Welle täglich um 17.45 Uhr Sommerzeit auf Kurzwelle 6075 kHz den Seewetterbericht Mittelmeer. Hochseeyachten müssen alle mit UKW-Funk ausgerüstet sein; die italienischen Küstenfunkstellen senden regelmäßig Wetterberichte auf UKW auch in Englisch. Die Treibstoffversorgung ist auf Elba recht umständlich. In den Sommermonaten muss man sehr lange warten; oft wird der Treibstoff in Kanistern zum Schiff gebracht. Wassertankstellen sind nur in Portoferraio und Porto Azzurro zu empfehlen.

Tipps und Adressen für Segler siehe unter Elba, S. 401. Weitere Informationen über den ADAC, die italienischen Verkehrsämter und den Deutschen Seglerverband, Gründgensstraße 18, 22309 Hamburg, ℡ 040/6320090, ✆ 63200928, www.dsv.org.

Sprache

Die meisten deutschen Urlauber sprechen kein Italienisch und die meisten Italiener kein Deutsch, zumindest in den großen Binnenstädten. Anders an der Küste, wo jeder, der im Tourismusgeschäft tätig ist, wenigstens einige Brocken Deutsch beherrscht. Der jahrzehntelange Umgang mit den Besuchern aus dem Norden macht sich hier überall bemerkbar. Wer etwas Italienisch üben will, findet am Ende dieses Buchs einen kleinen Sprachführer. Ansonsten gibt es viele Sprachschulen und Universitätsinstitute, die vor Ort Italienischkurse für Ausländer anbieten, z. B. in Florenz, Siena und Perugia (Umbrien). Eine interessante Möglichkeit, Ferien und Lernaufenthalt miteinander zu kombinieren.

● *Infos zu Sprachreiseveranstaltern* Eine umfangreiche Informationsbroschüre über Sprachreiseveranstalter erhalten Sie bei der **Aktion Bildungsinformation (ABI)**, Lange Str. 51, D-70174 Stuttgart, ℡ 0711/220216-30, ✆ -40, www.abi-ev.de. Die Broschüre heißt „Italienisch lernen in Italien" und kostet inkl. Versand 16 € (auf Rechnung od. Verrechnungsscheck).

Telefon

Münztelefone gibt es kaum noch, die neuen silbermetallischen Apparate funktionieren alle mit magnetischen Telefonkarten *(carta telefonica)* der Telecom, erhältlich für ca. 5 oder 10 € in Tabak- und Zeitschriftenläden, manchmal auch an Rezeptionen von Hotels und Campingplätzen. Vor dem Gebrauch muss die vorgestanzte Ecke abgebrochen werden. Wenn die Karte leer ist, kann man eine zweite nachschieben, ohne dass das Gespräch unterbrochen wird. Die Gültigkeitsdauer der

Schwere Mitbringsel aus Impruneta

Karten ist meist auf ein oder zwei Jahre begrenzt. Als interessante Alternative dazu gibt es internationale Telefonkarten *(scheda telefonica internazionale)*, die etwa 10 € kosten. Damit kann man deutlich länger als mit den Telecom-Karten telefonieren. Man führt sie jedoch nicht ins Telefon ein, sondern wählt eine kostenlose Nummer *(numero verde)*, die auf der Karte vermerkt ist – sowohl fürs Festnetz *(rete fissa)* wie fürs Handy *(cellulare)*. Nach der elektronischen Freigabe rubbelt man die Geheimnummer frei, die ebenfalls auf der Karte verzeichnet ist und kann erst dann die Teilnehmernummer wählen. Vor jedem Gespräch wird das Guthaben angesagt. Die Karte kann im Prinzip von jedem Telefon und Handy aus benutzt werden, allerdings ist die *numero verde* oft besetzt oder funktioniert nicht von älteren öffentlichen Apparaten.

> **R-Gespräch nach Deutschland**: Es besteht die Möglichkeit, von jedem privaten Telefon (nicht öffentlichen) in Italien die Nummer 0800-172-0049 der Telekom in Frankfurt anzurufen. Von dort können Sie sich mit dem gewünschten Teilnehmer – sein Einverständnis vorausgesetzt – auf dessen Kosten verbinden lassen. Dieser Service ist allerdings recht teuer: die Herstellung der Verbindung kostet schon allein 3,99 € und auch die Minutengebühren sind hoch.

Mobiltelefon: Sobald sich das Handy in eines der vier italienischen Handynetze (TIM = Telecom Italia, Omnitel, Blu und Wind) eingebucht hat, kann man fast überall problemlos telefonieren und Anrufe entgegennehmen, Funklöcher treten nur vereinzelt in den Bergen auf. Man zahlt dann die jeweiligen Tarife des italienischen Netzbetreibers, zusätzlich werden für jeden Anruf sog. Roaming-Gebühren Ihres Mobilfunk-Providers fällig. Spartipp: Die Tarife sind in den vier Netzen unterschiedlich, das Handy bucht sich aber immer automatisch im jeweils stärksten Netz ein. Wenn man sich vor der Reise beim eigenen Betreiber informiert, welches ausländische Netz das Günstigste ist, kann man dieses vorab im Menü des Mobiltelefons einstellen. Auslandsgespräche mit Handy sind immer recht teuer, Vorsicht ist aber besonders geboten, wenn Sie in der Toscana angerufen werden, denn Sie zahlen dann immer die Weiterleitungsgebühren aus Deutschland – selbst wenn sich der Anrufer in Italien befindet, wird das Gespräch über Deutschland umgeleitet. Auch für Anrufe auf Ihre Mailbox zahlen Sie doppelt: den Anruf aus Deutschland und die Umleitung auf die Mailbox in Deutschland (Tipp: absolute Rufumleitung Ihres Handys aktivieren).

Für den, der viel telefoniert oder längere Zeit in Italien bleibt, lohnt sich eventuell der Kauf einer italienischen SIM-Karte von einer der vier italienischen Mobiltelefongesellschaften. Sie kostet ca. 50 €, hat allerdings auch ein Gesprächsguthaben in derselben Höhe. Man bekommt damit eine italienische Nummer und muss die Gespräche, die aus dem Ausland kommen, nicht mitfinanzieren. Beim Kauf muss man den Personalausweis vorzeigen und eine Adresse (auch Hotel o. Ä.) in Italien haben.

- Wenn Sie **aus Italien nach Hause** anrufen: Deutschland = 0049, Österreich = 0043, Schweiz = 0041, dann die jeweilige Ortsvorwahl ohne die Null.
- Wenn Sie **von zu Hause nach Italien** anrufen: aus Deutschland = 0039, aus Österreich = 04, aus der Schweiz = 0039. Wichtig: Hier muss die **Null der Ortskennziffer** immer mitgewählt werden!
- Wenn Sie **innerhalb Italiens** telefonieren, müssen Sie ebenfalls die jeweilige Ortskennziffer stets mitwählen – auch für Gespräche innerhalb einer Stadt!
- Zu günstigeren Tarifen telefoniert man wochentags 18.30–8 Uhr, samstags ab 13 Uhr und sonntags ab 8 Uhr morgens.

Zoll

Seit 1993 dürfen innerhalb der Europäischen Union Waren „zum eigenen Verbrauch" unbegrenzt ein- und ausgeführt werden. Um diese vage Angabe praktisch handhabbar zu machen, wurde ein Katalog über Richtmengen erstellt. Überschreitet man diese, muss man im Fall einer Stichprobenkontrolle glaubhaft machen, dass diese Mengen nicht gewerblich genutzt werden, sondern nur für den persönlichen Verbrauch bestimmt sind.

Richtmengenkatalog (Warenmenge pro Person ab 17 Jahre):
800 Zigaretten, 400 Zigarillos, 200 Zigarren, 1 kg Rauchtabak, 10 l Spirituosen, 20 l Zwischenerzeugnisse, 90 l Wein (davon höchstens 60 l Schaumwein) und 110 l Bier.

Achtung: Da die **Schweiz** nicht zur EU gehört, ist beim Transit eine freiwillige Deklaration der mitgeführten Waren fällig, wenn die in der Schweiz geltenden Freimengen (200 Zigaretten oder 100 Zigarillos oder 50 Zigarren oder 250 g Tabak; 1 l Spirituosen oder 1 l Zwischenerzeugnisse oder 2 l Wein oder 2 l Bier sowie sonstige Waren im Wert von 300 €) überschritten werden. Für solche Waren muss eine Kaution in Landeswährung hinterlegt werden, die man bei der Ausreise zurückerhält.

Geschichte der Toscana

Zweifellos gehört die Toscana zu den bedeutendsten Kulturlandschaften ganz Europas, und das schon seit fast 3000 Jahren.

Zu Beginn des 1. Jahrtausends v. Chr. etablierte sich die erste Hochkultur auf italienischem Boden, die der *Etrusker*. Deren lateinische Bezeichnung *„Etrusci"* oder *„Tusci"* gab der Landschaft auch ihren Namen: zunächst *Etruria*, später dann *Toscana*. In den folgenden Jahrhunderten gehörte die Toscana zum Territorium zweier großer Imperien: zunächst zum Römischen Reich und dann im Hochmittelalter zum deutsch-römischen Kaiserreich. Ab dem 12. Jahrhundert konstituierten sich nach und nach die autonomen Stadtrepubliken Pisa, Florenz, Siena, Prato und Lucca. Von diesen Zentren des erwachenden bürgerlichen Selbstbewusstseins gingen fundamentale politische, wirtschaftliche, kulturelle und geistesgeschichtliche Veränderungen aus, die für die weitere gesamteuropäische Geschichte von entscheidender Bedeutung sein sollten. Zu den Mosaiksteinen des Wandels zählten neben der Herausbildung frühkapitalistischer Wirtschaftsstrukturen mit einem florierenden Banken- und Finanzwesen vor allem die in Kunst, Literatur, Philosophie und Wissenschaft vollzogene Abkehr von mittelalterlichen Denk- und Darstellungsformen, bei der die Auseinandersetzung mit der griechisch-römischen Antike eine besondere Rolle spielte. Die Renaissance, die hier im 14./15. Jh. ihren Ausgang nahm, markiert den Beginn der Neuzeit und erfasste bis zum 16. Jh. fast den gesamten europäischen Kontinent.

Voretruskische Kulturen

Die ältesten zivilisatorischen Spuren, die sich im Raum der heutigen Toscana nachweisen lassen, stammen aus der Zeit um 1400 v. Chr., der *jüngeren Bronzezeit*. Es handelt sich um archäologische Funde der *Apenninischen Kultur* Mittel- und Süditaliens und der *Terramare-Kultur* Norditaliens. Etwa um 1000 v. Chr. vollzog sich der Wandel von der bronzezeitlichen zur *früheisenzeitlichen Kultur*, die Mitte des 8. Jh. v. Chr. ihren Höhepunkt erreichte. Benannt wurde diese in Nord- und Mittelitalien lokalisierbare Zivilisation nach dem ergiebigsten Fundort *Villanova* östlich von Bologna. Charakteristisch für die *Villanova-Kultur* sind u. a. bikonisch geformte Grabsteine mit geometrischen Verzierungen. Überreste aus jener Zeit kann man heute im Archäologischen Museum von Florenz besichtigen.

Die Etrusker

Die Herkunft der Etrusker ist ungeklärt. Die ersten gesicherten Funde stammen aus der Zeit zwischen 1000 und 800 v. Chr. Sie selbst nannten sich „Rasenna", für die Griechen waren sie die „Tyrrhenoi" und für ihre römischen Nachbarn die „Tusci" oder „Etrusci".

Ihre Verschmelzung mit der älteren Villanova-Kultur scheint sich im Großen und Ganzen friedlich vollzogen zu haben. Zu kleineren kriegerischen Auseinandersetzungen ist es lediglich mit benachbarten Volksstämmen gekommen; nach deren Beendigung stand die gesamte Region zwischen Arno und Tiber unter etruskischem Einfluss.

Ihre Vorherrschaft verdankten die Etrusker ihren außergewöhnlichen Kenntnissen in der Eisenverarbeitung. *Zentrum des Erzabbaus* war die Insel Elba (von etruskisch *Ilva = Eisen*). Die Spuren der damaligen

Zeittafel

1000–750 v. Chr.	Übergang zur früheisenzeitlichen Kultur, Höhepunkt der Villanova-Kultur ab 800 v. Chr.
6. Jh. v. Chr.	Höhepunkt der etruskischen Kultur unter dem Zwölfstädtebund, Ausdehnung der etruskischen Herrschaft bis nach Rom.
540 v. Chr.	Sieg der Etrusker und Karthager über die Griechen im Seekrieg vor der Ostküste Korsikas.
510 v. Chr.	Vertreibung des etruskischen Königs aus Rom.
4. Jh. v. Chr.	Rom beginnt mit der Eroberung der Toscana, die bis etwa 400 n. Chr. Teil des Römischen Reichs bleibt.
89 v. Chr.	Die Bewohner der Toscana erhalten das römische Bürgerrecht.
ab 1. Jh. n. Chr.	Christianisierung der Toscana.
476	Zusammenbruch des Weströmischen Reiches.
493–552	Herrschaft der Ostgoten in Italien.
568–774	Die Toscana ist Teil des Langobardenreiches.
774	Die Franken erobern das Langobardenreich, Tuscien wird später Markgrafschaft.
887–962	Ungarn-Einfälle bis in die Toscana.
962	Die Markgrafschaft Tuscien wird unter Otto I. wieder Teil des Heiligen Römischen Reiches.
ab 1000	Aufstieg der toscanischen Städte, vor allem Pisa, Lucca, Florenz.
Ende 11. Jh.	Mathilde von Canossa ist Markgräfin von Tuscien.
1050	Baubeginn des Doms von Pisa.
1077	Heinrich IV. als Büßer in Canossa.
ab 1100	Das Fürstenhaus der Guelfen (Papstanhänger) stellt die Markgrafen von Tuscien.
	Konkurrenz zwischen Papsttum und Kaiserreich fördert die Entstehung unabhängiger Stadtrepubliken auf Grundlage der Zunftorganisation. Entstehung eines Bankensystems.
ab 1200	Rivalität der Guelfenstädte (Papstanhänger) Florenz, Lucca und Montepulciano und der Ghibellinenstädte (Kaisertreue) Pistoia, Pisa, Siena und Arezzo.
ab 1269	Florenz dehnt seine Vorherrschaft über die Toscana aus, demokratische Verfassungen auch in Siena und Lucca.
ab 1340	Bankenkonkurse der Bardi und Peruzzi. Pestkatastrophe in der Toscana fordert 80.000 Menschenleben.
ab 1370	Aufstände gegen die großbürgerliche Oligarchie, Ciompi-Aufstand 1378.

ab 1434	Aufstieg des Medici-Clans, dessen Herrschaft – mit Unterbrechungen – bis 1737 andauert.
1494–1512	Vertreibung der Medici; Versuch eines demokratischen Neubeginns unter Savonarola. Politische Rechte auch für die bisher Unterprivilegierten.
1497–1498	Exkommunikation und Hinrichtung Savonarolas.
ab 1500	Wirtschaftlicher und kultureller Niedergang in der Toscana, Stadtflucht, Hinwendung des Großbürgertums zum Grundbesitz.
ab 1512	Rückkehr der Medici; Polizeiterror und Spitzelwesen. Machiavelli verfasst seine Schrift „Der Fürst" (Il principe).
ab 1532	Aufstände der Demokraten und Savonarola-Anhänger. Endgültige Zerstörung der republikanischen Staatsform, Florenz wird Herzogtum unter den Medici.
ab 1569	Medici-Absolutismus: Toscana wird Großherzogtum.
1618–1648	Dreißigjähriger Krieg.
ab 1620	Hungersnöte und Pest. Wiedereinsetzende Landflucht, Zusammenbruch der Wirtschaft und Verarmung der Städte.
1737	Der letzte Großherzog aus dem Haus der Medici stirbt.
1737–1799	Toscana unter Kontrolle der Lothringer und der Habsburger.
1799–1814	Toscana unter Napoleonischer Besatzung.
1814–1860	Toscana wieder bei Österreich.
1840	Beginnende Industrialisierung.
1860	Toscana wird Teil des geeinten Königreichs Italien.
1922	Machtergreifung Mussolinis („Marsch auf Rom").
1940	Italien tritt in den Zweiten Weltkrieg ein.
1943–1945	Partisanenkrieg in Italien, Sturz Mussolinis und Kampf gegen die deutsche Besatzungsmacht.
1946	Italien wird Republik mit 18 Regionen, eine davon ist die Toscana.
1993	Schwere Regierungskrise nach Bekanntwerden eines Korruptionsskandals. Der Ministerpräsident Bettino Craxi muss ins Ausland fliehen.
1994	Der Medienmogul Silvio Berlusconi gewinnt mit seiner Partei „Sforza Italien" die Parlamentswahlen.
1996	Berlusconi wird abgewählt. Das Mitte-Links-Bündnis „L'ulivo" unter Romano Prodi übernimmt die Regierung.
2001	Silvio Berlusconi wird erneut Ministerpräsident Italiens.
2006	Auf Berlusconis zweite, von Skandalen begleitete Regierung folgt erneut ein Mitte-Links-Bündnis unter Romano Prodi, das aber im Frühjahr 2008 zerbricht.
2008	Wann Neuwahlen stattfinden werden, war zuletzt noch offen.

„Tanzendes Paar" (aus der Tomba delle Leonesse, 470 v. Chr.)

Produktion sieht man noch heute am Strand von Baratti in Form riesiger Schlackehalden. Unter diesen Halden fanden sich eindrucksvolle nach innen gewölbte *Grabkammern*, in denen die Eisenherren der Toscana ihre Toten mit reichen Grabbeigaben bestatteten.

Die Baukünste der Etrusker offenbaren sich nicht minder imposant bei *Sesto Fiorentino* (ganz in der Nähe von Florenz), wo zwei nahezu vollständig erhaltene Grabkuppeln ausgegraben wurden.

Im 6. Jh. v. Chr. gelangten die Etrusker zum Höhepunkt ihrer Macht. Organisiert war ihr Reich im *Zwölfstädtebund*, einer eher losen Konföderation, die kein politisches Zentrum hatte. Sechs dieser Städte lagen auf dem Gebiet der heutigen Toscana, u. a. *Volterra* und *Arezzo*. Aber auch andere Städte wie *Pisa* und *Florenz* gehen auf etruskische Gründungen zurück.

Unter dem Geschlecht der *Tarquinier* gewannen die Etrusker die Vorherrschaft über das noch junge Rom. Ihr Einfluss auf die dort lebenden *Latiner* muss gewaltig

gewesen sein, denn selbst so vermeintlich typisch Römisches wie Toga, Gladiatorenspiele oder der Triumphzug des siegreichen Feldherren sollen ihren Ursprung bei den Etruskern haben. Die Grenzen ihrer Expansion erreichten sie erst, als sie mit Capua und Pompeji auch die Campagnia und mit Bologna die Poebene kontrollierten. Ihre großen Rivalen und gleichzeitig ihre wichtigsten Handelspartner waren die *griechischen Kolonien* in Italien und die weit verstreuten Städtegründungen der *Phönizier*. Ausgetragen wurden die militärischen und handelspolitischen Auseinandersetzungen auf dem Meer. Im Jahr 540 v. Chr. gelang den Herren der Toscana im Bunde mit dem phönizischen Karthago in der *Seeschlacht bei Alalia* (Korsika) ein entscheidender Sieg über die Griechen, was den „Tyrrhenern", wie sie von ihren Feinden genannt wurden, die Seeherrschaft über das bis heute als Tyrrhenisches Meer bezeichnete Gewässer sicherte.

Doch schon 510 v. Chr. kam es zu einer ersten großen Niederlage, als die verhassten *Könige der Tarquinier* aus Rom vertrieben wurden. 482 v. Chr. gelang es dann den griechischen Städten Süditaliens, die Meerenge zwischen Italien und Sizilien dauerhaft für etruskische Schiffe zu sperren. 474 v. Chr. war es mit der Seemachtsherrlichkeit endgültig vorbei, als die Etrusker dem in Sizilien ansässigen *Hieron von Syrakus* unterlagen und von nun an Plünderungen der Küste und die Besetzung Elbas durch die syrakusanische Flotte hinnehmen mussten.

Zum gefährlichsten Feind der Etrusker war allerdings *Rom* geworden, das seine Herrschaft immer weiter nach Norden in die etruskischen Kernlande ausdehnte, bis die Römer den vereinten Etruskern im Jahre 303 v. Chr. die entscheidende Niederlage bereiteten.

Die Toscana unter den Römern

So viel die römischen Eroberer auch den Etruskern zu verdanken hatten, so viel Römisches eigentlich etruskisch war, die neuen Herren ließen kaum etwas von der einstigen Hochkultur übrig.

Roms straffe Organisation und seine pragmatische Politik zeigten sich den Etruskern überlegen und veränderten das Gesicht der Toscana. Durch Festungs-, Brücken- und Straßenbau wurde das Land erschlossen, der wirtschaftliche Aufschwung in die Wege geleitet und die militärische Macht gesichert. Die *Via Aurelia* verlief von Rom entlang der Tyrrhenischen Küste bis nach Genua, und die *Via Cassia* verband die Hauptstadt mit Arezzo und führte weiter über Florenz bis Bologna.

Die Toscana teilte damit im 3. und 2. Jh. v. Chr. das Schicksal aller Feinde Roms, die in langen Kriegen unterworfen und dann zu Bundesgenossen gemacht wurden. Für die römischen Kriege gegen Karthago, gegen die Gallier und die Diadochenreiche des Ostens mussten die Städte Etruriens ihren Beitrag an Soldaten und Finanzen leisten. Dabei wurden die Toscana und das benachbarte Umbrien noch einmal zum Schlachtfeld, als im Jahre 217 v. Chr. der Karthager *Hannibal* ganz Italien in Angst und Schrecken versetzte. Beim *Trasimenischen See* schlug Hannibal die Römer vernichtend. Dennoch war den Karthagern nicht der endgültige Sieg vergönnt, Rom und seine Zwangsverbündeten triumphierten zuletzt auch in diesem Kampf.

Das nach vierjährigem, blutigem Bürgerkrieg 89 v. Chr. von den Bundesgenossen erkämpfte *römische Bürgerrecht* brachte den Bewohnern der Toscana neben der ersehnten politischen Gleichberechtigung aber auch neue soziale Probleme. Mit dem Recht, sich Römer nennen zu dürfen, verband sich allzu oft auch der Wunsch, in der Hauptstadt des Imperiums zu leben. Tausende und Abertausende strömten gegen Ende des ersten vorchristlichen Jahrhunderts aus allen Teilen Italiens nach Rom, wo der Slogan *„panem et circenses"* *(„Brot und Spiele")* den Ärmeren ein angenehmeres Leben versprach. Verstärkt wurde diese Landflucht noch durch Billigimporte von Getreide aus den römischen Kolonien, die die Landwirtschaft in Italien und besonders in der hügeligen Toscana völlig unrentabel machten. Brachliegende Felder, überwucherte Weinberge und verlassene Dörfer waren die Folge. Überall fehlte es an Menschen, um das Land weiter zu kultivieren, während Rom längst aus allen Nähten platzte und zur Millionenstadt geworden war.

Im Zuge eines allgemeinen Bevölkerungsrückgangs in der Spätantike, vor allem in Italien und Griechenland, verschärfte sich die Lage auf dem Land weiter. Sogar die Eisenerzförderung in der Toscana, die seit den Etruskern den Reichtum der Region ausmachte, wurde eingestellt, denn man hatte ergiebigere Fundstellen entdeckt.

Auch die einst blühenden römischen Städte in der Toscana wie *Pisae*, *Florentina* und *Luca* verfielen zusehends.

Die Germanen in Italien

Nicht erst im Zeitalter des Massentourismus ist Italien und besonders die Toscana zum Inbegriff paradiesischer Wonnen für alle jene geworden, denen in heimatlichen Gefilden selbst im Sommer nur ein grün angestrichener Winter beschert ist. Schon eineinhalb Jahrtausende zuvor hatten die Vorfahren der heutigen Mittel- und Nordeuropäer, wie vom Gesang der Sirenen angezogen, ihr Glück im alten Römerland gesucht.

So kam der Todesstoß für das Römische Reich von außen: 410 n. Chr. durchkämmten während der Zeit der *Völkerwanderung* zum ersten Mal seit Jahrhunderten wieder landhungrige Eroberer die italienische Halbinsel und streiften bei ihrem Vormarsch auf Rom auch die Toscana, die zu dieser Zeit bereits gänzlich zur unbedeutenden Provinz herabgesunken war. Im Jahr 493 zogen die Ostgoten unter *Theoderich* gegen Süden, um das durch den Untergang des Weströmischen Reiches entstandene machtpolitische Vakuum zu füllen. 568 folgten die *Langobarden*, die die Toscana ihrem Machtbereich einverleibten.

Geprägt war die Langobardenherrschaft über Mittelitalien von den Autonomiebestrebungen einzelner Herzöge und vom beständigen Expansionsbedürfnis der Zentralgewalt in Pavia. Dazu gesellte sich ein Konflikt mit den Päpsten, die die Expansionsbestrebungen der Langobardenherrscher mit größtem Argwohn beobachteten, sich aber ohne fremde Hilfe im permanenten Machtpoker nicht behaupten konnten.

Einen Verbündeten fanden sie schließlich in den *Franken*, durch deren Intervention die langobardische Eroberungspolitik letzten Endes scheiterte. Den entscheidenden Schlag gegen die Langobarden führte *Karl der Große*, der 774 mit seinem Heer nach Italien zog. Nach der Einnahme Pavias setzte sich Karl in selbstbewusster Manier mit eigener Hand die eiserne Krone der Langobarden aufs Haupt und führte fortan den Titel *„König der Franken und Langobarden"*.

Die Toscana und die Deutschen

Nach der Übernahme des langobardischen Erbes in Nord- und Mittelitalien begann die Eingliederung der Toscana in das Großreich der Franken. Aus dem Herzogtum Tuscien wurde eine Markgrafschaft gleichen Namens, die das Reich gegen den päpstlichen Kirchenstaat im Süden abgrenzte.

Auch das *Lehnswesen*, die Basis der königlichen Macht, wurde aus dem Norden exportiert. Der König vergab Herzogtümer, Markgrafschaften und Grafschaften als Lehen an den Adel, der von diesen Gütern lebte und als Gegenleistung zur Heeresfolge verpflichtet war. Auch der *Klerus* war Teil des Feudalsystems: Bischöfe und Äbte erhielten päpstliche Lehen und gaben sie wieder an Vasallen weiter.

Der *Feudalismus* hatte damit auch in Italien Fuß gefasst. Seine Grundlage bildeten die Bauern, die mehr als 90 % der Bevölkerung stellten.

Mit dem Tod *Karls des Großen* brach nicht nur sein Reich nördlich der Alpen in Stücke, auch Italien entglitt unter seinen Nachfolgern mehr und mehr der Kontrolle von außen. Der Zeitraum zwischen 887 und 962 war die Epoche eines erneuten gewaltigen Machtvakuums, das keiner der heimischen Fürsten zu füllen in der Lage war. Zur gleichen Zeit setzen die *Ungarneinfälle* ein, von denen auch die Toscana nicht verschont blieb. Mordend und plündernd durchzogen Reiterhorden das Land, um es dann so schnell zu verlassen, wie sie gekommen waren.

Das in kleine Territorien zersplitterte Feudalsystem hatte nicht die Kraft, sich gegen das räuberische Reitervolk zur Wehr zu setzen. Erst *Otto I.* konnte sich 955 mit dem Sieg auf dem Lechfeld bei Augsburg gegen die Ungarn behaupten. Nach der Zerschlagung der ungarischen Militärmacht erhob er Anspruch auf die Kaiserkrone und machte Nord- und Mittelitalien zum Bestandteil seines deutsch-römischen Imperiums.

In der Toscana änderte dies an den bestehenden Verhältnissen wenig, das Land wurde weiterhin von wenigen Feudalherren beherrscht, wenn auch in immer größerem Umfang Geistliche in weltliche Lehensämter eingesetzt werden. Die Amtssitze der Bischöfe entwickelten sich dabei immer stärker zu Keimzellen städtischen Lebens.

Die Herren und die Dame von Canossa

Auch im anbrechenden Hochmittelalter blieb die Toscana nicht verschont von großen europäischen Konflikten wie jenem, der sich immer deutlicher zwischen Kaiser und Papst anbahnte. Mit dem Unterschied allerdings, dass aus dem bisherigen Randschauplatz Toscana nun einer der zentralen Zankäpfel der rivalisierenden Politik von Kaiserreich und Kurie wurde.

In der Toscana stiegen unter den *ottonischen Kaisern* und ihren Nachfolgern, den *Saliern*, die Grafen von Canossa zu ungewöhnlicher Bedeutung auf, obwohl deren Stammsitz, die Burg von Canossa, in der benachbarten Emilia-Romagna lag.

Besondere Berühmtheit erlangte *Mathilde von Canossa*, die im letzten Drittel des 11. Jh. Lehnsherrin der Grafschaft Tuscien war. Zu dieser Zeit hatte sich der Konflikt zwischen kirchlicher und weltlicher Macht entscheidend zugespitzt. Streitpunkt war insbesondere die Amtseinführung (Investitur) geistlicher Würdenträger durch weltliche Herrscher, die seit dem frühen Mittelalter gängige Praxis war. Die Kaiser und Könige versuchten auf diese Weise, die geistlichen Amtsträger an sich zu binden, um damit letztlich ihre eigene Machtposition zu stärken.

In der Mitte des 11. Jh. formierte sich dann in Teilen Frankreichs und Englands sowie im Heiligen Römischen Reich eine starke Bewegung gegen diese Form der Laieninvestitur. Bereits unter Papst Leo IX. hatte sich Rom dieser Reformbewegung angeschlossen. Richtig ernst wurde es aber erst im Jahr 1075, als Papst Gregor VII. offiziell jede Form der Laieninvestitur verbot und damit den Zorn seines Widersachers Heinrichs IV. auf sich zog. Die erste Trumpfkarte in dem nun voll entbrannten Machtkampf zog der Papst, der den Kaiser kurzerhand exkommunizierte.

Was dann folgte, zählt mittlerweile zum festen Bestandteil des abendländischen Bildungskanons: Im Januar 1077 reiste der gebannte Heinrich mit Gattin und bescheidenem Gefolge nach Italien, um vom Papst die Absolution erteilt zu bekommen. Gregor VII., der die Absicht des Kaisers verkannte und sich um Leib und Leben sorgte, flüchtete vor die Burg Canossa, um sich in den Schutz seiner Parteigängerin und Freundin Mathilde zu begeben. Die antipäpstliche Propaganda ließ es sich natürlich nicht nehmen, Gerüchte über ein intimes Verhältnis zwischen Gregor und Mathilde zu verbreiten. Wie dem auch sei – der Kaiser folgte dem Papst und zog dreimal barfuß im Büßergewand vor die Burg von Canossa (wohlgemerkt: es war Januar!), bis er eingelassen und wieder in den Schoß der christlichen Glaubensgemeinschaft aufgenommen wurde. Heinrich IV. konnte so seine Krone retten, aber die Gewichte hatten sich vorerst zugunsten des Papstes verschoben. Der „Gang nach Canossa" ist seitdem sprichwörtlich.

Der Tuchhändler

Der Aufstieg der Städte

Während Kaiser und Papst miteinander im Streit lagen, wussten die aufstrebenden Städte der Toscana diese Schwäche der weltlichen Macht für sich zu nutzen. Aber nicht in der Weise, dass auch sie sich gegen den Kaiser stellten; im Gegenteil, in einer Zeit der kirchlichen Opposition und eines allgemeinen Verfalls des Lehnssystems – der niedere Adel betrachtete die vergebenen Lehen nun meist als sein Eigentum – wurden die Städte zu einer wichtigen Stütze des Kaisers.

Heinrich IV. war so der Erste, der den Kommunen Zugeständnisse machte. Im Jahr 1081 verpflichtete er sich, im Umkreis von 10 km um Lucca keinen Palast zu bauen. Noch weiter kam er Pisa entgegen, indem er auf die höchste Gerichtsbarkeit in der Stadt verzichtete.

Pisa war die mächtigste unter den toscanischen Städten und zudem für lange Zeit die einzige Hafenstadt in der Region. In ganz Italien konnten sich nur Venedig und Genua mit den Handelserfolgen der Pisaner Kaufleute messen.

Im Bunde mit Genua gelang es, die Sarazenen in Süditalien zu kontrollieren und später sogar die Moslems aus Sizilien zu vertreiben.

Einen noch deutlicheren Aufschwung der Seestädte bewirkte die mit großem militärischem und finanziellem Aufwand betriebene *Kreuzzugsbewegung*. Durch die Eroberung der Küsten Palästinas und Syriens gewannen Pisa, Genua und Venedig nicht nur wichtige Handelsstützpunkte im östlichen Mittelmeer, vor allem der Warenaustausch mit dem gesamten Vorderen Orient erlebte einen großen Aufschwung.

Mit dem Reichtum wuchs auch das politische Selbstbewusstsein: Inmitten des flächendeckend feudal-aristokratisch und klerikal dominierten Kontinents entstanden autonome Stadtrepubliken, die ihr politisches Schicksal in eigener Regie bestimmten.

In *Pisa* lenkten neben den Konsuln und anderen hohen Beamten zwar auch noch 30 Adelsfamilien die Geschicke der Stadt, doch vielerorts, wie in San Gimignano oder in Florenz, hatten die alten Eliten der Aristokratie jeglichen Einfluss verloren. Auch in der *Bautätigkeit* drückte sich dieses Selbstbewusstsein der jungen Städte aus: Mitte des 11. Jh. begannen die Pisaner mit dem Bau ihres Doms, später mit dem des berühmten Turms, der sich schon während der Errichtung neigte, und schließlich mit dem des Baptisteriums. Über 100 Jahre investierten Stadt und Bürger in den Sakralbau, der Macht und Wohlstand der Stadt dokumentieren sollte.

Die Städte wuchsen mit rasanter Geschwindigkeit; immer neue Stadtmauern in immer weiterem Umkreis um die Kommunen wurden errichtet. Das frühmittelalterliche Pisa umfasste eine Fläche von etwa 30 Hektar, die 1162 vollendete Stadtmauer nördlich des Arno umschloss 114 und die gegen Ende des 13. Jh. errichtete Stadtmauer 154 Hektar!

Die Ursache für das explosionsartige Wachstum war eine dramatische Landflucht. Die leibeigenen Bauern liefen ihren Feudalherren aus allen Teilen der Toscana davon, um in der Stadt ein gewisses Maß an Freiheit und vor allem Wohlstand zu finden.

Im Textilhandwerk, der Metallverarbeitung und anderen Gewerben der aufstrebenden Handelsstädte waren die landflüchtigen Bauern als Arbeitskräfte hochwillkommen.

Die große Zeit der Stadtrepubliken

Der Untergang der deutschen Zentralgewalt nach dem Tod Kaiser Friedrich Barbarossas erweiterte den politischen Freiraum der Stadtrepubliken für eine noch stürmischere Entwicklung und ließ das 13. Jh. mit seinem geistigen und politischen Ringen zum bewegtesten des Mittelalters werden.

Während *Franz v. Assisi* und seine Bettelmönche (Franziskaner) mit ihrer Botschaft von Armut und Bescheidenheit vor allem in der bäuerlichen Bevölkerung großen Widerhall fanden, hatten sie mit ihrer Lehre in den reichen Stadtrepubliken umso weniger Erfolg – verständlicherweise. Die Kommunen der Toscana schielten stattdessen eifersüchtig nach Pisa, das Mitte des 13. Jh. noch immer die unumstrittene Vormachtstellung in Mittelitalien innehatte und dessen Status- und Machtsymbol, der Dom, andernorts bald eifrig kopiert wurde.

So baute in Lucca und Prato der Comasker Guidetto im pisanischen Stil, und in Massa Marittima begann Meister Heinrich mit dem Bau eines Doms, mit dem sich die durch Kupfer- und Goldminen reich gewordene Stadt schmücken wollte. Auch Siena nahm Anleihen bei Pisa. Niccolò Pisano, der den (bis heute) häufigsten Familiennamen der Stadt mit dem Schiefen Turm trug, hatte bei den großen Bildhauern der Lombardei gelernt, bis er mit der Kanzel des Baptisteriums in Pisa sein erstes Meisterwerk schuf. Später führte ihn sein Weg nach Lucca und eben nach Siena. Seine 1268 vollendete Kanzel im Dom von Siena gilt als das erste plastische Werk der Toscana im neuen Stil der Gotik. Auch in der Architektur entschieden sich die Sienesen für diesen Stil und gegen eine pure Nachahmung des pisanischen Vorbilds. Dies bezeugt Selbstbewusstsein, das mit dem Reichtum der Handelsherren gewachsen war.

Während Pisa seinen Gewinn jenseits des Meeres suchte, fanden ihn die Sienesen auf dem Landweg in Frankreich und Spanien. Das dort gewonnene Geld floss in die gerade gegründeten *Banken* der Stadt, die ältesten Europas, die es gegen Zinsen und Sicherheiten an hohe Geistliche und Kommunen weiterverliehen.

Mit diesen Geldgeschäften modernster Art war nicht nur eine neue Institution des öffentlichen Lebens geschaffen, auch ein Prinzip des *Kapitalismus* war damit geboren und sollte lange vor seiner klassischen Zeit, dem industriellen Zeitalter, eine Hochblüte erleben. Wie ungebrochen diese Tradition fortdauert, zeigt die über 500-jährige Geschichte der ältesten Bank Italiens, der „Monte dei Paschi di Siena", die noch heute überall in der Toscana Filialen unterhält.

Das ausgehende 13. Jh. wurde in der Toscana durch ein wichtiges Ereignis geprägt, den *Niedergang Pisas*. Handelsstreitigkeiten hatten die alte Feindschaft zwischen Pisa und Genua wieder aufleben lassen, seit 1282 kämpften beide Städte gegeneinander zur See. 1284 kam es zur Entscheidungsschlacht. Pisa wurde schwer geschlagen und konnte sich von dieser Niederlage nie wieder erholen.

Ein zweiter Schicksalsschlag kam hinzu: Der Arno, der Fluss, der Pisa zur Hafenstadt mit Meeranbindung gemacht hatte, schleppte Unmengen an Sand und Geröll aus dem Apennin mit sich und ließ den Hafen langsam versanden. Aus der einstigen Seemacht wurde eine stille Landstadt, die heute 10 km vom Meer entfernt liegt.

Nach dem Niedergang Pisas im 13. Jh. sank nun auch *Siena* zu einer stillen toscanischen Provinzstadt herab. Entscheidender Grund für den Niedergang der Stadt war die *Pest*. Im Jahr 1348 durchzog der Schwarze Tod zum ersten Mal die toscanischen Lande und forderte allein in Siena über 80.000 Todesopfer – ein Aderlass, von dem sich die Stadt nie mehr erholte.

Durch den Sturz Pisas und Sienas verlagerten sich nun die Gewichte zugunsten der aufstrebenden Arnostadt Florenz. Dort hatten 1282 die erstarkten *Handwerkszünfte* die Führung übernommen und die Herrschaft des Adels eingedämmt, dessen politische Vormachtstellung angesichts der gewachsenen Bedeutung von Handel und Handwerk, von Banken und Industrie unhaltbar geworden war.

Nach außen lag die Stadt in Dauerquerelen mit anderen toscanischen Kommunen, vor allem Arezzo, ohne zunächst einen entscheidenden Erfolg erringen zu können. Und auch im Inneren gab es Konflikte: In der eigentlich guelfischen (papsttreuen) Stadt bildeten sich zwei rivalisierende ideologische Lager heraus, die *Neri* (Schwarzen) und die *Bianchi* (die Weißen), wobei sich die Positionen der Letzteren am Ende kaum noch von denen der verfeindeten *Ghibellinen* (Kaisertreuen) unterschieden. Letztlich wurden die Weißen aus der Stadt verbannt, darunter im Januar 1302 auch Italiens größten Dichter *Dante Alighieri*, der 19 Jahre später im Exil in Ravenna starb.

Trotz aller Schwierigkeiten mauserte sich Florenz binnen kurzer Zeit zum wichtigsten Zentrum der sich entwickelnden frühkapitalistischen Wirtschaftsstrukturen. Die Florentiner Banken wurden weltbeherrschend, der *Florin* die bedeutendste Währung der damaligen Zeit. Auch die Sozialordnung blieb davon nicht unberührt, denn aus dem Kreis der Kaufmanns- und Handwerkszünfte rekrutierte sich ein neuer Adel, der sich nicht auf Geburt, sondern auf Geld stützte und der schon bald zum Träger der Florentiner Stadtkultur werden sollte.

Eine genaue Schilderung dieser Gesellschaftskreise ist uns mit *Giovanni Boccaccios „Decamerone"* überliefert. Seine Novellensammlung beginnt im Pestjahr 1348, das auch seine Vaterstadt Florenz nicht verschont ließ.

Mit dem Aufstieg des Großbürgertums wagte auch die *Naturwissenschaft* einen Neuanfang: Die Welt wird nicht mehr als gottgewollt begriffen, und der bürgerliche Mensch beginnt, seine Umwelt mit seinem Verstand zu erforschen. Das Mittelalter nimmt seinen Abschied, die „Neu-Zeit" hält ihren Einzug.

Sienas Rathaus – nach 1555 nur noch eine Außenstelle von Florenz

Die Toscana unter Florentiner Vorherrschaft

Das 14. Jh. war die Zeit der Bürgerkriege und Parteikämpfe um die Republik. Gegen Ende des Jahrhunderts hatte sich die – vorübergehende – Herrschaft eines Florentiner Geschlechts gefestigt: die der Albizzi, unter denen Florenz sein Territorium erheblich ausweitete.

1380 wurde Arezzo und im Jahr 1406 das alte, kraftlos gewordene Pisa, der einstige Erzrivale, dem florentinischen Staatswesen einverleibt. Doch neben den Albizzi meldeten vor allem die reichen Kaufmannsfamilien der *Medici* und *Strozzi* ihren Anspruch auf die Macht an. Zwar versuchten die Albizzi, *Cosimo de' Medici*, ihren gefährlichsten Gegner, mit allen Mitteln auszuschalten (Todesstrafe, danach in 10-jährige Verbannung umgewandelt), doch hatten sich die Anhänger Cosimos in Florenz bald durchgesetzt, und der Verbannte hielt 1434 unter dem Jubel des Volkes seinen Einzug in die Arnostadt. Mit diesem Tag wurde er nicht nur für 30 Jahre Alleinherrscher über die Stadt, er leitete damit auch die lange Herrschaft der Medici ein, die, mit kurzen Unterbrechungen, bis 1737 andauern sollte.

Die demokratische Verfassung der Republik war unter der Herrschaft Cosimos ausgehöhlt worden, formal aber unangetastet geblieben. Die Intrigen gegen Cosimo wuchsen seit 1460 unter seinen eigenen Parteifreunden. Sie versprachen sich durch die Rückkehr zur alten Verfassung persönliche Vorteile und setzten Luca Pitti an Cosimos Stelle. Luca gebärdete sich als Tyrann und missbrauchte die Macht zur persönlichen Bereicherung. Cosimo dagegen zog sich ins Privatleben zurück, jedoch nicht ohne seinen Einfluss und sein Geld wirken zu lassen. Dieser große Mäzen der Künste und der Wissenschaft galt nämlich nicht zuletzt auch als Meister der politischen Intrige. Charakterstarke Gegner, die mit Geld nicht auszuschalten waren, wusste er durch Verbannung oder durch wirtschaftlichen Ruin unschädlich zu machen.

So bestimmte Cosimo de' Medici das politische und kulturelle Leben seiner Stadt, und als er 1464 starb, konnte sich sein nur mäßig begabter Sohn *Piero* auf seine Verdienste stützen. Die Medici waren längst zu einer staatlichen Institution in Florenz geworden und konnten sich der Unterstützung des Großteils der Bevölkerung sicher sein.

Unter den Medici wurde Florenz die Stadt beeindruckender architektonischer Schönheit. Bis Anfang des 15. Jh. dominierte der enge Wohnbau mit seinen festungsartigen Türmen. Gotische Paläste wie Siena besaß die Arnostadt nicht. Nun aber bauten *Brunelleschi* und *Alberti* den großen, weiten Palast im Stil der neuen Zeit, der *Renaissance*. Der Zweck der Verteidigung war nicht mehr der Grundgedanke der Architektur; Pracht, Schönheit und Wohnlichkeit kamen jetzt ganz zum Zuge. Nur die unteren Stockwerke der Paläste mit ihren unbehauenen Steinen, kennzeichnend für den florentinischen Palastbau, erinnerten ein wenig an die früheren Wohnfestungen.

Sich selbst übertroffen hat Filippo Brunelleschi aber mit der zwischen 1420 und 1436 erbauten *Domkuppel* der Kathedrale *Santa Maria del Fiore* in Florenz. Sie ist die erste selbsttragende Kuppelkonstruktion der Geschichte und ringt durch ihre statische Kühnheit noch den Architekten unserer Tage Bewunderung ab, wenn auch in jüngster Zeit Risse im Mauerwerk Sorgen bereiten.

Bereits 1470 starb Piero und vererbte dem 21-jährigen *Lorenzo* nicht nur unermessliche Schätze, sondern auch die Regierung. Lorenzo bewies anfangs wenig Sinn für das Geschäft, dafür umso mehr für die Verschwendung. So kam es, dass er bald einen Großteil seines Vermögens verloren hatte und der Bankrott drohte. Seine Bankhäuser in Brügge, Lyon und Mailand mussten liquidiert werden, und Lorenzo war gezwungen, bei seinen Verwandten 60.000 Dukaten Kredit aufnehmen. Als Staatsmann war er dafür umso energischer. Zwar wahrte auch er formal die Verfassung, doch vermengte er private und öffentliche Interessen, vor allem wenn es um Geldfragen ging. Selbst vor Krieg schreckte er nicht zurück. Als es in Volterra, wo er sich an der Ausbeutung neu entdeckter Alaunlager (ein aluminiumhaltiges Mineral) beteiligt hatte, zu Streitigkeiten zwischen der Stadtverwaltung und den Florentiner Kapitalisten gekommen war, nutzte Lorenzo seinen Einfluss und ließ Florenz mit Waffengewalt gegen die kleine Stadt vorgehen. Seine Erfolge und seine anhaltende Beliebtheit bei den unteren Klassen schürten den Hass seiner Gegner. Dazu zählten insbesondere das Geschlecht der *Pazzi* und Papst *Sixtus IV.*, der auf den Sturz der Medici hinarbeitete, um die Toscana unter seine Kontrolle zu bringen.

Bank in Florenz (15. Jh.)

Am Ende des 15. Jh. standen die Medici auf dem Höhepunkt ihrer Macht und sahen sich gleichrangig mit den ersten Fürsten Europas. Lorenzos Sohn *Giovanni* wurde 1489 zum Kardinal und 1523 gar zum Papst geweiht, und seine Tochter Magdalena verheiratete der Vater mit einem Sohn des Papstes Innozenz VIII. – auch dieses Kuriosum gab es während der Renaissance. Nicht minder aktiv war Lorenzo, schon zu Lebzeiten „*Il Magnifico*" (der Prächtige) genannt, als *Förderer der Künste*. Zu seiner Zeit stieg die vom Großvater Cosimo gegründete *Platonische Akademie* in Florenz zu Weltruhm empor, ebenso wie ihr berühmtester Lehrer *Giovanni Pico della Mirandola*.

Die Feinde in Rom ersannen eine Intrige par excellence. Der päpstliche Söldnerhauptmann *Giambattista* und zwei Priester wurden für die Pläne gewonnen und der Erzbischof von Pisa, ein Gegner der Medici, in sie eingeweiht. Und während päpstliche Truppen an die Grenze der Toscana rückten, überschlugen sich in Florenz die Ereignisse. Am 26. April 1478 ging Lorenzo mit seinem jüngeren Bruder Giuliano zur Messe in den Dom, und als der Priester die Hostie erhob, stürzten sich die Verschwörer auf die Medici. Giuliano starb unter den Dolchstößen der Mörder, während Lorenzo nur leicht verwundet in die Sakristei fliehen konnte. Nach der gescheiterten Verschwörung begann in der Stadt eine Treibjagd auf die Anhänger der Pazzi. Nicht nur der Erzbischof von Pisa und Francesco Pazzi, die beide an einem Fenster des Palazzo della Signoria baumelten, gehörten zu den Opfern dieser Tage.

Geschlechtertürme als Zeichen der Macht

Der religiöse Reformer Savonarola

Doch inmitten dieser kulturellen Aufbruchstimmung erhob sich plötzlich die mahnende und anklagende Stimme eines Dominikanermönchs aus Ferrara: Savonarola. Angesichts des Reichtums, der Abwendung vom Religiösen hin zur Wissenschaft und angesichts der fortschreitenden Verweltlichung der Kirche bis hinauf zum Papst wurde Savonarola zum erbitterten Feind der Medici, die aus seiner Sicht das Übel von Macht und Korruption heraufbeschworen hatten.

Von der Kanzel hielt er donnernde Predigten gegen die Freizügigkeiten in der neuen Kunst, gegen Willkür und Dekadenz, und das Volk lauschte seinen Worten mit Begeisterung. 1491 predigte er zum ersten Mal im Dom von Florenz und verkündete den baldigen Tod Lorenzos, des Papstes und des Königs von Neapel. Die Menge war gebannt und erzitterte, als Lorenzo 1492 erst 44-jährig starb.

Sein Sohn *Piero*, der die Nachfolge antrat, war ein Mann von großen Körper- und geringer Geisteskraft, kaum geeignet, auf diese Herausforderung zu antworten. Dazu kam, dass sich Italien zum ersten Mal seit Jahrhunderten wieder einem fremden Eroberer gegenübersah: dem französischen König *Karl VIII*. Kaum standen dessen Heere in der Toscana, fand er Unterstützung durch Siena, Pisa und Lucca. Piero de' Medici verlor die Nerven und erkaufte sich die Rettung seiner eigenen Haut durch die Übergabe aller Festungen des Landes an die Franzosen. Das war Wasser auf Savonarolas Mühlen, in Florenz brach der Aufstand gegen die Medici los, und die Familie entkam mit knapper Not nach Bologna.

Kampflos zog Karl VIII. in die Stadt ein und bezog im Palast der Medici für zehn Tage Quartier. Als der König Florenz wieder verließ, war die Stadt zwar frei, aber es blieb ein politisches Vakuum, das Savonarola rasch ausfüllen konnte.

Der Dominikaner versuchte das Unmögliche: die Zeit zurückzudrehen. Alles, was unter *Lorenzo II Magnifico* geschehen war, erschien ihm, Sünde zu sein. Er war bemüht, die Demokratie wieder herzustellen, unterwarf den Handel christlichen Grundsätzen und bemühte sich, dem zügellosen Kapitalismus Einhalt zu gebieten. Doch seine Herrschaft wurde durch eine Barbarei ersten Ranges überschattet: durch die feierliche *„Verbrennung der Eitelkeiten"* am Fastnachtsdienstag 1497. Vor dem Palazzo della Signoria wurde ein Scheiterhaufen mit „schmutzigen" Büchern und Gemälden aufgetürmt und unter dem Jubel der Menge entzündet. Unschätzbare Kunstwerke, u. a. von Petrarca, Boccaccio und Botticelli, gingen so für immer verloren. Doch bald sollte der Savonarola das Schicksal der von ihm zerstörten Kunstschätze teilen, denn seine Feinde, allen voran der Papst und die Medici, ruhten nicht. Einem Predigtverbot, das der Mönch nicht befolgte, schickte die Kurie die Exkommunikation hinterher, was Savonarola seiner Anhänger beraubte. Am 23. Mai 1498 wurde er vor demselben Palazzo, wo man die „Eitelkeiten" verbrannt hatte, öffentlich gehängt. Anschließend wurde seine Leiche verbrannt und die Asche in den Arno gestreut.

Florenz – von der Stadtrepublik zum Fürstenstaat

Nach Savonarola stand die Stadt wieder dort, wo sie bereits vor den Medici gewesen war. Und der alte Hader zwischen den Familien des Großbürgertums begann wieder aufzuleben und damit auch der Kampf um die Vormachtstellung in der Toscana.

1512 kehrten die Medici nach 18-jähriger Verbannung nach Florenz zurück. Ihre ehemals demokratisch legitimierte Position bauten sie schrittweise zu einer *absolutistischen Herrschaft* aus, nach innen wie nach außen. In der Wahl der Mittel waren sie dabei nicht zimperlich: Bestechung und Bespitzelung ihrer Gegner, Folter und Kerkerhaft für die Opposition sowie Wahlmanipulationen, solange noch gewählt werden durfte, waren an der Tagesordnung. Die über die Jahrhunderte hinweg hoch gepriesenen Kunstmäzene der Stadt verstanden ihr politisches Geschäft.

Das machtpolitische Denken eines *Niccolò Machiavelli*, seine Verherrlichung von absoluter Staatsmacht und Fürstenherrschaft waren charakteristisch für das Denken dieser Zeit. Wechselnde Bündnisse mit den europäischen Herrscherhäusern, machtpolitisch motivierte Heiraten und gar der Anspruch des Medici-Clans auf den Papstthron – diesem Druck waren die demokratischen Kräfte in Florenz auf Dauer nicht gewachsen. Als im Jahr 1530 ein kaiserlich-päpstliches Heer vor der Stadt lag und sie monatelang aushungerte, war das Ende der Republik von Florenz endgültig gekommen. Tausende hatten bereits in den Kriegen der letzten Jahre den Tod gefunden, Handwerk und Handel, einstige Quellen des Reichtums, lagen schon lange danieder.

1531 wurde der erste Medici mit kaiserlicher Rückendeckung in den Rang eines Herzogs erhoben. Der Widerstand erstarb jedoch nicht und äußerte sich auch in der neu entflammten Rivalität einiger toscanischer Städte gegen Florenz: Während Pisa bereits seit mehr als 100 Jahren unter florentinischer Kontrolle stand, regten sich in Siena und anderen Städten unverdrossen die demokratischen Kräfte. Siena erlebte Anfang des 16. Jh. eine neue Blütezeit, und es gelang der Stadtrepublik sogar, die spanische Besatzungsmacht abzuschütteln, ein Zustand, den die Medici nicht akzeptieren konnten.

Das Großherzogtum Toscana unter den Medici

Wenn Florenz auch zu einer Macht zweiten Ranges herabgesunken war, so gelang es doch mit Unterstützung deutscher und spanischer Truppen, Siena im Frühjahr 1555 unter Kontrolle zu bringen.

Das Territorium des Herzogtums erstreckte sich damit über die ganze Toscana. Livorno, das schon 1421 an Florenz gefallen war, wurde weiter befestigt und zum Freihafen erklärt, denn der versandete Hafen Pisas war mittlerweile unbrauchbar geworden.

Florenz hatte sich nicht nur von einer Republik zu einem absolutistisch regierten Staat entwickelt, sondern auch von einem Stadt- zu einem Flächenstaat. Die Medici waren von Bankiers zu Fürsten avanciert und strebten sogar nach der Königswürde. Auch wenn sie dies nicht realisieren konnten: Seit Cosimos I. Ernennung zum *Großherzog* durch den Papst (1569) beherrschte der Medici-Clan die Toscana ohne Unterbrechung bis zum Aussterben des Geschlechts im Jahr 1737.

Mit dem Medici-Absolutismus des 16. Jh. ist nicht nur der künstlerische Höhepunkt der Renaissance überschritten; das 16. Jh. als Zeitalter des Umbruchs in die Neuzeit verhilft anderen europäischen Staaten zu Macht und Glanz. Neue Erdteile werden entdeckt, die Erfindung neuer Produktionsmethoden folgt, mit denen das in Zünften organisierte Handwerk nicht mehr Schritt halten kann.

Die Erfindung des *mechanischen Webstuhls* lässt die Preise für Textilien ins Bodenlose fallen, die Lebensgrundlage zahlloser Handwerksbetriebe wird zerstört. Der toscanische Handel verliert seine erstrangige Bedeutung in Europa, was eine gigantische Auswanderungswelle nach sich zieht. Holland, Frankreich und England werden jetzt für viele zum Hoffnungsträger für den Aufbau einer neuen Existenz.

Das Großbürgertum seinerseits und all die, die es sich leisten können, ziehen aufs Land zurück, meiden die riskant gewordenen Kapitalinvestitionen und entdecken Land- und Großgrundbesitz als risikoarme Geldanlage: *mezzadria* (Halbpachtsystem) hieß die vorherrschende Form der landwirtschaftlichen Produktion, bei der der Pächter seinem Grundherrn die Hälfte des Ertrags abliefern musste; für den toscanischen Geldadel in diesen krisengeschüttelten Zeiten mit Sicherheit ein gutes Geschäft.

Der Niedergang des Großherzogtums Toscana von einer europäischen Wirtschafts- und Kulturmacht ersten Ranges zur Beschaulichkeit und Provinzialität eines Agrarlandes setzte sich im 17. Jh. fort, obwohl die Universität von Pisa, besonders aber der Pisaner *Galileo Galilei* noch einmal epochemachende Glanzpunkte in der naturwissenschaftlichen Erkenntnis setzten. Wirtschaftliche *Stagnation*, kirchliche *Inquisition*, die verheerenden Folgen des *30-jährigen Krieges* und der Todeshauch der *Pest* – das waren die Marksteine, die das Alltagsleben der Toscana im 17. Jh. prägten und erschütterten. Aufstände und Hungersnöte waren die Folge; nach der Stadtflucht des 15./16. Jh. gingen die Menschen erneut vom Land in die Städte, wo sie sich Brot und Arbeit oder doch zumindest Almosen erhofften, was jedoch lediglich die Verarmung der Städte beschleunigte.

Während die großherzöglichen Medici sich unter *Cosimo I.*, *Francesco I.* und *Ferdinando I.* (1511–1587) zunächst noch erfolgreich um Landkultivierung, Entwässerungsprojekte und die Belebung des Handels bemüht hatten (so erhielt *Livorno* einen neuen, international offenen Freihafen – Anreiz für viele Kaufleute, sich hier niederzulassen), hatten ihre Nachfolger die Toscana bis zum Ende des 17. Jh. zu provinzieller Bedeutungslosigkeit heruntergewirtschaftet. So war es nicht verwunderlich, dass mit dem Tod des letzten Großherzogs der Medici, *Gian Gastone* (1737), der keinen Nachfolger hinterließ, sich ein anderes europäisches Geschlecht des toscanischen Vakuums bemächtigte

Die Toscana unter den Habsburgern

Franz von Lothringen, der spätere Gemahl von Kaiserin Maria Theresia, ergatterte den Titel des toscanischen Großherzogs und leitete damit die Habsburger Herrschaft ein.

Der Toscana brachte dies zunächst wenig Nutzen: Die neuen Untertanen mussten sich gedulden, bis sie ihren viel beschäftigten Regenten einmal leibhaftig zu Gesicht bekamen. Und der erste Besuch von Franz II. in der südlichen Provinz sollte auch der letzte sein, womit feststand, dass Florenz kaum seine Bedeutung als Residenzstadt behalten sollte. Schon nach drei Monaten kehrte er wieder nach Wien zurück, doch hatte er dem bewährten Beamtenkorps der Medici die Verwaltung des Landes überlassen, während er sich selbst die Richtlinienkompetenz in der Außenpolitik vorbehielt.

Im Wesentlichen war die Toscana nicht mehr als eine wohlfeile Geldquelle für die kaiserlichen Steuereintreiber, und auch die Einführung der militärischen Dienstpflicht empfand die Bevölkerung als schlimme Zumutung. Schon das soldatenhungrige Preußen hatte immer wieder junge Männer für den Armeedienst angeworben, bis ein Verbot des Regenten dem ein Ende setzte. Doch die Großmachtpolitik Österreichs, die unter anderem am Siebenjährigen Krieg zur Folge hatte, forderte bald selbst Einberufungen in der Toscana, und im Winter 1758 marschierten die ersten 3000 Mann in der Uniform der österreichischen Armee nach Norden über die Alpen. Sie schlugen sich dort, ganz im Stil der Zeit, für eine Sache, die gar nicht die ihre war. Die Beliebtheit des österreichischen Herrschers wuchs so nicht gerade, doch regte sich kein Widerstand. Man wusste schließlich, dass er chancenlos bleiben würde.

Die Zustände, die der Nachfolger von Franz II., Erzherzog Leopold, 1769 vorfand, waren besorgniserregend. Das Land, bei dem einst ganz Europa Schuldner war, war zum Armenhaus geworden. Arbeitslosigkeit, Bettelei, Seuchen und eine akute Finanzknappheit standen auf der Tagesordnung. Leopold, ein Kind der Aufklärung, verfügte eine Reihe revolutionär anmutender Reformen, darunter die Gleichheit der Bürger vor dem Gesetz sowie die Abschaffung von Folter und Todesstrafe.

Die Toscana indes blieb, obwohl auf dem Papier immer noch selbstständig, eine politische Größe dritten Ranges. Die Fäden der europäischen Großmachtpolitik im aufkommenden Zeitalter der bürgerlichen Revolution wurden anderswo gezogen: 1795 bedrohte *Napoleon Bonaparte* die Toscana von Oberitalien aus, und die Flotte seines großen Konkurrenten England richtete den Blick auf den wichtigen Hafen Livorno. Napoleon kam seinem Gegner wie so oft zuvor, und im Juni 1796 besetzte eine französische Division die Hafenstadt, kurz darauf auch Florenz. In der Kunstsammlung der Uffizien bediente sich Napoleon so, wie er es bei seinen zahlreichen Feldzügen durch Europa immer gehalten hatte: Er ließ Schätze von einmaligem Rang nach Paris entführen, wo sie zum Teil noch heute zu finden sind.

Widerstand konnte die Toscana nicht leisten, sie war längst zum Spielball der europäischen Politik geworden. Der Außenhandel ging durch die Besetzung Livornos auf null zurück, zumal die englische Kriegsflotte vor dem Hafen kreuzte und auch die Insel Elba in englischer Hand war.

Die Toscana im Napoleonischen Zeitalter

Dem letzten Habsburger, Ferdinand III., der 1799 das Land verlassen musste, folgte ein französischer Kommissar, der ganz als das auftrat, was er war – der verlängerte Arm der Regierung in Paris. Nach dem Vorbild des eigenen Landes wurde die Toscana in elf Bezirke geteilt. Die Besatzer benahmen sich wie die uneingeschränkten Herren, sodass es nur eine Frage der Zeit war, wie lange die Bevölkerung dies widerstandslos hinnehmen würde.

Vorübergehend gelang es den Einheimischen, im Windschatten der Erfolge des antinapoleonischen Österreich, die Franzosen nach Norden abzudrängen, doch mit dem Sieg der napoleonischen Truppen bei Marengo im Juli 1800 war das Schicksal Italiens und der Toscana in die Hände Frankreichs gefallen. Napoleon machte die Toscana zum Marionettengebilde „Königreich Etrurien", um sie bald darauf ganz seinem Imperium einzuverleiben.

Von nun an mussten die Toscaner, wie fast alle Europäer jener Kriegsjahre, ihren Blutzoll entrichten. Mit Napoleons Armeen marschierten und kämpften sie in Spanien, in Österreich und zuletzt in Russland. Der Zusammenbruch des Napoleonischen Imperiums nach dem Blutbad der Völkerschlacht bei Leipzig 1813 (über 100.000 Tote und Verwundete) zog automatisch den Verlust der Toscana nach sich, wenngleich Napoleon eine kurze Galgenfrist bis zum Ende seiner politischen Karriere verblieb: Mit einer Eh-

rengarde von 800 Mann durfte der große Kaiser seit Mitte 1814 in seinem stark geschrumpften Imperium noch eine Weile regieren – auf der toscanischen Insel Elba nämlich. Sein erneuter Triumphzug durch Frankreich im Februar 1815 endete schließlich nur wenige Monate später im Desaster der Schlacht von Waterloo. Der vernichtend geschlagene Imperator wurde endgültig auf die Insel Sankt Helena im Südatlantik verbannt, wo er bereits 1821 im Alter von nur 51 Jahren starb, wahrscheinlich an Magenkrebs oder der Amöbenruhr (die These, er sein an einer Arsenvergiftung gestorben, gilt heute als widerlegt).

Nach Napoleons endgültiger Niederlage trafen sich 1815 in Wien alle ehemaligen und noch immer gekrönten Häupter der Mächte des alten Europa, um den durch Revolution und den Kaiser erschütterten Kontinent wieder in die Bahnen ihrer Interessen zu lenken.

Noch einmal unter Habsburgs Doppeladler

Der Wiener Kongress entschied auch über die Toscana, und er entschied zugunsten des emigrierten Großherzogs Ferdinand III. Nach 15 Jahren französischer Besatzung war nun den Toscanern auch der Habsburger willkommen, solange er nur Frieden und wirtschaftlichen Wiederaufstieg garantierte.

Auf Ferdinands Veranlassung hin wurde das versumpfte Chianatal trockengelegt und zahlreiche Brücken im ganzen Land errichtet. Er verstand es, sich den Respekt der Bevölkerung zu erhalten, und als Ferdinand 1824 starb, trauerte man um den verlorenen Regenten. Sein Sohn *Leopold II.* sorgte für weitere Verbesserungen in der Landwirtschaft und im Verkehrswesen; Straßen wurden gebaut und bald die ersten Eisenbahnlinien (z. B. Florenz–Pi-

sa), die Industrie wurde durch Reformen des Zoll- und Bankwesens gefördert. Besonderen Vorrang genoss dabei Livorno, das beständig weiterwuchs und die Toscana übers Meer wieder mit aller Welt verband. In Montecatini wurden seit 1827 Kupfergruben erschlossen und industriell ausgebeutet. Auch in der Toscana, dem Ursprungsland des Frühkapitalismus, hielten nun langsam die *Industrielle Revolution* und die sie begleitende Wirtschaftsform des „klassischen" Kapitalismus ihren Einzug. Doch die Industrielle Revolution zog die Forderung nach einer politischen zwingend nach sich; und dies bedeutete im 19. Jh. in der Toscana (wie auch in Deutschland und anderswo) die Forderung nach nationaler *Freiheit* und *Einheit* und rechtlicher *Gleichheit* der Bürger – die *Brüderlichkeit* entpuppte sich im nachhinein allerdings zumeist als schöne Utopie ...

So gärte es in der Toscana und anderen Teilen Italiens bereits seit den Tagen des Wiener Kongresses (1815) in den akademischen Zirkeln wie im Volk gegen die Mächte des alten Europa, gegen Feudalstrukturen und gegen Fürstenthrone. Die Parole hieß: *Risorgimento* – nationale Wiedergeburt.

In den großen Städten des Landes kam es wiederholt zu Demonstrationen, die dem Großherzog die Forderung nach Volksversammlung und Parlament vortrugen.

In Maciana Alta (Elba)

Während der revolutionären Umwälzungen im Europa des Jahres 1848 und nachdem die Könige von Piemont und Sizilien sich dem Druck der Bevölkerung gebeugt und eine Verfassung verabschiedet hatten, vollzog auch *Leopold II.* diesen Schritt. Am 17. Februar 1848 wurde das Großherzogtum zur *konstitutionellen Monarchie*.

Doch dies konnte für die radikalen Demokraten und Republikaner nur ein mageres Zugeständnis sein, von der Forderung nach nationaler Einheit ganz zu schweigen, der vor allem die Herrschaft Österreichs in Oberitalien im Wege stand. So erhoben sich noch im Revolutionsjahr 1848 die Mailänder und Venezianer gegen die Fremdherrschaft der Habsburger, und auch die Toscana geriet in den Taumel dieses Freiheitskrieges. Aus dem ganzen Land strömten Freiwillige zusammen, allen voran die akademische Jugend, bis Leopold II. Österreich den Krieg erklärte.

Doch im Juli 1848 unterlagen die Verbündeten den Truppen des österreichischen Feldherrn *Radetzky* bei Custozza. Florenz und vor allem Livorno jedoch blieben trotz der Niederlage die Zentren des Protestes, den auch die in die Hafenstadt entsandten Truppen nicht niederzuschlagen vermochten.

Das Land blieb aber von österreichischen Truppen besetzt, und trotz vieler Bemühungen gelang Leopold nur eine Herabsetzung der Truppenstärke, nicht aber die generelle Aufhebung der Besatzung. Der Druck aus Wien blieb so stark, dass selbst die Verfassung wieder aufgehoben werden musste.

Der politischen Entwicklung der Zeit war dieser Kurs völlig entgegengesetzt. Der Gedanke der *Einigung Italiens*, des *Risorgimento* (Wiedergeburt), getragen von Politikern wie *Mazzini* und *Garibaldi*, fand auch in der Toscana immer mehr Anhänger. Als 1859 der Krieg zwischen dem Königreich Piemont-Sardinien und Österreich ausbrach, verlangte die Bevölkerung der Toscana abermals die Teilnahme am Kampf gegen die Habsburger. Der Großherzog zögerte, bis er von den Ereignissen überholt wurde und das Militär zur Bevölkerung überlief.

Damit war das Ende der Habsburger-Herrschaft in der Toscana gekommen. Am 27. April 1859 dankte *Leopold II.* ab. Über das künftige Schicksal der Toscana entschied eine Repräsentantenversammlung, die die Absetzung der lothringisch-habsburgischen Dynastie erklärte und einwilligte, „Teil eines konstitutionellen (italienischen) Reichs unter dem Zepter König Viktor Emanuels" werden zu wollen. Eine Volksabstimmung bestätigte diesen Entschluss.

Gegen Ende des Jahres 1860 war die italienische Halbinsel mit Ausnahme des Kirchenstaats unter piemontesischer Herrschaft vereint. *Viktor Emanuel* trug nun den Titel „König von Italien" und erklärte Florenz, das Herz der Toscana, zur Hauptstadt des Königreichs. Das ursprüngliche Ziel – die demokratische Republik – blieb, wie auch in Deutschland, unerreicht. Das magere Resultat der oft so blutigen Kämpfe gegen Fürsten und Fremdherrschaft war ein geeintes Königreich Italien.

Die Toscana als Teil des italienischen Königreichs

Nur wenige Jahre, bis 1871, blieb die Stadt der Medici die Hauptstadt des neuen Königreichs. Dann lief ihr Rom, die übermächtige Rivalin im Süden, den Rang ab. Florenz und die Toscana sanken damit wie alle übrigen italienischen Großstädte und Regionen zur Provinz herab. Nur für den interessierten Kunstreisenden blieb die Landschaft der Mittelpunkt Italiens.

In den traditionellen Gewerben des Finanzwesens, der Textilindustrie und der Landwirtschaft (insbesondere beim Weinbau) blieb die Toscana eine bedeutende Wirtschaftskraft des Landes. Die Landschaft Mittelitaliens nahm in der zweiten Hälfte des 19. Jh. neben der geographischen auch eine wirtschaftliche Mittelstellung ein. Der Norden fand bald Anschluss an das industrielle Zeitalter und die damit verbundenen sozialen Problemen, während der Süden agrarisch blieb und zum Armenhaus Italiens wurde. Nicht zufällig geht daher heute noch manchem Norditaliener der Spruch über die Lippen: „Hinter Florenz beginnt Afrika".

Die Toscana liegt zwischen diesen beiden Extremen. Während in Prato die Textilindustrie, in Pisa die Glasherstellung und in Livorno der Schiffsbau angesiedelt sind, wird nur wenige Kilometer außerhalb der Städte intensive Landwirtschaft betrieben, vor allem im Chianti-Tal, der Produktionsstätte des weltberühmten Rebensafts.

Was die „große" Politik angeht, so waren die Toscaner an die Entscheidungen der Zentralregierung in Rom gefesselt – der Preis für die Einheit. Die anhaltende Gegnerschaft zu Frankreich führte Italien

1882 in den *Dreibund* mit Deutschland und Österreich, obwohl die Beziehungen zum Habsburger-Reich traditionell nicht zum Besten standen. Schutz für seine langen Küsten – allein 340 km messen die der Toscana – fand Italien im Mittelmeerbündnis mit England. Verträge mit Frankreich und Russland folgten, sodass Italien voll in das widerspruchsvolle Bündnissystem der europäischen Großmächte integriert war. Gerade diese Integration führte Italien geradewegs in die Katastrophe des *Ersten Weltkriegs* hinein, obwohl es sich bei Kriegsausbruch im Sommer 1914 zunächst neutral verhalten hatte.

Doch 1915 trat auch Italien in die Völkerschlacht ein, und zwar nicht aufseiten seiner Dreibundpartner (Deutschland/Österreich), sondern auf der der Alliierten. Zuerst ging es gegen Österreich und bald, ab Juni 1916, auch gegen Deutschland. Drei Jahre lang wurde in erbitterten und entsetzliche Verluste fordernden Alpenschlachten gekämpft, bis die Mittelmächte erschöpft waren und im November 1918 kapitulierten. Im anschließenden *Frieden von St. Germain* erhielt Italien vom zerfallenen Habsburger-Reich Südtirol, Triest und Istrien.

Zwischen den Weltkriegen

Österreich-Ungarn, der Erzfeind Italiens aus dem Risorgimento, war zusammengebrochen, doch für die Sieger begannen, nachdem der nationale Rausch verflogen war, jetzt erst die Probleme offenbar zu werden.

Bauern und Arbeiter strömten von der Front in die Heimat zurück, um sich oft sofort in der Arbeitslosigkeit wiederzufinden. Wirtschaftliche Zerrüttung und Verarmung breiter Schichten, grassierende Verschuldung und Inflation entluden sich in politischer Radikalisierung, in Streiks und Fabrikbesetzungen. Am 23. März 1919 wurde in Mailand die faschistische Bewegung gegründet. Zu den Männern der ersten Stunde gehörte auch *Mussolini*, der mit Anleihen bei Nationalisten und Sozialisten eine eigene Parteiideologie schuf.

Die Antwort der Linken blieb nicht aus. Am 21. Januar 1921 wurde in Livorno, einer Stadt ständiger politischer Bewegung, die *Kommunistische Partei (PCI)* gegründet. Während sich die Anhängerschaft der Kommunisten im Wesentlichen aus dem Industrieproletariat und dem Heer der mittellosen Landarbeiter rekrutierte, konnten sich die Faschisten auf die Unterstützung der Industriellen, der Großgrundbesitzer, des Mittelstands, aber auch auf kleine Teile der Arbeiterschaft stützen. Die Entscheidung für Mussolini fiel Ende Oktober 1922 durch den sog. *Marsch auf Rom.* Die paramilitärische Organisation der Faschisten besetzte alle Schlüsselpositionen im Land, sodass ihr Marsch durch die Hauptstadt nurmehr eine Parade und kein Kampf war. König Viktor *Emanuel III.* gab klein bei und beauftragte Mussolini mit der Bildung einer Regierung. Die Monarchie bestand pro forma weiter, doch Italien war zur faschistischen Diktatur geworden.

Die Diktatur Mussolinis

Mussolinis Politik zielte von Anfang an auf die Errichtung eines autoritären Staates ab. Gegnerische Parteien, oppositionelle Gewerkschaften und Jugendorganisationen wurden verboten. Auch mit der katholischen Kirche (der römische Kirchenstaat war 1870 enteignet worden) wusste sich der „Duce" zu arrangieren, indem er 1929 auf der Basis der gegenseitigen Duldung des jeweiligen Machtbereiches mit dem Papst die Lateranverträge unterzeichnete.

Außenpolitische Erfolge stabilisierten die innenpolitische Entwicklung: 1924 einigte man sich mit Jugoslawien, war am Locarno-Abkommen beteiligt und kooperierte vertrauensvoll mit den Demokratien Frankreich und England. Erst das italienische Expansionsabenteuer in Äthiopien trübte das Verhältnis zu den Weltkriegsalliierten, und auf der Suche nach neuen Verbündeten stieß Mussolini auf *Hitler.*

Gemeinsam unterstützten Italiener und Deutsche die Faschisten im *spanischen Bürgerkrieg* und schufen 1936 die *Achse Berlin-Rom*, ein Bündnis, das Mussolini und Italien in den persönlichen und nationalen Untergang reißen sollte: Am 10. Juni 1940 trat Italien an der Seite des Deutschen Reichs in den *Zweiten Weltkrieg* ein, um sich bald auf der Jagd nach außenpolitischem und nationalem Prestige in erfolglose Unternehmungen in Griechenland und Nordafrika zu stürzen. Im Sommer 1943 zogen sich die Verbündeten nach Italien zurück, doch der Gegner folgte, Amerikaner und Engländer landeten in Sizilien. Während die Alliierten bald große Teile Süditaliens unter ihre Kontrolle brachten, erhoben sich die Italiener quer durch alle Parteien gegen Mussolini, vom Kommunisten bis zum Katholiken, vom Bauern bis zum Unternehmer. Am 25. Juli 1943 wurde der Diktator verhaftet und die faschistische Partei aufgelöst. Marschall *Badoglio* übernahm die Regierung. Er suchte sofort die Annäherung an die Alliierten und schloss mit ihnen im September 1943 einen Waffenstillstand. Doch nun griff die deutsche Wehrmacht massiv ein, besetzte alle Schlüsselpositionen im Norden und entwaffnete die italienische Armee. Mussolini wurde von der SS aus der Haft auf dem Gran Sasso d'Italia in den Abruzzen befreit. Mitten durch Italien, von Neapel bis Pescara, erstreckte sich von November 1943 bis Mai 1944 die Front und spaltete das Land in zwei Lager.

Im von Deutschland besetzten Teil Italiens regte sich nun der offene Widerstand. Bewaffnete *Partisanen* (es waren über 200.000!) kämpften gegen die Deutschen und die eigenen faschistischen Landsleute. Im August 1944 tobten in Florenz erbitterte Kämpfe zwischen Partisanen und deutschen Truppen, bis die Stadt schließlich mit der Unterstützung der Alliierten befreit wurde.

Die letzte Rückzugslinie der Deutschen, die sog. „Gotenlinie „ im Apennin, fiel aber erst im April 1945 nach heftigsten Kämpfen zwischen alliierten Truppen und deutscher Wehrmacht. Besonders im Norden der Toscana hatte diese zuvor im Bund mit der SS eine *Politik der verbrannten Erde* praktiziert: Es wurde zerstört und geplündert, solange es die Zeit noch erlaubte, und Tausende von Menschen (vor allem in den Provinzen Pisa, Lucca und Arezzo) wurden von deutschen Wehrmachtssoldaten oder SS-Verbänden ermordet. Auch für Mussolini kam nun das Ende, am 28. April 1945 wurde er von Partisanen am Comer See gefangen genommen und zusammen mit seiner Geliebten Claretta Petacci erschossen (nur einen Tag später beging Hitler im Führerbunker von Berlin Selbstmord). Italiens faschistische Ära war damit beendet, aber im Gegensatz zu Deutschland hatte man sich die Chance für einen demokratischen Neubeginn aus eigener Kraft erkämpft.

Politischer Neubeginn und Kollaps der Ersten Republik

Der politische Neuanfang Italiens vollzog sich im Rahmen einer Republik. Bei einer Volksabstimmung im Jahr 1946 entschied sich die Mehrheit der Italiener gegen die Monarchie und Viktor Emanuel III.

Im gleichen Jahr noch fanden landesweite Wahlen statt, aus denen die *Christlich Demokratische Partei (DC)* mit 35,2 % der Stimmen als stärkste politische Kraft hervorging. Es folgten die *Sozialisten (PSI)* mit 20,7 % und die *Kommunisten (PCI)* mit 19 %.

In der Toscana allerdings fiel die Verteilung der Kräfte anders aus. Hier wurden die Kommunisten zur stärksten Partei – eine Position, die sie ein halbes Jahrhundert lang immer wieder erfolgreich verteidigen sollten.

Zahlreiche Regierungswechsel prägten Italiens Erste Republik, doch mehr oder weniger spülten die „Kabinettsstrudel" immer wieder dieselben Männer nach oben,

und eines blieb immer gleich: Christdemokraten und Sozialisten teilten sich die Macht und verteilten die Posten, die starke kommunistische Partei musste draußen bleiben. Auch die Wirtschaft gewöhnte sich allmählich an die immer gleichen Regierungs-Köpfe – ein günstiger Boden für den Lobbyismus und schließlich für einen dichten Filz aus wirtschaftlicher und politischer Macht. Außerdem hatte die Mafia längst ihre Tentakel in die politische Administration geschlagen. Das so von Wirtschaftsmächtigen und Mafiosi geschmierte Politiker-Karussell drehte sich munter weiter, bis Anfang der 90er Jahre die Justiz Sand ins Getriebe schleuderte.

In Süditalien erschreckten mutige Richter die allmächtige Mafia, indem sie die Finanzkanäle diverser Firmen ausleuchteten. In Milano deckte der Richter-Pool *mani pulite* (= saubere Hände) eine Schmiergeldaffäre nach der anderen auf, und bald geriet das gesamte politische System ins Wanken. Zwar hatten die Italiener sich längst daran gewöhnt, dass ihre Politiker geschmiert waren, aber erst jetzt erfuhren sie, in welch gigantischen Ausmaßen dies geschah. Was das Volk als Kavaliersdelikt zu akzeptieren gewohnt war, entpuppte sich als hochgradige Kriminalität. Ermittelt wurde nicht nur gegen die Generalmanager der Großkonzerne Oli-

vetti und Fiat, sondern auch gegen nahezu die gesamte Politikerkaste. 1992 stand mehr als ein Viertel der italienischen Abgeordneten unter Anklage; der zweimalige Ministerpräsident und Sozialistenchef *Bettino Craxi* flüchtete noch rechtzeitig vor dem Arm des Gesetzes nach Tunesien und ließ sich von seiner dortigen Villa aus krankmelden. Gegen *Giulio Andreotti*, 30-mal Minister, 7-mal Regierungschef und in den Augen vieler Italiener lange ein ehrlicher Christdemokrat, wurde längere Zeit wegen mafioser Bandenbildung und Anstiftung zum Mord ermittelt. Ende 1993 war die Erste Republik moralisch und politisch bankrott.

Die Zweite Republik

Die Aufdeckung des allumfassenden Korruptionsskandals löste 1993 eine schwere Regierungskrise aus und führte zur Auflösung der 52. Nachkriegsregierung. Danach veränderte sich die italienische Parteienlandschaft vollständig.

Hochkarätige Politiker und Unternehmer wurden in Aufsehen erregenden Prozessen vom ersten Ermittlungsrichter und modernen Volkshelden *Antonio Di Pietro* der Bestechlichkeit bzw. Bestechung überführt und anschließend verurteilt. Es gab mehrere Selbstmorde unter Prominenten. Bettino Craxi, ehemaliger Ministerpräsident, flüchtete ins tunesische Exil (s. o.), wo er im Januar 2000 verstarb. Der skandalöse Prozess um die Mafiakontakte des greisen *Giulio Andreotti* ließ auch die Gutgläubigsten an der Integrität italienischer Nachkriegspolitik zweifeln. Umso mehr, als sein langer Prozess 1999 mit einem Freispruch endete.

1994 wurde zum Jahr des Medienzaren *Silvio Berlusconi*, der mit seiner neuen Partei *Forza Italia* (übrigens ein Fußball-Schlachtruf!) wie ein Phönix aus dem Bildschirm stieg und als Ministerpräsident die Restauration der alten Verhältnisse betrieb. An seiner Seite kämpften die Faschisten der *Alleanza Nazionale* und Umberto Bossis *Lega Nord*, eine separatistische Formation. Nachdem Bossi dem Regierungschef die Unterstützung aufgekün-

digt hatte, regierte ab 1995 aber bereits wieder eine gemäßigte Übergangsregierung. Am 23. April 1995 fanden in Italien Regi-

Silvio Berlusconi – zum zweiten Mal italienischer Ministerpräsident

onalwahlen statt. Stärkste Partei wurde die aus der Kommunistischen Partei hervorgegangene *PDS (Partito Democratico della Sinistra)* mit 24,6 % der Stimmen, gefolgt von Berlusconis *Forza Italiana* mit 22,4 %. Die neofaschistische *Nationale Allianz* brachte es nur auf 14,1 %. Zusammen mit den Regionen Emilia-Romagna, Umbrien und Marken bildete die Toscana also weiterhin den „roten Gürtel" auf der politischen Landkarte Italiens.

Im Frühjahr 1996 wählte Italien erneut. Bei hoher Wahlbeteiligung ereignete sich eine politische Wende. Erstmals in der Nachkriegsgeschichte wurde Italien von einem Mitte-Links-Bündnis regiert, das sich unter dem symbolischen Namen *L'Ulivo* (Olivenbaum) vereinigt hatte und den Wählern eine stabile Regierung versprach. Erster Ministerpräsident der Olivenbaum-Koalition war der Bologneser Wirtschaftsprofessor *Romano Prodi*, der im Oktober 1998 von *Massimo D'Alema*, dem Vorsitzenden der linken PDS, abgelöst wurde.

Nur zwei Jahre später zeichnete sich allerdings bereits das Ende der Mitte-Links-Koalition ab: Bei den Regionalwahlen vom 16. April 2000, bei denen erstmals seit 1943 auch die Regionalpräsidenten direkt gewählt wurden, musste das Regierungsbündnis herbe Verluste hinnehmen: In 8 der insgesamt 15 Regionen, in denen gewählt wurde, erzielten die Kandidaten des Mitte-Rechts-Bündnisses um den Oppositionsführer Berlusconi z. T. erhebliche Stimmenzuwächse und übernahmen die Regierungsgeschäfte (in der Toscana konnte sich der Kandidat des Mitte-Links-Bündnisses, Claudio Martini, allerdings mit knapp 50 % der Stimmen behaupten).

Dieser Erfolg bestätigte sich gut ein Jahr später bei den italienischen Parlamentswahlen vom 13. Mai 2001: Das von Silvio Berlusconi angeführte Parteienbündnis *Casa della Libertà* (Haus der Freiheit) errang mit 368 von insgesamt 630 Sitzen die Mehrheit im Abgeordnetenhaus und löste die bisherige Regierung ab. Berlusconi wurde zum zweiten Mal zum italienischen Ministerpräsidenten gewählt.

Der Widerstand gegen den wiederholt wegen Steuerbetrugs, Steuerhinterziehung, Bilanzfälschung und weiterer Finanzvergehen angeklagten Medienmagnaten und sein Regierungsbündnis aus Nationalisten, Neofaschisten und Separatisten ließ allerdings nicht lange auf sich warten: Unter dem Motto „Tag der Legalität" rief die Kulturzeitschrift *Micromega* im März 2002 zu einer Kundgebung gegen das Abgleiten des Landes in die „organisierte Illegalität" auf, an der weit mehr Menschen als erwartet teilnahmen.

Auch auf europäischer Bühne löste Berlusconi eine Welle des Unbehagens aus, zumal er nach Übernahme der EU-Ratspräsidentschaft 2003 schon bei seinem ersten Auftritt in dieser Funktion traumwandlerisch ins Fettnäpfchen traf und den ihm missliebigen SPD-Abgeordneten Martin Schulz vor dem versammelten Europaparlament für die Rolle eines SS-Schergen in einem KZ-Film vorschlug.

Die Teilnahme Italiens am Irakkrieg im selben Jahr – gegen den erklärten Willen der Mehrheit der Italiener – brachte schließlich überall in Italien die regenbogenfarbenen Protestfahnen mit der Aufschrift „Pace" (Frieden) hervor, die ihren Weg auch nach Deutschland fanden. 2005 kam es bei den italienischen Regionalwahlen folgerichtig zu einer schweren Niederlage für die Parteien des in Rom regierenden Mitte-Rechts-Bündnisses.

2006 trat *Romano Prodi* ein zweites Mal gegen Berlusconi an – und wurde zum zweiten Mal Ministerpräsident. Diesmal stand hinter Prodi ein breites Mitte-Links-Bündnis, das im Parlament über eine klare Mehrheit verfügt – im Senat war sie allerdings hauchdünn. Trotz aller Differenzen und Krisen z. B. bzgl. des Afghanistan-Einsatzes hatte das instabile Bündnis immerhin 20 Monate lang Bestand, bis es im Januar 2008 zerbrach. Nun soll eine Übergangsregierung zunächst das Wahlrecht reformieren. Wann die Neuwahlen dann stattfinden werden, stand zuletzt noch offen.

Stadtgeschichte Florenz

Die Stadt geht wahrscheinlich auf eine Gründung der Etrusker aus dem 1. Jh. v. Chr. zurück, die am Arno einen Hafen für ihre Niederlassung im benachbarten Fiesole errichteten. Nachdem Fiesole vom berühmt-berüchtigten Feldherrn Sulla 82 v. Chr. zerstört worden war, ließen sich die Römer in der noch kleinen Flusssiedlung nieder. Ihren Namen, *Florentina* („die Blühende"), erhielt sie etwa ein halbes Jahrhundert später unter Julius Caesar, der sie zum Rückzugsort verdienter Kriegsveteranen machte. Florentina gelangte schnell zu Wohlstand und präsentierte sich zu dieser Zeit als typisch römische Ansiedlung mit Theater, Forum, Kapitol und Thermen. Allerdings ist von all dem heute so gut wie nichts mehr zu sehen.

In den Jahrhunderten nach dem Niedergang des Römischen Reiches wurde die Stadt mehrfach geplündert; neben den Hunnen und Goten fielen auch die Langobarden ein. Erst unter Kaiser Karl dem Großen ging es mit Florenz wieder bergauf. Ab dem 11. Jh. kam es zu einem größeren wirtschaftlichen Aufschwung, der ein Jahrhundert später durch die Kreuzzüge noch gefördert wurde. Denn dank der günstigen geographischen Lage zwischen Europa und dem Orient gewannen die italienischen Städte zunehmend an Bedeutung. Der Warenumschlag wurde über die Häfen Genua, Venedig und Pisa abgewickelt, und im Binnenland entstanden große Handelsstädte. Florenz tat sich dabei vor allem durch den Tuchhandel hervor, der die Stadt ab dem 13. Jh. zu einer führenden Handelsmacht werden ließ.

Das 13. Jh. war allerdings auch geprägt von den großen machtpolitischen Auseinandersetzungen zwischen kaisertreuen **Ghibellinen** und papsttreuen **Guelfen**, in die nahezu alle bedeutende ober- und mittelitalienischen Städte verstrickt waren. Das florentinische Finanzbürgertum schlug sich zusammen mit Lucca auf die Seite der Guelfen, da man sich von der Kirche mit ihren weltweiten Handelsbeziehungen wirtschaftliche Vorteile versprach. Nach schweren Kämpfen wurden die Ghibellinen 1250 aus Florenz vertrieben, und es entstand eine der ersten nichtaristokratischen Verfassungen des ausgehenden Mittelalters – ein vom Finanzbürgertum getragenes politisches System, das natürlich keine Demokratie im modernen Sinne war: Unter den etwa 50.000 Stadtbewohnern gab es nur 6.000 „Vollbürger", die politischen Einfluss hatten (nur sie durften Ämter übernehmen). Die Macht im Staat oblag ab dem 14. Jh. einigen wenigen reichen Familien; eine bedeutende Rolle in der Verfassung von Florenz spielten darüber hinaus die neu gebildeten **Zünfte** (siehe Kasten S. 78).

1406 konnte die Erzrivalin Pisa besiegt werden, Florenz hatte endlich einen eigenen Hafen und war nicht mehr auf das Wohlwollen von Genua und Venedig angewiesen. Der florentinische Seehandel konnte selbstständig organisiert werden, und von 1400–1440 befand sich der Florentiner Staat auf einem Höhepunkt seiner wirtschaftlichen Macht. Für das weitreichende internationale Handelsnetz richtete Florenz bald ein entsprechendes Bankensystem mit eigener Währung, dem Florin, ein. Der Florin wurde bald darauf das wichtigste Zahlungsmittel in ganz Europa, selbst der Papst wickelte seine Geldgeschäfte über Florenz ab.

Das 14. Jh. war für die Stadt nicht mehr nur von Aufstieg und wirtschaftlicher Blüte geprägt: 1348 wurde Florenz von der Pest heimgesucht, hinzu kamen Hungersnöte und Überschwemmungen und letztendlich auch soziale Unruhen wie der Ciompi-Aufstand (Aufstand der Wollweber) im Jahr 1378. Aus einer Phase der politischen Wirren Ende des 14. Jh. ging schließlich eine Familie siegreich hervor, die die Geschicke der Stadt bis ins 18. Jh. bestimmen sollte: die **Medici**. Im Laufe der Vertreibung des Adels (der ghibellinischen

Zunft-Demokratie

Alle angesehenen Berufsgruppen (z. B. Handwerker und Geschäftsleute) organisierten sich in den Zünften und hatten damit das Recht, sowohl den Beamtenapparat als auch die gesetzgebenden Körperschaften der Stadt zu wählen. Zunft- und damit politisch rechtlos waren die Tagelöhner und Arbeiter, die nur kurzfristige Arbeitsverträge hatten, so z. B. der größte Teil der Wollarbeiter, im Übrigen aber auch Adel und Klerus.

Aus den sieben oberen Zünften, der neuen Aristokratie der Stadt, rekrutierten sich die wichtigsten Beamten und die gesetzgebenden Körperschaften. In die Stadtverwaltung, die sog. *signoria*, wurden aus den sechs Stadtteilen alle zwei Monate (!) je zwei *priore* (Vorsteher) gewählt, insgesamt also 12. Diese mussten während ihrer Amtszeit gemeinsam im Stadthaus wohnen, essen und schlafen und sich ausschließlich ihrem Amt widmen. Sie durften niemals allein unters Volk gehen, sondern immer nur in Gruppen. Mit diesen Maßnahmen sollte eine gegenseitige Kontrolle gewährleistet werden, niemand sollte die Machtfülle, die dieses Amt mit sich brachte, missbrauchen können.

Daneben gab es noch zwei Stadtkommandanten: Der *podestà* musste aus einer anderen Stadt stammen und wurde für ein Jahr gewählt. Er durfte kein anderes Privathaus als sein eigenes betreten, um Einflussnahme auf seine Amtsführung durch andere Familien zu verhindern. Nach Ablauf seiner Amtszeit durfte er die Stadt nicht sofort verlassen, um prüfen zu können, ob jemand eine Klage gegen seine Tätigkeit vorzubringen hatte.

Der *capitano*, ebenfalls von den Bürgern gewählt, hatte die Aufgabe, den *podestà* zu überwachen. Seine Amtsperiode belief sich auf ein halbes Jahr.

Ein wichtiger Mann im Staate war der *gonfaloniere*, der Oberbefehlshaber der Bürgermiliz, die gegen die ständigen Übergriffe der entmachteten Adligen aufgestellt wurde. Der *gonfaloniere* war befugt, einen Edelmann hinrichten zu lassen, falls er des Mordes an einem *popolano* (einfacher Mann) überführt worden war. Bei leichteren Vergehen wurde stattdessen „nur" eine Hand abgehackt. An den öffentlichen Gebäuden in Florenz hingen zeitweise Kästen, in die man anonyme Anklagen gegen Adlige einwerfen konnte. Die Legislative setzte sich aus fünf (!) Körperschaften zusammen: den Rat der Hundert (Finanzen) und zwei Ratsversammlungen des *podestà*, eine mit 90 Mitgliedern, die andere mit 300. Dazu kamen zwei Ratsversammlungen des *capitano* (36 und 150 Mitglieder). Sie wurden jedes halbe Jahr neu gewählt. Für alle Ämter (insgesamt ca. 3000!) galten zwei Grundregeln: kurze Amtszeit (meist 2 bis 6 Monate) und Verbot der Wiederwahl in zwei aufeinander folgenden Wahlperioden. Es wurde kein Aufwand gescheut, um die Amtsinhaber zu kontrollieren und Machtkonzentration sowie Amtsmissbrauch zu verhindern.

Der Kampf der unteren Zünfte ging im 13./14. Jh. insbesondere darum, ebenfalls politische Ämter bekleiden zu dürfen. Das gelang auch zeitweise. Die Adligen dagegen waren bei diesem System gänzlich ausgeschlossen. Kein Wunder, dass sie bei jeder Gelegenheit versuchten, Unruhe zu stiften.

Kaisertreuen) war es ihnen gelungen, ein immenses Vermögen anzuhäufen, und bereits im 13. Jh. gehörten sie zu den führenden Mitgliedern einer neuen Geldaristokratie. Insbesondere die beiden bekanntesten Medici, **Cosimo Il Vecchio** und **Lorenzo Il Magnifico**, erwarben sich Ruhm und Anerkennung, indem sie künstlerische Begabungen förderten und die Stadt mit den weltberühmten Kunstwerken schmückten, die Florenz zur Wiege der Renaissance machten. Während sich Cosimo als Kunstmäzen betätigte und u. a. den Architekten *Brunelleschi* wie auch den Bildhauer *Donatello* förderte, machte sich Lorenzo nicht nur als Mäzen, sondern auch als Bauherr und Kunstsammler einen Namen. Er förderte junge Talente wie *Michelangelo* und vergab Auftragsarbeiten an arrivierte Künstler wie *Botticelli*. Durch seine Bauherrentätigkeit prägte er das architektonische Gesicht der Stadt zwar entscheidend, trieb gleichzeitig aber die hauseigene Medici-Bank in schwere finanzielle Bedrängnis.

Trotz aller Liebe zu den schönen Künsten regierten die Medici nicht weniger autokratisch als andere zeitgenössische Herrscher. Mit polizeistaatlicher Überwachung, Wahlschwindel und Verfassungsänderungen setzten sie ihre Alleinherrschaft skrupellos durch. Zwar war Florenz auf dem Papier immer noch Republik, doch ohne die Einwilligung der Medici lief in der Stadt nichts.

Bei der **Pazzi-Verschwörung** (1478) demonstrierten die Medici auf brutale Weise ihre Macht und Härte: Als der Bankier Pazzi sich in die Geldgeschäfte zwischen den Medici und dem Papst einzumischen versuchte und es kurz darauf zu einem Mordanschlag auf Lorenzo Il Magnifico kam (bei dem sein im Volk äußerst beliebter Bruder *Giuliano* umkam), ließ der Herrscher mehr als 80 Menschen, die irgendwie mit dem Anschlag in Verbindung gebracht wurden, hinrichten.

Lorenzo starb 1492 an der Gicht, dem Familienleiden der Medici, und zwei Jahre später, nachdem sich Lorenzos Sohn *Piero* in der Auseinandersetzung mit *Karl VIII.*

Niccolò Machiavelli

Der häufig auf seine Rolle als Verteidiger staatlichen Terrors reduzierte Spross einer verarmten Beamtenfamilie stand lange Jahre in Diensten der Medici. In seinem Buch „Il principe" (1513, dt. 1804 unter dem Titel „Der Fürst") vertritt er die These, dass das vorrangige Ziel jedes politischen Handelns auf den Erhalt der Staatsmacht ausgerichtet sein müsse. Insbesondere in Krisenzeiten sei es deswegen nicht nur gerechtfertigt, sondern geradezu geboten, sich über ethische Normen und geltendes Recht hinwegzusetzen und bei äußeren und inneren Bedrohungen auch radikale Instrumente einzusetzen, um die Staatsmacht aufrechtzuerhalten.

Der Niedergang der Florentiner Wollindustrie unter den Medici

Gegen Ende des 15. Jh. neigte sich der wirtschaftliche Höhenflug der Stadt langsam dem Ende zu, im 16. Jh. gefolgt von einem allgemeinen Niedergang der Wirtschaft und bald auch des Kunstschaffens. Der glanzvolle Luxus der Medici konnte diese Entwicklung zwar noch verdecken, aber nicht rückgängig machen. Die Entdeckung des amerikanischen Kontinents Ende des 15. Jh. hatte die Schwerpunkte des Welthandels entscheidend verschoben. Der Orient war nicht länger der Haupthandelspartner für Europa, und Italien verlor seine bisher günstige geographische Mittelstellung, die den früheren Boom der italienischen Städte bewirkt hatte. England, Frankreich und Spanien rückten jetzt in den Vordergrund, besonders die englische Wollindustrie wurde führend. Auch und gerade Florenz bekam das empfindlich zu spüren. Hinzu kam die wachsende Konkurrenz der anderen italienischen Städte; sie produzierten billiger und drängten unaufhaltsam auf den Florentiner Markt. So vermehrten sich die Fabrikverkäufe in Florenz, viele Arbeiter wanderten ab.

als unfähig erwiesen hatte, übernahm der Mönch und charismatische Prediger **Fra Girolamo Savonarola** die Macht über Florenz. Die Medici-Familie wurde für 14 Jahre aus der Stadt vertrieben. Savonarola predigte als religiöser Reformer die Rückkehr zum authentischen Christentum und ließ – auf dem Höhepunkt seiner Macht – am Fastnachtsdienstag 1497 bei der sogenannten **Verbrennung der Eitelkeiten** sämtliche „sündigen" Gegenstände (in erster Linie Luxusgüter) gewaltsam aus den Häusern holen und öffentlich verbrennen. Damit hatte Savonarola allerdings den Bogen überspannt und sich den Hass der Stadtväter zugezogen. Beim Versuch, ein Konzil einzuberufen, wurde er bald darauf vom Papst exkommuniziert und 1498 mit Unterstützung des Borgia-Papstes zum Tode verurteilt und aufgehängt.

1512 kehrten die Medici nach Florenz zurück und bauten die Stadt zu einem Polizeistaat mit Geheimpolizei, gekauften Söldnern und Terrorjustiz aus. Tausende von Florentinern verschwanden in versteckt angelegten Gefängnissen; die Medici und andere Großbürger bauten sich Landvillen und verließen in den krisengeschüttelten Zeiten des 16. Jh. die Stadt. Der Medici-Papst *Leo X.* lenkte nun von Rom aus die Geschicke der Stadt und schreckte auch nicht davor zurück, einen illegitimen Er-

ben, *Giulio*, den außerehelichen Sohn von Giuliano, einzusetzen. Doch bereits dessen Nachfolger *Alessandro Medici* wurde wiederum aus der Stadt vertrieben, und nur mit Hilfe des Papstes konnten die Medici sich in Florenz über Wasser halten. 1569 wurde aus dem absolutistischen Stadtstaat der Flächenstaat Toscana, und die Medici-Fürsten durften sich fortan „Großherzöge der Toscana" nennen.

Bis ins 18. Jh. dauerte die Herrschaft der Großherzöge ohne Unterbrechung. Mit dem Tod des letzten Medici-Vertreters *Giovanni Gastone* im Jahr 1737 nahm die Dynastie ihr Ende, denn Gastone hinterließ keine Nachkommen. Die letzte Großtat der Medici ist seiner Schwester *Anna Maria Luisa* zu verdanken, die die ihr zugefallenen gewaltigen Kunstschätze in Florenz sammelte und in ihrem Testament der Stadt vermachte.

Nach Gastones Tod übernahmen die Habsburger die Macht über Florenz; sie beherrschten damals die gesamte Toscana. Ihre Herrschaft dauerte gut 120 Jahre, bis 1859 der letzte Österreicher Hals über Kopf aus Florenz fliehen musste. Die Toscana schloss sich dem neu gegründeten **Nationalstaat Italien** an. Zwischen 1864 und 1871 war Florenz kurzzeitig sogar Hauptstadt des jungen Staates, ein flüchtiger Glanz für die einstige Medici-Stadt.

Kunst und Kunstgeschichte

Schönes von den Etruskern

Aus den Tagen der Etrusker hat man so manches ausgegraben: Verzierte Alabasterurnen, Vasen, Amphoren u. a. hoben die Archäologen ins Licht der Museumsvitrinen. Daneben sind hauptsächlich die realistische etruskische Porträtkunst und die farbigen Wandmalereien berühmt geworden. Etliches kann man in den Museen der Toscana bewundern: Die meisten Funde hat man ins Archäologische Museum nach Florenz gebracht, aber auch die Museen der kleineren Städte Siena, Arezzo, Cortona, Grosseto, Orbetello, Volterra und Chiusi haben Bemerkenswertes zu bieten.

Im sehr sehenswerten etruskischen Museum in *Chiusi* stehen u. a. ein Bronzethron und reich mit Reliefs geschmückte Alabastersarkophage. Dazu kommen städtebauliche und architektonische Fragmente, z. B. die der alten Stadtmauern in Perugia und Volterra (mit dem berühmten Tor). Vor allem aber hat man einige etruskische *Nekropolen* freigelegt. Die Etrusker hatten offenbar einen ausgeprägten Totenkult, anders lassen sich die weit ausgedehnten Grabanlagen kaum erklären. Überaus reiche Ausschmückungen (Malereien) und viele Grabbeigaben belegen die große Bedeutung dieser Nekropolen vor allem in Tarquinia, Chiusi, Roselle, Populonia, Sovana, Vetulonia. In Chiusi hat man außerdem unterirdische Gänge aus etruskischer Zeit entdeckt und in Pieve di Socana, einem Dorf bei Florenz, die Reste eines alten Etruskertempels.

... wenig von den Römern

Von den Römern, die die Nachfolge der Etrusker in der Toscana antraten, ist kaum etwas erhalten. Die Toscana wurde lange nicht so vollständig erschlossen wie andere Gebiete des Reiches. Ihre Spuren lassen sich hauptsächlich in den Städten wie Florenz, Fiesole, Arezzo, Pisa oder Lucca verfolgen. In Roselle hat man beispielsweise die Grundmauern des Amphitheaters, des Kaiserforums und der Thermen freigelegt. Außerdem stehen dort noch Teile der alten etrus-kischen Zyklopenmauern (über 3 km lang). Die Funde aus der Römerzeit befinden sich ebenfalls hauptsächlich im Archäologischen Museum von Florenz.

Romanik

Während in den folgenden Jahrhunderten der Osten Italiens durch die *byzantinische Kunst* beeinflusst wurde (besonders Ravenna und Venedig), konnte sich im Westen kein einheitlicher Stil durchsetzen. Die frühchristliche Kunst entwickelte sich in anderen Regionen, die Toscana war zu dieser Zeit arm und ausgeblutet.

Erst seit dem 11. Jh. erblühte mit der politischen Stabilisierung und dem zunehmenden Wohlstand der Städte auch wieder die Kunst. Es bildete sich eine Stilrichtung heraus, die man später als *romanisch* bezeichnete. Sie entstand in Frankreich aus der Verschmelzung römischer, byzantinischer und karolingischer Elemente. Vor allem im Kirchenbau schlug sich der neue Trend nieder (charakteristisch sind die Tonnengewölbe der Basiliken und die bekannten *Rundbögen*). Er setzte sich erst gegen Ende dieser Epoche (Anfang des 13. Jh.) in Deutschland durch. Aber auch in Mittelitalien sind noch Kirchen aus dieser Stilepoche zu finden: romanische Basiliken, Baptisterien und Campanili in Parma, Modena, Lucca, Pavia, San Miniato und Florenz. Nicht zu vergessen schließlich Pisa mit dem Dom, dem Campo Santo und dem weltberühmten Schiefen Turm.

Ab Mitte des 11. Jh. entwickelt sich dann eine für die Toscana charakteristische Form der Fassadenausschmückung: der Inkrustationsstil (lat. *crusta* = Rinde), bei dem die aus Backsteinen gebauten Wände mit farbigen Marmorplatten verkleidet werden. Ein typisches Beispiel ist Fassadengestaltung des Doms von Pisa.

Gotik

Seit Ende des 12., Anfang des 13. Jh. begann sich ein neuer Stil herauszubilden. Diese Stilrichtung nahm in Nordfrankreich ihren Ausgang und verbreitete sich im ganzen christlichen Abendland, auch in Italien. Der gestiegene Wohlstand von Kirche und Stadtbürgern erlaubte es jetzt, monumentalere Gebäude als bisher zu errichten. Dies drückte sich, dem Zeitgeist entsprechend, hauptsächlich im Kirchenbau aus. Weithin sichtbar sollten die Gotteshäuser sein, ein Sinnbild für die Größe des Glaubens, aber auch für die beginnende weltliche Macht der Kirche. Dazu kamen die (für die toscanischen Städte charakteristischen) Stadtpaläste des alten Adels und der durch Handel und Bankgeschäfte reich gewordenen Geldbürger mit ihren hoch aufragenden Türmen. Bestes Beispiel heute: *San Gimig-* *nano.* 13 von ursprünglich 72 dieser sog. *Geschlechtertürme* stehen noch – Fluchtburgen der rivalisierenden Stadtfamilien, die sich häufig bis aufs Messer bekämpften und im Fall eines Sieges den feindlichen Turm triumphierend abtrugen.

Die *italienische Gotik* hat allerdings nie das Himmelsstürmende und Flächenauflösende der französischen Vorbilder übernommen (Ausnahme ist der gewaltige *Mailänder Dom*). Die mittelitalienische Gotik enthielt immer noch klassische Elemente der Antike: Die Horizontalen wurden nach wie vor betont, die Decken nicht in unheimliche Entfernungen entrückt, und auch hohe Kreuzrippengewölbe, wie sie bei uns typisch waren, wird man vergeblich suchen.

Stattdessen konzentrierte man alle Kraft auf die Ausgestaltung verschwenderisch

Etruskischer Sarkophag

schöner Fassaden mit verschiedenfarbigem Marmos (s. o. „Inkrustationsstil") und schuf damit Werke von wirklich atemberaubender Schönheit. Beste Beispiele sind die Dombauten von Florenz, Siena und Orvieto.

Gotische Kirchen

Florenz   Santa Croce, S. Maria Novella, S. Trinità, erster Bauabschnitt des Domes S. Maria del Fiore

Assisi   S. Clara und – in einfachem, franziskanischem Geist – San Francesco

Siena   der in romanischem Stil begonnene Dom und die Ruine San Galgano bei Siena (ehemals die schönste gotische Zisterzienserabtei Italiens – heute ohne Dach)

Gotische Profanbauten

Florenz   Palazzo Vecchio und Palazzo Bargello. Außerdem Orsanmichele (als Kornspeicher geplant, als Kirche vollendet)

Perugia   Palazzo Comunale

Bildhauer und Maler

Nicola Pisano (um 1206–1280) und sein Sohn **Giovanni** (um 1250–1328). Berühmt ist der Brunnen in Perugia, an dem sich beide versuchten (Fontana Maggiore). Nicolas Hauptwerke: Die Kanzeln im Baptisterium von Pisa und im Dom von Siena.

Eine Generation danach **Andrea Pisano** (1273–1348): Er war an den Baptisteriumstüren von Florenz beteiligt und wirkte auch an der Domfassade mit (Reliefs am Campanile).

Andrea Orcagna (um 1308–1368): Marmortabernakel in Orsanmichele, Altarbild in S. Maria Novella (Strozzi-Kapelle).

Jacopo della Quercia aus Siena (1365–1438): Werke vor allem in Siena u. Lucca.

Giotto di Bondone (um 1266–1337): der bedeutendste toscanische Maler der Zeit. Er ist eigentlich der erste *Naturalist* und damit ein Vorläufer der Renaissance. Mit seinen Menschendarstellungen überwand er die Unpersönlichkeit und Steifheit der byzantinischen Kunst, die zu seiner Zeit noch sehr verbreitet war. Seine Menschen sind lebendiger geworden, sie haben nicht mehr dieselbe stereotype Mimik. Giotto berücksichtigte mehr die Einzelpersönlichkeiten und deren Gefühle, eine revolutionäre Neuerung, die die Weichen stellte für die nächsten zwei Jahrhunderte. In der Raumdarstellung war Giotto allerdings noch traditionell gebunden, erst in der Renaissance wurde die Darstellung der räumlichen Tiefe entwickelt, eine große Errungenschaft für alle zukünftigen Malergenerationen. Die schönsten Werke von Giotto: In *Florenz* die Fresken von S. Croce, in *Assisi* die Fresken zum Leben des hl. Franz in S. Francesco. Nebenbei bemerkt: Giotto war einer der wenigen Künstler seiner Zeit, die wohlhabend wurden. Er war der Hausmaler einiger der reichsten Florentiner Familien *(Bardi, Peruzzi)* und des Königs von Neapel.

Nebenbei betrieb er noch andere einträgliche Geschäfte, z. B. vermietete er Webstühle an Handwerker (120 % Rendite pro Jahr!).

Cimabue (1240–1302): *Dante* nannte ihn den bedeutendsten Maler seiner Zeit. Von Cimabue stammt das berühmte Kreuz in *Santa Croce*, das während der Überschwemmungskatastrophe von 1966 schwer beschädigt wurde. In den *Uffizien* das Tafelbild der *Thronenden Madonna* und Fresken in *S. Francesco*.

In der Malerei setzte sich immer stärker eine Art *Naturalismus* durch, die Renaissance mit ihrer starken *Realitätsnähe* begann sich abzuzeichnen. In den Städten drängte das Bürgertum zur wirtschaftlichen Macht, Wirklichkeitssinn und Lebensgefühl fanden ihren Niederschlag auch in der Kunst. Zwar blieben die Bildmotive nach wie vor religiöser Natur, aber die herkömmliche Thematik (Leben Jesu, Heiligendarstellungen etc.) wurde allmählich erweitert, z. B. durch die Darstellung der Natur, die allerdings zu Beginn dieser Entwicklung noch schematisch und schablonenhaft ausfiel. Auch das starre, von der Kirche geprägte Weltbild mit seiner strengen hierarchischen Rangordnung der Gesellschaft (König, Klerus, Adel, Volk) wurde in der künstlerischen Darstellung in ersten Ansätzen durchbrochen.

Die Revolution der Humanisten

Die geistige Elite der Zeit waren die Humanisten – so jedenfalls sahen sich diese Gelehrten selbst. In ihrem Bemühen, die vom kirchlichen Dogmatismus geprägten Lebens- und Denkentwürfen zu überwinden, orientierten sie sich an den Traditionen der Antike und studierten die Werke der römischen und später auch griechischen Philosophie und Literatur. Der Mensch sollte in seine Eigenverantwortlichkeit zurückversetzt werden, gestützt durch eine umfassende Bildung und im Vertrauen auf seine eigenen Erfahrungen und seinen Verstand.

Jahrhundertelang hatte die Kirche das Bildungsmonopol in Händen gehalten; Selektion und Vermittlung von Wissen oblag den kirchlichen Institutionen. Schon insofern

war der eigenverantwortliche Rückgriff auf die vielfach als heidnisch geschmähten antiken Traditionen ein Akt der Emanzipation. Und dadurch, dass diese Traditionen, soweit sie in schriftlicher Form niedergelegt waren, über Jahrhunderte in den Klosterbibliotheken sorgsam unter Verschluss gehalten und bisweilen dämonsiert worden waren, bekam das ganze Projekt den Charakter einer „Wiederentdeckung" verschütteter oder verschüttet geglaubter Werte. Nicht umsonst werden Humanismus und Renaissance („Wiedergeburt") meist in einem Atemzug genannt.

Inhaltlich berief man sich auf eine Welt, deren Charme u. a. darin lag, dass sie frei von jeder christlichen Dogmatik war, die die Lebenswirklichkeit der letzten Jahrhunderte geprägt hatte. Dazu kam, dass es sich um eine Welt handelte, in der republikanisch-demokratische Prinzipien bereits theoretisch durchdacht bzw. sogar erprobt worden waren, freilich in gebrochener Form, was die Euphorie der Humanisten allerdings wenig zu bremsen vermochte.

Und so blühte in den neuen Stadtrepubliken, vor allem in Florenz, der Humanismus auch deswegen auf, weil das Ideal der republikanischen Staatsordnung durch die Vorbilder der Antike ein theoretisches und praktisches Fundament bekam. Nicht wenige Humanisten errangen politische Ämter, und humanistische Bildung wurde sozusagen obligatorisch für die Staatsoberhäupter. Wohldurchdachte Gesetze sollten die Gesellschaft dazu befähigen, dass jeder Einzelne das Gemeinwohl im Auge hatte. Freilich schloss das nicht das Recht eines jeden auf Bildung und politische Einflussnahme ein. Genau wie die antiken Stadtstaaten waren auch die toscanischen Städte fest in der Hand der begüterten Oberschicht, das einfache Volk (und das war nach wie vor der Großteil der Gesellschaft) hatte keine politischen Rechte.

Für das Ansehen der Kunst und ihrer Produzenten erwarben sich die Humanisten Verdienste, indem sie die handwerkliche Kunst in ihrem Wert den literarischen Werken gleichsetzten und beide als untrennbare Einheit betrachteten; eine Ab

Dante Alighieri

wertung der bildenden Kunst hätte auch eine Abwertung der hochgeschätzten und bewunderten antiken Künstler bedeutet. Insofern wurden die Kunst-Handwerker gewissermaßen gesellschaftsfähig gemacht und standen jetzt praktisch gleichrangig neben Dichtern und Wissenschaftlern. Die Künstler ihrerseits gingen eine enge Kooperation mit den Humanisten ein: Diese waren ihre wissenschaftlichen Berater, mit ihrer Hilfe konnten sie die antiken Inhalte besser verstehen und reproduzieren. Auf der anderen Seite waren den Humanisten die Künstler zur Verbreitung ihrer Ideen nützlich, die Literatur allein reichte dafür nicht aus. Ein gut gemaltes Bild konnte oft mehr bewirken als ein wissenschaftliches Buch. Der moderne Begriff des „schöpferischen" Menschen entstand eigentlich erst damals im 15./16. Jh., und die gehobene Stellung der Künstler brachte nun auch mehr Aufträge von öffentlicher und privater Seite ein – der Kunstboom der Renaissance begann.

Einige bekannte Humanisten

Francesco Petrarca (1304–1374): Dichter und einer der frühen Vertreter des Humanismus. Er wäre in Florenz geboren, wenn nicht sein Vater, Petracco di Parenzo, verbannt worden wäre. So kam es, dass er das Licht der Welt in *Arezzo* erblickte. Hier kann man in der Via dell'Orto 28 das wieder instand gesetzte Geburtshaus mit Petrarca-Akademie und reichhaltiger Bibliothek besichtigen. Petrarca besaß u. a. Abschriften der Werke Homers. Sein berühmter Kollege Giovanni Boccaccio kopierte sie und ließ sie übersetzen, um als erster Italiener Homer lesen zu können.

Giovanni Boccaccio (1313–1375): Der Meister der galanten Novelle wurde als Dichter des *Decamerone* weltbekannt. In diesem Werk lässt er von zehn jungen Adeligen an zehn Tagen je zehn Liebesgeschichten erzählen. Die jungen Leute haben sich auf der Flucht vor der Pest aufs Land zurückgezogen und vertreiben sich durch ihre teils tragischen, teils ironischen, teils derben und humoristischen Geschichten die Zeit.

Mit seinem Werk schuf Boccaccio, der Sohn aus der Liaison eines florentinischen Kaufmanns mit einer französischen Adeligen, einen novellistischen Reichtum, aus dem die italienische Prosa noch lange schöpfte.

Seine und Petrarcas Dichtungen trugen entscheidend mit dazu bei, die Menschen für die Gedankenwelt der Antike zu begeistern.

Dante Alighieri (1265–1321): Was Petrarca und Boccaccio verband, war die Bewunderung für ihren Vorgänger Dante, dessen Werk sie verbreiteten, womit sie seine heutige Bedeutung begründeten. Mehr Aufsehen als der Dichter Dante erregte allerdings zunächst der Politiker. 1265 in Florenz zu einem Zeitpunkt geboren, als die Sache des Kaisertums in Italien eigentlich schon verloren war, schlug sich Dante auf die Seite der kaiserlichen Ghibellinen. 1312 wurde er deswegen auf Lebenszeit aus Florenz verbannt und zog, heimatlos geworden, zwei Jahrzehnte durch Italien und Europa, bis er 1321 in Ravenna der Malaria erlag. Erst im Exil erschloss sich ihm der Horizont für sein bekanntestes Werk, die *Divina Commedia* (Göttliche Komödie). In diesem Werk fasst Dante noch einmal die ganze mittelalterliche Weltanschauung zusammen, doch im Anknüpfen an antike Vorbilder (Vergil als Führer durch die Unterwelt) und im weltlichen Inhalt seiner Dichtung weist er bereits weit darüber hinaus. Noch bemerkenswerter ist sein Bruch mit dem Lateinischen: Er schrieb auf der Grundlage des Florentiner Dialekts und machte das *Volgare* (Volkssprache) damit zur Literatursprache und zum Modell des späteren Standarditalienischen. Seine Motive hat er der Nachwelt folgendermaßen überliefert: „Der erste, der in der Volkssprache zu dichten sich anschickte, tat es, damit er seiner Herrin verständlich sei, der es schwer fiel, lateinische Verse zu verstehen".

Die Florentiner Renaissance

Die Wiedergeburt der Antike

Florentiner Künstler waren es, die, beeinflusst von der neuen Denkart des Humanismus, die antiken Bauwerke der Griechen und Römer neu entdeckten.

Sie reisten nach Rom und untersuchten die noch erhaltenen öffentlichen Gebäude und Tempel der alten Römer an Ort und Stelle. Deren Grundformen wurden eifrig festgehalten und in der eigenen Architektur nachgeahmt. Auch in der Toscana wurden manche antiken Kunstwerke ausgegraben. Zwar waren während des Mittelalters die Quellen der Antike nicht völlig vergessen, aber vieles wurde totgeschwiegen bzw. mit christlicher Dogmatik überformt. Sinnesfreudigkeit, Entdecker- und Wissensdrang hatte die Kirche über die Jahrhunderte hinweg erfolgreich unterdrückt, was sich nun ändern sollte. Florenz war im 15. Jh. reich und mächtig geworden. Das Selbstbewusstsein seiner Bürger verlangte nach Repräsentation. Man wollte sich selbst ein Denkmal setzen und war bereit, dafür gewaltige Geldmittel zur Verfügung zu stellen. Die Kunst der alten Römer schien als Vorbild gut geeignet, denn sie war frei von christlicher Entrücktheit und Verklärung und strotzte nur so vor Kraft. Entsprechend war die Renaissance-Kunst zum größten Teil reine Auftragskunst, deren Aufgabe vor allem darin bestand, Paläste, Kirchen und Landhäuser (nach dem Vorbild der antiken römischen Villen) zu errichten.

Renaissance und Kapitalismus

Die Florentiner Renaissance war untrennbar mit dem aufblühenden Kapitalismus in der Stadt verbunden. Alle Wesenszüge dieser Konzentration der Wirtschaftsmacht in der Hand einiger weniger Geldbürger findet man in der Kunst der Zeit wieder. Hier in Florenz hat sich der Kapitalismus der beginnenden Neuzeit in besonders ausgeprägter Form entwickelt. Im 15. Jh. setzte ein allgemeiner Rationalisierungsprozess in der Wirtschaft ein, die Textilarbeiter wurden vom Unternehmer in vorindustriellen „Fabriken" zusammengefasst, in denen profitabler und zweckmäßiger, überschaubarer und planbarer gearbeitet werden konnte. Dies fand seinen Niederschlag auch in der Kunstentwicklung der Zeit. Auch hier setzte ein Rationalisierungsprozess ein, der große Werkstätten zum Zwecke der Kunstproduktion entstehen ließ und die Herstellung von Kunstwerken und kunstgewerblichen Artikeln zu einem wichtigen Faktor der Gesamtwirtschaft machte.

Der neue Naturalismus

Was nun vor allem von der Kunst gefordert wurde, war Realismus und Exaktheit, Konzentration auf die wirklichkeitsgetreue Darstellung von Mensch und Natur. Skulpturen und Gemälde wollten nicht mehr nur symbolhaft und starr die geistige Grundhaltung der Menschen ausdrücken, wie es im Mittelalter der Fall gewesen war; jetzt zeigten die Künstler das Individuum in seiner Körperlichkeit und seinen Gefühlen. Eine Abneigung gegen das Irrationale machte sich breit, eine Abneigung gegen alles Unberechenbare. Als schön galt nun, was logisch und berechenbar war, und all das, was man gewissenhaft dem Vorbild der Natur getreu nachgeformt hatte.

Der Begriff der als *irrational* abgelehnten Gotik wurde bezeichnenderweise erst in der Renaissance geprägt: *Gotisch*, das bedeutete für die Humanisten so viel wie *barbarisch*. Eine aus dem barbarischen Norden importierte Kunstrichtung also, die es durch eine *im eigenen Land gewachsene Kunst* zu ersetzen galt. Die Vorbilder fand man in der Antike. In Bauten und Skulpturen der alten Römer und Griechen sah man zeitlos schöne Werke einer noch unverbildeten Menschheit, die Bauwerke beeindruckten durch ihre Einfachheit und Harmonie, die Menschendarstellungen imponierten durch die Lebendigkeit des Ausdrucks und durch die realistische Genauigkeit der Abbildung. Diesen Realismus der Alten wollte man erreichen, wenn möglich noch übertreffen. In den ersten Jahrzehnten des 15. Jh. setzte diese Entwicklung in Florenz ein. Bis ins 16. Jh. hatte sie ganz Italien erfasst und sich in Europa ausgebreitet. Noch heute gilt Florenz als das Zentrum der Renaissance-Kunst schlechthin. Nirgendwo sonst kann man auf so engem Raum so zahlreiche Werke dieser Epoche finden.

Skulpturenpark – der Innenhof des Bargello in Florenz

Architektur

Toscanische Architektur = Renaissance-Architektur. Dieses bei vielen Touristen verbreitete Bild von der Toscana trifft nur einen Teil der Wirklichkeit, denn es verkennt die Schönheit ihrer zahlreichen mittelalterlichen Städte. Die Renaissance mit ihren rigorosen Veränderungen und z. T. auch Zerstörungen des mittelalterlichen Stadtbilds hat daran großen Anteil.

In der Gotik waren es vor allem die Kirchen gewesen, die in der Baukunst im Vordergrund gestanden hatten, jetzt kamen Großprojekte wie öffentliche Bauten und die repräsentativen Paläste der reichen Kaufleute hinzu. Wichtig waren jetzt Funktionalität, äußere Gestaltung und Dekoration. Die Konstruktion der Bauten, der eigentliche Baukörper also, trat oft etwas in den Hintergrund.

Die Architekten der Renaissance lehnten sich eng an die Bauwerke der Antike an, die drei Epochen in ihrer Baukunst gekannt hatte: die *dorische*, die *ionische* und die *korinthische*, jeweils unterschieden durch die Form der Säulen und Kapitelle. Die toscanischen Baumeister fügten zwei weitere hinzu, die sog. *toscanische* (als Variante der dorischen) und die *Kompositordnung* (Bereicherung der korinthischen Ordnung). Diese Ordnungen waren wichtige gestalterische Mittel für den Aufbau und die Gliederung der Fassaden wie auch für die Innenausstattung. Eine beliebte Form der Fassadengestaltung war im 15. Jh. die *Rustika-Gliederung*. Dabei bestand die ganze Mauer aus massiven, nur grob behauenen Blöcken. Später ging man dazu über, einzelne Stockwerke eines Gebäudes in verschiedenen Ordnungen zu gestalten – z. B. im Erdgeschoss die toscanische, oben dagegen die Kompositordnung.

Bei der Planung des Baukörpers wurde meist auf bewährte Formen zurückgegriffen: Der Kirchenbau bevorzugte vor allem den *kreuzförmigen Grundriss* oder die

Rundform. In beiden Fällen wurde meist eine *Kuppel* über das Zentrum gesetzt. Die Paläste dagegen baute man in der Regel quaderförmig. Für die Dachkonstruktionen wurden entweder das *Tonnengewölbe* (im Gegensatz zum Kreuzgewölbe der Gotik) verwendet oder *Flachdecken.* Und für die Integration von Säulen und Fensterornamenten diente der *halbkreisförmige Bogen* als bevorzugtes Konstruktionselement.

Bildhauerei

Naturgetreue Wiedergabe bei gleichzeitiger fast heroischer Verklärung – das wurden die wichtigsten Gestaltungsmerkmale der jetzt entstehenden Skulpturen. Die imposanten Werke der antiken Bildhauer wurden nachgeahmt und übertroffen.

Zum ersten Mal seit dem Altertum wurden Menschen wieder nackt dargestellt (wohl die erste derartige Skulptur war der *David* von *Donatello*). Bis in die kleinsten Details wurde der Körper des Menschen studiert, der vollkommene menschliche Körper wurde zum Ideal – der Mensch, „das Maß aller Dinge", das edelste aller

Über das Herstellen einer Skulptur

Zuerst eine gezeichnete Vorskizze. Der Auftraggeber hatte natürlich ein gewichtiges Wörtchen mitzureden.

Dann ein kleines Modell aus weichem Material, Wachs oder Ton (einige sind bis heute erhalten geblieben).

Als Nächstes folgte die Ausarbeitung einer originalgroßen Figur, und zwar aus Ton (als Anschauungsobjekt).

Erst nach diesen Schritten wurde das Endprodukt aus Stein (Marmor) oder Bronze hergestellt.

Bildwerke aus Stein: Die groben Meißelarbeiten für die Umrisse der Figur übernahmen im Allgemeinen die Gehilfen und Lehrlinge. Der Meister fertigte nur die wichtigsten Teile selbst und ging erst später an die endgültige Fertigstellung der Skulptur oder des Reliefs mit all der nötigen Feinarbeit (Mimik, Gewandfalten, Muskeln etc.).

Nur *Michelangelo* machte hier eine Ausnahme: Er war von Anfang an (d. h. vom Heraushauen der Blöcke in den Steinbrüchen von Carrara bis zum letzten Meißelstich) an den Arbeiten beteiligt und fertigte die ganze Figur bis auf unwesentliche Arbeiten alleine an. Angeblich ließ er sich vom Zurechthauen der Blöcke in den Steinbrüchen für sein späteres Werk inspirieren.

Bronzeskulpturen: Bei der Herstellung von Bronzewerken war eine enge Zusammenarbeit zwischen Bildhauern und Gussfachleuten notwendig. Oft ließ der Bildhauer den Guss von einem befreundeten Künstler durchführen, der auf diesem Gebiet spezialisiert war. *Donatello* z. B. überließ diesen Teil der Arbeit seinem Kompagnon *Michelozzo*. Der Guss gelang nicht immer auf Anhieb. So hatte Michelangelo erhebliche Schwierigkeiten bei der Arbeit an einer Skulptur, die Papst Julius II. darstellen sollte. Der Guss missglückte, weil das verwendete Material nicht richtig schmolz. Michelangelo und sein Gussmeister mussten daraufhin den ganzen Ofen zertrümmern, um die erstarrte Masse herauszuholen. Erst der zweite Versuch war erfolgreich.

Geschöpfe. In der mittelalterlichen Kunst waren die Menschen relativ starr und unbeweglich dargestellt worden, sie waren Symbolträger für eine geistige Grundhaltung. Jetzt aber rückte der Mensch als Wesen aus Fleisch und Blut in den Vordergrund. Dazu kam eine neue technische Errungenschaft: die *Entdeckung der Perspektive*. Mit mathematischem Kalkül und wissenschaftlicher Genauigkeit gingen die Renaissance-Künstler daran, die Wirklichkeit dreidimensional wiederzugeben. Vor allem die Bildhauer steigerten diese neue Technik zu atemberaubender Perfektion.

Malerei

Bisher hatte die Malerei im Vergleich zu anderen künstlerischen Darstellungsformen eher ein Schattendasein gefristet. Jetzt wurde sie zur Kunst der Künste. Kein Wunder, dass in diese Zeit auch die Verbesserung der technischen Hilfsmittel fällt: Im 15. Jh. wurden die Ölfarben aus den Niederlanden eingeführt, und man benutzte jetzt erstmals Leinwand als Malgrund (Kostensenkung, leichtere Transportfähigkeit als Holz).

Wichtig für eine naturgetreue Wiedergabe war die Plastizität der gemalten Figuren. Dank der neuen Perspektiv-Technik konnte die Dreidimensionalität des Raumes überzeugend dargestellt werden. Den Malern gelang es immer besser, die individuellen Züge der Porträtierten wiederzugeben: Statt der bisher gebräuchlichen Profilansicht wurde nun die Dreiviertelansicht bevorzugt (die Porträtierten wurden von vorne gemalt und wendeten den Kopf etwas zur Seite).Auch die *Landschaftsmalerei* machte große Fortschritte: Die Natur wurde von den Künstlern zusehends als Malobjekt anerkannt, man fertigte Naturstudien, beobachtete Pflanzen, Tiere, Wolken etc. Allerdings wurde der Mensch aus den Landschaftsbildern noch nicht vollständig ausgeschlossen – das reine Landschaftsbild entwickelte sich erst später.

Probleme traten auf, da die Maler des 15. Jh. zunehmend weltlich eingestellt waren. Zwar waren die Themen der Bilder noch immer weitgehend religiös, jedoch wurden sie sinnlicher gemalt als früher. Heiligenfiguren wurden realistischer dargestellt und trugen oft die Gesichtszüge stadtbekannter Persönlichkeiten. Zitat des Predigers *Savonarola*: „Ich sage euch, die Gottesmutter kleidet sich wie eine arme Frau, ihr aber stellt sie wie eine Dirne dar."
Für Strenggläubige waren die neuen Bilder oft ein Verstoß gegen die guten Sitten: Im San-Marco-Kloster wurde das Bildnis eines schönen Jünglings, das den hl. Sebastian darstellte, in den Kapitelsaal verbannt. Einige Frauen hatten den Mönchen sündhafte Gedanken gebeichtet, die ihnen beim Betrachten des Bildes gekommen waren.

Freskenmalerei

Besondere Technik zur Herstellung von Decken-, Wand- und Kuppelgemälden. In der Renaissance-Zeit zum ersten Mal in größerem Rahmen ausgeführt und eine der großen Leidenschaften der Renaissance-Maler!

Wahrscheinlich wurde sie bereits in der Antike von den Griechen, Etruskern und Römern ausgeübt und jetzt in der Malerei vervollkommnet. Im Gegensatz zur *A-secco-Malerei*, dem Malen auf trockenem Untergrund, wird *à fresco* auf den noch frischen und feuchten Putz der Wand gemalt.
Der Arbeitsgang: Der Meister entwirft zunächst eine verkleinerte Gemäldekomposition auf Papier. Mit Hilfe eines Quadratnetzes wird das Bild durch die Gehilfen in *Originalgröße* auf einen Karton gezeich-

net. Anschließend werden die Umrisse mit einem spitzen Eisengriffel in den frisch aufgetragenen Kalkmörtel durchgepaust (diese Einritzungen sind heute noch, aus der Nähe betrachtet, an der Decke der Sixtinischen Kapelle zu erkennen). Da der Verputz der Wand bei dieser Arbeit frisch sein muss, wird die zu bemalende Wandfläche in „Tagwerke" unterteilt, d. h. es wird nur ein so großes Stück Putz aufgezogen, wie der Künstler in einem Tag bemalen kann.

Künstler-Konkurrenten

Raffael ist, wie so oft, in Begleitung etlicher Bewunderer und Schüler unterwegs. Michelangelo, einsam und verbissen wie immer, trifft ihn auf dem Weg in die Sixtinische Kapelle. „Wie ein Fürst mit seinem Gefolge!", ruft Michelangelo ihm verächtlich zu. Raffael, nicht mundfaul, erwidert prompt: „Und du – einsam wie der Henker!"

„Der Schlemmer" – Freskendetail von Taddeo di Bartolo aus dem Dom von S. Gimignano

Für die Bemalung eignen sich nur Farben, die durch den scharfen Kalkgrund nicht zerfressen werden. Die meisten Ölfarben sind daher nicht zu gebrauchen, die Farbpalette ist erheblich eingeschränkt. Nur sehr wenige und noch dazu recht mühsam herzustellende Farben verbinden sich organisch und auf Dauer mit dem Kalkgrund. Das sind in der Hauptsache Erd- und Metallfarben: Ockererden, Eisen- und Manganoxyde, Kalkweiß und Oxydschwarz, grüne Erde u. a. Das Farbenspektrum ist eng, umso größer die Kunst des Malers, daraus ein wirkungsvolles Ganzes zu zaubern.

Der Vorteil dieser Art von Wandmalerei ist, dass die Farben nach dem Trocknen des Kalkgrundes mit ihm untrennbar verbunden sind. Die Farbschicht kann nicht abblättern, und das Gemälde ist dauerhaft konserviert (für Jahrhunderte, so wie es den Renaissance-Künstlern vorschwebte). Allerdings sind besonders die Deckengemälde eine äußerst mühselige, körperlich sehr beschwerliche Arbeit: Man steht auf einem schwankenden Gerüst, starrt ständig nach oben, und dazu wird das Gesicht mitsamt Bart (so vorhanden) ständig vollgekleckst. Wiederum ist es der Einzelkämpfer Michelangelo, der keine Helfer für die Arbeiten in der Sixtinischen Kapelle zulässt. Ganz allein bemalt er in monatelanger Arbeit die Decke.

In Florenz wirkten seit dem 14./15. Jh. einige hervorragende Fresko-Künstler. Die gegenseitige Konkurrenz spornte sie zu immer größeren Leistungen an. Wichtig war aber auch, dass man einen Mäzen von seinen Qualitäten überzeugen konnte, denn ohne materielle Unterstützung war man zur Bedeutungslosigkeit verurteilt.

Bezeugt sind aus dieser Zeit Neid und Eifersucht führender Künstlerpersönlichkeiten untereinander. Auf so engem Raum, wie der Florentiner Kunstmarkt es war, wohl kein Wunder, man nahm sich ja praktisch gegenseitig die Aufträge weg.

Die Auftraggeber

Im 14. Jh. waren es hauptsächlich die Zünfte, Stadtverwaltungen, geistliche Orden und einige private Stifter, die künstlerische Aufträge vergaben. Besonders die Städte hatten den Ehrgeiz, sich gegenseitig zu übertrumpfen und durch rege Bautätigkeit das Ansehen der eigenen Kommune zu heben. Selbst Sakralbauten wurden oft nicht von der Kirche, sondern von bürgerlichen Auftraggebern geplant.

Bei der Durchführung der Bauten fungierten die Zünfte oft als die Organisatoren: Sie bildeten Kommissionen, die zunächst Wettbewerbe unter den Architekten ausschrieben, dann den Bauauftrag vergaben und schließlich die Ausführungen der Arbeiten überwachten, die Löhne auszahlten etc. Auf diese Weise wurden beispielsweise der Dom und das Baptisterium in Florenz realisiert. Auf die Ausschreibung zur Herstellung der Bronzetüren des Baptisteriums (1401) meldeten sich über 20 Künstler. Davon kamen 6 in die engere Wahl und mussten Probeentwürfe anfertigen, darunter *Brunelleschi* und *Ghiberti*. Ein Kollegium von 34 Kunstfachleuten entschied dann, wer die Türen anfertigen sollte (mehr unter „Künstler der Renaissance" ab S. 94).

Die Medici als Mäzene

Seit der Renaissance sind es zusehends vermögende Privatleute, die Kunstwerke in Auftrag geben. Im Übergang von Frührenaissance zu Spätrenaissance lässt sich ein neuerlicher Wechsel im Gebaren der vermögenden kunstliebenden Florentiner erkennen: Während anfangs die Stiftertätigkeit für öffentliche Bauten im Vordergrund steht, kommt es im 16. Jh. zu einem Rückzug in die Privatsphäre: Ein neuer Typus entsteht, der des *Kunstsammlers*. Während *Cosimo de' Medici* noch den großzügigen Stifter herauskehrte, war sein Enkel *Lorenzo* bereits ganz zum Sammler aus Leidenschaft geworden, große Bauprojekte sind bei ihm selten. Worin sich die beiden und die übrigen Medici aber gleich waren, war ihre Vorsicht in Bezug auf die öffentliche Meinung: Alle waren sie darauf bedacht, nicht allzu offen zu zeigen, was sie mit ihrem Riesenvermögen

alles anstellten. Deshalb gaben die Medici gerne Geld für kirchliche Stiftungen, um ihre kostspieligen Privatinteressen etwas zu kaschieren. Hauptsächlich Cosimo war sehr bemüht, seine private Kunstleidenschaft zu verbergen. Er fürchtete Unruhen in der Stadt, wenn bekannt würde, wofür er sein Geld ausgab. Ein weiterer Grund, weshalb Cosimo für kirchliche Bauten riesige Summen springen ließ, waren wohl auch Gewissensbisse wegen etlicher politischer Skrupellosigkeiten, die er sich hatte zu Schulden kommen lassen.

Der wesentliche Grund für die immensen Bauvorhaben war jedoch der Wunsch nach bleibendem Ruhm. Cosimo selbst soll gesagt haben: „Kein anderes Gedächtnis bleibt von uns als nur die Bauwerke, die Zeugnis geben von denen, die ihre Urheber gewesen, durch Hunderte und Tausende von Jahren."

Wenn das Geld im Kasten klingt, die Seele aus dem Feuer springt!

(Bauernspruch aus dem 16. Jahrhundert)

Seine Taten hatte Cosimo dem Papst Eugen persönlich gebeichtet, worauf er von diesem anscheinend ebenfalls sehr geschäftstüchtigen Herrn zu einer Geldstrafe verdonnert wurde: Er sollte als Sühne für seine Schandtaten 10.000 Fiorini zur Neuerrichtung von San Marco springen lassen. Cosimo ließ springen – für diesen Bau insgesamt 40.000 (!) Fiorini: Neubau der Kirche, Neuaufbau der gesamten Klosteranlage, Gründung einer Bibliothek – der Prior hatte Vollmacht, alle weiteren Auslagen für die Bibliothek vom Konto des Bankhauses Medici zu begleichen. Dazu kamen Aufwendungen für Santa Croce (etwa 8.000 Fiorini), Zahlungen für San Lorenzo (ca. 60.000 Fiorini, natürlich im Lauf von Jahrzehnten) und für die Badia (ehemaliges Kloster beim Bargello): 70.000 Fiorini. Im Laufe von drei Jahrzehnten steckte Cosimo insgesamt etwa 180.000 Fiorini in öffentliche Bauten. Noch einmal die gleiche Summe gab er für private Bauvorhaben aus. Sicherlich auch eine gute Möglichkeit, Steuern zu sparen.

1440 belief sich das Vermögen der Medici auf etwa 240.000 Fiorini und vermehrte sich ständig. Zum Vergleich: Ein Lehrling verdiente pro Jahr bei freier Kost und Unterkunft 6 Fiorini, im 2. Berufsjahr 18 Fiorini. Als Spitzenlohn galt ein Einkommen von 80 Fiorini pro Jahr, wie es etwa Ghiberti seinem ersten Gehilfen für die Arbeiten am Paradiestor zahlte. Ein kleines Madonnenbild kostete damals ca. einen Fiorino.

Weitere Mäzene

Filippo Strozzi: einer der größten Steuerzahler der Stadt. Stiftungen seiner Familie finden sich besonders in *S. Trinità* und *S. M. Novella*. Er plante auch lange vor Cosimo eine öffentliche Bibliothek. Von Cosimo 1434 verbannt, lebte er danach in Padua.

Lucca Pitti: ein Hochstapler, der sich durch einen Superpalast, den *Palazzo Pitti*, ein Denkmal setzen wollte und Pleite ging. Für Stiftungen hatte er dann kein Geld mehr.

Von **Lorenzo de' Medici** wurden bei weitem nicht so viele Gelder für öffentliche Bauten aufgewendet wie von Cosimo. Was für Lorenzo vor allem eine Rolle spielte, waren Kleinkunstwerke aller Art. Er betätigte sich auf diesem Gebiet sein ganzes Leben lang als leidenschaftlicher Sammler und besaß eine riesige Kollektion von Kleinkunstobjekten mit antikisierendem Charakter. Den Grundstock seiner Sammlung bildeten fünf- bis sechstausend Gemmen und Kameen. Lorenzo stand in Kontakt mit vielen Künstlern, allerdings längst nicht mit allen bedeutenden. Leonardo da Vinci z. B. war in Florenz zeitweise arbeitslos und deswegen schließlich gezwungen, nach Mailand zu gehen. Am nächsten stand Lorenzo ein gewisser *Bertoldo*, ein äußerst dienstfertiger Mann, der die künstlerischen Wünsche seines Geldgebers prompt erledigte. Er schuf vor allem Kleinplastiken aus Bronze, die Lorenzo begeistert seiner Sammlung einverleibte. Lorenzo genoss es, sich im täglichen Leben mit den Schönheiten der Kunst und vor allem mit Kostspieligkeiten zu umgeben – das Hobby eines reichen Herrn ...

Die Kunstwerkstätten

Der übliche Arbeitsort bei der Herstellung von Kunstwerken – kaum ein Künstler arbeitete allein. Den Typus des exzentrischen, „genialen" Künstlers, der durch seine individuelle Originalität besticht, gibt es erst seit der späten Renaissance.

Michelangelo ist einer der ersten Vertreter dieses „individuellen" Künstlertypus, der einen klaren Trennungsstrich zum traditionellen Kunsthandwerk zieht. Im 15. Jh. aber lebten die Maler, Bildhauer und Baumeister noch ganz in der *Tradition der Zünfte*. Sie sahen sich selbst zunächst nur als (vielleicht etwas gehobenere) Handwerker – demselben Ausbildungsgang und denselben Zunftbestimmungen wie diese unterworfen. Die Ausbildung geschah in großen Werkstätten, deren Zahl allmählich wuchs. Schon als Kind trat man in eine dieser Werkstätten ein. Je berühmter der Leiter des „Betriebes", desto zahlreicher die Bewerbungen.

Ihrer Herkunft nach stammten diese *Kunst-Handwerker* aus allen Schichten, sowohl aus künstlerischen Berufen wie auch aus kunstfremdem Milieu. So war der Vater *Fra Filippos* Metzger, der von *Fra Bartolomeo* Maultiertreiber, *Leonardo da Vinci* entstammte einer Notarsfamilie, während *Michelangelos* Vater städtischer Verwaltungsbeamter war.

Praktisch alle bedeutenden Künstlerpersönlichkeiten der Florentiner Renaissance haben eine solche Ausbildung durchlaufen. In den Werkstätten konnten sie sich profilieren und je nach Eignung und Vertrauenswürdigkeit wichtige Positionen einnehmen. Das ging so weit, dass manche Meister ihren fähigsten Gehilfen die Aufsicht über den gesamten Werkstattbetrieb überließen, um sich selbst mit speziellen Aufträgen beschäftigen zu können. In den zahlreichen *Kunstateliers* in Florenz entstanden jedoch keinesfalls ausschließlich besonders gehobene Arbeiten, vielmehr wurden künstlerische und handwerkliche Aufträge aller Art angenommen: Gemälde, Holzschnitzereien, Einlegearbeiten, aber auch Ladenschilder, Dekorationsgegenstände, Wappen, Zunftfahnen, Hochzeitstruhen etc. Natürlich nahm nicht jeder Meister kleinere Aufträge an, jedoch existierten im 15. Jh. bereits so viele Werkstätten in Florenz und Umgebung, dass jede noch so kleine Arbeit irgendwo ihren Produzenten fand. Die Bedeutung der Kunstwerkstätten belegen einige Zahlen: In der 2. Hälfte des 15. Jh.s gab es in Florenz laut Zunftverzeichnis 84 Schnitzerateliers, 41 Maler- und 84 Bildhauerwerkstätten sowie 44 Gold- und Silberschmiedwerkstätten. Dagegen existierten in der Stadt damals beispielsweise nur 70 Metzgermeister und 66 Gewürzhändler – mehr Kunst als Fleisch also. Kaum verwunderlich daher, dass nicht alle Ateliers einen hohen künstlerischen Anspruch hegten. Es wurde auch viel Ramsch angeboten, aber die Bürger, die es sich leisten konnten, kauften trotzdem.

Aufgrund der republikanischen *Zunftverfassung der Stadt* hatten die Künstler und Kunsthandwerker auch *politischen Einfluss*. Zwar übten nur die oberen sieben Zünfte wirkliche politische Macht aus, aber die Maler gehörten der Zunft der Ärzte und Apotheker an, von denen die Farben geliefert wurden, also einer der oberen Zünfte. Eine der Hauptaufgaben der Zünfte bestand darin, die einheimischen Künstler gegen die Konkurrenz aus den Nachbarstädten zu schützen. Trotzdem existierte auch eine kleine *Kolonie ausländischer Künstler* (Deutsche und Niederländer), die gegen Bezahlung der doppelten Lizenzgebühr in Florenz arbeiteten. Die Zunftorganisation bot die Gewähr, dass ein Stück *„made in Florenz"* war und der Kunstkäufer sicher sein konnte, dass zur Herstellung der Produkte nur erstklassige und haltbare Grundstoffe verwendet worden waren.

Werkstattausbildung

Die Ausbildung der Lehrlinge begann mit dem Erlernen verschiedener Fertigkeiten: Farben zubereiten und mischen, Pinsel herstellen, Bilder vorbereiten (grundieren etc.). Dann ging man an Malstudien, kopierte, fertigte Details eines Bildes an, machte Anatomiestudien etc. Der Lehrling sollte dazu qualifiziert werden, selbstständig Teile eines Kunstwerkes oder auch ganze Entwürfe anzufertigen.

Viele Kunstwerke wurden in den Ateliers in Gemeinschaftsarbeit hergestellt. Das führte oft zu einer gewissen Angleichung der individuellen Techniken, aber auch zu Stilvermischungen. In Kleinbetrieben arbeitete der Meister mit drei, manchmal auch mehr Gehilfen. Manche Familienbetriebe wurden über Generationen hinweg weitervererbt. Oft taten sich auch jüngere Künstler zusammen, um gemeinsam eine kleine Werkstatt zu gründen und die Kosten zu teilen (wie z. B. *Donatello* und *Michelozzo*). Die großen Bildhauerarbeiten wurden vor allem in Werkstätten produziert, die eine fast schon fabrikmäßige Ausdehnung hatten. So arbeiteten in *Ghibertis* Bronzegießerei 20 Gehilfen an der Herstellung der Türen für das *Baptisterium*. Bei den Malern war es unter anderem *Ghirlandaio*, der für seine großen Freskoarbeiten sehr viele Helfer heranzog; auch *Donatello* beschäftige zeitweise bis zu 20 Angestellte.

Die finanziellen Verhältnisse der Künstler

Im Allgemeinen war das Salär nicht gerade glänzend, aber die meisten kamen über die Runden. Durch stetige künstlerische Arbeit konnte man ein Einkommen erzielen, das dem Verdienst des bürgerlichen Mittelstandes in etwa entsprach. Die Quellen berichten des Öfteren davon, dass einige Künstler Häuser erwarben, manche der bedeutenderen sogar Grundbesitz.

Allerdings hatte nicht jeder Glück. Schwierig wurde es vor allem, wenn ein Meister erkrankte und nicht genug Rücklagen hatte. Von *Masaccio* ist überliefert, er sei in großer Armut und mit einem großen Schuldenberg gestorben. Zeitweise konnte er seine Lehrlinge nicht mehr entlohnen. Auch der große *Donatello* hatte keine glückliche Hand in Gelddingen. Er stand, wie aus zeitgenössischen Berichte hervorgeht, materiellem Wohlstand relativ gleichgültig gegenüber. *Filippo Lippi* wiederum hatte zeitweise nicht einmal das Lebensnotwendigste zur Verfügung – es mangelte ihm an Kleidung und Mobiliar –, ähnlich erging es auch *Gozzoli*. Die künstlerischen Aufträge wurden fast ausschließlich in Raten bezahlt, dabei kam es oft zu erheblichen Rückständen von Seiten der Auftraggeber. Wirtschaftliche Krisenperioden wirkten sich sofort ungunstig auf die Auftragslage aus, von der die Künstler ja abhängig waren. Nicht selten musste eine künstlerische Unternehmung deshalb abgebrochen werden, weil der auftraggebende Kaufmann zahlungsunfähig geworden war.

Besonders im Alter wurde die Lage der Künstler prekär, besonders wenn sie nicht in ausreichendem Maß vorgesorgt hatten. So klagt der betagte *Uccello* verzweifelt, dass er nichts mehr besitze, nicht mehr arbeiten könne und eine kranke Frau habe ...

Am besten ging es den Künstlern, die bei einem Mäzen mehr oder minder fest angestellt waren: *Fra Angelico* z. B. erhielt sein Geld von der Kirche, und zwar das durchaus gute Monatseinkommen von 15 Fiorini. Spitzenlöhne für Aufträge waren zwar selten, doch im Allgemeinen waren die Honorare zufriedenstellend: Für Altarbilder wurden durchweg Preise zwischen 100 und 200 Fiorini bezahlt, für kleinere Freskenarbeiten 15 bis 30 Fiorini. Größere Projekte (z. B. großen Wandgemäldezyklen) wurden mit bis zu 1000 Fiorini entlohnt. *Ghiberti* bekam während seiner Arbeit an den Baptisteriumstüren ein festes Gehalt von 200 Fiorini jährlich – ein echtes Spitzeneinkommen. Er musste sich allerdings verpflichten, bis zur Fertigstellung der Türen seine volle Arbeitskraft nur für dieses Projekt einzusetzen. (Vergleichszahlen: Ein einfaches Haus kostete zwischen 100 und 300 Fiorini, Wohnungsmiete um die 10 Fiorini jährlich.)

Oft wurde der zu zahlende Preis erst nach Fertigstellung eines Werkes festgelegt, und zwar durch von beiden Parteien bestellte *Schiedsrichter*. Während der Arbeit lebte der Künstler von Abschlagszahlungen. Oft gab es bei solchen nachträglichen Taxierungen Streit – der Auftraggeber versuchte natürlich, den Preis zu drücken. Bei Freskoarbeiten in Klöstern, die sich über längere Zeiträume hinzogen, erhielten die Ausführenden Kost und Wohnung, die auf ihr Gehalt angerechnet wurden. Und ebenfalls angerechnet wurde es, wenn – wie von *Vasari* überliefert – die Gehilfen des Künstlers in die klösterlichen Vorratskammern eingedrungen waren.

Gegen Ende des 15. Jh. stiegen die Honorare für Künstler spürbar: *Ghirlandaio* erhielt für Ausmalarbeiten etwa 1.000 Fiorini, *Lippi* in Rom (dort war die Bezahlung besser) 2.000 Fiorini, *Michelangelo* kassierte für die Deckengemälde in der Sixtinischen Kapelle sogar 3.000 Fiorini.

Michelangelo war ohnehin einer der wenigen, die durch die Malerei reich wurden. Er hinterließ ein riesiges Vermögen (s. a. unter Michelangelo, S. 99ff.). Und auch *Leonardo da Vinci* bekam fürstliche Honorare. Vor allem an den Löhnen wird deutlich, dass die Künstler Ende des 15. Jh. geachtete Persönlichkeiten geworden waren. Der Mythos des einzigartigen Künstlergenies entsteht nun, die kollektive Arbeitsweise der früheren Kunsthandwerkstätten verschwindet. Was jetzt zählt, ist der Künstler, der ein Werk vom ersten bis zum letzten Strich selbsttätig ausführt. Beispielhaft für diesen neuen Künstler-Typus: natürlich *Michelangelo*.

Künstler der Renaissance

Man sollte nicht vergessen, dass kaum einer von ihnen wirklich allein gearbeitet hat. Kunst wurde hauptsächlich kollektiv gefertigt, die vielen Helfer aber sind heute vergessen, nur die Namen der „Großen" leben weiter

Lorenzo Ghiberti (1378–1455): Florenz hatte einen Wettbewerb ausgeschrieben für ein zweites Bronzetor zum Baptisterium. Man wollte die Stadt Pisa, die ihren Dom bereits mit wunderbaren Türen ausgestattet hatte, übertreffen. Vielleicht sind wegen dieses Wettbewerbsdenkens der Städte die Florentiner Kunstwerke so gut geraten. *Brunelleschi* hätte diesen Auftrag sehr gerne bekommen, doch die ehrenwerte Aufgabe, eine Bronzetür für das Baptisterium zu gestalten, fiel Ghiberti zu. Ghiberti dienten sowohl antike Kunstwerke, die er in Rom gesehen hatte, als auch das Werk *Andrea Pisanos* zum Vorbild.

Ghibertis 1452 vollendete *Paradiespforte* wurde das meistbewunderte Kunstwerk seiner Zeit. 1475 schrieb ein überwältigter Zeitgenosse des Künstlers: „Wer wäre nicht ergriffen, wenn er solche Wunder erblickte, wer wäre nicht starr und fast von Sinnen?" Was das Gesamtwerk Ghibertis betrifft, fielen die zeitgenössischen Urteile allerdings etwas weniger enthusiastisch aus. So notiert Michelangelo: „Hätte er nicht dieses einzigartige Werk geschaffen, niemand würde heute noch von ihm reden."

Brunelleschi, Filippo (1377–1446): Er war wegen seiner Niederlage bei dem Wettbewerb um die Bronzetore offenbar recht verärgert. Jedenfalls suchte er sich anschließend ein neues Aufgabengebiet, nicht zu seinem und der Florentiner Schaden, wie sich herausstellen sollte. Er ging nach Rom und studierte die antiken Bauwerke, vor allem Kuppelbauten.

Später schuf er dann die gewaltige Kuppel des Florentiner Doms. Es war der erste Kuppelbau seit der Antike, die erste *frei schwebende* Strebekuppel überhaupt. Ihm war ein neues Weltwunder geglückt.

Brunelleschi gab den maßgebenden Impuls für die Renaissance-Baukunst. 1430 erbaute er die Pazzi-Kapelle im vorderen Klosterhof von Santa Croce, ferner die Kirche Santo Spirito und begann 1425 mit dem Bau der Kirche San Lorenzo, deren Alte Sakristei er noch selbst vollendete. Diese Bauten sind, typisch für die frühe Renaissance-Baukunst, gekennzeichnet vom Streben nach Strenge und Klarheit.

Donatello (1386–1466): Als Brunelleschi nach Rom reiste, begleitete ihn sein 46 Jahre alter Freund *Donato di Bardi*, genannt *Donatello*. Auch dessen Schaffen wurde durch die Ausstrahlung der antiken Kunstwerke inspiriert. Mit seiner Davidstatue schuf er den ersten Bronzeakt seit der Antike.

Donatello war vielleicht der bedeutendste Bildhauer der Florentiner Frührenaissance. Einen guten Überblick über sein Schaffen gibt das *Museo Nazionale* (Bargello): Zu sehen sind u. a. der eben angesprochene *David* in Bronze, ein weiterer *David* in Marmor, außerdem eine *S.-Markus-* und eine *S.-Giorgio-Statue* (beide ursprünglich für die Kirche Orsanmichele bestimmt). Ebenfalls von Donatello stammen die Skulptur *Judith und Holofernes*

vor dem Palazzo Vecchio und eine der beiden Sängerkanzeln im Dom-Museum.

Luca della Robbia (1400–1482): Er fertigte das Gegenstück zu *Donatellos* Sängerkanzel und schuf damit eine der bedeutendsten Steinplastiken überhaupt. Della Robbia war Spross einer echten Künstlerfamilie, aus der hauptsächlich Bildhauer hervorgegangen sind. Seine Spezialität waren glasierte Tonreliefs, mit denen man häufig Türbögen und Altäre schmückte. Seine Familie hatte in der Herstellung dieser Reliefs fast eine Monopolstellung. Häufigstes Motiv: Madonna mit Kind (weiß auf blauem Grund).

Nacktheit war von der christlichen Dogmatik lange Zeit tabuisiert worden, selbst den Künstlern war es verboten, anatomische Studien zu treiben. Inzwischen waren die Päpste selbst so „verweltlicht", dass sich das wiedererwachte antike Lebensgefühl beinahe ungehindert ausbreiten konnte. Nur Savonarola versuchte, das Rad der Geschichte wieder zurückzudrehen. Und Michelangelo sollte später dazu gezwungen werden, einige seiner Figuren zu „bekleiden".

Battista Alberti (1404–1472): ein Allround-Genie. Er war Maler, Dichter, Musiker, Philosoph, Mathematiker, Ingenieur, sogar Sportler (angeblich übersprang er 1,80 m!), vor allem aber war er Architekt. Alberti verfasste ein bedeutendes Traktat über die Architektur, das viele Baumeister seiner Zeit beeinflusste. Darin legte er großen Wert auf die Anwendung wissenschaftlicher Erkenntnisse in der Baukunst. Der *Palazzo Rucellai* (Sitz einer der damals reichsten Familien der Stadt) ist von ihm entworfen worden.

Paolo Uccello (1397–1477): Der Maler bemühte sich in seinen Werken vor allem um die perspektivische Darstellungstechnik und war darin einer der Vorreiter der Renaissance. Einige seiner Gemälde sind in den *Uffizien* zu sehen.

Michelozzo Bartolomeo (1396–1472): Der Architekt war ein Freund Cosimos und von diesem beauftragt worden, seinen Palast zu errichten. Außerdem arbeitete er als Bildhauer (z. B. schuf er den Tabernakel in S. Miniato, Florenz).

Piero della Francesca (1416–1492): Das Hauptwerk des Malers befindet sich nicht in Florenz, sondern in Arezzo (in der Kirche San Francesco). Es handelt sich um einen Freskenzyklus zur Geschichte des Heiligen Kreuzes (mehr darüber siehe Arezzo). Leider sind die meisten seiner Werke verloren gegangen, trotzdem wird er zu den wichtigsten Malern seiner Zeit gezählt. Auch als Kunsttheoretiker machte er sich einen Namen, und in Florenz war er ein höchst angesehener Mann. Er wirkte noch in vielen anderen Städten Italiens, z. B. in Rimini, Ferrara und Rom. Weitere Werke sind in Sansepolcro, seinem Geburtsort im oberen Tibertal am Fuß der Alpe della Luna, zu sehen: im Palazzo Comunale die *Auferstehung* und die *Madonna della Misericordia* (eins seiner reifsten Werke), außerdem in Monterchi (nahe Sansepolcro) das berühmte Fresko *Madonna del Parto*.

Masaccio (1401–1428): Der vielleicht bedeutendste Maler des Quattrocento (15. Jh.) hieß eigentlich *Tommaso di Simone Guidi*. In seinem kurzen Leben hat er Bedeutendes geleistet und neue Impulse, die von der Bildhauerei ausgegangen waren, in die Malerei umgesetzt. Berühmt ist sein Fresko der Cappella Brancacci in S. Maria del Carmine in Florenz. Seine Figuren lassen sich mit denen Giottos vergleichen, aber im Gegensatz zu dessen Kunst arbeitete Masaccio bereits vollkommen dreidimensional. Die auffallende Körperlichkeit seiner Menschen

machte ihn zu einem der Begründer der Renaissance-Kunst. Auch seine Landschaften sind durchwegs erstaunlich realistisch. Anstelle der Linie setzte er die Abgrenzung durch den Kontrast der Farben. Diese Technik Masaccios fand viele Nachahmer und wurde später zu einer der Grundlagen der gesamteuropäischen Malerei. Zu seiner Zeit allerdings hatte man seine Bedeutung noch nicht erkannt, er starb arm und verschuldet.

Fra Angelico (1400–1455): Besonders schön sind seine Fresken in San Marco (Florenz). Ihm gelang es großartig, verschiedene Gefühlsregungen auf die Gesichter seiner Menschen zu zaubern: Trauer, Erregung, innere Sammlung. Seine Themen: Heilsgeschehen und Leben Christi. Darstellung von Einzelpersonen im Vordergrund, leuchtende Farben.

Benozzo Gozzoli (1420–1497). Ein Schüler *Fra Angelicos*. Nach dem Tod Cosimos lebte er lange Jahre außerhalb von Florenz und kehrte erst als alter Mann wieder in die Heimat zurück. Seine Malweise war sehr farbenfroh und prächtig, wenn auch vielleicht nicht sehr originell. Zu seinen Hauptwerken gehören die Fresken im Palazzo Medici, darunter der *Zug der Heiligen Drei Könige*. Er porträtierte darin viele Persönlichkeiten des mediceischen Hofes, wahrscheinlich auch Lorenzo (einer der drei Könige).

Fra Filippo Lippi (ca. 1406/1409–1468): Er führte alles andere als ein Mönchsleben, trieb sich in halb Italien herum und bezahlte seine Reisen mit Porträts. Einmal verschleppten ihn Piraten nach Afrika, ließen ihn aber wieder frei, nachdem er ein besonders gelungenes Bild des Paschas an die Wand des Gefängnisses gemalt hatte. Um ihn sesshaft zu machen, gab man ihm schließlich ein kirchliches Amt und ernannte ihn zum Kaplan eines Klosters. Kaum im Amt und Würden, verführte er eine schöne Nonne. Seine Stellung war

Ausschnitt aus der „Geburt der Venus" von Botticelli

„Die Heilige Familie" von Michelangelo

er damit wieder los, schlimmeren Konsequenzen seiner Tat ging er aus dem Weg, indem er die Schöne heiratete. Trotzdem wurde er später doch noch ein geachteter Mann – dank seiner malerischen Qualitäten.

Vor allem Cosimo de' Medici (später auch Piero de' Medici) hatte großen Gefallen an ihm gefunden, von ihm erhielt er zahlreiche Aufträge.

Berühmt wurden seine Madonnenbilder. Ihre Anmut und Natürlichkeit waren damals einzigartig. Erst *Botticelli* konnte, 60 Jahre später, mit ihm konkurrieren. Dieser war es auch, der Lippi als den größten Maler seiner Zeit bezeichnete. Filippo starb im selben Jahr wie Piero de' Medici, Lorenzos Vater – wahrscheinlich an Gift, das ihm von der Familie eines betrogenen Mädchens verabreicht worden war. Nichtsdestotrotz: Lorenzo stiftete für sein Grab in Spoleto ein Marmorepitaph. Lippis Hauptwerke: Fresken im Dom von Prato und Spoleto.

Sandro Botticelli (1444–1510): Ein später Nachfolger Filippo Lippis. Auch er ließ sich von der Antike inspirieren, malte jedoch weniger realistisch als phantastisch. Er war ein unruhiger Geist, impulsiv und unberechenbar, und schuf viele Bilder mit religiösen und allegorischen Inhalten. Seine wichtigsten Werke sind der *Frühling* und die *Geburt der Venus* (in den Uffizien). Besonders bekannt ist seine *Venus* geworden: Sie scheint zu schweben und wird von der Göttin des Windes in die Arme des Frühlings getrieben. Seine Frauen sind nicht nur schön, sondern auch geistvoll, manchmal lieblich, manchmal melancholisch und herb. Auf dem Bild *Anbetung der Könige*, das ein reicher Kaufmann für einen Altar in Santa Maria Novella stiftete, verewigte er die mediceische Familie. Hauptsächlich wurde er von Lorenzo de' Medici gefördert. Außerdem stand er unter dem Einfluss der Humanistenkreise in Florenz, weshalb die antike Mythologie sein Werk prägt. Später geriet Botticelli ganz in den Bann des leidenschaftlichen Mönchs Savonarola.

Andrea de Verrocchio (1436–1472): Bildhauer, Maler, Goldschmied und Erzgießer. In Orsanmichele zu Florenz ist von ihm die Gruppe *Christus mit dem hl. Thomas* zu bewundern. Nennenswert auch der *David* im Museo Nazionale (Bargello). Obwohl Donatello seinen berühmten *David* erst 30 Jahre später formte, steht Verrocchios Skulptur in kunsthistorischer Konkurrenz dazu; Donatellos Werk wird heute allgemein als „klassischer" bewertet. Leonardo da Vinci begann übrigens sein Schaffen in Verrocchios Werkstatt. Verrocchio beschränkte sich ausschließlich auf plastische Arbeiten und vertraute Leonardo die Malaufträge an. Anscheinend war Verrocchio ziemlich jähzornig: Es wird berichtet, dass er einem von ihm geformten Reiterstandbild den Kopf abschlug, weil ein Konkurrent den Auftrag bekommen sollte. Die Feinheit und Genauigkeit seiner Werke scheint in eigenartigem Gegensatz zu seinen Charakterzügen zu stehen.

Domenico Ghirlandaio (1449–1494): Er schuf u. a. die Chorfresken von S. Maria Novella und die der Kapelle Sassetti in der

Kirche Santa Trinita. Farbenfrohe, weltlich heitere, harmonische Bilder. Auch er nahm Angehörige der Familie Medici und andere Patrizier als Modell für die Realisierung seiner Themen aus der biblischen Geschichte oder aus Heiligenlegenden.

Künstler der Hochrenaissance

Michelangelo, Leonardo da Vinci, Raffael – ihr Wirken verkörpert den Höhepunkt der Florentiner Kunstentwicklung. Man sieht in ihrem Schaffen heute den Gipfel der Renaissance-Kunst. Michelangelo, der leidenschaftlichste und unruhigste, überwand in seinem Spätwerk bereits den abgeklärten Heroismus der Renaissance und leitete eine neue Entwicklung hin zum sogenannten Manierismus ein.

Die Stadt zehrt heute noch von den „glorreichen Drei". Untereinander waren sie allerdings nicht gerade das, was man als dicke Freunde bezeichnen würde. Ehrgeiz und gegenseitiger Konkurrenzdruck waren wohl zu groß, als dass man sich gegenseitig öffentlich hätte anerkennen können. Michelangelo schimpfte über Raffael, er hätte keine Begabung, seine Kunst sei nur mühsam angelernt. Raffael, der Jüngste von ihnen, hatte es in der Tat am schwersten, einen vollkommen eigenständigen Stil zu entwickeln, er hatte ja immer das Vorbild der beiden anderen vor Augen. In der Malerei lernte aber auch Michelangelo viel von Leonardo, wenngleich persönliche Begegnungen selten waren. Fanden sie doch statt, kam es oftmals rasch zum Streit.

Michelangelo Buonarroti (1475–1564)

Michelangelo gilt neben Leonardo da Vinci als das größte Genie der Renaissance. Er war ein vitaler Mann, wurde fast 89 Jahre alt und meißelte noch sechs Tage vor seinem Tod an einer Marmorstatue. Diese Vitalität gab er sowohl seinen Gemälden als auch Skulpturen mit. Gerade in seinen späteren Werken sprengte Michelangelo den Rahmen der zeitgenössischen Kunst durch den überquellenden Reichtum an Form und Bewegung. Es entstand der sogenannte *Manierismus*. Dieser Stil war unruhiger und spannungsreicher als der der Hochrenaissance, die vor allem durch die Klarheit und Logik ihrer Formen bestach. Für Michelangelo war diese Darstellungsweise zu abgeklärt, seine Kunst wurde jetzt phantasievoller und gedanklich komplizierter, es zeigte sich bereits eine Tendenz zur Abstraktion. Die Rhythmik und Dynamik dieses manieristischen Stils leitet dann später die Epoche des Barock ein.

Als Jüngling wurde Michelangelo von Lorenzo de' Medici in sein Haus aufgenommen. Lorenzo hatte ihn bei Ghirlandaio entdeckte, als er gerade einen Satyrkopf schnitzte, und war von Michelangelos Talent und Aufnahmefähigkeit begeistert. Auch die beiden Medici-Päpste Leo X. und Clemens VII. sollten später zu Michelangelos Auftraggebern gehören. Eines seiner Bekanntesten Werke ist der *David*. Schon zwei Bildhauer hatten sich vor ihm an einem Marmorblock versucht, um daraus einen David zu meißeln. Beide hatten ihr Vorhaben schließlich enttäuscht aufgegeben. Michelangelo jedoch gelang das Unmögliche: Er schuf eine der schönsten Skulpturen der Kunstgeschichte. Eine Kommission von bedeutenden Künstlern (unter ihnen Leonardo da Vinci) beschloss, die Riesenstatue vor dem Palazzo Vecchio aufzustellen, wo sie bis 1873 stand. Um sie vor Witterungseinflüssen zu schützen, wurde sie in die Akade-

Michaelangelo – der Einzelkämpfer der Kunst

„Ich bin gezwungen, mich mehr als andere zu lieben. Ich bin hier in großer Kümmernis und unter schwersten körperlichen Anstrengungen. Ich habe keinen Freund, will auch keinen haben …" – so heißt es in einem Brief Michelangelos während der Arbeit an den Deckengemälden der Sixtinischen Kapelle.

Michelangelo war kein einfacher Charakter, er stand ständig unter Spannung, war aufbrausend und diktatorisch gegenüber Mitarbeitern. Im Grunde lehnte er Helfer ab; er war Einzelgänger und wollte seine Werke bis zum letzten Schliff allein fertig stellen. Während seiner Arbeit in der Sixtinischen Kapelle ließ er an das Gerüst Sichtblenden anbringen, um vor neugierigen Blicken geschützt zu sein. Michelangelo war nie verheiratet, er hatte kaum Interesse an Frauen. Sein hohes Alter schrieb er seiner sexuellen Enthaltsamkeit zu. Michelangelos ganzes Interesse galt nur seinen Werken, in sie legte er alle seine Gefühle und seine ganze Kraft. Seine anatomischen Studien trieb er so weit, dass er sich sogar intensiv mit dem Sezieren von Leichen beschäftigte.

Allerdings litt er auch an seiner selbst gewählten Einsamkeit. Er war oft tief melancholisch und klagte bitter über sein unerfülltes Leben. Einige Psychologen haben behauptet, Michelangelos stark empfundene eigene Hässlichkeit sei die Triebfeder gewesen für seine leidenschaftliche Suche nach Schönheit. Eine tiefere innere Ruhe fand er wohl nie in seinem Leben; er fühlte sich immer wieder durch den Marmor zu neuen Taten herausgefordert und war rastlos tätig. Besonderes Merkmal seiner Kunst war, dass er viele Werke absichtlich unvollendet ließ. Das hat Anlass zu vielen Spekulationen gegeben. Vielleicht wollte er die vielen Möglichkeiten, die er in der bildhauerischen Bearbeitung des Steins sah, nicht durch eine einzige Lösung zerstören.

Geboren wurde er übrigens als Sohn eines städtischen Beamten. Seine Amme, die ihn während der ersten Lebensmonate an die Brust nahm, war die Frau eines Steinmetzes. Nach seiner eigenen Einschätzung machte ihn dies, zusammen mit der günstigen Konstellation seiner Geburtssterne, zu einem Meister der Marmorplastik. Michelangelo brachte es zu großem Reichtum: Dank seiner äußerst bescheidenen Lebensführung und gesalzener Honorare (besonders bei päpstlichen Aufträgen) konnte er Häuser erwerben und seinen ererbten Landbesitz bei Settignano vergrößern. Nach seinem Tod fand man allein in einer Truhe seines Hauses 8.000 Golddukaten (nach heutiger Rechnung etwa 200.000 €).

mie der schönen Künste (Galleria dell'Accademia) gebracht. Auf dem ehemaligen Standplatz steht heute eine Kopie.

Kurz vor dem Sturz Pieros (der Sohn Lorenzos) floh Michelangelo nach Bologna, da er bei den Medici ein- und ausgegangen war und fürchten musste, auf Lebzeiten verbannt zu werden. In Bologna ließ er sich von den Skulpturen des *Jacopo della Quercia* beeinflussen. Später ging er nach Rom, kehrte aber immer wieder vorübergehend in seine Heimatstadt Florenz zurück.

Obwohl er einige Jahre am Medici-Hof verbracht hatte, war er im Grunde seines Herzens ein freiheitsliebender Republikaner. Nachdem die Medici aus Florenz verbannt worden waren und die Stadt von den Verbündeten des Papstes belagert wurde, arbeitete er sogar einige Jahre als

General-Gouverneur an den Befestigungs-
wällen. Die Mauern hielten jedoch nicht
stand, Florenz kapitulierte, und die Medici
kehrten zurück.

Das war im Jahr 1530. Florenz hatte inzwischen seine führende Rolle auf dem Gebiet
der bildenden Kunst ausgespielt. Die großen Künstler wanderten in andere Städte
ab, und Michelangelo ging 1534 für immer
nach Rom. Zuvor aber arbeitete er im
Auftrage der Medici an der unvollendet
gebliebenen Grabkapelle mit den Grab-
denkmälern von Giuliano de' Medici und
Lorenzo de' Medici (Herzog von Urbino),
beide eher unbedeutende Abkömmlinge
der Familie. Florenz aber hatte sein be-
deutendstes Michelangelo-Werk erhalten.

Einen Großteil seines Lebens jedoch
plagte sich der Künstler mit der Ver-
pflichtung herum, Papst Julius II. ein imposantes Grabmal zu errichten. Der Vertrag wurde mehrfach geändert, und Michelangelo versuchte vergeblich, ihn zu
kündigen. Schließlich einigte er sich mit
den Erben auf einen Kompromiss, zu dessen Ausführung auch noch andere Künstler herangezogen wurden.

Michelangelo konnte selten so arbeiten,
wie er es wollte; beinahe immer war er von
seinen Auftraggebern abhängig, und oft
gab es Probleme mit der Finanzierung.
Um den Marmor für seine Kunstwerke
auszusuchen, fuhr er selbst in die Marmorbrüche bei Carrara, ließ Straßen anlegen und überwachte das Brechen der
Marmorblöcke. Manchmal hielt er sich
dort monatelang auf. Sein Wunschtraum
war, aus einem Marmorberg ein kolossales
Kunstwerk zu hauen, das weithin übers
Meer sichtbar sein sollte, aber er konnte
niemanden für diesen Plan erwärmen.
Von Papst Julius II. war er stattdessen zum
Bemalen der Decke der Sixtinischen Kapelle verdonnert worden, obwohl die Arbeit am Julius-Grabmal noch längst nicht
abgeschlossen war.

Obwohl er sich zum Bildhauer, nicht aber
zum Maler berufen fühlte, sicherte er sich
gerade mit den biblischen Deckenfresken
und mit dem Fresko des Jüngsten Gerichts, das er später (1534) unter dem
zweiten Medici-Papst Clemens VII. an der
Altarwand der Sixtinischen Kapelle anfertigte, seinen größten Ruhm.

Einige Werke von Michelangelo in Florenz

In der Casa Buonarroti (Via Ghibellina
70): Dieses Haus, einst in Michelangelos
Besitz, ist zu einer Erinnerungsstätte gemacht worden. Einige der ausgestellten
Werke: *Madonna an der Treppe* (Flachrelief), *Kampf der Kentauren und Lapithen*
(Hochrelief), *Herkules und Kakus* (plastische Modellskizze).

Im Bargello: *Der trunkene Bacchus* (Skulptur), *Madonna Pitti* (Relief), *Brutus*,
Apollo u. a.

In der Akademie der schönen Künste:
David, Matthäus, die vier unvollendeten
Gefangenen.

In San Lorenzo: Medici-Gräber.

Im Dom: die *Pietà*.

In den Uffizien: die *Heilige Familie* u. a.

Leonardo da Vinci (1452–1519)

Er war nicht nur genialer Künstler, sondern auch ein bedeutender Naturforscher
und Ingenieur. Neben Bildhauerei und
Kunst beschäftigte er sich intensiv mit
Anatomie, Astronomie, Botanik, Mathe-
matik, Maschinenbau und Musik.

Leonardo wurde in *Anchiano* geboren und
wuchs auf in dem Dorf *Vinci*, wo auch
heute noch das Haus seiner Kindheit zu
besichtigen ist. Hier wird u. a. eine Dia-
Show geboten, die seinem Leben und
Werk gewidmet ist. Seine Erfindungen
sind im dortigen Schloss ausgestellt.

Leonardo war ein unglaublich vielseitiger und viel beschäftigter Mann. Seine Tätigkeit als Ingenieur stand dabei im Vordergrund, und er übte sie bei zahlreichen Herren aus (allein zwischen 1490 und 1507 bei fünf verschiedenen). Florenz, Mailand, Venedig, Piombino, Pisa und andere Städte suchten seine Hilfe, hauptsächlich in militärischen Fragen. Leonardo war einer der begehrtesten Militäringenieure seiner Zeit – er konstruierte Waffen, Befestigungen, Belagerungsmaschinen u. Ä.; im beginnenden Zeitalter der Feuerwaffen war Leonardo einer der Erfinder schwerer Kanonengeschütze. Neben dieser wenig humanen Forschertätigkeit war Leonardo jedoch auch einer der wichtigsten Maler seiner Zeit.

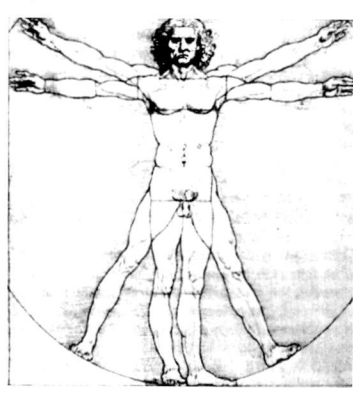

Als junger Mensch kam Leonardo nach Florenz und ging bei *Verrocchio* in die Lehre. Eine Anekdote erzählt, dass dieser, als er in ihm den genialen Meister erkannte, seinen Pinsel zerbrach. Später wurde Leonardo zusammen mit Michelangelo beauftragt, einen Entwurf für den Saal des Großen Rates in Florenz (*Palazzo Vecchio*) anzufertigen. Leider wurde keiner der beiden Entwürfe vollständig ausgeführt.

Das berühmteste seiner Werke ist wohl die *Mona Lisa*, die im Pariser Louvre aufbewahrt wird. Sie war die Frau eines Florentiner Kaufmanns, die Leonardo bei einem seiner Aufenthalte in Florenz porträtierte.

Leonardo war ein Meister der Hell-Dunkel-Abstufung (das sogenannte *Chiaroscuro*) und des *Sfumato*, d. h. der Technik der Abgrenzung von Konturen durch zarte Farbabstufungen und getönte Schatten. Dadurch wurden die Umrisse von Gestalten nicht scharf abgesetzt, sondern erschienen leicht verschwommen, was der realistischen Wirkung der Gemälde zugute kam. Daneben fertigte er unendlich viele Bewegungs- und Anatomiestudien an und war – ganz nebenbei – auch ein hervorragender Karikaturist. Seine gnomenhaften „Charakterköpfe" erschienen schon zu Lebzeiten im Druck.

Leider sind von seinen malerischen Werken nicht viele unversehrt erhalten. In den Uffizien hängen u. a.: *Taufe Christi*, *Anbetung der Könige*, *Mariä Verkündigung* und *Madonna mit Kind*.

Raffael (1483–1520)

Der jüngste des Dreiergespanns, eigentlich *Raffaello Santi*. Er war 30 Jahre jünger als Leonardo, acht Jahre jünger als Michelangelo und starb bereits im Alter von 37 Jahren; vier Jahre war er allein in Florenz tätig. Er war sehr viel ausgeglichener als Michelangelo, auch kontaktfreudiger; die Menschen strömten ihm zu, bewunderten

ihn und liebten ihn als Künstler und als Menschen. Er hat wohl ein relativ glückliches Leben geführt und war schon bald in der Lage, mit seiner Kunst eine Menge Geld zu verdienen.

Raffael hatte ein tiefes Empfinden für Harmonie und Ausgeglichenheit. Bereits in seinen Jugendjahren hatte er in Urbino am Hof von Montefeltro die wesentlichen Grundlagen seiner Kunst entwickelt. Diese Stadt lag weit weg von den politisch unruhigen Zentren der größeren Städte, und eine Menge namhafter Humanisten wohnte dort. Es war eigentlich eine Umgebung, wie sie sich ein Künstler wie Raffael nur wünschen konnte. Doch mit 21 Jahren (1504) zog es auch ihn nach Florenz. Eine Fülle von Anregungen kam hier auf ihn zu, besonders Leonardos Kunst beeindruckte ihn. Die Kunsttechniken Michelangelos studierte er zwar ebenso, aber dieser impulsive Künstler und seine leidenschaftliche Darstellungsweise blieben Raffaels Temperament doch recht fremd. 1508 zog er, wie so viele andere Künstler, nach Rom zum Vatikan – hier war inzwischen das neue Zentrum der Hochrenaissance entstanden. Die Päpste zahlten gut, die Auftragslage war günstig, und Raffael schuf hier seine bedeutendsten Werke. Aber auch aus seiner Florentiner Zeit sind zahlreiche berühmte Werke erhalten, u. a. eine Serie von Madonnenbildern: *Madonna del Granduca*, *Die Madonna mit dem Baldachin* (Palazzo Pitti), *Die Madonna mit dem Stieglitz* (Uffizien). Seine anderen Madonnendarstellungen hängen heute in Paris, München und Wien.

Manierismus – Barock

Im 16. Jh. ging der Einfluss der Florentiner Kunst auf das übrige Italien spürbar zurück. Die schwierige innenpolitische Lage (Savonarola, Vertreibung und Rückkehr der Medici, Zerstörung der republikanischen Staatsform, Volksaufstände und die nicht abreißenden Invasionen von außen) gingen nicht spurlos an den Bewohnern vorüber.

Lorenzo de' Medici empfahl die Florentiner Künstler schon an andere Städte; er selbst sammelte lieber Kunst, als den Mäzen zu spielen. Die große Zeit, in der Florenz in der Kunst tonangebend für ganz Italien gewesen war, ging zu Ende. Stattdessen wurde das mächtige Rom immer mehr zu einem Sammelbecken der Künstler der Hochrenaissance. Nach der Zeit der Kirchenspaltungen erstarkte die Stadt zusehends. Ihre Päpste, z. B. *Julius II.* und *Sixtus IV.*, waren sehr „weltliche" Herren, die mit den gewaltigen Geldmitteln der Kurie die bekanntesten Künstler, Baumeister und Literaten anlockten, um dem lädierten Image der Kurie wieder zu neuem Glanz zu verhelfen. Rom übernahm jetzt die Rolle, die Florenz in den letzten 150 Jahren gespielt hatte; die wichtigsten künstlerischen Impulse strahlten jetzt von hier in die Welt aus. In Florenz lebten jedoch nach wie vor bedeutende und gute Künstler:

Maler: Wichtigster Vertreter der Hochrenaissance war *Fra Bartolomeo* (1472–1517), er schuf z. B. die Altarbilder von S. Marco.

Daneben *Giorgio Vasari* (1511–1574): Er hat zahlreiche bedeutende Künstlerbiographien geschrieben, war aber in der Hauptsache Architekt. Von ihm stammt der Entwurf zu den *Uffizien*. Sehenswert sind seine Porträts (Medici-Porträts).

Architekten: *Ammannati* baute den Palazzo Pitti um, *Tribolo* entwarf den Boboli-Garten.

Bildhauer: *Giovanni da Bologna*: *Hermes* (im Bargello); *Benvenuto Cellini*: *Perseus* (Loggia dei Lanzi).

Die **Barockkunst** ist in Florenz nicht mehr so ausgeprägt vorhanden. Wer will, kann Maler dieser Epoche in den Uffizien betrachten.

Interessant übrigens auch die Gärten und Villen in der Umgebung von Florenz und der übrigen Toscana. Sie stammen hauptsächlich aus der Renaissance und dem Barock. Ihre kunstvolle Gestaltung ist der Versuch, die Natur durch den menschlichen Geist zu formen.

Florenz

Firenze

Der Kunst- und Kulturreichtum der Stadt ist überwältigend. Insbesondere bauliche Zeugnisse der Renaissance-Architektur begegnen dem Betrachter auf Schritt und Tritt: Von außen eher schlicht, sind sie innen umso prunkvoller ausgestattet.

Florenz liegt in einer weiten Flussniederung, die Altstadt drängt sich dicht an das Ufer des trüben Arno. Weiter außerhalb, in der grünen Hügellandschaft, stehen jahrhundertealte Sommervillen. Wer die Stadt während der brütend heißen Hochsommertage besucht, wird den Aufenthalt weniger genießen können – Hitze, Staub, Krach, Abgase und in jedem Winkel Heerscharen von Touristen. Von seiner angenehmsten Seite zeigt sich Florenz im Frühling und Herbst, wenn von den Hügeln rundum kühle Luft durch die Straßen zieht und die Altstadt weniger bevölkert ist.

Dem Besucher wird einiges geboten: Kammermusik in altehrwürdigen Palästen, Jazzkonzerte auf historischen Plätzen (Eintritt frei), und am Fluss unter den Gewölben des Uffizien-Palastes warten Kunststudenten auf Kundschaft, um Porträtzeichnungen anzufertigen. Ein Eldorado für Schmuckkäufer ist der Ponte Vecchio. Dicht an dicht reihen sich auf der ältesten Brücke der Stadt kleine Juweliergeschäfte aneinander und vereinigen sich so zu einer einzigen Ladenzeile (leider drängen sich die Touristen oft noch viel dichter aneinander).

Rom, Venedig und eben Florenz sind die wichtigsten Zentren der Geschichte und Kunst Italiens. Architektonisch verblasst Florenz ein wenig neben den beiden anderen Städten. Florenz ist nüchtern, seine Paläste wirken streng und ähneln oft eher Festungen als Prunkbauten. Zweifellos gibt es lieblichere Orte in der Toscana.

Wer jedoch Sinn für Geschichte und Kunst mitbringt, wird in Florenz immer wieder Interessantes kennen lernen. In der Altstadt rund um die Piazza della Signoria sind zudem viele Straßen, meist Einkaufsmeilen, verkehrsberuhigt oder zur Fußgängerzone umfunktioniert worden.

Fast ein Jahrhundert lang war die Stadt das geistig-kulturelle Zentrum des Abendlandes: Philosophie, Literatur, Wissenschaft und die Renaissance-Kunst blühten, das Bank- und Finanzwesen florierte, der Florin war die härteste Währung ganz Europas. Die Bankiersfamilie der Medici überspannte den Kontinent mit einem Netz von Bankfilialen und Handelsniederlassungen.

Über 600.000 Menschen leben heute im Großraum Florenz, die Bevölkerung in der Innenstadt nimmt aber – wie andernorts auch – ständig ab. Zählte man 1975 noch etwa 400.000 Einwohner in Florenz-Stadt, sind es heute nur noch 380.000 – genauso viele wie im Jahr 1952, als die Landflucht gerade begonnen hatte. Hohe Mieten, Smog und Straßenlärm treiben die Menschen wieder hinaus aufs Land. Zudem stehen und fallen die Arbeitsplätze in der Stadt mit dem Massentourismus. Industrie gibt es praktisch nur in den nordwestlichen Randgebieten, die sich bis Prato hinziehen. Florenz ist somit eine Art Riesenmuseum geworden, der Touristenansturm versiegt nie, auch nicht

Am Domplatz

während der „toten" Jahreszeit, womit man hier vor allem die Wintermonate meint. Hauptaktionsgebiet ist der „Laufsteg" zwischen Palazzo Pitti und dem Dom. In den Seitenstraßen daneben reißt der Besucherstrom sofort ab.

Touristenzahlen: Der Touristenandrang ist nach wie vor hoch und hat sich in den letzten Jahren bei jährlich etwa 5 Millionen Besuchern eingependelt, eine Zahl, die im Jahr 2007 noch übertroffen wurde. Während der Ansturm der ausländischen Gäste aus Westeuropa (auch Deutschland) und den USA stetig abnimmt, kommen nun mehr Italiener, aber auch Touristen aus Mittel- und Osteuropa sowie Asien in die Stadt.

Am schwierigsten ist es, eine Übernachtungsgelegenheit in der Zeit um Ostern, im Mai, Juni, September und Oktober zu ergattern, wenn sich zu den Unmengen von Touristen noch die Besucher wichtiger Messen und Ausstellungen hinzugesellen (darunter Pitti Immagine Uomo und Pitti Immagine Bimbo, die berühmtesten italienischen Modemessen für Herren- und Kinderbekleidung, die Mitte bis Ende Juni stattfinden).

Kriminalität: Autoaufbrüche sind während der letzten Jahre etwas seltener geworden, aber Taschendiebe oder Handtaschenräuber gibt es noch genug. Allein etwa 500 geschädigten Deutschen gewährt das deutsche Konsulat in Florenz jährlich Hilfe. Wie hoch die Dunkelziffer ist, weiß niemand. Nachts ist der Stadtpark flussabwärts des Ponte della Vittoria für einen Spaziergang kaum geeignet, denn Prostitution und Drogenhandel florieren hier. Seit ein paar Jahren versucht man, diesen „dunklen Fleck" auf der florentinischen Landkarte zu beseitigen und die von der Kleinkriminalität in Beschlag genommenen Zonen mit Hilfe kultureller Initiativen wie Open-Air-Konzerten, Straßentheater, Ausstellungen u. Ä. wieder zurückzugewinnen. Bisher mit Erfolg!

Information

Hauptbahnhof, Piazza Stazione 4, das APT-Büro befindet sich gegenüber dem Südausgang (Hauptausgang) und hinter der Kirche Santa Maria Novella etwas versteckt in einer Nische. Ganzjährig Mo–Sa 8.30–19 Uhr, Feiertage 8.30–14 Uhr, So geschlossen. turismo3@comune.fi.it, ℡ 055-212245, 🖷 055-2381226.

Borgo S. Croce, ganzjährig Mo–Sa 9–19 Uhr, Sonn- u. Feiertage 9–14 Uhr. Borgo S. Croce 29r, turismo2@comune.fi.it, ℡ 055-2340444, 🖷 055-2264524.

Via Cavour 1r, nahe der Galleria dell'Accademia. Mo–Sa 8.15–19.15, Sonn- u. Feiertage 8.30–13.45 Uhr. infoturismo@provincia.fi.it, ℡ 055-290832, 🖷 055-2760383.

APT-Flughafenbüro, täglich 7.30–23.30 Uhr (keine Flugauskünfte!), infoaeroporto@aeroporto.firenze.it, ℡/🖷 055-315874.

APT-Hauptbüro, Via A. Manzoni 16. Mo–Sa 8.30–13.30 Uhr. www.firenzeturismo.it, info@firenzeturismo.it, ℡ 055-23320 u. 055-2478141, 🖷 055-2346286.

Für **weitere Informationen** kann man sich auch direkt an die Stadt Florenz wenden (Comune aperto, turismo1@comune.fi.it, ℡ 055-2769703/4, 🖷 055-2769705) oder im Internet surfen (www.firenzeturismo.it, www.firenze.net www.fionline.it).

Die **Websites der staatlichen Museen**: www.firenzemusei.it, www.polomuseale.firenze.it.

Übernachtungsinfos weiter hinten unter „Übernachten/Reservierungen".

Anreise

▸ **Mit dem Auto:** Wer aus Richtung Bologna nur für einen Tagesbesuch in die Stadt kommt, verlässt entweder bereits bei Prato/Calenzano die Autobahn, um über den Viale Pratese zur Tiefgarage am Hauptbahnhof (2 €/Std., ab der 3. Std. 3 €) vorzustoßen. Oder man hält sich vor dem Bahnhof Richtung Fortezza da Basso und fährt von dort zum Parkplatz an der Piazza della Libertà, der nicht nur größer, sondern auch günstiger ist (15 € für 24 Std.). Zentrumsnäher parken Sie an der Porta Romana, die Sie über die Autobahnabfahrt Firenze-Signa erreichen. Auch hier, direkt an den Boboli-Gärten, kostet ein Tag 15 €. Auf dem Piazzale Michelangelo weiter östlich (dieselbe Autobahnausfahrt) ist das Parken noch immer kostenlos, zudem hat man sofort eine wunderschöne Sicht auf die Stadt. Allerdings findet man hier oft nur mit Glück einen Platz. Wenn Sie Campingplätze suchen, sollten Sie die Stadt auf der Autobahn umfahren (Richtung Rom) und dann von Süden her (Ausfahrt Firenze-Sud) in Richtung Zentrum einbiegen.

▸ **Hauptbahnhof (Stazione Santa Maria Novella):** Der futuristische, kühl und funktionell wirkende Bau mit viel Marmor und einem gezackten Glasdach stammt aus dem Jahr 1932; erbaut wurde er von Giovanni Michelucci. Hier stoppen die Fernreisezüge der Europaverbindungen Hamburg–Basel–Mailand–Rom sowie München–Bologna–Rom (mit Ausnahme weniger Verbindungen über den **Bahnhof Campo di Marte**, von dem die meisten Schlafwagenzüge Richtung Norden losfahren). Zudem gibt es Querverbindung über Empoli nach Pisa, nach Siena (in Empoli umsteigen) oder in den Mugello. Als Teil eines großen Umbauprogramms, das landesweit 13 Bahnhöfe umfasst, soll die Stazione Santa Maria Novella umfassend modernisiert werden. Bauarbeiten können sich in Italien etwas länger hinziehen und so ist die seit einigen Jahren stattfindenden Arbeit am Vorplatz immer noch nicht beendet, Stau ist dort vorprogrammiert.

Ticketschalter: im Erdgeschoss gleich neben dem Haupteingang, ℡ 055-2356423.

Internet: www.firenzesantamarianovella.it.

Gepäckaufbewahrung: Am Bahnsteig 16 (besser zu sehen ist das Schild mit der Nr. 15), die italienische Aufschrift lautet: Deposito Bagagli a Mano. Jedes Gepäckstück kostet umgerechnet 3,80 € für die ersten 5

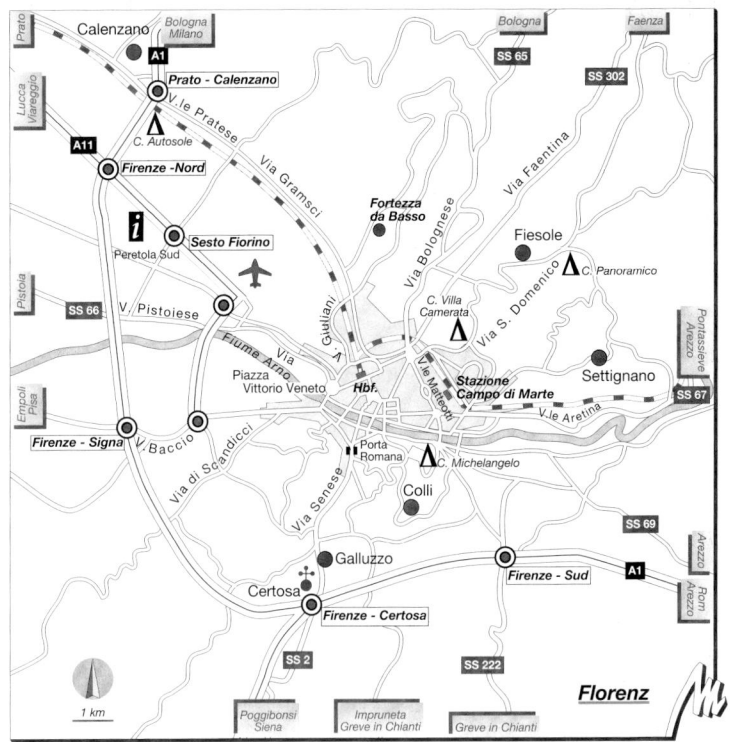

Florenz

Stunden, danach gestaffelt: 0,60 € bis 12 Std., 0,20 € ab der 13. Std. Zwischen 1.30 und 4.15 Uhr ist der Bahnhof geschlossen, die Gepäckaufbewahrung ist zwischen 6 und 24 Uhr geöffnet. Schließfächer gibt es nicht! ☎ 055-2352190 (hier kann man auch nachfragen, wenn man im Zug etwas liegen gelassen hat). Tipp: Im Untergeschoss befindet sich eine Filiale der Supermarktkette Conad. Supermärkte sind ein rares Gut in der gesamten Altstadt!

Zugauskunft: 9–17 Uhr. Telefonische Auskunft (7–21 Uhr) unter ☎ 055-892021 (0,54 €/Min.). Es meldet sich eine Automatenstimme auf Italienisch; antwortet man auf die erste Frage mit *„no"*, schaltet der Apparat um, und man gerät unversehens an einen Menschen aus Fleisch und Blut, der Englisch und mit ein bisschen Glück sogar Deutsch spricht.

Fahrscheine für Stadtbusse (ATAF): an Automaten und am Kiosk vor dem Osteingang. Preise: 1,20 €/1 Std., 4,50 €/24 Std.

Hotelinformation/Reservierung: Consorzio **ITA**, Büro am Ostausgang in der Haupthalle (direkt vor dem Bahnsteig 16). Täglich 9–20 Uhr, an den Weihnachtsfeiertagen geschlossen. ☎ 055-282893, 055-283500, 055-2478231, 055-2478232.

▶ **Überlandbusse**: Alle Terminals befinden sich unmittelbar links und rechts vom Hauptbahnhof.

LAZZI, Piazza Adua 4–6r. Nach La Spezia, Livorno, Lucca, Pisa, Prato, Viareggio, Pistoia. ☎ 055-351061 (Fahrplanauskünfte), 055-287117 (Tickets). www.lazzi.it.

SITA, Via Santa Caterina da Siena 17 (gro-

ßer Terminal westlich des Bahnhofs). Nach Anghiari, Arezzo, Assisi, Bologna, Borgo San Lorenzo, Camaldoli, Casentino, Chianciano Terme, Città di Castello, Colle Val d'Elsa, Firenzuola, Greve, Grosseto, Gubbio, La Verna, Massa Marittima, Montevarchi, Perugia, Piombino, Pontassieve, San Piero a Sieve, Sansepolcro, Scarperia, Siena, Vallombrosa, Volterra. ☎ 055-47281, 800373760. www.sita-on-line.it.

COPIT und C.A.P., Largo F. lli Alinari 10 (am Anfang der Via Nazionale). Nach Borgo San Lorenzo, Impruneta, Marradi, Pistoia und Prato, ☎ 055-214637. www.copitspa.it, www.capautolinee.it.

▶ **Flughafen „Amerigo Vespucci":** Der Airport liegt 5 km nordwestlich des Zentrums im Viertel Peretola (Via del Termine). Auskünfte täglich 6–23.30 Uhr unter ☎ 055-3061300, ☏ 055-315874 oder bei der 24-Std.-Hotline 055-3061700702 (siehe auch unter „Nützliche Adressen und Telefonnummern/Fluggesellschaften", S. 112) bzw. im Internet unter www.aeroporto.firenze.it (infoaeroporto@aeroporto.firenze.it). Mehrmals täglich Direktflüge mit der *Lufthansa* und der *DBA* nach München und mehrmals wöchentlich nach Genf (*Flybaboo*). Vom Bahnhof fahren zwischen 6.30 und 20 Uhr alle 30 Minuten Shuttlebusse (SITA oder ATAF) zum Flughafen, danach bis 23 Uhr stündlich, Kostenpunkt: 4,50 €. Die Fahrt dauert etwa 25 Minuten, nur unwesentlich schneller ist man mit dem teureren Taxi: 15 Minuten für ca. 25 €. Das Fundbüro im Flughafen (☎ 055-3061700702, ☏ 055-3061664) hat täglich 8–14 und 16–23 Uhr geöffnet.

Unterwegs in der Stadt

Die Orientierung wird erschwert durch die unterschiedlichen Hausnummern: Die roten (für Gewerbebetriebe) und die schwarzen (für Privathäuser) laufen in dieselbe Richtung. In unseren Adressenangaben steht hinter der Ziffer ein „r", sofern es sich um eine rote Hausnummer handelt.

Stadtbusse: Am Bahnhof hält fast jede Linie. Tickets muss man sich vorher besorgen! Man erhält sie im Bahnhof (am Automaten) und vor dessen Osteingang (ATAF-Kiosk), in vielen Bars und an den meisten Zeitungsständen. Ein 70-Minuten-Ticket kostet 1,20 € (im Viererticket etwas billiger), ein Dreistundenticket gibt es für 2,80 €, *Touristenkarten* für 24 Stunden kosten 5 €, für 3 Tage 12 € und für eine ganze Woche 16 €. Tickets vor der ersten Fahrt entwerten; wenn man ohne Fahrschein erwischt wird, kostet der Spaß 50 €! Ein Infotelefon (☎ 800424500) ist täglich zwischen 6 und 21 Uhr besetzt. Die Webseite der Verkehrsbetriebe gibt es auch auf Englisch, sie ist in Sachen Streckennetz sehr übersichtlich (www.ataf.net). Achtung: Nach 21.30 Uhr wird das Busfahren in Florenz zum Suchspiel; entweder fährt überhaupt keiner mehr, oder die Liniennummer hat sich geändert. In den APT-Büros gibt es allerdings einen sehr guten Plan der Busgesellschaft ATAF, der hier weiterhilft.

Taxis: Eine Fahrt vom Dom zum Campingplatz Michelangelo kostet etwa 10 €, vom Bahnhof zum Flughafen etwa 15 €. Pro Koffer, Reisetasche etc. (höchstens vier an der Zahl!) werden 0,59 € zusätzlich verlangt. Der Startpreis beträgt im Normalfall 2,54 €, zwischen 22 und 6 Uhr klettert er auf astronomische 5,49 € und an Sonn- und Feiertagen werden immer noch beachtliche 4,31 € fällig.

Funktaxi ☎ 055-4242, 055-4798, 055-4499 oder 055-4390.

Straßenbahn: Offiziell seit 1998, aber tatsächlich erst seit 2001 wird an einer 7 km langen Verbindung vom Hauptbahnhof nach Sandicci gebaut. Die Fertigstellung der ersten, in den Modellen futuristisch anmutenden Tram-Linie ist für 2009 geplant. Ein Weiterbau bis zum Flughafen im Viertel Perétola ist ebenfalls vorgesehen. An dieser Strecke soll dann auch der neue Bahnhof für die Hochgeschwindigkeitsstrecke Mailand–Rom entstehen.

Mit dem Auto in der Stadt: Die erweiterte Innenstadt ist *Zona di Traffico Limitato* (ZTL, frühere Bezeichnung *Zona Blu*), d. h. sie ist für Anwohner reserviert. Sie dürfen nur zum Hotel fahren, um ihr Gepäck unterzubringen (lediglich zwischen 19.30 Uhr und 7.30 Uhr kann die ZTL frei befahren werden). Die historischen Stätten von Florenz (*Piazza Signoria, Uffizien, Ponte Vecchio, Dom, Piazza S. Maria Novella, Piazza S. Croce, Piazza Pitti, Piazza S. Spirito, Piazza S. Lorenzo, Piazza SS. Annunziata*) sind ganz und gar für den Verkehr gesperrt und nur für Fußgänger zugänglich (*Zona pedonale).*

Die Anfahrt zum Hotel zwecks Ablieferung des Gepäcks ist in der ZTL natürlich nach wie vor möglich, offiziell aber nur mit einem Buchungsbeleg in der Tasche. Das Auto muss dann allerdings sofort wieder aus der Zone entfernt werden, sonst droht ein Bußgeld in Höhe von mindestens 32 €.

Wenn Sie sich in der Stadt verlaufen haben oder Ihr Auto nicht mehr finden, wenden Sie sich getrost an die schneidigen *vigili* und *vigilesse* der Stadtpolizei, die an den strategischen Punkten der Stadt dem Touristen mit Rat und Tat zur Seite stehen (dieser *Tourist-Help-Service* ist in der Zeit von Ostern bis Ende Oktober täglich zwischen 8.30 und 18.30 Uhr für Sie da).

● *Parken* Abgesehen von gebührenpflichtigen Parkplätzen (aufpassen, kann teuer werden, da inzwischen auch nachts kassiert wird) gibt es keine Parkmöglichkeit im Innenstadtbereich (dafür erhöhte Abschleppgefahr).

Es empfiehlt sich, den Wagen auf einem Parkplatz am Rand der Altstadt abzustellen. In der Regel wird dort eine Gebühr von je 1 € für die erste und von 1,50 € für jede zusätzliche Stunde erhoben. Diese Tarife gelten aber nicht überall, vor allem in der Nähe von Marktplätzen kann das Dauerparken ein Vermögen kosten; deshalb genau auf die Gebührentafeln achten.

Bei **blau eingerahmten Parkflächen** muss an einem Automaten ein Parkschein gelöst werden, für Parkflächen, die in der Mitte mit einem Punkt gekennzeichnet sind, zahlt man etwas mehr. **Weiß eingerahmte** Parkflächen sind Anwohnern vorbehalten.

Detaillierte Informationen erhält man beim **Consorzio Firenze Parcheggi** (Via G. La Pira 21, ☎ 055-2720160, 🖷 055-2720134) oder unter www.firenzeparcheggi.it. Die Website informiert zwar leider nur in Italienisch, dennoch ist sie sehr nützlich, da sie gleich zu Beginn unter „P" alle aktuellen Preise und Adressen der großen Parkplätze auflistet.

Eine riesige **Tiefgarage** mit 2000 (!) Stellplätzen gibt es am Hauptbahnhof. Hier sind die Tarife allerdings mit am höchsten, die ersten 2 Stunden kosten 4 €, danach müssen stündlich weitere 3 € gezahlt werden. Preisnachlässe gibt es erst nach 4 Tagen!

Die größten Parkplätze befinden sich heute an der Piazza della Libertà und an der Porta Romana, wo jeweils 15 € für 24 Std. fällig werden. Eine Stunde kostet 1,50 €. Das Parkhaus oberhalb der Piazza della Libertà liegt noch relativ zentral am Stadtring (vom Dom die Via Cavour stadtauswärts). Samstags gibt es sogar eine Art Shuttlebus, mit dem man gratis in die Innenstadt kommen kann. Zentrumsnäher (direkt an den Boboli-Gärten, 5 Gehminuten vom Palazzo Pitti) ist die Porta Romana. Sollte der dortige Platz belegt sein, gibt es nicht weit entfernt eine Ausweichmöglichkeit an der Piazza San Francesco di Paola (erst rechts in den Viale Francesco Petrarca einbiegen, dann links in die Via del Casone). Auch hier zahlt man 1 €/Std.

Parkhäuser: Es gibt etliche Parkhäuser in der Innenstadt. Dauerparken kostet dort je nach Wagengröße 30–60 € (24 Std.). Viele Hotels haben private Abmachungen mit den Parkhausbetreibern getroffen; deshalb immer an der Rezeption nachfragen. Es ist ratsam, Autos mit Gepäck in privaten Garagen, die von den Hotels empfohlen werden, zu parken. Hier ist die Einbruchgefahr relativ gering.

Kostenloses Parken: Nur außerhalb der Innenstadtzone möglich. Am sichersten auf dem Piazzale Michelangelo oder vielleicht an der Piazza Vittorio Veneto. Von hier fahren häufig Busse via Hauptbahnhof ins Zentrum (aber Vorsicht: Einbruchgefahr!).

Nützliche Adressen und Telefonnummern

• *Apotheken* Durchgehend geöffnet (Nachtdienst und Wochenende) sind:
Farmacia Comunale, im Hauptbahnhof, ✆ 055-289435;
Farmacia Molteni, Via Calzaiuoli 7r (Piazza Signoria), ✆ 055-289490;
All'Insegna del Moro, am Dom (Ecke Via Borgo S. Lorenzo), ✆ 055-211343;
Farmacia Sodini, Via dei Banchi 18/20r (ganz in der Nähe des Bahnhofs). Homöopathische Arzneimittel. Mo–Fr 9–13, 16–20 Uhr. ✆ 055-211159, ✉ 055-294640.

• *Ärzte* Eine komplette Liste mit. deutschsprachigen Ärzten ist beim Konsulat erhältlich.
Dr. Giorgio Gargini, **Herzspezialist**, Via V. Giornate 52, ✆ 055-473804.
Dr. Liane Ledwon, **Homöopathin**, Via Roma 6, ✆ 055-213395.
Dr. Barbara Brodbeck, **Frauenärztin**, Via Lorenzo il Magnifico 59, ✆ 055-461465 (deutsche Patienten 055-2286048 od. 0335-8353612). Bei gynäkologischen Problemen außerdem: **Ospedale Santa Maria Nuova** (beim Dom).
Dr. H. Silberhorn, **Kinderärztin**, Via Lorenzo il Magnifico 59 (Gemeinschaftspraxis), ✆ 055-4754111, mobil 339-2970302.
Dr. Barbara Glückert, **Orthopädie**, c/o Studio Medico Naldi, Via Aretina 397/a, ✆ 055-6504798 od. 8364282, mobil 335-7061278.
Dr. Gabriele Friedl, **Innere u. Pneumologie**, Via Martelli, 8, 4. OG, ✆ 055-218912.
Dr. Eleonore Lumer, **Allgemeinärztin**, Via Puccinotti 82, ✆ 055-4627418, mobil 333-9386140.
Dr. Detlef Bangert, **Zahnarzt**, Vicolo Canneto 2, ✆ 055-214533.
Ansonsten gibt es die *English Yellow Pages* (im Buchhandel erhältlich), ein englischsprachiges Branchenfernsprechbuch, in dem weitere Ärzte verzeichnet sind.
Außerdem bietet Florenz rund um die Uhr einen „Tourist Medical Service" an, ✆ 055-475411. Ist das Büro nicht besetzt, erfährt man über einen Anrufbeantworter die Mobiltelefonnummer des jeweils zuständigen Arztes. Diese Ärzte sprechen auf jeden Fall Englisch, z. T. auch Deutsch, und machen Hausbesuche. Büroadresse: Via Lorenzo il Magnifico 59.

• *Automobilclubs* **Automobil Club d'Italia (A.C.I.)**, Viale Amendola 36, ✆ 055-24861.
Touring Club Italiano (T.C.I.), Viale S. Lavagnini 6r, ✆ 055-474192.

• *Autoverleih* **Italy by Car – Tristi**, Borgo Ognissanti 134r, ✆ 055-287161; **Avis**, Borgo Ognissanti 128r, ✆ 055-213629; **Hertz**, Via Maso Finiguerra 33r, ✆ 055-282260; **Europcar**, Borgo Ognissanti 53r, ✆ 055-290437. Verleihstellen gibt es selbstverständlich auch am Flughafen.

• *Fahrräder/Mofas* **Alinari**, Via Guelfa 85r, auch Mountainbikes im Verleih, ✆ 055-280500; **Florence by Bike**, Via S. Zanobi 1r, ✆ 055-488992 (5.11.–11.3. geschlossen).

• *Fluggesellschaften* **Lufthansa**, c/o Intertravel, Via Lamberti 39r, ✆ 055-217936 oder über die Hotline 02-80663025.
Alitalia, Lungarno Acciaiuoli 10/12r (gleich beim Ponte Vecchio), ✆ 055-27881. Grüne, d. h. gebührenfreie Nummern: Flugauskunft unter ✆ 848865643, Reservierung unter ✆ 848865641 (national) bzw. 848865642 (international).
Meridiana, Lungarno Soderini 1, ✆ 055-32961 od. 199111333.
Flybaboo, fliegt 4x wöchentlich nach Genf ✆ 00800-44544545.
Austrian Airlines, tägl. Wien–Florenz, ✆ 02-89634296.

• *Fundbüro* Via Circondaria 17 b (Bus 23 vom Bahnhof oder Dom aus), geöffnet Mo–Fr 9–13 Uhr. Die von den Dieben geleerten Portemonnaies kommen meist erst mit einer Woche Verspätung hier an. ✆ 055-3283942.

• *Internationale Buchhandlungen* **Feltrinelli International**, Via Cavour 12r (große Auswahl an Kunstbüchern) und Via Cerretani 30r.
City Lights, Via S. Niccolò 23r.
Libreria Edison, Piazza Repubblica 27r, größte Auswahl deutschsprachiger Literatur über Italien. Auch sonntags geöffnet.
Paperback Exchange, Via Fiesolana 31r. Wer kulturell interessiert ist, sollte in der **Libreria Cima**, Borgo Albizi 37r, vorbeischauen. Ausstellungen, Autorenlesungen und Musikabende gehören zum Programm; außerdem gibt es eine Cafeteria.

• *Internetpoints* Sie sprießen wie die Pilze aus dem Boden; einige wenige seien hier genannt:
Internet Train, größter Anbieter mit zahlreichen Filialen: Via dell'Oriulo 25r, Galeria Commerciale im Hbf. und Borgo San Jacopo 30, Via Nullo 21. **Cyber Office**, Via San Gallo 4r. **Virtual Café**, Via de Neri 37r. Res

Florenz Karte S. 120/121

Futuram, Via delle Ruote 14r. **Café Area 51**, sehr trendy – multimediales Café in der Via U. della Fagiola 30 (Firenze Sud). Die Preisunterschiede sind enorm. Etwas abseits am Borgo degli Albizi (hinter dem Dom, Ri. Arno) kosten 3 Stunden 5 €, an der Touristenlaufmeile beim Palazzo Pitti werden 2 € für 15 Minuten verlangt. Unser Tipp: Am günstigsten ist es in der Via Ghibellina, dort bezahlt man teils nur 1,50 € pro Stunde!

• *Kartenvorverkauf* Für alle 13 **staatlichen Museen** (Biglietteria di prenotazioni), darunter Palazzo Pitti, Uffizien, Galleria dell'Accademia, Bargello und Medici-Grabkapellen; ℡ 055-294883. Man bezahlt 3 € Vorverkaufsgebühr, bekommt eine Buchungsnummer mitgeteilt und kann sich den genauen Zeitpunkt des Besuchs aussuchen. Die Extragebühr lohnt sich, denn die Wartezeiten für die Uffizien und die Galerien im Palazzo Pitti können bis zu vier (!) Stunden betragen. Für Sonderausstellungen wird auch ℡ 055-2654321 freigeschaltet.
Für kulturelle Veranstaltungen im **Box Office**: Via Alamanni 39 (Nähe Bahnhof) und im Stadtzentrum, Chiasso de' Soldanieri 8r (Porta Rossa/Ecke Via Tornabuoni), Informationen unter ℡ 055-210804, Vorbestellungen unter ℡ 055-213112.

• *Konsulate* **Deutschland**, I-50122 Firenze, Corso dei Tintori 3, ℡ 055-2343543, ℻ 055-2476208. Mo–Fr 9.30–12.30 Uhr, nachmittags nur nach telefonischer Vereinbarung. ℡ 055-294722, ℻ 055-281789.
Österreich, Lungarno Vespucci 58. Mo–Fr 9–12 Uhr. ℡ 055-2654222.
Schweiz, c/o Hotel Park Palace, Piazzale Galileo 5. Di und Fr 16–17 Uhr. ℡ 055-222434.

• *Krankenhäuser* **Ospedale di S. Maria Nuova**, Piazza S. Maria Nuova 1, ℡ 055-27581.
Ospedale Careggi, Viale Morgagni 85, ℡ 055-42777111.
Kinderklinik Ospedale Pediatrico Meyer, Via L. Giordano 13, ℡ 055-56621.

• *Kunsthandwerkskurse* **Firenze Arte**, drei mal zwei Stunden pro Woche verbringt der Teilnehmer in den Werkstätten der Handwerker. Angeboten werden unter anderem Kurse in Malerei, Kostümfertigung, Möbelrestaurierung etc. Piazza S. Spirito 4, ℡ 055-2396966. Lässt sich gut mit einem Sprachkurs kombinieren, denn die unter der gleichen Adresse zu erreichende **Sprachenschule Machiavelli** bietet Unterricht in meist kleinen Gruppen an (www.alba.fit.it/machiavelli).

• *Polizei* **Polizia Assistenza Turistica**, Via Pietrapiana 50r, ℡ 055-203911. **Polizeipräsidium/Questura**, Via Zara 2, ℡ 055-49771. **Staatspolizei (Carabinieri)**, ℡ 112 u. 113 (SOS-Nr. gratis). **Stadtpolizei (Polizia Municipale)**, ℡ 055-3283333.
Im Bahnhof wende man sich gleich an das Carabinieri-Büro in der Nähe der Gepäckaufbewahrung (Gleis 16).
Übersetzungsbüro der Polizei, Mo–Sa 8.30–19.30 Uhr, ℡ 055-20391221.

• *Postämter* **Palazzo delle Poste**, Via Pellicceria (neben Piazza Repubblica), ℡ 055-218156, Mo–Fr 8.15–19 Uhr, Sa 8.15–12.30 Uhr. **Poste Nuove**, Via Pietrapiana 53/55 (im Viertel S. Croce, gegenüber dem Supermarkt Standa), ℡ 055-211415, Mo–Fr 8.15–19, Sa 8.15–12.30 Uhr. **Stadtteil-Postämter** unter ℡ 160 erfragen. Am letzten Samstag des Monats schließen die Postämter um 12 Uhr.

• *Telefonieren* **Postämter** (s. o.), **Telecom**, Via Cavour 21r, mit Fax-Service, 7–23 Uhr. **Phone-Center**, Via della Scala 63r, Mo–Fr 9.30–13 u. 13.30–21.30 Uhr. **Phone Store Communication**, Via dell'Albero 22r, täglich 9–21 Uhr. **Primelink Service Center**, Via Panicale 18r, 9.30–13 u. 15–20, Do u. So 9–22 Uhr.

• *Schwimmbäder* **Costoli**, Viale le Paoli. **Nannini**, Via Bellariva, Lungarno A. Moro 6. **Flog il Poggetto**, Via M. Mercati 24, www.uon.it/firenze/nuoto.htm. **Le Pavoniere**, Viale della Catena 4.

• *Sprachkurse* Zu den besten Sprachenschulen der Stadt zählt das der Universität angeschlossene **Centro di Cultura per Stranieri**, Via F. Valori 9, ℡ 055-5032703, www.unifi.it/ccs (eine Auswahl aller Institute – auch Mode, Musik, Kunst etc. – ist übrigens beim APT-Büro erhältlich: „Studying in Florence, a guide"). Gut ausgebildete Lehrer, bester Service, annehmbare Preise und wunderbares Ambiente in einer alten Villa (s. auch Sprachenschule Machiavelli unter „Kunsthandwerkskurse").
Istituto Parola, Corso die Tintori 8, ℡ 055-242182. 2-wöchiger Kurs ab 300 €, Unterkunft bei Familien wird organisiert.

• *Studentenreisebüro* **C.T.S.**, Centro Turistico Studentesco e Giovanile, Via die Ginori 25 (parallel zur Via Cavour), www.cts.it, ℡ 055-289570.

• *Waschsalons* **wash & dry**, täglich 8–22 Uhr, Via dei Servi 105r, Via Ghibellina 143r, Via della Scala 52/54r, Via dei Serragli 87r, Via del Sole 29r, Viale Morgagni 21r.

Einkaufen

Für Selbstversorger und Camper ist es nicht einfach, einen ganz gewöhnlichen Lebensmittelladen oder Supermarkt zu finden (abgesehen vom Stadtviertel um die Markthalle – in der Nähe der Medici-Grabkapellen, Kirche San Lorenzo). Die Mieten im Zentrum sind so hoch, dass ein Lebensmittelhändler sie kaum bezahlen kann (Gemüsemärkte siehe weiter unten).

• *Supermärkte* Mit am zentralsten gelegen ist **Standa** (gegenüber der neuen Post). Vom Dom die Via dell'Oriuolo entlang bis zur Via Pietrapiana. Etwas dezentraler liegen **Coop**, Via Cimabue 49 (im Viertel Santa Croce, auf der anderen Seite des Viale Gramsci; neuerdings mit Produkten aus biologischem Anbau), und **Esselunga**, Via Masaccio 274/276 (beim Bahnhof Campo di Marte). Im Untergeschoss des Hauptbahnhofs Santa Maria Novella gibt es eine Filiale von **Conad**.

• *Luxusläden* Die **Via Tornabuoni** (Palazzo Strozzi) ist eine der teuersten Einkaufsstraßen Italiens – Bekleidung, Leder, Parfüm etc. **Gucci**, **Armani**, **Trussardi**, **Dolce & Gabbana**, **Versace** u. a. stellen hier aus. **Roberto Cavalli** hat sich zusätzlich mit einem neu gestylten Café niedergelassen: Das traditionsreiche Giocosa liegt gleich um die Ecke in der Via della Spada 10 und

ist längst *der* Treffpunkt für gestresste Luxusshopper.

• *Szeneläden* Vor allem in der Via Nazionale (Hauptbahnhof) und in den Querstraßen in Richtung der Kirche San Lorenzo.

• *Basar* In den Straßen rund um die Markthalle von San Lorenzo bis zur gleichnamigen Kirche gibt es viele fliegende Händler und noch mehr Trubel. Große Auswahl an Spielsachen, Bekleidung, Taschen, Ledererzeugnissen, Schuhen und Secondhand-Klamotten. Ganzjährig geöffnet.

• *Schmuck* **Ponte Vecchio**, winzige Läden, dicht an dicht.

• *Holzspielzeug* **Bartolucci**, hier findet sich von den etwas kitschigen Wackeluhren bis zum Automobil aus Massivholz allerlei Originelles. Via Condotta 12r.

• *Keramik* **Ginori**, Via dei Rondinelli 5r. Exklusives Porzellan. **Sbigoli**, Via Sant'Egidio 4r. Eine seit 1850 bestehende Töpferwerkstatt mit rostbrauner Toscana-Keramik.

• *Brokat/Seidenstoffe* **Bacci**, Via dell'Ariento 32r (Nähe Großmarkthalle Mercato di San Lorenzo), eines der ältesten Stoffgeschäfte der Stadt. **Lisio**, Via Fortini 143/int (auf der anderen Arnoseite, Richtung Viale Europa). U. a. mit Motiven aus Botticelli-Bildern. Gute Qualität aus Asien bietet **Fatto a mano**, Via XXVII Aprile13.

• *Gucci* Großzügig gestaltetes Mutterhaus des alten Florentiner Couturiers in der Via Tornabuoni 73r, Filiale auch in der Via Roma 32r.

• *Fabrikverkauf* **Clara Lori**, günstige Angebote aus Beständen berühmter Modedesigner. Viale E. de Nicola 15 (kurz vor dem Autobahnzubringer nach Firenze-Süd), ✆ 055-6503204. Ebenso: **Stock House – Grandi Firme**, Via Verdi 28r, Via dei Castellani 26r, Borgo Albizi 85–87 und Via Nazionale 38r. **Madova** (Lederhandschuhe), Via Guicciardini 1r.

Museo Salvatore Ferragamo, im Obergeschoss des Luxusschuhgeschäftes Ferragamo. Der italienische Auswanderer bekleidete in den 20er Jahren die Füße der Filmköniginnen Hollywoods. 1927 kehrte er nach

Luxusmodegeschäfte in der Via Tornabuoni

Italien zurück und eröffnete im riesigen Palazzo Spini Feroni in der Via Tornabuoni sein Geschäft. Viele Schuhkunstwerke und nostalgisch vergilbte Fotos aus dem alten Hollywood sind zu sehen. Im 2. OG, Besichtigung nur nach Voranmeldung, Eintritt frei. Mo, Mi u. Fr 9–13 und 14–16 Uhr. Im August geschlossen.

● *Liköre/Kräutertees etc.* **Officina di San Maria Novella**, Via della Scala 16r. Allein der üppig ausgeschmückte Verkaufsraum der alten Klosterapotheke (1612 gegründet) ist einen Besuch wert. Würzige Kräuterliköre und verführerische Düfte auf Pflanzenbasis. **Antica Farmacia San Miniato**, direkt an der gleichnamigen Kirche. Liköre, Salben, Kräutertees, alles aus der Natur.

● *Wein* **Antinori**, Piazza degli Antinori 3. Die weltberühmten Weine der Marchesi Antinori werden bis Japan und Amerika exportiert. Degustation und kleine Gerichte. Unsere Empfehlung: Santa Cristina oder Chianti Classico Villa Antinori Riserva. Mehr über die Firma Antinori siehe S. 519.

Frescobaldi, Via Santo Spirito 11. „Die Frescobaldi gelten als die ältesten Weinproduzenten Italiens. Obwohl das „Unternehmen" einen außerordentlichen Ausstoß an Flaschen hat, ist die Qualität durchaus beachtlich. Besonders empfehlenswert sind der Chianti Rufina Montesodi, der Chianti Rufina Nipozzano und vom Pomino Rosso" (Leserbrief).

Märkte

Strohmarkt: Via Calimala (neben der Piazza della Repubblica). Früher war in der wuchtigen Loggia mit den hohen Säulenbögen im Renaissance-Stil (gebaut 1547–1551) der Seiden- und Goldmarkt zu Hause. Heute ist der Strohmarkt auf Touristen ausgerichtet: viele Ledersachen, Strohhüte und Taschen. Der Markt ist tägl. zwischen 9 und 19.30 Uhr geöffnet.

Mercato di San Lorenzo: Via dell'Ariento (Nähe Medici-Kapellen). Die größte Lebensmittelmarkthalle der Stadt. Unten gibt es Fisch, Fleisch, Geflügel und Käse, oben (per Rolltreppe) Gemüse und Obst. Nichts für Menschen mit schwachen Nerven und Mägen. Auch nichts für Vegetarier, denn an den Fleischständen baumeln tote Hasen, das Geflügel wird zwar gerupft, doch der Kopf bleibt meistens dran, an den Wildschweinkeulen kleben noch die Borsten. Auch der etwas strenge Geruch in der unteren Halle dürfte nicht jedem gefallen. Der Markt ist täglich zwischen 9 und 19.30 Uhr geöffnet.

In den Straßen rundherum (bis zur Kirche San Lorenzo) haben sich unzählige Freilufthändler angesiedelt, die ein großes Publikum ganzjährig mit günstigen Angeboten locken (siehe Einkaufen/Basar).

Mercato Cascine: Großer Wochenmarkt, der jeden Dienstag zwischen 8 und 13 Uhr am Arno-Ufer zwischen dem Ponte della Vittoria und der Fußgängerbrücke zum Stadtviertel Isolotto (die Florentiner nennen es „Le Bronx") abgehalten wird. Auf 2 km Länge reihen sich hier die Stände am Cascine-Park entlang. Das Angebot ist entsprechend groß: Lebensmittel, Geschirr, Töpfe, Küchenzubehör, Kleidung, Geschenkartikel, Taschen, Schmuck – es gibt einfach alles, vom einfachen Porzellanteller für einen Euro bis zur Levis-Jeans oder dem Kronleuchter. Und das bei einem gewissen Maß an Verhandlungsgeschick zu günstigen Preisen. Modische Jacketts wechseln hier beispielsweise auch schon mal für ca. 20 € den Besitzer.

Mercato S. Ambrogio: kleiner, preiswerter und urtümlicher Markt auf der Piazza Ghiberti (zwischen Piazza S. Croce und Piazza C. Beccaria). Täglich außer sonntags.

Kunsthandwerk: Auf der Piazza Santo Spirito (Oltrarno, Nähe Palazzo Pitti) findet jeden zweiten Sonntag im Monat ab 9 Uhr ein großer Kunsthandwerksmarkt statt. Zum großen Teil kommen die Meister selbst und fertigen ihre Bilder, Schmuckstücke

*Klassischer Feinkostladen
im Marktviertel*

oder Eisengießereien vor den Augen des Publikums an. Außerdem gibt es Antiquitäten und Möbel, daneben auch Lebensmittel aus biologischem Anbau.

Kunsthandwerkliche Produkte werden außerdem jeden Donnerstag an der Loggia del Grano angeboten (Ende Via de Neri, hinter dem Palazzo Vecchio).

Biomarkt: Im Herbst findet auf der Piazza Santissima Annunziata die *Fierucola del Pane* statt; dort werden Bioprodukte, handwerkliche Gegenstände, Bilder und Ähnliches mehr feilgeboten.

Blumenmarkt: Er wird jeden Donnerstag vor dem Hauptpostamt abgehalten. Wenn man sich im Mai in Florenz aufhält, sollte man sich die große *Iris-Schau* (unterhalb des Piazzale Michelangelo) nicht entgehen lassen. Züchter aus aller Welt stellen hier ihre Schöpfungen vor (vom 2. bis 20. Mai täglich 10–12.30 und 15–19 Uhr, Eintritt frei).

Trödlermarkt: Auf der Piazza dei Ciompi findet man täglich eine gute Auswahl an alten Kristallleuchtern. Die Möbel sind überteuert, Kleinutensilien sind allerdings interessant. Im Winter Sonntag und Montag geschlossen.

Feste und Veranstaltungen

Scoppio del Carro: Ostersonntag. Während im Dom die Messe gefeiert wird, fährt vor dem Dom der von zwei Ochsen gezogene *carro* vor – ein Holzkasten, einem chinesischen Heiligtum ähnlich, bestückt mit Bildern und jeder Menge Feuerwerkskörpern. Während man in der Kirche das Gloria anstimmt, schlägt aus dem Portal ein Feuerschweif (die so genannte *colombina*) und entzündet das Feuerwerk. Das Fest geht auf das 11. Jh. zurück.

Calcio Storico Fiorentino: Das traditionelle Florentiner „Fußballspiel" findet um den 24. Juni, den Tag des Schutzheiligen San Giovanni, auf der Piazza Santa Croce statt. Es hat seinen Ursprung im 16. Jh., als Karl V. ohne Erfolg die Stadt belagerte. Die Mannschaften der vier historischen Stadtteile spielen gegeneinander. An zwei dem 24. Juni vorangehenden Sonntagen finden in der Regel die Vorspiele statt. Das Finale beginnt mit einem langen Festzug, der sich von der Kirche Santa Maria Novella zur Piazza Santa Croce bewegt. Die über 500 Teilnehmer stecken in historischen Kostümen, vom Feldmeister bis zu den mächtigsten Vertretern der Zünfte. Beim anschließenden Endspiel geht es recht derb zu, es wird mehr geschlagen als gespielt (das Spiel soll auf das römische *arpasto* zurückgehen). Die Stadtbevölkerung nimmt regen Anteil an dem Wettkampf und erhitzt sich und die Spieler mit anfeuernden Zurufen, wobei es nicht selten zu Handgreiflichkeiten kommt. Den krönenden Abschluss bildet ein riesiges Feuerwerk *(I Fochi di San Giovanni)*, das alle Florentiner auf die Straße treibt.

Gespielt wird mit zwei Mannschaften zu je 27 Spielern. Punkte werden nicht nur durch erfolgreiche Torschüsse erzielt, sondern auch, wenn die gegnerische Mannschaft am Tor vorbeischießt. Die Verteidiger müssen in der Tat höllisch aufpassen: Wird nämlich der Ball abgewehrt und fliegt dabei über das Tor hinweg, gibt es einen halben Punkt für den Gegner. Angezeigt werden die Punkte durch Heben von Fähnchen: ein rechteckiges für einen ganzen, ein dreieckiges für einen halben Punkt. Das Match dauert 60 Minuten.

L'Estate Fiorentina: Alljährlich von Juni bis September verwandelt sich Florenz in eine riesige Schaubühne. Dann bilden Straßen und Plätze, versteckte Kreuzgänge und verwinkelte Parks altehrwürdiger Villen die eindrucksvolle Kulisse für kulturelle Ereignisse von internationalem Rang. Die Palette reicht von Jazz-, Rock-, Folklore- und klassischen Konzerten über Filmfestivals, Dance- und Straßentheater, Dichterlesungen und Ausstellungen bis hin zu bunten Stadtteilfesten. Die einzelnen Stadtteile überbieten sich dabei mit Ideen und Initiativen, und es gilt das alte Sprichwort: „Wer die Wahl hat, hat die Qual". Obendrein sind die meisten Veranstaltungen gratis! Neben dem **Säulenhof der Uffizien** sind die wichtigsten Veranstaltungsorte die folgenden:

Le Murate, im Viertel S. Croce. Bis in die 80er Jahre machten hier die Insassen des ehemaligen Männergefängnisses ihre Runden. Noch früher, im 14. und 15. Jh., waren die Murate ein Nonnenkloster, wo man hinter dicken Mauern die widerspenstigen Töchter von Patrizierfamilien einsperrte, die man nicht anderweitig unter die Haube bringen konnte; daher der Name (le murate = die Eingemauerten). Neben Konzerten finden hier auch Open-Air-Filmvorführungen statt, zudem ist dies ein beliebter Ort für professionelle Party-Veranstalter.

Park der Villa Fabbricotti, Via Vittorio Emanuele, auf der anderen Seite des Flüsschens Mugnone (Nähe Piazza della Libertà). In der Villa finden die Sprachkurse des *Centro di Culturale per Stranieri* statt (s. „Nützliche Adressen/Sprachkurse", S. 113).

Le Rampe, so heißen die Terrassen, die hinter dem Stadttor San Niccolò zum Piazzale Michelangelo hinaufführen.

Piazzale Michelangelo, der große Platz mit einer Kopie von Michelangelos David-Statue hoch über den Dächern von Florenz.

Giardini di Boboli, der italienische Garten par excellence, hinter dem Palazzo Pitti.

Parterre, das moderne Ausstellungsgelände im Norden der Stadt (Piazza della Libertà), wo man auch das preisgünstigste Parkhaus von Florenz findet.

Le Cascine, der wegen Drogenhandels berühmt-berüchtigte Park am diesseitigen Arno-Ufer (Ponte della Vittoria) hat eine durchaus noble Vergangenheit: Im 19. Jh. und noch Anfang des 20. Jh. flanierte hier die feine Gesellschaft und führte ihre Garderobe spazieren. Vor ein paar Jahren haben die Florentiner diese ins gesellschaftliche Abseits gedrängte Uferpromenade für sich wieder entdeckt und holen sie mit Hilfe nächtlicher Flutlichtbeleuchtung, Snack-Bars und kultureller Veranstaltungen aus der Versenkung.

Stazione Leopolda, Piazzale Porta a Prato. Dieser ehemalige Bahnhof, vom Großherzog Pietro Leopoldo di Toscana Ende des 19. Jh. erbaut, lag jahrzehntelang brach, bis man jüngst auf die Idee kam, das großartige Gelände umzufunktionieren. Jetzt wird auf Kultur gesetzt.

San Salvi, das weitläufige Gelände befindet sich nordöstlich des Piazza Alberti und südöstlich des Stadions. Die Wiederbenutzung dieser jahrzehntelang vernachlässigten Anlagen ist vornehmlich einer kleinen neapolitanischen Theatergruppe *(Chille de la Balanza)* zu verdanken.

Park der Villa dell'Ombrellino, auf dem wunderschönen, südlich vom Stadtzentrum gelegenen Hügel Bellosguardo.

Für alle hier aufgeführten Orte lohnt es sich, im **Monatsmagazin Firenze Spettacolo** (1,60 €) nach Veranstaltungen zu schauen (siehe auch S. 118).

Maggio Musicale Fiorentino: Das Event schlechthin für Liebhaber klassischer Musik. Der Maggio Musicale wurde im Mai 1933 ins Leben gerufen. Die eine Zielsetzung war, in Vergessenheit geratene Kompositionen wieder ins öffentliche Bewusstsein zu rücken, die andere, jungen, noch unbekannten Musikern die Gelegenheit zu bieten, ihre Fähigkeiten vor einem größeren Publikum unter Beweis zu stellen. An der Bühnengestaltung beteiligten sich in den Anfangsjahren so berühmte Maler wie *De Chirico, Sironi, Cagli* und *Casorati*. Seit seinem nunmehr über 70-jährigen Bestehen hat der Maggio immer für Aufsehen gesorgt und zum Teil heftige Kontroversen unter Musikern, Kritikern, Politikern und dem Publikum ausgelöst. Und das hat sich bis heute nicht geändert. Unbestritten ist und bleibt aber die außergewöhnlich hohe Qualität der dargebotenen Werke und ihrer Interpreten. Namen wie *Claudio Abbado, Riccardo Muti, Zubin Metha* und *Sylvano Bussotti* sprechen für sich. Kein Wunder also, dass es fast unmöglich ist, Karten für Uraufführungen zu bekommen. Aber es gibt genug andere Vorstellungen, wo man sich mit etwas Glück – besonders als Nicht-Florentiner – einen Platz ergattern kann. Das Orchester des Maggio Musicale spielt auch außerhalb der eigentlichen Konzertsaison; schauen Sie im Programm des *Teatro del Maggio Musicale Fiorentino*, im Informationsheft *Firenze Spettacolo* (s. u.) oder unter www.maggiofiorentino.com nach.

Die Veranstaltungen des Maggio Musicale (Konzerte, Opern, Ballettvorführungen) finden von April bis Ende Juni in den folgenden Theatern statt: **Teatro Comunale** und **Piccolo Teatro**, Via Solferini 15 bzw. Corso Italia 16 (Parallelstraßen), **Teatro Goldoni**, Via dei Serragli 109, und **Teatro della Pergola**, Via della Pergola 18.
Vorbestellung Biglietteria Teatro Comunale, Via Solferino 15, 50123 Firenze, ☎ 0424-600458 (Mo–Fr 8-20 Uhr, Sa 8–15 Uhr). Oder direkt bei der Kasse (Di–Fr 10 –16.30, Sa 10–13 Uhr) unter ☎ 055-213535, 🖰 055-2779410, www.maggiofiorentino.com.

Festivals

Fabbrica Europa, internationales Festival der zeitgenössischen Kunst: Musik, Tanz, und Videokunst. Auf dem stillgelegten Bahnhofsgelände der Stazione Leopolda, Piazzale Porta a Prato. ☎ 055-2478332. Mai/Juni.

Musica dei Popoli, Musik und Tänze aus aller Welt. Im Auditorium FLOG, Via M. Mercati 24/B, Poggetto, ☎ 055-4220300. Oktober und erste Novemberwoche.

Festival del Film etnomusicale, bekannte und weniger bekannte Filme aus vielen verschiedenen Ländern, deren Zentralthema die Musik ist. Arena estiva del Centro FLOG, Via M. Mercati 24/B, Poggetto, ☎ 055-4220300. Juni/Juli.

Festival dei Popoli, qualitativ hochwertige Dokumentarfilme zu ethnographischen und soziokulturellen Themenkreisen. In Programmkinos, meist im Alfieri Atelier, Via del l'Ulivo 6. Erste Novemberhälfte.

France Cinéma, neue französische Filme und jeweils eine Retrospektive eines re-

Kaufen Sie sich das (italienische) Informationsheft **Firenze Spettacolo** (1,60 €) mit einem vollständigen Veranstaltungskalender des laufenden Monats. Die Highlights sind in Englisch abgedruckt. Eine neue Publikation ist die 14-tägig erscheinende Zeitung **The Florentine**, die kostenlos am Flughafen, in den APT-Büros sowie in zahlreichen Hotels und Restaurants erhältlich ist. Auf vier Seiten finden sich die interessantesten Konzerte, Filme, Ausstellungen, Märkte etc. aufgelistet, versehen jeweils mit einem nützlichen Kommentar. Die restlichen 20 Seiten widmen sich aktuellen Ereignissen in Florenz und beschreiben die alltäglichen Erfahrungen ausländischer Einwohner. Alle Texte sind auf Englisch geschrieben, die Internetseiten www.firenzespettacolo.it und www.theflorentine.net bieten dieselben Infos gratis.

nommierten Regisseurs. Zur Preisverleihung erscheinen Regisseure, Schauspieler und andere Größen des französischen Films. Ein gesellschaftliches Ereignis für Kinofans. Im Institut Français, Piazza Ognissanti, ☎ 055-287988, und im Teatro della Compagnia, Via Cavour 50r, ☎ 055-219638. Erste Novemberwoche.

Cinema delle Donne, ein mittlerweile etabliertes Frauenfilmfestival, das in den 80er Jahren von Florentinerinnen aus der Frauenbewegung gegründet wurde. Im Oktober oder November in verschiedenen Programmkinos und im Institut Français.

Übernachten

Teuer? – „Nein", werden Sie von Ihrem Zimmervermieter zu hören bekommen, „in Rom liegen die Preise 18 % und in Venedig gar 25 % über Florentiner Niveau."

Trotz des riesigen Angebots ist es besonders in der unteren und mittleren Preisklasse schwierig, ein Zimmer zu bekommen. Gelegentlich stößt man auf Pensionen in aufwändigen Kaufmannshäusern mit riesigen Zimmern, Stuckarbeiten und antiken Möbeln. Nachteil: Oft ist es sehr laut, der Verkehrslärm kann bis tief in die Nacht anhalten. (Allerdings hat sich in den vergangenen Jahren auf diesem Gebiet einiges geändert, denn die Innenstadt wird immer mehr zur Fußgängerzone.)

Ruhige Hotels, meist solche der gehobenen Preisklasse, findet man in den Villenvororten auf den Hügeln rund um Florenz, den so genannten *Colli fiorentini*, die etwa 3 km vom Stadtzentrum entfernt liegen.

Preiswerte Pensionen konzentrieren sich im Bahnhofsviertel. Ob sie ihren Preis wert sind, sei dahingestellt. Immerhin kosten auch Zimmer in Hotels mit nur einem Stern inzwischen mindestens 50 € für zwei Personen.

Das offizielle **Unterkunftsverzeichnis online** unter www.toscanaeturismo.net/dovedormire/, die deutsche Version: www.tourimus-toskana.com funktionierte während der Aktualisierung mehrere Monate lang leider nicht.

Reservierungen

• *Von Deutschland aus* Alle von der Tourismusbehörde lizenzierten Hotels sind im Internet unter www.apt-firenze.it (mit dt. Menüführung) bzw. im **Guida all'ospitalità** der APT zu finden, angegeben sind höhere Preise – eine zunehmende Anzahl verfügt über Website und E-Mail und kann somit direkt gebucht werden.

Florence Promhotels, Viale A. Volta 72, www.promhotels.it, ☎ 055-553941, ☏ 055-587189. In Italien kann man die gebührenfreie Nummer 800866022 benutzen.

1st Top Reservation Center, Viale Don Minzoni 11r, 50129 Florenz, www.familyhotels.com, ☎ 800608822 od. 055-334041, ☏ 055-3247058.

Associazione Bed & Breakfast Affitacamere, Privatzimmer in der gesamten Toscana. Via P. Mastri 26, www.abbafirenze.it, info@abbafirenze.it, ☎ 055-6540860, ☏ 055-6123369.

Oft wird bei Reservierungen eine Anzahlung per Postanweisung oder Scheck erwartet, oder die Nummer Ihrer Kreditkarte wird zur Abrechnung Ihrer Buchung benutzt (der Betrag wird auch abgebucht, wenn Sie nicht erscheinen).

• *Wer per Zug ankommt* **Hotelinfo/Reservierung Consorzio ITA**, 9–20 Uhr, ☎ 055-282893 oder 055-283500. Reservierungsbüro im Hauptbahnhof (linker Hand, wenn man von den Zügen kommt). Während der Saison langes Schlangestehen; die auch anwesenden privaten Vermittler offerieren preiswerte Alternativen. Ansonsten Reisegepäck zur Aufbewahrung geben, bevor man sich selbst auf die Suche macht. Alternative: Zum APT Santa Maria Novella (schräg vorm Bahnhof), Hotelverzeichnis besorgen und selbst telefonieren.

Florenz
Legende:
siehe S.122

200 m

Essen & Trinken

- 5 Il Vegetariano
- 12 Trattoria/Fiaschetteria Mario
- 13 La Lampara
- 17 Lo Skipper
- 18 Trattoria Gozzi
- 20 Ristorante La Carabaccia
- 28 Profeta
- 29 Ruths
- 32 Sostanza detto "Il Troia"
- 33 Rosticceria La Spada
- 36 Le Mossacce
- 37 Tre Merli
- 44 Cibréo
- 45 Il Pizzaiuolo
- 50 Trattoria Sabatino
- 51 Da Cambi
- 55 Darvish
- 57 Tijuana
- 61 La Baraonda
- 63 Momoyama
- 65 Mangiafoco Caffè
- 67 Angiolino
- 71 Olio & Convivium
- 72 Bar O!O
- 75 Le Barrique
- 77 Da Benvenuto
- 78 Alfredo sull'Arno
- 79 Al Tranvai
- 80 Quattro Leoni
- 85 Caffè Ricchi
- 88 Diladdarno
- 91 Pizzeria I Tarocchi
- 93 Osteria Antica Mescita San Niccolò
- 94 Il Pizzacchiere

Cafés/Bars/Nachtleben

- 8 Gelateria Badiani
- 14 Apollo Bar
- 22 Be Bop
- 26 Disco Space Electronic
- 30 Rex Caffè
- 35 Caffè Paszkowski
- 38 Giacosa
- 41 Caffè Megara
- 42 Festival del Gelato
- 47 Caffè Giubbe Rosse
- 48 De'Giraldi
- 52 Salamanca
- 59 Gelateria La Carraia
- 60 Gelateria Vivoli
- 68 Boccadama
- 69 Red Garter
- 70 La Dolce Vita
- 76 Gelateria dei Neri
- 86 Cabiria
- 87 Lido, Teatro dell'acqua
- 89 Caffè Notte
- 95 Fuori Porta
- 99 Jaragua

Übernachten

- 1 Residence Salvemini
- 2 Carolus
- 3 Mia Cara
- 4 Monica
- 6 Vasari
- 7 JH Archi Rossi
- 9 Azzi
- 10 Palazzo Vecchio
- 11 Sempione
- 15 Due Fontane
- 16 Residence Hilda
- 19 San Giorgio
- 21 Globus
- 23 Baglioni
- 24 Perlage Agency
- 25 Fenice Palace
- 27 Soggiorno Abaco
- 31 Ottaviani
- 34 Medici
- 39 Locanda Orchidea
- 40 Pendini
- 43 Firenze
- 46 Dei Mori
- 49 Beacci Tornabuoni
- 53 Una Hotel Vittoria
- 54 Porta Rossa
- 56 Bretagna
- 58 Il Cestello
- 62 Santa Croce
- 66 Alessandra
- 73 degli Orafi
- 74 Ostello Santa Monaca
- 81 Istituto Gould
- 82 Torre di Bellosguardo
- 83 La Scaletta
- 84 Villa Belvedere
- 90 Istituto Pio X.
- 92 Silla
- 96 Boboli
- 97 Villa Betania
- 98 Bellosguardo

Florenz
Legende der Adressen
Karte siehe S. 120/121

Hotels/Pensionen (siehe Karte S. 120/121)

Eine Hoch- und Nebensaison im herkömmlichen Sinn gibt es in Florenz und den meisten anderen Städten der Toscana nicht mehr. Im Allgemeinen gelten die Höchstpreise in der Zeit um Ostern, von April bis Mitte Juli, im September und Oktober. Nebensaison ist immer dann, wenn weder Messen noch andere Events (z. B. Feiertage) anstehen. Konkret heißt das: im Februar, vom 1. bis 15. März, im November und Dezember (vor Weihnachten). Auch der Monat August fällt überraschenderweise unter diese Rubrik, weil dann die meisten (Florentiner wie Touristen) am Meer sind.

Nachfolgende Preisangaben beziehen sich auf die Perioden mit dem höchsten Touristenandrang, in den übrigen Zeiten kann die Übernachtung erheblich billiger werden (bis zu 40 %). Angegeben werden die Höchstpreise für ein Doppelzimmer mit Bad oder Dusche (inkl. Frühstück). Zimmer ohne Bad, in Drei- und Zwei-Sterne-Hotels allerdings praktisch nicht vorhanden, kosten in der Regel wesentlich weniger.

**** Baglioni (23), dieses klassische Grand Hotel dominiert den Platz vor der Kirche Santa Maria Novella. Der massige, aber dennoch einnehmend-elegante Jahrhundertwendebau war ursprünglich ein Prinzenpalais und ist dementsprechend prunkvoll ausgestattet. 195 Zimmer, Panoramarestaurant mit Blick auf den Dom, Dachterrasse. DZ ab 288 €, EZ ab 207 €. Piazza dell'Unità Italiana 6, ✆ 055-23580, ✆ 055-23588895, www.hotelbaglioni.it.

**** Fenice Palace (25), 100 m vom Dom entfernt (einige Zimmer mit Blick darauf!) an einer Hauptverkehrsstraße, was aber durch den Komfort eines modernen Luxushotels wieder wettgemacht wird. DZ 265 €, EZ 190 €. Via de'Martelli 10, ✆ 055-289942, ✆ 055-210087, www.hotelfenicepalace.it.

*** Beacci Tornabuoni (49), im 3. und 4. Stock eines alten Stadtpalastes mit verwinkelten Treppen und Gängen, die ebenso wie die Zimmer hübsch mit Antiquitäten dekoriert sind. Frühstück auf einer bepflanzten Dachterrasse mit einer tollen Sicht auf die Stadt. 50 geräumige Zimmer. DZ 250 €, EZ 200 €. Via Tornabuoni 3, ✆ 055-212645, ✆ 055-283594, www.tornabuonihotels.com.

**** Una Hotel Vittoria (53), nicht ganz zentral, dafür aber spektakulär und ultramodern in jeder Hinsicht: Avantgardemöbel, geschwungene Linien, an denen auch Hundertwasser seine Freude gehabt hätte, Dusche in Glaswänden. DZ ab 125 €. Via Pisana 59, ✆ 055-22771, www.unahotels.it.

*** Globus (21), zentrale Innenstadtlage (beim stets belebten Markt San Lorenzo). Modern eingerichtete Zimmer, wenn auch vielleicht etwas unpersönlich. Dafür ist das Globus das preiswerteste Florentiner Hotel seiner Klasse. DZ 100 €, EZ 60 €. Via S. Antonino 24, ✆ 055-211062, ✆ 055-2396225, www.hotelglobus.com.

*** San Giorgio (19), nur wenige Meter vom Globus entfernt bietet dieses sympathische, kleine Hotel familiäre Atmosphäre, angenehme Zimmereinrichtung und eine schmale Sonnenterrasse. DZ 175 €, EZ 108 €. Via Sant'Antonino 3, ✆ 055-284344, ✆ 055-283580, www.hotelsangiorgioflorence.com.

*** Le Due Fontane (15), zentral, deshalb kann es etwas laut werden. In einigen der 57 Zimmern gibt es Whirlpools. Das Frühstücksbüffet ist für italienische Verhältnisse geradezu luxuriös. DZ 150–182 €, EZ 105–126 €. Piazza SS. Annunziata 14, ✆ 055-210185, ✆ 055-294461, www.leduefontane.it.

*** Silla (92), Panoramalage in einem Palast aus dem 15. Jh. Das gilt sowohl für die Zimmer als auch für die mit Blumen geschmückte Terrasse, auf der man im Sommer frühstückt. DZ 110–170 €, EZ 90–195 €. Via dei Renai 5, ✆ 055-2342888, ✆ 055-2341437, www.hotelsilla.it.

*** Relais Il Cestello (58), an der ruhigen, kleinen Piazza di Cestello gelegen. Insgesamt 10 Zimmer, davon drei mit tollem Blick auf den Arno. Renovierte Zimmer, die meisten sehr geräumig. Klimaanlage. Garage 15 € pro Tag. DZ ca. 190 €, EZ 130 €. Piazza di Cestello 9, ✆ 055-280632, ✆ 055-280631, www.relaisilcestello.it.

*** Porta Rossa (94), mit die älteste Herberge der Stadt (14. Jh.) und entsprechend dunkel. Viele Umbauten während der vergangenen Jahrhunderte haben ein interessantes Stilgemisch entstehen lassen. Meist geräumige Zimmer, in denen man sich wohl fühlen kann, obwohl die Betten aus der Campingabteilung eines Kaufhauses stammen könnten. Relativ ruhig, aber dennoch zentral in einer engen Gasse gelegen. DZ 180 €, EZ 125 €. Via Porta Rossa 19, ☎ 055-287551, ☏ 055-282179, www.hotelportarossa.it.

**** Hotel degli Orafi (73), in der Nähe der Ponte Vecchio, bekannt aus James Ivorys Film „Room with a View". Spektakulärer Dachgarten. Aufgrund der Lage keine Parkplätze, das Auto muss weiter außerhalb „nächtigen". DZ ab 250 €, EZ ab 145 €. Lungarno Archibusieri 4, ☎ 055-26622, ☏ 055-2662111, www.hoteldegliorafi.it.

*** Pendini (40), in den oberen Stockwerken eines Monumentalbaus (Ende 19. Jh.), an der Piazza Repubblica. Riesige Zimmer mit spiegelndem Parkettboden, jedes mit einer kleinen Hausbar, halbbarockes Mobiliar. Ein Teil der Zimmer mit Blick auf die Piazza, der andere Teil etwas trist zum dunklen Innenhof. DZ 155 €, EZ 110 €. Via Strozzi 2, ☎ 055-211170, ☏ 055-281807, www.florenceitaly.net.

*** Vasari (6), gehobenes Hotel in der Nähe des Bahnhofs, es gibt teurere, die weniger bieten. Begrenzte Parkmöglichkeit im Innenhof. DZ ca. 155 €, EZ 114 €, Auto ca. 8 €. Via B. Cennini 9–11, ☎ 055-212753, ☏ 055-294246, www.hotelvasari.com.

*** Sempione (11), trotz Bahnhofsnähe ruhige Zimmer, hervorragend restauriert, elegant in altem Stil eingerichtet – ein bisschen Frankreich, ein bisschen Toscana –, Holzmöbel und vergilbte Fotos an den Wänden, Terrakottavasen, Keramikdekor. Herr und Frau „Receptionist" sind ausgesprochen herzlich und trotzdem professionell. In der Hauptsaison unbedingt vorbestellen. DZ 180 €, EZ 117 € (in der Nebensaison gibt es bis zu 40 % Preisnachlass). Via Nazionale 15, ☎ 055-212462, 055-283012, ☏ 055-212463, www.hotelsempine.info.

*** Mia Cara (3), zentral, 5 Minuten vom Hauptbahnhof entfernt, nach einer Totalrenovierung vor ein paar Jahren zum Drei-Sterne-Hotel aufgewertet (vorher ein Stern), mit entsprechender Inflationsrate. Reichlich sterile Möblierung. DZ 120 €, EZ 80 €. Via Faenza 58, ☎ 055-216053, ☏ 055-2302601, www.hotelmiacara.it.

** La Scaletta (83), gleich hinter dem Ponte Vecchio. Mit Lift hinauf, oben liebenswert unaufgeräumte Rezeption, über verwinkelte Treppen steigt man hinauf zu den Zimmern sehr unterschiedlicher Größe (fragen Sie nach dem großen Zimmer). Solide eingerichtet mit Tapeten und schönem Keramikziegelboden, dazu altertümliches Mobiliar. Vom Dachgarten herrlicher Blick auf die Boboli-Gärten. Die nette Besitzerin spricht Englisch. DZ 150 €, EZ 95 €. Via Guicciardini 13r, ☎ 055-283028, ☏ 055-289562, www.hotellascaletta.it.

** Alessandra (66), zentrale Lage. Weiß gekalkte, große Zimmer in den oberen Etagen des Hauses. Schwere, geschmackvolle Holzmöbel. Auf der Homepage des Hotels findet man Rezepte, im Haus selbst werden auch Kochkurse angeboten. DZ 185 €, EZ 110 €. Borgo SS. Apostoli 17, ☎ 055-283438, ☏ 055-210619, www.hotelalessandra.com.

** Palazzo Vecchio (10), nahe der Fortezza da Basso. Einfache, etwas altmodische Zimmer, aber mit Telefon. Parkmöglichkeit für einige Gästeautos im Vorhof. DZ 135 €. Via B. Cennini 4, ☎ 055-212182, ☏ 055-216445, www.hotelpalazzovecchio.it.

** Boboli (96), in der grünen Umgebung der Boboli-Gärten, auf die manche Zimmer einen Blick gewähren. Leider nur sehr dünne Wände, man kann den Gästen im Nebenzimmer fast beim Atmen zuhören. DZ 120 €, EZ 110 €. Via Romana 63, ☎ 055-2298645, ☏ 055-2337169, www.hotelboboli.com.

** Medici (34), gleich hinter der Piazza Repubblica. Die 4 Zimmer im 5. und 6. Stock bieten eine unvergleichliche Aussicht auf den Dom (der auch auf der Dachterrasse zum Staunen nah ist). DZ 180 €. Via de'Medici 6, ☎ 055-284818, ☏ 055-216202, www.hotelmedici.it.

** Lorena, die Zimmer sind nicht besonders geräumig, aber nett eingerichtet. Auch preiswerte Zimmer ohne Bad. Gegenüber der alten Medici-Kapelle. DZ 108 €, EZ 79 €. Via Faenza 1, ☎ 055-282785, ☏ 055-288300, www.hotellorena.com.

** Santa Croce (62), ruhige Lage in einer mittelalterlich-düsteren Gasse des Santa-Croce-Viertels, in der empfindliche Nasen keine Freude haben dürften. Im Innern des Hotels kleine Zimmer mit besserer Luft. DZ 115 €, EZ 75 €. Via Bentaccordi 3, ☎/☏ 055-217000, www.hotelsantacroce.it.

** Azzi – Locanda degli Artisti (9), 200 m vom Hauptbahnhof entfernt. Ruhige Lage, 12 im alten Stil eingerichtete Zimmer, im Aufenthaltsraum ein Kamin. Wegen seiner besonderen Atmosphäre bei Künstlern, Musikern, Sängern und Schauspielern beliebt. Ausgestattet mit Bibliothek, Terrasse, Sauna, Weinkeller, Bar und natürlich kostenlosem Internet-Zugang. Mindestens einen Monat vorher reservieren! DZ 70–110 €. Via Faenza 56, ☎ 055-213806, ☏ 055-398322, www.hotelazzi.it.

** **Monica (4)**, renoviert, klein, freundlicher Inhaber. Sogar eine Terrasse zum Draußensitzen gibt es im 1. Stock. Klimaanlage. Mit Parkplatz. DZ 140 €. Via Faenza 66, ☎ 055-283804, 🖂 055-281706, www.hotelmonicaflorence.com.

* **Bretagna (56)**, prächtige Lage, zentral am Arno-Ufer. Im wunderschön ausgestatteten Salon Kristallleuchter und dicke Plüschsessel. Die langen, verwinkelten Gänge mit grünen Teppichböden, die Zimmer dagegen eher einfach gehalten. Nur von einem der insgesamt 18 Zimmer Blick auf den Fluss. DZ 115 €, EZ 70 €. Lungarno

Corsini 6, ☎ 055-289618, 🖂 055-289619, www.hotelbretagna.net.

* **Firenze (43)**, kleine, renovierte Zimmer in zentraler Lage. In diesem Haus wurde vor über 700 Jahren Gemma Donati geboren, die spätere Ehefrau von Dante Alighieri. Sehr freundlicher Empfang, perfektes Englisch. DZ 88 €. Piazza Donati 4, ☎ 055-214203, 🖂 055-212370, www.albergofirenze.org.

* **Locanda Orchidea (39)**, nur 7 Zimmer ohne Bad, 4 mit Blick in den Garten, angenehme Atmosphäre. Zimmer nach hinten ruhig. DZ 75 €. Borgo degli Albizi 11, ☎/🖂 055-2480346, www.hotelorchideaflorence.it.

Ferienwohnungen (siehe Karte S. 120/121)

Bellosguardo (98), ruhig im Grünen liegt dieses ehemalige Kutscherhaus aus dem 16. Jh., das sein Münchner Besitzer vor wenigen Jahren renoviert hat. Das Villenviertel Bellosguardo ist wegen seiner Zentrumsnähe (5 Autominuten bis zu den Boboli-Gärten an der Porta Romana) und der gleichzeitig abgeschirmten Lage in den südlichen Hügeln eine der Top-Adressen von Florenz. Drei modern ausgestattete Appartements stehen wochenweise für jeweils 4–5 Personen zur Verfügung. Die 45–65 m² Fläche sind aufgeteilt in Wohnschlafzimmer, Wohnküche, Bad und Schlafzimmer. Selbstversorger finden Herd, Mikrowelle und Geschirrspüler vor, zur Ausstattung gehören ferner Klimaanlage, Heizung und TV. Der Boden ist mit Terrakottafliesen ausgelegt. Hinter dem Haus breitet sich ein großer Garten aus, davor sind stets einige kostenlose Parkplätze frei. Für Fahrten ins Zentrum kann am Fuße des Bergs für 1 €/Std. geparkt werden. 650 € pro Woche f. 2 Pers., 750 € f. 4 Pers. (Hochsaison); der Preis in der Nebensaison liegt 100 € niedriger. Nach Ab-

sprache sind auch 4 Tage Wohnzeit möglich. Piazza del Bellosguardo 9, Mario von Seelstrang, Primelstr. 62, 82178 Puchheim, ☎ 089-89027061, oder über die Homepage www.florenz-apartments.de (Mail an: info@florenz-apartments.de). Das Haus wird von Brigitte Gori verwaltet, die seit langem in Florenz lebt, fließend Deutsch spricht und stets für Fragen jeder Art zur Verfügung steht.

Residence Hilda (16), sehr zentral gelegenes Appartmenthotel, wegen der schalldichten Fenster aber sehr ruhig. Große, moderne Appartments mit Küche. Vorbildlicher Service. App. 160–230 €. Via dei Servi 40, ☎ 055-288021, 🖂 055-287664, www.residencehilda.com.

Perlage Agency (24), nur wenige Meter vom Hauptbahnhof entfernt vermittelt die Agentur drei Dutzend Luxusappartements in zentraler Lage. Preise auf Anfrage, englischsprachige Ansprechpartner vorhanden. Via Maso Finiguerra 19r, ☎ 055-239903/, 335-228163, 🖂 055-2678226, www.luxuryflats.net.

Luxushotels/Hotels im Grünen (siehe Karte S. 120/121)

Südlich der Boboli-Gärten (in Richtung Siena). Weitere Hotels findet man ca. 7 km nordöstlich von Florenz in Fiesole (s. S. 170) und ca. 15 km südlich in Impruneta (s. S. 515).

**** **Carolus (2)**, einige Schritte von der Piazza San Marco, klassizistischer Palazzo. Von Schauspielern und Theaterleuten besucht. Einige der einfachen und gemütlichen Zimmer mit schönem Blick auf den Dom. DZ 355 €. Via XXVII Aprile 3, ☎ 055-2645539, 🖂 055-2645550, www.carolushotel.com.

**** **Villa Belvedere (84)**, von der Porta Romana stadtauswärts auf die Via Senese,

dann dem Schild auf der linken Seite folgen. Der Name der Villa hält, was er verspricht. Garten, Tennis, Pool und die Ruhe der Vorstadt. DZ mit Terrasse 207 €, EZ 130 €. Via Benedetto Castelli 3, ☎ 055-222501, 🖂 055-223163, www.villa-belvedere.com.

*** **Villa Betania (97)**, von der Porta Romana stadtauswärts, dann erste große Ampel links (Abzweigung zum Piazzale Michelangelo). Altes, hübsch renoviertes Landhaus. Ruhige Lage inmitten eines kleinen Parks. Große, helle Räume mit Stuckdecken und modernem Mobiliar im Florentiner Stil. DZ 125 €. Viale del Poggio Imperiale 23, ☎ 055-222243, ☏ 055-220532, www.villabetania.it.

**** **Torre di Bellosguardo (82)**, wer sich mal was ganz Besonderes leisten will, steigt in diesem Erste-Klasse-Hotel mit vergleichsweise günstigen Preisen ab. Alter Turm mit Gewölbefresken, mit Antiquitäten stilgerecht eingerichteten Zimmern und einer spektakulären Aussichtsterrasse (mit Swimmingpool) über den Dächern von Florenz. Allerdings etwas dunkel und ein Stück vom Zentrum entfernt. DZ 290 €, EZ 160 €. Via Roti Michelozzi 2 (oberhalb der Piazza Tasso), ☎ 055-2298145, 055-2309046, ☏ 055-229008, www.torrebellosguardo.com.

Preiswerte Pensionen (siehe Karte S. 120/121)

In Florenz sind preiswerte Übernachtungsmöglichkeiten oft von Dauermietern (z. B. Studenten) belegt. Viele davon liegen im Stadtviertel östlich des Bahnhofs: In den Straßen **Via Fiume**, **Via Faenza**, **Via Nazionale** und **Via Guelfa** sind in manchen Häusern bis zu fünf Pensionen untergebracht. 1-Stern-Pensionen sind in Bahnhofsnähe allerdings inzwischen immer seltener zu finden, und bei den 2-Sterne-Etablissements steigt die Tendenz, eine Kategorie höher zu gehen. In einigen 1-Stern-Pensionen stehen bis zu fünf Betten im Zimmer (dann wird's billiger). Gerade in dieser Kategorie fällt es schwer, einige Häuser besonders hervorzuheben. Zu betonen ist auch, dass hier die Pächter häufig wechseln und sich somit der jeweilige Zustand schnell verändern kann.

* **Ottaviani (31)**, wenige Schritte von der Piazza Santa Maria Novella entfernt. Einfache, saubere Pension. DZ 60 €, EZ 50 €. Piazza Ottaviani 1, ☎ 055-2396223, ☏ 055-293355, pensioneottaviani@hotmail.com.

* **Giacobazzi**, kleine, ruhige Pension, einige Zimmer mit Blick auf den Dom. Familiäre Atmosphäre, internationales Publikum. DZ mit Bad 87 €, EZ ohne Bad 51 €. Piazza Santa Maria Novella 24, ☎ 055-294449, ☏ 055-2302263.

* **Marcella**, 5 Minuten vom Hauptbahnhof entfernt, im Gebäude des Mia Cara (s. o.), nur einen Stock höher. Einige Zimmer mit schöner Aussicht. DZ ohne Frühstück 60 €, EZ 40 €. Via Faenza 58, ☎/☏ 055-213232, www.maryshouse.it.

B&B Bellevue, im 3. Stock eines ehemaligen Klosters aus dem 16. Jh., der vor ein paar Jahren komplett renoviert wurde. 6 Zimmer, alle mit Bad. „Herr Antonio di Grazia ist ein hervorragender Gastgeber und spricht auch gut Deutsch", schreibt ein Leser. Liegt gleich hinter der Kirche Santa Maria Novella. DZ ca. 110 €. Via della Scala 21, ☎ 055-2608932, ☏ 055-2655315, www.bellevuehouse.it.

B&B Dei Mori (46), klein und gepflegt, nur sechs Zimmer, davon drei mit Gemeinschaftsbad. Einige Räume mit Deckenfresken. Beliebt bei Leuten aus der Gay-Szene. Üppiges Frühstück! Wer will, kann sich in der Gemeinschaftsküche selbst etwas kochen. DZ mit Bad 100–120 €, EZ 90–100 €. Via Dante Alighieri 12, ☎ 055-211438, ☏ 055-2382216, www.deimori.com.

Soggiorno Abaco (27), ein Leser fand „das Hotel im alten Stil mit dunklem Holz und hohen Räumen [...] einfach gemütlich". DZ 95 €. Via dei Banchi 1, ☎ 055-2381919, ☏ 055-282289, www.abaco-hotel.it.

● *Kirchliche Einrichtungen* Eine ganze Reihe von diesen oft ruhigen und behaglichen Unterkünften steht zur Auswahl. Der APT-Führer (www.toscanaeturismo.net/dove dormire/) führt sie interessanterweise unter *Case per Ferie*. Die Preise beginnen bei ca. 25 € pro Person, manchmal finden sich hier auch Drei- und Vierbettzimmer – also eine wirklich günstige Variante für Familien, die mit kleinem Budget reisen.

C.S.D. Istituto Gould (81), Via de Serragli 49, ☎ 055-212576

Istituto Pio X (90), Via de Serragli 106, ☎ 055-225044

Istituto Santa Chiara, Borgo Ognissanti 56, ☎ 055-215915

Istituto Sant'Anna, Via L. Lanzi 41, ☎ 055-486402.

Istituto del Sacro Cuore, Viale Michelangelo 27, ☎ 055-6811872, info@sacrocuore.com, www.sacrocuore.com

Jugendherbergen/Studentenwohnheime (siehe Karte S. 120/121)

• *Jugendherbergen* **Ostello Archi Rossi (7)**, private Jugendherberge mit 22 Zimmern und insgesamt 80 Betten in Bahnhofsnähe. Ab 18 € pro Person. Via Faenza 94r, ☎ 055-290804, 🖅 055-2302601, www.hostelarchirossi.com.

Ostello Gallo d'oro, sehr kleines, ganz neues Ostello. 40 € pro Person. Via Cavour 104, ☎ 055-5522964, 🖅 055-5534823, www.ostellogallodoro.it.

IYH Ostello Villa Camerata, liegt ca. 5 km außerhalb am Stadtrand (Richtung Fiesole) inmitten eines Parks. Zu erreichen vom Bahnhof per Bus Nr. 17 B, Fahrtzeit ca. 25 Min. Aussteigen am Viale Augusto Righi, von dort ca. 1 km eine schmale Straße bergauf. In der Villa Camerata aus dem 17. Jh. herrscht Massenbetrieb, ca. 400 Betten, auch warmes Abendessen. Nachteil: Da die Herberge so weit außerhalb liegt und um ca. 24 Uhr geschlossen wird, gibt es für die Gäste kein „Florenz bei Nacht". Auch Campingmöglichkeit (ganzjährig geöffnet, Kategorie: 2 Sterne. Ungefähr ein Drittel billiger als der städtische Camping Michelangelo (s. u.). 10–20 Betten pro Saal. Großzügige, prunkvolle Empfangshalle. Übernachtung inkl. Frühstück kostet ca. 18 €. Viale Augusto Righi 2/4, ☎ 055-601451, 🖅 055-610300, www.ostellionline.org.

Ostello Santa Monaca (74), Privatherberge in einem alten Kloster aus dem 15. Jh. Vorteil: nur etwa 10 Min. vom Zentrum entfernt. Leider oft überfüllt (am besten schon am Morgen in die Liste eintragen). Kochmöglichkeit. Geschlossen von 9.30–14 Uhr, dann wieder geöffnet bis 1 Uhr. Etwas teurer als die IYH, pro Person ab 17 €, noch teurer wird es bei kleineren Schlafsälen. Via Santa Monaca 6, ☎ 055-268338, 🖅 055-280185, www.ostello.it.

• *Studentenwohnheime* **Case dello studente**, Anlaufstelle ist das Infobüro für Studenten, Mo–Fr 9–13 Uhr, Di und Do auch 15–17 Uhr (Elda Mignani). Vermieten im August Unterkünfte zu ca. 15 € pro Person, keine Reservierung möglich, nur mit Studentenausweis. Viale Gramsci 36, ☎ 055-2261314.

Residence Salvemini (1), zentral in Bahnhofsnähe. Piazza dell'Indipendenza 15, ☎ 055-50741. Infos auch unter 055-22611 oder 055-4389603.

Residence Salvemini (Dependance im Stadtteil Varlungo), östlich vom Stadtzentrum, Richtung Autobahnauffahrt Firenze-Sud. Mit Mini-Appartements und Kochgelegenheit. ca. 40 € pro Tag. ☎ 055-50741 oder 055-4389902.

Fattoria Basseto, Certaldo (zu erreichen über Via Cassia, Poggibonsi Nord). Das ehemalige Benediktiner-Kloster ist ein Luxushostel mit passablen Preisen und einem riesigen Freizeitangebot (von Workshops bis zu geführten Ausritten). Ideal als Ausgangspunkt fürs Trekking. 22 € pro Person im 3- bis 6-Bett-Zimmer, in der Villa 70 € im DZ, EZ 60 €. Via Avanella 42, ☎ 0571-668342, 🖅 0571-656400, www.fattoriabassetto.com.

Camping

In unmittelbarer Umgebung der Stadt gibt es nur drei Plätze, die von Juli bis September immer ausgebucht sind. Nur wer vormittags ankommt, hat eine reelle Chance.

** Michelangelo, ca. 20 Min. vom Zentrum entfernt. Verbindung vom Bahnhof (McDonald's) per Bus Nr. 12 und 13. Der städtische Campingplatz von Florenz liegt hübsch am Hang unterhalb des Piazzale Michelangelo, beim Zähneputzen sieht man im Spiegel die Kuppel des Doms. Nur wenig Schatten durch dünne Olivenbäume. Nachts dringt viel Verkehrslärm aus der Stadt hinauf, am frühen Abend dröhnt die Musikbox am Terrassencafé mit den neuesten Hits. Ganzjährig geöffnet. 2 Personen plus Zelt ca. 25 €, Auto 5,90 € extra. Viale Michelangelo 80, ☎ 055-6811977, 🖅 055-689348, www.ecvacanze.it.

*** Internazionale, Impruneta, Viertel Bottai, am Ortsausgang von Galluzzo (ca. 7 km südlich von Florenz, Straße nach Siena, nicht weit von der Autobahnausfahrt Firenze-Certosa). Etwa 2x stündlich Bus Nr. 37 ins Zentrum. Großzügiges Gelände auf einem Hügel. Mit Restaurant. Von der einen Seite hört man den Autobahnverkehr. Geöffnet eine Woche vor Ostern bis Oktober. 9 € pro Person. Via S. Cristoforo 2, ☎ 055-2374704, 🖅 055-2373412, www.florencecamping.com.

** Villa Camerata, IYH Ostello della Gioventù (siehe unter Jugendherbergen). Viale Augusto Righi 2/4, ☎ 055-601451, 🖅 055-610300.

** **Autosole**, Spazzavento, Calenzano (ca. 10 km von Florenz entfernt, neben der Autobahn Richtung Bologna, Ausfahrt Prato-Calenzano). Der Camping liegt im Industriegürtel zwischen Florenz und Prato, viele Dauercamper. Nur für Anreisende zu emp-

fehlen, die kaum mehr die Aussicht haben, einen freien Platz in Florenz zu ergattern. Via Vittorio Emanuele II, ☎ 055-882391, 055-8827819, 📠 055-8825576.

Weitere Campingmöglichkeit siehe Fiesole, S. 170.

Essen & Trinken

Wer echte Florentiner Küche kosten will, muss eine Menge Geld hinblättern oder eine längere Suche am Altstadtrand in Kauf nehmen. Die Restaurants im Zentrum sind zu 90 % auf Touristen eingestellt – die Wirte haben Laufkundschaft. Um den Laden voll zu bekommen, braucht hier keiner zu zaubern. Preisgünstig ist gelegentlich das *menu* (*a prezzo fisso*) ab 15 €, viel Genuss darf bei der günstigen Variante des Menüs jedoch nicht erwartet werden. Meiden Sie auch die Pizza-Stuben im Altstadtkern!

An Sonntagen ist es schwierig, ein passendes Lokal zu finden, die meisten Familienbetriebe haben an diesem Tag geschlossen. Generell gilt: je exponierter die Lage und je größer der Andrang, umso höher der Stressfaktor der Beschäftigten. Das wiederum hat Auswirkungen auf Wartezeit, Gemüt des Personals und Qualität der Speisen. Wer gegen 19.30 Uhr und vor 13 Uhr bestellt, hat oft Glück, nicht lange warten zu müssen. Ansonsten hilft der Griff zum Handy und eine kurze Reservierung – das spart Zeit. Denn die ist knapp bemessen: Mittagszeit ist zwischen 12 und 14/15 Uhr, danach schließen die Restaurants bis 19 Uhr. Und nach 22.30 Uhr haben nur noch die wenigsten geöffnet.

Restaurants/Trattorien etc. (siehe Karte S. 120/121)

Centro storico / nördlich des Arno

Trattoria Cibréo (44), Via A. Del Verrocchio 8r (neben dem Mercato S. Ambrogio). Das Florentiner Feinschmeckerlokal mit der bodenständigen Note hat im Nebenhaus die gleichnamige Trattoria eröffnet. Menü um die 36 €. So/Mo geschlossen. Direkt gegenüber das gleichnamige Straßencafé, in dem im Sommer Primi und Salate serviert werden. Unbedingt reservieren! ☎ 055-2341100, www.cibreo.com.

La Lampara (13), Via Nazionale 36r. Mit einem schönen Garten. Hier essen vor allem Florentiner, aber Touristen werden ebenso herzlich behandelt. Schon ab 15 € für ein Menü kann man die innerhalb der Baglioni-Familie überlieferten Gerichte kosten. Tägl. geöffnet. ☎ 055-215164.

Trattoria Gozzi (18), Piazza S. Lorenzo 8r. Viel Stammpublikum kommt mittags für 3–4 Primi und Secondi, von denen vor allem die Pappa al Pomodoro sehr lecker ist. Wenig Auswahl, aber beste Qualität, die Zutaten scheinen direkt vom Mercato Centrale zu kommen. Wer bis 12.30 Uhr hier ist, kann

noch Platz finden, sonst reservieren. So geschlossen. ☎ 055-281941.

La Carabaccia (20), Via Palazzuolo 190r. Auch hier treffen sich Feinschmecker mit schmalem Portemonnaie. Täglich nur eine kleine Auswahl an Hauptgerichten, z. B. *Cinghiale ai porri* (Wildschwein mit Lauchgemüse, eine Seltenheit in Italien) oder *Bocconcini di vitella al curry* – man wird nicht enttäuscht. Menü ca. 35 €, Wein aus eigener Fattoria! So und Montagmittag geschlossen. ☎ 055-214782, www.trattoriala carabaccia.com.

Da Benvenuto (77), Via della Mosca 16r. Hier wurde vor einiger Zeit eine dieser stromlinienförmigen Glas-Alu-Türen angebracht. Innen ist der Familienbetrieb aber unverändert geblieben – enge Tischreihen mit Bänken im kleinen Speisesaal neben der Küche (im Nebenraum etwas gepflegter). Man tritt über die Café-Bar ein, in der sich besonders abends die Gäste einen Sitzplatz anstellen. Gute Auswahl an Tagesgerichten, empfehlenswerte hausgemachte Desserts. Außerdem preiswerte und sehr gut zubereitete Mahlzeiten für ca. 15 €.

Stadtansicht gefällig?

Eine köstliche Spezialität sind die *Rigatoni alla sorrentina*. So geschlossen. ☏ 055-214833.

Il Pizzaiuolo (45), hier gibt's keine Touri-Pizzen, sondern das neapolitanische Original mit dem dicken Teig (ab 6 €). Sehr gut besucht von florentinischen Studenten, deshalb besser vorbestellen, ☏ 055-241171. Via de' Macci 113r. Abends bis 24 Uhr geöffnet, So geschlossen. ☏ 055-241171.

Sostanza detto „Il Troia" (32), Trattoria, nostalgisch wie aus dem Kino. Etwas enge Räumlichkeiten, freundlich, preiswert. Via del Porcellana 25r, Sa & So geschlossen. ☏ 055-212691.

La Baraonda (61), in den beiden kleinen, gekachelten Gasträumen stehen nur 5 Gerichte zur Auswahl (wöchentl. wechselnd), dafür aber auch 150 Rotweine. Es gibt wohl kein zweites Restaurant in Florenz, das mit so vielen Erwähnungen in Gastroführern aufwarten kann, zumindest in dieser Preisklasse. Hauptgerichte ca. 12 €. Via Ghibellina 67r. So ganztägig und Montagmittag geschlossen. ☏ 055-2341171.

Il Profeta (28), berühmt sind die frisch gemachten Suppen und als Vorspeise die *Penne di Profeta*, eine rosarote Soße mit Steinpilzen und Schinken. Immer eine große Auswahl an Tagesgerichten. Menü ca.

27 €. Claudio, der Wirt, berät Sie in akzentfreiem Deutsch. Borgo Ognissanti 93r, So geschlossen. ☏ 055-212265

Darvish (55), Via Ghibellina 76r. Erstes persisches Restaurant in Florenz, auch Gerichte aus dem Libanon, Israel und Indien. Außerdem eine Cocktailbar und ein Café. Perfekt für ein romantisches Rendezvous. ☏ 055-3900742, www.darvish.it.

Le Mossacce (36), Via del Proconsolo 55r. Mitten im Zentrum, doch scheinbar unbeeindruckt von den vorbeiziehenden Touristenmassen: Schinken hängen an der Theke, die Korbflasche steht auf dem Tisch. Mittags ist Hochbetrieb, man bekommt einen freien Platz an einem der langen Tische zugewiesen und kommt schnell mit dem Nachbarn ins Gespräch. Arbeiter verdrücken hier eine Portion Spaghetti und einen Teller Kutteln hinterher. Ein uriger Betrieb, in dem man ohne Italienischkenntnisse allerdings ziemlich verloren dasitzt. Menü ab 20 €, Sa/So geschlossen. ☏ 055-294361.

Rosticceria La Spada (33), Via della Spada 62r. Leckere Salate und gegrillte Hähnchen zum Mitnehmen (wie in einer Metzgerei). Im Hinterzimmer Trattoria mit tägl. wechselndem Menü. Relativ teuer. Die ganze Woche über geöffnet. ☏ 055-218757, www.laspadaitalia.com.

Trattoria/Fiaschetteria Mario (12), Via Rosina 2r. Stark frequentiert, einfach und bodenständig. Nur Mittagstisch.

Mangiafoco Caffè (65), Borgo S.s. Apostoli 26r (in der Nähe der Uffizien). Die Bar gehört zur „Italienischen Akademie der Chilischoten". Gepfeffert sind nicht die Preise, sondern nur das Essen, darunter mehr als 40 Sorten *schiacciatine* (flach gedrückte Brote). Auch Sportübertragungen und gutes Frühstück. ✆ 055-2658170.

Lo Skipper (17), Via degli Alfani 70r (Seitenstraße der Via Cavour). Neues Lokal, das an die Kajüte eines Segelschiffs erinnert. Der Speiseplan wechselt jeden Monat und wartet mit Spezialitäten aus den Küstenregionen von Sizilien, Sardinien und Griechenland auf. Eine Seltenheit in der Toscana! Menü ca. 25 €. So und Samstagmittag geschlossen. ✆ 055-284019.

Tre Merli (37), Via die Fossi 12r. Der Inhaber besitzt eine Fattoria in San Gimignano und setzt hier seine Ideen der ländlichen Küche um. Antipasti 6 €, Secondi 14 €. ✆ 055-287062.

Il Vegetariano (5), Via delle Ruote 30r (zwischen Piazza S. Marco und Piazza Indipendenza). Vegetarischer, teils veganischer Selfservice, meist mit Bioprodukten. Für ca. 12 € kann man sich hier satt essen. Mo geschlossen, Sa/So nur abends. ✆ 055-475030.

Tijuana (57), Via Ghibellina 156r. Tägl. geöffnetes mexikanisches Restaurant mit authentischer Küche. Ein Burrito kostet 8,50 €. ✆ 055-2341330, www.tijuana.it

Ruths (29), Via Farini 2a (bei der jüdischen Synagoge). Gut gewürzte arabisch-vegetarische Küche. Köstliche Suppen. Freitagabends und samstagmittags geschlossen. ✆ 055-2480888.

Salamanca (52) (siehe auch Kneipen), Via Ghibellina 80r. Tapas, Tostadas und spanische Leckereien, die Rezepte gibt es auf der Homepage zum Nachmachen. ✆ 055-2345452, www.salamanca.it.

La Gratella, Via Guelfa 81r. Lesertipp: „Ein sehr günstiges und zentral gelegenes Lokal mit gut zubereiteten toscanischen Spezialitäten. Ein Menü, das man fast nicht in der Lage ist zu bewältigen – so großzügig sind die Portionen –, kann man dort für unter 10 € bekommen – eine absolute Ausnahme in Florenz. Von außen unscheinbar, aber der Schein trügt." Überhaupt ist die Via Guelfa eine sehr gute Adresse für günstige, kleine Familienrestaurants. So geschlossen. ✆ 055-211292.

Oltrarno / südlich des Arno

Alfredo sull'Arno (78), Via de'Bardi 46r. Besonders begehrt sind die Plätze im Vorbau, von denen man den Ponte Vecchio sehen kann. Die Preise sind trotz der Lage bezahlbar, die *scaloppine al limone* gibt es für 8 €, die *zuppa di porcini* für 7 €. So geschlossen. ✆ 055-283808, www.alfredosullarno.com.

Olio & Convivium (71), Via Santo Spirito 4. Bezeichnet sich selbst als gastronomisches Atelier. So gibt es Weinproben, Kochkurse und Olivenölverkostungen im eigenen Oil-Tasting-Room und natürlich eine normale Restaurantbewirtschaftung. Insgesamt ein Tempel des guten Geschmacks. So geschlossen. ✆ 055-2658198, www.conviviumfirenze.it.

Di Cambi (51), die empfehlenswerte Familientrattoria hat jeden Tag einen komplett neuen Speisezettel mit hausgemachten Nudeln als Primi und einer guten Auswahl typisch Florentiner Secondi. Freundlicher, schneller Service und moderate Preise, Menü ca. 25 €. Abseits der Touristenströme, obwohl eines der ältesten Wirtshäuser der

Das „süße Leben" – zumindest während der Mittagspause

Der Caffè kann warten …

Liebhaber nostalgischer Cafékultur sollten die Cafés an der **Piazza della Repubblica** besuchen. Dezenter Unterhaltungsmusik am Flügel lauscht der Besucher abends im matten Art-Déco-Glanz des **Paszkowski (35)**. An derselben Seite des Platzes liegt das 1733 gegründete **Gilli**, das zu den ältesten Cafés der Stadt zählt: Insbesondere die Terrasse lockt viele Gäste an. Gegenüber hat sich das ebenso elegante **Giubbe Rosse (47)** eingerichtet, das mit einem beachtlichen Angebot an Tageszeitungen aufwartet. Insbesondere dieses von einem deutschen Bierbrauer namens *Reininghaus* Ende des 19. Jh. gegründete Café hat im Laufe seines Bestehens viel erlebt:

Kurz vor dem Ersten Weltkrieg wurde es zu einer Art Hauptquartier der Futuristen, in den 20er Jahren trafen sich hier Literaten und Künstler aus aller Welt. Jeder, der einen Namen hatte – darunter Künstler wie André Gide, Ezra Pound oder Oscar Wilde –, machte während seines Florenzbesuches in dem Lokal mit den rot befrackten Kellnern Halt. Der Florentiner Dichter Dino Campana schrieb hier in den 20er Jahren Teile seiner „Canti Orfici", und sogar Lenin soll einmal vorbeigekommen sein. Hier diskutierte und debattierte man, hier stellte man seine Werke vor, und wenn's drauf ankam, vertrat man seine Position mit äußerster Vehemenz, sodass es bisweilen gar zu Handgreiflichkeiten kam. Klar, dass den immer stärker werdenden Faschisten dieses Intellektuellennest ein Dorn im Auge war. Entsprechend versuchten sie, dem Treiben mit den bekannten Methoden ein Ende zu setzen. Gegen Ende des Zweiten Weltkriegs richteten die Amerikaner hier ihren Offiziersclub ein (das Paszkowski wurde von den englischen Intellektuellen nicht freigegeben), aber schon 1947 kehrten die *giubbe rosse*, die „roten Fräcke", zurück. Seit ein paar Jahren greift man die einstige Tradition wieder auf und veranstaltet Dichterlesungen, Diskussionsrunden und Vernissagen. Moderne Zeiten aber auch hier: Das Zusatzangebot lässt man sich ordentlich bezahlen. Während für das ordentliche Essen „normale" 8–9 € verlangt werden, kostet der Cappuccino stattliche 3,50 € und ein Bier gar phantasievolle 7 €.

Stadt. Via Sant'Onofrio 1r, am Eck des kleinen Platzes (Ponte Vespucci). So geschlossen. ℡ 055-217134.

Caffè Ricchi (85), preiswerte Mittagsgerichte (ca. 12 €), die man auch auf der Terrasse an der hübschen Piazza S. Spirito einnehmen kann. Innen im Nebenraum wurden die Wände bis auf den letzten Fleck mit Phantasieentwürfen für die Fassadengestaltung der S.-Spirito-Kirche behängt, Produkte eines Ideenwettbewerbes. Auch ansonsten ein Künstlerlokal. Piazza S. Spirito 9r. So geschlossen. ℡ 055-215864.

Quattro Leoni (80), Piazza della Passera (bei der Piazza Pitti in die Via dello Sprone einbiegen). Das etwas versteckt liegende Lokal war jahrzehntelang eine preiswerte Studententrattoria. Der neue Besitzer ließ deshalb gleich ein Schild anbringen, dass ein Primo und ein Secondo obligatorisch sind. Obwohl die Preise etwas angestiegen sind, findet die gutbürgerliche Küche auch bei den Einheimischen weiterhin Zuspruch. Menü ab 25 €. So geschlossen. ℡ 055-218562, www.4leoni.com.

Antica Mescita San Niccolò (93), Via San Niccolo 60r. Inmitten einfacher Holzbänke, ungedeckter Tische, holzgetäfelter Wände und einer blank polierten Messing-Kaffeemaschine bekommt man hier so seltsame Dinge wie *Lingua in salsa verde* (Zunge in grüner Soße) serviert. Die Preise sind moderat: Vorspeisen oder Primi kosten ab 6 €, Hauptgerichte bis zu 12 €, der halbe Liter Rotwein ist für 4 € zu haben. So geschlossen. ℡ 055-2342836.

Diladdarno (88), Via de'Serragli 108r. Geräumiges Interieur mit langen Tischen. Die farbenfrohen Gemälde wirken etwas exotisch auf den blassen, lindgrünen Wänden. Für das einfache Menü (22 €) relativ große Auswahl. Eine aparte Sache zur Abrundung des Mahls sind die *cantucci*, steinharte Mandelplätzchen, die man in Vinsanto eintaucht. Mo geschlossen. ✆ 055-225001.

Pizzeria I Tarocchi (91), Via de'Renai 14r. Preiswerte und gute Pizzeria. Pasta und Pizza ab 7 €. Dementsprechend meist überfüllt. Wartezeiten bis zu einer Dreiviertelstunde keine Seltenheit. Vorbestellung (fast) unmöglich. Tipp: Wer in Ruhe essen will, kommt lieber gleich erst um 22 Uhr. Bedienung immer im Stress, dabei aber erstaunlich gelassen. Abends bis 1 Uhr geöffnet, Mo geschlossen, Mittagstisch nur Di–Fr. ✆ 055-2343912.

Il Pizzacchiere (94), Via San Miniato 2/1. „Hast Du ein Problem, iss eine Pizza", steht über dem Eingang. Der Pizzaiolo stammt aus dem Süden und deswegen schmeckt die Pizza für 5,50–6,60 € auch so hervorragend wie in Salerno oder Neapel. Leider keine Tische, man kann aber auf der nahe gelegenen Piazza Demidoff essen. Di geschlossen.

Sabatino (50), Via Pisana 2r (Porta S. Frediano). Äußerst preisgünstiges Restaurant mit leckeren Tagesgerichten. Sehr gemischtes Publikum. Einladender, geräumiger Speisesaal wie aus einem Fellini-Film. Guter, freundlicher Service. Sa/So geschlossen. ✆ 055-225955.

Angiolino (67), Via S. Spirito 36r. Eine der charakteristischsten Trattorien von Florenz, wo man dem Koch noch auf die Finger schauen kann. Ein länglicher Saal mit Bullerofen, im hinteren Teil befindet sich die Küche. Es geht dementsprechend volksnah zu. Menü ca. 26 €. Mo geschlossen. ✆ 055-2398976.

Al Tranvai (79), Piazza Tasso 14r. Klitzekleines Lokal, das nicht umsonst „Straßenbahn" heißt. Mittags meist brechend voll. Traditionelle Speisen und gute Salate zu annehmbaren Preisen (Primi ab 7 €). Sa/So geschlossen. ✆ 055-225197.

Momoyama (63), Borgo San Frediano 10r. Sushi-Bar und Kunstraum. Gut und teuer, Mo geschlossen. ✆ 055-291840.

Bar O!O (72), große, moderne und preiswerte Bar mit Küche, die 2007 neu eröffnet hat. Große Salate ca. 6 €, alle Zutaten aus biologischem Anbau. Abendessen bis Mitternacht! Empfehlenswert auch der Sonntags-Brunch. Mo geschlossen. Piazza Piattellina 7r. ✆ 055-212917, www.oiobarconcucina.it.

Enotheken (siehe Karte S. 120/121)

De' Giraldi (48), Via de Giraldi 4r. In den alten Kreuzgratgewölbe-Lagern des Palazzo Borghese. Leckere Speisen, seltene Weine und gute Auswahl auch an Käsesorten kleiner Fattorien, ✆ 055-216518.

Boccadama (68), Piazza S. Croce 25. Enoteca mit hausgemachter Pasta und leckeren Kleinigkeiten. Angenehme Atmosphäre, gute Weinkarte mit 400 Sorten. ✆ 055-243640.

Le Barrique (75), Via del Leone 40r. Die Weinstube wurde mehrfach von Fachzeitschriften ausgezeichnet. Drinnen klein und sehr behaglich, es gibt auch einen Sommergarten. Zur Wahl stehen 250 Weine, Wert wird aber auch auf die Küche (Menü 25–40 €) gelegt. Gelegen in einer typischen Wohnstraße des Viertels San Frediano (mit kleinen Ateliers, Handwerkerstuben und Kfz-Werkstätten), an den Wänden hängen die Werke lokaler Künstler. Mo geschlossen, nur abends geöffnet. ✆ 055-224192.

Enoteca Fuori Porta (95), Via del Monte alle Croci 10r. Die ehemalige Studentenkneipe gleich hinter dem Stadttor San Miniato (Viertel San Niccolò) hat sich in den letzten Jahren sehr gemausert. Im Sommer sitzt man draußen, im Winter etwas gedrängt an Holztischen. Es gibt Primi (ab 7 €) und eine Riesenauswahl an leckeren *crostini*, *crostoni*, *panini* und *focacce*. Man kann aber auch nur ein Glas Wein zu 1,50 € trinken, auch wenn die Auswahl aus 600 (!) verschiedenen Marken sicher schwer fällt. Mo–Sa 12.30–15.30, 19–0.30, So geschlossen. ✆ 055-2342483, www.fuoriporta.it.

Gelaterie (siehe Karte S. 120/121)

Gelateria Vivoli (60), Via Isola delle Stinche 7r (in einer unscheinbaren Gasse hinter dem Teatro Verdi). Mit fast hundert Jahren Betrieb die traditionsreichste Eisstube von Florenz. Die verschiedenen Eissorten sind auch in New Yorker Edelrestaurants zu haben.

Festival del Gelato (42), Corso 75r. Der Eispalast würde einer Disko alle Ehre machen:

Es glitzert und blinkt zur musikalischen Dauerberieselung.
Gelateria dei Neri (76), Via dei Neri 22r. „Di M. Vivoli" prangt über dem Eingang. Doch hat das Lokal mit dem traditionsreichen Betrieb (s. o.) nichts zu tun. Trotzdem: hervorragendes Eis.
Gelateria Badiani (8), Viale dei Mille 20r (in der Nähe des Stadions Campo di Marte). Traditionsreiche Konditorei mit dem besten Eis und Gebäck in ganz Florenz, ein Muss

für alle, die Süßes mögen. Besonders zu empfehlen: *Gelato al cioccolato con peperoncino*. Mittags auch schmackhafte Primi und belegte Brötchen.
Gelateria La Carraia (59), Via Lungarno Soderini 1 (am Ponte alla Carraia, der zweiten Brücke westlich des Ponte Vecchio). Winzig, mit Anstehen muss gerechnet werden. Dafür kann man die traditionalen Eissorten aber auf der Brückenmauer schlecken.

Abends in Florenz

Freunde nicht nur klassischer Musik besorgen sich den Veranstaltungskalender der Azienda di Promozione Turistica (APT), werfen einen Blick in die Zeitschrift *Firenze Spettacolo* oder besorgen sich die Broschüre *Firenze Estate* beim Touristenbüro (gratis). Besonders während der Sommermonate wird fast täglich etwas geboten (siehe „Feste und Veranstaltungen/L'Estate Fiorentina", S. 117).

Kneipen/Lokale/Livemusik (siehe Karte S. 120/121)

Kneipen und Musiklokale gibt es viele, insbesondere im Universitätsviertel zwischen Dom und Piazza SS. Annunziata (dort v. a. am Borgo Pinti und in der Via dei Servi). Die Studenten, vornehmlich die Sprachenschüler aus den USA und Deutschland, möchten ein buntes Abendprogramm nicht missen. Die Kneipe am Eck (*birreria, fiaschetteria*) zählt in Florenz allerdings fast zu den Luxusvergnügen – die Halbe Bier kostet ca. 4 €!

Um Steuern zu sparen, sind viele „Clubs" nur für Mitglieder zugänglich, will heißen, man bekommt für den Abend eine Besucherkarte ausgestellt – gelegentlich umsonst, wenn's innen leer ist. Bei anderen ist der erste Abend kostenlos, wer ein zweites Mal kommt, zahlt Clubbeitrag (*tessera* für ca. 5 € pro Monat).

Lidò, Teatro dell'acqua (87), zwei Open-Air-Lokale am Flussufer (Lungarno Pecori Giraldi 1). Während im *Teatro* eher Disco-Sound und Salsa angesagt sind, wird im *Lido* Jazz, Reggae und House aufgelegt; man sitzt zusammen und kann sich dabei sogar unterhalten. Geöffnet von Mitte Juni bis Mitte September. Die Clubmitgliedschaft (ca. 7 €) gilt für beide Lokale.

Apollo Bar (14), Via dell'Ariento 41r. Disco, nicht zum Abheben, aber in Ordnung.

Area 51, Via U. della Fagiola 30, Firenze Sud, Bus 14/23. Für alle, die an multimedialen Räumen und Experimenten interessiert sind. Internet-Zugang auf zig Computern. www.area51.it.

Salamanca (52) (siehe auch Restaurants), Via Ghibellina 80r. Tapas, Tostadas und spanische Leckereien. Montags und dienstags lateinamerikanische Live-Musik.

Rex Caffè (30), Via Fiesolana 25r. Absolut hippe Gestaltung mit Spiegeln, Glasfragmenten, und Mosaiken. www.rexcafe.it.

Caffè Megara (41), Via della Spada 15/17r. Alles wird geboten: Brunch, Cafeteria, Satelliten-TV, Cocktails und Jazz.

Be Bop (22), Via dei Servi 76r. Regelmäßig Live-Konzerte, vorwiegend Studenten.

XO, Via Verdi 59r. Rock-Café, in dem häufig Live-Konzerte regionaler Gruppen stattfinden. Auftritte gegen 23 Uhr, Schließung gegen 4 Uhr. Ab Mitternacht in der Regel brechend voll. Mindestverzehr 6 €.

Red Garter (69), Via dei Benci 33r. Eine rockige Musikkneipe, viele amerikanische Gaststudenten. Do, Fr und Sa Livemusik, es wird gerne wild getanzt. Eintritt ca. 7 €, erstes Getränk frei.

Giacosa (38), erschöpft vom Geldausgeben in den Edel-Boutiquen der Via Tornabuoni, erholt sich die internationale Hautevolee in diesem schicken Café des Modedesigners Roberto Cavalli. Schon seit Jahren schwer angesagt. Via della Spada 10 (Seitenstraße der Tornabuoni).

Jaragua (99), Via dell'Erta Canina 12r, unterhalb des Piazzale Michelangelo (bei der Porta S. Niccolò). Halb Bar, halb Disko. Südamerikanische Musik bis 3 Uhr in der Früh. Kein Eintritt, Mo geschlossen.

Dolce Vita (70), Piazza del Carmine 6r. Hier trifft man sich, um seinen Cocktail oder Aperitif einzunehmen und die weitere Gestaltung des Abends vorzubereiten. Im Hinterraum und an den Tischen draußen auf dem Platz kann man auch essen. Bis 1.30 Uhr nachts geöffnet.

Cabiria (86), Piazza S. Spirito 4r. Café, Snackbar und Restaurant. Vor allem südamerikanische Klänge, im Sommer treten auch Gruppen auf. Sympathisch, aber nichts für Zimperliche, denn hier darf man nicht so genau hingucken, was unter dem Tisch weitergereicht wird. Di geschlossen.

Caffè Notte (89), Via delle Caldaie 28r. Hier treffen sich vor allem Künstler und Handwerker aus dem Viertel – in trauter Eintracht und ohne viele Touristen.

Tanzen (siehe Karte S. 120/121)

Die Eintrittspreise liegen zwischen 15 und 25 €, erster Drink umsonst.

Im Zentrum einige Diskos, u. a. **Space Electronic (26)**, Via Palazzuolo 37 – verrückte Einrichtung, junges Publikum, Acid und House, megalaut und riesengroß.

Universale, in der Via Pisana 77r. Altes Filmtheater, geschickt umgestaltet. Mischung aus Disco, Bar und Restaurant. Musik nach Tagesform und Laune der DJs.

Auditorium Flog, Via M. Mercati 24b, sehr beliebt bei eher alternativ eingestellten Studenten, italienischen wie ausländischen. Auch Konzertbühne für Bands. Die Busse Nr. 8 und 14 fahren vom Hauptbahnhof hierher. Eintritt 5 € (Disco) bis max. 10 € (Konzert). www.flog.it.

Central Park, teure Großdisco mit 5 Tanzflächen und tgl. wechselnder Musikrichtung. Eintritt 20 €. Via Fosso Macinante 1 im Herzen des Parco delle Cascine.

Tenax, legendäres Theater, Mode-Shows, Live-Konzerte, Disko. Pop, Rock und südamerikanische Musik. Samstags House mit internationalen DJs. Eintritt 12 €, Studenten kommen in der Woche umsonst rein. Liegt ca. 10 km außerhalb (auf halbem Weg nach Prato), Bus Nr. 29/30. Via Pratese 46.

Full Up, Via della Vigna Vecchia 23–25r. Gestandene Disko, blutjunges Publikum jeder Couleur – viel Rauch um nichts, mit den Worten des Hauses: 2005 restyling del look, ambiente glamour. Mo geschlossen.

Maramao, Via dei Macci 79r. Geöffnet von 23–2 Uhr. Die Innenausstattung erinnert an die amerikanischen Cave-Clubs, an kupferverkleideten Wänden hängen Werke junger florentinischer Künstler. Hip-Hop, House und Funk.

Meccanò, Viale degli Olmi 1, am Anfang des Cascine-Parks. Berühmteste Disko von Florenz, Tanzfläche unter freiem Himmel. Hip-Hop, House, Commerciale.

YAB, Disko-Pub in der Via Sassetti 5r, immer noch hochgradig „in". www.yab.it.

Kinos

• *Filme in Originalsprache* **Astro**, Piazza San Simone (bei der Piazza Santa Croce).

Goldoni, Via dei Serragli 1, Originalfilme nur montags.

Odeon Cinehall, Via Sassetti 1. Jeden Mo, Di und Do. Das Kino befindet sich im Palazzo Strozzi, einem Renaissance-Bau, der 1922 um das Art-nouveau-Kino Odeon erweitert wurde. Ticket 7,20 €. www.cinehall.it.

Institut Français, Piazza Ognissanti. Das französische Kulturinstitut veranstaltet jedes Jahr im November ein Festival des französischen Films.

Cinema Fulgor, Via Maso Finiguerra 22r. Filme im englischen Original jeden Donnerstagabend.

• *Freilichtkinos* **Arena di Marte**, am Stadion.

Raggio Verde, im Palazzo dei Congressi, gegenüber vom Hauptbahnhof (Eingang vom Viale Strozzi).

Flog, Esterno notte, Via Michele Mercati 24b (Nähe Piazza Dalmazia).

Arena Chiar di Luna, Via Monte Uliveto 1 (oberhalb der Piazza Tasso).

Le Murate, während L'Estate Fiorentina (s. dort) werden hier nicht nur Filme gezeigt, auch Party- und Konzertveranstalter nutzen den ehemaligen Gefängnishof gerne. Via Ghibellina 52.

Japanische Besuchergruppe vor dem Dom

Sehenswertes

Es lohnt sich, die im Mittelalter gewachsene Stadt zu durchstreifen – mit ihren immensen Kunstschätzen ist sie ein einmaliges Erlebnis. Besser als in überfüllten Gemäldegalerien lassen sich die Werke der großen Meister in „ruhigen" Klosterkirchen studieren. Neueröffnet wurde 2008 im Palazzo Strozzi die zeitgenössische Ausstellungsplattform Centro die cultura Contempranea la Strozzina (siehe S. 165)

Florenz wurde im ausgehenden Mittelalter geplant und systematisch angelegt; es gab keinen Wildwuchs. Gemeinsam wurde bestimmt, wie ein neues Bauwerk in die bestehende Bausubstanz integriert werden konnte und welches Material verwendet werden sollte. Die unterschiedlichen Berufsstände wie Schuster, Tuchhändler oder Metzger wurden in jeweils separaten Straßenzügen angesiedelt.

Gelockert wurde dieses Prinzip erst durch die *Medici* und andere Bankiersfamilien, die ihre Renaissancepaläste in der Stadt hochzogen. Dazu mussten oft halbe Straßenzüge niedergerissen und wieder aufgebaut werden, was der Stadt ein völlig neues architektonisches Gesicht verlieh. In dieser Zeit beriefen sich Baumeister wie Künstler auf antike Vorbilder und Traditionen.

Piazza della Signoria

Einer der berühmtesten Plätze Italiens mit einer großartigen Gebäudekulisse, dominiert vom Palazzo Vecchio (Rathaus) und der Loggia dei Lanzi. Eine Oase der Ruhe ist die Piazza della Signoria trotz Autoverbots zwar nicht – der Platz ist meist voller Menschen –, ihrer Wirkung tut dies ganz erstaunlicherweise dennoch kaum einen Abbruch.

Der große Brunnen vor dem Palazzo wurde von *Ammannati* entworfen. Er war, wie der zeitgenössische Ausspruch „Oh, Ammannati, welch schönen Marmor hast du

Neptun als schwammiger Weißling auf der Piazza della Signoria

verschwendet" belegt, seinerzeit nicht ganz unumstritten. Wie dem auch sei, Neptun als „schwammiger Weißling" ist ein beliebtes Fotomotiv. Rechts neben ihm hockt *Donatellos* berühmter Löwe Marzocco mit dem Stadtwappen, der florentinischen Lilie (es handelt sich allerdings um eine Kopie). Gleich daneben die ebenfalls von *Donatello* stammende Figurengruppe „Judith und Holofernes", ebenfalls eine Nachbildung, die allerdings weit weniger ausdrucksstark ist als das Original, das man heute im Inneren des Palazzo Vecchio bewundern kann. Vor dem Eingangsportal posieren links *Michelangelos* berühmter „David" (seit 1873 ebenfalls nur noch als Kopie, das Original ist in der Galleria dell' Accademia zu sehen) und rechts „Herkules und Cacus" von *Baccio Bandinelli*, allgemein als dessen Hauptwerk angesehen. Ganz links auf dem Platz erhebt sich das Reiterstandbild Cosimos I., das von *Giambologna* geschaffen wurde.

Nicht weit vom Brunnen entfernt ist eine Schrifttafel in den Boden eingelassen. Hier wurde 1498 der Dominikanerprediger *Savonarola* verbrannt. In einer Zeit wachsender Unzufriedenheit mit den von den Medici aufgebauten Herrschaftsstrukturen suchte er die Rückbesinnung auf die demokratischen und christlichen Ideale der Stadtrepublik. Der Papst jedoch erstickte die Unruheherde. Der Legende nach wurde Savonarolas Herz nach seiner Verbrennung unversehrt in der Asche gefunden.

Zur Zeit des autokratischen Regimes wurden hier am Platz die so genannten Volksabstimmungen abgehalten: Die versammelten Bürger wurden von Soldaten umzingelt und mussten die ernannten Stadträte in ihrem Amt bestätigen.

Loggia dei Lanzi   *(Loggia della Signoria)*

Die Bogenhalle an der Piazza della Signoria stammt aus der Zeit des Übergangs von der Spätgotik zur Renaissance (Ende des 14. Jh.). Hier wurden die Stadtoberen gewählt und offizielle Empfänge gegeben. Im 16. Jh. diente die Loggia als Unterkunft für die Leibwache Cosimos I.

Heute befinden sich in der Loggia v. a. Skulpturen aus der römischen Antike und der Florentiner Spätrenaissance. Von *Giambologna* stammen „Der Raub der Sabinerinen" und „Herkules ringt mit dem Zentauren". Neueren Datums ist „Der Raub der Polyxene" von *Pio Fedi* (1866).

Das populärste Werk der Loggia ist der „Perseus" von *Benvenuto Cellini*, eine Bronzearbeit aus dem Jahr 1554. Perseus hält in seiner Linken triumphierend den abgeschlagenen Kopf der Medusa – in dicken Trauben hängt noch das Blut daran ... Seit

Von Tarnkappen, geflügelten Rössern und der schönen Andromeda

Die grausig-schöne Geschichte von *Perseus dem Medusentöter* geht zurück auf die alten Griechen: Perseus, ein gut aussehender und tapferer Jüngling, zog aus, die schreckliche Medusa zu töten, die mit ihren beiden Schwestern am Ende der Welt hauste. Glücklicherweise traf er unterwegs die Nymphen, die ihm einen Reisesack, Flügelschuhe, mit denen er fliegen konnte, und eine Tarnkappe schenkten.

Am Wasserring, der die Welt begrenzt, angelangt, traf er auf die drei schrecklichen Schwestern. Sie schliefen gerade und boten einen Furcht erregenden Anblick: auf dem Kopf Schlangen statt Haare, Hauer im Mund wie bei Wildschweinen und dazu riesige goldene Flügel!

Medusa hatte jedoch eine Schwäche: Sie war sterblich. Vorsichtig tastete sich Perseus an die Schlafenden heran, den Kopf immer abgewendet, denn jeder, der dem Ungeheuer in die Augen sah, erstarrte sofort zu Stein!

Durchaus clever hielt Perseus seinen Schild so, dass er nur das Spiegelbild der Schwestern darin sah. Dann schlug er mit einem gewaltigen Streich Medusa das Haupt ab. Ein dicker Strahl dunkelroten Blutes sprang aus dem Leib hervor. Außerdem erschien Pegasus, das geflügelte Ross der Dichter, das in Medusas Leib gefangen gewesen war.

Mit schrecklichem Geheul stürzten sich Medusas Schwestern jetzt auf Perseus. Der aber steckte das abgeschlagene Haupt schnell in seinen Sack, setzte die Tarnkappe auf, die ihn unsichtbar machte, und flog mit den Flügelschuhen davon. Die zwei Ungeheuer jagten tobend hinterher, aber sie konnten ihn nicht sehen, und so gelang dem Jüngling die Flucht ...

Auf dem Heimweg leistete das Haupt der Medusa dem wackeren Perseus noch viele gute Dienste, denn jeder, der es ansah, wurde sofort zu Stein, unter anderem auch der Riese *Atlas:* Sein ungeheurer Körper fiel der Länge nach hin und verwandelte sich in ein Gebirge. Seine Glieder wurden zu Berggipfeln, das Haupt- und Barthaar zu endlosen Wäldern. Später stieß Perseus auf die schöne *Andromeda,* die er, ohne zu zögern, ehelichte. Doch prompt wurde die brave Hochzeitsgesellschaft Opfer einer gedungenen Mörderschar. Alles schien schon verloren, doch Perseus behielt einen klaren Kopf und rief: „Wer mein Freund ist, wende sein Haupt ab!" Die Angreifer lachten darüber, Perseus aber zog das Medusenhaupt aus der Tasche, und alle, die es sahen, ... Darauf lebten Perseus und seine Frau noch viele Jahre glücklich zusammen, bis sie nach ihrem Tod von den Göttern zu den Sternen erhoben wurden. So sind noch heute am Nachthimmel direkt neben der Kassiopeia zwei weitere Sternbilder zu sehen: Perseus mit dem geheimnisvollen Stern Algol (Vorsicht: Er soll das Haupt der Medusa sein!) und Andromeda.

Ostern 2002 zeigt sich der Perseus, nach einem mehrjährigen „restauro" von der dicken, schwarzen Patina befreit.

Nach der Autobiographie *Cellinis* lassen sich die näheren Umstände bei der Gestaltung des „Perseus" folgendermaßen beschreiben: Cellini hatte zuvor am französischen Hof gearbeitet und kam, von Heimweh getrieben, nach Florenz zurück. Bei den anderen Künstlern der Stadt fand er keinerlei Unterstützung, da er als Fürstengünstling galt. Kein Mensch traute Cellini das technisch äußerst schwierige Werk zu. Probleme ergaben sich besonders wegen der weit auseinander gezogenen Arme und Beine der Skulptur, denn dadurch konnten sich beim Guss leicht Luftblasen bilden. Als die Form endlich zum Guss fertig war und der Schmelzofen glühte, bekam der Künstler hohes Fieber und musste sich ins Bett legen. Seine Gesellen übernahmen die Verantwortung und vollendeten das Werk. Der Guss gelang, und Cellini war unversehens genesen.

Palazzo Vecchio

Das Rathaus. Hier wohnten zur Zeit der Florentiner Zunftdemokratie die zwölf Stadtoberen, die jeweils für 60 Tage gewählt wurden. Während ihrer kurzen Amtszeit mussten sie gemeinsam im Palast leben und durften ihn nur zur Erledigung ihrer Amtsgeschäfte verlassen. Auf diese Weise wollte man eine Einflussnahme von außen so weit wie möglich verhindern.

Der große, rechteckige Bau mit gotischen Fenstern und mittelalterlicher Brüstung entstand zwischen 1298 und 1314 und soll auf einen Entwurf *Arnolfo di Cambios* zurückgehen, der auch als erster Baumeister des Doms gilt. Bis 1588 wurde der Palast in mehreren Etappen erweitert. Nach der Zeit der zunftdemokratischen „Wohngemeinschaften" war der Palazzo Sitz *Cosimos I.* und weiterer Medici. Die Bezeichnung „vecchio" (alt) erhielt er erst, nachdem die Großherzöge in den neuen Herzogspalast, den Palazzo Pitti, umgezogen waren.

Innenhof: Auch wenn der Palazzo von außen sehr schlicht wirkt – im Inneren ist er äußerst aufwändig und prunkvoll gestaltet. Man betritt zunächst einen Innenhof mit Säulengang, geschmückt mit Fresken und Stuckarbeiten. Der Brunnen geht auf einen Entwurf *Vasaris* zurück. Der leichtfüßige Bronzeputto, der über dem Brunnen zu schweben scheint, ist eine Nachbildung des Originals von *Verrocchio*, das sich heute auf der Juno-Terrasse im Inneren des Palastes befindet.

An den Innenhof grenzt der einzige Raum, der aus der Erbauerzeit noch unversehrt erhalten ist: der Waffensaal, der häufig für wechselnde Ausstellungen geöffnet ist. Der Freskenschmuck des Saals stammt von *Vasari*.

Erster Stock: Die berühmteste Räumlichkeit im ersten Stock ist der „Saal der Fünfhundert". Ursprünglich waren *Michelangelo* und *Leonardo da Vinci* damit beauftragt worden, die Saalwände mit Fresken über die beiden Schlachten der Republik auszuschmücken (Schlacht von Cascina, 1364, und Schlacht von Anghiari, 1440). Keines dieser Projekte wurde jedoch realisiert. Von Leonardo weiß man, dass er die Arbeiten aufgeben musste, weil ihm beim Ausprobieren einer neuen Freskotechnik die Farben an der Wand zerrannen. Michelangelo hat nur die vorbereitenden „Kartons" hinterlassen, die Entwurfzeichnungen in Originalgröße, nach denen man das Fresko auf die Wand übertrug. Immerhin ist sein Werk „Genius des Sieges" zu sehen, die Statue eines Jünglings, der einen Riesen bezwingt (1533–34 für das geplante Grabmal von Papst Julius II. gefertigt, seit 1980 im „Saal der Fünfhundert"). Daneben steht eine ganze Serie von Herkules-Statuen, die amüsanteste vielleicht „Herkules und Diomedes" von *Vincenzo de Rossi*: Diomedes geht dem griechischen Helden recht handgreiflich ans Gemächt.

Vom „Saal der Fünfhundert" gelangt man ins „Studiolo", das Studierzimmerchen Francescos I. Wände und Decken sind dicht an dicht mit farbenprächtigen Gemälden überzogen. Gegenüber liegt der Eingang zu den großherzoglichen Gemächern,

Eintrittspreise und Kartenvorverkauf für die großen Museen

Der Besuch einiger interessanter Gebäude und Ausstellungen addiert sich leicht auf 40 €: 6,50 € für die Domkuppel, 6,50 € für die Uffizien, 4 € für den Bargello, 6 € für die Medici-Kapellen, 6 € für den Palazzo Vecchio, 6,50 € für die Galleria dell'Accademia etc. Wenigstens sind sie seit 2005 nicht gestiegen.

(C) – City-Museen: Kostenloser Eintritt für Kinder bis zu 12 J. in Begleitung Erwachsener (bitte unbedingt Kinderausweis bereithalten!) und Preisnachlass von 25 % für EU-Jugendliche bis zu 21 und EU-Senioren über 60 J. Bei Erwerb des so genannten *Carnets* zum Preis von 5,16 € erhält man den offiziellen Museen-Führer der Stadt und einen Preisnachlass von 50 % auf alle städtischen (im Text sind sie mit einem **C** markiert) und einige nichtstädtische Museen. Die Karte ist ein Jahr lang gültig.

(S) – Staatliche Museen: Der Eintritt für Jugendliche unter 18 (Kinderausweis!) und Senioren über 65 J. (Reisepass oder Personalausweis!) ist kostenlos, vorausgesetzt sie sind EU-Bürger. Nur die Hälfte zahlen 18- bis 25-jährige EU-Bürger. Kinder unter 12 J. dürfen nur in Begleitung Erwachsener rein (im Text sind sie Museen mit einem **S** markiert). ① in der Regel tägl. außer Mo 8.15–18.50 Uhr. Ausnahmen sind in den Texten über die einzelnen Museen aufgeführt.

Telefon- und Online-Reservierung für die 13 wichtigsten staatlichen Museen: In der Saison ist es inzwischen nahezu unmöglich, ohne Voranmeldung eine Eintrittskarte zu ergattern. Die Warteschlangen sind meist 200–300 m lang. Nach telefonischer Anfrage unter ✆ **055-294883** (① Mo–Fr 8.30–18.30, Sa 8.30–12.30 Uhr) wird jedem Interessenten zunächst eine Buchungsnummer zum Vorverkaufspreis von 3 € zugeteilt. (Für Sonderausstellungen wird auch die Telefonnummer 055-2654321 freigeschaltet.) Erst mit dieser Buchungsnummer erhält man bei einer der Kartenvorverkaufsstellen *(Biglietteria di prenotazioni)* seine Eintrittskarte und kann ohne Wartezeit (die bis zu 4 Stunden betragen kann) rein. Die entsprechenden Stellen befinden sich links neben dem Eingang zu den Uffizien, im Vestibül des Palazzo Pitti (Hauptstelle, größere Gruppen nur dort) und in der Galleria dell'Accademia. Geöffnet haben diese Vorverkaufsstellen wie die jeweils angeschlossenen Museen. Möglich ist eine Reservierung über die Website www.weekendafirenze.com.

den so genannten „Quartieri". Jeder Saal im „Quartiere Leone X", nach dem Medici-Papst Leo X. benannt, ist einem berühmten Mitglied der Familie gewidmet (zugänglich sind allerdings nur die ersten drei).

Zweiter Stock: Hier sind zahlreiche Räume zu besichtigen, u. a. der „Saal der Elemente", dessen Ausschmückung unverkennbar von *Vasari* stammt. Der prunkvolle „Audienzsaal" ist mit großflächigen Schlachtenfresken versehen. Gleich daneben liegt der „Liliensaal", dessen Längswände mit goldenen Lilien auf blauem Grund verziert sind. An der Stirnwand sieht man Fresken von *Domenico Ghirlandaio*. Hier steht auch die zierliche Judithfigur von *Donatello*. In der Rechten hält sie drohend das Schwert, mit der Linken packt sie Holofernes an den Haaren, um ihm die Kehle durchzuschneiden. Auch das „Quartiere di Eleonora" mit den Privatgemächern der spanischen Gemahlin Cosimos I. liegt im zweiten Stock. Im „Geographiesaal" kann man sich dem Studium alter Landkarten von Grönland bis zum Bosporus hingeben.

Im nicht mehr zu besichtigenden Palastturm verbirgt sich das so genannte „Alberghettino", eine Zelle, in der zeitweilig Cosimo Il Vecchio und auch Savonarola gefangen gehalten wurden.

① Do und Feiertage 9–14 Uhr, sonst 9–19 Uhr, Eintritt 6 € **(C)**.

Die Uffizien am Arnoufer

Museo di Ragazzi: So heißt eine Abteilung im Palazzo Vecchio, die Kindern die Renaissancezeit auf spannende Weise näher bringen soll. Führungen und Veranstaltungen (auch in englischer Sprache) müssen im Voraus gebucht werden (✆ 055-2768224; ✆ 055-2768558, www.museoragazzi.it).

Uffizien   *(Palazzo degli Uffizi)*

Die Uffizien, das „Museum der Superlative", wird gerne in einem Atemzug mit dem Louvre und dem Prado genannt. Hier sind derart viele Kunstwerke ausgestellt, dass man mit einer genauen Beschreibung ganze Bücher füllen könnte. Wer keine gezielten Interessenschwerpunkte hat, läuft Gefahr, sich zu verzetteln. Seit März 2004 haben fünf neue Säle im 1. Stock geöffnet, mit Bildern von Caravaggio und seiner Schule. Dadurch wurde mehr Raum für eine lockere Platzierung im zweiten Stock geschaffen.

Auch die Barockmalerin Artemisia Gentileschi zog zuletzt um: in den berühmten Vasari-Korridor, der die Uffizien oberirdisch mit dem Palazzo Pitti verbindet. Weitere Änderungen sind geplant, um die Uffizien, wie es offiziell heißt, „an die Erfordernisse der modernen Kunstpräsentation anzupassen". So wird es ab voraussichtlich 2010 neue Ausstellungen in einem Flügel geben, der derzeit noch nicht zugänglich ist. Die offiziellen Stellen betonen immer wieder, dass es sich um ein „museo in movimento" handelt!

Der von *Vasari* im 16. Jh. entworfene u-förmige Palastbau liegt am rechten Arno-Ufer. Hier waren die wichtigsten Verwaltungsämter (ital. *ufficio*) des Stadtstaates untergebracht. Noch im selben Jahrhundert gründete Francesco I im zweiten Stock des Gebäudes eine Galerie. Seine Nachfahren machten es sich zur Herzenssache, die Sammlung zu vergrößern. So entstand eine der berühmtesten Gemäldegalerien der Welt.

Mit dem Tod der letzten Medici, der Kurfürstin Anna Maria Luisa, ging die ursprüngliche Privatsammlung im Jahr 1737 als Geschenk vollständig in den Besitz der Stadt Florenz über. 1765 wurde sie der Öffentlichkeit zugänglich gemacht. Den Schwerpunkt der Sammlung bilden Werke der Florentiner und der Toscanischen Schule aus dem 13.–16. Jh.

⏱ Di–So 8.15–18.50 Uhr. Eintritt 6,50 € **(S)**.

Rundgang durch die Uffizien

Die Kirche San Pier Scheraggio (neben dem Eingangsraum): Die 1068 eingeweihte Kirche ist kaum mehr als solche zu erkennen. Schon vor *Vasari* riss man das linke Seitenschiff ab, später wurde der Rest der Kirche in die Uffizien eingegliedert. Restaurierungsarbeiten förderten römisches Mauerwerk mit Fresken zu Tage.

Heute kann man hier die fast lebensgroßen Porträts berühmter zeitgenössischer Persönlichkeiten bewundern, die *Andrea del Castagno* für die Medici-Villa Carducci gemalt hat (u. a. die Bildnisse Boccaccios und Petrarcas).

Kabinett für Zeichnungen und Drucke im 1. Stock (Gabinetto dei Disegni e delle Stampe): Im ehemaligen Theaterraum der Medici sind Zeichnungen und Entwürfe großer Meister wie *Leonardo da Vinci*, *Michelangelo* und *Raffael* aufbewahrt, die aber nur zu Studienzwecken einzusehen

sind. Der Öffentlichkeit ist der Saal nur bei Sonderausstellungen zugänglich.

Die Skulpturensammlung und die drei Korridore: Die Medici sammelten mit Leidenschaft antike und zeitgenössische Skulpturen. Die heute in den Uffizien noch vorhandenen Werke sind hauptsächlich in den Korridoren des Palastes ausgestellt.

Die drei Korridore mit ihren Fensterreihen und ihrer großzügigen Bauweise wirken sehr elegant. Die Decken zieren Fresken aus dem 16. Jh. Das dichte Netz farbenfroher Pflanzen- und Tiermotive wurde unter Anleitung *Alessandro Alloris* gemalt.

Saal 1 (Sala archeologica): Er enthält als Einziger Werke aus der Antike. Wenig spektakulär, vornehmlich Kopien hellenistischer Statuen.

Saal 2 (Duecento- und Giotto-Saal): An zentraler Stelle ist die „Thronende Muttergottes" von *Giotto* (um 1310) ausge-

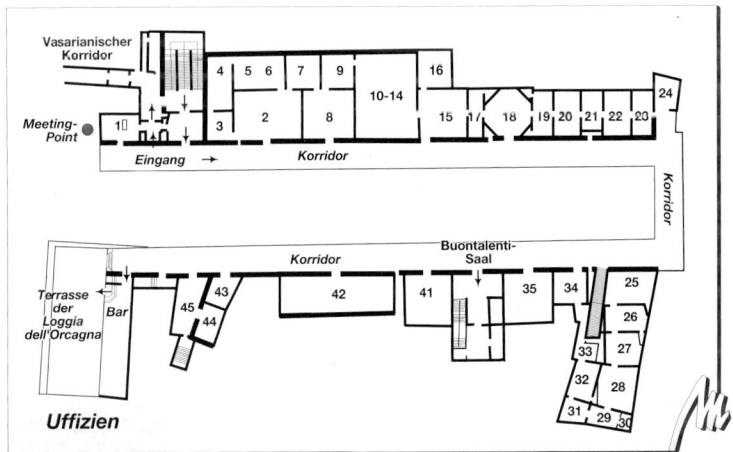

Frau Herzog von Urbino (v. Piero della Francesca, beide Gemälde im Saal 7)

heiligen Cäcilie, eines bisher nicht identifizierten Schülers von *Giotto*, gut erkennbar. Von *Giottino* stammt die „Beweinung Christi", eine Pietà, in der Schmerz und Trauer lebensnah zum Ausdruck kommen. Die einzelnen Figuren sind vor dem goldenen Hintergrund kontrastreich voneinander abgesetzt. Zwei Gestalten wohnen dem Ereignis beobachtend bei: eine Benediktinernonne und eine prächtig gekleidete junge Frau, vermutlich die Porträts von Zeitgenossen *Giottinos*.

^{Saal} **5/6 (Saal der Spätgotik):** Die Spätgotik gilt als Fortsetzung der alten Malweise, in der Größenverhältnisse und perspektivische Anordnung noch eine untergeordnete Rolle spielten. Besonders zu beachten ist die prunkvoll mit Gold und Stuck ausgestattete „Anbetung der Könige" von *Gentile da Fabriano*.

^{Saal} **7 (Saal der Frührenaissance):** In der Mitte des 15. Jh. konnten die humanistischen Ideen auch die Malerei erobern. Entsprechend änderten sich z. T. die Bildmotive, aber auch die Darstellungstechniken (Komposition, Perspektive etc.). Zu sehen sind u. a. die „Anna selbdritt" (Anna, Maria und Jesus), eine Gemeinschaftsarbeit von *Masolino* und seinem damals 23-jährigen Schüler *Masaccio*, der als Vater der Renaissance-Malerei gilt. Die leuchtende Muttergottesfigur und das kräftige Kind werden ihm zugeschrieben, während die heilige Anna von *Masolinos* Hand stammt.

^{Saal} **8 (Saal Filippo Lippis):** Vermutlich wegen seiner Schwäche für weibliche Reize malte *Fra Filippo* die schönsten Marien-Darstellungen. Die zarte Sinnlichkeit seiner Madonnen weist auf ein abbrechendes „heidnisch-frohes" Zeitalter hin. Auf dem Gemälde „Krönung Mariä" hat sich der Künstler wahrscheinlich selbst dargestellt: der wohlgenährte Mönch links an der Balustrade, der, den Kopf auf die Hand gestützt, etwas gelangweilt aus dem Bild schaut, trägt seine Gesichtszüge. Das bekannteste Werk *Lippis*, die „Madonna mit Kind und zwei Engeln", ist ebenfalls hier zu sehen. In der anmutigen Gestalt

stellt. An den Nebenwänden sieht man Madonnendarstellungen aus dem späten 13. Jh. Die „Madonna Santa Trinità" von *Cimabue* ist noch ganz der byzantinischen Malerei verhaftet, während in *Duccios* „Madonna Rucellai" bereits erste gotische Stilelemente auftauchen.

^{Saal} **3 (Saal des sienesischen Trecento):** Die sienesische Kunst des beginnenden 14. Jh. ist charakterisiert durch ihre Lieblichkeit. *Simone Martinis* „Verkündigung" lässt den strengen Bildaufbau vermissen, der die früheren Jahrhunderte geprägt hatte. Maria fährt erschreckt zusammen, als sie die Worte des Engels hört. *Ambrogio Lorenzetti* ist mit dem restaurierten Gemälde „Darbringung Jesu im Tempel" vertreten, auf dem das Jesus-Kind unbekümmert am Finger lutscht.

^{Saal} **4 (Saal des florentinischen Trecento):** Die florentinische Kunst der ersten Hälfte des 14. Jh. stand unter direktem Einfluss *Giottos*. Die Perspektivtechnik des großen Künstlers ist im Altarbild des *Meisters der*

der Maria meint man die skandalumwitterte Geliebte des Künstlers, Lucrezia Buti, zu erkennen.

Saal 9 (Saal des Pollaiuolo): *Antonio Pollaiuolo* war wegen seiner Gold-, Silber- und Bronzearbeiten in den 60er Jahren des 15. Jh. der Lieblingskünstler der wohlhabenden florentinischen Auftraggeber. Neben seinen eigenen Gemälden, darunter auch Jugendwerke, werden sechs Bildnisse der Tugenden gezeigt, die von seinem Bruder *Piero* stammen. Die Darstellung der siebten Tugend, der Stärke, stammt von *Botticelli.*

Saal 10–14 (Botticelli-Saal): Mit seiner sanft-erotischen Malweise prägte *Botticelli* das 15. Jh. Er malte mit Vorliebe gut aussehende Frauen mit schmalen Gesichtern. Weltberühmt sind seine „Allegorie des Frühlings" und die „Geburt der Venus". Diese Venus lebte wirklich, hieß Simonetta Vespucci, war stadtbekannt und sehr begehrt, starb aber schon in jungen Jahren an Tuberkulose.

Saal 15 (Leonardo-Saal): In diesem Raum sind neben zwei Bildern *Leonardo da Vincis* auch Werke anderer Künstler zu sehen, die in *Verrocchios* Werkstatt tätig waren. Die „Taufe Christi" stammt von *Verrocchio* selbst, mit Ausnahme des linken Engels und der dunstigen Landschaft, die *Leonardo* als Schüler gemalt hat. Auch in der „Verkündigung" ist der Einfluss seines Meisters noch sehr bestimmend, während die unvollendet gebliebene „Anbetung der Könige" bereits den individuellen Stil *Leonardos* zeigt.

Saal 16 (Saal der Landkarten): ursprünglich eine offene Loggia, die später geschlossen wurde. An den Wänden Fresken von *Ludovico Buti* (nach Zeichnungen des Kartographen *Stefano Bonsignori*).

Saal 17 (Saal des Hermaphroditen): Ursprünglich wurden hier wissenschaftliche Geräte gesammelt. Die Grotesken lassen noch verschiedene Instrumente erkennen. Die Hauptsehenswürdigkeit dieses Saals sind jedoch die römischen Marmorskulpturen „Liegender Hermaphrodit" sowie „Amor und Psyche".

*Herr Herzog von Urbino
(rechtes Auge und Nasenwurzel beim
Ritterspiel verloren)*

Saal 18 (Tribuna): Der reich geschmückte, achteckige Raum war für die Meisterwerke aus der Sammlung der Medici gedacht und wurde dafür eigens beim Hofarchitekten *Buontalenti* in Auftrag gegeben. Unter den Statuen befindet sich die berühmte „Mediceische Venus", an die Napoleon sein Herz verloren hatte und die er deshalb nach Paris entführte. An den Wänden Arbeiten von *Pontormo, Rosso Fiorentino, Bronzino, Vasari* u. a.

Saal 19 (Saal Peruginos und Signorellis): *Perugino,* umbrischer Herkunft, lernte u. a. in der Werkstatt *Verrocchios.* Seine Fresken, insbesondere die bekannte Szene mit der „Schlüsselübergabe" in der Sixtinischen Kapelle in Rom, übten einen entscheidenden Einfluss auf die Entwicklung *Raffaels* aus. Seine Porträts, darunter das hier zu sehende Bildnis des Francesco delle Opere, zeugen von seiner Auseinandersetzung mit der niederländischen Kunst. Auch *Signorelli,* der bekannte

Schöpfer drastischer Weltuntergangsszenen (z. B. in Orvieto), ist hier mit einigen Rundbildern vertreten.

^{Saal} **20 (Saal Dürers und der Deutschen):** In diesem Saal sind Werke von *Dürer*, *Cranach* und anderen deutschen und flämischen Meistern des 15. und 16. Jh. ausgestellt. Man kann „Adam und Eva" in den Versionen von *Dürer* und *Cranach* vergleichen oder *Dürers* Radierung „Großer Kalvarienberg" mit dem gleichnamigen Gemälde von *Jan Breughel.*

^{Saal} **21 (Saal Giovanni Bellinis und Giorgiones):** Hier sind Werke der bekannten venezianischen Renaissance-Maler *Bellini* und *Giorgione* ausgestellt, z. B. *Bellinis* „Allegorie". Seine Heiligengestalten inmitten einer magisch wirkenden Landschaft haben recht Menschliches an sich.

^{Saal} **22 (Saal der niederländischen und deutschen Meister):** Zu sehen sind Werke deutscher und niederländischer Meister des 15. und 16 Jh., u. a. ein Selbstbildnis *Hans Holbeins d. J.* sowie zahlreiche Porträts von *Hans Memling.*

^{Saal} **23 (Saal Correggios und Mantegnas):** *Antonio da Allegri*, den man nach seinem Heimatort *Correggio* nannte, ist ein Meister der Licht- und Schatteneffekte, seine Gestalten scheinen aus Fleisch und Blut. Außerdem sind Werke des norditalienischen Malers *Andrea Mantegna* ausgestellt (15. Jh.).

^{Saal} **24 (Saal der Miniaturen):** Miniaturensammlung der großherzoglichen Familie.

^{Saal} **25 (Saal Michelangelos und der Florentiner):** In diesem Saal ist das einzige gesicherte Tafelbild *Michelangelos* zu sehen. Der berühmte Tondo mit der Darstellung der heiligen Familie ist in Aufbau und Bewegung seiner Figuren ein revolutionäres Werk.

^{Saal} **26 (Saal Raffaels und Andrea del Sartos):** Neben *Raffaels* „Madonna mit dem Stieglitz" sind ein Selbstbildnis des Meisters sowie Porträts der Päpste Julius II. und Leo X., Letzterer mit seinen Kardinälen, zu sehen. Für das Bild „Die Harpyien-Madonna" von *Andrea del Sarto* stand dessen Frau Lucrezia del Fede Modell.

^{Saal} **27 (Saal Pontormos und Rosso Fiorentinos):** Mit Werken der Schüler *Andrea del Sartos. Pontormo* malte Fresken, die sogar bei Michelangelo Bewunderung auslösten. Seinen Gemälden fehlt jedoch die Weichheit und Harmonie, die Figuren sind von Unruhe und gespannter Haltung gekennzeichnet. *Rosso Fiorentino* gilt als der Begründer des florentinischen Manierismus. Seine Gemälde zeichnen sich durch grelle Farben und einen kühnen, von heftiger Bewegung gekennzeichneten Bildaufbau aus.

^{Saal} **28 (Saal Tizians und Sebastiano del Piombos):** Der Saal der venezianischen Renaissance mit ihrem großen Porträtisten *Tizian*, von dem u. a. die berühmte „Venus von Urbino" stammt, ein Frauenakt ohne jegliche Pose. *Sebastiano del Piombo*, ein weiterer Vertreter der venezianischen Schule, ist u. a. mit dem Gemälde „Tod des Adonis" vertreten, das beim Bombenattentat von 1993 (s. Kasten weiter unten) stark beschädigt und unmittelbar darauf restauriert wurde.

^{Saal} **29 (Saal Parmigianinos und Dosso Dossis):** Hier ist u. a. die „Madonna mit dem langen Hals" ausgestellt, eines der letzten Werke des berühmten Manieristen *Parmigianino*, das nach seinem frühen Tod (mit 37 Jahren) in seiner Werkstatt gefunden wurde. Rechts neben dem heiligen Hieronymus ist ein herrenloser Fuß zu erkennen: Offensichtlich sollte an dieser Stelle noch eine andere Figur erscheinen, mit der Hieronymus im Zwiegespräch steht. *Dosso Dossi* ist mit seiner „Allegorie des Herkules" vertreten (auch „Liebeszauber" genannt).

^{Saal} **30 (Kabinett der emilianischen Meister des 16. Jh.):** Werke von Künstlern aus Ferrara, u. a. von *Mazzolino.*

^{Saal} **31 (Veronese-Saal):** *Paolo Veronese* ist als Meister spektakulärer Inszenierungen voller Leuchtkraft und Farbenpracht bekannt. Nicht von ungefähr geriet er wegen einer nicht unbedingt ehrerbietenden Abendmahl-Darstellung in die Mühlen der Inquisition.

Livorno, eine Stadt auf Sumpf – die Entwässerungsgräben sind Wasserstraßen zu den Lagergewölben ▲▲
Mercato Nuovo delle Vettovaglie – ein lichtdurchfluteter neoklassizistischer Prachtbau ▲

Viareggios Strandpromenade – Bauten im leichtfüßigen
Liberty-Stil oder geschmückt wie ein indischer Elefant

Golf von Populonia – herrlich unverbaute Strandlandschaft ▲▲

Casale Marittima – ursprünglich und nur einen Sprung von der Küste entfernt ▲

▲▲ Lago di Massaciuccoli – bildnerische Kunst vor Giacomo Puccinis Seevilla
▲ Castiglioni della Pescaia – sympathischer Badeort an der Küste der Maremma

Der Bombenanschlag vom 27. Mai 1993

Der 27. Mai 1993 ging als schwarzer Tag in die Annalen der Uffizien ein: Bei einem Anschlag wurden 90 Kunstwerke beschädigt, drei davon vollständig und irreparabel. Einige Räume sind seitdem noch immer verschlossen. Zumindest hat man mit Giovanni Brusca inzwischen den Täter gefasst. Durch ein umfassendes Geständnis hofft er auf Strafmilderung. Allerdings spricht einiges dagegen, denn auf Bruscas Rechnung gehen noch weitere brutale Straftaten: So erwürgte er ein 11-jähriges Entführungsopfer und löste die Leiche in einem Salzsäurebad auf. Außerdem war er einer der Drahtzieher des Bombenattentates auf Richter Falcone.

Saal **32 (Saal Bassanos und Tintorettos):** *Iacopo Robusti* war der Sohn eines Färbers, daher sein Spitzname *Tintoretto* (Färberlein). Kolportiert wird, dass *Tizian* ihn nach gerade einmal drei Tagen Lehrzeit wieder entließ, weil er in ihm einen großen Konkurrenten heranwachsen sah. Seine „Leda mit dem Schwan" braucht in der Tat keine Kritik zu fürchten!

Saal **33 (Korridor des 16. Jh.):** Manieristische Werke verschiedener Schulen und Künstler dekorieren die Wände des Durchgangsraums, u. a. „Die Schmiede des Vulkans", ein Gemälde von *Vasari*.

Saal **34 (Saal der lombardischen Meister des 16. Jh.):** Besonders hervorstechend ist die „Susanna im Bade" von *Lorenzo Lotto*, die durch ihre für dieses Sujet unübliche Darstellungsweise überrascht. Auch Werke des großen Porträtisten *Moroni* sind in diesem Saal zu sehen.

Saal **35 (Saal Baroccis und der toscanischen Gegenreformation):** *Federico Barocci* aus Urbino verwendete bereits Elemente, die das Barockzeitalter ankündigten. Seine revolutionäre „Madonna des Volkes" lockte viele zeitgenössische Künstler herbei, deren Werke zum Teil ebenfalls in diesem Saal zu sehen sind (u. a. *Cigoli*, *Santi di Tito* und *Alessandro Allori*).

Saal **41 (Rubens-Saal):** Hier sind nach ihrer Restaurierung wieder die beiden großen Leinwände mit Szenen aus dem Leben Heinrichs IV. zu sehen. Auch das Porträt Isabelle Brandts, der ersten Frau von *Rubens*, hat hier seinen angestammten Platz.

Höchstwahrscheinlich wird in diesem Saal auch *El Grecos* „Der Evangelist Johannes und der heilige Franziskus" ausgestellt werden.

Saal **42 (Saal der Niobe):** Benannt nach der antiken Skulpturengruppe, die 1583 in einem römischen Weinberg gefunden wurde. Kardinal Ferdinand de'Medici kaufte sie und ließ sie in der Villa Medici in Rom aufstellen. Erst 1770 kam sie auf Betreiben des Großherzogs Pietro Leopoldo in die Uffizien. Beim Bombenanschlag von 1993 wurde sie schwer beschädigt und erst vor einigen Jahren wieder in dem eigens für sie konzipierten Raum aufgestellt.

Saal **43 (Caravaggio-Saal):** Wie bei der Bearbeitung seiner mythologischen Themen („Bacchus", „Medusa") zeichnet sich *Caravaggio* auch in der Darstellung biblischer Szenen durch genaue Beobachtung und erstaunliche Licht- und Schatteneffekte aus („Die Opferung Isaaks").

Saal **44 (Rembrandt-Saal):** Werke nordeuropäischer Maler des 17. Jh. Von *Rembrandt* sind Selbstbildnisse aus seiner Jugend und einige Alterswerke ausgestellt.

Saal **45 (Saal der Malerei des 18. Jh.):** Wie im Vasarischen Korridor dominieren auch hier Gemälde von italienischen und französischen Malern.

Der Vasarische Korridor: Der etwa 1,5 km lange Korridor, der nach Voranmeldung zugänglich ist, verbindet die Uffizien überirdisch mit dem Palazzo Pitti. Gebaut wurde er unter Cosimo I., der damit inmitten des städtischen Trubels einen ruhigen Weg zwischen Regierungspalast und

Residenz schaffen wollte. Die Idee, diesen Weg mit Kunstwerken auszuschmücken und ihn dadurch etwas kurzweiliger zu gestalten, machte den Vasarischen Korridor zu einer der frühesten Kunstgalerien. Über 700 Arbeiten aus dem 17.–20. Jh. von Künstlern verschiedener Nationen sind im Korridor untergebracht, darunter eine Reihe von Selbstbildnissen, u. a. auch von *Chagall*. Zahlreiche Fenster bieten dem Besucher einzigartige Ausblicke.

ⓘ Jährlich veränderte Öffnungsmodalitäten: meist 15. Mai bis Dezember 2 bis 3 Tage pro Woche geöffnet.

Dom

(Duomo di Santa Maria del Fiore)

Das Wahrzeichen der Stadt und die viertgrößte Kirche der christlichen Welt. Bis zum 14. Jh. war der innen relativ nüchtern gehaltene Bau Versammlungsort des Stadtparlaments. Mit seinen gewaltigen Ausmaßen – 153 m lang und 38 m breit – bietet er heute 4000 bis 5000 Menschen Platz. Trotzdem ist er wesentlich kleiner ausgefallen als zu Baubeginn geplant: Ursprünglich sollte der Dom die gesamte Florentiner Bevölkerung aufnehmen können – damals etwa 30.000 Menschen.

Das größte mittelalterliche Kulturereignis war die Predigt. Zu den Predigten Savonarolas z. B. versammelten sich im und vor dem Florentiner Dom bis zu 12.000 Personen. Der Platz vor dem Dom war Ort der Stadtgerichtsbarkeit und der Hauptaltar Tatort einer blutigen Machtintrige gegen die Medici (an der auch der Papst beteiligt war).

Der Bau wurde 1296 von *Arnolfo di Cambio* begonnen und nach dessen Tod von *Francesco Talenti* fortgeführt. *Brunelleschi* vollendete das Werk, indem er die imposante Kuppel aufsetzte. Der Baustil läutet bereits die Renaissance ein. Die Einweihungsfeier fand 1436 statt.

Savonarola

Die heutige, erst zwischen 1875 und 1887 nach dem Entwurf von *Emilio de Fabris* fertig gestellte **Fassade** ist farbenprächtig mit rotem, weißem und grünem Marmor verkleidet. Die Statuen in den Nischen unter dem Tympanon stellen Persönlichkeiten der Dombaugeschichte dar, über den Portalen thronen die Apostel. Weitere biblische Motive finden sich auf den kunstvollen vorderen Portalen.

Im **Inneren** wirkt der Bau ziemlich kahl, vielleicht weil er nicht allein der Lobpreisung Gottes, sondern auch als Versammlungsort diente. Im linken Seitenschiff zeigen zwei gemalte Reiterstandbilder von *Paolo Uccello* und *Andrea del Castagno* zwei berühmte Söldnerführer der Stadtrepublik: den englischen Condottiere John Hawkwood und Niccolò da Tolentino, den Heerführer der Schlacht von San Romano, in der die

Florentiner den endgültigen Sieg über die Sieneser errangen. Die dunklen Glasmalereien der Kuppel wurden nach Entwürfen von *Paolo Uccello, Donatello, Andrea del Castagno* und *Ghiberti* gefertigt.

Kuppel: Allein die Kuppel ist 35 m hoch, der gesamte Kuppelbau einschließlich der aufgesetzten Laterne erreicht eine Höhe von 107 m. Innen sind die Kuppelgewölbe mit Fresken bemalt, die das Jüngste Gericht darstellen. Der Kuppelbau wurde schon 1366 vom Stadtrat beschlossen, aber kein Baumeister wagte sich an das monumentale Werk. Erst nach einer Ausschreibung im Jahr 1418 legte *Brunelleschi* seine Pläne auf den Tisch. Die Arbeiten wurden allerdings erst 1436 abgeschlossen.

Es lohnt sich unbedingt, die Kuppel hinaufzusteigen, nicht nur wegen der berühmten **Aussichtsplattform**. Interessant ist schon allein die Konstruktion mit den auf verschiedenen Ebenen angeordneten Ziegelsteinen, die dazu

Glockenturm mit Dom

dient, die immense Spannung auszugleichen. Der Baumeister ließ für diesen Zweck eine Art „Ur-Porotonziegel" herstellen: Der Lehm wurde mit Stroh vermischt, das beim Brennen verkohlte und feine Hohlräume verursachte; dadurch wurde viel Gewicht eingespart. Im Zweiten Weltkrieg diente das Labyrinth von Gängen und Treppchen zwischen der inneren und äußeren Kuppelschale einigen hundert Flüchtlingen als Versteck vor den Nazis.

⏱ **Dom:** Mo–Sa 10–17, So und Feiertage 13.30–16.45 Uhr. **Kuppel:** Mo–Fr 8.30–19, Sa 9.30–17.40 Uhr (am ersten Sa im Monat und an Feiertagen nur bis 16 Uhr). So geschlossen. Eintritt 6 €.

Der **Campanile** wurde von *Giotto* entworfen, der jedoch vor der Fertigstellung starb. Ursprünglich sollte der Turm 122 m hoch werden, aber schließlich begnügte sich die Bauleitung mit 84 m. Mit seiner Verkleidung aus farbigem Marmor diente er als Vorbild für die Gestaltung der Domfassade.

Einzigartig sind die dekorativen **Flachreliefs** des Glockenturms. Der größte Teil wurde durch Kopien ersetzt, da die Abgase dem Material stark zugesetzt hatten. Die Originale befinden sich heute im Dommuseum. Die untere Reihe der sechseckigen Reliefs stammt von *Andrea Pisano*. Hier werden zum ersten Mal in der Florentiner Baugeschichte die Künste der Handwerker dargestellt. Schließlich kämpften damals die unteren Volksschichten um Beteiligung an der Stadtregierung.

An der Westseite beginnt der Zyklus mit der Erschaffung Adams und Evas (Feldarbeit); es folgen die ersten Viehzüchter, dann Kains Sohn Jubal (Erfinder von Musikinstrumenten) und Tubalkain (der erste Schmied), schließlich Noah, der erste Weinbauer. Die Reliefs zur Kirchenseite stammen von *Luca della Robbia* und wurden erst hundert Jahre später angefertigt. Die rhombenförmigen Reliefs weiter oben stellen die sieben Planeten, die sieben Tugenden und die sieben Sakramente dar. In den Nischen des dritten Geschosses sieht man Propheten-Statuen von *Donatello* und *Nanni di Banco*.

⏱ Täglich 8.30–19.30 Uhr, Eintritt 6 €.

Die Finanzierung des Dombaus

Verantwortlich für den Bau war nicht der Bischof, sondern die Stadtverwaltung, die die „Dombauhütte" *(Opera del Duomo)* ins Leben rief und diese mit der Ausführung betraute. Zeitweise wurden bis zu 8,5 % (!) der Florentiner Steuereinnahmen in den Bau gesteckt. Bei einer Bauzeit von fast 70 Jahren ergaben sich dadurch astronomische Summen. Da auch dies nicht ausreichte, stellte man in den Kaufmannsläden Sammelbüchsen auf und führte eine zusätzliche Erbschaftssteuer ein (unabhängig vom Vermögen drei Fiorini pro Nase).

Baptisterium   *(Battistero di San Giovanni)*

Die Taufkirche, bis ins 19. Jh. die einzige der Stadt, entstand in der zweiten Hälfte des 11. Jh. Eine besondere Sehenswürdigkeit sind die drei Eingangstore mit ihren Bronzereliefs.

Obwohl Dom und Baptisterium so dicht nebeneinander platziert sind, war die Taufkirche ursprünglich die „Hauskapelle" des anliegenden Bischofspalastes; eine Häuserreihe trennte sie vom erst später errichteten Dom.

Die Außenwände des achtseitigen Baus im Vorrenaissance-Stil, der später zu einem der Vorbilder der vorherrschenden Florentiner Architektur wurde, sind mit 5 cm dicken Platten aus weißem Carrara-Marmor und grünem Prato-Marmor verkleidet. Das Untergeschoss ist mit antikisierenden Wandpfeilern und das Kircheninnere mit alten römischen Säulen besetzt. Unter anderem wegen dieser Säulen hielten die Florentiner das Baptisterium noch bis ins 14. Jh. hinein für einen ursprünglich römischen Tempel.

Die eindrucksvollsten Arbeiten des gesamten Baptisteriums sind sicher die *Bronzetüren*, die zwischen 1330 und 1452 gefertigt wurden:

Südportal: Es stammt von *Andrea Pisano* und zeigt Begebenheiten aus dem Leben Johannes des Täufers. In den unteren acht Feldern symbolisieren Frauengestalten die christlichen Tugenden.

Nordportal: Vom Bauauftrag bis zur Fertigstellung dauerte es 20 Jahre; erst dann konnte *Lorenzo Ghiberti* das Werk abliefern. Auch hier 28 Felder, oben Stationen aus dem Leben Christi, unten die vier Evangelisten und die vier Kirchenväter.

Paradiestor: Während bei den anderen Toren die Motive nur einzeln hervortreten, wirken hier die Reliefs bildhaft komponiert. Dargestellt werden zehn Begebenheiten aus dem Alten Testament – besonders be-

eindruckend die Opferung Isaaks. Sie ist das Meisterwerk von *Ghiberti*, in dessen Werkstatt auch *Donatello* lernte. Über 25 Jahre benötigte er zum Formen und Gießen der wuchtigen Torflügel mit ihren mehr als hundert Figuren.

Auch ein Selbstbildnis hat Meister *Ghiberti* in sein Werk geschmuggelt: auf der rechten Leiste des linken Flügels inmitten einer Reihe von Seherinnen und Propheten (dritter Kopf von unten).

Wie *Michelangelos* „David" auf der Piazza della Signoria und die *Pisano*-Reliefs des Campanile ist auch das Paradiestor am Baptisterium eine Kopie.

Im Inneren glänzt das Baptisterium mit prachtvollen Mosaiken, die von venezianischen Steinschneidern angefertigt wurden. Phantastisch bis teuflisch wirkt das Deckenmosaik oberhalb der Chornische. Es zeigt einen Menschen fressenden Satan; darüber thront Jesus auf einem schillernden Regenbogen. Der Marmorfußboden weist Tierkreiszeichen und orientalische Motive auf.

Das Grabmal des Gegenpapstes Johannes XXIII. (zwischen zwei Säulen) wurde von *Donatello* und *Michelozzo* angefertigt. Johannes XXIII. war vom Konstanzer Konzil abgesetzt worden und hatte danach bei seinem Sponsor Cosimo de'Medici fürstliche Gastfreundschaft gefunden.

⏱ Mo–Sa 12–19 Uhr, So 8.30–14 Uhr, Eintritt 3 €.

Dommuseum   *(Museo dell'Opera del Duomo)*

Es steht etwas unauffällig gegenüber der Ostseite des Doms und präsentiert neben Überresten romanischer Architektur eine Reihe von Kunstwerken (u. a. Skulpturen und Reliefs), die aus dem Dom, dem Campanile und dem Baptisterium entfernt wurden, um ihren Erhalt zu sichern. Das bemerkenswerteste Kunstwerk ist eine „Pietà" *Michelangelos*, die für das eigene Grabmal des Künstlers bestimmt war. Die Skulptur war ursprünglich unvollendet, denn *Michelangelo* hatte sein Werk voller Wut zerstört, als ihm das linke Bein der Christus-Figur beim Meißeln abbrach. Sein Diener verkaufte es, und der spätere Besitzer ließ es von einem Michelangelo-Schüler restaurieren. Der Auslöser für Michelangelos Wutausbruch, das besagte Bein Christi, fehlt freilich immer noch ...

Interessant sind auch die beiden Sängerkanzeln, die früher über den Sakristeitüren des Doms angebracht waren und 1688 anlässlich der Hochzeit Cosimos III. mit Violante von Bayern entfernt wurden. Die eine stammt von *Donatello* und zeichnet sich durch ein Marmorrelief aus, auf dem halbnackte, sich balgende Kinder dargestellt sind. Bei der Kanzel *Luca della Robbias* – seinem bedeutendsten plastischen Werk – geht es dagegen etwas gesitteter zu: Die kleinen Sänger und Instrumentenspieler illustrieren den 150. Psalm.

Beachtung verdient zweifellos auch die Holzfigur der ausgezehrten, in Lumpen gehüllten Büßerin Maria Magdalena von *Donatello.*

Ein Teil der restaurierten Paradiestür (siehe Baptisterium) hat ebenfalls den Weg ins Dommuseum gefunden.

⏱ Mo–Sa 9.30–19.30 Uhr, So 9 13.40 Uhr. Eintritt 6 € **(C)**.

Medici-Grabkapellen   *(Cappelle Medicee)*

Das aufwändige Familiengrab der Medici an der nicht weit vom Dom entfernten Piazza Madonna lohnt einen Besuch schon allein wegen der Werke Michelangelos in der Neuen Sakristei.

In Auftrag gegeben wurde der kuppelförmige Bau auf der Chorseite der **Kirche San Lorenzo** (s. S. 163) von Cosimo I. Doch erst sein Sohn, Ferdinand I., war die treibende Kraft bei der Ausführung.

Man betritt zunächst eine angenehm kühle und schlichte Krypta. In den Boden sind die Grabplatten der weniger bekannten Familienmitglieder eingelassen. Darüber liegt die prunkvolle, mit Marmor und Einlegearbeiten aus Halbedelsteinen ausgestattete **Fürstenkapelle**. Speziell für die Einlegearbeiten, die in ihrer Farbenpracht und absoluten Exaktheit fast wie gemalt wirken, wurde damals eine eigene

Florenz
Karte S. 120/121

Steinschneideschule, das *Opificio delle Pietre dure*, ins Leben gerufen, die noch heute existiert. Die riesigen, fast plump wirkenden Sarkophage waren für die Familie Cosimos bestimmt. In den kleinen Kapellen hinter dem Altar sind alte Goldschmiedearbeiten zu bewundern.

In der von *Michelangelo* gestalteten **Neuen Sakristei** drängt sich ständig eine dichte Menschentraube, darunter jede Menge Kunstprofessoren, die ihren versammelten Schülern wortreich das Werk des Meisters erläutern. Drei Jahre lang arbeitete er an der Sakristei, ohne sie vollenden zu können.

Die Grabskulpturen sind den beiden Medici Lorenzo und Giuliano gewidmet. Beide haben zu Lebzeiten wenig Bedeutendes vollbracht und sind eigentlich nur durch *Michelangelos* Grabmonumente zu einem gewissen Ruhm gekommen. Rechts die Skulptur Giulianos, der als Feldherr dargestellt ist, links die Skulptur Lorenzos, die den Herzog in nachdenklicher Haltung zeigt. Beiden Skulpturen sind allegorische Liegefiguren beigefügt, die die Charaktereigenschaften der Dargestellten versinnbildlichen sollen.

⊙ Täglich 8.15–17 Uhr, jeden 2. und 4. Sonntag im Monat geschlossen. Eintritt 6 € **(S)**. Piazza Madonna (Kirche San Lorenzo).

Bargello   *(Museo Nazionale del Bargello)*

Das weltberühmte Museum für Bildhauerei ist von außen ein schlichter, festungsartiger Bau aus dem 13. Jh., der später immer wieder erweitert wurde. Ursprünglich war er Amts- und Wohnsitz des *Podestà*, des von den Bürgern gewählten Stadtoberhauptes; später tagte hier das Kirchengericht. 1574 zog der Polizeipräsident (im Volksmund *bargello* =„Büttel“) in den altehrwürdigen Palast ein und verwandelte ihn in ein Gefängnis mit Folterkammern und Schafott. Damals wurden die Außenmauern des Gebäudes zur Abschreckung mit Schandbildern bemalt; sie zeigten überlebensgroße Hinrichtungsszenen der bekanntesten zeitgenössischen „Volksverräter“.

Wer den Bau von außen betrachtet, erwartet kleine Rittersäle und enge Treppenaufgänge. Doch die für den Bargello zuständigen Baumeister der Frührenaissance brachten „Weihrauchduft“ in den Staatspalast, die riesigen Säle und Bogengänge schaffen fast Kirchenatmosphäre.

Man betritt den Bargello durch einen schönen Innenhof, umgeben von einem Portikus. Hier stehen Statuen aus der Hochrenaissance, darüber eine malerische Loggia.

In den einzelnen Sälen sind Skulpturen (Mittelalter bis zum 16. Jh.) zu sehen, darunter große Werke von *Michelangelo* („Bacchus“, „Tondo Pitti“, „Brutus“ u. a.), *Benvenuto Cellini*, *Ammannati*, *Verrocchio* und *Giambologna*.

Der Innenhof des Bargello

Im ersten Stock sind Werke von *Donatello* ausgestellt („Heiliger Georg", „David" und „Johannes der Täufer"). Außerdem kann man sich Glas- und Bronzearbeiten, Elfenbeinschnitzereien, Terrakotten, Hieb- und Stichwaffen sowie Werke weniger bekannter Florentiner Künstler anschauen.

⏱ Täglich 8.15–18 Uhr, geschlossen am 1., 3. und 5. Sonntag im Monat sowie am 2. und 4. Montag. Eintritt 7 € **(S)**. Via del Proconsolo 4.

Galleria dell'Accademia

Die von Cosimo I. 1562 gegründete Florentiner Kunstakademie beherbergt Gemälde und Skulpturen, die aus der Zeit zwischen dem 13. und 18. Jh. stammen. Darunter sind Werke toscanischer und umbrischer Künstler wie *Botticelli, Fra Bartolomeo, Filippino Lippi, Pontormo* und *Perugino* – aber auch russische Ikonen und die berühmte Hochzeitstruhe „Cassone Adimari". Doch werden sie alle von einem einzigen Werk in den Schatten gestellt, dem viel kopierten „David" von *Michelangelo.* Das 4,10 m hohe Meisterwerk entstand 1501 als Symbol der Demokratie und als Zeichen des (vorübergehenden) Sieges über die Tyrannei der Medici. Der „David" ist seit einem Anschlag auf seinen Fuß nur noch von vorne zu betrachten. Derzeit bekommt David allabendlich nach Schließung der Ausstellung eine „Körperpflege" verpasst; eine Spende in Höhe von 160.000 € soll einen Großteil der anfallenden Kosten tragen.

In der allgemeinen Begeisterung über den vom Licht überfluteten „David" wird häufig übersehen, dass in den Gängen rechts und links noch andere Skulpturen *Michelangelos* ausgestellt sind. Dazu zählen der „Matthäus" sowie die „Sklaven", die nach dem Tod des Künstlers in den Besitz Cosimos I. kamen, der sie in Buontalentis Grotte in den Boboli-Gärten aufstellen ließ; dort befindet sich heute eine wenig überzeugende Nachbildung. Wenn man die „Sklaven" betrachtet, gewinnt man den Eindruck, als versuchten die Figuren vergeblich, sich aus dem Stein zu befreien – offenbar ein Sinnbild dafür, dass die menschliche Existenz an die Materie gebunden ist, aus der es kein Entrinnen gibt.

⏲ Di–Sa 8.15–18.50 Uhr, Mo geschlossen. Eintritt 6,50 € **(S)**. Via Ricasoli 60.

Ponte Vecchio

Der Ponte Vecchio ist die einzige noch erhaltene mittelalterliche Brücke in Florenz; die übrigen wurden kurz vor dem Ende des Zweiten Weltkriegs von der deutschen Wehrmacht zerstört, um den Vormarsch der alliierten Truppen zu stoppen. Ursprünglich waren hier ausschließlich Florentiner Handwerker mit ihren Verkaufsständen zu finden (vor allem Metzger). Erst im 16. Jh. zogen die Goldschmiede ein. Falls Sie sich über die kleinen Schlösser an dem Gitter der Cellini-Statue wundern: Liebespaare bringen sie dort an und werfen den Schlüssel in den Arno. Das romantische Bekenntnis findet allerdings keine ungeteilte Zustimmung. Aus Angst um das Denkmal lässt die Stadtverwaltung die Schlösser alle paar Wochen entfernen ...

Der Bau der Brücken unterlag bis ins 13. Jh. der kirchlichen Verwaltung. Sie musste ebenso wie die Dombaugesellschaft Gästehotels bereit stellen. In den Brückenhotels nächtigten die Kaufleute, während im Domhotel Beamte Unterkunft fanden. Grundstücke waren damals so teuer, dass auf den Brücken Ladenstraßen mit kleinen Buden entstanden. Mietverträge mit 20-jähriger Laufzeit für die Läden sollten die Baukosten abdecken.

Andere Brücken dienten dem Gebet. Dort ließen sich Bettelmönche in kleinen Kabäuschen einmauern und lebten von Essensgeschenken, die durch eine Luke hineingeschoben wurden. Eine Kapelle mit Muttergottesbild half gegen Liebesschmerz; der scheint damals bereits dermaßen verbreitet gewesen zu sein, dass die Bittgeschenke täglich abgeräumt werden mussten, um Platz für neue zu schaffen.

Palazzo Pitti

Der Palast, der so, wie er heute zu sehen ist, erst 1839 fertig gestellt wurde, liegt an der Verlängerung des Ponte Vecchio (auf der südlichen Flussseite). Seine Entstehung verdankt er den überbordenden Repräsentationsbedürfnissen der Patrizierfamilien des 15. Jh. Der reiche Kaufmann Pitti wollte den größten Bau der Stadt schaffen, um mit dem Glanz der Medici konkurrieren zu können. *Brunelleschi* entwarf den mittleren Gebäudeteil im Renaissance-Stil, das Innere prunkt mit aufwändigen Sälen. Doch die Pitti gingen bald Pleite, und so wurde der Palast von den Medici übernommen, die zeitweise hier lebten und herrschten. Heute sind in dem Gebäude mehrere Museen und Galerien untergebracht, deren Beliebtheit von Jahr zu Jahr wächst. Die Menschenschlangen am Eingang werden, vor allem während Sonderschauen, nur noch von denen an den Uffizien übertroffen. Karten deshalb unbedingt vorbestellen (siehe Kasten „Eintrittspreise und Kartenvorverkauf", S. 139).

Galleria Palatina: Über 500 von den Medici gesammelte Arbeiten aus verschiedenen Kunstepochen dekorieren die Säle. Eine Ordnung ist nicht auszumachen. Fres-

Ponte Vecchio – früher die Brücke der Metzger, heute wird wertvoller Goldschmuck in den Brückengeschäften feilgeboten

ken und Bilder hängen von der Decke bis zum Boden dicht beieinander – Kunst statt Tapete. Die Masse erschlägt den Besucher, das Auge findet kaum Halt. Trotzdem sei der Besuch empfohlen, allein schon wegen des guten Einblicks in den verschwenderisch-aufwändigen Lebensstil der Herrscherfamilie. Neben der Privatkapelle der Großherzogin Maria Magdalena von Österreich (Gemahlin Cosimos II.) ist auch ihr Badezimmer zu sehen – ein eher bescheidener Ort inmitten der prunkvollen Räumlichkeiten.

Wer sich Zeit nimmt, findet in der Masse Gemälde von *Raffael, Rubens, Tizian, Caravaggio, Perugino, Fra Bartolomeo, Vasari, Sodoma, Andrea del Sarto, Tintoretto, Luca Signorelli, van Dyck, Velazquez ...*

Galleria dell'Arte Moderna: In der Hauptsache Bilder des Klassizismus (19. Jh.), aber auch des Macchiaiolo-Stils (der Name kommt von ital. *macchia* = Farbklecks) – diesen Künstlern waren alle akademischen Malregeln ein Gräuel.

Silbermuseum: Die riesige Sammlung von Juwelen, Porzellan, Stoffen und Edelsteinen ist in Sälen mit prunkvollen Panoramafresken untergebracht.

Darüber hinaus beherbergt der Palazzo eine Kostümgalerie und ein Porzellanmuseum. Wer Interesse hat, kann sich noch die **Appartamenti Monumentali** anschauen; in den „königlichen Gemächern" wohnten die Medici und eine Zeit lang auch die italienischen Könige.

② **Galleria Palatina:** 8.15–18.50 Uhr, Mo geschlossen. Eintritt 6,50 € **(S)**.

Galleria dell'Arte Moderna und Kostümgalerie: 8.15–13.50 Uhr. Am 2. und 4. Sonntag im Monat sowie am 1., 3. und 5. Montag geschlossen. Eintritt 5 € **(S)**.

Silbermuseum und Porzellanmuseum: 8.15–18.30 Uhr, April/Mai/Sept. bis 19.30 Uhr; Juni/Juli/Aug. nur bis 16.30 Uhr; Nov.–Febr. bis 17.30 Uhr; März und Okt. 1. und 4. Montag im Monat geschlossen. Eintritt 7 € **(S)**. Das Ticket gilt auch für die Boboli-Gärten (s. u.).

Appartamenti Monumentali: 8.15–18.50 Uhr, Mo geschlossen.

Boboli-Gärten   *(Giardini di Boboli)*

Hinter dem Palazzo Pitti (weiterer Eingang neben der Porta Romana) erstrecken sich die Boboli-Gärten, eine kunstvoll gestaltete Parkanlage. Meterhohe Hecken, in denen Nischen für Büsten und kleine Skulpturen ausgespart sind, unterteilen das weitläufige Gelände. Hier findet man immer ein schattiges Plätzchen. Am besten, man durchstreift die Boboli-Gärten durch die kühlen, überwachsenen Bogengänge seitlich der Hauptwege. Sehenswert ist der *Bacchus-Brunnen* gleich am Eingang hinter dem linken Palastflügel. Das dicke Männchen auf der Schildkröte war der Hofzwerg Cosimos I.

Ein Stück von dieser skurrilen Figur entfernt liegt die *Grotte des Buontalenti*, eine künstliche Tropfsteinhöhle zum Entertainment der Blaublütigen. Hier standen früher die „Sklaven" von *Michelangelo*, die heute durch eine billige Tuffnachbildung ersetzt sind (Original in der Galleria dell'Accademia, s. o.). Im Original zu sehen ist hingegen eine schöne „Venus" von *Giambologna* in der letzten Grotte. Etwas oberhalb trifft man auf einen riesigen Brunnen mit einem verspielten Gärtchen, das von einem breiten Wassergraben umschlossen ist. Von den oberen Gartenanlagen genießt man einen herrlichen Ausblick auf die Dächer von Florenz.

① 8.15–18.30 Uhr, April/Mai/Sept. bis 19.30 Uhr; Juni/Juli/August nur bis 16.30 Uhr; Nov.–Febr. bis 17.30 Uhr; März und Oktober 1. und 4. Montag im Monat geschlossen. Eintritt 7 € **(S)**. Das Ticket berechtigt auch zum Besuch des Porzellan- und Silbermuseums (s. o.).

Forte di Belvedere

Die Festung auf einer Hügelkuppe oberhalb des Palazzo Pitti (hinter den Boboli-Gärten) stammt aus der Zeit des ausgehenden 16. Jh. und wurde von *Buontalenti* entworfen.

Hier oben hat man eine tolle Aussicht über die Stadt. In der Festung finden wechselnde Ausstellungen statt (Belvedere dell'Arte, 8 € Eintritt). Ein wenig unterhalb liegt ein nettes Terrassencafé. Hinter dem Forte führt die Via Belvedere an der alten Befestigungsmauer entlang ins Tal zurück. Ein schöner Spazierweg: auf der einen Seite die Festungsmauer mit grünen Büschen und Olivenbäumen, rechts der Straße Gärten. Unten angekommen, führt rechts eine Steintreppe hinauf zum Piazzale Michelangelo.

Piazzale Michelangelo

Der berühmteste Aussichtspunkt von Florenz liegt am grün bewachsenen Berghang. Den riesigen asphaltierten Platz, gesäumt von einer niedrigen Balustrade, ziert eine weitere Kopie von *Michelangelos* „David". Tagsüber werden beim Betrachten der Stadt allerdings wenig romantische Anwandlungen aufkommen, denn dann ist der Platz voll von Reisebussen, Touristen und den Auslagen der Souvenirläden. Schöner ist es hier in den Abendstunden.

San Miniato al Monte

Das von Florentiner Liebespärchen gern besuchte Kirchlein liegt mitten im Grünen auf einer Hügelkuppe oberhalb des Piazzale Michelangelo. Auf den Rasenflächen daneben darf man es sich gemütlich machen.

Die äußerst klare Linienführung der Frontfassade ist typische Florentiner Romanik des 11. Jh., durch die verschiedenfarbige Marmorverkleidung werden hübsche geometrische Muster erzeugt. Im Inneren beeindrucken Freskenmalereien und die feinen Marmorintarsien am Fußboden. Prunkstück ist die Kanzel, eine Filigranarbeit (ebenfalls) in Marmor. Geweiht ist die Kirche dem heiligen Miniatus, einem Opfer des Kaisers Decius, der als einer der fanatischsten Christenverfolger in die Geschichte einging. Miniatus starb hier, nachdem er von seiner Hinrichtungsstätte geflohen war und mit seinem Kopf in der Hand den Arno überquert hatte – so jedenfalls erzählt es die Legende.

ⓘ Im Sommer Mo–Sa 8.30–19 Uhr, im Winter Mo–Sa 8–12.30 u. 14.30–19.30 Uhr.

Kirchen und Klöster

Neben der Stadt, die den Dom finanzierte, waren die Ordensgemeinschaften die fleißigsten Kirchenbauer. Es entstanden wuchtige Kirchenschiffe in gotischem Stil, die von der schlichten Zisterzienserarchitektur beeinflusst waren.

⅄Santa Croce   *(siehe Karte S. 157)*

Kirche und Ruhmeshalle zugleich. Hier liegen neben *Michelangelo, Machiavelli* und *Galilei* noch weitere verdienstvolle Florentiner Bürger begraben.

Santa Croce wurde von den Franziskanern erbaut und ist die an Kunstschätzen reichste Kirche von Florenz. Der Bau der riesigen Hallenkirche (116 m lang) zog sich von 1295 bis 1385 hin. Mitte des 16. Jh. gestaltete *Vasari* das Kircheninnere drastisch um, ließ den Chor der Patres abreißen und in den Seitenschiffen Marmoraltäre aufstellen – ein heute nicht nachvollziehbarer Fauxpas, dem die gotischen Wandmalereien zum großen Teil zum Opfer fielen. Das, was heute noch in den Querhauskapellen an Fresken erhalten ist, vermittelt nur eine Ahnung vom ur-

Santa Croce

sprünglichen Bilderschmuck, der vor Vasaris Eingriff alle Kirchenwände überzogen haben muss.

Hauptschiff: Das *Grabmal Michelangelos (1)* ist kaum zu übersehen. Cosimo I. ließ den toten Meister aus Rom in seine Heimatstadt überführen, und *Vasari* baute die Grabstätte. Auf dem Sarkophag werden die Künste der Malerei, Bildhauerei und Architektur symbolisiert.

Eine Nische weiter wurde im 19. Jh. ein Denkmal für den in Florenz geborenen Dichter *Dante Alighieri (2)* errichtet. Unweit davon steht eine fein skulptierte Marmorkanzel von *Benedetto de Maiano* (15. Jh.) *(3)* mit fünf Flachreliefs, die aus dem Leben des heiligen Franziskus erzählen.

Als Nächstes gelangt man zum *Grabmal Machiavellis (4)*, vor dessen Größe der Verfasser der Inschrift kapitulierte: „Für einen so großen Namen ist kein Lob groß genug", meint er in lateinischer Sprache.

Ein paar Meter weiter *Donatellos* „Verkündigung" (5), ein fein bearbeitetes, vergoldetes Sandsteinrelief. Der von Gottvater gesandte Engel verkündet in Demut die wundersame Empfängnis der Gottesmutter. Maria wird von *Donatello* als ein unschuldiges Bauernmädchen dargestellt – ganz im Gegensatz zu den madonnenhaften Bildnissen anderer Meister des 15. Jh.

Gleich daneben liegt der Opernkomponist *Gioacchino Rossini (6)* begraben, kein Florentiner, nicht einmal Toscaner, sondern aus den Marken stammend und in Paris gestorben – aber eben doch ein berühmter Italiener.

An der linken Wand des Längsschiffs, gleich gegenüber dem Michelangelo-Grab, ruht *Galileo Galilei (17)*, dem die Inquisition zweimal den Prozess machte. Hundert Jahre später räumte man ihm aber dennoch einen Ehrenplatz in der Kirche ein.

Seitenkapellen im Transept (7): Sie wurden im sachlich-schlichten Baustil der Zisterziensermönche erbaut. Ein Leckerbissen sind sie wegen der zum Teil restaurierten Fresken von *Giotto*, *Gaddi* und anderen.

Baroncelli-Kapelle (8): Sie enthält das *Grabmal der Familie Baroncelli* (Bernardo Baroncelli wurde nach einer Verschwörung gegen die Medici gehenkt). Die Fresken stammen von *Taddeo Gaddi*, einem Schüler *Giottos*. Bei der Verkündigungsszene sitzt die Jungfrau Maria demütig am Boden. *Gaddis* Stil ist märchenhaft, seine Motive sind häufig Nachtszenen (z. B. „Verkündigung an die Hirten").

Von *Giotto* und seinen Schülern (darunter auch *Taddeo Gaddi*) stammt der Altar der Kapelle mit der Darstellung der Krönung Marias. Dank der vielen Heiligenscheine dominiert Gold das Bild.

Giugni-Kapelle (12): Früher zierten möglicherweise Fresken von *Giotto* ihre Wände. Die Kapelle hatte mehrere Stifter, bevor sie endgültig von den Bonapartes vereinnahmt wurde. Im schmucklosen Interieur ruhen Napoleons Schwägerin Julie Clairy Bonaparte sowie deren Tochter Charlotte Bonaparte, von Napoleons Gnaden Infantin von Spanien und „ihres Namens würdig", wie die Inschrift vermerkt.

Peruzzi-Kapelle (13): Die zu ihrer Zeit reichste Bankiersfamilie Peruzzi (später bankrott wie die Bardi) gab *Giotto* den Auftrag zur Wandbemalung (1328). 1714 übertüncht, wurden die Bilder erst Mitte des letzten Jahrhunderts wieder freigelegt. *Giotto* stellte viel Architektur ins Bild, um den Figurengruppen einen Rahmen zu geben. Menschliche Körperformen stellte er realistisch, fast plastisch dar. An der linken Seite die Geschichte Johannes des Täufers, rechts Geschichten aus dem Leben des Evangelisten Johannes.

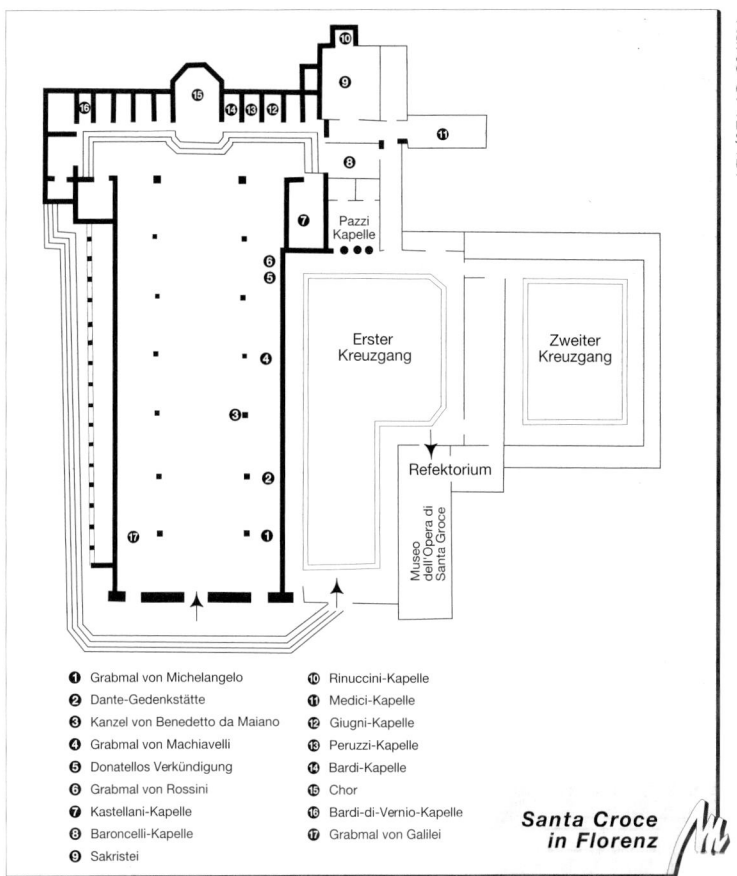

- ❶ Grabmal von Michelangelo
- ❷ Dante-Gedenkstätte
- ❸ Kanzel von Benedetto da Maiano
- ❹ Grabmal von Machiavelli
- ❺ Donatellos Verkündigung
- ❻ Grabmal von Rossini
- ❼ Kastellani-Kapelle
- ❽ Baroncelli-Kapelle
- ❾ Sakristei
- ❿ Rinuccini-Kapelle
- ⓫ Medici-Kapelle
- ⓬ Giugni-Kapelle
- ⓭ Peruzzi-Kapelle
- ⓮ Bardi-Kapelle
- ⓯ Chor
- ⓰ Bardi-di-Vernio-Kapelle
- ⓱ Grabmal von Galilei

Santa Croce in Florenz

Bardi-Kapelle (14): Zu Ehren der Bardi-Familie malte *Giotto* Episoden aus dem Leben des heiligen Franz von Assisi. Links die „Ablage der Kleider vor dem Bischof Guido und dem Padre Bernardone", „Der Heilige erscheint in der Kirche von Arles" und „Tod des Heiligen" (Franz von Assisi liegt tot auf der Bahre, seine Seele wird von vier Engeln in den Himmel getragen). Rechts die „Verleihung der Ordensregel", die „Feuerprobe vor dem Sultan" und die „Visionen des Bruders Augustin und des Bischofs von Assisi". Oben im Gewölbe die drei franziskanischen Tugenden: Armut, Gehorsam, Keuschheit. Das Altarbild der Kapelle, ein kostbares Gemälde auf Holz, stammt aus dem 13. Jh. und zeigt ebenfalls Franziskus und Episoden aus seinem Leben. Über dem Eingang zur Bardi-Kapelle ist ein weiteres Fresko von *Giotto* zu sehen, die „Stigmatisierung des heiligen Franziskus auf dem Berg La Verna".

Bardi-di-Vernio-Kapelle (16): Die Kapelle der Papstbankiers-Familie Bardi. Über dem Grab ein Fresko von *Maso di Banco* (ca. 1340), ebenfalls ein Schüler *Giottos*.

Es zeigt das Jüngste Gericht. Der Stifter, Bettino (oder Andrea) di Bardi, ist darauf abgebildet: Gerade wieder auferstanden, kniet er auf seinem Sarkophag und blickt flehend zum Himmel. „Die Grablegung" daneben stammt von *Taddeo Gaddi*. An der rechten Wand Geschichten aus dem Leben von Papst Sylvester und Kaiser Konstantin, wiederum von *Maso di Banco*: Sylvester bändigt den Drachen, der das Capitol verwüstet hat, und erweckt zwei von dem Ungeheuer Getötete zum Leben. Rechts naht Kaiser Konstantin heran und wird Zeuge des Wunders – und damit Christ.

Pazzi-Kapelle: Der von *Brunelleschi* konzipierte Familientempel steht am Kopfende des ersten Kreuzgangs und ist von diesem über einen separaten Eingang zu erreichen. *Brunelleschi* engagierte für die Ausschmückung eine Reihe berühmter Zeitgenossen, u. a. *Donatello* und *Luca della Robbia*. Vom Meister selbst stammen die vier schmucken Evangelisten-Medaillons in der Kuppel.

40 Jahre nach der Fertigstellung der Kapelle wurden Mitglieder der Familie Pazzi auf der Piazza della Signoria gehenkt. Ihre Verschwörung gegen die Medici hatte sich als Fehlschlag erwiesen. *Botticelli* bekam übrigens den Auftrag, die Hinrichtungsszene auf der Mauer des Palazzo Vecchio zu verewigen.

⏱ Tägl. 9.30–17.30 Uhr, Ostern bis Ende Oktober ab 9 Uhr, So 13–17 Uhr, Eintritt 4 €. Piazza Santa Croce (auf dem Platz findet im Juni der traditionelle Calcio Storico Fiorentino statt, siehe S. 116).

San Marco *(Museo di San Marco)*

Das überaus harmonische Dominikanerkloster ist vor allem für die Werke *Fra Angelicos* (1387–1455) bekannt. Nirgendwo finden sich so viele seiner Fresken und Bilder wie hier. Der malende Mönch lebte im nahen Dominikanerkonvent von Fiesole, als er den Auftrag erhielt, San Marco auszuschmücken. Gebaut wurde die Anlage als Erweiterung eines früheren Silvestrinerklosters. Das Kapital stellten die Medici zur Verfügung. Cosimo Il Vecchio verbrachte hier seinen Lebensabend, im Unterschied zu seinen mönchischen Wohngenossen immerhin in einer Doppelzelle. Ein weiterer illustrer Gast von San Marco war Savonarola. Der berühmte Dominikanerprediger amtierte hier als Prior, bevor er politisch von sich reden machte. Zum Kloster gehören zwei Kreuzgänge; der hintere ist den Mönchen vorbehalten. Die Kirche selbst ist wenig aufregend, umso mehr das **Museum**, das den Kreuzgang des heiligen Antoninus mit den angrenzenden Räumlichkeiten sowie die darüber liegenden 44 Mönchszellen und eine Bibliothek umfasst.

Im **Kreuzgang des heiligen Antoninus** ist ein fast 10 m breites Kreuzigungsfresko von *Fra Angelico* die Hauptsehenswürdigkeit. An den Nebenkreuzen hängen die beiden Leidensgenossen Jesu: blond der gute, schwarzhaarig der böse.

Hinter dem Kreuzgang liegt das **Große Refektorium**. Es wird dominiert vom „Wundertätigen Mahl des heiligen Dominikus" mit der Kreuzigung darüber. Das Fresko stammt von *Giovanni Antonio Sogliani* und lehnt sich in seiner Komposition an die klassischen Darstellungen des letzten Abendmahls Christi an: Anstelle der zwölf Apostel sitzen zwölf Dominikaner zu Tisch, im Zentrum als älterer Mann der Ordensstifter. Der Tisch ist leer, die Gläser stehen umgekehrt. Zum Glück sind zwei Engel hereingeschwebt, die Speis und Trank bringen. Aufmerksamkeit verdienen die sehr individuellen Gesichtszüge der Mönche, der Maler hat eindeutig damals im Kloster lebende Mönche porträtiert.

Das **Kleine Refektorium**, über eine Treppe vom Korridor aus erreichbar, zeigt – Refektorien sind schließlich Speiseräume – das „Letzte Abendmahl" von *Ghirlandaio*.

In der **Sala del Lavabo** (Waschraum) ist *Fra Angelico* mit zwei Tafelgemälden vertreten, die dem Frühwerk des Meisters zugeordnet werden. Das eine zeigt den heiligen Franziskus und den heiligen Onofrius, Letzteren mit Haupthaar bis zu den Waden. Die **Sala di Fra Bartolomeo** ist speziell diesem Künstler gewidmet, in der gegenüberliegenden, noch kleineren **Sala di Baldovinetti** ist ein Tafelgemälde von *Benozzo Gozzoli*, *Fra Angelicos* berühmtestem Schüler, zu sehen.

Die **Sala degli Ospiti** (Pilgerherberge) schließlich ist das Kernstück des Museums. Hier sind u. a. einige Werke von *Fra Angelico* ausgestellt. Auf zwei monumentalen Tafelgemälden sieht man die „Thronende Maria mit Kind", umgeben von Heiligen. Eines von ihnen, mit Cosimus und Damian im Vordergrund, war für den Hochaltar von San Marco bestimmt. Die streng symmetrische und perspektivische Komposition (man beachte den Fußboden, auf dem Cosimus und Damian knien) verleiht dem Bild eine optische Tiefenwirkung.

Bei der Betrachtung des „Jüngsten Gerichts" erfährt man, wohin die Reise am Jour fixe gehen kann: ins Paradies oder in die von Fra Angelico sehr ergötzlich gestaltete Küche des Teufels, dort in den Schmortopf und dann ins bluttriefende Maul eines schwarzen Monsters. Eine Reihe offener Gräber, wie sie 500 Jahre später *Salvador Dalí* gezeichnet haben könnte, trennt Himmel und Hölle.

Ein weiteres großartiges Werk sind die Türfelder eines Silberschranks, die in 35 Darstellungen aus dem Evangelien erzählen. An der Ausführung war neben dem Meister und seiner Werkstatt auch *Alesso Baldovinetti* beteiligt.

Im Obergeschoss befinden sich insgesamt 44 **Mönchszellen**, jede mit einem Fresko ausgestattet, einige stammen von *Fra Angelico* selbst, andere hat er nur konzipiert und die Ausführung seinen Schülern überlassen.

Eine Besonderheit bildet die Zelle Savonarolas (Zelle Nr. 12), eine kleine Gedenkstätte an den gestrengen Dominikanermönch, der wegen seiner feurigen Reden wider den Sittenverfall auf dem Scheiterhaufen landete. Zwei Bilder von unbekannten Malern des 17. Jh. zeigen seine öffentliche Hinrichtung auf der Piazza della Signoria. Daneben hängt das berühmte Savonarola-Porträt von *Fra Bartolomeo*, einem seiner glühendsten Anhänger. Von der Zelle Nr. 38 führt ein Durchbruch zum nächsten Abteil mit der Nr. 39. Die „Zweizimmerwohnung" war Cosimo dem Älteren, dem Stifter von San Marco, zugedacht, der hier seinen Lebensabend verbrachte.

Zum Abschluss sollte man durch die lang gestreckte **Bibliothek** wandeln, deren Eingang zwischen den Zellen Nr. 42 und 43 liegt – nach 44-maligem Bücken und Reinschauen in eine enge Mönchszelle eine wahrhafte Erholung.

ⓘ Mo–Fr 8.15–13.50 Uhr, Sa 8.15–18.50 Uhr, So und Feiertage 8.15–19 Uhr; geschlossen am 2. u. 4. Mo im Monat und am 1., 3. und 5. So. Eintritt 4 € **(S)**.

Santissima Annunziata und Spedale degli Innocenti

In den 30er Jahren des 13. Jh. erbauten die Serviten, die „Diener Mariens", außerhalb der Stadtmauern ein kleines Heiligtum zu Ehren der Jungfrau, das bald zum viel besuchten Wallfahrtsort wurde und schon wenige Jahre darauf erweitert werden musste. Die jetzige Basilika, die den architektonisch vollendetsten Platz von Florenz im Norden abschließt, geht auf die Mitte des 14. Jh. zurück.

Besonders beeindruckend ist der **Vorhof** von *Michelozzo*, der wegen der einstmals hier dargebotenen Votivgaben auch **Chiostrino dei Voti** heißt. Die Wände sind mit wunderbaren Fresken u. a. von *Rosso Fiorentino*, *Pontormo* und *Andrea del Sarto* überzogen, die das Leben der Jungfrau Maria zum Inhalt haben. Im Inneren kann man Werke von *Bronzino* und *Andrea del Castagno* und ein Altarbild von *Perugino* bewundern. Den **Großen Kreuzgang (Chiostro dei Morti)** schmückt die berühmte „Madonna del Sacco" von *Andrea del Sarto*: Josef, an einen Getreidesack gelehnt, liest aus dem Heiligen Buch, während die zarte Maria das lebhafte Jesuskind auf ihrem Schoß zu bändigen sucht.

Rätsel um „Mona Lisa" gelöst?

Im angegliederten Institut für Militärgeographie – das Gebäude gehörte früher zum Klosterkomplex –, wurde 2005 eine vergessene Werkstatt von Leonardo da Vinci entdeckt. Der sensationelle Fund liegt am Ende eines bisher zugemauerten Treppenaufgangs, den ein Restaurator des Instituts aus Neugierde aufbrechen ließ. Das Studio besteht aus fünf Räumen, deren Wände von Fresken verziert sind. Ob diese vom Meister selbst stammen, ist unklar. Leonardo hatte zahlreiche Schüler, die ihn bei seinen vielen Auftragsarbeiten unterstützten. Auch Leonardos berühmtestes Gemälde, die „Mona Lisa", war eine solche Auftragsarbeit: Francesco del Giocondo, ein reicher Florentiner Seidenhändler, ließ seine Frau porträtieren – Lisa. Und weil die Familie eine Kapelle im Kloster Annunziata besaß, spricht viel dafür, dass Leonardo die „Mona Lisa" in der wieder entdeckten Werkstatt begann. Beendet hat er das Bild ganz sicher anderswo, denn das Porträt verlangte ihm weitaus mehr Zeit ab als die zwei Jahre, die er in dem florentinischen Kloster arbeitete.

An der rechten Längsseite des Platzes steht das **Spedale degli Innocenti**, das ehemalige Findelhaus von Florenz. Die wohlhabende Seidenhändlerzunft hatte diesen Bau 1419 bei *Brunelleschi* in Auftrag gegeben, fertig gestellt wurde er 1445 von *Francesco della Luna*. Noch bis 1875 konnte man unerwünschte Kinder durch eine kleine Drehtür (*Ruota degli Innocenti*) an der linken Schmalwand der Loggia, der Obhut der Kirche anvertrauen – ohne dabei erkannt zu werden. Die noch von *Brunelleschi* entworfenen Tondos füllte *Andrea della Robbia* 1487 mit Terrakottareliefs, die die kleinen Insassen des Waisenhauses darstellen.

Santa Maria Novella

Das erste Dominikaner-Kloster von Florenz stammt aus dem 13. und 14. Jh. Wer sich dem Kloster vom Bahnhof her nähert, findet den etwas groben gotischen Bau sicher zunächst wenig attraktiv. Geht man jedoch weiter an der alten Friedhofsmauer entlang bis zur großzügigen Piazza Santa Maria Novella, zeigt sich die Kirche von ihrer schmuckeren Seite. Der obere Teil der Fassade aus schwarzem und weißem Marmor wurde erst im 15. Jh. fertig gestellt; im Giebel prangt die Sonne, das Wappen des Stadtviertels Santa Maria Novella. Die begrünte Piazza selber – ein angenehmer Ruhepunkt in der hektischen Stadt – ist auch einen Augenschein wert. Die beiden Obelisken, auf je vier bronzenen Schildkröten ruhend, dienten als Ziel beim traditionellen *Palio dei Cocchi* (Wettrennen der Kutschen), der noch bis zur Mitte des 19. Jh. ausgetragen wurde.

Im Inneren ist die Kirche ziemlich kahl. Sie ist fast 100 m lang und wirkt dank der zebragestreiften Gewölbebögen im Mittelschiff noch länger – ein optischer Trick der gotischen Architektur. Doch man darf sich vom ersten Eindruck nicht täuschen lassen, denn auch in dieser Kirche finden sich einige großartige Kunstwerke.

Das bemerkenswerteste unter ihnen ist zweifellos das Trinitätsfresko von *Masaccio* über dem dritten Altar der linken Seitenwand. Als das Trinitätsfresko 1427 vollendet war, sprachen Künstlerkollegen zu Recht von noch nie erreichter künstlerischer Qualität: Es war eines der ersten Werke mit Zentralperspektive, die später für die Renaissance bestimmend wurde. Die geschickte Platzierung der Figuren im Bildraum unterstreicht die optische Tiefenwirkung zusätzlich: Gottvater über und gleichzeitig auch hinter dem gekreuzigten Christus, dazwischen symbolisiert eine Taube den Heiligen Geist. Im untersten Teil des Gemäldes erinnert ein menschliches Skelett an die Vergänglichkeit alles Irdischen. Auf den Stufen darüber – zwischen Tod und göttlicher Dreieinigkeit – kniet das Stifterehepaar Lenzi.

Die Hauptkapelle des Chors ist vollständig mit Fresken von *Ghirlandaio* ausgeschmückt. Der Auftraggeber, *Giovanni Tornabuoni*, wünschte sich, dass das Werk der „Lobpreisung seines Hauses und seiner Familie" diene. Diesen Wunsch hat Ghirlandaio auch ausgiebig berücksichtigt. Diverse Tornabuoni und Mitglieder befreundeter Familien figurieren als Komparsen in den biblischen

Taubenfüttern – verbotene Tierliebe

Darstellungen. Die Noblesse der florentinischen Renaissance gibt sich in Ghirlandaios Fresken die Ehre – eine Mischung aus sakraler Kunst und Portratmalerei.

Die Malereien der ersten Seitenkapelle rechts, der so genannten *Filippo-Strozzi-Kapelle*, sind ein Werk von *Filippino Lippi*, der hier einige sehr drastische Szenen zeigt, z. B. die „Kreuzigung des heiligen Philipp", eine offensichtlich technisch recht anstrengende Hinrichtung, oder das „Martyrium des Evangelisten Johannes": Der Heilige trägt ein Kochtopf, betet und wirft einen mitleidsvollen Blick auf seine Peiniger, die das Feuer schüren.

⏰ 9–17 Uhr, Fr geschlossen, So 9.30–14 Uhr. Die **Orcagna-Kapelle** mit dem Poliptychon von Andrea Orcagna ist 13–17 Uhr geöffnet (2,70 €). Toreingang rechts vom Kircheneingang, ✆ 055-282187.

Orsanmichele

Die Kirche liegt zwischen der Piazza della Repubblica und der Piazza della Signoria und wirkt ganz und gar nicht wie ein sakraler Bau. Kein Wunder, denn sie sollte Kirche und Kornspeicher zugleich sein; im unteren Geschoss wurde noch bis 1367 der Kornmarkt abgehalten. Dann mauerte *Simone Talenti* die Arkaden zu und ent-

Radrennen auf der Piazza della Repubblica – anschieben erlaubt

warf wunderschöne zarte Portale. In den 14 äußeren Mauernischen stehen Marmorskulpturen von Schutzheiligen der Zünfte. Die Renaissance-Plastiken stammen u. a. von *Donatello* (Bronzekopie des heiligen Georg, das Marmororiginal befindet sich heute mitsamt Nische im Bargello), *Ghiberti* (Matthäus, Johannes der Täufer, Stephanus) und *Nanni di Banco* (Eligidius).

Eine Sehenswürdigkeit im düsteren Inneren ist der berühmte Marmortabernakel von *Orcagna* – eine einzigartige Arbeit mit einer Fülle von Flachreliefs, Engelchen und Statuetten.

🕐 10-17 Uhr, Mo geschlossen. Via Arte della Lana.

Ognissanti

Diese Kirche (am gleichnamigen Platz am Ufer des Arno) mit der 1637 entstandenen Barockfassade – der ersten in Florenz – gehörte ursprünglich den Humiliaten, die als Spezialisten für die Wollverarbeitung im 13. Jh. den Grundstock für diesen später so bedeutenden Wirtschaftszweig der Stadt legten. 1561 überließ man Kirche und Kloster den Franziskanern – die Vorgänger hatten längst ihr Ansehen eingebüßt. Im Inneren, über dem zweiten Altar rechts, ist die so genannte „Schutzmantelmadonna" zu sehen, ein Jugendwerk von *Ghirlandaio,* das er für die Familie Vespucci malte. Der Seefahrer Amerigo Vespucci, nach dem Amerika benannt wurde, ist vermutlich in dem jungen Mann unter dem rechten Arm der lieblichen Madonna zu erkennen.

Im ehemaligen **Refektorium** des Klosterkomplexes (Zugang links von der Kirche) befindet sich die berühmte Abendmahlszene von *Ghirlandaio,* die er im Wesentlichen im Fresko von San Marco wiederholt hat. Judas, mit schwarzem Haar und „teuflisch" abstehendem Spitzbart gemalt, sitzt in herausfordernder Haltung vor dem Tisch und scheint mit den Aposteln zu debattieren.

Santa Trinità

Neben der gleichnamigen Brücke. Der Kernbau stammt aus der zweiten Hälfte des 11. Jh., Anfang des 14. Jh. wurde er dem gotischen Zeitgeschmack entsprechend umgebaut. Ihre Fassade erhielt die Kirche fast zwei Jahrhunderte später durch *Buontalenti*, den Hofarchitekten Ferdinands I.

Auch hier begegnet man wieder dem großen Florentiner Geschichtenerzähler *Domenico Ghirlandaio*. Seine Fresken zum Leben des heiligen Franz von Assisi in der Sassetti-Kapelle gelten als bedeutendes Dokument der Zeitgeschichte: In den einzelnen Szenen sind viele Persönlichkeiten abgebildet, die damals in Florenz den Ton angaben.

Über den Dächern von Florenz

San Lorenzo

San Lorenzo ist die Familienkirche der Medici (hinter der Apsis befindet sich die so genannte Fürstenkapelle, in der die Medici-Herzöge begraben liegen; siehe Medici-Grabkapellen, S. 149). Sie wurde zwischen 1421 und 1469 nach Plänen von *Brunelleschi* erbaut. Auch wenn sie von außen nüchtern, ja fast abweisend wirkt (das liegt daran, dass sie nie eine Fassade bekam), gilt sie doch als wegweisendes Beispiel für die Baukunst der Renaissance. Im Inneren kann man Werke von *Rosso Fiorentino*, *Desiderio da Settignano*, *Donatello* und *Bronzino* bewundern.

Links der Kirche hat man vom doppelgeschossigen Kreuzgang aus Zugang zur **Biblioteca Laurenziana**, vermutlich eine der eigenwilligsten Raumgestaltungen, die je realisiert wurden. Der große *Michelangelo* hat hier alle Grenzen des architektonischen Formenkanons gesprengt. Die große Freitreppe im Vestibül, dem so genannten Ricetto, bildet den Auftakt: Der Besucher fühlt sich wie magisch angezogen, die Stufen zum Lesesaal emporzusteigen und sich in einem der kunstvoll geschnitzten hölzernen Pulte ins Studium zu vertiefen.

Ⓓ **Bibliothek**: 9.30–13.30 Uhr, Mo geschlossen. Eintritt 5 €.

Santo Spirito

Die Kirche liegt abseits der Touristenströme im nach ihr benannten Stadtviertel südlich des Arno.

Santo Spirito ist ein schönes Beispiel für die Frührenaissance. Der Entwurf stammt von *Brunelleschi*, doch wurde die Kirche erst 1482, fast vier Jahrzehnte nach seinem Tod, vollendet. Der äußerlich schlichte Bau veranschaulicht die damals neue Raumauffassung, die Aufhebung der Vielfalt in harmonischer Einheitlichkeit. Die 38 Familienkapellen bergen nur noch einen kleinen Teil ihrer ehemaligen Kunstschätze. Das Altarbild „Madonna und Kind mit dem Johannesknaben" stammt von

...ippi. Im Hintergrund kann man den Familienpalast der Stifterfamilie ...d das Stadttor Porta San Frediano erkennen.

. Sommer tägl. 9–14 Uhr, im Winter 10.30–13.30 Uhr. Mo geschlossen. Piazza Santo ...rito.

Santa Maria del Carmine und Capella Brancacci

Ebenfalls südlich des Arno findet man diese Barockkirche aus dem 18. Jh. mit restaurierten Fresken von Meister *Masaccio* aus den Jahren 1423–28. Der im Alter von 27 Jahren verstorbene Künstler konnte nur noch den oberen Teil des Freskenzyklus „Szenen aus dem Leben Petri" fertig stellen, den Rest besorgte *Filippino Lippi.* Das berühmte Meisterwerk „Vertreibung aus dem Paradies" (linker Pfeiler oben) zeigt deutlich den realistischen Stil, der den Beginn der Renaissance-Malerei kennzeichnet. Plastisch und klar spiegeln sich Gefühlsregungen in den Gesichtern der aus dem Paradies Vertriebenen wider. Das Feigenblatt, das auf kirchlichen Befehl während der Gegenreformation mit Tempera auftragen wurde, ist mit offizieller Genehmigung wieder entfernt worden.

Ⓧ 10–17, So 13–17 Uhr, Di geschlossen. Eintritt 4 € **(C)**. Piazza del Carmine.

Certosa (Kartäuserkloster)

Zu Deutsch *Kartause.* Die vom heiligen Bruno aus Köln gegründete Gemeinschaft gehört zu den strengsten Orden der katholischen Kirche. Die Kartäuser verbringen einen Großteil ihres Lebens in ihrer Zelle, die Stimme erheben sie nur beim gemeinsamen Gebet.

Die Kartause von Florenz liegt bei Galluzzo. Über dem Abzweig der Superstrada nach Siena thronend, ist sie für Autofahrer kaum zu übersehen. 1957 verließen die letzten Kartäuser das Kloster und überließen es den Zisterziensern. Die Anlage wird derzeit von zehn Mönchen bewohnt, die u. a. eine Apotheke mit Likörverkauf unterhalten und Busladungen von Touristen durch die wichtigsten Räumlichkeiten führen.

Kunstinteressierte werden kaum auf ihre Kosten kommen. Allein die etwas fahl gewordenen Fresken von *Jacopo Pontormo* in der klostereigenen **Pinakothek** verdienen Aufmerksamkeit. Der Maler hatte sich, als 1523 in Florenz die Pest ausbrach, in die Kartause gerettet und hier einen sehr eigenartigen Bilderzyklus („Passion Christi") geschaffen. Er gilt als eines der frühesten Zeugnisse des Manierismus.

In der barocken **Klosterkirche** mit der „Himmelfahrt des heiligen Bruno" über dem Altar ist vor allem das Chorgestühl sehenswert: großartige Intarsienarbeiten und geschnitzte Darstellungen von Heiligen in den Rückenlehnen.

Der Besucher wird weiter zum **Großen Kreuzgang** geführt, an den sich die einzelnen Zellen anschließen. Neben jeder Tür befindet sich eine Durchreiche, durch die einst den Mönchen ihre Nahrung zugeschoben wurde. Unwillkürlich denkt man an ein Gefängnis; beim Blick von außerhalb aber, etwa von Galluzzo aus, wirken die Zellen fast wie kleine Einfamilienhäuschen.

Ein architektonisches Juwel des Klosters ist der **Kreuzgang der Laienbrüder** aus dem 15. Jh., ein kleiner, rechteckiger Innenhof mit doppelten Arkaden.

Zum Abschluss empfiehlt sich unbedingt der Besuch der **Klosterapotheke**, denn hier wird selbst gebrannter Likör verkauft, u. a. auch Sambuco.

● *Anfahrt* Vom Stadtzentrum fahrt man zunächst Richtung Siena, kurz nach Galluzzo führt dann eine breite Auffahrt hoch zur Kartause. Alternative: mit dem Bus Nr. 37 von der Piazza Santa Maria Novella.

Ⓧ 9–11.30 und 15–16.30 Uhr, Mo geschlossen. Regelmäßige Führungen, gelegentlich auch deutschsprachig (Trinkgeld).

Abseits des Touristenstroms

Warum sich in oft meterlange Schlangen stellen, um sich vielleicht zum x-ten Mal einen „David" oder eine „Primavera" anzusehen, wenn im Verborgenen noch andere außergewöhnliche Zeugnisse der Kunst, Kultur und Geschichte darauf warten, entdeckt zu werden? Florenz hat unzählige Baudenkmäler und Museen, die auch der kulturbeflissenste Besucher kaum alle besichtigen kann. Die wichtigsten Bauten wurden in den vorhergehenden Kapiteln beschrieben. Hier nun einige Vorschläge, wie man etwas über die Stadt und ihre Geschichte erfahren kann, ohne auf ausgetretenen Touristenpfaden zu wandeln.

Centro di Cultura Contemporanea la Strozzina (CCCS): in den Kellerräumen und im ersten Stock des ehrwürdigen Renaissancepalast werden wechselnde Ausstellungen mit dem in der Toscana raren Bezug zur modernen Kunst herstellen. Am 11. Juli 2008 eröffnet eine Ausstellung mit Impressionisten.
Piazza Strozzi 1, www.palazzostrozzi.org

Archäologisches Museum: Überragende Sammlung ägyptischer und etruskischer Kunst mit Mumien und altägyptischen Sarkophagen neben etruskischen Urnen und Bronzefiguren. Eines der bedeutendsten archäologischen Museen Italiens.
⏰ Mo 14–19 Uhr, Di und Do 8.30–19 Uhr, Mi, Fr und So 8.30–14 Uhr. Eintritt 4 € **(S)**. Piazza SS. Annunziata 9/6.

Museum zur Geschichte der Naturwissenschaften (Museo di Storia della Scienza): Eine Fundgrube für technisch Interessierte. Erstaunlich ist, mit welcher Präzision bereits im 16. Jh. mechanische Messgeräte gebaut wurden. Im ersten Stock finden sich Instrumente zur Bestimmung der Mondstellung. In Saal 5 ist das Fernrohr zu sehen, mit dem Galilei die Jupitermonde entdeckte. Daneben technische Kunstwerke aus Glas: fein ziselierte Thermometer (70 cm hoch), zum Teil spiralförmig. In den oberen Geschossen sind zahlreiche weitere Wunderwerke aus den Bereichen Pneumatik, Chemie und Anatomie untergebracht.
⏰ 9.30–17 Uhr, Di 9.30–13 Uhr, jeden 2. So im Monat 10–13 Uhr. Eintritt 6,50 €. Piazza dei Giudici.

Palazzo Davanzati (Museo della Casa Fiorentina): Wer sich vor Augen führen will, wie die feinen Florentiner im 14. und 15. Jh. lebten, sollte den ehemaligen Familienpalast der Davanzati besuchen. Der Kunst- und Antiquitätenhändler Elia Volpi kaufte ihn zu Anfang des 20. Jh. auf, ließ ihn restaurieren und nach dem Vorbild der alten Patrizierhäuser einrichten. Auch wenn über die Authentizität der Einrichtung Uneinigkeit herrscht, handelt es sich um ein einzigartiges Dokument der zeitgenössischen florentinischen Wohnkultur.
⏰ 8.15–13.50 Uhr, Mo geschlossen. Eintritt frei. **(S)**. Via Porta Rossa 13.

Museo Firenze com'era: Eine große Sammlung von Fotodokumenten, die das Bild der Stadt seit den Anfängen der Fotografie dokumentieren.
⏰ 9–14 Uhr, Do geschlossen. Eintritt 2,70 €. Via dell'Oriuolo 24.

Casa Buonarroti: Buonarroti, so hieß der berühmte *Michelangelo* mit Nachnamen. Zwar hat er diesen Palast nie selbst bewohnt – er lebte zu dessen Entstehungszeit schon längst in Rom –, doch gilt die Casa Buonarroti als regelrechte Kultstätte. Unzählige Nachfahren und Bewunderer des großen Künstlers haben hier Zeichnungen, Porträts und andere Werke zusammengetragen, darunter das marmorne Flachrelief „Madonna an der Treppe" und ein hölzernes Kruzifix, das Michelangelo vermutlich für den Prior von Santo Spirito angefertigt hat.
⏰ 9.30–14 Uhr, Di geschlossen. Eintritt 6,50 €. Via Ghibellina 70.

Meditative Plattform mit Absturzgefahr

Palazzo Medici Riccardi: Mit seinem eleganten, von Arkaden gesäumten Innenhof ist er ein typisches Beispiel eines Renaissance-Wohnpalastes. Cosimo der Ältere ließ ihn 1444 von seinem Lieblingsarchitekten *Michelozzo* erbauen, doch seine heutige Gestalt erhielt das Gebäude 1584, als der neue Besitzer Francesco Riccardi hier einzog.
In der Palastkapelle sind die erst kürzlich restaurierten Fresken *Benozzo Gozzolis* mit dem „Zug der Heiligen Drei Könige" zu bewundern. Es heißt, der Künstler habe hier alle zu seiner Zeit lebenden Familienmitglieder der Medici und andere Persönlichkeiten der Stadt porträtiert, aber das bleibt – mangels eindeutigen Identifikationsmaterials – leider nur eine Vermutung.
⏰ 9–19 Uhr, Mi geschlossen. Eintritt 4 €. Via Cavour 3.

Museo Marino Marini: In der ehemaligen Kirche San Pancrazio wurde vor einigen Jahren ein neues Museum eingerichtet – einer der wenigen Orte der Stadt, die der Kunst des 20. Jh. gewidmet sind. Die abstrakten, archaisch wirkenden Figuren *Marino Marinis*, eines der größten zeitgenössischen Bildhauer Italiens, schaffen einen überraschenden Kontrast zum sakralen Ambiente.
⏰ 10–17 Uhr, Di, Do und im Aug. geschlossen. Eintritt 4 € **(C)**. Piazza S. Pancrazio.

Collezione Alberto della Ragione: Der Genuese Alberto della Ragione vermachte in den 70er Jahren seine umfangreiche Kunstsammlung der Stadt Florenz. 250 Werke des italienischen Novecento (20. Jh.) sind zu sehen, darunter Arbeiten so berühmter Künstler wie *De Chirico, Morandi, Mafai* und *De Pisis*.
Die Öffnung stand während der Recherche unmittelbar bevor. Die durch weitere Werke ergänzte Sammlung wird ein eigenes Museum (Museo del Novecento) im ehemaligen Convento delle Oblate bekommen. **(C)**. Via S. Egidio 21.

Museo Stibbert: 60 im Stil unterschiedlicher Epochen eingerichtete Säle, voll gestopft mit Kunstgegenständen aller Art, die der weit gereiste Engländer Frederick Stibbert in seinem bewegten Leben zusammengetragen und 1906 der Stadt vermacht hat. Bekannt ist das Museum aber vor allem wegen seiner umfangreichen Sammlung von alten Waffen und Rüstungen, die aber nicht in sterilen Glaskästen verschlossen sind, sondern dem Besucher an lebensgroßen Puppen präsentiert werden. Vor allem für Kinder ein besonderes Erlebnis!

⊙ Mo–Mi 10–14, Fr–So 10–18 Uhr, Do geschlossen. Eintritt 5 € **(C)**. Via Stibbert 26.

Museo Nazionale Alinari della Fotografia: Erst seit Ende Oktober 2006 hat dieses Museum geöffnet. In den Dauerausstellungen gibt es Fotografien aus drei Epochen zu sehen, darüber hinaus aber auch Kameras und Informationen zur Entwicklung der Fototechnik. Ungewöhnlich ist der Raum im ersten Stock, der dem Fotoalbum gewidmet ist. Für Fotokenner ist die Präsentation der Avantgarde sicher ebenso interessant wie die wechselnden Ausstellungen von bedeutenden zeitgenössischen Fotografen aus Italien und der ganzen Welt. Weniger schön ist der stolze Eintrittspreis!

⊙ 9.30–19.30 Uhr, Sa bis 23.30 Uhr, Di geschlossen. Eintritt 9 €, erm. 7,50 €. Palazzo Leopoldine, Piazza Santa Maria Novella 14a.

Museo Horne: Eine schöne Auswahl von Exponaten der Renaissance-Malerei hat der englische Sammler Herbert Percy Horne Ende des 19. Jh. in seinem Stadtpalast zusammengetragen, darunter Arbeiten von *Giotto*, *Beccafumi* und *Lorenzetti*. Darüber hinaus Einrichtungs- und Gebrauchsgegenstände aus der Renaissance-Zeit.

⊙ 9–13 Uhr, So geschlossen. Eintritt 5 €. Via de Benci 6.

Villen und Gärten in Florenz und Umgebung

Einen entspannten Blick auf das Leben der Medici bieten die teilweise recht imposanten Gärten und Villenanlagen im Raum von Florenz. Viele dieser Villen lagen in ihrer Entstehungszeit an der Peripherie der Stadt und waren Refugien, in die sich die Mächtigen zurückzogen – wie etwa jene Gruppe junger Städter, die Boccaccio in seinem Werk „Decamerone" beschreibt.

Villa Medicea di Poggio Imperiale, Piazza Poggio Imperiale. Nur von außen zu besichtigen, da sich im Gebäude ein Gymnasium befindet. Wer sein Glück versuchen möchte: ✆ 055-220151.

Villa Medicea di Careggi, Viale Pieraccini 17. Mo–Fr 8–18 Uhr, Sa 8–14 Uhr, So geschlossen. Mit ATAF-Bus Nr. 14. Trotz Öffnungszeiten vorherige Anmeldung vonnöten: ✆ 055-4279755.

Villa Medicea di Castello, Via di Castello 47. März und Okt. 8.15–17.30 Uhr, April, Mai und Sept. 8.15–18.30 Uhr, Juni–Aug. 8.15–19.30 Uhr, Nov.–Feb. 8.15–16.30 Uhr, 2. und 3. Mo im Monat geschlossen. Öffentlich zugänglich ist nur der Garten. Mit dem Bus 28 bis Via Sestese. ✆ 055-454791. Eintritt frei.

Villa Medicea La Petraia, Via della Petraia 40 (unweit der obigen Villa). März und Okt. 8.15–17.30 Uhr, April, Mai und Sept. 8.15–18.30 Uhr, Juni–Aug. 8.15–19.30 Uhr, Nov.–Feb. 8.15–16.30 Uhr, 2.

und 3. Mo im Monat geschlossen. ✆ 055-452691. Ebenfalls mit dem ATAF-Bus Nr. 28. Eintritt frei.

Villa Medicea in Cerreto Guidi (nahe Empoli, Buslinie COPIT), Via Ponti Medicei 7. Tägl. 8.15–19 Uhr. ✆ 0571-55707. Eintritt 2 €.

Villa Medicea in Poggio a Caiano, Richtung Pistoia (Autobahn Firenze Mare). Garten: März, April, Sept. und Okt. 9–17.30 Uhr, Mai–Aug. 9–18.30 Uhr, Nov.–Feb. 9–16.30 Uhr, So und feiertags 9–12.30 Uhr. Villa mit obligat. Führung: Mo–Sa 9–13.30 Uhr, So 9–12.30 Uhr. ✆ 055-877012. Eintritt 2 €.

Villa Demidoff, Vaglia, Loc. Pratolino, von der Via Bolognese (alte Verbindungsstraße nach Bologna) zu erreichen. April–Okt. Mo–Mi 10–20 Uhr. ✆ 055-409427. Eintritt 2,50 €.

Villa Gamberaia, Settignano, Via del Rosselino 72. Im Sommer tägl. 9–19 Uhr, im Winter bis 18 Uhr. ✆ 055-697205. Eintritt 8 €, unter der Woche 6,20 €.

Kloster San Francesco auf einem Hügel oberhalb von Fiesole

Umgebung von Florenz

Settignano

Wenn Sie der Hektik der Großstadt entrinnen und Ihren Kaffee einmal ohne lärmende Menschenmassen genießen wollen, fahren Sie mit dem Bus (mit der Nr. 10 vom Hauptbahnhof oder der Piazza S. Marco) oder Ihrem eigenen Wagen die sanften Hügel im Nordosten der Stadt nach Settignano hoch.

Der kleine Ort – er besteht eigentlich nur aus einem Platz und ein paar engen Sträßchen – lädt mit seinen Straßencafés zu einer Ruhepause und einem anschließenden Spaziergang auf den Spuren *Gabriele D'Annunzios* und *Eleonora Duses* ein. Der bekannte italienische Dichter der vorletzten Jahrhundertwende lebte hier in seiner prachtvollen Villa La Capponcina und unterhielt eine nicht nur platonische Beziehung zu der großen Diva, die auf einem Hügel direkt gegenüber wohnte. Überall erinnern vergilbte Fotos an diese romantische Liebesgeschichte.

Im Süden, unterhalb des Städtchens, liegt die Villa Gamberaia mit ihrem einzigartigen Park (Wegbeschreibung siehe Übernachten/Essen; täglich von 9 bis 18 Uhr zugänglich, die 400 Jahre alte Villa ist nur nach Voranmeldung zu besichtigen). Die 10 € Eintritt sind zwar happig, aber ein Spaziergang durch die weltweit gerühmten Gartenanlagen lohnt sich. Die Romanschriftstellerin Edith Wharton („Zeit der Unschuld", von Martin Scorsese verfilmt) schrieb 1903: „Wahrscheinlich das perfekte Beispiel für die Kunst, auf kleinem Raum den größtmöglichen Effekt zu erzielen, und das ohne im Geringsten den Eindruck von drangvoller Enge zu erzeugen." Von hier genießen Sie einen unvergesslichen Ausblick auf Florenz, das sich greifbar nahe vor Ihren Füßen ausbreitet.

● *Übernachten/Essen* **Villa Gamberaia**, durch den Ort durchfahren, bis zu einem Schild, das nach rechts weist. Von der immer schmaleren Straße nicht irritieren lassen. Nach etwa 1 km öffnet sich ein kleiner Vorplatz: der Eingang zur Villa. Wenn das Tor verschlossen ist, klingeln Sie. Auf dem Gelände liegen auch 4 renovierte **Ferienhäuser**. Sie können wochenweise gemietet werden: 30 m^2 für 700 € (2 Pers.), 150 m^2 für 2700 € (6 Pers.) und 180 m^2 für 3300 € (8 Pers.). Das nötige Kleingeld vorausgesetzt, lässt sich auch der Luxus der Villa selbst genießen: 7 Schlafzimmer, 5 Badezimmer, Wohnzimmer, Speisezimmer, Küche. Kostenpunkt: 20.000 €/Wo., Personal und privates Schwimmbecken inbegriffen ... Via del Rossellino 72, ✆ 055-697205, ✉ 055-697090, www.villagamberaia.com.

Enoteca La Sosta del Rossellino, gemütliche Kneipe in einem alten Pfarrhaus aus dem 15. Jh. an der engen Kreuzung zur Villa Gamberaia. Neben 300 Weinen sind traditionelle toscanische Gerichte und eine französische Käseauswahl im Programm. Beliebt sind die „Themenabende" zu einem bestimmten Weingut oder zu speziellen Zutaten. Ein schönes Mitbringsel ist der im Haus entwickelte Weinflaschen-Dekanter für die 0,1-Liter-Probiermenge. Die gute Küche hat sich bis in höchste (ex-)politische Kreise herumgesprochen: 2004 war Michail Gorbatschow mit seiner Entourage von 38 Personen zu Gast. Geöffnet 18.30–1 Uhr, So geschlossen (nach Voranmeldung unter ✆ 055-697245 auch mittags). Via del Rossellino 2r. www.rossellino.com.

Fiesole

Fiesole liegt wie eine laszive Schöne eingebettet zwischen zwei Hügeln oberhalb von Florenz. Eine malerische, von Zypressen gesäumte Straße führt in vielen Serpentinen hinauf und bietet atemberaubende Ausblicke auf das im sommerlichen Dunst flimmernde Häusermeer der berühmten Schwester, in dessen Mitte die imposante Domkuppel wie eine Fata Morgana zu erkennen ist.

Das Städtchen ist heute eine Art Villenvorort und „sommerliche Freilichtbühne" von Florenz. Dabei hat es eine viel längere Geschichte vorzuweisen, denn die Zeugnisse menschlicher Besiedlung, die man in der Gegend ausgegraben hat, reichen bis zur Bronzezeit zurück. Vor allem als Etruskerzentrum war Fiesole bedeutsam, und das lange bevor von Florenz auch nur die Rede gewesen wäre. Bereits Ende des 4. bzw. Anfang des 3. Jh. v. Chr. umspannte man den Ort mit einer über 2500 m langen Mauer (z. T. noch erhalten), um ihn gegen Übergriffe durch die von Norden her einfallenden „Barbaren" zu sichern. Dauerhaften Schutz vermochte das Bauwerk allerdings nicht zu bieten, denn bereits 225 v. Chr. wurde Fiesole von den Galliern eingenommen, die später ihrerseits den vordringenden Römern weichen mussten. Im Jahr 90 v. Chr. wurde Fiesole wegen seiner antirömischen Haltung im Bundesgenossenkrieg von den Truppen Catos dem Erdboden gleichgemacht und 80 v. Chr. schließlich unter Sulla kolonisiert. Von da an entwickelte es sich als typisch römische Stadt mit Amphitheater, Tempel und Thermalbad. Nach dem Zerfall des Römischen Reiches verlor es immer mehr an Bedeutung und erlag 1125 den Expansionsgelüsten der Florentiner.

Wegen seiner zauberhaften Lage und seines, verglichen mit Florenz, angenehm kühlen Klimas war Fiesole immer schon ein idealer Ort für eine zeitweilige oder permanente Flucht aus dem Getümmel der nahen Großstadt. Bereits der Geldadel des Renaissance-Zeitalters ließ sich im grünen Umland des Städtchens seine stattlichen Sommerresidenzen bauen, und noch heute verstecken sich hier die hochherrschaftlichen Villen wohlbetuchter Florentiner und mehr oder minder berühmter Zugereister. Über Jahrhunderte hinweg war Fiesole darüber hinaus kontemplativer

Zufluchtsort für Dichter, Schriftsteller und Künstler unterschiedlicher Couleur, darunter auch *Boccaccio*, der hier sein „Decamerone" schrieb, und der Schweizer Maler *Arnold Böcklin,* der seine letzten Lebensjahre in Fiesole verbrachte.

*Information/V*erbindung

- *PLZ* 50014
- *Information* **APT-Büro**, Via Portigiani 3/5. Im Sommer täglich 9–18 Uhr, im Winter nur bis 17 Uhr. ✆ 055-598720 oder 055-5978373, ✆ 055-598822, www.comune.fiesole.fi.it, info.turismo@comune.fiesole.fi.it. Man erhält auch Material für Wanderungen zum angrenzenden Parco di Montececeri.
- *Busverbindung* Man erreicht Fiesole mit

dem Stadtbus Nr. 7 vom Hauptbahnhof, dem Domplatz und der Piazza S. Marco in Florenz, von 6-24 Uhr alle 20-35 Minuten.
- *Parken* von Florenz kommend nach links zum Ausgrabungsgelände, dort findet man mehrere kostenlose Parkplätze. Wichtig, wenn man mit dem Bus von Fiesole nach Florenz fahren möchte, wie eine Leserin vorschlug.

*Ü*bernachten/*C*amping

**** **Villa Aurora**, das erste Hotel am Platz mit einem verwunschenen Garten und überwältigendem Panoramablick über Florenz. Die Zimmer sind erlesen eingerichtet, manche sogar mit Whirlpool ausgestattet. DZ mit Panoramablick und Whirlpool 220 €, die anderen 180 €. In der Nebensaison (Nov. bis Ostern) kann man sich in der Luxusvilla für weitaus mäßigere Preise (ab 120 €) einmieten. Piazza Mino 39, ✆ 055-59363, ✆ 055-59587, www.villaaurora.net.

*** **Bencistà**, etwa auf halber Höhe des rechten Fiesole-Hügels, toller Blick auf die Stadt. Lange Zufahrt von der Hauptstraße aus. Riesiges, altes Landhaus mit über 30 Zimmern und Salons im Stil des 19. Jh. DZ 154 € (mit HP 180 €, mit VP 200 €), EZ 87 €. Via Benedetto da Maiano 4, ✆/✆ 055-59163, www.bencista.com.

* **Villa Sorriso**, große, modern eingerichtete, saubere Zimmer, im ersten Stock über einem Ristorante gelegen. Nachts trotzdem annehmbarer Geräuschpegel. Ein Leser schrieb: „Sehr netter und bemühter Vermieter (Mittvierziger). So ziemlich das beste und reichhaltigste Frühstück, das wir auf unserer Reise bekommen haben, serviert unter freiem Himmel bzw. Sonnenschirmen auf einer Terrasse mit sehr schönem Landschaftsblick. Der Padrone bereitet das Frühstück für jeden sichtbar (nichts für ganz Empfindliche) in einer auf der Terrasse installierten Küchenzeile selbst zu, z. B. das Frühstücksei nach Wahl". DZ mit Du/WC ca. 64 €, ohne 60 €, EZ 38 €. Via Gramsci 21 (Hauptstraße), ✆ 055-59027, ✆ 055-5978075, www.albergovillasorriso.com.

- *Bed & Breakfast* **Le Cannelle**, das Haus mit seiner rosafarbenen, mit hübschen Dekors bemalten Fassade sticht sofort ins Auge. Die fünf Zimmer (zwei DZ, ein EZ, jeweils ein Zimmer mit 3 und eins mit 4 Betten, alle mit Bad, Telefon u. TV) sind in Farbe und Einrichtung alle unterschiedlich gestaltet. DZ 114 €, EZ 78 €, Dreibettzimmer 140 €, Vierbettzimmer 180 €. Via Gramsci 52-56, ✆ 055-5978336, ✆ 055-5978292, www.lecannelle.com.

Villa Le Scalette, ebenfalls B&B. DZ ab 100 €. Via delle Cannelle 1, ✆ 055-5978484, ✆ 055-5979970, www.villascalette.it.
- *Außerhalb* * **Villa Baccano**, einige Kilometer von Fiesole (an der Auffahrt zum Camping Panoramico). Großes Haus mit vielen geräumigen Zimmern, ältere Einrichtung, aber sauber. DZ mit Bad/WC 65 €, ohne 60 €, Vierbettzimmer 95 €. Via dei Bosconi 4, ✆/✆ 055-59341, www.villabaccano.it.

*** **Dino**, etwa 10 km außerhalb von Fiesole in nördlicher Richtung bei Olmo gelegen, an der Kreuzung mit der Via Faentina nach links abbiegen. Preisgünstiges, aber dennoch schönes Hotel mit empfehlenswertem Restaurant. Ganzjährig geöffnet. DZ mit Bad 80 €, EZ 60 €, Dreibettzimmer 105 €, Frühstück 5 €. Via Faentina 329, Olmo, ✆ 055-548932, ✆ 055-548934, www.hotel-dino.it.
- *Camping* **Panoramico**, etwa 8 km außerhalb von Fiesole (im östlichen Ortsteil der Via Francesco Ferrucci folgen, dann ausgeschildert). Sehr schöne Lage auf einer Hügelkuppe (Pool mit Aussichtsplattform über Florenz). Hier weht ständig eine leichte Brise, und es gibt weniger Stechmücken als auf dem Stadtcamping Michelangelo.

Viel Schatten durch hohe Zypressen. Restaurant, Supermarkt. Angenehm und empfehlenswert. Die steile und enge Straße zum Platz erfordert allerdings Erfahrung mit dem Anhänger oder Campingbus! Ganzjährig geöffnet. Auch Bungalowvermietung (65 € für 2 Pers. 100 € für 4 Pers.). Via Peramonda 1, ☏ 055-599069, 🖷 055-599186, www.florencecamping.com.

● *Agriturismo* **Di Terenzano**, Agriturismo einer alten toscanischen Adelsfamilie mit eigenem Olivenanbau. Das Haupthaus liegt umgeben von Zypressen und mehr Schatten spendenden Bäumen. Je nach Größe und Ausstattung 50–210 € pro Übernachtung im Appartement. Via della Rosa 15, Compiobbi, ☏/🖷 055-6593021, www.fattoriaterenzano.it.

Essen/Nachtleben

Aurora, Piazza Mino 39, dem gleichnamigen Hotel angeschlossen. Menü ab 35 €. ☏ 055-599020. Die zugehörige **Blu Bar** bietet wie das Restaurant eine unvergleichliche Sicht auf Florenz.

India, Via Gramsci 43a. Echt indisches Restaurant mit sehr schmackhaften exotischen Gerichten und dem dazugehörigen Ambiente: Die Kellner laufen alle mit Turban herum. Preise ab 20 €. Vorbestellung empfehlenswert, da das Lokal immer voll ist, was natürlich für seine Küche spricht. ☏ 055-599900 u. 055-59258. Nur abends. Di geschlossen.

● *Außerhalb* **Le Cave di Maiano**, Via delle Cave 16, Maiano. Wunderschön gelegenes ehemaliges Bauernhaus mit mehreren kleinen Speiseräumen, sehr gediegen eingerichtet. Die Preise von 40 € aufwärts sind relativ gehoben, entsprechen aber dem, was geboten wird. Typisch toscanische Küche, hauptsächlich Fleischgerichte. ☏ 055-59133. Mo geschlossen.

Graziella, Via delle Cave 20, Maiano. Im Sommer sitzt man im Freien unter einer grünen Laube und lässt sich die vorzüglichen Gerichte toscanischer und sardischer Provenienz munden. Zu den Spezialitäten gehört das Spanferkel auf sardische Art, das man aber mindestens einen Tag im Voraus bestellen muss. ☏ 055-599963. Di geschlossen.

Fattoria di Maiano, Via Benedetto da Maiano 11. Restaurant mit speziellen Angeboten für Gruppen, Delikatessengeschäft und Kochkurse. Alles mit dem Besten aus eigenem Anbau. ☏ 055-599600, www.fattoriadimaiano.com.

La Casa del Prosciutto, Via Bosconi 58 (Torre de Buiano). Die ehemalige Bauernkneipe hat sich wegen ihrer hervorragenden Küche schon vor vielen Jahren einen Namen gemacht. Am Wochenende ist sie deshalb immer brechend voll. Die *Bistecca alla fiorentina* und anderes Gegrilltes sind die absoluten Renner. Ab 20 € (einschl. Tischwein). ☏ 055-548830. Dienstag- und Mittwochabend geschlossen.

Quattro Strade, Via Faentina 335, Olmo. Etwa 8 km von Fiesole entfernt und direkt an der Kreuzung gelegen, wo es links runter nach Florenz und rechts in Richtung Borgo S. Lorenzo geht. Ein gut gehendes Gartenlokal mit Pizzeria. Im Sommer, wenn sich ganz Florenz auf den umliegenden Wiesen ein Stelldichein zu geben scheint, findet man kaum einen Platz. ☏ 055-548920. Montagabend geschlossen.

Da Dino all'Olmo, Via Faentina 329, Olmo, dem Hotel angeschlossen. Auch hier die deftige toscanische Küche, die so ganz auf den Hunger von hart arbeitenden Waldbauern abgestimmt ist. Aber das Publikum ist durchaus städtisch und hat entsprechende Ansprüche, die aufs Beste erfüllt werden. Man speist auf einer großen Terrasse mit wunderbarem Blick auf die Nordhänge der Hügel von Fiesole. ☏ 055-548932. Mi geschlossen.

● *Nachtleben* **J.J. Hills**, ein Irish Pub mit bunt gemischtem Publikum direkt auf der Piazza Mimo. Täglich fließt das Guinness bis 1.30 Uhr.

Sehenswertes

Kloster San Domenico: Wenn man vom Viale Volta aus nach Fiesole hinauffährt, kommt man auf halbem Wege nach San Domenico mit seinem 1406 gegründeten Dominikanerkloster, dem ältesten von Florenz. Hier war *Fra Angelico* fast zwanzig Jahre lang als malender Mönch tätig. In der Klosterkirche kann man noch sein Gemälde „Madonna mit Dominikanerheiligen" bewundern.

🕘 Täglich 7.30–12 Uhr, 16–18 Uhr.

Blick auf Fiesole

Badia Fiesolana: Gegenüber von San Domenico führt links eine kleine Seitenstraße (Via dei Roccettini) steil nach unten zur mittelalterlichen Abtei Badia Fiesolana. Die Kirche des Gebäudekomplexes geht auf einen Vorgängerbau aus dem 11. Jh. zurück, der bis zum Jahr 1028 der Dom des damaligen Bistums Fiesole war. Vermutlich noch im selben Jahrhundert errichteten die Kamaldulenser an dieser Stelle ein Kloster und bauten eine neue Kirche, deren Fassade aus weißem und grünem Marmor stilistisch an das Florentiner Baptisterium und an San Miniato al Monte erinnert. Mitte des 15. Jh. wurde die Abtei auf Initiative der Medici vollkommen umgestaltet; es heißt, kein Geringerer als *Cosimo dei Medici* habe die Baupläne dazu geliefert. Andere sprechen den Entwurf dagegen *Alberti* oder *Michelozzo*, dem Hausarchitekten der Medici, zu. Seit 1976 ist die Badia Fiesolana Sitz der Europäischen Universität.
⏰ Mo–Fr 8.30–19, Sa 8.30–12.30, Sonntagsmesse 11 Uhr.

Zurück auf der Hauptstraße (in diesem Abschnitt Via di S. Domenico/Via Mantellini), gelangt man nach wenigen Kilometern auf den Hauptplatz von Fiesole, die **Piazza Mino**, wo vermutlich in römischer Zeit das Forum lag. Hier befinden sich die meisten Sehenswürdigkeiten des Städtchens. Im Sommer wimmelt der Platz von Menschen, ein Straßencafé reiht sich ans andere, und bis in die Nacht hinein kann man hier Leute aus aller Herren Länder treffen, die dem heißen Florenz für ein paar Stunden entfliehen wollen.

Kurz bevor man auf den Platz stößt, sieht man links das 1637 gegründete bischöfliche **Priesterseminar**. In einem der unteren Säle des gewaltigen Baus finden häufig Ausstellungen statt. Daneben erhebt sich, etwas zurückgesetzt, der elegante **Bischofspalast** (11. Jh., Fassade 17. Jh.).

Dom San Romolo: Der Dom stammt ursprünglich aus dem 11. Jh., wurde aber im Laufe der Zeit mehrmals umgebaut; sein heutiges Aussehen erhielt er 1878. Der schlichte Bau aus Naturstein, dessen Längsseite die Piazza Mino im Norden begrenzt, sticht eigentlich nur wegen seines schlanken Glockenturms (1213) ins Auge, der dem Städtchen aus der Ferne sein typisches Panorama verleiht. Im Inneren sind u. a. Werke des hier gebürtigen Bildhauers *Mino da Fiesole* (Salutati-Kapelle) und der Florentiner Maler *Bicci di Lorenzo* und *Cosimo Rosselli* zu sehen. An die linke Kirchenflanke grenzen die Gebäude des Domstifts (1302) mit einem schönen Innenhof. Die Säule in seiner Mitte ist römischen Ursprungs.

 Im Sommer täglich 7.30–12 und 15–18 Uhr, im Winter nur bis 17 Uhr.

Bandini-Museum: Das Museum in der Via Dupré 1 (links gegenüber dem Eingang zum römischen Theater) zeigt Gemälde und Skulpturen toscanischer Künstler vom 13. bis 16. Jh., darunter *Bernardo Daddi, Taddeo Gaddi, Lorenzo Monaco* und *Nicola Pisano*, sowie Terrakotten aus der Della-Robbia-Schule (15. und 16. Jh.).

 wie Ausgrabungsgelände (siehe unten).

Estate Fiesolana im römischen Amphitheater

Seit nunmehr über fünfzig Jahren finden von Juni bis Ende September im Amphitheater von Fiesole und neuerdings auch in zwei Privatvillen in der näheren Umgebung (Castello di Vincigliata und Castello di Tignano) kulturelle Veranstaltungen statt, die unter dem Namen „Estate Fiesolana" (Sommer in Fiesole) firmieren. Organisiert wird das Ganze u. a. von den Stadtverwaltungen von Fiesole und Florenz.

Das Spektrum reicht von Jazz-, Folklore- und Klassikkonzerten über Ballett- und Theateraufführungen bis hin zu Kunst- und Fotoausstellungen. Abgesehen vom hohen Niveau der Events mit Künstlern und Interpreten aus aller Welt bietet dieser Veranstaltungszyklus auch die einmalige Gelegenheit, die Pracht einer Renaissance-Villa einmal von innen zu erleben (Näheres unter www.comune.fiesole.fi.it).

Amphitheater/römisch-etruskisches Ausgrabungsgelände: Das Gelände erstreckt sich hinter der Apsis des Doms auf einer Fläche von 35.000 m² und ist damit fast so groß wie der Stadtkern von Fiesole. Man hat einen freien Blick auf die umgebende Hügellandschaft. Anfang des 19. Jh. wurde die Fundstätte von einem Deutschen entdeckt, der sie prompt wieder zuschüttete, um sie vor Plünderungen zu bewahren. Erst 1873 wurde sie von italienischen Archäologen freigelegt.

 Kasse Via Portigiani 1, April-Sept. täglich 9.30-19 Uhr, März/Okt. nur bis 18 Uhr, Nov./ Dez. Mi-Mo 10-17 Uhr, Jan./Feb. Do-Mo 10-17 Uhr. Eintritt 6,50 €; für alle archäologischen Sehenswürdigkeiten und das Bandini-Museum 13 €. 055-59477 oder 055-59118, 055-59080 (Fiesole Musei, Via Portigiani 27). Im archäologischen Museum (gleich rechts nach dem Zutritt zum Gelände) ist eine kleine Buchhandlung untergebracht, die schöne Nachbildungen etruskischer und römischer Vasen führt. Das Büchlein „Fiesole. Archeological Site and Museum" (7,50 €) enthält viele erklärende Detailfotos der Anlage.

Das imposante **römische Amphitheater** aus dem 1. Jh. v. Chr. erfüllt jeden Sommer während der Veranstaltungen der *Estate Fiesolana* wieder seinen ursprünglichen Zweck. Auf seinen zum Teil wieder aufgebauten Sitzreihen finden 2500 bis 3000 Besucher Platz.

Rechts hinter dem Theater liegen die **Thermen** mit noch erhaltenem Schwimmbecken, Überresten der einzelnen Baderäume wie Kaldarium (Warmbad), Sudatorium

(Schwitzraum), Tepidarium (lauwarmes Bad) und Frigidarium (Kaltbad) sowie Teilen der Heizungsanlagen. Das Wasser wurde über ein Aquädukt von Montereggi aus (etwa 4 km entfernt) zugeleitet.

Die Ausgrabung des **römischen Tempels** (1. Jh. n. Chr.) und seines etruskischen Vorgängers (3. Jh. v. Chr.) wurde erst 1960 abgeschlossen. Erhalten sind ein paar Säulensockel und der von Stufen umgebene Vorplatz mit zwei Altären (der größere ist römisch, der kleinere etruskisch). Am hinteren Ende des Geländes kann man noch einen Abschnitt der etruskischen Stadtmauer ausmachen.

Die Ausgrabungspläne und Funde werden im **archäologischen Museum** (Museo Civico oder Museum Faesulanum) präsentiert, einem klassizistischen Bau in Form eines etruskischen Tempels im Inneren des Geländes. Eine Sammlung, die sich sehen lassen kann.

Im **Antiquarium Costantini**, einer Unterabteilung des archäologischen Museums, kann man den archäologischen Rundgang fortsetzen. Diese an die öffentliche Hand übergegangene Privatsammlung von Funden etruskischer und griechischer Provenienz besticht vor allem wegen ihrer komplett erhaltenen attischen Tongefäße mit Motiven aus der griechischen Mythologie.

Palazzo Pretorio: An der Westseite wird die Piazza Mino vom Rathaus der Stadt abgeschlossen. Der relativ kleine, eher einer Villa ähnliche Bau stammt aus dem 14. Jh., Mitte des 15. Jh. erhielt er den dekorativen Säulenportikus und die darüberliegende Loggia. Fassade und Balustrade schmücken zahlreiche Wappen der Stadtoberen. Vor dem Palast erinnert ein Reiterstandbild (1906) an die Begegnung zwischen dem italienischen König Vittorio Emanuele I und dem Freiheitskämpfer Giuseppe Garibaldi.

Römische Reste in imposanter landschaftlicher Umgebung

Oratorium Santa Maria Primerana: Rechts vom Rathaus erhebt sich das vermutlich im 10. Jh. auf einer frühchristlichen Kultstätte errichtete Oratorium mit seinem reich geschmückten Portal aus dem 16. Jh. und dem zweisäuligen Portikus (19. Jh.). Im Innern sind Werke von *Andrea della Robbia* und *Francesco da Sangallo* zu sehen.

ⓘ Schon seit Jahren wegen Renovierungsarbeiten geschlossen. Messe Mo-Sa 18 Uhr (im Winter 17 Uhr), So 8 Uhr

Basilika Sant'Alessandro: Rechts vor der Domfassade, zwischen Priesterseminar und Bischofspalast, führt ein steiles Gässchen auf einen der beiden Hügel von Fiesole. Auf halbem Wege liegt die Kirche Sant'Alessandro. Trotz ihres modern anmutenden Äußeren – Resultat umfangreicher Restaurierungsarbeiten im 19. Jh. – geht diese Basilika auf einen dem Weingott Bacchus geweihten römischen Tempel und dieser wiederum auf ein etruskisches Heiligtum zurück. Unter der Apsis befinden sich noch zwei Zisternen aus der Etruskerzeit. Das dreischiffige Innere mit sechzehn Säulen aus griechischem Marmor bildet heute die eindrucksvolle Kulisse für Kunstausstellungen und Konzerte.
① Täglich 9.30-19 Uhr. Eintritt bei Ausstellungen um die 5 €.

Kloster San Francesco: Nachdem man schnaufend das letzte Stück des steilen Gässchens überwunden hat, gelangt man zum Kloster San Francesco, das seit 1399 im Besitz des Franziskanerordens ist. Abgesehen von der *Klosterkirche* mit einem Altarbild von *Raffaellino del Garbo* und dem *Museum der franziskanischen Missionare* mit römisch-etruskischen, ägyptischen und chinesischen Ausstellungsstücken kann man hier noch einige der äußerst spartanischen Mönchszellen aus dem 15. Jh. besichtigen. Als krönender Abschluss des beschwerlichen Aufstiegs winkt ein hübsches Panorama über Florenz und Umgebung.
① Im Sommer täglich 9–12 und 15–18 Uhr, im Winter bis 17 Uhr. Eintritt frei.

Monte Ceceri

Wenn man von der Piazza Mino aus geradeaus weiterfährt, erreicht man den im frühen Mittelalter entstandenen Vorort Borgunto (mit weiteren Abschnitten der etruskischen Stadtmauer in der Via Mari und der Via del Bargellino, hier auch Etruskergräber). Kurz hinter dem Ort geht es rechts zum *Campingplatz Panoramico* (s. S. 170) und weiter zum Monte Ceceri. Man stellt den Wagen auf der kleinen Piazza Prato ai Pini ab und steigt die letzten Meter zu Fuß hinauf. Auf diesem Berg hat *Leonardo da Vinci* seine selbst gebauten Fluggeräte ausprobiert, freilich mit eher geringem Erfolg. An den Hängen des Monte Ceceri liegen die frühmittelalterlichen Burgen **Castel di Poggio, Castello di Tignano** und **Castello di Vincigliata**. Auf der romantischen Suche nach der Vergangenheit wurden sie Ende des 19. Jh. im neugotischen Stil wieder aufgebaut. In den Gemäuern von Vincigliata und Tignano finden im Sommer die Veranstaltungen der „Estate Fiesolana" statt. Ganz in der Nähe befindet sich auch die prachtvolle Renaissance-Villa **I Tatti**, in der der amerikanische Kunstgelehrte und Historiker *Bernard Berenson* vierzig Jahre lang lebte und arbeitete. Nach seinem Tod hinterließ er den gesamten Besitz (einschließlich seiner umfangreichen Kunstsammlung und Bibliothek) der Harvard-Universität, die hier ein Forschungszentrum zur Geschichte der italienischen Renaissance eingerichtet hat.

Cave di Maiano

In den ehemaligen Steinbrüchen Cave di Maiano (südöstlich von Fiesole) baute man über Jahrhunderte das für die florentinischen Baumeister so kostbare graue Sedimentgestein *Pietra Serena* ab. In dem gleichnamigen Dorf kamen die Brüder *Giuliano* und *Benedetto da Maiano* zur Welt, die sich im 15. Jh. in ganz Italien als Bildhauer und Architekten einen Namen machten. Von Maiano aus kann man in südlicher Richtung über die Via del Palmerino zurück nach Florenz fahren.

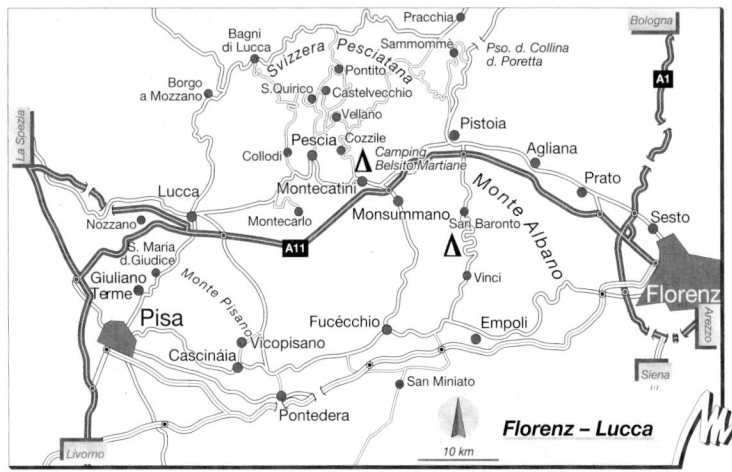

Florenz – Lucca

10 km

Von Florenz nach Lucca

Prato
(190.000 Einw.)

Unvermutet gelangt man über schnurgerade, verkehrsreiche Ausfallstraßen zu einer gut erhaltenen Festungsmauer, hinter der sich eine beschauliche Altstadt verbirgt: Mittelalter pur inmitten einer florierenden Industriestadt, deren wirtschaftliches Standbein seit jeher die Textilherstellung ist. Ein Spezialmuseum informiert über Geschichte und Techniken der Stoffverarbeitung weltweit. Kunstliebhaber können sich neben bedeutenden Werken des Renaissance-Malers Filippo Lippi auch zeitgenössische Meisterwerke anschauen. Das futuristische Centro Pecci befindet sich am Rande der Neustadt.

Prato, seit 1992 Hauptstadt der gleichnamigen Provinz, liegt im Tal des Bisenzio, der bereits im Mittelalter für die Zwecke der Textilherstellung nutzbar gemacht wurde. Unzählige Wassermühlen zogen sich am Flusslauf entlang, und ein ausgeklügeltes System der Wasserverteilung sorgte dafür, dass die ansässigen Betriebe mit dem wichtigen „Rohstoff" für die Wässerung und Reinigung ihrer Produkte versorgt wurden. Der zunächst kleinräumig-lokale Handel wurde sukzessive ausgebaut, so dass das Prateser Tuch schon im 13./14. Jh. in vielen Teilen Europas zufriedene Abnehmer fand. Einer der bedeutendsten Vertreter seiner Zunft war *Francesco di Marco Datini* (1335–1410), über dessen weit gespanntes Handelsnetz ein großer Teil des Warenexports abgewickelt wurde. Weil *Datini* wie viele seiner wohlhabenden Zeitgenossen beständig um sein Seelenheil besorgt war, hinterließ er später sein gesamtes Vermögen der Wohltätigkeitsorganisation *Ceppo* (benannt nach den u. a. in Kirchen aufgestellten ausgehöhlten Baumstümpfen, in denen man Spenden für die Armen hinterlegen konnte).

Der wirtschaftliche Erfolg, der es der Stadt auch ermöglichte, bedeutende Künstler wie den eingangs erwähnten *Filippo Lippi* für sich zu gewinnen, konnte trotz einiger herber Rückschläge im 16. und 17. Jh. bis in die Zeit der Industrialisierung hinübergerettet werden. Ab Mitte des 19. Jh. spezialisierten sich die hiesigen Fabriken auf die Verwertung von Altkleidern, was der Stadt später den zweifelhaften Ruf einer „Lumpenmetropole" einbrachte, den sie seit den 1970er Jahren durch eine verstärkte Produktion im Bereich hochwertiger Qualitätsware zu korrigieren versucht. Seitdem fährt man in Prato mehrgleisig und hat von Secondhand- bis hin zu hochwertiger Designer-Mode so ziemlich alles im Programm, was die Branche zu bieten hat. Den Niedergang vieler Kleinunternehmen, die ein Opfer der Globalisierung wurden, konnte die Spezialisierung aber nicht verhindern. Einen bemerkenswerten Aufschwung erlebte allerdings die chinesische Minderheit, etwa 24.000 Chinesen leben bereits in der Stadt. Viele der etwa tausend kleinen Nähereien sind inzwischen im Besitz der Neuankömmlinge. Dort wird zu Minilöhnen Tag und Nacht für den europäischen Markt gearbeitet. Im Industriegebiet Iolo und an der Via Pistoiese sind heute schon die meisten Firmenschilder in chinesischer Schrift.

Von Florenz nach Lucca Karte S. 176

Information/Verbindungen/Feste

- *PLZ* 59100
- *Information* **APT-Büro**, Piazza S. Maria delle Carceri 15. Mo–Fr 9–13.30 und 14–18.30 Uhr, Sa 9–13.30 und 14–18 Uhr, So geschlossen. ✆/📠 0574-24112. www.prato.turismo.toscana.it; aperuzzini@provinzia.prato.it.
- *Bahnverbindungen* Prato liegt an den Strecken Bologna–Florenz und Florenz–Lucca (führt weiter nach Viareggio und Pisa). Stündlich meist mehrere Züge nach Florenz, per Express 10 Min. Fahrzeit. Die Züge nach Bologna halten an der Stazione Centrale, für die Richtungen Lucca und Florenz ist auch die nahe der Altstadt gelegene Stazione Porta al Serraglio zuständig.
- *Busverbindungen* Mit LAZZI ab der Stazione Centrale in alle Richtungen, CAP ab der Stazione Centrale zu regionalen Zielen; Busse beider Firmen fahren mehrmals stündlich nach Florenz.
- *Parken* Innerhalb der Altstadtmauern an der Piazza Mercatale (2 € für 2 Std.). Größerer gebührenpflichtiger und überwachter Parkplatz direkt außerhalb der Stadtmauer vor der Piazza San Marco mit Henry Moores Marmorskulptur „Quadratische Form mit Schnitt" (von Florenz kommend am Hauptbahnhof vorbei, über den Fluss, dann der Ausschilderung folgen).

- *Feste/Märkte* **Jahrmarkt** mit traditionellem Volksfest am 8. September. Zu diesem Anlass wird den Gläubigen von der Außenkanzel des Doms „La Sacra Cintola", der „Heilige Gürtel" (vgl. Sehenswertes), gezeigt. Zentrum des Jahrmarkts ist die Piazza Mercatale.
Collezionare in Piazza, Antikmarkt auf der Piazza Santa Maria in Castello. Jeden 4. Sonntag im Monat (außer August) 9–19 Uhr.

Verkauf ab Fabrik
Die Tourismus-Information hat ein Faltblatt zum Schnäppchenjagen erstellt; zwei Strickereien bieten z. B. Kaschmirpullover an:
Maglificio Denny, Via Zarini 261, www.donny.it. Mo–Fr 9–13 und 15–19.30 Uhr.
Maglieria Artigiana, Richtung Florenz in Campi Bisenzio, Via Einstein 35, nicht weit vom riesigen Einkaufszentrum I Gigli. Mo–Fr 9.30–13 und 14.30–19 Uhr. ✆ 055-8974479.
Im August, wenn ganz Italien Ferien macht, sind die Shops geschlossen.

Übernachten (siehe Karte S. 178/179)

Während der Urlaubszeit, wenn Fabriken und Handelshäuser Ferien machen, besteht eher die Möglichkeit, ein preiswertes Zimmer zu bekommen.
- *Hotels* *** **Flora (8)**, in Pratos Altstadt die Nummer eins. Sauber und gepflegt, hoteleigene Garage, vegetarisches Restaurant. Gleich beim APT-Büro. Klimatisiertes DZ mit Bad und TV 150 €. Via Cairoli 31, ✆ 0574-33521, 📠 0574-400289, www.hotelflora.info.

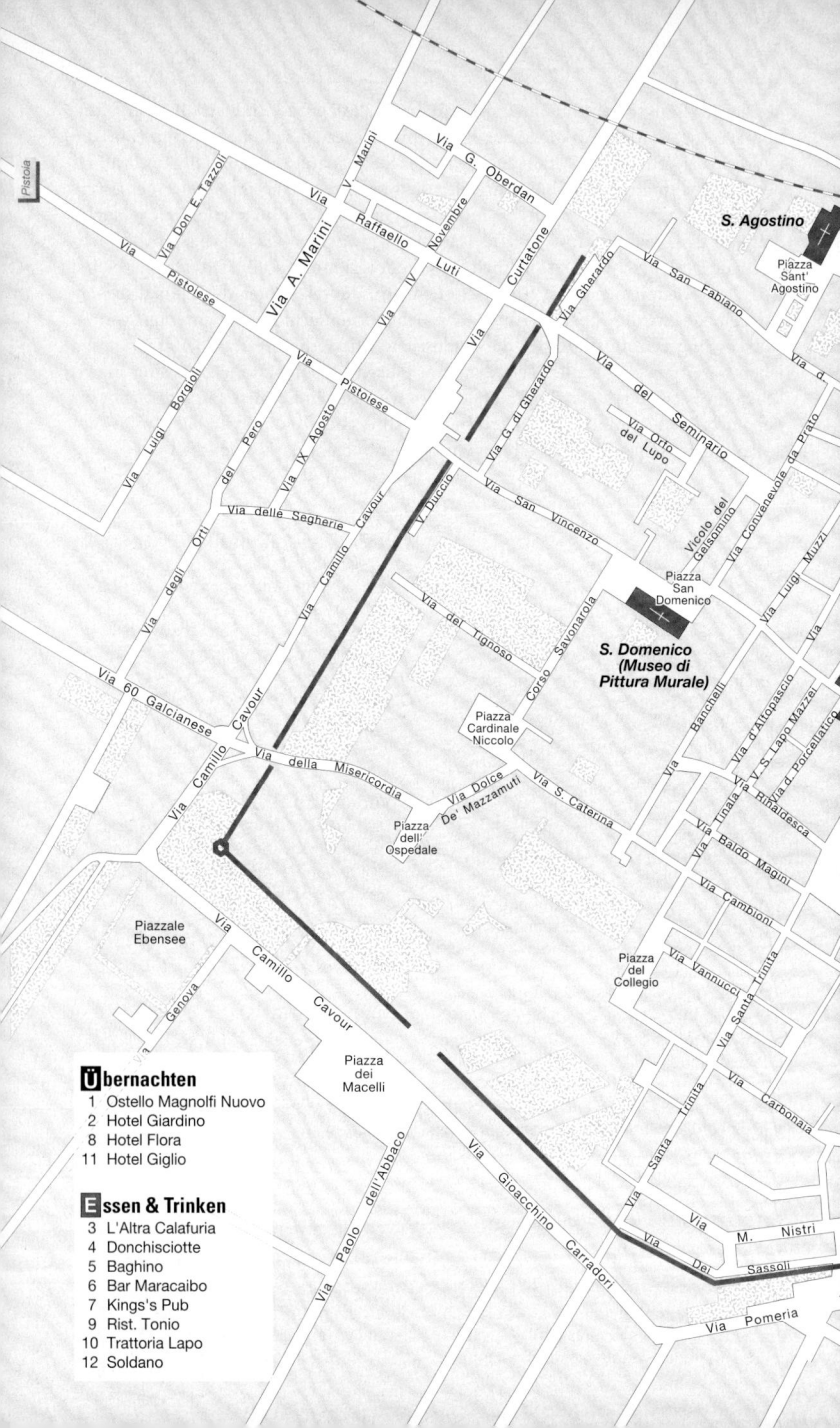

Pistoia

Via G. Oberdan

S. Agostino

Piazza Sant'Agostino

Via San Fabiano

Via Marini

V. IV Novembre

Raffaello Luti

Curtatone

Via G. di Gherardo

Via Gherardo

Via del Seminario

Via A. Martini

Via Don E. Tazzoli

Via Pistoiese

Via Pistoiese

Via IX Agosto

Via dei Pero

Via degli Orti

Via delle Segherie

Via Luigi Borgioli

Via 60 Galcianese

Via Camillo Cavour

Via Camillo Cavour

Via della Misericordia

V. Duccio

Via del Tignoso

Corso Savonarola

Via San Vincenzo

Via Orto del Lupo

Vicolo del Gelsomino

Via Convenevole da Prato

Piazza San Domenico

S. Domenico (Museo di Pittura Murale)

Via Luigi Muzzi

Via d'Attonascio

Banchelli

Via V. S. Lapo Mazzei

Via Tinaia Ribaldesca

Via d. Porcellatico

Via Baldo Magini

Via Cambioni

Piazza Cardinale Niccolo

Via Dolce De' Mazzamuti

Via S. Caterina

Piazza dell'Ospedale

Piazzale Ebensee

Via Genova

Via Camillo Cavour

Piazza dei Macelli

Via Paolo dell'Abbaco

Via Gioacchino Carradori

Piazza del Collegio

Via Vannucci

Via Santa Trinita

Via Santa Trinita

Via Carbonaia

Via Dei

M. Nistri

Sassoli

Via Pomeria

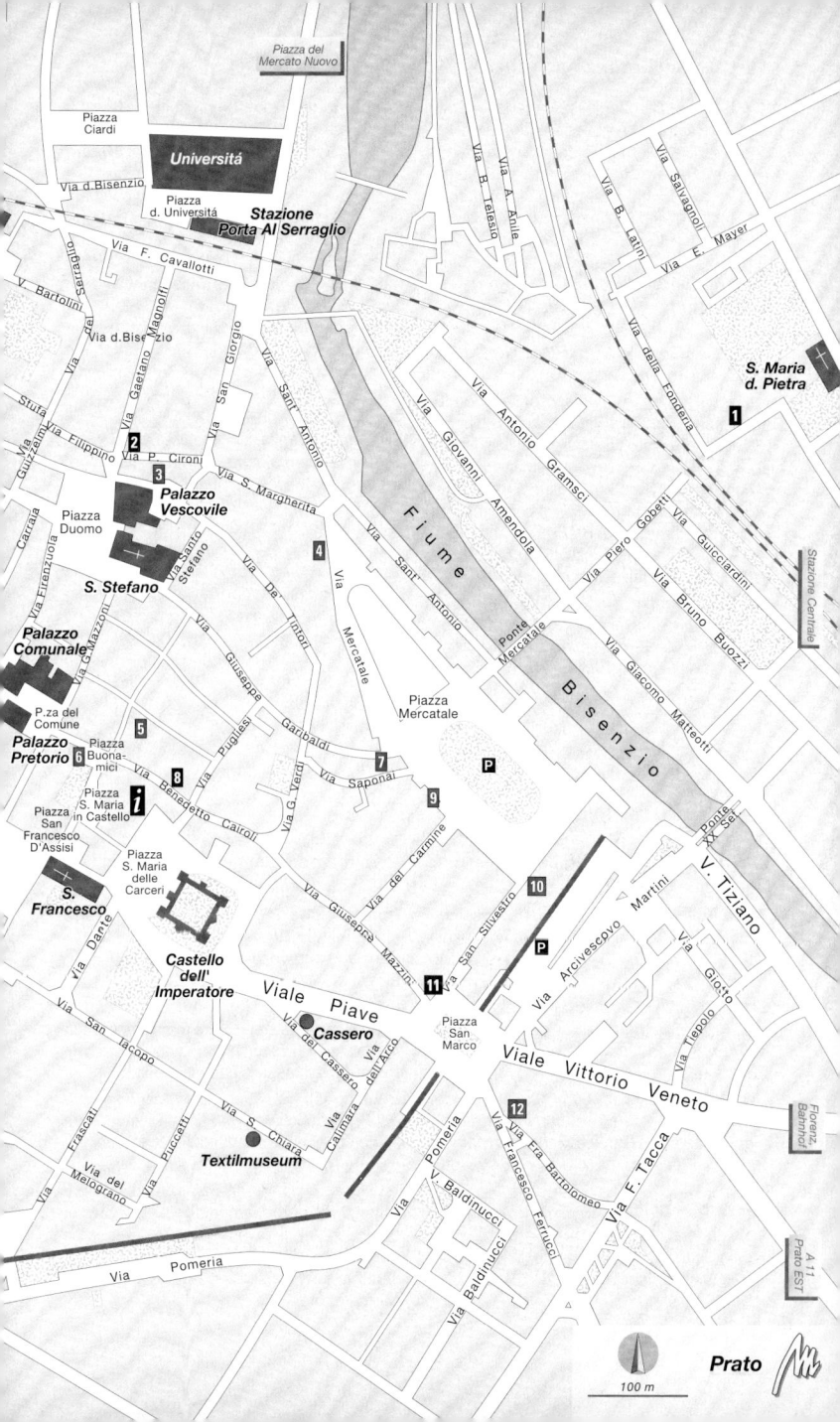

*** **Giardino (2)**, ebenfalls Altstadtlage mit eigener Garage. Direkt neben der Piazza del Duomo. Der Name verspricht allerdings, was das Haus nicht halten kann: Mit dem Garten sind wohl die paar Pflanzentöpfe auf der Straße gemeint. 28 Zimmer, klimatisiertes DZ mit Bad 135 €. Via Magnolfi 2, 4 und 6, ☏ 0574-606588, ✆ 0574-606591, www.giardinohotel.com.

** **Giglio (11)**, an der verkehrsumtosten Piazza San Marco. DZ mit Bad ca. 72 €, Frühstück etwa 8,50 €. ☏ 0574-37049, ✆ 0574-604351, albergoilgiglio@tin.it.

• *Jugendherberge* **Ostello Villa Fiorelli**, neu renovierte Villa etwas außerhalb im Norden von Prato. Galceti, per Bus Nr. 13 ab Bahnhof, ca. 4 km außerhalb an der Stadtgrenze Richtung Figline (Beschilderung Richtung Centro de Scienze Naturali). Mehrbettzimmer mit Bad 19 €, Frühstück 1,60 €. Via di Galceti 64, ☏ 0574-690786, ✆ 0574-691845, www.ostellionline.org.

Ostello Magnolfi Nuovo (1), alles noch ziemlich frisch, in einem ruhigen Stadtviertel nicht weit vom Bahnhof. 22 Einzelzimmer, Gemeinschaftsbad. 30 € pro Pers. Via Gobetti 79, ☏ 0574-442906, ✆ 0574-27311, www.magnolfinouovo.it.

** **Albergo il Villino**, 8 km Richtung Pistoia in Agliana, Ortsteil San Piero (beim Parco Pertini). Schöne Villa, angenehm familiäre Atmosphäre. Eigener Parkplatz. Fragen Sie nach Zimmern mit Lärmschutzscheiben, der Verkehr auf der Durchgangsstraße könnte stören. Die Zimmer 8 und 11 haben schöne Holzdecken, Nummer 4 und 5 sind mit Fresken verziert. Gelegenheit zum Joggen und Relaxen bietet der Stadtpark hinter dem Haus, nebenan verkauft eine Bar gute Schokolade und Brioches. DZ mit Bad und TV 80 €. Via Vecchia Provinciale 374, ☏ 0574-675511 oder 338-6944940, ✆ 0574-675529, www.albergoilvillino.it.

Villa La Costaglia, ein Medici Landgut am Fuße des Montalbano, wo nach der Renovierung zehn große Appartements vermietet werden. Die Besitzer produzieren Wein und Olivenöl, ein schöner, jahrhundertealter Park umgibt die Villa. Die repräsentativen Salons werden oft für Hochzeiten gebucht. Quarrata (südlich von Prato; die Autobahn A 11 bei Prato Ovest verlassen, dann noch 6 km). Die Preise beginnen bei 450 € pro Woche, Swimmingpool und Tennisplatz inklusive. Via Fiorentina II 148, ☏ 055-213990 oder 338-5354045, ✆ 0573-72029, www.villalacostaglia.it.

Essen (siehe Karte S. 178/179)

Die Spezialität von Prato heißt *sedani alla pratese*. Weich gekochte Selleriestangen werden flach gepresst, mit einer Paste aus Hühnerleber, Kalbfleisch, Eigelb und diversen Gewürzen bestrichen, anschließend zusammengerollt, mit Mehl und Brotkrümeln paniert und schließlich in Fett ausgebacken.

Tonio (9), hauptsächlich bekannt für seinen frischen Fisch, serviert aber auch lokale Spezialitäten. Menü ca. 30 €. So und Mo geschlossen. Piazza Mercatale 161.

Soldano (12), berühmt für die Spezialität der Stadt, die "Sellerierouladen". Exzellent auch die *crostini con funghi*. So geschlossen. Via Pomeria 23.

Bar Maracaibo (6), im Sommer sehr beliebt wegen seiner Außenbestuhlung auf der ruhigen Piazza Buonamici. Günstige Mittagsmenüs, Pasta ca. 4,50 €. Via Benedetto Cairoli 15.

King's Pub (7), urige Kneipe, zivile Preise, viele Jugendliche. Am Eingang zur Altstadt an der Piazza Mercatale. Mi geschlossen. Via Giuseppe Garibaldi 148.

Donchisciotte (4), ziemlich neu und „in", üppige Spezialität – Riso misto di mare, ein Berg von Meeresgetier. Auch gute Pizzen. Piazza Mercatale 39, ☏ 0574-39023.

L'Altra Calafuria (3), gemütliches Lokal zum Draußensitzen in einem pittoresken Altstadteck. Toscanische Küche. Sonntagmittag geschlossen. Piazza Lippi 9/10.

Baghino (5), gut, aber recht teuer. Gerichte der Region. Sonntag und Montag jeweils am Mittag geschlossen. Via dell'Accademia 9.

Lapo (10), einfache und billige Trattoria, seit über 50 Jahren in Familienbesitz. über Mittag von Arbeitern aufgesucht. Großer Saal und lange Wartezeiten – ansonsten durchaus sympathisch. Im Sommer Betischung zum Platz. So geschlossen. Piazza Mercatale 141.

*Castello dell'Imperatore –
die Kaiserburg aus dem 13. Jh. dominiert das Zentrum*

Sehenswertes

Castello dell'Imperatore (Kaiserburg): Die wuchtige Burg auf quadratischem Grundriss mit Eck- und Flankentürmen ist eines der wenigen Zeugnisse staufischer Architektur in Mittelitalien. Errichtet wurde sie unter Kaiser Friedrich II. (1194–1250), dem sie als Stützpunkt und Station auf dem Weg zu seinen Herrschaftsgebieten in Süditalien diente. Von der Innenausstattung, die nie komplett fertig gestellt wurde, ist nichts mehr erhalten. Im Sommer stehen in der Kaiserburg Theateraufführungen und Open-Air-Kino auf dem Programm. Schräg gegenüber vom Kastell befindet sich ein Teil der alten Stadtmauer, das mit der Kaiserburg-Eintrittskarte bestiegen werden kann.

① April–Sept. tägl. außer Di 9–13 und 16–19 Uhr, Okt.–März nur 9–13 Uhr. Eintritt 2,50 €. Das **Sammelticket** für die Kaiserburg, das Museo di Pittura Murale und das Dommuseum kostet 6 €.

Palazzo Pretorio/Museo Civico: Das markanteste Gebäude an der zentralen Piazza del Comune, an dem sich auch der im 14. Jh. erbaute Palazzo Comunale erhebt, ist der Palazzo Pretorio, der ab 1284 Sitz des *Capitano del Popolo* war. Zu den Räumen im ersten Stock des im 14. Jh. erheblich erweiterten Gebäudes führt eine Freitreppe mit Brüstung, von der aus die Verordnungen der Stadtregierung bekannt gemacht wurden. Die vor dem Palazzo Pretorio postierte Statue stellt den bedeutenden Prateser Textilhändler *Francesco di Marco Datini* dar.

Dom Santo Stefano: Prato wurde erst 1653 Bischofssitz, so dass der heutige Dom zu Beginn des 13. Jh. zunächst als einfache Pieve (Pfarrkirche) erbaut wurde. Die Fassade des Doms mit der grün-weißen Marmorstreifung war Mitte des 15. Jh. fertig gestellt, ebenso die berühmte Außenkanzel von *Michelozzo* mit dem durch eine mittige Säule gestützten Baldachin und den Puttenreliefs von *Donatello* an der Brüstung (Abgüsse nach den im Dommuseum aufbewahrten Originalen). Die Kanzel diente (und dient noch heute) der öffentlichen Präsentation des Heiligen Gürtels Mariens (s. u. „La Sacra Cintola").

Die bedeutendste Sehenswürdigkeit im Inneren des Domes sind die beiden Freskenzyklen von *Filippo Lippi* in der Hauptchorkapelle, die zwischen 1452 und 1466 unter Mitwirkung von *Fra Diamante* entstanden sind und gerade frisch restauriert wurden: An der linken Seitenwand ist die Vita des Kirchenpatrons dargestellt, rechts sieht man Stationen aus dem Leben Johannes des Täufers. Besonders eindrucksvoll ist die Gestaltung des „Gastmahls des Herodes" im Johannes-Zyklus, das der Künstler als höfisches Bankett mit biblischen Figuren in zeitgenössischen Gewändern darstellt. In der Gestalt der tanzenden Salome hat der lebenslustige Mönch vermutlich eine seiner Geliebten verewigt, die Nonne *Lucrezia Buti*, mit der er einen Sohn hatte.

⏲ **Kirche** tägl. 7–19 Uhr. **Chorkapelle** mit den Fresken 10–17 Uhr, So 15–17 Uhr. Eintritt 3 €, im Preis inbegriffen ist ein Audioguide, der die Beschreibungen auch in deutsch vermittelt.

La Sacra Cintola: Ein mit Goldfäden durchwirkter grüner Wollgürtel ist die wichtigste Reliquie der Prateser. Die Legende schreibt ihn der Gottesmutter zu, die ihn vor ihrer Himmelfahrt dem ungläubigen Thomas hinterließ. Im 12. Jh. ehelichte ein Prateser Kaufmann namens *Michele Dagomari* die Tochter eines Jerusalemer Priesters und bekam den heiligen Gürtel als Mitgift. An seinem Sterbebett vermachte der fromme Händler die Reliquie der Kirche San Stefano, die sie noch heute in Verwahrung hält. An Weihnachten, an Ostern, am 1. Mai, am 5. August und beim traditionellen Prateser Jahrmarkt am 8. September wird die Sacra Cintola von der Außenkanzel des Doms dem staunenden Publikum gezeigt.

Museo dell'Opera del Duomo (Dommuseum): Ausgestellt sind u. a. Sakralgegenstände und Altargemälde aus dem Dom, darunter *Filippo Lippis* „Begräbnis des heiligen Hieronymus" sowie ein von *Paolo Uccello* gemaltes Porträt des dichtenden Franziskanermönches *Jacopone da Todi*. Darüber hinaus kann man sich die reich verzierte Truhe, in der bis ins 17. Jh. der Mariengürtel verwahrt wurde, sowie das von *Donatello* stammende Originalrelief der Dom-Außenkanzel anschauen.

⏲ Mo–Sa 9.30–12.30 und 15–18.30 Uhr, So 9.30–12.30 Uhr, Di geschlossen. Eintritt 4 €.

Museo di Pittura Murale (Museum für Wandmalerei): Das Museum ist im zwischen 1238 und 1322 errichteten Kloster San Domenico untergebracht. Derzeit ist hier die Ausstellung *I tesori della Città* zu sehen, in der neben den wichtigsten Ausstellungsstücken des in Restauration befindlichen Museo Civico (s. o. unter „Palazzo Pretorio/Museo Civico") auch die ureigenen Exponate des Wandmalereimuseums präsentiert werden: abgenommene Fresken aus Prato und Umgebung sowie die zugehörigen Sinopien (Vorzeichnungen). Vertreten sind u. a. Arbeiten von *Angelo Gaddi*, *Pietro* und *Antonio di Miniato* sowie *Niccolò di Pietro Gerini*.

⏲ tägl. außer Di 9–13 u. 15–18 Uhr, Eintritt 4 €.

I Tesori della Città im Museo di Pittura Murale zu sehen, darunter auch *Filippo Lippis* „Madonna del Ceppo" (mit dem in Rot gewandeten Stifter des Bildes – besagtem Textilbaron *Datini* – und „vier guten Männern des Ceppo" ehrfurchtsvoll zu Füßen der thronenden Gottesmutter) oder die „Maria della Cintola", eine Darstellung der Legende vom Heiligen Gürtel. Demselben Thema ist *Bernardo Daddis* Predella-Tafel vom ehemaligen Hauptaltar des Doms gewidmet.

⏲ 9–13 Uhr, Fr/Sa 15–18 Uhr. Eintritt 4 €.

Museo del Tessuto (Textilmuseum): In Provinz Prato fertigen und verarbeiten 9000 Betriebe Stoffe aus verschiedensten Materialien – die Region ist inzwischen eines der bedeutendsten Textilzentren Europas. Der Umsatz der Fabriken beträgt jährlich 5 Mrd. Euro. Das Museum dokumentiert die Entwicklung der Produktionstechniken weltweit und zeigt wertvolle Stoffe aus vergangenen Jahrhunderten. Vor ein paar Jahren wurde die Sammlung standesgemäß in einer umgebauten Textilfabrik untergebracht. Archiviert sind 6000 Textilmuster aus allen Kontinenten (angefangen vom 5. Jh. v. Chr.), in den für Besucher einsehbaren Schubfächern befinden sich bedruckte Stoffe aus der Zeit vom 13. Jh. bis heute. Man kann sich Webmaschinen aus verschiedenen Epochen anschauen und bekommt Einblicke in die unterschiedlichen Techniken der Textilfärbung. Sonderschauen, zuletzt etwa zur Geschichte der Jeans, ergänzen das Angebot.

⏱ Mo–Fr 10–18 Uhr, Sa 10–14 Uhr, So 16–19 Uhr, Di geschlossen. Eintritt 6 €. Via Santa Chiara 24

Centro per L'Arte Contemporanea Luigi Pecci (Museum für zeitgenössische Kunst): In Sachen mittelalterlicher und Renaissance-Kunst ist Florenz nicht zu schlagen, also hat man sich in Prato auf Zeitgenössisches aus den Bereichen Malerei, Plastik, Design etc. verlegt, das seit 1988 in einem supermodernen Museumskomplex präsentiert wird. Einige Werke der Sammlung sind auch im umliegenden weitläufigen Park ausgestellt, so z. B. die bereits bei der Anfahrt auffallende „Stürzende Säule" von *Anne* und *Patrick Poirier* oder *Sol Le Witts* „Unregelmäßiger Turm".

⏱ 10–19 Uhr, Di geschlossen. Eintritt 5 €. Viale della Repubblica 277 (Neustadt, ganz nah an der Autobahnausfahrt Prato-Est). Informationen auch im Internet unter www.centropecci.it.

Pistoia

(90.000 Einw.)

Der schmucke Marktplatz heißt Piazza della Sala, daneben liegt die kleine Piazzetta dell'Ortaggio (Gemüse) mit den Nebengässchen Sorucciolo dei Cipolloni (Zwiebeln) und Vicolo del Cacio (Käse). Gemüse, Käse, Fisch, knackig frischer Salat, alles appetitlich auf den Markttischen aufgereiht – so präsentiert sich das Herz Pistoias.

Schon bei der Anreise wirkt die Stadt offen, Vorstadtdickicht fehlt fast völlig. Im breiten, fruchtbaren Tal des Ombrone wird intensiv Landwirtschaft betrieben, und man sieht auffällig viele Baumschulen und Gewächshäuser, die auf die lange Tradition der Zierpflanzenzucht in der Gegend verweisen. Außer mit ihren Baumschulen hat sich die Stadt auf wirtschaftlichem Gebiet aber noch in zwei ganz anderen „Genres" einen Namen gemacht: in der Waffenproduktion, die ab dem 16. Jh. bedeutend wurde und noch bis ins 20. Jh. hinein florierte, und in der Herstellung chirurgischer Präzisionsinstrumente.

Das historische Zentrum Pistoias ist die Piazza del Duomo – weitläufig, aber ohne Geschäfte und Cafés. Die historischen Gebäude kommen dadurch umso mehr zur Geltung: Die gestreifte Marmorverkleidung des Baptisteriums bildet einen deutlichen Kontrast zu den Ton- und Natursteinfassaden der Palazzi. Besonders malerisch ist der ehemalige Bischofspalast mit seinen weit ausladenden Fensterflächen. Er sollte ebenfalls mit Marmor verkleidet werden, das Geld reichte jedoch nur für einige Quadratmeter.

Neben dem historischen Zentrum rund um den Domplatz und die Piazza della Sala hat sich in den letzten Jahren der kleine Park an der Piazza San Francesco als abendlicher Jugendtreffpunkt herausgebildet. Springbrunnen, Eisdielen und Konfektläden bilden den idealen Rahmen für aufgeregtes Tuscheln und scheinbar beiläufiges Flanieren. Bei allen Altersgruppen beliebt ist die auf der anderen Seite der Altstadt gelegene Grünanlage Piazza della Resistenza mit dem sommerlichen Open-Air-Kino im Hof der Festung Santa Barbara.

Information/Verbindung/Adressen

- *PLZ* 51100
- *Information* Im Bischofspalast (Palazzo dei Vescovi) an der Piazza del Duomo. 9–13, 15–18 Uhr. ℡ 0573-21622, 📠 0573-34327. www.pistoia.turismo.toscana.it.
- *Fundbüro* Via Vergiolesi 2, ℡ 0573-22022.
- *Parken* kostenloses Parken zur Zeit auf dem P Cellini. Größter Parkplatz (Pacinotti) beim Bahnhof auf einem Fabrikgelände der alten Breda-Fabrik– ein Teil kostenlos und unbewacht, der andere gebührenpflichtig und bewacht. Näher an der Innenstadt befindet sich die Piazza San Francesco. Gegenüber liegt der Eingang zur Fußgängerzone. Parken kostet hier 1 €/Std.
- *Bahnverbindung* Pistoia liegt an der Strecke Florenz–Pisa bzw. Viareggio. 2x stündlich fährt ein Zug nach Florenz. Eine interessante Anreisevariante aus dem Norden führt von Bologna direkt nach Pistoia: mit der Gebirgsbahn *Porrettana* über Serpentinen und durch zahlreiche Tunnels.
- *Busverbindung* Nach Florenz (30 Min.), Lucca, Viareggio und nach Vinci. Der Busbahnhof befindet sich am Hauptbahnhof.

- *Einkaufen* Das kleine **Marktviertel** ist so abwechslungsreich wie in kaum einer anderen toscanischen Stadt. Um die Via de' Fabbri, die Piazza della Sala und die Piazza dell'Ortaggio findet man Fischläden, Gemüsestände und viele kleine Bäckereien. Eine schöne **Einkaufsstraße** mit vielen Modeboutiquen ist die Via Cavour unweit des Doms.
- *Markt* Mittwoch- und Samstagmorgen an der Piazza dello Spirito Santo gleich neben dem Domplatz: vor allem Kleider und Schuhe. **Antiquitätenmarkt** jeden 2. Sa/So im Monat (nicht Juli/August) auf dem früheren Gelände der Waggonfabrik Breda am Viale Antonio Pacinotti.
- *Feste* Blues Festival, drei Tage, die vor allem, aber nicht ausschließlich dem Blues gewidmet sind. Einträchtiges Nebeneinander perfekter Shows (Santana, Bob Dylan) und improvisierter Performance-Einlagen. Anfang Juli auf dem Domplatz.
  La Giostra dell'Orso, spektakulär wie der berühmtere Palio in Siena: Pferderennen auf dem Domplatz, bei dem die vier Stadtteile gegeneinander im Doppel antreten. Am 25. Juli.

Übernachten/Camping (siehe Karte S. 186/187)

Einige Mittelklassehotels buhlen um ein volles Haus. Da Pistoia touristisch noch nicht so überlaufen ist, hält sich das Preisniveau in Grenzen.

- *Hotels* *** **Milano (17)**, großzügiger, wenn auch etwas nüchtern-moderner Bau, Pistoias erste Adresse. Eigener Parkplatz, gegen Aufpreis auch mit Klimaanlage. DZ mit Bad ca. 110 €. Viale Pacinotti 10/12, ℡ 0573-975700, 📠 0573-32657, www.hotelmilanopistoia.it.

*** **Patria (14)**, freundliche Rezeption, geschmackvolle Zimmer, Stofftapeten, teures Mobiliar. DZ mit Bad 114 €. Via F. Crispi 6/8, ℡ 0573-25187, 📠 0573-368168 www.patriahotel.com.

** **Firenze (2)**, rustikal trotz Innenstadtlage: viele Zimmer mit Holzbalken an der Decke. DZ mit Bad ca. 88 €, ohne etwa 70 €. Via Curtatone e Montanara 42, ℡/📠 0573-23141, www.hotel-firenze.it.

- *Außerhalb* *** **Il Convento**, an der Straße über Montale nach Prato (noch vor dem Ort

Montale), in Santomato bei der Fina-Tankstelle den Berg hinauf. Altes, weiß gestrichenes Franziskanerkloster am Berghang, ruhig und abgeschirmt. Aus den kleinen Fenstern schöner Blick auf die Ebene. Großes Schwimmbad im Park. DZ mit Bad 165 €. Via S. Quirico 33, Pontenuovo, ℡ 0573-452651, 📠 0573-453578 www.ilconventohotel.com.

*** **Lago Verde**, an der Straße von Pistoia nach Montecatini. Moderner Komplex an einem künstlich angelegten Teich, etwas abseits der Straße und in absolut ruhiger Lage. Swimmingpool. Wer's mag, gesellt sich unter die Geschäftsreisenden. DZ mit Bad 150 €. Via Castellani 4, Serravalle Pistoiese, ℡ 0573-518262, 📠 0573-518227, www.rphotels.com.

Im erzbischöflichen Palast ist heute das Informationsbüro untergebracht

Weitere Hotels außerhalb siehe unter „Sammommè", S. 191.

• *Agriturismo* **La Corte**, phantastische Lage am Berghang oberhalb von Pistoia, „Panorama"-Pool. Nette Vermieter, Olivenanbau, eigene Marmelade, Pool im Bau. Drei geräumige T1-Appartements zum Wochenpreis von ca. 450 € oder 93 € pro Tag. Via delle Corti 24, Candeglia, ✆/🖳 0573-43307, www.agriturismolacorte.com.

La Torricella, 8 km östlich von Pistoia (an der alten Straße nach Prato). Freistehendes Anwesen am Rande der Talsenke, Fernblick nach Florenz. In einem neuen Anbau an das ursprüngliche Bauernhaus sind 11 Appartements untergebracht (um den Pool herum). Top-Standard, mit Geschirrspüler und Waschautomat. Pro Woche ca. 600 €. Via Montalese 60, Santomato, ✆/🖳 0573-479421, www.agriturismolatorricella.it.

Le Colmate, in den Hügeln des Monte Albano südlich von Pistoia, auf halbem Weg nach Vinci (zwischen San Baronto und Quarrata). Nette Vermieter, auf Wunsch gibt es für die Hausgäste Menüs. Tagespreis 95 €. Via Leano 62, Loc. Montemagno, Quarrata, ✆/🖳 0573-735014, www.colmate.it.

• *Camping* **Barco Reale**, in S. Baronto, ca. 15 km südlich von Pistoia (Richtung Vinci) in den Hügeln des Montealbano. Hübsch terrassiertes Gelände auf einer mit Pinien und Eichen bewaldeten Hügelkuppe. Tennisplatz, Swimmingpool, Kinderspielplatz, Lebensmittelladen. Das Restaurant bietet abends gute Pizza und Pasta zu akzeptablen Preisen, im Sommer Barbecue. Weitere Restaurants im 1 km entfernten S. Baronto. Busservice nach Florenz, Lucca, Pisa. Viel holländische Kundschaft, deutschsprachige Rezeption. Geöffnet April–Sept. 9,50 € pro Pers. ✆ 0573-88332, 🖳 0573-88332 oder 0573-856003, www.barcoreale.it.

Essen (siehe Karte S. 186/187)

Trattoria dell'Abbondanza (3), die kleine, versteckt in einer engen Seitenstraße liegende Trattoria wird auch gerne von Einheimischen besucht. Lokale Küche frisch auf den Teller. Zur Nachspeise *torta di mele* (hausgemachter Apfelkuchen). Einladende Plätze im Freien. Preiswert, das Menü ca. 19 €. Mi geschlossen. Via dell'Abbondanza 10/14.

Liberty Café (4), der Hintereingang liegt unmittelbar neben der Trattoria Abbondanza. Eisdiele in der im Art-deco-Stil auftrumpfenden Galleria Vittorio Emanuele. Allerdings sollte man Lust auf laute Hitparadenmusik mitbringen. Im Sommer kühlende Oase, viel junges Publikum. Via degli Orafi 54/56.

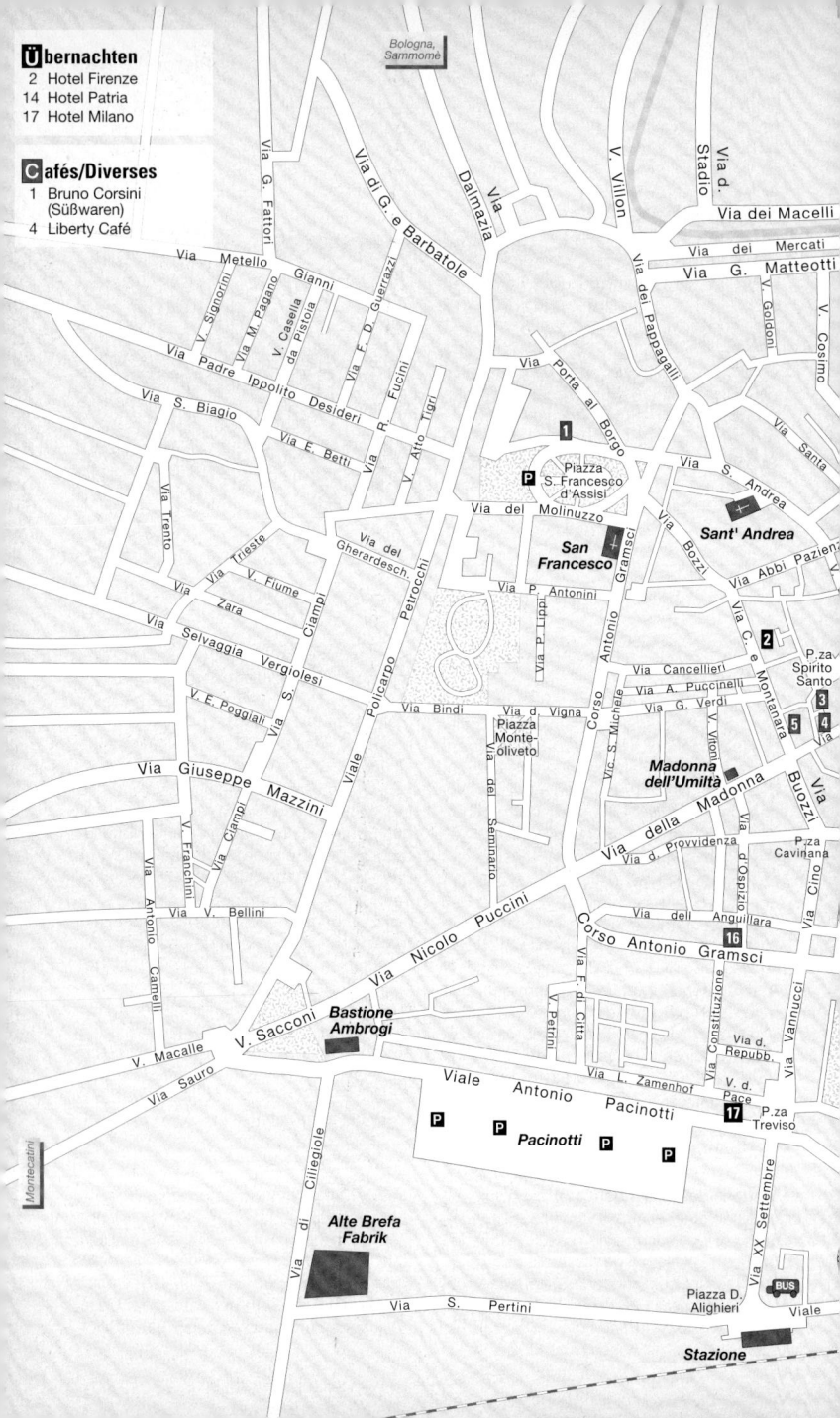

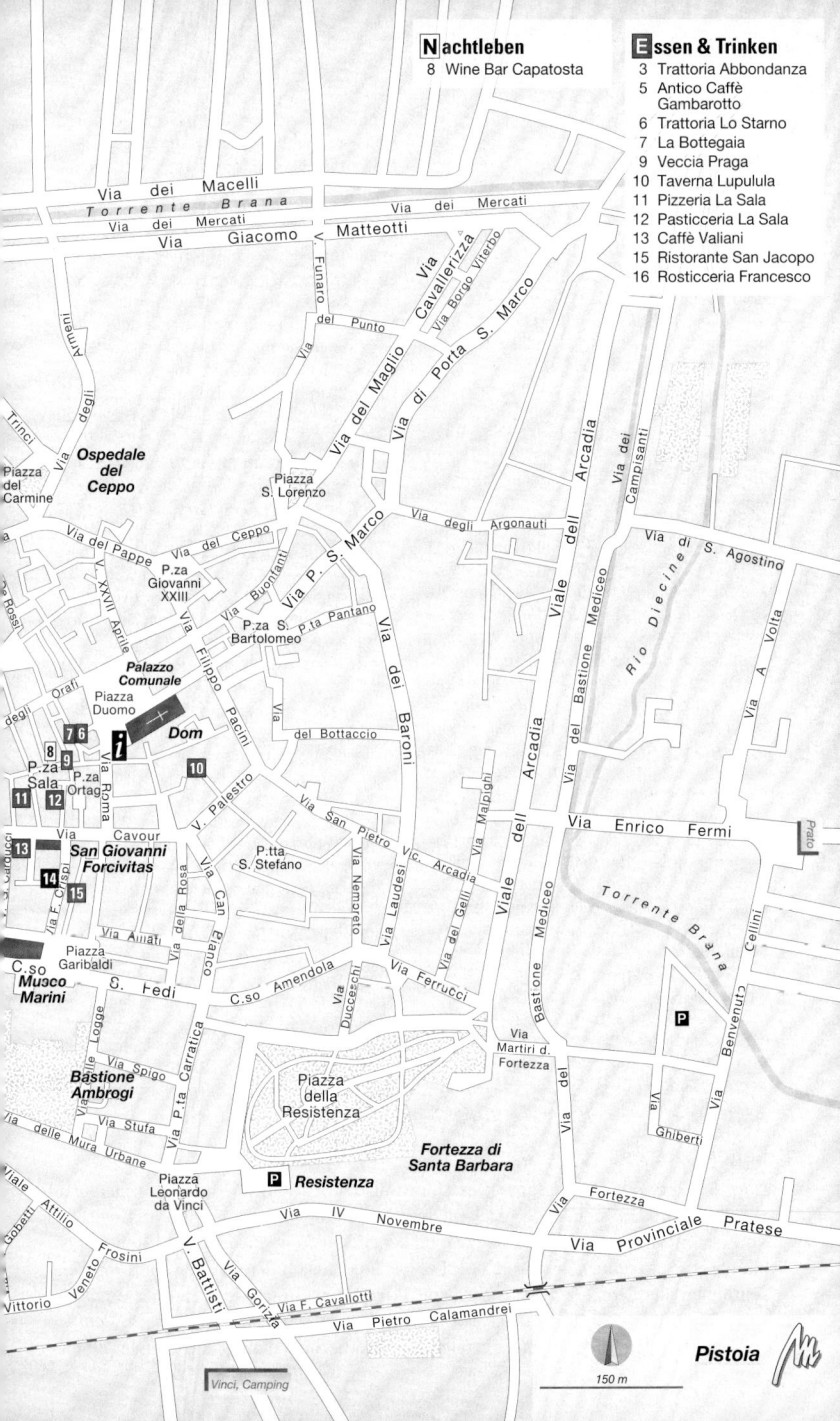

Pistoia

150 m

Pizzeria Da Ale (La Sala) (11), nicht zu verwechseln mit u. g. Pasticceria. Gemütliches Lokal mit sehr guter Küche, die Pizza (70 Sorten!) dünn und knusprig. Mi geschlossen. Via S. Anastasio 4 (von der Piazzetta dell'Ortaggio kommend: links, an der gegenüberliegenden Ecke der Piazza della Sala, schmal, leicht zu übersehen). ✆ 0573-24108 oder 335-6266219.

Rosticceria Francesco (16), große Auswahl an Pizzen, Antipasti, Sandwichs. Sonntagnachmittag und Mo geschlossen. Corso Gramsci 10 (Ecke Via dell'Ospizio).

Antico Caffè Gambarotto (5), Pistoias erste Adresse für eine lokale Schlecker-Spezialität: *bitonata* – leckere Eistorte mit Schokoüberzug, im Inneren karamellisierte Biskuits. Im Sommer Straßenbetischung, über Mittag auch Snacks und kleine Gerichte. So geschlossen. Via Montanara e Curtatone 12.

Bruno Corsini (1), Süßwarenladen (seit 1918), der die Jugend von heute in Scharen anzieht. Lokale Konfekt- und Schokoladespezialitäten, mehrfach von der Fachpresse ausgezeichnet. Piazza San Francesco 42.

Pasticceria La Sala (12), nicht zu verwechseln mit o. g. Restaurant. *Focacce* und gefüllte *schiacciate* (Fladenbrot). Straßenbetischung. Der Service hat's nicht eilig. Geöffnet bis 20 Uhr, So geschlossen. Piazza della Sala 15 (kein Namensschild, gegenüber dem Löwenbrunnen).

Caffè Valiani (13), im zebragestreiften ehemaligen Oratorium San Antonio Abate untergebracht (neben der weiß-grün gestreiften Kirche San Giovanni Fuorcivitas). Große, hohe Räume, abends effektvoll ausgeleuchtet. Angenehmer Aufenthaltsort für Zeitungsleser. Der Barkeeper versteht sich auf raffinierte Drinks. Im hinteren Saal beginnt die Galleria Valiani, die sich im Souterrain fortsetzt und auf alte (meist zweitklassige) lokale Meister spezialisiert ist. Via Cavour 55 (Fußgängerzone).

Vecchia Praga (9), gut besuchte, gemütliche Kneipe am belebten Marktplatz. Back-

steinziegel an der Decke, moderne Wandbemalung, legere Atmosphäre. Piazza della Sala (gegenüber der Pasticceria La Sala).

Ristorante San Jacopo (15), gehobenes Restaurant gegenüber dem Drei-Sterne-Hotel Patria: *stuzzichini* 7 €, *paté de la casa* 8 €, *gamberoni alla griglia* 15 €. Sonntagabend und Mo geschlossen. Via Crispi 15.

La Bottegaia (7), freundliches Speiselokal mit günstigen Preisen. Sonntagmittag und Mo ganztägig geschlossen. Via del Lastrone 17 (Seitenstraße der Piazza della Sala).

Wine Bar Capatosta (8), klein und heimelig, farblich dominiert Rot, hohe Barstühle. Ein exzellenter Ort, um ein Glas Wein zu trinken. Piazza della Sala 1.

Trattoria Lo Storno (6), gute Küche zu zivilen Preisen nahe der Piazza della Sala: *antipasti* 6,50 €, *primi piatti* 7,50 €, *secondi piatti* 12 €. Via del Lastrone 6/8.

Taverna Lupulula (10), schöne Räume in einer ehemaligen Kirche, mit Zweiertischen ausgestattet. Die Küche versucht, die lokale Tradition zu erweitern, daher die leicht gehobenen Preise (drei Gänge ca. 25 €, ohne Wein). Nur abends geöffnet, im Mai geschlossen. Vicolo dei Bachettoni 10.

• *Außerhalb* **Il Bucaniere**, fein ausgehen inmitten herrlicher Natur: Restaurant und Bar in weitläufiger, moderner Anlage mit großem Swimmingpool. 6 km südlich von Pistoia auf dem Weg nach Vinci am Fuße des Monte Albano. Hang zum Kitsch ist unübersehbar, aber der schöne Ausblick an den Pool-Plätzen entschädigt. Im Sommer täglich geöffnet, am Wochenende auch Disco. Via Castelnuovo 24, Cantagrillo. www.piscinecantagrillo.it.

Ristorante La Cugna, an der kurvenreichen, malerischen Bergstraße (SS 64) nach Bologna (8 km außerhalb von Pistoia). Es lohnt sich, von Pistoia extra hochzufahren. Solide Küche, regionale Spezialitäten kommen frisch auf den Tisch. Menü um die 23 €. Mi geschlossen. Viale Bolognese 236.

Sehenswertes

Dom San Zeno e San Jacopo: Der Dom mit der gestreiften Marmorverkleidung wurde ab 1108 an der Stelle eines niedergebrannten Vorgängerbaus errichtet. Die Vorhalle mit hufeisenförmigen Bögen auf schlanken Säulen wurde im 14. Jh. angebaut, der 67 m hohe Campanile unmittelbar links neben dem Dom datiert im Wesentlichen aus dem 13. Jh., die Turmspitze wurde allerdings erst im 16. Jh. aufgesetzt. Über dem Hauptportal des Doms erkennt man eine von *Andrea della Robbia* zu Beginn des 16. Jh. gefertigte Terrakotta-Kassettierung, den Dachgiebel des Doms schmücken die Statuen der beiden Kirchenpatrone. In seinem Inneren birgt der Dom eine filigrane Kostbarkeit: den Silberaltar des heiligen Jakobus, der sich in der gleichnamigen *Cappella di San Jacopo* befindet und das Werk mehrerer Generationen von Gold- und Silberschmieden ist. Eingearbeitet sind Szenen aus dem Leben des Heiligen, aus der Schöpfungsgeschichte und aus dem Neuen Testament. Wer sich nicht mit dem Blick durch die Gittertür begnügen, sondern das Kunstwerk aus der Nähe betrachten will, muss 2 € Eintritt zahlen (geöffnet 8.30–12.30 und 15–19 Uhr).

Baptisterium San Giovanni in Conca: Das oktogonale, in eine grün-weiße Marmorverkleidung eingefasste Baptisterium gegenüber dem Dom wurde zwischen 1338 und 1359 nach Plänen von *Andrea Pisano* gebaut. Neben dem Hautportal sieht man eine kleine Außenkanzel, von der aus zu besonderen Anlässen zu den auf dem Platz versammelten Gläubigen gepredigt wurde. Das Taufbecken aus mehrfarbigem Marmor im Inneren des Baptisteriums datiert aus dem Jahr 1226 und stammt aus einem Vorgängerbau.

Palazzo Comunale/Museo Civico: Der Bau des mächtigen Stadtpalasts zog sich über knapp hundert Jahre hin (1294–1385), die Verbindungsbrücke zum Dom wurde sogar erst 1637 angefügt. Über dem Mittelfenster im Zentrum der Sandsteinfassade sieht man das Wappen des Medici-Papstes Leo X., neben dem Fenster einen schwarzen Marmorkopf, der den 1114 von den Pisanern besiegten Maurenkönig Mugahîd von Mallorca darstellen soll. Der Palazzo Comunale beherbergt heute das *Museo Civico*, in dem neben Gemälden aus dem 15. und 16. Jh. vor allem Keramiken und Münzen ausstellt sind. Darüber hinaus ist hier das *Giovanni Michelucci Research Center* untergebracht, das dem in Pistoia geborenen und 1990 im Alter von 99 Jahren verstorbenen Stararchitekten gewidmet ist. Zu seinen Werken in der Toscana zählen z. B. der Bahnhof von Florenz und das Gebäude der Bank *Monte dei Paschi di Siena* in Colle di Val d'Elsa. Der Kern der Sammlung besteht aus 900 Zeichnungen, die den Entstehungsprozess seiner großen Bauten dokumentieren. ⏱ Di–Sa 10–18 Uhr, So 11–18 Uhr. Eintritt 3,50 €

Kirche Sant'Andrea: Schmuckstück der in ihrer heutigen Gestalt Mitte des 12. Jh. errichteten Kirche ist eine um das Jahr 1300 gefertigte Kanzel von *Giovanni Pisano*. Am Kanzelkasten sind Szenen aus dem Neuen Testament dargestellt.

Kirche San Giovanni Fuorcivitas: Die ursprünglich im 8. Jh. außerhalb des frühmittelalterlichen Mauerrings (*fuor civitas* = „außerhalb der Stadt") errichtete Kirche in der Via Cavour wurde zwischen dem 12. und 14. Jh. mehrmals umgebaut und vergrößert. Hauptsehenswürdigkeit der außen mit weißen und grünen Marmorschichten verkleideten Kirche ist eine auf zwei Löwen abgestützte Marmorkanzel von *Guglielmo da Pisa* aus der Schule von *Nicola Pisano*. Sie wurde 1998 restauriert, eine Dokumentation zeigt im Detail, mit welcher Akribie dabei vorgegangen wurde.

Kirche Madonna dell'Umiltà: Man muss schon ein Stück weit in die Via dell'Ospizio hineingehen, um die mächtige Kuppel zu sehen, die Pistoias größten Renaissancebau überdacht. Anlass für den Kirchenbau gab ein noch heute verehrtes Fresko aus dem 14. Jh., das in den Altar eingelassen ist. Die Legende berichtet, dass im Jahr 1490 angesichts der mörderischen Bruderkämpfe in Pistoia der Maria auf dem Fresko der pure Schweiß ausbrach. Die Kirche mit dem oktogonalen Zentralbau und dem vorgelagerten Vestibül wurde im 15. Jh. unter *Giuliano Sangallo* errichtet, die Kuppel aus dem 16. Jh. stammt von *Giorgio Vasari*.

Ospedale del Ceppo/Museo dei Ferri Chirurgici: Das Hospital der Wohltätigkeitsorganisation *Ceppo* stammt aus dem 13. Jh. 1515 wurde ein Portikus angebaut, der

Von Florenz nach Lucca
Karte S. 176

mit einem aus der Werkstatt der *della Robbia* stammenden beeindruckenden Majolikafries abschließt: In intensiven Farben leuchten die sieben Werke der christlichen Barmherzigkeiten auf den Betrachter hinab, die Bekleidung der Armen, die Beherbergung von Pilgern, die Pflege der Kranken, die Speisung der Hungernden etc. Im Inneren des einstigen Hospitals zeigt das *Museo dei Ferri Chirurgici* eine Kollektion von Werkzeugen der Heilkunst aus vergangenen Jahrhunderten. Die Besichtigung verlangt allerdings etwas Vorarbeit – sei es ein schriftliches Gesuch mit Begründung an die Direktion, sei es telefonische Überzeugungsarbeit (✆ 0573-352209). Weitere Möglichkeit: Sie versuchen, das Tourismus-Büro für Ihr Anliegen zu gewinnen.

Museo Marino Marini: Das Museum im Palazzo del Tau ist dem weltbekannten Bildhauer, Maler und Zeichner Marino Marini gewidmet, der 1901 in Pistoia geboren wurde und 1980 in Viareggio starb. Als Materialien für seine an etruskischer Kunst inspirierten Skulpturen verwendete er in erster Linie Bronze und Holz, zu den immer wiederkehrenden Motiven zählen vor allem Pferde und Reiter. Marinis bildhauerische Hauptwerke sind in den großen Museen der Welt ausgestellt, sein Heimatort muss sich mit einer bescheideneren Skulpturen-Sammlung begnügen. Der größere Teil der hiesigen Ausstellung ist seinem Werk als Grafiker und Maler gewidmet, insgesamt sind etwa 350 Exponate zu bewundern. Dem Museum angeschlossen ist eine umfangreiche Spezialbibliothek zum Gesamtwerk des Künstlers.
① April–Sept. Mo–Sa 10–18 Uhr (im Winter nur bis 17 Uhr), Eintritt 3,50 €. Corso Silvano Fedi 30.

Fondazione Jorio Vivarelli: Öffentlich zugänglich ist seit kurzem die Villa eines weiteren berühmten Sohns der Region. Das Wohnhaus des 1922 geborenen Architekten, Malers und Bildhauers Jorio Vivarelli wurde zur Begegnungsstätte für Kunstfreunde umfunktioniert (Vorträge, Theateraufführungen, Festivitäten etc.). Zu sehen sind expressionistische Plastiken und abstrakte Skulpturen von Vivarelli, der in den 50er Jahren mit Giovanni Michelucci zusammengearbeitet hat (s. o.) und in den USA seit langem ein geschätzter Gestalter städtischer Plätze ist (Detroit, Philadelphia, Michigan).
① Mo–Sa 9–12 und 15–18 Uhr, So geschl. Via Felceti 11.

Giardino Zoologico: Ein beispielhaft gepflegter Privat-Zoo, 4 km westlich von Pistoia gelegen. Ursprünglich wollte der Biergroßhändler Raffaello Galardini an dieser Stelle ein Hotel errichten. Als ihm die Baugenehmigung versagt blieb, entstand eine Oase, in der sich heute selbst ein Polarbär wohl fühlt. Neben dem Zoo befinden sich ein Schwimmbad und ein Pferdemietstall.
Anfahrt   Pistoia in Richtung Castagno verlassen; Busse stündlich ab der Piazza S. Francesco bzw. Bahnhofsvorplatz. Via di Pieve a Celle 160a. Im Sommer tägl. 9–19 Uhr, Okt.–März bis 17 Uhr. Eintritt 9,50 €. www.zoodipistoia.it.

Fattoria di Celle: Der Textilindustrielle Giuliano Gori hat in dieser Privatvilla im kleinen Weiler Santomato (in den Bergen über Pistoia in Richtung Montale) eine Skulpturensammlung mit Werken namhafter Bildhauer eingerichtet. Im weitläufigen Park sind Dutzende von Installationen ausgestellt, die alle an Ort und Stelle entstanden sind. Sie sollen – so Goris Forderung an die beauftragten Künstler – einen bildnerischen Kommentar zu Landschaft und Geschichte abgeben. Jedes Jahr kommen weitere Arbeiten hinzu.
Adresse   Via Montalese 7, Santomato. Besichtigung nur nach Vereinbarung unter ✆ 0573-479907 oder ✆ 0573-479486.

Nördlich von Pistoia

Nördlich von Pistoia erheben sich die **Pistoieser Berge**, eine einsame, erholsam kühle Berglandschaft mit dichten Kastanienwäldern. Ein wichtiger Erwerbszweig in der heute entvölkerten Gegend war einst die Eisproduktion. Während der Wintermonate wurden aus den angelegten Staubecken Eisblöcke geschnitten und in abgedeckten Erdhöhlen bis in den Sommer gelagert. Durch den Bau der *Porrettana*, einer nach einem Thermalbadeort auf halbem Weg nach Bologna benannten Eisenbahnlinie, erlangte dieser Wirtschaftszweig bis zur Wende vom 19. zum 20. Jh. einen großen Aufschwung, konnten doch die beliebten Kühlwürfel bequem bis Bologna und Florenz verschickt werden. Im kleinen Ort **Le Piastre** wurde eine „Eisgewinnungsanlage" rekonstruiert, die im Museum *Ghiacciaia della Madonnina* besichtigt werden kann (nur nach Voranmeldung unter ☎ 0573-374247). Ein weiteres Museum ist in der alten Eisenschmiede *Ferriera Sabatini* in **Prácchia** untergebracht. Signore Pompeo, der den Betrieb bis zum Zweiten Weltkrieg führte, kümmert sich jetzt um die Museumsbesucher.

ⓘ April–Juni Sa/So 10–12 und 16–19 Uhr, Juli/August 9.30–12.30 und 16–19 Uhr, Mo und mittwochvormittags geschlossen, Sept./Okt. Sa/So 15–18 Uhr, Nov. So 15–18 Uhr.

Sammommè

Der Bergort am Abhang des Apennin liegt 16 km nördlich von Pistoia an der Bahnlinie nach Bologna. Zwei Wege führen hinauf. Über San Felice schlängelt sich die Landstraße erst in bequemen Kurven und dann steil und eng nach oben. Die etwa 15-minütige Auffahrt lohnt sich, denn nur wenige Kilometer vom geschäftigen Trubel im Tal entfernt findet man sich plötzlich in wildromantischer, völlig ursprünglicher Berglandschaft wieder. Die alternative Route über die SS 64 klettert in größeren Bögen die Berge hinauf, überquert die Bahnlinie der *Porrettana* und führt schließlich – an der Abzweigung nach Sammommè vorbei – weiter nach Bologna. Unterwegs passiert man das Ausflugslokal *La Cugna* (siehe S. 188) – ein möglicher Grund, die bequemere Anfahrt zu wählen. Nach der Abzweigung sind es noch etwa 2 km bis ins Dorf.

Der erste Eindruck von Sammommè selbst ist ganz und gar unspektakulär: ein kleiner Platz neben einer unscheinbaren Kirche, unterhalb davon ein paar Häuser und eine Bar – das ist auf den ersten Blick alles, was man erkennt. Doch versteckt unter dem dichten Baumbestand zieht sich der Ort in verschlungenen, steilen Wegen den Berg hinauf. In einer großen Parkanlage wurde ein öffentlicher Kinderspielplatz eingerichtet, daneben ein Fußballplatz. Viele der sehr gepflegten Häuser sind nur während der Sommermonate oder an Wochenenden bewohnt. Landwirtschaft, auch Weidewirtschaft wird hier seit Jahrzehnten nicht mehr betrieben. Seine turbulenteste Zeit erlebte Sammommè 1860 mit der Inbetriebnahme der *Porrettana* (s. o.). Um die vorletzte Jahrhundertwende entstand ein Hotel, das den damals noch wenigen Sommerfrischlern eine Übernachtungsmöglichkeit bot. Doch schon 1932, nach der Fertigstellung der neuen *Direttissima* von Florenz nach Modena, verlor die *Porrettana* an Bedeutung. Erst 1945, als die Alliierten die Eisenbahnbrücken zu bombardieren versuchten, um die deutsche Wehrmacht vom Nachschub abzuschneiden (Gotenlinie), geriet Sammommè wieder in die Schlagzeilen. Später sprengte die Wehrmacht dann einige Brücken selber in die Luft, um die Verfolger aufzuhalten.

Von Florenz nach Lucca Karte S. 176

Vom Bergkamm hat man eine wunderschöne Fernsicht

Wanderung von Prácchia nach Sammommè

Markierung: Rot-weiß bzw. Streckennamen GEA (Grande Escursione Appenninica) und M.P.T. (Montagna Pistoiese Trekking). Die Strecke ist ein Teil des Europawanderwegs 1 (von Norwegen nach Sizilien). Das letzte Drittel der beschriebenen Route verläuft ohne Markierung.

Dauer: 2½ Stunden. Ab *Bahnhof Prácchia* (Eisenbahnverbindung von Sammommè aus) erst Richtung Dorf, dann nach ca. 200 m die Bahnlinie unterqueren. Danach rechts – bald entdeckt man die ersten Markierungen. Eine Forststraße (später asphaltiert) führt, an einer Getränkeabfüllung vorbei, leicht ansteigend den Hang entlang nach Süden. Nach etwa einer halben Stunde verlässt man diesen Weg (bei einer Linkskehre) und geht auf der GEA (*Grande Escursione Appenninica*) weiter – ein Pfad durch einen herrlichen Kastanienwald den Berg hoch. Nach etwa 1¼ Stunden erreicht man den Bergkamm – nur große Schieferbrocken ragen aus dem kahlen Boden. Ab hier geht es nur noch bergab. Man verlässt den offiziellen Fernwanderweg und zweigt Richtung Sammommè ab (falls die Hinweisschilder „Sammommè" fehlen, schwer zu finden). Man durchquert bald einen verwilderten Obstgarten mit den Ruinen eines Bauernhofes. Gleich danach folgt ein Teich, hinter dem man die markierte GEA verlässt und rechts eine Wiese überquert, die im Sommer gerne als Zeltlager benutzt wird. Bald wird weiter unten ein kleiner See mit Bauernhof sichtbar, ein Rehabilitationszentrum für Drogenabhängige. Den See links umgehen, dann rechts einen steilen Hohlweg den Berg hinunter. Es folgt eine letzte Bachüberquerung, und man erreicht *Pilloni*. Von hier aus führt eine schmale asphaltierte Straße in Serpentinen hinunter nach *Sammommè*.

Wanderkarte: Für ca. 6 € (Maßstab 1:50.000) erhältlich sowohl im Hotel Arcobaleno in Sammommè (Riccardo, ✆ 338-9459847, der Sohn des Hauses, führt Sie auch selbst gerne durch die Pistoieser Berge) als auch in Prácchia im Hotel Melini (Via Nazionale 78, ✆ 0573-490026, ✉ 0573-490000, www.albergomelini.com).

● *Anfahrt* Von Pistoia aus entweder über die bequeme SS 64 (Richtung Bologna) und nach ca. 15 km dem Schild folgend links abzweigen (immer Richtung Hotel Arcobaleno) oder die romantische, teils holprige und später sehr steile Straße über San Felice (Richtung Bologna/Modena, dann Hinweis Capostrada folgen).

● *Bahnverbindungen* Am Ortsausgang (beim Viadukt) befindet sich der kleine Bahnhof für die *Porrettana*, die 6x täglich nach Pistoia fährt. Fahrkarten im Hotel Arcobaleno (4,40 € hin und zurück).

● *Übernachten/Essen* ***** Arcobaleno**, im kleinen Dorfzentrum von Sammommè. Fast alle der 50 Zimmer mit eigenem Balkon, auch Ferienwohnungen. Großzügige Terrasse, Swimmingpool und Tennisplatz. Auch das Restaurant ist sehr zu empfehlen: Der Wirt steht meist selbst in der Küche, sein Sohn Riccardo (er spricht gut Deutsch, einmal pro Woche bietet er den Hotelgästen eine Bergwanderung an) sorgt sich um den vorzüglichen Service.

Spezialitäten sind Ravioli mit Spinat- und Ricottafüllung sowie verschiedene Fleischgerichte mit Pilzen. Menü ca. 17 €. Man bekommt hier auch Wanderkarten für die Umgebung (6 €) und Zugtickets nach Pistoia (2,20 € einfach). DZ mit Frühstück 62 €. Via Valdi Sammommè 37, Sammommè, ✆ 0573-470030, ✆ 0573-470147.

* Guidi, am Ortseingang von Sammommè weist ein Schild rechts den Berg hinauf, kurz darauf sieht man das dreistöckige Haus etwas versteckt am Ende eines schmalen Wegs. Geräumige, freundlich eingerichtete Zimmer in einem Hotel aus dem Jahr 1935. Ein Leser meint: „Falls die ganze Toscana ausgebucht erscheint: Im Albergo Guidi in Sammommè ist bestimmt noch ein Zimmer frei." Das Restaurant (Menü ca. 20 €) ist nur von Mitte Juni bis Mitte Sept. geöffnet, das Hotel ganzjährig. DZ mit Dusche/WC 55 €, ohne 40 €. Via Collina 45, Sammommè, ✆/✆ 0573-470022, www.albergoguidi.com.

Südlich von Pistoia

Vinci

(ca. 14.000 Einw.)

Auf halber Strecke zwischen Pistoia und Empoli (siehe S. 196) erhebt sich der Heimatort von Leonardo da Vinci auf einem Hügel des Monte Albano. Gleich zwei Museen erweisen dem berühmten Sohn des Städtchens die Ehre, im Mittelpunkt beider Ausstellungen steht nicht der Künstler Leonardo, sondern der Naturwissenschaftler, Erfinder und Tüftler.

Das **Museo Leonardiano** ist in den drei Stockwerken des alten Castello von Conti Guidi (mitten im Städtchen) untergebracht. Auf der Grundlage der hinterlassenen Skizzen Leonardos wurden diverse Arbeitsgeräte und Fortbewegungsmittel nachgebaut. Zu Letzteren zählen ein Flugapparat, ein Fahrrad mit Kettenantrieb, das erste „Auto" der Welt, ein „Hubschrauber", ein „Panzer" (der Schildkröte abgeschaut), Schwimmflossen sowie eine Taucherausrüstung. Seinem Wasserski scheint Leonardo selbst nicht recht getraut zu haben – gleich daneben sind die Skizzen für einen Rettungsring ausgestellt. Fast 100 auch in deutscher Sprache kommentierte Exponate sind in dieser Ausstellung zu sehen. Wenn sich die Teile wie im Geiste des Erfinders bewegen würden, könnte der Mechanismus auch für Kinder plausibel sein.

Im dritten Stock werden Videofilme über das Wirken Leonardos gezeigt. In der **Bibliothek** neben dem Museum ist eine der bedeutendsten Sammlungen mit Werken über Leonardo untergebracht: Sie umfasst mehr als 7000 Publikationen in verschiedenen Sprachen. Die ältesten der hier archivierten Texte datieren aus der Mitte des 17. Jh.

Das 1993 gegründete **Museo Ideale Leonardo da Vinci** ist in zwei Weinkellern unterhalb der Burg eingerichtet worden. Die Präsentation bedient sich zwar modernerer Mittel als die im Museo Leonardiano – so kommen z. B. CDs zum Ein-

21. Jahrhundert? Der Drahtesel von Leonardo da Vinci, nach neuesten Vermutungen die Fälschung eines Mönches

satz –, alles in allem ist die Ausstellung aber eher enttäuschend. Sehenswert sind lediglich die Studien Leonardos zur Umleitung des Arno sowie die Dokumentation zu Restaurierungsarbeiten an Gemälden Leonardos, die auf Initiative des Museums zustande gekommen sind.

Wer sein Leonardo-Erkundungsprogramm komplettieren möchte, kann noch einen Abstecher in den ca. 4 km nördlich von Vinci gelegenen Weiler **Anchiano** machen, wo das **Geburtshaus** des Universalgenies steht. Für Leonardo-Pilger ein Muss, der Laie schätzt mehr den Weg als das Ziel (Wanderung durch eine reizvolle Landschaft mit Olivenhainen). Zu sehen gibt es lediglich einige Reproduktionen von Leonardos Werken.

▶ **Wandern**: Oberhalb von Vinci, an den Ausläufern der Monti Albani, wurden einige Wanderwege markiert. Eine Skizze des Wegnetzes bekommt man im Infobüro von Vinci. Eine interessante Kurzvariante führt vom Weiler S. Lucia nach Faltognano. Der Weg zweigt mitten im Weiler scharf rechts ab. Etwas abenteuerlich ist die Querung eines tief eingeschnittenen Bachlaufes. Nach ca. 30 Min. Wegzeit, trifft man auf ein schmales Teersträßchen, links entlang kommt man an einem B&B vorbei zur kleinen Kirche aus dem 13. Jh. – phantastischer Ausblick. Die weit ausladende, mächtige Steineiche am Kirchenplatz hat bereits 200 Jahre unter der Rinde.

● *PLZ* 50059

● *Information* Das **Interkommunale Tourismusbüro** der Gemeinden Capraia e Limite Cerreto Guidi, Empoli, Montelupo und Vinci liegt gegenüber dem Museo Leonardiano. Im Sommer täglich 10–19 Uhr, Nov.–Feb. Mo–Fr 10–15 Uhr, Sa/So und Feiertage 10–18 Uhr. Via della Torre 11, ☎ 0571-568017, ✆ 0571-567930.

● *Museo Leonardiano* März–Okt. 9.30–19 Uhr, Nov.–Feb. 9.30–18 Uhr, Eintritt 6 €. Bibliothek: Di–Fr 15–19 Uhr, 15. Juni bis 15. Sept. Mo, Mi und Do.

● *Museo Ideale Leonardo da Vinci* Täglich 10–13 und 15–19 Uhr. Eintritt 6 €.

● *Geburtshaus Leonardos in Anchiano* März–Okt. 9.30–19 Uhr, Nov.–Feb. 9.30–18 Uhr. Eintritt kostenlos.

- *Übernachten/Camping*   *** **Hotel Alexandra**, modern eingerichtete Zimmer mit Klimaanlage in neuerem Haus am Ortsausgang in Richtung Empoli. DZ 70–80 €. Via dei Martiri 38, ℡ 0571-56224, ℡ 0571-567972, www.hotelalexandravinci.it.

*** **Hotel Gina**, kürzlich renoviert. Elegante Eingangshalle, stilvolle Zimmerausstattung. Für Touren in die Umgebung können Mountainbikes ausgeliehen werden. DZ mit Frühstücksbuffet 95 €. Via Lamporecchiana 27/29, ℡ 0571-56266, ℡ 0571-567913, www.hotelgina.it.

Barco Reale, auf einer Anhöhe mitten im Wald gelegen, 12 km nördlich in Richtung Pistoia (siehe dort).

- *Agriturismo*   **Podere Zollaio**, drei wunderschöne Wohnungen mit allem Komfort 27–45 qm groß. Swimmingpool mit Blick auf das Kastell von Vinci. Bekanntes Weingut (Bio), auch ein gutes Olivenöl bekommt man hier. Am Stadtrand. Etwa 500 € pro Woche. Via Pistoiese 25, ℡ 0571-56439, www.poderezollaio.com.

- *Essen* **Leonardo**, unter den zahlreichen Speiselokalen vor dem Kastell die Nummer eins, auch Pizza. Im Sommer täglich geöffnet. Via Montalbano 16.

Casa di Monte, von Vinci aus (nicht über Lamporecchio!) kurz vor San Baronto versteckt im Wald gelegen, auch Fisch. Rechts 10 km bergauf. Das Panorama-Restaurant bietet einen großartigen Fernblick. Via del Madonnino 8–10.

Torgitoio del Montalbano, auf dem Weg von Vinci nach Pistoia, am Fuße der Berge (ca. 16 km). Einfaches, familiäres Gasthaus mit großem Speisesaal und vielen Parkplätzen vor dem Eingang. Hier kennt man sich. Mittags bis 14.30 und abends ab 19.30 Uhr geöffnet. Via Montalbano 669, Casalguidi.

Zwischen Vinci und San Baronto

Wer Lust auf spontane Entdeckungstouren verspürt, hat auf der kurvenreichen Strecke (die höher gelegene Route wählen, nicht über Lamporecchio) reichlich Gelegenheit, ihr nachzugeben. Hineingeschlagen in die Hänge des Monte Albano, führt die Asphaltstraße durch schattige Waldstücke, an zahlreichen Bächen vorbei und gibt hinter der nächsten Kurve den Blick wieder frei hinab ins Tal. Viele Bäume sind von Efeu umrankt und mit Schlingpflanzen behangen. Nur 15 km sind es von Vinci bis **San Baronto**, und doch breitet die Natur sich hier in ihrer ganzen Vielfalt aus. Immer wieder zweigen schmale, unbefestigte Pfade von der Hauptstraße ab und laden zum Wandern ein, viele haben sich entlang von Bachläufen gebildet. Am Weg liegt auch der kleine Ort **Tigliano**, der von der Hauptstraße aus gar nicht zu sehen ist. Man muss (dem Hinweisschild folgend) eine schmale, asphaltierte Straße hinunterfahren, nach einigen Windungen erreicht man die ersten Häuser. In einer kleinen Parkbucht lässt sich bequem das Auto abstellen, viele romantische Wege bieten Gelegenheit für einen Spaziergang. Immer höher ragen die Hügel links und rechts empor, die kleine Straße gräbt sich förmlich in den Berg hinein. Weinberge und Olivenhaine wechseln einander ab, von der Böschung ragen ganze Blumenfelder in großer Vielfalt über den Hohlweg, im Frühjahr breitet sich hier die ganze Farbpalette aus. Stundenlang kann man sich auf unbefestigten Pfaden in den Hügeln verlieren und dabei die Zeit vergessen.

Empoli
(44.000 Einw.)

In die Schlagzeilen schafft es die Arno-Stadt heute höchstens, wenn ihre Erstliga-Kicker zur Abwechslung mal wieder gewinnen. Doch auch wenn die ganz großen Spektakel fehlen: Verschlafen ist Empoli keineswegs. Bedeutende Glas- und Textilfirmen bringen Geld in die Stadt, das in den Luxusboutiquen der Altstadt gern wieder ausgegeben wird. Abends trifft man sich an der modernen Piazza della Vittoria mit ihren beleuchteten Wasserfontänen und den zahlreichen Eisdielen.

Jahrhundertelang stand Empoli im Schatten seiner wirtschaftlich und militärisch stärkeren Nachbarn. Von Lucca aus attackierten im 14. Jh. die Horden des *Castruccio Castracati* die Stadt, pisanische und andere Kriegstreiber aus der Umgebung folgten. 1530 wurde Empoli von kaiserlichen Truppen so schwer geplündert, dass sich die Stadt davon zweihundert Jahre lang nicht erholte. Erst mit der Aufklärung ging es wieder aufwärts: Die wirtschaftlichen Reformen des Lothringer Großherzogs *Leopold I.* wirkten nachhaltig und schufen die Voraussetzung für das Entstehen der Glasmanufakturen im 19. Jh. – bis heute einer der wichtigsten Industriezweige der Stadt. Daneben ist es vor allem die lokale Textilindustrie, die in Italien inzwischen einen guten Namen besitzt: Lederwaren, Pelze und Mäntel werden hier bereits seit den 1950er Jahren in hoher Qualität produziert.

Beherrscht wird das das kleine mittelalterliche Stadtzentrum um die Piazza Farinata degli Uberti von der **Collegiata Sant'Andrea**, die im Laufe ihres beinahe 1000-jährigen Bestehens mehrmals massiv verändert wurde. Die breiten Treppen vor dem Eingang dienen heute Teenagercliquen als Bühne, Massentourismus gibt es nicht. Ungestört lässt sich der Anblick der zweifarbigen Marmorfassade genießen, die ganz im Stil der auf Harmonie bedachten florentinischen Romanik erbaut wurde. Rechts neben der Kirche befindet sich der Eingang zum **Museo della Collegiata** (täglich 9–12 und 16–19 Uhr geöffnet, Mo geschlossen), einem der ältesten Kirchenmuseen Italiens (1859 gegründet). Ausgestellt sind zahlreiche Kunstwerke aus der Collegiata, darunter zwei Heiligentafeln des Hochrenaissance-Malers *Jacopo Carrucci*, genannt *Pontormo*, eine eindrucksvolle Pietà von *Masolino* und etliche Terrakotten von *Andrea della Robbia*.

Wer sich für klassische Musik interessiert, kann noch einen Blick ins **Museo di Casa Busoni** an der erst 2001 angelegten und schnell beliebt gewordenen Piazza della Vittoria werfen. Im Geburtshaus des deutsch-italienischen Opernkomponisten *Ferruccio Busoni* (1866–1924), der sich erst als Klaviervirtuose einen Namen machte und später mit modernen Vertonungen klassischer Stoffe hervortrat („Doktor Faust", „Turandot"), sind Fotografien, Manuskripte, Partituren, Briefe und das „Pianoforte" des Meisters zu sehen. Unter dem gleichen Dach befindet sich das *Centro Studi Musicali Ferruccio Busoni*, Mitveranstalter der renommierten Konzertreihe *Giornate Busoniane* im Spätherbst.

Information/Verbindung/Adressen

- *PLZ* 50053
- *Information* siehe Vinci. Ansonsten: In der zentralen Via Giuseppe del Papa 41 (Altstadt) mit allerdings eingeschränkten Öffnungszeiten: Mo–Sa 10–14 Uhr. ✆ 05717

57737, ✆ 0571-980033. turismo@comune. empoli.fi.it.
- *Bahnverbindung* Zwei Hauptstrecken führen durch Empoli: Florenz–Pisa und Florenz–Siena. Der Bahnhof an der Piazza Don

Minzoni ist nicht allzu weit von der Altstadt entfernt.

• *Busverbindung* COPIT fährt über Vinci bis Pistoia, mit SITA kommt man in den Süden der Provinz Empolese Valdelsa, LAZZI ist für die Langstreckenverbindungen nach Florenz bzw. Pisa verantwortlich.

• *Parken* Für 50 Cent pro Stunde unmittelbar vor dem Hauptbahnhof, näher an der Altstadt ist der große Parkplatz an der Piazza Gramsci (gleicher Tarif).

• *Einkaufen* In den Altstadtstraßen links und rechts der Piazza Farinata degli Uberti findet man zahlreiche Boutiquen.

Ab Fabrik kann man Kristallgläser, -vasen etc. in allen Farben erstehen: in Vinci bei der Manufaktur **Fornace di Vinci** (Via Provincia di Mercatale 32, Mo–Fr 9–17.30 Uhr) und in Ponte a Elsa bei **Nuovo CEV Cristalleria** (Via Val d'Elsa 47/49, Mo–Fr 8.30–13 und 14.30–19 Uhr; südwestlich von Empoli an der SS 67 nach Pisa).

• *Feste* **Luci della città**, den ganzen Juli lang feiert Empoli dieses große Straßenfest, das sich über die gesamte Altstadt erstreckt. Museen und Geschäfte haben länger geöffnet, Ausstellungen, Open-Air-Kino und Straßentheater locken zusätzlich Publikum an.

Übernachten/Essen

*** **Il Sole**, dem Hauptbahnhof direkt gegenüber liegt dieses kleine Jahrhundertwende-Hotel, in dem jedes der 12 Zimmer anders eingerichtet ist. DZ um die 80 €. Piazza Don Minzoni 18, ✆ 0571-73779, ✆ 0571-79871.

*** **Tazza d'Oro**, frisch renoviertes Haus mitten in der Altstadt (beim Informationsbüro). Etwas altmodische Einrichtung. DZ 65 €. Via Giuseppe del Papa 46, ✆ 0571-72129, ✆ 0571-77370, www.hoteltazzadoro.com.

La Casa di Ruggero, 5 Appartements für bis zu 6 Personen in einem luftigen Stadthaus. Eigenwilliger, aber stimmiger Stilmix aus Klassizismus und Landhaus. Für Selbstverpfleger ist alles da: Küche, Mikrowelle, Waschmaschine, Bügeleisen. Ultramodern ist der Breitband-Internet-Anschluss, ebenso angenehm der Satellitenfernseher. 110 € für das kleinste Appartement. Via Salvagnoli 54, ✆ 0571-72474 oder 335-5281329, ✆ 0571-72474, www.lacasadiruggero.com.

• *Außerhalb* **Il Cigliere**, eine Seltenheit in der Toscana: poppiges Mobiliar in dominantem Rot. Geräumige ehemalige Farm mit großer Aussichtsterrasse und Grill. Im Sommer ab 120 € pro Tag. Via Motta in Poggio 11, Cerreto Guidi, ✆/✆ 0571-580186, www.ilcigliere.syrom.it.

Zannelli's Country House, 3 km vom Stadtzentrum im Ortsteil Pagnana. Rustikale Landvilla mit schweren Balken an der Zimmerdecke. Nicht gerade luxuriös, aber gemütlich und effizient eingerichtet. Appartement mit Schlafzimmer, Wohnzimmer, Küche und Terrasse. Pro Woche ab 300 €. Via Motta 238, ✆/✆ 0571-710055.

I Massini, großes, luxuriöses Anwesen mit Swimmingpool, See und Tennisplatz. Die Innenausstattung schwelgt in toscanischen Farben, schwere Vorhänge und verspielte Ziermöbel unterstreichen den aristokratischen Charakter. 6 km vom Hauptbahnhof, in südlicher Richtung hinter Pozzale bei Paterno. Wochenpreis im Sommer: ab ca. 800 € für 150 qm (es gibt auch kleinere Appartements). Via Ormicello 53, ✆ 0571-589631, ✆ 0571-589633, www.massini.it.

• *Essen* **Café de l'Accadèmia**, trotz des Namens: kleines Restaurant in zentraler Lage (bei der Piazza della Vittoria), das bei den Gerichten stark auf Saisonprodukte der Region setzt. Überraschend viele internationale Weine aus Chile, Neuseeland und dem Libanon. Mittlere Preisklasse. So geschlossen. Via del Gelsomino 28.

Cucina Sant'Andrea, bekannt wegen seiner guten Fisch- und Fleischgerichte. Nahe der Altstadt in Richtung Arno. Menü ca. 25 €. Mo geschlossen. Via Salvagnoli 43/47.

Umgebung von Empoli

Museo Archeologico e della Ceramica: Seit den 70er Jahren finden in Montelupo Fiorentino (6 km westlich von Empoli) Ausgrabungen statt, die nicht nur zahlreiche Belege einer prähistorischen Besiedlung zu Tage gefördert haben, sondern auch über 3000 Keramikobjekte, die zwischen dem 14. und 18. Jh. hergestellt worden sind. Aus dem gesamten Mittelmeerraum gingen damals Bestellungen für die Brennöfen von Montelupo ein. Der sichere Geschmack der Auftraggeber lässt sich heute im örtlichen Keramikmuseum nachvollziehen, das neben den Funden aus der jüngeren Vergangenheit auch die aus der Steinzeit ausstellt.

Wer ein Faible für Keramik hat, sollte Ende Juni nach Montelupo kommen: Beim *Internationalen Keramikfest* werden Nachbildungen der mittelalterlichen Vasen und Teller zum Verkauf angeboten.

⊘ Di–So 9–12 und 14.30–19 Uhr, www.museomontelupo.it. Via Bartolomeo Sinibaldi 43 (auch das kommunale Infobüro von Montelupo hat sich hier eingemietet), Montelupo Fiorentino. Eintritt 3 €.

San Miniato *(ca. 5000 Einw.)*

Im Mittelalter war der schmal auf einer Hügelkette sich hinstreckende Ort eines der wichtigsten Verwaltungszentren des römisch-deutschen Kaiserreichs; der über der Stadt thronende Turm der von Friedrich II. errichteten Kaiserburg erinnert an diese Zeit. Heute genießt San Miniato Weltruhm als Stadt der weißen Trüffel und ist darüber hinaus ein beliebter Touristenort.

In den 1950er Jahren wurde hier eine 2,5 kg schwere Knolle gefunden, die größte weltweit. Verarbeitet wird der *Tuber Magnatum Pico*, wie die Spezialität unter Fachleuten genannt wird, ausschließlich von Vier-Sterne-Köchen, denn weil nur wenige wissen, wo die Knolle zu finden ist und die Erntezeit zudem nur von Oktober bis Dezember dauert, ist sie immer noch sehr teuer. 400 Familien zählt die lokale Vereinigung der *tartufai*, der Trüffelsammler, und jede von ihnen hat ihre eigenen streng geheimen Plätze in den Steineichenwäldern der Umgebung.

In anderer Weise bemerkenswert ist der massige Lift, der die Besucher seit einiger Zeit von dem großen Parkplatz am Fuße des Berges hinauf in die Stadt bringt: Obwohl er sich dominant vor die romantische Kulisse der mittelalterlichen Häuserzeilen schiebt, wirkt er nicht störend, im Gegenteil, der elegante Zweckbau lässt den Hintergrund noch stärker wirken.

Dass die Burg Friedrichs II. sowie große Teile der „Altstadt" eigentlich nur wenige Jahrzehnte alt sind, bemerkt man erst bei genauerem Hinsehen: Viele Mauern tragen keinerlei Spuren der Verwitterung. Ende des Zweiten Weltkriegs hatten deutsche Truppen die Stadt vermint und in die Luft gesprengt. 1957 begann der mühsame, letztlich aber erfolgreiche Wiederaufbau.

Information/Verbindung/Adressen

- *PLZ* 56027
- *Information* **Ufficio Turismo**, Piazza del Popolo 1 (rechts nach dem Eingang zur Altstadt). Viel Info-Material, darunter auch Detailkarten für Wander- und Mountainbiketouren in die Umgebung. Ganzjährig täglich 9–13 und 15.30–18.30 Uhr. ✆ 0571-418739. www.cittadisanminiato.it.
- *Bahnverbindung* Der Bahnhof liegt an der Strecke Pisa–Florenz (mit Stationen u. a. in Empoli, Montelupo und Pontedera) und befindet sich in der Unterstadt San Miniato Basso.
- *Busverbindung* Ein Shuttle-Bus verbindet Unter- und Oberstadt, Abfahrt in San Mini-

ato Basso am Bahnhofsplatz. Von dort fährt auch LAZZI nach Pisa, Livorno, Montecatini und Florenz.
- *Parken* Viele kostenlose Parkplätze machen San Miniato zu einem angenehmen Ziel für Autofahrer. Zentral kurz vor der Altstadt liegt der größte Platz (Piazza Dante, nach der Auffahrt links), weitere gibt es hinter der Burg an der Piazza San Francesco. Busse fahren die Piazza Fonti alle Fate unten am Berg an, wo der besagte Lift nach oben startet.
- *Märkte* Dienstagvormittags **Wochenmarkt** an der Piazza Dante vor dem Eingang zur Altstadt. Jeden 1. Sonntag im Monat **Anti-**

quitätenmarkt (außer im Juli und August) in der Galerie San Domenico, eine Woche später ist am gleichen Ort das Bio-Gewerbe dran (ebenfalls nicht im Juli und August).

● *Feste* **La Luna è Azzurra**, die erste Juliwoche steht im Zeichen des Puppentheaters: Die farbenfrohen Darbietungen finden ab Einbruch der Dunkelheit bis nach Mitternacht auf den Treppen der Burg und in vielen Straßen der Altstadt statt.

Festa del Teatro, Mitte Juli stattfindendes zweiwöchiges Theaterfestival.

Mostra Mercato Nazionale del Tartufo Bianco, eine Art Erntedankfest zu Ehren der kostbaren Knolle findet ab Mitte November drei Wochenenden lang auf dem Domplatz statt. Weitere Spezialitäten der Region werden auf den umliegenden Plätzen angeboten.

Übernachten/Essen

*** Miravalle, geschichtsträchtiges Hotel in einem alten Palazzo: Papst Clemens VII. erteilte hier 1533 Michelangelo den Auftrag zur Ausgestaltung der Sixtinischen Kapelle. 18 modern eingerichtete Zimmer, von der Veranda des Restaurants hat man einen herrlichen Blick auf das Arno-Tal. DZ ca. 80 €. Piazza Del Castello, ☎ 0571-418075, ✆ 0571-401015, www.albergomiravalle.com.

Casa Romagnoli, zentral neben der Burg gelegenes, einfaches Haus mit zweckmäßig eingerichteten Zimmern, einige mit großem Aussichtsbalkon. DZ 45 €. Via P. Maioli 79, ☎ 0571-42454, ✆ 0571-418229, www.casaromagnoli.fasturl.it.

Dimora del Grifo, geräumige Pensionszimmer, jedes in einer anderen Farbe. Gleich hinter der Piazza del Popolo. DZ 60 €, wer die Küche benutzen will, zahlt 11 € extra. Via C. Battisti 31, ☎/✆ 0571-42697, dimoradelgrifo@yahoo.it.

Centro Turistico San Martino, Jugendgästehaus in einem kirchlichen Bau aus dem 14. Jh. Die Zimmer muten spartanisch an, haben aber alles, was man braucht. Auch eine Kochgelegenheit gibt es, ebenso einen kleinen Privatparkplatz. DZ mit Bad und TV 58 €, Frühstück 5 €. Via C. Battisti 70, ☎ 0571-401469, ✆ 0571-403712.

● *Essen* **Miravalle**, das Hotelrestaurant (siehe Übernachten) war das erste in Italien, das den weißen Trüffel verarbeitete. Vielleicht ist dies der Grund, weshalb der Wirt manchmal ein etwas snobistisches Verhalten an den Tag legt. Ansonsten serviert man herzhaft Toscanisches zu vernünftigen Preisen. Di geschlossen.

L'Antro di Bacco, das gemütlich-rustikale Ristorante hat sich einen Namen mit exzellenten Trüffelgerichten gemacht: Es gibt sie als Salat, mit Tagliolini, in der Suppe, als Dessert. Mi und So geschlossen. Via IV Novembre 5.

Canapone, gute, unprätentiöse Küche. Mo geschlossen. Piazza Buonaparte 5.

Il Convio, unterhalb der Burg in San Maiano versteckt im Grünen gelegen. Idyllischer Gasthof mit hervorragenden vegetarischen Gerichten. Mi Ruhetag.

Sehenswertes

Rocca Federiciana (Kaiserburg Friedrichs II.): Bereits im 8. Jh. errichteten die Langobarden auf dem Berg eine Kirche zu Ehren des Märtyrers und späteren Namenspatrons der Stadt Miniatus. Viele deutsche Kaiser bauten San Miniato danach wegen seiner vorteilhaften Lage zur Wehrburg aus, 1218 entstand unter Friedrich II. schließlich die Burg mit dem charakteristischen Turm. 1944 wurde er von abrückenden deutschen Truppen zerstört, 1957 wieder aufgebaut. Lohnenswert ist der Aufstieg hinauf zur Spitze heute vor allem wegen der großartigen Sicht auf die Arno-Ebene, Kunstwerke beherbergt der Turm keine.
① Di–So 10–17 Uhr.

Sistema Museale: Kulturwanderweg zu den wichtigsten Palästen und Museen der Stadt, darunter auch die Rocca Federiciana. Alle Sehenswürdigkeiten können mit einem Ticket besucht werden (5 €). Erhältlich ist es beim Touristenbüro an der Piazza del Popolo, dort gibt es auch alle weiteren nötigen Einzelheiten. Der schöne Rundgang kann auf dem Domplatz beim Diözesan-Museum beginnen. Eher für

Spezialisten interessant sind das Nonnenkloster Santa Chiara aus dem 13. Jh. und das archäologische Museum in den Kellerräumen des San-Domenico-Klosters, das lokale Funde aus etruskischer und römischer Zeit ausstellt. Lohnender ist ein Spaziergang entlang der Via Angelica, die einst die einzige Verbindung der Stadt mit der Umgebung darstellte. Im Oratorio di Sant'Urbano sind einige beeindruckende Fresken aus dem 13. Jh. erhalten.

▶ **Pontedera**: In dem kleinen Städtchen zwischen San Miniato und Pisa befindet sich der Geburtsort eines Fahrzeuges, das italienischer gar nicht sein kann: die Vespa. 1946 rollte das erste Modell der Firma Piaggio vom Band. Heute erinnert das *Museo Piaggio* an die Firmengeschichte, ausgestellt sind unter anderem die schönsten Vespas aus über 60 Jahren Produktion.

⏲ Mi–Sa 10 Uhr, Eintritt frei. ✆ 0567-27171. www.museopiaggio.it.

Montecatini Terme   *(ca. 20.000 Einw.)*

Ein gepflegtes Thermalbad mit weitläufigen, exotischen Parkanlagen und pompösen Thermalbauten. Ende des 19., Anfang des 20. Jh. gehörte Montecatini zusammen mit Vichy, Baden-Baden und Marienbad zu den prestigeträchtigsten Kurbädern Europas.

Damals flossen Gelder aus der Mailänder Finanzwelt in die *Thermen-Aktiengesellschaft*, immer neue Mineralquellen wurden erschlossen, und ein Bauboom sorgte für standesgemäße Unterkünfte, in denen sich die prominenten Gäste wohl fühlen konnten. Natürlich war der Glamour nicht von unbeschränkter Dauer, und Montecatini musste wie viele andere europäische Heilbäder den bitteren Abstieg in die Liga des Kurmassenbetriebs hinnehmen. Nur der klassischen Schönheit des großen Thermalparks am Viale Verde (folgen Sie den Schildern mit der Springbrunnenschale und den zwei blauen Fontänen) hat der Wandel der Zeiten nie etwas anhaben können.

Aber mittlerweile hat sich das Blatt wieder zum Besseren gewendet. Montecatini schwimmt ganz oben auf der Wellness-Welle und vermarktet sich erfolgreich als moderne Spa-Metropole. Und auch der (Geld-)Adel ist mittlerweile wieder vor Ort. Diesmal kommt er verstärkt aus Russland und genießt das gesunde Leben mit allem, was dazugehört: Golfclub, Schießplatz und Pferderennbahn ...

Information/Verbindungen/Adressen/Thermen

- *PLZ* 51016
- *Information* **APT-Büro**,9–13 und 15–19 Uhr, So 9–12 Uhr. Viale Verdi 66 (neben dem Kino Excelsior), ✆/℻ 0572-772244. info@montecatiniturismo.it.
- *Internet* Via Garibaldi, 30, Di – Sa 10 – 24 Uhr, So u. Mo 15 – 24 Uhr.
- *Bahnverbindung* Der Ort liegt an der Strecke Florenz–Viareggio bzw. Pisa. Die Stazione Montecatini Centro ist der „Hauptbahnhof". Etwas weiter östlich die Bahnstation Montecatini Terme/Monsummano.
- *Busverbindung* Gute Verbindung nach Lucca, Pistoia und Florenz. Die Busse starten vom großen Terminal an der Via E. Toti (parallel zur Bahnlinie).
- *Fahrradverleih* Viele Hotels stellen ihren Gästen kostenlos ein Fahrrad zur Verfügung. Falls in Ihrem Hotel dieser Service nicht angeboten wird, können Sie ein Rad (auch Tandem) im Parco Termale leihen. April–Okt. täglich geöffnet (Juli/August sogar bis 24 Uhr!), Nov.–März nur an Sonn- und Feiertagen.
- *Kurangebot/Thermen* Für eine einfache Trinkkur zahlt man heute in der Regel 10 €. Der Eintritt lohnt sich für den Gesunden allenfalls in der architektonisch beeindrucken-

den Tettuccio-Therme: von klassischer Musik umspielt mit dem Glas in der Hand durch die Säle schlendern oder die Zeitung lesen ...

Umfassende Informationen zu den **Kurangeboten** der Bäder liefert die Website www.termemontecatini.it, allerdings nur in Englisch. Telefonisch erreicht man die Thermenleitung (Terme di Montecatini, Direzione Generale, Viale Verdi 41) unter ℡ 0572-7781, per Fax unter 0572-778444.

Therme Excelsior: Ein Prunkstück im Liberty-Stil. Anfang des 20. Jh. erbaut, war die Therme ursprünglich als Café und Ka-

sino geplant. Mitte der 60er Jahre wurde sie durch einen Erweiterungsbau ziemlich verunstaltet (gegenüber dem APT-Büro).

Therme Leopoldine: Nur noch der zentrale Säulengang aus dem Jahr 1775 ist original. Seit den Umbauten im Jahr 1920 wirkt der Bau wie eine römische Legionärskaserne.

Therme Tettuccio: Sie ist eindeutig die Perle von Montecatinis Thermalbädern – ein luftig-heller Travertinbau aus dem Jahr 1920 in einem barock anmutenden Stil. Im Inneren (an der Ostseite) ist die ursprüngliche Fassade aus dem Jahr 1781 zu sehen.

Vom 5-Sterne-Palast bis zur Unterkunft mit einem Stern ist alles zu haben. Viele Hotels sind nur von Frühjahr bis Spätherbst geöffnet, zwischen August und Oktober kann es zu Engpässen kommen. Die meisten kleinen Pensionen führen ein Restaurant mit Hausmannskost und begnügen sich mit zwei Sternen. Hier bietet sich Halbpension an, zumal Speiselokale in der Stadt rar und in der Regel überteuert sind.

***** Grand Hotel E la Pace, hier nächtigen Sie ganz komfortabel. Den passenden Pelz ab 2500 € können Sie bei „Barni" im Seitenflügel des Hotels erstehen. Geöffnet April–Okt. DZ 300 €. Via della Torretta 1, ℘ 0572-9240, ℘ 0572-78451, www.grandhotellapace.it.

**** Torretta, am Ortsausgang nach Montecatini Alto gelegen, am Rande des Thermalparks. (Lesertipp: „Sehr empfehlenswertes Haus, mit Schwimmbad, schönem Garten, reichhaltigem Frühstücksbuffet und bester Küche, deutschsprachig."). DZ mit Bad, Klimaanlage und Satellitenfernsehen 140 €. Viale Bustichini 63, ℘ 0572-70305, ℘ 0572-70307, www.hoteltorretta.it.

*** Corallo, gut geführtes Mittelklassehotel. Gepflegte Lobby, hoteleigener Parkplatz. DZ mit Bad 130 €. Viale Cavallotti 116, ℘ 0572-78288, ℘ 0572-79512, www.golfhotelcorallo.it.

*** Granduca Leopoldo, in puncto Komfort dem Corallo ebenbürtig. Dachterrasse. Geöffnet März–Okt. DZ mit Du/WC ca. 80 €. Via Venezia 11, ℘ 0572-767621, ℘ 0572-767622, www.rastellihotels.it.

** Loren, von einem freundlichen kalabresischen Ehepaar gemanagt. Geöffnet März–Okt. DZ mit Du/WC 45 €. Viale Cavallotti 44, ℘/℘ 0572-770195.

** Splendid, Zimmer okay, Restaurant mit Hausmannskost, in die ein Schuss Innovationsfreudigkeit eingeht. DZ mit Du/WC 47 €. Via Mazzini 36, ℘ 0572-70148, ℘ 0572-773586, www.splendid-hotel.it.

● *Camping* Siehe Montecatini Alto, S. 202.

● *Essen* **Ristorante Corsaro Verde**, toscanische Küche, Straßenbetischung. Mittags preiswerte, aber leckere Tagesgerichte. In der angeschlossenen Ein-Stern-Pension werden auch einfache Zimmer vermietet. DZ ca. 45 €. Piazza XX Settembre 11. ℘ 0527-911650. www.corsaroverde.it.

Osteria Da Guido, wenige Meter vom Stadtzentrum (Piazza del Popolo) entfernt überrascht dieses feine Restaurant mit luftig-modernem Ambiente und hervorragender Küche. Die regionalen Gerichte (empfehlenswert: *ravioli pistoiese*, 8 €) sind frisch zubereitet, und der gut gewürzte *lardo* schmilzt auf der Zunge. Via Mazzini 2 (rechts vom Kirchenneubau).

Umgebung von Montecatini Terme

Montecatini Alto: Ein Bergnest wie aus dem Bilderbuch. Mit der Drahtseilbahn erreicht man nach einer 10-minütigen atemberaubenden Fahrt das Oberdorf von Montecatini, das mit einer äußerst pittoresken Piazza (Restaurants mit Straßenbestuhlung), steilen Gässchen und einer mittelalterlichen Burg aufwartet. Eine Straße führt natürlich auch hinauf, allerdings dauert es länger, wenn die Strecke auch kaum weniger beeindruckend ist.

● *Drahtseilbahn* Viale Armando Diaz 22 (oberhalb des Kurparks). Von Mitte März bis Ende Okt. täglich in Betrieb (von Mitte April bis Anfang Okt. halbstündlich bis Mitternacht, sonst nur bis 19.30 Uhr): Im Winterhalbjahr geschlossen. 3 € für die einfache Fahrt, 6 € für Hin- und Rückfahrt.

● *Camping* **Belsito**, knapp nördlich von Montecatini Alto (von hier aus an der Kreuzung Richtung Pistoia). 100 Stellplätze und einige Bungalows. Sehr nüchterne Anlage mit wenig Schatten, teils von Kurgästen belegt. Absolut großartig hingegen ist die Lage im Grünen! Besonderheit sind die Sanitär-Kabinen mit Dusche und WC, die man für seinen Stellplatz mieten kann; insgesamt stehen 64 zur Verfügung. Ganzjährig geöffnet. Via delle Vigne 1a, Montecatini Alto, Loc. Vico, ℘/℘ 0572-67373, www.campingbelsito.it.

Monsummano: Knapp 2 km südlich von Montecatini liegt dieser Thermalort, der vor allem wegen seiner Thermalgrotte bekannt ist. Die *Grotta Giusti* am östlichen

Ortsende besteht aus drei Grottenräumen, in denen 31–34 °C herrschen. Darunter befindet sich ein kleiner See, dessen mineralhaltige Dämpfe für eine Luftfeuchtigkeit von über 90 % sorgen. Man fühlt sich wie in der Sauna. Eine zweite Grotte, die *Grotta Parlanti*, ist seit 2006 geschlossen.

- *Öffnungszeiten* **Grotta Giusti**, März–Nov. 9–13 und 15–17 Uhr, im Sommer auch abends, So geschlossen. Der Besuch ist nur mit der Kur-Tageskarte möglich – und die kostet stolze 40 €. Via Grotta Giusti 171, ✆ 0572-90771, ✍ 0572-9077300. www.grottagiustispa.it.

**** **Grotta Giusti**, gehört zur gleichnamigen Grotte. DZ zum Preis von 470 €. Via Grotta Giusti 1411, ✆ 0572-90771, ✍ 0572-9077200, www.grottagiustispa.com.

- *Wandern* Die Grotta Giusti ist Ausgangspunkt einer Rundwanderung, die über das mittelalterliche Monsummano Alto führt. Der Aufstieg ist als geologischer Lehrpfad angelegt, die Tafeln – nur in italienischer Sprache – sind allerdings nicht sehr informativ. Von oben genießt man eine tolle Aussicht. Der Abstieg führt durch einen weithin sichtbaren Steinbruch und ist teilweise sehr steil.

Pescia

(ca. 20.000 Einw.)

Die vom gleichnamigen Fluss in zwei Teile zerschnittene Stadt ist vor allem durch ihren Blumenmarkt bekannt, außerhalb Hollands ist er der größte in Europa. In Kontrast zu dessen bunter Pracht stehen die dunklen Farben der kleinen Altstadt. Vor allem entlang der düsteren Ruga degli Orlandi scheint das Mittelalter aufzuerstehen – wären da nicht die schicken Briefkästen und funkelnden Klingelknöpfe …

Täglich kommen am frühen Morgen rund drei Millionen (!) Blumen auf den Markt: ein riesiger, moderner Stahlbau in der Nähe des Hauptbahnhofs mit einer Ausstellungsfläche von 10.000 m². Das *Centro di Commercializzazione dei Fiori dell'Italia centrale* wurde 1988 gebaut, nachdem die alte, nach dem Krieg errichtete Halle zu klein geworden war. Hunderte von Unternehmen bieten im *Comicent*, wie die Pesciatiner den neuen Blumenmarkt nüchtern nennen, ihre Produkte an: Gladiolen, Chrysanthemen, Lilien, Rosen – und Olivenbäume! Die Fläche der Gewächshäuser, Baumschulen und Blumenfelder, die das Städtchen weiträumig umgeben, summiert sich auf mehr als 5000 km². Das zweite wirtschaftliche Standbein der Stadt ist die Papierherstellung.

Der zentrale Platz Pescias ist die lange und schmale Piazza Mazzini, die an ihren Längsseiten von eleganten Boutiquen, Geschäften des täglichen Bedarfs und einigen Cafés gesäumt ist. Im Norden steht der wappenverzierte Palazzo del Vicario, der noch heute als Rathaus dient. Parallel zur Piazza Mazzini verläuft die mittelalterliche Ruga degli Orlandi, in der die ältesten Familien der Stadt nach wie vor ihren Wohnsitz haben. Die Fassade des stolzen Palazzo Forti ziert gut erhaltene barocke Ornamentik.

- *PLZ* 51017

- *Information* Das **Ufficio Turismo del Comune di Pescia**, Via F.lli Rosselli 2, im alten Blumenmarkt an der Durchgangsstraße. Mo–Do 9–13 Uhr; Do/Fr 14–17 Uhr. ✆ 0572-490919. turismo@coumune.pescia.pt.it.

- *Bahnverbindung* Pescia liegt an der Strecke Florenz–Viareggio bzw. Pisa. Der Bahnhof befindet sich im Süden des Orts.

- *Busverbindung* Über zwei Dutzend Fahrten täglich nach Montecatini, Pistoia, Flo-

renz und Lucca; rund 7 Fahrten (So weniger) nach Collodi. Abfahrt an der Piazza XX Settembre (am Fluss, unweit der Piazza Mazzini).

- *Feste/Märkte* **Biennale del Fiore e delle Piante**, unregelmäßig alle paar Jahre in der ersten September-Woche (zuletzt 2004) kommen mehr als 100.000 Blumenhändler zur Verkaufsausstellung nach Pescia. Der riesige Markt auf dem Comicent-Gelände ist öffentlich zugänglich über 50.000 Arten

Von Florenz nach Lucca
Karte S. 176

werden ausgestellt. Die passende Terra-kotta-Vase kann man gleich mit erstehen. 10–23 Uhr. ✆ 0572-453108, 🖂 0572-453010.

Palio dei Rioni, Bogenschießen auf der Piazza Mazzini. Den traditionellen Wett-streit der Stadtteile leitet ein mittelalterli-cher Umzug in historischen Kostümen ein. Jeden 1. So im September.

Wochenmarkt samstagvormittags auf der Piazza Mazzini.

● *Übernachten* *** **Villa delle Rose**, Nobel-hotel mit Parkanlage in Bahnhofsnähe. DZ 160 €. Via del Castellare 21, ✆ 0572-4670, 🖂 0572-444003, www.rphotels.com.

*** **Hotel dei Fiori**, bei der alten Blumen-markthalle (hinter der Porta Fiorentina rechts abbiegen). Sauberes Mittelklassehotel ohne Charme. DZ mit Bad 83 €. Via VIII

Settembre 10, ✆ 0572-477871, 🖂 0572-490021, www.hoteldeifiori.it.

*** **San Lorenzo & Santa Caterina**, umge-baute Papierfabrik am Fluss. Etwas außer-halb. Neben EZ und DZ auch 6 Apparte-ments mit Küche. Loc. San Lorenzo 15/24, ✆ 0572-408340, 🖂 0572-408333, www.rphotels.com.

● *Essen* **Cecco**, kräftige Küche: Grill-fleisch mit den hier typischen weißen So-rana-Bohnen, frische Pilze und Trüffel in der Saison. An der Hauptstraße gelegen (am Fluss). Mo geschlossen. Via Forti 84/86.

Bon Ton, serviert wird u. a. Spargel in al-len Variationen: Rund um Pescia gedeiht er besonders prächtig. Mittagsmenü ca. 10 €. Via del Castellare 74, Straße führt am neuen Blumenmarkt vorbei.

Sehenswertes

Capella Madonna di Piè di Piazza: Die Mitte des 15. Jh. erbaute Gebetskapelle an der Piazza Mazzini ist besonders ihrer goldverzierten Holzdecke wegen sehenswert: Das mittlere Paneel zeigt die Muttergottes, das linke Petrus, das rechte Paulus.

Kirche San Francesco: Die im Zweiten Weltkrieg komplett zerstörte und danach wieder aufgebaute Kirche befindet sich an der gleichnamigen Piazza auf der linken Flussseite und soll vom heiligen Franziskus persönlich gegründet worden ein. Schmuckstück ist eine Altartafel mit dem Bildnis des Heiligen und sechs Szenen aus seinem Leben. Sie stammt von *Bonaventura Berlinghieri*, wurde bereits 1235, d. h. nur neun Jahre nach Franziskus' Tod gefertigt und zählt damit zu den frühes-ten Darstellungen des Heiligen überhaupt.

Gipsoteca Libero Andreotti: Der Palazzo della Podestà aus dem 13. Jh. ist heute Sitz eines Museums mit Werken des Bildhauers *Libero Andreotti* (1875–1933). Ins-gesamt 230 Arbeiten des in Pescia geborenen und in Paris gestorbenen Künstlers sind hier ausgestellt. In der ersten Etage dominieren weibliche Gipsbüsten und da-mit die Vorstudien zu den ausdrucksstarken Figuren, die in der zweiten Etage prä-sentiert werden.

🕐 April bis 26. Okt. Do/Sa 10–13, 16–19 Uhr, Mi/Do 16–19 Uhr, Nov. bis 30. März Do/Sa 10–13, 15–18 Uhr. Mi/So 15–18 Uhr. Eintritt 3 €. Piazza del Palagio 6, ✆ 0572-490057.

Svizzera Pesciatina

Die Pesciatiner Schweiz mit ihren Laub- und Nadelwäldern gehört zu den unbekanntesten Regionen der Toscana. Allenfalls ein paar Sonntagsaus-flügler aus dem nahen Pistoia verirren sich in diese schöne Gegend, vor al-lem im Oktober, wenn Kastanien gesammelt werden.

Für eine Erkundungsfahrt verlässt man Pescia im Norden und fährt das Pescia-Tal hoch. Bald hat man die Papierfabriken hinter sich gelassen und befindet sich in be-waldeter Höhe. Wer nach ca. 4 km bei der Straßengabelung das Haupttal verlässt, sieht bald **San Quirico** am Hang kleben, ein kleines Nest, aus dem der wuchtige Campanile der Dorfkirche hervorragt. Knapp hinter San Quirico weist rechts ein Schild zum Dorf **Castelvecchio**, das auf einem Felssporn über dem Pescia-Tal

Von Florenz nach Lucca
Karte S. 176

thront. Noch bevor man es erreicht, steht links die leicht baufällige romanische Kirche *Santi Giovanni e Tommaso*, von der ein paar furchterregende Fratzen in die Landschaft starren. Das Dörfchen **Pontito** am nördlichsten Punkt unserer Rundfahrt schmiegt sich terrassenförmig an den Berg. Kleine Sträßchen, durch Treppengassen miteinander verbunden, ziehen sich den Hang entlang – nichts für Stöckelschuhe. Über **Lanciole** erreicht man dann wieder das Pescia-Tal, spätestens erkennbar an einer alten Papierfabrik, hinter deren vollautomatisierter Absperrschranke zusätzlich schnatternde Gänse den Eindringling abwehren. Ein großartiges Panorama bietet **Vellano**, der Hauptort der Pesciatiner Schweiz: Blick über die bewaldeten Hügel und hinunter ins Tal, aus dem der Rauch versteckter Papierfabriken emporsteigt. Von Vellano über **Montecadino** erreicht man schließlich das mittelalterliche **Cozzile**, einen überaus romantischen Ort, der auf einem Felsvorsprung gelegen ist. Am äußersten Punkt, bei der *Kirche San Jacopo*, hat man eine phantastische Aussicht auf die Ebene von Montecatini. Unterhalb von Cozzile gabelt sich die Straße – links nach Montecatini, rechts nach Borgo a Buggiano und über die Straße Nr. 435 zurück nach Pescia.

● *Übernachten/Essen* **Antica Locanda del Borgo**, Vellano. Pension, Restaurant, Bar und Lebensmittelladen in einer Hand. Freundliche, bescheidene Bleibe, v. a. im Sommer empfehlenswert, wenn im Tal unten die Hitze drückt. Restaurant mit hübscher Sonnenterrasse über dem Abhang. Regionale Küche und Pizza; Spezialität des Hauses sind die makrobiotischen Desserts mit Früchten entsprechend der Jahreszeit. An Samstagen treten im Restaurant regel-mäßig Folk- bzw. Rockgruppen auf. Im Januar geschlossen. DZ 35 €, Du/WC auf der Etage. Wir empfehlen gleich Halbpension für 23 € pro Pers. Via Matteotti, 51010 Vellano, ✆/📠 0572-409137.

● *Museum* **La Miniera di Publio**, Vellano. Eine kleine, privat geführte Sammlung von Werkzeugen, mit dem der hier in der Gegend vorkommende Stein Pietra Serena abgebaut und bearbeitet wurde. Besuch nach Voranmeldung. ✆ 330-910517, 📠 0572-409181.

Collodi

Das am Hang gelegene Bergnest mit seinen engen Gässchen ist für zweierlei bekannt: für den bedeutendsten Barockgarten der Toscana und den Parco di Pinocchio, der dem berühmten Kinderbuchhelden mit der langen Nase gewidmet ist.

Besagte Gartenanlage gehört zur viergeschossigen, mit einem Belvedereturm versehenen **Villa Garzoni**, die den Ort zum Tal hin abschließt und durchaus mit einem Schloss vergleichbar ist. Erbaut wurde die Villa zwischen 1633 und 1652, der in Terrassen auf dem steil ansteigenden Hang angelegte **Giardino Garzoni** mit einem Heckenlabyrinth, diversen Brunnen, Wasserläufen, Skulpturen etc. wurde in seiner heutigen Form nach und nach ab Mitte des 17. Jh. gestaltet. Blickfang ist die rautenförmig ansteigende zweiläufige Treppe, die gewissermaßen vom Parterre in den ersten Stock der Anlage führt. Das sich anschließende zweite Treppensystem mit Wasserspielen wurde erst Ende des 18. Jh. hinzugefügt.

Im Garten wurde ein großzügiges Gehege, das *Butterfly House* eingerichtet. Dort sind hunderte verschiedener Schmetterlingsarten zu bewundern, meist tropischen Ursprungs.

Thema des **Parco di Pinocchio**, der zweiten Attraktion des Ortes, ist der gleichnamige hölzerne Lausbub, dessen literarischer Schöpfer *Carlo Lorenzini* einen Teil seiner Kindheit in Collodi (dem Geburtsort seiner Mutter) verbrachte. Von Hause aus war *Lorenzini* Journalist und Theaterkritiker, sein inzwischen in über 80 Spra-

Pinocchio höchstpersönlich weist den Weg zu seinem Märchenpark

chen übersetzter Klassiker der Kinderliteratur entstand eher beiläufig: Um Spielschulden zu begleichen, schrieb er in den Jahren 1881 bis 1883 unter dem Pseudonym *Carlo Collodi* eine Reihe von Pinocchio-Episoden für eine italienische Kinderzeitschrift. Die Resonanz war so groß, dass sie schon bald zu einem Buch mit dem Titel „Le avventure di Pinocchio" zusammengefasst wurden. Als „Zäpfchen Kerns Abenteuer" wurde Pinocchio 1905 auch den deutschen Kindern bekannt, 1913 erschien eine noch heute erhältliche Übertragung mit dem Titel „Die Geschichte vom hölzernen Bengele" – als könnte man deutschen Kindern den wunderschönen Namen Pinocchio nicht zumuten.

Um dem Autor ein Denkmal zu setzen, plante das Städtchen in der 50er Jahren, eine Parkanlage einzurichten. Zu diesem Zweck wurde ein nationaler Wettbewerb ausgerufen, an dem 84 Künstler teilnahmen. Das Ergebnis kann sich sehen lassen. Man kann durchaus sagen, dass die üppig grüne Parkanlage für Pinocchio (entworfen von den Architekten *Baldi* und *de Luigi*) genauso phantasievoll und abenteuerlich ausgefallen ist, wie es das Leben des kleinen Kerlchens war. Man trifft hier auf Freunde und Feinde Pinocchios: auf Geppetto, im Bauch des „großen Walfischs" mit Getränk und Konservenbüchse am Tisch sitzend, oder auf den Kater und die Füchsin im „Gasthaus zum roten Krebs" (schauen Sie sich den Rücken des Katers genauer an, da hängt etwas, was nicht dazugehört). „Pinocchio, zum Eselchen verzaubert" und andere Episoden des Buches sind als kindergroße Bronzestatuen dargestellt; auch „Pinocchios Dorf" und das „Große Puppentheater" fehlen nicht. Die mit dem ersten Preis gekrönten Werke von *Emilio Greco* „Pinocchio und die Fee" und der „Mosaikenplatz" von *Venturio Venturi* verdienen besondere Beachtung. Im „Wort- und Figurenlaboratorium" sind alle Werke Collodis ausgestellt.

- *PLZ* 51014
- *Information* Das **Ufficio Turismo** liegt unmittelbar hinter dem Pinocchio-Park beim großen Parkplatz. Di–So 10–13 Uhr, Do–So 14–17 Uhr. Via del Colle 54, ✆/📠 0583-978205. turismocollodi@comune.pescia.pt.it.
- *Öffnungszeiten* **Giardino Garzon/Butterfly House**, der Garten mit dem Schmetterlingsgehege ist von März bis 31. Okt. täglich zwischen 8.30 Uhr und Sonnenuntergang geöffnet, im Winter nur samstags. Erwachsene 12 €, Kinder (3–14 J.) 10 €. ✆ 0572-429590. **Parco di Pinocchio**, täglich 8.30 Uhr bis Sonnenuntergang. Erwachsene 10 €, Kinder (3–14 J.) 7 €. ✆ 0572-429342. www.pinocchio.it. Sammelticket für beide Einrichtungen 18 €.

Lucca

(ca. 85.000 Einw.)

„Der kleine Vatikan in der Toscana", so wird Lucca gerne genannt. 99 Kirchen und Kapellen stehen in dieser mittelalterlichen Schatztruhe, wenn auch ein großer Teil davon schon lange als Boutique oder Pizzeria zweckentfremdet ist.

Industrie und Tourismus spielen in der Handels- und Verwaltungsstadt nur eine untergeordnete Rolle, die Tradition dominiert. Die Luccheser wollen dieses „Vorurteil" aber nicht mehr gelten lassen und verweisen auf die großen Papierfabriken im Serchio-Tal und die erfolgreichen Schiffbaufirmen in Viareggio, die ja allesamt zum Stadtgebiet zählen. Bereits 1369 wurde der Stadt vom Kaiser eine Universität genehmigt – aber man wollte keine, bis heute nicht, zwei Priesterseminare und ein Musikkonservatorium waren genug … Auch heute noch gelten die Luccheser als konservativ, fleißig und sparsam.

Der Name der Stadt leitet sich vom etruskischen *luk* ab, was so viel wie „Sumpf" bedeutet. Das Schwemmland des Serchio wurde später durch künstliche Kanäle entwässert. 180 v. Chr. wurde hier eine römische Kolonie gegründet. Das schachbrettartige Straßenmuster aus dieser Zeit ist bis heute erhalten geblieben.

Im 13. und 14. Jh. war Lucca unter der Herrschaft von *Castruccio Castracani* zu einer gefürchteten Wirtschaftsmacht aufgestiegen. Man handelte mit schweren, floral gemusterten Seidenbrokatstoffen, aus denen Aristokratengewänder und Bezüge für Polstermöbel zugeschnitten wurden. Allerdings stand Lucca damals im Schatten des mächtigen Pisa, das sein Handelsmonopol für die hergestellten Stoffe ausnutzte und Extragewinne erwirtschaftete. Der direkte Export in den Nahen Osten war den Lucchesern verwehrt, auch das Projekt eines eigenen Hafens bei Viareggio durften sie nicht verwirklichen.

Mittelalterliche Wahl-Lotterie

Der Wahlmodus für die Luccheser Stadtregierung im 13. Jh. ist bemerkenswert: Die Bürger der einzelnen Stadtbezirke versammelten sich, und es wurden Lose verteilt. Treffer waren mit der Aufschrift „elector consiliarii" (Wähler des Rates) beschriftet. Der glückliche Besitzer eines solchen Loses konnte damit einen Mann seiner Wahl zum Ratsmitglied benennen.

Rückblickend hätte das wirtschaftlich mächtige Lucca ebenso gut wie Florenz die Führungsrolle in der Toscana übernehmen können. Florenz setzte sich durch, aber Lucca blieb – nicht zuletzt auch seiner mächtigen Stadtmauern und seines Reichtums wegen – als einzige Stadt der Toscana unabhängig.

1805 wurde die Stadt durch die Truppen Napoleons besetzt, der seine Schwester *Elisa Bacciocchi* zur Herrscherin über das Fürstentum Lucca erhob, die daraus ein Musterländchen nach französischem Vorbild machen wollte und einiges von ihren Ideen umgesetzt hat, z. B. die Piazza Napoleone mit ihren klassizistischen Gebäuden. Bei den Einheimischen machte sie sich allerdings durch den Abriss von Kirchen sehr unbeliebt. 1814, nach Napoleons Niederlage bei Leipzig, musste Elisa Lucca wieder verlassen, der Wiener Kongress schlug die Stadt *Marie Louise von Bourbon* zu, der ehemaligen Königin von Etrurien. Ihre Herrschaft über das Herzogtum dauerte bis zu ihrem Tod 1842. Ihr Sohn *Karl Ludwig* verschacherte Lucca 1847 für eine Jahresrente von 1,2 Millionen Francs an den Großherzog der Toscana.

*I*nformation/*V*erbindung/*A*dressen

● *PLZ* 55100

● *Information* **Centro Accoglienza Turistica (CAT)**, Vermittlung von Unterkünften, öffentliche Toilette, Fahrradverleih. Seit einiger Zeit werden Stadtführungen für Individualtouristen angeboten bzw. Audioführer (ca. 10 €/Pers., bitte nachfragen). Im Sommer 9–19 Uhr, im Winter 9.30–17.30 Uhr. Piazzale G. Verdi, ✆ 0583-583150 ✆ 0583-582389, www.consorzioitinera.com, accoglienza@consorzioitinera.com.

APT-Büro (und Buchhandlung zu Stadt und Umgebung), täglich 9–19 Uhr, im Winter 9–13 und 15–19 Uhr. Piazza S. Maria, ✆ 0583-919931, ✆ 0583-469964, www.luccaturismo.it. Ein weiteres APT-Infobüro hat im neu renovierten **Palazzo Ducale** an der Piazza Napoleone geöffnet (9.30–18 Uhr). Mit Internetpoint, Café, Toiletten, Buchhandlung.

● *Fundbüro* **Ufficio Economato**, Via C. Battisti 10 (Nähe Palazzo Pfanner), ✆ 0583-442388, ✆ 0583-442420.

● *Parken in der Innenstadt* Die Plätze innerhalb des Altstadtrings sind rar. Die meisten Parkplätze sind für Anwohner reserviert. Die blau markierten Parkplätze können gegen Bezahlung auch von Nichtanwohnern genutzt werden. Hotelgäste können an der Rezeption Parkberechtigungsscheine für die gelb markierten Parkflächen bekommen. Die gebührenpflichtigen Plätze kosten in der Regel pro Stunde ca. 1 €. Die preiswerteste Parkmöglichkeit innerhalb der Mauern gibt es in der „Ex Caserma Mazzini" neben der Piazza San Francesco. Von 20–8 Uhr sind die Plätze gebührenfrei.

● *Parken außerhalb* Beliebt sind die wenigen kostenlosen Parkstreifen direkt an der Stadtmauer (Nähe Bahnhof) oder am Friedhof (cimitero). Ein gebührenpflichtiger Großparkplatz (auch für Wohnmobile geeignet) befindet sich an der Via Luporini, ca. 500 m südwestlich der Porta Emanuele (der Beschilderung „Parcheggio Bus Turistici" folgen).

Ein Minibus-Shuttle, „Navette" genannt, verbindet für ein geringes Entgelt fast alle außerhalb gelegenen Parkplätze im 15-Minuten-Takt mit der Altstadt.

• *Bahnverbindung* Lucca liegt an der Linie Florenz–Viareggio, in Richtung Florenz Halt in Montecatini, Pistoia und Prato. Eine Regionalbahn führt durch die Garfagnana nach Aulla und trifft dort auf die Verbindung Parma–Genova.

• *Busverbindung* Mit LAZZI u. a. nach Pisa, Viareggio, Bagni di Lucca und Florenz, mit C.L.A.P. in die Garfagnana und nach Collodi. Abfahrt jeweils beim Informationsbüro am Piazzale G. Verdi.

• *Fahrradverleih* **Cicli Barbetti**, Via Anfiteatro 23. Einfache Räder, Mountainbikes, Tandems. Auch Reparaturwerkstatt. Sympathischer Laden. Im Winter geschlossen. ✆ 0583-954444.

Cicli Bizarri, Piazza S. Maria 32. Fahrradhandlung und Reparaturwerkstatt, die nebenbei einen Verleih unterhält, auch Tandems. Ca. 2,50 € pro Std. ✆ 0583-496031.

Servizio noleggio biciclette, an der Piazza Verdi, beim Infobüro fragen, städtische Verleihstelle von einfachen Rädern (2,50 €/Stunde, 7,50 €/halber Tag). ✆ 0583-48648.

• *Einkaufen* Eines der delikatesten Olivenöle der Toscana stammt aus der Provinz Lucca. Klar, von hellgelber, fast grünlicher Farbe. Am besten einen kleinen Vorrat beschaffen! Z. B. im Laden „Lucca in Tavola" in der Via Paolina 96.

Pasticceria Taddeucci, altehrwürdige Feinbäckerei an der Piazza Michele. Hier gibt es das beste *Buccellato*, ein Anisbrot, das nicht jedermann mundet und das erst nach einigen Tagen, wenn es leicht spröde ist, sein Aroma entfaltet. Es ist ein traditionelles Geschenk der Paten an ihre Firmlinge. In der Regel wird es nicht trocken gegessen, sondern in Milch getunkt und anschließend in Öl gebacken. Auch Torten und andere Leckereien werden aus *Buccellato* hergestellt.

Chocolat 2004, feine Ciocolateria, das Interieur ist an den gleichnamigen Film angelehnt, eignet sich auch für den kleinen Hunger zwischendurch. Via Cenami 1.

Il Trifoglio, gut sortierter Bioladen mit überwiegend deutschen Marken, aber auch Bioprodukten aus der Garfagnana. Via Elisa 31.

Ghilardi, Via Mordini 8. Fotomaterial und alte Fotos aus Lucca. Die Lucca-Fotografien in diesem Buch stammen zum Teil von Ghilardi.

Tessuti e Vissuti, Via Del Battistero 7, netter, kreativer Laden mit selbst genähten Taschen, Tüchern und Kleidung. Keramik und Kunst. Die Straßen Via del Battistero und Via del Gallo laden zum Bummeln durch feine, ausgesuchte Läden ein, vor allem Antiquitäten.

• *Feste/Märkte* **Fest der heiligen Zita**, zu Ehren der wohltätigen Dienerin wird jährlich ein großer Blumenmarkt veranstaltet (siehe auch „Sehenswertes/Kirche San Frediano"). 24.–27. April. Piazza Anfiteatro und Piazza San Frediano. 9–19.30 Uhr.

Festa/Fiera di Santa Croce, im September. Ein großes Fest mit Umzügen in Kostümen des 17. und 18. Jh. Höhepunkt der Feier ist der Abend des 13. September. Die Fenster werden mit Kerzen dekoriert, und spätabends erstrahlt die Stadtmauer im Glanz eines prächtigen Feuerwerks beim Bollwerk S. Paolina.

Lucca Comics & Games, über hunderttausend Fans, Verleger und Autoren drängen sich Ende Oktober bis Anfang November zwischen den Ständen des Comicsalons und in den Gassen der Altstadt. Via della Cavallerizza 11. ✆ 0583-48522, ✆ 0583-91203.

Summer Festival, jährliche Pop-Konzertreihe auf den Plätzen der Altstadt. Die Bandbreite reicht von Toto bis Diana Krall, jeden Tag findet nur ein Act statt – wer auf Wynton Marsalis wartet, muss nicht erst Elton John zuhören. Zwei Wochen im Juli. ✆ 0584-46477. info@dalessandroegalli.com, www.summer-festival.com.

Kunsthandwerk-, Trödel- und Antiquitätenmarkt, jedes dritte Wochenende im Monat auf der Piazza San Martino, der Piazza S. Giovanni, der Piazza S. Antelminelli und in den angrenzenden Straßen. Schöne Stimmung, allerdings hohe Preise. Jedes vierte Wochenende im Monat Kunsthandwerkermarkt.

Wochenmarkt, Mi und Sa (jeweils morgens) riesiger Markt an der Via dei Bacchettoni und am Stadio Comunale zwischen den Bollwerken S. Salvatore und S. Pietro. Schöne Markthalle (täglich geöffnet) an der Piazza del Carmine.

• *Treffpunkte* Man trifft sich an der Piazza Michele (öfters Märkte für Textilien, Schuhe und Ökoprodukte), auf der Via Fillungo und der Via Roma. Sehr zu empfehlen sind die schattigen Steinbänke auf der Piazza Napoleone. Kaffeehausbestuhlung auch auf der Piazza Anfiteatro.

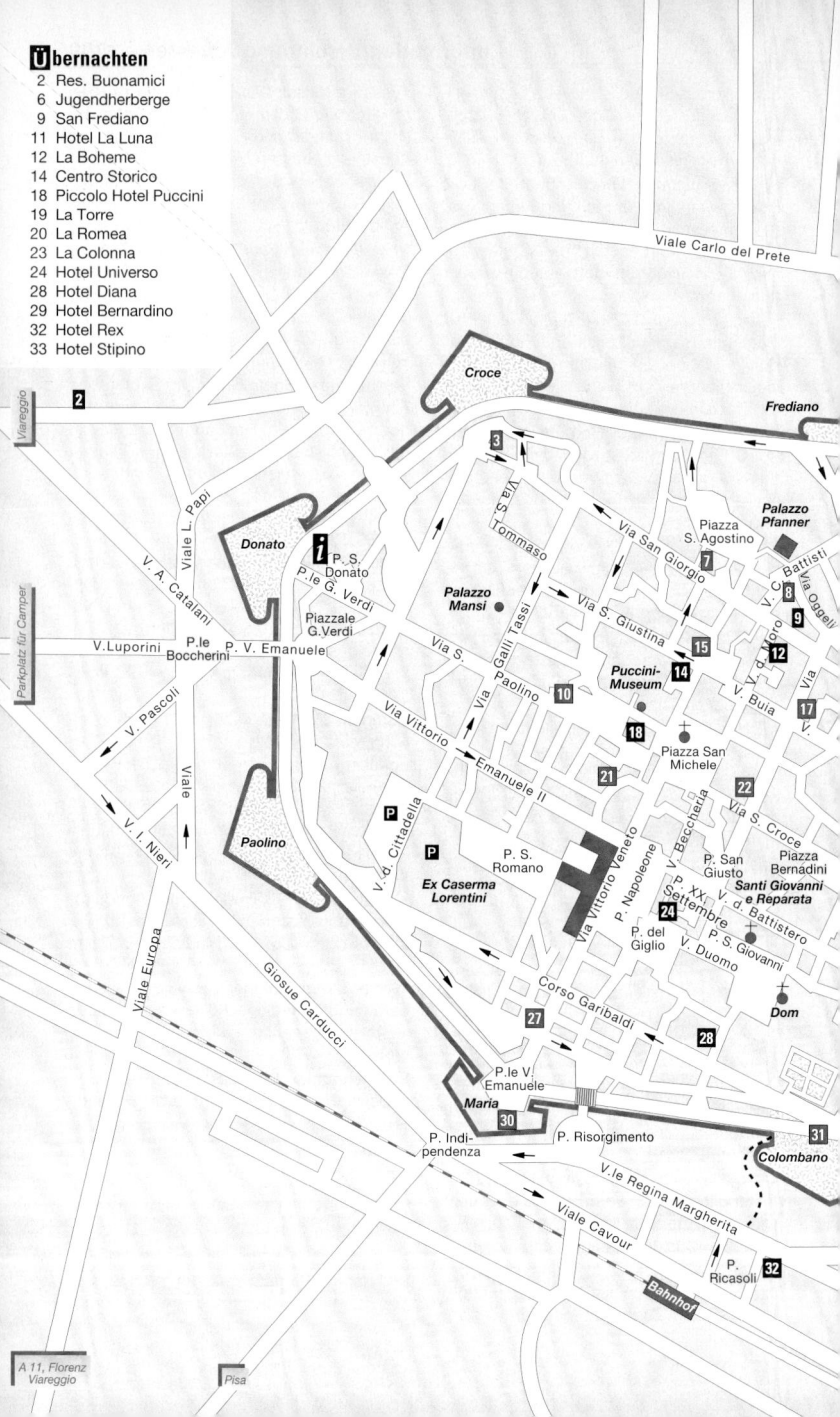

Viareggio

2

Viale Carlo del Prete

Croce

Frediano

Palazzo Pfanner

Piazza S. Agostino

7

Via C. Battisti

Via Oggeli

8

9

3

Via S. Tommaso

Via San Giorgio

Via S. Giustina

Via d'oloro

12

Via Buia

Viale L. Papi

V. A. Catalani

Donato

P. S. Donato

P.le G. Verdi

Piazzale G.Verdi

Palazzo Mansi

Via Galli Tassi

Via S. Paolino

Puccini-Museum

15

14

10

17

V.

Parkplatz für Camper

V.Luporini

P.le Boccherini

P. V. Emanuele

Via Vittorio

Via Emanuele II

18

Piazza San Michele

21

22

Via S. Croce

V. Pascoli

Viale

V. I. Nieri

Paolino

V. d. Cittadella

P

P

Ex Caserma Lorentini

P. S. Romano

Via Vittorio Veneto

P. Beccheria

P. Napoleone

P. XV. Settembre

V. d. Battistero

P. San Giusto

Piazza Bernardini

Santi Giovanni e Reparata

P. S. Giovanni

Viale Europa

Giosue Carducci

P. del Giglio

V. Duomo

Dom

Corso Garibaldi

27

28

P.le V. Emanuele

Maria

30

P. Indipendenza

P. Risorgimento

31

Colombano

V. le Regina Margherita

Viale Cavour

P. Ricasoli

32

Bahnhof

A 11, Florenz Viareggio

Pisa

Bagni di Lucca Gallegnana

V.le Barsanti E. Matteucci

V.le Carlo del Prete

Piazza Martiri di Libertà

V. P. Batoni

Viale Civitali

Viale Agostino Marti

Martino

Pietro

P. del Collegio

i Piazza S. Maria

P. San Frediano

Fillungo

Via M. Rosi

Piazzale Varanini

Amphitheater

Via A. Mordini

P. del Carmine

P. S. Pietro

Piazza S. Francesco

Ex Caserma Mazzini
P

Via d. Quarquonia

Via dei Bacchettoni

Viale Guglielmo Marconi

Torre Guinigi

S. Andrea

Via Guinigi

Via San Nicolao

Fosso

Palazzo Guinigi

Salvatore

P. d. Servi

V. Vallisneri

V. d. Giardino Botanico

Via del

Via Elisa

Botanischer Garten

P.le Don A. Mei

V.le Castracani

V.le Cadorna

Via del Fosso

Libertà

V.le G. Pancini

Regola

Viale Giueseppe Giusti

Empoli

Lucca

100 m

Übernachten (siehe Karte S. 210/211)

Lucca hat eine gute Infrastruktur mit vielen Hotels, B&B und Privatzimmern. Oft sind Unterkünfte, die nicht direkt innerhalb der Stadtmauern liegen, genauso zu empfehlen, da sie ruhiger und billiger sind, die Altstadt ist jedoch leicht zu Fuß zu erreichen. Lucca hat seit neuestem auch einen Campingplatz, der vor allem für Wohnmobile geeignet ist (www.camperilserchio.it). Wer im Zelt übernachten will, dem sind die schönen Campingplätze im Pinienwald bei Torre del Lago zu empfehlen (ca. 30 km entfernt, siehe S. 252).

*** Universo (24), sehr gute Lage, elegant, komfortable Bleibe mit Parkplatz in der Nähe. Könnte einmal renoviert werden. DZ mit Bad ab 150 €. Piazza del Giglio 1, ☏ 0583-493678, ✆ 0583-954854, www.universolucca.com.

*** La Luna (11), geräumige Zimmer zum Teil mit Fresken. Viele Zimmer in einer gegenüberliegenden Dependance. Beschränkte Parkmöglichkeiten vor dem Haus. Zentrale Lage (Via Fillungo). DZ 112 €. Corte Compagni 12, ☏ 0583-493634, ✆ 0583-490021, www.hotellaluna.com.

*** Rex (32), in einem luftigen Bürgerhaus direkt am Bahnhofsvorplatz. Geräumige Gänge und ebensolche Zimmer. 1990 eröffnet und immer noch top in Schuss. DZ 110 €. Piazza Ricasoli 19, ☏ 0583-955443, ✆ 0583-954348, www.hotelrexlucca.com.

*** Piccolo Hotel Puccini (18), direkt neben dem Geburtshaus von Puccini, Toplage, Zimmer in einem Altstadthaus. Parkhaus nebenan. DZ 88 €. Via di Poggio 9, ☏ 0583-55421, ✆ 0583-53487, www.hotelpuccini.com.

** Stipino (33), Freundlichkeit wird hier groß geschrieben, der Kunde ist König. Zuvorkommender Service – vom Schuhglanztüchlein im gepflegten Zimmer bis zum Regenschirm, den der Verfasser unaufgefordert ausgeliehen bekam. Hoteleigener Parkplatz. Für den überaus angenehmen Umgang mit dem Kunden nimmt man die 5 Minuten Spaziergang bis zum Stadttor gern in Kauf. Gartenterrasse. DZ mit Du/WC und TV ca. 70 €, 3 DZ ohne für 60 €. Via Romana 95, ☏ 0583-495077, ✆ 0583-490309, www.hotelstipino.com.

** Bernardino (29), wenig interessante Lage, dafür renovierte Zimmer. DZ mit Du/WC ab 70 €. Via di Tiglio 109, ☏ 0583-953356, ✆ 0583-491765, www.hotelbernardino.it.

** Diana (28), Familienpension mit 9 Zimmern. Eine Dependance mit 6 weiteren Zimmern ist nur ein paar Schritte entfernt. Weiße Schleiflackmöbel, renovierte Badezimmer. Eines der wenigen Hotels in Lucca, das seinen Preis wirklich wert ist. DZ 65 €, in der Dependance 93 €. Via del Molinetto 11, ☏ 0583-492202, ✆ 0583-467795, www.albergodiana.com.

● *Privatzimmer* **La Colonna (23)**, an der Rezeption spricht man gebrochen Deutsch. 3 DZ mit Du/WC für ca. 65 € (je nach Saison zum Teil auch sehr viel billiger, z. B. im Nov.). 2 DZ mit Bad auf dem Gang 50 €. Via dell'Angelo Custode 16, ☏/✆ 0583-440170, www.dormireintoscana.it/lacolonna.

Residence Buonamici (2), Lesertipp, nur 5 Min. außerhalb der Stadtmauer, sauber und großzügig, mit Küche, Aufenthaltsraum, großer Terrasse. DZ ohne eigenes Bad 50 €. Via Buonamici 280, ☏ 0583-584032, ✆ 0583-581786, www.dormireintoscana.it/residencebuonamici.

Centro Storico (14), Lage wie der Name, jeweils inkl. Frühstück und Parkticket. Kollektiv-Eisschrank mit individuellen Tupperware-Behältern. Unsere Empfehlung. 7 sehr geräumige DZ für 50–80 € (ohne Bad) bzw. 60–120 € (mit Bad), Corte Portici 16, ☏ 0583-490748, ✆ 0583-409665, www.affittacamerecentrostorico.com.

La Torre (19), gleich neben dem Marktplatz. Du/WC auf der Etage. Zusätzlich ein phantastisch gelegenes, nahezu historisch eingerichtetes Extrazimmer an einem anderen Altstadtplatz (Lesertipp). 5 DZ für ca. 50 € (mit Frühstück). Via del Carmine 11, ☏/✆ 0583-957044, www.roomslatorre.com.

Billige Unterkunft auch über der **Trattoria Buatino (1)** (siehe unter Essen).

La Romea (20), super Lage (nähe Torre Guinigi), nettes Team, edles Ambiente in einem Palazzo aus dem 14. Jh. Neue Bäder, Internetanschluss und sehr geschmackvoll eingerichtet. Tipp! DZ 130–150 €. Vicolo della Ventaglie 2, ☏ 0583-464175, ✆ 0583-471280, www.laromea.com.

La Boheme (12), schickes und freundliches B&B in einem alten Luccheser Palazzo mit wunderschönen Antiquitäten eingerichtet, Internetanschluss vorhanden. DZ 95–120 € incl. Frühstück (auf Wunsch im Zimmer). Via del Moro 2, ☏/✆ 0583-462404, www.boheme.it.

San Frediano (9), Lesertipp: mitten im Zentrum, liebevoll eingerichtete Zimmer, gemeinsam genutztes, sauberes Bad. Es gibt aber auch Zimmer mit Bad. Die Vermieterin ist sehr nett, Frühstück besteht jedoch leider aus Instant-Cappuccino und abgepackten Hörnchen. DZ 65–90 €. Via degli Angeli 19, ☎ 0583-469630, ✆ 0583-991772, www.sanfrediano.com.

● *Jugendherberge* **Ostello San Frediano (6)**, in einem riesigen Palastgebäude mit Garten zum Stadtwall. Restaurantbetrieb mit preiswerten Menüs (auch abends). Übernachtung pro Pers. ca. 18 €, DZ 45 €. Via della Cavallerizza 12, ☎ 0583-469957, ✆ 0583-461007, www.ostellolucca.it.

● *Außerhalb* Einfachste Ausweichmöglichkeit, wenn Lucca ausgebucht ist: aus dem riesigen Hotelreservoir von Montecatini schöpfen. Nachstehend einige Landhotels in der Umgebung von Lucca, weitere siehe unter Pisa.

Villa il Nonno, ein kleines B&B in traumhafter Hügellage mit Blick auf Lucca. Etwa 4 km außerhalb, nicht weit von der Autobahnauffahrt nach Viareggio/Genua entfernt. Unmittelbar vor der Auffahrt rechts Richtung Gattaiola abbiegen (unter der Autobahn durch), dann beschildert. Die netten Vermieter haben insgesamt nur 3 geräumige DZ zu ca. 100 € inkl. Frühstück. Via del Campaccio 26, Gattaiola, ☎/✆ 0583-512171, www.villailnonno.it.

● *Richtung Montecatini* ***** Hambros**, Lunata (ca. 4,5 km in Richtung Montecatini). Ländlicher Luxus in einem kleinen Park. Das Landhaus wurde Anfang der 60er Jahre umgebaut. Ein architektonischer Leckerbissen ist das nachträglich eingefügte Treppenhaus: Für den Benutzer immer nur in Segmenten sichtbar, schraubt es sich ins zweite Obergeschoss hinauf. Sehr geräumige Zimmer mit Dusche. DZ mit Frühstück 105 €, Via Pesciatina 197, ☎/✆ 0583-935355, www.hotelhambros.com.

*** Country Club, ca. 5 km weiter in Richtung Montecatini. Futuristisch gestylter Stahlbetonbau mit großem Pool im Garten, davon abgetrennt ein Schwimmbecken für Kinder. DZ ab 100 €, Via Pesciatina 874, Fontananova, ☎ 0583-434404, ✆ 0583-974344, www.rphotels.com.

*** Antica Casa dei Rassicurati, im mittelalterlichen Bergstädtchen Montecarlo (zwischen Lucca und Montecatini). Renovierter Palast mit 8 DZ ab 65 € (Frühstück inklusive), Via della Collegiata 2, ☎ 0583-228901, ✆ 0583-22498, www.anticacasadeirassicurati.it.

● *Richtung Pisa* ***** Villa Rinascimento**, in Santa Maria del Giudice (ca. 9 km auf der SS 12 Richtung Pisa bis kurz vor S. Giuliano Terme). Der Padrone und seine holländische Frau haben mit viel Arbeitsaufwand die Türen der alten Landvilla im Originalzustand erhalten. Damit die massiven Türschläge den Gast nicht stören, haben die meisten Zimmer eine kleine Diele mit separater Tür zum Schlafgemach. In der Gartenanlage lockt ein Swimmingpool. Geöffnet März bis Mitte Nov. S. Maria del Giudice. DZ mit Klimaanlage ab 135 €, im Nebengebäude ab 85 €. Via del Cimitero, ☎ 0583-378292, ✆ 0583-370238, www.villarinascimento.it.

Cornelia Tersteeg, die holländische Frau des Besitzers der Villa Rinascimento, vermietet darüber hinaus privat preisgünstige Zimmer in einem alten Haus etwas oberhalb des Orts (die Anfahrt ist etwas steil und teilweise kurvig!). Die Zimmer sind geräumig und sehr sauber, allerdings ohne eigenes Bad (Lesertipp). Via di Catro 519–527, S. Maria del Giudice, ☎ 0583-379216.

Essen (siehe Karte S. 210/211)

Buca di San Antonio (21), das gehobene Restaurant in Lucca. Die rustikalen Deckenbalken biegen sich vor lauter Kupfergeschirr. Menü ca. 35 €, Sonntagabend und Mo geschlossen. Via della Cervia 3, ☎ 0583-55881.

Antico Caffè delle Mura (30), direkt auf dem Stadtwall. Ein ehemaliger Prachtbau aus dem Jahr 1885, gediegene Inneneinrichtung. Restaurant mit „Gartenwirtschaft" und gediegenen Preisen. So geschlossen. Piazza Emanuele, ☎ 0583-467962.

Trattoria Da Giulio in Pelleria (3), seit einigen Jahren bereits der Renner in Lucca. Auf zwei Ebenen können 100 Gäste verköstigt werden. Hier wird die traditionell schwere Luccheser Küche gepflegt. Mit der Vorspeise (Suppe) kommt eine Flasche Olivenöl zum Nachwürzen auf den Tisch. Menü ab ca. 25 € – für das Gebotene preiswert. So geschlossen. Via delle Conce 45, ☎ 0583-55948.

Trattoria Da Leo (15), geräumiges Lokal, aber abends trotzdem schnell proppenvoll. Abwechslungsreiche, preiswerte regionale Küche. Auch Straßenbestischung. Menü ca. 25 €. Täglich geöffnet. Via Tegrimi 1, www.trattoriadaleo.it.

Vecchia Trattoria Buralli (7), preiswerte regionale Küche, hausgemachte Kuchen, vegetarische Gerichte, über Mittag auch Eintopfgerichte. Straßenbetischung. Mi geschlossen. Piazza S. Agostino 10.

Trattoria Da Gigi (16), preiswert, einfach und voll. Gerne von Handwerkern und Handelsvertretern besucht. Viele Meeresfrüchtegerichte, empfehlenswerte Vorspeise: *riso con pesce*. Menü komplett mit Wein und Nachtisch ca. 15 €. Zwischen Via Fillungo und Amphitheater gelegen. So geschlossen. Piazza del Carmine 7, ☎ 0583-467266.

Trattoria Machiavelli (8), neu renoviert, ansprechendes Ambiente, auch vegetarische Küche, neben der üblichen leckeren lucchesischen Hausmannskost (Fleisch und Fischgerichte). Menü 20-30€. So geschlossen, ☎ 0583 467219

Pizzeria Rusticanella 2 (10), Pizza frisch aus dem Holzofen, auch zum Mitnehmen, kein Coperto. Kleiner Nebenraum und im Sommer ein paar Tische auf der Gasse gegenüber. So geschlossen. Via S. Paolino 32.

Trattoria Locanda Buatino (1), zu Fuß 5 Min. von der Stadtmauer. Ein Leser schrieb: „Typisch toscanische Gerichte. Die Speisekarten werden jeden Tag neu von Hand geschrieben und enthalten keine Preise. Doch keine Sorge: Das Restaurant ist wirklich günstig. Das Publikum ist gemischt. Es scheint, als träfen sich hier alle Lucchesen – vom einfachsten Arbeiter bis zum Bankdirektor. Nur Touristen haben wir hier nicht angetroffen." So geschlossen. Via Borgo Giannotti 508. Übernachtungen in sehr einfachen Zimmern über der Trattoria (Bad und WC auf dem Flur) sind für ca. 16 € pro Pers. möglich. ☎ 0583-343207.

Trattoria Gli Orti di Via Elisa (26), feine lucchesische Küche sowie Speisen aus der Garfagnana, gut geeignet für Vegetarier, Preise angemessen, schöne Atmosphäre, aber ziemlich lebhaft. 19.30–24 Uhr, Mi geschlossen. Via Elisa 17, ☎ 0583-491241.

● *Snacks*   **Pomodori (22)**, Pizza auf die Hand, Via Fillungo am Uhrturm.

Antica Droheria (25), Via Elisa 7, Salate, Nudeln, Pizza ca. 4–10 €.

Gelateria Veneta (27), seit 1927 die beste Eisdiele Luccas. Täglich 10.30–1 Uhr. Nov.–März geschlossen. Via della Polveriera 13.

● *Cafés/Kneipen*   **Antico Caffè Di Simo (17)**, aus der Zeit der vorletzten Jahrhundertwende – hier trafen sich Komponisten und Literaten (Giacomo Puccini, Giovanni Pascoli u. a.). Mehrere Räume (zum ungestörten Schachspiel), an den Wänden zeitgenössische Gemälde und Lithographien. Buffet für 10 €. Mo geschlossen. Via Fillungo 58.

Sancolombano (31), Caffetteria, Ristorante, sehr stylish, aber trotzdem locker und nett, toller Blick auf den Dom, Menüs ab 15 €, von 8 bis 1 Uhr nachts, für abends reservieren. Auf der Stadtmauer beim Bollwerk (Baluardo) San Colombano, ☎ 0583-464641, www.caffetteriasancolombano.it.

Miró (13), hinter dem Eingang, der mit Bildern des spanischen Surrealisten dekoriert ist, verbirgt sich ein angenehmes Lokal, das abseits des touristischen Geschehens liegt. Di und Do finden oft Konzerte (vorwiegend lateinamerikanische Folklore und Jazz) statt, dann erhöhte Preise fürs erste Getränk. Empfehlenswerte Nachtkneipe (bis 2 Uhr geöffnet). Mo geschlossen. Via del Fosso 215.

Giro Vita, am Domplatz, auch zum Draußensitzen, gute Musik. Piazza Antelminella. Im etwas vernachlässigten Stadtviertel Gonfalone (am östlichen Ausgang der Piazza S. Maria) haben sich in den letzten Jahren zwei „Alternativkneipen" etabliert:

Betty Blue (4), drinnen Heimat der Hardrock-Fraktion mit bunten Sitzwürfeln und 70er-Jahre-Design, draußen Gasthausbestuhlung. Das Essen ist nicht schlecht und günstig. Viel junges Stammpublikum, viel Trubel, keine Metal-Fundamentalisten. Via del Gonfalone 16/18.

Extrasmall (5), nicht weit davon, in der Via San Leonardo 19, sitzt die Konkurrenz: elektronische Musik von 19 bis 1 Uhr. Elegante Lounge Bar mit Außenbereich.

Sehenswertes

Die Stadt als Ganzes. Machen Sie sich auf zum 4 km langen Stadtwall – am besten mit dem Rad –, um sich von dort einen Überblick zu verschaffen. Unter den schattigen Platanen spielen Kinder, auf den Bänken hocken die Alten, und abends treffen sich hier gerne die Pärchen. Einmal pro Jahr findet auf der Luccheser Stadtmauer ein Radrennen statt.

Stadtmauer: Ein mächtiger Verteidigungswall aus Lehm, eingefasst von einer 12 m hohen Ziegelsteinmauer. In seinem heutigen Umfang entstand der Wall Mitte des

15. Jh., insgesamt wurde 150 Jahre daran gearbeitet. Die Masse von Erde, die dazu nötig war, wurde extra aus der Garfagnana herangekarrt, da man sonst den Humus der Umgebung aufgebraucht hätte. Sein parkähnliches Aussehen erhielt das Festungswerk erst im 19. Jh. durch *Elisa Bacciocchi*. Der unterirdische Teil ist ein durchdachtes System mit Pulverkammern, Verbindungsgängen, Zisternen und kleinen versteckten Ausgängen. Von Letzteren aus startete die Kavallerie zu Blitzangriffen, um gleich darauf in einem anderen rasch geöffneten Gang wieder zu verschwinden. Die Mauer machte Lucca früher oft zur Arche Noah: Sie bewahrte die Stadt vor Überschwemmungen. Bei Hochwasser wurden alle Tore geschlossen und kleinere undichte Stellen mit Matratzen abgedichtet.

Erkundigen Sie sich beim Touristenbüro, für welche Sehenswürdigkeiten es **Kombitickets** gibt, mit denen Sie viel Geld sparen können.

Piazza Anfiteatro: Als im Mittelalter der Raum in der Altstadt nicht mehr ausreichte, wurde der Mauerring erweitert und die Ruine des römischen Amphitheaters mit Wohnhäusern umbaut. Anstatt des gewohnten Bildes einer antiken Theaterruine zeigt sich dem Besucher heute ein anmutiger ovaler Platz, rundum von Häusern gesäumt und nur durch einen der vier Torbögen zu betreten. An einigen Torbögen können Sie noch Steine mit römischer Inschrift erkennen. Das frühere Armenviertel mit Schlachthof, Gefängnis und Bordellen gehört heute zu den Topadressen Luccas.

Torre Guinigi: Der 44 m hohe Backsteinturm aus dem 14. Jh. ist das Wahrzeichen von Lucca und bietet einen großartigen Blick über die Stadt. Auf seiner Aussichtsplattform, die man über 230 Stufen erreicht, wachsen jahrhundertealte Steineichen. Der Turm ist Teil eines Palastes der *Guinigi*, deren berühmtester Spross *Paolo* dreißig Jahre lang despotische Macht über Lucca ausübte.
⏱ Okt.–Mai 9–19.30 Uhr, Juni–Sept. 9–24 Uhr,. Eintritt 4 €.

Palazzo Guinigi: Die ehemalige Landvilla der Guinigi ist heute ein nationales Museum. Bei Baubeginn (Anfang 15. Jh.) lag das Grundstück noch vor den Toren der Stadt in einem gepflegten Park. Im Erdgeschoss des lang gestreckten, nüchternen Backsteinbaus sind römische Skulpturen und etruskische Fundstücke zu sehen; bemerkenswert ist ein Grabrelief mit Gastmahlszene aus dem 2. Jh. v. Chr. Im Obergeschoss ist eine Gemäldesammlung untergebracht, die u. a. Werke von *Fra Bartolomeo* präsentiert.
⏱ Di–Sa 8.30–19 Uhr, So 8.30–13.30 Uhr. Eintritt 4 €.

Palazzo Mansi (Museo Nazionale): In den prunkvollen Sälen des Palastes aus dem 17. Jh. wurde eine staatliche Gemäldesammlung eingerichtet. Werke *Tintorettos* sind hier zu finden, daneben aber auch Gegenstände aus dem Besitz Napoleons. Beeindruckend ist das aus dem 18. Jh. stammende Schlafgemach Luciala Mansis. Der Raum ist reich ausgestattet mit Brokat und einem üppig vergoldeten Barockbett. Die berüchtigte Dame soll ihre Seele dem Teufel verkauft haben, um ihre Jugend zu erhalten und auch noch im Alter ihr Männer verschleißendes Unwesen treiben zu können. Es heißt, sie habe die arglosen Liebhaber in ihre Landvilla Caturellio gelockt, um sie nach vollbrachtem Liebesdienst kaltzumachen. Ob aus Leidenschaft oder um die Spuren ihres außerehelichen Geschlechtslebens zu vertuschen, haben die Historiker noch zu klären.
⏱ Di–Sa 8.30–19 Uhr, So 8.30–13 Uhr. Eintritt 4 €.

Lucca
Karte S. 210/211

Palazzo Pfanner (Esposizione Permanente Costumi): Der 1667 erbaute Palast zeigt eine extravagante Treppenkonstruktion und ein bildschönes Lustgärtchen, das den Besucher für einige Minuten den Prunk vergangener Zeiten fühlen lässt. An einer Galerie von Statuen aus der homerischen Götterwelt vorbei gelangt man zu einem Springbrunnen, dahinter sieht man Allegorien der vier Jahreszeiten. Im Inneren des Palastes ist ein Kostümmuseum untergebracht.

⏱ März bis Mitte Nov. 10–18 Uhr. Im Winter nur Gruppen mit Voranmeldung (✆ 0583-491243). Eintritt Garten 2,50 €, Garten und Museum 4,50 €.

Puccini-Museum (Casa Puccini): Das Geburtshaus von *Giacomo Puccini* ist eher eine Wallfahrtsstätte für Spezialisten: Notenblätter des Maestro, der Steinway-Flügel, auf dem er „Turandot" komponierte, Kostümentwürfe für Puccini-Opern usw.

⏱ Zum Zeitpunkt der Recherche wurden gerade Umbaumaßnahmen durchgeführt. Die Neueröffnung ist für das Jahr 2008 geplant (nähere Informationen unter www.casanatalepuccini.it). Die voraussichtlichen Öffnungszeiten: Juni–Sept. 10–18 Uhr, Okt.–Dez. und Mitte März bis Mai 10–13 und 15–18 Uhr (Mo geschlossen). Eintritt 3 €.

Botanischer Garten: Eine grüne Oase innerhalb der Stadtmauern. Ursprünglich verlief hier der zweite Verteidigungsring, als Überrest ist ein Hügel aus weißen Steinen geblieben. Gleich daneben befand sich der *Friedhof der Geächteten*: Gesetzesbrecher, Aufrührer etc. wurden hier unter die Erde gebracht.

⏱ April–Okt. Mo–Sa 9.30–12.30 Uhr, So 9.30–17 Uhr, Nov.–März Di–Sa 9–12.30 Uhr. Eintritt 3 €.

Torre delle Ore: Der Uhrturm Luccas – seit 1490 können die Lucchesen endlich mit eigenen Augen sehen, was die Stunde geschlagen hat. Wer den höchsten Turm der Stadt besteigen und den schönen Ausblick genießen will, muss Kraft für 206 Stufen einplanen.

⏱ März–Sept. 10–19 Uhr, Okt.–Feb. 9–17 Uhr. Eintritt 3,50 €.

Museo Nazionale del Fumetto: Das 2004 an der Piazza San Romano eröffnete Comicmuseum präsentiert Ausstellungen und Animationen zu den internationalen Klassikern des Genres, aber auch zu typisch italienischen Helden wie Diabolik.

⏱ Di–So 10–19 Uhr. Eintritt frei, www.museonazionaledelfumetto.com.

Die Kirchen von Lucca

Es lag an den reichen Kaufleuten, dass auf so engem Raum so viele Kirchen und Kirchlein entstanden. Üblicherweise übernahm der älteste Sohn das Geschäft, der Drittgeborene musste zum Militär, und den Zweitgeborenen steckte man ins Kloster. Für ihn stiftete die Familie eine Kirche. Bereits im 8. Jh. entstanden unter Bischof *Frediano* zahlreiche romanische Kirchen, auf deren Grundmauern viele der heutigen Gotteshäuser stehen.

⏱ Dom: im Sommer 7–19 Uhr, im Winter 9.30–17.45 Uhr. Übrige Kirchen: 7.30–12.30 Uhr und 15–18 Uhr. Während des Gottesdienstes ist eine Besichtigung nicht statthaft.

Dom San Martino: Sein heutiges Aussehen erhielt der Dom zwischen dem 12. und dem 15. Jh. Die Fassade ist eine Mischung aus drei zierlichen Säulengalerien im oberen Teil und einer mächtigen romanischen Vorhalle. Fast jede der Säulen hat ein anderes Muster, dadurch wird der verspielte Charakter der Galerien noch unterstrichen. Die Vorhalle ist der einzige übrig gebliebene romanische Teil des Bauwerks und zeigt einige bemerkenswerte Skulptierungen, u. a. die Figur eines Bauern, dessen Tätigkeiten die Monate des Jahres darstellen.

Inneres: Im linken Kirchenschiff fällt ein oktogonales marmornes Tempelchen auf, der so genannte *Volto Santo*. Die Legende besagt, dass das hier verwahrte Kreuz im Morgenland vom heiligen Nikodemus geschnitzt wurde. Auf einer leeren Barke wur-

Palazzo Pfanner, der lauschige Garten wird nur wenig besucht

de es über das Meer an die Küste bei Luni getrieben. Dort stand zum Glück ein Karren mit zwei ungezähmten jungen Ochsen. Ohne Kutscher ging es schnurstracks nach Lucca. Am 13. Sept. wird das Kruzifix in einer Prozession durch die Stadt getragen (mit Pilgern aus der ganzen Welt).

Weitere Kunstwerke: ein Gemäldezyklus aus dem 16. Jh. zur Mariengeschichte an der linken Wand sowie eine bemerkenswerte Abendmahlszene von *Tintoretto* mit stillender Mutter im Vordergrund in einem Seitenaltar der rechten Wand.

Sakristei: Hier steht der Sarkophag von Ilaria del Carretto. Er gehört zu den Meisterwerken des sienesischen Bildhauers *Jacopo della Quercia*. Schlafend liegt Ilaria da, ihr Lieblingshund hält Totenwache und wärmt ihre Füße. Ilaria war die zweite von insgesamt fünf Frauen des fürchterlichen *Paolo Guinigi* (s. o. Torre Guinigi) und starb im Wochenbett.

① April–Okt. Mo–Sa 9.30–17 Uhr, Nov.–März Mo–Fr 9.30–16.45, Sa 9.30–18.45 Uhr, Eintritt 2 €.

Battistero San Giovanni: In dieser Kirche schräg gegenüber dem Dom wurde der komplette Boden von Archäologen abgetragen und durch eine Zwischendecke ersetzt. Das darunter liegende Ausgrabungsgelände kann besichtigt werden. Von den ersten frühchristlichen Kirchenmauern bis zu den Resten einer römischen Badeanstalt wurde alles fein säuberlich freigelegt. Im Grab eines langobardischen Bischofs fand man eine bronzene Ente und ein Bischofskreuz als Grabbeigabe. Diese beiden Fundstücke sind im Palazzo Guinigi (s. o.) ausgestellt.

① April–Okt. tägl. 10–18 Uhr, Nov.–März Mo–Sa 10–14 Uhr, So 10–17 Uhr. Der Besuch der Kirche und des links anschließenden Baptisteriums mit Einblick von oben ins Ausgrabungsgelände kostet 2,50 €.

San Michele in Foro: Die zierlich geschmückte Kirche entstand im Gegensatz zum bischöflichen Dom im Auftrag der Bürgerschaft. Ursprünglich stand hier das römische Forum, deshalb der Zusatz im Namen. Erbaut wurde San Michele im 13. und 14. Jh. Die Fassade ist mit viel Phantasie gestaltet. Mit ihren vier Säulengalerien übertrifft sie den Dom noch an Verspieltheit. Die Marmoreinlegearbeiten zeigen arabische Muster – Hunde bei der Jagd, Bären und Federvieh. Die Köpfe an den

Kapitellen wurden im 19. Jh. durch staatstragende Häupter der Neuzeit ersetzt. Es finden sich die Konterfeis Napoleons III., Garibaldis und Cavours, des ersten italienischen Ministerpräsidenten.

Auf der Piazza San Michele steht ein Denkmal für *Francesco Burlamacchi*, einen Sohn der Stadt, der als Anhänger der Thesen Savanarolas gegen die absolutistische Herrschaft der Medici opponierte. 1548 wurde er in Mailand enthauptet.

Inneres: Ein mächtiges Kreuz dominiert über dem Hochaltar. Dem auf Holz gemalten Heiland wurde durch aufgetragene Gipsschichten Plastizität verliehen. Bemerkenswert ist die für diese Zeit (11. Jh.) positive Ausstrahlung, es fehlt die Dornenkrone, und auch die sonst von Blut quellenden Wundmale sind nur dezent angedeutet. Am Ende des rechten Seitenschiffes hängt eines der schönsten Bilder von *Filippino Lippi*. Tägl. 7.40–12 Uhr und 15–18 Uhr.

San Frediano: Der romanische Bau prunkt mit einem schillernden Fassadenmosaik am Giebel. Es zeigt Christi Himmelfahrt mit Jesus als Regenten auf dem Thron. Gegründet wurde die Kirche im 6. Jh. vom heiligen *Fredianus*, einem irischen Priester, der zum Bischof von Lucca ernannt wurde.

Inneres: San Frediano wurde zur Kirche der reichen Kaufleute, einige ließen sich in aufwendig ausgestatteten Nebenkapellen eine letzte Ruhestatt errichten. Zwei sehr aufwändige Grabreliefs von *Jacopo della Quercia* (15. Jh.) findet man in der Trenta-Kapelle auf der linken Seite vorne. In der *Capella della Croce* (linke Seite) wird unter der Anleitung des heiligen Frediano die Umleitung des Serchio-Flusses tatkräftig vorangetrieben.
Vor den Seitenkapellen rechts findet sich ein wunderschöner romanischer Brunnen (12. Jh.), an dem mehrere so genannte Wanderkünstler arbeiteten; ein Relief am Becken zeigt die Soldaten des Pharao bei der Durchquerung des Roten Meeres.
Hinter dem Taufbrunnen befindet sich die *Kapelle der heiligen Zita*, die mumifiziert im Glasschrein aufbahrt liegt. Zita war Hausangestellte einer reichen Luccheser Familie und verteilte heimlich Brot aus der Speisekammer an Bedürftige. Eines Tages hielt der Hausherr sie an, als sie wieder zu den Armen unterwegs war. In solch heiklen Situationen pflegen Wunder zu geschehen: Das Brot verwandelte sich unverzüglich in Blumen und Zita war gerettet. Dessen gedenken die Luccheser noch heute mit einem großen Blumenmarkt, der jährlich vom 24. bis zum 27. April stattfindet. 8.30–12 Uhr, 15–17 Uhr, So 10.30–17 Uhr.

Ausgezeichnete Weine aus den Hügeln von Lucca

Das Ursprungsland der DOC-Weine „Colline Lucchesi" und „Montecarlo" gehören zu den besten Weinanbaugebieten Italiens. Die Weißweine sind fruchtig, leicht und trocken, die Rotweine erdig, aber nicht so schwer wie die Weine aus der Südtoscana. Der Preis hat die letzten Jahre sehr angezogen, man muss zwischen 6 und 12 € für eine Flasche DOC-Wein rechnen. Zum Probieren und Direkteinkauf (bitte vorher anrufen): **Fattoria Il Poggio**, Via San Piero 39, Montecarlo, ✆ 0583-22088; **Fattoria Tenuta di Forci**, Via Per Pieve Santo Stefano, Lucca, www.tenutadiforci.com, ✆ 0583-349007.

Auf „Grand Tour" in den Gartenanlagen um Lucca

Die Ebene um Lucca ist voll von herrschaftlichen Residenzen, die in der Zeit zwischen dem 15. und 19. Jh. von Adels- und Unternehmerfamilien erbaut wurden. Viele dieser lucchesischen Villen sind von großen Parks und Gärten umgeben und dienten der Gesellschaft nebst der Verwaltung ihrer Landbesitztümer auch als Aufenthaltsort für die Sommerfrische. In *San Pancrazio* (ca. 7 km nördlich von Lucca) liegen drei repräsentative Villen nah beieinander, so dass man auf einer „Garden

Tour" alle drei Anlagen an einem Tag bequem besuchen kann.

● *Anfahrt von Lucca* Nördlich der Stadtmauer vom Piazzale Matteucci über die Via P. Batoni in die Via M. Civitali fahren, die in die Via del Brennero (SS 12) übergeht. Auf dieser Straße in Richtung Abetone immer geradeaus. Auf die Ausschilderung der Gärten *Grabau*, *Reale* und *Oliva* achten.

● *Information* Infos zu allen Villen finden Sie unter www.villelucchesi.net oder in der Broschüre „Die luccchesischen Villen", die bei den Touristenbüros der Gegend erhältlich ist.

Villa Grabau

Villa: Die Villa hat ihren Ursprung im 16. Jh., wurde im Laufe der Jahrhunderte verkauft, vererbt, erweitert und verändert und gelangte 1868 schließlich in den Besitz der aus Hamburg stammenden Familie Grabau, der sie bis heute als Wohn- und Verwaltungssitz dient. Zu besichtigen ist das Erdgeschoss mit neoklassizistischer Dekoration und sehenswerten Trompe-l'oeil-Malereien (der vorgetäuschte blaue Vorhangstoff scheint sich bei entsprechendem Lichteinfall zu bewegen).

Garten: Die Villa ist von einem 9 ha großen Park umgeben, der in unterschiedliche Bereiche unterteilt ist. Beeindruckend ist die Vielzahl an seltenen Pflan-

Der Wall der Stadtbefestigung ist seit langem für den Verkehr gesperrt

zen, die in einem wohlproportionierten Gefüge arrangiert sind. Die charakteristischen Weg- und Raumbegrenzungen durch Steineichen und Elbenhecken kennzeichnen den *Italienischen Garten*. Hochstämmige Bäume wie Tulpenbaum, Atlas-Zeder und Arizona-Zypresse sind typisch für den *Landschaftsgarten im englischen Stil.* Verschiedene Palmenarten, deren Anpflanzung zu Beginn des 20. Jh. in Mode kam, findet man im *Freien Garten*. Hinter der Balustrade stehen mehr als 100 Zitronenbäume in Terrakotta-Kübeln, die in der beeindruckenden *Orangerie* überwintern. Einen Gartenplan mit einem Verzeichnis der Bäume und Sträucher erhält man am Eingang.

● *Adresse/Öffnungszeiten* San Pancrazio, Via di Matraia 269, ✆/☏ 0583-406098. Geöffnet von Ostern bis Okt. täglich außer Mo und Dienstagvormittag 10–13 und 15–19 Uhr, von Nov. bis Ostern nur So 10–13 und 14.30–17.30 Uhr. Eintritt ca. 5 € für individu- elle Gartenbesichtigung, 6,50 € für Garten und geführte Besichtigung der Villa. Da auch Veranstaltungen wie Hochzeiten und Empfänge stattfinden, sollte man vor dem Besuch kurz anrufen. www.villagrabau.it.

Villa Reale

Die Villa wurde in ihrer heutigen Form von Elisa Baciocchi, der den schönen Dingen des Lebens zugewandten Schwester Napoleons, erbaut. Da man nicht von Küchengerüchen belästigt werden wollte, wurden die Speisen im Nebengebäude zubereitet und durch einen unterirdischen Gang ins Hauptgebäude gebracht.

Nach dem Sturz Napoleons blieb die Villa Wohnsitz und Aufenthaltsort von Adelsfamilien, Künstlern und Kunstmäzenen (auch der Geigenvirtuose Paganini hielt sich hier einst auf). Tragische Geschichten ranken sich um die englischen Besitzer, denen die Villa vor den jetzigen Eigentümern gehörte. Der exzentrische Sohn hinterließ einen Berg von Schulden, so dass die Villa 1918 zum Verkauf angeboten und das gesamte Inventar zwangsversteigert werden musste. Selbst die Bäume des Parks blieben nicht verschont: Sie wurden abgeholzt und zu Brennholz verarbeitet.

1923 gelangte das Anwesen in den Besitz der italienisch-amerikanischen Familie Pecci-Blunt, die den Park neu anlegte und ihn durch Wasserläufe und sogar einen See bereicherte. Besonders sehenswert ist das entzückende Freilufttheater im Grünen (Teatro di Verzura) mit Figuren der Commedia dell'Arte aus Buchsbaum.

Zu besichtigen ist die Villa nicht, da sie den jetzigen Besitzern als Wohnsitz für ihre Italienaufenthalte dient. Der Spaziergang durch den romantischen Garten wird von einem älteren Herrn, dem Gärtner, begleitet, der zu allen Fragen rund um die Anlage Auskunft geben kann.

Adresse/Öffnungszeiten 55014 Marlia, Via Fraga Alta, ✆/✆ 0583-30108 bzw. 0583-30009. März–Nov. täglich außer Mo. In der Regel geführte Gartenbesichtigung um 10, 11, 12, 15, 16, 17 und 18 Uhr. Eintritt 6 €. www.parcovillareale.it.

Villa Oliva

Die Villa, die um 1500 erbaut wurde, ist heute im Privatbesitz der Familie Oliva und nicht zu besichtigen. Der Spaziergang durch den 5 ha großen Park lohnt nicht nur wegen der seltenen Baum- und Pflanzenarten (u. a. Ginkgo Biloba, Libanon-Zeder und Kampferbaum). An Grotesken und Statuen vorbei führt der Rundgang zunächst zu einer Grotte und zu den wunderschönen Stallungen, der *Scuderia*. Südlich der schönen Villa gelangt man dann in den auf drei Ebenen angelegten Parkbereich, wo den Besucher viele weitere gartenarchitektonische Überraschungen erwarten. Am einstigen Reitplatz, der heute als Eukalyptusplantage dient, und am Wasserfall vorbei kommt man zu einem schattigen Plätzchen, dem *Coffee House*. Sollte man den Ausflug an einem warmen Sommertag unternehmen, laden die Steinbänke hier zum Verweilen ein. Zwischen Wasserspielen, Steineichenwäldchen, Goldfischbecken, Wiesen, Fontänen und Rasenflächen tun sich immer wieder die charakteristischen Sichtachsen auf.

Adresse/Öffnungszeiten San Pancrazio, ✆ 0583-406462, ✆ 0583-406771. 15. März bis 5. Nov. tägl. 9.30–12 und 14–18 Uhr, Eintritt 5 €. www.villaolivia.it.

Weitere Villen mit Parkanlagen sind: **Villa Mansi**, Segromigno Monte, Via Selvette 242 (auf der SS 435 in Richtung Pescia/Montecatini, ca. 14 km nordöstlich von Lucca), ✆ 0583-920234, ✆ 0583-928114. Geöffnet im Sommer 10–13 und 15–18 Uhr (Mo geschlossen), im Winter 10–13 und 15–17 Uhr. Eintritt zu Villa und Garten ca. 7 € (www.villamansi.it). **Villa di Camigliano ehemals Torrigiani**, Camigliano Santa Gemma, Via del Gomberaio 3 (auf der SS 435 in Richtung Pescia/Montecatini, ca. 14 km nordöstlich

von Lucca), ✆/✆ 0583-928041. Geöffnet vom 1. März bis 9. Nov. tägl. 10–13 und 15–19 Uhr. Eintritt 9 € für Garten und Villa, nur Garten 7 €. Führungen nur in Englisch oder Italienisch. **Villa Bernardini**, Vicopelago, Via di Vicopelago 573/A (ca. 5 km südlich von Lucca), ✆/✆ 0583-370327. Geöffnet April–Okt. täglich außer Montagvormittag 9.30–12 und 15–19.30 Uhr, Nov.–März 10–12 und 14.30–17.30 Uhr. Eintritt für Garten und Villa 10 € (www.villabernardini.it).

Garfagnana und Media Valle del Serchio

Ein fruchtbares Flusstal mit unzähligen kleinen Ortschaften an den Hängen großer Bergketten: auf der westlichen Seite der Naturpark der Apuanischen Alpen mit Gipfeln bis knapp 2000 m Höhe, auf der östlichen die Berge des toscanisch-emilianischen Apennin.

Das obere **Tal des Serchio** mitsamt seinen vielen kleinen Seitentälern wird Garfagnana genannt. Wer nur die „klassische" Toscana mit ihren sanften Hügeln und malerischen Zypressenreihen kennt, wird sich hier angesichts der Gebirgspanoramen und der dichten, sattgrünen Wälder in einer völlig anderen Gegend wähnen. Entspannung, Naturerlebnisse und natürlich Aktivurlaub stehen hier auf dem Programm. Insbesondere Wanderer, Trekker und Mountainbiker haben sich das Gebiet in den letzten Jahren mehr und mehr erschlossen und können inzwischen auch vielerorts auf interessante Übernachtungsmöglichkeiten auf Höfen und Landgütern zurückgreifen (Näheres zum Aktivurlaub siehe S. 225). Hauptort des Gebietes und mittlerweile ein kleines Zentrum des Wandertourismus ist **Castelnuovo di Garfagnana**, von wo man gut zu Touren in den Apennin und die Apuanischen Alpen aufbrechen kann. Zu empfehlen sind die Gratisheftchen „Garfagnana und das Serchio-Tal" und „Trekking in Garfagnana" das man in den Touristenbüros der Gegend bekommt.

Bagni di Lucca *(ca. 7500 Einw.)*

Der Kurort am Eingang zur Garfagnana war einst der berühmteste Europas. Seit dem Mittelalter werden die eisenhaltigen Thermen, die aus 19 Quellen mit Wassertemperaturen zwischen 37 und 54 °C gespeist werden, therapeutisch genutzt.

Den großen Aufschwung erfuhr Bagni di Lucca aber erst zu Beginn des 19. Jh., als Napoleons Mutter *Laetizia* und seine Schwestern *Pauline* und *Elisa* – Letztere war Großherzogin der Toscana und Fürstin von Lucca in Personalunion – zu Stammgästen wurden. In ihrem Gefolge traf sich hier bald alles, was in der Welt des Adels Rang und Namen hatte. Und als wenige Jahre später die englischen Dichter Lord Byron und Percy Shelley (zusammen mit seiner Ehefrau Mary, die eben ihren Schauerroman „Frankenstein" publiziert hatte) die Bäder von Lucca mit ihrem Besuch ehrten, gab es insbesondere für touristische Eroberer von der Insel kein Halten mehr. Sonntagsmaler und Schmetterlingsjäger, Aristokraten unterschiedlichen Grades, Neureiche und Romantiker zogen in die noblen Hotels ein, zelebrierten ihren Five o'Clock Tea und trafen sich zum englischen Picknick. Gegen den Widerstand der Kurie drückten die englischen Gäste 1839 sogar den Bau einer eigenen anglikanischen Kirche durch, in der heute die Stadtbibliothek untergebracht ist.

Bereits zehn Jahre zuvor, 1829, waren die Bäder von Lucca sogar in die Weltliteratur eingegangen. Heinrich Heine schrieb in seinem gleichnamigen Reisebild:

Garfagnana
Karte S. 222/223

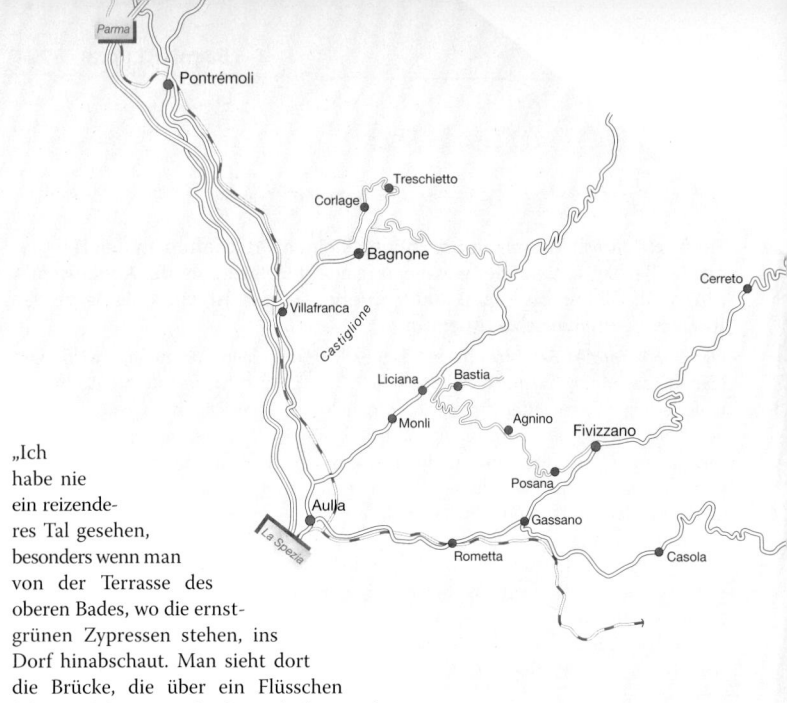

„Ich
habe nie
ein reizende-
res Tal gesehen,
besonders wenn man
von der Terrasse des
oberen Bades, wo die ernst-
grünen Zypressen stehen, ins
Dorf hinabschaut. Man sieht dort
die Brücke, die über ein Flüsschen
führt, welches Lima heißt, und, das Dorf
in zwei Teile durchschneidend, an beiden Enden in mäßigen Wasserfällen, über Felsenstücke
dahinstürzt und ein Geräusch hervorbringt, als wolle
es die angenehmsten Dinge sagen und könne vor dem
allseitig plaudernden Echo nicht zu Worten kommen."

Anfang des 20. Jh. ging es dann im wörtlichen Sinne bergab. Der mondäne Tourismus verließ die angestammten Luft- und Thermalkurorte und suchte seine Vergnügungen am Strand. Die neuen Glanzlichter hießen Rapallo, Viareggio, Ischia und Capri. Bagni di Lucca geriet in Vergessenheit.

Dem heutigen Besucher präsentiert sich der einstige Kurort von Weltrang als stilles Städtchen. An seine glorreiche Zeit erinnern noch Parkanlagen, alte Villen mit verzierten Fassaden und zahlreiche Gedenktafeln mit Namen der illustren Gäste. Doch was Heinrich Heine gesagt hat, gilt noch immer – bis auf die Sache mit dem angenehmen Geplauder der Wasserfälle. Das hat man seit der Erfindung des Dieselmotors wohl kaum mehr gehört.

- *PLZ* 55021
- *Information* **Tourist Information**, untergebracht im Casinò Municipale, Via del Casinò 4, 16.5. bis 1.9. Mo–Sa 9.30–18.30 Uhr, So 9.30–12.30 Uhr, im Winter Mo–Sa 10–12.30 Uhr, Di geschlossen. Internetpoint. Auf Wunsch auch kostenlose Führungen durch das ehemalige Kasino. ☎ 0583-805745, ✆ 0583-809937. www.comunebagnidilucca.it, turismo@comunebagnidilucca.it.

- *Bahnverbindung* Bagni di Lucca liegt an der Bahnlinie, die von Lucca durchs Serchio-Tal bis nach Aulla in der Lunigiana führt. Der Bahnhof befindet sich etwas außerhalb im Ortsteil Fornoli.
- *Busverbindung* Direktverbindung ins Serchio-Tal nach Castelnuovo und nach Lucca (mit LAZZI ca. 5x tägl.).

• *Übernachten* ***** Bernabo**, freundliches, kleines Hotel oberhalb des alten Kasinos. 8 Zimmer mit schöner Sicht auf den Lima und Wasserrauschen von der Staustufe. ca. DZ 55 €. Via dei Bagni Caldi, ℘ 0583-805215, ℮ 0583-805343, eugenio.frediani1@vergilio.it.

Corona, altes Haus, renoviert, sonnige Terrasse mit Blick auf den Lima und die Berge. Unbedingt Räume zum Fluss buchen, die zur Hauptstraße sind recht laut. 20 Zimmer mit Bad, ganzjährig geöffnet. Mit hervorragendem, preiswertem Restaurant. DZ 70–88 €. Via Serraglia 78, ℘ 0583-805151, ℮ 0583-805134, www.corona regina.it.

Parkhotel Regina, ehemaliger Palazzo aus dem 18. Jh., umgeben von einem gepflegten Park. Vor einiger Zeit restauriert, es gibt auch einen Salzwasser-„Pool". Puccini hat hier seine letzte Oper „Turandot" beendet. DZ ab 130 €. Via Umberto I 157, ℘ 0583-805508, ℮ 0583-805134, www.coronaregina.it.

** Svizzero, im Ortsteil La Villa (direkt hinter dem Park mit dem exotischen Türmchen, schlecht ausgeschildert). Schneeweiße Villa in ruhiger Lage. Nur von Mai bis Ende Sept. geöffnet. DZ mit Bad ca. 55 €, ohne 50 €. Via Contessa Casalini 30, ℘/℮ 0583-805315.

* Roma, etwas älter, aber mit Charme. Hoteleigener Parkplatz inmitten einer Gartenanlage, dahinter liegt der kleine Park Contessa Casalini. Renato, der Sohn des Besitzers, ist ein eifriger Sammler von Bildern, Artikeln und skurrilen Geschichten aus der glorreichen Zeit nicht nur des Kurortes, sondern auch der Hausgeschichte – und obendrein ein guter Erzähler. Zimmer zum Garten hin nehmen. DZ mit Bad ca. 45 €, ohne 40 €. Via Umberto I 110 (Hauptstraße), ℘/℮ 0583-87278, albergo.romabagni lucca@virgilio.it.

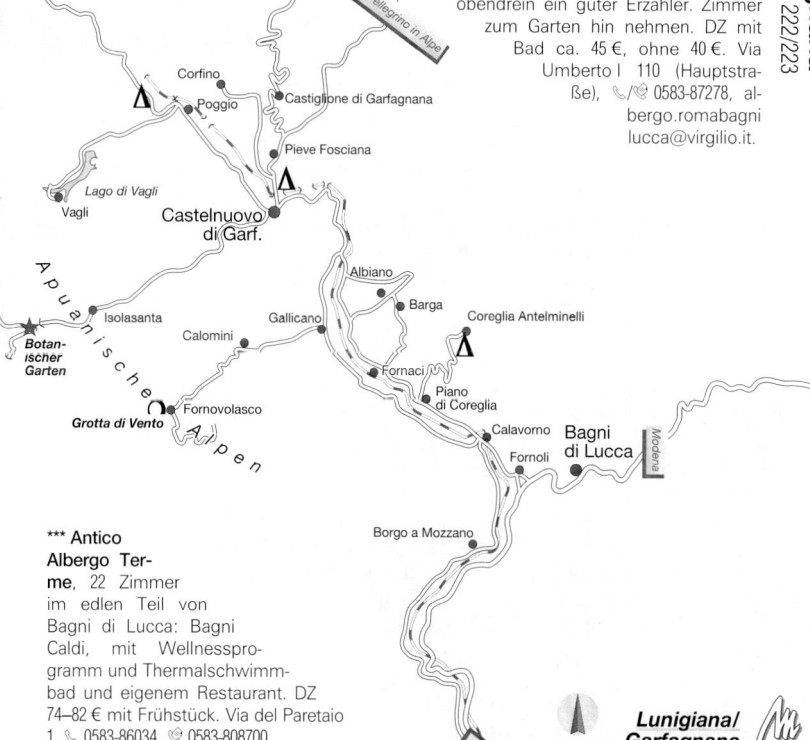

*** Antico Albergo Terme, 22 Zimmer im edlen Teil von Bagni di Lucca: Bagni Caldi, mit Wellnessprogramm und Thermalschwimmbad und eigenem Restaurant. DZ 74–82 € mit Frühstück. Via del Paretaio 1, ℘ 0583-86034, ℮ 0583-808700, www.termebagnidilucca.it.

Garfagnana Karte S. 222/223

Lunigiana/ Garfagnana

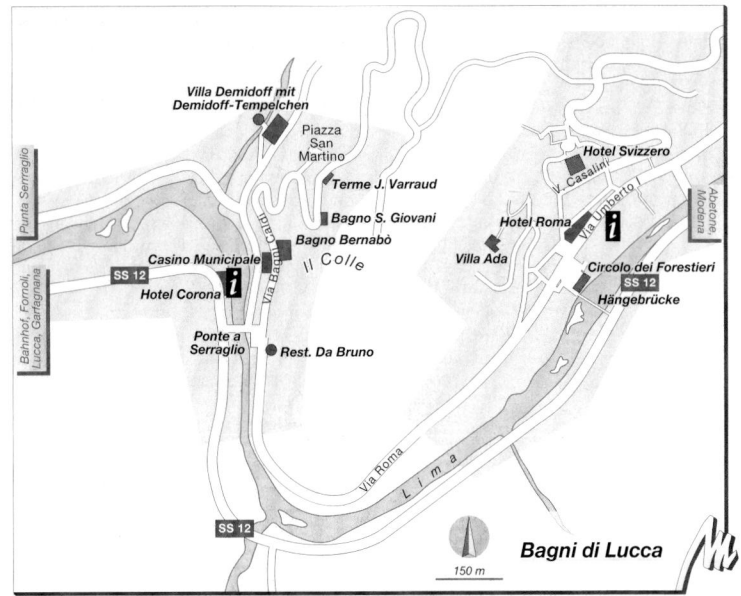

Bagni di Lucca

150 m

• *Camping* ** Pian d'Amora, ca. 12 km außerhalb, direkt unterhalb des alten Zentrums von Coreglia Antelminelli (Richtung Barga, bei Piano di Coreglia rechts abbiegen). Terrassenförmig angelegt, mitten im Grünen. Platz ist für 8 Campingbusse und 40 Zelte, 16 weitere Schlafplätze gibt es im Ferienhaus. Geöffnet April–Okt. ab 10 € pro Zelt. Via del Crocifisso, ☎ 0583-78014, ctl-lucca@libero.it.

• *Essen* **Circolo dei Forestieri**, viel Platz im ehemaligen Ballsaal, aber auch einige Tische im Freien. Feine einheimische Küche. Mo und Dienstagvormittag geschlossen. Piazza J. Varraud 10 (am Eingang zum Ortsteil La Villa), ☎ 0583-86038.

Del Sonno, zentral gelegen, rustikales Ambiente (Bogengänge aus Ziegel). Beliebt wegen der Steinofenpizza und der Ravioli mit Haselnüssen. Die Flaggenparade vor dem Eingang täuscht: Hier herrscht eine familiäre Atmosphäre. Mi geschlossen. Viale Umberto I 146, ☎ 0583-805080.

Da Bruno, im Ortsteil Ponte a Serraglio (gegenüber der Brücke). Eine Leserin schrieb: „Toller Service (deutschsprachig), nettes Ambiente, famoses Essen (Spezialität: Steinpilze in verschiedenen Varianten) und zivile Preise." Di geschlossen. Via Roma.

Sehenswertes

Der morbide Charme des Ortes erschließt sich nur dem Fußgänger. Vom unteren Ortskern bietet sich ein ca. 60-minütiger Rundweg durch den Kastanienwald zur *Chiesina degli Alpini* an (vorbei an der Villa Demidoff, s. u.).

Von den vier Bädern, die an der Therme teilhaben, war die **Villa Ada** im oberen Ortsteil zweifellos einst das schmuckste Gebäude. Und obwohl sie sich heute recht heruntergekommen präsentiert, verströmt sie mit ihren vorgebauten Türmchen und ihrem riesigen Park noch am ehesten die Aura des goldenen Zeitalters von Bagni di Lucca. Leider kann sich die Stadtverwaltung nicht so recht entscheiden, welchem Zweck die Villa in Zukunft dienen soll. Das angeschlossene Schwimmbad ist jedenfalls noch regulär geöffnet und bietet zahlreiche Therapiemethoden an.

Ebenfalls an die glorreichen *tempi passati* erinnert der Bau des **Circolo dei Forestieri**, dem Namen nach ein „Treffpunkt der Ausländer" – vermutlich der nichtenglischen Ausländer, denn die Ladies und Gentlemen bevorzugten ihre eigenen Clubs. Hier rollte noch bis 1953 die Roulettekugel, dann wurde die Kasinolizenz nach Venedig verkauft.

Garfagnana für Aktivurlauber

Dank ihrer abgeschiedenen Lage ist die Garfagnana ein Flecken unverfälschter Natur. Die lokalen Behörden favorisieren einen sanften Tourismus: wandern, reiten, oder Mountainbike-Touren. Außerdem lässt sich die Region gut mit dem Bus und Zug erreichen: Der Zug von Lucca nach Aulla in der Lunigiana hält an allen größeren Orten, von wo Busse in die kleineren Ortschaften fahren.

Wandern/Trekking: Wanderkarten verkaufen die Infobüros. Dort sind auch Broschüren mit Tourenvorschlägen erhältlich, etwa mit der folgenden 10-tägigen Trekking-Rundtour: von Castelnuovo in die Apuanischen Alpen, dann auf alten Wegen hinüber in den Apennin und schließlich vom Höhendorf San Pellegrino in Alpe zurück nach Castelnuovo. Das Faltblatt macht auch Angaben zu Übernachtungsmöglichkeiten in Berghütten. Auf allen Routen sollte auf die Kennzeichnungen geachtet werden. In der Regel sind es rot-weiße Markierungen sowie Schilder der CAI.
Im Infobüro des Parco Apuane in Castelnuovo, Piazza delle Erbe 1, erhält man zahlreiche Vorschläge und gute Wanderkarten. ℡ 0583-641007, ℡ 0583-644354.

Fahrradfahren: Die Garfagnana ist ein Mountainbike-Paradies, und wer einsame Landstraßen, nichtasphaltierte Bergwege und steile Bergstraßen liebt, kann hier ohne Ende radeln. Die in allen Touristenbüros erhältliche „Carta Territoriale della Comunita Montana" enthält genaue Angaben über die Region. Die Verbindungsstraße von Castelnuovo über den Monte Pelato (1341 m) nach Massa belohnt wie die Fahrt zur Alpe San Pellegrino (1542 m) mit spektakulärer Aussicht. In beiden Fällen sollte ein ganzer Tag einge plant werden. Man kann auch in den Berghütten der CAI übernachten (Reservierungen in Castelnuovo, ℡ 0583-644242, in Seravezza, ℡ 0584-77521, oder in Forno bei Massa, ℡ 0585-311300).
Die Strecke von Piazza al Serchio über Minucciano (697 m) nach Casola in Lunigiana und Castelo ist ebenfalls wenig von Autos befahren und kann in einem Tag zurückgelegt werden. Die Verbindungsstraße von Camaiore über Valpromaro, S. Martino in Freddana, Fiano (Passhöhe 414 m), Trebbio und Diecimo nach Borgo Mozzano und Bagni di Lucca ist ca. 25 km lang und mit guter Kondition an einem Vormittag zu bewältigen.
Informationen zu geführten Mountainbiketouren unter www.panterabike.com.

Reiten: Wenig bekannt ist diese Variante, die Region kennen zu lernen.
Einige Bauernhöfe bieten in der Gafagnana mehrtägige Reitwanderungen an: **La Canottola** in Castiglione di Garfagnana, www.ilcorniolo.it/alloggio, **La Fornace** in Fabbriche di Vallico, www.agriturismo-lafornace.it (Appeninüberquerung) oder **Il venturo** in Castelnuovo, www.agriturismoventuro.it.

Gleich hinter diesem noch heute beeindruckenden Gebäude überquert eine schmale **Hängebrücke** die Lima. Von hier kann man das Örtchen Bennabio (479 m) erreichen. Nicht weit von der Straße entfernt befindet sich der englische Friedhof (Schlüssel in der Gemeindeverwaltung erfragen).

Wer im unteren Ortsteil linker Hand das ansteigende Sträßchen hochgeht, stößt auf halber Höhe auf das geschlossene **Bagno Bernabò**, in dem einst Napoleons Lieblingsschwester Pauline ihre Kur zu absolvieren pflegte. Es ist im Innern bereits renoviert und wartet auf die Wiedereröffnung.

Die Straße führt weiter zur kleinen **Piazza San Martino**. „Auf diesem heiteren Hügel wohnte Heinrich Heine im Herbst 1828", vermerkt eine Gedenktafel. Der Dichter muss tatsächlich hier in der Nähe gestanden haben, sonst hätte er das eingangs zitierte Stimmungsbild kaum einfangen können. Am Platz befindet sich Bagni di Luccas größtes und modernstes Kurzentrum, bestehend aus *Stabilimento Jean Varraud* und *Casa Boccella* (www.termebagnidilucca.it).

Wer im unteren Ortsteil dem Schild „Stazione" folgend die Straße parallel zum Bach einschlägt, sieht rechts das **Casinò Municipale**, in dem seit neuestem die Touristeninformation untergebracht ist. Früher nannte sich der Bau stolz *Reale Casinò*, und die europäische High Society des 19. Jh. fand hier Gelegenheit, ihr Geld zu verspielen. Im Winter 1837/38 fand im Kasino eine Weltpremiere statt: Der erlauchten Klientel wurde das so genannte moderne Roulette vorgestellt, bei dem nicht mehr ein senkrecht stehendes Zahlenrad über das Schicksal der Hasardeure entschied, sondern die auf einer horizontalen Scheibe rollende Elfenbeinkugel.

Geht man die Straße weiter, findet man linker Hand den Weg zur **Villa Demidoff**. Das einstige Kurbad diente später als Ausbildungsstätte für Masseure, heute ist hier ein *Villagio Globale* untergebracht, das ein breites Wellness-Programm für Körper und Seele anbietet (www.globalvillage-it.com, ☏ 0583-86404). Die Cafeteria links hinter dem Eingang steht für Besucher offen. Von der Villa gelangt man über eine kleine Brücke zum **Demidoff-Tempelchen**. Der anmutige Rundbau mit dem

Demidoff-Tempelchen – heute ein Meditationsraum

Die elegante, fünfbögige Teufelsbrücke wurde bereits im 11. Jh. gebaut

Garfagnana
Karte S. 222/223

neoantiken Portikus stammt aus napoleonischer Zeit – ein von der Geschichte liegen gelassenes Juwel.

Ponte delle Catene: Einheimische Witzbolde behaupten, die Brücke im Ortsteil *Fornoli* hätte der berühmten Brooklyn Bridge in New York als Modell gedient. Tatsache ist jedenfalls, dass die von Mitte des 19. Jh. stammende Kettenbrücke von Lorenzo ein überaus imposantes Bauwerk ist, das sich Staat und Gemeinde einiges kosten lassen: 1,4 Millionen Euro sind für die umfangreiche Restaurierung veranschlagt, die 2003 begonnen wurde.

Ponte del Diavolo (Ponte della Maddalena): Noch spektakulärer ist zweifellos die „Teufelsbrücke", die bei *Borgo a Mozzano* (ca. 3 km südlich von Bagni di Lucca an der Straße nach Lucca) in unterschiedlich großen Bögen den aufgestauten *Serchio* überspannt. Das kühne Bauwerk – einigen Quellen zufolge ein Werk des 12. Jh., andere datieren es ins 16. Jh. – hat allen Fährnissen der Geschichte getrotzt. Vielleicht nennt man es deshalb ein Werk des Teufels. Veränderungen musste es trotzdem über sich ergehen lassen: Respektlose Eisenbahningenieure haben die alten Häuser auf der Westseite abgerissen und einen zusätzlichen Bogen konstruiert, damit die Züge ungehindert ins obere Serchio-Tal gelangen können.

Orrido di Botri: Ca. 10 km oberhalb von Bagni di Lucca Richtung Prato Fiorito geht es rechts vom Ortseingang nach Montefegatesi (850 m) auf holpriger Straße (am besten zu Fuß) in eine kühle Schlucht. Hier beginnt die geschützte Riserva Naturale: ein eindrucksvoller Canyon – Heimat von Steinadlern und Turmfalken –, der in Begleitung eines Führers erkundet werden kann (ca. 3€/Person). Allerdings ist diese Wanderung nur für erfahrene Wanderer geeignet, Trekkingausrüstung wird erwartet (Helm, Schuhe). Bis zu 200 m hoch wachsen die Felsen gen Himmel, an einigen Stellen sind die Wände nur wenige Meter voneinander getrennt.

Cooperativa Orrido di Botri, Montefegate-si, Via Condotto 60, ℘ 0583-800083 oder 0583-809081. Auskünfte erteilen auch die Infobüros von Bagni di Lucca und Castelnuovo di Garfagnana (nach dem Faltblatt fragen). Die

Hundertseelengemeinde Montefegatesi ist im Sommer recht belebt und bietet neben Bar und Ristorante auch Unterkunft. Informationen in der Bar und unter ℘ 0583-800019. Besucherzentrum: ℘ 0583-800022.

Coreglia Antelminelli

Das Bergdörfchen in 595 m Höhe beherbergt mit dem **Gipsfiguren- und Emigrationsmuseum** (ausgeschildert: Museo Civico) ein kleines Juwel. Die Herstellung von Gipsfiguren war im Serchio-Tal seit dem 17. Jh. verbreitet, und Coreglia Antelminelli war das Zentrum dieses Kunsthandwerks. In der Regel kümmerten sich die Produzenten, die *figurinai*, selbst um den Verkauf und zogen als fahrende Händler von Ort zu Ort. Da das Geschäft nicht sonderlich einträglich war, mussten viele von ihnen ihre Heimat schließlich verlassen – daher auch der Name des Museums. An die Emigranten erinnert im oberen Teil des Dorfes eine Statue – natürlich aus Gips.

Das Museum zeigt griechische Büsten, Totenmasken, Statuetten, Gipstiere für die gute Stube und Ähnliches mehr. In einem eigens für das Museum eingerichteten Atelier werden die verschiedenen Arbeitsmethoden erläutert.

● *PLZ* 55025

● *Museum* Juni–Sept. Mo–Sa 9–13 Uhr, So auch 16–19 Uhr, Okt.–Mai Mo–Sa 9–13 Uhr, Eintritt 2 €. ℘ 0583-78082.

● *Essen/Übernachten* * **Hotel-Restaurant La Posta**, im alten Zentrum an der Piazza Antelminelli (gleich neben der Kirche). Gute Küche. DZ ohne Bad ca. 38 €. VIa Antelminelli 2, ℘ 0583-78027.

* **Hotel/Pizzeria Grillo**, kurz unterhalb des Ortes, von der Gartenterrasse freier Blick auf das Centro storico. Zimmer in einem motelartigen Nebengebäude. DZ mit Bad ab 43 €. Al Lago 6, ℘/℘ 0583-78031.

Restaurant L'Arcile, keine große Auswahl, was allerdings aufgetischt wird, ist beste Hausmannskost. Man sitzt auf einer blumenbehängten Loggiaterrasse. Auch einige Zimmer werden vermietet. Gleich hinter der Kirche (am Weg zum Gipsmuseum). DZ mit Bad und Frühstück ca. 25 €/Pers. (Nr. 6 mit Ausblick). Via del Mangano 1, ℘/℘ 0583-78401.

Barga   *(ca. 10.000 Einw.)*

Der alte Ort – einst ein Zentrum der Seidenweberei – liegt malerisch am Hang und hat sich noch einen Teil seines mittelalterlichen Stadtbildes erhalten können. Heute ist Barga vor allem wegen seiner sommerlichen Musikfestivals bekannt.

Am besten parkt man das Fahrzeug am „Großparkplatz" an der Straße und geht dann durch den mittelalterlichen Torbogen. Linker Hand führt eine enge, dunkle Gasse durchs Centro Storico zur kleinen Piazza Angelio mit der Touristeninformation. Geht man weiter, kommt man zum historischen Caffè Capretz, das 1870 von einem Schweizer gleichen Namens eröffnet wurde und heute eine lokale Institution ist. Auf der Terrasse des Lokals lässt sich bei toller Aussicht ein Espresso genießen, vor der stets voll besetzten Kuppelhalle am Eingang spielt sich das geschäftige kleinstädtische Leben ab, das stark von englischen Residenten geprägt ist.

An höchsten Punkt der Altstadt mit ihren verwinkelten Gässchen und Bogendurchgängen thront der **Dom San Cristofano** mit seinem auffälligen zinnengekrönten Turm, der zwischen dem 12. und 14. Jh. erbaut und nach Erdbebenschäden in den 1920er Jahren restauriert worden ist. Schmuckstück im Inneren ist die mit der Chorschranke verbundene Kanzel aus der ersten Hälfte des 13. Jh., deren quadratisches, mit gut erhaltenen Reliefs versehenes Becken auf vier roten, von Löwen und Atlanten gestützten Marmorsäulen ruht. Dem Kirchenpatron ist eine überlebensgroße farbige Holzfigur in der Apsis gewidmet.

Wer sich für italienische Literatur interessiert, kann noch einen kleinen Abstecher zum nahe gelegenen Örtchen **Castelvecchio Pascoli** machen, wo das Wohnhaus und das Grab des Dichters Giovanni Pascoli (1855–1912) zu besichtigen sind.

● *PLZ* 55051

● *Information* **Ufficio Turistico Barga**, Piazza Angelio 3, Mo–Fr 9–14 Uhr, nur im Sommer auch nachmittags 16–18.30 Uhr. ℰ 0583-723499 www.barganews.com, www. comune.barga.lu.it.

● *Antiquitäten/Kunst* Jeden 2. Sonntag Antiquitätenmarkt. Einige interessante Antiquitätengeschäfte mit teuren Stilmöbeln, Teppichen und umfassenden Gemäldesammlungen warten an den anderen Tagen auf Kundschaft. Wunderschöne, kleine **Galerie** der Künstlerinnen Sandra Rigali und Caterina Salvi. Es werden auch Postkarten, Bücher und günstigere Gemälde verkauft. Englischsprachig. Via di Borgo 15, www.arteimmaginebarga.com.

● *Markt* Jeden Samstagvormittag Wochenmarkt, im Juli/Aug. als Samstagabendmarkt (Sotto le Stelle).

● *Musikfestivals* **OperaBarga**, auf Initiative eines englischen Emigranten-Ehepaars 1967 ins Leben gerufen: zweiwöchige Opernfestspiele ab Mitte Juli im barocken, kürzlich wiedereröffneten Teatro dei Differenti.

BargaJazz, in der letzten Augustwoche: Wettbewerb für junge Talente, auf den Plätzen der Altstadt und im Teatro dei Differenti.

● *Verbindungen* Der Bahnhof liegt ca. 3,5 km weit unten im Tal (Fornaci di Barga), Anreise besser per Bus.

*** Villa Libano, kleiner Palazzo außerhalb der Altstadt. Meist geräumige, etwas altertümliche Zimmer mit Blümchentapete. Namensgeber war die kräftige Libanonzeder im Hotelgarten. Mit empfehlenswertem Restaurant. DZ ab 55 €. Via del Sasso 6, ℰ 0583-723059, ℰ 0583-724185, www.hotelvillalibano.com.

Die Wanderverkäufer der Gipsfiguren besuchten Jahrmärkte bis nach Deutschland

*** Alpino, das Restaurant bietet Spezialitäten aus der Region, aber auch Pizza. Der Bar ist eine Vinothek angeschlossen – die Liebhaberei des Besitzers. Direkt an der zentralen Straßenkreuzung in Barga Guardino. DZ mit Du/WC 65 €, eine Suite mit Wohnzimmer und Kochecke gibt es auch. Via Giovanni Pascoli 41, ℰ 0583-723336, ℰ 0583-723792, www.bargaholiday.com.

*** La Pergola, gepflegtes Neustadt-Hotel mit Sonnenterrasse und großem Restaurant. Profikicker steigen hier oft zum Vorbereitungstraining für die neue Saison ab. DZ mit Bad ca.65 €. Via S. Antonio 1, ℰ 0583-711239, ℰ 0583-710433, www.hotel-lapergola.com.

Fontanamaggio, von der Brücke am Eingang zur Altstadt zu sehen: das gute und preiswerte Restaurant mit vielen Plätzen im

Freien liegt in der Senke am Bach inmitten eines kleinen, liebevoll mit Blumen geschmückten Parks. Großer, gepflegter Kinderspielplatz. Parco Kennedy, ℡ 0583-724039.

Osteria Angelio, Künstlerrestaurant mit traditioneller Küche, das täglich eine Bühne für junge Maler, Fotografen und Musiker bietet. Mo geschlossen. Piazza Angelio, ℡ 0583-724547.

Da Riccardo, beliebt bei Ausländern, günstig und gut. Di geschlossen. Via Marconi, ℡ 0583-722345.

Il Ponte, einfache Trattoria (Di geschlossen). Viale Cesare Biondi 8, ℡ 0583-724242.

Cafè Capretz, Piazza Salvo Salvi, Di geschlossen.

Umgebung von Barga

Kloster Eremo di Calomini: Auf halbem Weg zwischen Gallicano (gegenüber von Barga) und der Grotta del Vento (s. u.) klebt das Kapuzinerkloster unterhalb eines überhängenden Felssturzes an der Felswand. Der ockergelbe Fels und der weiß getünchte Klosterbau ergeben einen Kontrast, der zufällig vorbeikommende Reisende neugierig anzieht. Die Mönchszellen und die Kapelle wurden förmlich aus dem Fels herausgeschält. Nur noch ein einziger Mönch ist heute für das Kloster zuständig. In säkularer Kleidung verkauft er den Besuchern Andenken, um dann um 17 Uhr mit übergestreiftem Priestergewand die Messe zu lesen.

• *Übernachten/Essen* **Trattoria dall'Eremita**, im so genannten Nebengebäude vermietet der Pächter, der auch die Bar/Trattoria (gute und günstige Gerichte) bewirtschaftet, die etwas engen Gästezellen mit Gemeinschaftsbad. Geöffnet von März bis Okt. Pro Pers. ab 20 €. ℡ 0583-767020.

• *Wandern* Als Ausgangspunkt für Wanderungen in die Umgebung ist das Kloster sehr gut geeignet: Ein Maultierpfad (später Straße) führt nach Calomini (40 Min.) und Vergemoli (plus eine Stunde) und Le Rocchette (plus eine Stunde) und zur Grotta del Vento (90 Min.). Phantastische Ausblicke und verlassene Weiler finden sich auf der Tour von Le Rocchette zum Monte Piglionico. Ebenfalls durch alte Kastanienwälder führt der Weg von Brucciano über Malazzana nach Cascio mit einer alten Burg.

Grotta del Vento: Nach einer atemberaubenden Anfahrt durch die Gallicano-Klamm auf einer teils sehr engen Straße öffnet sich der Wald unvermutet zu einer von Menschenhand geschlagenen Lichtung: ein Großparkplatz mitten in der Wildnis der Apuanischen Alpen. Doch hier macht er Sinn, denn die Grotta del Vento, eine riesige Tropfsteinhöhle, ist die Touristenattraktion Nummer eins in den Apuanischen Alpen. Zumindest in der Hauptsaison sollte man deshalb einen Besuch an Wochenenden vermeiden. Jules Verne hätte sich die Höhle nicht spektakulärer ausmalen können: Flüsse, kleine Seen und „Siphons", in denen das Wasser verschwindet, Stalagmiten und Stalaktiten in einer Formen- und Farbenpracht, die ihresgleichen sucht. Und die Natur arbeitet ständig weiter, wenn auch im Schneckentempo. Die Grotta del Vento ist gut erschlossen. Der Besucher hat die Wahl zwischen drei Rundgängen: Der kürzeste dauert eine Stunde und ist leicht zu bewältigen (keine Steigungen), der längste drei Stunden und führt tiefer in die Märchenlandschaft hinunter.

🕐 April–Okt. täglich alle drei Rundgänge, Nov.–März Mo–Fr nur der kurze Rundgang, Sa/So alle drei Rundgänge, Weihnachten geschlossen. Generell startet die erste Führung des Tages um 10 Uhr, die letzte um 18 Uhr. Die Temperatur in der Höhle beträgt ganzjährig 11°C. Preise: 7,50–17 €. ℡ 0583-722024, ℻ 0583-722053. www.grottadelvento.com.

• *Anfahrt* Von Gallicano (gegenüber von Barga) führt eine Straße vorbei an der Eremo di Calomini in die Apuanischen Alpen. Nach 12 km (und gut 20 Autominuten) findet man beim Ort Fornovolasco die Grotte (alles gut ausgeschildert).

Mittelalterfest in Castelnuovo

Garfagnana
Karte S. 222/223

Castelnuovo di Garfagnana   *(ca. 6500 Einw.)*

Tief haben sich die beiden Flussarme des Serchio und des Torrente Turrite ums Zentrum eingegraben. Eine für den Besucher verwirrende Anzahl von Brücken verbindet das überschaubare Centro Storico mit den neueren Ortsvierteln.

Castelnuovo ist Hauptort der Garfagnana und Zentrum des Wandertourismus. Die Lage ist günstig, von Castelnuovo aus führen zahlreiche Sträßchen beidseits des Tals ins Gebirge, Bahn- und Busreisende kommen problemlos hierher.

Dominiert wird das Städtchen von der **Rocca Ariostesca**, einer im Zweiten Weltkrieg zerstörten, inzwischen aber wiederaufgebauten mittelalterlichen Festung. Benannt ist sie nach dem berühmtesten Stadtregenten Castelnuovos, dem Renaissance-Dichter *Ludovico Ariosto*, der hier von 1522 bis 1525 als Statthalter des in Ferrara ansässigen Herzogsgeschlechts der *Este* residierte und vor allem durch sein Versepos *Orlando furioso* („Der rasende Roland") bekannt ist. Die mit der Stadtbefestigung verbundene Rocca, in deren Innerem man sich eine kleine archäologische Sammlung und wechselnde Kunstausstellungen anschauen kann, bildet gewissermaßen das Eingangstor zu einem überaus lebendigen Stadtkern, der allerdings keine ausgesprochenen Sehenswürdigkeiten zu bieten hat. In den Außenbezirken Castelnuovos wird etwas Holzindustrie und eine große Papierfabrik betrieben.

Ganz in der Nähe von Castelnuovo, bei San Romana auf der anderen Seite des Serchio, erhebt sich auf einem bewaldeten Hügel die über 1000 Jahre alte, von den Langobarden erbaute **Fortezza delle Verrucole**, die von weitem wie ein Teilabschnitt der Chinesischen Mauer erscheint. Im August finden in der beeindruckenden Festung unter freiem Himmel Veranstaltungen statt, so z. B. am zweiten und dritten Sonntag des Monats mittelalterliche Feste.

Information/Verbindung/Adressen

- *PLZ* 55032
- *Information* **Pro Loco**, Piazza delle Erbe, Sommer: 9.30–13 und 15.30–19 Uhr, Winter: 9.30–13 und 15.30–18.30 Uhr, ℡ 0583-641007, 📠 0583-644354.
www.castelnuovogarfagnana.org.
Parco Apuane – Centro Accoglienza e Visita, ℡ 0583-644242, 📠 0583-648436. Das Tourismuscenter schräg gegenüber dem Pro-Loco-Büro ist auf ländliche Ferien (Agriturismo) spezialisiert. Des Weiteren bietet es Informationen über den Park der Orecchiella, den Parco Botanico Pania di Corfino und über alle Freizeit-, Wander- und Reitangebote der Region. Verkauf von Wanderkarten: 1:25000 (Apuanische Alpen, 2 Blätter) und 1:50000 (Garfagnana). Juni–Sept. täglich 9–13 und 15–19 Uhr, sonst nachmittags nur 15.30–17.30 Uhr.
- *Bahnverbindung* Castelnuovo liegt an der Strecke, die von Lucca aus durch das Serchio-Tal nach Aulla führt und dort auf die Linie La Spezia – Parma trifft. Der Bahnhof befindet sich nördlich des Zentrums (auf der anderen Seite des Flusses).
- *Busverbindung* Mehrmals täglich (außer So) nach Lucca, 4x täglich über Barga nach Bagni di Lucca. Direktbusse an die Küste nach Forte de Marmari bzw. Pietrasanta 2x täglich, im Sommer auch sonntags. Fahrzeit ca. 1 Std.
- *Einkaufen* **L'aia di Piero**, Spezialitätenladen, Pecorinokäse, Olivenöl, Wein, frische

Steinpilze usw. Gute Preise, rechts neben der Osteria Vecchio Mulino.
- *Fahrräder* **Cicli Maggi 2**, Piazza Loris Biagioni, ℡ 0583-639166, ca. 15–18 €/Tag.
- *Internetpoint* **Telefobia**, Via Testi 1 (in der Nähe der Touristeninformation) oder Vicolo delle Catene 6.
- *Kunsthandwerk* Im Parco-Apuane-Infobüro findet man ein Textilgeschäft, das handgewebte Teppiche und Klöppeldecken aus der Region verkauft.
- *Markt* Großer **Wochenmarkt** jeden Donnerstag in den Straßen des Centro storico. Verkauft werden landwirtschaftliche Produkte, aber auch Textilien und Schuhe, leider nicht nur aus der Region: An einigen Ständen bieten fliegende Händler den üblichen Multikulti-Kitsch feil.
Jeweils am 1. September findet der traditionelle Schäfermarkt **Fiera del Formaggio** statt, auf dem die Hirten ihre Produkte anbieten. Am Sonntag darauf folgt die **Fiera delle Donne**; dann kommen die Bäuerinnen mit dem durch den vorherigen Käseverkauf gefüllten Geldbeutel in die Stadt, um sich mit Winterbedarf einzudecken. Abends Tanz und Feuerwerk.
- *Shopping* **L'aia di Piero**, Spezialitäten der Gafangnana mit 40-jähriger Tradition. Käse, Wurst, Dinkel, Steinpilze, Wein und Torten. Tägl. außer Montagnachmittag, durchgehend geöffnet, Via Fabrizi 6, www.aiadipiero.com.

Übernachten/Camping/Essen

*** Da Carlino, gepflegte Zimmer. Schöne Terrasse mit Blick auf den Serchio, dessen Forellen im hoteleigenen Restaurant serviert werden. Im Ortszentrum an der Straße von Lucca nach Aulla. DZ mit Bad und Frühstück ab 70 €. Via Garibaldi 15, ℡ 0583-644270, 📠 0583-62616, www.dacarlino.it.
* La Vecchia Lanterna, im Zentrum, eine Gasse von der Durchgangsstraße entfernt. Im Erdgeschoss gibt's ein Großraumrestaurant. DZ ca. 50 €. Via Nicola Fabrizi 26, ℡ 0583-639331, 📠 0583-63331.
*** The Marquee, 2 km Richtung Aulla bzw. Modena. Ruhige Zimmer nach hinten raus, großer Balkon. Hinter dem dichten Grünstreifen verbirgt sich die Papierfabrik.

Mit Restaurant. DZ 50–60 €. Via Provinciale 14b, Fraz. La Costa, ℡ 0583-62198, 📠 0583-1990045, www.themarquee.it.
*** La Lanterna, ziemlich neuer Bau inmitten einer gepflegten Grünanlage mit Pool. Auch die Zimmer sind gut, wenn auch kein Balkon vorhanden ist. Mit Restaurant. DZ 70–80 €. Le Monache 300b, Fraz. Piano Pieve, ℡ 0583-62272, 📠 0583-641418, www.hotellalanterna.com.
Mulin del Rancone, tolle Lage in der an dieser Stelle weit geöffneten Talsenke des Serchio zwischen San Romano und Camporgiano. Einige der Zimmer im ehemaligen Mühlengebäude direkt am rauschenden Fluss, die anderen im Gebäude des

Restaurants etwas weiter oberhalb. Insgesamt nur 8 Zimmer und Appartements. Es wird nur wenig Landwirtschaft betrieben (Getreide und Kräuteranbau). Pferdehaltung und Reitunterricht, auch ein Kinderspielplatz ist vorhanden. Im rustikalen Restaurant wird viel Eigenanbaugemüse verarbeitet. Auch ein Pool ist vorhanden. Vom Ortsausgang Camporgiano ca. 300 m in Richtung S. Romano. Vor der Brücke links. DZ mit Frühstück ca. 65 €. ℡ 0583-618670, www.garfprod.it.

● *Essen* **Enoteca/Osteria Vecchio Mulino**, Slow Food, kleine und gemütliche Trattoria mit lecker zubereiteten Speisen, immer reservieren, 7.30–20 Uhr. Mo geschlossen. Via Vittorio Emanuele 12, ℡ 0583-62192, www.il vecchiomulino.com.

Il Ciulé, am Ortsausgang nach Massa. Vielfältige Küche, angenehme Preise. Im Sommer sitzt man auf einer überdachten Terrasse, vor sich den gepflegten Garten. Parkplatz im Hof. Di geschlossen. Viale Giovanni Pascoli 1, ℡ 0583-62643.

Il Pozzo, im Nachbarort Pieve Fosciana, einen Abstecher wert. Gute Weinauswahl und interessante lokale Küche. Mi geschlossen. Via Europa 2°, ℡ 0583-666380, ✆ 0583-666670.

Locanda Marchetti, gute, preiswerte Trattoria am Platz gegenüber vom Parco-Apuane-Infobüro, nett zum Draußensitzen. Mo geschlossen. ℡ 0583-639157.

Castiglione di Garfagnana

Kleines, verträumtes Örtchen auf 541 m Höhe mit mächtiger Stadtmauer und Fortezza, die 1371 von den Lucchesern errichtet wurde. Gleich neben der Bar mit weiter Aussicht auf das Tal gibt's ein Pro-Loco-Büro, das Führungen durch die Festung anbietet (℡ 0583-68642, www.castiglionegarfagnana.info).

* **Villa Verde**, in Richtung Cerageto, schöner Altbau. Kleiner Familienbetrieb, ruhig, gute Aussicht. DZ etwa 55 €. Via Statale 5, Cerageto, ℡ 0583-68037, ✆ 0583-68127, www.albergovillaverde.com.

Il Casone, Ristorante mit regionalen Spezialitäten, schön eingerichtet, mit offenem Kamin, Menüs ab 18 €, zu empfehlen sind die *Torte Garfagnine* aus Dinkel mit Ricotta. Loc. Casone di Profecchia 5, ℡ 0583-649028, www.ilcasone.it.

San Pellegrino in Alpe

Genauso abenteuerlich wie die ca. 14 km lange Anfahrt von Castelnuovo ist die Lage des Weilers auf einem Felssporn hoch über den Talverästelungen. Gute Wan-

S. Pellegrino in Alpe – Oma passt auf die Kühe auf

Garfagnana
Karte S. 222/223

dertouren können von hier unternommen werden (Passo delle Radici, Valbona und auf die Alpe, 1700 m; jeweils 2–4 Stunden). Vom Holzkreuz etwas unterhalb des Dorfes eröffnet sich ein phantastisches Panorama. Sehenswert ist das **Museo Etnografico Provinciale**, das eine unglaubliche Vielfalt an altertümlichen Haushaltsgegenständen und Gerätschaften ausstellt, die meisten aus dem 19. Jh. Beeindruckend die riesigen Truhen und ein Kleiderschrank, der ganz aus einem dicken Kastanienstamm gearbeitet ist. Ansonsten Webstühle, eine Kerzenziehmaschine und eine Bandsäge komplett aus Holz. Im Keller die Utensilien zur Wein- und Grappaherstellung.

① April/Mai 10–13 und 14–16.30 Uhr, Juni– Sept. 10–13 und 14–18.30 Uhr (jeweils Mo geschlossen). Im Winter außer So (14–17 Uhr) nur vormittags. ✆ 0583-649072.

• *Übernachten/Essen* **L'Alpino**, die Zimmer mit den kleinen Fenstern mit Blick auf die Bergketten kosten 50 €, ✆ 0583-649068.

Lago di Vagli

Der in die bewaldeten Ausläufer der Apuanischen Alpen eingebettete Stausee (40 qkm) bietet die einzige nennenswerte Bademöglichkeit in der Garfagnana. Einen guten Einstieg findet man an der Nordseite östlich der Straßenbrücke, die einen Arm des Sees überspannt. Allerdings muss man in unregelmäßigen Abstäden auf das Bad im Lago di Vagli verzichten, denn dann wird das Wasser im Rahmen von Wartungsarbeiten abgelassen. Als Entschädigung erwartet Sie dann ein großartiges Spektakel: Sie dürfen durch ein altes Dorf spazieren, das seit der Flutung 1953 unter dem Wasser begraben liegt (siehe Kasten). Sehen kann man die Ruinen freilich viel öfter, denn in heißen Sommern ist der Wasserstand oft so niedrig, dass sie aus dem See hinausragen.

Am Nordufer des Sees liegt der kleine Ort **Vagli di Sotto**, der ein wenig für Besucher eingerichtet ist. An Wochenenden werden in kleinen Buden oberhalb des Seeufers lokale Produkte angeboten (Pilze, Kastanien, Käse etc.). Sehenswert ist die alte romanische Kirche *S. Regolo*. Während des Sommers finden in dem oben in den Bergen liegenden Marmorsteinbruch *Arneto la Cave* Musik- oder Tanz-Events auf einer grandiosen Naturbühne statt. Einige der Brüche sind aber noch in Betrieb und stellen eine wichtige Erwerbsquelle der etwa 600 Dorfeinwohner dar. Abgebaut wird der für diese Gegend typische Carecotte-Marmor, der von grauen und gelben Streifen durchzogen ist.

*** **Albergo Le Alpi**, alle Zimmer mit Dusche. Die ruhige Lage wird besonders von holländischen Gästen geschätzt. Restaurant angeschlossen. DZ von 40–62 €. Via A. Vandelli 8, Vagli di Sotto, ✆ 0583-664057,

✆ 0583-664347, www.hotellealpi.it. **La Piastra Apuana**, typische deftige Gerichte der Garfagnana, Mo geschlossen. Campocatino (Vagli di Sotto), ✆ 0583-664369.

Parco dell'Orecchiella

Ca. 20 km nordwestlich von Castelnuovo entfernt liegt dieser Naturpark mit dichten Buchenwäldern, in dem Königsadler und sogar Wölfe heimisch sind. Das besuchenswerte **Informationszentrum** liegt 7 km oberhalb des Dorfes *Corfino* und wurde um einen großen Teich mit frischem Quellwasser angelegt. Von hier führen Fußwege zu einem großräumigen **Bärenfreigehege** und einem **botanischen Garten**. In der einräumigen Berghütte auf der anderen Seite des Teiches finden den Sommer über wechselnde Ausstellungen statt.

• *Besucherzentrum* 1.7.–15.9. täglich 9–19 Uhr, sonst nur Sa/So. Ab Nov. nur So 10–17.30 Uhr. Eintritt 2 €, Kinder bis 12 Jahre frei, ☎ 0583-619098.

Rifugio Isera, auf dessen Wiese gezeltet werden kann. Beim Hüttenwirt können auch Schlafplätze in der Hütte reserviert werden (max. 18 Betten). Am Weg zum Botanischen Garten. Ab 10€/Zelt. Parco Orecchiella, ☎ 0583-660203, www.rifugioiseria.it.

Ristorante Rifugio Orecchiella, beim Parkplatz, max. 25 Betten. ☎ 0583-619010.

Ristorante La Greppia, etwa 1 km oberhalb des Besucherzentrums. Tolles Gebirgspanorama, das Essen soll auch ausgezeichnet sein. ☎ 0583-619018.

• *Wanderungen* Drei markierte Wanderrouten stehen zur Auswahl (die Markierungen stammen ursprünglich vom Outdoor-Magazin Airone):
1) eine 5-Std.-Tour zum Kalksteingipfel des 1602 m hohen Cima Pania,
2) eine 6-stündige Talwanderung,
3) eine Zweitagestour zum Refugio Battisti (1761 m), Aufstieg ca. 6 Std.

Auf der Karte des Parkes, der *Carta Turistica e dei Sentieri* im Maßstab 1:25.000, sind die Airone-Wanderwege eingezeichnet. Eine kostenlose Broschüre auf Englisch oder Italienisch gibt kurze Wegbeschreibungen.

Im Parco dell'Orecchiella

Lunigiana
Karte S. 222/223

Ein gespenstisch schöner Ort: Fabbrica di Careggine

In unregelmäßigen Abständen (Näheres im Touristenbüro von Castelnuovo di Garfagnana) wird der Lago di Vagli zu Wartungszwecken von dem E-Werk „Enell" entleert. Dann tauchen auf dem Grund die gespenstischen Ruinen von Fabbrica di Careggine auf: die einschiffige San-Teodoro-Kirche mit ihrem viereckigen Campanile, knapp zwei Dutzend dachlose Häuser und eine Befestigungsmauer entlang eines Rinnsals, das ehemals ein beachtlicher Fluss war. Das Spektakel zieht immer Tausende von Touristen an. Nach der vollständigen Austrocknung des Seegrundes kann man sich auf den einzigartigen Dorfspaziergang begeben.

Der Ort wurde im 13. Jh. von Eisenschmieden gegründet, die aus Brescia eingewandert waren. Noch im 18. Jh. genoss die Schmiedekunst von Fabbrica di Careggine am herzoglichen Hof von Modena so hohes Ansehen, dass die Einwohner von Steuern und Militärdienstpflicht befreit wurden. Mit der Errichtung des Staudamms 1953 mussten die Bewohner von Fabbrica di Careggine, zum Teil unter Anwendung von Gewalt, ihr Dorf verlassen. Die meisten fanden in Vagli di Sotto ein neues Domizil. Und alle zehn Jahre spazieren sie gedankenversunken durch ihr Heimatdorf, das wie ihre Jugend verschwunden ist (siehe Foto des Dorfes, aufgenommen im Herbst 1994, auf S. 14).

Lunigiana

„Himalaya no, Lunigiana sì!" Auch wenn der originelle Slogan eines kleinen Prospekts über die nordwestlichste Region der Toscana zum Schmunzeln verleitet – für Trekking und Biking ist das Gebiet zwischen Ligurien und der Emilia-Romagna ideal. Stille, verlassene Ortschaften, Burgen und Schlösser und ein weites Netz an wenig befahrenen Straßen und Wegen können hier entdeckt werden.

Wer aus der Garfagnana kommend den Weg über Castelnuovo nach Aulla einschlägt, fährt aus dem Hochgebirge in eine voralpenähnliche Landschaft. Tiefe Laubwälder und verträumte, aber bestens in Schuss gehaltene Dörfer säumen die Straße. An den Hängen sieht man einige neue Villen: Die Lunigiana, deren Name auf die 177 v. Chr. von den Römern in der Mündung der Magra gegründete Kolonie Luni zurückgeht, wird von wohlhabenden Städtern gerade als Naherholungsgebiet entdeckt. Eine Entdeckung ist auch die überaus gesunde und unverfälschte Küche der Lunigiana, die mit einer Reihe einfacher Spezialitäten überrascht. Zu den bekanntesten zählen *testaroli*, dünne Weizenmehlfladen, serviert mit Pesto, und *panigacci*, in Terrakotta gebackenes Brot, zu dem Schinken oder Käse gereicht wird. Probieren sollte man darüber hinaus unbedingt auch die hiesigen Wildkräutertorten (*torta delle herbe*) oder das köstliche Kastanienbrot.

Die historische Bedeutung dieser Region rund um das Tal der Magra erschließt sich vor allem durch die alte Via Francigena, die Frankenstraße. Sie war die wichtigste Handelsstraße des Mittelalters und wurde um 700 von den Langobarden als Verbindungsweg zwischen Rom und ihrer oberitalienischen Hauptstadt Pavia ange-

Rad- oder Autotouren zu den Burgen im Magratal

Ausgangspunkt ist **Aulla** mit der Fortezza della Brunella. Von hier ist auf der SS 63 das 27 km entfernte **Fivizzano** (326 m) gut zu erreichen. Von hier kann man zum Passo de Cerreto (1261 m) weiterfahren, der einen herrlichen Panoramablick eröffnet (fahrradtechnisch anspruchsvoll; 18 km). Alternative: Man begibt sich vom südlichen Ortsende auf einer kaum befahrenen Straße über Posara und die westlich von Aulla gelegene Anhöhe bei Agnino (460 m) direkt in Richtung Licciana (210 m). Nach ca. 14 km folgt rechts die Burg Bastia. Von **Bastia** geht es Richtung Süden nach **Monti** (ca. 3 km), wo heute noch Angehörige der Familie Malaspina zu Hause sind. 500 m hinter Monti zweigt die Straße in Richtung Norden nach **Castiglione** (335 m) ab, heute ein mittelalterlicher Vorzeigeort (vortrefflich restauriert), der im Sommer von Milanesen zum Leben erweckt wird. Im 1 km entfernten **Bagnone** kann man sich einen der besterhaltenen Türme anschauen, während im nahen **Villafranca** (130 m, 1 km) eine Burgruine und ein Volkskundemuseum auf einen Besuch warten. (Von Bagnone führt außerdem eine ca. 10 km lange, landschaftlich reizvolle Rundstraße über Corlaga nach Treschietto und zurück.) Bevor es von Villafranca zurück Richtung Aulla geht, bietet sich südwestlich ein weiterer Abstecher nach **Pieve di Castevoli** (380 m) über Canossa mit einer imposanten Burganlage an (ca. 14 km).

legt und später von den Franken ausgebaut. Von der Langobardenresidenz Lucca führte sie über Camaiore, Pietrasanta, Luni (dem Marmorhafen der Römer) nach La Spezia, dann die Magra entlang nach Pontremoli und über den Cisa-Pass nach Parma. Zur Sicherung dieser wichtigen Straße legten später die Markgrafen der Malaspina, die das Gebiet ab dem 12. Jh. kontrollierten, an allen strategisch wichtigen Orten Burgen und Festungen an.

Aulla

Aula ist die größte, aber auch unattraktivste Stadt der Lunigiana. Eine intakte Altstadt sucht man vergebens, denn die meisten historischen Gebäude wurden im Zweiten Weltkrieg zerstört und danach nicht wieder aufgebaut. Für die Lunigiani ist Aulla in erster Linie Einkaufs- und Handelsstadt mit einem durchaus beachtlichen Spektrum an Geschäften und Gewerbebetrieben. Neben Lidl, Plus & Co. findet man an den Ortausgängen auch kleine Hofläden, die Schafskäse, Gemüse und Produkte aus Kastanienmehl im Angebot haben. Einzige klassische Sehenswürdigkeit von Aulla ist die Festung Brunella. Der mächtige, nahezu quadratische Bau oberhalb des Städtchens wurde im 16. Jh. erbaut und beherbergt heute das Naturkundemuseum der Luningiana (im Sommerhalbjahr tägl. außer Mo 9–12 und 16–19 Uhr, im Winter nachmittags nur 15–18 Uhr, Eintritt 3,50 €). Umgeben ist vom Stadtzentrum in wenigen Minuten erreichbare Burg von einem schönen Park.

Einige Kilometer südlich von Aulla (oberhalb von Sarzana; über die Autobahn via Sarzana oder über die kurvenreiche N 446 zu erreichen) erhebt sich mit dem **Castello Fosdinovo** eine weitere mächtige Burg. Sie war seit dem frühen 14. Jh. im Besitz der Malespina, die sie im Laufe der Jahrhunderte zur repräsentativen Residenz ausbauten (Besichtigung nach Anmeldung unter ✆ 0187-68891).

• *Übernachten/Essen* ** Pasquino, zentral gelegenes 10-Zimmer-Hotel mit geräumigem, gut besuchtem Restaurant, in dessen riesigem Kaminofen viele Gerichte vor den Augen der Gäste entstehen. Hervorragende Pasta. DZ 70 €. Piazza Mazzini 22, ✆ 0187-420509.

Il Castellano, 10 km oberhalb der Stadt in Caprigliola, großartig ist der weite Blick bis zum Meer. Das edle Restaurant hat lokale Spezialitäten im Angebot. ✆ 0187-415547

Ristorante La Gavarina d'Oro, im nahe gelegenen Podenzana. Herrlicher Ausblick, Terrasse, auf der Karte steht auch die lokale Spezialität Panigacci (in Terracotta gebackenes Brot, dazu gibt es Schinken, Käse usw.), bei deren Zubereitung Sie zusehen können. Hervorragend geeignet für Familien mit Kindern. Mi geschlossen. Via Castello-Podenzana, ✆ 0187-410021.

Ristorante Dal Neno, ebenfalls in Podenzana. Panigacci, Gemüsetorten, frische Pasta. Di geschlossen. Via Gaggio 7, ✆ 0187-410456.

Fivizzano

Ein kleines mittelalterliches Städtchen, in dem die Zeit stehen geblieben zu sein scheint – trotz neu eingerichteter Touristeninformation mit Internetpoint. Schön ist ein Bummel auf dem Wochenmarkt (dienstagvormittags auf der hübschen Piazza Medicea), auf dem die Einheimischen weitgehend unter sich bleiben. Wer sich für die Geschichte des Buchdrucks interessiert, kann sich das kleine **Museo di Stampa** im Palazzo Fantoni Bononi anschauen (erkundigen Sie sich bei der Touristeninformation). Gezeigt werden u. a. eine Reihe von Inkunabeln (Frühdrucke) aus den 70er Jahren des 15. Jh. Sie stammen von Jacopo da Fivizzano, einem der Pioniere des italienischen Druckgewerbes. Ansonsten lohnt sich noch ein Blick von der Stadtmauer, die einen herrlichen Ausblick auf die Umgebung bietet. Angelegt

Lunigiana
Karte S. 222/223

wurde sie von den Medici, unter deren Fittichen der Ort bis zum Zusammenbruch des Großherzogtums Toscana stand. Einen Abstecher wert ist außerdem das **Castello di Verrucola**, das etwa 1 km von Fivizzano entfernt auf einem Felsvorsprung thront.

• *Info* **APT-Büro**, oberhalb des Stadttores Porta di Sotto/Sarzanese. Mo–Sa 10–13 und 16–19 Uhr, So nur vormittags (im Winterhalbjahr verkürzte Öffnungszeiten). Internetpoint, Toilette. ✆ 0585-927111. www.lunigiana.ms.it

• *Übernachten/Essen* **Ostello degli Agostiniani**, restauriertes Kloster aus dem 14. Jh., schöne Zimmer, freundlicher Service, Garten. DZ ca 60 €. Piazza Garibaldi 1, ✆/✉ 0585-94828.

* **Pieve San Paolo**, kleines Hotel mit guter Küche. DZ 46–57 €. Loc. Pieve San Paolo, Statale 63, ✆/✉ 0585-949800.

Locanda del Borgo Antico, günstige Übernachtungsmöglichkeit (auch für Einzelreisende). Einfach und etwas unruhig durch das Restaurant (einheimische Spezialitäten zu guten Preisen). EZ mit Frühstück 20 €,

DZ 40 €, Via Labindo 17, ✆ 0585-927077.

** **Il Giardinetto**, schönes Hotel mit Garten und Restaurant mit hervorragender Küche, Mo geschlossen. DZ 44 €. Via Roma 151, ✆/✉ 0585-92060.

Pizzeria Ristorante Medicea, nettes Restaurant am Marktplatz, im Sommer auch schön zum Draußensitzen. Wenn Sie Heißhunger auf Currywurst haben – hier werden Sie fündig.

Bar/Pasticeria Ricci, ebenfalls am Marktplatz. Leckerer Cappuccino mit Reistörtchen, freundliche Besitzerin.

• *Agriturismo* **Ristorante La Praducella**, 25 Zimmer, hervorragende Küche, Di geschlossen. DZ 52 €. Via Provinciale Moncigoli, ✆ 0585-93271, www.lunigiana.net/agriturismi/praduscella.htm.

Equi Terme

Die Thermalquelle, dem das hübsche Dorf inmitten des Naturparks Apuanische Alpen seinen Namen verdankt, ist schon seit der Antike bekannt. Heute werden hier u. a. Erkrankungen der Atemwege, Hautkrankheiten und Arthrosen behandelt. Bekannt ist der Ort darüber hinaus für seine Tropfsteinhöhlen, die Teil eines Höhlensystems sind, zu der auch die Grotta del Vento (siehe S. 230) gehört. Besichtigen kann man sie in den Sommermonaten von 10.30 bis 12.30 und 14.30 bis 19 Uhr (Eintritt 8,50 €). Fragen Sie aber vorher sicherheitshalber bei der Touristeninformation nach, da die offiziellen Zeiten nicht immer strikt eingehalten werden.

• *Information* **Punto Accoglienza**, Via Noceverde 1, ✆ 0585-97544.

• *Wellnesszentrum* **Terme di Equi**, berühmt wegen des schwefelhaltigen Wassers, Wellnesszentrum mit allem, was das Herz begehrt. Piazza delle Terme, ✆ 0585-949300.

• *Übernachten/Essen* ***La Posta**, Hotel-Restaurant mit guten Preisen. DZ 45 €. Via Provinciale 15, ✆ 0585-97937, ✉ 0585-97938.

Locanda del Lucido, alte Wassermühle etwas außerhalb von Equiterme, sehr romantisch, ein wahrer Schatz von alten Kochrezepten: Maronen, Wild, Pilzgerichte. Hervorragend auch zum Draußensitzen. Loc. Molino d Aiola, ✆ 0585-97547.

Il Convento ist ein wunderschöner Begegnungsort im nahe gelegenen Casola, wenn Sie an einem Yoga-, Meditation- oder Wanderworkshop teilnehmen wollen. Das ehemalige Frauenkloster wurde in jahrelanger, liebevoller Arbeit von einem Schweizer und einer Deutschen zu einem wunderbaren Seminarplatz inmitten der Natur umgewandelt. Nähere Infos unter www.il-convento.net.

Pontremoli

Pontremoli ist die nördlichste Stadt der Lunigiana und galt schon Friedrich II. als „Tor zum Appenin". Im Mittelalter und der frühen Neuzeit wurde hier rege Handel getrieben, die hübsche Altstadt mit ihren Arkadengängen zeugt noch vom einstigen Wohlstand. Samstags, wenn sich die Händler auf der Piazza della Repubblica zum allwöchentlichen Markt versammeln, herrscht hier geschäftiges Treiben. Wahrzeichen der Stadt ist der aus dem 14. Jh. stammende Campanile der innen reich verzierten Kirche Santa Maria del Popolo. Touristischer Höhepunkt ist aber das sehenswerte **Museo delle Statue-Stele Lunigianesi** im ursprünglich um das Jahr 1000 errichteten, später aber mehrfach umgebauten Castello Piagnaro. Gezeigt wird eine Sammlung von Sandsteinfiguren, die von den ligurisch-keltischen Ureinwohnern des Magratals geschaffen wurden. Diese Figuren aus dem Neolithikum repräsentieren u. a. Muttergottheiten, wie sie in unterschiedlichen Regionen Europas gefunden wurde. Die Darstellungsvielfalt ist jedoch im Magratal einmalig.

⊙ **Museum**, April–Sept. tägl. 9–12 und 15–18 Uhr, im Winter Mo geschlossen und nachmittags nur bis 17 Uhr. Eintritt 3,50 €, 6- bis 16-Jährige 1,50 € (mit deutschen Audioguide). Im Museumsshop finden Sie Wanderkarte und Bücher zur Lunigiana und nachgebildete Stelen eines einheimischen Bildhauers. ℡ 0187-831439.

• *Information* **Consorzio Lunigiana Turistica**, Piazza della Repubblica 6, ℡ 0187-833701, ℡ 0187-832480. Mo–Fr 9.30–12.30 und 15–18 Uhr, Sa/So nur vormittags. www.comune.pontremoli.it.

• *Einkaufen* **Il Fungo**, Spezialitätengeschäft für Pilze, man bekommt aber auch Marmeladen und Kastanien(mehl). Via I Maggio 14. www.ilfungopontremoli.it.

• *Märkte* Samstagvormittag Wochenmarkt, im Dezember Weihnachtsmarkt.

• *Übernachten/Essen* **Ca' di Rossi**, Agriturismo in Busitaca, einem kleinen Bergnest 6 km südlich von Pontremoli. Pferdehaltung und Reitschule. DZ 67 €. Busatica, ℡ 0187-439477, ℡ 0187-439936, www.cadirossi.it.

B&B Villa Emilia, 9 km außerhalb von Pontremoli in Versola. Herrenhaus mit Garten, geschmackvoll gestaltet mit Antiquitäten, das Frühstück wird in der gemütlichen Küche oder im Innenhof serviert. DZ mit Gemeinschaftsbad 57 € (78 € mit eigenem Bad). Loc. Versola, 4, ℡/℡ 0187-830455, www.villaemilia.com.

Bar degli Svizzeri, Piazza della Repubblica 21. Von Schweizer Emigranten aus Grau-

bünden gegründete Pasticceria (und Café) im Zentrum.

Da Bussè, neben der Kirche Santa Maria del Popolo im Zentrum. Erste Adresse für beste Lokalküche im Ort. Besser vorher reservieren. Fr geschlossen. ℡ 0187-831371

Trattoria Norina, die von Einheimischen frequentierte Trattoria empfiehlt sich, wenn es etwas günstiger und einfacher sein soll. Gute Küche, gute Preise (ca. 30 € für 2 Pers. mit Primo, Secondo, Wein). Es gibt keine Speisekarte. Die Stehtoilette ist gewöhnungsbedürftig. Via Garibaldi 16, ℡ 0187-460628.

Ca' del Moro, in einem alten Landhaus, umgeben von Kastanien. Gute und preiswerte Küche, auch Gästezimmer. Loc. Casa Corvi, ℡ 0187-830588

Il Castagneto della Manganella, mehr als hundert Jahre altes Gasthaus im Zentrum mit ausgezeichneten Pilzgerichten und köstlichen Nachspeisen. Mo geschlossen. Via Garibaldi 29, ℡ 0187-830653.

Gelateria Delizia, leckeres Eis aus Vollmilch, hergestellt direkt neben der Kirche Santa Maria del Popolo im Zentrum.

Luni

Nur wenig nördlich von Marina di Carrara an der Apuanische Riviera kann man das Ausgrabungsgelände der römischen Stadt Luni besichtigen, der die Lunigiana ihren Namen verdankt. Nach der Verlandung des Hafens wurde die bereits 177 v. Chr. von den Römern gegründete Stadt aufgegeben. Heute liegt sie ca. 2 km von der Küste entfernt. Das Gelände mit Museum und den Ruinen des einst 6000 Zuschauer fassenden Amphitheaters ist durchaus reizvoll, nur sind leider alle Beschriftungen und Informationen ausschließlich in Italienisch abgefasst. Die Ausgrabungen sind noch nicht abgeschlossen.

⊙ Di–So 9–19 Uhr, Eintritt 2,50 €, ℡ 0187-66811.

Lunigiana
Karte S. 222/223

Bilderbuchlandschaft bei Viareggio: Hinter dem extrem breiten Sandstrand und einer Schwemmlandzone erhebt sich das Apuanische Gebirge

Versilia & Apuanische Riviera

Die Versilia umfasst das Gebiet um Viareggio, im Norden – hinter Forte die Marmi bis Marina di Carrara – schließt sich die Apuanische Riviera an. Beide Landstriche sind klimatisch privilegiert, denn kalte Nordwinde werden durch die fast 2000 m hohen Apuanischen Alpen abgeschirmt. Im Winter liegen die Durchschnittstemperaturen bei ca. 10 Grad Celsius!

Der Tourismus entwickelte sich entsprechend sehr früh. Bereits Anfang des 19. Jh. wurde hier das Bad im Meer als Therapie empfohlen – und das erste Spielkasino eröffnet. Adelige und Geldbürger kamen zuhauf, und es entstanden jene altehrwürdigen Luxushotels und Villen, die den Badeorten heute noch ihr exklusives Ambiente verleihen.

Die schachbrettartig angelegten Küstenorte gehen meist nahtlos ineinander über, zwischen Promenade und Meer liegen unzählige Badeanstalten, frei zugängliche Plätze gibt es am ehesten südlich von Viareggio (Torre del Lago). Der Grundpreis pro Tag (1–4 Pers., zwei Liegestühle und ein Sonnenschirm inbegriffen) liegt im Juli/August bei ca. 25 €, in der Vor- und Nachsaison bei ca. 15 €.

Im Hinterland laden die nur wenige Kilometer von den Sandstränden entfernten Apuanischen Alpen zu mehrtägigen Wandertouren ein: z. B. von Stazzema bis zu den Marmorbrüchen von Carrara. Die Wege sind gut markiert, und fünf Hütten des Alpenvereins (meist ganzjährig geöffnet) bieten Logis. Aber auch Radfahrer kommen auf ihre Kosten: Richtig sportlich wird es z. B. bei einer Tour hinauf zum Monte Altissimo oder zum Monte Corchia. Hier wartet auch die kürzlich zugänglich gemachte größte Höhle der Region, die Antro del Corchia, auf Besucher (Eintritt 12 €, ✆/✉ 0584-778405, www.antrocorchia.it).

Einen speziellen Wanderführer gibt es in italienischer Sprache („Alpi Apuane" von Multigraphic Florenz, Maßstab 1:25.000) und seit neuestem einen Wanderführer auch auf Deutsch übersetzt: Wanderwege durch die Gemeinde vom Lucca Moricone Verlag, 13 €. Nützlich ist die Kompass-Karte Nr. 646 („Alpi Apuane", Maßstab 1:50 000). Spaziergängern seien zwei gut gegliederte Wanderbroschüren empfohlen: „Versilia – Alpi Apuane" (19 Ausflugsziele und Kurzwanderungen) und „Versilia-Entdeckungstouren". Sie bekommen beide in den Informationsbüros der Region. Dort liegt auch ein kleiner Radwanderführer aus. „Radtouren Versilia" beschreibt ganz einfache Touren in den Strandorten und die schwierige Mountainbike-Tour zum Monte Altissimo, auch unter www.panterbike.com finden Sie Biketouren.

Viareggio

(ca. 60.000 Einw.)

Aus dem einst einfachen Fischerort im malariaverseuchten Sumpfland entstand im 19. Jh. ein mondäner Badeort. Maria Luisa von Bourbon, Großherzogin von Lucca, gab die Strände frei, und die luccesischen Kaufmannsfamilien bauten sich hier ihre Sommerhäuser. Die Sümpfe wurden entwässert, ein größerer Hafen entstand. Jugendstil und klassizistische Prunkfassaden der vorletzten Jahrhundertwende prägen heute die Strandpromenade.

Um das Wahrzeichen der Stadt, den Torre Matilde, liegt der eigentliche Altstadtkern, der auch *Vecchia Viareggio* genannt wird. Niedrige Häuschen aus dem 16. Jh. bestimmen hier das Bild. Ein paar Straßen weiter Richtung Meer führt die schmale Via Battisti (Fußgängerzone) zum zentralen Markt, der nur durch einen Cordon eng nebeneinander stehender Textil-, Handtaschen- und Haushaltswarenhändler zu betreten ist. Der eigentliche Mittelpunkt des Geschehens ist aber die Strandpromenade, die *Passeggiata*, die offiziell Viale Regina Margherita heißt. Sie wirkt wie die perfekte Kulisse einer Filmstadt und hat bei ihrer Eröffnung Jugendstilgeschichte geschrieben. Leicht versetzt schließt sich der elegante Viale Giuseó Carducci an. Alles in allem ist die Flaniermeile von Viareggio mehrere Kilometer lang und heute ebenso beliebt wie eh und je.

Für die Einwohner ist der Tourismus nun seit über 100 Jahren die wichtigste Erwerbsquelle. Aber als drittgrößter Fischereihafen der Toscana ist die Stadt immer noch ein wichtiger Warenumschlagplatz, und auch als Standort kleinerer, auf den Bau von Luxusjachten spezialisierter Werften ist Viareggio bekannt. Dass man auch mit der adäquaten Ausstattung dieser Jachten einige Erfahrung hat, belegt das umfangreiche Sortiment des ortsansässigen Polstermöbelstoffspezialisten R.A.P., der sämtliche Stoffmuster von 140 verschiedenen Herstellern vorrätig hat (Via Virgilio 204).

Bekannt ist der **Karneval von Viareggio**, der erstmals 1873 stattfand und heute nach dem venezianischen der berühmteste ganz Italiens ist. Riesige, hydraulisch gesteuerte Pappfiguren bestimmen das Bild des Umzugs – politische Satire monumental. Die Wagen und Figuren des Karnevals können in der Città del Carnevale nahe der Via S. Maria Goretti besichtigt werden. Hier kann man sich die Arbeit der *Carristi* anschauen, die nebenbei auch noch Bühnendekorationen und Effekte für Kinofilme herstellen. Der Bau der Figuren hat sich mittlerweile zu einem eigenen Handwerkszweig entwickelt (alles Wissenswerte findet sich im Internet unter www.viareggio.ilcarnevale.com). Das Besondere an der Karnevalszeit, die sich meistens über die vier Wochenenden im Februar zieht, sind die Stadtteilfeste (*riunioni*), wo man wunderbar essen kann, vor allem frischer Fisch wird angeboten.

Versilia & Apuanische Riviera   Karte S. 243

Geschichte

Das Gebiet zwischen Lucca und dem heutigen Viareggio war ursprünglich ein dicht bewachsenes Sumpfgebiet, das von Menschen wohl nur zur Wildschweinjagd durchstreift wurde. Zarte zivilisatorische Begehrlichkeiten weckte es erst bei römischen Landprospektoren, die mit dem Bau von Entwässerungskanälen begannen. Nach dem Niedergang Roms verfielen diese zwar wieder, aber im 10. und 11 Jh. unternahmen Benediktinermönche erneute Anstrengungen zur Bodengewinnung. Anfang des 16. Jh. wurden dann – von Lucca ausgehend – im großen Stil Kanäle ausgehoben. Doch erst der Bau von automatisch schließenden Klappschleusen im 18. Jh. brachte dauerhafte Landgewinne. Für Lucca war der neue Zugang zum Meer überlebenswichtig, denn 1441 hatte die Stadt den Hafen von Montrone an Florenz verloren. Mit der Vergabe von kostenlosen Grundstücken wurden landlose Bauern aus dem Süden Italiens angelockt. Die Ersten, die das Gebiet bewirtschafteten, mussten sich in den heißen Sommernächten wegen der herrschenden Malariaplage in die hügeligen Ausläufer der Alpi Apuani zurückziehen, um nicht mit dem Sumpffieber infiziert zu werden.

Die erste Badeanstalt wurde bereits 1828 eröffnet. Man bestellte sogar einen Kurdirektor, der seinen Urlaub allerdings lieber im renommierteren Bagni di Lucca verbrachte. Übrigens war das Baden im Meer damals noch keineswegs selbstverständlich, sondern kam gerade erst in Mode. Entsprechend sah man sich zunächst genötigt, einen ganzen Katalog von Badevorschriften zu erlassen, um einem drohenden Verfall der Sitten entgegenzuwirken. Eine kleine Auswahl:

Artikel 1: Ab ersten Juli ist der Strand nördlich des kleinen Forts zum Baden für Männer und der südlich des Forts für Frauen bestimmt.

Artikel 2: Während der Badezeit ist es Männern verboten, an Damenstränden vorbeizuziehen. Das gilt auch umgekehrt!

Artikel 3: Es gibt keinen Grund, der einen Verstoß gegen Artikel 2 rechtfertigt.

1902 wurde die Strandpromenade Viale Regina Margherita eröffnet. Cafés, Geschäfte und die Eingänge zu den Badeanstalten wurden äußerst dekorativ mit einladenden Holzfassaden gestaltet, die in jeder Saison ein anderes Bild abgaben. Sämtliche Bauwerke fielen allerdings in der Nacht des 17. Oktober 1917 einem großen Brand zum Opfer. Es brach die Zeit des Architekten Galileo Chini an (s. Sehenswertes).

Information/Adressen

- *PLZ* 55049
- *Information* **APT-Büro**, Viale Carducci 10, (gegenüber der großen Uhr an der Passeggiata) zu empfehlen, Personal spricht gut Deutsch, Mo–Sa 9–14 und 15–19 Uhr, So 9–13 Uhr. ✆ 0584-962233, ✆ 0584-47336. aptversilia@versilia.turismo.toscana.it, www.versilia.turismo.toscana.it
  Weiteres Info-Büro im **Bahnhof** (Piazza Dante). 9.30–13 und 16–18 Uhr. ✆ 0584-46382, ✆ 0584-430281.
- *Bahnverbindung* Der Bahnhof im Zentrum liegt an der Hauptlinie Genua–Rom (ca. 10x tägl. Pisa). Außerdem gibt es eine

Nebenstrecke nach Lucca/Florenz, etwas längere Fahrzeiten, aber kein Umsteigen (Florenz ca. 17x tägl., Fahrzeit 1,5 Std.).

Treno di Sapori, von Juni bis Sept. fährt jeden Sonntag ein Spezialzug (Dampflock) in die Garfagnana oder Lunigiana zu Veranstaltungen, Abfahrt gegen 9.30 Uhr ab Viareggio, genauere Auskunft im APT.

- *Fahrradverleih* Mehrere Anbieter: am Bahnhof, in der *Pineta di Ponente* hinter der Carducci-Promenade. Ebenso im östlichen Kiefernwäldchen, der *Pineta di Levante*, am Viale dei Tigli.

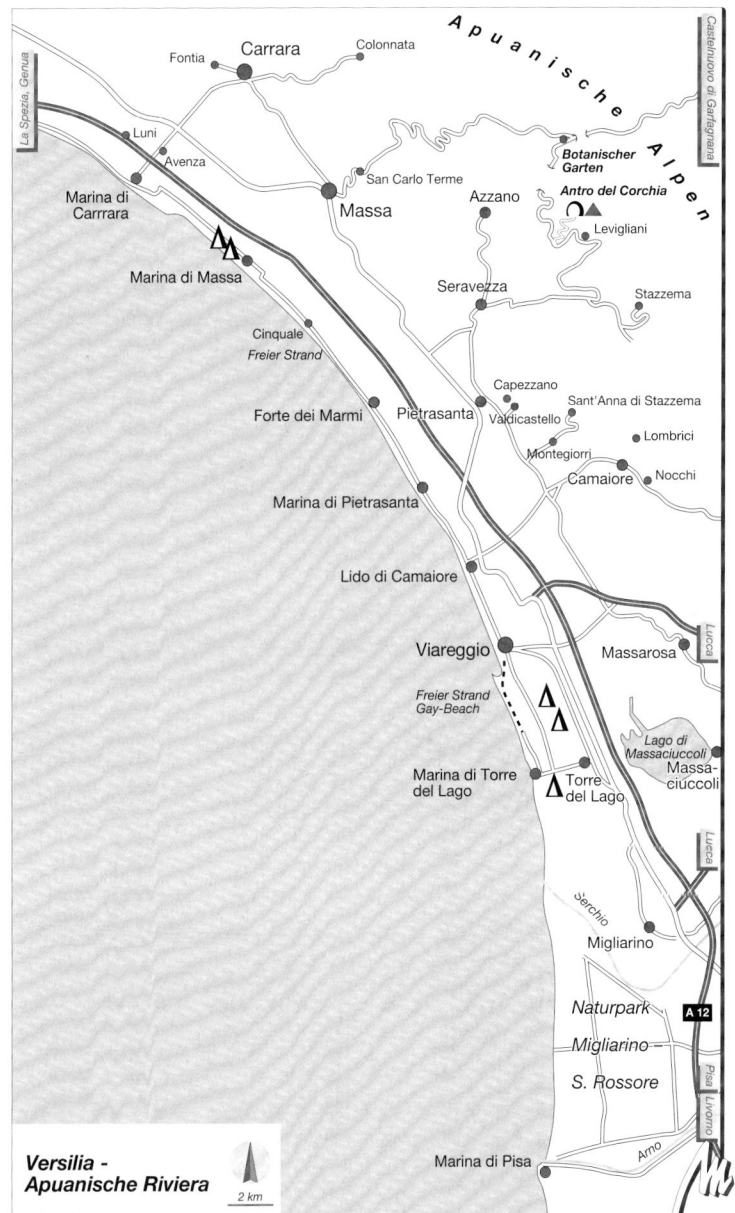

Versilia -
Apuanische Riviera

2 km

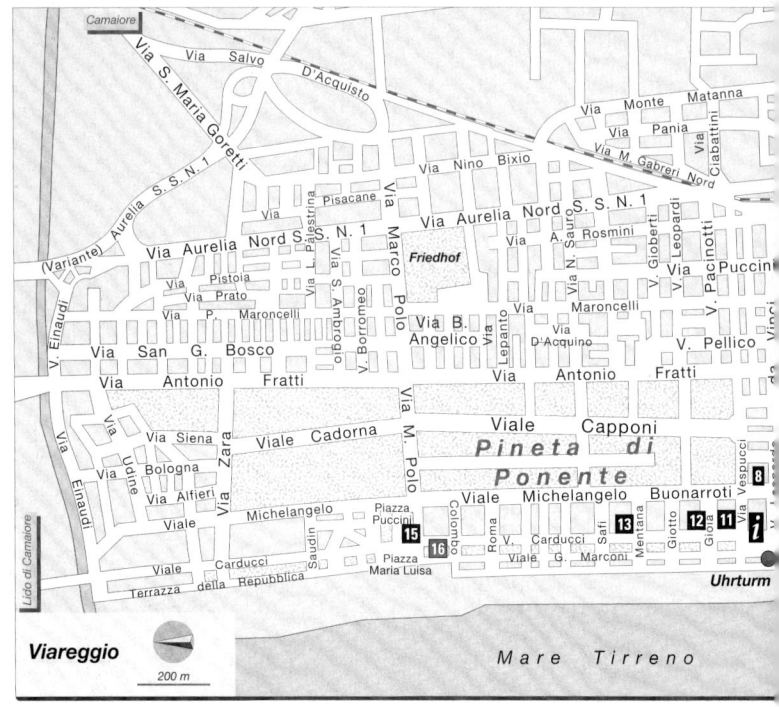

Viareggio
200 m

Mare Tirreno

• *Scooter* Motorrollerverleih an der Galleria d'Azeglio (zwischen der Piazza d'Azeglio und dem Burlamacca-Kanal). ℡ 0584-46410.

• *Bootsausflüge* Tagesausflüge bis ca. 1.9. in die Cinque Terre, nach Elba und Capraia (mit Golfo dei Poeti). Abfahrt an der Piazza Palombari dell'Artiglio (Hafen, Darsena; www.navigazionegolfodeipoeti.it). Im APT nach den aktuellen Uhrzeiten nachfragen. Bootsausflüge in die Sumpfgebiete des Lago Massaciuccoli mit ECOTOUR, Largo Risorgimento 24, Darsena Varignano ℡/℡ 0584-48449, mobil 0368-7317828. Der ca. 3-stündige Ausflug kostet etwa 10 €. Abfahrt 9 und 15 Uhr, www.burlamacca.it.

• *Markt* Der größte **Fischmarkt** in der Toscana findet täglich im Mercato Centrale statt, der große **Wochenmarkt** jeden Donnerstagvormittag.

Jeden 4. Sa/So im Monat **Antikmarkt** an der Piazza d'Azeglio (am Kanal Burlamacca).

Ein **Handwerksmarkt** wird jedes dritte Wochenende (Sa/So) im Monat ebenfalls an der Piazza d'Azeglio veranstaltet.

• *Filmfest* **Europa Cinema**, jedes Jahr im April feiert Viareggio sieben Tage lang den europäischen Film. Das Festival wurde 1984 mit Unterstützung von Federico Fellini gegründet und gilt heute neben dem von Venedig als das bedeutendste in Italien. Das Kinovergnügen ist bemerkenswert günstig. Informationen unter www.europacinema.it.

• *Whale-Watching* Ein Meeresbiologe und seine holländische Frau, die gut Deutsch spricht, veranstalten Bootsausflüge zu den Schutzgebieten der Wale (9.30–17 Uhr) für 60 €/Pers., Spezialpreise für Familien. Darsena Europa, Via Coppino, ℡ 335-6564469. cetus@superEva.it, www.cetusresearch.org.

Übernachten/Camping

• *Übernachten* In Viareggio gibt es die meisten 1-Stern-Hotels der Versilia (ca. 70!). Meist in ehemaligen Privatvillen eingerichtet, bieten sie etwas nostalgischen Glanz inklusive Familienatmosphäre. Die meisten findet man um die Pineta di Ponente, den

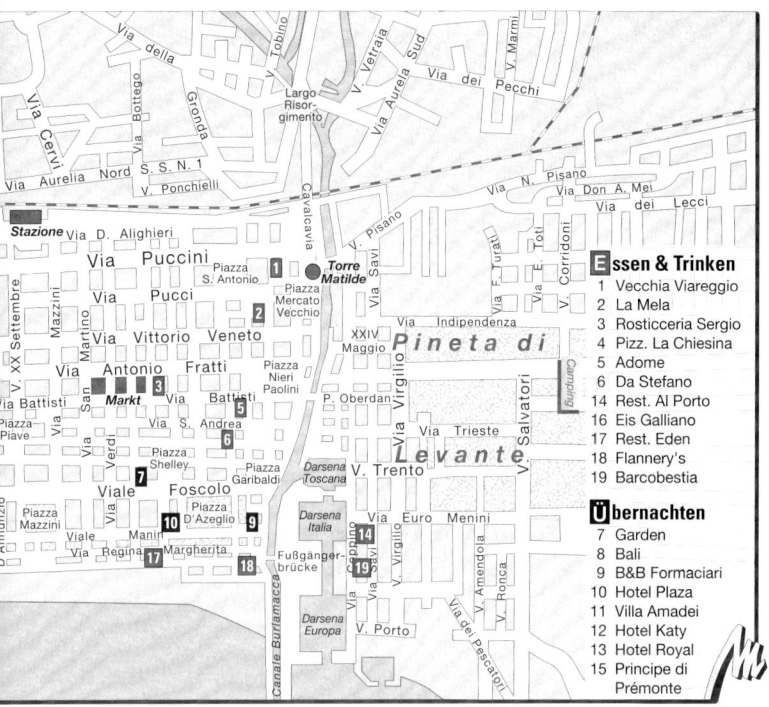

E ssen & Trinken
1 Vecchia Viareggio
2 La Mela
3 Rosticceria Sergio
4 Pizz. La Chiesina
5 Adome
6 Da Stefano
14 Rest. Al Porto
16 Eis Galliano
17 Rest. Eden
18 Flannery's
19 Barcobestia

Ü bernachten
7 Garden
8 Bali
9 B&B Formaciari
10 Hotel Plaza
11 Villa Amadei
12 Hotel Katy
13 Hotel Royal
15 Principe di Prémonte

Stadtpark von Viareggio, und in deren Seitenstraßen.

**** Plaza e de Russie (10), von den berühmten, alten Luxushotels von Viareggio das einzige, das sich die exklusive Aura eines wirklichen Grandhotels erhalten konnte. Von außen eher unscheinbar an die Piazza d'Azeglio angrenzend, ist es innen umso prunkvoller. Bekannt wegen seiner vorzüglichen Gerichte ist das eigene Restaurant auf der Dachterrasse. DZ 180–250 €. Piazza d'Azeglio 1, ✆ 0584-44449, 📠 0584-44031, www.plazaederussie.com.

**** Grand Hotel & Royal (13), im Liberty-Stil zu Beginn des 20. Jh. erbaut. Die beiden oberen Stockwerke kamen erst in den 30er Jahren hinzu. Das markante Luxushotel mit den beiden Dachtürmchen war jahrelang das Aushängeschild des Badeortes. Inzwischen ist es von der Kette "Best Western" übernommen worden. Das 4-Sterne-Hotel, das sich auf seinen Briefbögen einen Extra-Stern vergibt, wird heute gerne von deutschen Reiseveranstaltern gebucht. Geöff-

net vom 12.2. bis 15.11. 107 Zimmer (inkl. der beiden extravaganten Türmchenzimmer) zum Preis von 130 bis 270 € pro Nacht. Viale Carducci 44 (Strandpromenade), ✆ 0584-45151, 📠 0584-31438, www.hotelroyalviareggio.it.

**** Principe di Piemonte (15), Luxus-Wellnesshotel, toprenoviert, Neueröffnung 2004, Tagungshotel, gay-friendly, eigenes Restaurant. Es gibt auch billigere Kompaktangebote. DZ 340 €. Piazza Giacomo Puccini 1, ✆ 0584-4011, 📠 0584-401803, www.principedipiemonte.com.

*** Katy (12), geräumige Zimmer, moderner Standard (alles 1999 renoviert). In einer ruhigeren Nebenstraße. Lift, insgesamt 25 Zimmer. DZ mit Frühstück 104 €, HP pro Pers. ca. 80 €. Via Flavio Gioia 12, ✆ 0584-45518, 📠 0584-45519, www.hotelkaty.com.

*** Garden (7), freundlicher Familienbetrieb, Eingang und Lift ebenerdig, bequemer Garagenzugang, Strandnähe. DZ 90–150 €. Viale Foscolo 70, ✆ 0584-44025, 📠 0584-45445, www.hotelgardenviareggio.it.

Emporio Duilio (1910, Belluomini): Das Gebäude ist am französischen Jugendstil orientiert. Große bogenförmige Fenster im ersten Obergeschoss, die durch hübsche Beton-Ornamentik verziert sind. Früher war hier eine Filiale des Florentiner Kaufhauses "Emporio Duilio 48" untergebracht, heute ein Musikgeschäft.

Chalet Martini (1899): Das einzige Gebäude in traditioneller Holzbauweise, das den großen Brand von 1917 überstand. Eine Konstruktion, die – wie damals üblich – von den Schiffszimmerleuten n der Bootswerft gebaut wurde. Eine Art "Gesamtkunstwerk" " ist die mit den Tierkreiszeichen bemalte Decke im Verkaufsraum. Heute ist hier ein teures Bekleidungsgeschäft untergekommen.

Gran Caffè Margherita (1928, Belluomini/Chini): Die beiden Türmchenkuppeln wie auch die Balustrade wurden mit glänzenden Keramikfliesen verkleidet und stellen fast schon das Wahrzeichen von Viareggio dar. Es war das erste italienische Gebäude, welches aus eisenarmiertem Beton n gebaut wurde. Erst dadurch war die filigrane Bauweise möglich, über deren Geschmack man streiten mag. Immerhin strahlen die großen Fensterfronten zur Promenade und die hohen Decken, die durch bemalte Holzpaneelen verkleidet sind, eine leichtfüßige Eleganz aus.

* **Villa Amadei (11)**, picobello Zimmer, alle mit Du/WC, ruhigere Seitenstraße der Promenade. Es wird auch Deutsch gesprochen. HP (in der Saison Pflicht) 48–58 € pro Pers., DZ mit Frühstück 50–60 €. Via Flavio Gioia 23, ℘ 0584-45517, www.hotelamadei.it.

* **Bali (8)**, gleich beim Tourismusbüro. EZ ca. 40 €, DZ mit Bad 45–70 €. Via Leonardo da Vinci 41, ℘/℡ 0584-48929, www.hotelbali.it.

B&B Casa Fornaciari (9), in ruhiger Seitenstraße, zu Fuß zum Meer 10 Min., mehrere Doppelzimmer mit Zustellbetten, außerdem eine Ferienwohnung für 4 Personen. DZ mit Frühstück 50–80 €. Via Leonardo da Vinci 88, ℘ 0584-433122, www.casafornaciari.it.

• *Camping* Neun Plätze in der Pineta di Levante (ca. 2 km südlich des Orts und ca. 800 m vom Meer entfernt), die meisten geöffnet von April bis September.

Paradiso, empfehlenswert, mit toller Lage im fast undurchdringlichen Gestrüpp der Macchia Luccese. Unverbaute Strandlandschaft. Geöffnet April–Sept. ab 9,50 € Zelt/Pers., Appartement ab 20 €/Wochenende. Via dei Tigli, ℘ 0584-392005, ℡ 0584-387206, www.campeggioparadiso.com.

Essen (siehe *K*arte *S*. 244/245)

Außer den vielen Fastfood-Cafés an der Strandpromenade gehören die meisten Restaurants zur gehobenen Preisklasse.

Da Giorgio, bekannt für seine Fischgerichte. Tolle gemischte Vorspeise mit Muscheln und Tintenfisch. Als Primo empfehlen sich z. B. die Spaghetti alla Trabacollara (benannt nach den Fischerbooten an der Adria). Via Zanardelli 71/IV Novembre. ℘ 0584-44493, Mi geschlossen.

Al Porto (14), sehr geschätztes Fischrestaurant, gehobenes Preisniveau, Reservierung nötig. Sonntagabend und Mo geschlossen. Via Coppino 118, ℘ 0584-383878.

Barcobestia (19), Fischrestaurant mit guten Preisen, wird von Einheimischen bevorzugt, Mo geschlossen. ℘ 0584-384416, Via Coppino 201 (am Hafen).

Galleria del Libro (1930, Belluomini): Das weiße, im Art-déco-Stil gehaltene Gebäude besticht durch seine Symmetrie und war ursprünglich ein Modehaus. Gleich gegenüber (auf der anderen Seite der Promenade) steht das Hotel Liberty mit hübschen Keramikfliesen an der Fassade.

Bagno Balena (1928): Wie ein reich verzierter indischer Elefant steht das Art-déco-Gebäude an der Strandpromenade. Ganz oben das Glasauge mit dem Walfisch (nach dem Familiennamen der Erbauerfamilie).

Eden (17), an der Promenade das empfehlenswerteste Lokal. Auch gut zum Draußensitzen. Durchschnittliche Preise, es gibt auch Pizza. Viale Margherita 23, ℡ 0584-348887.

La Rusticanella, Pizzen vom Blech, direkt an der Promenade. Preiswert und extra dick belegt. Unmittelbar daneben befindet sich eine Birreria, wo Sie sich ein Getränk bestellen können, um dann in Ruhe an Tischen zu essen. Außerhalb der Saison Mi geschlossen. Viale Margherita 80.

Da Stefano (6), Lesertipp: gutes Preis-Leistungs-Verhälnis, großzügige Portionen, empfehlenswert die Vorspeise „Art des Hauses" (ausreichend für 2 Pers.). Do geschlossen. Via Matteotti 21, ℡ 0584-31009.

Vecchia Viareggio (1), die Calzone ist gewaltig und kaum zu schaffen, es gibt auch Rohkostsalate. Mo geschlossen. Via Regia 106, ℡ 0584-48249.

Rosticceria Sergio (3), Via Zanardelli (unterhalb der Marktarkaden). Gute Auswahl an Tagesgerichten (Pasta 6 €), auch Salate (Fisch, Tintenfisch), grillte Hühnchen aus rein vegetarischer Aufzucht (ohne Tiermehl). Wer die Fischsuppenspezialität Cacciucco di Pesce ausprobieren will, kann das hier zum relativ günstigen Preis tun. So/Mo geschlossen.

Enoteca Sergio, auf der anderen Straßenseite der obigen Rosticceria. Große Auswahl an Toscana-Weinen, aber auch ausgewählte Weiße aus Friaul und dem Trentino. Als Spezialität auch einige spanische und australische Weine.

Pizzeria La Chiesina (4), in einer ehemaligen Kirche, trendy, relativ preiswert, am Wochenende voll (reservieren). Außerhalb der Sommersaison Mi geschlossen. Via Leonarno da Vinci 83, ℡ 0584-32114.

Vegetarisches Ristorante La Mela (2), in der Nähe der Torre Mathilde, wer Lust auf vegetarische Küche hat und einen Einblick in die italienische Alternativszene haben will oder sich nach Bioweizenbier aus Deutschland sehnt, ist hier richtig. Eignet sich auch gut, um mittags eine Kleinigkeit zu essen. Nebenan ein Bioladen. Mo- und Dienstagabend geschlossen. Via Regia 72, ℡ 0584-427059. www.lamelabio.it.

Adome (5), hier bekommen Sie günstige und leckere Kleinigkeiten, z. B. gefüllte Piadine (selbst gemachte Fladenbrote) mit Parmaschinken und Mozzarella (auch Vegetarisch). Fast immer voll. Im Zentrum ganz in der Nähe der Fußgängerzone Via Battisti. 12–14.30 und 19–1 Uhr, Mi geschlossen. Corso Garibaldi 85.

● *Vineria* **Taverna dell'Assesino**, über 1000 verschiedene Weine werden mit liebevoll angerichteten Häppchen Kleinigkeiten wie toscanischem Käse oder Salami angeboten. Ein nettes, rustikales Ambiente. Am Ende der Passeggiata auf der linken Seite (fast am Hafen). 20–1 Uhr, Do geschlossen. Viale Manin 2.

● *Eis* **Galliano (16)**, beste Gelateria am Ort, ziemlich weit außerhalb an der Promenade, Viale Marconi 127. Gleich daneben und in der Qualität kaum nachstehend die Gelateria **Orsi**. Trendy ist **Nilos** in der Via Antonio Fratti beim Ospedale. Nicht ganz so stilvoll, aber zentrumsnäher an der Promenade und im Geschmack vielleicht genauso gut: **Da Mario**, gleich neben dem Eingang zum Flannery's Irish Pub, Via Petrolini 1. An der Passeggiata liegt das **Venezia** (gleich in der Nähe von der Piazza Mazzini). Beliebt bei Einheimischen ist die Gelateria **Pinguino** in der Altstadt (nicht weit vom Markt), Via Battisti 147 (Fußgängerzone).

Bagno Felice, ein symmetrischer Art-déco- Bau.

Nachtleben (siehe Karte S. 244/245)

Für Lucca, die tief konservative Bischofsstadt, wurde Viareggio schon früh zum „Vergnügungstrabanten". Innerhalb der ehrwürdigen Mauern herrschte wohl strenge Doppelmoral, bei der sich das nahe Viareggio als Ventil anbot. Die Landstraße von Viareggio nach Pisa ist heute wohl der am dichtesten besetzte Straßenstrich der Toscana. Und in den Clubs von Viareggio ist nachts der Bär los. Besonders in der Schwulenszene ist der Name Torre del Lago/Viareggio über die Landesgrenze hinaus ein Begriff. Tagsüber sind die Strände entlang der Pineta di Levante und nachts die Bars Barrumba und Boca Chica populäre Treffpunkte.

Flannery's (18), Irish Pub mit täglicher Livemusik. Gleich am Anfang der Promenade im ersten Stock über dem Kino Politeama. Riesiger Raum mit Klimaanlage und einer Dachterrasse. Lungomolo del Greco.

Capannina di Viareggio, geräumiger Diskoschuppen, der am frühen Abend (ca. 21.30 Uhr) die gereifte Jugend anspricht. Ab 24 Uhr geht's dann richtig los. Lateinamerika-nisch, Mindestverzehr ca. 10 €. Geöffnet Fr/Sa. Via Marco Polo 2 (im Pinienwäldchen Pineta di Penente), ℰ 05845-0344.

Magazzini Mondani, ein weiteres In-Lokal der „Giovannotti", der Jüngeren, auf der anderen Seite des Kanals (links, am Anfang des Viale Europa 25). Geöffnet Do–Sa. ℰ 05843-84046.

Baden: Auch hier reiht sich an der Promenade eine kostenpflichtige Badeanstalt an die andere. Ein schöner, freier Badestrand mit Dünen und weniger teure Badeanstalten (Cooperativi) gibt es entlang der schattigen *Pineta di Levante* südlich von Viareggio. Während der Saison verkehren halbstündlich die orangefarbenen Stadtbusse Nr. 9 der Firma CLAP. Abfahrt: Piazza d'Azeglio, angeschriebenes Fahrziel: Marina di Levante.

Sehenswertes

Als 1917 ein großes Feuer fast sämtliche Holzbauten entlang der Strandpromenade einäscherte, schlug die große Stunde von *Galileo Chini* und *Alfredo Belluomini*: Das Künstler-Architekten-Duo wurde mit der Errichtung fast sämtlicher Neubauten beauftragt. Viele sind orientalisch angehaucht, weil Chini zwei Jahre lang die Paläste des thailändischen Königs Chulalongkorn dekoriert hatte, bevor er nach Viareggio ging. Ansonsten bediente sich das kongeniale Paar der verschiedensten Stilrichtungen, die während der 20er Jahre gerade en vogue waren. Hübsche Beispiele ihrer Architekturkunst sind das **Hotel Metropol** am Viale Carducci (Ecke Via Saffi), das **Gran Caffè Margherita** und das **Hotel Villino**.

Der Friedhof der Stadt hat einige sehenswerte **Grabdenkmäler** im Liberty-Stil vorzuweisen. Reine Kunst aus weißem Carraramarmor verziert die Grabstätte Lorenzo Vianis, des bekanntesten Malers aus Viareggio.

Bagno Bertuccelli und Matinelle: Das Zwillingspaar im eklektischen Stil mit viel Glas und Holzkacheln auf den Türmchen. Die anschließenden Badeanstalten sind alle neueren Baujahrs und stammen aus der so genannten faschistischen Epoche der 30er Jahre.

Galileo Chini (1873–1956): Stammt aus Florenz und besuchte dort die Scuola d'Arte di Santa Croce. 1896 gründete er in der Via Arnolfo eine kleine Manufaktur („Die Kunst der Keramik") und fand bald bei internationalen Ausstellungen der Dekor-Kunst große Aufmerksamkeit. Er war Maler, Architekt und Dekorateur in einem zeichnete gar für die Bühnendekoration der Opernaufführungen seines Freundes Puccini verantwortlich. Nach seiner Rückkehr aus Thailand ließ er sich in Lido di Camaiore eine kleine Sommervilla bauen. Aus dieser Zeit rührt auch seine Verbindung mit Viareggio.

Alfredo Belluomini: Der Stararchitekt von Viareggio wurde in einem Haus direkt am Burlamacco geboren.

Villa Argentina: Bis Ende der 70er Jahre diente dieses Art-déco-Prunkstück mit den eindrucksvollen Freskenmalereien als Pension. Gegenwärtig entsteht hier an der Via Fratti (am östlichen Ende der Pineta di Ponente) das Kulturzentrum der Stadt, das dem Anfang des 20. Jh. in Kunst und Architektur populären Liberty-Stil gewidmet sein soll (geplanter Eröffnungstermin 2008).

Museo Archeologico und Pinacoteca in der Villa Poulina: In der dem archäologischen Museum angeschlossenen Pinakothek werden hauptsächlich Gemälde aus dem 19. Jh. gezeigt. Des Weiteren finden wechselnde Ausstellungen statt.
 ⏱ Fr–So 16–19 Uhr, Juli/Aug. 18–24 Uhr. Eintritt 2,50 €. Via Machiavelli 2, ✆ 0584-961076.

Museo della Marineria: Neues Marinemuseum im Aufbau, es soll der Geschichte der Seeleute, der Schiffswerften und der italienischen Marine gerecht werden und auch didaktisch aufbereitet sein für Kinder und Schulklassen.
 ⏱ Fr–So 16–19 Uhr, Via Pescheria 9, ✆ 0584-391004, www.museomarineria.info (nur in Italienisch).

Lago di Massaciuccoli

Den schönsten Blick auf den See genießt man von der Villa des Opernkomponisten Puccini in Torre del Lago (bzw. Torre del Lago Puccini, wie der Ort seit dem Tod seines Ehrenbürgers offiziell heißt). Fast alpenländisch: Auf der glatten Wasseroberfläche spiegelt sich das Apuanische Gebirge.

Der seichte See (max. 4 m tief) ist von einem dichten Schilfgürtel umsäumt. Seit Jagdverbot besteht, nisten hier viele Wasservögel. Zum Baden ist der Lago di Massaciuccoli wegen seiner tiefsumpfigen Ufer und der schlechten Wasserqualität nicht zu empfehlen. Früher wurde in der Gegend um Massarosa viel Reis angebaut, aber die vielen Klagen wegen der dadurch bedingten Stechmückenflut ließen das Geschäft einschlafen, man stieg auf Getreide um. Darüber hinaus gibt es in der Gegend um Torre del Lago Puccini viele Blumenzüchter, die hauptsächlich Rosen, Nelken und Gerbera kultivieren.

Torre del Lago Puccini

Ein beliebtes Ziel von Wochenendausflüglern, weshalb die Zufahrt zur Promenade für Nichtanwohner durch eine Schranke versperrt ist. Am Seeufer breitet sich ein kleiner Park aus, in dem der Opernkomponist Giacomo Puccini (1858–1924) mit einer Bronzestatue geehrt wurde. Vom Schiffsanlegesteg aus werden das ganze Jahr über Seerundfahrten mit Ausflugsbooten unternommen.

Bedeutendste Sehenswürdigkeit ist die **Villa Puccini**, eine hübsche zweigeschossige Jugendstilvilla, in der der Komponist seine zweite Lebenshälfte verbrachte. Als der exzessive Kettenraucher in einem Brüsseler Krankenhaus nach einer Kehlkopfkrebsoperation starb, erhielt die Familie sogar die Genehmigung, den Meister in seiner eigenen Villa zu bestatten. Wie von Puccini gewünscht, baute man hinter seinem Klavier eine kleine Kapelle als Mausoleum. 1979 verstarb die Schwiegertochter Rita und vermachte die Gedenkstätte dem italienischen Staat. Simonetta Puccini, eine entfernte Großenkelin, focht das Testament an und ist nun, nach über 10-jährigem Rechtsstreit, im Besitz der Hinterlassenschaft. Bei den geführten Rundgängen in italienischer Sprache können sich die Besucher in den Räumlichkeiten des Erdgeschosses umschauen. Hier sind des Komponisten liebste Instrumente ausgestellt – neben dem Klavier waren dies vor allem seine Jagdflinten, mit denen er den Vögeln nachstellte. In einem kapellenartig umgebauten Raum mit üppiger Jugendstilornamentik liegt der Maestro neben Gemahlin Elvira und Sohn Tonio begraben.

Tuscany's Coming out: Gayszene in Torre del Lago

Jedes Jahr im Sommer wird Torre del Lago zu einem der größten Gaytreffpunkte Italiens. Hauptschauplätze sind der Strand und die Viale Europa, wo seit geraumer Zeit eine komplette Urlaubs- und Vergnügungsinfrastruktur für Schwule entsteht. Die herausragende Diskothek ist derzeit die Mamma-Mia-Bar, die von einem schwulen französisch-italienischen Ehepaar geführt wird. Die Eheschließung der beiden Männer in der Botschaft Frankreichs in Rom war seinerzeit ein großes Medienspektakel im immer noch recht katholischen Italien. Infos unter www.friendlyversilia.it.

● *PLZ* 55048

● *Villa Puccini* Dez./März 10–12.30 und 14.30–17.30 Uhr, April/Mai 10–12.30 und 15–18.Uhr, Juni–Okt. 10–12.30 und 15.–18.30 Uhr. Das etwas eigenartige Museum lässt seine Gäste vor dem verschlossenen Eisentor warten und gruppenweise im 40-Min.-Takt eintreten, da die Originalgegenstände Puccinis ungesichert ausliegen. Es lohnt sich dennoch. Auch der Verkaufsshop, in dem man nach spannenden Pucciniaufnahmen stöbern kann, ist einen Besuch wert. Mo und den ganzen Nov. geschlossen. Wechselnde Kunstausstellungen. Eintritt 7 €, im Preis enthalten ist eine deutschsprachige Audioführung. www.giacomopuccini.it.

● *Festival* **Festival Pucciniano**, Opernfestspiele zu Ehren des Maestros auf einer Freiluftbühne am Seeufer. Ende Juli und August. Weitere Infos unter www.versilia. turismo.toscana.it, www.puccinifestival.it.

● *Bootsausflüge* **Navigazione ECO-IDEA**, kleine Seerundfahrt entlang der Sumpfkanäle (30 Min. oder 1 Std.). Pro Pers. 5 €. ✆ 0584-350252. Infos auch im Ristorante Antonio (✆ 0584-341877).

● *Übernachten* * **Butterfly**, ruhige Lage, viele Zimmer mit Blick zum See. Neu renoviert, Im Haus ein gutes Restaurant. DZ ca. 52 €. Belvedere Puccini 24, ✆ 0584-341024, ✆ 0584-352006, www.albergobutterfly.it. Zwei weitere Übernachtungsmöglichkeiten am anderen Ortsausgang (an der Straße, die durch die Pineta di Levante zum Meer führt):

* Giuly, auf halbem Weg zwischen Torre del Lago und der Strandzone (ca. 1 km). Im Restaurant ein Aquarium mit Schildkröten. Insgesamt 20 Zimmer. Halbpension 44 € pro Pers. DZ 43–55 €. Viale G. Marconi 400,

✆/✉ 0584-341346, albergo.giuly@tiscali.it.

* Villa Rosy, etwas näher an Torre del Lago. Saubere Pension. Die meisten Zimmer zum ruhigeren Garten. DZ für 53–60 €. Viale G. Marconi 315, ✆ 0584-341350, ✉ 0584-354141, www.villarosy.net.

Torre del Lago – im kleinen Park sinniert Giacomo Puccini

Giacomo Puccini – Komponist zwischen Romantik und Moderne

Nach Verdi ist er der bedeutendste Opernkomponist des Landes. Als Sohn des Domkapellmeisters von Lucca war er eigentlich dafür vorgesehen, zu gegebener Zeit die Stelle des Vaters zu übernehmen. Aber nachdem er als Jugendlicher in Pisa eine Aida-Aufführung besucht hatte, wollte er unter allen Umständen Opernkomponist werden. 1884 beteiligte er sich an einem Opernwettbewerb eines Musikverlages. Sein Beitrag wurde abgewiesen, trotzdem kam es in Mailand zu einer Uraufführung, die das Publikum begeisterte.

Seine neben *La Bohème* (1896) und dem Jahrhundertwende-Werk *Tosca* (1900) wohl berühmteste Oper ist *Madame Butterfly* (1904). Dort beschreibt er das problematische Aufeinandertreffen zweier fremder Kulturen, der japanischen und der amerikanischen. Protagonisten der Handlung sind der amerikanische Leutnant Pinkerton, der mit der jungen Japanerin Cio-Cio-San ein Kind zeugt und nach etlichen Irrungen und Wirrungen wieder zu seiner Familie nach Amerika zurückkehrt. Endgültig zu Weltruhm kam Puccini durch die Uraufführung seiner Oper *La fanciulla del west* (1910) an der New Yorker Metropolitan Opera. Sein letztes Werk, *Tourandot*, wurde erst zwei Jahre nach Puccinis Tod von F. Alfano vollendet. Übrigens: In seinen Anfangsjahren wurde Puccini bisweilen arg verunglimpft; überliefert sind wenig schmeichelhafte Bezeichnungen wie „Salonerotiker" oder „Brunftbrüller".

● *Camping* **Del Lago**, am Seeufer (neben den alten Betriebsgebäuden einer ehemaligen Torfstecherei). Ganzjährig geöffnet. ca.10 €/Zelt und Pers. Via Cimarossa, ☎ 0584-359702, 📠 0584-359622, www.italiaabc.it.

* **Europa**, großer Campingplatz im Pinienwald am Meer, geeignet für Familien, zu Fuß zum Meer ca. 10 Minuten. Bungalows ca. 42 €. Viale dei Tigli, ☎ 0584-350707, 📠 0584-342592, www.europacamp.it.

● *Essen* **Chalet del Lago** und **Da Cecco**, zwei gut geführte Lokale direkt am See.

Massaciuccoli

Um zum Dorf an der anderen Seeseite zu kommen, muss man fast bis nach Pisa fahren. Etwa 20 m vor der Autobahnauffahrt scharf links abbiegen. Mitten im Dorf sieht man links der Straße die freigelegten Grundmauern einer römischen Villa. Im kleinen Museum daneben (steht auf Betonstelzen) sind die ausgegrabenen Fundstücke normalerweise ausgestellt, zum Zeitpunkt der letzten Recherche war es allerdings geschlossen. Eindrucksvoller sind aber ohnehin die gut erhaltenen Thermen mit wuchtigen Ziegelsteinmauern am Olivenhain oberhalb der Dorfstraße (unterhalb der Kirche).

Unten am Seeufer (neben dem Landungssteg) wurde das kleine Naturkundemuseum **Oasi Lipu Massaciuccoli** eingerichtet. Gemeinnützige Organisation mit Ökomuseum bietet Birdwatching, geführte Exkursionen und verleiht Kanus (www.oasilipu massaciuccoli.org).

● *Übernachten* ***** Le Rotonde**, topgepflegtes Hotel zwischen Dorf und See, absolut ruhige Lage inmitten von Schatten spendenden Pinien. Ordentliche Zimmer, die meisten mit eigenem Balkon, auch das Restaurant ist empfehlenswert. DZ 80–100 €, Via del Porto 77, ☎ 0584-975439, 📠 0584-975754, www.lerotonde.it.

Zwischen Viareggio und der Arnomündung bei Pisa

Naturpark Migliarino-San Rossore: Von Torre del Lago bis zur Arno-Mündung bei Pisa erstreckt sich ein 10.000 Hektar großes Naturschutzreservat. Das Schwemmgebiet nördlich des Serchio, die *Macchia di Migliarino*, ist ein urwüchsiges Marschland mit Pinienhainen, Macchia und Sumpfgebieten. Wildenten und Blesshühner sind hier zu Hause, durchs Unterholz trotten gelegentlich Wildschweine und Rehe.

Im Gebiet zwischen Serchio und Arno findet man in der *Tenuta San Rossore* den Sommersitz des italienischen Staatspräsidenten. Seit das riesige Gelände 1995 an die Provinz Toscana zurückgegeben wurde, ist es für Besucher zugänglich. Am Wochenende und an Feiertagen können einige Spazierwege auf eigene Faust begangen oder mit dem Fahrrad erkundet werden (Eintritt frei), der größte Teil des Parks, auch der Weg zur Küste, ist allerdings nur mit Führer zugänglich. Um an einer solchen Führung teilnehmen zu können, muss man vorher telefonisch anfragen. Unter ☎ 050-530101 kann man sich für Führungen zu Fuß (ca. 2,5 Std., 5,50 €/Pers.), per Rad (5,50 €/Std., 15,50 €/Tag) oder mit einem kleinen Zug anmelden. Wenn Sie die romantischere Version in einer Pferdekutsche oder als Ausritt vorziehen (1,5–3 Std., 8,50–30 €), müssen Sie unter ☎ 050-523019 buchen (www.parcosanrossore.it).

Der Präsidentenpalast ist leider tabu und nicht einmal von außen zu besichtigen. Die zehnköpfige Palastwache ist trotzdem jederzeit vollzählig und wahrscheinlich bis zur Pensionierung mit Däumchendrehen beschäftigt. Der Eingangsbereich des Parks wird geprägt durch landwirtschaftliche Flächen, auf denen die 200 präsidialen Rinder schlachtreif geweidet werden.

Die Parklandschaft zählt, wie auch der Wald südlich von Viareggio, zu den wenigen Überbleibseln des italienischen Urwaldes. Das Schwemmland ist allerdings erst während der letzten 1000 Jahre durch Dünenbildung entstanden. Tote Flussarme und fast auf Meereshöhe liegende Feuchtgebiete mit einer Vielzahl an Laubbäumen (u. a. Eichen, Ulmen und Eschen) sind die wertvollsten Biotope. Die dichten Kiefernhaine in den trockenen Lagen wurden allerdings von Menschenhand angelegt. Dass hier in der Vergangenheit erheblicher Wert auf die Pflege eines hohen Wildbestandes gelegt wurde (Wildschweine, Rotwild), zeigt das weitgehende Fehlen von Unterholz. Die präsidialen Jagdgesellschaften sollten genug vor die Flinte bekommen.

Anfahrt/Öffnungszeiten Von der A 11/12 die Ausfahrt Pisa-Nord nehmen, dann Via Aurelia Richtung Pisa bis Madonna dell'Acqua und schließlich der Ausschilderung *Tenuta San Rossore* folgen. Am Wochenende und feiertags 8.30–17.30 bzw. 19 Uhr. Eintritt frei.

Camaiore   *(inkl. Lido 30.000 Einw.)*

Ein ruhiges Städtchen in einem weiten Talkessel, der von drei Seiten von den steil ansteigenden, dichtgrünen Hängen der Alpi Apuane begrenzt wird. Der Baderummel spielt sich in einer Entfernung von 10 km in Lido di Camaiore ab. Gegen Abend, wenn sich langsam Strandmüdigkeit breit macht, finden sich dann immerhin einige der gebräunten oder sonnenbrandgeschädigten Badegäste innerhalb der kühlen mittelalterlichen Mauern ein.

Der Putz bröckelt hie und da, doch das stört den urlaubenden Müßiggänger kaum. Fast zwangsläufig gelangt er zur Porta Lombricese, dem mächtigen Stadttor. Dann geht es weiter ins Zentrum zur etwas eingezwängten romanischen Stiftskirche **Santa Maria Assunta** aus dem 13. Jh. und der noch älteren kleinen Kirche **San Michele** (12. Jh.) an der Piazza Diaz, die auf Nachfrage (im Rathaus) besichtigt werden kann.

Das kleine **Museo d'Arte Sacra** daneben mit einigen Kostbarkeiten – etwa einem steinalten flämischen Wandteppich – ist eher für Spezialisten interessant. Wenig vom touristischen Trubel spürt man in der kleinen Geschäftsstraße, in der weder Supermärkte noch Luxusboutiquen Tante Emma vertrieben haben.

Am Stadtrand liegt das ehemalige Kloster **Badia di San Pietro** (Schilder „Badia"), dessen Ursprünge auf das 8. Jh. zurückgehen. Die wuchtige romanische Klosterkirche wurde im 12. Jh. erbaut und birgt in ihrem Inneren einen prächtigen Marmoraltar aus dem 15. Jh. Der Kirchturm wurde auf den alten Grundmauern erst im 19. Jh. wiedererrichtet. Heute finden hier auch zeitgenössische Kunstausstellungen und Orgelkonzerte statt.

- *PLZ* 55041
- *Information* siehe Lido di Camaiore.
- *Einkaufen* **INCABA**, Kinderartikelgroßmarkt. Von Viareggio kommend gleich am Stadtrand von Camaiore auf der linken Seite. Eine Riesenauswahl an Spielzeug und Campingartikeln.

Sommerliche Mittagsruhe an der Piazza San Bernardino

Versilia & Apuanische Riviera   Karte S. 243

• *Veranstaltungen* **La Toscana del Bic-chiere**, Weindegustation in den Palazzi der zentralen Via Vittorio Emanuele. Auch Olivenöl und lokale Spezialitäten kommen auf die Tische. Als „Eintrittskarte" dient ein Becher, den man vor den Toren der Palazzi erstehen kann. Ende Mai.

Camaiore d'altri tempi, eine einwöchige Antiquitäten-Ausstellung im August mit zahlreichen Veranstaltungen am Abend sowie Musik, Theater und Tanz. ✆ 0584-983366.

• *Übernachten* ***** Le Monache**, traditioneller Gasthof. Renoviert, mit Lift. Im Hausrestaurant gute Fleischgerichte und hausgemachte Nudeln. Mi geschl. DZ ca. 68 €, Piazza XXIX Maggio, ✆ 0584-98925, 🖂 0584-98401, www.lemonache.com.

** Conca Verde, außerhalb des Orts in Misciano. Einladende Lage im Grünen, Speiseterrasse, lauschige Parkanlage mit Kinderspielplatz und Pool. Anfahrt: am südöstlichen Stadtausgang der Beschilderung zur romanischen Abtei Badia folgen, an der Abtei vorbei, dann bei einer Osteria rechts hoch. DZ mit Du/WC 60 €. Via Misciano 22, ✆ 0584-989686, 🖂 0584-987005, www.toscanamare.com.

*** Villa Gli Astri, tolle Villa aus dem 17. Jh. mit zum Teil bemalten Zimmerdecken. Die heutigen Besitzer sind Architekten, haben das Schmuckstück geerbt und hübsch renoviert. Im Garten gibt es einen Pool. Geöffnet April–Okt. Kurz hinter dem Dorf Nocchi (erst Richtung Lucca, dann nach 2 km links abbiegen. DZ ca. 130 €, auch Halbpension möglich (85 €). Via di Nocchi 35, ✆/🖂 0584-951590, www.villagliastri.it.

• *Essen* **Il Centro Storico**, ordentliche Trattoria, die älteste von Camaiore, mit einigen Tischen vorm Eingang. Mo geschlossen. Via Battisti 68, ✆ 0584-989786.

Il Colosseo, einfache Trattoria mit guten Pizzen. Auch Bestuhlung zur Straße, die allerdings nicht die Flaniermeile von Camaiore ist. Beim „bemalten Tor" die zentrale Piazza San Bernardino verlassen, dann 50 m links gehen. Mo geschlossen. Via Tabarrani 26, ✆ 0584-983907.

Emilio e Bona, Feinschmeckerlokal mit entsprechenden Preisen (Primi ca. 10 €, Secondo ca. 14 €). Die Spezialitäten des Hauses werden in erster Linie aus Fleisch und Pilzen zubereitet. Einige Kilometer oberhalb beim Weiler Lombrici (Richtung Casoli). Mo/Di tagsüber geschlossen. Via Lombrici 22, ✆ 0584-989289.

Bernardone, Richtung Lucca, kurz vor dem Dorf Nocchi. Frisch renovierter Landgasthof gleich neben einem Bächlein. Bekannt für seine Fleischgerichte. Wenn der riesige Parkplatz vorm Gebäude voll ist, wird wohl gerade ein Hochzeitsgelage im Gange sein. Es ist dann vielleicht ratsamer, sich einen ruhigeren Ort zum Speisen zu suchen. Mi geschlossen. Via Nocci 110, ✆ 0584-951118.

Il Vignaccio, Slow Food, sehr schön zum Draußensitzen, Top-Küche, trotzdem moderate Preise und nicht zu gehobenes Publikum, vorbestellen oder rechtzeitig kommen, Di und Mi geschlossen. (außer im Juli/Aug.). Santa Lucia, Camaiore, ✆ 0335-5914733. Nach Santa Lucia kommen Sie, wenn Sie die Via Sarzanesse von Pietrasanta nach Camaoire fahren, dann folgen Hinweisschilder.

Lido di Camaiore

Das „arme" Hinterlandstädtchen Camaiore verfügt über ein einziges Hotel, die reiche Badesiedlung Lido di Camaiore weist über 120 auf. Vom halbmondänen Grand Hotel an der Küstenstraße bis zur familiär geführten Pension in einer der Nebenstraßen ist alles zu haben. Am Strand reihen sich vielfarbig, aber doch monoton die Badeanstalten aneinander.

• *PLZ* 55043

• *Information* **APT-Büro**, Viale Cristoforo Colombo/Ecke Piazza Umberto. Mitte Sept. bis Ostern Mo–Sa 10–12.30 und 16.–18.30 Uhr, ab Ostern täglich 10–19.30 Uhr. Trotz des Rummels bleiben die Angestellten freundlich. ✆ 0584-617397, 🖂 0584-618696. www.versiliainfo.com.

• *Übernachten/Camping* Hotels gibt es im Überfluss, die billigeren meist in Seitengassen versteckt. Viele beschränken allerdings ihre Öffnungszeit auf die Monate Juni–Sept. und sind oft voll mit Bustouristengruppen.

*** Bacco, nur drei Straßen vom Meer entfernt. Eine ruhige, grüne Oase mit viel persönlicher Atmosphäre, die der Besitzer Massimo Mannozzi mit seiner deutschen Ehefrau verbreitet. Hinter der Rezeption hängt eine längere Prominentengalerie (von Helmut Kohl bis Roberto Benigni), alles Gäste von Massimos Berliner Nobeltrattoria. Die Zimmer sind geräumig und haben einen Balkon. Auch Fahrräder für die Gäste sind vorhanden. DZ ab 80 €. Via Rosi 24, ☎ 0584-619540, 📠 0584-610897, www.hotelbacco.it.

*** Alba Sul Mare, hübsche, neu renovierte Jugendstilvilla mit 20 Gästezimmern an der verkehrsberuhigten Strandpromenade. Die meisten Zimmer mit Blick zum Meer, allerdings bieten die Zimmer in den oberen Etagen einen schönen Blick aufs Gebirge. Zimmer gerade so groß wie nötig. DZ 90–110 €. Viale E. Pistelli 15, ☎ 0584-67423, 📠 0584-66811, www.hotelalbasulmare.it.

*** Piccadilly, nettes, mittelgroßes Hotel mit für diese Preisklasse geräumigen Zimmern. Die Zimmer zur Seepromenade haben alle einen kleinen Balkon. Juni–Aug. Halbpension pro Pers. 80–110 €. Lungomare Pistelli 107, ☎ 0584-617441, 📠 0584-617102, www.piccadillyhotel.it.

** Eros, kleines, vorwiegend von jungen Leuten frequentiertes Hotel. DZ ab 80 €. Via del Fortino 50, ☎ 0584-650173, 📠 0584-67264, www.hoteleros.it.

** Valdinievole, Jugendstilvilla mit Meerblick, nette Gastgeber und gute Preise für die 20 Zimmer. DZ ab 50 €. Viale Pistelli 18, ☎/📠 0584-67488, hotelvaldinievole@interfree.it.

● *Eis* **Sorci Verdi**, am Ortseingang am Viale Colombo (aus Richtung Viareggio kommend). Fast am „Fluss".

● *Einkaufen* **Terracotta**, günstige Terrakotta-Artikel, große Auswahl. Via Aurelia/Ecke Via Italia.

Pietrasanta

(mit Marina di Pietrasanta 25.000 Einw.)

Pietrasanta ist eine der wenigen strategisch geplanten Stadtgründungen der Toscana. Benannt wurde der Ort nach Guiscardo da Pietrasanta, dem Stadtvogt von Lucca. Während Carrara hauptsächlich auf die Gewinnung und den Export von Rohmarmor spezialisiert ist, entstand in Pietrasanta ein künstlerisch-industrielles Zentrum zur Veredelung des begehrten Steins.

Etwa 120 Betriebe verarbeiten in Pietrasanta den Marmor, Aufträge kommen aus der ganzen Welt. Kaum ein Großprojekt, ob Luxushotel, Moschee oder Kathedrale, das nicht durch den edlen Stein aufgewertet werden soll.

Das Zentrum des alten Ortskerns bildet die Piazza del Duomo mit einigen Straßencafés und der hübschen Fassade des dreischiffigen **Doms San Martino** (13. Jh.). Den Berghang hinauf ziehen sich die alte Befestigungsmauer und grüne Olivenhaine. Ein 10-minütiger Spaziergang führt hinauf zur langobardischen Stadtbefestigung **Rocca di Sala**, die besonders am Abend, wenn sie in ihrer ganzen Länge effektvoll angestrahlt wird, ein traumhaft schönes Bild abgibt. Nach ungefähr einem Drittel des Weges hält man sich rechts und geht die Mauer entlang. Von oben genießt man einen schönen Blick auf die rechtwinkelig angelegte Altstadt und das Thyrrenische Meer.

Kunst von Fernando Botero

Am Platz vor dem Rathaus dominiert „Il Guerriero" („Der Krieger") des weltbekannten kolumbianischen Malers und Bildhauers Fernando Botero. Wie alle seine Skulpturen wirkt auch er fett und ironisch überspitzt. Ursprünglich zeigte der „Krieger" sein Hinterteil allen ankommenden Besuchern. Nach längeren Diskussionen im Rathaus drehte man die Statue in eine etwas günstigere Position. Botero, der wie ein Kritiker in der FAZ einmal vermerkte, die „schönen Dicken" macht, ist Kosmopolit mit Hauptwohnsitz auf einer Hazienda in Kolumbien und Nebenwohnsitzen in New York, Paris und nicht zuletzt in Pietrasanta, „weil hier die besten Bronzegießer zu bekommen sind".

Auf der erwähnten Piazza del Duomo und in der ebendort befindlichen Kirche San Agostino werden den Sommer über großflächig die Werke verschiedener Bildhauer vorgestellt, darunter auch die so bedeutender Künstler wie Fernando Botero, der zeitweise in Pietrasanta lebt und arbeitet. Überhaupt hat sich Pietrasanta zu einer richtigen Künstlerkolonie entwickelt. Das ganze Jahr über trifft man amerikanische, deutsche oder englische Künstler und Kunsthandwerker – sie alle haben es geschafft, eine Arbeitsmöglichkeit in einem der kleinen Ateliers zu ergattern.

Information/Verbindungen/Adressen

- *PLZ* 55045
- *Information* Piazza dello Statuto, 9.30–12.30 Uhr, Mai–Aug. 17–19 Uhr. Do geschlossen. ✆/🖷 0584-283284.
- *Bahnverbindung* Regelmäßige Verbindungen nach Pisa, Livorno und La Spezia. Der Bahnhof liegt unweit vom Dom knapp unterhalb der Porta Pisana.
- *Ateliers/Verkaufsgalerien* An der Peripherie von Pietrasanta haben sich viele Ateliers, Marmorfabriken und Verkaufsshops niedergelassen. Kleine „Kopierbetriebe" zum Reinschauen und Ausstellungsräume der „Großen" findet man im Ortszentrum. In den normalen Ateliers ohne Shop ist es eher schwierig nur zuzuschauen. Hier werden Engelchen, Brunnen, Gartenbänke usw. als Serienware hergestellt, aber auch Exklusives und Teures. Eine Auswahl:

Studio Sem, moderne Skulpturen aus Marmor und Granit, Henry Moore ließ hier Arbeiten ausführen. Via S. Agostini 51, www.studiosem.net.

Cervietti, Kopien klassischer Vorlagen (angeblich bester Betrieb), Via S. Agostino 53.

Fonderia Artistica Versiliese, wichtigste Bronzegießerei der Region. Via del Castagno 23., www.fonderiaversiliese.it.

Palla, hübsche, bisweilen süßliche Innendekorationen, arabische Scheichs sind Großkunden. Via Oberdan 2.

- *Einkaufen* **Bioladen**, Via S. Stagi, gute Auswahl, auch Flyer für Alternativveranstaltungen.

MAC, wunderschöner Laden in der Einkaufstraße, freundliche Besitzerin. Ausgesuchte Kleidung, Kunsthandwerk, allein der Laden ist schon eine Augenweide. Via Mazzini 86.

- *Märkte* Jeden Donnerstagvormittag findet vor dem Infobüro an der Piazza dello Statuto ein **Wochenmarkt** statt. **Antiquitäten** stehen an jedem 1. Sonntag des Monats auf der Piazza del Duomo zum Verkauf, dem **Kunsthandwerk** ist der darauf folgende Samstag und Sonntag am gleichen Ort gewidmet.

- *Fest* **Colori di sera**, sechswöchiges Musik- und Kunstfestival im Hochsommer, in dessen Zentrum die Piazza del Duomo steht: Bildhauer stellen aus, und Orchester spielen, was die Musikgeschichte hergibt. Mitte Juli bis Ende August.

- *Internet* Es gibt zwei Internet-Cafés: eines in der Porta al Duomo 25 (mindestens bis 22 Uhr geöffnet), das andere in der Via Piastroni 57.

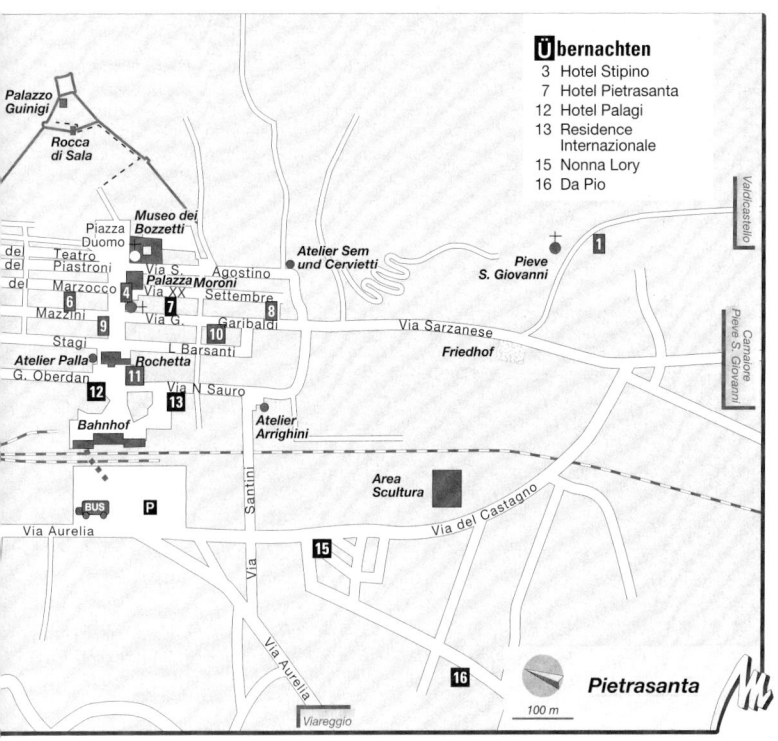

Übernachten

**** Pietrasanta (7), von Amerikanern bevor zugter, frisch renovierter Stadtpalast mit lauschigem, begrüntem Innenhof, in dem das Plätschern eines Springbrunnens für entspannte Atmosphäre sorgt. DZ etwa 270–400 €. Via Garibaldi 35, ☎ 0584-793726, ✆ 0584-793728, www.albergopietrasanta.com.

*** Palagi (12), gepflegtes, Anfang der 90er Jahre renoviertes Hotel an der Durchgangsstraße. Geräumige Zimmer. DZ 80–170 €. Piazza Carducci 23, ☎ 0584-70249, ✆ 0584-71198.

*** Residence Internazionale (13), neben der Durchgangsstraße. Parkplatz für Gäste vorm Haus. Geräumige Studios für 2 Pers. (max. 155 €). Piazza Repubblica 13, ☎ 0584-70444, ✆ 0584-71226.

** Stipino (3), geräumige Zimmer mit TV, einfachem Badezimmer oder Dusche.

Vorm Haus ziemlich viel Verkehr, doch es sind doppelt verglaste Fenster vorhanden. 5 Minuten nördlich des Zentrums. DZ 55–85 €. Via Provinciale 50, ☎ 0584-71448, ✆ 0584-72421, stepino@tiscalinet.it.

Nonna Lory (15), fünf Fußminuten vom Ort. Ruhige Lage. 7 renovierte Zimmer, alle mit Bad/WC. Im Erdgeschoss ein preiswertes Restaurant, wo man auch schön im Garten sitzen kann. DZ inkl. Frühstück ab 65 €. Via Traversagna 3/5, ☎ 0584-790031, ✆ 0584-794196.

Da Pio (16), modernes Landhaus, 10 Fußminuten vom Ort entfernt. Die 6 Zimmer sind sauber und geräumig. Großer Pool (10 x 20 m) vorhanden. DZ 70–120 €. Via Traversagna 54, ☎/✆ 0584-790266, www.agriturismo.com/dapio.

Essen (siehe Karte S. 256/257)

Da Sci (8), gute Hausmannskost, empfehlenswert sind die Tagesgerichte. Sonntags und feiertags geschlossen (abends reservieren). Vicolo Porta a Lucca 3, ☎ 0584-790983.

Pizzeria Betty (9), an der Piazza Duomo 32/33. Entsprechende "Piazzapreise" Mo geschlossen. Piazza Duomo 32/33, ☎ 0584/71247.

Bar Michelangelo (4), die Nr. 1 auf dem Domplatz: einheimisches Publikum, hier muss man gesehen werden. Mi geschlossen.

Il Gatto Nero (11), das Ausgehlokal in Pietrasanta: gut essen (allerdings auch etwas teuer) unter Kastanienbäumen zwischen der Rocchetta Arrighina und der Porta Pisa, die zum Domplatz führt. Wegen der stimmungsvollen Atmosphäre abends schnell voll. So geschlossen. Piazza Carducci 32, ☎ 0584-70135. www.trattoriailgattonero.it.

Enoteca Marcucci (10), hier können Sie, wenn Sie Glück haben, neben Giorgio Armani essen oder ausgesuchten Wein trinken. Ausgezeichnete Küche, sehr schön zum Draußensitzen. Unbedingt reservieren. Mo geschlossen (nicht im August). Via Garibaldi 40, ☎ 0584-791962.

Zeit und Raum – Kunstwerk in einer der zahlreichen Werkstätten von Pietrasanta

Il Lunedi dello Studio (5), Enoteca, Osteria, Kunst, Antiquitäten – alles in einem. Hier können Sie sich umschauen und fein essen. Am Wochenende Livegesang. Di Ruhetag (Juli/Aug. täglich geöffnet). Piazza Matteotti 39 (hinter der Botero-Skulptur „Der Krieger"), ☎ 0584-793930, www.osterialostudio.it.

Noch erwähnt werden soll eine namenlose, aber empfehlenswerte **Rosticceria (6)** in der Via G. Mazzini 23 (Fußgängerzone).

● *Außerhalb* **Da Beppino (1)**, Valdicastello, kurz hinter der Pieve S. Giovanni rechts. Ruhige Lage im Grünen. Spezialitäten vom Grill, Menü ab 35 €. Di geschlossen. Via Valdicastello Carducci 34, ☎ 0584-790400, www.dabeppino.it.

Antico Uliveto (14), man speist in entspannter Atmosphäre in einem großzügig verglasten Anbau mit Blick in den weitläufigen Olivengarten oder im Garten selbst. Menü ab 40 €. Im Nachbarort Pozzi di Seravezza (Richtung Querceta, Seravezza), Via Martiri di S. Anna 66, ☎ 0584-768882. www.antico-uliveto.it.

Da Romano (2), Straße Richtung Seravezza, Ristorante und Pizzeria, lecker und bezahlbar in künstlerischem Ambiente. Unbedingt reservieren, Mo geschlossen. Via Provinciale 22a, ☎ 0584-71234.

● *Gelateria* **Dolce Vita**, beste Gelateria in der Gegend, auch Sojaeis. Fast direkt an der Piazza Duomo, Via S. Stagi 4.

Sehenswertes

Museo dei Bozzetti: Im Museum der Gipsmodelle sind auch einige Kopien großer Meisterwerke der Bildhauerei ausgestellt. Ein Rundgang durch die beiden Ausstellungsgebäude (Bibliothek in der Via S. Agostino 1 sowie Via Marconi 5) vermittelt einen guten Eindruck von verschiedenen bildhauerischen Techniken. Eintritt frei,

⏲ Juni–Sept. 14.30–19 Uhr, Juli/Aug. 18–20 und 21–24 Uhr, So/Mo geschlossen. ☎ 0584-795500. www.museodeibozzetti.it

Dom S. Martino: Ein freistehender, aus rotem Backstein erbauter Campanile überragt den 1330 begonnenen Bau. Hübsche Fassade mit reliefgeschmückten

Rundbogenportalen aus der Werkstatt *Pisanos* (14. Jh.). Im dreischiffigen Innenraum eine Marmorkanzel aus dem 17 Jh. und ein ca. 100 Jahre älteres Weihwasserbecken.

Casa natale di Giosuè Carducci: Das Geburtshaus (1835) des späteren Literaturnobelpreisträgers befindet sich im nahe gelegenen Valdicastello. Die Gemeinde Pietrasanta bietet auch außerhalb der normalen Museumsöffnungszeiten Führungen in deutscher Sprache für Gruppen ab 5 Personen an.

Ⓘ Im Sommer Di–So 17–20 Uhr, im Winter Di 9–12 Uhr, Sa/So 15–18 Uhr. ✆ 0584-772278, ✆ 0584-795588.

Pieve S. Giovanni: Die älteste Kirche der ganzen Gegend, erbaut im 9. Jh. Im Inneren ein frühromanischer Sarkophag und Fresken aus dem 14. Jh. Anfahrt: ca. 1,5 km Richtung Lucca, dann links Richtung Valdicastello abbiegen. Die Kirche ist zwar meist geschlossen, aber der Küster, der hinter der Kirche wohnt, öffnet sie gerne.

Marina di Pietrasanta

Nicht so mondän wie das benachbarte Forte dei Marmi, wo Fiat-Chef Agnelli eine pompöse Villa sein Eigen nennt, dafür aber mit einem vielfältigen Kulturangebot. Im *Parco La Versiliana*, der 100 Hektar großen grünen Oase am Ortsausgang Richtung Forte dei Marmi, finden während der ganzen Saison Theater-, Operetten- und Ballettaufführungen statt. In der neben der Parkvilla gelegenen *Fabbrica dei Pinoli* (der ehemaligen Pinienkernmühle) werden Skulpturen, Gemälde und Fotografien ausgestellt. Das *Literatencafé* ist Treffpunkt der Prominenz aus Kultur und Politik. Ein freier Badestrand befindet sich am östlichen Ortsausgang von Marina di Pietrasanta, Loc. Motrone (am Hotel Josef).

• *PLZ* 55044

• *Information* **APT**, Informationszentrum mit ausreichendem Material, Buchungsmöglichkeiten für Ausflüge in die Cinque Terre usw., zusammen mit der Vereinigung der Hoteliers der Versilia: **Arte Mare** (www.artemare.net), Piazza America 2 (an der „Strandautobahn", dem Viale Roma), ✆ 0584-20331 (APT) oder 0584-746974 (Arte Marc), ✆ 0584-24555 oder 0584-20436. Mo–So 9.30–13 und 15–18 Uhr, von Mitte Sept. bis Ostern sonntags geschlossen, www.comune.pietrasanta.lu.it.

• *Fest* **La Versiliana**, nachmittags Lesungen und Diskussionen im Literatencafé, abends Theater und Konzerte auf der Freilichtbühne (allerdings alles auf Italienisch), Kunst- und Antiquitätenausstellungen in der Villa Versiliana. Traditionelles Sommerfest im gleichnamigen Stadtpark, Juli und August. www.laversilianafestival.it.

• *Markt* Jeden Samstagvormittag großer Wochenmarkt mit günstigen Klamotten und Schuhen, Vorsicht Taschendiebe! Im Ortsteil Fiumetto.

• *Übernachten* Fast ebenso viele Möglichkeiten wie in Viareggio oder Lido di Camaiore.

*** Gemma del Mare, sehr gepflegtes Haus in ruhiger Lage, großer Kieferngarten. Meist von Deutschen besucht. DZ 80–110 €, Halbpension ca. 60 € pro Pers. Via Leonardo da Vinci 158 (Ortsteil Tonfano), ✆ 0584-745403, ✆ 0584-745458, www.gemmadelmare.it.

*** Elizabeth, strandnah und trotzdem relativ ruhig. DZ mit Du/WC 50–90 €. Via Tagliamento 36 (Ortsteil Tonfano), ✆ 0584-20453, ✆ 0584-24546, www.hotelelizabeth.it.

** Villa La Fonte, relativ preiswertes, kleines Hotel mit Garten, geschmackvoll eingerichtet, Familienbetrieb, näh am Meer, etwas unruhig. Ortsteil Fiumetto. DZ 60–78 €. Viale Carducci 39, ✆ 0584-20174, ✆ 0584-22109.

*** Villa Ombrosa, neu renoviertes Hotel, Familienbetrieb, sehr gute Küche, zentrale Lage, nah zum Strand. DZ 80–120 €. Via Carducci 21, Loc. Fiumetto, ✆ 0584-200057, ✆ 0584-745288, flores@versilia.toscana.it.

• *Essen* **Amici miei**, Ristorante, Pizzeria. Fischgerichte, regionale Spezialitäten, zum Draußensitzen fast am Meer, im Winter Mi geschlossen. Viale Roma 16, Ortsteil Fiumetto, ✆ 0584-745936.

• *Nachtleben* Mehrere Diskotheken befinden sich am Viale Roma, der breiten „Strandautobahn".

La Bussola, in Focette (zwischen Marina di Pietrasanta und Lido di Camaiore). Die „Inbar" aus den 60er/70er Jahren mit Musik

z. B. von Mina, Marlene Dietrich, Charles Aznavour, Liza Minelli ... Für das „ältere" Publikum, Livemusik und Piano-Bar. Fr–So geöffnet. Viale Roma 44, ☏ 0584-22737.

Seven Apples, ebenfalls in Focette. Hier trifft sich mehr die einheimische Jugend zum Tanzen. Hip-Hop, zwei Tanzflächen, Fr–So geöffnet. Viale Roma 108, ☏ 0584-20458. www.sevenapples.it.

Twiga Club, Inhaber ist u. a. Flavio Briatore, dementsprechend ist hier die Highsociety anzutreffen und entsprechend teuer ist das Ganze. Do–Sa geöffnet. Viale Roma 2, Ortsteil Fiumetto, ☏ 0584-21518. www.twiga club.com.

La Canniccia, mehrere Tanzflächen und ein Garten machen das Canniccia bei jungen Italienern beliebt. An der Autobahnausfahrt Versilia (Richtung Marina die Pietrasanta). Von Lateinamerikanisch bis House. Viale Unità d'Italia 1, ☏ 0584-21948.

Bergdörfer im Hinterland von Pietrasanta

Sant'Anna di Stazzema

Das Bergdörfchen hütet düstere Erinnerungen. Gleich am Eingang findet sich eine kleine Gedenkkapelle, daneben eine Tafel: *Anna Padrini*, 23.7.–12.8.1944. Das 20 Tage alte Mädchen war das jüngste Opfer eines beispiellosen Gemetzels, angerichtet von Soldaten der deutschen Wehrmacht und der Waffen-SS im Morgengrauen des 12. August 1944. Insgesamt 560 Männer, Frauen und Kinder wurden zusammengetrieben und in der Dorfkirche erschossen, dann mit Benzin übergossen und verbrannt. Geschichtlicher Hintergrund dieses Massenmords: Obwohl Italien dem ehemaligen Bündnispartner bereits den Krieg erklärt hatte, vermochten die Nazis den nördlichen Teil des Landes bis zur so genannten Gotenlinie zu halten. Ihre letzte Rückzugsfront verlief unter anderem bei Sant'Anna, wo die italienischen Partisanen besonders aktiv waren. Unmittelbarer Anlass des Massakers war möglicherweise ein am 29. Juli in der Dorfkirche angeschlagenes Plakat mit dem Aufruf zum Widerstand. Die Männer sollten sich mit Jagdgewehren oder Heugabeln bewaffnen, Alte, Frauen und Kinder zu Hause bleiben und passiven Widerstand leisten. Zwei Wochen nach dem Blutbad von Sant'Anna lief die Operation „Olive" der Amerikaner an, die wesentlich zur Kapitulation der deutschen Streitkräfte in Italien im April 1945 beitrug. Sant'Anna war übrigens kein Einzelfall: Insgesamt wurden im Jahr 1944 über 83 Gemeinden in der Toscana Opfer nationalsozialistischer Gräuel. Sant'Anna di Stazzema ist heute ein friedliches Bauerndorf. Ein kleines Museum mit Schautafeln aber hält die Erinnerung an den 12. August 1944 wach. Von dort führt ein zehnminütiger Weg durch den Wald hinauf zur weithin sichtbaren Gedenkstätte, unter der die Opfer des Massakers begraben liegen. Die Reliefs an den 15 Stationen dieses Kreuzwegs erzählen parallel zur Passionsgeschichte Christi diejenige der Einwohner von Sant'Anna. Der mutmaßliche Hauptverantwortliche für das Massaker, Anton Galler, ist für das Verbrechen übrigens nie zur Rechenschaft gezogen worden. Der gebürtige Österreicher, der sich als SS-Angehöriger bereits 1935 in Deutschland einbürgern ließ, versteckte sich nach dem Krieg zunächst in St. Pölten. Danach lebte er einige Jahre in Kanada, kehrte Mitte der 60er Jahre nach Österreich zurück, um schließlich 1985 nach Dénia an der spanischen Costa Blanca überzusiedeln. Dénia ist ein Alterswohnsitz ganz besonderer Art, denn hier kamen schon vor Haller ein paar ehemalige SS-Schergen unter und ließen es sich unter südlicher Sonne gut gehen – freilich ohne auf heimatliche Annehmlichkeit verzichten zu müssen, denn in der örtlichen Bar „Porto Bello" wird neben Erdinger Weißbier auch Leberkäs mit Kartoffelsalat serviert. Auch Galler wird hier das eine oder andere Mal eingekehrt sein, um seinen deutschen Hunger und Durst zu stillen. Der ehemalige SS-Bataillonskommandeur starb im März 1995 „friedlich in seinem gelb gestrichenen Heim mit den rosa Hibiskusblüten" (*Süddeutsche Zeitung*).

• *Anfahrt* Von Camaiore oder Pietrasanta bis zum Dorf Monteggiori. Von dort aus kurvt sich ein ca. 7 km langes Alpensträßchen bis Sant'Anna di Stazzema.

⊙ **Museo Storico della Resistenza**, Di–Mi 9–14 Uhr, Do–Sa 9–18 Uhr, So 14.30–18 Uhr.

Eintritt frei. Sehr sehenswert, leider nur in italienischer Sprache. ✆ 0584-772286, museodisantanna@libero.it, www.santannadistazzema.org (von der Bundesrepublik Deutschland unterstützt).

„Eine Orgel für Sant'Anna di Stazzema"

2002 gründeten die Essener Musiker Maren und Horst Westermann die Versöhnungsinitiative „Eine Orgel für Sant'Anna di Stazzema". Sie veranstalten Benefizkonzerte in Deutschland und Italien und sammelten dabei Spenden für den Neubau einer Orgel für die Kirche des kleinen toscanischen Ortes. Unterstützt werden bzw. wurden sie dabei u. a. vom italienischen Staatspräsidenten Carlo Azeglio Ciampi und vom kürzlich verstorbenen ehemaligen deutschen Bundespräsidenten Johannes Rau. Wegen der großen Spendenfreudigkeit konnte im Oktober 2004 der Vertrag mit dem renommierten Orgelbauer Ghilardi aus Lucca unterzeichnet werden. Die Einweihung der neuen Orgel fand im Juli 2007 mit einem internationalen Publikum statt. Weitere Infos unter www.orgel-fuer-sant-anna.de.

Seravezza
(5000 Einw.)

Bergdorf am Fuße der eindrucksvollen Felswand des 1589 m hohen Monte Altissimo („der Höchste"), wo auch das Bächlein Serra entspringt, das im Ort in den Vezza-Bach einmündet.

Nach Carrara/Massa ist Seravezza das wichtigste Zentrum des Marmorabbaus. Michelangelo, der sich zeitweise mehr als Straßenbauingenieur und Steinbruchbetreiber denn als Künstler betätigte, musste sich in den Jahren 1518–1520 höchstpersönlich um die Erschließung neuer Marmorbrüche kümmern, um Florenz vom aufmüpfigen Carrara unabhängig zu machen. Sonderlich zufrieden war er mit dem Verlauf der Arbeiten am Monte Altissimo aber offenbar nicht, jedenfalls notierte er in einem seiner Briefe beinahe resigniert: „Früher in Carrara hatte ich fähige Mitarbeiter, die wenigstens ihr Handwerk verstanden."

Heute ist das ehemals gemächliche Bergdorf schwer im Aufbruch: am Hausberg wird seit 2004 wieder Marmorschutt abgebaut, und man steckt viel Geld in städtebauliche Restaurierungsarbeiten, auch um das Geschäft mit dem Tourismus anzukurbeln. Besonders sehenswert sind der **Dom**, ein ausladend breiter, dreischiffiger Bau mit einem filigran gearbeiteten Taufbecken von *Donato Benti* (1528), und das **Museo del Lavoro e delle Tradizioni Popolari** im alten Palazzo Mediceo, in dem das bäuerliche Leben und das Arbeitsumfeld der Marmorarbeiter dokumentiert wird.

Einige Kilometer oberhalb von Seravezza (an der Straße nach Azzano) steht die ganz aus Marmor erbaute **Pieve della Capella**, über deren Eingang das „Auge Michelangelos" zu sehen ist – eine Rosette, deren Entwurf vom Meister selbst stammen soll. Der Pater überlässt die daneben gelegene dachlose Kapelle und den Kirchgarten dem Berliner Künstler Peter Rosenzweig für Workshops der Sommer-

Versilia & Apuanische Riviera

Karte S. 243

ARKAD – eine internationale Künstlervereinigung in Seravezza

Seravezza entwickelt sich seit einiger Zeit zur Künstlerkolonie, fast schon zum zweiten Pietrasanta (siehe S. 255), weil sich kaum jemand mehr die dortigen Preise leisten kann. Zur Szene gehört auch ARKAD, eine 2002 von der Bildhauerin Cinthia Sah und dem Architekten Nicolas Bertoux gegründete internationale Künstler- und Kulturvereinigung. Die beiden Künstler haben die ehemaligen Fabrikgebäude und die historische Marmorwerkstatt gegenüber vom Medicipalast in eine Non-Profit-Organisation verwandelt. Sie richten vor allem Ausstellungen, aber auch andere kulturelle Veranstaltungen aus und werden in Zukunft auch internationale Workshops für Bildhauer organisieren. Finanziell möglich wurde das Ganze nicht zuletzt durch die internationalen Erfolge Cinthias, hinzu kommen u. a. Gelder aus EU-Töpfen. Wenn Sie im April vor Ort sind, können Sie sich die Räumlichkeiten von ARKAD auch bei einem Besuch der Gastronomiemesse „Enolia" anschauen, denn die präsentiert ihre Ausstellungsstücke (Olivenöl und andere einheimische Produkte) alljährlich im einladenden Ambiente der einstigen Marmorwerkstatt.
Via dell Palazzo 47, ℰ 0584 757034, www.arkad.it. Auskünfte zu Ausstellungen etc. auch im Touristenbüro von Seravezza.

schule „Campo del Altissimo". Von Frühling bis Herbst stehen Bildhauer- und Mal-Workshops auf dem Programm (www.campo-altissimo.de).

Unterhalb der Pieve della Capella lugt aus einem stillgelegten Bruch grauer Marmor hervor. Wie eine riesige verzauberte Burg in Weiß wirkt dagegen der noch betriebene **Marmorsteinbruch**, der ganz oben an der Passstraße nach Castelnuovo zu finden ist.

- *PLZ* 55047
- *Museo del Lavoro* Juli/Aug. 16–22 Uhr, Sept.–Juni 15–19.30 Uhr. Mo geschlossen. Eintritt 5 €. ℰ 0584-756100.
- *Information* **Pro Loco**, Besucherzentrum Alpi Apuane, Via Corrado del Greco 11, ℰ 0584-757325, ℰ 0584-756144, www.proloco seravezza.it. Tägl. 9–13 und 15.30–19.30 Uhr, 1. Okt. bis 31. Mai 9.30–12.30 und 15–18 Uhr, Di geschlossen. Sonntags nur vormittags. Das Büro ist gleichzeitig eines der drei Besucherzentren des Parco Alpi Apuane. Entsprechend bekommt man hier breit gefächertes Info-Material zum Naturpark (seit neuestem einen Wanderführer „Wanderwege durch die Gemeinde von Lucca" in Deutsch für 13 €) und kann sich darüber hinaus noch ein Video anschauen.
- *Märkte* jeden Montagvormittag Obst- und Gemüsemarkt.

Handwerkermarkt jeden vierten Sonntag im Monat.

Im April (Enolia) und im September (Festa del Nove) ein Wochenende Markt für die heimischen Produkte wie Olivenöl, Käse,

Wein usw. Aktuelle Termine auf der Homepage prolcoco, siehe oben.

- *Übernachten* **Oasi Nostra**, selten verirrt sich ein Gast zu den Ordensschwestern am unteren Dorfeingang. EZ 33 €, DZ 60 €. Via Marconi 504, ℰ 0584-756036.

A Case Rosse, das neue B&B, ganz wie der Name schon sagt: ein rotes Haus ist mit Pool, im Olivenhain gelegen, aber leider recht nah an der Straße. Ab 50 € pro Pers. Via Case Rosse 93, Seravezza, Ortsteil Ripa, ℰ 0584-743627, www.acasarosse.it.

Weitere Übernachtungsmöglichkeit im 13 km weiter (Richtung Castelnuovo) gelegenen Bergdorf Levigliani:

** Albergo Vallechiara, am steilen, bewaldeten Berghang kurz unterhalb des Dorfes, vom Restaurant weiter Blick über die Täler. DZ 70 €, EZ 35 €, Halbpension 42 €. Levigliani, ℰ/ℰ 0584-778054.

- *Essen* **Ulisse**, gehoben, mit angeschlossener Enoteca. Feine traditionelle toscanische Küche, es werden auch Komplettmenüs für ca. 25 € angeboten. Innenhof zum Draußensitzen, Di Ruhetag (nur im Winter).

Seravezza: ein Dorf im Aufbruch

Via Campana 63, ✆ 0584-757420.

Il Giardino dei Medici, modernes Mittelklasserestaurant, Pizzeria am Ortsausgang (Richtung Castelnuovo), ordentliche Küche. Mi geschlossen. Via del Palazzo 124, ✆ 0584-743498.

Il Nuraghe, rustikale Pizzeria, nette Atmosphäre, am Wochenende unbedingt reservieren, Mi geschlossen. Kurz vor dem Giardino dei Medici auf der anderen Straßenseite. ✆ 0584-757171.

Pizza-Foccaveria da Sara, wirkt unscheinbar, aber hinter dem Perlenvorhang versteckt sich ein kleiner Laden mit ausgezeichneten Foccace, Panzanelle (ausgebackenes Brot) und Pizza zum Mitnehmen. Nur in den frühen Abendstunden geöffnet. Via Marconi 25 (gleich rechts neben der Post), ✆ 0584/756868.

La Parigina, freundliches Café, von Mutter und Tochter geführt, leckerer Cappuccino, leckere Hörnchen. Tägl. 6.30–20.30 Uhr, Mi geschlossen (im Sommer täglich offen). Via Lombardi 60 (neben Supermarkt Conad).

Bar/Ristorante/Pizzeria Michelangelo, im Dorf Azzano. Trattoria wie aus dem Bilderbuch mit Bar und Tante-Emma-Laden am Eingang. Traumhafte Lage mit schattigem, terrassenförmig angelegtem Garten und tollem Blick bis zum Meer. Treffpunkt deutscher Bildhauerschüler, Mi Ruhetag. Via S. Michele 223 ✆ 0584-773050, www.ristorantemichelangelo.it.

Ristorante Il Cenacolo di Eugenio, im Bergdorf Basati. Ein aufgeschlossenes, kreatives Team, das Ihnen die einheimische Küche näher bringen will. Leckere hausgemachte Tordelli, Pasta sowie typische toscanische Spezialitäten. Großer Garten und Spielplatz für Kinder, in den Wintermonaten nur Fr–So geöffnet, ansonsten ist Di Ruhetag. An Sommerwochenenden unbedingt reservieren. Via Belvedere 2338, ✆ 0584-773441.

▶ **Baden im Fiume Serra**: Ca. 700 m ab Ortsausgang Azzano liegen neben der alten Straße zu den Marmorbrüchen einige große Bassins zum Relaxen im fast sauberem Gebirgswasser (ca. 50 m oberhalb des mitten im Tal thronenden ockerbraunen Hauses). Die Straße wurde ursprünglich von Michelangelo geplant, um den Marmorstein des Monte Altissimo abbauen zu können.

▶ **Pruno**: Das kleine Bergdorf (447 m) wurde zum Freilichtmuseum erklärt. So hält nun die Universität von Siena die Hand über Pruno, jegliche Um- oder eventuelle

Auf der Wanderung zur Hütte „Forte dei Marmi"

Neubauten müssen von dort genehmigt werden. Unter der Woche hat meist das Büro des *Circolo Val Versilia* geöffnet (✆ 0584-777000, das Büro befindet sich in der Straße mit der Kirche), der sich um diesen Teil des Parco Apuana kümmert und alle Informationen für Touren und Übernachtungen bereitstellt. In Vitrinen sind einige restaurierte Katasterbücher aus dem 16 Jh. ausgestellt, die bei dem Jahrhunderthochwasser 1996 aus dem Archiv von Stazzema gespült wurden. Am Ortsausgang beginnt eine sehr anspruchsvoller 3- bis 4-Stunden-Wanderweg, der zum 1180 m hoch gelegenen Rifugio del Freo führt (✆ 0584-778007, von Mitte Juni bis Mitte Sept. geöffnet). Von dort kann man dann am nächsten Tag zum Monte Corchia und über Levigliani nach Pruno zurückgehen.

La Pania, relativ neue Jugendherberge mit 23 Betten. Es werden auch 2 DZ vermietet. ab 14,50 € pro Pers. Via del Teatro 14, Pruno, ✆/✉ 0584-770092, www.ostellolapania.it.

Le Coppelle, weit vom Schuss, gleich hinter Retignano (9 km). Nur von März bis Okt. geöffnet. DZ 41 €, Halbpension 38 € pro Pers. Loc. Pian di Lago, Via V. Carducci, 4598, ✆ 0584-778095 oder 349-5257877.

● *Essen* **Osteria Il Poveromo,** nettes Lokal zum Draußensitzen, innen eher gediegen. Wenige Plätze, gute Fleischgerichte (reservieren). Mi Ruhetag, Via Fontana 1, ✆ 0584-777021.

▶ **Stazzema:** Das einsame, malerische Bergdorf ist ein beliebter Ausflugsort, der von üppig grünen Kastanienwäldern umgeben ist. Im Südosten erblickt man den mächtigen Dolomitgipfel des *Monte Procinto* (1317 m). Im Pro Loco von Seravezza (siehe S. 262) findet sich Material für Tourenvorschläge, etwa im Heft „Versilia" oder im neuen Wanderführer „Wanderwege durch die Gemeinde von Lucca" (13 €, die sich aber lohnen).

▶ **Levigliani/Antro del Corchia:** Das kleine zur Gemeinde Stazzema gehörende Dorf Levigliani ist das „Tor" zu einer der größten Höhlen(systeme) Italiens, der Antro del Corchia mit 60 km Gesamtlänge und einer Höhendifferenz von 1200 m. Etwa

2 km können ab Levigliani begangen werden, der Rundgang dauert ca. 2 Stunden. Es empfiehlt sich, Wanderschuhe und eine warme Wanderjacke dabeizuhaben, denn auch in den Sommermonaten liegt die Durchschnittstemperatur bei 7 °C.

① In den Sommermonaten tägl. geöffnet, im Winter nur am Wochenende. Die genauen Öffnungszeiten können im Touristenbüro von Seravezza erfragt bzw. unter www.antro corchia.it eingesehen werden. Erwachsene 12 €, Kinder bis 6 Jahre frei.

▸**Wanderung zur Hütte „Forte dei Marmi":** Diese beschauliche Rundwanderung können Sie auch mit Kindern unternehmen (aber Vorsicht vor Schlangen). Da der Weg fast die ganze Zeit durch einen Wald führt, eignet er sich durchaus auch für die Sommermonate. Anfahrt: Von Seravezza den Schildern nach Stazzema folgen. Kurz vor Stazzema den Abzweig nach rechts hinein in die Berge nehmen (Hinweisschilder *Rifugio Forte dei Marmi* und *BB Casa Giorgini*). Wenn die asphaltierte Straße in eine Schotterpiste übergeht, erscheinen auf der rechten Seite schon bald die Wanderwegweiser (in der Regel parken links die Autos). Sie folgen nun dem rot-weiß gekennzeichneten *Wanderweg 5* zur „Rifugio Forte dei Marmi". Die Steigung ist angenehm, meist geht es durch einen Kastanienwald. Nach ca. 70 Min. erreichen Sie die Hütte und können dort wunderbar zu Mittag essen (Öffnungszeiten siehe unten). Danach wandern Sie gemütlich wieder zurück. Diesmal folgen Sie dem *Wanderweg 5b*, der dann in den *Wanderweg 6* übergeht. Nach ca. 30–45 Min. erreichen Sie das B&B Casa Giorgini, wo Sie auf der Terrasse mit wunderbarem Blick in die Berge und auf das Meer einen Cappuccino trinken können. Jetzt geht es doppelt gestärkt ca. eine halbe Stunde zum Parkplatz zurück.

① Rifugio Forte dei Marmi (✆ 0584/777051, www.rifugiofortedeimarmi.it): Mitte Juni bis Mitte Sept. tägl. geöffnet, ab Mitte Sept. nur am Wochenende, Übernachtung für Alpenvereinsmitglieder 8,50 €, sonst 13 €.

B&B Casa Giorgini (✆ 3282123072, casa giorgini@libero.it) hat die gleichen Öffnungszeiten. Übernachtung mit Frühstück im DZ 40 €.

Forte dei Marmi

Nach Viareggio der älteste Ort an der Versiliaküste. Um das kleine Fort aus dem 18. Jh., das etwas landeinwärts der Küstenavenida liegt, hat sich ein kleines Zentrum mit exklusiven Läden und Straßencafés gebildet. Kein Prestigename der italienischen Modebranche, der hier nicht anzutreffen wäre. Einen Besuch wert sind die wechselnden Ausstellungen im Obergeschoss des Festungsturmes (gratis), wo das kleine **Museo della Satira e della Caricatura** untergebracht ist. Mittwochvormittags findet auf der alten Gokartbahn ein großer Markt statt. Für die Einheimischen ein wichtiger Termin, zumal hier zu passablen Preisen alles Erdenkliche gekauft werden kann.

Früher war der Badeort Verladestation für den in den Bergen abgebauten Marmor. Die lange Landungsbrücke (inzwischen aus Beton) ist ein Relikt aus dieser Zeit. Im ausgehenden 19. Jh. wurde der Ort zu einer beliebten Sommerfrische von Industriellen, denen es in Viareggio zu laut und lebhaft zuging. Zu dieser Zeit besaß die Familie Siemens hier ein Feriendomizil, und auch die Agnellis (Fiat) hatten ihre Sommervilla an der Strandpromenade (inzwischen das 5-Sterne-Hotel Augustus Lido). Das noch heute existierende Café Roma galt als Künstlertreff, wo u. a. der Schweizer Maler Arnold Böcklin seine Nachmittage verbrachte. In den 20er Jahren gehörte auch Thomas Mann zu den hiesigen Sommerfrischlern, nach ihm ist sogar eine Straße benannt (dort steht sein ehemaliges Domizil, das aber mittlerweile arg herun-

Versilia & Apuanische Riviera   Karte S. 243

tergekommen ist). Mann ließ sich hier zu der Figur des Magiers Cipolla inspirieren, dem Sinnbild des politischen Verführers in seiner Erzählung „Mario und der Zauberer".

- *PLZ* 55042
- *Information* **APT**, Viale Achille Franceschi 8 b, ✆ 0584-80091, 📠 0584-83214, www.co-mune.fortedeimarmi.lu.it. Im Sommer täg-lich 9–13 und 15–18 Uhr geöffnet, im Winter nur 9.30–12.30 Uhr (lediglich Fr/Sa auch 15–18 Uhr), So geschlossen.
- *Märkte* Mi 10–13 Uhr **Wochenmarkt** mit großer Auswahl an Kleidung. Jedes zweite Wochenende 9–19Uhr **Antiquitätenmarkt**.
- *Übernachten* Forte dei Marmi hat die größte Dichte an Vier-Sterne-Hotels in der Toscana.

**** Goya, von Deutschen bevorzugtes Hotel mit freundlichem Service. Garage, In-ternetservice, Babysitterservice und andere Leistungen für ein anspruchsvolles Publi-kum. DZ 130–220 €. Via Carducci 69, ✆ 0584-787221, 📠 0584-787269, www.hotelgoya.it.

**** Areion, günstigstes Hotel seiner Klas-se. Alle Zimmer mit Balkon, fast direkt am Meer, neu renoviert. DZ 75–125 €. Via Caio Duilio 3, ✆ 0584-787404, 📠 0584-787055, www.hotelareion.com.

*** Villa Rona, kleines Hotel in einer ruhigen Seitenstraße, trotzdem nur 50 m zum Meer, Familienbetrieb, Fahrräder stehen den Gästen umsonst zur Verfügung. DZ 65–100 €. Via Crispi 11, ✆/📠 0584-787222, www.hotelvillarona.com.

** Elbano, mitten im Zentrum. DZ 55–80 €. Piazza Garibaldi 9f, ✆ 0584-787233/89033, 📠 0584-787119, www.myforte.it.

****   Villa Undulna – Terme della Versilia, eine Wellnessoase, die sich Therme nennt, aber natürlich keine richtige Therme ist. Wenn Sie sich mit einer Massage oder Kosmetikbehandlung verwöhnen lassen wollen, sind Sie dennoch hier richtig. Rich-tung Marina di Massa, Ortsteil Cinquale. DZ 340 €. Viale Marina 1, ✆ 0585-807788, 📠 0585-807791, www.villaundulna.com.

- *Essen*   **Lorenzo**, edles Fischrestaurant mit Michelin-Stern, Menü ca. 90 €, Mo ge-schlossen. Via Carducci 61, ✆ 0584-874030.

Maitó, stilvolles Restaurant am Strand (ei-nige Schritte südlich des Piers), in dem her-vorragend zubereitete Fischgerichte ser-viert werden. Mo und Di geschlossen. Via Arenile 28, ✆ 0584-80940. www.maitoforte.it.

Prato Verde, relativ preisgünstiges Fischre-staurant (u. a. Stockfisch und Cacciucco-Eintopf) und Pizzeria. So geschlossen. Via della Sipe 41, ✆ 0584-881481.

Pizzeria Valè, Foccacia und ganz leckere Pizza auf die Hand. Sie brauchen etwas Ge-duld. Piazza Garibaldi 4b.

Rosticceria, gleich links daneben, super-frisch und lecker.

- *Gelateria*   **Nelson Club**, Rattanmöbel mit weißen Sonnenschirmen, das beste Eis im Ort. Piazza Garibaldi 5.
- *Café*   **Il Giardino**, trendy, aber trotzdem gemütlich, die Preise sind für Forte di Formi noch bezahlbar, nett zum Frühstü-cken, zum Aperitif und „Schräge-Vögel-Beobachten". Via 9 Novembre 10.

Massa   *(ca. 65.000 Einw.)*

Die Zwillingsstadt von Carrara ist weniger bekannt als ihr Pendant. Mittelal-terliche Romantik sucht man vergebens, im Zweiten Weltkrieg wurde Massa arg gebeutelt. Das heutige Stadtbild ist von der Architektur des Wiederauf-baus bestimmt.

Massa ist nicht wie Carrara mit Marmor, Bildhauerschulen und Ateliers gesegnet, Massa beherbergt die Provinzregierung, und damit lässt sich weniger Reklame ma-chen. Immerhin dürfen die Beamten im schönsten Gebäude der Stadt arbeiten: im **Palazzo Cybo Malaspina**, der die Ostseite der zentralen Piazza degli Aranci ziert. Der mit einem zweistöckigen Säulengang eingerahmte Innenhof ist als Parkplatz den Funktionären vorbehalten. Im hinteren Teil des Palastes findet sich eine recht eigenartige Grotte mit dem bezeichnenden Namen *Il Grotesco*: manieristischer Ba-rock, wo das Auge hinschaut, im Hintergrund thront Neptun mit dem Dreizack.

Ein schnurgerader, leicht getreppter Weg führt hoch zum weithin sichtbaren **Cas-tello Malaspina**. (Di–So 9.30–12.30 und 16–19.30 Uhr, im Winter nur am Wochenende). Der kurze Spaziergang ist wirklich lohnend, denn er bietet ein Panorama über die Stadt und die herrlich im Grünen gelegene Villa Massoni (Privatbesitz).

• *PLZ* 54100

• *Information* Kleines Infobüro im Rathaus an der Piazza Teatro 1, ✆ 0585-490259 oder - 0585-490214. Mo–Do 8.30–13 und 15.30–17.30 Uhr. www.comune.massa.ms.it, www.aptmassacarrara.it.

• *Bahnverbindung* Züge fahren nach Pisa, Livorno und Genua, täglich mehrmals nach Florenz und einmal nach Rom. Vom im südlichen Ortsteil gelegenen Bahnhof kommt man mit dem Bus ins Zentrum.

Annunziata, einfaches Drei-Sterne-Hotel mitten in Massa. DZ mit Frühstück 40–65 €. Via Villafranca 4, ✆ 0585-41023, ✉ 0585-810025, www.htlannunziata.it.

• *Jugendherberge* Siehe Marina di Massa.

• *Essen* **Taverna di Batti'**, lokale Gerichte, auch exzellenter Fisch. Mo geschlossen. Via Cavour 71, ✆ 0585-43160.

Osteria del Borgo, „hervorragende toscanische Küche zu erschwinglichen Preisen" (Lesertipp). Di geschlossen. Im Centro storico, Via Beatrice 17, ✆ 0585-810680.

Il Calorino, Öko-Betrieb an einem Gebirgsbach der Apuanischen Alpen über Massa (Richtung San Carlo, kurz vor Castelnuovo di Garfagnana). Weit entfernt von jeder Ortschaft, aber sehr populär. Die Energie wird von einer Wassermühle erzeugt, Fischteiche liefern frische Gerichte. ✆ 0583-62696, geöffnet Fr–So.

Umgebung von Massa

San Carlo Terme: Der kleine Thermalort liegt in den Bergen über Massa auf dem Weg nach Castelnuovo di Garfagnana. Schon die Strecke bis San Carlo gibt immer wieder den Blick frei auf die Küste, wirklich berückend ist die Aussicht aber vom Dorfplatz gleich am Ortseingang. Es lohnt sich, in der Bar neben dem Parkplatz ein paar Flaschen des örtlichen Mineralwassers zu kaufen: nicht nur wegen der erwiesenen Heilwirkung, es schmeckt ungewöhnlich gut und löscht den Durst nachhaltig.

Botanischer Garten Pellegrini: Versteckt im Wald gelegen, taucht die schöne Anlage etwa 15 km hinter San Carlo unvermittelt rechts am Wegesrand auf (gegenüber dem Rifugio, der Berghütte). Von Mitte Mai bis Mitte September steht die Pflanzenwelt der Apuanischen Alpen Besuchern täglich von 9–12 und von 15–19 Uhr offen (bitte vergewissern Sie sich beim Touristenbüro von Massa, das auch Führungen vermittelt).

Marina di Massa

Der Badeort ist von Massa durch Industriezone und Autobahn getrennt. Mit seinem langen Sandstrand und den unzähligen Hotels unterscheidet er sich nicht wesentlich von den anderen Tourismuszentren der Versilia-Küste; allenfalls geht es etwas weniger schick zu als im benachbarten Forte dei Marmi, will heißen: die Miete für Liegestuhl und Sonnenschirm ist etwas billiger (ca. 25 € pro Tag). Richtung Forte di Marmi (Cinquale) gibt es aber auch einige freie Strandabschnitte.

Am westlichen Strandabschnitt (an der Grenze zu Marina di Carrara) konzentrieren sich die insgesamt 33 (!) Campingplätze. Sie liegen etwas landeinwärts der Uferpromenade und sind durch Baumbestand einigermaßen abgeschattet.

• *PLZ* 54037

• *Information* **APT-Büro**, Viale Vespucci 24 (Küstenstraße, in der Villa neben dem Hotel Tirreno). Man bekommt einen Ortsplan mit Hotelverzeichnis, kann Bootsfahrten in die Cinque Terre buchen etc. ✆ 0585-240063, ✉ 0585-869015, www.aptmassacarrara.it.

• *Busverbindung* Von der zentralen Piazza Betti Verbindungen zum Bahnhof von Massa (7 km) und in die Stadt.

Ostello Turimar, Privatherberge knapp 2 km westlich vom Zentrum von Marina di Massa. Auf dem riesigen Gelände eines ehemaligen Kindererholungsheimes, in das während der 30er Jahre Arbeiterkinder ver-

Versilia & Apuanische Riviera
Karte S. 243

schickt wurden. Seit den 80er Jahren stand das Heim leer. Neu ist das Hauptgebäude, das sich im futuristischen Design präsentiert (z. B. der lichtdurchflutete Veranstaltungssaal, in dem im Sommer allabendlich eine Disko dröhnt). Auch das nebenan liegende Restaurant wurde neu erbaut. Zwischen den Gebäuden viel Grünfläche und ein riesiger Pool (zum Strand sind es aber nur ca. 50 m). Wegen der vielen Jugendgruppen ist immer der Bär los (insgesamt 645 Betten!). Ab 12 €. Via Bondano a Mare 64, ℘ 0585-243282, ℘ 0585-869925, www.ostelloturimar.com.

Ostello Apuano per la Gioventù, an einem unbebauten Stück Küste direkt am felsigen Strand gelegen. Die hohe, stacheldrahtbewehrte Mauer um das Gelände stammt noch aus der Zeit des 2. Weltkrieges, als die Villa der deutschen Wehrmacht als Verwaltungsquartier diente. Busse fast stündlich ab Bahnhof Marina di Massa. Alternative: von Carrara Avenza mit dem Bus Richtung Hafen (dem Fahrer Bescheid sagen), von hier ca. 400 m zu Fuß. Geöffnet Mitte März bis Mitte Sept. Voranmeldung nötig. Ortsteil Partaccia, fast schon in Marina di Carrara.Das Haushaus ist den Frauen und den Familien vorbehalten. Übernachtung 11 € pro Pers., Frühstück 2 €. Via delle Pinete 237, ℘ 0585-780034, ℘ 0585-774266, www.dormireintoscana.it/ostelloapuano.

*** Hotel Villa Fiorisella, Richtung Forte di Marmi, im Ortsteil Poveromo. Nettes Hotel unter deutsch-italienischer Leitung. Mit deutschen Zeitungen, Bibliothek und Sat-TV. DZ 150 €. Via Giuseppe Verdi 37, ℘ 0585-240337, ℘ 0585-243022, www.villafiorisella.it.

Italia, der einzige Platz, der ganzjährig offen ist, die anderen Plätze haben nur von April bis Sept. geöffnet. 6 €/Pers., 20 €/Zelt, 86 €/Nacht im Bungalow. Via delle Pinete 412, ℘ 0585-780055, ℘ 0585-631733, www.campeggioitalia.com.

*** Linus, hier treffen sich die jüngeren Leute. Vor dem Eingang zum Campingplatz täglich bis Mitternacht Markt. Klamotten, Schmuck, Lebensmittel. 2 Pers., Auto und Zelt in der Hauptsaison ca. 35 €. Via Partaccia, ℘ 0585-780071, ℘ 0585-788656.

*** Partaccia 2, etwas ruhiger und eher von Familien bevorzugt. 1 Pers. mit Zelt und Auto 27 €. Via del Cacciatore 36, ℘ 0585-780201, ℘ 0585-788303, partaccia2@vergilio.it.

● **Essen Farfarello**, nur abends geöffnetes Lokal mit wenig Platz und ausgezeichneter Pasta a Frutti di Mare. Mi geschlossen. Via Colombo 30, ℘ 0585-869090.

Al Pontile, Fischspezialitäten, Mi geschlossen. Viale Vespucci 22 (Küstenstraße), ℘ 0585-243417.

Il Bottaccio, edles Restaurant im schönen Ambiente. Eine alte Mühle mit Wintergarten lädt zu einem leckern Essen mit ausgesuchten Weinen ein. Menü um die 70 €, Montignoso (Richtung Forte) ℘ 0585-340031, www.bottaccio.it.

● **Gelateria Garden 2**, leckeres Eis, vor allem die Schokoladensorten. Mo geschlossen. Piazza Betty 13.

Weine der Coli Apuani

Die beiden Städte Massa und Carrara sind bekannt für ihre Marmorbrüche. Wenige wissen allerdings, dass in den „Weißen Bergen" auch ein ausgezeichneter Weißwein angebaut wird – der *Candia dei Colli Apuani DOC*. Begünstigt durch das milde Klima zwischen dem Tyrrhenischen Meer und den Apuanischen Alpen reifen hier auf Terrassen Trauben heran (Vermentino Bianco, Albarola, Trebbiano, Toscano, Malvasia del Chianti), die im weichen, duftigen *Candia dei Colli Apuani D.O.C.* vereint werden. Der Wein, der außerhalb der Region kaum bekannt ist, wird auf kleinen Gütern hergestellt.

Weiße: Candia dei Colli Apuani D.O.C. (Eichenfassreifung), Candia dei Colli Apuani D.O.C. (lieblich), Vermentino Bianco (8-monatige Holzfassreifung), Scurtarola Bianco (Dessertwein).

Rote: Vermentino Nero (Gärung in kleinen Holzfässchen, kräftig), Scurtarola Rosso (frischer Wein).

Außerdem im Angebot: der Sekt Metodo Classico, Olivenöl, Essig, Marmelade und Honig.

Nähere Information mit Adressen von Direktverkauf: www.stradadelvino.ms.it.

Carrara

(ca. 12.000 Einw.)

Wegen der zahlreichen Marmorsägereien, die das Wasser des Carrione als Kühlmittel und zum Spülen benutzten und so einen milchig-trüben Bach aus ihm machten, wurde Carrara früher die „Stadt am Milchbach" genannt. Mit behördlichen Auflagen versucht man heute ganz unromantisch, für sauberes Wasser zu sorgen.

Im Ortsbild mischt sich ein klein wenig Mittelalter mit pompösem Neoklassizismus. Letzteren hat Carrara der Verwandtschaft Napoleons zu verdanken, die hier im frühen 19. Jh. das Sagen hatte. Im späteren Verlauf des 19. Jh. war Carrara dann eine Hochburg der Anarchisten, noch heute halten sie am 1. Mai ihre eigene Demonstration ab. Während der 1940er Jahre war Carrara leider eine Hochburg der italienischen Faschisten, die zusammen mit den deutschen Truppen mehrere Dörfer in den Apuanischen Alpen niedergemetzelt haben.

Derzeit präsentiert sich Carrara als Stadt der Baustellen. Das liegt an URBAN 2, einem städtebaulichen Förderprogramm, das mit 27 Mio. Euro von der Europäischen Union unterstützt wird. Die Mittel werden vor allem für Sanierungsmaßnahmen, aber auch für den Ausbau der Verkehrsinfrastruktur verwendet– immerhin rasen täglich Hunderte von Marmorlastern durch die Stadt mit den entsprechenden Folgen für die Unfallrate und den Grad der Luftverschmutzung. Durch die Gelder sollen aber auch Projekte im kulturellen und touristischen Bereich unterstützt werden. Wer mehr über den Stand der Dinge erfahren möchte, wende sich an die Touristeninformation oder erkundige sich im Internet unter http://urban2.comune. carrara.ms.it (leider nur in Italienisch).

• *PLZ* 54033

• *Information* **Pro Loco**, im Rathaus an der Piazza Due Giugno. ✆ 0585-7690 oder 0585-71889. www.aptmassacarrara.it.

• *Bahnverbindung* Nächster Bahnhof in Carrara Avenza (zwischen Carrara und Marina di Carrara), Pendelbus alle 10 Min.

• *Markt* Montags auf der Piazza Gramsci, donnerstags in Marina di Carrara.

• *Bildhauerschule* Das **Istituto Professionale di Stato per l'Industria e l'Artigianato del Marmo** liegt in der Via Pietro Tacca 36. Die schwerpunktmäßig künstlerische Ausbildung dauert drei Jahre. Die angebotenen Fachrichtungen führen zu vier verschiedenen Berufen: Steinmetz, Modellierer, Bildhauer, Ornamentist. Ausländer können sich auch für kürzere, sechs Monate dauernde Kurse einschreiben.

• *Feste/Veranstaltungen* Im Juli/August der Jahre mit ungerader Jahreszahl verwandelt sich die Piazza Alberica in ein riesiges offenes Atelier: Ca. 10 Bildhauer aus der ganzen Welt treffen sich zum **Kongress der Bildhauer** und modellieren um die Wette. Die einzelnen Arbeitsgänge lassen sich hautnah verfolgen. Das Pendant ist die **Biennale di Scultura**, die in den Jahren mit gerader Jahreszahl im historischen Zentrum von Carrara stattfindet (nähere Informationen www.biennalecarrara.it).

Festa della Birra, ausgerichtet von cleveren Geschäftsleuten aus der Partnerstadt Ingolstadt, in der Regel zwischen Ende August und Anfang Sept. (18–24 Uhr). So etwas wie die italienische Generalprobe für das Münchner Oktoberfest. 6 € kostet die Maß bayerisches Bier. In Marina di Carrara, den Schildern folgen. Viale Galilei (zweigt von Küstenstraße ab). ✆ 0585-788592.

Eine ganze Reihe von **Konzerten** finden im Juli/August auf der Piazza Alberica und in den Steinbrüchen statt.

• *Übernachten* Preiswerte Hotels zu finden ist schwierig! Das Gebotene scheint mehr auf den Geschäftsreisenden in Sachen Marmor abgestimmt. Größer ist die Auswahl im Küstenort Marina di Carrara.

Michelangelo (6), Business-Hotel im Zentrum, freundlich von Künstlern gestaltet und auch geführt. DZ 100 €. Corso Rosselli 3, ✆ 0585-777161, 🖷 0585-74545, www.rivieratoscana.com.

** Da Roberto (1), neben dem Milchbach. Leider an der Straße (mit Marmor beladene LKW brummen vorbei) und am Rand der

Versilia & Apuanische Riviera Karte S. 243

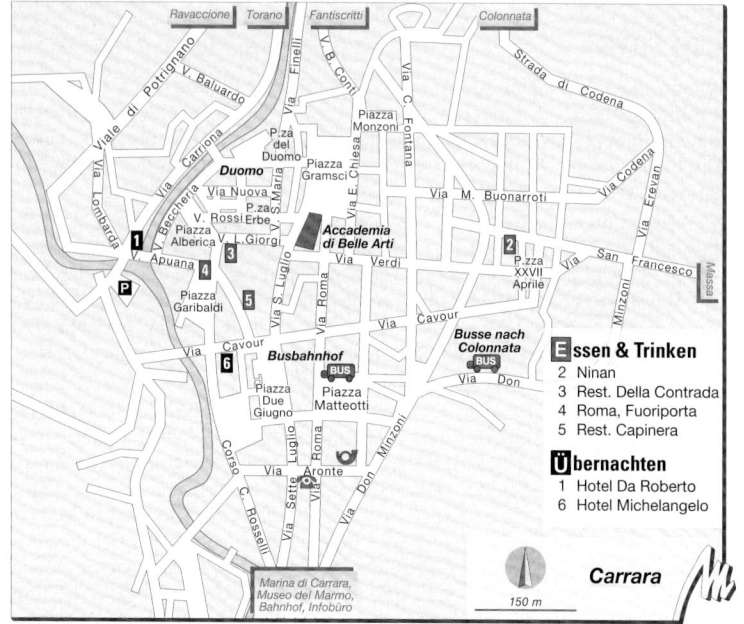

Carrara

Essen & Trinken
2 Ninan
3 Rest. Della Contrada
4 Roma, Fuoriporta
5 Rest. Capinera

Übernachten
1 Hotel Da Roberto
6 Hotel Michelangelo

150 m

Altstadt, trotzdem beliebt und oft ausgebucht. DZ mit Dusche ca. 50 €, ohne ca. 45 €. Via Apuana 3F, ℡ 0585-70634, ℻ 0585-759165.

Ausweichmöglichkeiten im Nachbarort Carrara Avenza (Richtung Meer):

** **Sergio**, alle Zimmer mit Dusche, es wird Deusch gesprochen, ganzjährig geöffnet. DZ 45–50 €. Via Provinciale 180, ℡ 0585-857695, ℻ 0585-858938, hotelsergio@tin.it.

* **Maurin**, einfache Ausstattung, es wird Englisch gesprochen. DZ mit Dusche 45–50 €. Via Fiorino 2, ℡ 0585-8593485.

* **Radar**, 2 km vor Cararra zweigt links die Straße nach S. Lucia ab, die sich fünf lange Kilometer den Berg hochschraubt. Moderner Bau auf einer Bergnase etwas außerhalb des Dorfes (nicht weit von einem Antennenmast). Vom empfehlenswerten Restaurant und von drei der insgesamt acht Zimmer hat man einen phantastischen Blick auf die Küstenebene. Absolut ruhige Lage, Zimmer mit Balkon. DZ mit Bad ca. 62 €. Via delle Macchiacce 13, ℡ 0585-842840, ℻ 0585-848756, www.italiaabc.it/h/radar.

• *Jugendherberge* Siehe Marina di Massa.

• *Essen* **Della Contrada (3)**, sympathisch altertümliche Trattoria am Ende der Piazza Alberica. Secondo ca. 10 €. Mo geschlossen. Via Ulivi 2, ℡ 0585-776961.

Ristorante Capinera (5), Via Ulivi 8. Typische einheimische Küche, abends bitte vorbestellen. Hier hocken mittags die Arbeiter im Blaumann. So geschlossen (nur im Winter). ℡ 0585-74294.

Nebenan der Anarchistenclub von Carrara. In den schon etwas angestaubten Regalen stapeln sich alte Broschüren und Bücher über die Bewegung.

Ristorante Roma (4), Piazza Battisti (beim Animosi-Theater), leckere gehobene Küche, regionstypische Gerichte (Fisch, Risotto, Tordelli etc.), Mittagstisch 11.30–14.30 Uhr, abends ab 19.30 Uhr, Samstagmittag geschlossen. ℡ 0585-70632.

Ninan (2), (mit Michelin-Stern), gehobenes Feinschmeckerlokal mit kreativer Küche. Unbedingt vorbestellen, So geschlossen. Via Bartolini 3, ℡ 0585-74741.

Fuoripota (4), hier treffen sich die Künstler und Intellektuellen von Cararra, nette Stimmung, auch zum Draußensitzen, Öffnungszeiten etwas beliebig. Piazza Battisti.

La Petite Cuisine, nettes Familienrestaurant in einer engen Seitenstraße, hervorragende Pasta, Menü 13 €. Via Verdi 4. So geschlossen. ℡ 0585-70226.

La **Nerina**, in der Nähe des Mercato Co-
perto/Via Carriola. Nur Mittagstisch, gut
und preiswert.

Da Franco, hinter den Carabinieri (Parallelstraße zur Via Chiesa). Nur Mittagstisch.

Sehenswertes

Dom Sant'Andrea Apostolo: Er ist eingezwängt in den ältesten Teil von Carrara.
Viel Marmor stand für den Bau nicht zur Verfügung, denn das angehäufte Kapital
der Marmorbarone blieb nie in der Stadt. Der Bau entstand zwischen dem 11. und
dem 14. Jh. Im unteren Teil klassisch pisanischer Stil und Rundbögen, im oberen Teil
gotische Spitzbögen und eine übergroße, bemerkenswert filigran skulptierte Rosette.
Eine originale Augenweide am Domplatz ist der *Fontana del Gigante* aus dem
15. Jh. Auf zwei Wasser speienden Fischköpfen posiert der Genueser Admiral Andrea Doria. Geschaffen wurde der Brunnen von *Baccio Bandinelli*, allerdings nur
unvollständig: Der Künstler floh, nachdem er seinen Vorschuss aufgebraucht hatte.

Accademia di Belle Arti: Etwas oberhalb der zentralen Piazza Alberica an der Piazza Accademia. Der Bau erinnert an eine phantastisch-verspielte Riesensandburg
und war einst das Prinzenpalais. Napoleons Schwester *Elisa Bacciocchi* vermachte
den Palast 1805 der Kunstakademie. Daneben erstreckt sich eine angenehm schattige Parkanlage, die die Kunststudenten zur Erholung nutzen.

Wird der Marmor rar?

Über eine Million Tonnen des kristallisierten Kalks werden zur Zeit jährlich
abgebaut, und die Vorräte sollen sich noch auf Millionen von Kubikmetern
belaufen. Einfach und wirksam war die Abbaumethode der alten Römer:
Dicht nebeneinander liegend, bohrte man etwa 20 cm tiefe Löcher in den
Stein, in die trockenes Feigenholz hineingetrieben wurde, das man einige
Tage wässerte. Durch die Kraft des quellenden Holzes wurden die Blöcke aus
dem Gestein herausgebrochen. In späteren Jahrhunderten nutzte man die
Erfindung des Schießpulvers, dabei wurde aber oftmals zu viel des wertvollen Steins durch Risse beschädigt. Sprengstoff verwendet man jedoch auch
noch heute, um neue Bruchstellen zugänglich zu machen.

Erst Ende des 19. Jahrhunderts revolutionierte eine neuartige Sägetechnik
den Abbau: Mit 5–6 m/Sek. wird ein endloses, auf Rollen gelagertes stähler-
nes Sägeblatt durch die Schnittfuge gezogen. Wasser und Kieselsand, die
währenddessen eingespült werden, dienen als Schleifmittel.

Der „marmo statuario", der sich durch sein reines Weiß und seine feine Kör-
nung auszeichnet (etwa Michelangelos Fassade von San Lorenzo in Florenz),
ist leider nicht nur bei Künstlern begehrt. Kaum eine Boutique und kaum
ein Hotel, die sich nicht gern mit dieser teuersten Qualität ausstatten, die als
Rohblock-Tonne etwa 800 € kostet. Folge: An manchen Stellen ist das Relief
der Apuanischen Alpen wie abgeschmirgelt, und die Spitzensorte geht langsam zur Neige. Die Kunst hat das Nachsehen. Gefordert wird bereits eine
Art Marmor-Bank, die den Künstlern jährlich Kontingente der auch als „Mi-
chelangelo-Marmor" bezeichneten Qualität zuteilt.

Museo del Marmo: Das Marmormuseum liegt unterhalb von Carrara beim Stadion
(gegenüber der Fina-Tankstelle) am Viale XX Settembre. Im Vorgarten ist zwischen
mächtigen modernen Marmorskulpturen neben einem „steinzeitlichen" Güterwag-

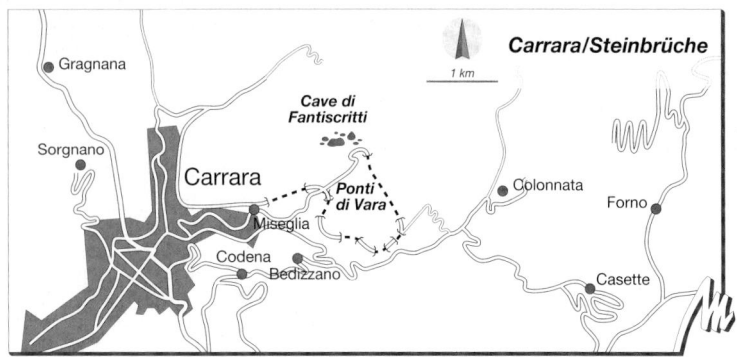

gon auch ein uralter Dampftraktor zu sehen, der später zur Straßenwalze umgebaut wurde. Im Gebäude selbst wird die Geschichte des Marmorabbaus dokumentiert. In einer zweiten Abteilung, der so genannten *Marmoteca*, werden anhand von 310 Steintafeln die unterschiedlichen Farben und Musterungen von Marmor und Granit dargestellt. Am interessantesten ist vielleicht die umfangreiche Fotoausstellung am Ende des Rundgangs. Viele Fotos, unter anderem auch von *Bessi* (siehe unten), geben einen Einblick in den Marmorabbau von Beginn des 20. Jh. bis heute.

① Juli/August Mo–Sa 10–20 Uhr, Mai, Juni, Sept. 10–18 Uhr, im Winter 10–17 Uhr, So geschlossen. Eintritt 4,50 €, Studenten und über 65-Jährige 2,50 €. ✆ 0585-845746.

Professor Nicoli: Er führt das bekannteste Atelier in Carrara (Piazza XXVII Aprile). Hier arbeiten junge Bildhauer aus der ganzen Welt. Wenn Sie nicht gerade der zwanzigste Besucher an diesem Tag sind, kann der Meister sehr informativ und gesprächig werden.

Foto Bessi: Der alte Herr verstarb 1986, seine Tochter Adriana führt seitdem den Laden weiter (Passage neben der Piazza Mateotti). Schon zu seiner Jugendzeit, als unten im Hafen von Marina di Carrara noch Motorsegler anlegten, zog es ihn mit der Kamera in die Steinbrüche. Sein Fotoarchiv birgt eine schier unüberschaubare Fülle von historisch wertvollem Material. Die Fotos über Carrara in diesem Buch stammen von hier.

Die Marmorbrüche

Michelangelo war oft hier, um sich einen Block auszusuchen – zuletzt im Jahr 1525. 1876 wurde eine Bahnlinie zu den Brüchen gebaut, deren Brücken und Tunnels noch heute stehen. Auf den alten Bahntrassen schleichen heute LKW mit 30-Tonnen-Blöcken auf dem Rücken den Berg hinunter. Auch eine Drahtseilbahn tat eine Weile gute Dienste. Der Transport der marmornen Ungeheuer – früher mit Ochsengespannen, heute mit dem Einsatz moderner Technik – war stets sehr gefährlich. Die weißen Abraumhalden der Marmorbrüche liegen an steilen Berghängen, die mit dichten Kastanienwäldern bewachsen sind. Während an der Küste noch die Sonnenstrahlen wärmen, stecken die Berge meist schon im diffusen Dunst, und es ist herbstlich kühl.

Die meisten Marmorbrüche findet man im Carrione-Tal bei *Miseglia* und *Colonnata*. In der Regel sind sie als *Cave* ausgeschildert und nummeriert.

Im gleißenden Sonnenlicht wirken die Marmorfelsen wie Eis

Cave di Fantiscritti: Hauptabbaubecken, etwas schwieriger zu erreichen als Colonnata, dafür ist die Arbeit in den Marmorbrüchen hier hautnah erlebbar. Unbedingt einen Besuch verdient das kleine **Freilichtmuseum von Walter Danesi**. Der Eintritt ist gratis. Wenn Sie Glück haben, treffen Sie auf den Museumsgründer oder dessen Tochter und kommen so in den Genuss einer überaus kompetenten Führung. Urzeitlich anmutende Presslufthämmer, monströse Sägen und allerlei andere rostige Ungetüme erinnern an frühere Zeiten.

● *Anfahrt* In Carrara erst der Beschilderung *Colonnata* folgen, dann nach *Miseglia*, von dort ist der weitere Weg ausgeschildert. Für den Rückweg nach Carrara empfehlen wir die alte Eisenbahnstraße, ein abenteuerliches Sträßchen, das oberhalb des Museums rechts abzweigt und durch enge Tunnels an weiteren Marmorbrüchen vorbeiführt.

⊙ Ostern bis Nov. 9–19 Uhr, ✆ 0585-70981.
● *Führungen* Gegenüber vom Museum von Walter Danesi beginnen etwa stündlich Führungen in einen Marmorbruch (15.30–18 Uhr, Sa/So ab 11 Uhr); sie dauern ca. eine halbe Stunde. Eintritt 6 €. Info unter ✆ 339-7657470.

Museo Mario del Sarto: Ein weiteres kleines Privatmuseum liegt an der Verbindungsstraße, die von der Straße nach Colonnata nach Miseglia abzweigt. In dem engen Tal sind Werke von Mario del Santo und seinen ehemaligen Studenten in die Landschaft gebettet.

Colonnata: Das 532 m über der Küste gelegen Arbeiterdorf ist ein beliebtes Ausflugsziel, an der Straße haben sich einige Souvenirläden niedergelassen. Schon die Römer holten sich in Colonnata ihren Marmor, wie ein Grabstein aus dem 1. Jh. v. Chr. beweist. Im obersten Teil des Dorfes steht zwischen der frisch gestrichenen Kirche und halbzerfallenen Gemäuern ein modernes Denkmal für die *Cavatori*, die Arbeiter in den Marmorbrüchen. Auf zwei übermannshohen Relieftafeln wird die traditionelle Abbaumethode illustriert. Unten am Dorfplatz stehen die alten und jüngeren Veteranen aus den Steinbrüchen herum, plauschen, gehen weiter – jeder Zweite hinkt.

● *Busverbindung* Täglich mehrmals von Carrara nach Colonnata.
● *Fest* **Sagra del Lardo** (Speckfest), jährlich am 24. August, dem Bartholomäus-Tag. Der Speck, der in Marmorwannen reift, schmeckt herzhaft, das Herstellungsverfahren geht auf das Mittelalter zurück.

● *Essen* **Da Venanzio**, ausgezeichnete Küche, die sich aber im Preis niederschlägt (Menü ca. 40 €). Piazza Palestro 3. Spezialität ist der oben erwähnte Lardo. Donnerstags und sonntagnachmittags geschlossen. ✆ 0585-758062.

Marina di Carrara

Marina di Carrara mit seiner imposanten Hafenanlage ist ein lebendiger Ort und touristisch lange nicht so erschlossen wie etwa Marina di Massa. Leider ist der Strand hier nicht sehr sauber. Kein Wunder: die Industrie ist nah.

● *PLZ* 54036
● *Information* **APT-Büro**, Piazza Menconi 6. Vom Zentrum zwei Ampeln die Uferstraße nach Norden, hinter dem Platz mit dem Kinderspielplatz. Werktags 9–13 und 16–18 Uhr, So 10–12 Uhr. ✆ 0585-632519.
● *Übernachten* ***** Mediterraneo**, gut geführt. DZ 118 €. Via Genova 2 h, ✆ 0585-785222, ✆ 0585-785290, www.mediterraneohotel.com.
** Margherita, DZ mit Dusche 105 €. Via Ve-

nezia 10, ✆ 0585-785972, ✆ 0585-788470, hotelmargheritasrl@yahoo.it.
** Anna, in der Vor- und Nachsaison billiger. DZ mit Dusche 84 €. Via Venezia 2, ✆ 0585-780208, ✆ 0585-633469, www.hotelannamarinadicarrara.com.
● *Campingplatz* **Carrara**, direkt an der Küste, auch Bungalows, geöffnet April bis Ende Sept. Pro Pers. 6 €, Zelt 22 €. Via C. Fabbricotti, ✆ 0585-785260, ✆ 0585-52366.

Wenige Sekunden vor der Sprengung

Auf der „Wunderwiese" am Rand der Altstadt konzentrieren sich die bemerkenswertesten Bauwerke der Stadt: die Taufkapelle, der Dom und im Hintergrund der wohl berühmteste Turm der Welt

Pisa

(105.000 Einw.)

Die Stadt bietet natürlich viel mehr, als nur einen schiefen Turm. Kleine Gässchen führen wie Tunnels zwischen den Häusern hindurch, die Altstadt hat ihr eigenes Flair, und außer dem „Schiefen Turm" gibt es noch viele andere schräge Bauwerke auf dem sandigen Schwemmlandboden Pisas.

Die Touristenfluten, die per Bus meist nur für einen Nachmittag kommen, sieht man in der Altstadt kaum. Dort ist Pisa noch typisch italienisch: Täglich findet ein betriebsamer Gemüsemarkt im Metzgerviertel statt, und abends, wenn die Buden abgebaut sind, tratschen die „Mammas" im Kreis zusammengerückter Stühle.

Pisa hat eine große Universität mit 40.000 Studenten. Gegründet wurde sie 1343 und ist damit eine der ältesten des Landes. Daneben gibt es die von Napoleon gegründete *Scuola Normale Superiore* an der Piazza dei Cavalieri, eine naturwissenschaftliche Elite-Universität.

Die *Piazza dei Miracoli*, die „Wunderwiese", liegt am Rande der Altstadt. Dort stehen sie, *die* Sehenswürdigkeiten von Pisa: der Dom und das Baptisterium, aber allen voran natürlich der Turm mit der eindrucksvollen Schieflage, der nach etwa zehnjähriger Sperrung für den Publikumsverkehr seit Ende 2001 wieder geöffnet ist.

Der interessanteste Teil der Altstadt mit seinen Bogengängen, Lebensmittelläden und Metzgereien befindet sich westlich neben der Einkaufsstraße Borgo Stretto um die Gassen *Omobono* und *Cavalca*. Die südliche Stadthälfte (Richtung Bahnhof) wird von den Einheimischen gerne „Mezzogiorno" genannt. Von der *Loggia di Banchi*, der mächtigen Loggia am Fluss, in der ehemals der Seiden- und Wollmarkt abgehalten wurde, zieht sich die Einkaufstraße, der Corso Italia als Verlängerung des Borgo Stretto bis zur Piazza Emanuele. Hier liegt die Flaniermeile der Youngsters; entsprechend haben in den Seitengässchen in den letzten Jahren etliche Szenekneipen eröffnet.

Im Vergleich zu anderen toscanischen Städten ist Pisa bei der Ansiedlung neuer Industrien fast leer ausgegangen. Textil-, glas- und metallverarbeitende Industrie, viele Branchen, die hier ansässig waren, gingen während der letzten 20 Jahre Bankrott. Weder die naturwissenschaftliche Universität noch der einzige nennenswerte Flughafen der Toscana vermochten neue Impulse zu geben. Es wird nun versucht, zusammen mit Livorno einen neuen Wirtschaftsraum zu gestalten. Geplant ist zuerst eine Schnellbahnverbindung mit der Hafenstadt. Vom Tourismus, speziell von den Stippvisiten-Touristen, kann und will die Stadt nicht leben. Florenz, Touristenmagnet Nr. 1 und ebenso Staubsauger für regionale Fördermittel, macht es Pisa eben nicht leicht.

Geschichte

Wie der gewaltige Domplatz vor der Stadt mit seinen berühmten Bauten schon vermuten lässt: Pisa war im Mittelalter eine mächtige Seerepublik, die genug Mittel hatte, bedeutende Baumeister und Künstler zu beschäftigen, die mit Hunderten von Schiffen das Mittelmeer durchkreuzte, Gebiete eroberte und Tochterstädte gründete. Der Aufstieg zeichnete sich schon in römischer Zeit ab; die in den Dom eingebauten römischen und griechischen Säulen bezeugen dies. Damals hatte die Stadt noch einen Hafen und konnte bedeutende Handelskontakte knüpfen.

Das große Zeitalter Pisas begann mit den jahrhundertelangen Kämpfen gegen die Sarazenen, die immer wieder weite Gebiete des Mittelmeeres unsicher machten. 1025 gelang es den Pisanern, die Sarazenen endgültig aus Sardinien zu vertreiben. Doch das war nur der Anfang: In der Zeit zwischen 1030 und 1050 folgte die Einnahme von Karthago, dann die Eroberung von Korsika und Elba. 1063 vernichteten die Pisaner die gesamte ägyptische Flotte bei Palermo und nahmen 1078 die ägyptische Hauptstadt Mehdia ein.

Auch an den großen Kreuzzügen nach Palästina, zu denen der Papst aufgerufen hatte und von denen sich so mancher reichen Gewinn versprach, war Pisa beteiligt. Die Stadt konnte sich dabei gewaltige Reichtümer und nebenbei auch noch Kolonien im Nahen Osten aneignen. Der Legende nach schafften die Pisaner damals 500 Schiffsladungen heilige Erde aus Palästina auf ihren Friedhof, damit die Einwohner künftig in geweihter Erde begraben werden konnten; daher auch die Bezeichnung *Camposanto*.

Die Krönung der zahlreichen Eroberungen bildete im Jahre 1114 die Einnahme der Balearen mit 300 Schiffen und 45.000 Soldaten; Zahlen, die die Stärke Pisas verdeutlichen.

Pisa waren damit der Neid und die Feindschaft von Genua und Florenz sicher! Die Stadt war in diesen Jahrhunderten stets kaisertreu, die großen Konkurrenten Genua und Florenz papsttreu gesinnt. Durch den endgültigen Untergang des kaiserlichen Hohenstauferreiches in Italien verlor Pisa dann seinen Einfluss. Praktisch auf sich allein gestellt, musste es der erdrückenden Übermacht der guelfischen (= papsttreuen) Städte weichen, die sich zu einem Bündnis zusammengeschlossen hatten.

1284 wurde die pisanische Flotte in der Nähe von Livorno von den Genuesen vernichtend geschlagen. Die Hälfte der Soldaten starb im Kampf, die anderen wurden

Pisa
Karte S. 280/281

gefangen genommen. In Pisa kamen daraufhin die papsttreuen Guelfen unter dem Grafen *Ugolino* an die Macht, wurden aber 1288 noch einmal gestürzt. Ugolino wurde mit seinen Angehörigen in den Turm geworfen und verhungerte (*Dante* hat das in seiner „Göttlichen Komödie" geschildert). Die Niederlage der kaisertreuen Ghibellinen war nicht aufzuhalten, auch Kaiser *Heinrich VII.* konnte das Blatt nicht mehr wenden. Er starb überraschend an der Malaria, noch bevor er die alte Kaisermacht in Italien stabilisieren konnte. Bestattet ist er im Dom von Pisa. Nach dem Tod des Kaisers ging alles drunter und drüber. Fremde Machthaber wechselten einander im Stadtregiment ab, die letzten Ländereien außerhalb des Stadtbereiches gingen verloren. Als Gipfelpunkt dieser Entwicklung fiel Pisa im Oktober 1406 durch Verrat des eigenen Anführers in die Hände der Erzrivalin Florenz: Die seit langem belagerte Stadt wurde eingenommen, der Verräter bekam eine fürstliche „Pension" und konnte sich fortan zur Ruhe setzen.

Pisas Schicksal war besiegelt, aus der einstigen Machtmetropole war eine ruhige Kleinstadt geworden. Vom Reichtum vergangener Tage ist wenig geblieben, gekommen sind dafür die nicht abreißenden Touristenströme, die den Turm bewundern, weil er schief ist …

*I*nformation/*V*erbindungen/*A*dressen

- *PLZ* 56000
- *Information* **APT-Büro**, Piazza del Duomo (beim Schiefen Turm, im Museum Opera del Duomo). Im Sommer Mo–So 9.30–18.30 Uhr, im Winter Mo–So 10–17 Uhr, www.pisa.turismo.toscana.it.
Filialen in der Nähe des Bahnhofs (Mo–Fr 9–19 Uhr, Sa 9–13.30 Uhr, ✆ 050-42291) und am Flughafen (s. unter Flugverbindungen).
- *Parken* In der Touristeninfo gibt es einen Extra-Parkplatzfaltplan (Infos auch unter www.pisamo.it). In der Innenstadt meist Anwohnerparkplätze und „beschränkte Verkehrszonen" (nur mit Genehmigung). Hotelgäste bekommen an der Rezeption meist einen Parkschein, um Anwohnerparkplätze nutzen zu können.
An der **Via Pietrasantina** (ca. 1 km von der Wunderwiese entfernt) befindet sich ein großer gebührenfreier Parkplatz, der von einem Shuttlebus bedient wird. Bei unbewachten Parkplätzen kann allerdings Einbruchgefahr bestehen.
Der Parkplatz an der **Piazza S. Catarina** ist oft überfüllt. Großes, bewachtes Parkareal nahe der Wunderwiese an der **Via Cammeo** 51: 1,50 € pro Stunde, geöffnet von 6.30–23.30 Uhr.
- *Bahnverbindungen* Pisa liegt an der Hauptlinie Genua–Rom. Gute Verbindungen auch nach Lucca, Viareggio, Florenz. Der Hauptbahnhof befindet sich im Süden der Stadt. Pisa besitzt zudem den *Bahnhof S. Rossore*, nur 500 m vom Schiefen Turm

entfernt, Zugang von der Via Andrea Pisano.
- *Busverbindungen* Mit LAZZI nach Florenz, Lucca, Arezzo, Montecatini, La Spezia, Viareggio, mit C.P.T. ins pisanische Umland. Abfahrt an der Piazza S. Antonio und nebenan von der Piazza Vittorio Emanuele II (beide Nähe Bahnhof).
- *Flugverbindungen* Kleiner internationaler Airport, der die letzten fünf Jahre allerdings mächtig zugelegt hat, Billiganbieter wie Ryanair, Hapag Llyod, Tuifly und Easyjet sind der neueste Trend. Mit Alitalia und Lufthansa bzw. Air Dolomiti täglich nonstop nach Frankfurt. Direktflüge nach Berlin, Hamburg, Hannover, Köln-Bonn, Düsseldorf, Stuttgart, München, Wien und Zürich. Ein **Informationsbüro** ist täglich von 11–14 und 16–23 Uhr geöffnet. ✆ 050-503700, www.pisa-airport.com.
Verkehrsanbindung: Der Flughafen liegt am Stadtrand und wird durch den Stadtbus Nr. 1 bedient (6–22 Uhr). Direkt neben dem Flughafen liegt ein Bahnhof, allerdings halten nur 7 Züge nach Florenz am Tag. Zugtickets bereits im Flughafen kaufen! Dazu gibt es aber 13 Busverbindungen nach Florenz in 70 Minuten, 8.40–0.20 Uhr durch Terravision (8 €), www.terravision.eu. Tickets ebenfalls in der Flughafenhalle.
- *Bootsfahrten* **Il Navicello**, Minikreuzfahrten auf dem Arno, ca. 1 Stunde, 5–8 €, Mai–Okt., Anlegestellen in Pisa: Piagge, Roncioni, Renaioli, San Paolo a Ripa d'Arno. Infos unter ✆ 050-530101 und www.ilnavicello.it.

• *Fotos* **Pisa Story**, Via L'Arancio 42. Der Ladeninhaber Gianfranco Pellegrini hat für dieses Reisebuch freundlicherweise einige Fotos über Pisa zur Verfügung gestellt.

• *Internet* **PI@net**, nicht weit vom Dom, Piazza Cavallotti. Unzählige Internetshops darüber hinaus im Univiertel (Via Santa Maria, Piazza Dante Alighieri).

• *Supermärkte* **Pam (9)**, Via delle Cascine (300 m von der Wunderwiese); **Le Clerc (3)**, Via Pietrasantina; **Carrefour (4)**, gleich hinter dem Wochenmarkt in der Via del Brennero; **Esselunga**, Via Cisanello; **Coop (12)**, Via Valmigli.

• *Märkte* **Gemüsemarkt** rund um die Piazza Omobono; **Wochenmarkt** Mi und Sa in der Via Brennero; **Antiquitätenmarkt** jeden zweiten Samstag und am darauffolgenden Sonntag im Monat in der Altstadt.

• *Waschsalon* Via Santa Maria 105 (Nähe Wunderwiese). Mit Fernsehprogramm. Täglich 8–22 Uhr.

• *Feste* **La Luminaria**, 16. Juni. Der Brauch stammt aus dem 17. Jh. Zu Ehren des heiligen Rainer werden in den Fenstern der Stadtpaläste längs des Arno Kerzen entzündet – eine beeindruckende Szenerie und viel Gedränge, die besten Plätze auf der Flussmauer.

Regata di San Ranieri, 17. Juni. Am Nachmittag kämpfen die Rudermannschaften der verschiedenen Stadtteile auf einer 2 km langen Strecke um den Sieg.

Il Gioco del Ponte, letzter Sonntag im Juni. Auf dem Ponte di Mezzo kämpfen Bewohner des Mezzogiorno (südlicher Stadtteil von Pisa) gegen die des Tramontana im Norden. Man kämpft um die Brücke, dabei geht es um Ruhm und Ehre, wie schön!

Übernachten *(siehe Karte S. 280/281)*

*** **Park-Hotel California (2)**, Nähe Autobahnausfahrt Pisa-Nord. Entfernung zum Zentrum ca. 3 km. Farbige, kleine Bungalows, in Schnellbauweise erstellt. Großer Pool (10 m lang). DZ 100 €. Via Aurelia 2, 56017 Madonna dell'Acqua Pisa, ℘ 050-890726, ℗ 050-890727, www.california.tuscanhotels.it.

*** **Giardino (10)**, gleich neben der Wunderwiese, aufwändig renoviert, Speiseterrasse zur Straße. DZ mit Bad ca. 100–150 €. Piazza Manin 1, ℘ 050-562101, ℗ 050-8310392, www.hotelilgiardino.pisa.it.

*** **Verdi (25)**, in einem alten Stadthaus mit recht geräumigen Zimmern, Mitte der 90er Jahre eröffnet. DZ 115–125 €. Piazza della Repubblica 5, ℘ 050-598947, ℗ 050-598944, hotelverdi@sirlus.pisa.it.

*** **Royal Victoria (27)**, direkt am Arno-Ufer in der Altstadt. Einst beste Adresse in Pisa, heute eher Mittelklasse. Viel Raum in den Gängen und Zimmern. Alleine die Badezimmer sind gelegentlich so geräumig wie im durchschnittlichen Hotelzimmer. Schwere, massive Holzmöbel mit vielen Rundungen, kalkweiße, ungeschmückte Wände – viktorianisch kühl. Lange Gästeliste von Gianna Nannini bis Hanna Schygulla, engagiertes Personal, zum Teil Deutsche. DZ mit Bad 138 €, ohne 80 €. Lungarno Pacinotti 12, ℘ 050-940111, ℗ 050-940180, www.royalvictoria.it.

*** **Capitol (33)**, ruhige Lage in einem Neubauviertel, 10 Min. zu Fuß von der Altstadt. Gepflegte und geräumige Zimmer. Auch einige Parkplätze sind vorhanden. DZ mit Bad 105 €, Via E. Fermi 13, ℘ 050-49597, ℗ 050-27168, www.pisaonline.it/hotelcapitol.

*** **Ariston (8)**, lärmfreie Lage gleich hinter dem Schiefen Turm. Gefrühstückt wird auf einer kleinen Terrasse zur Straße. DZ mit Bad 105 €, Via Cardinale Maffi 42, ℘ 050-561834, ℗ 050-561891, www.hotelariston.pisa.it.

*** **Bologna (35)**, im „Mezzogiorno" (Südstadt). Ein richtiges Hotel mit Séparée zum Briefeschreiben, Fernsehsaal und einer Rezeption, die was hermacht. Parkmöglichkeit hinter dem Haus. DZ mit Frühstück 140–230 €. Via Mazzini 57, ℘ 050-502120, ℗ 050-43070, www.albergobologna.com.

** **Roseto (39)**, einen Katzensprung vom Bahnhof. Einige Zimmer zu den Gärten hinter dem Haus garantieren ungestörten Schlaf, aber auch sonst ist das Haus nicht allzu laut. Freundliche Wirtin, alles ist in Schuss (Grundrenovierung 1995). DZ mit Dusche 73–78 €. Via P. Mascagni 24, ℘/℗ 050-42596, www.hotelroseto.it.

** **Moderno (40)**, neu renoviertes Hotel nicht weit vom Bahnhof. Für das Gebotene preiswert. DZ 70–75 €, ohne Bad 51 €. Via Corridoni 103, ℘ 050-25021, ℗ 050-49208, www.hotelmoderno.pisa.it.

** **Amalfitana (29)**, mit Lift und Klimaanlage. Auch in der Nebensaison oft ausgebucht. DZ 70 €, Via Roma 44, ℘ 050-29000, ℗ 050-25218, www.hotelamalfitana.it.

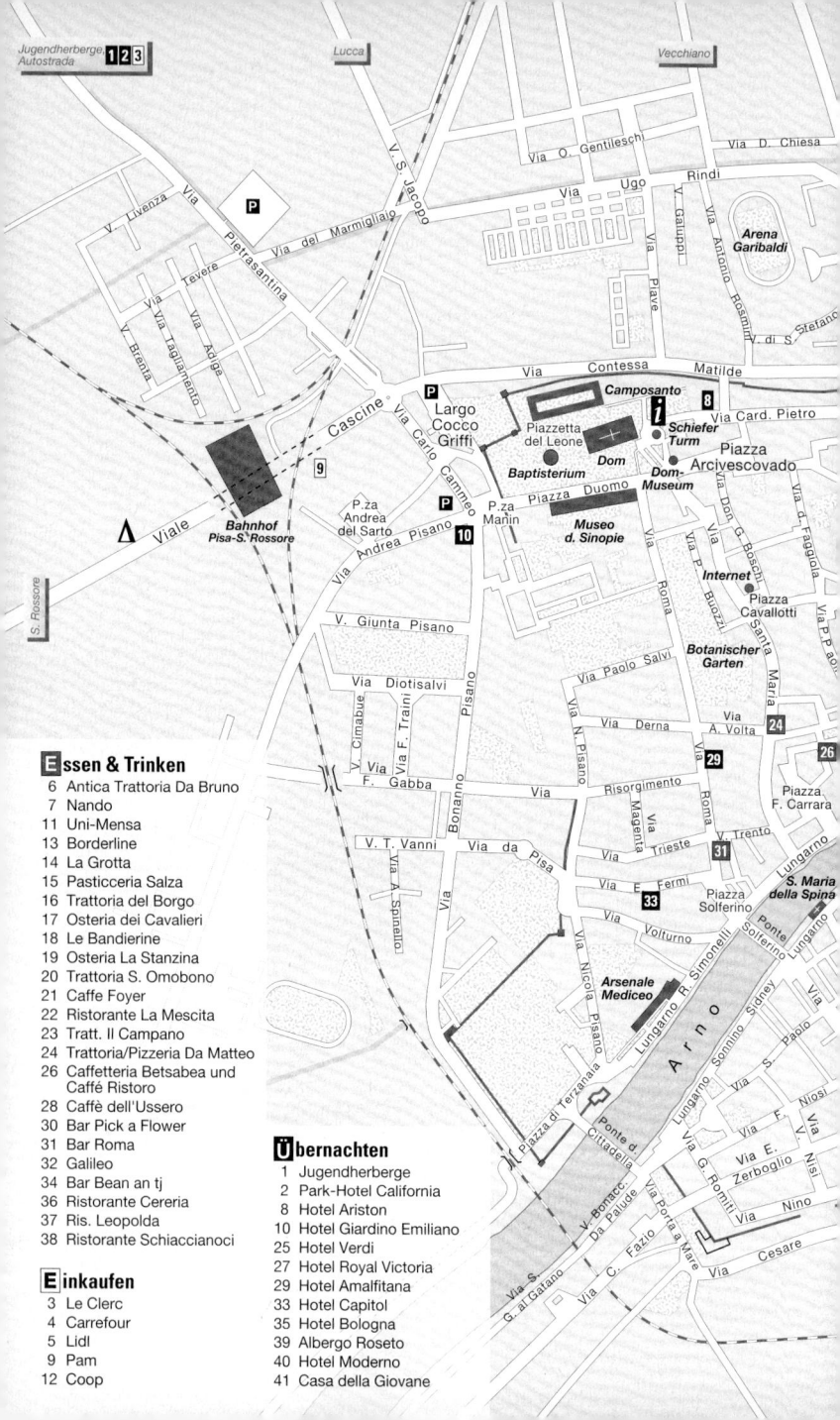

Jugendherberge, Autostrada 1 2 3

Lucca

Vecchiano

P

Essen & Trinken
6 Antica Trattoria Da Bruno
7 Nando
11 Uni-Mensa
13 Borderline
14 La Grotta
15 Pasticceria Salza
16 Trattoria del Borgo
17 Osteria dei Cavalieri
18 Le Bandierine
19 Osteria La Stanzina
20 Trattoria S. Omobono
21 Caffe Foyer
22 Ristorante La Mescita
23 Tratt. Il Campano
24 Trattoria/Pizzeria Da Matteo
26 Caffetteria Betsabea und
   Caffé Ristoro
28 Caffè dell'Ussero
30 Bar Pick a Flower
31 Bar Roma
32 Galileo
34 Bar Bean an tj
36 Ristorante Cereria
37 Ris. Leopolda
38 Ristorante Schiaccianoci

Einkaufen
3 Le Clerc
4 Carrefour
5 Lidl
9 Pam
12 Coop

Übernachten
1 Jugendherberge
2 Park-Hotel California
8 Hotel Ariston
10 Hotel Giardino Emiliano
25 Hotel Verdi
27 Hotel Royal Victoria
29 Hotel Amalfitana
33 Hotel Capitol
35 Hotel Bologna
39 Albergo Roseto
40 Hotel Moderno
41 Casa della Giovane

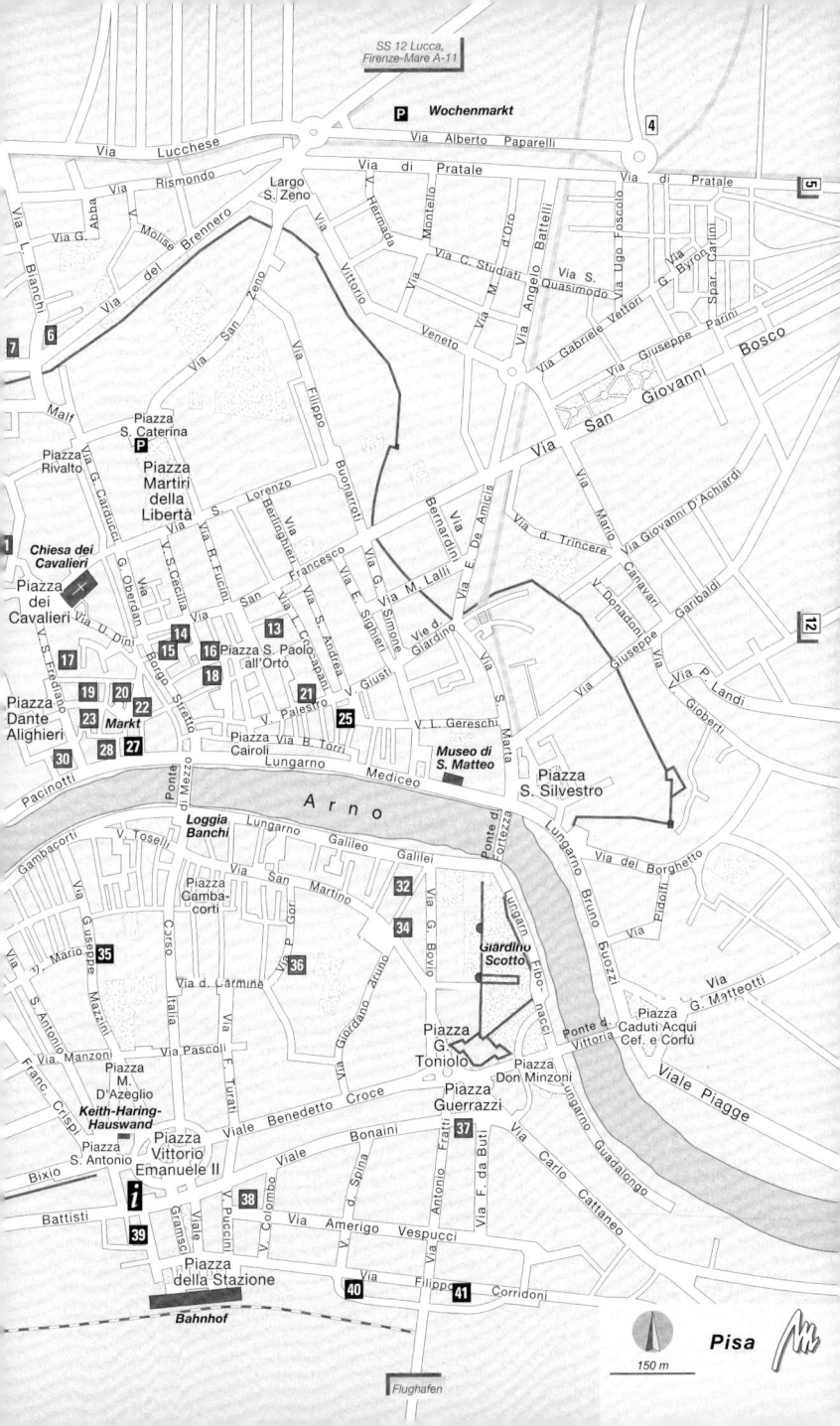

Pisa

150 m

• *Jugendherbergen* **Centro Turistico Madonna dell'Acqua (1)**, in einem ehemaligen Kloster vor den Toren der Stadt. Bus LAM rosso (rot) ab Flughafen/Bahnhof oder Wunderwiese (Via L. Bianchi). Zum Einkaufen großer Supermarkt (nicht weit zu Fuß). Wie der Name schon vermuten lässt, im sumpfigen Pisaner Umland (Entwässerungskanäle und Stechmücken). Abends erst ab 18 Uhr geöffnet! Pro Pers. 15 €, es gibt auch einige DZ für ca. 44 €. Via Pietrasantina 15, Loc. Madonna dell'Acqua, ✆/🖷 050-890622.

Casa della Giovane (41), in Bahnhofsnähe. Ein katholischer Verein mit Strahlenmadonna an der Rezeption. In den Wintermonaten mit Studentinnen ausgebucht, ab Mai lohnt sich die Anfrage. Das Haus schließt seine Pforte um 22 Uhr. Übernachtung ca. 26 € pro Frau. Via Corridoni 29, ✆ 050-43061, www.casadellagiovane.com/seditalia1.htm.

• *Camping* **Torre Pendente**, am Stadtrand, ca. 1 km vom Schiefen Turm entfernt. Mit Bus LAM rosso (rot) ab Flughafen/Hauptbahnhof (letzter Bus um 22.30 Uhr) Haltestelle Piazza Manin und dann ca. 800 m zu Fuß. Relativ klein und wenig Bäume. Hübsche, schattige Laube mit Frühstücks- und Imbissmöglichkeit. Geöffnet April bis Mitte Okt. Zeltplatz für 2 Pers. ca. 24 €, Maxicaravan 130 €. Viale delle Cascine 86, ✆ 050-561704, 🖷 050-561734, www.campingtorrependente.it.

Internazionale, im Badeort Marina di Pisa (ca. 12 km außerhalb), Alternative zum vorgenannten. Mehr Schatten und nur etwa 200 m vom Meer entfernt. Mai–Sept. geöffnet. Zeltplatz für 2 Pers. ca. 24 €, Bungalow pro Woche 300–750 €. Via Litoranea 7, ✆ 050-36553, 🖷 050-500470.

Essen (siehe Karte S. 280/281)

Die lokale Küche legt eine radikale Vorliebe für Spaghetti in phantastischen Variationen an den Tag. Eine Spezialität sind frisch geborene Aale, die dem Nudelgericht täuschend ähnlich sehen. Das Ganze heißt *Cèe alla pisana*, was so viel wie „blinde Aale" bedeutet. Sie werden in Öl, Salbei und Knoblauch ausgebacken und anschließend noch mit Parmesan bestreut.

Osteria dei Cavalieri (17), vom „Feinschmecker" getestet. Berühmt für seine Fischgerichte. Klein und eher unscheinbar mit durchschnittlichen Preisen. Via San Frediano 16. So geschlossen. ✆ 050-580858.

Ristorante Schiaccianoci (38), in Bahnhofsnähe, klein und unscheinbar. Traditionelle Küche, gute Meerestiergerichte, z. B. Risotto mit Tintenfisch (ganz schwarz von der eigenen Tinte). Auch hausgemachte Tagliatelle. Menü ca. 25 €. So geschlossen. Via Vespucci 104. ✆ 050-21024.

Ristorante La Mescita (22), gutbürgerliches Lokal im Marktviertel. Die Gerichte kommen meist mit einer Fruchtsoße oder Fruchtbeilage auf den Tisch. Diverse Festpreismenüs ab ca. 20 € (auch vegetarisch). Mo geschlossen. Via Cavalca 2. ✆ 050-544294.

Antica Trattoria Da Bruno (6), Nähe Wunderwiese. Großes Speiselokal, das problemlos eine Busladung aufnehmen kann (und dies gelegentlich auch tut). Die berühmten Cèe (s. o.) gibt es nur auf Voranmeldung; nicht ganz billig. Ansonsten Menü für ca. 20 €. Montagabend und Di geschlossen. Via Luigi Bianchi 12. ✆ 050-560818.

Ristorante Da Nando (7), gleich nebenan (links auf dem Stadtplan). Sehr gutes Fischrestaurant, 2-Gänge-Menü ca. 25 €. Via M. Canossa 6/8, ✆ 050-830672.

Ristorante Cereria (36), in Bahnhofsnähe, grüner Hinterhof hinter dem Teatro Redini. Einfache Einrichtung und reich mit Bildern dekorierte Wände. Was auf den Tisch kommt, ist gelungen, besonders der Fischliebhaber kommt auf seine Kosten. Exzellent ist auch die Fischsuppe. Für das Gebotene preiswert. Es gibt auch Pizza. Menü ca. 20 €. Di geschlossen. Via Gori 33.

Trattoria S. Omobono (20), im Marktviertel. Hier gibt es eher traditionelle Küche. Eine Trattoria, wie man sie sich in einem Marktviertel vorstellt. So geschlossen. Piazza S. Omobono.

Trattoria Il Campano (23), zweigeschossig, gemütliches Ambiente, viele Einheimische. Von Fisch bis Wild, Primo ca. 7 €, Secondo ca. 10–12 €, umfangreiche Weinauswahl. Mi geschlossen. Via Cavalca 19, ✆ 050-580585 (Lesertipp).

Osteria La Stanzina (19), im Marktviertel. „Immer noch erste Sahne", schreibt ein begeisterter Leser und rät, nach dem „Dolce della casa" zu fragen. Der Speisesaal ist eine gemütliche Wohnhöhle. Zu Mittag gibt es nur ein einziges Tagesgericht. Abends bietet die Speisekarte diverse Fisch- und Fleischgerichte in sizilianischer Zubereitung an. Eine Spezialität ist auch das Curry-Gulasch. So geschlossen. Via Cavalca 30.

Trattoria del Borgo (16), im alten Stadtzentrum. Mit der verglasten Front – im Sommer wird sie geöffnet – ein heller Fleck im düsteren Borgo. Spaghetti in fast 20 Zubereitungsarten. Festpreismenü für 20 €. Via Case Dipinte 2.

Trattoria/Pizzeria Da Matteo (24), sympathische, kleine und kinderfreundliche Pizzeria. Für Eilige gibt es die „Pizza im Flug": eine in die Hand gedrückte zusammengeklappte Margherita. Via L'Arancio 46.

Spaghetteria Le Bandierine (18), genau vor der Kirche S. Paolo all'Orto. Klein, aber sehr gemütlich, hier kann man besonders gut und typisch toscanisch essen. Einige Tische auch draußen. Via del Mercante 4. ☏ 050-500000.

Ristorante La Grotta (14), gemütliche Atmosphäre in „der Grotte", besonders gutes Essen. Menü für ca. 25 €. Via S. Francesco 103. ☏ 050-578105.

Ristorante Galileo (32), Geheimtipp der Pisaner, vor allem am Wochenende möglichst reservieren. Gemütlich, typische tos-

canische Küche, z. B. Bistecca alla Fiorentina, gut Weinauswahl. Via Silvestri 12. ☏ 050-28287.

Ristorante Leopolda (37), etwas außerhalb gelegen, dafür absolut nicht touristisch. Das Gebäude ist der ehemalige Bahnhof „Leopolda" aus dem Jahre 1848 (Verbindungslinie zwischen Florenz und Pisa), heute Teil eines Kulturzentrums auf dem gesamten Bahnhofsgelände. Die Besitzerin ist eine nette, aufgeschlossene Frau und passionierte Köchin, die typische toscanische Küche zu angenehmen Preisen anbietet. So geschlossen. Piazza Guerrazzi 11, ☏ 050-48587.

Bar Roma (31), eine Cafébar mit kleinem Restaurant, in dem man problemlos auch nur ein Primo essen kann. Einige Tische auf dem schmalen Gehsteig. Via Roma 24.

Fried Fish, in der Altstadt am Markt (gegenüber der Trattoria Omobono). Diverse Fischsorten aus der Friteuse.

Uni-Mensa (11), Essenskarten nur mittags erhältlich, 12–14 und 19–21 Uhr. Via Martiri.

Cafés/Bars (siehe Karte S. 280/281)

Caffè dell'Ussero (28), in einem recht stuckierten Ziegelsteinbau am Arno-Ufer. Traditionelles Café, gegründet 1794. Süße Spezialität: Torta coi Bischeri – mit Schokoladenpulver, Rosinen und Pinienkernen. Lungarno Pacinotti 27.

Caffetteria Betsabea (26), schöner Platz zum Erholen nach dem Stadtspaziergang. An der Piazza Dante gelegen, dem lebendigen Studententreffpunkt. Palmen, die Uni und alte Häuserfassaden im Blick, lässt sich ein hervorragender Cappuccino genießen. Gute und günstige Foccacia gibt es auf der anderen Seite des Platzes im **Caffè Ristoro (26)**.

Pasticceria Salza (15), unter den Arkaden im alten Stadtzentrum. Pisas traditionelle Feinbäckerei. Via Borgo Stretto 46.

Borderline Club (13), *der* Club in Pisa, oft Livemusik. In einem Hinterhausgebäude ums Eck vom Kino Odeon (Via Giuseppe Vernacchini 7). Da als Club lizenziert, muss

eine Gebühr in Höhe von ca. 8 € gezahlt werden. Geöffnet 21–1 Uhr, So Ruhetag.

Caffè Foyer (21), schlichter Platz für Menschen, die das „Schöne suchen", direkt neben dem Theater, Gäste zwischen schick und Jeans, Kleinigkeiten zum Mittagessen zum guten Preis. Via Palestro.

Bar Bean an tj (34), im „Mezzogiorno" (Südstadt). Ein richtiger Irish Pub, allerdings wird es hier erst um 23 Uhr richtig voll (um 0.15 Uhr wird dann schon wieder geschlossen). So Ruhetag. Piazza S. Martino.

Bar Pick a Flower (30), freundliche Neonkneipe in einer ehemaligen Kirche, auch zum Draußensitzen. Gute Snacks wie Salate und Antipasti. Via Serafini 14.

● *Gelateria* Coppelia, hausgemachtes Eis, schön zum Draußensitzen, mit Blick auf den Arno, Piazza Cairoli (gleich neben der Piazza Garibaldi, dort übrigens **La Bottega del Gelato**, ein weiteres Eiscafé).

Sehenswertes

Pisas Altstadt ist sehr hübsch, aber natürlich ist der Schiefe Turm die Hauptattraktion. Er steht mit einer Reihe anderer imposanter Bauwerke auf der **Piazza dei Miracoli**, der großzügig angelegten Wunderwiese, die sich in der Hauptsaison in eine Art „Volkswiese" mit riesigem Gedränge, Eisverkäufern und Ähnlichem mehr verwandelt. An der Straße reiht sich ein Souvenirladen an den anderen. Neben viel Ramsch gibt es auch hübsche Arbeiten aus *Onyx*: Aschenbecher, Schmuckdöschen und Schachspiele.

• *Eintrittspreise* Siehe jeweils unten bei den einzelnen Sehenswürdigkeiten. Darüber hinaus sind mehrere Sammeltickets im Angebot (Infos unter www.opapisa.it), der Schiefe Turm ist allerdings in keinem von ihnen enthalten.

• *Stadtrundfahrten* Mit einem offenen Doppeldeckerbus bietet **Pisa city-sightseeing** von März bis Oktober von 9–19 Uhr stündlich auf zwei Linien verschiedene Rundfahr-

ten an. Eine der vielen Haltestellen befindet sich an der Piazza dei Miracoli. Erwachsene 15 €, Kinder unter 15 J. 7 €. ☎ 328-8090205; www.pisa.citysightseeing.it.

Mit der **Pferdedroschke** durch die Altstadt und am Arno-Ufer entlang. Besonders in den Abendstunden, wenn sich die Stadt beruhigt hat, ein schönes Erlebnis. Ca. 55 €, Fahrtdauer ca. 30 Min. Abfahrt von der Wunderwiese (Via S. Maria).

Schiefer Turm

Einmal ganz abgesehen von seiner spektakulären Schieflage: der stark von der islamischen Baukunst beeinflusste Campanile gilt als der schönste Turm Italiens. 1173 begann *Bonanno Pisano* mit dem Bau des Turms, der schon von Anfang an seine absonderliche Neigung zeigte, weil er wie die gesamte Stadt auf Schwemmland steht. Doch allem Hohngelächter der umliegenden reichen Städte zum Trotz wurde verbissen weitergebaut – bis zum dritten Stockwerk. Dann stoppten die Pisaner den Bau vorerst. 1272 fassten sie erneut Mut und stockten auf. Durch Schaden klug geworden, versuchten sie, den Schwerpunkt wieder an die richtige Stelle zu rücken, indem sie die neuen Stockwerke in die Gegenrichtung versetzten. Vergeblich – der Boden gab weiter nach. Noch einmal 80 Jahre verstrichen, bis die Architekten den Glockenraum in Angriff nahmen. Immer noch um einen Ausgleich bemüht, hoben sie den Boden der obersten Etage auf einer Seite an, so dass auf der Südseite sechs Stufen, auf der Nordseite nur vier Stufen zu ihm führen.

Der Turm aber kippte mehr und mehr. Im 20. Jh. betrug die Neigung schließlich 4,54 m – mit einer Steigerungsrate von jährlich etwa 0,7 mm! Wissenschaftler berechneten einen maximal möglichen Überhang von 4,74 m – wonach der Turm in ca. 200 Jahren umstürzen würde. Erste Rettungsversuche fanden bereits in den 30er Jahren statt. Damals spritzte man Beton ins Erdreich ein, um die Fundamente zu stabilisieren, jedoch ohne Erfolg. 1991 wurde endlich Ernst gemacht und der Turm gesperrt. In einer ebenso spektakulären wie aufwändigen Restaurierung (unter der Nordseite der Fundamente wurde Erdreich abgetragen, gleichzeitig Wasser abgesaugt und flüssiger Stickstoff zur Stabilisierung beigegeben, der Turm währenddessen mit riesigen Stahlkabeln gestützt) gelang es, seinen Neigungswinkel um fast 44 cm zu verringern. Damit war der Turm wieder in einen Zustand versetzt, wie er vor etwa dreihundert Jahren Bestand hatte.

Seit Ende 2001 ist die *Torre Pendente* nun wieder für Besucher geöffnet. Allerdings dürfen gleichzeitig nur noch maximal 30 Personen in Begleitung zweier Wächter für die Dauer von 40 Minuten den Turm bis zu seiner Spitze in rund 60 m Höhe besteigen. Eintrittskarten kosten 15 € und können auch über das Internet bestellt werden (www.opapisa.it). Die Verkaufsstelle für die Karten für den Schiefen Turm befindet sich im Sinopienmuseum und im Verwaltungsgebäude der OPA (nördliche Seite des Platzes), dort müssen Sie sich für eine bestimmte Zeit vormerken lassen (das kann Stunden dauern).

⏱ April–Sept. 8.30–20.30 Uhr; im Winter 9–18 Uhr.

Dom Santa Maria Assunta

Der Dom galt lange Zeit als monumentalster Bau der christlichen Welt und diente für fast alle Kathedralen in der Toscana als Vorbild (Florenz, Siena, Lucca). Die Fas-

Die Kuppel der Taufkapelle

sade wurde von *Rainaldus* in der ersten Hälfte des 12. Jh. gebaut; er hatte dabei das Bild eines römischen Tempels vor Augen. Im unteren Teil wirkt das Ganze eher orientalisch. Wo Lang- und Querschiff sich kreuzen, befindet sich das **Tor des San Rainieri**, das einzige, das von den einst vier antiken Toren übrig geblieben ist. Es ist stark byzantinisch beeinflusst und von hübscher Einfachheit. Dargestellt sind die Flucht nach Ägypten sowie die Geburt und die Kreuzigung Christi.

Beim Eintreten beeindruckt insbesondere die hölzerne und vergoldete Kassettendecke, die kurz nach dem verheerenden Brand 1595 von den Medici der Stadt Pisa geschenkt wurde. In der Halbkuppel der Apsis befindet sich ein gigantisches Mosaik im byzantinischen Stil, teilweise von Cimabue 1301 angefertigt.

Die **Kanzel** von *Giovanni Pisano* ist das großartigste Kunstwerk des Doms. Mit seiner realistischen Darstellungsweise gilt der Künstler als Wegbereiter der Renaissance (er ist der Sohn von *Nicola Pisano*, der ein Gegenstück im benachbarten Baptisterium schuf). Der obere Teil der Kanzel besteht aus neun Reliefteilen mit Themen aus dem Neuen Testament. Die Säulen der Kanzel ruhen auf einschüchternden christlichen Symbolen – ein Löwe, Sinnbild der göttlichen Kraft der Kirche, frisst heidnische Esel. Im rechten Querschiff befindet sich das imponierende Grab des Schutzpatrons von Pisa, des heiligen Ranieri, links daneben das schlichte Grab des weströmischen Kaisers Heinrich VII.

⏰ April–Sept. 10–19.40 Uhr, Okt.—Feb. 10–13 und 14–17 Uhr; März 10–18 Uhr; So immer erst ab 13 Uhr. Eintritt 2 €.

Baptisterium

Auf der grünen Wiese steht die größte Taufkapelle der christlichen Welt. *Diotisalvi* begann 1153 mit dem Bau, in dem romanische, gotische (Außenfassade), byzantinische (innere Säulen) und sizilianische Architektur vereint sind. Das kühle Innere wird beherrscht vom achteckigen Taufbecken. *Bigarelli* dekorierte es in der Mitte mit einer Statue Johannes des Täufers. In das große Becken wurden früher die Erwachsenen eingetaucht, in die kleinen Becken die Kinder. Daneben steht die **Kanzel** von *Nicola Pisano* (1201–1278), einem der größten Bildhauer seiner Zeit. Mit seinem Stil scheint er bereits nach neuen künstlerischen Wegen zu suchen und sich in seiner naturalistischen Lebendigkeit von der verklärenden Idealisierung der Gotik zu lösen (Beispiele hierfür sind sein „Herkules" oder die drei Säulen tragenden Löwen unter der Kanzel).

Der Besuch des Baptisteriums lohnt schon allein wegen der außergewöhnlichen Akustik und der Aussicht, die sich bietet, wenn man die Kuppel hinaufsteigt –man blickt über die Dächer von Pisa, auf den Schiefen Turm und den jüdischen Friedhof.

🕐 Im Sommer 8–19.30 Uhr, im Frühjahr/Herbst 9–17.40 Uhr, im Winter 10–16.30 Uhr. Eintritt 5 €.

Camposanto

Der Bau des lang gestreckten, marmorummauerten Monumentalfriedhofs wurde von *Giovanni di Simone* 1278 begonnen. Viele berühmte Pisaner fanden hier ihre Grabstätte.

1944 wurde der Friedhof von einer amerikanischen Bombe getroffen, die einen Brand auslöste; das herabfließende Blei der Dächer richtete einen immensen Schaden an. Vor allem die Fresken, die den Camposanto so berühmt gemacht hatten, wurden zu einem großen Teil zerstört. Eine einzigartige Restaurierungsarbeit wurde in die Wege geleitet, und so kann der Besucher heute den Friedhof wieder in seiner ursprünglichen Gestalt bewundern. Geradezu aufrührerisch ist das Kolossalgemälde „Triumph des Todes": die Collage eines von Seuchen und Korruption geplagten Volkes im 14. Jh., im unteren Teil ein Leichenberg aus Nonnen, Pfarrern und Bischöfen, denen die Seelen entschlüpfen, Teufelchen und Engel kämpfen um sie. Daneben genießt die höfische Gesellschaft das Vergnügen der Jagd, ohne sich der Hinfälligkeit allen Lebens bewusst zu sein. Ein Eremit spricht zu den Rittern über die Vielfalt des Lebens, er deutet mit dem Finger zu den Leichen.

Rundum findet man römische Sarkophage, Büsten und Statuen berühmter Männer, Vasen und Säulen aus der Römerzeit.

🕐 wie Baptisterium, Eintritt 5 €.

Dom-Museum   *(Museo dell'Opera del Duomo)*

Im ehemaligen Dominikaner-Kloster und späteren Klausurkloster der Kapuzinernonnen sind Kunstwerke und Schätze des Domes ausgestellt. Das restaurierte Gebäude grenzt an die Piazza dei Miracoli. Im Parterre befindet sich der interessanteste Teil des Museums mit Skulpturen vom 11. bis zum 16. Jh. Sie spiegeln die verschiedenen Kunstrichtungen der pisanischen Seerepublik wider.

Raum **1**: Hier sind zwei Modelle der Kathedrale aus dem 19. Jh. (aus Holz und aus Alabaster) ausgestellt.

Raum **2**: Der Raum ist den originalen Bronzetüren des Bonanno Pisano aus 1185 gewidmet. Sie erzählen Geschichten aus dem Neuen Testament und gehören zu den ältesten Bronzetüren Europas.

Raum **3**: Fassadenornamente aus dem 12. Jh., die im 19. Jh. von der Kathedrale und vom Glockenturm entfernt wurden und islamischen Einfluss zeigen. Sie stammen zum Teil aus der Werkstatt von *Rainaldo* und *Gugliemo* (12. Jh.).

Interessant ist das *Hippogryph* (Flügelpferd) aus Bronze mit arabischer Gravur. Es ist ein seltenes Werk aus der kurzen arabischen Kunstperiode der Fatimiden (10./11. Jh.) und wurde als Beutegut von einem Feldzug mit nach Hause gebracht. Als eine Art Siegestrophäe schmückte es bis 1828 die Dachspitze über der Hauptapsis. Dort ist heute eine Kopie platziert.

Gewitterstimmung

Von einem burgundischen Künstler stammt das im selben Raum aufgestellte außergewöhnlich farbige Holzkruzifix. Ein Überbleibsel einer Skulpturengruppe, die im 16. Jh. einem Brand zum Opfer fiel.

Raum 4: In diesem Miniraum sind zwei Fragmente des Glockenturms ausgestellt.

Raum 5: In einer Glasvitrine steht das Gipsmodell der berühmten Kanzel von *Giovanni Pisano*, die nach dem Brand der Kathedrale im Jahre 1595 in Kisten verpackt wurde und erst seit 1926 wieder im Dom aufgestellt ist. Es mussten viele Versuche mit Gipsmodellen unternommen werden, um das „Puzzle" im Original wieder hinzukriegen. Ein Holzmodell der Taufkirche erinnert an die verschiedenen Vorschläge, das Gebäude zu gestalten.

Raum 6: In diesem Raum und im **Portikus** sind einige Werke von *Nicola* und *Giovanni Pisano* (13. Jh.) gesammelt. Giovannis Originalskulpturen aus dem Baptisterium sind stilvoll platziert, die verwitterten Statuen in halbkreisförmigen Reihen aufgestellt. Durch die gelungene Beleuchtung und die Gruppierung der Figuren kommt Leben in das pastellfarbene Gewölbe.

Raum 7: Hier sind weitere Werke von *Giovanni Pisano* zu bewundern, z. B. die „Madonna Heinrichs VII.". Eine heute kopflose Madonna und die Skulptur „Pisa auf Knien" bildete zusammen mit einer verschollenen Figur Heinrichs VII. eine dreiteilige allegorische Komposition. Die „Madonna del Colloquio", die „Sprechende Madonna" erhielt ihren Namen wegen der lebendigen Mimik ihres Gesichts, das den Eindruck erweckt, als würde sie mit dem Kind, das sie in ihren Armen hält, ein Gespräch führen.

Die Figurengruppe stammt aus dem Jahr 1306 und befand sich ursprünglich über dem Haupteingang des Baptisteriums. Sie zeigt Johannes den Täufer, die Madonna mit Kind und Johannes den Evangelisten.

Raum 8: Ausgestellt sind Werke von *Tino Camaino*, einem der bedeutendsten Bildhauer des 14. Jh. Der Künstler war in Siena und Pisa, aber auch in Florenz und Neapel tätig. Tinos berühmtestes Werk in Pisa

war das Mausoleum für Heinrich VII. Zwei Skulpturen dieses Grabmals, „Mariä Empfängnis" und ein Engel, sind hier zu sehen. Erwähnung verdienen auch die monumentalen Statuen Heinrichs VII. und seines Rates. Es ist nicht mit Sicherheit erwiesen, ob diese Gruppe tatsächlich zum Mausoleum gehörte. Ein weiteres wichtiges Werk mit Tino ist der Grabaltar des heiligen Rainer (des Schutzpatrons der Stadt).

Raum 9: Die in diesem Raum präsentierten erzbischöflichen Gräber stammen aus der Werkstatt *Nino Pisanos* (14. Jh.).

Raum 10: Skulpturen aus dem 15. und 16. Jh., darunter Werke der florentinischen Meister *Andrea di Francesco Guardi* und *Stagio Stagi*.

Räume 11/12: Die beiden Räume bergen kostbare Schätze der Kathedrale, darunter wertvolle Goldschmiedearbeiten und Juwelen. Im vorderen Raum strahlt *Giovanni Pisanos* „Madonna mit dem Kind" aus Elfenbein, zweifellos das faszinierendste Objekt in dieser Sammlung. Die auffallend grazile Skulptur wurde ursprünglich in einem Tabernakel über dem Hauptaltar aufbewahrt. Ungewöhnlich schön sind auch die zwei blauen Truhen mit Goldverzierungen aus dem französischen Limoges. In der kleineren der beiden wurde einst ein Stück des Mantels des heiligen Raineri aufbewahrt.

Über eine Treppe gelangt man in die oberen Räume des Museums.

Räume 13/14: Die hier ausgestellten Gemälde und Skulpturen aus dem 16. und 17. Jh. haben biblische Themen und schmückten früher die Kathedrale.

Raum 15: Hier werden Intarsienarbeiten aus der Kathedrale (15. und 16. Jh.) gezeigt.

Raum 16: Sammlung mittelalterlicher Schriften, darunter auch aufwändig illustrierte liturgische Bücher aus dem 14. und 15. Jh. In den folgenden drei Räumen werden modernere Kirchenschätze (ab 15. Jh.) aufbewahrt.

Raum 21: Dieser Raum ist *Carlo Lasinio* gewidmet. In der ersten Hälfte des 19. Jh. entdeckte er den Friedhof Camposanto und leistete Entscheidendes für seine er-

Lucca – vom verspielten Garten des Palazzo Pfanner präsentiert sich die extravagante Treppenkonstruktion wie eine zweigeschossige Loggia

▲▲ Lucca, Caffè di Simo – im Schaufenster glitzert es wie in einem Juweliergeschäft
▲ Stadtfest in Campiglia Marittima

Elba, Porto Azurro – der Hafenpromenade würde eine Fußgängerzone besser stehen ▲▲
Capoliveri – einladende Badebucht am Golfo di Stella ▲

▲▲ Elba, Innamorata-Bucht –
speisen, wenn die Sonne im Meer versinkt

▲ Enge Buchten an den Säumen des Monte Calamita

▲ Keramik-Karte von Marciana

Camposanto – Grabstätte mit Jerusalemer Erde

folgreiche Restaurierung sowie für den Aufbau des Museums mit seiner archäologischen Abteilung.

In den letzten drei Räumen finden sich ägyptische, keltische und römische Skulpturen, darunter ein ausdrucksvoller Kopf von Julius Cäsar.

⏰ im Sommer 8–19.20 Uhr, im Frühjahr/Herbst 9–17.20 Uhr, im Winter 10–16.20 Uhr. Eintritt 5 €.

Museo delle Sinopie: Im Museum am Domplatz (gegenüber dem Baptisterium) findet man die Rötelzeichnungen zu den Fresken des Camposanto. Der Begriff *Sinopie* geht auf die türkische Stadt Sinope zurück, die wegen ihrer Erdfarben berühmt ist. Im Rahmen der Restaurierung wurden die in die Wand geritzten Vorzeichnungen, die meist vom Meister selbst ausgeführt wurden, sorgsam freigelegt. Öffnungszeiten wie Taufkirche, Eintritt 5 €.

Weitere Sehenswürdigkeiten

Keith-Haring-Hauswand: Der bekannte Pop-Art-Künstler hat 1989 an der Piazza S. Antonio eine ganze Hauswand großflächig mit seinen bunten Comicmännchen bemalt. Wer vom Bahnhof Richtung Innenstadt läuft, muss sich am großen Kreisverkehr Vittorio Emanuele II an der zweiten Querstraße links halten.

Kirche Santa Maria Della Spina: Die am Arno-Ufer gelegene (Lungarno Gambacorti), über und über mit Tabernakeln, Engelchen und Heiligen dekorierte Kirche aus der Schule *Giovanni Pisanos* lag bis 1871 tiefer, doch drohte der Fluss sie zu zerstören. So wurde sie verlegt und Stein für Stein an ihrem heutigen Platz wiederaufgebaut.

⏰ Sommer 10–13.30 und 14.30–18 Uhr; Winter 10–14 Uhr. Mo geschlossen. Eintritt 1,50 €.

Piazza dei Cavalieri: Dieser Platz – ausnahmsweise einmal ohne Straßencafé – war früher das Zentrum Pisas und ist durch und durch von der Renaissance geprägt. Hier steht der völlig bemalte **Palast der Cavalieri**, der von *Vasari* erneuert wurde.

*Ein Keith-Haring Wimmelbild schmückt
in der Nähe des Bahnhofs eine ganze Hausfassade*

Früher befand sich im Palast die Militärschule der Ritter, heute ist er Sitz der Scuola Normale Superiore.

Daneben findet man die Kirche **Santo Stefano dei Cavalieri**, die ebenfalls nach Plänen von *Vasari* entstand. An der Kirchenrückwand ein Kunstwerk von *Donatello* – der „San Rossore“.

🕐 9–18 Uhr. Eintritt 1,30 €.

Museo Nazionale di S. Matteo: Im ehemaligen Kloster S. Matteo am Arno-Ufer (Lungarno Mediceo) ist die gesamte toscanische Kirchenkunst vertreten, wenn auch oft mit zweitklassigen Werken. Ein kleiner Saal versammelt fünf Werke von *Benozzo Gozzoli*, darunter eine Kreuzigung mit einem Porträt des Mäzens im Vordergrund. *Beato Angelico* ist mit einer „Madonna mit Kind“ vertreten, die Madonna erscheint – wie so oft bei Angelico – im blauen Gewand. Werke von *Simone Martini* und *Taddeo di Bartolo* (Prozessionsschild) finden sich neben Altarbildern aus dem 14. und 15. Jh., eine Sammlung von Werken flämischer Meister. Außerdem sind alte Choralbücher, Statuen und Statuetten aus dem Florenz des 17. Jh. ausgestellt. Die Keramiksammlung, der ein eigener Saal gewidmet ist, zeigt auch Produkte der islamischen Tradition.

🕐 Di–Sa 8.30–19 Uhr, So 8.30–13 Uhr. Eintritt 5 €.

Giardino Scotto: 1440 bauten die neuen Herren von Pisa, die Florentiner, im Südosten der Stadt eine Zitadelle. Geblieben ist die alte Bastion. Später erwarben die blaublütigen *Scotto* das Gelände, das heute eine öffentliche Parkanlage der Stadt ist.

🕐 8–20 Uhr. Eintritt frei.

Botanischer Garten: Liegt unweit des Schiefen Turms und ist mit seinen meterhohen Palmen und anderen exotischen Gewächsen noch üppiger als der Scotto-Garten. Er wurde 1543 von *Cosimo I.* in Auftrag gegeben und ist damit der älteste botanische Garten der Welt.

🕐 Mo–Sa 8.30–13.00 Uhr. Via L. Ghini 5. Eintritt frei.

Spaziergang am Arno: Schöne Route am Viale delle Piagge entlang. Am Ufer des Arno befand sich bis zur Wende vom 19. zum 20. Jh. die öffentliche Badeanstalt von Pisa. Die üppig grüne Promenade beginnt in etwa auf der Höhe des Ponte della Vittoria – gleich am Eck das *Café Salvini* mit Terrasse zum Fluss. Nach 2 km hat man das *Café Lilli* erreicht, ein beliebter Treff am Abend und an Sonntagnachmittagen. Auf halbem Weg dorthin steht die Kirche *S. Michele degli Scalzi*. Ihr Turm ragt mindestens so schräg in den Himmel wie ihr berühmter Verwandter auf der Wunderwiese. Man versuchte, das Dach durch keilförmig gemauerte Ziegelsteinschichten zu nivellieren.

Nicht weit von der „schrägen Kirche" kommt man zu *Le Piagge*, einem Grüngürtel, der am Arno entlangführt. Zwischen den hier aufgestellten Marmorskulpturen, die bei einem Bildhauersymposium entstanden sind, rennen Jogger herum, und auf den Parkbänken hocken Liebespärchen.

Basilica di S. Piero a Grado: Die bedeutende romanische Basilika aus schlichtem Tuffmauerwerk erhebt sich etwa 5 km westlich von Pisa an der ehemaligen, mittlerweile verlandeten Flussmündung des Arno. Errichtet wurde sie um das Jahr 1050, und zwar an der Stelle, an welcher der Apostel Petrus zum ersten Mal italienischen Boden betreten haben soll. San Piero a Grado war schon früh eine wichtige Pilgerstation auf dem Weg nach Rom, entsprechend großzügig wurde die dreischiffige Basilika mit den drei Apsiden an der West- und der einen Apsis an der Ostseite gestaltet. Das weitläufige Inneren ist mit teils gut erhaltenen Fresken (14. Jh.). ausgeschmückt, die u. a. der Lebensgeschichte Petri gewidmet sind.

ⓘ Mo–So 8–19 Uhr, Via Vecchia di Marina 5. Eintritt frei, Spenden sind erwünscht.

Monte Pisano

Das Gebirge nördlich von Pisa kennt bislang vor allem einen regionalen Tourismus: Pisaner, die an Wochenenden der drückenden Stadthitze entfliehen. Wer mit dem eigenen Fahrzeug unterwegs ist, dem sei eine Fahrt zum Monte Serra empfohlen.

Von Pisa aus erst nach **San Giuliano Terme**, wo man Durchblutungsstörungen, Atemwegsinfektionen, Cellulitis und anderes mehr kurieren kann. Wer das breite Therapieangebot des Thermalbads verschmäht, fährt gleich weiter nach **Calci** mit seinen zahlreichen Fußgängerbrücken, die einen schmalen Gebirgsbach zieren. Die **Kartause von Pisa** wacht hier mit einem pompösen Vorbau und einem reich verzierten barocken Giebel über die Umgebung. Die letzten Kartäuser haben den geweihten Ort 1972 verlassen, in den Räumen ist heute das naturgeschichtliche Museum der Universität Pisa untergebracht (Via Roma, ✆050-938430, Di–Sa 9–18.00 Uhr, So 10–19 Uhr, Eintritt 5 €). Sehenswert ist außerdem die hiesige **Pieve di SS. Giovanni Evangelista e Ermolao** aus dem 12 Jh.

Von Calci zieht sich eine teilweise verwegen enge, 11 km lange Straße hoch zum **Monte Serra**, auf dessen Gipfel der Fernsehsender RAI einen Antennenwald gepflanzt hat, den zu besichtigen sich nicht lohnt. Besser lässt man das Gefährt auf dem Parkplatz unterhalb des Gipfels stehen und macht einen kurzen Spaziergang auf der Straße, die nach links führt: großartiger Ausblick über die Ebene von Pisa bis zum Meer, bei schönem Wetter lässt sich sogar Korsika erkennen.

Das Gebiet um den Monte Serra ist reich an Quellen und dank seiner Wälder ein kleines Wanderparadies. Ein idealer Einstieg liegt unterhalb des Gipfels an der Straßengabel nach Buti: mehrere markierte Wanderwege stehen zur Auswahl. Den

Pisa
Karte S. 280/281

Gaumen verwöhnt man anschließend am besten in **Buti** selbst, das gleich mit zwei empfehlenswerten Speiselokalen aufwartet.

Weiter führt die Rundfahrt nach **Vicopisano**, einem noch wenig besuchten mittelalterlichen Festungsdorf am Fuße der Monti Pisani. Die von weitem sichtbare Burg wurde im 15. Jh. von dem Florentiner Renaissance-Architekten *Filippo Brunelleschi* zu einem komplexen Verteidigungssystem mit zahlreichen Türmen ausgebaut, die über eine Verbindungsmauer leicht erreicht oder verlassen werden konnten. War es ratsam, sich zurückzuziehen, so konnten die Verteidiger eine heute nicht mehr existierende Zugbrücke hinter sich hochziehen und so den Angreifern den Weg zur Burg abschneiden. Hauptinteressent war Pisa, jahrzehntelang versuchte der mächtige Stadtstaat seinen ehemaligen Wachposten, den er 1406 an Florenz verloren hatte, zurückzuerobern – ohne Erfolg. Heute befindet sich die Brunelleschi-Festung, deren Ursprünge bis auf das 11. Jh. zurückgehen, im Besitz der Schweizer Industriellenfamilie Fehr-Walser, die das architektonische Meisterstück seit 1995 restaurieren lässt. Einige Wohnungen innerhalb der Burgmauern wurden bereits wieder bezogen, mit ihren kleinen Gärtchen tragen die Häuser viel zum Charme des Bollwerks bei.

● *Besichtigungen der Burganlage*   März–Nov. jedes Wochenende, Dez.–Febr. nur jeden zweiten Sonntag im Monat: Sa 15.30–19.30 Uhr, So 10–12.30 und 15.30–19.30 Uhr. Eintritt 5 €. Für Führungen (mind. 10 Personen) ℘ 050-796117. www.comune.vicopisano.pi.it.

● *Übernachten*   Beide nachgenannten Hotels liegen an der alten N 12 nach Lucca. Die „neue" N 12r führt geradlinig durch einen Tunnel durch die Pisaner Berge. Sie müssen in S. Giuliano Terme links abbiegen.

*** **Villa di Corliano**, knapp hinter S. Giuliano Terme. Das Anwesen liegt am Fuße des Pisano, schöner Blick auf die Ebene. Ein alter Palast inmitten eines 6 ha großen Parks. Was das Haus liebenswert macht, ist sein unaufdringlicher Glanz. Herrliche Wandgemälde in den Salons und den riesigen Schlafgemächern. Wertvolle Möbel, alles original. Das Hotel verfügt seit einigen Jahren in einem Nebengebäude über ein eigenes Speiselokal, das Ristorante Sergio, ein „Filialbetrieb" des gleichnamigen Lokals in Pisa. „Phantastische Degustations-Menüs (5 Gänge) für 40 €", schrieb uns eine Leserin. Mi Ruhetag. DZ mit Bad ab 104 €. Via Statale Abetone 50, S. Giuliano Terme-Rigoli, ℘ 050-818193, ℮ 050-818897.

Casetta delle Selve, von der Villa di Corliano einige Kilometer weiter Richtung Lucca, in Pugnano rechts abbiegen. Einfaches renoviertes Bauernhaus hoch oben am Berghang (abenteuerlich steile Anfahrt). Lassen Sie sich von der liebenswürdigen Witwe Nicola Menchi umhegen! Die sechs geräumigen Zimmer sind durchgängig in einer Farbe gehalten, und man schläft unter handgearbeiteten Kaschmirdecken. An den Wänden Gemälde aus der Hand der Patronin. Alle Zimmer mit eigenem Bad (wenn auch bei einigen am Gang gegenüber). Reservierung empfohlen. DZ ca. 75 €. ℘ 050-850359.

● *Agriturismo* **Lucchetta degli Olivi**, auf einem Hügel über Vicopisano gelegenes wuchtiges Bauernhaus mit großzügig geschnittenen Zimmern (Richtung Buti, kurz nach dem Ortsende der Beschilderung folgen). Das Mobiliar ist einfach, das Ambiente behaglich, der Ausblick auf die Brunelleschi-Festung beeindruckend. Auf der Terrasse des gut besuchten Restaurants wird Schmackhaftes zu vernünftigen Preisen gereicht. 100 € pro Appartement. ℘ 050-796009 oder 388-6050517 (Massimo Ricchi), ℮ 050-796009, www.luchettadegliolivi.com.

Serra di Sotto, schönes Anwesen auf einer Waldlichtung, das als Ausgangspunkt für zahlreiche Wanderwege ringsum genutzt werden kann. Von Vicopisano kommend bei Buti rechts ab (gut ausgeschildert). ℘ 0587-758053, ℮ 0587-723311.

● *Essen* **Ristorante La Grotta**, in Buti. Bei schönem Wetter kann man sich in einem hübschen Innenhof verwöhnen lassen. Regionale Küche, auch Pizzen. Versuchen Sie Antipasto di Mare. Mi geschlossen. ℘ 0587-724660.

Ristorante Giancarlo, in Buti, Via Verdi 4. Kleiner und familiärer als das vorgenannte, leider gibt es keinen Garten. „Giancarlo, der Wirt, ist unheimlich freundlich, und zur Herbstzeit gibt es dort frische Steinpilze in verschiedenen Variationen und ein hervorragendes Wildschweingulasch. Auch sein roter Wein aus dem Fass ist wunderbar" (Leserbrief). ℘ 0587-723375

Castiglioncello – Steilküste mit wenigen Sandbuchten prägt den Küstenabschnitt südlich von Livorno

Etruskische Riviera

Im Allgemeinen wird behauptet, der landschaftlich reizvolle Küstenabschnitt von Livorno bis Piombino sei noch relativ ruhig. Doch wer wirklich Ruhe sucht, wird sie nur außerhalb der Hauptreisezeit finden. Besonders während der italienischen Sommerferien herrscht hier viel Rummel: An den Straßen und vor vielen Strandbädern stehen lange Schlangen parkender Autos, die im grellen Sonnenlicht glitzern. Es ist schwierig, ein Hotelzimmer zu bekommen, und viele Strände sind heillos überfüllt.

Natürlich kann man auch schöne Plätze finden, sofern man einen längeren Fußmarsch zu einer schwer zugänglichen Bucht an einer Steilküste auf sich nimmt. Die Strände bestehen zum größten Teil aus Sand, doch dazwischen liegen immer wieder Steilküsten mit Kieselstränden. Schön ist der breite Pinienstreifen, der sich direkt hinter dem Strand entlangzieht. Hervorzuheben ist auch die gute Wasserqualität der Strände an der Etruskischen Küste, die fast überall mit dem Qualitätssiegel der EU, der „Bandiera blu", ausgezeichnet sind.

In der Mehrzahl sind hier Italiener unterwegs, ausländische Touristen trifft man seltener. Ihren Namen hat die Küste zwischen Livorno und Piombino übrigens von den zahlreichen Funden aus der Etruskerzeit Das Kernland des antiken Etruriens verlief entlang der Küstenlinie, südlich von Livorno beginnend.

Livorno – prächtige Jugendstilvillen an der kilometerlangen Strandpromenade

Livorno

(ca. 190.000 Einw.)

Wer auf Livorno zufährt, ist geneigt, die nach Florenz zweitgrößte Stadt der Toscana und die einzige größere am Meer links (bzw. rechts) liegen zu lassen. Besonders die riesigen Raffinerieanlagen im Norden Livornos wirken auf den Besucher eher abschreckend, zeugen aber gleichzeitig von der großen Bedeutung des Hafens. Er ist jedoch nicht nur Umschlagplatz für Öl und andere Handelsgüter, sondern auch Stützpunkt für die Fähren zu den Inseln Korsika, Sardinien, Sizilien und nach Afrika.

Für viele Kreuzfahrtschiffe internationalen Ranges ist ein Stopp in Livorno in den letzten Jahren sehr attraktiv geworden. Die Stadtverwaltung ist neuerdings sehr bemüht, den Besuchern die erst auf den zweiten Blick liebenswerte Stadt als Reiseziel etwas schmackhafter zu machen. Die Livorneser gelten als besonders offenherzig, humorvoll und tolerant und tragen ihren Teil dazu bei!

Die Anwesenheit des Hafens manifestiert sich auch im Stadtbild. Abends und an Wochenenden flanieren Matrosen durch die Straßen, und nirgendwo in Norditalien findet man so viele fahrende Händler (meist Afrikaner), die jeden Morgen mit neuem Optimismus ihre Ware, die eigentlich keiner kaufen will, auf dem Gehsteig ausbreiten. Ohnehin ist Livorno ein multikultureller Schmelztiegel, was sich auch an den zahllosen kleinen Läden mit exotischem Lebensmittelangebot zeigt.

Das Schöne an Livorno ist seine Alltäglichkeit und das pralle italienische Leben. Wer eine Pause von Besuchermagneten wie Florenz, Siena und San Gimignano nötig hat, sollte hier ein oder zwei Tage einplanen. Ohne den geringsten Anflug von Langeweile kann man stundenlang an den Auslagen der Geschäfte vorbeischlendern, zwischendurch in einer der unzähligen Bars ein Gläschen trinken und sich dann auf dem wirklich sehenswerten *Mercato Centrale* die Zeit vertreiben. Mit ihren paar Kanälen ist die Altstadt zwar kein zweites Venedig, doch tragen diese eindeutig zum angenehmen Stadtbild bei. Eine Bootsfahrt durch die „Fossi" (Festungsgräben), wie sie in Livorno heißen, lohnt sich allemal und bietet dem Besucher eine neue Perspektive. Die Innenstadt ist verkehrsberuhigt, aber es wimmelt überall von Rollerfahrern; es ist empfehlenswert, die Blechkiste rechtzeitig stehen zu lassen und das gut ausgebaute Bussystem zu benutzen.

Geschichte

Livorno ist verglichen mit anderen toscanischen Städten noch jung. Seine Gründung geht ins Mittelalter zurück; vorher gab es allerdings am gleichen Ort bereits eine etruskische Siedlung. Um 1190 entstand die erste Befestigungsanlage, das kleine Fischer- und Bauerndorf entwickelte sich aber erst, als es unter die Herrschaft von Florenz fiel. Die Florentiner ahnten, dass Livorno eine lohnende Investition für die Zukunft sein könnte. Die Medici ließen die Sümpfe entwässern und drängten damit die Malaria zurück. Dann begannen sie mit dem systematischen Ausbau von Hafen und Stadt als Stützpunkt für ihre Handels- und Kriegsmarine.

Das Jahr 1593 war in der Entwicklung der Stadt ein wichtiger Meilenstein. Mit der Garantie, demokratische Freiheiten zu gewähren, öffnete sich Livorno den Flüchtlingsströmen: Geächtete und Verfolgte aus aller Welt siedelten sich an. Heute erinnert noch der Straßenname *Scali del Refugio* an diese Epoche, und der aufmerksame Beobachter findet an diesem Sträßchen ein Haus mit einer sonderlichen latei-

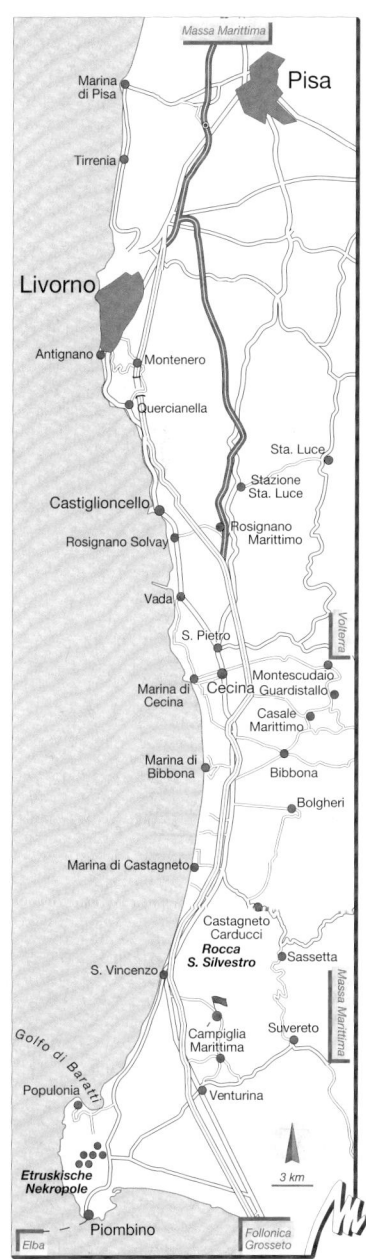

Etruskische Riviera
Karte S. 295

nischen Inschrift, die besagt, dass man hier Flüchtlingen, Waisen und vagabundierenden Kindern gute Sitten beigebracht habe.

In der Renaissance wuchs die Stadt ebenso wie der Hafen. In dieser Zeit wurde nach dem Plan einer *Città Ideale* ein fünfeckiger Mauerring, die *Fortezza Nuova*, zum Schutze Livornos hochgezogen.

Im Zweiten Weltkrieg wurde die Stadt fast zur Hälfte zerstört; heute hat sich Livorno von den Kriegsschäden natürlich längst wieder erholt und ist zu einem Geschäftszentrum mit moderner Atmosphäre geworden.

Information/Verbindung/Adressen

- *PLZ* 57100
- *Information* **APT-Büro**, Piazza Cavour 6, zweite Etage. Hauptsitz der APT (Azienda di Promozione Turistica), aber unscheinbar und deshalb auch selten besucht. Mo–Fr 9–13 und 15–17 Uhr, Sa nur 9–13 Uhr. www.costadeglietruschi.it, www.livorno. turismo.toscana.it, ✆ 0586-204611.

Außer dem ATP-Büro gibt es noch zwei kleinere Informationsstellen: eines in einem kleinen Pavillon auf der Piazza del Municipio (✆ 0586-204611)und ein zweites an der Stazione Marittima (✆ 0586 895420).

- *Bahnverbindung* Sehr gute Verbindungen nach Genua und Rom sowie über Pisa nach Florenz. Bummelzüge entlang der etruskischen Riviera (Richtung Grosseto). Der Hauptbahnhof befindet sich ca. 1,5 km östlich der Altstadt am Ende des Viale Carducci.
- *Busverbindung* Mit ATL nach Cecina, Piombino, San Vicenzo und Pisa; mit ATM nach Baratti, Campiglia, Castagneto Carducci, Cecina, Follonica, Marina di Castagneto, Monterotondo und Monteverdi Marittima. Die blauen Überlandbusse beider Unternehmen fahren an der Piazza Grande ab.Die orangefarbenen Busse bewegen sich innerhalb des Stadtgebietes.
- *Fährverbindung* Auskunft zu den Verbindungen nach **Korsika**, **Sardinien** und **Sizilien** erhält man bei den Fährgesellschaften am Terminal Passeggeri an der Stazione Marittima. Das moderne Info- und Shoppingcenter verfügt über allerlei Serviceeinrichtungen (Internet, SB-Restaurant, Duschen, Waschmaschinen, Autovermietungen). Für Fahrten zu den **Inseln des toscanischen Archipels** muss man sich an den Fährhafen am Porto Medico wenden. Capraia ist mit den Linien Golfo dei Poeti (nur im Juli und August, www.navigazionegolfo deipoeti.it) und Toremar (ganzjährig, www. gruppotirrenia.it, www.toremar.it) erreichbar. Gorgona kann nur in geführten Grup-

pen besucht werden www.atelierdel viaggio.it). Weitere Informationen siehe auch unter www.tuscancoast.com.

- *Parken* Man stellt sein Auto am besten entlang der Kanäle auf der Scala Azeglio nördlich des Aquariums ab. Ein bewachter großer Parkplatz (60 Plätze) befindet sich am Hafen Mediceo in der Via Calafati. Tagespreis: 4,50€.
- *Kanalrundfahrten* 40-minütige Rundfahrten entlang der alten Festungskanäle, Infos beim APT-Büro an der Piazza Municipio oder direkt bei Scama (✆ 0586-403280, nur Italienisch).
- *Einkaufen* Bei schönem Wetter findet im Freien vor dem Mercato Centrale (siehe „Sehenswertes") ein wild in alle Seitengassen wuchernder **Flohmarkt** statt.

Mercato Americano (auch „bric-a-brac"), Piazza XX Settembre. Kunterbunter Nepp- und Schnickschnackverkauf, aus einem ehemaligen Schwarzmarkt hervorgegangen. Werktags 9–19 Uhr, Mo nur nachmittags.

Ein **Wochenmarkt** findet am Freitagvormittag am Stadio Comunale in der Via dei Pensieri statt.

Der **erste Sonntag im Monat** ist Einkaufstag in Livorno, die meisten Geschäfte haben geöffnet. Montagvormittag dagegen sind die meisten Geschäfte geschlossen.

Wer **elegante Läden** sucht, wird an der Straßenachse von der Piazza Municipio über die Piazza Grande, die Via Cairoli und die Via Ricasoli bis zur Piazza Attias fündig.

- *Feste* Im April **Segelwettbewerb** der italienischen Marineakademie.

Palio Marinaro, jedes Jahr im Juli. Ruderwettkampf, bei dem die einzelnen Stadtteile jeweils durch ein mit sechs Männern bestücktes Boot vertreten sind. Das Fest wird zur Erinnerung an die Hafenlotsen, die *risicatori*, veranstaltet. Die „Männer des Risikos" brachten Schiffe bei schwerer See sicher in den Hafen zurück.

Falls man in der sommerlichen Hitze Ende Juli/Anfang August in der Nähe sein sollte, darf man das Spektakel **Effetto Venezia** nicht versäumen. Der historische Teil Livor-nos, Venezia Nuova, verwandelt sich in der Nacht zu einer eindrucksvollen Kulisse für Musik- und Kleinkunstdarbietungen.

Übernachten (siehe Karte S. 298/299)

*** **Boston (12)**, Komforthotel in der Nähe des Hafens. Bewachter Parkplatz, guter Service. DZ mit Bad ab 90 €. Piazza Mazzini 40, ☎ 0586-882333, ℡ 0586-882044, www.bostonh.it.

** **Mini Hotel (7)**, Zentrale Lage (gleich am Mercato Centrale). DZ mit Dusche/WC/TV ab 65 €, Via Buontalenti 57, ☎ 0586-887282, ℡ 0586-882530

** **Giardino (11)**, gute Mittelklasseunterkunft, neu eingerichtet, an einer der Hauptverkehrsstraßen, trotzdem relativ ruhige Zimmer. Zu Fuß kann man die Innenstadt wie auch den Hafen in nur 10 Minuten erreichen. Eigener bewachter Parkplatz direkt im Innenhof. DZ mit Dusche ab 80 €. Piazza Mazzini 85, ☎/℡ 0586-806330, www.parkingiardinohotel.it.

*** **Al Theatro (9)**, kürzlich renoviertes Hotel mit kleiner Bar. Direkt daneben das Restaurant "La Parmigiana". DZ mit Frühstück 140 €. Via E. Mayer 42, ☎ 0586-898705.

*** **Hotel Touring**, Von Lesern empfohlen, die hier gut untergekommen sind. 1 DZ ohne Frühstück ab 65 €. Via Goldoni 61, ☎ 0586 898035, ℡ 0586 899207.

* **L'Amico Fritz (2)**, beim Bahnhof. DZ mit Dusche ab 80 €, ohne Dusche ab 60 €, Viale Carducci 180, ☎ 0586-401149, ℡ 0586-429466

• *Jugendherberge* *** **Villa Morazzana**, großzügige Villa aus dem 18. Jh. in toller Hügellage. Die Stadt Livorno hat sich die Umbauarbeiten einiges kosten lassen und nutzt das Gebäude auch für Tagungen und als Gästehaus. Kein JH-Ausweis notwendig. Schwer zu finden, landeinwärts zwischen Monterodondo und Livorno, 1 km zum Meer, 5 km ins Zentrum. Mit Bus Nr. 3 ab Piazza Grande. Das Bett in den kleinen Schlafsälen kostet ca. 18 € inkl. Frühstück. Auch 10 DZ mit eigenem Bad sind vorhanden, EZ ab 55 €, DZ ca. 80 € (inkl. Frühstück). Via Collinett 40, ☎ 0586-500076, ℡ 0586-502426, www.villamorazzana.it.

• *Camping* Siehe unter Santuario di Montenero auf S. 302.

Essen (siehe Karte S. 298/299)

Besonders zwei Fischgerichte zählen zu den lokalen Spezialitäten: **Triglia alla Livornese**, Seebarbe in Tomatensoße, und der Fischeintopf **Cacciucco di Pesce** (Experten kochen zunächst die Fische und Muscheln und geben sie erst kurz vor dem Servieren zusammen mit geröstetem Knoblauchbrot in einen Fischsud aus Tomaten, Olivenöl und Rotwein). Man genießt den Cacciucco am besten mit einem leichten Roten. Unkomplizierter und preiswerter ist hingegen das auch als Zwischenmahlzeit gegessene **Cinque e Cinque**, ein Brötchen mit Kichererbsentorte (s. u. Restaurant Da Cecco). Beides gab man im Imbiss angeblich mit dem Hinweis „für 5 Lire Kichererbsentorte und für 5 Lire Brot", woraus sich der Name „fünf und fünf" herleitet. Eine weitere Spezialität ist die **Ponce alla Livornese**, eine Art Punsch aus Kaffee, Rum und weiteren Zutaten, der auch im Sommer getrunken wird.

La Volpe e l'Uva (3), Viale Caprera 11, gute livornesische Küche zu fairen Preisen. Nach hinten Terrasse zum Kanal. Im Sommer nur abends geöffnet. ☎ 0586-885033.

Trattoria La Pina d'Oro (5), Piazza della Repubblica (Nordseite). Durchschnittsküche à la carte, Pizza nur abends. Einladende, ruhige Atmosphäre und günstig. ☎ 0586-890369

Trattoria Il Sottomarino (4), Via Terrazzini 48. Die Livorneser sind sich einig! Das volksnahe und preiswerte Lokal mit Garten wird oft und gerne frequentiert. Ein Genuss ist der Guazzetto di Mare – Miesmuscheln, Krebse und Tintenfischchen in leichtem, gut gewürztem Sud zum Broteintunken. Die Grappa zum Schluss kommt gleich in der Flasche auf den Tisch. Unsere Empfehlung. Mo/Di geschlossen, ☎ 0586-887025.

L'Ancora (6), hübsch direkt im Viertel Venezia Nuova gelegen, Livorneser Fischspezialitäten bei Kerzenschein und gemütlichem Ambiente. Di Ruhetag. Scale delle Ancore, ☎ 0586-881401.

Etruskische Riviera

Karte S. 295

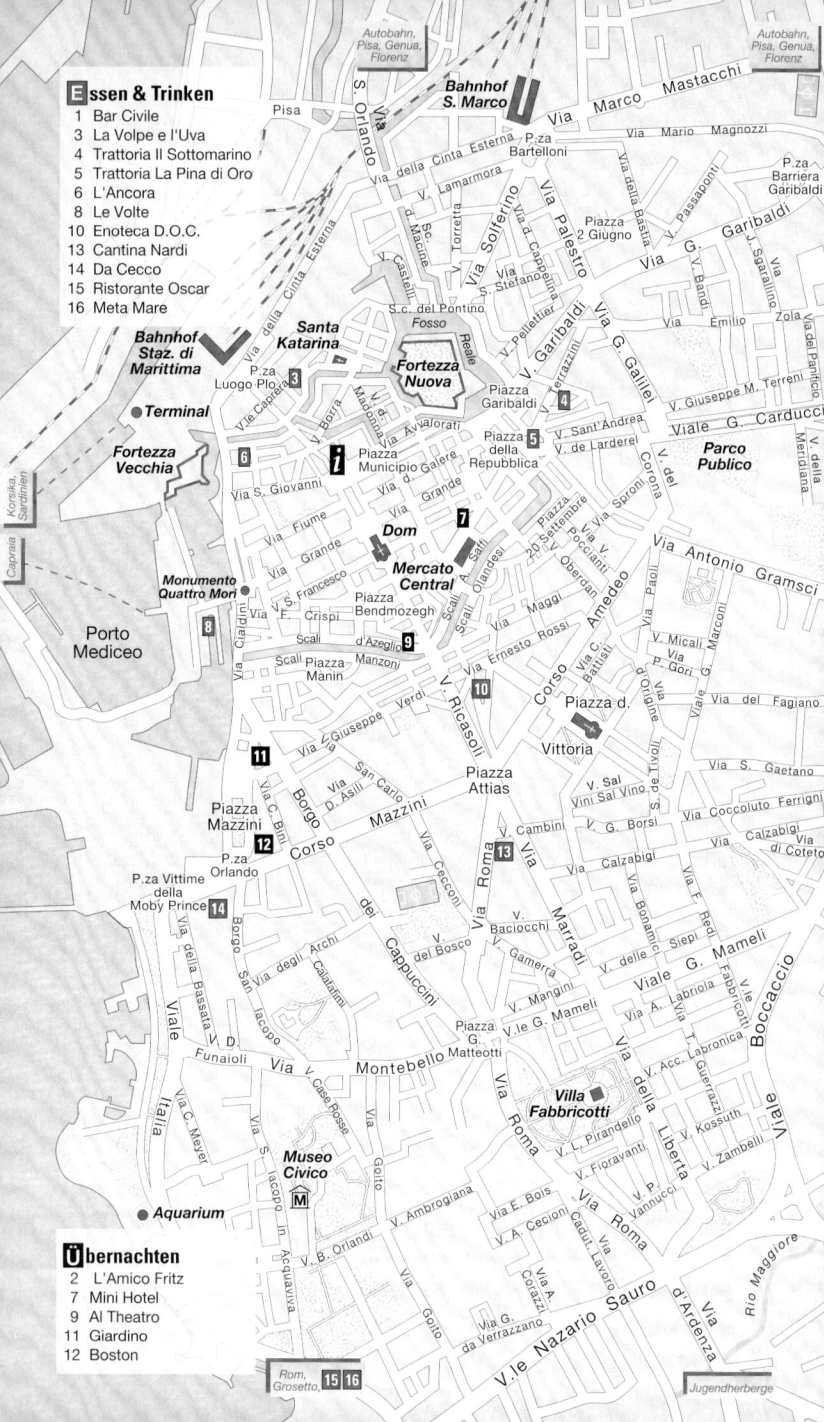

Livorno

Le Volte (8), direkt am Hafen Mediceo, Via Calafati,4, Fischrestaurant, Weinstube und Bistro, wo man schnell und günstig essen kann. So geschlossen. ℡ 0586-896868

Ristorante Oscar (15), Via Franchini 78, südlich der Stadt in Ardenza (auf halbem Weg nach Antignano). Gute Auswahl an Fisch, nicht zu teuer. Kleines, aber hübsch eingerichtetes Lokal. Mo geschlossen. ℡ 0586-501258.

Cantina Nardi (13), Via Leonardo Cambini 6/8. Wird mittags von Livornesern wegen seiner leckeren, allerdings nicht ganz billigen Hausmacherkost aufgesucht. Nur mittags, 12.30–15 Uhr, geöffnet. So geschlossen, ℡ 0586-808006.

Enoteca D.O.C. (10), Via Goldoni 40–44. Elegante, ansprechende Aufmachung, allerlei Kostproben toscanischer Spezialitäten (z. B. gute Käseauswahl). So geschlossen. ℡ 0586-887583.

Da Cecco (14), Via dei Cavaletti 2 (Ecke Borgo dei Cappuccini). Pizzeria, *cinque e cinque*, *torta di ceci*, die herzhafte Kichererbsentorte, sollte man hier probieren (ab 17 Uhr geöffnet). Ist billig und schmeckt köstlich! So geschlossen.

Meta Mare (16), in Antignano, Viale Vespucci,66, gute und vielseitige Küche mit frischem Fisch, Pizzen aus dem Holzofen am Abend. Mi Ruhetag, ℡ 0586-580112.

Bar Civili (1), Via del Vigna 55 (geht vom Viale Carducci ab). Man sollte sich nicht vom sportlichen Ambiente der Vereinswimpel abschrecken lassen. Die Bar zählt zu den Institutionen Livornos, und zwar vor allem wegen der heißen Spezialität, der Ponce alla Livornese, dem Punsch aus Kaffee und Rum. So geschlossen.

● *Außerhalb* **La Mora**, Via Sesto di Moriano, Ponte a Moriano (nördlich von Livorno, in der Provinz Lucca). Nach Siebeck handelt es sich hier um das „Wunder von Livorno", wo der Fisch ohne Kreativitätswahn optimale Garzeiten erhält. 1.–18. Januar bzw. 19.–30. Juni und Mi geschlossen, ℡ 0586-406402.

Sehenswertes

Es empfiehlt sich ein Rundgang um das Zentrum entlang der Kanäle. Ebenfalls lohnenswert ist die lange **Strandpromenade** Viale Italia mit renoviertem Konzerttempelchen, die sich bis in den Vorort Antignano zieht. Gleich zu Beginn

Etruskische Riviera   Karte S. 295

finden sich einige neue Cafés und Bars, weiter südlich kommt man an vielen hübschen Villen mit verspielten Türmchen und Erkern vorbei. Es handelt sich um die ehemaligen Sommersitze von Adelsfamilien oder die Residenzen von Marinekapitänen, die gleich gegenüber in der *Accademia Naval*e die Rekruten strammstehen ließen.

Via Grande: Wichtige Verkehrsader und zugleich einer der gesellschaftlichen Mittelpunkte der Stadt – einige elegante Geschäfte in den Arkadengängen.

Fortezza Vecchia: Die älteste Festung Livornos findet man gleich am Porto Medíceo, die kostenlos besichtigt werden kann. Innen fast komplett sehr schön restauriert. Von hier aus kann man u. a. den Turm „Mathilde" besteigen und hat einen herrlichen Blick auf die Stadt. Im Sommer finden in der Festung Ausstellungen und Konzerte statt.

Venezia Nuovo: Das Stadtgebiet westlich und nördlich der Fortezza Nuova (s. u.) wurde in der ersten Hälfte des 17 Jh. wie in Venedig auf Holzpfählen errichtet. Ein Bummel durch das mit etlichen Kanälen durchzogene Viertel lohnt sich. Unterhalb der Straßen befinden sich viele Lagerschuppen, in denen früher die Schiffsfrachten untergebracht werden konnten. Cosimo I. ließ sogar einen direkten Kanal nach Pisa bauen, der noch heute mit kleineren Booten befahrbar ist. In der Cooperative *Blue Camello*, in der sich Künstler, Behinderte und ehemalige Drogenabhängige organisiert haben, werden Bilder, Schmuck, Glas, Keramik und Lederwaren mit hohem künstlerischen Anspruch hergestellt. Auch finden hier Konzerte und andere kulturelle Veranstaltungen statt.

Blu Cammello, von der Piazza Domenicani rechts in die Via del Casino, dann in die Via Scali del Teatro 24, ☎ 0586-834329. blucammello24@hotmail.com.

Fortezza Nuova: Die in einen Park umgewandelte ehemalige Festung wurde bereits im 16. Jh. erbaut und war somit die Keimzelle des später entstandenen Stadtteils. In der größten Grünanlage der Stadt, die rundum mit einem Wassergraben, dem *Fosso Reale*, umgeben ist, kann man picknicken, Fußball spielen oder einfach den vom Asphalt geplagten Füßen eine Ruhepause gewähren. Zugang hat man über die *Scala Fortezza Nuova* im Süden. Um 19.30 Uhr wird das Gelände abgesperrt.

Santa Catarina: Die eigentümliche Kirche ist im Inneren mit hübschen Fresken ausgeschmückt. Die Livorneser sind stolz auf diese im Achteck konstruierte Kirche, die mit ihren 73 m höher als der Schiefe Turm von Pisa ist!

Dom San Francesco: Der Bau an der Piazza Grande wurde 1594 begonnen und 1607 fertig gestellt. Im Zweiten Weltkrieg wurde er weitgehend zerstört und danach wiederaufgebaut. Im Innern kann man sich u. a. Deckengemälde und Altarbilder aus dem 17. bis 18. Jh. anschauen.

Monumento dei Quattro Mori: Das Denkmal, im Volksmund „die vier Mohren" genannt, steht an der Piazza Micheli und ist das Wahrzeichen Livornos. Geschaffen wurde es im Jahr 1595 zu Ehren Ferdinands I., des siegreichen Feldherrn im Kampf gegen die Sarazenen. Die vier in Bronze gegossenen angeketteten „Mohren" zu Füßen Ferdinands wurden erst 30 Jahre später angebracht und sollen Seeräuber darstellen. 1000 Gefangene und Sklaven hielt sich der Großfürst für seine drei Galeeren als Ruderkräfte.

Piazza della Vittoria: Das Siegesdenkmal im Verein mit der wiederaufgebauten Kirche *Santa Maria del Soccorso* beherrscht den Platz. Zu beiden Seiten des Gebäudes breitet sich eine hübsche Parkanlage aus.

Am Hafen das von Giovanni Bandini geschaffene Denkmal Quattro Mori

Mercato Centrale: Unser Tipp! Die riesige, ockerfarbene Markthalle im klassizistischen Stil wurde 1894 eingeweiht und ist für sich eine Sehenswürdigkeit. Hier wird alles angeboten, was in der mediterranen Küche Verwendung findet, vor allem natürlich Fisch. Via del Cardinale/Via Buontalenti.
⏰ Mo–Fr 5–15Uhr, Sa 5–20 Uhr, So geschlossen.

Museo Civico Giovanni Fattori: Das in der Villa Mimbelli, Via S. Jacopo in Acquaviva 65, eingerichtete Museum verdient einen Besuch (auch für Rollstuhlfahrer geeignet). Neben prähistorischen und antiken Funden (auch Grabbeigaben) ist eine außerordentlich sehenswerte Sammlung toscanischer Kunst zu bestaunen. Hervorzuheben sind dabei die so genannten toscanischen „Impressionisten", wie z. B. *Fattori* und *Lega*, die unter dem Namen „Macchiaoli" (= Fleckenmaler) besonders für ihre Landschaftsmalerei bis über die Grenzen Italiens hinaus sehr bekannt waren.
⏰ Offiziell Di–So 10–13 und 16–19 Uhr, im Sommer 10–13 und 17–23 Uhr, faktisch hängen die Öffnungszeiten von den jeweiligen Ausstellungen ab! ✆ 0586-808001.

Acquario Comunale D. Cestoni: Viale Italia (Terrazza Mascagni). Sammlung von Meerestieren und Pflanzen der Mittelmeerregion sowie eine naturhistorische Ausstellung. Wegen einer Komplettrenovierung zum Zeitpunkt der Recherche nicht zu besichtigen. Genauer Zeitpunkt der Wiedereröffnung derzeit noch nicht bekannt!

Santuario di Montenero

Einige Kilometer landeinwärts von Antignano in den *Colline Livornese* liegt Montenero, das nicht nur ein exklusives Wohnviertel, sondern der wichtigste Wallfahrtsort der Toscana ist. Zum Ort gehört die bedeutende Klosteranlage auf 193 m Höhe, die größtenteils aus dem 18. Jh. stammt und später durch einige Anbauten erweitert wurde. Von hier aus schweift der Blick weit über die Küste, an klaren

Tagen sogar bis hinüber nach Korsika. Die zum Gebäudekomplex gehörende Wallfahrtskirche, die 1575 geweiht und der Schutzpatronin der Toscana „Madonna delle Grazie" gewidmet wurde, weist innen eine barocke Vielfalt auf, die man dem unscheinbaren Bau von außen nicht zugetraut hätte. Durchaus sehenswert und einmalig ist auch das Museum der Votivbildgalerie im Inneren der Kirche. Die Bilder stammen teilweise noch aus dem 19. Jh.

Vom Dorfplatz Monteneros, wo früher die Pferdekutschen aus Livorno hielten, führt ein kleines Zahnradbähnchen zum Kloster hoch. Die einfache Fahrt (alle 15 Min.) kostet ca. 1,10 €; der echte Pilger geht natürlich zu Fuß.

• *Feste* Im Juli finden in Montenero zahlreiche Kultur-, Kunst- und Folkloreveranstaltungen statt.

Übernachten **Soggiorno Mariano**, bei den kath. Schwestern gibt's Einzel- u. Doppelzimmer. Oben am Kirchenplatz. Ca. 25 € pro Person.

• *Camping* **** Miramare**, südlich von Antignano an der Via Aurelia (SS 1). Schmaler, lang gestreckter Platz zwischen der Straße, der Eisenbahnlinie und dem Meer; durch die Straße sehr laut. Warme Dusche, Waschmaschinen, Imbiss. Campingeigener, felsiger Strand mit aufgeschüttetem Mole. Bessere Badestellen findet man etwas weiter südlich. In der Hauptsaison sind die 190 Stellplätze schnell ausgebucht, viele Dauercamper. Ganzjährig geöffnet. Via del Littorale 220, ✆ 0586-580402, ✆ 0586-587462, www.campingmiramare.it.

* Collina 1, an der Straße, die von Montenero in südlicher Richtung über Castellaccio nach Quercianella führt. Mit Bar und Pizzeria. Hübsche Lage in einem Pinienhain, schattig. Der Platz wirkt etwas improvisiert (keine Dauercamper). Vorteilhaft ist vor allem die Lage abseits der Hauptverkehrsader. Etwa 3 km vom Strand entfernt, ganzjährig geöffnet. Hunde sind in einem Teil des Platzes erlaubt.(5 € pro Hund). Etwas preiswerter als an der Küste, 2 Pers. plus Auto und Zelt ab ca. 3 €. Via di Quercianella 377, Castellaccio-Montenero (LI), ✆/✆ 0586-579573, www.collina1.it.

• *Agriturismo* **I Cinque Lecci**, tolle Lage in den Bergen mit Blick aufs Meer. Studios mit Terrasse bzw. Balkon. Unterhalb von Castellaccio. ✆ 0586-578111.

• *Essen* **Bar Conte Fabrizio**, direkt oben am Kirchplatz, bei schönem Wetter sitzt man draußen mit herrlichem Blick auf Livorno. Signor Fabrizio und Signora Laura bereiten kleine Snacks wie Salate und Panini. ✆ 0586-579658.

Amici Da Maria, Via di Montenero 483, empfehlenswerte Osteria,mit einer guten Fisch- und Fleischauswahl, Menü ab 15 €. Keine Pizza! Man kann auch auf einer Terrasse auf der anderen Straßenseite sitzen. Besonders abends schnell voll. Am Kirchplatz (rechts an der Straße, die nach Montenero hinunterführt). Mi geschlossen, ✆ 0586-579207.

Chinè Gambri, in Castellaccio (zwischen Montenero und Quercianella), Via di Quercianella 263. Bei Italienern beliebtes Restaurant mit Livorneser Fisch-, Wild- und anderen Spezialitäten, gute Weinauswahl. Mittags nur an Sonn-und Feiertagen offen, im Winter Mo und Di Ruhetag, ✆ 0586-579414.

Quercianella

Die reizvolle Küstenstraße von Livorno führt direkt an felsigen Buchten nach Süden. Quercianella ist der erste und besonders von Florentinern sehr geschätzte Badeort abseits der Küstenstraße. Stilvolle, alte Villen und neue Ferienresidenzen finden sich hier gleichermaßen, ebenso ein kleiner Jachthafen. Im Zentrum laden Restaurants, Bars und einige Hotels zum Verweilen ein. Gebadet wird in einer kleinen, mit Kies aufgeschütteten Bucht. Dahinter Badekabinen und kleine Strandbars. Es lohnt sich, im Süden des Ortes von der SS 1 abzubiegen und die Küstenstraße über Castiglioncello nach Rosignano Solvay zu nehmen. Man entdeckt auf diesem Weg ein paar lauschige Plätzchen zum Baden. Außerhalb der Saison ist die Landstraße eher ruhig, an Wochenenden im Sommer muss man sich hingegen auf Stopand-go-Verkehr einstellen.

• *Fest* Das **Fest der heiligen Anna** wird am 26. Juli mit einem Feuerwerk über dem Meer gefeiert.

• *Information* **Touristenbüro**, Via Pascoli (Ecke Aurelia) 37, geöffnet von Mitte Juli bis 20. Sept.

• *Übernachten* ***** Villa Margherita**, ehemalige Villa mit 25 Gästezimmern. Toll sind die beiden Suiten mit Balkon zum Meer, Pool. Die ausgezeichnete Küche und die besondere familiäre Atmosphäre lassen viele Stammgäste immer wieder kommen. Hunde erlaubt. Mit dem Zug ist man in 30 Min. in Pisa. Halbpension ab 55–115 € pro Pers. Via M. Puccini 44, ✆ 0586-491023, ✉ 0586-491622, www.hotelvillamargherita.com.

** Hotel Bel Soggiorno, freundlicher Familienbetrieb mit guter Küche, aber leider direkt an der Eisenbahnlinie. DZ mit Frühstück 60–75 €. Via M. Puccini 133, ✆ 0586-491007, www.hotel-belsoggiorno.com.

Castiglioncello

Im Hochsommer bleibt auch hier kein Liegestuhl am schmalen Strand unbesetzt. Den mondänen Charme hat sich das Seebad, auch *Perla del Tirreno* genannt, mit seinen Jugendstilhotels und dem alten Küstenwachturm dennoch bewahren können. Der Turm ist zwar heute Bestandteil einer luxuriösen Ferienresidenz und nicht zu besteigen, doch an der felsigen Küste findet man immer wieder hübsche, kleine Buchten mit rötlich leuchtendem Sand. In den 50er und 60er Jahren war Castiglioncello sehr beliebt bei den VIPs, und nicht nur Marcello Mastroianni besaß hier eine imposante Villa.

Im Zentrum der Ortschaft steht das *Castello Pasquini*, das von einem romantischen Park umgeben ist, in dem im Sommer viele Veranstaltungen und ein Festival stattfinden. Ein Spaziergang durch diese grüne Oase ist besonders außerhalb der Saison reizvoll. Ein Netz von markierten Wanderwegen zum Monte Pelato und dem Poggio Ginepraia führt in eine für diese Region typische Vegetation mit würzigen Aromen wie dem Wacholder.

Fast übergangslos schließt sich im Süden der reizlose Ort **Rosignano Solvay** an Castiglioncello an. Hier regieren die Chemie-Manager. In einer riesigen Anlage wird Soda, Polyester und Ähnliches mehr hergestellt. Von einem Bad raten wir dringend ab, da die Fabrik einiges an giftigen Abwässern ins Meer leitet. Die Abwässer sind auch für die starke Ausbleichung des Sandes verantwortlich, die den hiesigen Stränden den Namen „Spiagge Bianche" („weiße Strände") eingebracht hat. Die Kulisse hat etwas Karibisches, was dazu führt, dass hier manchmal Werbeaufnahmen für Bademoden gemacht werden. Weiter nördlich und südlich der Fabrikanlagen kann man dagegen unbedenklich baden. Die Wasserqualität ist nachweislich sehr gut.

• *Information* **Touristenbüro** im Bahnhof, Via Aurelia 632. Juni–Sept. täglich 9.30–12 und 16–20 Uhr geöffnet, außerhalb der Saison Mo–Sa 9–12 und 15–19 Uhr. ✆ 0586-754890.

Infos über Veranstaltungen im Rahmen des **Armunia–Festivals** im Castello Pasquini (u. a. Konzerte, Kino, Musik, Tanz) unter ✆ 0586-754202/759021 In den Räumlichkeiten werden auch Sprachkurse der Schule Pasolino angeboten (Infos unter www.armunia.it).

• *Bahnverbindung* Am Bahnhof im Ortszentrum hält der Bummelzug von Livorno nach Grosseto und Campiglia Marittima.

• *Einkaufen* In den Sommermonaten findet im Pinienhain (schräg gegenüber vom Bhf.) am Donnerstagvormittag ein großer **Wochenmarkt** statt.

Supermarkt Coop in Rosignano Solvay, Via Aurelia 639/641, großer und gut sortierter Supermarkt mit Bio-Ecke und frischen Backwaren.

• *Internet* **La Piazzetta**, Bartreffpunkt der Jugend mit Internetpoint. Willma Mattioli, kreative Köchin und Gestalterin des neoba-

Etruskische Riviera Karte S. 295

rocken Interieurs, hat hier außerdem ein schmuckes, kleines **Restaurant** mit wechselnden Tagesgerichten eingerichtet. Piazza della Vittoria, ☎ 0586-751013.

• *Übernachten*   *** **Villa St. Vincent**, Hotel mit schönem Panorama und Zimmern mit Meerblick. Gute Küche. DZ mit Frühstück 80 €. Via Aosta 3, ☎ 0586-752445.

*** **Hotel Corallo**, alle 17 Zimmer mit Bad, Klimaanlage, Telefon und Sat-TV. Parkplatz vorhanden. Das Hotel liegt nur wenige Minuten von der Piazza entfernt (Tipp: Gegenüber am Largo Marcello Mastroianni kann man eine private Garage besichtigen, geschmückt mit Bildern und Fotos von Mastroianni und anderen Künstlern! Eine liebevoll zusammengestellte Sammlung, die an die alten Glanzzeiten erinnert). DZ mit Frühstück ab 80 €. Via Renato Fucini 47, ☎ 0586 759010, 📠 0586 759083, www.hotel-corallo.it.

*** **Miramare**, das historisch wohl interessanteste Hotel am Platz. Wie ein Foto dokumentiert, hatte Churchill hier seine Besprechungen, auch Pirandello, de Sica und Rosselini haben sich hier wohlgefühlt. DZ ab 85 €. Via Marconi 8, ☎ 0586-752435, 📠 0586-751151, www.albergo-miramare.it.

Signorini, freundliche Pension, einige Zimmer mit Meerblick, ganzjährig geöffnet, kleine Haustiere erlaubt, auf Wunsch Abholung vom Flughafen oder Bahnhof. Man spricht auch Deutsch. DZ mit Frühstück 65 €. Via di Crepatura 8, ☎/📠 0586-794393, www.pensionesignorini.it.

• *Gehobene Preisklasse*   **Villa Assolata B&B**, teuer, aber sehr schön. 5 komfortable und geschmackvolle Gästezimmer, jeweils mit Bad in einer Privatvilla in der Bucht von Quercetano. 2 große Sonnenterrassen. Sehr familiäre Atmosphäre. Leider führt die Bahnstrecke am Grundstück vorbei. DZ mit gutem Frühstück ab ca. 100 €. Via Lungomare del Quercetano 15, ☎ 0586-753350, 📠 0586-758000, www.villassolata.it.

Villa Bonardi, günstigste Zimmervermietung im Ort. Via Adige 4, ☎ 0586-752352

• *Bars*   Im **Caffè Ginori**, dem traditionsreichen Kaffeehaus mit Terrasse genau im Zentrum, kann man außer Kuchen, Eis und Snacks ab 18 Uhr in gediegener Atmosphäre einen Aperitif zu sich nehmen. Im Nebenraum Restaurant!

Aria, ganz hip, alles in Weiß. Happy Hour ab 18.30 Uhr, sonntags DJ-Lounge. Via Aurelia 941, Ecke Via Marconi.

Havana Mambo, Bar mit guter Stimmung. Gleich daneben die beste Take-away-Pizzeria Namens **Azzip** (ein Stück kostet 1,50 €). Via Fucini 43.

Astragalo, Lounge und Discoclub. An der Baia del Quercetano.

• *Essen*   **La Scola Pasta**, feines Restaurant mit guten Mittagsgerichten. Via Aurelia 813. Di Ruhetag. ☎ 0586-751291.

Ristorante Stazione, mit Phantasie eingerichtete kleine Bahnhofstrattoria mit der angeblich besten Lokalküche, überwiegend Fisch, im Winter Mo geschlossen. Via Aurelia 634, ☎ 0586-751117.

Nonna Isola, exklusives und eines der ältesten Fischlokale. Enrico und seine deutsche Frau Susanne kredenzen eine Auswahl bester lokaler Fischsorten mit edlen Weinen. Auch Kochkurse! Via Aurelia 558, ☎ 0586-753802, www.nonnaisola.it.

Rosignano Marittimo   *(3000 Einw.)*

Hübsche Altstadt, die pittoresk am Berg klebt, dominiert von einer Zitadelle, deren älteste Teile aus dem 9. Jh. stammen.

Im mittelalterlichen Kastell, dem *Palazzo Bombardieri* befindet sich ein kleines archäologisches **Museum**, das in der Hauptsache eine Sammlung hellenistischer, etruskischer, römischer und mittelalterlicher Funde aus der Umgebung präsentiert. Prunkstück ist eine fein skulptierte Alabasterurne aus dem 2. Jh. v. Chr., vermutlich in den Produktionsstätten Volterras gefertigt. Besonders sehenswert ist auch die Nachbildung einer römischen Villa aus dem 1. Jh. n.Chr. im Erdgeschoss.

① **Museum**, täglich 9–13 Uhr, im So auch 17–22 Uhr. Via del Castello, Eintritt 3 €.

• *PLZ* 57012

• *Information*   Das kleine **Info-Büro** in der Via Gramsci 19 hat von Juni bis 15. Sept. geöffnet (in der Vor- und Nachsaison nur gelegentlich). ☎ 0586-792973.

Der Verein Microstoria organisiert u. a. **Sprachkurse** und **geführte Wanderungen**. Via de Nicola 2. www.microstoria.it.

• *Busverbindung* Busse nach Rosignano Solvay (Bahnhof), Cecina und Livorno. Bustickets gibt es in der Bar La Piazza an der Piazza Gori.

• *Einkaufen* **Bäckerei Giovanna Filippo,** genau im Zentrum. Zwei freundliche Damen backen und verkaufen von früh bis 14 Uhr eine große Auswahl an Brot und Focaccia (man spricht Deutsch). Via Gramsci 25.

Apicoltura Dr. Pescia, Loc. Serragrande. Mit zweckmäßiger Technik und viel Passion werden in der Bienenzucht der großen Wanderimkerei 12 Honigsorten hergestellt. Außer Süßklee-, Sonnenblumen-, Rosmarin- und seltenem Brombeerhonig gibt es auch andere Produkte wie den Honigwein „Nettare di Bacco", der vor dem Kauf auch probiert werden kann. Mo–Sa 17–20 Uhr oder nach Vereinbarung unter ☎ 0586-793060.

• *Übernachten* **Podere La Maesta,** freundliche biologische Azienda, die vorzügliches Öl produziert. Appartements für nur 30 €/Tag und Pers. Via Col di Leccio 53, ☎ 0586-799637.

Agriturismo Il Pogetto di PieroSanti, freundliches Gut eines germanophilen Ingenieurs, 10 Min. außerhalb Richtung Aquabona

gelegen. Appartements von 60–90 € (für die Woche gibt es besonders in der Nebensaison Rabatt). Loc. Il Pogetto 331, ☎ 347/5548116.

• *Essen* **La Gattabuia,** in dem kleinen Restaurant bemühen sich Alberto und Spinella um jeden Gast. Menü ab ca. 35 € (ohne Wein). Im Sommer kann man auch draußen sitzen. In der kleinen Küche werden Minikochkurse veranstaltet (ca. 120 € inkl. Essen und Wein). Im Keller liegen seltene Weine der Region. Mittags nur nach Anmeldung. Im Zentrum, Via Gramsci 32, ☎ 0586-799760.

Osteria Sigillo, klein, edel und teuer. Nur abends geöffnet. Mo geschlossen. Beim Palazzo Bombardieri. Mo geschlossen. ☎ 0586-764737.

Il Pomidoro, die besten Pizzen der Gegend aus dem Holzofen, Via Gramsci 52.

Circolino Arci, in Nibbiaia (von Rosignano M. über Castelnuovo nach Nibbiaia oder von der Küste kommend 6 km oberhalb von Quercianella gelegen). Via Mazzini 1, an der Piazza. Günstige und gute Holzofenpizza, typische Küche, ☎ 0586-740243 (für 2008 Besitzerwechsel geplant).

Vada

Eine kleine Hafenanlage und ein besonders von Familien besuchtes Straßendorf an der alten SS 1, das durch Hotels, Appartementhäuser und Ferienwohnungen um ein Vielfaches gewachsen ist. Als Hafen für das etruskische Volterra kam dem Ort bereits vor mehr als 2300 Jahren Bedeutung zu. In Meeresuntiefen 4 km vor der Küste Vadas kann man immer noch Amphoren und Tongefäße von gestrandeten Schiffen auch aus der Römerzeit finden. Heute erinnert allerdings nichts mehr an die einstige Bedeutung des Ortes. Attraktiv sind lediglich die feinsandigen Strände, die zum Badevergnügen einladen. Die Landschaft ist hier flach, Schilfgürtel umsäumen die Küste. Der dichte Wald aus Pinien (ideal auch mal für einen Spaziergang als Alternative zum Badevergnügen) reicht teilweise bis zum Strand.

Zwischen Vada und Marina di Cecina liegen ein halbes Dutzend Campingplätze, fast alle am Meer und von der Hauptverkehrsstraße und der stark frequentierten Eisenbahnlinie ein gutes Stück entfernt. Man erreicht sie über eine geteerte Landstraße, die etwa 200 m hinter der Küste entlangführt. Hier wird kräftig gebaut und die Landschaft langsam, aber sicher völlig umgekrempelt.

• *PLZ* 57018

• *Information* Piazza Garibaldi 93, Juni–Sept., ☎ 0586-788373.

• *Einkaufen* **Supermarkt Coop,** Viale della Resistenza.

• *FeWo-Agentur* **Prospettive,** deutschsprachig, Via XX Giugno 21/23, ☎ 0586-788227.

• *Feste* **Sommer in Vada,** Dorffest und Antiquitätenmarkt. Details in der Tourist-Info.

• *Übernachten* ***** Ellymar,** ganzjährig geöffnetes, familiäres Hotel. 12 DZ ab 60 €. Via del Mare, ☎ 0586-787452.

** Quisisana, frei übersetzt: Hier wird man gesund! Nach Auskunft eines Reiseführers aus dem Jahr 1963 kostete die Übernachtung damals 1050 Lire – das entspräche heute ca. 54 Cent! Etwas steril, aber komfortabel und in Strandnähe, ganzjährig geöffnet. 42

Zimmer ab 65–90 €. Via di Marina 37, ✆ 0586-788220.

** **Hotel Lido**, Strandhotel mit Pizzeria. Zum Zeitpunkt der Recherche wegen Umbauarbeiten geschlossen. Wiedereröffnung für Frühjahr 2008 geplant! DZ ab 80 €. Via Lungomare 7, ✆/📱 0586-788218.

● *Camping*   ** **Campo dei Fiori**, ca. 400 Stellplätze und damit einer der größten in der Gegend. Etwas landeinwärts, viel Grün und viele Schattenplätze, die meist von Dauercampern belegt sind, die sich wie in einer Laubenkolonie niedergelassen haben. Der Durchreisende mit dem kleinen Zelt wird notfalls in den „Camping sportivo" (d. h. auf die offene Wiese) geschickt. Restaurant, Pool, Bungalowvermietung und Fahrradverleih. Mai–Sept. geöffnet. Bungalows, z. B. für 2–3 Pers., ab 280 € pro Woche. Loc. Campo ai Fiori 4, Vada (LI), ✆ 0586-770096, 📱 0586-770323, www.campingcampodeifiori.it.

* **Rada Etrusca**, ca. 340 linear angeordnete Stellplätze. Weniger komfortabel eingerichtet und billiger als die anderen. Schatten ist auch hier rar, und Dauercamper finden sich hier ebenfalls. Direkt am Meer. April–Sept. geöffnet. Preis für 2 Pers. und Zelt ab 16 €; nur Wochenpreise von Sa bis Sa. Via Cavalleggeri 28, ✆ 0586-788344, 📱 0586-788052, www.radaetrusca.it.

* **Baia del Marinaio**, zentrumsnah und ca. 300 m vom Strand entfernt. Neue Bungalows für 4 Pers., Schwimmbad mit Rutsche, Tennis usw. Hunde gegen einen Aufpreis von 3-6 € erlaubt. Bungalows, z. B. für 4 Pers., ab 380 € pro Woche, 2 Erwachsene mit Zelt ab 20 €. Via dei Cavaleggeri 177, Vada, ✆/📱 0586 770164, www.baiadelmarinaio.it.

● *Essen*   **Ristorante Il Ducale**, die Familie bereitet Feines aus der frischen Fischküche zu und serviert es im kleinen, intimen Saal des antiken Palazzo zwischen Blumen und Palmen. Mo geschlossen. Piazza Garibaldi 33, ✆ 0586-788600.

Pizzeria L'Aprodo, schneller Service, gute Preise. Via Cavalleggeri 129-133, vor Camping Tripesce. ✆ 0586-788118.

Osteria/Pizzeria L' Angelo di Maremma, laut Lesertipp gute lokale Küche mit großer Auswahl, Mi geschlossen. Piazza Garibaldi 53/54, ✆ 0586-785139.

Osteria del Mare, gute Auswahl an Pizzen und Fischgerichten. Via di Marina 27, ✆ 0586-788159.

Brasserie Barcaccia, mit Terrasse am Meer, gute Küche, *cacciucco* auf Wunsch, gute Weinauswahl, edel, aber gehobeneres Preisniveau. Via Lungomare 17, ✆ 0586-788215.

Marina di Cecina

Ab hier wird es wieder grüner – weite Pinienwälder säumen die Schwemmlandküste. Der Ort selbst ist ein typisch italienisches Fremdenverkehrszentrum, der Strand mit Liegestühlen und Sonnenschirmen gut gefüllt. An der kleinen Flussmündung der *Cecina* befindet sich der Jachthafen mit 650 Liegeplätzen und etwa 24 Hotelbauten. Die Mündung des Flusses ist so stark versandet, dass man fast hindurchwaten kann. An Wochenenden treffen sich die Einheimischen zum Grundfischen: Ein handliches Netz, an dessen Saum Bleistücke befestigt sind, wird ins Meer geschleudert und langsam wieder an Land gezogen. Am nördlichen Flussufer kann direkt von den Fischern, die dort auch wohnen, der tägliche Fang zu recht guten Preisen gekauft werden.

Südlich des Orts erstreckt sich entlang der Küste kilometerlang der Pinienwald *Foristieri Demaniali*, durchzogen mit Wanderwegen, die auch schön mit dem Fahrrad zu benutzen sind. Hier ist selbst im Sommer noch ein ruhiges Plätzchen am Strand zu bekommen. Diese Pineta mit markierten Rundwegen unterschiedlicher Länge ist ein Domizil für Jogger und Biker. Darüber hinaus ermöglichen der seit einigen Jahren eröffnete Parco Archeologico und das Museum der ländlichen Kultur „Villa Guerrazzi" Einblicke in die Geschichte des Ortes.

● *PLZ* 57023

● *Information* Piazza S. Andrea 6, ✆ 0586-620678. Nur in den Sommermonaten!

● *Verbindung* Busse nach Cecina, dort Anschluss an die Bahnlinie Livorno–Grosseto.

● *Markt* nur im Sommer, sonntagvormittags.

Strand bei Cecina

● *Parco Archeologico* Via Ginori (nördlich von Cecina Mare), im Ortsteil San Vincenzino: Reste einer römischen Villa mit großem Garten. Loc. S. Vincenzino Cecina. Kulturzentrum Museo Archeologico **Villa Guerazzi**, ℡ 0586-68145, nur am Wochenende geöffnet.

● *Segeln/Windsurfing* **SPOT 1**, eine der am besten ausgestatteten Schulen mit Vollservice an der etruskischen Küste (Schulzertifikate nach VDWS bzw. internationalen Richtlinien), Riesenauswahl an RRD Freestyle-Brettern und Neilpryde-Segeln. 14/16 Ft.-Katamarane ab 24 €. Segel-, Windsurf- und Kanukurse, dazu Verleihbetrieb und eigener Strand mit Liegestühlen. Loc. Capocavallo, Le Gorette, ℡ 347-6317186 und 328-5444823, www.spot1.it.

● *Übernachten* Im Viale della Vittoria reihen sich mehrere Herbergen aneinander:

*** Mediterraneo, ganzjährig geöffnetes, familiäres Hotel mit Restaurant und Pizzeria, Frühstücksbuffet, abends Bar mit Musik, Fahrradverleih gratis und andere Extras. DZ ab 60 €. Via della Vittoria 40, ℡ 0586-620035, ℡ 0586-623914, www.chiscihotels.it.

*** Aurora, im Besitz der gleichen Familie wie das Mediterraneo. Ebenfalls guter Service und gute Küche. Abends Bar mit Musik. Jüngeres Publikum. Kleine Haustiere gegen Aufpreis von 5 € erlaubt! DZ ab 64 €,

mit Balkon und Meerblick ab 69 €. Via della Vittoria 20, ℡ 0586-621340, www.chiscihotels.it.

** Hotel Divino, am nördlichen Ende des Strands. 14 Zimmer, einfach und sympathisch. DZ ca. 60 € mit Frühstück. Viale della Vittoria 3, ℡/℡ 0586-620595.

** La Lampara, Familienpension, kürzlich etwas renoviert, mit Restaurant. Alle Zimmer dem Meer zugewandt. DZ mit Frühstück ab 60 €. Via Siena 2, ℡ 0586-620681, ℡ 0586-620418, lalampara@it.

● *Camping* Plätze findet man vor allem südlich des Ortes, meist klinisch sauber angelegte Feriendomizile in Strandnähe, die insgesamt ca. 3000 Urlaubern Erholung bieten:

Le Gorette, ca. 350 Stellplätze. Der edelste aller Campingplätze von Marina di Cecina ist mit Swimmingpool und Tenniscourt ausgestattet. Im August wird es eng. In der Nebensaison fest in deutscher und Schweizer Hand. Mitte April bis Sept. geöffnet. 2 Pers. mit Zelt und Auto ab 14 € pro Tag. Via Campilunghi, ℡ 0586-622460, info@gorette.it.

*** Mareblù, gleich hinter Le Gorette, viel Schatten, 300 m zum Strand. Junges Publikum und Familien. Hunde erlaubt. Ebenfalls viel deutsches und Schweizer Publikum. ℡ 0586-629191.

** Bocca di Cecina, mit Le Gorette vergleichbar, allerdings ohne Swimmingpool. Via Guado alle Vacche 2, ☎ 0586-620509, 📠 0586-621326

● *Essen*   **Il Delfino**, am Ende der Straße von Le Gorette gelegen. Auch Strandbad mit gutem Service. Hervorragende Küche, mittags auch mit Selbstbedienung. Kleine Gerichte ab 8 € (siehe auch „Nachtleben").

Da Andrea, der Tipp am Strand von Cecina Mare, wo man bis spät abends auf der Terrasse direkt am Meer sitzt und Raffiniertes aus der Fischküche genießt. Di geschlossen. Viale della Vittoria, ☎ 0586-620143.

Acquamarina, Bar mit schöner Sonnenterrasse direkt am Strand, am südlichen Ende des Viale della Vittoria.

Mangia e Bevi (übersetzt: Iss und trink), Pub und Pizzeria, Viale della Vittoria 11.

● *Nachtleben*   **Pino Solitario**, gute Musik und gekühlte Drinks, junges Publikum, Di geschlossen. Viale della Vittoria.

Il Delfino, auf einer Terrasse mit postmodernem Touch wird in diesem Strandbad samstags nach Mitternacht gerockt (Disco-Bar). Sonntags können beim Sonnenuntergang die neuesten Aperitife probiert werden können; www.bagniildelfino.it.

Cecina

Der Ort mit den schachbrettartig angeordneten Straßenzügen entstand aus der Siedlung *Bocca di Cecina* und liegt an der Stelle einer ehemaligen römischen Pferdewechselstation an der Via Aurelia. Cecina zählt in puncto Attraktivität gewiss nicht zu den Höhepunkten der Gegend, ist aber in Sachen Dienstleistungen und Einkaufsmöglichkeiten die wohl beste Anlaufstation zwischen Livorno und Piombino. Das hiesige VW-Käfer-Treffen, die „Maggiolino show" im Mai, ist seit Jahren *der* Termin für Käferfahrer und -fans aus der ganzen Welt (Infos unter ☎ 0586-620139, Sig. Salvatore).

Im Hinterland von Cecina trifft man häufig auf kleine Hinweisschilder zu versteckten Weinbauern, die neben den gefragten Montescudaio-Weinen auch Honig verkaufen. Man kann nach Unterkunft und Campingmöglichkeiten fragen, denn viele kleinere Betriebe sind in den Agriturismo-Katalogen nicht verzeichnet.

● *PLZ* 57023

● *Markt* jeden Dienstagvormittag.

● *Einkaufen* Auf der Suche nach Kunst und Keramik? **Radicchio Rosso Arte & Ceramica**, Via O. Marrucci 58.

Supermarkt Coop in der Via Pasubio.

● *Veranstaltungen*   **Bric à Brac**, im Juli, Antiquitäten und Kunsthandwerk. Im Sept. findet die **BETA**, die internationale Tourismusbörse, statt

● *Camping*   **Camping/Résidence Montescudaio**, 2 km von Cecina entfernt (in Richtung Guardistallo). Eine recht luxuriöse und schattige Ferienanlage (mit Bungalow- und Wohnwagenvermietung,Schwimmbad). Das Ferienparadies liegt 5 km vom Meer entfernt. Mai–Sept. geöffnet. ☎ 0586-683477, www.camping-montescudaio.it.

● *Agriturismo*   **Le Serre**, von Lesern empfohlener, außerhalb gelegener Bio-Bauernhof Richtung Volterra. Schöne Appartements, ein Teich dient als Swimmingpool. App. ca. 70 € pro Tag. Loc. Le Serre, 56046 Riparbella (Pisa), ☎/📠 0586-699100, www.leserrebio.it.

Podere La Chiusa, ebenfalls ein ausgezeichneter Bio-Bauernhof mit hervorragenden Produkten. Kurz vor Riparbella. Deutschsprachige Besitzer. Schöne Appartements ab 300 €/Woche. 56046 Riparbella, ☎ 333-7977572.

● *Essen*   **Scacciapensieri** („Zeitvertreib"), die Gourmetadresse. Mo geschlossen, Via Verdi 22, ☎ 0586-680900.

Trattoria da Enzo, gute und preisgünstige Gerichte (auch zum Mitnehmen, z. B. ein Primo für 3 €). So geschlossen. Piazza Gramsci 22, ☎ 0586-681287.

Casale Marittimo

Nur wenige Kilometer vom Baderummel entfernt liegt auf einem Hügel im Hinterland von Cecina dieses idyllische mittelalterlicheStädtchen, das bei klarem Wetter herrliche Ausblicke bietet. Das Fahrzeug lässt man am besten bei der *Kirche San*

Der schmucke, kleine Dorfplatz von Casale Marittimo

Andrea stehen und begibt sich gleich auf einen Spaziergang durch den alten Stadtkern (die Kirche ist im Übrigen nicht weiter sehenswert, insbesondere die farbenfrohen Fresken, die 1988 von einem einheimischen Künstler gestaltet wurden, werden kaum Kunstgeschichte schreiben). Im Torbogen der *Via del Castello* sind zwei interessante Marmortafeln angebracht. Die eine verweist auf die Einführung der Dezimalmaße für Öl und Wein, die andere auf den Beitritt der Toscana zur konstitutionellen Monarchie im Jahr 1860 (mit den exakten Resultaten des Plebiszits). Auf dem Platz unterhalb des Castello spielt sich das öffentliche Leben ab: ein paar Geschäfte, Bars und ein Zeitungsladen. Im Sommer gibt es hier häufig Musik- und Tanzdarbietungen und andere kulturelle Veranstaltungen.

● *PLZ* 56040

● *Information* Piazza Popolo 15, von Mitte Juni bis Mitte Sept. geöffnet, ✆ 0586-652306.

● *Übernachten* Le Volte, auch Restaurantbetrieb mit Außenterrasse und schönem Blick. 9 ordentliche DZ mit Bad ab 75 €, davon zwei in einem separaten Häuschen, auch Dreibettzimmer ab ca. 85 €. Via Roma 61, ✆/℡ 0586-652018, www.locandalevolte.com.

● *Camping* La Casetta, gepflegte Anlage mit viel Grün auf halbem Weg zwischen Casale Marittimo und Cecina. Supermarkt, Restaurant etc. Auch Appartements werden vermietet. App. für 3 Pers. ab ca. 330 € pro Woche. Valle Gaia, Via Cecinese 87, ✆ 0586-681236, ℡ 0586-683551, www.la-casetta.it.

● *Agriturismo* Il Poggio, Bauernhof (auch Öl- und Weinproduktion) in der Hügellandschaft unterhalb von Casale Marittimo.

Etwa 1,5 km Richtung Bibbona (rechts ein biegen). Schwimmbad vorhanden! In einem separaten Neubau sind 7 Appartements bzw. Studios untergebracht. App. mit großer Wohnküche und einem Schlafzimmer ca. 440 € pro Woche. Via del Poggio 2, ✆/℡ 0586-652308, www.ilpoggio.org.

● *Essen* Ristorante Il Sottofondo, Via di Mezzo 5, im historischen Zentrum. Romantisch-rustikales Ambiente, typische Fleisch- und Fischgerichte. Mo Ruhetag, im Winter außer sonntags nur abends geöffnet. ✆ 0586-652133.

Pizzeria La Pergola, kleine Pizzeria mit einer schattig überrankten Terrasse. Leider waren die Pizzen schon besser. Seitengasse vom zentralen Hauptplatz. Mittags geöffnet, aber nur abends gibt es Pizza, Di geschlossen. ✆ 0586-652047.

Enoteca Vecchio Frantoio, kleine Häppchen, guter Schinken, Käse und hervorragende Weine. Sig. Domenico ist ausgebildeter Sommelier und versteht sein Geschäft. Er hat ein gutes Gefühl für Nischenprodukte und Kleinproduzenten. Nur abends geöffnet, Mi geschlossen. Via Marconi 28. ☎ 0586-652147.

Le Volte, Trattoria mit luftiger Terrasse und toscanischer Küche (abends auch Pizza). Do geschlossen. Via Roma 3.

Caffè Culturale La Ribalta, hier kann man nicht nur gutes Eis, sondern auch künstlerische Veranstaltungen mit besonderem Flair genießen. Piazza del Popolo 16.

▶ **Guardistallo**: Das ehemalige Holzfällerdorf liegt ca. 10 km vom Meer entfernt an der Strada del Vino. Neben einigen Kirchen kann man sich hier noch das erst vor einiger Zeit renovierte *Teatrino Marchionneschi* aus dem 19. Jh. anschauen.

● *Übernachten*   *** Hotel-Residence Villa Elena, britisch anmutender Familienbetrieb mit insgesamt 20 Appartements und englischen Stammgästen, Garten mit Grillmöglichkeit und eigenem Kinderpool. Für 2–4 Pers., ab ca. 400 €/Woche. ☎ 0586-655035, ✆ 0586-655114, www.villa-elena.com.

● *Agriturismo*   Le Casette, freundliches Landgut, wie es im Buche steht. Die Familie Landi hält alle möglichen Tiere und baut Wein, Gemüse und Obst an. Direktverkauf in der Cantina in der Via Roma 68 (gutes Öl offener Wein für 2 €). Im Angebot sind Appartements ab 450 € pro Woche sowie ein Zimmer für 36 € pro Tag. Via Roma 70, ☎ 0586-794404, ✆ 0586-655040, www.lecasetteagriturismo.it.

● *Camping*   Il Borgo, ein richtiges Mini-Feriendorf (kinderfreundlich) mit kleinen, ockerfarbenen Häuschen, in denen 2–3 Appartements untergebracht sind (insgesamt 60 Appartements). Auch mit seinem Zelt bzw. Campingwagen kann man sich hier auf einem der 30 Plätze niederlassen. Es gibt

ein Restaurant, eine Pizzeria, eine große Bar und sogar einen eigenen Pool für Kinder. Ein kleines Studio kostet in der HS ca. 500 € pro Woche, in der Nebensaison nur noch halb so viel. Via del Poggetto 45, Guardistallo, ☎ 0586-655088, ✆ 0586-651856, www.reta.net/ilborgo.

● *Essen*   Osteria Il Pinzagrilli, das beste Lokal am Ort. Matteo und Laura servieren toscanische Hausmannskost zu guten Preisen im urtypischen Weinkeller oder auf der Terrasse mit weitem Panorama. Mi geschlossen. Via Palestro 37, ☎ 0586-655350.

Il Mocaio, hausgemachte Pasta und Wildgerichte, inzwischen recht teuer. Mi geschlossen. Loc. Casino di Terra, ☎ 0586-655018. Das auf dem Landgut produzierte hauseigene Öl, Pasta und Wein werden außerdem in der Via Palestro 6 im Laden angeboten (im Winter geschlossen).

Il Guardistalla, im Zentrum, Restaurant und Pizzeria, gute Küche, schöne Aussicht. Via Roma 25.

▶ **Montescudaio**: Das ein paar Kilometer von Guardistallo entfernte Dörfchen hat dem DOC-Anbaugebiet seinen Namen gegeben. Bei einem Spaziergang durch die verwinkelten Gassen des hübschen Ortes sollte man nicht den Aussichtspunkt *La Guardiola* verpassen, von dem aus sich ein atemberaubender Panoramablick eröffnet, der an klaren Tagen bis zur Insel Elba reicht.

● *Übernachten*   Case & Colline, die Agentur für Tourismus ist der Tipp für die Vermittlung von Appartements, Häusern und Sprachkursen. Die ´beiden engagierten Damen (deutschsprachig) sind sehr kompetent und geben hilfreiche Infos für den Aufenthalt in der Gegend. Genau im Zentrum. Via della Madonna 2, ☎/✆ 0586-651942, www.toscana-caseecolline.com.

● *Essen*   Ristorante Enoteca Perbacco, raffinierte Küche, es kocht die Mamma, bei

der Wahl des Weines wird ihnen der Sommelier helfen. Nur abends geöffnet, Mo geschlossen. Via Vittorio Veneto. ☎ 0586-650324

Enoteca Bibere, Vino und feine Kleinigkeiten von lokalen Produzenten. Via della Libertà 59.

Frantoio, keine große Auswahl, doch was auf den Tisch kommt, ist fein und schmeckt ausgezeichnet. Mitglied von „Arcigola Slowfood". Besser reservieren. Di Ruhetag, Via della Madonna 9, ☎ 0586-650381 (Lesertipp).

▶ **Bibbona**: Der Ort, der schon unter den Etruskern bekannt war, liegt zwischen den Weinanbaugebieten von Montescudaio und Bolgheri und hat einen hübschen Altstadtteil mit engen Gassen und typischen Plätzen. Bibbona istein guter Ausgangspunkt für Ausflüge in das Paradies für Wanderfreunde, das Naturreservat *Macchia della Magona*. Auch für Mountainbike-Fans gut geeignet (auf 50 km ca. 16 verschiedene Rundwege!). In Bibbona lebt der Rennradfahrer und Olympiasieger Paolo Bettini, der auch hier geboren wurde. Mit ihm feiert man im Mai und Juni den „Bettini Day".

• *Einkaufen* Käse, z. B. frischen Ravagiolo (eine Art Quark), Ricotta und Pecorino, kauft man beim Erzeuger: Die **Gebrüder Mula** aus Sardinien führen einen kleinen Betrieb mit einer Herde von ca. 700 Schafen, die auf den Weiden der Umgebung grasen und noch per Hand gemolken werden. Schäfer und Hund sind ebenfalls noch im Einsatz. Mi und Sa ab 8 Uhr früh kann man den Bauern bei der Käseherstellung zuschauen. Podere S. Luisa, ✆ 0586-677030.

• *Wein* In der Umgebung von Bibbona wird im Vergleich zur bekannten Nachbarschaft in Bolgheri Wein zu passablaren Preisen und ebenfalls guter Qualität angeboten – etwa der San Giovese Filari Dorfini der Fratelli Galli in der Via Bolgherese.

• *Übernachten* **La Buca del Gatto nero – B&B**, 4 geräumige, sehr saubere Zimmer (ein Zimmer hat ein Doppelbett und Stockbetten für eine vierköpfige Familie), zwei ordentliche separate Bäder stehen zur Verfügung. Unterhalb der Altstadt (ausgeschildert). DZ ca. 60 € (ab zwei Nächten ca. 50 €). Via Salnitro 21, ✆ 0586-670184, 📠 0586-670346.

I Gigli di Mare – B&B, . DZ 62 €. Via del Forte 8, ✆/📠 0586-600373, www.igiglidimare.it.

• *Agriturismo* **Villa Caprareccia**, renovierte ehemalige Gutshäuser mitten in der Landschaft, etwas steril. Weingutbetrieb, auch Olivenöl, auch 4 Stellplätze für Zelte! Für Hausgäste wird gekocht. Pool, Fahrräder. 6 große DZ zu ca. 72 €, 2 App. ab 300 €/Woche, Stellplatz für Wohnmobil oder Auto 12 € pro Tag, 9 € pro Pers. Via Bolgherese, ✆ 0586-671942, 0586-670128, 339-3829645 (mobil), 📠 0586-671942, www.villacaprareccia.it.

• *Essen* **Osteria dei Messeri**, rustikal, gute Speiseauswahl, im Winter Mo geschlossen (mittags nur Fr, Sa, So offen), im Sommer täglich mittags und abends geöffnet. Via dello Statuto (Altstadt), ✆ 0586-670378.

Enoteca Savio, kleine Weinbar im Labyrinth der Altstadt. Mo geschlossen, Piazza Mazzini 4.

L'orto etrusco, kleine Pizzeria in der Altstadt. Mi geschlossen. Via delle Mura, ✆ 0586-671078.

Marina di Bibbona

Belebter Badeort mit einer alten Festung aus dem 18.. Jh., die in den Ferienanlagen etwas untergeht. Bis 1971 war dort die Finanzbehörde untergebracht, heute dient die Festung als Jugendherberge. Der Hauptbadestrand ist lang und ca. 15 m breit. Hier stehen auch einige Imbissbuden. Weitere Bademöglichkeiten findet man sowohl nördlich als auch südlich des Ortes, ein Hundestrand befindet sich nördlich von Bagni La Pineta.

• *PLZ* 57020

• *Information* Via dei Cavalleggeri Nord, ✆/📠 0586-600699.

• *Fahrradverleih* **Barsotti**, Via dei Cipressi, ✆ 0586-600703 (außerdem bei Camping Arcobalena und Campeggio Free Beach).

• *Markt* Juni–Sept. 7.30–13.30 Uhr jeden Mittwoch an der Piazza del Giglio.

• *Internet* **Camping Free Beach**, Via dei Cipressi, ✆ 0586-600388.

• *Übernachten* ***** Flora**, an der Hauptstraße, die parallel zum Meer verläuft. DZ ab ca. 80 €. Via del Mare 26, ✆ 0586-600015, 📠 0586-602612, www.h-flora.it.

*** Nina, modernes, komfortables 27-Zimmer-Hotel mit buntem Farbanstrich und kleinem Garten, nur 50 m zum Strand. DZ mit Dusche und Balkon ab ca. 80 € (inkl. Frühstück). Via del Forte 1, ✆ 0586-600039, 📠 0586-600299, www.hotelnina.it.

** Paradiso Verde, freundlicher Familienbetrieb mit 15 teilweise renovierten Zimmern, einige davon mit Balkon! DZ ab ca. 65 € mit Frühstück. Piazza del Forte, ✆ 0586-600022, 📠 0586-602654, www.hotelparadisoverde.it.

Ostello della Fortezza, günstige Zimmer. Preise ab 20 €/Pers. ✆ 0586-600009.

Etruskische Riviera

Karte S. 295

• *Camping* **Le Esperidi**, schöner Platz mit gehobenem Standard, ab Ostern bis Mitte Okt. geöffnet. Preis für 2 Pers., Zelt und Auto ab ca. 22 €. Via dei Cavalleggeri Nord 25, ℡ 0586-600196, ✆ 0586-681985 , www.esperidi.it.

Il Gineprino, 1995 angelegter Camping (mit ca. 100 Plätzen relativ klein), wenig Dauercamper, mit Pool, auch Bungalowvermietung. Via dei Platani 56/A, ℡ 0586-600550, ✆ 0586 602605, www.ilgineprino.it.

Il Capannino, einer der wenigen Campingplätze der Gegend mit Schatten, terrassenartig angeordnet. Hunde erlaubt. Preis für 2 Pers., Auto und Zelt ab ca. 24 €. Via dei Cavalleggeri Sud 26, ℡ 0586-600252, ✆ 0586-600720, www.capannino.it.

• *Essen* **La Pineta**, das renommierte Strandrestaurant ist unter der Leitung von Luciano Zazzeri zu einer Feinschmeckeradresse für frischen Fisch und Krustentiere geworden. Teuer, aber schön und gut! Mo geschlossen, Betriebsferien im Okt./Nov. ℡ 0586-600016.

Restaurant und Jolly Beach, direkt am Strand mit Terrasse. Fischspezialitäten, am Abend auch Pizza. Piazza del Forte 5, ℡ 0586-600690.

Bolgheri

Etwas südlich von Marina di Bibbona zweigt von der SS 1 landeinwärts eine etwa 5 km lange und schnurgerade Zypressenallee nach Bolgheri ab, sicher die bekannteste und schönste der gesamten Toscana. Der Ort bietet einen in sich wunderschön abgeschlossenen Kern, der um die Burg des grausamen pisanischen Herrschers *Gherardesca* entstand. Berühmt wurde Bolgheri durch den Dichter und Nobelpreisträger (1906) *Giosuè Carducci*, der hier einen Teil seiner Jugend verbrachte und später Hymnen auf die Zypressen anstimmte. Mit seinem Gedicht „Ode an die Zypressen" hat er den malerischen, alten Ort unsterblich gemacht. Am kleinen Platz in der Ortsmitte lächelt eine ungewöhnlich freundliche Statue, die „Nonna Lucia" (Oma Lucia), die geliebte Großmutter des Dichters. Schräg gegenüber befindet sich auch sein ehemaliges Wohnhaus.

Die Restaurants und Önotheken sind zu 100 % auf Tagesausflügler eingestellt – dementsprechend sind auch die Preise. Aber schön romantisch sitzt man hier, besonders an lauen Sommerabenden! Was die Produktion und Bedeutung der Bolgheri-Weine betrifft, erlebt dieses kleine Anbaugebiet momentan einen großen Aufschwung. Das Sortiment reicht von einfachen Weinen bis zu den edlen und teuren Sorten, wie z. B. *Sassicaia* und *Ornellaia*. Der Besuch eines charakteristischen Weingutes lohnt sich immer und gibt Aufschluss über diese Gegend und ihre Weine.

• *Veranstaltungen* **Bolgheri Jazz**, an einem Wochenende im September gibt es hier tolle Jazzmusik mit Weinverkostung. Infos unter www.bolgherijazz.com.

• *Übernachten* **Agriturismo Osteria Vecchia**, 2 Wohnungen in einem renovierten Haus, Pool, Tischtennis und Liegewiese. An der Aurelia zwischen Castagneto und Bol-

Großmutter Nonna Lucia

gheri (hinter den beiden großen Wellblech-
hallen der Schiffswerft Velmare). Ab 450 €/
Woche. Loc. Osteria Vecchia 146c, ℡/✆ 0565-
749643, www.vecchiaosteria.com/it.

La Mimosa, Zimmer mit einfacher Ausstat-
tung, dazu kleiner Gemeinschaftsraum mit
Kühlschrank und Kochnische. Gleich neben
der Osteria Vecchia (an der Aurelia). Keine
Haustiere! 55–80 € (auch tageweise). Loc.
Vecchia Osteria 146b, ✆ 0565-749644.

Il Chiassetto, die einzige Frühstückspen-
sion im Ort Bolgheri. Wenige, aber sehr geschmackvolle Zimmer. Das Frühstück
nimmt man in der Bar an der Piazza ein! DZ
90–120 € mit Frühstück. Strada Lauretta 2,
✆ 339-6630171 und 329-2575981.

• *Agriturismo* **Eucaliptus**, nette Leute, die
Gemüse und Obst (Pfirsiche, Aprikosen) an-
bauen. Kleiner Kinderspielplatz und Fahrräder vorhanden. An der kleinen Verbindungsstraße von Bolgheri nach Castagneto Carducci. In der NS wird auch für nur 2 Tage vermietet. In einem separaten Gebäude insgesamt 4 Appartements zum Preis ab 350 €.
Wenn man nur 2 Tage bleiben will, eine
Nacht ab 60 €. Via Bolgherese 275 a, ℡/✆ 0565-
763511, www.agriturismoeucaliptus.com.

**Tra gli Ulivi, Azienda Agricola Giovanni
Chiappini**, der Familienbetrieb liegt mitten
im Grünen, von der Via Bolgherese geht es
links ab. Insgesamt 6 Apartments (3 kleinere mit bis zu 6 Schlafplätzen und 3 größere mit 2 Schlafzimmern). Nur wenige Meter weiter befindet sich die familieneigene
Kellerei, die gute und typische Weine der
Gegend anbietet (pro Flasche ab 8 €). Wochenpreise für die kleineren Apartments ab
345 €, für die größeren Apartments ab
415 €. Loc. Le Preselle, Podere Felcianino
189b, ℡/✆ 0565-749665,
www.giovannichiappini.it.

• *Essen* **La Taverna del Pittore**, gemütliches, landestypisches Restaurant mit zwei
Innenräumen und kleiner Terrasse. Ge-

Wehrdorf Bolgheri

Etruskische Riviera Karte S. 295

schmackvolles Ambiente und sehr gute Küche. Zu empfehlen sind die Pappardelle al
cinghiale. Sig. Conte hat 30 Jahre in Berlin
gelebt und spricht ausgezeichnet Deutsch.
Da er auch Maler ist, kann man im Lokal
seine Werke und die anderer Künstler bewundern. Im Winter Mo geschlossen.
Largo Nonna Lucia 4, ✆ 0565-762184,
www.latavernadelpittore.com.

La Magona di Omar, gleich daneben, neues und feines Restaurant mit wenigen, aber
guten Gerichten. Mo geschlossen. ✆ 0565-
762173.

• *Einkaufen* **L'Argentiere**, etwas versteckt
in der Via Lauretta 18, hier findet man selbst
gemachten Schmuck, Halbedelsteine und

Der in Bolgheri angebaute *Sassicaia* zählt zu den besten Rotweinen des Landes und ist entsprechend teuer. 1944 pflanzte Mario Incisa della Rocchetta, der
auf dem hiesigen Gut San Guido ursprünglich nur Pferde züchten wollte, auf
einem steinigen Hang Cabernet Sauvignon an. Der Wein, der 1968 in den Handel kam (inzwischen 85 % Cabernet Sauvignon und 15 % Cabernet Franc), durfte gut 25 Jahre nur als Vino di Tavola eingestuft werden. Erst 1994 wurde er zum
„Bolgheri Rosso DOC" mit der geschützten Unterbezeichnung „Sassicaia"
geadelt (der Name bedeutet im toscanischen Dialekt übrigens nichts anderes
als „steiniger Boden"). Heute zählt der Rotwein, der 18 bis 22 Monate im
Barrique ausgebaut wird, zu den Exportschlagern der Region.

andere kreative Geschenke. Nicole aus Paris findet für jeden Geschmack das Richtige. ℡ 0565-762176.

Caccia al Piano, Giancarlo, der sympathische Olivenbauer verkauft nicht nur exzellentes Olivenöl, sondern erzählt auch gerne Wissenswertes über die Kunst des Olivenanbaus. Via Bolgherese, ℡ 0586-763203, 339-7993957.

● *Weinhandlung*   **Enoteca Tognoni**, in der Strada Lauretta 5, gehört zu der älteren und kleineren Önotheken in der Via Giulia. Wirklich enorme Weinauswahl, man kann hier auch typische Produkte essen, ℡ 0565-762001.

● *Weingüter* Eine Besichtigung des **Weinguts Tenuta San Guido**, wo der Sassicaia hergestellt wird, ist nur nach vorheriger Anmeldung möglich: www.sassicaia.com.

Hier drei weitere Weingüter:

Tra gli Ulivi, kleiner Familienbetrieb (siehe oben unter Agriturismo „Tra gli Ulivi").

Guado al Melo, *Lesertipp!* Sehr interessant ist das moderne, 3000 qm große und nach ökologischen Gesichtspunkten gebaute Weingut von Prof. Szienza, der u. a. an der Universität in Mailand Weinbau lehrt. Er möchte nicht nur Wein verkaufen, sondern auch Kultur vermitteln. Interessante Weinauswahl, Preise von 7–22 €! Evelyn spricht auch Deutsch. Podere Guado al Melo, Loc. Molino del Gelli (auf halber Strecke zwischen Bolgheri und Castagneto Carducci), ℡ 0565-763238, www.guadoalmelo.it.

Weingut Michele Satta, Produktion sehr guter Weine. Loc. Vigna al Cavaliere, Castagneto Carducci, ℡ 0565-773041.

Die Weinstraße der etruskischen Küste

Nicht nur durch die Nobel-Label von Bolgheri hat sich die etruskische Küste in den letzten Jahren einen großen Ruf bei Weinkennern erworben. Die Qualität der DOC-Weine dieser Region (Montescudaio, Bolgheri und Val di Corna) lässt sich bis die entlegensten Winkel und Off-DOC-Gebiete mit der hervorragenden Straßen- und Adresskarte des Consorzio erkunden (Hauptstelle Via Repubblica 15 in Donoratico, ℡/℡ 0565-749786, www.lastradadelvino.com). Verzeichnet sind auf dieser Karte alle namhaften Anbieter zwischen Cecina und Piombino. Die Route – im Ganzen ca. 70 km lang – verläuft u. a. über Bibbona, Donoratico, Castagneto Carducci, Sassetta, Suvereto, Campiglia Marittima und Piombino. Ein neuer Teilabschnitt führt am Fluss Cecina entlang zum Poggio la Croce. Die größte Dichte an Weinproduzenten hat die Gegend um Castagneto Carducci aufzuweisen. Diese auch landschaftlich sehr reizvolle Strecke kann ja nach Interesse etappenweise oder an einem Tag bewältigt werden. Dabei wird man schnell feststellen, dass jedes Gebiet eine spezifische Typologie besitzt. Während in der Gegend um Montescudaio mit den traditionellen Reben Trebbiano, Vermentino und Malvasia Weißweine hergestellt werden, kommt für die Weißen im Val di Cornia noch Carbernet oder Weißburgunder hinzu. Von der traditionellen Sangiovese-Rebe geht es dann in Bolgheri und den Weingütern im Val di Cornia zu den eingeführten Rebsorten wie Sauvignon, Carbernet Sauvignon oder Merlot.

Sportliche Alternative: Mit dem Fahrrad in Cecina starten und in Venturia oder Piombino mit dem Bus (Fahrräder müssen selbst an der Haltestation verladen werden!) zurück und abends mitgebrachte Weine verkosten.

Fahrradtouren ins Hinterland

Im Eldorado des Fahrradsports sollte man es sich nicht entgehen lassen, ein, zwei Tage die schöne Landschaft vom Radl aus zu genießen. Die Touren verlaufen alle auf asphaltierten Straßen, die bis auf die Via Aurelia (S.S. 1) nur relativ wenig befahren sind. Alles, was man braucht, ist ein Fahrrad mit einer guten Gangschaltung, einen Fahrradhelm (!), eine Flasche Wasser – und los geht's! Die Routen beginnen und enden jeweils in Donoratico am Fahrradgeschäft Ciclosport, wo man sich ein Mountainbike oder Rennrad ausleihen bzw. das eigene Rad noch einmal überprüfen lassen kann. Daniela, Gerardo und Riccardo, das Team des kleinen, aber gut ausgerüsteten Fahrradladens, sind hier behilflich.

Fahrradtour 1: Zypressenallee

Dauer: knapp 3 Std. (ohne Pausen); *Strecke:* ca. 38 km asphaltierte Straße; *Schwierigkeitsgrad:* einfach, ohne wesentliche Höhenunterschiede, setzt kein besonderes Training voraus

Vom Fahrradladen Ciclosport in Donoratico geht es auf der Aurelia (SS 1) in Richtung Livorno, bis man an den Abzweig in Richtung Castagneto Carducci gelangt. Hier, am Hotel Bambolo, biegt man rechts auf die SP 329 ab. Nach ca. 3 km erreicht man die Gabelung am Hotel Zi Martino. Hier biegt man links in die Via Bolgherese in Richtung Bolgheri ab.

Nach 1 km geht es rechts in Richtung Campingplatz Le Pianacce, nach weiteren 200 m hält man sich noch vor dem Wegekreuz links. Durch Olivenhaine und Weinreben fährt man an der Ölmühle Fonte di Foiano vorbei und biegt nach ca. 2 km (noch vor der unbefestigten Schotterpiste) genau am Wegweiser „Fonte di Foiano/ Grattamacco" erneut links ab.

Wieder auf der Via Bolgherese angekommen, geht es rechts in Richtung Bolgheri auf der Strada del Vino, vorbei an den Weinbergen vom Weingut Ornellaia. Wie durch einen Tunnel aus Steineichen, die hier viel Schatten geben, gelangt man schließlich zur Zypressenallee.

Auf der Zypressenallee geht es links für ca. 3,4 km bergab in Richtung Aurelia bis zum Weingut San Guido.

An der Aurelia angelangt, biegt man rechts ab und fährt für ca. 2 km weiter bis zum Abzweig nach Bibbona, an dem man rechts wieder ins Landesinnere abbiegt.

Nach dem Abzweig von der Aurelia fährt man für ca. 5 km bis zu einer T-Kreuzung, an der man rechts in Richtung Castagneto Carducci/Bolgheri abbiegt.

Die Strecke führt einen zurück zur Zypressenallee, wo man links in Richtung Bolgheri fährt, um eine Pause zu machen. Die kleine Ortschaft Bolgheri lädt zu einer Besichtigung bzw. zu einer Pause ein.

Nach Stärkung in einer der Bars geht es die Zypressenallee wieder bergab bis zum Abzweig in Richtung Castagneto Carducci. Hier links abbiegen und wieder auf derselben Strecke die Via Bolgherese zurück bis zum Gasthof Zi Martino radeln.

Am Zi Martino angelangt, führt rechts auf der SP 329 in Richtung Donoratico die letzte Etappe mit leichtem Gefälle zurück zur Gabelung am Hotel Bambolo. Dort biegt man links ab und gelangt so auf der Aurelia wieder zum Ausgangspunkt Ciclosport zurückkehrt.

Fahrradtour 2: Das hügelige Hinterland mit der „Traumstrecke" zwischen Sassetta und Suvereto

Dauer: ca. 4 Stunden (ohne Pause); *Strecke:* ca. 57,5 km asphaltierte Straße; *Schwierigkeitsgrad:* setzt etwas Kondition für die längeren Streckenabschnitte mit konstanter leichte, Steigung voraus (nach Castagneto ca. 2,5 km, nach Campiglia ca. 4 km), die mit entsprechenden Pausen aber durchaus zu bewältigen sind

Vom Fahrradladen Ciclosport in Donoratico geht es auf der Aurelia (SS 1) in Richtung Livorno, bis man an den Abzweig in Richtung Castagneto Carducci gelangt.

Hier, am Hotel Bambolo, biegt man rechts auf die SP 329 ab. Immer geradeaus und am Gasthof Zi Martino vorbei geht es bergauf in Richtung Castagneto Carducci.

Etruskische Riviera Karte S. 295

Man bleibt auf der Straße, fährt rechts an Castagneto Carducci vorbei immer geradeaus in Richtung Sassetta, bis man nach 1 km am Friedhof vorbeikommt.

Hier beginnt die nächste, leichtere Etappe, auf der es für ca. 4,7 km in Richtung Sassetta immer leicht bergauf geht, bis man an die Weggabelung „Monteverdi/Sassetta" gelangt. Diese Weggabelung ignorieren und auf derselben Straße geradeaus auf der SP 18 weiterradeln bis in das kleine verträumte Bergdörfchen Sassetta.

Ab Sassetta beginnt die versprochene „Traumstrecke", die einen für ca. 14 km durch den Wald (Wacholder, Kastanien, Stein- und Korkeichen) immer mit leichtem Gefälle in Richtung Suvereto führt.

Nach ca. 8,5 km (noch ca. 5 km vor Suvereto) gelangt man an ein verlassenes Kirchlein aus dem 12. Jh., das direkt rechts an der Straße an einer Kurve auftaucht (hier auch eine Quelle mit trinkbarem Wasser). Folgt man nun dem Weg, der links an der Kirchenruine mit ihrer natürlicher Dachbegrünung vorbeiführt, gelangt man nach ca. 30 m an einen Tisch mit Bänken unter einer großen Steineiche. Nach erfrischender Rast an der Quelle geht die Fahrt immer weiter bergab. Die Landschaft wird jetzt immer offener, bis der weite Blick zum Meer frei wird und man schließlich in Suvereto ankommt.

Am Ortseingang fährt man am Supermarkt Margherita (linke Hand) und an der Apotheke (rechte Hand) vorbei und gelangt unmittelbar danach an eine T-Kreuzung, wo man links an der Kirche hoch in die Altstadt abbiegt.

Hier in Suvereto sollte eine Pause für eine angemessene Brotzeit eingeplant werden. Die Bar La Gattabuia rechts neben dem Stadttor zur hübschen Altstadt Suveretos macht guten Cappuccino, und es gibt Panini zur Stärkung.

Nach der Pause geht die Fahrt von Suvereto weiter in Richtung Venturina. Zunächst zurück zur Hauptstraße (mit dem Rücken zum Stadttor, die Kirche rechts), am Stop-Schild in Richtung Venturina ziemlich steil bergab.

Nach ca. 2,3 km taucht linker Hand eine Straußenfarm auf. Nach ca. 5 km gelangt man in die kleine Ortschaft Cafaggio. Wer hier noch Kraft in Beinen und Willensstärke im Kopf hat und sich noch einen weiteren leichten Anstieg zutraut, sollte rechts in Richtung Campiglia Marittima abbiegen. Die Etappe ist kurvig und ohne Schatten, aber es lohnt sich!

(Die einfachere, aber weitaus unattraktivere Möglichkeit besteht darin, auf der vom Autoverkehr stark frequentierten Straße zu bleiben, die über Venturina nach San Vincenzo führt. Von dort geht es dann auf der Aurelia in Richtung Livorno zurück nach Donoratico.)

Wer sich für den landschaftlich viel schöneren Weg über Campiglia Marittima entscheidet, biegt am Ortseingang von Cafaggio (an der Bar) rechts auf die Strada del Vino ab und fährt für ca. 4,5 km (leichte bis mittelschwere Steigung) hoch in den mittelalterlichen Ort Campiglia Marittima (den Friedhof links liegen lassen und nicht dem Schild in Richtung Ortsmitte folgen). Wenn man das zweite blau-orange „IP"-Schild einer Tankstelle sichtet, hat man es geschafft!

Im Stadtpark mit dem obligatorischen Denkmal für die Kriegsgefallenen (Monumento ai Caduti) sollte man sich eine kurze Pause gönnen. Die Mühen haben nun ein Ende, und man kann sich auf eine schöne, leicht bergab verlaufende Strecke freuen.

Der Weg führt unterhalb der Kalksteinbrüche des Parco Archeominerario di San Silvestro vorbei in Richtung Meer, bis man die SS 1 auf einer Brücke überquert (Vorsicht: etwas unübersichtliche Gabelung). Man bleibt immer auf derselben Straße geradeaus in Richtung San Vincenzo (auch an der T-Kreuzung), passiert den Ort schließlich und gelangt so auf der Aurelia zurück nach Donoratico zum Ausgangspunkt Ciclosport.

Zi Martino – Castagneto	2,6 km
Castagneto – Friedhof	1,0 km
Friedhof – Weggabelung Sassetta	4,7 km
Weggabelung – Sassetta	2,0 km

Sassetta – Quelle	8,3 km	Campiglia – Aurelia	7,0 km
Quelle – Suvereto	6,3 km	Aurelia – Ciclosport	11,0 km
Suvereto – Cafaggio	5,7 km	Weitere Tourenvorschläge auch in Deutsch	
Cafaggio – Campiglia	4,4 km	unter www.costadeglietruschi.it.	

Marina di Castagneto

Ein Badeort ähnlich wie Marina di Bibbona (s. S. 311), doch weniger verbaut und etwas eleganter. Dem Ort vorgelagert ist ein 14 km langer Sandstrand, der zur Gemeinde Castagneto gehört. Davon ist nur ein Kilometer Privatstrand, wo das Anmieten von „ombrellone, sdraio, doccia" (Strandschirm, Liege, Dusche) obligatorisch ist. Der Rest ist „spiaggia libera", also freier Strand für alle. Außer zum Badespaß in ausgezeichnetem Wasser lädt der Strand, der nach Süden hin immer feinsandiger wird, auch zu ausgiebigen Spaziergängen ein. Die noble Sommerresidenz in dem weitläufigen Pinienhain am Meer, die einst der Familie *della Gherardesca* gehörte, ist in Appartements aufgeteilt worden. Auch im benachbarten ehemaligen Cantiere Navale ist eine Appartementanlage entstanden.

- *PLZ* 57024
- *Information* Via della Marina 8. Mai–Okt. täglich, sonst nur an Wochenenden. ℘ 0565-744276, ℡ 0565-746012.
- *Erlebnispark* **Cavallino Matto**, das „verrückte Pferdchen", ein Erlebnispark (der größte der Toscana) mit allen Attraktionen und Abenteuern, wie man sie in Disneyland nicht schöner haben könnte, nur etwas antiquierter! Er liegt rechts an der Straße, die nach Marina führt, inmitten einer Pineta und sollte den Liebsten trotz des sehr hohen Eintritts nicht vorenthalten werden. Restaurant, Bar und Picknickplatz sind selbstverständlich auch vorhanden. Mai–Juli und Anfang bis Mitte Sept. 10–18 Uhr, August 10–20 Uhr, Kinder 15 €, Erwachsene 18 €.
- *Spaziergang* An der Hauptstraße in Richtung Meer (gegenüber vom Cavallino Matto) geht es gleich am Anfang eine Pinienallee links hinein. Ein Spaziergang unter den schönen, hohen Bäumen hat geradezu therapeutische Wirkung! Die Anpflanzungen stammen aus dem 18. Jh., der Zeit der Trockenlegung der Sümpfe. Linker Hand geht es weiter in die Pineta.
- *Fahrradverleih* Via C.Colombo, ℘ 330-273095.
- *Übernachten* ***** I Ginepri**, mit 50 modernen Zimmern, ein ziemlich großer Kasten (dreistöckig), von dessen Panoramadachterrasse man einen idealen Blick auf die gesamte Tombole-Küste von Marina di Bibbona bis nach San Vincenzo mit seinen Pinienhainen genießt. 5 Zimmer befinden sich in einem neuen Nebengebäude. Quirliger Betrieb mit Restaurant, Pool, einem Garten mit uralten Wachholderbüschen am

Meer und eigenem Strand, viel deutsches und italienisches Stammpublikum. DZ ab 110 € (inkl. Frühstück). Viale Italia 13, ℘ 0565-744027, ℡ 0565-744344, www.hoteliginepri.it.

*** Villa Tirreno, komfortables 30-Zimmer-Haus. DZ ab 72 €. Via della Triglia 4, ℘ 0565-744036, ℡ 0565-744187, www.villatirreno.com.

*** Cantiere Navale Donoratico, kürzlich eröffnete Appartementanlage in den Dünen südlich von Marina Castagneto. Animationsprogramm.Viele Familien. Ab ca. 230 €/ Woche. Loc. Villa Emilia, ℘ 0565-7721, ℡ 0565-772000, www.canadoclub.it.

Pensione Etrusconia, zweckmäßige „Bett-Schrank-Bad-Zimmer" genau am Meer, DZ mit Frühstück ca. 50 €, Dreier ab 67 €. 2008 evtl. Besitzerwechsel. Via W. della Gherardesca 2, ℘ 335 7772207.

La Polena, günstige Zimmer, ganzjährig geöffnet, DZ ab ca. 40 €, Via Firenze 1A, ℘ 335-7772207.

Für **private Appartements** kann man sich direkt an die Vermieterin **Signora Boscaglia** (spricht etwas Englisch) wenden. Man spart reichlich Vermittlungsgebühren. ℘/℡ 0565-745794 und 328-7197929.

www.agritourism.net/bosco.

- *Camping* **** Belmare**, über 520 Stellplätze. Nicht protzig, aber Restaurant und Lebensmittelladen vorhanden. Viele einheimische Dauercamper. Kaum Schattenplätze. Der Charme der Siebziger ist auch hier leicht überholungsbedürftig. Strandzugang. April

Etruskische Riviera

Karte S. 295

bis Mitte Okt. geöffnet. Preis für 2 Pers. und Zelt oder Wohnwagen ab 22 €. Via del Forte 1, ☎ 0565-744264, 🖂 0565-744092, www.campingbelmare.it.

** Continental, gleich neben dem Belmare, zieht mit diesem in puncto Größe und Komfort gleich. Ebenfalls Strandzugang. April bis Ende Sept. geöffnet. Preis für 2 Pers. und Zelt oder Wohnwagen ab ca. 20 €. Via 1°Maggio, ☎/🖂 0565-744014, www.campingcontinental.it.

• *Essen* **Il Poeta**, Fischspezialitäten-Restaurant der gehobenen Klasse, abends kann man recht romantisch am Meer speisen. Via della Gherardesca ☎ 0565-745859.

I Ginepri, Hotelrestaurant. In recht belebter, aber gepflegter Atmosphäre speist man tagsüber auf der Terrasse und abends im Saal bei Neonlicht – die Italiener, die hier zum Essen einkehren, stören sich daran nicht! ☎ 0565-744027.

Bistro SoleLuna, neues, modernes In-Lokal. Snacks, Salate und leckere Fischgerichte, dazu im Sommer einmal in der Woche Livemusik, v. a. Jazz. Viale Italia 42, ☎ 0565-746051 und 339-8796443.

Pizzeria La Vela, Pizza aus dem Holzofen. Via Firenze 1, ☎ 0565-745948.

Shangri-là, tagsüber Strandbad mit ganz ordentlichem Selfservice-Restaurant, am Abend wird auch am Tisch Fisch und Pizza serviert. Via Vespucci 26, ☎ 0565-744058.

• *Diskothek/Bar* **La Zattera**, abendliches Vergnügen auch für bereits ältere Semester in der Diskothek. In der Bar sitzt man auf der Terrasse direkt am Meer, Auswahl an Snacks, Blick auf den Sonnenuntergang inklusive (ideal für den Aperitif).

Donoratico

Der Ort, der erst mit der Entstehung der Eisenbahnlinie Mitte des 19. Jh. gegründet wurde, liegt zwischen Marina di Castagneto und Castagneto Carducci (s. u.). Bis zum Zweiten Weltkrieg hieß er *Bambolo*, erst danach wurde er umbenannt. Der aktuelle Name rührt vom gleichnamigen mittelalterlichen Kastell her, von dem heute nur noch der weithin sichtbare Turm übrig geblieben ist. Donoratico, das verwaltungstechnisch zur Gemeinde Castagneto Carducci gehört, verfügt über einen Bahnhof und eignet sich gut zum Einkaufen.

• *Arzt* **Dr. Fabrizio Rossi**, deutschsprachiger Arzt. Via Toniolo 13, ☎ 0565-775323 und 329-1554716 (Handy).

• *Einkaufen* Jeden Donnerstagvormittag findet ein **Wochenmarkt** statt.

La Pergola, zus. mit Salavini, Weinhandlung mit guter Auswahl an toscanischen Produkten. Via Aurelia 31. ☎ 0565-775148.

• *Reisebüro* **Kalispera Viaggi**, Via Aurelia 18, ☎ 0565-777332. Auch Verkauf von Bahntickets (10–12.30 und 16.30–19 Uhr).

• *Radsport/Fahrradverleih* **Ciclosport**, Fachgeschäft mit Werkstatt. Der Familienbetrieb ist eine Institution in der Welt des Radsports. Auch Fahrradverleih mit Kindersitz und Kinderanhänger.Tägl. außer So und Montagvormittag 8.30–12.30 und 15.30–19.30Uhr. Via Aurelia 25, ☎ 0565-777149, 🖂 0565-773924, www.ciclosport.it.

• *Übernachten/Essen* ***** Bambolo**, an der Straße, die von der SS 20 nach Castagneto Carducci hochführt. Mitten im Grünen, großer Pool, vor ein paar Jahren renoviert. Gute und typische Küche, Menü ab 22 €. DZ mit Dusche ab circa 80 € (inkl. Frühstück). Via del bombolo 145, ☎ 0565-775206, 🖂 0565-775346, www.hotelbambolo.com.

*** Zi' Martino, knapp unterhalb des Orts (bei der Abzweigung nach Bolgheri). Das frühere Restaurant mit Pergola-Romantik ist nach seiner Totalrenovierung zu einer motelähnlichen Unterkunft mutiert, die man eher an einem amerikanischen Highway erwartet. Geblieben sind die freundliche Wirtsfamilie und die gute Küche, z. B. Tortellina grattamacco di Castagneto und Pappardelle al coniglio (Nudeln mit würzig Gehacktem). Restaurant Mo geschlossen. DZ ab ca. 85 €. ☎ 0565-766000, 🖂 0565-763444, www.zimartino.com.

Locanda Menabuoi, 9 einfache DZ in einem alten Bauernhaus genau an der Aurelia, morgens gibt es frischen Kuchen in der schönen Bauernküche. Angeschlossenes Feinschmeckerrestaurant mit zusätzlichem einfachem Osteriabetrieb zu guten Preisen. Mi geschlossen. Ab 70 €. Via Aurelia Sud, ☎ 0565-775525.

* Locanda Roma, einfache, nette Zimmer mit Klimaanlage. Gutes Essen (siehe Ristorante Roma). DZ mit Frühstück ab 60 €. Via Aurelia 183, in der Nähe vom Bahnhof, ☎ 0586-775134, 🖂 0586-773300.

Ristorante Roma, im gut besuchten Gasthaus isst man ohne Speisekarte, ohne Terrasse und ohne Meerblick Hausmannskost (ob Fleisch oder Fisch) richtig gut und nicht teuer. In der Nebensaison So geschlossen.

Via Aurelia 183, ☎ 0565-775134.
● *Bar/Eisdiele* **Bar Jolly**, riesige Brioches zum morgendlichen Cappuccino. Di geschlossen. Piazza Stazione.

Castagneto Carducci

Das 6 km vom Meer entfernte Städtchen liegt inmitten immergrüner Macchia malerisch auf einem Hügel in 190 m Höhe. Für eine Erkundungstour durch das Straßenlabyrinth der mittelalterlichen Ortschaft sollte man nicht nur wegen der *Scala Santa* (ein enges, steiles Treppchen) gut zu Fuß sein. Bis zu Beginn des 20. Jh. hieß der Ort übrigens noch Castagneto Marittima; erst 1907 wurde er nach dem berühmten Dichter *Giosuè Carducci* (1835–1907), der in jungen Jahren in Castagneto wohnte, umbenannt. Ein kleines Museum und ein *Centro Carducciano* in seinem ehemaligen Wohnhaus erinnern an den berühmten Schriftsteller, der 1906 mit dem Literaturnobelpreis ausgezeichnet wurde.

Zwei traditionsreiche Läden: „Arte e Moda" und „Premiata Fabbrica Liquori – E. Borsi"

Arte e Moda: Wer nichts von der Existenz des kleinen, exklusiven Schneiderateliers in der Via Vittorio Emanuele 50 weiß, würde an dem bescheidenen Lädchen ohne jegliche Außenwerbung und ohne Firmenschild glatt vorbeilaufen. Hier schneidert Florin Cristea die berühmten Jacken der *Butteri* genannten „Maremma-Cowboys" nach traditionellen Schnitten auf Maß. Die eleganten Modelle sind aus bestem englischem Tuch meisterlich verarbeitet und preisbedingt eben eher „betuchten" Leuten vorbehalten. Aber auch wenn man keine Gewandanfertigung in Auftrag geben sollte, lohnt sich der Besuch in dem unscheinbaren Laden, der seit seiner Gründung im Jahre 1906 nichts von seinem nostalgischen Charme verloren hat. Inneneinrichtung, Ankleidepuppen und die geradezu entzückende Ankleidekabine – alles aus den dreißiger Jahren – sind sehenswert. Baron Rothschild, Marcello Mastroianni – viele bekannte Namen kann der ursprünglich aus Ungarn stammende Schneider nennen, die sich ihr maßgeschneidertes „Country-Outfit" hier haben anfertigen lassen.

Premiata Fabbrica Liquori – E. Borsi: In diesem winzigen Betrieb in der Via Garibaldi 7 werden seit Generationen nach ein und demselben Rezept und der immer gleichen Methode zwei Likörsorten hergestellt: Der „Gran Liquore del Pastore", eine Spezialität aus Limone, Milch, Zucker und Vanille, und das legendäre „Elexir China Calisaja", das in den Zeiten, in denen die Malaria noch zum bitteren Bestandteil des Lebens in Castagneto Carducci zählte, eher als Medizin und Wundermittel konsumiert wurde. Der wichtigste Inhaltsstoff ist das fiebersenkende Chinin, das aus der Baumrinde eines in Ecuador beheimateten Baumes gewonnen wird. Noch heute wird das fertige „Elexir", das in der Tat ein wenig nach Medizin schmeckt, zur Behandlung alltäglicher Wehwehchen wie Magenverstimmungen und Verdauungsstörungen verwendet. Den kleinen Betrieb, in dem sämtliche Produktionsschritte bis zum Abfüllen und Etikettieren der Flaschen von Hand durchgeführt werden, sollte man sich von der sympathischen Annamaria zeigen lassen. Ihre neuesten Kreationen sind die Pralinen „Cioccopastore" und „Cioccocalisaja", die man ebenfalls probieren sollte.

Etruskische Riviera Karte S. 295

Das Kastell aus dem 11. Jh. wird von der Familie *della Gherardesca* bewohnt und kann nicht besichtigt werden. Am unteren Ende der Geschäftsstraße führt hinter der kleinen Piazza del Popolo eine Passage zur Piazza Belvedere, einer großartigen Aussichtsplattform mit phantastischem Blick. Am Abend ist Castagneto hübsch beleuchtet und lädt nach dem Abendessen in einem der guten Restaurants zu einem romantischen Spaziergang ein. Seit einiger Zeit sieht man hin und wieder eine Eskorte nach Castagneto hoch fahren – dann nämlich, wenn *Sarah Ferguson*, eine der Ex-Gattinnen der in Eheangelegenheiten gebeutelten Windsors, den *Conte Gaddo della Gherardesca* besucht. Seitdem Miss Ferguson mit dem hier lebenden Grafen liiert ist und ihn hin und wieder in seinem Schloss aufsucht, hat Castagneto mehr und mehr an Popularität gewonnen. Die Prominenz ist quasi allgegenwärtig: Jedes Geschäft, jedes Restaurant, in das die rothaarige Engländerin ihren Fuß gesetzt hat, ziert ihr Foto!

• *PLZ* 57024

• *Information* Via Vittorio Emanuele, Juni–Sept. 9–13 und 16–20 Uhr. ☎ 0565-765042.

• *Einkaufen* **Cronopios**, der kleine Lampenladen mit Werkstatt mit seinen eigenwilligen Einzelstücken sollte in der Dämmerung bzw. abends aufgesucht werden. Die Kreationen der jungen Künstler kommen dann noch besser zur Geltung. Via Vittorio Emanuele.

• *Feste* Im Frühjahr traditionelles gastronomisches Fest „Castagneto bittet zu Tisch".Im Caleidoscopio findet im Juli ein Festival mittelalterlicher Musik statt und im September des international Musikfest.

• *Übernachten* **Villa Le Luci**, In einer restaurierten antiken Villa befinden sich 6 elegante DZ sowie eine edle Suite. DZ ab ca. 100 €. Via Umberto 47, ☎ 0565-763601, www.villaluci.it.

• *Agriturismo* **Oliveto Fonte di Foiano**, Straße zwischen Bolgheri und Castagneto, auf die Ausschilderung achten. Inmitten 300-jähriger Olivenbäume kann man sich in der Ölmühle in eines der beiden kleinen Häuschen einmieten. Der Familienbetrieb stellt ausgezeichnetes Öl her (geringe Produktion von 200 Flaschen jährlich, 12 €). Die sympathische Familie organisiert auf Anfrage abends ein Essen auf der Terrasse. Häuschen ab ca. 400 €. Loc. Fonte di Foiano, ☎ 0565-766043, 347-4340047 (mobil), ✆ 0565-765826, www.fontedifoiano.com.

• *Camping* ***** Le Pianacce**, immer noch der beste Campingplatz der Gegend. Ca. 4,5 km von der Aurelia entfernt in Richtung Bolgheri (landeinwärts), dann ausgeschildert. Ca. 180 Stellplätze (ohne Dauercamper), bewaldetes, terrassiertes Gelände, zwei Pools, Tennisplatz, Restaurant, Animation, Internetpoint, Supermarkt, auch kleine, komplett eingerichtete Bungalows zu mieten. Spezieller Service für Biker! 6 km bis zum Meer. 1.4.–3.10. geöffnet. Bungalow ab 45 €, ca. 9 € für Stellplatz und Auto, 12 € pro Pers. Loc. Pianacce, ☎ 0565-763667, ✆ 0565-766085, www.campinglepianacce.it.

• *Essen* **Ugo**, Top-Küche, besonders wenn man die durchschnittlichen Preise berücksichtigt. Große Fensterflächen mit Ausblick. Oben in der Altstadt, Via Pari 3 a. Mo geschlossen.

Il vecchio Frantoio, unser Tipp: beliebtes, familienfreundliches Restaurant (auch Pizzeria), typische Gerichte aus der Region mit nettem Service und zu moderaten Preisen. Do geschlossen, Via Gramsci 8, ☎ 0565-763731.

Nettare degli Dei, ausgewählte lokale Spezialitäten, nur abends geöffnet, Mi geschlossen. Salita San Lozenzo 1, ☎ 0565-765118.

La Ribotta, innen geschmackvolles, rustikales Ambiente, die neuen Restaurantbesitzer bieten v. a. typische Fleisch- und Grillgerichte an. Menü im Sommer ca. 25 €, ☎ 0565-763410.

Il Cappellaccio, unbedingt reservieren! Eine Leserin schrieb: „Direkt an der Via Vittorio Emanuele 7. Man sitzt in einem Kellergewölbe oder draußen an langen Tischen, die Pizza klappt über den Teller, und der Wein ist frisch und lecker." ☎ 0565-766005.

La Taverna Il Glorione, der Tipp für Feinschmecker. Einladendes, geschmackvolles Ambiente mit romantischem Garten. Brigitte, die Chefin aus Deutschland, zaubert raffinierte Gerichte mit stets frischen Zutaten. Gehobene Qualität, ihre besondere Spezialität sind Wildgerichte, z. B. Hase für ca. 11 €. Für Kinder eigene Gerichte! Via Carducci 6, ☎ 0565-763322.

La Gramola, Pizzeria und Ristorante mit Panoramaterrassen, der Holzofen dampft den ganzen Tag ohne Unterbrechung. Am oberen Ortsende, Via Marconi 18, ☎ 0565-763646 (im Winter geschlossen).

S'a di andà (zu deutsch: man weiss wo man am besten hingeht!), gemütliches, uri-ges Lokal mit leckeren Spezialitäten und Weinverkauf. Man kann auch draußen sitzen. Piazza del Popolo 1.

Gelateria Casalini, hübsche Bar mit gutem Eis, Via Vittorio Emanuele 48 (Lesertipp!)

Sassetta   *(600 Einw.)*

Von Castagneto kommend, erscheint nach ungefähr 7 km kurviger Strecke durch dichte Macchia die auf Felsen gebaute Ortschaft, die direkt an der Strada del Vino liegt (320 ü. d. M.). Bis ins 11. Jh. reicht die Geschichte des verträumten Bergdörfchens zurück, das sogar über ein mittelalterliches Kastell verfügt. Betritt man den Weiler durch den Torbogen am Dorfplatz, wird einem nichts Spektakuläres begegnen, außer der wundersamen Ruhe dieses Örtchens in den Colline, dem vegetationsreichen und hügeligen Hinterland der etruskischen Küste. Das Meer mit seinem sommerlichen Strandvergnügen scheint weit weg zu sein und ist doch nur 12 km entfernt. Die angenehme Luft der umgebenden Wälder tut besonders im Sommer gut.

Die sehr enge und weiterhin kurvenreiche Straße bis Suvereto (ca. 15 km) ist landschaftlich wirklich malerisch und besonders bei Bikern sehr beliebt. Wer mit dem Auto unterwegs ist, sollte aber sehr vorsichtig fahren, denn die Kurven haben es in sich!

- *Information* Via di Castagneto, ☎ 0565-794521
- *Feste* Sollte man im Herbst in der Gegend sein, ist das „Oktoberfest" an den letzten drei Sonntagen des Monats ein uriges Erlebnis. Dann wird in Sassetta zu Ehren der Drossel, der Kastanie und der Polenta gefeiert (auch ein Eselrennen findet statt). Die Dorfbewohner brutzeln, was das Zeug hält. Bis auf die Drossel, die bedauerlicherweise auch verspeist wird, wird man selten Besseres vom Grill genießen als auf diesem Dorffest (ähnliche Feste finden auch in den umliegenden Dörfern statt).
Im Juli/August finden alljährlich verschiedene Konzerte, Märkte und Weinverkostungen statt.
- *Picknick* Der Picknickplatz **Valcania** im Parco Publico am Ortsausgang Sassettas (von Castagneto kommend) ist der ideale Ort für eine Brotzeit. In einem ziemlich verwilderten, sich selbst überlassenen Garten mit Spielplatz kann man seine Brötchen auspacken (Holztische und Bänke vorhanden).
An der weiterführenden Straße von Sassetta nach Suvereto steht rechts nach ca. 8 km eine kleine Kirche aus dem 12. Jh. Folgt man dem Weg links an der Ruine vorbei, kommt man nach ca. 20 m zu einem Tisch, der unter einer riesigen Steineiche steht – ein Ort, der sich ebenfalls gut für ein Picknick eignet. Das Wasser der Quelle gegenüber dem Kirchlein ist trinkbar und schmeckt sehr gut.
- *Wanderungen* Ein kürzlich von *Sassetta Trekking* beschildertes Netz von Wegen im nahen Val di Cornia bietet beste Möglichkeiten zum Wandern, Radfahren und Reiten (jeweils spezifisch markiert). Ziele sind u. a. das verträumte Monteverdi (Tagestour) und das Gut S. Anna.
- *Handwerk/Kunst* Jane und Alan Stewart stellen phantasievolles **Holzspielzeug** her und verkaufen es auf den umliegenden Märkten. Marina di Castagneto: Mi, Fr, Sa und So geöffnet; San Vincenzo: Mo und Do geöffnet. Auch Zimmervermietung! ☎ 0565-794312, www.camerejane.it.
Als es in der Region um Sassetta vor über 40 Jahren noch recht still war, zog sich der Münchner Grafiker **H. J. Habben** aus dem Kunstbetrieb zurück, um hier in der Einsamkeit seine künstlerische Arbeit weiterzuführen. Sein Leben in einer üppigen Natur und die Kenntnisse der lokalen Fauna reflektiert sein surreales Werk. Wer etwas Geduld mitbringt, kann viel über die Kunst erfahren. Seine Grafiken und Zeichnungen bekommt man allerdings nicht zu Souvenirpreisen. Via Campagna Nord 43, links, Richtung Monterotondo (nicht in den Ort reinfahren). ☎ 0565-794137.
- *Übernachten* **Il Glicine**, in einer alten Villa Richtung Suvereto werden insgesamt 5 DZ

Etruskische Riviera

Karte S. 295

vermietet. DZ mit Bad ca. 50 € (ohne Frühstück). Via Campagna sud 18, ☎ 0565-794229, ☏ 0565-794224.

● *Agriturismo* **La Cerreta**, ein Agriturismo, wie er im Buche steht: Mit viel Engagement und Sachkenntnis wird kontrollierter ökologischer Anbau (Wein, Öl, Obst, Gemüse) und ökologische Tierhaltung (maremmanische Pferde, Schweine der Cinta-Senese-Rasse, Rinder, Kleinvieh) betrieben. Die weitläufige Anlage ist wunderschön gelegen, Unterbringung in aus Stein gebauten Bauernhäusern, abends wird mit den Zutaten aus eigener Herstellung für die Gäste gekocht. Marmelade, Honig, Butter, Käse, Fleisch, Wurst, Brot, Wein sowieso – man lebt hier fast autark! Eine Besonderheit ist die Art der Pferdehaltung. Die Pferde werden hier selbst eingeritten und „sanft" erzogen. Das Ergebnis lässt sich sehen. Daniele bringt pferdescheue Zweibeiner und menschenscheue Vierbeiner zusammen. Von Castagneto kommend, geht es am Ortseingangsschild von Sassetta (gegenüber der Tankstelle) links in Richtung Podere La Cerreta ab (ca. 3 km, ausgeschildert). Pian delle Vigne, ☎/☏ 0565-794352, www.lacerreta.it.

La Bandita, Luxus inmitten der toscanischen Macchia. Mit Park, Pool und Tennisplatz. Auf der SP 329 zwischen Castagneto und Sassetta links am Abzweig in Richtung Monteverdi abbiegen, dann rechts (auf Ausschilderung achten). DZ ab ca. 110 €

(inkl. Frühstück). Via Campagna nord 30, ☎ 0565-794224, ☏ 0565-794350, www.labandita.com.

Capre e Cavoli, 5 DZ (2 mit eigenem Bad), in einem Haus im Wald, ruhig gelegen, mit Traumpanorama, 6 Ziegen und einem schönen Gemüsegarten. Ein Abendessen mit der lebenslustigen Familie von Alessandra und Agostino am offenen Kamin ist ein besonderes Erlebnis toscanischer Gastlichkeit. Nur ca. 150 m weiter auf der SP 329 in Richtung Monteverdi weiterfahren und rechts abbiegen. DZ ca. 70 € mit Frühstück, mit Halbpension ca. 100 € pro Tag. Via Campagna nord 34, ☎/☏ 0565-794246, www.capreecavoli.it.

● *Essen* **Osteria Enoteca C'era una volta**, auch für ein Glas Wein oder einen Imbiss kann man hier im Sommer draußen auf der Piazza sitzen (origineller Gabel-Löffel-Buchsbaumschnitt). Abends neuerdings auch Pizzeria! Do geschlossen, ☎ 0565-794102.

Il Castagno, rustikales Landgasthaus abseits vom Rummel, wo man die traditionellen Wildgerichte probieren sollte. Im Sommer wird auf einer schattigen Terrasse gegessen, im Winter am Kamin. Hinter Sassetta geht nach ca. 800 m eine Straße rechts in den Wald (auf Ausschilderung achten!). Mo geschlossen. Via Campagna sud 5, ☎ 0565-794219.

Il Ghiotto, im Örtchen Canneto hinter Monteverdi, lokale Spezialitäten zu fairen Preisen (Leserbrief). Via Labarell 34, ☎ 0565-794219.

Suvereto

Außer für seine immer noch bedeutsame Wein- und Olivenölproduktion war der Ort in der Vergangenheit für die Korkgewinnung bekannt. Heute präsentiert sich Suvereto als hübsches Dorf mit gut erhaltener mittelalterlicher Altstadt, die an allen Ecken renoviert wird. Dank der Initiative einiger junger Einheimischer, die nach Studium oder Ausbildung nach Suvereto zurückgekehrt sind, ist das kulturelle Leben des Ortes in letzter Zeit merklich attraktiver geworden (u. a. Kunstausstellungen in den Dorfgassen und ein Mittelalterfest mit zeitgenössischen kulinarischen Genüssen).

● *PLZ* 57028

● *Information* **Pro Loco**, Piazza Gramsci, ☎/☏ 0565-829304, www.suvereto.net.

● *Einkaufen* **CONAD-Supermarkt**, Mo–Sa 8–13 und 17–20 Uhr, Via Minzoni.

● *Feste* **Serata Medievale**, mittelalterliches Kostümfest in der Altstadt (Mitte Juli).

Estate Suveretana, im Sommer finden außerdem zahlreiche Konzerte, Feste und Aufführungen statt.

● *Mineralien* Die in einer verstaubten Garage untergebrachte Sammlung von Elio Acerbi ist der Geheimtipp für alle Minera-

lienfreaks. Die Adresse bei Giancarlo Bini im Restaurant Ombrone erfragen.

● *Wein* Südöstlich von Suvereto finden sich einige hervorragende Anbieter, z. B. di **Azienda Petricci** bei San Lorenzo mit einer kleinen Auswahl an DOC-Weinen (www.petriccidelpianta.it, ☎ 0565-845140 und 338-6031433). Etwas eleganter gleich nebenan die **Azienda Petra** des mailandischen Bauunternehmers Vittorio Moretti, die von Mario Botta entworfen wurde. Die gigantische Anlage ist weithin sichtbar. Wie die 8000-qm-Cantina und die multifunktionalen Räume in den Seitenflügeln der Öffentlichkeit zugänglich gemacht werden soll, wird derzeit beraten. Geplant sind Gruppenführungen mit Degustation. ℡ 0565-845308, www.petrawine.it.

Fufluns Viaggi, der junge Agenturbesitzer (deutschsprachig) stellt individuell Gourmetreisen und Ausflüge zu toscanischen Feinschmeckerrestaurants und Weingütern zusammen. Außerdem Vermittlung von Appartements und Ferienhäusern. Via del Crocifisso, ℡ 0565-827044, ℡ 0565-827870, www.fufluns.com.

• *Übernachten* **Casa Vacanze Il Chiostro**, im besonders gepflegten Ambiente einer renovierten Klosteranlage aus dem 13. Jh. in der Altstadt untergebrachte Appartements (teilweise etwas hellhörig), die in sechs preisliche Kategorien eingeteilt sind. Ein winziges Gärtchen im Hof der Anlage, die über 17 Appartements verfügt, lädt zum Verweilen ein. Die junge Frau Rosalba spricht auch etwas Deutsch. Nebensaisonpreise: App. ohne Balkon 200 €/Woche, mit Balkon 400 €/Woche, Superior-App. für bis zu 5 Pers. mit herrlicher Aussicht 450 €/Woche, eine Suite 448 €/Woche (auch tageweise mietbar). Via del Crocifisso, ℡ 0565-827067 und 348-3416978, ℡ 0565-827440, www.vacanzeilchiostro.it.

• *Agriturismo* **Azienda Bulichella**, der japanische Besitzer, der hier bereits 1983 einen Bio-Betrieb gründete (als in Italien noch niemand von biologischen Anbaumethoden sprach), produziert Wein, Olivenöl, Honig, Marmelade, Obst und Gemüse. Gastfreundlichkeit und Aufgeschlossenheit inmitten vieler neuer Weinberganpflanzungen. Vier Appartments, z. B. für 2 Pers. ab 450 €, für 5 Pers. 600–800 €. Loc. Bulichella, ℡ 0565-829892, ℡ 0565-829553, www.bulichella.it.

Azienda Fontanella, die weitläufige Anlage ist ein Domizil für Reiterfreunde. Die gut ausgestatteten Appartements für 4 Pers. kosten ab 500 €/Woche. Loc. Fontanella, ℡ 0583-809850, 0565-828087 und 348-3422418, www.fontanellaonline.it.

Le Foreste, behutsam renovierte Steinhäuser aus dem 16. Jh. in aussichtsreicher

Panoramalage. Insgesamt 6 Ferienwohnungen, ein 4-Zimmer-Haus für 6 bis 8 Pers. und ein kleines Häuschen für 2 Pers. Es werden auch Kochkurse angeboten. Die deutschsprachige Besitzerin Edith ist sehr nett, Haustiere sind herzlich willkommen. DZ ab 60 €, das 4-Zimmer-Haus ab ca. 990 €. Loc. Le Foreste 135, ℡ 0565-854105, www.leforeste.it.

Azienda Agricola Il Falcone, das älteste und von der Gemeinde Suvereto ausgezeichnete landwirtschaftliche Anwesen in schöner Lage mit Panoramablick, Schwimmbad und Natur pur! Guter Ausgangspunkt für Wanderungen und Fahrradtouren. Insgesamt 8 Ferienwohnungen im typischen Landhausstil, einige sind auch für Rollstuhlfahrer geeignet. Ferienwohnung für 4 Pers. ab 560 € pro Woche. Loc. Falcone 186/187, ℡ 0565-829331, ℡ 0565-827097, www.ilfalcone.net.

• *Essen* **Osteria Il Caminetto**, in einer versteckten Ecke in der Altstadt, Menü ab 30 €. Mo geschlossen. ℡ 0565-828118.

Eno-Oliteca Ombrone, eine der bekanntesten Feinschmeckeradressen an der etruskischen Küste. Giancarlo Bini zaubert im Ambiente einer Ölmühle aus dem 14. Jh. seine toscanischen Variationen, die teilweise exquisit sind (und inzwischen teurer). Eine Überraschung ist die Auswahl von nicht weniger als 176 Olivenölsorten! Mo geschlossen. ℡ 0565-829336.

La Pergola, Trattoria/Pizzeria (Holzofen), Mo geschlossen. Via di Belvedere 7, ℡ 0565-829590.

Ciampelli, oberhalb der ehemaligen Waschstelle am westlichen Ortsausgang. ℡ 0565-829213.

Bar La Gattabuia, gleich rechts neben dem Haupttor zur Altstadt Suveretos, sehr gemütlich, auch kleine Snacks. Hier gibt es immer noch gute traditionelle Küche zu erschwinglichen Preisen.

Enoteca dei Difficili, Weinbar mit großer Auswahl an Snacks, Suppen und Salaten, junge Besitzer, abends ab 18 Uhr geöffnet. Di geschlossen. Via San Leonardo 2, ℡ 0565-827087.

Sangue di bacco, Weinbar und Pub, Mo geschlossen. Via Magenta 7, ℡ 334-3618609.

San Vincenzo

Die kleine Stadt liegt am Südende der bei Rosignano beginnenden Schwemmlandzone, die Hügel reichen hier schon fast an die Küste. Dass der 3 km lange Sandstrand gute Bademöglichkeiten bietet, hat auch die Tourismusindustrie gemerkt und entsprechend zugeschlagen. Das einst um einen mittelalterlichen Wehrturm gruppierte Dorf hat sich zu einer zersiedelten Hotel- und Ferienhauslandschaft gewandelt. Auch der einst wirtschaftlich bedeutende Kalksteinabbau ist mittlerweile ins zweite Glied getreten. Betrieben wird der Tagebau aber immer noch. Mittels einer Drahtseilbahn wird der Rohstoff in kleinen Gondeln, die gemächlich über die Aurelia hinwegschweben, direkt vom Steinbruch zum Güterbahnhof in den Ort transportiert. Von dort wird der Kalkstein in die Sodafabrik nach Rosignano Solvay weiterbefördert. Auch die benachbarte Ortschaft San Carlo mit schönem Blick auf die Küste war einst eine Arbeitersiedlung – viele Wohnhäuser sind inzwischen raffiniert zu Ferienappartements umgestaltet worden.

Leider wird der schöne, kleine Hafen, der genau die richtige Größe für einen Spaziergang hat, demnächst vergößert. In der Via Vittorio Emanuele und auf dem Corso Italia herrscht abends vor allem in der Hochsaison italienischer Urlaubshochbetrieb. Die Läden sind hier bis spät geöffnet, es gibt Pizza vom Blech und Eisdielen für das Gelato nach dem Abendessen.

Der feine Sandstrand, der hier in San Vincenzo flach ins Meer abfällt, ist ideal für Kinder. Weitere schöne Badegelegenheiten findet man südlich des Ortes entlang der Via della Principessa, die St. Vincenzo mit Piombino verbindet (benannt nach der Schwester Napoleons, Prinzessin Elisa Bonaparte Baciocci, die in Piombino lebte). Der 5 km lange Piniengürtel des *Parco Naturale di Rimigliano* ist hier einem ebenso langen Sandstrand vorgelagert, an dem man auch in der Saison noch ruhige Plätze findet (viele Zugänge, z. T. Picknickplätze, Tischchen und Toiletten). Allerdings geht es hier gleich recht tief ins Meer hinein.

- *PLZ* 57027
- *Information* Via della Torre(Zentrum), 9–13 und 15.30–19.30 Uhr, im Winter Mo–Fr 9–13 Uhr, Mo, Mi, Fr 15–18 Uhr). ℡ 0565-701533.
- *Bahnverbindung* Im Bahnhof (Zentrum) halten die Bummelzüge der Linie Livorno–Grosseto.
- *Busverbindung* nach Campiglia Marittima (nur 12.6. bis 3. Sept, mehrmals tägl.) und Piombino (ebenfalls mehrmals tägl.). ATM Piombino, ℡ 0565-260111.
- *Einkaufen* **Supermarkt Coop**, in der Via Biserno.
- *Apotheke* **Farmacia Taglierani**, in der Fußgängerzone (Via V. Emanuele), ℡ 0565-705322.
- *Internet* **Gemeindebibliothek**, Via A. Alliata, und **Telecom**, bei der Stazione.
- *Übernachten* Insgesamt gibt es in San Vincenzo über 20 Hotels, die meisten bewegen sich in der oberen Mittelklasse. Für Ferienwohnungen und Zimmer wende man sich an die Touristeninformation.
- *** **Villa Marcella**, im Norden des Orts, eigener Strandabschnitt. DZ mit Frühstück ab 65–100 € (außer im Juli/Aug.). Via Palombo 1, ℡ 0565-701646, 🖷 0565-702154, www.villamarcella.it.
- *** **Villa Tramonto**, Hotel mit direktem Zugang zum eigenen Strand, Frühstück auf

der Terrasse vorm Meer. Insgesamt 12 einfach ausgestattete Zimmer, zwei für Rollstuhlfahrer geeignet. Signor Andrea, der Besitzer, ist sympathisch und gibt gerne Tipps, wo man gut essen kann. DZ mit Frühstück ab ca. 60 €. Via Sirena 16, ℡ 0565-701858, 🖷 0565-706900, www.villatramonto.com.

- *** **Hotel del Sole**, im Jahr 2005 eröffnet, neue Zimmer, Privatstrand, oberhalb vom Strandrestaurant La Perla. DZ mit Frühstück 60–120 €. Via della Pineta 28, ℡ 0565-704123, 🖷 0565-703990, www.hotelsanvincenzo.com.
- *** **Il Delfino**, Doppelhaus-Anlage am Strand, Zimmer mit Klimaanlage. DZ 90–150 € inkl. Frühstück. Via C. Colombo 15, ℡ 0565-701179, 🖷 0565-701383, www.hotelildelfino.it.
- ** **Il Mulinaccio**, ca. 4 km südlich von San Vincenzo in Richtung Piombino (kleiner Weg neben dem Camping Park Albatros). Landhaus in idyllisch-ruhiger Lage, zu Fuß 10 Min. zum Strand, auch einfaches Restaurant. DZ mit Dusche und Halbpension ab 50 € pro Pers. Via Caldenelle, ℡ 0565-701556, 🖷 0565-705512, www.hotelilmulinaccio.com.
- ** **Pensione L'Etrusco**, 100 m vom hoteleigenen Strand entfernt, mit Restaurant. Einfache Zimmer ab 70 € (inkl. Plätzchen am Meer mit Sonnenschirm). Via Umbria 1, ℡ 0565-701607, 🖷 0565-704836, www.pensione.

Promenade und Sporthafen in San Vincenzo

*** Hotel Aurora, aus der Privatzimmervermietung Aurora wurde das 3-Sterne Hotel mit insgesamt 15 Zimmern (EZ, DZ und Familienzimmer). EZ ab 40 € mit Frühstück. Via Abruzzo (hinter dem Gebäude des Kontiki-Hotels), ☎ 0565-704465, ☏ 0565-705849, www.hotel-aurora-mare.com.

Privatzimmer, im Zentrum ein kleines Appartment mit Bad und Küche, das auch als Zimmer vermietet wird. Ab 2–3 Nächte, ab 50 €. Via Grosseto 22, ☎ 0565-702606 u. 347-8033396.

● *Camping* ***** Park Albatros**, inmitten eines Pinienhains (ca. 5 km südlich von San Vincenzo in Richtung Piombino). Riesiges Gelände mit 700 Plätzen (viel Schatten) und 120 Bungalows, viele Einrichtungen, recht gut organisiert, 5 Min. zum Strand. Juni bis Mitte Sept. geöffnet. Hunde erlaubt. Preis für 2 Pers. mit Zelt/Camper ca. 22–42 € pro Tag. Pineta di Torre Nuova, ☎ 0565-701018, ☏ 0565-703589, www.parkalbatros.it.

● *Agriturismo* **Poggio ai Santi**, edles Gut mit biologischem Anbau und Vertrieb von hochqualitativen Produkten der Region. Luftige Panoramalage auf einem Hügel bei San Carlo (ca. 2 km landeinwärts). Eigenes Restaurant, Pool und Planschbecken. Am Sonntag Weinverkostungen mit Signora Francesca. Preisbeispiel: Suite für 2 Pers., Bad, Kochecke 205–300 € (außer August).

Via San Bartolo 100, San Carlo/San Vincenzo, ☎ 0565-798032, ☏ 0565-798090, www.poggioaisanti.com.

Zwei weitere Agriturismi beim Naturschutzgebiet von San Remigliano mit DZ und Appartements:

Podere San Michele, gepflegter Agriturismo. DZ mit Frühstück ab ca. 90 €. Via della Caduta 3/a, ☎ 0565/798038, cell. 335/7809881, www.poderesanmichele.it.

Roncareggi ida, die freundliche Signora Ida bietet auf dem Bio-Bauernhof insgesamt 3 Zimmer mit je 4 Schlafplätzen, Bad und einer Gemeinschaftsküche an. Sie verkauft auch einige Bioprodukte, z. B. Öl und Gemüse. Preis pro Zimmer 60–90 €. Via della Caduta 5, San Vincenzo, ☎ 0565/704404.

S. Bartolo, ebenfalls unterhalb von Poggio al Santi. Schon etwas Schatten durch die neu angelegten Pinienreihen. Pool und Gemeinschaftsküche mit Kühlschränken. Zwei Wohnwagen und eine Holzhütte stehen ebenfalls zur Vermietung bereit. Stromanschlüsse für Camper. 500 m hinter dem Ortsausgang links Richtung Rom. Via S. Bartolo 35, ☎ 0565-704096.

● *Essen und Trinken* **Zanzibar**, Giovanna Bellagoti hat hier eine Hafenbar mit einer Prise Fernweh geschaffen, eine Art Szenetreff mit „spirito", Cocktails, frischem Fisch, guter Musik und origineller Einrichtung.

Spät abends bis früh morgens geöffnet. Piazza Porto.

La Bussola, gemütliches Restaurant (und Pizzeria am Abend) mit guter Küche. Mi Ruhetag. Via V. Emanuele, ☎ 0565-702445.

La Lampara, Selfservice, günstig und gut, ein Stück Pizza kostet 1 € und schmeckt. Via V. Emanuele 74, ☎ 0565-701305.

Art Caffè Il Delfino, große, luftige Strandbar mit Ausstellungen und Livemusik im Sommer. Via Colombo (gegenüber dem Hotel Il Delfino).

Gambero Rosso, sehr bekanntes Feinschmeckerrestaurant, dessen Name weit mehr verheißt, als die Küche zu bieten hat. Menü ca. 100 € (ohne Wein). Mo/Di geschlossen, ☎ 0565-701021.

Bagno Venere, frischer Fisch auf der Terrasse direkt am Meer zu akzeptablen Preisen. Im Winter geschlossen. Via Calabria 5 (am exklusiven Strandhotel Sabbia d'Oro vorbei).

Bagno Nettuno, der Tipp für alle, die gerne frischen Fisch und Meeresfrüchte essen. Kleines Strandrestaurant mit Veranda und Meerblick inkl. Meeresrauschen. Via Costa 2, ☎ 0565-701095.

Osteria dal Conte, wie wäre es zur Abwechslung mit einer toscanischen Suppenspezialität? Etwas außerhalb in der Via S. Bartolo, geht von der südlichen Via Aurelia ab. Mo geschlossen.

Il Cantuccio, die besten Holzofenpizzen isst man hier. Keine Vorbestellung, daher evtl. Wartezeit. Mo geschlossen, Via Biserno 11.

Rosso di Sera, Enoteca unter deutscher Leitung mit Kelleratmosphäre (auch mit Verkauf), gute Weine. Abends ab 18.30 Uhr geöffnet. Di geschlossen. Via del Castelluccio 51a, ☎ 392-5487358 (außerhalb, ausgeschildert).

Populonia

Populonia gliedert sich in eine Oberstadt (Populonia Alta) und eine Ansiedlung direkt am Golfo di Baratti, eine friedliche Bucht mit relativ seichtem Wasser, in der nur kleine Boote anlegen können.

Im Golf von Baratti wurden 1908 unter Metallschlacken die bedeutenden etruskischen Nekropolen von *Pupluna* entdeckt. Pupluna, die einzige Stadt des etruskischen Zwölf-Städte-Bundes, die direkt am Meer lag, entstand im 9. oder 8. Jh. v. Chr. und hatte zu seiner Glanzzeit nahezu 300 Einwohner. Es war eine regelrechte Industriestadt mit Bronze- und Kupferhütten. Die Etrusker holten die Erze von der Insel Elba, um sie hier zu schmelzen.

Die Brennöfen wurden in der Antike mit Holzkohle betrieben. Durch gezielte Lufteinblasung erreichte man bei dieser Methode Temperaturen von 1350 bis 1450 Grad. Mit dieser Technik konnte das Erz allerdings nur zu 50 % ausgebeutet werden, da der eigentliche Schmelzpunkt von Eisen bei 1530 Grad liegt. Die Erze hatten einen außergewöhnlich hohen Eisenanteil (z. B. Magnetit 72 %, Roteisen 70 %)

Archäologischer Park von Baratti und Populonia

Auf dem umzäunten Areal von ca. 80 ha kann man sich die Überreste *Puplunas* anschauen, insbesondere die Nekropolen und alte Handwerksstätten. Es wurden einige Rundwege angelegt (Dauer 1,5–2 Std.), zudem werden Führungen durch das Gelände angeboten („Eisenstraßenführung", ca. 2 Std.); am Eingang befindet sich ein Besucherzentrum mit Bar.

Die Kuppel- und Hausgräber (6.–3. Jh. v. Chr.) aus exakt aneinander gefügten Tuffsteinen weisen meist einen rechteckigen Grundriss auf. Am spektakulärsten ist die riesige *Tomba dei Carri*, die man durch einen über 10 m langen Gang betritt. Einige Grabhügel wurden erst während des Zweiten Weltkrieges zu Tage gefördert, als die bis zu 8 m hohe Schlackeschicht zur nochmaligen Verhüttung abgeräumt wurde.

Im April 2007 wurde ein kürzlich freigelegtes Feld mit etruskischen und römischen Überresten in Populonia Alta als neueste Attraktion des Parkes eröffnet (siehe auch Akropolis, Populonia Alta).

Populonia Alta – das Festungsdorf war bereits von den Etruskern besiedelt

● *Öffnungszeiten/Eintritt*   März/April/Mai Di–So 10–18 Uhr, Juni/Sept. Di–So 10–19 Uhr, Juli/Aug. (auch Mo) tägl. 10–19 Uhr, Okt. Di–So 10–18 Uhr, Nov./Feb. Di–So 10–16 Uhr. Eintritt für San Cerbone (= Nekropolen), den vorderen Bereich des Parks, für die Grotten oder für die Akropolis in Populonia Alta jeweils 9 €, Kinder unter 6 J. frei, von 6–14 J. und Rentner 5 €. Für den gesamten Park, also für alle drei Optionen, zahlt man 15 €, bei zwei Besichtigungen 12 € (Rentner und Kinder 10 € bzw. 9 €). Der Ticketpreis für Familien mit max. 5 Pers. für den ganzen

Park beträgt 39 €. Mit dem Ticket 50 % Rabatt im Archäologiepark von San Silvestro (s. S. 329) und im Museo di Cittadella in Piombino. Der untere Eingang zum Park befindet sich an der Zufahrtsstraße nach Populonia Alta; www.parchivaldicornia.it.

● *Parken*   Gegenüber dem unteren Eingang des Parks findet man einen kleinen Busparkplatz sowie kostenlose Parkplätze für die Besucher der archäologischen Stätte. Parkschein am Besucherzentrum oben abstempeln lassen, da man sonst bei der Ausfahrt nicht durch die Schranke kommt.

Baden: Der *Golfo di Baratti* ist eine traumhafte Badebucht mit feinem, gelbbräunlichem Sandstrand. Ausgedehnte Wiesen bieten viel Platz zum Sonnen oder Ballspielen. Durch die relativ flache Uferzone erwärmt sich das Wasser schnell, so dass man bereits früh im Jahr ein Bad wagen kann. Am Strand gibt es einige Cantine/Snack-Bars, außerdem Sonnenschirm-, Liegestuhl- und Tretbootverleih. Schatten findet man in einem angrenzenden kleinen Pinienhain etwa in der Mitte der Bucht. Vermeiden sollten Sie einen Besuch an Wochenenden im Hochsommer. Dann nämlich ist das Gelände so voll wie der Petersplatz in Rom, wenn der Papst seinen Ostersegen erteilt, und verzweifelte Polizisten kämpfen gegen die Flut der Blechkarossen an.

● *Parken*   Von Anfang Juni bis Ende September sind fast alle Parkplätze und Seitenstreifen gebührenpflichtig (1 Std. 1,30 €, 5 Std. 5 € und 12 Std. 9 €). Die wenigen kostenlosen Parkplätze, z. B. oberhalb der Bar Pergola in Baratti, sind meist belegt. Kostenpflichtige Kurzparkzone auch

zwischen dem Hotel Alba und dem Strand! Außerhalb der Saison ist bis auf wenige Tage im Frühjahr alles frei, was besonders Wohnmobilisten freut.

● *Tauchschule*   **Blue Submarine**, ✆ 0565-855602. bluesub@info.it.

Populonia Alta

Die Oberstadt liegt 2,5 km entfernt auf einem 180 m hohen Hügel über dem *Golfo di Baratti* (direkt am Ortseingang kann man parken). Der Ort ist in den Sommermonaten ein beliebtes Ausflugsziel, besonders an Sonn- und Feiertagen strömen Scharen von italienischen Familien hierher, und die paar Souvenirshops, Bars und Restaurants machen schnelle Geschäfte, was der Qualität des Angebotenen (insbesondere in den Restaurants) nicht unbedingt dienlich ist.

Der Verfall der römischen Stadt begann bereits 79 v. Chr., als der Ort im Krieg gegen Rom von Sulla belagert und teilweise zerstört wurde. Die Reste einer im 14. Jh. errichteten Burg zeugen noch von einer zumindest strategischen Bedeutung Populonias im Mittelalter. Das heutige Dorf besteht aus einer Hauptstraße mit zwei Häuserzeilen zu beiden Seiten, einer parallel unterhalb verlaufenden Straße und der dominierenden mittelalterlichen Festungsanlage mit ihrem wuchtigen Turm, auf den sehr enge und äußerst steile Holztreppen hinaufführen. Von hier aus hat man einen herrlichen Blick über den Golf und das offene Meer bis nach Elba (im Sommer täglich 9–19 Uhr geöffnet, Eintritt 2 €, Kinder 1 €, Mi geschlossen).

Ein kleines **etruskisches Museum** ist an der unteren Dorfstraße zu besichtigen. Vor allem Grabbeigaben aus den Nekropolen, Blei- und Bronzearbeiten, aber auch von den Etruskern importierte attische Keramik sind in der Privatsammlung zusammengestellt (Juni–Sept. täglich von 10.30–13.30 und 15–18.30 Uhr geöffnet, ansonsten wenn der Besitzer potenzielle Gäste erspäht; Eintritt ca. 2 €, Kinder ca. 1,20 €).

Seit dem Frühjahr 2007 kann ein neues archäologisches Ausgrabungsfeld gegenüber dem Parkplatz am Eingang von Populonia Alta besichtigt werden. Zu sehen sind hauptsächlich einige etruskische Fundamente, Reste römischer Tempel und Badeanstalten. Wer auf eine Führung verzichtet, findet jedoch interessante Informationen über die Geschichte und das Schicksal dieser einst antiken Stadt auf den aufgestellten Schautafeln und im Besucherzentrum. Malerisch mit herrlichen Ausblicken auf Elba ist der Rundweg (ca. 45 Min.) mit einigen Überresten und Nachbildungen der ersten etruskischen Behausungen. (Eintritt direkt hier oder unten im Park im Besucherzentrum; Führungen bislang nur in Italienisch und Englisch.)

- *PLZ* 57020
- *Busverbindung* 4x von der Baratti-Bucht nach Piombino. Während der Hochsaison alle 20 Min. Busverbindung von Baratti nach Populonia Alta.
- *Übernachten* **Alba**, unser Tipp! Sehr gemütliches Hotel, an der Zufahrtsstraße zum Golfo di Baratti rechts ab. Schöner Garten, sympathischer Service, nette Atmosphäre, ca. 100 m vom Strand. Das rote Haus mit Anbauten liegt versteckt zwischen Bäumen und Sträuchern, großartige Lage und absolut preiswert, im Sommer jedoch meist ausgebucht. Daher sollte man für August bereits im März/April reservieren. DZ mit Bad und Frühstück ca. 70 €. 57020 Populonia-Baratti, ☎ 0565-29521.

Villa Francesca, mehrere Appartements, gleich neben dem "Alba", gepflegter Innen-

hof, wenige Meter zum Strand. 2-Zimmer-App. ab ca. 650 €. Loc. Barrati 56, ☎ 0565-295224 u. 380-3651317.

Zimmer (Restaurant) Canessa, an der Bucht im letzten Haus, beim Ristorante Canessa hinter dem Hafen. Nur fünf Zimmer zu vermieten, oft ausgebucht. Die Zimmer werden nur von Juni bis Sept. vermietet, das Restaurant mit Meerblick ist jedoch das ganze Jahr geöffnet (Mo geschlossen). Restaurant und Zimmervermietung werden getrennt geführt. DZ mit Bad und Balkon (ohne Frühstück) 60–100 €. Loc. Baratti 43, ☎ 0565-29530(Restaurant) 339-4294506(Zimmer), s.cartei@virgilio.it.

Castello von Populonia Alta, hier kann man etwas exklusiver in Appartements unterkommen. Buchung über Internet. Aufwändig renovierte Appartements für 2, 4 oder 6 Pers., die in der Hauptsaison nur wochenweise vermietet werden. In der Nebensaison Preise nach Vereinbarung. App. für 4 Pers. ab ca. 500 €. Via S. Giovanni 28, ☎ 0565-29666 oder 335-5312717, ✆ 0565-29666, www.castellodipopulonia.it.

● *Camping* ** Sant'Albinia**, auf halber Strecke zwischen San Vincenzo und Piombino bei Populonia/Golfo di Baratti gelegen, ca. 800 m zum Strand. Sehr schattiger Platz mit hohen Pinien, ca. 100 Stellplätze und heiße Duschen. Der herrliche Golfo di Baratti liegt direkt vor der Tür. „Saubere sanitäre Anlagen und ein Restaurant, in dem wir wirklich gut gegessen haben", meint eine Leserin. Anfang Mai bis Mitte Sept. geöffnet.Kleine Hunde erlaubt! Pro Pers. ca. 8,50 €, Zelt ca. 7 €, Wohnmobil ca. 9,80 € (es werden auch Wohnwagen vermietet). Via della Principessa, 57025 Piombino, ☎ 0565-29598, ✆ 0565-29599, www.santalbinia.it.

● *Essen* **Restaurant Canessa**, an der Bucht, letztes Haus hinter dem Hafen. Im etwas klinisch kühlen Speiseraum gibt es hauptsächlich Fisch; die rundum verglaste Front bietet versöhnliche Aussicht auf das Meer und die Bucht, im Sommer sitzt man auf der luftigen Terrasse. Parkplatz hinter dem Restaurant, im Winter Mo geschlossen.

Bar La Pergola, neben dem Bootshafen an der Abzweigung nach Populonia Alta. Gemütliches, kleines Restaurant, Familienbetrieb, Spezialitäten aus dem Meer. Mehr Atmosphäre als das vorgenannte, aber mittlerweile recht teuer geworden.

Ristorante Il Lucumone, in der Oberstadt Populonia Alta (an der „Hauptgasse"). Drei kleine Räume, familiär-feierlich betischt. Keine große Auswahl, aber gute regionale Küche zu gehobenen Preisen. 2008 im Michelin Restaurantführer erwähnt. Mo Ruhetag. ☎ 0565-29471.

Zia Seconda, versteckt weist ein Schild (ca. 1 km nach der Abzweigung von Baratti Richtung Piombino) auf dieses Kleinod zwischen Schrebergärten und altmodischen Sommerhäuschen. Livornesische Küche mit viel Gusto. Gute Preise. Im Sommer wird hier in der Sala da Ballo geschwoft. Auch Zimmer bis 65 €. Loc. Fabbricciane 12, ☎ 0565-29550.

Archäologiepark Rocca San Silvestro

Begehbare, kühle Bergwerksstollen und eine verlassene Stadt auf der Hügelspitze der Rocca San Silvestro lohnen den Besuch des erst 1996 eröffneten Archäologieparks. Dieses riesige „Freilichtmuseum" erstreckt sich auf einer Fläche von 45 qm in den Hügeln von Campiglia Marittima und weist ein großes Netz von Wanderwegen auf. Auf einer interessanten Reise durch die Geschichte des Bergbaus kann man etruskische Funde, Gruben, Steinbrüche und interessante Dokumentationen bestaunen.

In den Bergen landeinwärts von Piombino wurde schon zu etruskischen Zeiten Kupfererz abgebaut und in den Öfen von Piombino verhüttet. Erst 1978 wurden die letzten Minen, in denen auch Zink gefördert wurde, geschlossen. Nur noch Kalksteinbrüche, die Schotter für die Bauindustrie und Kalk für die Hochöfen von Piombino liefern, sind heute noch in Betrieb und reißen grellweiße Flecken in die dicht mit Wald und Macchia überwucherte Landschaft.

Informationszentrum Il Temperino: Ein Museum zeigt Mineralienfunde, im anderen wird man über die Bergbautechniken von den Etruskern bis heute informiert.

⏱ Februar Di–So 10–17 Uhr, März/April/Mai Di–So 10–18 Uhr, Juni Di–So 10–19 Uhr, Juli/August täglich (auch Mo) 10–19 Uhr, Sept. Di–So 10–19 Uhr, Okt. Di–So 10–18 Uhr, Nov. Di–So 10–17 Uhr, Dez. nur an Wochenende und Feiertagen 10–17 Uhr, Januar

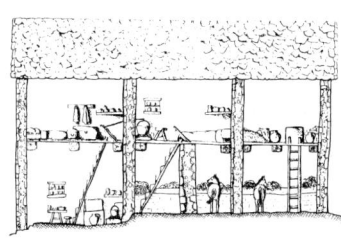

Etruskische Riviera Karte S. 295

*Mittelalterliche Geisterstadt
San Silvestro*

nur die 1. Woche geöffnet. ✆ 0565-838680; Vorbestellung, Infos und Führungen unter ✆ 0565-226445, www.parchivaldicornia.it. Bar/Restaurant auf dem Gelände, Öffnungszeiten wie der Park!

• *Eintritt* Es werden dieselben Kombitickets wie im archäologischen Park von Baratti-Populonia angeboten. Eine Besichtigung (z. B. Bergwerksführung) kostet 9 €, zwei Besichtigungen (z. B. San Silvestro und Bergwerksführung) 12 € und das Gesamtticket für alle drei Optionen kostet 15 €. Unter 14 und über 65 J. gelten um etwa ein Drittel ermäßigte Preise. Das Familienticket (bis 2 Erw. und 3 Kinder) kostet für den gesamten Park 39 €. Besucher des Archäologieparks von Baratti-Populonia und des archäologischen Museums von Piombino erhalten dort beim Vorzeigen eines hier erworbenen Tickets 50 % Ermäßigung. Jedes Ticket berechtigt darüber hinaus innerhalb einer Woche zu zwei Eintritten. Ein zweiter Besuch lohnt sich immer, da es wirklich ganz und ausgedehnte Wandermöglickeiten im Park gibt!

Bergwerksführung: Ein ca. 40-minütiger Rundgang, interessant für Mineralienfreunde und Bergwerkfreaks. Der Rundweg führt durch horizontal in den Berg getriebene Stollen, die erst im 19. Jh. gegraben wurden. An etlichen Stellen trifft man auf etruskische Schächte, die von oben entlang der Kupfererz führenden Schichten in den Berg getrieben wurden. Auch kleine Erkundungsstollen, keine 80 cm im Durchmesser, wurden damals von Kindern gewühlt, um das Erz aufzuspüren. Nehmen Sie einen Pullover mit, die Temperatur beträgt nur 10 Grad.

Rocca San Silvestro: Ein Erlebnis, besonders in der Nebensaison, wenn wenig andere Besucher in der einsamen Stadtruine umherirren (im Winter ist eine Besichtigung jedoch nicht möglich). Der Ort entstand im 10. und 11. Jh. als Bergwerkstadt, der auch anhängigen Handwerkszweigen wie Metallgießern und Schmieden eine Heimat bot. Wenige Orte wurden so sorgfältig von Historikern untersucht wie San Silvestro. Der Besucher kann beim Parkeingang eine sehr anschaulich illustrierte Broschüre kaufen (deutschsprachig). Es werden täglich fünf geführte Begehungen angeboten, z. T. mit deutschsprachigem Führer, sonst kann man auf einen Info-Walkman vertrauen.

Zu Fuß läuft man ca. 2 Std., alternativ gibt es seit kurzem den *Trenino*, die kleine Bergwerksbahn. Mit diesem Bähnchen geht es in einen unterirdischen, ca. 1 km langen Stollen aus dem 19./20. Jh. Hier erfährt man viel Aufschlussreiches über die Bergbautechniken. Insgesamt dauert die geführte Besichtigung ca. 50 Minuten. Die Fahrt endet im Valle Lanzi, unweit der Villa Lanzi, der Archivstelle des Parks (für Publikum nicht geöffnet).

Campiglia Marittima   *(2500 Einw.)*

Das schmucke Städtchen mittelalterlicher Prägung liegt malerisch am Hügel. Es ist heute ein Zentrum der Agrarwirtschaft und der Kleinindustrie, die sich in der unmittelbaren Umgebung angesiedelt hat. Auf einer der Terrassen der Bars, die es auf der schönen Piazza im Zentrum gibt, kann man gut die Mittagszeit verdösen. Die Piazza della Vittoria vor dem Tor zur Altstadt, der Porta a Mare, bietet hingegen einen spektakulären Blick auf den Golf von Follonica. Bei guter Sicht erkennt man von rechts nach links Korsika, Elba, davor Populonia Alta, Piombino mit seinen Industrieanlagen, die Isola di Montecristo (in ca. 100 km Entfernung), die Isola del Giglio und im Süden schließlich Punta Ala. Das Schlösschen mit den vier Türmen auf der Anhöhe ist der *Tavolino rovesciato* („der umgekippte Tisch"), ein kulturelles Zentrum, das sich in Privatbesitz befindet. Sehenswert ist der *Palazzo Pretorio* aus dem 13. Jh., dessen Fassade mit den Wappen der damaligen Stadtherren geschmückt ist. Im Palazzo sind neuerdings das kleine Museo Archeologico (Mitte Juli bis Mitte August Di–So 17–23 Uhr geöffnet) und eine Enoteca untergebracht, die recht informativ die Weine der Region präsentiert. Die Innenstadt ist am Morgen für den Autoverkehr gesperrt, das Fahrzeug lässt man also besser gleich am Ortseingang stehen.

Auf einem mit Grabplatten bedeckten Hügel unterhalb des Orts steht inmitten des Friedhofs die *Kirche S. Giovanni* aus dem 12. Jh. An ihrem Portal sind noch Überreste romanischer Reliefs auszumachen. Die Bedeutung der geheimnisvollen Platteninschrift der Templer („SATOR") ist bis heute ungeklärt (Vorsicht: die Bodenmarmorplatten sind hier sehr bröckelig!). Im Sommer tägl. 9–19 Uhr geöffnet, sonst außer Mo und Fr 8–11.50 und 15–17.50 Uhr.

• *PLZ* 57021

• *Information* Via Cavour, Palazzo Pretorio. Im Sommer Mo–Sa 10–12, 18–20 und 21–23 Uhr, Mo geschlossen. Das Personal ist sehr hilfsbereit, auch Internetbenutzung ist möglich. ✆ 0565-838958.

• *Busverbindung* nach San Vincenzo und Piombino im Sommer ca. 8x tägl. (Autobus ATM Piombino, ✆ 0565-200134).

• *Feste* Im Mai ist der **Maggio Campigliese** eine der folkloristischen Höhepunkte eines umfangreichen Veranstaltungskalenders.

• *Museum* **Circolo Mineralogico Toscano**, Sammlung von Mineralien. Eintritt frei, Vicolo delle Donne 4, ✆ 0565-837083.

• *Markt* jeden Donnerstag.

• *Übernachten* **Residence Oasis**, am Ortsrand und mitten im Grünen (rechts der Straße nach S. Vinzenzo). Kleine Studios, jedes mit eigenem Terrassenanteil, sowie einige unabhängige Ferienhäuser. Auch ein Minipool ist vorhanden. 2-Zimmer-App. ab ca.330 €. Via San Vincenzo 16, ✆ 0565-838455 oder 333-6909501 (mobil), ✆ 0565-838455, www.urlaub-toskana.com.

Tos' camere – B&B, der Tipp! Die Gastfreundlichkeit von Renato und seiner Frau Silvia ist wirklich beispielhaft. Es werden auch kleine Weinproben und Grillabende veranstaltet. Mehrere Zimmer (eines für 4 Pers., 2 DZ, 1 EZ und ein 1-Zimmer-App. mit Küche für max. 4 Pers.). Zimmer im Sommer mit Frühstück auf der tollen Panoramaterrasse mit schönstem Meerblick 65–70 €, das Monolocale kostet ab 62 € pro Tag. Via Guerrazzi 11, ✆ 0565-838129 oder 347-9715326 (mobil), ✆ 0565-838129, www.toscamere.it.

• *Außerhalb* Siehe auch unter San Vincenzo, S. 324.

Fattoria di Casalappi, südlich von Campiglia Richtung S. Lorenzo. Die hübsche Fattoria liegt gegenüber dem Castello Casalappi, große Terrasse mit Pool. In dem romantischen Setting aus dem frühen 19. Jh. mit Hauskapelle werden gelegentlich Hochzeiten gefeiert. Die Anlage verfügt über mehrere kleinere und geräumige Apartments (z. B. für 6 Pers. ab 640 €) und DZ (ab 100 €). Via di Casalapi 45, ✆ 0565-843244 und 320-0693406, ✆ 0565-843036, www.agriturismocasalappi.it.

La Fucinaia, auf dem Weg von Campiglia nach San Vincenzo (nach ca. 2 km unterhalb der Steinbrüche). Herrschaftshaus im Kolonialstil, das von den neuen Schweizer Besitzern grundlegend renoviert wurde. Gemütliche Zimmer mit Charme, außerdem breites Kurs- und Seminarangebot. Insgesamt 6 DZ, jeweils ab 60 € mit Kaffee und Croissant am Morgen. Via San Vincenzo, ✆ 0565-837721, ✆ 0565-837721, www.lafucinaia.it.

• *Camping* **Blu Camp**, ca. 1 km außerhalb, tolle Lage, mit Pool. Terrassenförmig angelegt, mit Blick zwischen den Hügeln

Etruskische Riviera Karte S. 295

Stadtfest in Campiglia Marittima

hindurch zum Meer. Die Olivenbäume spenden nur mäßig Schatten. Mit nur ca. 70 Stellplätzen recht klein und sehr ordentlich. Supermarkt in der Nähe der Anlage. Ab Mitte Mai bis Mitte Sept. geöffnet. Man kann auch Bungalows mieten. Hunde erlaubt. Mittlerer Stellplatz ca. 10 €, Erw. ab 6 €. Via tutti venti, ℡ 0565-838553, ℱ 0565-574272, www.blucamp.it.

● *Essen* **Tavernetta**, eine der diversen Terrassen auf der etwas zugebauten Piazza. Wenn das junge, sympathische Team in Form ist, kann man hier gut essen. Die Speisen werden in einer offenen Küche zubereitet. Mi geschlossen, Piazza della Repubblica 2, ℡ 0565-838853.

> **Schiaccia Campigliese**, eine traditionelle Teigware, die mit Schmalz, Zucker und Pinienkernen hergestellt wird und einst als ein ziemlich kalorienreicher Imbiss diente (vor allem für die Minenarbeiter), kann täglich frisch in der *Pasticceria Il Confetto* probiert werden.

Il Canovaccio, der junge Inhaber hat ein kleines, exquisites Restaurant mit hübscher Terrasse eröffnet, in dem es keine Secondi, dafür raffinierte Antipasti, köstliche Primi (viele vegetarische Gerichte) und seltene Dolci gibt. Kreative Küche zu moderaten Preisen. In der benachbarten kleinen Locanda werden 2 hübsche Doppelzimmer und eine Suite mit Küchenbenutzung vermietet. Di geschlossen. Via Vecchio Asilo 1, ℡ 0565-838449.

Il Pozzo Lungo, ein Leser lobte die guten Pizzen aus dem Holzofen. Piazza Martiri di vai Fani 3, ℡ 0565-838060 u. 34798644967.

PizzOsteria I Quattro Gatti, ursprüngliches, sympathisches, kleines Lokal, in dem man nicht nur abends eine gute Pizza essen kann. Do geschlossen. Via Roma 19, ℡ 0565-838855

Pizzica, am unteren Ortsausgang. Man kann sich drauf verlassen: immer noch ausgezeichnete Küche und gut sortierte, übersichtliche Weinkarte (auch Enoteca). Von Veronelli zu Recht ausgezeichnet: Die Panzotti alla noci (gefüllte Teigtaschen in Nusssoße), Gamberoni alla Pizzicio (Garnelen und Steinpilze nach Art des Hauses), die Spaghetti nach Piratenart und die schwarzen Curry-Teigwaren sind ein Gedicht – und nicht mal überteuert: Menü ca. 40 €, und das bei einer tollen Aussicht! Mo geschlossen. ℡ 0565-838383.

● *Wein*   **Az. Agricola Le Volpaiole**, viel schert sich der Schweizer Winzer nicht um die Auszeichnungen, die sein Wein Volpaiole (Sangiovese, Merlot und Cabernet Sauvignon) erhalten hat. Er hat die Ruhe weg und nimmt sich Zeit, einem alles zu erklären. Neueste Weinkreation ist ein reiner Merlot, der als einer der besten Maremmaweine prämiert wurde. Leider kein Direktverkauf. Vorher anmelden unter ℡ 0565-843194.

Az. Agricola Giomi Zannoni, kleine, ordentliche Cantina, in der drei verschiedene Weine poduziert werden (insgesamt 4000 Flaschen pro Jahr). Für einen guten Sangiovese, der für sechs Monate im Barriquefass reift, zahlt man ca. 11 € im Direktverkauf. Mit den Fahrrädern, die hier bereit stehen, ist man in 10 Minuten am Meer. Aurelia Nord 63, 57021 Lumiere Campiglia Marittima, ℡ 0565-846410 u. 393-7040514 (auch für Degustationen), www.giomi-zannoni.com.

Venturina

Das Städtchen selbst hat kaum Reize, abgesehen von der großartigen Pasticceria in der Via Dante, die für jeden Schlemmeranlass die passenden Dolci liefert. Auch wem nicht der Sinn nach solchen Kalorienbomben steht: allein die Auslagen sind sehenswert. Hinzu kommen die **Thermalbäder**, die einen Zwischenstopp in Venturina lohnen: Wer der Beschilderung „Calidario" folgt, gelangt hinter dem Stadion zum *Laghetto termale*, das über ein 36 Grad warmes Open-Air-Becken mit Kieselgrund verfügt. Der neue Bereich mit türkischem Dampfbad, Sauna, Massagebereich, Aromaduschen und ionisiertem Thermalbad entspricht internationalen Standards. DasAmbiente, das die antike etruskische Badekultur widerspiegelt, ist wirklich besonders.

• *Thermarium* Eintritt für den Wellnessbereich 38 € pro Pers., zusätzlich werden verschiedene Massagen, wie z. B. Ayurveda, Shiatsu etc., angeboten, die allerdings extra und nicht wenig kosten. Eintritt nur für das große und sehr schöne Außenbecken (ohne Thermarium) an Werktagen 16 € für Erwachsene und 8 € für Kinder (18 € bzw. 9 € an Sa, So und Feiertagen). Im Juli/August kann man bis Mitternacht genüsslich baden!. Für den Wellnessbereich empfiehlt es sich grundsätzlich, vorher zu reservieren! Das Calidario ist von Anfang Jan. bis Anfang März geschlossen. Ein **Restaurant** mit Pizzeria (Holzofen) sorgt für das leibliche Wohl der Gäste. ✆ 0565-853411.

Etwas nördlich des Orts (an der Straße nach Livorno) befindet sich das Kurhaus, die *Terme Valle del Sole* (zum Zeitpunkt der Recherche Umbauarbeiten, voraussichtlich ab Sommer 2008 wieder geöffnet). Rheumatiker, Menschen mit Atemwegserkrankungen, Allergien usw. begeben sich auf Anordnung des Arztes hierher zum Kuren. Wer einfach ein warmes Bad (32 Grad) nehmen will, findet im Garten der Pizzeria ein großes Schwimmbecken, dessen phantastische Rutsche Kinderherzen höher schlagen lässt. (Das Erscheinungsbild der Pizzeria, die von außen eher einer Sportgaststätte gleicht, sollte Sie nicht abschrecken: hervorragende Pizzen!)

• *Übernachten* *** **Calidario Residence Park**, Vermietung von Appartements und Zimmern gleich neben den Thermen. Komfortable DZ sind ab ca. 120 €erhältlich. Via del Bottaccio 40, ✆/ 0565-851504, www.calidario.it.

*** **Terme di Caldana (Hotel Caldana Terme)**, freundlicher Familienbetrieb, saubere Zimmer und dankenswerterweise Moskitoschutz hinter den Fenstern. Zwei Pools, ein kleiner, neuer mit 36°C heißem Thermalwasser. Ruhige Lage (etwas abseits der SS 1). Die Hotelgäste bekommen einen reduzierten Eintritt bei Calidario. DZ mit Du/WC und Frühstück von ca. 90–120 €. Via Aurelia Nord 16 (gleich neben der Terme Valle del Sole), ✆ 0565-851400, www.hoteltermedicaldana.it.

Azienda Agricola Il Piaggione, 9 ordentliche Appartements für 2–6 Pers. (Preise durchschnittlich), ganzjährig geöffnet, behindertengerecht, mit viel Grün, kinderfreundlich. Leider brummt die Aurelia bei entsprechender Windrichtung. Eigenes Obst und Gemüse. Kleine Haustiere erlaubt, Fahrradverleih auf Wunsch möglich. Von Norden her kurz vor Venturina in der Loc. Lumiere am Ortsausgang in die Via Rimigliano rechts abbiegen (ausgeschildert). Appartements ab 350 €. Via della Lotrine, 57029 Venturina, ✆ 0565-846568 und 347-3833480, 0565-846568, www.ilpiaggione.it.

• *Essen und Trinken* **Da Alcide**, direkt an der Aurelia (südl. von Venturina). Die beiden sympathischen jungen Frauen haben die Bottega vom Großvater übernommen. Spezialitäten aus der Region bekommt man an der Theke oder gemütlich bei einem guten Glas Wein in der kleinen, liebevoll eingerichteten Osteria. Die Gerichte sind exquisit, aber nicht überkandidelt und nicht teuer. Mi Ruhetag (im Winter Sa nur abends, So nur mittags offen). Loc. Bandinelle, Via Aurelia Sud (draußen hängt ein großes Illy-Café-Schild), ✆ 0565-841341.

Da Otello, günstige Trattoria mit Lokalkolorit. Via Aurelia Sud (beim Supermarkt Conad).

Etruskische Riviera

Karte S. 295

Piombino

Die meisten Reisenden haben nur ein Ziel: den Fährhafen, von dem fast stündlich Schiffe nach Elba ablegen. Da der Weg zum Hafen von nicht enden wollenden Industrieanlagen gesäumt wird, hat Piombino ein denkbar schlechtes Image. Wer die Stadt in besserer Erinnerung halten will, sollte vor dem Trip nach Elba einen Blick auf die in den letzten Jahren renovierte Altstadt werfen.

Die Stadt liegt am Südende einer hügeligen Halbinsel, die erst durch Ablagerungen des Flusses Corina mit dem Festland verbunden wurde. Auch heute noch findet man hinter diesem Vorgebirge eine sumpfige Ebene, die einst *Leonardo da Vinci* zu Plänen für Entwässerungsanlagen inspirierte.

Eisen hat Tradition in Piombino. Am *Falesia-Hafen*, dem Vorgänger des heutigen Handels- und Industriehafens, verarbeiteten schon die Römer das Eisenerz Elbas. Ende des 16. Jh. wurde Piombino Fürstentum. Im ausgehenden 18. Jh. siedelten sich hier Kleinbetriebe an, die Industrielle Revolution brachte dann die Großanlagen, die der Stadt im Zweiten Weltkrieg die weitgehende Zerstörung bescherten. Erhalten blieb allerdings die pittoreske Altstadt auf einem Plateau, das zum Meer hin abfällt. Hier wurden sogar Szenen für einen großen Napoleonfilm gedreht.

An der *Piazza Giovanni Bovio*, auf einer kleinen Landzunge hoch über dem Fischerhafen gelegen, trifft man sich zum Flanieren. Vom Aussichtspunkt *Rocchetta* in exponierter Lage genießt man eine wundervolle Aussicht über das Meer – die Silhouette Elbas ist zum Greifen nah. .

Knapp oberhalb der Piazza steht der *Palazzo Comunale*. Das Gebäude datiert aus dem 15. Jh. und wurde 1932–35 zum letzten Mal restauriert.

Unweit davon findet man die *Kirche Sant'Antimo*. Sie wurde 1377 erbaut und derart oft umgestaltet, dass vom Originalbau nur noch der Spitzbogen an der Fassade erhalten ist. Der Innenraum, der in zwei ungleiche Schiffe unterteilt ist, beherbergt zwei Gräber aus dem 14. und 15. Jh.

Vom Palazzo Comunale führt die Hauptgasse, der Corso Vittorio Emanuele II, zum *Torrione*, einem wuchtigen Befestigungsturm aus pisanischer Zeit. Dahinter beginnt das moderne Piombino.

Reizvoll zum Baden und unerwartet schön ist die kleine Bucht *Calamoresca*. Ein Trekkingpfad führt teilweise an der Küste entlang nach Populonia (Parken beim Fußballplatz, der Straße Salivoli folgend).

Information/Verbindungen

● *PLZ* 57025

● *Information* Es gibt drei APT-Büros, die jeweils von Juni bis Sept. geöffnet sind: im Vorort Fiorentina an der von Norden herführenden Zufahrtsstraße, ✆ 0565-276478, am Fährhafen, Via Stazione Marittima, ✆ 0565-226627, und im Turm des Palazzo Comunale, Via Ferruccio , ✆ 0565-225639. Info-Broschüren, Stadtpläne, Hotellisten liegen aus, die Mitarbeiter sind kompetent und freundlich.

● *Bahnverbindung* Mit der Stichbahn ab Piombino-Hafen und Piombino-Stadt (Stazione Centrale) stündlich Verbindungen nach Stazione FS Campiglia, dem zentralen Verkehrsknotenpunkt, von dem alle wichtigen Verbindungen abgehen (Fahrzeit 20 Min., 2,50 €). Von dort problemlos nach Livorno, Pisa, Grosseto, Florenz, Mailand und Rom. Es gibt auch einige Direktverbindungen ab Piombino-Hafen (Stazione Marittima), alle über Piombino Stazione Centrale: mehrmals tägl. Livorno (1,5 Std.), Pisa (2 Std.) und Florenz (2,5 Std.).

• *Busverbindung* Winter- und Sommerfahrplan (ab ca. Mitte Juni bis Mitte Sept.) variieren etwas voneinander.

Etwa stündlich fahren Busse zwischen dem Zentrum und dem Fährhafen, ebenfalls etwa stündliche Verbindungen zur Stazione FS Campiglia (1,60 €). Ab der Busstation ATM in der Via Leonardo da Vinci Verbindung nach San Vincenzo (11x tägl.), Populonia Stazione (3x), zur Baratti-Bucht (7x), nach Massa Marittima (2x), Suvereto (9x), Follonica (5x), Campiglia Marittima (14x) und nach Siena (1x). ☎ 0565-260111.

• *Fährverbindung* nach Elba siehe „Elba, Anreise", S. 398.

• *Einkaufen* in der breiten Fußgängerzone, schicke Geschäfte (auch Feinkost) reihen sich in der Via Lombroso aneinander. **Supermarkt Coop**, Via Gori 1 und Piazza Berlinger.

• *Märkte* **Mercato Antiquariato**, ein Antiquitätenmarkt findet jedes 2. Wochenende des Monats auf dem Corso V. Emanuele statt. Hört sich aber nach mehr an, als es ist. **Mercato Coperto**, kleine, überdachte Markthalle, wo nach alter Manier Haushaltswaren, Obst, Gemüse, Käse und Fisch angeboten werden. Mo–Sa 7–13 und 17–20 Uhr, So nur vormittags. Via Giordano Bruno (an der Altstadt).

• *Altstadtrundgang* Ein gut markierter Rundweg führt durch die Altstadt: vom Castello (inzwischen Museum für Ortsgeschichte, s. u.) vorbei an der Piazzetta del Mare mit Meerblick zum Porto Nuovo und einem Brunnen des Renaissancebildhauers Nicola Pisano, von dort dann zur Piazza della Cittadella und dem archäologischen Museum. Für den Rückweg bieten sich die Via Garibaldi oder die Via Cavour an.

• *Museum* **Museo Archeologico del Territorio di Populonia**, vor wenigen Jahren eröffnetes Museum an der Piazza Cittadella zur etruskischen Ausgrabungsstätte von Populonia. Sehenswert ist u. a. eine Silberamphore aus dem 4. Jh. n. Chr., gefunden zwischen Barratti und San Vincenzo. ☉ Juli/Aug. Di–So 17–23 Uhr, Sept. Di–So 10–13 und 15–19 Uhr, Okt.–März Sa, So 10–13 und 15–19 Uhr, April–Juni Sa, So 10–13 und 15–19 Uhr sowie Di, Mi, Do, Fr 9–13 Uhr. Eintritt 6 € (erm. 4 €), Familienticket (bis 2 Erw. und 3 Kinder) 14 €. ☎ 0565-221646 oder 0565-226445.

Castello della Città, das kleine Heimatkundemuseum beschäftigt sich mit der Geschichte des Ortes vom 12. Jh. bis zum 2. Weltkrieg. ☉ Juli/Aug. Di–So 10–12 und 18–23 Uhr, Juni–Sept. Sa/So 10–12 und 18–23 Uhr. Eintritt 2,50 € (erm. 1,50 €), ☎ 0565-63220 oder 0565-226408.

Übernachten/Camping/Essen (siehe Karte S. 336/337)

• *Übernachten* ****** Hotel Central (8)**, wer komfortabel wohnen möchte, checkt gleich hier ein (genau am Eingangstor zur Altstadt). Moderne, helle Zimmer. Kein Parkplatz! EZ 110 €, DZ 170 € Piazza Verdi 2, ☎ 0565-220188, ☏ 0565-220220, www.hotel-centrale.net.

*** Albergo Italia (13), einziges Hotel in der Altstadt (ausgeschildert), Tiefgarage vorhanden. Signora Giovanna und ihre Familie sind sehr um ihre Gäste bemüht. Die 13 DZ (ab 68 €) sind restauriert und im maritimen Stil eingerichtet. In der benachbarten Dependance ab 58 € mit Frühstück an der Bar außerhalb. Via XX Settembre 39, ☎ 0565-220922, ☏ 0565-228035, albergo-italia@yahoo.it.

*** Collodi (4), ordentliches Hotel mit 24 Zimmern in einer ruhigen Seitenstraße schräg gegenüber vom Bahnhof, beschildert. Alle Zimmer mit Bad und Klimaanlage. Im Winter geschlossen! EZ ab 40 €, DZ 60 €, Dreier 80 €, Vierer 100 €, Frühstück 5 € pro Pers. Via Collodi 7, ☎ 0565-224272, ☏ 0565-224382, hotelcollodi@hotmail.com.

*** Moderno (2), Eckhaus an der Piazza Gramsci (nahe beim Bahnhof). Schlichte Zimmer, einige wenige auch mit Balkon, angenehmes Hotel mit Bar und Restaurant, jedoch nicht unbedingt freundlicher Service und modern schon gar nicht! EZ 40–60 €, DZ 60–80 €, Dreier 70–90 €, Vierer 80–100 €, jeweils mit kleinem Frühstück. Corso Italia 44, ☎/☏ 0565-33204, www.hotel-moderno.it.

*** Ariston (5), Seitenstraße der Fußgängerzone, geräumige, modernisierte Zimmer. EZ 35–45 €, DZ 50–65 €. Via Ferrer 7, ☎/☏ 0565-224390, www.hotelariston.toscana.it.

** Roma (7), kleines Stadthaus in relativ ruhiger Seitenstraße nahe dem Zentrum, ganzjährig geöffnet. Zimmer nicht sehr geräumig, Empfang nüchtern, dafür recht günstig. EZ ab 20 € (ohne Dusche 26 €), DZ mit Dusche ab 54 € (ohne Dusche 45 €), Dreier mit Bad ab 65 € (Preise inkl. kleinem Frühstück). Via San Francesco 43, ☎ 0565-34341, ☏ 0565-34348, www.htroma.it.

** Il Piave (6), gegenüber dem Bahnhof (daher auch eher etwas für ruhelose Geister),

Etruskische Riviera Karte S. 295

Restaurant im Haus (der Preis von ca. 12 € für ein komplettes Menü dürfte kaum zu unterbieten sein). Schlichte Zimmer, alle mit Bad, EZ ca. 30 €, DZ 60 €. Piazza Niccolini 2, ✆/✉ 0565-226050, www.albergoilpiave.com.

● *Camping* Einen stadtnahen Campingplatz sucht man vergebens. Wer Piombino nur als Sprungbrett nach Elba nutzt, sucht sich besser gleich ein Hotel. Badefreuden garantiert einzig der Sant'Albinia (siehe Populonia), obendrein ist dieser auch der stadtnächste Camping. An der Verbindungsstraße nach Follonica findet man in nachstehender Reihenfolge weitere Plätze:

**** **Pappasole**, der Campingplatz, auf dem auch Bungalows gemietet werden können, ist wie eine Clubanlage konzipiert (mit Animation und Veranstaltungen), bestens gepflegt und komplett durchorganisiert. Schöne, große Liegewiese am Pool mit Palmen, 400 Plätze, größtenteils mit eigener kleiner Küche, ab Pfingsten bis Mitte Sept.

geöffnet. 200 m zum Strand. Preisbeispiel: Bungalow für 4 Pers. ab 420 € (Sept/Okt.), im Juli/Aug. bis 1100 €. Via di Carbonofera (ausgeschildert), Loc. Torre Mozza, ✆ 0565-20414 oder 0130-824461 (von Deutschland gebührenfrei), ✉ 0565-20346, www.pappasole.it.

● *Essen* **Bar Osteria Volturno (15)**, nettes Restaurant am Palazzo Comunale in der Fußgängerzone (Corso Vittorio Emanuele II). Auf Fisch und Meeresfrüchte spezialisiert, freundlicher Service, mittags und abends geöffnet. Mo Ruhetag, ✆ 0565-49081.

Enoteca di Via Mozza (11), rustikales Weinbar-Restaurant in einer Seitenstraße im Zentrum der Altstadt, das vor kurzem vergrößert wurde. Fisch, Wild und toscanische Gerichte mit einigen ausgefalleneren Ideen. Ein reichhaltiges Menü mit Carpaccio und gegrilltem Fisch ca. 27 €. So Ruhetag. Via Mozza 6, ✆ 0565-225322.

Il Peccato (14), Corso V. Emanuele in der Altstadt, Osteria mit guter Auswahl an

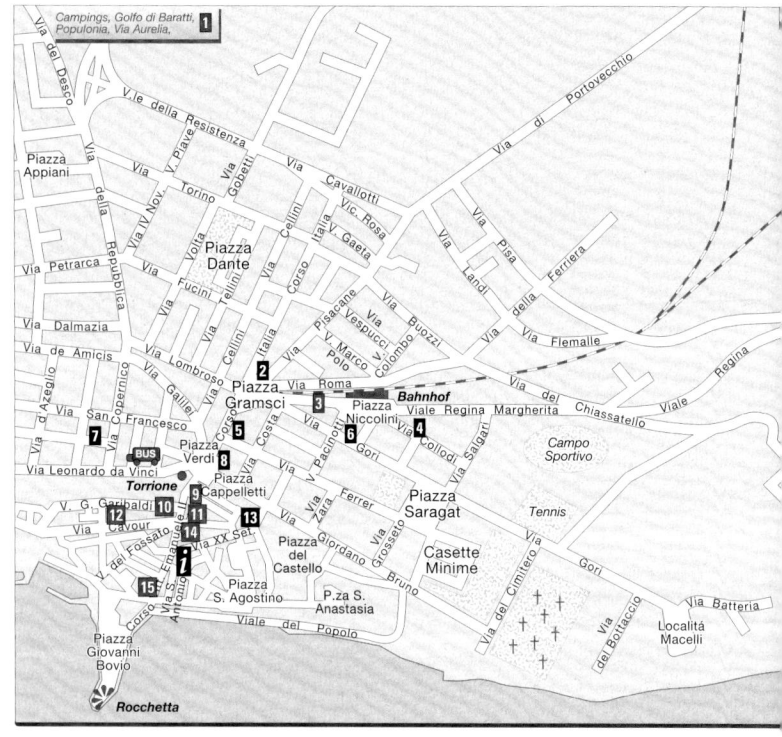

Fisch, etwas teurer, ℡ 0565-31263.

Il Garibaldi Innamorato (10), Chef Pippo ist einer derjenigen, denen es gelungen ist, mit viel Passion fürs Kochen ein ausgefallenes, kleines Fischrestaurant mit Designer-Ambiente zu schaffen. Man wählt nicht aus der Karte, sondern bekommt für 20–35 € diverse Kostproben der toscanischen Küche serviert. Unbedingt reservieren, da das Restaurant in Piombino sehr angesagt ist. Täglich mittags und abends geöffnet. Via Garibaldi 5 (Altstadt), ℡ 0565-49410.

Pizzeria Da Giorgio (3), Holzofenpizza und Tintenfisch! Do geschlossen. Via Carducci, ℡ 0565-32133.

Borgo Antico (9), Restaurant und Pizzeria im Zentrum. Mittwoch Ruhetag. Corso V. Emanuele 81, ℡ 0565-224342.

Fritto Misto, italienische „Frittenbude", in der zwei freundliche Damen vom Fisch bis zur Nudel alles frittieren – billig und lecker! Corso V. Emanuele.

Il Porticciolo (12), Pizzen, Primi, Salate. Via Cavour 40, ℡ 0565-225670

Strandrestaurant Calamoresca Beach (1), mit Bar, hübsch gelegen an der kleinen, schönen Bucht. Fangfrischer Fisch, leider etwas teuer. Im Sommer täglich geöffnet, im Winter nur am Wochenende. ℡ 0565-42029, www.calamorescabeach.it.

● *Nightlife* **La Baciocca**, gemütliches Kneipenrestaurant am alten Hafen mit Musik, Bier vom Fass, Salaten und Pizza (44 Sorten). Hier trifft sich abends die Szene, viele Tische mit vielen jungen Leuten, an der Bar gibt es ab 18 Uhr leckere Häppchen zum Aperitif. Do und So Livemusik (im Winter Fr), geplant ist auch ein Forum und Treffpunkt für reisende und residierende Musiker. Piazzetta del Mare 6 (am Porticciolo). ℡ 0565-22566.

Und gleich nebenan der **Pub Il Brulotto** mit schöner Terrasse. ℡ 0565-33031.

Umgebung/Baden: Östlich von Piombino beginnt der 40 km lange *Golfo di Follonica*. Einer der besseren Strände der Gegend ist die *Spiaggia Carlappiano* nahe dem Camping Riotorto (Str. Richtung Piombino, dann links, beschildert). Gut besuchter, lang gezogener Sandstrand mit Sonnenschirm-, Liegestuhl-, Tretboot- und Surfbrettverleih. Direkt am Strand das Fischrestaurant „La Baracchina", tagsüber Snack-Bar, für abends sollte man im Sommer unter ℡ 0335-6912742 reservieren

Parco Costiero della Sterpaia. Der große Pinienhain östlich der Stadt ist inzwischen Naturschutzgebiet und hat ein Netz von Wegen (man erreicht ihn der Ausschilderung folgend über die Strada Geodetica nach ca. 5 km). Ein gutes Gebiet zum Biken und Wandern zieht sich von hier zum Meer. Auch findet sich ein „Kunstpfad", wo auf abgesägten Baumstümpfen interessante Arbeiten montiert sind. Während hier bis in die 90er Jahre eine wilde Siedlung von Bauten und Campingbussen gestrandet war, ist heute die Natur mit vielen stilleren Besuchern wieder zurückgekehrt.

Etruskische Riviera Karte S. 295

Bahnhof (Stazione Marittima)

Hafen

Elba

BUS

Piazzale Premuda

Margheria

Übernachten
2 Hotel Moderno
4 Hotel Collodi
5 Ariston
6 Hotel Il Piave
7 Hotel Roma
8 Hotel Central
13 Albergo Italia

Essen & Trinken
1 Strandrestaurant Calamoresca Beach
3 Pizzeria Da Giorgio
9 Ristorante Borgo Antico
10 Il Garibaldi Innamorato
11 Enoteca di Via Mozza
12 Ristorante Il Porticciolo
14 Il Peccato
15 Osteria Volturno

Piombino

200 m

Pinien am Meer – dahinter wartet der Sandstrand

Küste der Maremma

Der flache Landstreifen südlich von Piombino zählt zu den ärmsten Regionen der Toscana. Die Landwirtschaft und seit einiger Zeit auch der Tourismus sind ihre wirtschaftlichen Standbeine. Der seit den Etruskern über Jahrtausende betriebene Bergbau ist während der letzten Jahrzehnte fast gänzlich aufgegeben worden.

Das geflügelte Wort „Maremma amara" („bittere Maremma") aus einem Volkslied des 19. Jh. trifft so nicht mehr zu. Moderne, meist hoch subventionierte Landwirtschaft brachte etwas Wohlstand selbst ins entlegenste Dorf. Dazu boomt der Tourismus nicht mehr nur am Beckenrand des Mittelmeeres, denn selbst die Italiener, die es immerzu ans Meer zog, haben Gefallen an Entdeckungen im Hinterland gefunden.

Die Maremma war Teil des etruskischen Stammlandes. Die Etrusker machten sich den Erzreichtum dieser Gegend zunutze, bauten schöne und reiche Städte mit Mauern und Festungen und errichteten die ersten Entwässerungssysteme. Die Römer besannen sich auf die fruchtbaren Böden, machten sie durch aufwändige Kanalsysteme urbar und verwandelten die Maremma so zur Kornkammer der Toscana. Zu ihrer Zeit war der Küstenstrich vom heutigen Livorno bis nach Tarquinia eine blühende Gegend. Mit dem Niedergang Roms verwilderte die Maremma, das kunstvoll angelegte Dränagesystem verfiel, das Land versumpfte, bis schließlich die Malaria wütete. Beschleunigt wurde der Verfall durch billige Getreideimporte aus Ägypten und Sizilien, die den Anbau in der Maremma unprofitabel machten.

In den späteren feudalistischen Großbetrieben wurde auf den sauren, ertragsschwachen Böden extensive Weidewirtschaft betrieben. Leibeigenschaft und die Verarmung der Landbevölkerung waren der ideale Nährboden für Räuberbanden,

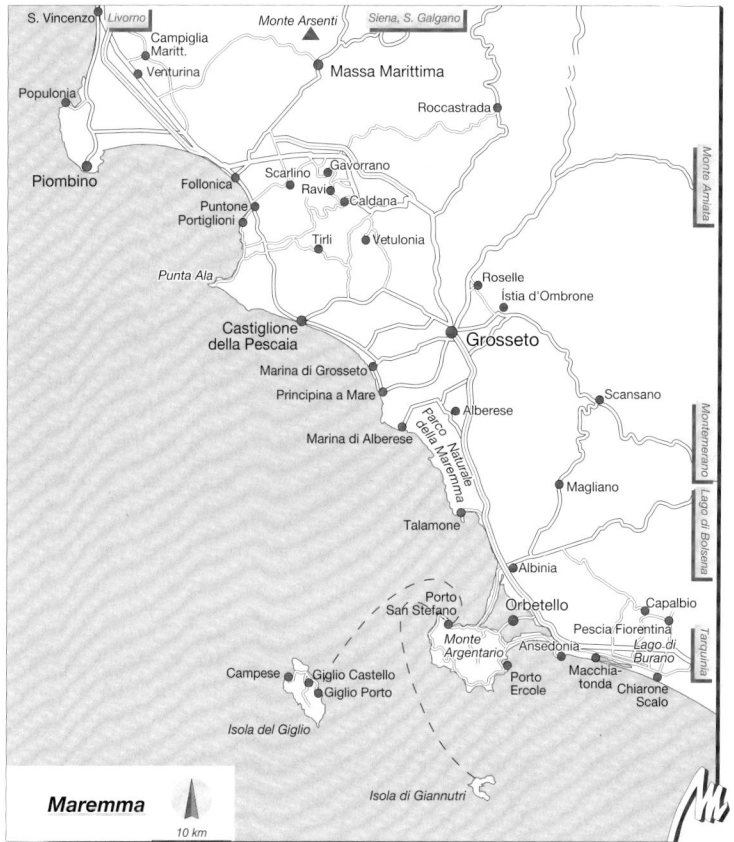

S. Vincenzo · *Livorno* · *Monte Arsenti* · *Siena, S. Galgano*
Campiglia Maritt.
Venturina
Populonia
Massa Marittima
Roccastrada
Piombino
Follonica · Scarlino · Gavorrano
Puntone · Ravi
Portiglioni · Caldana
Tirli · Vetulonia
Punta Ala
Roselle
Ìstia d'Ombrone
Castiglione della Pescaia
Grosseto
Marina di Grosseto
Principina a Mare
Alberese
Scansano
Marina di Alberese
Parco Naturale della Maremma
Magliano
Talamone
Albinia
Porto San Stefano
Orbetello
Capalbio
Pescia Fiorentina
Monte Argentario
Ansedonia
Lago di Burano
Campese · Giglio Castello
Giglio Porto
Porto Ercole
Macchiatonda
Chiarone Scalo
Isola del Giglio

Monte Arniata · *Montenerano* · *Lago di Bolsena* · *Tarquinia*

Küste der Maremma
Karte S. 339

Maremma
10 km

Isola di Giannutri

die in der zweiten Hälfte des 19. Jh. die Gegend in Robin-Hood-Manier unsicher machten. Zu den berüchtigtsten Anführern gehörte *Domenico Tiburzi* (mehr darüber unter Capálbio). Das Motto „Nimm's von den Reichen" nahmen in den 70er und 80er Jahren des letzten Jahrhunderts verarmte sardische Hirten wieder auf, die durch spektakuläre Entführungsfälle auf sich aufmerksam machten.

Unter den Habsburgern im 18. und 19 Jh. wurde die Trockenlegung der Sümpfe wieder angegangen, erfolgreich waren die Maßnahmen aber erst in den 30er Jahren des 20. Jh. unter Mussolini. Eine wirksame Bekämpfung der „schlechten Luft" („mal aria"), vor der man sich im Mittelalter durch das dichte Verschließen der Fenster zu schützen versuchte, war sogar erst nach dem Zweiten Weltkrieg möglich, als man die Anophelesmücke durch großflächiges Versprühen des Insektengiftes DDT in Italien ausrotten konnte.

Am gesamten Küstenstreifen der Maremma wechseln lange Sandstrände mit felsigen Abschnitten und Sanddünen ab. Das Hinterland ist durch immergrüne Vegetation geprägt: Korkeichen, Pinien und wuchernde Macchia.

Follonica

(ca. 22.000 Einw.)

Eine ehemalige Industriestadt und Badeort. Bereits im 19. Jh. wurde unter der Herrschaft der Großherzöge der Toscana eine Eisenhütte angelegt, und heute noch befindet sich in Follonica die Verwaltung der im Hinterland gelegenen Gruben der Colline Metallifere, die aber inzwischen praktisch stillgelegt wurden.

Von Norden kommend, erblickt man hinter Baustellen und Neubauten die moderne Silhouette des stark auf den Fremdenverkehr zugeschnittenen Ortes (viele Häuser und selbst viele Hochhauswohnungen werden hier nur als Feriendomizil in den Sommermonaten bewohnt, zu anderen Zeiten werden manche vermietet). Am Stadtrand produziert eine große Industrieanlage aus Mineralgestein Titanoxid-Pigmente für Farben und Zahnpasta. Im Stadtzentrum dagegen ist noch der Charakter des alten, lebendigen Geschäfts- und Handelszentrums zu spüren – vor allem um die Pfarrkirche San Leopoldo mit ihrem massiven gusseisernen Portal herum. Es wurde im 19 Jh. in der im Ort ansässigen Eisengießerei ILVA nach den Plänen des österreichischen Architekten Reishammer hergestellt. Die Gießerei war eigentlich eher darauf spezialisiert, Industriemaschinen zu produzieren; umso erstaunlicher ist die künstlerisch-filigrane Struktur der Eisenteile. Heute ist das Gießerei-Gelände *(La Città Fabbrica)* am Rand der Altstadt eine Mischung aus Park und Parkplatz mit halbverfallenen Gebäuden, von denen derzeit einige restauriert werden. Wer das Gelände von der Via Bicocchi her durch den gusseisernen Eingang betritt, kommt zunächst an einer kleinen Open-Air-Ausstellung mit ebenfalls gusseisernen Ankern und anderen heute vor sich hin rostenden Produkten der Gießerei vorbei. Danach gelangt man zu einem als Bibliothek genutzten Gebäude, dessen Gewölbekonstruktion auf gusseisernen Pfeilern ruht. Mehr zur Geschichte der Produktionsaktivitäten Follonicas erfährt man beim Besuch des *Museo del Ferro e della Ghisa* (Eisen- und Gusseisenmuseum) auf demselben Gelände.

ⓘ Im Sommer Mi 17–20 Uhr, Fr/Sa 8.30–13.30 und 17–23 Uhr, So 17–23 Uhr. Im Winter Mi 16.30–19.30 Uhr, Fr 9–12 und 16.30–19.30 Uhr, Sa 9–12 Uhr, So 16.30–19.30 Uhr. Eintritt frei. ✆ 0566-51550.

Baden: Der Strand des Golfo di Follonica fällt flach ab und ist so besonders für Kinder geeignet. Der südliche Strand *(Spiaggia Levante)* ist mit seinen ehemaligen Fischerbaracken der idyllischere Teil.

Information/Verbindungen/Einkaufen/Feste (siehe Karte S. 342/343)

• *PLZ* 58022

• *Information* **APT**, Mo–Sa 9–12.30, 16–19.30 Uhr, So 10–12 Uhr. Via Roma 51, ✆ 0566-52012, 📠 0566-53833. info@cstmt.it, www.cstmt.com. Infos auch in einem der beiden Proloco-Büros in der Via Giacomelli 13 (im Sommer Mo–Sa 9–13, im Winter 10–18 Uhr) und an der Piazza Sivieri (im Sommer Mo–Sa 9.30–13/18–24 Uhr, So 21–24 Uhr). ✆ 0566-263332, 📠 0566-57576, www.prolocofollonica.it.

• *Bahnverbindung* Gute Verbindung nach Livorno und Grosseto.

• *Einkaufen* **Markt** am Freitag beim Bahnhof, sonst täglich im modernen **Mercato coperto**, Piazza XXIV Maggio (Mo–Fr 7.30–13.30 Uhr, Sa 16.30–19.30 Uhr). Viele Geschäfte haben am Montagvormittag geschlossen.

Casa del Formaggio, Via Colombo 7, ausgesuchte Feinkost wie toscanische Schinken aus dem Pratomagno (mild), aus Certaldo (kräftiger) und aus Montalcino (kräftig) hängen von der Decke; auch gute Käseaus-wahl.

Pasticceria Peggi, Café-Konditorei, Via della Republica 1 (Altstadtbereich) und Via Bicocchi 48/50. Kleine Sünden, oft mit Marzipan.

Kirche San Leopoldo, Portal aus Gusseisen

• *Fahrradverleih* **Boutique della Bici**, Via Colombo 28c, Tourenrad pro Tag ca. 8 €/ Mountainbike 10 €.

• *Feste* **Carnevale Maremmano**, an den ersten drei Sonntagen im Februar. Maskenumzug und Karnevalskarren, ursprünglich ein spielerischer Wettstreit der fünf Stadtteile (Kirche, Zentrum, Neubauzone, Senzuno und Golf). Ein **Jazzfestival** findet im August statt. **Fuochi d'Artificio**, Feuerwerk am Strand (mit Musik untermalt), 15. August.

• *Gelateria* **Gelateria Pagni (6)**, Via Bicocchi 21. Seit 1931 die erste Eisadresse der Stadt mit den immer noch immer besten Rezepten für etwa drei Dutzend Eissorten. Heute besser bekannt als das Stammhaus ist die **Filiale am Strand (15)**, rechts vom Hotel Piccolo Mondo.

• *Internet* Im unauffälligen Kopierladen **bianco & nero**, Via Marconi 6 (in der Nähe der Piazza V. Veneto).

• *Wein* **Vini Moris**, Via Lamarmora 30, kleine Kelterei, die den bekannten roten Avoltore herstellt. Die Flasche kostet ca. 25 €. Es wird auch Fasswein verkauft. Mi geschlossen.

Übernachten/Camping/Essen (siehe Karte S. 342/343)

Jede Menge Möglichkeiten in jeder Preislage. In den meisten Hotels bestehen beträchtliche saisonale Preisschwankungen.

• *Übernachten* ***** Giardino (1)**, recht komfortables 43-Zimmer-Haus im Zentrum, an der Rezeption spricht man Deutsch. DZ mit Frühstück 80–120 €, Piazza Vittorio Veneto 10, ✆ 0566-41546, ✆ 0566-44457, www.hotelgiardino.net.

*** Piccolo Mondo (18), am Strand, auf Pfählen gebaut – wenn schon Follonica, dann hier mit garantiertem Meerblick. Auch Restaurant mit großer Auswahl an Torten, die sich bereits am Eingang auftürmen. DZ 75–115 €, Piazza Guerrazzi 2, ✆ 0566-40361, ✆ 0566-44547, www.piccolomondohotel.it.

*** Lampada di Aladino (17), im ruhigeren Altstadtviertel gelegen, eigener Strand und Restaurant mit schönem Garten. DZ mit Frühstück 75–115 €. Via Firenze 10, ✆ 0566-53535, ✆ 0566-53558, soxcafe@tiscalinet.it.

*** Parrini (11), ebenfalls am Strand gelegen. DZ 80–112 € (im Juli/Aug. mit Verpflegung). Viale Italia 103, ✆ 0566-40293, ✆ 0566-44017, www.parrinihotel.com.

*** **Ausonia (7)**, fast am Meer. Neutraler Betonbau, freundliche Besitzer. In der Saison isst sowohl im Speisesaal als auch im Ristorante d'Estate mit seinem Gärtchen. Ebenfalls nur in der Saison werden in einer hübschen Saletta mit Holzboden einfache Gerichte (z. B. fritto misto) serviert. DZ 70–110 € (die besten Zimmer mit Balkon und Meerblick). Viale Matteotti 74, ☎ 0566-40096, ✆ 0566-43208, www.hotelausonia.com.

*** **Il Boschetto (10)**, 20-Zimmer-Familienbetrieb im Norden der Ortschaft, in einem Pinienhain am Strand ruhig gelegen. Zona Prato Ranieri (nördlich vom Villagio Svizzero, einer großen Hotelanlage). DZ (alle neu renoviert) mit Frühstück 80–95 €. Via Italia 308, ☎ 0566-260123, ✆ 0566-260096, www.hotelboschetto.it.

** **Miramare (8)**, ebenfalls am Strand gelegen. Die 22 einfachen Zimmer wurden erst kürzlich renoviert. DZ mit Frühstück 50–80 €. Viale Italia 84/86, ☎/✆ 0566-41521.

Zimmervermietung B&B Casa Margherita (12), 10 Minuten südl. vom Zentrum, zu Fuß 5 Min. zum Strand. DZ 75 € (ab Mitte Juni bis Ende Aug. nur mit HP für 60 € pro Pers.). Via Palermo 49, ☎ 0566-52611 oder 329/9885207 (mobil), ✆ 0566-52611.

● *Camping* **Pineta del Golfo (14)**, relativ kleiner, schattiger Platz mit eigenem Strand. Fast nur von einheimischen Urlaubern belegt. In der Hochsaison sehr voll und hektischer Betrieb. 125 Stellplätze. April–Sept. geöffnet. Strada delle Collachie 2 (am Ortsausgang nach Punta Ala), ☎ 0566-53369, ✆ 0566-844381, finoria@ouverture.it.

Tahiti (9), größer (ca. 250 Stellplätze) und komfortabler als "Pineta del Golfo". Mitte Mai bis Sept. geöffnet. Viale Italia 320 (an der Ausfallstraße zur SS 1), ☎ 0566-260255, ✆ 0566-261963, www.camping.it/toscana/tahiti.

An der SS 322 zwischen Follonica und Puntone liegen hintereinander mehrere strandnahe Campingplätze, die alle recht gut ausgestattet sind, u. a. die folgenden beiden mittleren Preisniveaus:

Riva dei Butteri (14), direkt nach dem Camping Pineta del Golfo, 50 m zum Meer, 160 Stellplätze. Via del Buttero 2, Loc. Salciana, 58020 Scarlino, ☎ 0566-54006, ✆ 0566-269283, www.rivadeibutteri.it.

Piper (14), am Ortseingang von Puntone, mit eigenem Strand, 230 Stellplätze. Strada delle Collachie, 58020 Puntone, ☎ 0566-866185.

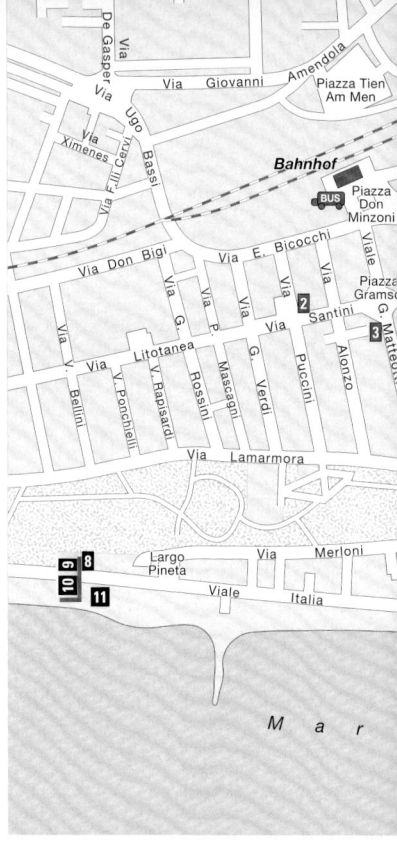

● *Essen* **Da Paolino (16)**, gestyltes, edles und recht teures Fischrestaurant, Mo geschlossen. Piazza XXV Aprile 33, ☎ 0566-57360.

Santarino (4), bekannt für seine gute Fischküche (pasta con polpo), die hier nicht einmal teuer ist. Di geschlossen. Unbedingt reservieren. Piazza XXIV Maggio 21 (hinter dem Mercato Coperto), ☎ 0566-41665.

Da Oscar (13), einfaches Strandlokal mit Fischküche, reizvoll in der letzten Fischerbaracke am südlichen Strand gelegen. Spartanisch, dafür direkt am Strand. Spiaggia di Levante 73, (Anfahrt: von der Via della Repubblica vor dem Pinienwald rechts in die Via Pisa einbiegen, dann links.) ☎ 0566-52 oder 333-2179959.

Il Cacciatore (5), vor allem Fischgerichte, Di geschlossen. Via Bicocchi 25, ☎ 0566-55924.

La Lanterna (3), im populären, großen Raum oder im gediegenen Stübchen dane-

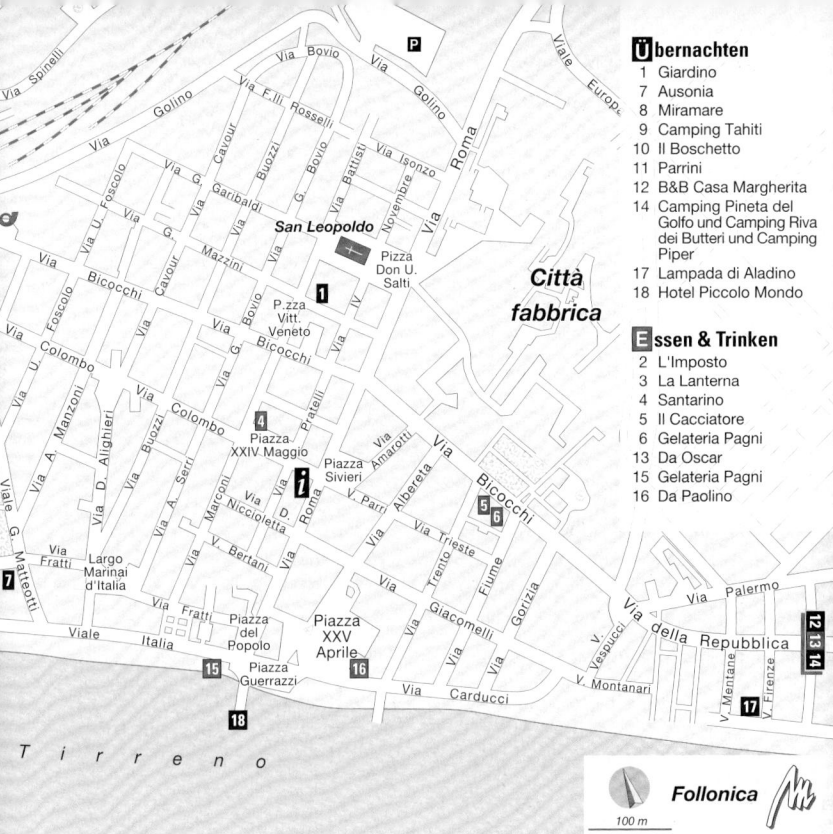

Übernachten

1 Giardino
7 Ausonia
8 Miramare
9 Camping Tahiti
10 Il Boschetto
11 Parrini
12 B&B Casa Margherita
14 Camping Pineta del Golfo und Camping Riva dei Butteri und Camping Piper
17 Lampada di Aladino
18 Hotel Piccolo Mondo

Essen & Trinken

2 L'Imposto
3 La Lanterna
4 Santarino
5 Il Cacciatore
6 Gelateria Pagni
13 Da Oscar
15 Gelateria Pagni
16 Da Paolino

Follonica

100 m

ben gibt es klassische Fleisch- und Fischgerichte. Auch großes Angebot an Pizzen (Holzkohleofen). Viale Mattcotti 10, ☎ 0566-40578,

L'Imposto (2), Enoteca und Restaurant mit nostalgischem Anstrich. Nur auf Mittagstisch eingerichtet. Via Santini 10, ☎ 0566-42643.

▶ **Gavorrano**: In diese alte Minenstadt nur wenige Kilometer landeinwärts von Follonica verlaufen sich fast keine Touristen. Geröllhalden und alte Fördertürme zeugen von der ehemals größten Eisen- und Schwefelkiesmine (Pyrit) Europas, die von 1902 bis 1983 ausgebeutet wurde. In der Nähe des Dorfplatzes steht eine eindrucksvolle Denkmalwand für die ca. 200 Todesopfer der 100-jährigen Abbautätigkeit. Unweit von Gavorrano befindet sich der *Frantoio San Luigi*, eine größere Ölmühle. Der Sohn des Inhabers spricht Deutsch und erklärt gerne die Herstellung des toscanischen Goldes. Die Produkte können verkostet und selbstverständlich auch gekauft werden.

● *Ölmühle* **Frantoio San Luigi**, Loc. Le Basse di Caldana (von Gavorrano aus: über Ravi, Caldana und von dort noch 2,5 km hinunter auf die alte Aurelia – die Mühle befindet sich 50 m vor der Straßeneinmündung, linker Hand). Interessante Führungen von März bis Sept. Mo–Sa 17–20 Uhr. Der Sohn spricht auch etwas Deutsch. Auch in der Zeit von Okt. bis Dez. kann man sich den Betrieb anschauen, dann aber ohne Führung, da alle mit der Produktion des neuen Öls beschäftigt sind. ☎ 0566-81790. www.frantoiosanluigi.it.

• *Essen* **Osteria Il Fanta**, der Padrone sitzt in maremmanischer Montur am Eingang an der Kasse. Ausgezeichnete hausgemachte Pasta, guter offener Wein und innovative Einrichtung. Via Terranova (im Zentrum), Di geschlossen, ☎ 0566-844995.

• *Übernachten/Essen* **Ristorante Bellavista**, an der Durchgangsstraße im unteren Ortsteil, wurde von Lesern für seine gute und preiswerte Küche gelobt (außerhalb der Saison Mo geschlossen). Wer über Nacht bleiben will, hat die Möglichkeit, sich in einem der 8 Zimmer einzuquartieren. Schöner Blick auf Follonica und das Meer. DZ mit Bad (ohne Frühstück) 40/50/60 € (je

nach Saison). Via Matteotti 49, 58023 Gavorrano, ☎ 0566-844440 oder 338-2715921 (mobil), www.albergobellavista.it.

La Piazzetta, kleine Zimmervermietung einer jungen Frau direkt im Ort. Infos auch in der Bar Grottaione. DZ 46 € (Frühstück in der Bar). Via Terranova 4, ☎ 0566-844965 oder 338-3582701, ✆ 0566-845036, www.lapiazzettacamere.com.

*** La Finoria, schön gelegene, umweltbewusst eingerichtete und gepflegte Anlage mit Pool und Pizzeria. Auch kleine Chalets und Appartements. Reitmöglichkeit, Mountainbikes, Trekking. Via di Monticello, oberhalb der Ortschaft, ☎ 0566-53969 oder 0566-844381, www.campeggiolafinoria.it.

▸ **Scarlino**: Die Fahrt nach Scarlino lohnt sich allein schon wegen der Panoramastraße, die bis hoch zum Castello Aldobrandesco, einer Wehranlage aus dem 13. Jh., führt. Hier oben kann man sich vom Strand erholen und den phantastischen Blick auf das Umland und auf den Golf von Follonica genießen. Sein mittelalterliches Erscheinungsbild hat sich der kleine Ort bewahren können, und für die Einkehr gibt es ein paar Restaurants.

• *Übernachten* **Madonna del Poggio**, B&B mit Pool in einer ehemaligen mittelalterlichen Kirche. Sechs Doppelzimmer mit origineller Einrichtung (und etwas eigentümlichem Besitzerehepaar). DZ je nach Saison 70–104 €. Strada Provinciale Scarlinese 84, 58020 Scarlino (unterhalb des Orts, erst Richtung Gavorrano, dann hoch Richtung Scarlino), ☎/✆ 0566-37320, www.madonnadelpoggio.com.

• *Essen* **Scabris**, einfache Ristorante-Pizze-

ria, in die auch die Einheimischen einkehren. Außerdem Zimmervermietung. DZ mit Frühstück 65 €. Via F. Agresti 29A, 58020 Scarlino (im unteren Ortsteil), ☎ 0566-37205.

La Vecchia Locanda, genießt einen guten Ruf. Geleitet wird das Lokal von einem jungen Wirt, der sich u. a. auf Pilze und Trüffel spezialisiert hat, auch gute Weinauswahl. In der Nebensaison Mi geschlossen. Piazza Garibaldi (unterhalb der Dorfkirche), ☎ 0566-37299.

▸ **Puntone**: In der Ortschaft südlich von Follonica ist ein neuer Jachthafen mit ca. 800 Plätzen entstanden. An Reiz hat der Ort dadurch nicht gewonnen. Biegt man von der SS 322 in Puntone in Richtung *Porto turistico/Portiglioni* ab, gelangt man am Ende der Straße zum kleinen, empfehlenswerten Restaurant Il Cantuccio (siehe Essen). Ab hier führt ein 4 km langer Weg (ausgeschildert) durch die Macchia und vorbei an schönen Badebuchten bis zu einem – zumindest in der Nebensaison – relativ einsamen Quarzsandstrand mit dem klangvollen Namen *Cala Violina*, auf Deutsch „Geigenbucht". Wem diese Strecke zu lang ist, der kann mit dem Auto (von Norden kommend) von der SS 322 nach etwa 5 km auf der Höhe von Pian d'Alma rechts in Richtung Cala Violina abbiegen. Nach ca. 2 km erscheint ein Parkplatz, von dem aus die Bucht in einem 20-minütigen Fußweg erreichbar ist.

• *Information* In den Sommermonaten ist das kleine Proloco-Büro geöffnet. An der Hauptstraße SS 322 von Follonica kommend auf der linken Seite. Loc. Puntone, ☎ 0566-866288.

• *Übernachten* ***** Parco delle Cale**, Hotel mit angeschlossenem Restaurant. DZ mit Frühstück ab 105 €. Lungomare Garibaldi, Loc. Portiglioni, 58020 Scarlino (am Ende

des neuen Hafens), ☎ 0566-867009, ✆ 0566-867735, www.parcodellecale.it.

• *Camping* siehe Follonica.

• *Essen* **Il Cantuccio**, einfaches, freundliches Restaurant mit ausgezeichneten Fischspezialitäten (allerdings kleine Portionen). Terrasse mit Golf-Panorama. Mi geschlossen. Loc. Portiglioni (am Ende der Straße, die am Hafen vorbeiführt), ☎ 0566-866149.

Cala Martina – der Strand ist stellenweise mit einer dichten Schicht angeschwemmter Meerespflanzen bedeckt

Massa Marittima

Von Follonica führt die alte Strada Massetana nach Massa Marittima, das von einem fast 400 m hohen Berg über die Maremma wacht.

Bedeutung erlangte die Stadt erst, als sich der Bischof von Populonia um 840 in die malariafreie „Höhenluft" Massas zurückzog und der Bischofssitz hierher verlegt wurde. Seine Blütezeit erlebte Massa Marittima im 12. und 13. Jh. unter der Herrschaft der Pisaner, als es zum Zentrum des toscanischen Erzbergbaus avancierte. Im *Codex minerarius* von 1310, der heute in der Kirche San Michele an der Piazza Cavour aufbewahrt wird, sind die ältesten bekannten Verordnungen für den Mineralienabbau fixiert.

Die Unterstadt (Città Vecchia) wurde zwischen dem 11. und 13. Jh. um den Dom herum angelegt, die Oberstadt (Città Nuova) entstand in den folgenden Jahrhunderten und wurde vornehmlich von den Bergarbeitern bewohnt. Seitdem die letzte Erzmine der Stadt geschlossen wurde (1994), ist der Tourismus die einzige nennenswerte Einnahmequelle Massa Marittimas.

Information/Verbindungen/Einkaufen/Feste

- *PLZ* 58024
- *Information* Via Todini 3. Mit Informationen über die Stadt und ihre Museen gut ausgestattetes Büro mit freundlichem, teils deutschsprachigem Personal. Mo–Sa 9.30– 12.30 und 15.30–18.30 Uhr, So 10–13 Uhr. ☎ 0566-902756, ✆ 0566-940095. www.altamaremmaturismo.it oder www.maremma-ospitalita.com.

• *Bahnverbindung* Nächster Bahnhof in Follonica.

• *Busverbindung* Von Follonica (fast halbstündlich), auch Verbindungen nach Siena (2x tägl.).

• *Parken* Die Città Vecchia ist verkehrsberuhigt. Ein größerer Parkplatz (gebührenpflichtig) direkt am Eingang zur Altstadt unterhalb des Doms (ca. 60 Cent/Std.). An der Ausfallstraße nach Follonica rechts neben dem Hotel Duca del Mare befindet sich ein kostenloser Parkplatz, von dem man das Zentrum auf einem Fußweg in 5 Min. erreicht.

• *Einkaufen* **Galleria del Minerale/La Piccola Miniera**, Vicolo Porte 1 bzw. 25. In Letzterer sind die verschiedenen Gesteine ausgestellt, die aus den Minen zutage gefördert wurden. Beeindruckend die fluoreszierenden Minerale in allen Farben und ein kleiner Bergwerksstollen. Das Haus wurde vor einem Stolleneingang erbaut, in den man vom hinteren Teil des Gebäudes einige Meter hinabsteigen kann. Mit dem Kauf einer Postkarte ist der Eintritt in die Unterwelt abgegolten.

In der Via Moncini gibt es einige Kunsthandwerkstätten. In der Keramikwerkstatt **Le Botteghe** werden auch Kurse angeboten, in denen man die antiken Brenntechniken der Etrusker erlernen kann (die typisch schwarze Keramik, die durch Sauerstoffreduktion entsteht). Via Moncini 42.

Supermarkt Sidis, Via Norma Parenti 4.

• *Weine* Massa Marittima ist der Hauptort der Weinstraße **Strada del Vino**. Der *Monteregio di Massa Marittima* ist 1994 als DOC-Wein qualifiziert worden. Meist Rotwein mit 80 % Sangiovese-Trauben, der im Eichenfass reift. Auch Weißweine aus Trebbiano-Trauben. Infos über Routen und Weingüter der Region unter ✆ 0566-902756 bzw. im Internet unter www.stradavino.it.

Vecchia Cantina, neben dem Ristorante Vecchio Borgo. Weinverkauf (auch vom Fass). Empfehlung: Monteregio 2002 – für ca. 10 € pro Flasche ein hervorragender Wein.

• *Feste* **Balestro del Girifalco**, am 4. Sonntag im Mai sowie am 2. Sonntag im August. Wettkampf im Armbrustschießen, bei dem die Mannschaften der drei Stadtviertel gegeneinander antreten. Anschließend Umzug in mittelalterlichen Kostümen und Waffen.

Calici di Stelle („Weinkelche voller Sterne"), am 10. August, wenn andernorts die Sternennacht von San Lorenzo gefeiert wird. Im Centro storico können die verschiedensten Weine der Gegend verkostet werden. Man muss ein Glas kaufen (10 €), das dann an den Winzerständen immer wieder aufgefüllt wird.

Übernachten

• *Übernachten* ***** Duca del Mare (12)**, das 28-Zimmer-Haus wurde 2001 komplett renoviert. Die Zimmer (auch behindertengerechte) sind modern und angenehm eingerichtet und mit kleinen Balkons ausgestattet (Blick bis zum Meer). Pool, zu Fuß 5 Min. ins Zentrum. DZ 85–100 €. Piazza Dante Alighieri 1/2 (Ausfallstraße nach Follonica), ✆ 0566-902284, 🖷 0566-901905, www.ducadelmare.it.

*** La Fenice Residence (7), 2001 eröffnet. Elegant und stilvoll restaurierte Herberge in der Città Nuova, mit Pool und Garten. Komfortable Zimmer mit kleiner Kochgelegenheit. DZ je nach Saison und Zimmerkomfort und Frühstücksbufett ab 155 €. Corso Diaz 63, ✆ 0566-903941, 🖷 0566-904202, www.lafeniceresidence.it.

*** Il Sole (5), ordentliches, zentral gelegenes 50-Zimmer-Haus. Abstriche wegen der Wabbelmatratzen und des mageren Frühstücks. DZ ab 95 € (kleine Parkgarage vorhanden). Corso della Libertà 43, ✆ 0566-901971, 🖷 0566-901959, www.ilsolehotel.it.

** Il Girifalco (1), Familienbetrieb mit Terrasse, Pool und Parkplatz. Etwas kühle Atmosphäre, die 30 Zimmer sind aber geschmackvoll möbliert, zur Altstadt braucht man ca. 5 Min. DZ 55–77 €. Via Massetana Nord 25 (Ausfallstraße nach Siena), ✆ 0566-902177, 🖷 0566-902339, www.ilgirifalco.com.

• *Jugendherberge* **Ostello S. Anna Massa Marittima (11)**, schöne, helle Räume mit 4–8 Betten im ehemaligen Nonnenkloster. Pro Pers. 15 €. Via Gramsci 7, ✆ 0566-904611 oder 329-0030931, 🖷 0566-904600, leclarisse@libero.it.

• *Fewos/Appartements/Agriturismi* **Tenuta Il Cicalino**, ein riesiges Landgut liegt im weiten Tal unterhalb von Massa, 350 ha groß, davon 44 ha mit Olivenbäumen bewirtschaftet. Die 6 Ferienhäuser mit insgesamt 24 Ferienwohnungen (toscanische Einrichtung und teilweise in Bio-Bauweise) in unterschiedlicher Größe liegen in Grüppchen bis zu 1,5 km voneinander entfernt. 4

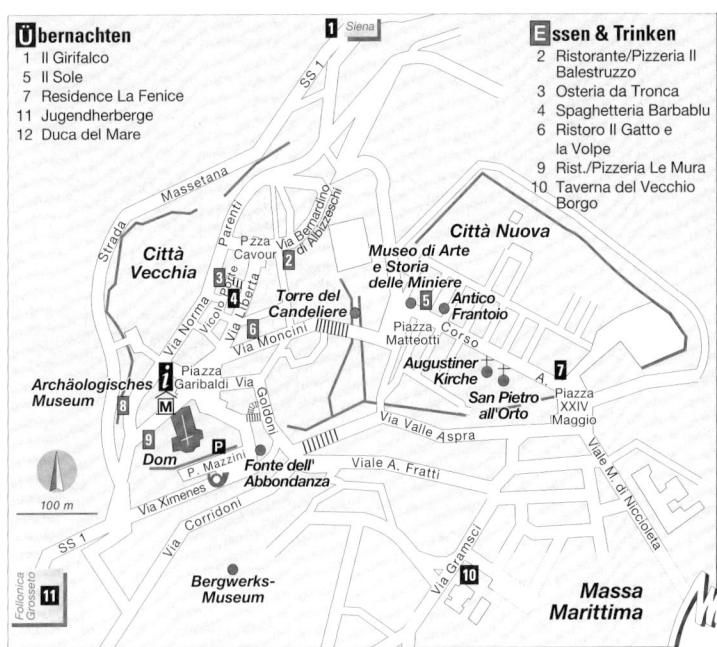

Übernachten
1 Il Girifalco
5 Il Sole
7 Residence La Fenice
11 Jugendherberge
12 Duca del Mare

Essen & Trinken
2 Ristorante/Pizzeria Il Balestruzzo
3 Osteria da Tronca
4 Spaghetteria Barbablu
6 Ristoro Il Gatto e la Volpe
9 Rist./Pizzeria Le Mura
10 Taverna del Vecchio Borgo

Küste der Maremma
Karte S. 339

Pools, Fitnessraum, Massagen, Sauna, Fahrradverleih und Restaurant mit ausgezeichneter Küche (Menü 20 €). Geöffnet von Feb. bis Nov. Deutschsprachige Rezeption. Von der SS 439 ausgeschildert. Wochenweise Vermietung, für 2 Pers. 462–630 €, B&B pro Nacht 90 €. 2,5 km in Richtung von Massa in Richtung Siena, ✆ 0566-902031, ✆ 0566-904896, www.ilcicalino.it.

La Colombaia, neben dem Tenuta Il Cicalino und etwas kleiner und bescheidener. 8 Appartements in einem Haus, schöner Swimmingpool, auch ab 2 Tagen zu mieten, Pool und Spielwiese. ✆ 0566-904131, ✆ 0566-905891, www.agriturismo-lacolombaia.it.

Podere Riparbella, Veronica und Christian, beide aus der Schweiz, haben mit ihrem biologischen Agriturismo ein Paradies geschaffen. Sorgfältig wurden die alten Gebäude eines Guts umgebaut, wobei offensichtlich ein begnadeter Innenarchitekt die Hand im Spiel hatte: gepflegte, dank Glastüren lichtdurchflutete Räume, Fußbodenheizung. Mit Geschmack und viel Sinn für elegante Beleuchtung eingerichtete Zimmer. Eine wunderbare Terrasse lädt zum dolce far niente ein. Die Produkte (Wein, Olivenöl) sind alle biologisch zertifiziert, beim Frühstück schätzt der Gast die aus eigenen Früchten hergestellte Marmelade – über 30 Sorten. An der Straße nach Siena, bei der Straßengabel Volterra-Siena noch 1 km. HP (4-gängiges Abendessen, auch vegetarisch, herzhaftes Frühstück) 67–75 € pro Pers. Loc. Sopra Pian di Mucini (6 km außerhalb, ✆ 0566-91555/ (lang läuten lassen), ✆ 0566-915558, www.riparbella.com.

Agriturismo Il Belvedere, insgesamt 8 Appartements und 6 Zimmer, Pool. Restaurant nur im Sommer geöffnet. Die Inhaberin spricht gut Deutsch. DZ 70–77 €, im Juli/Aug. mit Abendessen dann 63 € pro Pers. Loc. Pian di Mucini (3 km außerhalb, rechts der Straße nach Siena), ✆ 0566-902160, ✆ 0566-52611, www.agriturismoilbelvedere.it.

● *Camping* In unmittelbarer Nähe der Stadt gibt es keine Möglichkeit. Man muss auf die zahlreichen Plätze an der Küste um Follonica ausweichen (s. o.).

Essen (siehe Karte S. 347)

Auf der Piazza Garibaldi, vielleicht einer der schönsten Plätze Italiens, herrscht im Sommer an den zahlreichen Tischen im Freien viel Treiben. Nur wenige Schritte vom Hauptplatz der Stadt entfernt gibt es einige durchaus empfehlenswerte Restaurants.

Taverna del Vecchio Borgo (10), das kleine Kellerrestaurant ist vor allem wegen seiner "Carne alla brace" - Fleischgerichte vom Holzkohlengrill bekannt. Mo geschl. Via Norma Parenti 12, ✆ 0566-903950.

Osteria da Tronca (3), urige Wirtschaft mit guter Küche. Empfehlung: Baccalà alla maremmana – Stockfisch in Tomaten-Kräutersud. Mi geschlossen (reservieren!). Vicolo Porte 5, ✆ 0566-901991.

Ristoro Il Gatto e la Volpe (6), in der Altstadt verstecktes Restaurant mittlerer Preisklasse mit lauschigem kleinem Hof. Aus der traditionellen „Küche der Armen" wurden diverse Suppen in die Speisekarte übernommen – natürlich auch die Acquacotta. Hinterher schmecken Ente und Fasan ausgezeichnet. Mo geschlossen. Vicolo del Ciambellano 12, ✆ 0566-903575.

Ristorante/Pizzeria Il Balestruzzo (2), alteingesessenes, populäres Lokal mit einem großen und einem kleineren Speiseraum. Traditionelle Maremma-Küche, Abteilung „terra" oder „mare". Riesige Portionen, denen man am besten einen Vinsanto hinterherschickt. Speisekarte auch auf Deutsch; man braucht aber etwas Phantasie („Gehmuse", „gemiste Kase"). Via Albizzeschi 6, ✆ 0566-904105.

Rist./Pizzeria Le Mura (9), mit kleinem Garten und Panoramablick. Di geschlossen. Via N. Parenti 7, ✆ 0566-940055.

Spaghetteria Barbablu (4), unter den Arkadenbögen sitzen und das Treiben auf dem Platz beobachten. Mi geschlossen. Piazza Giacomo Matteotti 6, ✆ 0566-901362.

Sehenswertes

Piazza Garibaldi: Sie ist das malerische Zentrum der *Città Vecchia* und das vollkommene Beispiel für die Harmonie des Asymmetrischen. Kaum ein Besucher wird sich ihrer fast magischen Anziehungskraft entziehen können. Man setze sich einmal auf die Stufen, die zum Dom hinaufführen, und lasse die mittelalterliche Szenerie auf sich einwirken. Die Zeit vergeht im Nu – man sitzt, schaut, findet schnell Gesprächspartner, und schon werden die Scheinwerfer eingeschaltet, die zusammen mit den warmen Farben der Abendsonne die Piazza und den Dom in eine behagliche Atmosphäre hüllen. Eingerahmt wird der Platz von dem um 1230 in Travertin erbauten romanischen *Palazzo Pretorio* und dem *Palazzo Comunale*, einem von Sienesern geschaffenen Palast mit zweistöckigen Arkadengängen. Etwas weiter unten schließt sich der kleinere *Palazzo del Podestà* an.

Das untere Ende des schräg abfallenden Platzes dominiert der **Duomo S. Cerbone**. Der Bau der frühromanischen Kirche datiert aus dem 11. Jh., im 13. Jh. kamen bei der Erweiterung gotische Elemente hinzu. Der Fassade sind Blendbögen vorgestellt, die mit Rhomben und Kreisen verziert sind. Am Ende der Längsseite erhebt sich der mächtige Glockenturm.

Besondere Sehenswürdigkeit ist neben zahlreichen Fresken und Freskenresten ein aus Travertin gehauenes Taufbecken von *Giroldo da Como* im rechten Seitenschiff. Dass man auf das hübsche Becken aus dem 13. Jh. einfach einen marmornen Tabernakel (15. Jh.) gestellt hat, will uns allerdings nicht recht einleuchten.

Im Chor (hinter dem Altar) ist der reich verzierte Sarkophag des Cerbonius mit Stationen aus seinem Leben zu sehen. Unter anderem melkt er eine Hirschkuh, wird einem Bären zum Fraß vorgeworfen und beim Papst verleumdet. Das Fresko an der Wand daneben zeigt Bischof Antonio von Massa, der vor dem Heiligen (neben ihm die Gänse, die mittlerweile zu seinem Attribut geworden sind) kniet.

Ein erst vor kurzem freigelegtes Fresko aus dem Jahr 1265 mit der Darstellung des „Baumes der Fruchtbarkeit" ist am **Fonte dell'Abbondanza** im Untergeschoss des alten Getreidespeichers zu bewundern (Via Ximenes/Piazzale Mazzini).

Città Nuova: Kurz vor 1300 wurde es durch Zuwanderung vom Land innerhalb der Stadtmauern zusehends eng. Als Konsequenz entstand oberhalb der Altstadt die rechtwinklig angelegte Città Nuova. Der schönste Zugang führt von der zentralen Via Moncini über eine steile Treppengasse zur *Fortezza dei Senesi*. Die Festung am Eingang zur Neustadt ist im Zuge eines Krankenhausbaus (steht jetzt leer) teilweise abgerissen worden. Durch einen wuchtigen Brückenbogen, den *Arco dei Senesi*, ist sie mit dem 74 m hohen Uhrturm (*Torre del Candeliere*) verbunden, der einen weiten Blick ins Land und auf den Golf von Follonica eröffnet.

⏱ Torre del Candeliere: Di–So 10–13 Uhr und 15–18 Uhr. Eintritt 2,50 €.

Ein paar Schritte weiter (in einer Seitengasse) stößt man auf den **Antico Frantoio**. Die aus dem 18. Jh. stammende und im Originalzustand erhaltene Ölmühle ist seit 2002 als Mini-Museum zu besichtigen.

⏱ April–Okt. Di–So 10.30–13 Uhr. Eintritt 1,50 €.

Wer die Hauptstraße der Città Nuova entlanggeht, sollte einen Blick auf die große romanische Kirche *San Pietro all'Orto* (12. Jh.) werfen. Derzeit ist in ihr ein lokales Instrumentenmuseum untergebracht. Ihr schließt sich direkt der Kreuzgang eines ehemaligen Augustinerklosters aus dem 15. Jh. an, dessen Kirche heute noch für die Messe genutzt wird.

▸ **Carapax**: Ein Verein gründete hier eine Station zum Schutz von Schildkröten, in der jedes Jahr bis zu 5000 Tiere großgezogen werden, um dann in Italien oder anderswo ausgesetzt zu werden. Neben zahlreichen europäischen Land- und Wasserschildkröten sind u. a. auch eine 15 kg schwere Wüstenschildkröte aus der Sahel, eine Schnappschildkröte, die sich von Fischen ernährt, und Alligatorschildkröten aus den USA zu besichtigen. Am Eingang des mit Wegen durchzogenen Geländes liegt die Quarantänestation, wo Sie ihre zu groß gewordene Hausschildkröte in gute Hände geben können. Auch ein Storchenzentrum für Weißstörche ist hier entstanden, das Centro Cicogne.

⏱ März und Oktober 9–17 Uhr, (im März nur Sa/So), April–Juni 9–10 Uhr, Juli Sept. 9–19 Uhr. Eintritt 7 €, Kinder (6–14 J.) 6 €, bis 6 J. frei, Familienticket 17 €. Sie können auch die Patenschaft für eine Schildkröte (40 €) oder einen Storch (100 €) übernehmen. Es werden Ihnen dann jährlich Infos über Ihren Schützling zugesandt. ☎ 0566-940083, www.carapax.org.

● *Anfahrt* Südlich von Massa Marittima bei der Straßengabel Siena–Follonica die dritte Variante wählen und der Beschilderung „Centro Cicogne" folgen (knapp 3 km).

Museen

Museo Archeologico (im Palazzo del Podestà): In einer extra verglasten Mauernische befindet sich eine etruskische Grabstele aus der Bronzezeit, wie sie auch um Lucca herum gefunden wurden. Sie wurde vermutlich für das Begräbnis eines Kindes angefertigt, denn die Grabplatte aus Sandstein zeigt eine abstrakte Kinderdarstellung. In den beiden Obergeschossen sind noch viele weitere etruskische Fundstücke ausgestellt. Im Erdgeschoss des kleinen Museums ist die „Maesta" von *Ambrogio Lorenzetti* zu sehen, eine Mutter-Kind-Darstellung in bemerkenswerter Blickkontaktpose, eingerahmt von einer vielköpfigen Gruppe von Heiligen und Aposteln.

⏱ Di–So 10–12.30 und 15.30–19 Uhr. Eintritt 3 €.

Küste der Maremma
Karte S. 339

Museo della Miniera (Bergwerksmuseum): In einer ehemaligen Mine wurde ein 700 m langer Stollen zum Bergwerksmuseum umfunktioniert. An diesem auch im Sommer sehr kühlen Ort dokumentieren altertümliche Werkzeuge und Maschinen die Geschichte des Bergbaus. Daneben ist eine große Mineraliensammlung zu besichtigen.

○ Der Besuch des Museums ist nur mit Führung möglich (ca. 40 Min. Dauer). Termine: 10, 11, 12, 12.30, 15, 16, 17, 17.30 Uhr. Mo geschlossen. Eintritt 5 €. Der Eingang befindet sich in der Via Corridoni.

Museo di Arte e Storia delle Miniere: Auch hier wird auf zwei Stockwerken die Geschichte des Bergbaus in der Gegend von Massa dokumentiert. Zu sehen ist neben Fotos von Sondierungs- und Fördermethoden (Lastesel in den Stollengängen) eine Sammlung von Arbeitsgeräten und natürlich eine schillernde Mineraliensammlung.

○ Di–So 15–17.30 Uhr. Eintritt 1,50 €.

> Wer Italienisch kann, sollte sich die informative Website für die Museen der Stadt anschauen: www.coopcollinemetallifere.it.

Massa Marittima/Umgebung

▶ **Lago dell'Accesa**: Der kleine See mit 300 m Durchmesser liegt ca. 8 km südlich von Massa Marittima und bietet mit seinem sauberen, frischen Wasser gute Bademöglichkeiten. An den meisten Stellen ist er wegen seines dichten Schilf- und Brombeergürtels nicht zugänglich. Wer zu den Badestellen will, lässt am besten sein Gefährt am Dorfeingang von *La Pesta* beim Parkplatz des Ristorante Cingallina stehen und schlägt den Feldweg hinter dem ersten Haus (Kirchenneubau) ein. Nach 5 Min. ist man am See, im Wald stehen unter hohen Eukalyptusbäumen Tische, an denen man picknicken kann. Badestellen finden sich weiter hinten. Am See wurde auf dem Gelände einer ehemaligen etruskischen Siedlung aus dem Jahre 600 v. Chr. ein kleiner Archäologiepark (Area archeologica dell'Accesa) um die etruskischen Gräber und Fundamente der einstigen Behausungen angelegt.

● *Übernachten* **Tenuta del Fontino**, herrschaftliche Villa mit insgesamt 25 Zimmern, teilweise im Nebengebäude untergebracht (ca. 9 km von Massa entfernt). Es gibt auch 6 Wohnungen für 2/4/6Personen, die 400 m entfernt in einem restaurierten Bauernhaus entstanden sind. Ingesamt 700 ha Land, davon 20 ha Wein, gehören zum Landsitz, das sich in den Händen einer tatkräftigen Südtirolerin befindet. Mit der Unterstützung ihres freundlichen Teams (Deusch sprechend) hält sie Haus und Garten seit Jahren bestens in Schuss. Großzügiges, gepflegtes Ambiente, außer Mo und Do gute Küche (mit 17 € für's Menü pro Pers. sehr zu empfehlen) und ein tolles Frühstücksbüffet.

Im Sommer gibt es Grillabende im Garten. Neben den beiden mit Sonnenkollektoren beheizten Pools sorgt ein idyllischer Badesee (nur 5 Fußminuten vom Gebäude entfernt) im Sommer für Abkühlung. Zimmer mit Frühstück 49–79 € pro Person. Anfahrt: vom Dorf La Pesta noch ca. 1,5 km weiter Richtung SS 1, dann links am Weinfass abbiegen, ☎ 0566-919232, 📠 0566-919684, www.tenutafontino.it.

● *Essen* Die **Trattoria Il Leccio** wird sehr wegen ihrer Grillgerichte wie der Bistecca Fiorentina oder einer Tagliata vom Rind vom Holzkohlengrill gelobt. Loc. Cura Nova, ☎ 0566-918018. Sa geschlossen.

Vetulonia   *(ca. 400 Einw.)*

Der malerische Ort auf einem Hügel (345 m) im Hinterland zwischen Follonica und Grosseto war im 6. Jh. v. Chr. aufgrund seiner Bodenschätze eine bedeutende etruskische Stadt und vor allem für seine Goldschmiedekunst bekannt. Der Fluss Bruna, der heute kanalisiert östlich des Orts vorbeizieht, drang damals nicht mehr bis zur Bucht durch und bildete einen größeren See. Erst mit der Versumpfung des Sees, der Vetulonia mit dem Meer verbunden hatte, erfolgte der Niedergang der Stadt. Nach ihrer Zerstörung im 10. Jh. durch die Sarazenen errichteten die Bewohner auf den Trümmern das heutige Bergdorf. Der Ortsname wurde im Mittelalter in *Colonna di Buriano* umgeändert. Für Jahrhunderte verschwand der Name Vetulonia, der sich aus der etruskischen Bezeichnung *Vatle* oder auch *Vatluna* ableitete, auf Landkarten und auch aus dem Gedächtnis, bis die etruskische Siedlung durch die Forschungsarbeiten des Archäologen Isidoro Falchi entdeckt wurde. Gemessen an dem Wenigen, was heute generell in den archäologischen Museen an Funden aus der reichen etruskischen Blütezeit ausgestellt ist, lässt sich nur ahnen, wie viel wertvolle Schätze in diesen ersten Jahren nach der Entdeckung verschwanden bzw. verscherbelt wurden und in privaten Besitz gelangten. Einige interessante Sammlungen stellt das Museo Archeologico in Florenz aus.

Das kleine **archäologische Museum** am Ortseingang zeigt Funde aus etruskischer, römischer und hellenistischer Zeit. Ein Dorfspaziergang führt hoch ins Zentrum und weiter zur *Mura dell'Arce* mit ihren riesigen polygonalen Steinblöcken. Sie gehört zu den wenigen Überresten der Stadtmauer aus dem 6. Jh.

In den Ausgrabungsstätten *Costa Murata* im Süden und *Scavi Città* im Norden des Ortes wurden Zeugnisse wie Straßen und Überreste von Wohnvierteln aus römischer Zeit freigelegt.

Ebenfalls nördlich des Ortes (ungefähr 2 km in Richtung Grosseto, dann abzweigen) befindet sich eine **Ausgrabungsstätte mit etruskischen Gräbern** aus dem 8.–2. Jh. v. Chr. Bis zu 1000 Gräber sollen sich in Vetulonia einst befunden haben. Unter den für Vetulonia charakteristischen Steinkreisgräbern seien vor allem die beiden außergewöhnlich monumentalen Grabmäler aus dem 7. Jh. v. Chr. genannt, die zu den größten etruskischen Kuppelgräbern zählen: die *Tomba della Pietrea*, die nach langer Restaurierung wieder zu besichtigen ist, und die *Tomba del Diavolino II* mit freigelegtem Teil der Erdhügelummauerung. Das Kuppelgrab *Diavolino I* kann man im archäologischen Museum in Florenz bewundern, wo es originalgetreu wiederaufgebaut wurde.

●*Öffnungszeiten* **Archäologisches Museum**, März–Mai 10–13 und 15–18 Uhr, Juni–Sept. 10–14 und 16–20 Uhr, Okt.–Feb. 10–16 Uhr (Okt.–Feb. Mo geschlossen). Eintritt 4,50 €.
Etruskisch-römisches Ausgrabungsgelände und etruskische Gräber, Mai–Aug. 9–20.30 Uhr, Sept. 9–19.30 Uhr, Okt.–März 9–18 Uhr. Der Eintritt ist frei, ein deutschsprachiger Begleittext kostenlos.

●*Übernachten* **Zimmervermietung**, gleich neben der Taverna Etrusca am Platz. 10 DZ ab 55–70 € in der Hauptsaison (Frühstück extra in der Bar). ℡ 0564-949802, www.tavernaetrusca.it.

●*Essen* **Taverna Etrusca**, Gasthaus mit einfacher Küche, Sa abends auch Pizzeria, Mo geschlossen. Piazza Enrico Stefani 12, ℡ 0564-949802.

La vecchia cantina, winziges Gasthaus gegenüber dem Museum, in dem Gerichte der „Arme-Leute-Küche" von einem netten älteren Ehepaar gekocht und serviert werden. Im Sommer schätzt man außer den bodenständigen Gerichten ein Plätzchen im Schatten unter Olivenbäumen, an kälteren Tagen wird man die guten Suppen genießen. Via Garibaldi 34, ℡ 0564-948007.

●*Bar* Die urgemütliche kleine Kneipe **Il Frantoio** an der Via San Guglielme im Ortszentrum bietet sich für eine Bruschetta mit einem Becher Rotwein an. Beim Eintritt blickt einem gleich das Antlitz vom Räuber-Volksheld Tiburzi entgegen und an der mit Fotos tapezierten Wand sein Bruder im Geiste: Che Guevara ...

Küste der Maremma Karte S. 339

Punta Ala

In pinienbeschatteten Gärten liegen Villen und Appartements versteckt, diverse Hotels prunken – ein exklusives Touristenzentrum der gehobenen Klasse. Geprägt wird das gepflegte Bild in der Saison von betuchten Italienern.

Eine Immobiliengesellschaft kaufte das reizvoll auf der Spitze einer schmalen Landzunge gelegene Areal 1955 einer italienischen Großgrundbesitzerfamilie ab und hat seither alle Fäden in der Hand. Der quasi komplett zubetonierte Jachthafen ist in privater Hand, verströmt gediegene Clubatmosphäre und verfügt über 900 Anlegeplätze. Die Hafenpromenade ist für Motorisierte nur mit Plastikkarte (members only!) zugänglich. Wenn man seinen Wagen ordnungsgemäß draußen abstellt, kann man den Hafenbereich aber auch zu Fuß betreten. Man spürt nicht zuletzt an den häufigen Personenkontrollen an den Zufahrtsstraßen, dass hier zahlreiche italienische Prominente ihr Sommerdomizil eingerichtet haben. Man reist im Ferrari an und betätigt sich standesgemäß bei Polo, Golf oder Tennis. Ist die Saison dann vorbei, reist der Jetset wieder ab, und der ohnehin sterile Ort fällt in den Winterschlaf – nur die schönen Bötchen bleiben dann noch hier.

● *Information* Siehe unter Castiglione della Pescaia.

● *Bar* Zum Aperitif checkt man am besten in der Cocktailbar **Il Porticciolo** genau im Zentrum des Jachthafens ein. Der Aperitif ab 7 € sollte es einem schon wert sein, sich hier unter's maritime Volk der Segler und Motorjachtbesitzer zu mischen.

● *Camping* **Puntala**, das 4-Sterne-Paradies steht unter Leitung des Touristikunternehmens Solemar. Eine schöne Lage: inmitten eines schattigen Pinienhaines am Meer in einer ansonsten unbebauten Bucht. Das riesige Areal von 30 ha hat knapp 700 Stellplätze. Bei einer Belegzahl von 3–4 Pers. pro Platz kann man sich vorstellen, in welchen Größenordnungen die Massen in der Hauptreisezeit in Erscheinung treten. April–Okt. geöffnet. ☎ 0564-922294, 🖷 0564-920379, www.campingpuntala.it.

** **Baia Verde**, noch größer als "Puntala", über 1000 Stellplätze. Gut organisiert, mit eigenem Sandstrand, Läden, Friseur und allem, was der Camper sonst noch so braucht! Schön und etwas teurer. Mitte April bis Mitte Okt. geöffnet. ☎ 0564-922298, 🖷 0564-923044, www.baiaverde.com.

● *Nachtleben* Kurz vor Punta Ala ist die Diskothek **Black Sun** in einer gläsernen Pyramide untergebracht. Sa ganzjährig, im Sommer auch Do und Fr ab 24 Uhr geöffnet, Eintritt ca. 15 €.

▶ **Tirli**: Von der SP 158 (ehemals SS 322) fährt man in schönen Serpentinen empor nach Tirli, einem der „hinterwäldlerischen" Dörfer unweit der Küste. Der 250-Seelen-Ort liegt ganz versteckt und ist umgeben von ausgedehnten Esskastanienwäldern. Er ist bekannt für seine gute maremmanische Küche, die man in einem der nicht weniger als sieben Restaurants ausprobieren sollte. Für preisgünstigere Einkehrvariante gibt es neuerdings auch eine Pizzeria.

Die Zeit scheint hier oben stehen geblieben zu sein. Auf dem Platz sitzen die Dorfbewohner vor den Häusern – mehr ist eigentlich auch nicht zu tun. Der Reisende, der nach dem Riviera-Rummel ein wenig Ruhe sucht, findet sie hier ganz sicher.

● *Übernachten/Essen* **La Luna**, renommiertes Restaurant mit Zimmervermietung, das preislich jedoch unverhältnismäßig angezogen hat. Okt.–März nur Fr/Sa/So geöffnet, ansonsten Di geschlossen. Unbedingt reservieren. DZ (insgesamt 5, alle renoviert) mit Frühstücksbuffet 60–80 €. Via del Podere 8, ☎ 0564-945858, 🖷 0564-945906, www.locanda-laluna.it.

** **Tana del Cinghiale**, alteingesessenes Haus mit 7 einfachen Zimmern und guter maremmanischer Kost. DZ mit Frühstück 80–100 €. In einer Kurve außerhalb vom Zentrum, nicht zu verfehlen, ☎/🖷 0564-945810, www.tanadelcinghiale.it.

Il Vecchio Frantoio, Pizzeria (Mo geschlossen) und Zimmervermietung im Ort (ab 70 €), Via della Chiesa direkt neben der Kir-

Strand bei Punta Ala

che, ✆ 333-6989513 (Cristian).

Il Baracchino, maremmanische Spezialitäten, nur in der Saison geöffnet. Piazza del Popolo 8, ✆ 0564-945858.

Da Vildo, einfache maremmanische Hausmannskost, Do geschlossen. Via della Chiesa, ✆ 0564-945839.

● *Außerhalb* Direkt am Abzweig von der 322 nach Tirli lädt die **Merenderia La Paguro** mit nettem Gärtchen zu einem Imbiss ein. Im offenen Kamin wird auch Salsiccia (herzhafte toskanische Wurst) gegrillt. Via delle Collachie 43, Loc. Pian d'Alma. Von 9–20 Uhr geöffnet. Di geschlossen.

Castiglione della Pescaia

Das Fischerstädtchen an der Bruna-Mündung ist unumstritten der schönste Badeort der Maremma. Hinzu kommt, dass das Meer um Castiglione seit einigen Jahren die besten Noten in Sachen Wasserqualität bekommt.

Im Sommer herrscht italienischer Familientrubel an der Strandpromenade, in der etwas ruhigeren Vor- und Nachsaison sind viele Deutsche und Schweizer anzutreffen. Schade, dass die SP 158 direkt durch den Ort führt. Am Flusshafen wird täglich gegen 17 Uhr frischer Fisch angelandet. Noch ungefähr 60 Fischer – viele aus dem Süden Italiens – fahren mit ihren Kuttern aufs Meer, um die Händler und Restaurants mit der wertvollen Ware zu versorgen.

Nicht versäumen sollte man den kurzen, romantischen Spaziergang durch das mittelalterliche Castiglione hoch zur *Rocca Aragonese*. Der Weg führt an der *Kirche Santa Giulia* vorbei, deren altes Holzportal mit verrosteten Nägeln und Eisenbeschlag noch zur Hälfte erhalten ist. Spätestens hier, kaum fünf Minuten vom geschäftigen Ortszentrum entfernt, hat man vom modernen Badeort Abschied genommen und taucht ins Mittelalter ein. Das Kastell selbst, eine Pisanerfestung aus dem 14. Jh. mit wuchtigen Türmen, ist in Privatbesitz.

Ganz andere Impressionen vermittelt ein weiterer Spaziergang: Gleich hinter der Brücke über die Bruna führt links ein Sträßchen auf einem Damm in die Sumpfgebiete der Flussmündung. Hier steht die *Casa Ximenes*, auch *Casa Rossa* genannt, die elegant zwei Kanäle überbrückt. Der Bau stammt aus dem 18. Jh., als die Entwässerungsarbeiten in der Maremma-Ebene in vollem Gange waren. Heute ist in der Casa Ximenes das *Museo Multimediale Casa Ximenes* untergebracht, ein kleines Museum zum Naturreservat Diaccia Botrona. Neben der Geschichte der Trockenlegungsarbeiten des ehemaligen Sees und diversen Erklärungen zur Flora und Fauna des Naturschutzgebietes kann man die hier lebende Tierwelt live auf Monitoren beobachten. Es werden auch Exkursionen angeboten, bei denen das Naturreservat mit dem Boot erkundet werden kann.

☼ Sept. bis Mai Do–So 13–19 Uhr, die Bootsexkursionen sind nur nach Voranmeldung unter ☎ 338-9001075 möglich, Juni bis Aug. 16–22 Uhr, Exkursionen dann jeweils um 18 Uhr. Info unter ☎ 347-5345189 (Lucia) oder 393-9849999 (Veronica). Eintritt 12 €, Kinder von 2–12 J. 5 €.

Baden: Beidseits der Bruna-Mündung erstreckt sich ein langer Sandstrand. Wer auf Sonnenschirm und Liegestuhl verzichten kann, findet zwischen den gebührenpflichtigen Strandbädern mehrere freie Zugänge zum Meer.

Der Strand *Le Rocchette* nördlich von Castiglione ist teilweise frei und stellt das Ende der Badebucht dar. Hier kann man auch ein wenig auf den Felsen herumkraxeln, Restaurant und Strandbar sind vorhanden.

Richtung Südosten zieht sich kerzengerade die *Strada delle Collacchie* (SP 158) durch die *Pineta del Tombolo*, parallel dazu ein Fahrradweg. Zwischen dichtem Buschwerk und Stacheldraht führen nur wenige passierbare Feldwege ans Meer, wo ein heller Sandstrand lockt. Bessere Zugänge findet man erst wieder knapp vor Marina di Grosseto.

Information/Verbindungen/Adressen

● *PLZ* 58043

● *Information* **APT-Büro**, Piazza Garibaldi 6. Zuständig auch für das luxuriöse Tourismuszentrum von Punta Ala. Viel schönes Bildmaterial. Täglich 9–19 Uhr. ☎ 0564-933678, ✆ 0564-933954. infocastiglione@lamaremma.info, www.lamaremma.info.

● *Bahnverbindung* Nächster Bahnhof in Grosseto.

● *Busverbindung* Etwa 10x tägl. Grosseto (über Marina di Grosseto), 7x Follonica (von dort weiter nach Massa Marittima).

● *Bootsausflüge* Ab Castiglione verkehren im Sommer Ausflugsboote zu den Inseln Elba, Giglio und Giannutri. Die Tagesausflüge kosten ca. 30 €. Abfahrt morgens im Hafen um 9 Uhr, Rückkehr 18.30 Uhr. Das Mittagessen an Bord kann für ca. 10 € mitgebucht werden. Eine der Agenturen ist Vegastar/Eolian Jct. Infos im Reisebüro Junipero, Via Camaiori 1, ☎ 0564-933449.

● *Fahrradverleih* **Saletti**, Via degli Scalpellini (etwas außerhalb Richtung Grosseto). Neben Fahrrädern werden auch Roller vermietet, ☎ 0564-935494.

Elettrauto Viti Giancarlo, Via Ricci 22, ☎ 0564-934668.

● *Fewo-Agenturen* **Alfa**, Via Veneto 88, ☎ 0564-935070, ✆ 0564-932311, info@alfaimmobiliare.it www.alfaimmobiliare.it; **Il Maestrale**, Via Ansedonia 42, ☎ 0564-938261, ✆ 0564-938241, info@castigliondellapescaia.com, www.castigliondellapescaia.com; **Casa Vacanze**, Piazza Orsini 3–4, ☎ 0564-935092, ✆ 0564-935529, info@casa-vacanze.it, www.casa-vacanze.it; **Villa Toscana**, Piazza Garibaldi 7, ☎ 0564-939281, ✆ 0564-931028, info@villatoscana.it, www.villatoscana.it.

● *Einkaufen* **Supermercato Coop**, an der Strada Provinciale Padule im Centro Commerciale, Loc. Paduline (von Süden kommend 100 m vor der Umgehungsstraße noch vor der Esso-Tankstelle links).

Temperani, der kleine Fischladen ist zu empfehlen – verkauft wird nur wirklich frische Ware. Via Socci.

Wochenmarkt, jeden Samstagvormittag auf der Piazza Ponte Giorgini (Nähe Brücke).

● *Internetpoint* **Bar Ciro**, große Bar mit zwei Computern. Piazza Gramsci 2 (Durchgangsstraße, westlicher Ortsteil).

● *Waschen* **Bay Wash**, Via Paolini 9.

Castiglione della Pescaia – ein sympathischer Badeort

Übernachten/Agriturismo/Camping

● *Übernachten* **** **L'Approdo**, bestes Hotel im Zentrum, auch wegen seiner Lage am Hafen, 50 Zimmer mit Blick auf denselben und das Meer. Zimmer mit Frühstück 90–164 €. Via Ponte Giorgini 29, ✆ 0564-933466, ✆ 0564-933086, www.approdo.it.

*** **Hotel Piccolo**, kleines, gepflegtes Haus mit 24 Zimmern, Mitte Juni bis Mitte September geöffnet. DZ mit Frühstück 102–112 € (im Aug. nur mit HP). Via Montecristo 7 (südliche Flussseite), ✆ 0564-937081, ✆ 0564-932566, www.hotel-castiglione.com.

*** **Miramare**, einziges Hotel am Strand, das Wellblechdach des angeschlossenen Restaurants hat man spätestens beim Anblick des Sonnenuntergangs vergessen. Frühstück gibt es auf der Terrasse am Meer! Zimmerpreise je nach Saison und mit oder ohne Meerblick 68–112 €. Auch Appartements. Via Vittorio Veneto 35 (zwischen Küstenstraße und Strand), ✆ 0564-933524, ✆ 0564-933695, www.hotelmiramare.info.

*** **Sabrina**, modernisiertes 37-Zimmer-Haus, entspannte Atmosphäre im grünen Innenhof. DZ 85–98 €, Via D. Ricci 12, ✆ 0564-933568, ✆ 0564-933592, www.hotelsabrinaonline.it.

*** **Mirella**, ruhige, familiäre Atmosphäre. Der Frühstücksraum erstrahlt frisch reno-

viert. Ausgezeichnete Küche, Obst und Gemüse größtenteils aus eigenem Anbau. Geöffnet von Mitte April bis Mitte Oktober. DZ mit Bad und Frühstück ca. 80 € (in der Hauptsaison nur mit Halbpension, dann 60–80 € pro Pers.). Via Sardegna 7 (südliche Flussseite), ✆/✆ 0564-933068, www.albergomirella.it.

*** **Lucerna**, zwei Minuten zum Zentrum, zehn Minuten zum Strand. DZ 78–100 € (B&B). Via IV Novembre 27, ✆ 0564 933620, ✆ 0564-933704, www.hotellucerna.it.

*** **Roma**, älteres Haus direkt am Hafen. DZ mit Bad 81–100 € (im Sommer ab Juni nur mit HP). Via Cristoforo Colombo 14, ✆ 0564-933542, ✆ 0564-931175, www.castiglione pescaia.it/roma/roma.htm.

** **Rossella**, dreigeschossiger Bau in der „Neustadt" (5 Min. vom alten Zentrum). Ruhige Lage, zwei Straßen landeinwärts der Durchgangsstraße. DZ 78–105 € (ab Juni bis Mitte Sept., Halbpension ab 48 € pro Pers.). Via F.lli Bandiera 18, ✆/✆ 0564-933832, www.albergorossella.it.

** **Hotel Aurora**, schräg gegenüber vom Hotel Rossella. Renovierte Zimmer, auf dem Dach eine Sonnenterrasse. Der freundliche Besitzer spricht auch Deutsch. Geöffnet März–Okt. DZ mit Frühstück 60–

100 € (wegen der guten Küche empfiehlt sich Halbpension). Via F.lli Bandiera 19, ✆ 0564-933718, 🖅 0564-934358, www.aurora-albergo.it.

* La Scogliera, freundlicher Familienbetrieb auf der südlichen Flussseite genau am Meer. DZ mit Frühstück 60–80 €. Via delle Formiche 7, ✆/🖅 0564-933504, www.scogliera.com.

* Bologna, Billighotel am Hafen mit TV-Dauerberieselung im klitzekleinen Aufenthaltsraum bei der Rezeption. DZ 53–68 € (bei den billigeren Du/WC auf der Etage). Piazza Garibaldi 8, ✆/🖅 0564-933746.

* La Portaccia, auch Pizzeria (Holzofen!), die man sehr empfehlen kann. Einfache Zimmer mit Bad auf der Etage. DZ ohne Frühstück 50 €, Via S. Benedetto Po 5/7, ✆/🖅 0564-933825.

• *Camping* Camping Sans Souci, am nördlichen Ortsausgang. Weitläufiges, komfortables Gelände mit über 400 Stellplätzen im Pinienwald und mehreren Strandzugängen. Selfservice-Restaurant, Lebensmittelladen. Auch Bungalow-Vermietung. Geöffnet April–Okt. ✆ 0564-933765, 🖅 0564-933759, www.maremmasanssouci.it.

Camping Village Rocchette, ca. 5 km nördlich von Castigliano im Ortsteil Le Rocchette. Gepflegte, ruhige Anlage, ideal für Familien. Die neuen Bungalows sind komfortabel und sehr geschmackvoll eingerichtet, stehen – von viel Grün umgeben – zwar relativ eng, aber man kommt sich trotzdem nicht ins Gehege. Im Zeltbezirk viel Schatten unter Eukalyptusbäumen. 2004 wurde ein riesiger Pool eingeweiht. Freundliche, deutschsprachige Rezeption. Geöffnet Mai–Okt. ✆ 0564-941123, 🖅 0564-941213, www.rocchette.com.

Santapomata, am Village Rocchette vorbei die Straße bis ans Ende fahren. Eindeutig weniger Komfort als Sans Souci und Village Rocchette, aber seiner Strandlage wegen sehr beliebt, daher immer voll. Gutes Restaurant. ✆ 0564-941037, 🖅 0564-941221, www.campingsantapomata.it.

Billiger und ebenso weit vom Ortszentrum von Castiglione entfernt wie Le Rocchette sind die Plätze in der Pineta del Tombolo knapp vor Marina di Grosseto (siehe unter Marina di Grosseto).

Essen

Die recht große Auswahl an Restaurants reicht von Trattorien im mittelalterlichen Gemäuer der Altstadt über Mexikaner und gute Fischrestaurants bis hin zu Pizzerien.

Pierbacco, seit 1994 jährlich von Veronelli ausgezeichnet, wohl daher teurer als die anderen. Mi geschlossen. Piazza della Repubblica 24 (in der Fußgängerzone), ✆ 0564-933522.

Nel Buco, klein und gemütlich, daher bei Touristen sehr beliebt, obwohl das Verhältnis der Portionen zum Preis beim letzten Check sehr irritierte. Die musikalische Untermalung durch Karaoke-Darbietungen seitens der jungen Wirtin und der Gäste sind eher Geschmackssache. Mo geschlossen. Via del Recinto 11 (auf dem Weg hoch zur Burg), ✆ 0564-934460.

La Pescaia, einfaches, preisgünstiges Fischrestaurant. Mi geschlossen. Piazza Garibaldi, ✆ 0564-934037.

Il 13, Bistecca Fiorentina in unkompliziertem Ristorante. Nur in der Saison am Abend geöffnet. Via Montebello 13 (am Aufstieg zur Zitadelle), ✆ 0564-935477.

Il Pescatore, Einheimische essen ihren Fisch hier. Guter Service. Ein paar Schritte weg von der Touristenmeile im Zentrum, Via Ricci 15, ✆ 0564-934027.

Del Viandante, die Osteria bietet neben maremmanischen Spezialitäten wie Acquacotta oder Pappardelle con Cinghiale (Pasta mit Wildschwein) auch Pizza aus dem Holzofen an. Netter Service. Mi geschlossen. Via della Libertà 19, ✆ 0564-933726.

La Scaletta, terrassenförmig angelegtes Lokal für Pizza in der Altstadt. Genau das, was der Urlauber sucht – entsprechend voll ist es. Mo geschlossen. Via Montebello 9 (auf dem Weg zur Burg), ✆ 0564-934296.

Il Granaio, Grillspezialitäten. Im ehemaligen Wein- und Getreidespeicher (riesiges Tonnengewölbe) trifft sich die Jugend im Sommer im Garten. Di geschlossen. Via Camaiori 10 (auf dem Weg zur Altstadt), ✆ 0564-933046.

Pizzeria Il Faro, falls es mal kein Restaurant sein soll – hier gibt es bis ca. 20.30 Uhr u. a. leckere Pizza vom Blech zum Mitnehmen. Di geschlossen. Piazza Orsini 5 (an der Durchgangsstraße, gegenüber vom Roten Kreuz im Ortszentrum).

• *Gelateria* Gelateria Paradise, bestes Eis im Ort. Corso della Libertà 22.

Posto Pubblico, Weinbar auf dem Weg zur Rocca mit romantisch gelegener Terrasse und Kerzchen auf den Tischen, auch kleine Speiseauswahl.

Circolo marinai d'Italia, an der Mole gleich hinter den Fischbuden. Unscheinbare Hafenbar mit etwas ungewissen Öffnungszeiten. Bei leichter Brise vom Meer treffen sich hier Carabinieri und Fischer auf ein Gläschen. Am Morgen, wenn der Ort noch im Schatten liegt, stellt man hier einen Plastikstuhl raus und lässt sich von den ersten Sonnenstrahlen wärmen. Abends ab 19.30 Uhr und Mo geschlossen.

• *Außerhalb* **Pizzeria La Corte**, das einfache Gasthaus mit guter Pizza aus dem Holzofen ist in einem ehemaligen Gutshof untergebracht, hat einen schönen Garten und ist abseits vom Touristenrummel im Weiler Pian di Rocca gelegen. Von Castiglione auf der SP 158 (ehemals SS 322) in Richtung Norden, am Abzweig Le Rocchette vorbei und nach ca. 500 m beim Hinweisschild Pian di Rocca links abbiegen, im Weiler dann einfach geradeaus direkt in einen Innenhof hinein. Do geschlossen. ✆ 0564-941219.

La Griglia, gegenüber Hotel-Résidence Roccamare. Einfaches und billigeres Gartenrestaurant. In einer kleinen Bude werden Gemüse, Fisch und Fleisch gebrutzelt, gegessen wird an Holztischen unter Pinien. Nur in der Saison geöffnet. Loc. Le Rocchette (ca. 6 km von Castiglione), ✆ 0564-941402.

• *Nachtleben* **Disco La Capannina**, ca. 4 km im Hinterland in Poggiodoro. Nur Juni

Castiglione della Pescaia – Altstadt mit dem Charakter eines sympathischen Fischerdorfes

Küste der Maremma
Karte S. 339

bis Mitte Sept. geöffnet, Open-Air-Tanzvergnügen auch für nicht mehr ganz Junge. Fr/Sa ab 24 Uhr, Eintritt 20 € (inkl. Freigetränk), ✆ 0564-939245.

Marina di Grosseto

Der Ort liegt nur 11 km von der Provinzhauptstadt Grosseto entfernt an einer Bucht, die im Norden von Hügeln und im Süden von der Mündung des *Ombrone* begrenzt wird. Durch die seit Jahren anhaltenden, erst teilweise abgeschlossenen Bauarbeiten, die Marina di Grosseto in den modernsten Badeort der Maremma verwandeln sollen, hat die Ortschaft nichts an Charme gewonnen. Im Gegenteil: Entstanden ist eine Siedlung mit schematisch angeordneten Häuserzeilen ohne jegliche Atmosphäre. Ein Ortszentrum sucht man vergebens, und in der Vor- und Nachsaison, wenn die italienischen Urlauber ausbleiben, gleicht Marina di Grosseto einer Geisterstadt. Wer ungestört von Strandbädern und dem Anblick der Neubauten dem Badegenuss frönen will, findet hinter dem Piniengürtel am Ortsausgang Richtung Castiglione einen breiten, feinkörnigen Strand.

• *PLZ* 58046

• *Information* **Info-Point/Pro Loco**, Via Grosseto (im Holzbungalow an der Hauptstraße). In der Hauptsaison tägl. 9–12.30 und 16–19 Uhr, in der Vor- und

Nachsaison Mo–Fr 9–12.30 Uhr. ✆ 0564-34449. www.prolocomarinadigrosseto.it.

• *Übernachten* **✴✴✴✴ Lola Piccolo Hotel**, nach Renovierung in die Luxus-Kategorie aufgestiegen. Hoteleigener Strand. DZ mit

Bad und Frühstück je nach Saison 100–160 €. Via XXIV Maggio 39, ☎ 0564-34402, ✆ 0564-34011, www.lolahotel.it.

*** Rosmarina, etwa 50 m vom Strand entfernt, mit hoteleigenem Restaurant. Ordentliche Zimmer mit Bad, alle renoviert (Klimaanlage). DZ 90–130 €, in der Hauptsaison nur mit obligatorischer Halbpension. Via delle Colonie 33/35, ☎ 0564-34408, ✆ 0564-34684, www.hotelrosmarina.com.

*** I due Pini, einfaches, freundliches Haus. Geöffnet März–Okt. DZ mit Frühstück je nach Saison und Aufenthaltsdauer 72–110 €. Via IV Novembre 61, ✆/✆ 0564-34607, www.iduepini.it.

• *Agriturismo* **Il Grottaione**, supermodern, von Bauernhof keine Spur. Bis jetzt sind 9 Appartements in Reihenhausbauweise fertig, jedes mit eigenem Gärtchen. Im Erdgeschoss Wohnzimmer mit TV, Video, Espresso-Maschine, dahinter das große Schlafzimmer mit eigener Terrassentür. Eine Treppe führt hinauf zum Kinderzimmer und zum Waschzimmer mit Waschautomat. Pool und eigener Spielplatz, der jeden deutschen Stadtteilspielplatz erblassen lässt. Ins Hightech-Image der Anlage passt auch die Magnetkarte fürs Hoftor. Zum Strand mit davor liegender Pineta sind es ca. 500 m. Die Preise sind dementsprechend hoch. Appartement inklusive Nebenkosten in der Woche 1450 € (im August). Massenweise Fahrräder für die Gäste (pro Tag ca. 3 €), an der Straße nach Castiglione kurz nach Ortsende rechts Richtung Cristo abbiegen und gleich wieder links, ✆/✆ 0564-330013, grottaione@grottaione.com, www.it-farmholidays.it.

**** Hotel Fattoria La Principina, gehört zur Fattoria La Principina, einer riesigen Ferienanlage (Tennis, Pool, Pferde) mit Fewos und Appartements an der Straße in Richtung Grosseto, Principina Terra. Megakomplex mit 176 teilweise eher kleinen Zimmern, aber einer gigantischen, vornehmen Empfangshalle. DZ mit Frühstück je nach Saison 100–200 €. S.S. delle Collacchie 465, 58100 Grosseto, ☎ 0564-44141, ✆ 0564-400375, www.fattorialaprincipina.it.

• *Camping* **Camping Rosmarina**, nicht im selben Besitz wie das gleichnamige Hotel daneben. Eine propere Anlage mit knapp 100 schattigen Stellplätzen in unmittelbarer Strandnähe und guten sanitären Anlagen. Störend sind die Tieflieger, die gerne über die Bucht hinwegdonnern (hinter Grosseto liegt ein Militärflugplatz). Bar und Pizzeria (gut und preiswert), der Hauswein schmeckt hervorragend. Mitte Mai bis Mitte Sept. geöffnet. Via delle Colonie 37 (am nördlichen Ortsende in der Pineta del Tombolo), ☎ 0564-36319, ✆ 0564-34758, www.campingrosmarina.it.

Camping Il Sole, im Pinienwald südlich der Mündung des San-Rocco-Kanals. Insgesamt ein sehr einladendes Gelände mit 360 Stellplätzen, allerdings ziemlich weit vom Strand entfernt (daher auch einer der billigeren Plätze). Die Tieflieger sind auch hier zu vernehmen. Mai bis Mitte Sept. geöffnet. Via Cavalleggeri, ☎ 0564-34344, ✆ 0564-330826, www.campingilsole.it.

• *Camping*: **Le Marze**, riesiges Gelände im Pinienhain zwischen Marina di Grosseto und Castiglione, Bushaltestelle direkt vor dem Eingang. Einsame Lage und ein Katzensprung zum campingeigenen Strand. 470 Stellplätze. Mai bis Mitte Okt. geöffnet. Via della Collacchie, ☎ 0564-35501, ✆ 0564-35534, www.ecvacanze.it.

• *Essen* Der Tipp für frischen Fisch ist das Restaurant **Brezzi** mit einer Terrasse zum Meer (nicht zu teuer). Mi geschlossen. Via XXIV Maggio 38, ☎ 0564-34447.

• *Gelateria* An Eisdielen mangelt es nicht in Marina di Grosseto. Leser schwören auf die **Gelateria Carla**, Via IV Novembre 48 („die besten Eiscremes der Gegend").

▶ **Principina a Mare**: Eine moderne Siedlung im Pinienhain und eindeutig schöner als die Baustelle des nördlich gelegenen Marina di Grosseto. Noch schöner wäre es, man würde hier ein Häuschen sein Eigen nennen. Langer Sandstrand, im Süden naturbelassen bis zur Ombrone-Mündung.

Essen **Ristorante Albatros**, Viale Tirreno 52, nahe beim Strandparkplatz. Im Pinienwald verstecktes Lokal, das zu moderaten Preisen Fischgerichte anbietet. Mi geschlossen. ☎ 0564-31436.

Schattige Pinienalleen säumen die Nebenstraßen in der Maremma

Grosseto

(ca. 70.000 Einw.)

Der Hauptort der Maremma schaut auf eine mindestens 1200-jährige Geschichte zurück, zeigt sich dem Reisenden an seiner Peripherie heute eher als eine gesichtslose, geschäftige Großstadt. Wer jedoch alle Staus überstanden, den Weg durch die Außenbezirke und den modernen Teil der Stadt außerhalb der Stadtmauer gefunden hat, trifft auf eine kleine, gepflegte Altstadt. Ein Großteil des Straßenverkehrs ist vor die mediceischen Festungsmauern verbannt worden, und das Fahrrad ist ein wichtiges Fortbewegungsmittel geworden.

Grosseto ist wie andere Städte der Umgebung aus einer Etruskersiedlung hervorgegangen. Bedeutung erlangte der Ort, nachdem 1138 der Bischofssitz aus dem nahe gelegenen Roselle hierher verlegt wurde. Nach der Eroberung durch die Sieneser gelangte Grosseto 1559 an das Herzogtum der Toscana. Da das malariaverseuchte Umland ein Wirtschafts- und Bevölkerungswachstum unmöglich machte, zählte die Stadt um 1750 nicht mehr als 700 Einwohner. Mit einer enorm hohen Kindersterblichkeit lag das Durchschnittsalter damals bei 19 Jahren und ein 40-Jähriger galt bereits als alter Mann! Erst im 20. Jh. mit der Entdeckung des DDT als hochwirksamem Insektizid konnten Entsumpfungspläne und Entseuchung erfolgreich durchgeführt werden. Der Zweite Weltkrieg brachte dann einen erneuten Rückschlag, große Teile der Stadt wurden dem Erdboden gleichgemacht. Heute ist Grosseto das wirtschaftliche, politische und kulturelle Zentrum der gleichnamigen Provinz, übrigens die flächenmäßig größte der Toscana, die ungefähr mit dem Gebiet der Maremma identisch ist.

Viele der Altstadtgassen sowie auch der Hauptplatz am Dom wurden erst im Jahre 2002 restauriert und bieten eine ideale Möglichkeit zum Einkaufsbummel. Als Ausgangspunkt für die Besichtigung der etruskischen Ausgrabungsstätte der Umgebung eignet sich die Stadt ebenfalls. Repräsentative Stadtpaläste und herrschaftliche Bauwerke fehlen in der Stadtarchitektur. Dem Centro storico verleiht das eine angenehm ungekünstelte Atmosphäre. Westlich der Stadt liegt der zweitwichtigste Luftwaffenstützpunkt Italiens, und ab und zu donnert ein Fighter mit Überschall über einen hinweg.

Information/Verbindungen/Markt

- *PLZ* 58100
- *Information* **APT-Büro**, Via Monterosa 206, ✆ 0564-462611, ✆ 0564-454606. info@lamaremma.info, www.lamaremma.info. Mo–Fr 8.30–13.30 und 15–18 Uhr, Sa 8.30–12.30 Uhr. Ein kleiner **Infopoint** für Touristen ist in einem Kiosk in der Via Gramsci (gleich außerhalb der Altstadtmauer) untergebracht. ✆ 0564-462639.
- *Bahnverbindung* Züge nach Livorno, Rom (ca. 2 Std.), Siena (5x tägl. – 90 Min. Panoramastrecke durch die Landschaft südlich von Siena!). Für viele Verbindungen ins Landesinnere ist eher der Bus zu empfehlen.
- *Busverbindung* Busse fahren direkt vor dem Hauptbahnhof praktisch in alle Städte

der Provinz ab, z. B. nach Massa Marittima, Castiglione, Pitigliano, Saturnia ..., auch nach Florenz sei die Busvariante (ca. 2½ Std.) empfohlen.
- *Einkaufen* Die Geschäfte in der Provinz von Grosseto bleiben am Montagvormittag geschlossen. Der Corso G. Carducci verbindet den Altstadtzugang von der Piazza Rosselli und den Hauptplatz am Dom (Piazza Dante Alighieri) und bildet so als Einkaufsstraße die Hauptachse der Altstadt. Schön schlendert man auch durch die Via S. Martino.
- *Fahrradpiste* Für Radler gibt es zwischen Grosseto (Beginn an der südlichen Via della Repubblica) und Marina di Grosseto eine asphaltierte Piste, die parallel zur Auto-

Kunstmarkt im sprichwörtlichen Sinne – an der zentralen Piazza von Grosseto

straße verläuft, allerdings ohne Schatten!

● *Fewo-Agentur* **Farm Holidays/Agriturist**, gut organisiertes Reisebüro, das einen umfangreichen Katalog mit Fewos und Agriturismi, die ohne Aufpreis vermittelt werden, bereit hält. Im Reservierungsbüro wird man von Deutsch sprechenden Mitarbeitern beraten (Mo–Fr 9–13/15–19 Uhr). Via Manin 20, ✆ 0564-417418, ✉ 0564-421828, agrituri@gol.grosseto.it, www.agriturist.it (dann richtig weiterklicken).

● *Markt* Wochenmarkt am Donnerstagvormittag rings um die Piazza de Maria vor der Porta Vecchia (gleich neben dem Altstadtkern). Frisches Gemüse, Fisch und Käse stapeln sich dagegen Mo–Sa 7–13 Uhr in der überdachten Markthalle (*mercato coperto*), Viale V. Fossombroni.

● *Zufahrt/Zugang ins historische Zentrum* Das Einbahnstraßengewirr des die Altstadt umgebenden modernen Teils von Grosseto und der großzügige Verzicht auf die Verwendung von Straßenschildern

nervt beim Aufsuchen der Altstadt. Die sicherste und einfachste Methode, das Centro nicht zu verfehlen und nicht im Industrieviertel der Stadt zu enden, ist (von der Aurelia kommend), jeweils die Ausfahrt *Grosseto centro* zu nehmen. Richtung *centro* (ausgeschildert) gelangt man auf der Via Senese an den Kreisverkehr der Piazza Volturno, wo einen die 2. Ausfahrt (Via Oberdan) in die Altstadt führt.

Zugänge in das Zentrum gibt es insgesamt 4: Porta Vecchia (Piazza de Maria), Porta Nuova (im Zweiten Weltkrieg völlig zerstört) auf der Höhe der Piazza F.lli Rosselli, über die Via Gramsci und über die Via Amiata.

● *Parken* Die Altstadt ist für den Autoverkehr gesperrt. Parkplätze gibt es überall entlang der Altstadtmauer (gelbe Parkmarkierung: nur für Anwohner, blaue: gebührenpflichtig, weiße: frei bzw. mit Parkscheibe). Sobald man die braune Stadtmauer sieht, am besten einen Parkplatz suchen.

Übernachten/Essen (siehe Karte S. 362/363)

● *Übernachten* **** **Bastiani Grand Hotel (11)**, beste Adresse vor Ort, man wohnt ruhig und gediegen in der Altstadt. DZ mit Frühstück 123–150 €. Piazza Gioberti 64, ✆ 0564-20047, ✉ 0564-29321, www.hotelbastiani.com.

**** **Airone (1)**, das Business-Hotel in Grosseto, modern und funktionell, mit Parkgarage. Außerhalb der Stadtmauer gelegen (3 Minuten Fußweg in die Altstadt). DZ 88–100 €. Via Senese 35, ✆ 0564-412441, ✉ 0564-418370, www.hotelairone.eu.

*** Hotel Nuova Grosseto (16), beim Bahnhof, komplett renoviert, 40 komfortable Zimmer. DZ 80–135 €. Piazza Marconi 26, ✆/🖷 0564-414105, www.hotelnuovagrosseto.it.

*** Maremma (13), Empfang eher unambitioniert, die Zimmer aber groß und sehr sauber. DZ mit Frühstück 75–100 €. Via F.P. de Calboli 11, ✆ 0564-22293, 🖷 0564-22051, www.hotelmaremma.it.

*** San Lorenzo (2), knapp außerhalb der Altstadt, feudale Eingangshalle, 31 schöne, große Zimmer, alle mit Dusche/WC. DZ 81–110 €. Via Piave 22, ✆ 0564-27918, 🖷 0564-25338, www.paginegialle.it/sanlorenzo-02.

*** Mulinacci (9), DZ mit kleinen Bädern (ohne Duschvorhang!) 80–90 € inkl. Frühstück im schönen Gewölbe, in dem abends auch gespeist werden kann. Via Mazzini 78, ✆/🖷 0564-28419, www.kompass.com/c/mulinacci.

● *Camping* Die nächsten Campingplätze liegen in Marina di Grosseto, siehe dort.

● *Essen* Der Tipp in der Altstadt ist **Il Canto del Gallo (15)**, Via Mazzini 29: regionale Spezialitäten (aus biologischem Anbau) in einer kleinen, gemütlichen Taverne (in der Stadtmauer), die Wirtin kocht selbst. Reservierung empfohlen, So geschlossen. ✆ 0564-414589.

La Buca di San Lorenzo (14), in einem schönen, etwas stickigen Gewölbekeller (in der Stadtmauer) isst man von versilberten Platztellern, höheres Preisniveau. So und Mo geschlossen. Viale Manetti 1, ✆ 0564-25142.

L'Italiana (8), schön gedeckte Tische in einem Gewölberestaurant der Altstadt, wo der Chef mit gesteifter Kochmütze Feinstes aus der Fischküche serviert. Guter Service, entsprechende Preise. So geschlossen. Via Mazzini 80, ✆ 0564-22452.

Sale e Sole (12), neben dem Hotel Maremma, gute Auswahl an hausgemachten Speisen, auch Suppen, Snacks, Käse- und Aufschnittteller aus biologischen Produkten. Ansprechende Einrichtung, Tischdecken aus Recyclingpapier. So geschlossen. Via Fulceri di Calboli 5.

Al numero nove (4), an 9 kleinen Tischen wird man von 12 bis 24 Uhr durchgehend mit Wein und kleinen Gerichten bedient. Via Aldobrandeschi 9 (gleich hinter dem Dom). Mo geschlossen. ✆ 0564-427698.

● *Außerhalb* **Le Vecchie Usanze**, Via Scansanese 400, (ca. 3 km östlich der Stadt, auf die bunten Fahnen achten). Riesiges Land-

gasthaus mit Pizza vom Meter. Darüber bietet die Karte des Restaurants auch frischen Fisch vom Holzkohlengrill. Di geschlossen. ✆ 0504-409213.

Il Mago di Oz, an der Straße nach Marina di Grosseto. Hervorragende Pizzen (Marke Wagenrad). Das familienfreundliche Gasthaus mitten auf dem Land wird an Wochenenden gerne von Grossetianern aufgesucht. Viel Platz zum Draußensitzen, außerdem Spielplatz. ✆ 0504-400115.

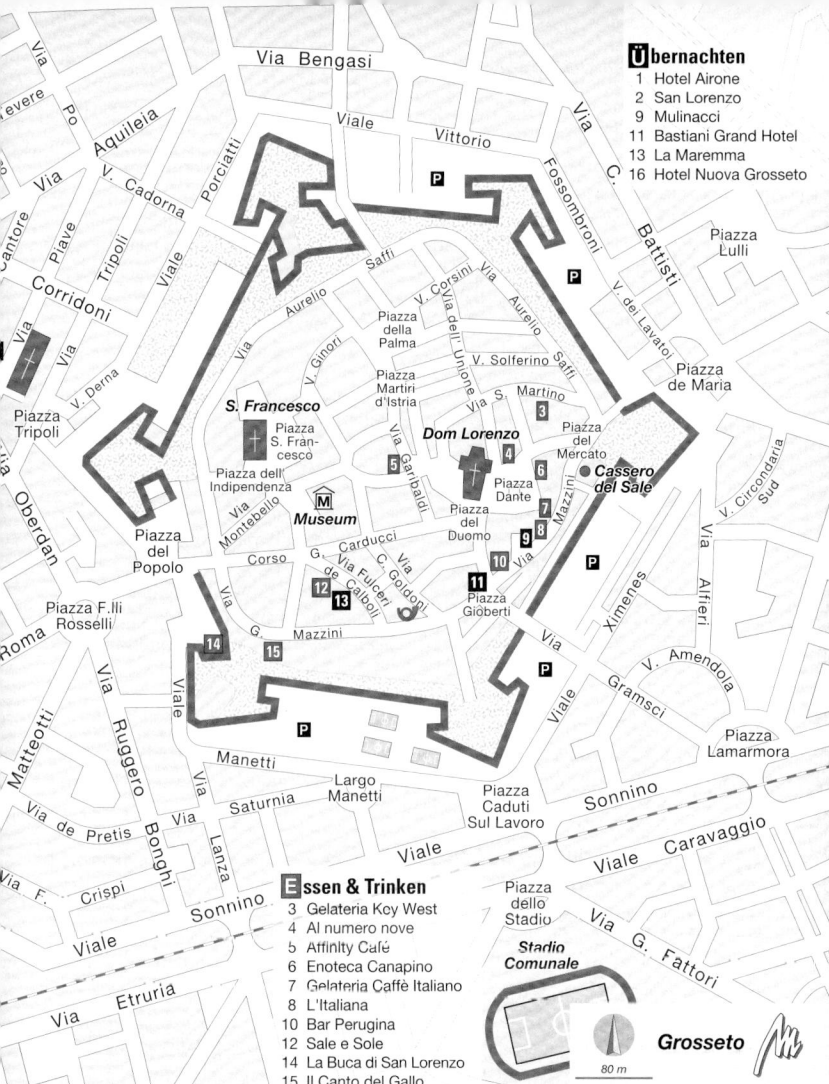

Übernachten
1 Hotel Airone
2 San Lorenzo
9 Mulinacci
11 Bastiani Grand Hotel
13 La Maremma
16 Hotel Nuova Grosseto

Essen & Trinken
3 Gelateria Key West
4 Al numero nove
5 Affinity Café
6 Enoteca Canapino
7 Gelateria Caffè Italiano
8 L'Italiana
10 Bar Perugina
12 Sale e Sole
14 La Buca di San Lorenzo
15 Il Canto del Gallo

Grosseto

80 m

● *Bar* **Affinity Café (5)**, der Ort zum Verweilen in der Altstadt, abseits des Einkaufstrubels und mit Betischung auf der Piazza Mensini. Via Garibaldi 16.

Bar Perugina (10), an der Ecke gegenüber dem Grand Hotel Bastiani. Guter Cappuccino. Zu fortgeschrittener Stunde ist der Aperitivo della Casa zu empfehlen: Aperòl, Cordial Campari, Grapefruitsaft, mit Pinot oder Prosecco aufgefüllt. Piazza Gioberti.

Enoteca Canapino (6), für ein Glas Wein

aus der Region mit Blick auf die Piazza von einem der Tischchen unter den Arkaden und für einen Imbiss geeignet. So geschlossen. Piazza Dante Alighieri.

● *Eis* **Gelateria Caffè Italiano (7)**, in der ältesten Eisdiele der Stadt gibt es immer noch das beste Eis (auch Frappé aus Kaffee mit Sahne!). Piazza Dante Alighieri.

Gelateria Key West (3), auch hier hält man eine duchaus einladende Auswahl an Sorten bereit. Via San Martino 21.

Sehenswertes

Stadtmauer: Sie wurde Ende des 16. Jh. im Auftrag der Medici erbaut. Ähnlich wie in Lucca umschließt der Wall die Altstadt in Form eines Sechsecks, was Grosseto den Beinamen *Piccola Lucca* eingebracht hat. Unter Leopold II., dem letzten Großherzog der Toscana, wurde die Befestigungsanlage 1835 zu einem Wallgarten umgestaltet. Bei einem Rundgang auf der Mauer stößt man im Nordosten der Anlage auf die *Fortezza Medicea*, einen Bau aus dem 16. Jh. mit trutzigen Mauern, der von toscanischen Häftlingen in 19 Jahren Bauzeit errichtet wurde. Den Eingang schmückt hier das Wappen der Medici von 1593 mit den berühmten sechs Kugeln. Hier finden hin und wieder interessante Ausstellungen statt, die einem dann den Zutritt in die Medici-Festung ermöglichen (z. Zt. der Recherche noch ohne Eintritt).

Piazza Dante Alighieri: Der schönste Platz der Altstadt wurde im Jahr 2001 restauriert und ist beliebter Treffpunkt der Grossetaner. Im angrenzenden *Palazzo degli Aldobrandeschi*, dem imposantesten mittelalterlichen Bauwerk Grossetos, residiert heute die Provinzregierung. Die Marmorstatue auf dem Platz wurde 1846 zu Ehren Leopolds II. errichtet, wegen seines blonden Haars von der Bevölkerung liebevoll *Canapone* (Hanfschopf) genannt. In der Kleidung eines alten Römers hält er in einem Arm eine sterbende Frau mit totem Kind, was die sterbende Maremma darstellen soll. Mit dem Fuß zertritt er eine Schlange, die die Malaria symbolisiert, unter der die Maremma jahrhundertelang zu leiden hatte. Durch den Biss des *Grifonen*, Grossetos Wappentier (ein Fabelwesen aus der etruskischen Mythologie, halb Drache, halb Löwe), wird das Jahrhunderte weilende Übel ebenfalls bezwungen.

Nach der Fertigstellung der aufwändigen Bauarbeiten an der Piazza Dante Alighieri, Ende 2001, gab seine neue Erscheinung gleich genügend Anlass zu allgemeiner Polemik, obwohl der Platz nach altem Vorbild mit massiven Eisenketten dekoriert und mit Porphyr-Steinen schön gepflastert wurde. Die Bänke, die den Platz um das Denkmal säumen, sind zwar aus Sandstein, sehen aber trotzdem aus, als seien sie aus Zement gegossen. Und die etwas zu klobig geratenen Poller, die genau dahin gesetzt wurden, wo bereits behindertengerechte Schrägen für Rollstuhlfahrer gepflastert worden waren, wurden von der Bevölkerung als klassisches Beispiel der Diskrepanz zwischen Projekt und Ausführung im italienischen Städtebau heftig bemängelt!

Dom San Lorenzo: Er wurde um 1300 vom Sieneser Architekten *Sozzo di Rustichini* im gotischen Stil erbaut und später mehrmals umgestaltet. Zuletzt wurde Mitte des 19. Jh. die Frontfassade neoromanisiert. Das Portal ist reich dekoriert und fällt wegen seiner gestreiften Fassade aus rotem und weißem Marmor auf. Die Fassade der Südseite ist noch original erhalten und kann von der Piazza Dante Alighieri aus bewundert werden. In seiner gesamten Ausführung erinnert der Dom an die Gotik des Dombaus von Siena. So auch die mächtigen Vierungspfeiler im Inneren der dreischiffigen Kathedrale, die mit bemaltem Stuck dekoriert sind und so die gestreifte marmorne Außenfassade wiederholen. Sehenswert sind ein großes Taufbecken von *Antonio di Ghino* (1470) sowie ein Altarbild von *Matteo di Giovanni* (ebenfalls 15. Jh.). Links vom Hauptaltar sieht man San Lorenzo, den Schutzheiligen der Stadt. Er ist mit dem eisernen Rost dargestellt, auf dem der Märtyrer unter der Herrschaft der Römer verbrannt wurde.

Der Dom von Grosseto – gotisch, mit erneuerter Fassade

Kirche San Francesco: Der schlichte Backsteinbau an der Piazza Indipendenza stammt aus dem 13. Jh. Im Innern kann man sich ein Holzkruzifix und Freskenreste aus dem 14. Jh. anschauen. Ganz im Sinne des heiligen Franz von Assisi, bei dem eine Kirche nicht mehr als eine *Fienile di Preghiera* – ein Heuboden des Gebets – sein sollte, ist auch der Innenraum sehr einfach gehalten. Die allegorischen Deckenmalereien in der angrenzenden Kapelle des heiligen Antonius von Padua aus dem 17. Jh. sind ein typisches Beispiel barocker Freskenmalereien und erscheinen einem dagegen fast überladen. In den renovierten Kreuzgang des noch von Mönchen bewohnten Konvents gelangt man durch das eiserne Tor (falls geschlossen: klingeln!).

Cassero del Sale: Die Gegend um Grosseto verfügte über große Salzvorkommen, und die Stadt galt bereits im frühen Mittelalter als Zentrum der Salzgewinnung. Der Wert von Salz war damals immens, da es die einzige Möglichkeit war, Speisen zu konservieren und haltbar zu machen. Eines der großen Lagerhäuser, in denen das kostbare Salz gespeichert wurde, ist an der Piazza Mercato (Eingang Porta Vecchia) noch erhalten.

Museo Archeologico e d'Arte della Maremma: Das in Sachen Archäologie und Kunstgeschichte bedeutendste Museum der Maremma befindet sich an der Piazza Baccarini. In der Eingangshalle präsentiert die frühgeschichtliche Abteilung Funde aus prähistorischer, etruskischer und römischer Zeit. Die Ausstellung zeigt Grabbeigaben, Schmuck, Münzen und Keramik, die bei Ausgrabungsarbeiten vor allem in Roselle und in Vetulonia gefunden wurden. Wer vorhat, die Ausgrabungsstätte von Roselle zu besuchen, sollte sich das anschauliche Modell der einstigen etruskischen Stadt gut einprägen, um sich so später vor Ort besser orientieren zu können. Die berühmte schwarze *Bucchero*-Keramik der Etrusker (Brand von feinster Tonerde durch Sauerstoffreduktion) kann hier in ihrer Entwicklung bis hin zur römischen Keramikherstellung verfolgt werden. Die orangefarbene Keramik der Römer dagegen ist durch das Brennen von eisenhaltiger Tonerde entstanden (100 v. Chr. bis 100 n. Chr.). Im obersten Stock präsentiert das Museum für Kirchenkunst v. a. eine Sammlung von Silberschmiedearbeiten und Gemälden. Zu den Preziosen des Museums zählen aber auch die im Schutz des Halbdunkels präsentierten Chorbücher mit Mensuralnotation und Miniaturmalereien aus dem 13. bis 16. Jh.

🕐 Di–So 10-13 und 17-20 Uhr, Fr/Sa abends bis 23 Uhr geöffnet. Eintritt 5 €.

Roselle

Der auf einem etwa 300 m hohen Hügel gelegene Ort war eine der bedeutendsten etruskischen Städte. Im 7. Jh. v. Chr. noch lag Roselle am Priele-See, den die Bruna gebildet hatte (siehe Vetulonia). Den Etruskern folgten die Römer, die hier eine blühende Stadt aufbauten.

Die Stadt war eine der insgesamt zwölf etruskischen *Dodecapoli*, zu denen u. a. auch Vetulonia, Populonia und Chiusi zählten. Das Wort „rus" bedeutete in der etruskischen Spache „Wasser", womit sich der Ursprung des Namens der Stadt herleiten lassen dürfte. Die Ausgrabungen zählen zu den ältesten Etruriens und gehen auf die Zeit 700 v. Chr. zurück. Um 500 v. Chr. zählte die Stadt 5000 Einwohner. Die etruskischen Städte standen sich über Jahrhunderte stets rivalisierend gegenüber. Der Aufschwung der einen hatte die Schwächung bzw. den Niedergang der anderen zur Folge. So lebte das benachbarte Vetulonia nach der Eroberung Roselles durch die Römer 294 v. Chr. auf und nahm an Macht zu. Unter der nunmehr römischen Herrschaft erlebte Roselle in den drei folgenden Jahrhunderten einen erheblichen baulichen Aufschwung. Erst die Verlandung des Prile-Sees leitete den wirtschaftlichen Niedergang der gesamten Ebene zwischen den Flüssen Bruna und Ombrone ein. In den küstennahen Sumpfgebieten breitete sich die Malaria aus, und als 1138 der Bischofssitz offiziell nach Grosseto verlegt wurde, führte dies zur endgültigen Entvölkerung Roselles.

Man beginnt den Rundwanderweg durch die archäologischen Ausgrabungsstätte und nähert sich dem ehemaligen Zentrum der Stadt auf den Überresten einer etruskischen Straße, die unter einer 3 m dicken Erdschicht verschüttet lag und erst 1992 beim Überfliegen der Anlage anhand der auffallenden Vegetation ausgemacht wurde. Auf den gepflasterten Straßen der Römer lassen sich sehr deutlich die Spuren der Wagenräder erkennen, die im geschäftigen Zentrum einst umherfuhren. Die umfangreichen Ausgrabungen brachten vor allem die Überreste einer römischen Stadt mit Forum, Straßen, Thermen und einem kleinen Amphitheater hervor, in dem bis zu 4500 Zuschauer Platz fanden, um die hier ausgetragenen Gladiatorenkämpfe zu verfolgen. Eine Sprechprobe beweist, wie klar und deutlich die Stimmen innerhalb des Theaterraumes zu verstehen waren. Auch die unter der Römerstadt verborgene Etruskersiedlung mit Wohnhäusern und Werkstätten wurde inzwischen ans Tageslicht befördert. Die Gebäude, die aus dieser Zeit stammen, sind heute zum Schutz vor Verfall und Erosion alle überdacht. Die verwendeten Baumaterialien waren neben Steinen auch ungebrannter Ton, der dank eines großen Brandes um 100 v. Chr. zumindest einigermaßen Festigkeit erlangte.

Eines der imposantesten Zeugnisse der etruskischen Zeit ist die über 3 km lange und fast vollständig erhaltende Stadtmauer aus riesigen, polygonalen Steinblöcken (bis zu 5 m hoch!).

• *Anfahrt* Roselle ist ca. 8 km von Grosseto entfernt. Von Grosseto erst auf die Autostrada Richtung Siena, Ausfahrt Roselle. Vom heutigen Dorf Roselle der Ausschilderung „parco archeologico" folgen. Bereits an der Zufahrt zum Eingang des Ausgrabungsgeländes sind links einige etruskische Gräber zu sehen (Halteverbot!).

• *Öffnungszeiten/Ausgrabungsgelände* März–Okt. 8.30–19.30 Uhr, Nov.–Febr. 8.30–17.30 Uhr. Eintritt 4 € (inkl. Info-Blatt in deutscher Sprache). Info unter ✆ 0564-402403. Das kleine Büro fungiert derzeit auch als **Touristeninformation**. ✆ 0564-403067.

• *Übernachten/Essen* **Agriturismo Corte degli Ulivi**, seit Generationen arbeitet der Betrieb in der Ölproduktion. Großes Gelände mit Liegewiese und Minipool für die Kinder. Es gibt auch Reitmöglichkeiten. In der alten Ölmühle (Frantoio) wird das Öl von 10.000 Olivenbäumen gepresst. Appartements aller Größen, in der NS auch tageweise, pro Pers. ca. 35 €. Wochenpreise: 2 Pers. 500 € inkl. Mückenfenster. Von Bagno Roselle am Restaurant La Parolaccia in die Strada dello Sbirro abbiegen. Nach 2,5 km auf Ausschilderung rechts achten, ✆ 0564-401217 oder 335-6511774, 🖷 0564-401217, www.cortedegliulivi.net.

* **Albergo Da Lea**, Roselle (in Bagno di Roselle, Straße in Richtung archäologisches Gelände). Etwas ältere Zimmer, in denen man besser vorher die Dusche kontrolliert. Sonst aber alles okay und der Empfang sehr freundlich. DZ 60 €. Via Batignanese 111/113, 58040, ✆ 0564-402234, 🖷 0564-403868, albergodalea@tin.it.

Trattoria/Ristorante La Parolaccia, Loc. Canonica, La Parolaccia (in Bagno Roselle, ca.100 m vom vorgenannten Hotel). Von Einheimischen viel gelobte Trattoria mit überzeugendem Preis-Leistungs-Verhältnis. Der Speisesaal ist groß und trotzdem zur Mittags- wie zur Abendzeit oft brechend voll. Hervorragende Primi und Secondi, große Portionen. Am besten fragt man schon vor dem Gelage nach einem Zimmer in dem motelähnlichen Anbau. Fr geschlossen. DZ 60 €. Via Batignanese, ✆ 0564-402205.

▸ **Montepescali**: Der stille, mittelalterliche Ort, ca. 15 km nördlich von Grosseto, thront 200 m über der Schnellstraße. Ein wertvolles Madonnenfresko aus dem 15. Jh. in der Kirche San Niccolò kann man sich aus Sicherheitsgründen nur noch während der sonntäglichen Messe anschauen. Der Festungsturm aus dem 14. Jh. beherbergt ein lokales Museum (leider nur Mittwoch und Sonntag 15–19 Uhr geöffnet, Eintritt frei). Es bewahrt die Rekonstruktion einer einst berühmten, aber bereits im 16. Jh. von Söldnern zerstörten Uhr auf, die mit nur einem Zeiger funktioniert. Auch wenn alles verriegelt ist: der „Falkenhorst der Maremma" mit seinen Treppen und Bögen lohnt einen kurzen Stopp – und sei es wegen der wunderbaren Aussicht über die Ebene.

▸ **Istia d'Ombrone**: Wer von Grosseto in Richtung Scansano fährt, kommt nach ca. 6 km unweigerlich an diesem am rechtsseitigen Ufer des Ombrone gelegenen mittelalterlichen Örtchen vorbei. Einen Stopp lohnen hier weniger die kümmerlichen mittelalterlichen Ruinenreste als ein unbedingt empfehlenswertes Restaurant:

• *Essen* **Terzo Cerchio**, auf Dantes Spuren im gemütlichen Restaurant, das eine Top-Adresse für echte maremmanische Küche ist. Dass in Dantes Göttlicher Komödie die Sünder für ihre Völlerei büßen mussten, sollte einen nicht davon abhalten, einiges aus der interessanten Speisekarte zu probieren. Im Angebot sind Bistecca vom Grill und Wildgerichte. Auch die Tortelli mit Ragout vom Fasan waren köstlich. Schöne Terrasse. Di geschlossen. Piazza del Castello 2, ✆ 0564-409235.

• *Wein* **Fattoria Le Pupille**, im Zuge des steigenden Weintourismus der Region hat die renommierte Kellerei hier ihre neue Cantina gebaut, die Weinberge liegen weiterhin in Pereta. Im überirdischen Barriquekeller reifen u. a. die Spitzenweine Poggio Valente und Saffredi. Führungen nach telefonischer Anmeldung auf Italienisch und Englisch, Weinverkostung inklusive (kein Verkauf!). Loc. Piagge del Maiano, www.elisabettageppetti.com, ✆ 0564-409517.

Küste der Maremma

Karte S. 339

Parco Naturale della Maremma

Der Parco Naturale della Maremma erstreckt sich über 70 qkm rund um die Monti dell'Uccellina, deren höchster Punkt 417 m über dem nahen Tyrrhenischen Meer liegt. Im Osten wird der Park durch die Via Aurelia begrenzt.

Am Rand des Naturparks, der ein letztes großes Rückzugsgebiet für frei lebende Maremma-Rinder, Pferde, Rehe und Wildschweine ist, liegt der kleine Ort **Alberese** und das ihm vorgelagerte **Marina di Alberese**. Nur lange, beschwerliche Fußwege führen in die dichten Pinienwälder im Inneren des Naturparks und zur Ruine des Klosters *San Rabano*, das Dante in der „Göttlichen Komödie" verewigte.

Etwa 2 km von der Klosterruine entfernt ragen die Überreste der *Torre della Bella Marsilia* aus dem Boden, um die sich eine der berühmtesten Legenden der Maremma rankt: Im Jahr 1543 entführte der aus Algier kommende osmanische Admiral Cheireddin Barbarossa, dessen Piratenzüge den ganzen christlichen Mittelmeerraum in Furcht und Schrecken versetzten, die schöne Roxelane, die jüngste Tochter des Burgherrn Marsili. In Konstantinopel wurde sie im Harem des Topkapi-Palastes Favoritin des Sultans Suleiman I. Ihr Sohn, Sultan Selim II., der seines bedenklichen Lebenswandels wegen „Selim der Trunkenbold" genannt wurde, schrieb 1571 Geschichte, als er mit seiner osmanischen Flotte die Seeschlacht von Lepanto verlor. Die hübsche Legende hat nur einen Makel: Die schöne Roxelane war polnischer, ukrainischer oder russischer, jedenfalls slawischer Herkunft und hat die Maremma nie gesehen ...

Festliches in Alberese

Merca del Bestiame Brado am 1. Mai: Die Nachfahren der Maremma-Cowboys, die so genannten Butteri, fangen junge Stiere, packen sie bei den Hörnern, legen sie aufs Kreuz und brennen ihnen das Zeichen der „Regione Toscana" ins Fell.

Torneo dei Butteri am 15. August: Die Butteri führen die alte Kunst und Tradition des Reitens der Kuhhirten vor. Teilweise geht es bei der Veranstaltung recht folkloristisch zu, was aber in diesem Rahmen dazugehört und vor allem von den begeisterten Fans der maremmanischen Cowboys sehr geschätzt wird. Information unter ☎ 0564-22111 oder 407293. Eintritt: 6 €, Kinder 3 €. Die Darbietungen finden auf dem Sportplatz (Campo sportivo) in Alberese statt.

▶ **Marina di Alberese**: Damit die Ruhe der hier weidenden Pferde und Maremma-Rinder nicht über Gebühr gestört wird, ist die einzige Zufahrt nach Marina di Alberese mit einer Barriere versehen, die sich automatisch schließt, sobald sie von ca. 250 Fahrzeugen passiert worden ist. Die einzige Parkmöglichkeit unter den Schirmpinien hinter dem Strand ist gebührenpflichtig. Der ca. 15 km lange, naturbelassene Strand ist zum Baden wenig geeignet, allerlei Angeschwemmtes treibt hier im Wasser. Schön ist jedoch die zwei- bis dreistündige Wanderung zu den Sumpfgebieten an der linken Flanke der Ombrone-Mündung (siehe unten, A 7). Fischreiher, Kormorane und Möwen fühlen sich hier wohl.

● *Öffnungszeiten der Zufahrt* An Wochenenden im Frühjahr und im Sommer ist der Zählmechanismus der Schranke in Betrieb. Zwischen dem 15. Juni und dem 20. September ist die Zufahrt sogar nur mit einem Ticket möglich, das man sich vorher in Alberese beim Centro Visite (siehe unten) geholt hat. Ganztagsticket 6 € oder Ticket für den halben Tag 4 €.

● *Busverbindung* Vom 15. Juni bis zum 15. Sept. fährt etwa stündlich ein Bus vom Dorf Alberese nach Marina di Alberese (8–19 Uhr).

Küste der Maremma

Karte S. 339

Butteri – Maremma-Cowboys beim Pferdetreiben

• *Information* **Centro Visite di Alberese**, neues Gebäude kurz vor dem Dorfeingang von Alberese rechts (gegenüber dem Großparkplatz). Mitte März bis Juni und Okt. bis Mitte März 8–14 Uhr, Juli–Sept. 7.30–17 Uhr. Hier werden alle erdenklichen Informationen für Besucher gegeben (Länge und Schwierigkeitsgrad der Wanderwege sowie deren besondere Attraktionen), und hier bekommt man die für die interessantesten Rundgänge notwendigen Eintrittskarten. ☎ 0564-407098, ✍ 0564-407278. Es herrscht generelles Hundeverbot im Park! info@parco-maremma.it, www.parco-maremma.it.

• *Wanderwege* Prinzipiell ist der Park das ganze Jahr über für Wanderausflüge geöffnet. **A 7**: 2- bis 3-stündige Rundwanderung von Marina di Alberese den Strand entlang zur Mündung des Fiume Ombrone (5 km). Ein Stück flussaufwärts geht man am Ufer entlang, dann durch den Pinienwald zurück zur Hauptstraße. Das Ticket für diese Tour kostet 3 €.

A 6 mit Anschluss A 5: Diese kurzen Rundwanderungen können ohne Führer ab Alberese gemacht werden (in den Sommermonaten von 8 Uhr bis Sonnenuntergang). Die Tour dauert 2–3 Std. (5,7 km). Das Ticket kostet 6 €.

Bei den meisten anderen Wanderrouten wird grundsätzlich zwischen der Sommersaison (Mitte Juni bis Sept.) und dem Rest

des Jahres unterschieden. Außerhalb der Sommersaison ist ein Besuch interessanter, da dann dem Publikum mehr Wanderwege ohne Führung zugänglich sind. Insgesamt stehen von Alberese aus sieben Touren (2–6 Stunden) zur Auswahl, weitere drei vom südlichen Küstenort Talamone aus. Die interessanteren Touren kann man allerdings nur mit Führer unternehmen.

• *Führungen* werden in der Hauptsaison (Juli–Sept.) 8–16 Uhr angeboten, Führungen auf Deutsch (A 2-Tour) mittwochs um 16.30 Uhr für 9 €, Voranmeldung im Centro Visite di Alberese ist erforderlich. Zum Teil sprechen die Führer Englisch, manchmal auch Deutsch. Geführte Wanderungen zu den Turmruinen auf Deutsch fanden z. Zt. der Recherche nach Voranmeldung jeden Mittwoch um 16.30 Uhr statt.

• *Reiten/Fahrradverleih* **Il Rialto** vermietet gute Räder (8 € pro Tag), vermittelt Kanutouren (16 € für 2 Std./24 € pro Tag) und betreibt eine Windsurfschule. Auch im Bogenschießen kann man sich betätigen. Für einen entspannten Ausflug zum Meer sei das Ausleihen von Rädern empfohlen. Die Fahrerlaubnis im Park beschränkt sich nur auf die Tour A 7 zur Flussmündung des Ombrone und auf die Verbindungsstraße zwischen Alberese und dem Strand von Marina di Alberese. Diese angenehme Strecke von 8 km kann man auf einem neu asphaltierten Fahrradweg bequem radeln. Wer radelt, sieht mehr! Uns begegnete regelmäßig ein an die Besucher gewöhnter Fuchs. ✆ 0564-407102 oder 347-5171694 ilrialto@katamail.com, www.m4stylenet.

Fahrradverleih auch beim **Lebensmittelgeschäft Rosi**, Piazza del Combattente 31 (Ortszentrum), ✆ 0564-407013, oder bei **Albazar** gleich daneben.

Für geführte Reitausflüge in den Park, sowohl für Ungeübte als auch für anspruchvolle Reiter, seien die Pferde des **Agriturismo Il Gelsomino** empfohlen (siehe Übernachtungen).

• *Übernachten/Camping* In und um Alberese gibt es mittlerweile Agriturismi wie Sand am Meer, Hotels und Campingplätze sind dagegen selten.

* **Albergo Rispescia**, ordentlich kommt man in einem der 11 sauberen Zimmer unter (teilweise mit Terrasse und Liegestühlen), auch Appartements vorhanden. Restaurant angeschlossen. DZ inkl. Frühstückskörbchen aufs Zimmer 55–70 €. Via della Costituzione 6, 58010 Rispescia, ✆ 0564-405309, ✎ 0564-405735, www.albergorispescia.com.

Il Gelsomino, ein toskanischer Agriturismo wie er sein sollte: Die Signora kocht, Tochter Cristina kümmert sich um das Gemüse im Garten des kleinen Bauernhofs und Margherita ist die Pferdefrau. Ein Ausritt auf einem der Pferde kann unter ihrer Aufsicht sogar von absoluten Anfängern gewagt werden, (2-Stunden-Ausritt in den Park ist seine 35 € wert!). Ehrliche, herzliche Gastfreundschaft, Fahrräder, Hunde, Katzen, Öl, Wein, Obst und Gemüse. Die Unterkunft in einem der 7 Zimmer ist einfach, das Abendessen hingegen köstlich. Mindestaufenthalt 2 Nächte im DZ 60–80 € (Hochsaison). Strada del Barbicato 4, ✆ 0564-405133 (347-7746476 für Vereinbarung von Ausritten), ✎ 0564-405133, www.ilgelsomino.com.

Azienda Agricola Alberese, die Azienda ist für die Landwirtschaft des Parks verantwortlich. So bietet sie auch Ausritte (Reiterfahrung vorausgesetzt) mit den Butteri an (täglich gegen 8 Uhr vor der Azienda, Anmeldung erforderlich). Außerdem führt sie ein Ladengeschäft mit sehr guten Produkten wie Käse, Wein, Pasta, Öl und Biofleisch der Langhornrinder. Dieser Laden befindet sich im Ort Alberese gleich neben der Kirche. Täglich 8.30-12.30 und 16-19 Uhr. Übernachtungsmöglichkeiten in der Villa Granducale bzw. große Appartements ab 2 Nächten ab 200 €. ✆ 0564-407100 oder 329-2603794, ✎ 0564-407180, www.alberese.com.

• *Essen* Es gibt drei Möglichkeiten, sich vor oder nach der Wanderung im Park zu stärken: In Alberese selbst empfängt die **Trattoria/Pizzeria La Maremmana** ihre Gäste, Via delle Fante 24. Di geschlossen. ✆ 0564-407137.

Etwa 500 m in Richtung Grosseto findet man die **Osteria Il Mangiapane**, wo es mehr als nur Brot zu essen gibt. Eine Leserin schreibt: „Sehr liebevoll, gute Atmosphäre, das Essen ist sehr gut, keine große Karte, aber alles frisch." In der Tat ein Tipp in Alberese! Do geschlossen. Strada Cerretale, ✆ 0564-407263.

Wer gerne ein saftiges Stück Fleisch zwischen den Zähnen hat, sucht die **Osteria dell'Orco** beim Bahnhof von Alberese auf – 5 km vom Ort entfernt, direkt an der Einfahrt zur Aurelia. Man isst unter einem Schattendach, was gleich daneben gegrillt wird: Florentiner Steak und Wildschwein. Geöffnet März–Okt., Mo geschlossen. ✆ 0564-596021.

Kurz vor dem Strand von Marina di Alberese gibt es links an der Straße eine Einrichtung mit sanitären Anlagen (WC). Hier stehen im Sommer auch ein paar Buden, wie die von **Luisa**, die gekühlte Getränke, Eis und Brötchen verkaufen.

Talamone

Das einsam auf einer Halbinsel an den südlichen Ausläufern der Monti dell'Uccellina gelegene, hübsche Fischerdorf mit einer Burg, die wegen ihres grauen Steins bei der Anfahrt wie ein riesiger Betonklotz anmutet, und einem einladenden Jachthafen ist an sommerlichen Wochenenden bei italienischen Ausflüglern ein begehrter Fleck.

In früheren Zeiten stritten sich Etrusker, Gallier, Römer, Umbrier und Venetier um den Ort, dessen Name der Sage nach auf *Telamon* zurückgeht, einen der Argonauten, die das Goldene Vlies wieder nach Griechenland zurückholen sollten. Telamon soll hier gestorben sein, und der große Hügel, auf dem Talamone heute liegt, soll nichts anderes als die dem Helden errichtete Grabstätte sein. So weit die Mythologie. Erwiesen ist, dass auf dem Hügel auf der anderen Seite der Bucht das etruskische *Tlamu* lag, bei dessen Ausgrabung Teile eines größeren Tempels, einige Terrakotten und Grabbeigaben aus dem 6.–5. Jh. v. Chr. gefunden wurden. Außerdem konnte der berühmte Giebelfries von Talamone geborgen werden, der heute in Orbetello ausgestellt ist.

Sein und Haben aus der Sicht eines italienischen Trainers

„Ich habe fertig!" – so lautete der mittlerweile legendäre Schlusssatz einer Pressekonferenz, auf der Giovanni Trappatoni, der damalige Trainer des FC Bayern München, im November 1997 lautstark die Gründe für die vorausgegangenen desolaten Leistungen seiner Spieler analysierte. „Trapp", wie die Italiener den erfolgreichen Trainer nennen, ging damit unversehens in die neuere deutsche Sprachgeschichte ein und wurde zum Trendsetter für Werbetexter und Zeitgeistanalytiker.

Ein Jahr später hatte „Trapp" auch mit seinem Job in München fertig und ging zurück nach Italien, wo er die Fußballnationalmannschaft trainierte. Danach verschlug es ihn über den Umweg Lissabon für kurze Zeit erneut nach Deutschland, diesmal zum beschaulicheren VfB Stuttgart. Hier in Talamone hat er mitten im Dorf ein Häuschen und ist sozusagen Ehrenbürger. Oft sieht man ihn im *Circolo Sporting Club* mit den Leuten aus dem Dorf Karten spielen. Seine abendliche Joggingstrecke führt unten am Hafen entlang.

• *PLZ* 58010

• *Information* In einem Wohncontainer gegenüber der Stadtmauer. Nur an Wochenenden geöffnet, in der Hauptsaison auch Fr, Zeiten ungewiss bzw. variabel. ✆ 0564-887410.

• *Bahnverbindung* Bahnhof im 3 km entfernten Fonteblanda (Linie Genua–Rom).

• *Busverbindung* Nach Grosseto, Follonica und Orbetello.

• *Bootsausflug* Fragen Sie im Ort nach **Paolo il Pescatore**! Man wird ihn kennen. Braun gebrannt, voller Enthusiasmus, Phantasie und Geschäftssinn, veranstaltet er mit seinem Boot mit WWF-Flagge Ausflüge in die Gewässer vor der Küste und betreibt eine Art sanften Meerestourismus. Er kennt die besten Buchten, lässt seine Gäste an der alten Tradition des Fischens und Angelns teilhaben und grillt die kostbare Beute aus dem Meer für die Gäste noch an Bord. Der Ausflug im Boot für 4 Stunden kostet bis Ende Mai 30 €, ab Juni 40 €, die 8-stündige Tour ab 80 €. (Kinder jeweils die Hälfte.) Abfahrt bei guter Wetterlage um 8 Uhr. Infos und Reservierung für **Pescaturismo** unter ✆ 0564-884921 oder 333-2846199, pescaturismo@tiscalinet.it.

• *Übernachten* ****** Il Telamonio**, wenig Ausstrahlung, unserer Meinung nach überteuert. April–Sept. geöffnet. DZ mit Früh-

stück je nach Saison 110–135 €. Piazza Garibaldi 4, ✆ 0564-887008, 🖷 0564-887380, www.hoteliltelamonio.com.

*** Baia di Talamone, am Hafen, 16 helle Zimmer im modernen Styling (auch 3-Bett-Zimmer), zur Straße hin laut. April–Okt. geöffnet. DZ mit Frühstück je nach Saison 100–130 €. Via della Marina 23, ✆ 0564-887310, 🖷 0564-887389, www.hotelbaiaditalamone.it.

*** Capo d'Uomo, oberhalb des Orts (rechts an der Stadtmauer hoch). Komfortable, aber kleine Zimmer mit spektakulärem Blick von den kleinen Zimmerterrassen auf die Burg und das Meer. Modernes, kleines Hotel mit Flair! April bis Mitte Oktober geöffnet. DZ 120–135 € (je nach Saison fürs Standardzimmer). Via Cala di Forno 7, ✆ 0564-887077, 🖷 0564-887298, www.hotelcapoduomo.com.

• *Außerhalb* ***** Corallo**, freundliche und korrekte Unterkunft in einem ruhigen Wohnviertel. DZ 78–98 €, Via Paolieri 27, 58010 Albinia (13 km von Talamone in Richtung Rom), ✆ 0564-870065, 🖷 0564-870571, www.hotelcorallo.it.

• *Camping* **Talamone Camping Village**, ca. 1 km vor dem Ort. 300 Stellplätze und Bungalows, die in den Hang (schöner Blick) integriert wurden. Freundliche Mitarbeiter an der Rezeption, Swimmingpool und nette Bar – allerdings teuer. Mitte April bis Mitte

Sept. geöffnet. Via Talamone, ℡ 0564-887026, 🖥 0564-887170, www.talamonecampingvillage.com.

Mehr als ein halbes Dutzend Campingplätze findet man weiter südlich im schmalen Pinienwaldstreifen zwischen der Via Aurelia und der Küste. Alle haben einen Zugang zum schmalen Sandstrand.

Camping Il Gabbiano, wer sich von den verglasten Buschhäuschen der Rezeption nicht abschrecken lässt, findet wunderschöne, schattige Plätze vor. Grillmöglichkeit, Bistro und Lebensmittelladen. 200 Stellplätze. April–Sept. geöffnet. ℡/🖥 0564-870202, info@campingilgabbiano.com.

Die Campingplätze liegen übrigens auf dem blutgetränkten Boden des legendären Schlachtfelds *Campo Regio*, wo die erstmals vereinten Heere der Römer und Etrusker sich erfolgreich mit den Galliern schlugen.

● *Essen* **Hosteria Da Flavia**, bekannt für Fisch und Meeresfrüchte, gehobene Preise. Di geschlossen. Via IV Novembre 1, ℡ 0564-887091.

Pizzeria La Scesa, gegenüber dem vorgenannten Lokal, mit Betischung auf der großen Terrasse zwischen den beiden. Pizzen aus dem Holzofen. Mo geschlossen. Via Garibaldi 13, ℡ 0564-887069.

Trattoria La Buca, rustikale Atmosphäre zu hohen Preisen. Mo geschlossen. Via Porta G. Garibaldi 5 (in einem Seitengässchen), ℡ 0564-887067.

Buratta, der Tipp! Am Ortseingang von Talamone rechts um den Talamone Camping fahren. Erst Schotter, später enge Asphaltstraße (ca. 3,2 km). Pferdehof aus der Maremma, die aber nicht für Ausritte vermietet werden. Ob Pasta oder Wildschweinbraten: Selbstbedienung. Speiseraum ist eine grün bewachsene Eternit-Pergola schräg gegenüber vom Hof. Ostern bis Mitte Juni nur am Wochenende, dann bis Mitte Sept. täglich abends, Sa/So auch mittags geöffnet. Mitten in der Wildnis! ℡ 0564-885614.

● *Außerhalb* **Ristorante Torre Capita**, in Albinia (13 km von Talamone in Richtung Rom), knapp außerhalb des Orts (an der Straße nach Manciano). Billige Festpreismenüs, aber auch à la carte (z. B. Florentiner Steak) und Pizza. Im vorderen, kleineren Saal isst man zum TV-Programm, im hinteren, großen Raum speist man ohne Störung. ℡ 0564-870029.

Museo Acquario: Der Besuch dieses Museums ist auch für kleine Toscana-Besucher interessant. In den suggestiv blau beleuchteten Aquarien tummelt sich alles, was sonst in den Gewässern der Lagune von Orbello lebt. Mit allerlei Gerätschaften wie Keschern und Netzen wird auch der traditionelle Fischfang erklärt. Die Einrichtung dient ebenfalls als Krankenstation für Meeresschildkröten, die in großen Wasserbecken kuriert werden.

Öffnungszeiten 10.30–12.30/15–19 Uhr. Mo geschlossen. Eintritt 3 €, Kinder 2 €. Via Nizza 24, ℡ 0564-887173, www.acquario-posidonia.com.

Baden: In Talamone ist der Felsstrand größtenteils unzugänglich. Möglichkeiten zum Baden findet man eher südlich der Ortschaft in der *Bucht von Talamone*, auf der Höhe des Campingplatzes, wo der Strand flach ist. Die Winde sorgen für optimale Bedingungen für Wind- und Kitesurfing (Infos erteilt der Talamone Camping s. o.). Strände findet man auch in der *Bucht von Bengodi* noch weiter südlich.

Wandern: Von Talamone aus lassen sich Wanderungen in den Naturpark der Maremma unternehmen. Da diese Routen eher unbekannt sind, wird man hier weniger Touristen begegnen. Infos und Eintrittskarten sind im Museo Acquario in Talamone (s. o.) erhältlich. Die kürzeste Variante heißt T 1 und ist ein angenehmer, zweieinhalbstündiger Spaziergang, der sich im oberen Teil mit festem Schuhwerk auf die längere Variante T 2 (Gesamtzeit ca. 5 Stunden) ausdehnen lässt. Am Wegrand duftet Rosmarin und es wachsen sogar Alpenveilchen. Gelegentlich bietet sich ein Blick über die Ausläufer des Naturparks bis zur Küste hinunter. T 3 beschreibt eine Wanderung von 16 km Länge durch waldiges Gebiet bis zu einer Grotte, die einst als Versteck für Räuber diente. Von Juli bis September sind die Wanderungen T 1 und T 2 aus Sicherheitsgründen verboten (Waldbrandgefahr). Eintritt für alle drei Wanderungen 6 €. Infos im Museum unter ℡ 0564-887173.

Monte Argentario – einsame Felsbuchten, aber oft schwer zugänglich

Monte Argentario

Die heutige Halbinsel war einst wie die Inseln Giglio und Giannutri komplett vom Meer umgeben. Durch angeschwemmte Sandablagerungen bildeten sich aber mit der Zeit drei schmale Verbindungen zum Festland, dazwischen breitet sich die Lagune von Orbetello aus.

Der Argentario ist ein felsiges Vorgebirge. Macchiabewachsene Hänge bestimmen das Aussehen des südlichsten Teils der Maremma. Fast der gesamte Baumbestand fiel 1981 einem Brand zum Opfer, eine Rundfahrt um das Felsmassiv lohnt dennoch. Die Küste bietet abwechslungsreiche Ausblicke auf kleine Inseln und einsame Sandbuchten, die jedoch meist sehr schwer erreichbar sind, da das Gebirge zum Meer hin steil abfällt. Versteckt in die Hänge gebaute Villen sind deutliche Zeichen dafür, dass der Argentario vor allem Urlaubsziel gut betuchter Gäste ist – Rom, Pisa und Florenz liegen relativ nah. Große Hotels wird man daher auch nicht finden, denn der „durchschnittliche" Sommergast des Argentario bevorzugt sein eigenes privates Feriendomizil.

Nähert man sich dem Monte Argentario auf der Verbindungsstraße von Orbetello, fallen einem links oben in den Bergen zwei eigentümliche Türme auf, die als eine Art Industriedenkmal stehen gelassen wurden: Sie stammen aus der Zeit der Pyritförderung in den 1960er Jahren und dienten seinerzeit als Aufzüge. Mit Silbervorkommen (*argento*) hat der Name der Halbinsel nichts zu tun, sondern rührt vielmehr von einer reichen Bankiersfamilie her, die sich hier einst aufhielt und über Silberreichtümer verfügte.

Die 26 km lange Route auf der kurvenreichen *Strada panoramica* ist nicht durchgehend asphaltiert und erfordert im südlichsten Teil ein geländegängiges Fahrzeug, zu manchen Zeiten ist sie gar nicht passierbar. Daran soll sich nach dem Willen der Villenbesitzer auch nichts ändern, so hat der Geldadel mehr Ruhe. Wer mit einem normalen Pkw unterwegs ist, dem sei folgende kürzere Rundfahrt im Westen der Halbinsel empfohlen: Zunächst in Porto Santo Stefano entgegen dem Uhrzeigersinn auf die Panoramastrecke mit ihrem Ausblick über die Macchia auf die Küste; nach 10 km führt dann eine Straße über das Landesinnere zurück an den Ausgangspunkt, vorbei an mehreren Hangars, in denen teure Jachten wie gestrandete Fische in der Landschaft liegen. Sie warten auf ihre Reparatur oder auch nur auf frische Tünche.

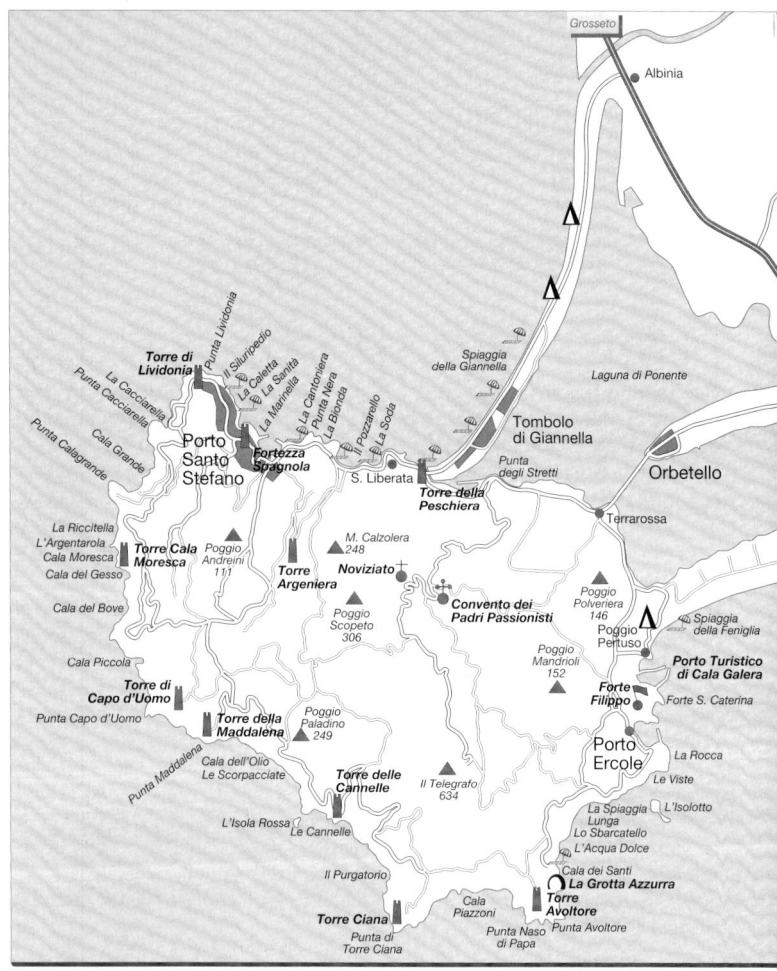

Porto Santo Stefano

(ca. 9000 Einw.)

Der Hauptort des Argentario liegt an einem schönen Naturhafen. Am lang gezogenen Kai machen Fischerboote und schnittige Luxusjachten fest. Seit sich vor rund 45 Jahren Susanna Agnelli, Enkelin des Fiat-Gründers, in Porto Santo Stefano ihre Sommerresidenz bauen ließ, hat sich der Ort zu einem exklusiven Refugium der italienischen Großverdiener entwickelt. Die spätere Außenministerin Signora Agnelli verdiente sich als Bürgermeisterin im Kampf gegen die Bauspekulanten ihre ersten politischen Sporen. Einige VIPs wie Renato Zero, der Kennern italienischer Popmusik bekannt sein dürfte, oder Carlo Pedersoli, unter dem Namen Bud Spencer berühmt geworden, haben sich hier angesiedelt. Man ist fast geneigt, dies zu begrüßen, denn der Massentourismus, wie er nördlich und südlich des Argentario vorherrscht, ist der Halbinsel erspart geblieben. Keine tristen Feriensiedlungen und keine Hotelburgen sind anzutreffen, überfüllte Strände sind unbekannt. Das Angebot an Unterkünften ist jedoch verhältnismäßig gering; Low-Budget-Touristen dürften sich angesichts der gesalzenen Preise eher fehl am Platz fühlen.

Auf der Hafenpromenade flaniert man abends Eis essend an den Fischerbooten entlang, so etwas wie eine Vergnügungsmeile gibt es nicht. Mit seinem nostalgisch-eleganten Stil hat sich Porto Santo Stefano seinen Charme bewahren können.

Doch die Hafenstadt, benannt nach dem Schutzheiligen der Seefahrt, lebt nicht vom Tourismus alleine. Noch etwa 30 Fischkutter mit 130 Fischern stechen täglich zwischen 3 und 4 Uhr in See, um am Nachmittag gegen 18 Uhr mit ihrem Fang zurück in den Hafen zu kommen. Versteigert wird der Ertrag zwischen 19 und 20 Uhr in der Banchina Toscana. Außerdem sorgen einige kleinere Bootswerften auch heute noch für Arbeitsplätze, wenn auch die Erzeugnisse eher sportlichen Zwecken dienen. Durch die Fährverbindungen nach Giglio und Giannutri geht es in Santo Stefano im Hafen tagsüber turbulenter zu als in Porto Ercole.

Orbetello Scalo

Laguna di Levante

Tombolo di Feniglia

Civitavecchia

Monte Argentario

1,5 km

Küste der Maremma

Karte S. 339

In der **Fortezza Spagnola** oberhalb der Altstadt, einer wuchtigen Festung, die im 16. Jh. von den Spaniern zur Verteidigung erbaut wurde, ist eine ständige Ausstellung über den antiken Bootsbau untergebracht. Zu sehen sind auch interessante Funde (Amphoren, Anker etc.), die seit 1960 vor der Küste des Argentario gefunden wurden (Erklärungen nur auf Italienisch).

Öffnungszeiten Mitte Juni bis Mitte Sept. täglich 18–24 Uhr, Mitte Sept. bis Mitte Juni Sa/So 10.30–12.30 und 15–19 Uhr. Eintritt 4 €.

In einem rosa Bau am Lungomare dei Navigatori 44/48 (Promenade westlich des Hafens) zeigt das **Acquario Mediterraneo** Knochen, Gebisse, präparierte Fische, Tauchausrüstung und Aquarien mit einheimischen Wassertieren, z. B. von Mondfischen, Schwarzspitzenriffhaien, Moränen, Seeanemonen und Seeigeln.

Öffnungszeiten: Juni/Sep 16–20 Uhr, sonntags auch 10.30–12.30 Uhr, Juli/Aug. 10.30–12.30 und 17–24 Uhr, Okt.–Mai Di–So 15–19 Uhr, Sa/So 10.30–12.30 Uhr. Mo generell geschlossen. Eintritt 4,50 €, Kinder 1 €.

Baden: Ca. 2 km vor Santo Stefano, auf der Höhe des Hotels Baia d' Argento, gibt es ein Stück schmalen, freien Kiesstrand (Il Pozzarello).

Information/Verbindungen/Adressen

• *PLZ* 58019
• *Information* APT-Büro in einem neuen Pavillon am östlichen Ende des Hafens. Vermittlung von Zimmern auf dem Monte Argentariho und der Isola del Giglio. Apr.–Sept. von Mo–Sa 9–13 und 15–19.30 Uhr, Okt.–März Mo–Sa 9–13 und 14–16 Uhr. So generell geschlossen. ☎ 0564-814208, ✆ 0564-814052. infoargentario@lamaremma.info.
• *Verbindung* Nächster Bahnhof *Orbetello Scalo*, regelmäßige Busverbindungen. Im Sommer täglich Bootsverbindung nach Giglio (auch als Tagesausflug).
• *Bootsausflug* Minikreuzfahrt durch die Gewässer des toscanischen Archipels mit zwei Landgängen auf der Insel Giannutri und Giglio und opulentem Frutti-di-Mare-Mittagessen an Bord des 33 m langen „Crociere del Solo". Die Aufenthalte auf den Inseln dauern jeweils ca. 90 Min. **Vega Star**, Abfahrt 9.45 Uhr, Ankunft 18 Uhr jeweils im Hafen Santo Stefanos. Preis inkl. Essen ca. 47 € (5- bis 11-Jährige die Hälfte), Anmeldung unter ☎ 0564-818022.
• *Tauchen* **Diving Center**, westliches Hafenende. Anmeldung für Kurse unter ☎ 333-3826314 (mobil).
• *Internet* In der Snack-Bar **Il Galeone**, Lungo Mare dei Navigatori 40.
• *Einkaufen* In der **Boutique Bagno Stella** in der Via del Molo 40 kann man nach extravaganten Sommer- und Strandmoden stöbern; für einen kurzen Urlaub nur leider viel zu teuer!
In der **Pescheria Enzo e Raffaella** gibt es täglich fangfrischen Fisch – von der Makrele bis zum über 2 m langen Schwertfisch.
In der lebendigen **Via Roma** bummelt man an den kleinen Feinkost- und Gemüseläden vorbei, die sich – so scheint es zumindest – kaum auf Touristen eingestellt haben (allerdings teuer!). Die Qualität der Produkte ist sehr gut.
• *Handwerk* Wen traditioneller Bootsbau interessiert, der sollte die Via del Campone ins Landesinnere entlangfahren. Die Werkstatt **Fratelli Mileo** repariert und konstruiert aus Holz noch im alten Stil. Via del Campone 51.
• *Markt* Jeden Dienstag ist **Wochenmarkt** auf dem Parkplatz direkt am Hafen, in der Nähe der Touristeninformation.
Ein kleiner **Mercato della Frutta** findet täglich von 8 bis 13 Uhr an der Via Scarabelli (unterhalb des Hotels Da Alfiero) statt. Hier gibt es günstig Obst, Gemüse, Fisch und Käse.
• *Feste* **Palio Marinaro**, 15. August. Ein Seeturnier in historischen Trachten zur Erinnerung an den Angriff der Sarazenen auf Porto Santo Stefano.

Übernachten

*** **La Caletta**, am südlichen Molenende, ganzjährig geöffnetes familiäres Haus mit Strand. DZ mit Frühstück je nach Saison und Komfort 138–164 €. Via Civinini 10, ☎ 0564-812939, ✆ 0564-817506, www.hotelcaletta.it.

*Jeden Vormittag lässt sich an der Mole
das Entladen des Fangs beobachten*

**** Filippo II, das noch vor dem Ortseingang rechts an der Straße, oberhalb des Meeres gelegene Haus ist modern und funktionell eingerichtet und vermietet nur Suiten mit Kochgelegenheit. 210–400 €. Loc. Poggio Calvello, Via Emilia 47, ☎ 0564-811611, ✆ 0564-810941, www.filipposecondo.it.

*** Villa Domizia, ehemalige Privatvilla direkt am Meer. Fast alle Zimmer mit Terrasse zum Meer. Eine Treppe führt zum Baden ins tiefe Wasser zwischen den Klippen. In einem Anbau einige Extrazimmer. Jan./Feb. geschlossen. DZ mit Frühstück 108–200 €. SS 44, Loc. Santa Liberata (kurz nach dem Tombolo di Giannella, der westlichsten Landverbindung), ☎ 0564-812735, ✆ 0564-811119, www.villadomizia.com.

*** Vittoria, 150 m oberhalb der Ortschaft gelegenes, gut ausgeschildertes 28-Zimmer-Haus mit frischem Ambiente und schönem Blick. Pool. DZ (teilweise mit Terrasse) 95-140 €. Via del Sole 65, ☎ 0564-818580, ✆ 0564-818055, www.hvittoria.com.

*** Belvedere, einladendes Haus in Hanglage, umgeben von Olivenbäumen und Palmen. Betischte Terrasse, kleiner Park, ein kurzer Spaziergang führt zum Strand hinunter. Ohne Restaurant. Unsere Empfehlung! April bis Mitte Okt. geöffnet. 12 einfache, schöne DZ zu 100 € (Frühstück inkl.). SS 440

(knapp vor der Ortseinfahrt), ☎ 0564-812634, ✆ 0564-810258.

** La Lucciola, ordentliche Zimmer (renoviert, TV, Telefon). Nach 40 Jahren war immer wieder die Rede vom Verkauf. Irgendwie konnte man sich trotz allgemeiner Lustlosigkeit bislang dazu nicht durchringen. DZ mit Frühstücksbuffet 70–90 € (nach Meerblick fragen!). Via Panoramica 243/245, ☎ 0564-812976, ✆ 0564-812298.

** Hotel Da Alfiero, über dem Hafen. Bescheidener, aber sehr freundlicher Familienbetrieb. Für Hotelgäste wird abends auch gekocht. DZ mit Frühstück 70–90 € Via Cuniberti 12, ☎ 0564-814067, ✆ 0564-813094, www.hotelalfiero.com.

* Week End, nette, 2005 renovierte Pension inmitten der Altstadt. Familiäre, sehr wohnliche Atmosphäre, der freundliche Besitzer spricht ausgezeichnet Deutsch. Ganzjährig geöffnet. Alle Zimmer mit Bad. DZ mit Frühstück 70–80 €. Via Martiri d'Ungheria 3, ☎/✆ 0564-812580, www.pensioneweekend.it.

● *Außerhalb* ****** Torre di Cala Piccola**, etwas bescheidener als das Il Pellicano in Porto Ercole (siehe dort). Das charmante Hotel liegt an der Westseite der Halbinsel, hat einen schönen Garten mit Blick auf das Meer, Pool, eigenen Strand und einen alten Wachturm. Für den Sonnenuntergang auf dem Argentario wohl der schönste Ort; und das lässt man sich bezahlen! Was den Service anbelangt, so war man bemüht, diesen zu optimieren. DZ je nach Saison 170–330 €. Cala Piccola, ☎ 0564-825144, ✆ 0564-825235, www.torredicalapiccola.com.

Il Grottone, insgesamt zwei Studios mit Kochmöglichkeit, tolle Aussicht. Allesio, der Besitzer, spricht fließend Englisch und ist sehr hilfsbereit. Ca. 5 km südlich von Porto Santo Stefano, oberhalb des Cala Piccola. DZ außerhalb der Saison ca. 80 €, im August bis 130 €. ☎ 0564-825093 oder 337443438 (mobil), www.ilgrottone.com.

● *Essen und Trinken* Jede Menge Fischrestaurants und Trattorien rund um den Hafen.

Da Siro, über dem Aquarium am Lungomare (Eingang Corso Umberto I 104). Wenn Sie sich von Einheimischen ein Fischrestaurant empfehlen lassen, werden Sie mit hoher Wahrscheinlichkeit zu diesem Terrassenrestaurant unweit der Fischermole geschickt. Sympathischer Service, frischer Fisch und liebevoll angemachte Salate – das alles allerdings zu den ortstypisch hohen Preisen, Mo geschlossen. ☎ 0564-812538.

Monte Argentario – ein an vielen Stellen nur dürftig mit Macchia bedeckter Felskopf

Trattoria Da Orlando, etwas abseits vom Trubel gelegenes, renommiertes Restaurant, gilt als eine gute Adresse für frischen, auf Holzkohle gegrillten Fisch. Mi geschlossen. Via Breschi 3, ☎ 0564-812788.

Pizzeria Da Zirio, lebhafter, stets voller Betrieb mit Tellergeklapper und guter Holzofen-Pizza. Di geschlossen. Via del Molo 6.

Trattoria Poco Loco, mit kleiner Terrasse am Hauptplatz Corso Umberto 1. In der offenen Küche kann man Corado beim Zubereiten der einfachen, aber köstlichen Gerichte zuschauen. ☎ 0564-813954.

Lo Sfizio, über die einladende Treppe in die kleine Trattoria/Pizzeria, wo die großen Portionen der Spaghetti mit Meeresfrüchten einen unserer Leser begeisterten. Mo geschlossen. Lungomare dei Navigatori 26, ☎ 0564-812592.

Gelateria Le Rose, Piazzale Candi (an der Fährstation). Hervorragendes Eis in der weißen Bude.

Bar Giulia, Treffpunkt für Alt und Jung mit großer Terrasse genau an der Hafenmeile, reichhaltiges Buffet zum abendlichen Aperitif und gute Eisauswahl. Via del Molo 16.

● *Außerhalb* **Ristorante La Fontanina di San Pietro**, Loc. San Pietro (ca. 3 km von Santo Stefano entfernt, zu erreichen über die Via del Campone). Gute Küche, schöne Terrasse. Mi geschlossen. ☎ 0564-825261.

La Sorgente, idyllisch gelegene Waldschänke auf 280 m Höhe. Die beim netten Wirt am Tresen bestellten Gerichte genießt man hier an Holztischen im Freien (entsprechend preiswert). Obligatorisch dürfte ein Gläschen Kräuterschnaps „Argentarium" sein, dem mit seinen 40 % Alkoholgehalt eine hundertprozentige Heilwirkung zugeschrieben wird. Hergestellt wird die „Medizin" gleich nebenan im Convento dei Padri Passionisti. Dort wird aber nicht nur Schnaps gebrannt! Ca. 10 Ordensbrüder leben hier und unterhalten eine Ausbildungsstätte für Novizen. Das Gasthaus ist von Ostern bis Ende Sept. außer Mi tägl. durchgehend von 9–22 Uhr geöffnet. Im Juli/Aug. Mi geöffnet. Strada Provinciale 77, ☎ 0564-818770. Anfahrt: noch vor dem Damm nach Orbetello rechts der Beschilderung „Convento dei Padri Passionisti" ins Inselinnere folgen.

● *Nachtleben* An der *Strada panorami*ca zwischen Cala Moresca und Cala Grande steht die Open-Air-Disco **La Strega del Mare**, an Wochenenden nur im Sommer, Eintritt 12 €.

Porto Ercole

(ca. 4000 Einw.)

An der Ostküste des Monte Argentario liegt der zweite wichtige Ort der Halbinsel. Beidseitig eingefasst von spanischen Festungsanlagen, die einst die Bucht kontrollierten, wirkt Porto Ercole noch idyllischer als Porto Santo Stefano.

Vom Hafen, wo nicht wenige Nobeljachten dümpeln, führen steile Treppen hinauf zur südlichen Festung; dann geht es weiter auf einem schmalen Weg an den kleinen Gärten der Dorfbewohner vorbei zum Leuchtturm. Der Weg ist teilweise anstrengend, aber die tolle Aussicht versöhnt!

Beide Festungsanlagen sind heute von betuchten Mietern und Besitzern in Beschlag genommen. Wer hier keinen Wohnsitz vorzuweisen hat, muss draußen bleiben. Es sei denn, man besorgt sich im Rathaus eine Besuchserlaubnis; wir haben darauf verzichtet und uns – nicht ganz ohne Neid – mit dem Anblick des imposanten Mauerwerks begnügt. Wer die *Rocca* südlich von Porto Ercole, die älteste Festung der Spanier aus dem 15. Jh., besichtigen möchte, bekommt das kostenlose Besucherticket beim *Ufficio informazioni* (siehe „Information") und wird vom Pförtner zwischen 10 und 13 Uhr bzw. von 16 Uhr bis Sonnenuntergang (außer Mittwoch) eingelassen. Wenn man sich an seine unfreundlichen Anweisungen hält, sieht man herzlich wenig! Das eine oder andere verrostete Zutritt-verboten-Schild kann man daher ja durchaus mal übersehen haben!

In der *Kirche Sant'Erasmo* wurden die sterblichen Überreste des berühmten Barockmalers *Caravaggio* beigesetzt. Der geniale, aber auch gewalttätige Künstler war am 31. Juli 1610 am Strand von Feniglia bei Porto Ercole unter mysteriösen Umständen im Alter von 36 Jahren gestorben. Er befand sich auf der Rückreise nach Rom, das er vier Jahre zuvor fluchtartig hatte verlassen müssen, weil er einen Mann im Streit erschlagen hatte.

Baden: Ein überaus schöner Sandstrand befindet sich am Tombolo di Feniglia (siehe dort). Die Straße bis zur Absperrung beim Camping Feniglia fahren.

• *Information* **Ufficio informazioni**, Via Caravaggio 78, ✆ 0564-831019. Mo–Fr 7.30–13 und 17–20 Uhr, Sa 7.30–13 und 18–20 Uhr, So 9–12 Uhr.

• *Tauchen* **Sub Company**, im Angebot u. a. Tagestauchausflüge im 15-Personen-Boot zur Isola Giannutri oder Halbtagestrips an der Argentario-Küste entlang, auch Nachttauchgänge werden angeboten. Flaschenfüllung und Verleih von Tauchutensilien. Seit über 25 Jahren von einer deutsch-italienischen Familie geführt. Lungomare Doria 104 (am südlichen Ende des Hafens), ✆/ 0564-832651 oder ✆ 339-1553749 (mobil).

• *Übernachten* ****** Il Pellicano**, eines der luxuriösesten Hotels der Toscana in Traumlage am Meer, geschmackvoll ausgestattet, ohne dabei pompös zu sein. Die Geschichte dieses außergewöhnlichen Hauses reicht in die sechziger Jahre zurück. Ein Liebespaar des damaligen Jetsets aus Amerika entdeckte den romantischen Ort am Meer und gab ihm den Namen "Pelican Point". Danach entstand ein Hotel, das stets illustre Gäste und Persönlichkeiten anzog. Im Relais & Chateaux Il Pellicano verstehen sich Wellness-Center und eigene Badebucht von selbst. Die Felsenküste bietet herrliches Wasser, das über einen Steg bzw. über Treppenzugänge zu erreichen ist. Eins der beiden Restaurants wurde mit einem Michelin-Stern ausgezeichnet. Am Pool werden am Nachmittag frische Erdbeeren gereicht. Das billigste DZ kostet in der Nachsaison 355 €, das DZ mit Meerblick in der Hauptsaison 778 €. Es gibt auch Suiten. Loc. Scarbatello (etwas außerhalb von Porto Ercole an der Strada panoramica), ✆ 0564-858111, 0564-833418, www.pellicanohotel.com.

*** Don Pedro, zu Fuß 10 Min. vom Hafen, altmodischer Stil, freundlicher Empfang, viele Zimmer mit Meerblick. DZ mit Frühs-

Küste der Maremma

Karte S. 339

In der Altstadt von Porto Ercole

tück 100–145 €. Strada panoramica 7, ☎ 0564-833914, 🖶 0564-833129, www.hoteldonpedro.it.

*** Bi Hotel, kleines, frisch renoviertes Albergo mit angenehm kühler Ausstrahlung direkt an der Hafenpromenade. Kleiner Wellnessbereich. Auf der Hotelterrasse kann man mit herrlichem Blick auf Stadt und Meer frühstücken. 12 DZ mit Frühstück und Klimaanlage 115–130 € (ohne Meerblick), 145–160 € (mit Meerblick). Lungomare A. Doria 30, ☎ 0564-833055, 🖶 0564-836057, www.bi-hotel.it.

** La Conchiglia, kleines Hotel im Zentrum mit 12 Zimmern/Bad, kleinem Kühlschrank und teilweise mit Terrasse. DZ 80–90 €. Via della Marina 4, ☎/🖶 0564-833134.

Villa Azzurra, kleine Zimmervermietung im Zentrum (über dem Ristorante Sirena). 5 DZ mit Bad 40–60 €, ohne Bad ca. 30–50 € (ohne Frühstück). Via Caravaggio 93, ☎ 0564-833037.

● *Essen und Trinken* **La Pinta**, Lungomare 44 (am Hafen), fangfrischer Fisch zu höheren Preisen. Beim letzten Check war man wegen Besitzerwechsels gerade mit Umbauarbeiten beschäftigt! ☎ 0564-835270.

Gambero Rosso, Qualität und Leistung für ein Fritto Misto aus frischem Fisch stimmen hier. Terrasse unter Palmen an der Hafenpromenade. Mi geschlossen. Lungomare Doria 62 (am Hafen), ☎ 0564-832650.

Gatto e la Volpe, am Abend romantisch beleuchtet liegt das Restaurant mit Terrasse oberhalb des Hafens. Mo geschlossen. ☎ 0564-835205.

Pizzeria Lampara, neben anderen Gerichten abends gute Pizza aus dem Holzofen (Pizzabäcker aus Neapel!). Günstig! Di geschlossen, Lungomare.

El Pirata, einladende Terrasse, netter Wirt. Es gibt Pizza aus dem Holzofen und ein leckeres Vorspeisenbufett. Trotz Toplage nicht teuer. ☎ 0564-831178.

La Lanterna Blu, Via delle Bucche 9 (Seitenstraße zur Via Caravaggio, landeinwärts). „Super Pizza, super Fisch, super Pasta, super Beilagen, leckeres Dessert", schreibt eine Leserin über dieses relativ preiswerte Lokal. Mo geschlossen. ☎ 0564-833064.

Bi Bar, die Bar! Beliebter Treffpunkt am Hafen mit Eiscreme, Musik aus Lautsprechern, Sofas zum Abhängen. Glas Wein als Aperitif mit kleinen Häppchen für 3,50 €. Lungomare Andrea Doria.

Baretto, gestylt für den späteren Abend. Mi geschlossen. Lungomare Doria 53.

Bar del Porto, Lungomare Doria 6. Hafenbar, populäre Alternative, in der die älteren Einheimischen ihren Caffè mit Grappa nehmen.

Bar Le Viste, auf der Strada panoramica am Hotel Don Pedro vorbei gelangt man zu Fuß nach ca. 10 Min. zu dieser Bar, wo man nebst einer Erfrischung auch einen tollen Blick genießt. Geht man die Strada panoramica noch ca. 50 m weiter, schlängelt sich links ein 10-minütiger Fußweg zum kleinen Strand *Le Viste.*

● *Nachtleben* **King's Club**, erst in Richtung Orbetello, dann in Richtung Cala Galera rechts abbiegen, dem Straßenverlauf folgen, am roten „K" links.

Wandern: Der südlich von Porto Ercole gelegene schöne, breite und freie Sandstrand *L'Acqua Dolce* ist, wie fast alle Strände auf dem Argentario, nur zu Fuß zu erreichen. Mit dem Auto fährt man von Porto Ercole auf der Strada panoramica (SP 66) in Richtung *Hotel Pellicano* bis man am großen Eingangstor des Hotels angelangt ist. Hier den Wagen am Straßenrand abstellen. Links vom geschlossenen Tor zum *Il Pellicano* gibt es einen Durchgang für Fußgänger. Hier hindurch und für ca. 20 Meter der asphaltierten Straße zum Hotel folge. Kurz vor einem zweiten Tor am Schild Relais Chateaux nicht mehr in Richtung Hotel, sondern links weiter in Richtung Meer laufen. Der Zugang für Mopeds wird mit 3 Eisenpfählen (rot/weiß) verhindert. Die Schilder, die auf die Gefahr durch herabfallende Gesteinsbrocken hinweisen, hängen seit 2007, werden aber von den Einheimischen ignoriert. Der letzte Abschnitt ist steinig und etwas unwegsam. Man braucht ca. 15 Minuten bis zum Strand hinunter.

Tombolo di Feniglia

Die östlichste der drei Verbindungen zwischen dem Festland und dem Monte Argentario ist eine schmale Sanddüne, die unter Naturschutz steht und trotzdem frei zugänglich ist. Von hier aus in Richtung Campingplatz die erste Weggabelung nach links in den unasphaltierten Weg in Richtung *Le Dune* abbiegen. Spätestens hier am Tor zur *Riserva Naturale Duna Feniglia* den Wagen stehen lassen. Der Spaziergang auf dem federnden Boden durch die schöne, schattige Pineta ist eine Wohltat. Mit dem Fahrrad kann man die gesamte Nehrung bequem abfahren und zwischendurch an einem der Baden idealen Strände eine Pause einlegen. An der Zufahrtsstraße vom Monte Argentario werden Fahrräder verliehen (siehe unten). Am Ende der asphaltierten Straße gibt es einige touristische Einrichtungen wie einen Campingplatz, zwei Restaurants und eine Strandbar. Katzenliebhaber kommen auf ihre Kosten!

● *Camping* **Camping Feniglia**, sehr bescheidene Einrichtung, aber einladendes Plätzchen. Hinter dem Pinienhain beginnt gleich der Sandstrand. 140 Stellplätze, geöffnet ab Anfang April bis Mitte Okt. Von Porto Ercole aus am Ende der befahrbaren Straße zum Tombolo, ✆ 0564-831090, ✆ 0564-867175, www.campeggiofeniglia.com.

● *Wohnmobile* **Area sosta Le Miniere**, ca. 120 Stellplätze für Wohnmobile direkt an der Lagune. Elektrizität, Licht, Wasser und warme Dusche. Zu Fuß 10 Min. zum Feniglia-Strand. Wem das zu lange dauert, der steigt in den Pendelbus, den die Betreiber unterhalten. Von Porto Ercole kommend gleich nach dem Abzweig zum Tombolo di Feniglia, ✆ 333-7719337 (mobil).

● *Fahrräder* gleich am ersten bewachten Parkplatz. Nach Abbiegen an der Weggabelung links in Richtung *Le Dune* gibt es am Imbiss einen etwas günstigeren Verleih, der bessere (neuere) Räder bereit hält!

Isola del Giglio   *(ca. 1700 Einw.)*

Die „Insel der Lilie" ist mit 21 qkm nach Elba die zweitgrößte Insel des Toscanischen Archipels. Auf den ersten Blick ist sie ein einziger großer Fels im Meer, doch gedeihen hier über 700 verschiedene Pflanzenarten.
Nur 2 km sind es vom idyllischen Hafen **Giglio Porto** mit seinen bunten Häusern, wo die Fähren aus Porto Santo Stefano ihre Ladung an Menschen und Autos aus-

Küste der Maremma

Karte S. 339

Isola del Giglio – Strand von Campese

spucken, bis hinauf nach **Giglio Castello**, doch überwindet die Straße in engen Serpentinen über 400 Höhenmeter. Der Ort, der einen herrlichen Ausblick auf das Tyrrhenische Meer und bei gutem Wetter bis Montecristo bietet, ist mit einem Labyrinth von engen Gassen durchzogen; die eindrucksvollen Festungsmauern stammen aus der Herrschaftszeit der Pisaner. Steil geht es von Castello hinab zum Touristenort **Campese**, der an einer schönen Bucht mit einem lang gezogenen Sandstrand liegt – überragt von einem Rundturm der Medici aus dem 18. Jh.

Auf Giglio gibt es schöne Strände, alle sehr sauber und mit glasklarem Wasser. Der größte liegt in der Bucht von Campese. Hier und in Giglio Porto haben sich auch einige Tauchschulen angesiedelt. Da die Strände z. T. nur zu Fuß erreicht werden können, ist es fast nie voll, außer im August, wenn die Insel komplett ausgebucht ist. Doch aufgrund der begrenzten Kapazitäten kann sich auf der kleinen Insel kein Massentourismus entwickeln.

Information/Verbindungen/Adressen

• *PLZ* 58012

• *Information* An der Hafenpiazza Via Umberto I in Giglio Porto. Neben allerlei Infos auch Bustickets und nützliche Broschüren. ✆/℡ 0564-809400. www.isoladelgiglio.artec.it, www.isoladelgiglioufficioturistico.com.

• *Immobilienagentur* **Brandaglia**, Signora Brizzi spricht Deutsch und kennt die Insel sehr gut. Via T. de Revel 20, ✆ 0564-809245. www.emmeti.it/brandaglia.

• *Inselverbindungen* In Giglio Porto gibt es Wassertaxis, die die entlegenen Strände anlaufen. Darüber hinaus kann man auf Taxis und den Inselbus zurückgreifen, der mehr-

mals täglich zwischen den drei Inselorten pendelt. Ebenfalls vorhanden ist ein Boots- und Zweiradverleih (s. unter Reisebüro).

• *Fährverbindungen* Zwei Reedereien verkehren zwischen Porto Santo Stefano und Giglio Porto. In der Saison ca. 8 Hin- und Rückfahrten täglich. Autos werden zwar mitgenommen, doch kann man sich den teuren Preis wegen der guten Busverbindungen auf der Insel sparen und den Wagen in Porto Santo Stefano zurücklassen. Wer dennoch in der Hochsaison mit dem Auto übersetzen will, sollte unbedingt reservieren (**Toremar** am Hafen in Giglio

Die Inseln Montecristo und Giannutri

Die beiden kleinen Inseln Montecristo und Giannutri gehören wie Elba und Giglio zum toscanischen Archipel, einer Inselgruppe, die der Maremma vorgelagert ist.

Montecristo, die kleinste toscanische Insel, verdankt ihre Berühmtheit der Literatur. *Alexandre Dumas* (der Ältere), so heißt es, sei zu seinem Roman „Der Graf von Montecristo" durch einen in Livorno lebenden französischen Kaufmann angeregt worden. Dieser hatte Dumas von dem geheimnisvollen Felsbrocken 29 Meilen westlich von Giglio erzählt und ihm so einen idealen Schauplatz für seine abenteuerlichen Phantasien geliefert. Auf dem von Meer und Sonne zerfurchten Granitfelsen hatten sich Eremiten und Piraten getummelt, bis 1889 mit *Marchese Carlo Ginori* ein echter Graf kam und die Insel mietete. Ginori war ein Exzentriker: Er fuhr das erste Auto in Italien, umsegelte mit seiner Jacht die Welt und schenkte Montecristo schließlich dem italienischen König Vittorio Emmanuele III, nachdem sich dieser bei einem Jagdausflug in die Insel verliebt hatte.

Seine Unwirtlichkeit hat Montecristo bis heute vor Besiedlung oder Tourismus bewahrt. Seit 1971 ist das Eiland Naturschutzreservat und gehört jetzt zum *Parco Nazionale dell'Arcipelago Toscano*. Es ist verboten, die Insel zu betreten; Boote dürfen sich nur auf eine Distanz von höchstens 1000 m nähern. Einzig ein Ehepaar wohnt auf der Insel. Dieses wacht über den Frieden der Natur und führt die jährlich rund 1000 Besucher, die es geschafft haben, bei der Forstbehörde in Follonica eine Erlaubnis zu ergattern, über die Insel. Geplant ist jedoch, die Insel im Sommer tägl. etwa 100 Besuchern zugänglich zu machen. (Infos beim Corpo Forestale dello Stato, Ufficio Amministrazione, Via Bicocchi 2, 58022 Follónica, ℰ 0565-40019.)

Auch **Giannutri** hat eine Besonderheit. Als einzige der toscanischen Inseln befindet sie sich in Privatbesitz. Für die halbmondförmigen 2,6 qkm im Tyrrhenischen Meer war dies ein Glücksfall, denn nur einige Villen, ein paar zu mietende Häuschen und zwei Restaurants liegen in der Macchia versteckt. Ansonsten blieb die Insel vom Tourismus verschont.

Im 2. Jh. n. Chr. errichteten reiche römische Familien auf der damals „Dianum" genannten Insel eine prächtige Sommerresidenz. Überreste bei *Cala Maestra* (Villa, Wohnungen der Diener, Thermen und Lagerhaus) wurden jüngst freigelegt und können jeden Tag am frühen Nachmittag besichtigt werden. Informationen im *Ristorante Granduca* (ℰ 0564-898890) in der Cala-Maestra-Bucht. Boote der Fährgesellschaft Mareglio (siehe Isola del Giglio, Fährverbindungen) veranstalten im Sommer täglich sowohl von Porto Santo Stefano als auch von Giglio Porto Ausflugsfahrten nach Giannutri (ca. 11 €).

Porto, ℰ/℁ 0564-809349, www.toremar.com, oder **Mareglio/Navaglio** ebenfalls am Hafen, ℰ 0564-812920 oder 0564-809309, www.mareglio.it). Die 1-stündige Überfahrt kostet hin und zurück pro Pers. ca. 12,50 €, für das Auto zahlt man je nach Länge 57–78 €. An Wochenenden der Hochsaison erhöhen sich die Preise geringfügig.

● *Ausflüge* **Mareglio/Navaglio** veranstaltet in der Hochsaison Ausflugsfahrten nach Giannutri (ca. 11 €), außerdem Inselrundfahrten um Giglio und Montecristo (ca. 8 €).

● *Wandern* Wanderwege führen in den menschenleeren Süden der Insel und zum Nordkap mit Leuchtturm.

Küste der Maremma
Karte S. 339

• *Reisebüro* **Giglio Multiservizi** (GMS), das einzige auf der Insel, gegenüber der Anlegestelle links neben der hellblau angestrichenen Marcelleria die Treppe hoch. Boots- und Zweiradverleih (in der Hochsaison vorbestellen) sowie Appartementvermietung.

Im Sommer tägl. 9–12.30 und 15–18.30 Uhr, ℘ 0564-809056, ✆ 0564-809447, gms@nevib.it.

• *Liegeplätze für Jachten* Nur wenige freie Liegeplätze für Gastjachten, für die Plätze der Gemeinde muss man zahlen: ℘ 0564-806064 oder 0564-809480.

Feste

Cuccagna a Mare, 10. August in Giglio Porto: ein Wettbewerb, bei dem ein Fähnchen erreicht werden muss, das an der Spitze eines mit Fett beschmierten, hoch aus dem Wasser ragenden Pfahls befestigt ist.
Palio dei somari, 15. September in Giglio Castello: Mit einer Prozession und Tänzen wird an das 2000 Mann starke nordafrikanische Seeräuberheer erinnert, das 1799

Giglio überfallen wollte. Als man damals den als Reliquie verehrten Arm des heiligen Mamiliano den Angreifern entgegentrug, kam ein Wind auf und trieb die „Turchi" zurück ins Meer. Noch heute sind in der Kirche von Castello die erbeuteten Waffen der Piraten zu sehen. Eine weitere Prozession zu Ehren des Inselpatrons findet am 18. November statt.

Übernachten/Camping

Ohne frühzeitige Buchung hat man auf der Insel während der Hochsaison keine Chance auf eine Unterkunft.

• *In Giglio Porto* *** **Castello Monticello**, unser Tipp! Schönes und komfortables Haus. Hoteleigener Tennisplatz, Bocciabahn. Restaurant mit Fischspezialitäten, nette Terrasse. 1,5 km oberhalb von Giglio Porto (Straße nach Castello) an der Abzweigung zum 1,5 km entfernten Arenella-Strand. Ostern bis Ende Sept. geöffnet. DZ mit Frühstück 77–120 €. Via Provinciale, Giglio Porto, ℘ 0564-809252, ✆ 0564-809473, www.hotelcastellomonticello.com.
*** **Demo's Hotel**, beigefarbenes Haus am nördlichen Hafenende, kaum zu übersehen. 52 Zimmer mit allen Extras, eigener Strand. Ostern bis Anfang Nov. geöffnet. DZ mit Frühstück 90–124 €. Via Thaon de Revel, Giglio Porto, ℘ 0564-809235, ✆ 0564-809319, www.hoteldemos.it.
*** **Il Saraceno**, direkt am Meer hinter dem Hafen, 48 komfortable Zimmer mit allen Extras. Eines der schönsten Hotels auf der Insel, terrassenförmig in den Fels gebaut. Ostern bis Ende Sept. geöffnet. DZ mit Frühstück 73–114 €. Via del Saraceno 69, Giglio Porto, ℘ 0564-809006, ✆ 0564-809007.
** **Hotel Bahamas**, freundliches 27-Zimmer-Haus oberhalb des Hafens. DZ mit Frühstück ab 80 €, Via C. Oreglia 22, Giglio Porto, ℘/✆ 0564-809254, www.bahamashotel.it.
** **Pardini's Hermitage**, inmitten der noch völlig unberührten Macchia liegt dieses Hotel, das nur zu Fuß oder per Boot zu erreichen ist (Abholung von Giglio Porto). Ein Zentrum für Naturfreunde, Vogelbeobachter, Aquarellmaler usw. Halbpension im DZ

79–132 € pro Pers. ℘ 0564-809034, ✆ 0564-8091177, www.finalserv.it/hermitage.
** **La Pergola**, alle Zimmer mit Bad. Kleine Pension am Hafen (neben dem Demo's), Ostern bis Ende Okt. geöffnet. EZ 50 €, DZ 83 € (inkl. Frühstück). Via Thaon de Revel 30, Giglio Porto, ℘ 0564-809051.
• *In Castello* Keine Hotels, aber gleich zweimal **Privatzimmer**, nebeneinander oberhalb der modernen Piazza Gloriosa gelegen. Schilder hängen aus:
Angelo Landini, DZ mit Bad 60 €. oberhalb der modernen Piazza Gloriosa, ℘ 0564-806074, ✆ 0564-809447.
Camere Airone, DZ mit Bad 60–72 €, oberhalb der modernen Piazza Gloriosa, ℘ 0564-806076.
• *In Campese* *** **Campese**, direkt am Sandstrand, nicht mehr das neueste Modell. Mitte April bis Sept. geöffnet. DZ 57–78 € pro Pers. (mit obligatorischer Halbpension), EZ 80 €. Via della Costa 1, Campese, ℘ 0564-804003, ✆ 0564-804093, www.hotelcampese.com.
** **Giardino delle Palme**, beim kleinen Fischerhafen, alle Zimmer mit Bad. Kleines Haus im Palmengarten. DZ mit Frühstück 58–80 €, Via della Torre (gegenüber dem Medici-Turm), Campese, ℘/✆ 0564-804037, www.giardinolepalme.it.
• *Camping* **Camping Baia del Sole**, einziger Campingplatz der Insel und im Hochsommer meist restlos belegt. Der kleine Platz (nur 45 Stellplätze!) ist schön

Florenz, Piazza della Signoria – ▲
kritischer Blick auf die Touristenströme? (JP)

▲▲ Florenz – Blick von der Piazzale Michelangelo auf die Stadt
▲ San Gimignano – über viele Jahrhunderte gewachsene Stadtkonstruktion
mit Geschlechtertürmen (JP)

Siena – zinnenbewehrter Finger des Rathauses und eleganter, ▲▲
zebragestreifter Campanile des Doms
Der Kreuzgang von San Domenico diente lange Zeit als stilgerechte Kulisse für Flohmärkte ▲

▲▲ Colle di Val D'Elsa – wenig besuchte Kleinstadt zwischen den
Touristenmagneten Siena und San Gimignano
▲ Correglia – Bergort nördlich von Lucca, an den Ausläufern des Appennin gelegen

terrassenförmig angelegt und bietet ausreichend Schatten. Manche Stellplätze liegen herrlich über dem Meer. Mit eigenem Felsstrand, Bar, Mini-Market und Snack-Bar. 400 m von Campese. Man kan auch in Holzbungalows zum Preis von 35-40 € pro Tag (im Sommer nur wochenweise) wohnen. Ganzjährig geöffnet. Wie uns eine Leserin schrieb, gilt auf dem Platz absolutes Hundeverbot. An der Straße kurz vor Campese, ℡ 0564-804036, ✉ 0564-804101, www.baiadelsole.it.

Essen

• *In Giglio Porto* Einige schicke Restaurants am Hafen, das Preisniveau liegt allgemein hoch. Beispiele: das beliebte **La Vecchia Pergola** oder die beiden Restaurants **Doria** und **La Margherita** (quasi nebeneinander am Hafen). Wer es günstiger mag, geht zu **L'Archetto** bzw. **L'Angolo di Napoli** nahe der Anlegestelle zum Pizzaessen.

• *In Castello* **Arcobalena**, urgemütliches Ristorante in der Festung, keine Speisekarte, gekocht wird jeden Tag vom Chef persönlich. Viel Fisch und Meeresfrüchte, auch Cacciucco (Fischsuppe), gehobenes Preisniveau. Via Cavour 48, im Gassenlabyrinth der Festung, Sie müssen sich durchfragen.

Mittags und abends geöffnet, in der Hochsaison abends unbedingt reservieren. ℡ 0564-806106.
L'Isolana, Pizzeria an der Piazza IV Novembre, gehobenes Preisniveau. Von der modernen Piazza Gloriosa durch das Festungstor, nach ca. 30 m auf der linken Seite.

• *In Campese* **Ristorante/Pizzeria da Tony**, direkt beim Medici-Rundturm. Bei Tauchern sehr beliebte Pizzeria, ℡ 0564-806453.
Trattoria da Mario di Meino, Familienbetrieb mit wenigen Tischen, die meisten im Freien unter einem idyllischen Vordach. Relativ wenig Auswahl.

Orbetello

(ca. 7000 Einw.)

Das lebendige Städtchen liegt auf dem mittleren der drei schmalen Landstreifen, die den Monte Argentario mit dem Festland verbinden.

Orbetello wurde bereits im 8. Jh. v. Chr. von den Etruskern besiedelt und blieb wegen des Fischreichtums und der Salzgewinnung auch für die Römer und Sieneser interessant. Mitte des 16. Jh. wurde der Ort von den Spaniern zum Flottenstützpunkt ausgebaut. Aus dieser Zeit stammt auch die Stadtmauer mit ihren drei Torbauten, durch die man heute noch in den Ort gelangt, sowie der *Palazzo di Spagna*, der mit seinem wuchtigen Glockenturm die Piazza di Due Mondi (ehem. Piazza Garibaldi) ziert. Erst 1824 wurde der kurze Verbindungsdamm zum Monte Argentario erbaut. An der Stelle, wo er Orbetello verlässt, stehen noch die Reste der alten etruskischen Hafenmauer aus dem 4. Jh. v. Chr., die aus mächtigen Steinquadern errichtet wurde.

Der Giebelfries von Talamone

Das beeindruckende Kunstwerk wurde bei Talamone in den Resten eines etruskischen Tempels ausgegraben. Es zeigt Szenen aus dem Mythos der „Sieben gegen Theben" und ist wahrscheinlich im 2. Jh. v. Chr. entstanden. Ausgestellt ist das sehr plastisch ausgeführte Terrakotta-Fries neben dem Informationsbüro im Palast gegenüber dem Dom (Öffnungszeiten identisch mit denen des Informationsbüros, siehe unten; Eintritt ca. 2 €).

Geschichtsträchtig präsentiert sich bei einem Rundgang die Piazza IV Novembre. An der Fassade des östlichen Gebäudekomplexes prangt die verblichene Aufschrift *Aeroporto*. Kurz hinter der Tordurchfahrt endet der Erkundungsgang Neugieriger an einem unüberwindlichen Zaun. Von dem Militärflugplatz, der an die Laguna di

Orbetello angrenzt, startete 1933 *Italo Balbo* mit seinem Wasserflugzeug zum ersten Transatlantikflug zur gerade stattfindenden Weltausstellung in Chicago.

Der **Dom** mit seinem eindrucksvollen gotischen Portal ist 1376 auf den Grundmauern einer älteren Kirche errichtet worden. Noch früher stand an dieser Stelle vermutlich ein römischer Tempel. Im Inneren ein Hochrelief aus dem 8. Jh. Die insgesamt 21 Bildtafeln zeigen vor allem biblische Motive, die seit Herbst 2007 nach Abschluss der zweijährigen Restaurierungsarbeiten wieder in neuem Glanz erstrahlen.

Riserva naturale ed Oasi della Laguna di Orbetello: Der Naturpark des WWF bietet von September bis April Führungen an (jeweils Donnerstag, Samstag und Sonntag um 10 und 14 Uhr, Eintritt 5 €). Auskunft unter ✆ 0564-820297 oder 0564-870198.

- *PLZ* 58015
- *Information* Piazza della Repubblica 1 (gegenüber dem Dom), April–Juni und Sept. 9.30–12.30 und 16–19 Uhr; Juli/Aug. 9.30–13 und 16–20 Uhr; Okt.–März 9–12.30 und 16–19 Uhr. Sehr freundliches Personal. ✆ 0564-860447, info@proloco-orbetello.it, www.pro loco-orbetello.it
- *Bahnhof/Anreise* Der Bahnhof liegt relativ weit außerhalb, sodass man mit dem Bus in die Stadt fahren muss. Es gibt einen direkten Anschluss ins Zentrum.
- *Internetpoint* **Bar Barbagianni**, Piazza Garibaldi. **Internet Train**, Samstagnachmittag geschlossen, Via Gioberti 13 (im östlichen Teil der Stadt).
- *Einkaufen* **Il Rosmarino**, Via Gioberti 130. Ein Laden für die Gesundheit: biologische Lebensmittel (wozu auch Wein zählt), Heilkräuter, Tees, Biokosmetika …
- *Markt* jeden Samstag, außerhalb der Mauer östlich der Altstadt rechts in den Viale Caravaggio abbiegen. Der Markt befindet sich am Ende der Straße direkt am See.
- *Waschsalon* Mo–Sa 8–19 Uhr kann in **Lavasciuga** gewaschen und getrocknet werden. Via Dante 2.
- *Übernachten* Orbetello stellt nur wenig Übernachtungsmöglichkeiten zur Verfügung. Ein großes Angebot an Campingplätzen findet man nördlich der Lagune (siehe Talamone).
**** Sanbiagio, das ehemalige Stadthaus einer Adelsfamilie aus der Mitte des 19. Jh. ist in ein vornehmes Hotel mit fast spanisch anmutendem Patio umgebaut worden. Teils modern, teils mit alten Gemälden, schönen Deko-Stoffen und originalem Interieur nobel und gediegen eingerichtet. 41 komfortable DZ für 175–190 €. Via Dante 40, ✆ 0564-860543, ✇ 0564-867787, www.sanbiagiorelais.com.
*** I Presidi, an der Promenade zur südlichen Lagune. Im nachgemacht englischen

Kolonialstil mehr oder weniger geschmackvoll eingerichtet. Pluspunkt für schöne Bäder. 51 DZ je nach Saison 130–160 €. Via Mura di Levante 34, ✆ 0564-867601, ✇ 0564-860432, www.ipresidi.com.
*** Hotel Sole, in der Fußgängerzone, mit Klimaanlage. DZ mit Frühstück 90–110 €. Via Colombo 2, ✆ 0564-860410, ✇ 0564-860475, www.hotelsoleorbetello.com.
** Pensione Verdeluna, Nebengasse zum Corso Italia. Kleine, freundliche Rezeption. Unser Tipp in Orbetello! 9 DZ mit Dusche/WC ab 60–100 € (ohne Frühstück). Via Banti 1, ✆ 0564-867451, ✇ 0564-862378, www.albergoverdeluna.eu.
* Piccolo Parigi, klein und einfach. DZ mit Bad 70 €, ohne Bad 60 €. Corso Italia 169, ✆ 0564-867233, ✇ 0564-867211.
Toni und Judi, 6 freundlich eingerichtete Zimmer. DZ 65–90 €, Corso Italia 112, ✆ 0564-867109, www.pensionetoniejudi.it.
- *Essen und Trinken* **Trattoria/Pizzeria La Taverna**, u. a. mit den besten Pizza im Ort, selbstverständlich aus dem Holzofen. Di geschlossen. Via Roma 48 (im Zentrum), ✆ 0564-867969.
Vecchia Cantina, kleine Enoteca/Osteria mit Terrasse zur Fußgängerzone mit raffinierter Speiseauswahl und Weinen. Geöffnet Ostern bis Okt., außerhalb der Hauptsaison Mo geschlossen. Via Roma 6, ✆ 0564-867119.
Cooperativa – I Pescatori, Via Leopardi 9 (östlich der Altstadt, durch den Torbogen und dann scharf links einbiegen). Die Adresse für frischen Fisch, der von den Fischern der Fischereigenossenschaft in der Lagune Orbetellos gefangen wird. Es gibt noch immer gute Portionen zu nicht zu unterbietenden Preisen in unkonventioneller Einrichtung. Der Tipp im Ort! Im Sommer nur abends ab 19.15 Uhr geöffnet, in der Nebensaison auch Sa/So zur Mittagszeit, dann aber auch Mo geschlossen. ✆ 0564-860611.

Ansedonia

Der südlichste Badeort der Maremma ist eher eine Ansammlung eleganter Villen, die sich gut versteckt hinter Gartenmauern auf einem Hochplateau der felsigen Halbinsel verteilen. Ein Ortszentrum ist nicht auszumachen.

Ansedonia liegt über der 273 v. Chr. von den Römern gegründeten Stadt *Cosa*, die im frühen Mittelalter von den Franken erobert und den Benediktinern als Lehen übergeben wurde. Ende des 10. Jh. folgten die Sarazenen und 1330 die Sieneser, die Cosa zerstörten. Die Reste der römischen Kolonie können im oberen Ortsteil besichtigt werden (siehe *Museo Nazionale di Cosa*).

Am Strand von Ansedonia befindet sich hinter dem mittelalterlichen Puccini-Turm (der Komponist lebte hier kurze Zeit) der einstige Hafen Cosas und die *Tagliata Etrusca*, ein technisches Meisterwerk etruskischer Ingenieure: ein in den Felsen geschlagener Kanal, der die Wasserzufuhr und -rückfuhr regeln sollte, um das Hafenbecken vor dem Versanden zu schützen. Über einen kleinen Steg des parallel zum Meer verlaufenden Kanals kommt man zum Eingang einer engen, tiefen und dunklen Felsschlucht. Der *Spacco della Regina* ist eine teils natürliche, teils von Menschenhand erweiterte Felsspalte von 260 m Länge, deren Funktion weitgehend ungeklärt ist. Der Legende nach soll diese Spalte von den Etruskern in den Fels gehauen worden sein, um ihrer Königin einen ungestörten Blick aufs Meer zu sichern, damit sie rechtzeitig vor potenziellen Feinden fliehen konnte.

Museo Acheologico Nazionale di Cosa: Das Museum knapp oberhalb von Ansedonia zeigt Funde aus Cosa und eine Dokumentation über die Grabungsarbeiten. Aufregender ist allerdings ein Spaziergang im uralten Olivenhain hinter dem Museum (noch ohne Eintritt), bei dem beeindruckende Überreste der römischen Siedlung zu sehen sind: Festungsmauern aus riesigen, fugenlos aufeinander gesetzten Kalksteinblöcken, die Porta Romana, das Forum, eine Villa sowie verschiedene Wohnhäuser (9 bis 19 Uhr, Eintritt 2 €, ☏ 0564-881421).

Baden: Der Strand an der kleinen Bucht an der Tagliata Etrusca ist frei, seicht und flach, gegen eine Gebühr bekommt man an der Imbissbude sogar eine Liege. Weitere freie, flache Sandstrände findet man links und rechts des Puccini-Turms.

• *Übernachten/Essen/Camping* ▲▲ **Hotel Vinicio**, ein bescheidenes Haus inmitten üppiger Vegetation und etwas Meerblick. Ristorante/Pizzeria (Holzofen) angeschlossen, allerdings gehobene Preise. Einfache DZ für 80 € (inkl. Frühstück). Via delle Mimose 156, ☏ 0564-881220, ✆ 0564-881604, www.vinicio.it.

Il Pescatore di Ansedonia, empfohlenes Fischrestaurant, das sich schön versteckt in der Nähe der Tagliata Etrusca befindet. In der Saison immer geöffnet, ansonsten nur Fr/Sa/So. Via del Gessomino 2, ☏ 0564-882009.

La Locanda di Ansedonia, an der Aurelia Richtung Grosseto. Ordentliche Herberge mit schönen Zimmern und guter Küche. 12 DZ (mit Doppelfensterverglasung!) zu 130 €. Via Aurelia Sud, km 140.500, ☏ 0564-881317, ✆ 0564-881727, www.lalocandadiansedonia.it.

▶ **Lago di Burano (Riserva Naturale del Lago di Burano)**: Der Burano-See ist Teil eines großen, mit dem Meer verbundenen Sumpfgebietes und steht als Naturschutzgebiet unter der Obhut des WWF. Er ist eines der letzten Refugien der Maremma, das Wasservögeln einen Lebensraum bietet. Das Centro Visite liegt ein paar hundert Meter südlich der Stazione di Capalbio.

Öffnungszeiten Geführte Besichtigungen 1. Sept. bis 1. Mai sonntags um 10 und 14.30 Uhr, im Juli/Aug. nur nach telef. Anmeldung. ☏ 0564-898829. Eintritt 5 €, Kinder 3 €. www.wwf.it.

Capalbio

Eine gut erhaltene Mauer umgibt das gepflegte, auf einer Hügelkette gelegene mittelalterliche Städtchen. Größtenteils ist sie begehbar und gibt schöne Ausblicke auf die Umgebung frei. Wer Capalbio aus der Perspektive eines Adlers sehen möchte, besteigt den Turm des *Castello dei Collacchioni*, das den Ort überragt und das mehrere Male den Komponisten Giacomo Puccini beherbergte. Dies ist in der Regel möglich, wenn das Informationsbüro im Erdgeschoss des Palasts geöffnet ist. (Eintritt 1 €.)

Viele Römer haben das hübsche Städtchen entdeckt, sich eines der alten Häuser gekauft und es liebevoll zum Feriendomizil umgebaut. Außerhalb der Stadtmauern versuchen Immobilienhändler ihr Glück im größeren Stil. Capalbio ist dennoch ein beschaulicher Ort geblieben, der Ruhe verspricht. Dies war nicht immer so. Im 19. Jh. war hier *Domenico Tiburzi* aktiv, eine Art Robin Hood der Maremma, dessen Konterfei in jeder anständigen Wirtschaft des Ortes an der Wand prangt (s. Kasten unten).

Seit der Eröffnung des berühmten Tarot-Gartens von Niki de Saint-Phalle unweit von Capalbio (siehe „Giardino die Tarocchi") verzeichnet das Städtchen etwas mehr Tourismus. Vielleicht deshalb wurde ein weiteres Werk der Künstlerin direkt vor den Stadteingang gestellt: Der Brunnen mit der farbenfrohen „Nana", die aus allen Gliedern spritzt, ist nicht zu übersehen.

Südlich von Capalbio (schon in der Nachbarregion Latium) ragt das monströse Kraftwerk Montalto in den Himmel. Ursprünglich war es als Atomkraftwerk konzipiert, wurde dann aber nach einer Volksabstimmung zum Öl-Gas-Kraftwerk umgerüstet.

• *PLZ* 58011

• *Information* Im Palazzo Collachioni (beim Turm), Juni–Sept. 10–13 und 17–20 Uhr (im Juli/Aug./Sept. nachmittags bis 23 Uhr), Okt.–Mai nur Sa/So. ☎ 0564-896611, www.comune.capalbio.gr.it.

• *Einkaufen* Capalbio, schicke, hochwertige Countrymode, u. a. auch die traditionellen Jacken und Westen der maremmanischen Butteri aus Cord, Flanell und Samt aus der Schneiderei *Brema* in Scansano. Auch Lederwaren und andere handwerklich hergestellte Modeaccessoires. Via Vittorio Veneto 6, in der Altstadt.

• *Übernachten* *** Valle del Buttero, mehr ein Appartementhotel mit Restaurant im unteren Ortsteil. Nur 6 DZ zu 75–95 € (ohne Frühstück). Die Studios (80–100 €) haben einen Balkon mit unverbauter Sicht auf die grünen Hügel. Via Silone 21, ☎ 0564-896097, ✆ 0564-896518, www.valledelbuttero.it.

Trattoria Maria, (siehe unter "Essen") vermittelt Zimmer im unteren Ortsteil, teilweise mit Balkon. DZ mit Du/WC 60 €, ein großes Dreibettzimmer mit Du/WC ca. 75 €. ☎ 0564-896014.

Il Casale dei Girasole (B&B), Loc. Torre Palazzi (4 km außerhalb von Capalbio, Rich-

tung Aurelia), ☎ 0564-896122 oder 338-5283951 (mobil).

Villaggio Capalbio, Pool, Restaurant, Tennis (auch Camping). Die recht ordentliche, großzügig und gut ausgestattete Ferienanlage wird von drei Brüdern aus Kalabrien geführt. 27 DZ (66–112 € inkl. Frühstück). Strada Pedemontana (auf der Aurelia von Norden kommend, km 130.300, links auf die Ausschilderung achten, am Ende der Pinienallee ist die Anlage), ☎ 0564-899017, ✆ 0564-899777, www.villaggiocapalbio.it.

• *Agriturismo* Renaioli, gepflegte Anlage zwischen Oliven und Weinanbau. Frühstück im Garten, Hunde willkommen, ca. 6 km vom Meer entfernt, ganzjährig geöffnet. 10 DZ zu 85–95 €. Via Pian del 40, Loc. Torre Palazzi (zwischen Aurelia und Capalbio), ☎ 0564-896687 oder 339-5022033, www.agriturismorenaioli.it.

Il Casale dei Girasoli, 6 Zimmer bei einer netten Familie und alles im Zeichen der Sonnenblume. Einfach eingerichtete DZ 70–90 €. Loc. Torre Palazzi, ☎ 0564-89612, www.ilcasaledigirasoli.it.

** La Mimosa, Via Torino (im Borgo Carige, ca. 4 km unterhalb von Capalbio in Richtung Via Aurelia, ausgeschildert). Kleine, aber saubere Zimmer. Die Wortkargheit der Wirtsleute vergisst man spätestens beim ausgezeichneten Wildschweinbraten, der im angeschlossenen Restaurant serviert wird. DZ mit Bad 70–90 €. ✆/℡ 0564-890220, www.capalbio.it/mimosa/index.htm.

*** La Palma, etwa 10 km östlich von Ansedonia beim Bahnhof von Chiarone Scalo. Das Haus hat nach Renovierungsarbeiten einen Stern dazugewonnen und die Preise erhöht: Knapp 500 m zum wunderschönen Sandstrand, ruhige Lage. DZ mit Bad je nach Saison 110–140 € (inkl. Frühstück), ✆/℡ 0564-890341, www.albergolapalma.com.

• *Camping* **Costa d'Argento Club**, gepflegter Platz an der Küste mit 180 meist schattigen Stellplätzen. April–Sept. geöffnet. Via Aurelia (km 134), ✆ 0564-893007, ℡ 0564-893107, www.costadargento.it.

Campeggio di Capalbio, etwa 10 km östlich von Ansedonia beim Weiler Chiarone Scalo. Direkt an einem weiten, weißen Sandstrand. Ein überaus gut organisierter Platz mit Bar, Pizzeria, Minimarkt, Tennis, Segelschule und einem Spielplatz. Über 200 Stellplätze, teilweise mit Sonnendach. Mai–Sept. geöffnet. ✆ 0564-890101, ℡ 0564-890437, www.ilcampeggiodicapalbio.it.

• *Essen* Die **Trattoria Da Maria** ist seit Jahren berühmt für ihre Wildschweingerichte. Viel Prominenz (entsprechend teuer). Di geschlossen, ✆ 0564-896014.

Ristorante La Porta, Via Vittorio Emanuele 1. An der Wand hängen die Jagdtrophäen, im offenen Holzofen der Gaststube wird das Wildschwein gegrillt. Man kann auch in die Küche sehen und die Zubereitung der Speisen mitverfolgen. Neben Wildschweinvariationen hier traditionelle maremmanische Küche angeboten. Zu fortgeschrittener Stunde serviert Francesco gelegentlich auch eine „Grappa forte" aus eigener Produktion – nach dem lukullischen Mahl wärmstens zu empfehlen. Das „Laboratorio", eine Nudelwerkstätte gleich gegenüber, in der frische Pasta hergestellt wird, sollte man sich vom Wirt zeigen lassen. Außer Juli/August Di geschlossen, ✆ 0564-896311.

Trattoria Toscana, Via IV Novembre 2. Etwas günstiger als La Porta. „Riesige Portionen und gut zubereitet", schreibt ein begeisterter Leser, der der Pasta mit Wildschwein ein *Captiolo alla griglia* folgen ließ. ✆ 0564-896028.

Osteria al Pozzo, Via V. Emanuele 17, ab 15 Uhr, Restaurant mit kleiner Karte in der Altstadt. Do geschlossen, ✆ 0564-896539.

Fußweg entlang der Stadtmauer von Capalbio

Küste der Maremma Karte S. 339

Bar/Osteria Il Frantoio, nette Stimmung, mit Terrasse, Live-Musik am Sonntag und kleinem Laden mit Marmeladen und ausgefallender Mode. Unterhalb am Platz von Capalbio, noch bevor man in die Altstadt hoch fährt oder läuft. Piazza della Providenza. ✆ 0564-896484.

• *Außerhalb* **Trattoria La Vallerana**, Loc. Vallerana (von Capalbio auf der Landstraße SP 101 nach Norden in Richtung Sgrillozzo fahren, nach ca. 10 km taucht links die Trattoria auf). Wer nach längerem Aufenthalt am Meer nach der Fischküche mal wieder Appetit auf ein gutes Stück Fleisch (am besten vom grau-weißen Maremma-Rind) verspürt, dem wird dieses einfache Landgasthaus gefallen, das für seine Fleischqualität bekannt ist. Der Ober serviert das Fleisch, danach wird dem Gast erklärt, wie er sich die saftigen Scheiben mit Hilfe eines heißen Steins individuell durchbraten kann. Die Trattoria ist angenehm unkompliziert und durchaus bezahlbar. Allerdings kann es passieren, dass der Service in der Hochsaison wegen des großen Andrangs nicht besonders persönlich ausfällt. Das Fleischmenü ist auch ein guter Anlass, um einen kräftigen Rotwein aus der Region zu probieren, z. B. den Morellino di Scansano (Riserva), der nicht zu teuer ist und ganz ausgezeichnet zum Essen passt. Mi geschlossen. ✆ 0564-896050.

Eine passende Bleibe gibt es gleich in der Nähe:

Azienda agrituristica Rosaspina, angenehmer Aufenthalt in den modernen Zimmern des kleinen, gepflegten Bauernhofs. Das Frühstücksbuffet wird mit frisch gebackenem Kuchen der Haushälterin bereichert. DZ zu 75–110 € können auch tageweise angemietet werden. Strada della Sgrilla, Loc. Vallerana, ✆ 0564-892014, 333-6495511 (mobil), 📠 06-233212648, www.agriturismo-rosaspina.com.

Le Guardiole, auf einer Fläche von 160 ha wird Bio-Landwirtschaft betrieben. Es gibt Pferde, Rinder, Schweine, Getreide, eine Wildrosenzucht, Olivenöl und ein Restaurant mit gehobenen Preisen. Die rote, etwas steril wirkende Villa mit Pool und super gepflegtem Rasen wurde erst 2005 renoviert und birgt 12 komfortable DZ. Weitere DZ bzw. Appartements sind in den rustikaleren Bauernhäusern untergebracht, jeweils mit Pool. Der Agriturismo ist besonders bei betuchten Italienern beliebt. Gehobenes Preissegment, aufwändige Preisgestaltung siehe Website. Via della Sgrilla 16a (gut ausgeschildert), ✆ 0564-609185, www.leguardiole.net.

Der Robin Hood von Capalbio

In den engen Gässchen und Treppchen, die immer wieder überraschende Ausblicke auf die Küste und das grüne, hügelige Hinterland zulassen, herrscht noch immer das Flair des Räubernestes, das Capalbio in der zweiten Hälfte des 19. Jh. gewesen ist.

Damals gewährten die Bewohner Capalbios dem Briganten *Domenico Tiburzi* Unterschlupf, als er wieder einmal auf der Flucht vor der Justiz war. Seine Karriere begann, als er bei einem Heudiebstahl ertappt wurde und daraufhin den Aufseher erschoss. Ein Jahr später wurde er gefasst, doch glückte ihm nach einem weiteren Jahr ein Ausbruchsversuch, bei dem er den Gefängnisaufseher mit einer Sense bedrohte. Tiburzi wurde bald zu einem italienischen Robin Hood, der den Armen gab, was er den Reichen nahm. Erst nach einer 25-jährigen Hetzjagd wurde er wieder aufgespürt, verraten von eigenen Bandenmitgliedern. Am 23. Oktober 1896 starb er im Alter von 60 Jahren bei einer Schießerei mit Carabinieri aus Marsiliana und Capalbio. Zur Abschreckung wurde sein Leichnam mit durch Holzstöckchen offen gehaltenen Augen an einen Schandpfahl gebunden. Die Touristeninformation dokumentiert diese absonderliche Art der Aufbahrung mit einem Foto in Postergröße. Doch selbst als Toter sollte Tiburzi noch Probleme machen, denn die Bevölkerung wollte ihn als einen der Ihren in geweihter Erde begraben, wogegen sich die Behörden vehement wehrten. Dem Pfarrer von Capalbio gelang es schließlich, den Streit salomonisch zu schlichten: Er durchbrach kurzerhand die Friedhofsmauer und begrub den Rumpf des Räubers innerhalb, den (gefährlicheren) Rest jedoch außerhalb des Friedhofsgeländes. Er vergaß dabei nicht, eine Zypresse zu Füßen Tiburzis zu pflanzen, die seinen unruhigen Geist einfangen sollte.

▶ **Capalbio Scalo** hat einen Bahnhof und ist ansonsten ein eher unspektakulärer, ruhiger Ort ohne nennenswerte touristische Höhepunkte, bis auf ein freundliches Hotel, das ein Tipp für die Gegend ist (s. u.). Der nächstgelegene Strand heißt *Macchiatonda* – hübsch auch bis auf ein verfallenes Küstenwachhaus unbebaut. Den Sommer über gebührenpflichtiger Parkplatz.

● *Übernachten* **Albergo del Lago**, Capalbio Scalo. 2 km zum Strand Macchiatonda. März–Dez. geöffnet. Kleines Hotel mit 11 DZ (TV, Klimaanlage, Frühstück, Telefon, Minibar) zu 75–95 €. Via Umbria 30, 58030, ✆ 0564-899039, 📠 0564-899840, www.capalbio.it/albergodellago/index.htm.

Giardino dei Tarocchi

Etwa 10 km von Capalbio entfernt auf einem kleinen Hügel gelegen. *Niki de Saint-Phalle* war berühmt für ihre „Nanas" (riesige, fast bedrohlich wirkende, bunt bemalte weibliche Polyester-Skulpturen). Sie stellte hier zusammen mit befreundeten Künstlern (darunter auch ihr Lebensgefährte *Jean Tinguely*) ein auf 22 Stationen verteiltes plastisches Tarot-Spiel aus überlebensgroßen Figuren mitten in die Maremma-Landschaft. Mit den Arbeiten wurde bereits 1979 begonnen, im Sommer 1994 wurde die Eröffnung des Giardino dei Tarocchi gefeiert.

Mancher mag sich fragen, warum dieses spektakuläre Open-Air-Museum der Polyester-Kunst seinen Standort gerade hier in den kunstweltfernen Hügeln der Maremma gefunden hat. Zum einen fand sich im Herausgeber der liberalen Tageszeitung *La Repubblica* ein mutiger Mäzen, der das Gelände zur

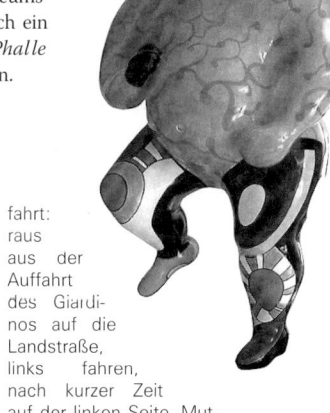

Verfügung stellte (gleich daneben nennt er ein Wochenendhaus sein Eigen), zum anderen ist die Maremma „die Region der Etrusker, die nicht nur für das auffällige, emanzipierte Auftreten ihrer Frauen bekannt waren, sondern auch für ihre magisch-skurrile ‚religiöse' Kunst" (*Loel Zwecker* in der *Süddeutschen Zeitung*). Den Ausflug in den Garten der phantasievollen und schrillen Figuren, die man aus nächster Nähe betrachten, anfassen und begehen kann, hat nichts mit einem üblichen Museumsbesuch gemeinsam und ist in jedem Fall auch ein tolles Erlebnis für Kinder. *Niki de Saint-Phalle* starb im Jahre 2002 in San Diego/Kalifornien.

Karte S. 339

Küste der Maremma

① April bis Mitte Oktober täglich 14.30–19.30 Uhr, Eintritt 10,50 € (Kinder von 7–16 Jahren 6 €). Nov. bis Mitte April am 1. Samstag im Monat (wenn dieser auf einen Feiertag fällt, dann am folgenden Tag) 9–13 Uhr; an diesen Tagen ist der Eintritt nach dem respektierten Willen der Künstlerin frei. ✆ 0564-895122, www.nikidesaintphalle.com.

• *Anfahrt* Von der Via Aurelia Ausfahrt Chiarone Scalo, dann Richtung Pescia Fiorentina. Knapp hinter der Abzweigung nach Carige links hoch. Man sieht die Kunstwerke im Sonnenlicht glitzern.

• *Übernachten* **B&B San Giuseppe**, gepflegtes, blitzsauberes Einfamilienhaus eines netten Pärchens mit Garten. Federica spricht gut Englisch. Sept.–Mai 60 €, Juni/Juli 70 €, Aug. 80 €. Anfahrt: aus der Auffahrt zum Giardino dei Tarocchi auf die Landstraße herausfahren, gleich rechts nach ca. 100 m auf der linken Seite. Strada Pescia Fiorentina Chiarone 19, ✆ 0564-895141 oder 338-5326379. www.casalesangiuseppe.it. (Tipp von Peter und Hannelore Reisse aus Wolfsburg.)

B&B (ohne Namen direkt an der Straße Strada Pescia Fiorentina Chiarone) Anfahrt: raus aus der Auffahrt des Giardinos auf die Landstraße, links fahren, nach kurzer Zeit auf der linken Seite. Mutter und Tochter vermieten ziemlich altmodische, spartanisch eingerichtete Zimmer. 3 DZ zu 65 €. ✆ 0564-895071 oder 329-1888432.

• *Essen* Der Trattoria-Tip für die maremmanische frische Raviolispezialität *Tortelli* (gefüllt mit Spinat und Ricotta-Käse, mit einer Wildschwein- oder Pilzsoße serviert) sowie für herzhaft gegrillte Fleischgerichte ist **Il Tortello** auf dem Dorfplatz von Pescia Fiorentina (unweit vom Park). Mittwochmittags geschlossen, ✆ 0564-895133.

Einer der vielen Strände an der Nordküste bei Portoferraio

Elba

(ca. 29.000 Einw.)

Bis zu 1000 m hohe, kahle Granitgipfel hat das bergige Eiland zu bieten, dazu zum Teil üppige Vegetation in den Küstenregionen, vor allem alte Kastanienwälder mit dichtem Unterholz. Außerdem felsige Küsten mit vielen kleinen Sand- oder Kieselbuchten und natürlich kristallklares Wasser!

Zwar lebt die Insel hauptsächlich vom Tourismus, doch die meisten Unterkünfte gibt es in kleinen, oft noch von Pinien überragten, ein- bis zweigeschossigen Hotels – riesige Bettenburgen kennt man auf Elba kaum. Die Touristenbauten liegen weit verstreut an den Berghängen der Badebuchten, dazwischen erstrecken sich große Grünflächen. Einsame Buchten sind nur zu Fuß oder mit dem eigenen Boot zu entdecken.

Am wenigsten erschlossen sind der Westteil der Insel, die Küste nordöstlich von Portoferraio bis zum Capo Vita und die Ostseite des Südzipfels. Diese Küstenabschnitte bestehen hauptsächlich aus schroffer Felslandschaft; der Pinienbestand beschränkt sich in erster Linie auf die Buchten.

Elba ist ca. 30 km lang und 18 km breit und hat eine Küstenlänge von 147 km, die Gesamtfläche der Insel beträgt 223,5 qkm. Die Bevölkerungsstruktur ist das Ergebnis verschiedener Einwanderungsströme vom Festland: *Portoferraio* ist ursprünglich toscanisch, *Marciana* korsisch, und im herben Bergdorf *Capoliveri* siedelten einst Neapolitaner. Die Gegensätze sind allerdings längst verwischt. Auf den Volksfesten in Capoliveri finden sich aber immer noch einige Überbleibsel des neapolitanischen Brauchtums.

Während die toscanische Küste hauptsächlich von Italienern besucht wird, trifft sich auf Elba ein internationales Ferienvolk: Viele Deutsche, aber auch Engländer, Holländer, Österreicher und Schweizer sind hier unterwegs.

Nationalpark Toscanisches Archipel

Nach langen Jahren öffentlicher Kontroversen und politischer Unentschlossenheit wurde er im Jahr 1996 schließlich doch noch gegründet: der „Parco Nazionale Arcipelago Toscano", der alle sieben größeren Inseln des Archipels umfasst. Bereits Anfang der 1980er Jahre verabschiedete das italienische Parlament ein Gesetz zum Schutz des Toscanischen Archipels, und seit 1989 lagen die politischen Pläne für die Einrichtung des Nationalparks auf dem Tisch. Dann aber geriet das Projekt ins Stocken, denn in Rom war man sich plötzlich nicht mehr ganz über die Zuständigkeiten im Klaren. Außerdem standen die Bewohner der toscanischen Inseln dem Projekt skeptisch bis ablehnend gegenüber; v. a. elbanische Fischer und Landwirte befürchteten wirtschaftliche Beeinträchtigungen. Als die Pläne kurz vor dem Aus standen, griff 1996 die EU ein und brachte – nicht zuletzt auch durch ein umfangreiches Finanzierungsprogramm – das Unternehmen doch noch auf den Weg.

Der Nationalpark mit etwa 18.000 Hektar Landesfläche (und 57.000 Hektar Meeresfläche) umfasst etwa 50 % des Inselterritoriums von Elba (v. a. den Westteil der Insel, den Nordosten zwischen Rio nell'Elba und Cavo sowie den südlichen Bereich der Halbinsel Calamita, drei Viertel der Insel Capraia und rund 40 % von Giglio. Montecristo, Giannutri, Pianosa und Gorgona stehen komplett unter Naturschutz, wobei Montecristo und Giannutri in die Schutzzonen A und B fallen, in denen „alle das Territorium verändernde Tätigkeiten" verboten sind. Für Elba und Giglio gelten die moderateren Zonen C und D, die zum Schutz der Bewohner landwirtschaftliche und bauliche Tätigkeiten zulassen. Zum erklärten Ziel des Nationalpark-Dekrets zählt neben der „Bewahrung der pflanzlichen und tierischen Arten" auch die „Integration zwischen Mensch und Natur durch den Schutz von anthropologischen, historischen, architektonischen Werten und der traditionellen Land-, Forst- und Hirtenaktivität" – so die offizielle Übersetzung des Nationalpark-Statuts.

Weitere Informationen im Büro des **Parco Nazionale dell'Arcipelago Toscano**, Via Guerrazzi 1, 57037 Portoferraio (LI), ☎ 0565-919411, 🖷 0565 919428, www.islepark.it, parco@islepark.it.

Geschichte

Elbas Berühmtheit gründet sich in erster Linie auf einen Namen: Napoleon. Bekanntlich wurde der „Kaiser der Franzosen" 1814 auf die Insel strafversetzt, um hier für knappe 10 Monate noch ein wenig Miniaturkaiser spielen zu können ...

Aber auch in der Antike war Elba (etruskisch „Ilva") von nicht zu unterschätzender Bedeutung: Immerhin befanden sich hier die wichtigsten Eisenerzvorkommen des gesamten Mittelmeerraumes. Schon die Etrusker hielten sich an den Bodenschätzen schadlos, dann die Griechen und natürlich auch die Römer, die schließlich ein ganzes Weltreich bei der Stange halten mussten. Entsprechend glich die Insel lange Zeit einem einzigen rauchenden Schmelzofen und war schon von weiter Ferne auszumachen. Die Griechen nannten sie damals *Aethalia*, was etwa „Erde der tausend

Karte S. 396/397

Elba

Feuer" oder „verrußte Insel" bedeutet. Reste dieser regen Eisenproduktion findet man immer wieder (z. B. Teile von Öfen, Schlacke etc.; andere Überreste aus diese Epoche sind dagegen nur spärlich vorhanden, sieht man einmal von einer römischen Luxusvilla mit heizbaren Badezimmern ab, die bei Le Grotte gegenüber von Portoferraio zu finden ist).

Heiliger Mamilianus, seibeiuns!

Er lebte einsam und friedlich auf der kleinen Nachbarinsel Montecristo. Und als er im Jahre des Herrn 465 sein Ende herannahen fühlte, entzündete er ein großes Feuer, um den Menschen auf den umliegenden Inseln zu signalisieren, dass er ein christliches Begräbnis wünsche. Dies wurde ihm auch gewährt, allerdings nicht unbedingt so, wie er es sich vorgestellt hatte.

Als nämlich die Bewohner von Elba gleichzeitig mit denen der Insel Giglio beim Leichnam des heiligen Mamilianus eingetroffen waren, entbrannte ein heftiger Streit, wer ihn denn nun mit nach Hause nehmen dürfe. Im Verlauf der Auseinandersetzung löste sich das Problem auf überraschende Weise: Die sterbliche Hülle des Einsiedlers wurde beim erbitterten Kampf der Möchtegern-Bestatter gleich in mehrere Stücke zerrissen, sodass jede Insel einen Teil des Verehrten erhielt. Ein dritter Teil wurde anscheinend im Eifer des Gefechts vergessen, es soll später in der Arnomündung bei Pisa angeschwemmt worden sein.

Nach dem Zusammenbruch des Römischen Reiches im 5. Jh. wurde die Insel von den Langobarden erobert; danach wechselten die Machthaber in rascher Folge: Sarazenen, die Stadtrepubliken Pisa und Genua, Spanien und vor allem Piraten hatten ein Auge auf die kleine Insel geworfen. Im 16. Jh. etwa wurde Elba mehrmals von den Truppen der türkischen Piraten Cheireddin Barbarossa überfallen, die schreckliche Blutbäder unter der Inselbevölkerung anrichteten. (Kolportiert wird, dass der von genervten Eltern gerne als Drohung vorgetragene Spruch „Wenn Du nicht lieb bist, kommt der Barbarossa und holt dich" just aus dieser Zeit stammt.)

Einzige Möglichkeit, sich vor den Überfällen zu schützen, waren kleine, gesicherte Bergfestungen, z. B. die Burg Volterraio auf einem steilen Felsen südwestlich von Rio nell'Elba (nur von außen einsehbar). Etwa 1020 erbaut, ist sie die größte dieser Burgen auf Elba. Sie wurde niemals eingenommen und zerfiel erst im Lauf der Jahrhunderte.

Später mischten sich natürlich auch die *Medici*, die damals bereits die ganze Toscana beherrschten, in die Auseinandersetzungen ein. *Cosimo de' Medici*, der letzte bedeutende Spross dieser Familie, beschloss, Portoferraio ganz neu aufzubauen und zu befestigen. Die Stadt erhielt den bedeutungsschweren Namen *Cosmopolis*. Die neu errichteten militärischen Bauwerke dieser Zeit sind teilweise bis heute erhalten geblieben: die beiden Festungen über der Stadt – *Forte Stella* und *Forte Falcone* – sowie die Mauern, die sich bis in die Stadt hinunterziehen.

Die Piraten konnten nun der Stadt nichts mehr anhaben, und so wurden fortan die weiten Küsten Elbas ihre bevorzugten Landungsgebiete – Grund dafür, dass die Küsten jahrhundertelang nicht erschlossen wurden. Erst im Zeitalter des Massentourismus änderte sich das.

1802 kam die Insel ganz in die Hand der Franzosen und war damit erstmals nach über 200 Jahren wieder ungeteilt (vorher waren Spanier, Deutsche, Italiener u. a.

gleichermaßen vertreten gewesen). Außerdem war nun der Ring frei für das wenig ruhmreiche Intermezzo des großen Kaisers Napoleon auf der kleinen Insel.

Auf Napoleons Spuren

Wer heute auf Elba den Spuren des großen Kaisers folgen will, kann z. B. auf den Sattel zwischen Forte Stella und Forte Falcone hinaufgehen und die **Villa dei Mulini** besichtigen, die Stadtwohnung Napoleons. Im Garten des kleinen Palazzo wird gerne sein Lieblingsplatz gezeigt, eine Steinbank an einem kleinen Mäuerchen, wo der Fels über 100 m steil abfällt. Hier soll er oft stundenlang gesessen und über das Schicksal gebrütet haben. Der Blick geht von hier weit übers Meer, im Westen fast bis nach Korsika, wo Napoleon geboren wurde.

Doch die Zimmer der Stadtwohnung wurden ihm bald zu klein und zu heiß, und so suchte er einen kühleren, ruhigen Platz für seine Sommerresidenz. Er fand ihn im wasserreichen Tal von **San Martino** (siehe Portoferraio/Umgebung). Nachdem er den Platz mit dem Geld seiner Schwester erworben hatte, ließ er sich hier seine neue Landvilla in einem ehemaligen Bauernhof aufbauen.

Der einsame Platz der **Madonna del Monte** im Westen der Insel ist noch zu erwähnen (siehe Marciana/Umgebung). Auch bei diesem Kirchlein soll der Kaiser wehmütig den herrlichen Blick bis zu seiner Heimatinsel Korsika genossen haben.

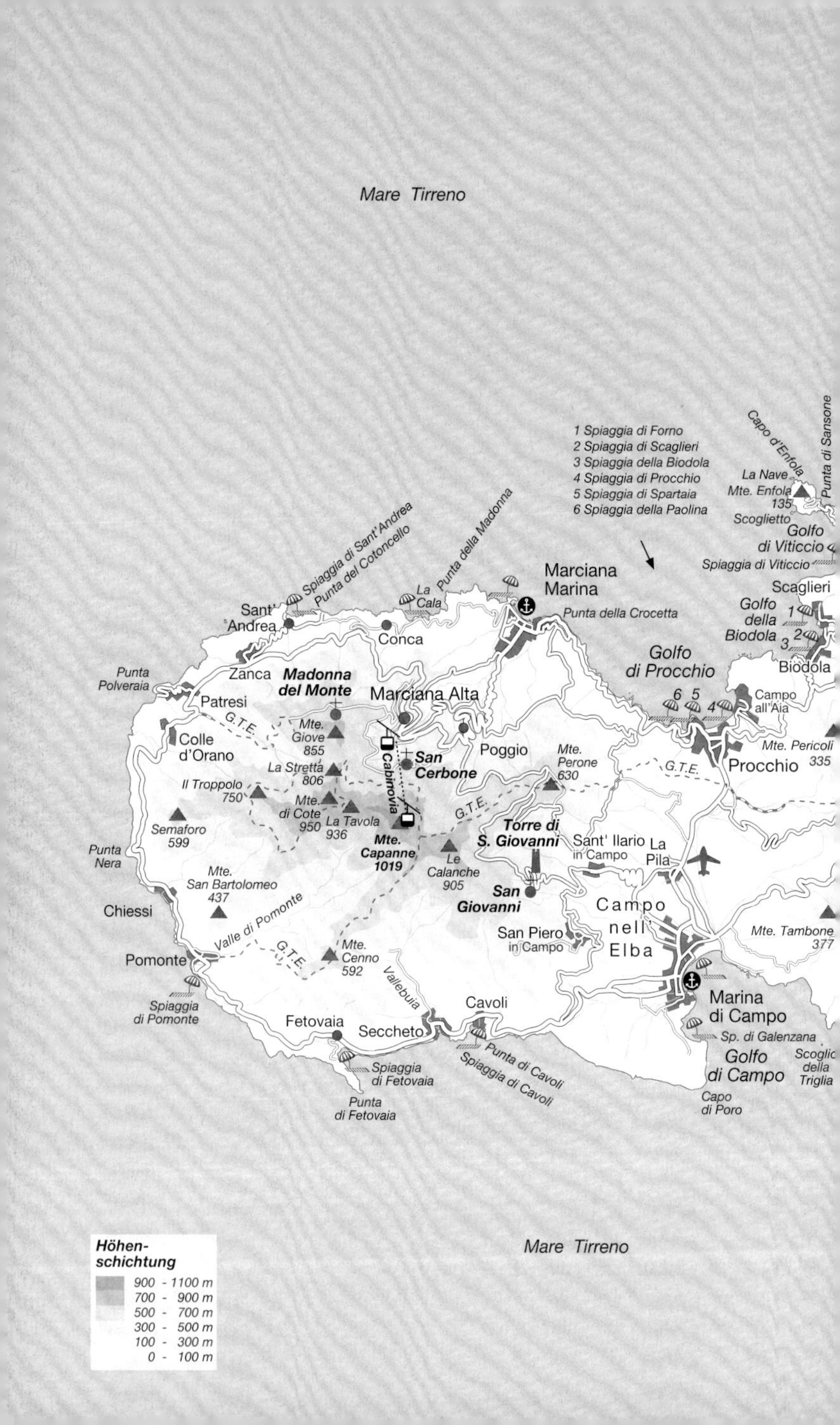

Mare Tirreno

1 Spiaggia di Forno
2 Spiaggia di Scaglieri
3 Spiaggia della Biodola
4 Spiaggia di Procchio
5 Spiaggia di Spartaia
6 Spiaggia della Paolina

Capo d'Enfola

La Nave
Mte. Enfola
135
Scoglietto

Punta di Sansone

Golfo
di Viticcio

Spiaggia di Viticcio

Spiaggia di Sant' Andrea
Punta del Cotoncello

La Cala

Punta della Madonna

Marciana
Marina

Punta della Crocetta

Scaglieri

Golfo
della
Biodola

1

2

Biodola

Sant'
Andrea

Conca

Golfo
di Procchio

Campo
all'Aia

Punta
Polveraia

Zanca

Madonna
del Monte

Marciana Alta

6 5

4

Mte. Pericoli 335

Patresi

G.T.E.

Mte.
Giove
855

Poggio

Mte.
Perone
630

Procchio

Colle
d'Orano

La Stretta
806

San
Cerbone

G.T.E.

Il Troppolo
750

Mte.
di Cote
950

La Tavola
936

Sant' Ilario
in Campo

La
Pila

Semaforo
599

Mte.
Capanne
1019

Torre di
S. Giovanni

Punta
Nera

Mte.
San Bartolomeo
437

Le
Calanche
905

San
Giovanni

Campo
nell'
Elba

Chiessi

Valle di Pomonte

G.T.E.

Mte.
Cenno
592

San Piero
in Campo

Mte. Tambone
377

Pomonte

Vallebuia

Cavoli

Spiaggia
di Pomonte

Fetovaia

Seccheto

Marina
di Campo

Sp. di Galenzana

Scoglio
della
Triglia

Punta di Cavoli

Spiaggia
di Fetovaia

Spiaggia di Cavoli

Golfo
di Campo

Punta
di Fetovaia

Capo
di Poro

Mare Tirreno

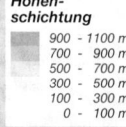

Höhen-
schichtung

900 - 1100 m
700 - 900 m
500 - 700 m
300 - 500 m
100 - 300 m
0 - 100 m

Livorno

Piombino

Piombino

Capo
Vita

Isola
dei Topi

Capo
Castello

⚓ Cavo

Spiaggia
le Fornacelle

Mte. Grosso
346

Capo
Pero

Cala
Seregola

**Torre
del
Giove**

Spiaggia
i Topetti

1 Spiaggia di Bagnaia
2 Spiaggia dell'Ottone
3 Spiaggia Magazzini
4 Spiaggia Schiopparello
5 Spiaggia San Giovanni

Cala Nisportino

Spiaggia di Nisporto

Nisportino

Mte. Serra
422

Punta di Nisporto

Santa
Caterina

Mte. Strega
427

✝ **Santa
Caterina**

Spiaggia Acquaviva

Spiaggia La Sorgente

Punta Acquaviva

Spiaggia
di C. Bianco

Capo Bianco

Sp. La Padulella

Sp. Le Viste

Nisporto

Viticcio

Porto-
Ferraio

Rio
nell'Elba

Rio Marina

⚓

⚓

Rada di Portoferraio

Punta
delle Grotte

5

1

Bagnaia

Mte. Capannello
496

Mte. Fico
268

Il Porticciolo

**Castello
del Volterraio**

2

3

4

**Terme di
San Giovanni**

**Villa
Romana**

Magazzini

**Cima
del Monte** 516

Capo Ortano

Spiaggia
d'Ortano

Mte. Arco
278

Isolotto d'Ortano

San
Martino

Mte. Castello
390

✝

**Madonna
di Monserrato**

⭐ **Villa
Napoleone**

G.T.E.

Mte. San Martino
365

Mte. Petriciaio
347

G.T.E.

Mte. Mar di Capanna
292

Punta
delle Cannelle

**Forte
di Longone**

Spiaggia Reale

Lacona

Capo Bianco

Spiaggia di Barbarossa

Capo Sp.
Pini di Norsi

Sp.
del Lido

Sp.
Margidore

Sp.
Grande

Baia
di Mola

Porto Azzurro

Spiaggia di Naregno

Forte Focardo

Sp. di Zuccale

Spiaggia
della
Contessa

Golfo Stella

Sp. di Barabarca

Capoliveri

Spiaggia di Straccoligno

**Golfo
della
Lacona**

Spiaggia
della Madonna
delle Grazie

Morcone

Mte. Calamita
413

Capo Calvo

Capo
della Stella

Punta Morcone

Isola
Corbella

Spiaggia di Morcone

Pareti

Capo
di Fonza

Spiaggia dell'Innamorata

Isole Gemini

Costa dei Gabbiani

Punta
della Calamita

Punta
dei Ripalti

Elba 🏔

Pianosa

Karten/Literatur/Zeitschriften/Zeitungen

Eine gute **Kompass-Karte** „Isola d'Elba" (Nr. 650) im Maßstab 1:30.000 gibt es vor Ort bzw. im deutschen Buchhandel (6,95 €). Selbst Schotterstraßen und z. T. auch Wanderwege sind darauf sehr detailliert eingezeichnet.

Optimal für Wanderer ist auch die **Reise- und Wanderkarte Insel Elba** (Nr. 502), 1:25.000, Edizioni Multigraphic, Florenz. Für 6 € im Buchhandel der Insel erhältlich.

Elba-Spiegel, herausgegeben vom Tourist-Inform-Center Elba, Elvira Korf. Deutschsprachige Urlauberzeitschrift mit hilfreichen (Hintergrund-)Informationen über die Insel. Erscheint einmal pro Jahr. Für 2,50 € an den Kiosken und in Buchhandlungen der Insel erhältlich. Von der Herausgeberin Elvira Korf stammt auch die Sonderausgabe **15 Jahre Elba-Spiegel – 1982–1996**. Eine Auswahl der interessantesten Artikel der Zeitschrift, für 9 € in den Buchhandlungen der Insel zu kaufen.

Mostri di Pietra (Monster aus Stein), ein ungewöhnlicher Bildband mit Aufnahmen belebt erscheinender elbanischer Steine und Felsen. Von Nello Anselmi. 15 €.

Lisola, italienischsprachige Wochenzeitschrift (Informationen, Sport, Kultur) des Toscanischen Archipels mit aktuellem Veranstaltungs- und Kinoprogramm, Bus- und Fährfahrplänen sowie Zugverbindungen ab Piombino. Erscheint freitags, für 1,55 € an Kiosken zu kaufen.

Pronto Elba, zweisprachige (it./dt.), monatlich erscheinende Informationszeitung für Touristen. Viel Reklame, aber auch Veranstaltungskalender, Schiffs- und Busfahrpläne. Für 1,60 € bei der APT in Portoferraio, an Kiosken und in den meisten Hotels zu haben.

Für Italienischkundige: Die italienischen Tageszeitungen **Il Tirreno** und **La Nazione** haben einen Elba-Regionalteil. Die dünne Traditionszeitung **Corriere Elbano** erscheint einmal im Monat.

Anreise

▸ **Mit der Bahn**: Es gibt einige Direktverbindungen von Livorno und Florenz nach *Piombino Centrale* und *Piombino Marittima*, dem Sackbahnhof direkt am Fährhafen von Piombino (Achtung: nicht alle Züge fahren bis zum Hafen durch). Nächster größerer Umsteigebahnhof an der Hauptstrecke Genua–Rom ist das 14 km nordöstlich gelegene *Campiglia Marittima*. Von dort etwa stündlich Züge nach Piombino, Fahrtdauer je nach Zug 15–20 Minuten.

▸ **Mit dem Schiff**: Einziger Elba-Fährhafen am Festland ist das ca. 10 km von der Insel entfernte *Piombino*. Von hier geht fast stündlich eine Autofähre nach *Portoferraio*, dem Hauptort von Elba. Fahrzeit ca. 1 Stunde. Schneller ist die Überfahrt mit dem Tragflächenboot (*aliscafo*, 35 Min.).

Zwei Schifffahrtsgesellschaften, die staatliche *Toremar* (Fähren und Tragflächenboot) und die private *Moby Lines*, bedienen die Strecke nach Elba:

● *Anbieter* **Toremar**, Piombino, Nuova Stazione Marittima, ☎ 0565-226590 oder 0565-31100, ✆ 0565-35294. www.toremar.it.

In Portoferraio: Calata Italia 42, ☎ 0565-960131, ✆ 0565-914717.

In der Hochsaison ca. 15x tägl. auf der Strecke Piombino–Portoferraio, erste Abfahrt Richtung Elba 5.30 Uhr, letzte Fahrt 22 Uhr oder 22.30 Uhr, Fahrtdauer 1 Std.

Moby Lines, Piombino, Piazzale Premuda (Stazione Marittima), ☎ 0565-221212 oder 0565-276077. www.moby.it.

In Portoferraio: Viale Elba 12 (beim Busbahnhof), ☎ 0565-914133, ✆ 0565-917652.

Erste Abfahrt nach Portoferraio in der Hochsaison 5 Uhr, letzte 21.30 Uhr oder 22 Uhr, bis zu 15x tägl., Fahrtdauer 1 Std.

Weitere Fährverbindungen (mit Toremar): Piombino –Rio Marina, Piombino–Porto Azzurro, Piombino – Cavo (nach Cavo nur Personenbeförderung mit dem Tragflächenboot *Aliscafo*).

● *Preise* Toremar ist etwas günstiger als Moby Lines. Hochsaisonpreise mit Toremar: einfache Überfahrt pro Pers. 6–8 €, mit dem Tragflügelboot 10 €; mit Moby pro Pers. 7,70–10,70 €.

Autos: abhängig von der Fahrzeuglänge; mit Toremar ab 22 € (an Wochenenden der Hochsaison 32–37,50 €), Wohnwagen/-mobil 10,50 € pro Meter; mit Moby: Auto 35,50–53,50 €, Wohnwagen/-mobil 13–14,50 € pro Meter.

Motorrad: mit Toremar 11,30–12,30 €; Moby 14–19 €.

Fahrrad: bei beiden Gesellschaften 5 €.

Achtung: Zum Fahrpreis kommt noch die Hafentaxe (0,54–1,20 €). Außerhalb der Wochenenden in der Hochsaison werden interessante Spezialtarife angeboten. Generell verringert sich der Preis außerhalb der Hochsaison um einiges.

● *Buchen* Wer mit dem eigenen Wagen anreist, sollte im Juli/August und an Wochenenden in der Vor- bzw. Nachsaison auf jeden Fall vorbuchen. Auch Ostern und Pfingsten sind die Fahrzeugstellplätze schon Wochen (!) vor dem Abfahrtstermin vergeben. Generell ist anzuraten, den Ankunftstag möglichst nicht auf einen Samstag zu legen, weil den die meisten ausländischen Reiseunternehmen bereits für sich gebucht haben. Am bequemsten ist es natürlich, über ein Reisebüro reservieren zu lassen.

Wichtig: Man sollte auf jeden Fall eine Stunde vor der Abfahrtszeit am entsprechenden Fährbüro sein, sonst wird der Platz anderweitig vergeben!

▶ **Anreise per Flugzeug**: Nördlich von Marina di Campo, beim Ort La Pila, befindet sich ein kleiner Flugplatz für Maschinen bis zu 4 Tonnen (Startbahnlänge 800 m). Im Flughafengebäude Bar, Souvenirshop, Reisebüros und Autoverleiher. Ein Restaurant ist angeschlossen. Flugplatzauskünfte unter www.elbaisland-airport.it und ✆ 0565-976011.

● *Flüge* Die Verbindungen ändern sich von Jahr zu Jahr; derzeit wird Elba zwischen Mai und Okt. von INTERSKY je 2x wöchentlich ab München und Friedrichshafen sowie 1x wöchentlich ab Zürich angeflogen, nähere Infos unter: Intersky, Bahnhofstr. 10, A-6900 Bregenz, ✆ 0043/5574/4880046, ✆ 0043/5574/488008, www.intersky.biz; Pauschalreisen sind unter Seewald Touristik GmbH, Bahnhofstr. 10, A-6900 Bregenz, ✆ 0043/5574/4880033, ✆ 0043/5574/4880076 buchbar. Darüber hinaus gibt es ebenfalls von Mai bis Okt. 3x wöchentlich Flüge mit Sky Work Airlines von Bern nach Elba (www.skywork-airlines.ch), buchbar über Aaretal Reisen, Südstr. 8a, CH-3110 Münsingen, ✆ 0041/31/7202500, ✆ 0041/31/7202509, www.aaretal-reisen.ch.

Inlandsflüge: nur im Sommer mehrmals wöchentlich von Mailand, Pisa und Bologna mit Airest/Elbafly auf die Insel, ✆ 0565-977900, ✆ 0565-972933, www.elbafly.it.

● *Autovermietung* **Elba by Car**, einziger Anbieter am Flughafen, einen Kleinwagen gibt es ab 135 € für 3 Tage (ab 260 €/Woche) ✆ 0565-977973, www.elbabycar.it. Ansonsten:

Auto- und Zweiradvermietungen auf Elba

Portoferraio: TWN, Viale Elba 32 (Busbahnhof), ✆/✆ 0565-914666.

Porto Azzurro: Rent Azzurro, am Fähranleger, ✆ 0565-95115.

Capoliveri: Autonoleggio Roberto, Via Menotti 6, ✆ 0565-968533.

Marina di Campo: Baby Rent, Via Donizetti 27 (nahe der Tourist-Info), ✆ 0565-918883.

Preise: Kleinwagen (z. B. Fiat Panda) ca. 40–50 € pro Tag. Mindestalter 21 Jahre, Kaution muss in der Regel per Kreditkarte bezahlt werden.

Zweiräder bekommt man in jedem größeren Ort an der Küste. Der größte Vermieter ist **TWN** mit Agenturen in Portoferraio, Lacona und Marina di Campo. Moped (50 ccm) 36 € pro Tag, Roller (125 ccm) 49–59 €, Mountainbike 15–18 €. Bei Mietdauer von mind. einer Woche 10 % Rabatt (nicht im August). Weitere Infos: www.twn-rent.it, Buchungen per E-Mail: info@twn-rent.it

Karte S. 396/397

Elba

Übernachten

Auf der Insel gibt es eine große Auswahl sehr schöner und komfortabler Hotels bzw. Pensionen, viele davon ganz herrlich im Grünen und/oder am Strand gelegen und alle – zumindest in der Hochsaison – nicht gerade billig. Einige Hoteliers vermieten ihre Zimmer in der Hochsaison nur mit **Halbpension**, sodass man in einem Drei-Sterne-Haus am Strand im August locker auf einen Übernachtungspreis von 80–130 € pro Person im Doppelzimmer kommt. Wirklich günstige Herbergen sind auf Elba dünn gesät, die besten Chancen hat man in den Stadthotels oder -pensionen von Portoferraio und Marina di Campo oder in kleineren Hotels weitab vom Meer. Appartements werden in der Hochsaison oftmals nur wochenweise vermietet, und auch hier ist das Preisniveau hoch: Man sollte für ein Zweier-Appartement pro Woche mit mindestens 600–800 € rechnen.

Außerhalb der Hochsaison (Juli/August) fallen die Preise deutlich, teilweise um 30 %. Wer kann, sollte den August als Reisezeit meiden, besonders die zwei Wochen um den 15. August *(Ferragosto)*. Reisen Sie zu dieser Zeit auf keinen Fall ohne Reservierung auf die Insel, denn die Chancen, ein Zimmer zu bekommen, sind gleich null.

Camping

Auf Elba gibt es rund 30 Campingplätze. Die meisten sind klein und liegen direkt am Meer. Die Preise bewegen sich bei den generell gut ausgestatteten Anlagen um 10–12 € pro Pers., für ein Zelt muss man den gleichen Preis rechnen, Wohnwagen und -mobile sind entsprechend teurer.

Bevorzugte Campinggegenden sind wegen ihrer langen Sandstrände die Buchten von *Lacona* und *Marina di Campo*.

Wer Nachtleben und Abwechslung liebt, sucht am besten die Campingplätze von *Porto Azzurro* oder *Lacona* und *Marina di Campo* auf. Einen riesigen und bestens organisierten Platz gibt es auch bei *Magazzini* in der Bucht von Portoferraio. Ruhigere Plätze findet man auf der Halbinsel *Enfola*. An der wenig erschlossenen Westküste sucht man Campingplätze vergebens.

Die meisten Plätze sind nur von Mai (teilweise auch schon ab Ostern) und – je nach Wetterlage – bis Anfang Oktober geöffnet; aktuelle Informationen bekommt man in der Touristeninformation von Portoferraio.

Rucksackreisende ohne Zelt werden von den Campingplatzbesitzern im Allgemeinen mit einem bedauernden Achselzucken abgewiesen! In einem der Redaktion bekannten Fall wurde von einem ahnungslosen Neuankömmling außer der Übernachtungsgebühr auch noch Autostellplatz und Zelt abkassiert!

Wildcampen: Auf Elba – wie in ganz Italien – verboten, nicht zuletzt wegen der Brandgefahr und des Müllproblems! Nicht selten werden hohe Bußgelder erhoben.

Achtung: Was für Hotelreservierungen in der Hochsaison gilt, trifft – zumindest im August – auch auf die Campingplätze zu. Ohne vorherige Reservierung einen größeren Stellplatz (z. B. für Wohnwagen und -mobile bzw. Hauszelte) zu bekommen ist unmöglich, ein kleines Iglu-Zelt kann eventuell noch irgendwo dazwischengeklemmt werden; verlassen sollte man sich darauf aber nicht. Elba ist als sehr teure Urlaubsinsel bekannt, sodass viele italienische Touristen auf die Campingplätze ausweichen – und das eben gehäuft im August.

Freizeit & Sport

▸ **Free Climbing**: Für Kletterer gibt es inzwischen auch auf Elba einen Club: Elba Free Climbing Club, Loc. Antiche Saline, 57037 Portoferraio, ✆ 0565-917140 (Ansprechpartner: Renato Bardi). Informationen auch im Hotel Ilio in Sant'Andrea (✆ 0565-908018, ✉ 0565-908087).

▸ **Golf**: Ca. 7,5 km südöstlich von Portoferraio (Abzweig von der Straße nach Porto Azzurro) gibt es eine 9-Loch-Anlage (Par 34): **Elba Golf Club dell'Acquabona**, Loc. Acquabona, 57037 Portoferraio, ☎/🖷 0565-940066, www.elbagolfacquabona.com. **Golf Club Hermitage**, 6-Loch-Anlage in Biodola, ☎ 0565-974811, 🖷 0565-969852.

▸ **Reiten** kann man u. a. im ruhigen und abseits gelegenen **Centro Ippico Elbano** in Portoferraio (etwas außerhalb im Ortsteil Le Picchiaie, an der Straße nach Porto Azzurro). Im Stall stehen 15 Pferde, der 90-minütige Ausritt kostet ca. 25 € (Versicherung inbegriffen), Loc. Monte Orello, ☎ 347-6395704 oder 347-0064650 (beides mobil). Der Beschilderung zum Relais delle Picchiaie folgen.

Außerdem: **Centro Ippico Costa dei Gabbiani**, Loc. Ripalte (Costa dei Gabbiani), ☎ 0565-935122 oder 0565-942408; **Maneggio Gigi**, Loc. Barbarossa, ☎ 0565-95605; **L.E. Farms**, Loc. Literno (Campo nell'Elba), ☎ 0565-979090 oder 339-3147179.

Am Jachthafen von Portoferraio

Segeln

Elba ist ein nahezu perfekter Ausgangspunkt für Segeltörns im Tyrrhenischen Meer. Neben mehreren Charterflotten sind hier auch deutschsprachige Segelschulen ansässig. Die Insel verfügt zudem über gut ausgestattete und sichere Häfen mit allen Einrichtungen. Dem erfahrenen Segler bieten sich Törns zu den kleineren toscanischen Inseln **Giglio** und **Capraia** an. Auch die Halbinsel **Argentario** mit den Häfen **St. Stefano**, **Porto Ercole** und **Cala Galera** sind lohnenswerte Ziele. Bei guter Wetterlage reizt die meisten Skipper aber ein Törn nach **Korsika**. Nur etwa 40 Seemeilen entfernt warten die Häfen Bastia und Macinaggio, wo mit Pastis und korsischem Wein die gelungene Überfahrt gefeiert wird. Seit einigen Jahren braucht der Wassersportler keine Zollformalitäten für Italien und Frankreich mehr über sich ergehen zu lassen. Somit steht einem Elba-Korsika-Törn fast nichts mehr im Wege: Die Charterjachten sind nach italienischer Rina ausgerüstet, d. h. die erforderliche Sicherheits- und Navigationsausrüstung ist an Bord (auch deutschsprachige nautische Literatur und Seekarten). Voraussetzung sind natürlich der amtliche *Sportbootführerschein See* sowie der *SKS* (*Sportküstenschifferschein*, ehemals *BR-Schein*) und im eigenen Interesse eine größere Erfahrung in Umgang mit Hochseejachten. Denn dieses Segelrevier sollte auch im Hochsommer nicht unterschätzt werden: Plötzliche, ohne Vorwarnung auftretende *Mistral-* und *Sciroccowinde* in Sturmstärke können unerfahrene Segler in große Schwierigkeiten bringen. Wem die nötige

Erfahrung fehlt, sollte sich lieber auf einer Jacht mit Skipper einmieten; oder man bucht direkt bei einer der Segelschulen einen Ausbildungstörn. Erfahrene Schiffsführer kennen die Gefahren, vermitteln das Segelhandwerk und laufen natürlich auch einsame Buchten und Ankerplätze an, die der Laie nicht kennt. Zu empfehlen ist das Frühjahr und der Herbst, denn im Juli und August ist es trotz der zahlreichen Häfen fast unmöglich, gute Liegeplätze zu finden.

Für **Jollensegler** bieten sich auf Elba mehrere geschützte Buchten mit Sandstränden an. Hier wehen auch in den manchmal sehr windarmen Sommermonaten erfrischende thermische Winde, die für Jollensegler herrlichen Segelspaß bedeuten. An einigen Stränden im Süden findet man Surfbrett- und Jollenverleiher. Die größeren Strände verfügen über abgeteilte Zonen für Schwimmer. Dazwischen befinden sich schmale Bojengassen für die Anlandung der Jollensegler. Schwimmwesten sind obligatorisch.

Die alten **Stadthäfen** von Portoferraio, Porto Azzurro und Marciana Marina sind nicht nur für die Landurlauber ein malerischer Anziehungspunkt: Oft total mit Jachten überfüllt, muss der fremde Skipper erst einmal lernen, mit den „italienischen Verhältnissen" klarzukommen. Es gibt hier keine Hafenmeister, die Plätze zuweisen; gewonnen hat, wer zuerst kommt. Auch wird hier mit Anker rückwärts angelegt. Für Nordsee- und Ostseesegler kein leichtes Manöver.

• *Häfen* Der alte Stadthafen von Portoferraio (Darsena), zwei Marinas und Bootswerften sind an der gleichnamigen Bucht gelegen. Außerdem Cavo, Rio Marina, Porto Azzurro, Marina di Campo und Marciana Marina. In diesen Häfen gibt es öffentliche Liegeplätze (kostenlos) und auch kostenpflichtige Steganlagen (bis 50 €/Nacht).

• *Segelschulen* Drei deutsche Segelschulen auf Elba, alle bieten DSV-Segelscheinkurse für Jollen und Seesegeln an. Auf Anfrage können Jollen und Jachten gemietet werden.

DHH – Jachtschule Elba „Le Grotte del Paradiso", 57037 Portoferraio, ☎ 0565-933329, 🖷 0565-933178.
In Deutschland: DHH, Rothenbaumchaussee 58, 20148 Hamburg, ☎ 040-44114250, 🖷 040-444534. www.dhh.de.

Segelzentrum Elba, Gereon Verweyen, Loc. Bagnaia, 57037 Portoferraio, ☎ 0565-961090, 🖷 0565-961184.
In Deutschland: Sürther Hauptstr. 213, 50999 Köln, ☎ 02236-65505, 🖷 02236-68516. www.segelzentrum-elba.de.

Segel Club Elba, Christian Renner, Loc. Magazzini 12, 57037 Portoferraio, ☎ 0565-933288, 🖷 0565-933214.
In Deutschland: Postfach 300327, 51413 Bergisch-Gladbach, ☎ 02204-68703, 🖷 02204-962951. www.segel-club-elba.de.

• *Charterfirmen* **Sun Charter**, Portoferraio/Werft, 18 Janneau-Jachten (10–14 m), ☎/🖷 0565-944186, ☎ 335-8132040 (mobil).

Bartolini Yachting, Loc. San Giovanni (Portoferraio), ☎/🖷 0565-916957, www.bartolini yachting.com.

Segelschule Elba Charter, Procchio, ☎ 334-3793949 (mobil), 🖷 0565-907496, www.segel schule-elba.de.

• *Buchungsadressen in Deutschland* **Charterwelt GmbH**, Karl-Hromadnik-Str. 16, 81241 München, ☎ 089-8299880, 🖷 089-82998877. www.charterwelt.de.

Sun Charter, Am Gries 17 c, 82515 Wolfratshausen, ☎ 08171-29905, 🖷 08171-72972. www.suncharter.de.

▶ **Sprachkurse:** *A.B.C. – Centro Lingua & Cultura Italiana*, Loc. Bocchetto 1, 57036 Porto Azzurro, ☎ 0565-920155, 🖷 0565-920166. www.abcelba.com.

Die Sprachschule *Centro Fiorenza* veranstaltet ein- oder zweiwöchige Kurse auf Elba (in Procchio), Unterkünfte werden vermittelt (diese meist im benachbarten Marciana Marina). Mehr darüber bei Centro Fiorenza, Via S. Spirito 14, 50125 Firenze, ☎ 055-2398274, 🖷 055-287148, www.centrofiorenza.com. Dritter Anbieter ist die renommierte *Società Dante Alighieri*, ☎ 0586-828364 (in Livorno).

▶ **Surfen**: Den o. g. Segelschulen sind teilweise auch Surfschulen angeschlossen. Es gibt jedoch noch wesentlich mehr Anbieter, darunter auch solche mit provisorisch errichteten Buden am Strand – ein besserer Bretterverleih!

▶ **Tauchen**: Mehrere Tauchschulen auf der Insel, darunter auch einige deutschsprachige:

Unica Diving, Loc. Magazzini (c/o Hotel Mare), Werner und Genny an Bord ✆ 348-4106761 (mobil), www.unica-diving.com.

Spiro Sub, Marina di Campo. Volker Kammerer, ✆/℡ 0565-976102, ✆ 338-2689379 (mobil). www.spirosub.isoladelba.it.

Cavo Diving Center, Roland und Andrea, Cavo, ✆/℡ 0565-931160, ✆ 335-6571830 (mobil), www.cavo-diving.de.

Omnisub, Barbarossa-Bucht, ✆/℡ 0565-95628, ✆ 335-5735536 (mobil), www.omnisub.com.

Elba Diving Center, Marciana Marina, ✆ 0565-904256, ℡ 0565-904363, ✆ 348-7045202 (mobil), www.elbadiving.it.

Diving Service Center, Seccheto (Hotel La Stella), ✆ 0565-987082 oder 335-6103592 (mobil), www.divingservicecenter.com.

> **Flaschenfüllungen** kann man an allen Tauchschulen wie auch an folgenden Stellen bekommen: in Portoferraio bei *Time Out* (Via Carducci) und *Caccia e Pesca* (Via Manganaro); in Porto Azzurro an der Tankstelle; am Capo Enfola am Enfola Diving Center; in Lacona am Strand (Schild); in Marina di Campo bei *Ferramenta Tesci* (Piazza Vittorio Emanuele).

▶ **Tennis**: Sehr viele 3- bzw. 4-Sterne-Hotels haben eigene Tenniscourts. Die Plätze werden, wenn sie nicht gerade von Hotelgästen belegt sind, auch an Fremde vermietet. Weitere Tennisplätze: Tennis Club Isola d'Elba, Loc. S. Giovanni, *Portoferraio*, ✆ 0565-915366; Al Barcocaio, *Rio nell'Elba*, ✆ 338-7597135 (mobil); Longone Tennis Club, Viale Europa, *Porto Azzurro*, ✆ 0565-957845; Loc. Fetovaia, *Marina di Campo*, ✆ 0565-988037; Viale Aldo Moro, *Marciana Marina*, ✆ 0565-997019.

▶ **Wandern**: An vielen Stellen der Insel gibt es sehr reizvolle Bergwanderwege; etliche davon wurden in den letzten Jahren neu markiert. Verschiedene deutschsprachige Wanderführer sind in den Inselbuchhandlungen erhältlich. Gute Informationen hält auch die Touristeninfo in Portoferraio bereit. Hier ein paar Tipps: hinauf zur Festung *Volterraio* (siehe Rio nell'Elba/Umgebung); Wanderweg Bagnaia – Rio nell'Elba (siehe Bagnaia); von Capoliveri auf den *Monte Calamita* (siehe Capoliveri/Umgebung); Aufstieg zum 1019 m hohen *Monte Capanne* (siehe Marciana/Umgebung); zur *Madonna del Monte* (siehe Marciana/Umgebung).

Essen & Trinken

Dominiert wird die Speisekarte der Insel natürlich von Fisch und Meeresfrüchten in zahlreichen Variationen. In manchen Hafenorten sieht man morgens noch immer die Fischkutter mit vollen Körben zurückkehren.

Gefangen wird vor den felsigen Küsten Elbas so ziemlich alles, was das Meer hergibt. Auch Hummer gibt es, allerdings nur von Mai bis Juni. Alle Besucher können mit dem hier angelandeten frischen Fisch jedoch nicht verköstigt werden. Zum Teil kommt er aus der Tiefkühltruhe *(congelato* oder *surgelato)*.

Nicht zu vergessen sind der herrlich schmeckende Elba-Honig und im Herbst die Kastanien.

Das Essen in den Restaurants ist nicht billig. Für den – eher niedrig angesetzten – „Einheitspreis" von ca. 25 € pro Menü ist es schwierig, etwas Angemessenes zu be-

Karte S. 396/397

Elba

kommen. Wer ein eigenes Appartement mit Kochgelegenheit zur Verfügung hat, kommt sicherlich preiswerter weg. Doch ist auch der Einkauf von Obst, Gemüse und anderen Lebensmitteln teurer als auf dem italienischen Festland.

Elbanische Spezialitäten

Cacciucco, der Fischeintopf, ist die bekannteste Spezialität der Insel: ein wahrer Berg aus verschiedenen Fischen und Meeresfrüchten in Tomatensoße, der locker ein Hauptgericht ersetzen kann. *Cacciucco* gibt es in den Restaurants übrigens nicht jeden Tag – man sollte also zuschlagen, wenn die schmackhafte Fischsuppe gerade im Angebot ist (und bereit sein, ca. 20 € zu investieren). Typische Fischgerichte auf Elba sind außerdem die Fischsuppen *Sburrita* und *Acqua pazza.* Berühmt sind auch der Gemüseeintopf *Gurguglione* mit Ursprung im Bergdorf Rio nell'Elba und diverse Süßspeisen, darunter die *Schiaccia briaca,* ein mit Aleatico-Dessertwein getränkter Kuchen, sowie im Herbst der *Castagnaccio* (Maronenkuchen).

Die Weine Elbas

Die Weinhersteller machen darauf aufmerksam, dass auch Weine von außerhalb (z. B. Sizilien) auf Elba abgefüllt werden und entsprechend auf dem Etikett den Vermerk „Imbottigliato all'Elba" tragen. Echt sollten in jedem Falle folgende Etiketten sein:

Elba Bianco DOC *(Procanico),* trockener Weißwein, gelbliche Farbe. Zu Vorspeisen und Fischgerichten. Gekühlt trinken

Elba Rosso DOC *(Sangioveto),* trockener Rotwein. Vor allem zu Fleischgerichten.

Temperiert trinken.

Aleatico, schwerer, süßer Wein von dunkelroter Farbe. Wird als Dessertwein getrunken.

Moscato, schwerer, süßer Wein, bernsteinfarben. Als Aperitifwein oder zum Dessert.

Auf der kleinen Insel gibt es über 30 Weingüter, bei denen man z. T. auch verkosten und einkaufen kann. Die beiden bekanntesten sind:

Azienda Agricola La Chiusa, Magazzini: Das wohl am schönsten gelegene Weingut der Insel – fast direkt am Meer.

Azienda Agricola Sapere, Porto Azzurro, Ortsteil Mola. „Bezüglich der elbanischen

Weingüter habe ich das Gefühl, dass insbesondere bei der Azienda Agricola Sapere man sehr auf den Tourismus setzt, die Preise erschienen mir recht hoch", schreibt uns ein Leser.

Grappa: Der italienische Nationalschnaps wird natürlich auch auf Elba gebrannt. Verkauft werden sowohl einjährige als auch mindestens dreijährige *(stravecchia).* Den *Grappa dell'Elba* bekommen Sie in den Önotheken und Feinkostgeschäften der Insel.

Liköre: Besondere Erwähnung verdienen an dieser Stelle auch die Liköre der Insel: *Limoncino* und *Arancino,* Zitronen- und Orangenlikör aus elbanischem Anbau. In den Weinhandlungen der Insel erhältlich.

Wochenmarkt

Er zieht unter der Woche von Ort zu Ort: Kleidung, Schuhe, Haushaltswaren sowie Obst und Gemüse, Fisch und Fleisch. Stets von 8 bis 13 Uhr.

Montag: Rio Marina
Dienstag: Marciana Marina u. Rio nell'Elba
Mittwoch: Marina di Campo und Cavo
Donnerstag: Capoliveri und Procchio

Freitag: Portoferraio
Samstag: Porto Azzurro
Im Sommer außerdem am **Sonntagmorgen** in Lacona.

Portoferraio: einst von den Medici befestigt

Portoferraio

Die hübsche Inselhauptstadt (ca. 11.500 Einwohner) auf einer Landzunge ist die wichtigste Anlaufstelle der Fähren und Segelschiffe. Das Angebot an Ausgeh- und Einkaufsmöglichkeiten ist groß, die Auswahl an Unterkünften jedoch nicht unbedingt umwerfend. Auf der Nordseite der Landzunge finden sich einladende Kiesstrände.

Vor allem im Juli und August lohnt sich ein längerer Aufenthalt nur bedingt: Entlang den überfüllten Cafés an der Hafenpromenade das typische Bild der „Endlich-ans-Ziel-Gelangten" bei ihrem ersten Cappuccino. Darunter mischen sich wehmütig die Abreisenden, die sich die Zeit bis zur Abfahrt der Fähre noch etwas versüßen möchten. Auf den Hauptstraßen der Neustadt (hier befindet sich der Fährhafen) viel Getöse von hektischen Autofahrern. Nach diesem ersten Eindruck ist die Überraschung umso angenehmer, wenn man durch den großen Torbogen hindurch das Altstadtviertel betritt. Hier geht es beschaulicher zu, Treffpunkt ist die lang gezogene *Piazza Cavour* mit zahlreichen Geschäften und Cafés. Hier und an der Hafenpromenade ist abends Flanieren angesagt.

Karte S. 396/397 **Elba**

Information/Adressen

• *Information* **Azienda per il Turismo dell'Arcipelago Toscano (A.P.T.)**, Calata Italia 43 (nahe der Anlegestelle von Moby Lines). Umfangreiche Informationen über Elba, Broschüren, Inselkarten und Stadtplan zu Portoferraio kostenlos, englisch- und deutschsprachig. Im Sommer (1.6.– 30.9.) Mo–Sa 8–18.50 Uhr, So 9.30–12.30 und 15.30–18.30 Uhr, in der Nebensaison und im Winter eingeschränkte Öffnungszeiten. ✆ 0565-914671, ✎ 0565-914672. www.aptelba.it.
• *Zimmervermittlung* **Associazione Albergatori Elbani**, Calata Italia 20 (Ilva-Reisebüro). ✆ 0565-914754, ✎ 0565-917865, www.

albergatorielbani.it. Im Sommer Mo–Fr 9–13 und 15.30–19 Uhr, Sa 9.30–12.30 und 16–19 Uhr, So geschlossen. Im Winter eingeschränkte Öffnungszeiten.

• *Reisebüros* An der Calata Italia, z. B. **Tesi Viaggi** (Calata Italia 8). Flug- und Fährtickets, Hotelverzeichnis, Zimmervermittlung, hier können sämtliche auf der Insel angebotenen Ausflüge gebucht werden. Mo–Sa 9–13 und 15.30–19.30 Uhr (im Sommer auch sonntags), während der Sommermonate ist auch eine Filiale in Marina di Campo (Via Marconi 33) geöffnet. ✆ 0565-930222, 🖷 0565-915368. www.elbatravel.com, tesiviaggi@infoelba.it.

• *Inselbus* Große Busstation der **A.T.L.** (Azienda Trasporti Livornese) auf dem Viale Elba 20 (beim Hochhaus), ✆ 0565-914392 oder 0565-914783. Der *Orario* (Busfahrplan) ist hier erhältlich und auch in einer Vitrine einzusehen. Von Portoferraio bestehen Verbindungen zu allen größeren Orten. Darüber hinaus verkehrt während der Hochsaison (Juli bis Anfang Sept.) die **Lineablu 2** alle eineinhalb Stunden zu den Stränden von Biodola und Viticcio.

Achtung: Nach 20 Uhr fahren von Portoferraio auch im Sommer nahezu keine Busse mehr ab. Deshalb: Abfahrtszeiten der Fähre von Piombino darauf abstimmen!

Die **Preise** für eine Busfahrt zu den Inseldörfern liegen bei 1–3,40 €, im Bus gekaufte Tickets sind teurer! Weitere Infos unter www.atl.livorno.it.

> **Tipp!** Mit der **Elba Card** können sämtliche Busse der Insel (auch Stadtbusse) benutzt werden, das Ticket kostet am Tag 7 €, für 6 Tage 19 €, Kinder unter 4 Jahren bzw. einem Meter Größe fahren umsonst, darüber gilt der Normaltarif. Dank hervorragender Busverbindungen auf der ganzen Insel eignet sich das Tagesticket der Elba Card auch für **Inselrundfahrten** auf eigene Faust.

• *Taxi* Taxistand am Molo Massimo (am unteren Ende des Viale Elba, beim Hochhaus), ✆ 0565-915112. Preisbeispiele: Porto Azzurro ca. 25 €, Marina di Campo ca. 30 €.

• *Autoverleih* Siehe S. 399.

• *Einkaufen* Für Selbstversorger großer **Supermarkt COOP** im Viale Tesei, die vom Fährhafen stadtauswärts führt. Mo–Sa 8–20.30 Uhr, So 8.30–13 Uhr.

Täglicher Markt (mercato coperto) in den Markthallen der Altstadt. Obst, Gemüse, Fisch usw., Mo–Sa 7.30–13 und 16.30–20.30 Uhr.

Naturkostladen: *Le Erbe*, Via Garibaldi 37 (nahe dem Rathaus).

Bücher und Zeitschriften: *Il Libraio*, Calata Mazzini 9 (Hafenpromenade).

Übernachten (siehe Karte S. 408/409)

Die Auswahl an Unterkünften im Stadtzentrum ist bescheiden, empfehlenswert ist es, zu den Hotels an den beiden Stränden *Le Ghiaie* und *La Padulella* auszuweichen. Frühzeitige Reservierung für die Hochsaison ist auch bei Hotels in der Hauptstadt absolut notwendig.

** L'Ape Elbana (5), das älteste Hotel Elbas, mitten im alten Zentrum. 24 renovierte Zimmer (alle mit Bad, die meisten auch mit Klimaanlage), z. T. netter Blick. EZ 70 €, DZ 100–115 € (je inkl. Frühstück), im August nur mit obligatorischer Halbpension (85 € pro Pers.). Ristorante mit überdachter Terrasse. Die exzellente Fischsuppe *Cacciucco* kostet nur 16 €. Salita Cosimo de'Medici (zwei Häuser neben dem Dom), ✆ 0565-914245, 🖷 0565-945985, apelbana@elba2000.it.

*** Massimo (18), Calata Italia 23, am Fährhafen. Alle Zimmer mit Bad, Klimaanlage und TV, teilweise auch mit Balkon und Hafenblick. EZ 90 €, DZ 160 €, Dreier 195 €, Vierer 230 €, Frühstück inkl. (mit Halbpension in der Hochsaison nur geringfügig teurer), in der Vorsaison und selbst im Juli mindestens 30 % billiger. ✆ 0565-914766, 🖷 0565-930117, www.elbahotelmassimo.it.

** Nobel Hotel (11), bescheidene Zimmer, für das Gebotene teuer, für die Insel billig: EZ 42 €, DZ 62 €, alle Zimmer mit Bad. Einfache Bar im Erdgeschoss. Via Manganaro 72, ✆ 0565-915217, 🖷 0565-915415, hotelnobel@elbalink.it.

• *Außerhalb des Zentrums* *** Albergo Le Ghiaie (1)**, direkt am gleichnamigen Stadtstrand, überdachte Terrasse, nebenan die *Bagni Elba* (Sonnenschirm- und Liegestuhlverleih). Recht schlicht, nette Atmosphäre, eher jüngeres Publikum, ca. 500 m vom Zentrum. Nur wenige Zimmer, alle mit Bad und Terrasse, oft ausgebucht. EZ 62 €, DZ 88 €,

Extrabett 16 € pro Pers. Preise inkl. Frühstück. Loc. Le Ghiaie, in Portoferraio beschildert, ✆/℡ 0565-915178.

*** Villa Ombrosa (3), oberhalb des Le Ghiaie, 30 m vom Strand (privater Abschnitt). Gepflegtes Haus mit gemütlicher Terrasse nicht mehr ganz neu. Komfortable Zimmer mit Bad, TV und Balkon, DZ mit obligatorischer Halbpension 190–252 €, EZ 95–127 €, in der Nebensaison erheblich günstiger und auch nur Übernachtung mit Frühstück möglich. Ganzjährig geöffnet, Loc. Le Ghiaie, ✆ 0565-914363, ℡ 0565-915672. www.villaombrosa.it.

*** Acquamarina (2), unser Tipp! Im Ortsteil Padulella, gut 1 km vom Zentrum, kurz nach der Villa Padulella rechts ab (Straße an der Nordküste Richtung Enfola). EZ 95–105 €, DZ 154–174 €, inkl. Frühstück (in der Nebensaison nur etwas mehr als die Hälfte). Geschmackvoll eingerichtete Zimmer, alle mit Bad und Balkon. Schöne Terrasse, Fußweg (ca. 300 m) zum Padulella-Strand mit Bar und Strandservice. März bis Okt. geöffnet. Loc. Padulella, ✆ 0565-914057, ℡ 0565-915672, www.hotelacquamarina.it.

● *B & B/Außerhalb* **Le Stanze del Casale**, hübsches Landhaus vor einem Pinienwäldchen kurz vor den Ausgrabungen von Le Grotte auf der rechten Seite. Privates Ambiente, nur vier Zimmer, im Erdgeschoss Gemeinschaftsküche mit Terrasse, wo man sich zum Frühstück trifft. EZ 110 €, DZ 160 €, reichhaltiges Frühstück inkl. Es gibt auch ein Appartement für 4 Pers. (1050 €/Woche). Geöffnet Mitte März bis Anfang Nov. Loc. San Giovanni 99, ✆/℡ 0565-944340, www.lestanzedelcasale.com. Von Portoferraio Richtung Porto Azzurro, kurz nach der Abzweigung nach San Giovanni (links) rechts ab, unauffälliges Holzschild.

*E*ssen/*T*rinken/*N*achtleben *(siehe *K*arte *S*. 408/409)*

Osteria Libertaria (17), unser *Tipp*! Junges und ambitioniertes Lokal am Darsena-Hafen – mit gerade mal zwei Tischen zum Jachthafen und kleiner Terrasse gegenüber der Markthalle. Hervorragende Küche und ein sehr guter Hauswein, frische Salate, köstliche Nachspeisen, sehr freundlicher Service und das alles nicht mal teuer – Menü mit Hauswein ca. 25–28 €. Mittags und abends geöffnet. Calata Matteotti 12, ✆ 0565/914978.

Stella Marina (15), was auf den ersten Blick nach überteuertem Touristenlokal aussieht, erweist sich als ausgezeichnetes und bei den Elbanern sehr beliebtes Fischrestaurant mit Tradition. Hervorragende Muschelsuppe mit Kräutern und frischer Petersilie, leckere Pasta. Gehobenes Preisniveau (Hauptgerichte um 20 €). Mittags und abends geöffnet, Via V. Emanuele II 1, für abends Reservierung unter ✆ 0565-915983 empfehlenswert. Mo geschlossen.

Da Lido (4), eines der besten Restaurants im Centro storico von Portoferraio, schöne, kleine Terrasse, gepflegter und überaus stilvoller Innenraum, zuvorkommender Service. Gehobene Preisklasse. Für abends dringend reservieren. Mittags und abends geöffnet, Salita Falcone 2, ✆ 0565-914650.

Trattoria La Barca (12), gediegenes Restaurant der leicht gehobenen Preisklasse, in der ruhigen Via Guerazzi gelegen. Von den Bewohnern der Stadt sehr geschätzt, besonders für Fisch und Meeresfrüchte. Große Weinauswahl. Nur abends geöffnet, Mi Ruhetag. Reservierung empfohlen unter ✆ 0565-918036. Via Guerrazzi 60–62.

Da Zucchetta (7), in dem stets gut besuchten Lokal an der Piazza della Repubblica wird neben der üblichen guten (und relativ günstigen!) Fisch- und Fleischküche auch echt neapoletanische Pizza aus dem Holzofen serviert (schon ab 4 €). Mittags und abends geöffnet, für abends besser reservieren unter ✆ 0565/915331. Piazza della Repubblica 40.

● *Pizzeria* **L'Ombelico del Mondo (10)**, der „Nabel der Welt" liegt am Anfang der Via Carducci bei der Piazza Citi (Neustadt). Nur abends geöffnet, winzige Pizzeria und Bar. Schlichte Einrichtung, laute Musik, leckere *Schiaccine* (gefüllte Pizzafladen), günstig. Der Pizzaofen ist hier bis spätabends noch an.

● *Enoteche* **GustaVino (13)**, nicht sehr idyllisch liegt diese noch recht neue Enoteca in der Via Carducci 70. Auch Panini, kalte Gerichte, Salate, dazu ein Glas Wein. Tägl. 11–15 und 17.30–23.30 Uhr geöffnet, Sonntagmittag geschlossen, ✆ 0565-918100.

● *Cafés/Gelaterie* Man trifft sich abends in den zahlreichen Cafés an der Flaniermeile Calata Mazzini und an der Piazza Cavour, z. B. im **Caffè Roma (8)**: Das Traditionscafé der Stadt mit Eingängen von der Calata Mazzini (vom Hafen) und von der Piazza Cavour aus. Cocktailbar, Gelateria und Café, zum Aperitif werden kleine Snacks gereicht. Morgens bis spät abends geöffnet.

Karte S. 396/397

Elba

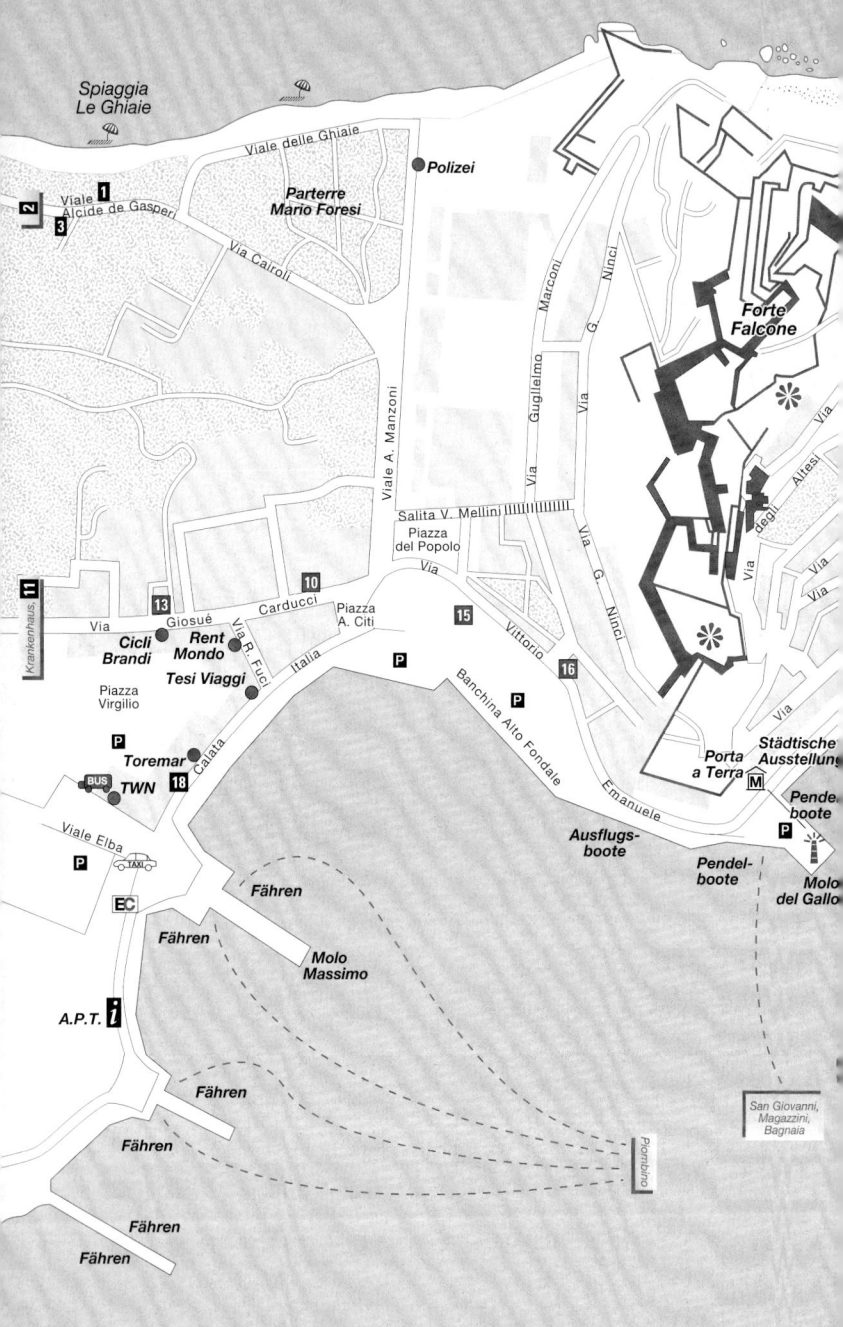

Spiaggia
Le Ghiaie

Viale delle Ghiaie

● Polizei

Parterre
Mario Foresi

Viale
Alcide de Gasperi

1

2

3

Via Cairoli

Viale A. Manzoni

Salita V. Mellini

Piazza
del Popolo

Via

Krankenhaus

Via

Via
Carducci

11

13

10

Giosuè

Cicli
Brandi

Rent
Mondo

Via R. Fucini

Piazza
A. Citi

15

Italia

Tesi Viaggi

Piazza
Virgilio

Calata

Toremar

BUS TWN

18

Viale Elba

TAXI

P

EC

A.P.T. *i*

Fähren

Fähren

Fähren

Fähren

Fähren

Fähren

Molo
Massimo

Marconi

Via G. Ninci

Forte
Falcone

Via Guglielmo

Via G. Ninci

Via degli Altesi

Via

Via

Via

Via Vittorio

16

P

P

Banchina Alto Fondale

Emanuele

Porta
a Terra

Städtische
Ausstellung

M

Pendel-
boote

P

Molo
del Gallo

Ausflugs-
boote

Pendel-
boote

Piombino

San Giovanni,
Magazzini,
Bagnaia

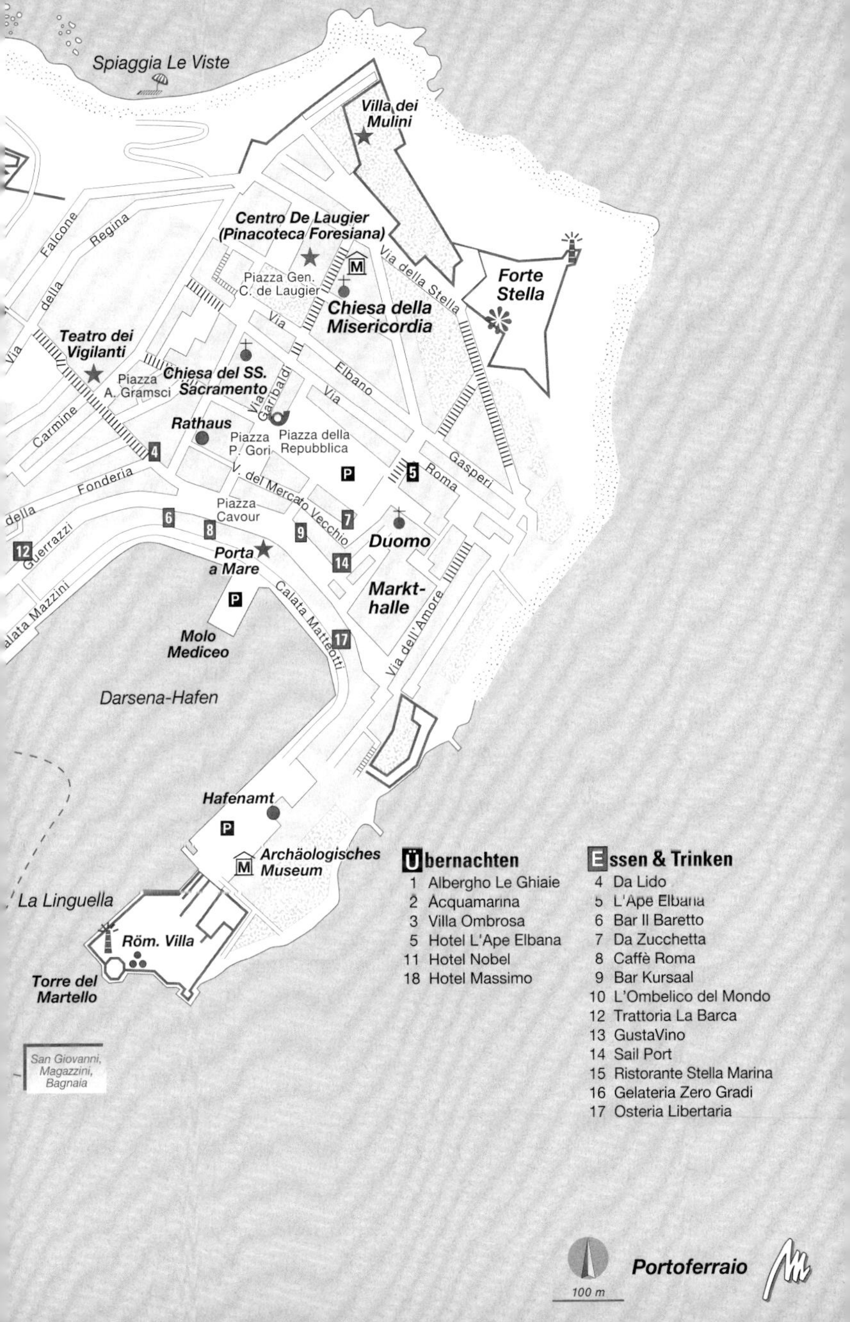

Spiaggia Le Viste

Villa dei
Mulini

Centro De Laugier
(Pinacoteca Foresiana)

Forte
Stella

Piazza Gen.
C. de Laugier

M

Via della Stella

Chiesa della
Misericordia

Teatro dei
Vigilanti

Piazza
A. Gramsci

Chiesa del SS.
Sacramento

Via

Elbano

Via

Falcone

Regina

della

Via

Carmine

Via Garibaldi

Gasperi

Rathaus

Piazza
P. Gori

Piazza della
Repubblica

Roma

4

P

5

Fonderia

V. del Mercato Vecchio

12

della

Guerrazzi

6

Piazza
Cavour

8

9

7

P

Duomo

14

Via Calata Mazzini

Porta
a Mare

Markt-
halle

P

Calata Matteotti

17

Molo
Mediceo

Via dell'Amore

Darsena-Hafen

Hafenamt

P

Archäologisches
Museum

M

La Linguella

Röm. Villa

Torre del
Martello

San Giovanni,
Magazzini,
Bagnaia

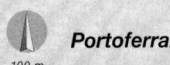

Portoferraio

100 m

Ebenso zentral liegt die **Bar Kursaal (9)** an der Piazza Cavour 48: schattige Terrasse mitten im Geschehen, überaus freundlicher Service.

Ausgezeichnetes Gelato und Granita (Halbgefrorenes) gibt es bei **Zero Gradi (16)** am großen Hafenparkplatz an der Auffahrt zum Forte Falcone (Via Vittorio Emanuele II).

• *Bars/Nachtleben* **Il Baretto (6)**, Calata Mazzini 21, tagsüber Café, abends Cocktailbar. Bis spät nachts geöffnet, erfreut sich aber auch zum Aperitif allergrößter Beliebtheit. Draußen einige Tische, man sitzt gemütlich am Jachthafen, junges Publikum.

Sail Port (14), vor allem bei Seglern beliebt, im kleinen Hinterraum spielen oft Cover-Bands. Tägl. 18 Uhr bis ca. 3 Uhr morgens geöffnet, Happy Hour 22–23 Uhr.

Baden: Portoferraio ist zwar nicht gerade ein Badeort, aber die beiden Strände an der Nordküste sind so schlecht nicht. Der Hauptstrand *Le Ghiaie* (westlich der Stadt), heißt zu Deutsch „die Kiesel", und so ist es denn auch. Abends ist die breite Promenade Youngster-Treff. Attraktiver ist der kleine Strand *Le Viste* (Sand und Kiesel) mit gemütlicher Bar, zu erreichen über einen steilen Fußweg unweit der Villa dei Mulini.

Sehenswertes

Mediceische Festungsanlagen (Fortezze Medicee): Sie stammen aus der Mitte des 16. Jh., als *Cosimo di Medici*, letzter bedeutender Spross seines Geschlechts, sich anschickte, *Cosmopolis* zu gründen (siehe Elba, Geschichte). *Forte Stella*, eine der beiden dominierenden Festungen, ist noch immer ein Wohnbezirk. Auswärtige müssen 3 € (!) Eintritt bezahlen. Gegenleistung ist ein schöner Blick auf Portoferraio, Napoleons Villa dei Mulini und den Golf. Empfohlen sei auch der Spaziergang durch die Treppengassen der Oberstadt.

Noch lohnender als das Forte Stella ist der Besuch des *Forte Falcone*, das die Trennungslinie zwischen Alt- und Neustadt markiert. Zu sehen ist zwar innerhalb der trutzigen Festungsmauern nicht mehr viel, doch bietet sich auch hier ein schöner Blick über die Altstadt und den Hafen sowie die Buchten an der Nordküste der kleinen Halbinsel von Portoferraio. Zugang zur Festung vom Hafen aus.

⏱ März bis Okt. tägl. 9.30–19.30 Uhr, Mitte Juni bis Mitte Sept. 9–20 Uhr; Eintritt 3 €, erm. 2 €, Kinder frei.

Villa dei Mulini (Museo napoleonico): Napoleons einstiges Wohnhaus in bester Lage in der Oberstadt ist heute ein Museum. Einige Gemälde aus dem Ersten Kaiserreich und Stiche von Portoferraio. Im Schlafzimmer überdacht ein hellblau-goldener Baldachin das Kopfende des kaiserlichen Betts, nebenan das eher bescheidene „Feldbett" samt Schlachtgepäck, und in der Bibliothek stehen Boccaccios *Decamerone* und Rousseaus *Nouvelle Heloïse* – sinnenfrohe Novellen fürs Exil. Wirklich herrlich ist der schattige Garten der napoleonischen Stadtresidenz: eine Terrasse hoch über der steil abfallenden Küste, sehr grün, Steinbänke laden zum Verweilen ein.

⏱ März bis Mitte Okt. tägl. 9–19 Uhr, Sonn-/Feiertage 9–13 Uhr, Di geschlossen; im Winter eingeschränkte Öffnungszeiten. Eintritt 5 €, erm. 2,50 €. Die kombinierte Eintrittskarte für beide Napoleon-Museen (Villa dei Mulini und San Martino) kostet 9 € (erm. 4,50 €) und ist 3 Tage gültig. Siehe auch Portoferraio/Umgebung.

Pinacoteca Foresiana: Im ehemaligen Franziskanerkloster aus dem 16. Jh. und der späteren Kaserne ist seit einigen Jahren die Privatsammlung von Mario Foresi untergebracht. Zu sehen sind hübsche Möbel aus dem 19. Jh., Gemälde und Radierungen.

⏱ Nur Di und Do 9–12 Uhr. Eintritt 3 €, erm. 2 €.

Archäologisches Museum: Es befindet sich auf dem Gelände der ehemaligen *Fortezza della Linguella*, deren einziges Überbleibsel, der wuchtige *Martello-Turm* am östlichen Hafenende, schon von weitem zu sehen ist. Das großzügig auf zwei Etagen verteilte Museum beherbergt u. a. Funde aus der nahe gelegenen römischen Villa *Le Grotte*, etruskische Souvenirs und zahlreiche Amphoren; die schönsten davon sind im oberen Stockwerk im Sand unter Arkaden ausgestellt und effektvoll beleuchtet.

Ein großes Lob der Ausstellungsregie: übersichtliche Schautafeln, Einzelnummerierung der Exponate, gute Ausleuchtung und ausführliche Erklärungen (allerdings leider nur auf Italienisch). Die Überreste der römischen Villa am Martello-Turm sind äußerst spärlich und lohnen kaum die Besichtigung.

⊙ Nur von Ostern bis 30. Sept. geöffnet: Di–So 10–13 und 15.30–19 Uhr; von 15.6.–15.9. tägl. 9.30–14 und 18–24 Uhr. Eintritt 3 €, erm. 2 €. An der Kasse bekommt man für die Dauer des Besuchs ein englischsprachiges Buch mit Erläuterungen zu den Exponaten.

Portoferraio/Umgebung *(landeinwärts)*

Museo di Italo Bolano/Giardino dell'Arte: Gleich nach dem Abzweig von der Straße nach Procchio zur Villa di San Martino weist ein gelbes Schild zu diesem Freilichtmuseum, in dem u. a. bunte Keramiken des bekannten zeitgenössischen Künstlers Bolano zu sehen sind. Kleinere Keramikarbeiten können gekauft werden, des Weiteren werden hier auch Kurse angeboten. Übrigens: Große Keramiken von Italo Bolano sind auch auf Piazzas in Portoferraio, Porto Azzurro, Marina di Campo, Marciana Marina und Capoliveri zu sehen.

⊙ 1. Juni bis 30. Sept. Mo–Sa 10–13 und 16–19.30 Uhr, So geschlossen. Eintritt frei.

Die Villa Napoleons (Villa von San Martino)

Hier oben auf einem Hügel (ca. 6 km südwestlich von Portoferraio) grübelte der abgesetzte Kaiser wohl nächtelang über seine Niederlagen und seine Geldnöte. Der Rundgang durch Vorzimmer, Schlafzimmer und Badezimmer wirkt etwas dürftig. Vom ehemaligen kaiserlichen Luxus ist heute nicht mehr viel zu verspüren. Beim Mobiliar handelt es sich größtenteils um Imitationen, da fast der ganze Besitz von den Erben verkauft wurde. Die einzige Überraschung ist das Speisezimmer, der etwas kitschige ägyptische Saal: antikisierende Trompe-l'œil-Gemälde, gemalte ägyptische Skulpturen und an der linken Wand der beschwörende Spruch „Ubicumque felix Napoleon" (Napoleon ist überall glücklich!). Von der Terrasse der Villa hat man einen fürstlichen (oder kaiserlichen) Blick über die Insel bis aufs Meer.

Auffallender als die Villa von San Martino ist das ihr vorgelagerte Gebäude, die **Galerie Demidoff**, benannt nach einem Verwandten Napoleons, der diese klassizistische „Ruhmeshalle" erbauen ließ. An der Fassade prangen ein skulptiertes Band aus den Buchstaben N (für Napoleon) und Bienenwappen (für die fleißigen Elbaner). Innen wird mit Büchern und alten Stichen dem Kaiserkult gefrönt. Prunkstück ist die von *Antonio Canova* aus weißem Marmor gearbeitete *Galatea*, für die Napoleons Lieblingsschwester Paolina – sie wohnte mit ihm in der Villa San Martino – persönlich Modell saß. Heute bietet die Galerie Demidoff gelegentlich den feierlichen Rahmen für klassische Konzerte, des Weiteren sind hier jährlich wechselnde Ausstellungen zum Thema Napoleon zu sehen.

⊙ (für Villa und Galerie) Di–Sa 9–19 Uhr, So 9–13 Uhr, Mo geschlossen, im Winter Di–So 9–13 Uhr. Eintritt 5 € (erm. 2,50 €). Die kombinierte Eintrittskarte für beide Napoleon-Museen (siehe Portoferraio/Villa dei Mulini) kostet 9 € (erm. 4,50 €) und ist 3 Tage gültig.

● *Verbindung* Etwa stündlich Busse von und nach Portoferraio; das Parken kostet pauschal 2 €.

● *Übernachten* Gleich neben der Villa befindet sich das neu renovierte **Park Hotel Napoleone**, dessen Luxus sämtliche kaiser-

Karte S. 396/397 **Elba**

lichen Einrichtungen in den Schatten stellt. Vermutlich würde Napoleon heute lieber hier als in seiner Villa nächtigen: schönes Haus mit großem, schattigem Garten, Restaurant und Pool vorhanden. EZ 151–178 €, DZ 188–238 €, jeweils inkl. Halbpension (in der Nebensaison gerade mal die Hälfte). ✆ 0565-911111, 🖷 0565-917836, www.parkhotel napoleone.it.

Capo d'Enfola (westlich von Portoferraio)

Ein Badeausflug von Portoferraio: sauberer Kiesstrand mit glasklarem Wasser an der Landenge am Ende der Straße, Camper finden ein ideales Terrain vor. Die alte Thunfischfabrik soll restauriert und irgendwann als *Museo del Mare* wiedereröffnet werden, doch die Pläne warten schon seit vielen Jahren auf ihre Umsetzung. Der *Monte Enfola* am gleichnamigen Kap kann auf einem markierten Rundweg umwandert werden (Dauer 1,5–2 Std.); hier liegen einige versteckte Villen. In der Nachbarbucht von **Viticcio** findet man nebst wenigen Hotels nur einen winzigen Kiesstrand und ein paar Felsen, die zum Sonnenbad einladen.

• *Übernachten/Camping/Essen* ** **Scoglio Bianco**, in Viticcio am Ende der Straße. Hübsch gelegen, schöner Innengarten und Restaurant mit Blick aufs Meer, in das die Sonne allabendlich abtaucht. Alle Zimmer mit Bad und Terrasse oder Balkon, DZ mit Halbpension 144–176 €, in der Nebensaison um einiges günstiger. ✆ 0565-939036, 🖷 0565-939031, www.scogliobianco.it.

Camping Acquaviva, ca. 5 km westlich von Portoferraio in Richtung der Halbinsel Enfola: netter Platz mit schmaler, von Felsen umrahmter Kiesbucht. Gemütlich-familiär, sanitäre Einrichtungen okay; schattige Stellplätze am Hang und mit Blick aufs Meer, Appartements, Kinderspielplatz mit Planschbecken, Bar, Pizzeria. Frühzeitige Reservierung wichtig, der Platz ist von der Straße nach Enfola beschildert. ✆/🖷 0565-915592. www.campingacquaviva.it.

Camping La Sorgente, gepflegter Platz, ca. 6 km von Portoferraio Richtung Capo Enfola, beschildert. Den Gästen stehen zwei schöne, durch Felsen unterbrochene Kiesbuchten zur Verfügung (La Sorgente und die traumhafte Sansone-Bucht). Nachteil: kein Ristorante, nur Bar und Supermarkt, etwa gleiche Preise wie Camping Acquaviva, geöffnet 1.4.–31.10. ✆/🖷 0565-917139. www.campinglasorgente.it.

Camping Enfola, am Ende der Straße, 8 km von Portoferraio. Terrassenförmig an einen Hang gebaut, sehr schattig, direkt bei der Kieselbucht von Enfola. Die im Camping La Sorgente verschmähte Radlerin schreibt uns: „Ich schlief prächtig nach den ausgestandenen Strapazen – daher mag's vielleicht subjektiv sein, wenn ich diesen Platz als den schönsten der Insel empfehlen kann. Tauchzentrum nebenan, Flaschenfüllstation, Tauchlehrgänge, Vermietung." Mit Ristorante, Bar und Market, es werden auch Bungalows vermietet. 1.4.–15.10., ✆ 0565-939001, 🖷 0565-918613, www.campingenfola.it.

Ristorante Emanuel, am Ende der Straße. Ein freundliches Strandrestaurant (tagsüber auch Bar) unter schattigen Bäumen mit ausgezeichneter Küche (fast ausschließlich Fisch), auch kleine Gerichte und exquisite Longdrinks. Mehrfach von Veronelli, Michelin u. a. prämiert. Gehobenes Preisniveau, mittags und abends geöffnet. ✆ 0565-939003.

San Giovanni Terme (östlich von Portoferraio)

Hier gibt es eine seltene Form von Lagunenschlamm, der aus den ehemaligen Salinen kommt und sich mit den Mineralsalzen und organischen Bestandteilen des Meerwassers langsam auf den Innenwänden der Sammelbecken niedergeschlagen hat. Seine Besonderheit ist die natürliche Anreicherung mit Eisen und Schwefel, da über Jahrzehnte hinweg die Schlacken der Eisenerz-Hochöfen abgelagert wurden. Der Schlamm ist von sehr dunkler Farbe, weich und geschmeidig, fast fettig in der Substanz und lässt sich leicht auftragen.

In der Thermalbadeanstalt von S. Giovanni wird er, nachdem er eine Weile in Wannen mit konzentriertem Salzwasser geruht hat, zu Heilzwecken in Form von Bädern und Inhalationen verwendet (bei Hauterkrankungen, Gicht, Erkrankungen im

Le Grotte – Reste der römischen Villa bei Portoferraio

Hals-, Nasen-, Ohrenbereich). Eine Eukalyptusallee führt von der Hauptstraße zu dem abgenutzten Flachdachbau, in dem die Kureinrichtungen untergebracht sind. Im Kräuterladen nebenan werden Kosmetikartikel auf Meeresalgenbasis verkauft.

⏱ Ostern bis 31.10. Mo–Sa 9–12.30 und 16–19 Uhr, Sa nur vormittags, So geschlossen. ✆ 0565-914680, ✆ 0565-918791.

• *Übernachten* **** **Hotel Airone del Parco e delle Terme**, 85 moderne Zimmer und 11 komfortable Appartements, noble Ausstattung, zwei Swimmingpools mit Meerwasser, angelegter Privatstrand, Tennisplätze, Kinderspielplatz und ein 8000 qm großer Garten. Das Hotel verfügt über eine eigene Thermalabteilung mit Massage, Gesichtsbehandlung, türkischem Bad etc. DZ mit Halbpension 290–310 €, EZ 174–186 € (in der Nebensaison erheblich günstiger). Anfang April bis Anfang Okt. geöffnet, ✆ 0565-929111, ✆ 0565-917484, www.hotelairone.info.

• *Essen* **Pizzeria 2001**, im alten Ortskern von S. Giovanni. Ausgezeichnete Pizzen, obendrein preiswert und freundlich! Mittags und abends geöffnet, Pizza gibt es allerdings nur abends, mittags kann man Pasta und Fischgerichte genießen. ✆ 0565-915903.

La Rada, bietet gute einheimische Küche und ebenfalls hervorragende Pizza. Das Restaurant liegt in Panoramalage am kleinen Hafen von S. Giovanni. Herrlicher Blick auf die Bucht und hinüber nach Portoferraio. Mittleres Preisniveau, mittags und abends geöffnet. ✆ 0565-915652.

Karte S. 396/397

Elba

Le Grotte

Vor der kleinen Ortschaft auf der Anhöhe wurden 1960 Reste einer römischen Landvilla aus der Zeit zwischen 50 v. Chr. und 50 n. Chr. ausgegraben. Die Mauerfundamente lassen eine Rekonstruktion der ehemals luxuriösen Anlage zu: Wohnräume, Räume der Dienstboten und Vorratskammern; die Villa von Le Grotte war die größte auf dem toscanischen Archipel. Außerdem findet sich ein Wasserbecken mit einem Zulaufbecken in der Mitte. Einige Teile des Mauerwerks sind auffallend schön: quaderförmig gehauene Steine, dunkelgrüner Serpentinit und grauweißer Kalk wurden abwechselnd neben- und aufeinander gesetzt. Vom Areal aus genießt man einen phantastischen Rundblick. Von April bis September tägl. 8–20 Uhr geöffnet, Eintritt frei.

• *Übernachten* ** **Le Grotte del Paradiso**, von der Ausgrabungsstätte über eine bewaldete Zufahrt zu erreichen. 24 schlichte, recht kleine Zimmer mit Bad und Terrasse, DZ mit Frühstück 64–86 € (Nebensaison), in der Hochsaison mit obligatorischer Halbpension 138–150 €, EZ auf Anfrage. In einem riesigen Park mit uralten Bäumen und direkt am Meer gelegen. Restaurant mit großer Terrasse, Blick auf die Bucht. ☎ 0565-933057, ✆ 0565-940754.

Dem Hotel angeschlossen ist die **DHH Jachtschule Elba „Le Grotte del Paradiso"**. Fast alle Scheine, Grundkurse, Kinderkurse, Skippertraining und Hochseetörns. ☎ 0565-933329, ✆ 0565-933178. In Deutschland: Rothenbaumchaussee 58, 20148 Hamburg, ☎ 040/44114250, ✆ 040/444534. www.dhh.de.

Magazzini

Beschauliche, kleine Bucht mit einem 200 m langen Kiesstrand, der allerdings stark mit angeschwemmten Wasserpflanzen durchsetzt ist. Nur wenige Häuser. An der Mole das Albergo Mare: Bar und teures Restaurant in einem. Davor die Terrasse, von der man bei Sonnenuntergang die Rückkehr der Segelboote der heimischen Segelschule genießen kann.

Sehenswert im eigentlichen Ort, etwas landeinwärts, ist die Kirche **Santo Stefano** in unmittelbarer Nähe des gleichnamigen Hotels. Noch sehr gut erhalten und mit reicher Ornamentik (Blütenblätter, Adler, Pferde, Köpfe von Fabelwesen) versehen, erinnert sie an die Epoche der pisanischen Herrschaft vom 11.–14. Jh. Typisches Erkennungsmerkmal der damaligen Bauweise ist die halbkreisförmige Apsis.

▸ **Baden**: Der Strand von Magazzini selbst ist eher bescheiden: handtuchschmal und nicht gerade sauber. Wir empfehlen, ein paar Kilometer weiter östlich nach Bagnaia zu fahren.

• *Übernachten* **** **Villa Ottone**, Straße Richtung Bagnaia, zweifellos eines der nobelsten Hotels der Insel. Gepflegter Park, direkt am schmalen Strand, herrliche Terrasse, schönes Ambiente, schickes und gut situiertes Publikum, Pool und Tennisplatz vorhanden. Luxuriöse Zimmer in schönen Ausführungen, EZ 180–250 €, DZ ab 350 €, jeweils mit Halbpension (im Sommer 3 Tage Mindestaufenthalt). Ende April bis Mitte Okt. geöffnet. ☎ 0565-933042, ✆ 0565-933257, www.villaottone.com.

*** **Mare**, am Hafen von Magazzini, hübsch gelegen an einem schattigen Hang mit Blick aufs Meer. Frisch renoviert und ebenfalls recht nobel, mit Pool. DZ mit Frühstück 152–178 €, Einzelzimmer gibt es nur in der Nebensaison (um 80 €). Mindestaufenthalt 3 Tage. ☎ 0565-933069, ✆ 0565-933408, www.hotelmare.org.

* **Santo Stefano**, ca. 1,5 km landeinwärts, beschildert, günstigste Übernachtungsmöglichkeit der Gegend: EZ (ohne Bad) 54–59 €, DZ mit externem Bad 102–112 €, DZ

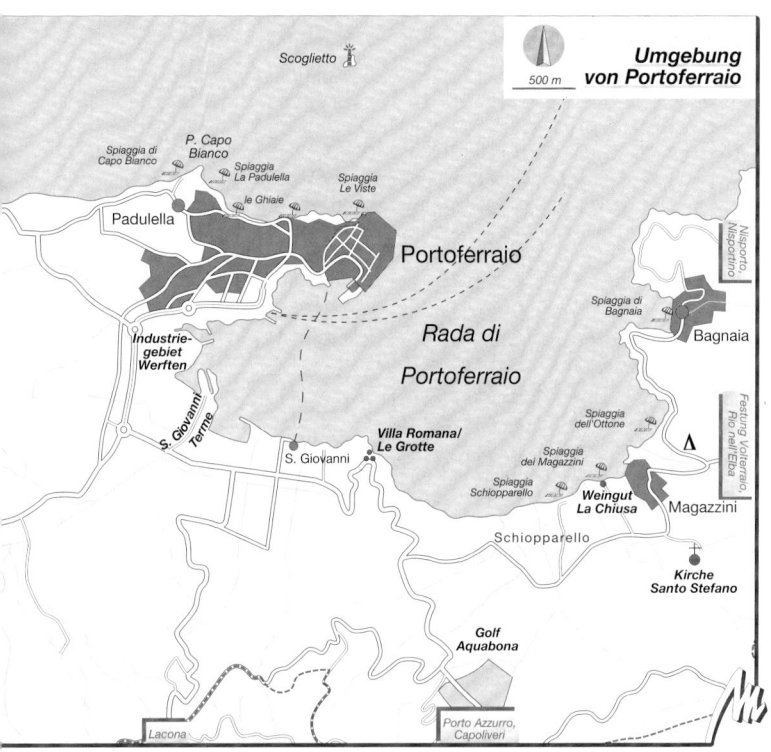

Umgebung von Portoferraio

Scoglietto

500 m

Spiaggia di Capo Bianco
P. Capo Bianco
Spiaggia La Padulella
le Ghiaie
Spiaggia Le Viste
Padulella
Portoferraio

Nisporto, Nisportino

Spiaggia di Bagnaia
Bagnaia

Industriegebiet Werften

Rada di Portoferraio

S. Giovanni Terme

Villa Romana/ Le Grotte
S. Giovanni

Spiaggia dell'Ottone

Festung Volterraio, Rio nell'Elba

Spiaggia dei Magazzini

Spiaggia Schiopparello

Weingut La Chiusa
Magazzini

Schiopparello

Kirche Santo Stefano

Golf Aquabona

Lacona

Porto Azzurro, Capoliveri

mit Bad im Zimmer 138–152 €, jeweils inkl. der obligatorischen Halbpension. Kleines Hotel, schlichte, aber ansprechende Zimmer. Mit gemütlichem Restaurant in einer ehemaligen Klosteranlage, von der Terrasse herrlicher Blick auf die Bucht. Gute Küche, mittleres Preisniveau. Tischreservierung ist zu empfehlen. ℘ 0565-933161, ℘ 0565-933452, www.elbahotelelba.com, anselmis@elbalink.it.

• *Camping* **Rosselba le Palme**, etwa auf halbem Weg zwischen Magazzini und Bagnaia inmitten eines 2 ha großen ehemaligen botanischen Gartens (Eintritt für Nicht-Campinggäste 1,50 €). Viele exotische Gewächse aus der ganzen Welt spenden hier Schatten. Großes, sehr schönes Schwimmbecken mit Kinderbecken, auch Tennisplätze. Die Abendunterhaltung am Pool dürfte Ruhesuchende allerdings beeinträchtigen. Mehrere Bungalow-Hütten mit Platz für ca. 4 Pers. zu mieten (140–185 €/Tag). 10 Min.

zum nicht übermäßig hübschen Kies-Sand-Strand Ottone. Geöffnet von April bis Ende Sept. ℘ 0565-933101, ℘ 0565-933041, www.rosselbalepalme.it.

• *Essen* Neben dem bereits erwähnten **Hotel Santo Stefano** gibt es noch eine preiswerte und gute Pizzeria: **La Carretta**, im Sommer sind dort die Plätze begehrt. Aus Richtung Portoferraio rechts an der Straße gelegen (gegenüber der Einfahrt zum Weingut La Chiusa).

• *Segeln* **Segelschule des Segelclubs Elba**, geleitet von Christian Renner. Alle Scheine, Törns mit Skipper, Bootsvermietung, Hotel- und Appartementvermittlung, Tauchkurse, Ausflugsprogramm. Geöffnet von Ostern bis Mitte Okt. Loc. Magazzini 12, 57037 Portoferraio, ℘ 0565-933288, ℘ 0565-933214. In Deutschland: Postfach 300327, 51413 Bergisch-Gladbach, ℘ 02204/68703, ℘ 02204/962951, www.segel-club-elba.de.

Weingut La Chiusa

Herkunftsort des bekannten Qualitätsweins *La Chiusa*. Allein schon das imposante Herrschaftshaus aus dem 18. Jh. – inmitten der Weinberge und trotzdem fast direkt am Meer – ist einen Besuch wert. Das noble Anwesen verbirgt sich hinter einer hohen Mauer an der Straße nach Magazzini/Bagnaia; zu probieren und kaufen gibt es neben Weinen hoher Qualität auch Grappa und Olivenöl. Das Weingut ist tägl. von 8 bis 12.30 Uhr und von 16 bis 20 Uhr geöffnet, So geschlossen. ✆ 0565-933046, 📠 0565-940782, www.tenutalachiusa.it. Auf dem Weingut werden auch einige Appartements vermietet (für 2–4 Personen), Wochenpreise um 1200 €.

Bagnaia

Gemütliches ehemaliges Fischerdorf, sehr hübsch in einer kleinen Bucht gelegen. Der ursprünglich stille Charakter des Orts hat sich durch zwei neu errichtete riesige Feriensiedlungen knapp oberhalb des Dorfes stark verändert: Bagnaia ist inzwischen zum familienfreundlichen und lebhaften Badeort geworden.

• *Übernachten* *** La Feluca, etwas oberhalb vom Ort in Hanglage. DZ mit Bad und Balkon 170 €, EZ 90 €, inkl. Halbpension. Schöner Garten mit kleinem Pool. Gepflegt und komfortabel. 10 Min. zu Fuß vom Strand entfernt. ✆ 0565-961084, 📠 0565-961085, www.hotellafeluca.it.

Residenza Sant'Anna del Volterraio, riesige Appartementanlage, im Halbrund um eine Wiese mit 2 Pools gebaut, daneben Bar und Restaurants. 2er-App. 670–900 € pro Woche, 4er-App. 900–1200 €, für 6 Pers. ab 1080 €. Zur Anlage gehört auch das **** Hotel Locanda del Volterraio mit nur 18 Zimmern, das DZ mit Frühstück kostet 150–180 €. Ca. 5 Minuten zum Strand. Anfang April bis ca. Mitte Okt. geöffnet. ✆ 0565-961219, 📠 0565-961289, www.volterraio.it.

*** Residence-Hotel Villa Mare, schöne, alte Villa mit einigen Anbauten und Garten, an der Strandpromenade. Zimmer mit Bad, TV, Balkon/Terrasse, EZ 90–110 €, DZ 130–150 €, Frühstück ist inklusive. ✆ 0565-961009, 📠 0565-961191. www.bagnaia.com.

Le Palme, Ristorante/Bar im Zentrum von Bagnaia, am Strand, mit angeschlossener Pension, DZ mit Bad und gemeinschaftlicher Dachterrasse 85 € inkl. Frühstück. Frühzeitig reservieren! ✆ 0565-961096.

• *Essen* **Il Faro**, Bar und Ristorante am Strand von Bagnaia, urige überdachte Holzterrasse, Blick auf den Sonnenuntergang

Wanderung von Bagnaia nach Rio nell'Elba

Sehr schöne, nicht besonders anstrengende und absolut leichte Wanderung vorbei am Monte Capannello (496 m) zum beschaulichen Bergdorf Rio nell'Elba. Ausgangspunkt ist Bagnaia am Hotel Feluca (hier parken). An der letzten Linkskurve der Straße zum Hotel Feluca geradeaus weitergehen, dann links hoch (man passiert gleich eine Appartementanlage linker Hand) und zwischen einem roten Haus und dem dazugehörigen Taubenschlag geradeaus den unmarkierten Pfad hinauf. Nach ca. 20 Min. erreicht man die Schotterstraße nach Nisporto, dieser ca. 300 m in nördliche Richtung folgen, dann bei einem braunen Gatter (Hausnr. 79) wieder auf den Pfad, der zunächst parallel zur Fahrstraße verläuft. Nach ca. 45 Min. gelangt man an eine Kreuzung (Wanderweg Nr. 62 G.T.E.), hier geradeaus und gleich darauf rechts hinunter in einer Schleife zu der Straße, die von Volterraio nach Rio nell'Elba führt. Dauer einfach: ca. 1,5–2 Std.

und das beleuchtete Portoferraio. Auch Mittagstisch (menu turistico 14 €), Salate um 7,50 €, abends dann gediegener und etwas teurer, gute Fischküche und große Weinauswahl. ☎ 0565/961049.

Il Giardino degli Aranci, gemütliches Gartenrestaurant und Pizzeria in der Ferienanlage Sant'Anna. Gute Gerichte, man speist unter Orangenbäumen. April bis Okt. abends, an den Wochenenden auch mittags geöffnet, ☎ 0565-961069.

Pizza Sunset, gute Pizza und Pasta am Südende der Bucht (Straße nach Portoferraio), schöne Lage, allerdings berichten mehrere Leser von mangelhaftem Service. Mittags

und abends geöffnet, ☎ 0565-930786.

● *Segeln* Am nördlichen Ende des Strandes befindet sich das **Segel-Zentrum Elba**. Geleitet wird es von Gereon und Helga Verweyen. Auch hier alle gängigen Segelscheine und Törns (auch mit Skipper). Das Zentrum organisiert auch Tauchkurse, Reitausflüge, Grillpartys usw., für Kinderbetreuung ist gesorgt. Ostern bis Mitte Okt. geöffnet. Segel-Zentrum Elba, Gereon Verweyen, Loc. Bagnaia, 57037 Portoferraio, ☎ 0565-961090, ☎ 0565-961184. Adresse in Deutschland: Sürther Hauptstr. 213, 50999 Köln, ☎ 02236/65505, ☏ 02236/68516. www.segelzentrum-elba.de.

▸ **Nisporto**: Etwa 5 km nördlich von Bagnaia, von dort über eine Schotterpiste erreichbar oder auf Asphalt über Rio nell'Elba. Neben dem Camping findet man hier einige größere Appartementanlagen. Im Dorf ein kleiner Supermarkt, Pizzeria und Ristorante und Bar am sauberen Kiesstrand.

Camping Sole e Mare, wohlorganisiertes, schattiges Gelände. Hübsche Bucht mit Kiesstrand (teilweise steiniger Einstieg). Wohnwagen- und Bungalowvermietung (im Sommer nur wochenweise). Restaurant, Laden, Bar, Tennisplatz. ☎ 0565-934907, ☏ 0565-961180. www.soleemare.it.

Rio nell'Elba

Eines der charakteristischen Bergdörfchen, die sich ihre Ursprünglichkeit bewahrt haben. Der weite Ausblick, den man von hier oben genießt, war im Mittelalter oft lebensnotwendig, wenn es darum ging, nahende Feinde frühzeitig zu erspähen.

Rio hat von allen Gemeinden der Insel die stärkste Abwanderung erfahren. Die Schließung der unrentabel gewordenen Eisenerzminen der Umgebung hat diese beschleunigt. Waren es Ende des 18. Jh. noch 5000 Einwohner, so sind es heute nur noch 900, die meisten alte Leute.

Ein Ausflug nach Rio nell'Elba lohnt sich allein schon wegen des mittelalterlichen Kerns mit der schönen *Piazza del Popolo* und der wuchtig-gedrungenen Kirche daneben. Die erhabene Lage bildet einen reizvollen Gegensatz zu den umliegenden Badeorten.

Essen/Trinken **Da Cipolla**, am Hauptplatz mit dem Brunnen, typische Trattoria mit sehr großer Auswahl und guten Fischgerichten, mittleres bis gehobenes Preisniveau, auch Bar und Tabaccheria.

▸ **Museo Archeologico del Distretto Minerario**: Das 2003 eröffnete Museum präsentiert seine Exponate in einem modernen, lichtdurchfluteten Saal. Zu sehen sind Fundstücke, die die Besiedlung und Erzverarbeitung auf Elba von prähistorischer Zeit bis ins frühe Mittelalter dokumentieren: u. a. prähistorische Pfeilspitzen und Schmuck, etruskische Werkzeuge oder Terrakotta-Wasserleitungen aus der römischen Villa von Cavo. Ergänzt werden die Exponate durch informative Schautafeln, diese allerdings nur in italienischer Sprache.

● *Öffnungszeiten und Eintritt* Von April bis Ende Sept. tägl. außer Mi 10–13 und 17–20 Uhr. Von Okt. bis März nur nach Voranmeldung unter ☎ 0565-943411 oder per E-Mail: museirioelba@tiscali.it. Eintritt 2,50 €, ermä-

ßigt 2 €. Zum Museo Archeologico gelangt man, wenn man die Piazza del Popolo an ihrer nordöstlichen Ecke verlässt und von der Aussichtsterrasse die rechte Treppe hinunter nimmt.

Karte S. 396/397

Elba

Rio nell'Elba – ein ursprüngliches Bergdorf

▶ **Kloster Santa Caterina**: Etwas nördlich des Ortes, am Hang des Monte Serra, liegt dieses seit vielen Jahren verlassene Kloster. Seit einiger Zeit finden im Kloster Kulturveranstaltungen statt. Ein von dem deutschen Künstler Hans-Georg Berger gegründeter Verein kümmert sich seit 1990 um den Erhalt der Gemäuer.

▶ **Castello Volterraio** (403 m): Von Rio nell'Elba führt eine asphaltierte Straße (Via Volterraio) in Serpentinen den Berg hinauf. Hat man die Kuppe erreicht, geht es wieder hinunter Richtung Magazzini zum Parkplatz, von dem aus man zum Castello Volterraio aufsteigt.

Die älteste Burg auf diesem großartigen Aussichtspunkt wird den Etruskern zugeschrieben, später nutzten die Römer die strategische Lage. Pisaner erspähten von hier aus die feindlichen Sarazenen, und noch im 18. Jh. funktionierte die Burg als Kommunikationszentrale, die die Blinksignale von Portoferraio über das Inselchen Palmaiola zur italienischen Küste und weiter bis nach Florenz vermittelte. Vom Castello sind nur noch Ruinen erhalten (nicht zugänglich), doch der einzigartige Ausblick und die herrlichen Sonnenuntergänge lohnen den kurzen, aber schweißtreibenden Aufstieg.

Der 30- bis 45-minütige Aufstieg beginnt bei dem Parkplatz, der sich ca. 1,5 km unterhalb des „Passes" rechts an der Straße nach Magazzini befindet. Anfangs geht man auf einem gut markierten Pfad, im oberen Bereich ist der Weg dann aber kaum noch auszumachen. Da es einige rutschige Stellen gibt, sollte man festes Schuhwerk tragen. Insgesamt ist der Aufstieg ungefährlich, aber anstrengend.

Rio Marina

Der Hafenort mit seinen gut 2000 Einwohnern ist touristisch weniger bedeutsam, wohl auch, weil es an schönen Stränden mangelt. In der Umgebung wurde Eisenerz abgebaut und im Hafen auf die Schiffe verladen. Bereits im 18. Jh. erlangte der Ort als Hafen von Rio nell'Elba größere Bedeutung, 1882 erklärte man sich vom Nachbarort unabhängig. Das dadurch entstandene Konkurrenzverhältnis zwischen den beiden Orten steigerte sich zeitweise bis zur Feindseligkeit.

• *Information* **Pro Loco**, am unteren Ende des winzigen Parks im Zentrum Richtung Hafen. Im Sommer täglich 9.30–13 und 17–19.30 Uhr geöffnet, Mittwochnachmittag geschlossen. Lungomare G. Marconi 2, ✆ 0565/962004.

• *Fest* Am 16.8. feiert man in Rio Marina das Fest des San Rocco.

• *Übernachten/Camping* ***** Rio sul Mare**, Via Palestro 31, DZ 138–150 €, EZ etwa die Hälfte (Frühstück inklusive). Nur 8 Zimmer mit Bad und TV, einige auch mit Balkon. Gepflegte Mittelklasse in Hafennähe, an der zentralen Piazza gelegen. April bis Ende Okt. geöffnet, ✆ 0565-924225, ✆ 0565-924162, www.hotelriomarina.it.

Camping Canapai, am Rand der Bucht von Ortano südlich von Rio Marina gelegen. Bescheidene, schattige Terrassenanlage in der Einsamkeit, viel Grün, freundliche Leitung. Stromanschlüsse vorhanden. 10 Fußminuten zum Meer. ✆/✆ 0565-939165, www.campingcanapai.it.

• *Essen* **La Canocchia**, Via Palestro 3. Zwei kleine Speiseräume im Souterrain, gepflegtes Ambiente, gemütlich. Bekannt für gegrillten Fisch. Hohes Preisniveau, mittags und abends geöffnet, Mo Ruhetag. ✆ 0565-962432.

Pasticceria Muti & Lupi, Via Palestro 11. Als lokale Spezialität gilt die *schiaccia briaca*, zu Deutsch die „Betrunkene" – ein Mürbeteiggebäck mit Pinienkernen, Rosinen, Nüssen und dem Süßwein Aleatico.

▸ **Mineralienmuseum:** Im *Palazzo del Burò*, dem ehemaligen Sitz der Bergbaudirektion im Zentrum, werden sämtliche auf Elba gefundene Mineralienarten – 170 an der Zahl – aufbewahrt. Unter ihnen der *Ilvait*, den es nur auf Elba gibt.

⏰ März–Okt. 9.30–12.30 und 15.30–18.30 Uhr, im Juli/August nachmittags 16.30–19.30 Uhr und abends 21–23 Uhr. Eintritt 2,50 €, Kinder unter 8 J. frei. Vom Museum werden auch Führungen in den *Parco Minerario*, eine Art Bergbau-Freilichtmuseum bei Rio Marina, angeboten: März–Okt. Di, Do und Sa um 10 Uhr, im Juli/August immer um 18 Uhr; die etwa einstündige Tour kostet pro Pers. 5 € (Kinder unter 8 J. frei). Via Magenta 26, ✆ 0565-962088, ✆ 0565-925698, www.parcominelba.it.

▸ **Baden**: An der Hafenmole führt eine Treppe zu einem kleinen, weißen Kieselstrand hinunter. Wenig besuchte Strände findet man unterhalb der Steilküste nördlich von Rio Marina.

Cavo

Einer der ältesten Badeorte der Insel wird vom heutigen Elba-Tourismus ziemlich vernachlässigt. Im nördlichsten Ort Elbas finden sich einige prächtige Villen aus der Zeit der vorletzten Jahrhundertwende, mehrheitlich sind es aber bescheidene Privathäuser, die das Bild bestimmen. Der Ausflug in den Nordostzipfel der Insel lässt sich mit einer hübschen Wanderung zum *Capo Castello* und weiter zum *Capo Vita* verbinden – Strandkiefern, so weit das Auge reicht. Dem Ort vorgelagert sind ein kleiner Hafen und ein mit Kieseln durchsetzter, lang gezogener Sandstrand mit Sonnenschirm- und Liegestuhlverleih. Im Hafen liegen zwar zahlreiche Jachten, aber ein schicker Seglertreff ist das abgelegene, fast verschlafene Cavo sicherlich nicht.

• *Übernachten/Camping* ***** Pierolli**, am Hafen, DZ mit Bad, Balkon und obligatorischer Halbpension 120–168 €, EZ 60–84 €. Mit Restaurant und hübscher, schattiger Bar. Geöffnet 1.4.–30.9. ✆ 0565-931188, ✆ 0565-931044. www.hotelpierolli.it.

*** Maristella, gleich neben dem Pierolli und etwa ebenso teuer: DZ mit Halbpension 114–164 €, EZ etwa die Hälfte. Restaurant angeschlossen. ✆/✆ 0565-949859. www.hotelmaristella.com. ·

** Ginevra, ruhig, im hinteren Teil des Ortes, 300 m zum Strand. Schon etwas älteres Hotel, DZ mit Bad und Halbpension 155 €, EZ nur in der Nebensaison (ca. 70–90 €). ✆ 0565-949845, ✆ 0565-931084. www.albergoginevra.it.

Camping Paguro's, von Rio Marina kommend beim Ortseingang links abbiegen. Ca. 800 m vom Meer entfernt, sehr abgeschiedener, wenig attraktiver Platz mit Bar, für einfache Ansprüche. Geöffnet 1.5.–30.9., ✆ 0565-949966, ✆ 0565-931168. www.paguros.com.

● *Essen/Trinken* **Mokambo-Bar**, bei Paolo Conte, dem italienischen Chansonnier mit der rauchigen Stimme bleibt die Mokambo-Bar-Poesie, in Cavo ist sie hand- und trinkfeste Wirklichkeit. In dem weiß getünchten Haus mit Neonreklame am Meer gibt's nicht nur ein großes Whiskey- und Bierangebot, sondern auch hausgemachtes Eis, leckere Panini und andere Snacks.

Porto Azzurro

Einer der schönsten Häfen der Insel. Im Hafenbecken liegen außer den schweren Motorjachten auch noch einige Fischkutter. Der ca. 150 m lange Sandstrand im Ort ist weniger schön und meist überfüllt. Außerdem liegt er direkt an der Durchgangsstraße.

Das Städtchen an der Nordseite der großen, geschützten *Bucht von Mola* ist mit rund 3200 Einwohnern (bis zu 6000 im Sommer) einer der größten Orte Elbas. Entlang des Hafenbeckens erstreckt sich die breite Uferpromenade mit der Piazza. Hier liegen die Straßencafés und Restaurants dicht beieinander, zwischendrin knallige Reklametafeln. Dahinter das Centro storico, das alte Viertel mit seinen zwei- bis dreigeschossigen Häusern aus dem 17. und 18. Jh., heute Fußgängerbereich für die flanierenden Touristenströme. Straßenhändler, Schnellporträtisten und Zukunftsdeuter finden sich abendlich ein, die Geschäfte bleiben oft bis Mitternacht geöffnet. Von hier ziehen sich die Häuser die grünen Hänge hinauf. Überragt wird Porto Azzurro von der Festung *San Giacomo* aus dem 17. Jh., in der heute noch immer ein Gefängnis untergebracht ist. Alljährlich am 24. Juli findet das Fest des Ortspatrons und Namengebers der Festung statt.

Von Porto Azzurro werden zahlreiche Bootsausflüge zu den umliegenden Inseln veranstaltet, es gibt zwei Tauchschulen und mehrere Bootsverleiher.

Information/Parken

● *Information/Reisebüros* Das private **Reisebüro Mantica** in der Via dei Martiri (Seitenstraße des Viale Italia) vermittelt Hotelzimmer und Appartements und verkauft auch Fahrkarten der Fährgesellschaft Moby Lines. Mo–Sa 9.30–13.30 und 17–19 Uhr, Sa/So geschlossen. ☎ 0565-95351, ✆ 0565-95443, www.manticaviaggi.it. **Reisebüro Arrighi**, Banchina IV Novembre (südöstliches Ende der Hafenpromenade). Fährtickets, Hotel- und Ferienhausvermittlung, Bootsausflüge. ☎ 0565-95000, ✆ 0565-958245, www.agenziaarrighi.it.

Toremar-Agentur, Tickets zum Festland und zur Insel Pianosa, die jeden Dienstag im Rahmen eines Tagesausflugs angefahren wird: pro Pers. 18,40 €. Gegenüber vom Fähranleger. ☎/✆ 0565-95004.
● *Parken* Hafenpromenade und Centro storico sind autofrei oder mit Parkverbot belegt. Der große Parkplatz am Viale Italia (Straße Richtung Rio nell'Elba) ist nachmittags und abends oft voll. Versuchen Sie es etwas außerhalb in einer Seitenstraße.

Übernachten

*** Cala di Mola, ca. 1 km außerhalb (Straße Richtung Portoferraio) am Hang oberhalb der Mola-Bucht. Rustikaler Stil, Pool am Meer. 44 geräumige Zimmer mit großem Balkon und eigenem Eingang – wie in einem kleinen Reihenhaus. Hübsche, großzügige Anlage mit viel Grün dazwischen. Schöner Blick auf die Mola-Bucht. Im oberen Teil der Anlage Appartements, DZ/Halbpension 222 €, 2er-App. 160 €, 4er-App.

199 €. ☎ 0565-95225, ✆ 0565-958395, www.caladimola.it.
*** Due Torri, Via XXV Aprile (Nebenstraße des Viale Italia, beschildert). Ruhige Lage, gepflegte Mittelklasse, nicht zu teuer: DZ mit Bad, TV und inkl. Frühstück 100 €, EZ ca. 65 €. ☎ 0565-95132, ✆ 0565-957797.
*** Belmare, am südöstlichen Ende der Hafenpromenade. Netter Service, schlichte, aber gepflegte Zimmer mit Bad, DZ 110–

Blick auf den Hafen von Porto Azzurro

140 €, mit Frühstück. ☎ 0565-95012, ☏ 0565-921077, www.elba-hotelbelmare.it.

** Villa Italia, in Porto Azzurro eine der preisgünstigsten Übernachtungsmöglichkeiten. Direkt an der Hauptstraße und meist ausgebucht. DZ 90 € (inkl. Frühstück), EZ ca. 70 €. Viale Italia 41. ☎/☏ 0565-95119, www.villaitaliahotel.it.

** Baia Blu, wegen des Preises und der Lage sind die 18 recht schlichten Zimmer trotz Straßenlärms schnell ausgebucht. Am westlichen Hafenende. DZ 95 €, EZ 60 € (mit Frühstück). ☎/☏ 0565-95315.

● *Camping* Siehe weiter unten bei Umgebung: Barbarossa- und Reale-Bucht.

Essen

Parido – Il Delfino Verde, in den Hafen hineingebauter Pfahlbau, tolles Panorama, der große Speisesaal ist oft bis auf den letzten Platz besetzt und vor allem bei italienischen Touristen beliebt. Bekannt ist das Lokal wegen seiner Fischsuppe (Cacciucco) – ein „riesiger" Berg von Weißfischen, Red Mullets mit Tomatensauce. Trotz des Stresses guter Service, gehobenes Preisniveau, mittags und abends geöffnet. ☎ 0565-95197.

La Caravella, die Alternative gleich daneben und ebenfalls über Wasser, etwas günstiger als das Delfino Verde. Mittags und abends geöffnet. ☎ 0565-95066.

La Tavernetta, schräg gegenüber vom Caravella, Terrasse zur Straße hin, was aber nicht weiter stört. Feine Küche zu moderaten Preisen, die Portionen sind allerdings nicht allzu groß. Freundlicher und aufmerksamer Service, mittags und abends geöff-

net. Via Vitaliani 42/44, ☎ 0565-95110.

Osteria dei Quattro Gatti, an der ruhigen Piazza del Mercato im Centro storico. Viel Fisch und Meeresfrüchte, gemütliche, überdachte Holzveranda, gehobenes Preisniveau. Nur abends geöffnet, Mo Ruhetag. Reservierung unter ☎ 0565-95240 empfohlen,

Pizzeria La Taverna, Piazza Matteotti 19 (Hafenplatz). Spezialität des bei Touristen sehr beliebten Lokals sind die Schiaccine – heiße, gefüllte Fladenbrote. Auch Pasta und Salate. Mittags und abends geöffnet. ☎ 0565-957885.

Rock Bar, Banchina IV November 16, an der Hafenpromenade. Bekannt für unschlagbar gute Pizzen, außerdem große Auswahl an Pasta. Secondi überwiegend Fisch. Flotter Service, innen rustikal, mittleres Preisniveau, mittags und abends geöffnet. ☎ 0565-920092.

Karte S. 396/397

Elba

Pub Cutty Sark, Piazza Mercato 25 (Centro storico). Benannt nach dem legendären Segelschulschiff der Briten. Beliebtes Restaurant, mittags und abends geöffnet, Di Ruhetag. Wie uns ein enttäuschter Leser schrieb, wurde ihm noch vor dem Dessert/Kaffee unaufgefordert die Rechnung gebracht – der Tisch war bereits wieder vergeben ... ✆ 0565-957821.

Il Sottoscala, Via Ricasoli 11 im Centro storico, nahe der Piazza Matteotti. Kleines, nettes Kellerrestaurant (und Kneipe), hier kann man auch nach Mitternacht noch etwas zu essen bekommen (kalte Küche).

Casa del Gelato, an der Hafenpiazza. Beliebte Eisdiele. Kleine, mittlere und gigantische Eiswaffeln. Anstehen lohnt sich! Di geschlossen.

Sehenswertes

Festung: Höchste Erhebung von Porto Azzurro ist die von den Spaniern 1603 erbaute Burg, in der sich heute noch immer ein Gefängnis befindet. Bis zum inneren Mauerring ist sie öffentlich zugänglich. Außer Mauern gibt es kaum etwas zu sehen, und auch der vielleicht erwartete Panoramablick bleibt durch die vielen Bäume und das dichte Gestrüpp verwehrt.

Kapelle Madonna di Monserrato: In Richtung Rio nell'Elba, nach ca. 1 km Abzweigung links (beschildert). Die Kapelle wurde im 17. Jh. von den Spaniern erbaut und ist heute ein Wallfahrtsort. Ein eindringlicher Platz, unbeschreiblich schön gelegen, den man mit eigenen Augen sehen und vor allem auf sich wirken lassen muss. Die Kapelle ist von Mitte Juni bis Ende September tägl. 9.30–12 und 15.30–19 Uhr geöffnet.

Buchten und Strände der Umgebung

▶ **Barbarossa-Bucht**: Die ca. 1 km nordöstlich von Porto Azzurro gelegene Bucht ist vor allem bei Campern und Wassersportlern sehr beliebt. Sowohl Sand- als auch Kiesstrand, Surf- und Tauchschule am Platz. Hier soll der gefürchtete Pirat Barbarossa an Land gegangen sein.

Camping Da Mario, größeres, schattiges Gelände am Strand, eher einfacher, aber familiärer und gemütlicher Platz mit Bar und Ristorante, dazu gehören einige neue Appartements oberhalb am Hang (für 2 Pers. ab 65 €/Tag). April bis Anfang Nov. geöffnet. Nebenan eine Windsurfschule, am Strand außerdem Tretboot-, Kanu-, Sonnenschirm- und Liegestuhlverleih. ✆/℗ 0565-958032 www.damario.it.

Camping Arrighi, gleich daneben, etwas organisierter als Da Mario, gutes Ristorante, Strandbar, die Anlage ist gut in Schuss. Gleiche Preise wie Barbarossa, es werden auch hier einige Appartements vermietet. Ende März bis Anfang Nov. geöffnet. ✆ 0565-95568, ℗ 0565-957822, www.campingarrighi.it.

Camping Gabbiano, 400 m vom Meer. Klein, bescheiden, schattig und günstig. Angeschlossen ist die **Pension Barbarossa** mit wenigen, dafür frisch renovierten Zimmern (DZ um 75 €), geöffnet 1.4.–30.9. ✆ 0565-95087 oder 0565-95692.

Tauchzentrum Omnisub, unter deutscher Leitung, direkt am Strand, geöffnet April bis Ende Okt., ✆/℗ 0565-95628, www.omnisub.com.

▶ **Reale-Bucht**: 3 km von Porto Azzurro entfernt, etwas östlich der Barbarossa-Bucht und wesentlich ruhiger. Strand mit kleinen Kieselsteinen, Felsen zu beiden Seiten.

• *Übernachten* **Camping Reale**, netter kleiner, schattiger Campingplatz mit Palmen und Eukalyptusbäumen am Meer. Bar, Ristorante, Mini-Market, geöffnet Mitte/Ende März bis Ende Okt. ✆ 0565-95678, ℗ 0565-920127, www.isolaelbacampingreale.com. In der herrlich gelegenen **Residence Capo Bianco** am Hang oberhalb des Strandes kann man Mini-Appartements mieten (Anlage mit Pool und Liegewiese). Die Studios bestehen aus einem Zimmer mit 2–4 Schlafgelegenheiten, Küche, Bad und Terrasse/Balkon und kosten je nach Größe 750–1420 €/Woche für 2–6 Pers. Geöffnet 1.3.–31.10. ✆ 0565-957781, www.capobianco.isoladelba.it.

▶ **Naregno-Bucht**: Die gegenüber von Porto Azzurro gelegene Bucht ist mit dem eigenen Wagen oder per Boot (nur im Sommer, hin und zurück 5 € pro Person) erreichbar. In der Hochsaison fahren darüber hinaus bis zu 10x tägl. Busse nach Capoliveri. Der einladende, bis zu 20 m breite Kies-Sand-Strand ist leider zum Großteil für die Hotels in der Bucht reserviert.

Naregno kann – wenn in Porto Azzurro alle Zimmer ausgebucht sind – als Lösung des Übernachtungsproblems in Erwägung gezogen werden. Einige der hier ansässigen Hotels verlangen Halbpension (allerdings oft preiswert). Ruhige Lage ist gewährleistet. Am Strand gibt es eine italienische Segel- und Surfschule *(Centro Velico Naregno)* sowie eine angeschlossene Tauchschule *(Tuffo Diving)*.

• *Übernachten* *** **Villa Rodriguez,** sympathische Familienpension mit 36 Zimmern. Das DZ mit Halbpension (dank vorzüglicher Küche empfehlenswert) kostet 134–170 €, das EZ 80–95 €. Zimmer im alten Gebäude oder in einem neueren Bau dahinter (große Balkons). Gemütlicher Garten mit Palme, hoteleigener Strand. Geöffnet Ostern bis Mitte Okt. ℡ 0565-968423, ℡ 0565-935024, www.villarodriguez.it.

Capoliveri

Malerisches Bergdorf 167 m über dem Meer. Der Name des Dorfes leitet sich ab vom lateinischen „Caput Liberum", denn hier war einst ein Verbannungsort römischer Schuldner und Gesetzesbrecher, die sich innerhalb der Mauern frei bewegen durften. Heute ist Capoliveri fest in touristischer Hand, viele Deutsche und Römer haben sich hier ein Haus zugelegt.

Ursprünglich bestand der Ort aus ca. 20 Häusern mit dazugehörigem Grundstück. Über Generationen wurde an die jeweiligen Elternhäuser angebaut. So entstanden die winklig ineinander verschachtelten Häuser und Treppengässchen *(vicolo* genannt*)*, die den Charme Capoliveris ausmachen.

Die **Piazza Matteotti** soll unterkellert sein. An der Piazza stand ursprünglich eine Kirche; von deren Kellergewölben aus führten unterirdische Fluchtwege zum Meer. Sie sollen noch gut erhalten sein, doch wurden die Eingänge zugemauert.

Die Capoliveresen waren auf der Insel als Verfechter der Blutrache bekannt und daher stets gefürchtet. Sie besaßen auch den Mut, sich der Fiskalpolitik Napoleons zu verweigern; mit Steinwürfen jagten sie die kaiserlichen Steuereintreiber den Berg hinunter. Gelebt hatten sie seit jeher vom Abbau des Eisenerzes. Der Wandel setzte (wie in anderen Inseldörfern auch) um 1975 ein, als das Minensterben begann und das Bergarbeiterdorf sich zum Urlaubszentrum entwickelte.

Heute befinden sich etwa 50 % der Häuser in deutschem Besitz. Ein Stadtplan auf Kacheln befindet sich neben der Bar La Fortezza an der Piazza Matteotti.

Karte S. 396/397 **Elba**

*I*nformation/*A*dressen/*Ü*bernachten

• *Information* **Reisebüro Ideamare,** Via Mellini 9. Fährtickets, Bootstrips, Hotel- und Ferienwohnungsvermittlung. Mo–Sa 9–12.30 und 15.30–19 Uhr. ℡ 0565-935117, ℡ 0565-967321, www.ideamareelba.com.

• *Autoverleih* **Autonoleggio Roberto,** Via Menotti 6, ℡ 0565-968533 oder 338-2089417 (mobil). Kleinwagen und einige Scooter, die aber in der Hochsaison schnell weg sind.

• *Übernachten* In Capoliveri gibt es kaum Möglichkeiten – ein einfaches Hotel und einige wenige Möglichkeiten in der näheren Umgebung (hauptsächlich Appartements). Wegen der beschränkten Kapazitäten unbedingt frühzeitig buchen!

* **Albergo Golfo Azzurro**, nur fünf Zimmer, sympathisch altmodisch, freundlicher Besitzer, mit Garten, nur wenige Schritte zur Piazza Matteotti. Aufgeregte Dobermanndame. EZ 55 €, DZ mit Bad 75 €, mit Bad auf dem Flur 70 €, kein Frühstück. Via C. Appiani 5, ✆/☎ 0565-968167, www.golfoazzurro.it. Am Ortseingang der Beschilderung zur Apotheke (farmacia) folgen, das Hotel liegt gegenüber davon.

• *Außerhalb* ***** Residenze Le Grazie Est**, gepflegte Ferienanlage mit Bar, Tennisplatz und Pool. Wer sich hier einmietet, sollte ein Auto dabeihaben – nach Capoliveri sind es

ca. 2,5 km bergauf. 16 Appartements (2–4 Pers.) für 900–1300 € (Wochenpreis). An der Straße zur Kirche Madonna delle Grazie auf der linken Seite, ganzjährig geöffnet. ✆ 0565-935161 oder 0565-939129, ☎ 0565-935161, www.legrazieest.com.

Weitere Übernachtungsmöglichkeiten und **Campingplätze** in der Gegend siehe unter „Buchten in der Umgebung von Capoliveri" weiter unten.

Essen/Nachtleben

• *Essen* **Osteria dei Quattro Rioni**, Via Fortezza 1. Hier sitzt man wahrhaftig im Herzen von Capoliveri. Genau an dieser Stelle befand sich der im Mittelalter erbaute Fortezza mit ihren vier Wachtürmen. Heute spannt sich zwischen den Überresten der Festungsmauern die Terrasse des Restaurants. Spezialität sind Fischgerichte und Filets vom Holzkohlengrill. Obere Preisklasse, zuvorkommender Service, mittags und abends geöffnet, ✆ 0565-935022.

Osteria delle Grazie, in der Via delle Grazie, von der Piazza Matteotti die Treppen runter, ausgeschildert. Leckere Pasta (v. a. mit Meeresfrüchten), sympathischer Service, gemütlich zum Sitzen. Nur abends geöffnet, ✆ 0565-968044.

Summertime, beliebtes Restaurant in der zentralen Flaniermeile Via Roma, allabendlich bis auf den letzten Platz besetzt, man sollte reservieren oder mittags kommen, da ist etwas weniger los. Leicht gehobenes Preisniveau. Mittags und abends geöffnet (April–Okt.), Via Roma 56, ✆ 0565-968344.

Pizzeria Forno Vecchio, Vicolo Galliano (eines der Seitengässchen links der Hauptstraße). Ein klitzekleiner Familienbetrieb, nur wenige Tische. Freundliche Bedienung, saftige Pizzen und recht günstig. Von Lesern empfohlen. Nur abends geöffnet, in

der Hochsaison teilweise auch mittags.

Mickey Mouse, an der Straße nach Porto Azzurro, die Hinweistafel mit der berühmten Figur ist kaum zu übersehen – bei der Weggabelung rechts und dann wieder rechts auf den Parkplatz. Etwas versteckt gelegen, idyllisch, gemütliche Terrasse mit Meerblick. Nur abends geöffnet. Ein Leser schreibt: „Es handelt sich um ein recht einfaches Lokal, mehr eine Pizzeria mit ganz hervorragenden Pizzen und sehr appetitlich aussehenden Fleischgerichten zu zivilen Preisen. Ein einfaches, schon etwas auf den Tourismus zugeschnittenes, rustikales Lokal mit freundlicher und flotter Bedienung, wir haben hier sehr viele Familien mit Kindern essen sehen." ✆ 0565-967020.

• *Nachtleben* **Sugar Reef Music Bar**, knapp 1 km außerhalb (an der Straße nach Morcone). Einer der raren Nachtunterhalter der Insel, breites Programm, während der Saison oft Live-Bands, bei größeren Auftritten wird Eintritt verlangt (ca. 5 €).

Morumbi, die Nr. 1 im Nachtleben der Insel. Brasilianische Disco und Bar, am Wochenende immer voll. An der Straße Portoferraio – Porto Azzurro bei der Abzweigung nach Capoliveri. Riesiger Parkplatz, kaum zu übersehen.

Buchten in der Umgebung von Capoliveri

▸ **Punta Perla und Capo Straccoligno**: 3,5 km nordöstlich von Capoliveri. Die *Punta Perla* selbst ist mehr oder weniger in Privatbesitz, am schroffen Kap gibt es keine Bademöglichkeit. Eine Fahrstraße führt zum *Forte Focardo*, der sternförmig ummauerten spanischen Festung, die 1678 als Gegenstück zum *Forte Longone* von Porto Azzurro errichtet wurde. Die Anlage ist seit 1863 im Besitz der italienischen Marine, aus dem gleichen Jahr stammt auch der Leuchtturm der Festung (nicht zugänglich). Von der Festung führt linker Hand ein Pfad hinunter zur Naregno-Bucht. Südlich schließt eine kleine Sand-Kies-Bucht mit Pizzeria an (Zufahrt Richtung Capo Straccoligno, dann rechts ab, beschildert). An der *Spiaggia Straccoligno* gibt es einen Tretbootverleih. Fährt man bei der Abzweigung zum Strand geradeaus weiter, gelangt man zum südlich benachbarten *Calanova-Strand* mit gleichnamigem Ristorante. Sehr ruhige, kleine Kiesbucht mit Bootssteg und schönem Blick aufs *Forte Focardo*.

▸ **Morcone-Bucht**: Etwa 3 km südlich von Capoliveri. Schöne Bucht mit Sandstrand, Surfschule, Camping, gemütlichen Restaurants und Bars, am Hang einige dezente italienische Residenz-Hotels (in der Hochsaison oft nur wochenweise buchbar).

** Albergo La Scogliera, an der Zufahrtsstraße nach Morcone auf der linken Seite. Unscheinbar, leicht zu übersehende Hinweistafel. Eine sympathische und recht günstige Unterkunft mit viel Stammkundschaft, daher oft langfristig ausgebucht. Das DZ inklusive Bad, Kühlschrank, Terrasse oder Balkon mit Meerblick kostet 80–160 €, das EZ 53 €, das Dreier 106–132 € (je mit Frühstück), Appartements 96–128 € pro Tag (für 2–4 Pers.). Treppen zum hoteleigenen Sandstrand. Anfang Mai bis ca. Mitte Okt. geöffnet. ✆ 0565-968424, ✉ 0565-935204, www.lascogliera.com.

Camping Croce del Sud, bestens gepflegtes, kleines Areal, viel Grün, mit Mini-Market, ca. 150 m vom Strand. Geöffnet Anfang April bis Ende Okt. ✆ 0565-968640, ✉ 0565-935756, www.elbalink.it/camping/crocedelsud.

▸ **Innamorata-Bucht**: Die Bucht der Verliebten, genauer: der unglücklich Verliebten. Der Sage nach stürzte sich hier eine Jungfrau vom Felsen ins Meer, weil sie ihren Allerliebsten nicht ehelichen durfte. Jedes Jahr am Abend des 14. Juli wird dieser tragischen Liebe mit einem großen Fest gedacht: Am mit Fackeln beleuchteten Strand findet eine große Prozession statt, zu deren Abschluss der Sprung vom Felsen nachgespielt wird – allerdings ohne tödlichen Ausgang.

▸ **Zuccale- und Barabarca-Bucht**: Zwei hübsche, durch Felsen getrennte kleine Sandbuchten, die nur zu Fuß zu erreichen sind. Am Ende der Schotterpiste ein bewachter Parkplatz (in der Hochsaison gebührenpflichtig, 3 €/Tag). Von hier steigt man rechts zur Zuccale-Bucht ab und etwas weiter unten (kleiner Parkplatz) links zur Barabarca-Bucht. Strandbar, Bootsverleih, Sonnenschirme und Liegestühle am Zuccale-Strand; Tretboot- und Surfbrettverleih auch am Barabarca-Strand.

▸ **Lido-Bucht (Lido di Capoliveri)**: Enge Sträßchen und etliche Campingplätze führen in der Saison oft zu einem kleinen Verkehrschaos. Surfschule (auch Brettverleih) am Strand, außerdem diverse Bars, Sonnenschirm- und Liegestuhlverleih, Tretboote und Kajaks.

• *Übernachten* ***** Hotel Antares**, herrlich oberhalb der Bucht (am westlichen Ende) gelegen, geschmackvolle Einrichtung, schöner Blick aufs Meer, mit Pool im Grünen, Privatstrand, Tennisplatz, Fahrradverleih. DZ 244–258 €, EZ 152–161 €, jeweils inkl. obligatorische Halbpension. Geöffnet von Ende April bis Anfang Okt. ✆ 0565-940131, ✉ 0565-940084, www.elbahotelantares.it.

Camping Europa, ziemlich groß, in der östlichen Ecke der Bucht. Terrassenförmig angelegt, schattig, auch Bungalows, wenige Schritte zum Strand. Geöffnet von Mitte März bis Ende Okt. ✆/✉ 0565-940121, www.elbacampingeuropa.it. In unmittelbarer Nähe liegen die etwas günstigere **Camping Lido** (✆ 0565-933414) und der kleinere **Camping Le Calanchiole** (✆ 0565-933488, ✉ 0565-940001, www.lechalanchiole.it); Letzterer vermietet auch Miniappartements.

• *Essen* **Baia del Sole**, nettes Strandristorante. Hier gibt es ganz vorzügliche Spaghetti Vongole (mit Muscheln) in Weißweinsoße. Relativ günstig, mittags und abends geöffnet, auch mittags Pizza.

Karte S. 396/397

Elba

Monte Calamita

Der 412 m hohe Eisenberg hat schon manchen Jachtbesitzer in Ver(w)irrung gebracht. Die magnetische Ausstrahlung des Bergs ist so stark, dass die Kompassnadeln verrückt spielen, wenn sie die Halbinsel passieren. Dass sogar Eisennägel aus

Schiffskörpern herausgezogen wurden, zählt eher zum Seemannsgarn, doch tatsächlich ereigneten sich vor der hiesigen Küste zahlreiche Havarien.

Wirtschaftlich ausgebeutet wurde der Berg schon seit 1851. Im Verlauf der Jahre völlig umgegraben, wurde er danach wieder aufgeforstet. Lohnenswert kann es sein, auf den Abraumhalden nach den glitzernden Mineralien zu schürfen; vielerlei Arten stecken in dieser Fundgrube. Auf Elba finden sich 170 verschiedene kristallisierte Mineralienarten. Gemessen an der Größe der Insel eine geologische Sensation!

Von Capoliveri führt eine breite, gut befahrbare Schotterpiste an der Steilküste entlang. Nach etwa 5 km erreicht man das längst stillgelegte **Erzbergwerk**: rot leuchtende, aufgerissene Erde.

Zu einem **Badestrand** führt ca. 200 m nach der Mine rechts eine schmale Straße hinunter. Eine Schranke macht das Passieren mit dem Auto unmöglich. Hauptsächlich Italiener lassen hier ihren Wagen stehen und machen sich zu Fuß auf den Weg zum 2 km entfernten Strand.

Achtung Auto- und Motorradfahrer: Eine Rundfahrt um den Monte Calamita ist nicht möglich, da eine Schranke etwas südlich der Straccoligno-Bucht den Weg versperrt!

Costa dei Gabbiani   *(Möwenküste)*

Fährt man von den Minen des Monte Calamita die Schotterstraße noch ca. 3 km weiter, kommt man in das Zentrum des Feriendorfs Costa dei Gabbiani und zum Naturreservat, das sich bis zum südöstlichen Ende der Insel erstreckt. Am 12 km langen Küstenstreifen liegen in kleinen Buchten z. T. menschenleere Strände, da sie den wenigen Feriengästen nur auf Privatwegen zugänglich sind. Traumhaft die steile Felswand an der **Punta dei Ripalti**: Hier, am südlichsten Zipfel, nisten die Silbermöwen zu Tausenden.

● *Übernachten/Essen* **Villaggio Costa dei Gabbiani**, die überwiegend italienischen Gäste verteilen sich auf die weit verstreut liegenden Gutshöfe, Villen und einige neu errichtete 1- bis 2-stöckige **Appartementhäuser** (unterschiedliche Kapazitäten und Preiskategorien, grundsätzlich aber sehr teuer: ab ca. 1100 € pro Woche für 2–3 Pers., die freistehende Villa für 4 Pers. kommt ab mind. 1500 €/Woche, im angeschlossenen Hotel kostet das DZ mit Halbpension 254 €, das EZ 145 €). Zusätzlich zur „privacy" des eigenen Domizils bieten sich ein **Restaurant** in einem ehemaligen Weinkeller (Villa delle Ripalte) an, eine **Bar** in der Calanova-Bucht sowie Tennisplatz, Schwimmbad und Reitpferde. Leider gibt es keinen Campingplatz! *Direktion*: Villaggio Costa dei Gabbiani, Loc. Tenuta delle Ripalte, ✆ 0565-94211, ✆ 0565-935233, www.costadeigabbiani.it.

● *Anfahrt per Boot* Wem es zu mühselig ist, sich zu Fuß zur Möwenküste aufzumachen, der kann die Reise in einem (privaten) Boot von Porto Azzurro aus unternehmen. Man umfährt die Ostspitze der Insel und hält an einem Strand unterhalb der Calamita-Mine. Dauer ca. 3 Std. (hin und zurück).

Lacona-Bucht

Große, seicht abfallende Sandbucht mit Pinienwäldchen an beiden Flanken. Im Sommer findet man eine richtige Zelt- und Caravansiedlung vor, sieben Campingplätze erstrecken sich entlang der großen Bucht.

Lacona ist ein ausgesprochenes Camper-Ziel, und das zu Recht: Die meisten Plätze liegen in Schatten spendenden Pinienhainen nur wenige Meter vom Meer entfernt. Baugenehmigungen sind rar, nur wenige Hotels und Pizzerien haben sich hier angesiedelt.

In der Hauptsaison herrscht an der *Spiaggia Grande*, wie der lange Strand von La-cona heißt, Hochbetrieb. Die kleinen Restaurants und Tavernen sind dann ebenso voll wie das Strandbad „Bagni Lacona" mit dem angeschlossenen Verleih von Mo-tor- und Tretbooten, Segelbooten und Surfbrettern. Bars und Restaurants befinden sich auch an den Zufahrtsstraßen zum Strand, und an der zurückversetzten Haupt-durchgangsstraße haben sich ein paar Souvenirshops angesiedelt. Hier (am Ab-zweig zum Hotel Capo di Stella) findet man auch die *Tauchschule Blu Immersion*, und an der Hauptstraße den Zweiradverleiher *TWN*. Für Selbstversorger: Einen Supermarkt gibt es an der Straße Richtung Portoferraio.

▸ **Baden**: Eine gute Ausweichmöglichkeit bietet die **Margidore-Bucht**, eine kleine Kiesbucht, die östlich des Capo Stella liegt und von den Steilufern des weit ins Meer reichenden Kaps und einem Felsenriff begrenzt wird. Das Wasser wird hier im Gegensatz zur Hauptbucht schnell tief. Der Strand, der auch ein beliebter Liege-platz von Segelbooten ist, wird kaum besucht. Wer doch kommt, lässt das Auto oben an der Straße stehen und läuft einen Schotterweg zur Bucht hinunter.

Wer es ruhiger, aber nicht allzu abgelegen mag, dem sei der kleine **Laconella-Strand** am westlichen Ende der Bucht empfohlen, der auch unter dem Namen *Spiaggia della Contessa* bekannt ist. Der Sandstrand erstreckt sich über ca. 200 m zwischen den Felsen der *Punta della Contessa* im Osten und der großen Landzunge, die den *Golfo della Lacona* im Westen begrenzt. Feinster Sand und türkis-blaues Wasser, wie uns Leser berichteten, aber nicht immer ganz sauber. Keine Bar, kein Strandservice.

An der Straße nach Porto Azzurro gibt es noch weitere Badebuchten, die z. T. nur über Pfade zu Fuß erreichbar sind (z. B. der Acquarilli-Strand). Zur **Norsi-Bucht** (Straße Richtung Porto Azzurro, dann rechts ab) kann man über einen Schotter-weg auch mit dem Fahrzeug gelangen. Am Ende des Weges warten ein Parkplatz und eine Strandbar.

• *Informationen* **Terraxe' viaggi**, Via del Moletto (Straße zum Camping Stella Mare), Fährtickets, Zimmer- und Appartementver-mittlung, Auto- und Zweiradverleih und auch Bootsausflüge, von März bis Ende Okt. tägl. 9.30–12.30 und 16.00–19.30 Uhr, So nur vormittags. ✆ 0565-964396, www.terraxe.it.

• *Übernachten* *** **Capo di Stella**, schon etwas älter, hübsche Lage am Hang, ober-halb der Bucht im Wald (Ostende). DZ mit Frühstück 150 €, EZ 90 €. Komfortable Zim-mer mit Bad, Balkon (Meerblick) und TV. Auch ein Pool ist vorhanden. Anfang/Mitte April bis Ende Sept. geöffnet. ✆ 0565-964052, ✆ 0565-964220, www.capodistella.com.

**** **Lacona**, riesiger, moderner Bau mit 155 DZ, Swimmingpool im großen Garten, 100 m vom Strand. Professionell geführtes Vertrags-haus vieler Reiseveranstalter. EZ 195–210 €, DZ 210–280 €, jeweils mit Halbpension. Mitte April bis Mitte Okt. geöffnet. ✆ 0565-964054, ✆ 0565-964189, www.tuscanhotels.it.

** **Giardino**, 32 Zimmer, mit großem, etwas verwildertem Garten. Sympathisches, kin-derfreundliches Haus, ca. 200 m vom Strand und etwas zurückversetzt von der Hauptstraße, DZ inkl. Halbpension 146 €, Kinderrabatt. ✆ 0565-964059, ✆ 0565-964363, www.elbalink.it.

*** **Residence Mini Hotel**, 20 komfortable und gepflegte Appartements für 2–4 Pers. (76–120 €). Unter deutsch-italienischer Lei-tung (fragen Sie nach Karin), ruhig am Berg-hang, tolle Aussicht auf die Bucht. Ca. 1,5 km vom Strand entfernt. Ganzjährig ge-öffnet. ✆ 0565-964041, ✆ 0565-964278, www.minihotelelba.it.

• *Camping* **Stella Mare**, in bester Lage auf der dicht bewaldeten Landzunge am östli-chen Buchtende. Viel Schatten durch Pi-nien und Eukalyptusbäume, Restaurant und Lebensmittelladen, freundlicher Service. Geöffnet von April bis Mitte Okt. ✆/✆ 0565-964007, www.stellamare.it.

Tallinucci, gut geführter Platz direkt am Strand gelegen (westlicher Teil). Pinien und Eukalyptusbäume. Auch Appartement-Ver-mietung. Ruhig, von Familien bevorzugt,

Karte S. 396/397

Elba

unwesentlich günstiger als der Stella Mare, geöffnet von März bis Okt. ☎ 0565-964069, 📠 0565-964333, www.campingtallinucci.it.

Valle S. Maria, neben dem Tallinucci, ebenfalls direkt am Strand, etwas teurer, es werden auch einige Appartements angeboten. Vor allem deutsche Wohnmobilisten fühlen sich hier wohl. Geöffnet Ostern bis Ende Okt. ☎ 0565-964188, 📠 0565-964355, www.vsmaria.it.

Lacona, nicht besonders gemütliche, ziemlich große Anlage mit Pool und Abendunterhaltung, im oberen Bereich auch abgeschiedene Stellplätze, Ostern bis Ende Sept. geöffnet, auch Appartements und Bungalows. Von Portoferraio/Porto Azzurro kommend, gleich der erste Platz auf der linken Seite (östlicher Teil der Bucht). ☎ 0565-964161, 📠 0565-964330, www.camping-lacona.it.

Lacona Pineta, neben dem Camping Lacona in einem Pinienhain, gemütlicher und vor allem näher am Meer. Kleiner Supermarkt, Restaurant und Bar. Bojen für Boote. Geöffnet von April bis Ende Okt. ☎ 0565-964322, 📠 0565-964087, www.campinglaconapineta.com.

Laconella, auf dem Hügel, der westlich die Bucht abschließt. Hier weht auch an heißen Tagen meist eine erfrischende Brise. Etwas dünner Schatten unter den Eukalyptusbäumen und noch jungen Pinien. Vom Platz führt (3 Min.) ein Weg zur Laconella-Bucht, insgesamt der günstigste der Campingplätze in Lacona, empfehlenswert für Leute, die Ruhe suchen. Straße Richtung Marina di Campo, dann links ab, beschildert. ☎ 0565-964228, 📠 0565-964080, www.campinglaconella.it.

• *Essen* **Il Pirata**, Pizzeria und Ristorante an der Straße zum Camping Stella Mare. Riesige Portionen und üppige Salate, hier kommt schon ab 18 Uhr das Abendmenü auf den Tisch. Riesenpizza aus dem Holzofen ab ca. 6 €. Freundlicher Service, vor allem bei italienischen Gästen beliebt. Mittags und abends geöffnet.

Miramar, Bar und Ristorante nahe dem Camping Valle S. Maria, mittags Selfservice, abends nettes Restaurant mit Pizzeria, direkt am Strand. Ab der Hauptstraße beschildert.

Marina di Campo

Der älteste und größte Ferienort der Insel besitzt auch den längsten Sandstrand (ca. 1,5 km lang). Die Bucht, an deren westlichem Ende der Hafen und das alte Zentrum des Ortes liegen, wurde etwa zur Hälfte mit niedrigen Hotels bebaut. Am anderen Ende finden sich Campingplätze.

Das moderne Zentrum von Marina di Campo wirkt hektisch, viel Verkehr und neuere Zweckbauten vermitteln nicht gerade Idylle. Das Bild ändert sich jedoch schlagartig, wenn man die großen Hauptverkehrsstraßen des Orts verlässt und sich durch die Fußgängerzone zum alten Hafen begibt: gemütliches Schlendern durch schmale Gassen, sorgsam restaurierte Häuser und malerische, kleine Plätze, dazu zahlreiche schicke Geschäfte, Restaurants und Bars. Der alte Ortskern von Marina di Campo um den Fischer- und Jachthafen strahlt noch immer viel Charme aus. Überragt wird der Hafen von der *Torre della Marina* aus dem 16. Jh.

Aquarium: „Eine phantastische Entdeckungsreise zu den Meeresbewohnern der Insel Elba", wirbt das Aquarium um Besucher (sogar Katzenhaie gibt es zu sehen). Insgesamt über 100 verschiedene Spezies, die teilweise jedoch recht dicht gedrängt ihr Dasein fristen. Alles nicht mehr ganz taufrisch.

🕐 1.6.–15.9. tägl. 9–23.30 Uhr, März–Mai und Okt.–Nov. 9–19.30 Uhr, Dez.–Febr. geschlossen, Eintritt 6 €, erm. 3 €. Ab der Hauptstraße (von/nach Procchio) beschildert.

Diverses

• *Information* **Agenzia per il Turismo dell' Arcipelago Toscano (A.P.T.)**, Piazza dei Granatieri. Offizielles Informationsbüro mit freundlichem Personal – bei der Einfahrt von Osten bzw. Norden (Via Donizetti) am großen Parkplatz. Inselkarten und Stadtplä-ne von Marina di Campo sowie ein Unterkunftsverzeichnis, von April bis Ende Sept. tägl. 8–20 Uhr, Mo geschlossen. ☎/📠 0565-977969, www.arcipelago.turismo.toscana.it.

• *Sportmöglichkeiten* Das Angebot ist umfangreich. Besondere Erwähnung verdient

Am Strand von Marina di Campo

der Schweizer Tauchclub **Spiro Sub** (an der Abzweigung zu den Campingplätzen gelegen). Ausflüge in die unberührte Unterwasserwelt, u. a. zur muschelbewachsenen Madonnenstatue, die in 18 m Tiefe in der Nähe von Marina di Campo vor dem „Scoglio della triglia" liegt. Die Statue wurde vor über 40 Jahren von den Fischern am Grund verankert – sie soll ihnen Glück bringen. Probetauchgang   36 €.   ✆/✆ 0565-976102, www.spirosub.isoladelba.it.

Bagni Tropical, schickes Strandbad, Surfbrett- und Tretbootverleih. Vom Viale degli Etruschi kurz nach dem Hotel Meridiana rechts ab, beschildert. ✆ 0565-976006.

Mountainbikes, Vermietung bei **Baby Rent** im Zentrum, MTB ab 15 € am Tag, auch **Mopeds** und **Autos**. Hauptbüro in der Via Donizetti 27 (bei der Busstation). ✆/✆ 0565-918883, ✆ 329-3631291 (mobil).

Übernachten/Camping

*** **Meridiana**, Viale degli Etruschi 465, gut geführtes Hotel, die Tochter des Hauses ist meist persönlich an der Rezeption. Eines der wenigen in dieser Preisklasse ohne Pensionspflicht. Gemütliche Terrasse mit Garten, ca. 1,5 km vom (alten) Zentrum und nur wenige Meter vom Strand. DZ 176 €, EZ 100–120 € (jeweils inkl. Frühstück). ✆ 0565-976308, ✆ 0565-813113, www.hotelmeridiana.info.

*** **Tre Colonne**, Via G. Fattori 6, nicht am „Hotelstrand", sondern im südlichen Ortszentrum. Alle Zimmer mit Bad und Balkon, DZ 154–176 €, EZ 100 €, jeweils mit Halbpension. Gepflegtes Ambiente, großer Pool im Vorgarten, rundum Stühle, nachts erleuchtet. Zentral, aber trotzdem sehr ruhig gelegen. Anfang April bis Ende Sept. geöff-

net. ✆ 0565-976320, ✆ 0565-979122, www.hoteltrecolonne.it.

** **Elba**, Via Mascagni 51, etwas lautes, kleines Hotel an der Hauptstraße, leicht zurückgesetzt. Hübsche Terrasse (zur Straße). DZ mit Halbpension 116–146 €, EZ 73–88 €, alle Zimmer mit Dusche. Kleines Restaurant angeschlossen. Geöffnet Anfang April bis Ende Okt. ✆ 0565-976224, ✆ 0565-977280, www.hotel-elba.it.

Camping La Foce, östliches Ende der Bucht. Gepflegter Platz in üppigem Grün, direkt am Meer. Gute Ausstattung, aber relativ teuer. Ganzjährig geöffnet. ✆ 0565-976456, ✆ 0565-977385, www.campinglafoce.com.

Camping del Mare, östliches Buchtende. Nicht ganz so hübsch wie La Foce, dafür

etwas günstiger. Auch Bungalows (90–130 €/Tag). Geöffnet Anfang April bis Ende Okt. ☎ 0565-976237, ✉ 0565-977850, www.campingdelmare.it.
Camping Ville degli Ulivi, östliches Ende der Bucht, etwas vom Meer entfernt. Gepflegter, professionell geführter Platz mit bescheidener Grasnarbe und vielen schattigen Stellplätzen. Hier werden auch Appartements und kleine Bungalows vermietet. Pool, Animation, Abendunterhaltung, Fahrradverleih. Geöffnet von Anfang April bis Mitte Okt. ☎ 0565-976098, ✉ 0565-976048, www.villedegliulivi.it.

Essen

L'Aragosta, Piazza Cavour, schön gelegen im alten Zentrum, eines der schicksten Restaurants in Marina di Campo, Meerblick und dennoch in den Gässchen des alten Ortskerns; hübsch dekoriert. Cacciucco (eine Fischspezialität) wird hier serviert. Gehobenes Preisniveau, von März bis Okt. tägl. mittags und abends geöffnet, ☎ 0565-977131.
Il Cantuccio, mehrere gemütliche Räume in „rustikal-maritimem" Ambiente und Terrasse an der Via Firenze. Sehr gute Fischküche, mittleres Preisniveau, flotter Service, ganzjährig mittags und abends geöffnet, für abends sollte man reservieren. Largo Garibaldi 6, ☎ 0565/976775.
Bologna, am Ende der Via Firenze Pizzeria und Ristorante, bei Touristen äußerst beliebt, großer Speisesaal und gemütliche Terrasse, leckeres Risotto ai Frutti di Mare, Pizza aus dem Holzofen, mittags und abends geöffnet, ☎ 0565-976105.
L'Angolo dello Spuntino, Tavola Calda in der Via Roma 19/21 (Nähe Hafen), einige Häuser neben dem Hotel Tre Colonne. Hervorragende Panini, vegetarische Tagesmenüs, auch zum Draußensitzen, günstig.
• *Außerhalb* **Osteria Al Moro**, ca. 1,5 km außerhalb an der Straße nach Cavoli (auf der linken Seite). Schöner Garten, viel gelobte Küche, gehobenes Preisniveau. Mittags und abends geöffnet, für abends reservieren unter ☎ 0565-976358.

Marina di Campo/Umgebung

▸ **Sant'Ilario in Campo**: Ein stilles und schmuckes Bergdörfchen abseits des Tourismusrummels, aber nur wenige Kilometer nordwestlich von Marina di Campo (von La Pila in Serpentinen den Berg hoch). Ein Ausflugstipp für alle, die das Bedürfnis verspüren, sich vom Strandleben zu erholen. Zudem gibt es eine Pizzeria und eine nette Bar im Ort. Einen Ausflug wert ist auch der idyllische Nachbarort **San Piero in Campo**.

• *Essen* **La Cava**, exzellente Cucina Casalinga in Sant'Ilario, lecker der Schafskäse, großer Speisesaal, Terrasse mit grandiosem Panoramablick über die Bucht bis hinüber nach Montecristo. Auch Pizzeria, leicht gehobenes Preisniveau, mittags und abends geöffnet. Noch im Ort an der Straße Richtung La Pila auf der rechten Seite. ☎ 0565-983379.

▸ **Torre di San Giovanni**: Unweit von Sant'Ilario erhebt sich an der Straße nach Poggio die wohl imposanteste Turmruine der Insel. Vermutlich handelt es sich bei dem inmitten von Ginster und Dornengestrüpp auf einem kolossalen Felsblock errichteten Bau um einen pisanischen Wachturm aus dem 12. Jh. Großartiger Ausblick auf die Campo-Ebene.

Cavoli

Feiner Sandstrand in einer sehr schönen Bucht, die von glatten Felsen umschlossen ist. Wie so oft ist etwa die Hälfte davon für Hotelgäste reserviert. Im Sommer ist die traumhafte Bucht hoffnungslos überlaufen, und es ist nahezu unmöglich, einen Parkplatz am Strand (gebührenpflichtig) zu finden. Tipp: Oberhalb der Bucht kann man kostenlos an der Küstenstraße parken, Pfade führen hinunter zum Strand. Tretbootverleih und Umkleidekabinen, Boote bringen die Gäste zur nahe gelegenen *Grotta Azzurra*.

• *Übernachten* ****** Baia Imperiale Beach Hotel**, herrlich am Hang oberhalb der Bucht gelegen, Aussichtsterrasse, Bar, Ristorante. DZ mit Frühstück 190–210 €, EZ ca. 120– 150 €. Für gehobene Ansprüche, etwa 100 m hinunter zum reservierten Strand. Ende März bis Mitte Okt. geöffnet. ☎ 0565-987055, ✆ 0565-987020. www.hotelbaiaimperiale.it.

*** Lorenza, direkt am Strand, Sonnenterrasse, gemütliches Restaurant unter Schatten spendenden Bäumen, vergleichsweise günstig: DZ 120 €, EZ 78 € (jeweils mit Frühstück, mit Halbpension 160 € bzw. 104 €). Ostern bis Ende Sept. geöffnet. ☎ 0565-987054, ✆ 0565-987080, www.hoteldelmare-lorenza.it.

** La Conchiglia, ebenfalls am Strand, DZ mit Bad und Balkon und Halbpension 152 € (EZ 82 €). Sehr beliebtes Restaurant. ☎ 0565-987010, ✆ 0565-987257, www.laconchigliacavoli.it.

Seccheto

Weniger überlaufen und insgesamt besser ausgestattet als das 2 km entfernte Cavoli ist Seccheto. Immerhin sind hier noch die Konturen eines Dorfes auszumachen: zwei kleine Supermärkte, Bäcker, Metzgerei und Bars. Empfohlen sei die *Bar da Bruno* an der Durchgangsstraße mit urgemütlicher Terrasse. Baden kann man entweder am Sand- oder Felsstrand vor Ort (mit Strandbar), aber Achtung: der sandige Strand wird im Wasser schnell steinig und recht glitschig, was den Einstieg deutlich erschwert. Alternativ kann man etwas weiter in Richtung Westen fahren, lässt das Auto oben an der Straße stehen und findet den Weg hinunter zu einsamen felsigen Plätzchen.

Von Seccheto aus lohnt auch ein Ausflug landeinwärts ins **Vallebuia**, das „dunkle Tal". Relativ grünes Tal mit guten Wandermöglichkeiten, es sind auch noch einige Granitbrüche zu sehen.

• *Übernachten* ***** Da Italo**, DZ mit Halbpension 174 €, EZ ca. 100 €. Gehobene Mittelklasse in einem hübschen Haus, ca. 50 m zum Strand, freundlicher Service. Ostern bis Ende Sept. geöffnet. ☎ 0565-987012, ✆ 0565-987271, www.hoteldaitalo.it.

** Da Fine, meerabgewandte Straßenseite, DZ mit Halbpension 162 € (mit Frühstück: EZ ab 60 €, DZ 116–136 €). Freundlicher Familienbetrieb, ausgezeichnetes Restaurant. Strandnäher, aber nicht unbedingt schöner ist die **Dépendance da Fine**, ein motelähn-

licher, zweigeschossiger Kasten, in dem die Gäste untergebracht werden, wenn das Stammhotel ausgebucht ist. ☎ 0565-987017, ✆ 0565-987250, www.hoteldafine.it

** Locanda dell'Amicizia, ruhig gelegen, mit Terrasse unter Palmen und Ristorante. DZ mit Frühstück 100 €, mit Halbpension 126 €, Einzel nur in der Nebensaison (um 65 €). 1,3 km von Seccheto im Vallebuia an der Straße (linke Seite). Ganzjährig geöffnet. ☎ 0565-987051, ✆ 0565-987277, www.locandadellamicizia.it.

Fetováia

Die Traumbucht an der Westküste der Insel: breiter Sandstrand, unverbaut, die Bucht ist zur Westseite hin durch eine Landzunge geschützt. In Küstennähe und im bewaldeten Hinterland vereinzelt Häuser, eine Hand voll Hotels und einige Strandbars – mehr nicht. Die Küste bei Fetováia gilt als hervorragendes Tauchrevier.

• *Übernachten* ***** Montemerlo**, im oberen, ruhigen Dorfteil gelegen, von der Hauptstraße beschildert, 300 m vom Strand, Pool und Fahrradverleih. DZ 158 €, mit Halbpension 168 €, EZ 79 € (84 €). Geöffnet von Ostern bis Mitte Okt. ☎ 0565-988051, ✆ 0565-988036, www.welcometoelba.com.

*** Da Alma, bei der Ortseinfahrt (aus Seccheto kommend) links. Familiär geführtes Hotel über der Bucht, DZ mit Bad und Halbpension 136–168 € (nur mit Frühstück 126–

158 €), EZ mit Halbpension 93–109 € (mit Frühstück 88–104 €). 1.4.–31.10. geöffnet. ☎ 0565-988040, ✆ 0565-988074, www.hotelalma.com.

*** Anna, neben dem Montemerlo und in puncto Komfort mit diesem vergleichbar, stilvoll und nett eingerichtet. DZ mit Frühstück 120–146 €, EZ 85–108 €, Halbpension 10 € Aufschlag pro Tag und Person. Ende März bis Ende Okt. geöffnet. ☎ 0565-988032, ✆ 0565-988073, www.fetovaia.it.

Karte S. 396/397

Elba

Pomonte

Eine größere Siedlung an der sonst recht einsamen, weniger sanften Westküste. Schöner als der grobe Kiesstrand im Ortszentrum ist der weite Felsstrand im westlichen Teil.

Wer in dem ruhigen Ort auf den Bus warten muss, kann dies in der *Bar Katiuscia* tun: Die große Schattenterrasse ist der Treffpunkt der Einheimischen, und der Bus hält direkt davor. Hervorragende Panini gibt es in der benachbarten *Papaya-Bar*.

● *Übernachten* *** **Da Sardi**, DZ mit Frühstück 136 €, EZ 78 €, Halbpension 10 € Aufschlag pro Person und Tag. Sehr gepflegt, fast alle Zimmer mit Balkon, Klimaanlage, nur über die Straße zum Strand. Das rote Haus mit seiner begrünten Terrasse hat Atmosphäre. Ganzjährig geöffnet. ☎ 0565-906045, ✆ 0565-906253, www.hotelsardi.it.

** **L'Ogliera**, ruhige Lage im oberen Teil des Ortes (beschildert), DZ mit Halbpension 130 €. Etwas altmodisch, aber sehr freundlicher Service. Anfang April bis Ende Sept. geöffnet. ☎ 0565-906210, ✆ 0565-906600.

Chiessi

Der westlichste Ort der Insel ist hinsichtlich der touristischen Infrastruktur der am wenigsten entwickelte und sicherlich einer der schönsten der Westküste. Wenn überhaupt irgendwo auf Elba, dann kann man hier noch einen einigermaßen günstigen Urlaub verbringen. Kleiner Kiesstrand, beidseitig eingerahmt von flach abfallenden Felsen, auf denen es sich unter aufgespanntem Sonnenschirm (selber mitbringen) herrlich leben lässt. Im Hintergrund erhebt sich das stellenweise mit ein wenig Macchia bewachsene, größtenteils aber kahle Gebirge des *Campo alle Serre*.

● *Übernachten* *** **Il Perseo**, Tipp! Aus Pomonte kommend, auf der rechten Seite. Gepflegte Mittelklasse, mit Bar, Tabak- und Zeitschriftenladen. 21 Zimmer mit Bad, TV, Heizung, z. T. auch mit Balkon. DZ mit Frühstück 110–136 €, EZ 65–78 €, mit Halbpension kostet das DZ 132–156 € (EZ 76–88 €). Geöffnet Ende März bis ca. Mitte Okt. ☎ 0565-906010, ✆ 0565-906109, www.htperseo.it.

** **Aurora**, an der Durchgangsstraße, DZ mit Halbpension 140 €, alle Zimmer mit Bad. Nette Bar, das Hotel liegt nur knapp 50 m vom Meer. ☎/✆ 0565-906129, hotelaurora@infoelba.it.

* **Albergo dei Fiori**, die Zimmer (alle mit Bad und Balkon) liegen am Hang, sehr günstig: EZ 40 €, DZ 60 €. Auskünfte im Ristorante L'Olivo an der Hauptstraße bzw. unter ☎/✆ 0565-906013.

Sant'Andrea

Die üppige Vegetation im Verbund mit einem traumhaft schönen Felsstrand und einem 150 m langen Sandstreifen ist nicht mehr unentdeckt. Von der einst einsamen und schönen Natur an der Nordwestspitze der Insel ist immerhin die Schönheit übrig geblieben. Daran haben weder die vielen Privatbauten noch die fast ebenso vielen Hotels etwas zu ändern vermocht.

In einer der Strandbars kann man sich besonders abends bei einer Bruschetta mit einem Glas Wein die Ferien versüßen. Motorboote werden bei *Daniele Rent* am Strand angeboten (☎ 0565-908173 oder mobil unter 339-1033741). Im Sommer fährt regelmäßig ein Shuttle-Bus von der Hauptstraße (hier Haltestelle der Inselbusse) hinunter zum Strand.

● *Übernachten* *** **Da Ilio** liegt etwas weiter oben am Hang der Bucht. Von den Baulichkeiten eher ein Bauernhof als ein Hotel. 19 komfortable Zimmer, mit schönem Garten. DZ mit Halbpension im Sommer 180–260 €. Maurizio Testa, der Inhaber, organisiert selbst kleine Ausflugstouren (Wandern, Archäologie) und gibt den Newsletter *Elbatuttanatura* heraus. Das Hotel ist von der Straße zum Strand beschildert, Mitte April bis Mitte Okt. geöffnet. ☎ 0565-908018, ✆ 0565-908087, www.hotelilio.it.

Sorano – ganz im Süden der Toscana, malerisch und wenig entdeckt

▲▲ Santa Fiora – herrschaftlicher Fischweiher am Fuß des Monte Amiata
▲ Sovana – Museumsdorf mit Tuffsteinfassaden wie frisch geleckt

Pitigliano – Heimarbeit Klöppeln ▲▲
Saturnia – warme Wasserfälle, ein Badespaß mit Heilwirkung ▲

▲ Pitigliano – aus dem Tufffelsen herausgewachsen

Cotoncello bei Sant'Andrea – einer der schönsten Strände der Insel

*** **Cernia**, Hotel mit angenehmer Atmosphäre und ausgesprochen schönen Anlagen: Pool und ein 10.000 qm großer botanischer Garten mit allerlei exotischem Grün und unbekannten Früchten, Terrasse, Tennisplatz. Der Besitzer Nello Anselmi hat ein höchst interessantes Buch mit Bildern „lebendiger" Felsen veröffentlicht (auch in deutscher Sprache in den Buchhandlungen der Insel sowie im Hotel erhältlich). Familiär geführtes Haus zum Wohlfühlen, empfehlenswertes Restaurant. DZ mit Halbpension 198–260 €. An der Straße zur Bucht auf der rechten Seite. Anfang April bis Mitte Okt. geöffnet. ☎ 0565-908210, 🖷 0565-900253., www.hotelcernia.it.

*** **Gallo Nero**, inmitten üppiger Vegetation oberhalb der Bucht gelegen. Familiäre Atmosphäre, geschmackvolle Einrichtung, Pool und Tennisplatz vorhanden. DZ mit Halbpension 186–208 €. Ende März bis Mitte Okt. geöffnet. ☎ 0565-908017, 🖷 0565-908078, www.hotelgallonero.it.

** **L' Oleandro**, etwas östlich des Kaps und hoch über dem Meer gelegen, toller Blick, gemütlich und kinderfreundlich, mit einladendem Ristorante. DZ mit Bad, Balkon und Halbpension 140–176 €, EZ 90–108 €, nur mit Übernachtung und Frühstück kostet das DZ 120–150 € (EZ 80–95 €). Abgelegen inmitten der üppigen Vegetation, 15 Fußminuten vom Strand. Von der Hauptstraße beschildert. Ostern bis ca. Mitte Okt. geöffnet. ☎/🖷 0565-908088, www.hoteloleandro.com.

Marciana

Marciana liegt in den üppigen Kastanienwäldern der nördlichen Abhänge des Monte Capanne und ist von rauer Schönheit. Fernab vom Küstenrummel präsentiert sich hier ein Stück ursprüngliches Elba.

Am besten lässt man das Auto unterhalb des Orts stehen und betritt Marciana durch die mittelalterliche *Porta dei Lorena*. Unzählige Treppen, verwinkelte Gässchen und Mini-Piazzas vermitteln ein düsteres Bild, das gelegentlich durch Oleander und freundliche Blumen in den kleinen Vorgärten und Hauseingängen etwas aufgehellt wird. Und mit Bestimmtheit führt auch der planloseste Spaziergang zur alten Festung, die den Ort dominiert und von dessen früherer Bedeutung zeugt.

Von Marciana schlängelt sich der beschilderte **Wanderweg Nr. 1** hinauf zum Monte Capanne, Ausgangspunkt ist die Porta Agabito (Dauer ca. 2–2,5 Std.).

● *Essen* **Birreria-Bar La Porta**, bei der Porta dei Lorena. Spezialität sind hier die riesigen Bruschette (gebackene Brote), belegt mit Knoblauch, Räucherlachs, Steinpilzen etc., außerdem leckere Salate und Panini. Beachtlich ist auch die Auswahl an Bieren, darunter recht exotische, z. B. Bière du Démon, das 12%ige Teufelsbier aus der Boxer-Brauerei, Lausanne, aber auch echtes chinesisches Lager! Tägl. von 7 Uhr morgens bis spätnachts geöffnet. ✆ 0565-901275.

Osteria del Noce, unser Tipp! Im Dorf bergauf Richtung Festung, dann rechts halten. Gemütliche Terrasse mit tollem Blick, relativ geringe Auswahl an wechselnden Tagesgerichten (viel Fisch), phantastische Pasta, mittleres bis gehobenes, aber durchaus angemessenes Preisniveau. Von April bis Ende Sept. mittags und abends geöffnet, für abends unbedingt reservieren: ✆ 0565-901284. Von hier führt ein Weg hinauf zur Wallfahrtskirche *Madonna del Monte*.

Festung (Fortezza): Die viertürmige Anlage, deren einstigen Glanz man aus den Ruinen noch herauslesen kann, stammt aus der pisanischen Epoche (12. Jh.). Im Sommer finden im Innenhof Open-Air-Konzerte mit klassischer Musik statt. Zu sehen gibt es in der Festung nicht besonders viel, von der Südseite der Anlage kann man auch einen kostenlosen Blick ins Innere werfen. Nebenan die gemütliche *Paninoteca Monili* mit Blick auf den Monte Capanne.

⊙ April–Sept. 9.30–12.30 und 15.30–19.30 Uhr, Mi geschlossen; im Winter geschlossen. Eintritt 2 €, Kombiticket mit Arch. Museum 3 €, Kinder unter 12 J. frei.

Archäologisches Museum: Funde aus der Umgebung, Frühgeschichte aus etruskischer und römischer Zeit (u. a. Schädel und Vasen). Nicht sehr aufregend, eher ein liebevolles Lokalmuseum.

⊙ Mai und Sept. 9.30–12.30 und 15–17 Uhr, Juni–August 9.30–12.30 und 16–20 Uhr, Mi geschlossen; im Winter geschlossen. Eintritt 2 €, Kombiticket 3 €, Kinder unter 12 J. frei.

Monte Capanne

Der höchste Berg Elbas (1019 m). Bei klarem Wetter kann man die phantastische Aussicht genießen, die über das gesamte toscanische Archipel bis nach Korsika auf der einen und zum italienischen Festland auf der anderen Seite reicht. Der **Aufstieg zu Fuß**, z. B. vom Bergdorf *Poggio* ab Hotel Monte Capanne (derzeit geschlossen) auf dem markierten Weg Nr. 2 dauert ca. 2,5 Std. Nach gut 45 Min. trifft man auf den Wanderweg Nr. 1, der aus Marciana heraufführt. Danach folgt man weiter der Markierung bergauf, geht ein gutes Stück auf dem Kamm des Vorberges und nach insgesamt knapp 1,5 Std. halbrechts ab (beschildert), um das letzte steile Stück hinauf zum Gipfel zu erklimmen. Alternative: der Wanderweg Nr. 1 ab dem Zentrum von Marciana. **Wichtig**: gute Schuhe, um nicht auszurutschen und um keine Blasen zu riskieren!

Eine bequemere Variante bietet die **Seilbahn** *(cabinovia)* von Marciana aus. Die Stehkäfige (nicht schaukeln!) schaffen die Strecke in 15 Min. Die Fahrt auf den Gipfel und zurück kostet 15 € (einfach 10 €), für Kinder 4–10 Jahre hin und zurück 7 €. Von Anfang April (oder Ostern) bis Ende September (bei gutem Wetter bis Ende Oktober) 10–12.15 und 14.45–17.30 Uhr, im Juli/August bis 18.30 Uhr. Erste und letzte Talfahrt jeweils ca. 30 Min. später. Informationen unter ✆ 0565-901020.

Marciana/Umgebung

▶ **Madonna del Monte**: Eine Wallfahrtskirche (16. Jh.) in aller Abgeschiedenheit. Lohnenswert ist allerdings weniger die Kirche selbst als vielmehr ihre hübsche Lage und der Aufstieg über den Kreuzweg durch Kastanienhaine, der an 14 Wegkapellchen (Passionsstationen Christi) vorbeiführt.

Napoleon übrigens liebte diese stille Örtlichkeit. Konnte er doch von hier aus nicht nur auf die benachbarten Inseln Capraia und Gorgona und auf das italienische Festland schauen, sondern bei klarem Wetter auch auf seine Heimatinsel Korsika. Hier traf er sich (im Sommer 1814 und in aller Heimlichkeit) mit seiner Geliebten *Maria Walewska*. Die polnische Gräfin hatte bereits einige Jahre zuvor den illegitimen Bonaparte-Spross *Alexandre Walewski* geboren, der im kaiserlichen Stammbaum keine Aufnahme fand, es im Zweiten Kaiserreich jedoch bis zum Außenminister brachte.

Der Aufstieg ist von der pisanischen Festung von Marciana aus gut ausgeschildert und dauert ca. 45 Min.

Poggio

Ein von Wäldern umgebener Ort auf 350 m Höhe, etwas kleiner als Marciana, aber nicht minder romantisch. Die Dorfkirche stammt aus dem 13. Jh. und steht auf den Fundamenten einer früheren Festung. An ihr vorbei, über Gassen und Treppen, findet der Spaziergänger unweigerlich zur einzigen *Bar* des Ortes an der angesichts der sonst engen Bauverhältnisse riesigen *Piazza Castagneto*. Die nur noch schwer erkennbare Windrose am Boden stimmt, was die Bezeichnung der Winde anbetrifft, die Länderzuordnung (Griechenland im Nordnordosten) hingegen will nicht so recht einleuchten.

Ungefähr 500 m außerhalb des Orts in Richtung Marciana sprudelt aus der **Fonte di Napoleone** das inseleigene Mineralwasser, das von hier aus den Weg in zahlreiche elbanische Restaurants findet. Einheimische und Durchreisende füllen das bekömmliche Wasser am Straßenrand literweise ab – gratis, kühl und gesund.

● *Übernachten/Essen* Das einzige Hotel im Ort, das ** **Monte Capanne**, war zum Zeitpunkt unserer letzten beiden Recherchen geschlossen. Wann es wiedereröffnet wird, war noch nicht in Erfahrung zu bringen.

Pizzeria Monte Perone, an der Durchgangsstraße (Abzweigung zum Monte Perone), schöner Blick auf die Bucht von Marciana Marina. Ein Leser hierzu: „Die wohl unbestritten beste Pizza der Insel Elba sowie sehr delikate Haupt- und Nachspeisen". Mittleres Preisniveau, nur abends

Poggio – idyllisches Bergdorf am Hang des Capanne

Karte S. 396/397

Elba

Pizza. Mittags und abends geöffnet, ☎ 0565-909014.

Ristorante Publius, mit Panoramablick, im unteren Ortsteil. Erlesenes Publikum bei exzellenten Speisen. Bekanntes Feinschmecker-Lokal. Über der Glut im Kamin braten Pilze, Geflügel, Wildschwein und Fisch. Köstliche Nachspeisen. Gehobenes Preisniveau, Primi um 12 €, Secondi ab ca. 15 €, aber auch Pizza. Mittags und abends geöffnet, Mo geschlossen (in der Hochsaison nur Montagmittag), man sollte für abends reservieren, ☎ 0565-99208.

Marciana Marina

Lebhafter Hafenort mit ca. 5000 Einwohnern (im Sommer, im Winter sind es gerade mal 2000). Schönes, geschlossenes Ortsbild, im Zentrum die malerische *Piazza Vittorio Emanuele*, rundum von Häusern und einer Kirche gesäumt. Eine lange Uferpromenade mit vielen Bars, Restaurants und kleinen Läden zieht sich ca. 1 km bis zum Hafen am anderen Ende der Bucht hin. Der Hafen wird von der zylinderförmigen *Torre pisana* (Pisanerturm) überragt, die im 12. Jh. als Wachturm gegen die Sarazenen erbaut wurde.

Daneben der Strand *La Fenicia*: große, glatte Kieselsteine – mit einer Luftmatratze kann man es hier ganz gut aushalten. Eine Alternative findet man etwas östlich davon: ein kleiner Strand mit porösen Felsen. Der Ort ist auch ein gutes „Basislager" für Wandertouren auf dem Monte Capanne. Eine der schönsten Wanderrouten der Insel führt von hier an der Küste entlang nach Sant'Andrea.

• *Information* **A.P.T.**, Pavillon an der Piazza della Vittoria. Nur von Anfang Juli bis Mitte Sept. geöffnet, im Juli 10–13 und 20–23 Uhr, im August/Sept. nur 17–23 Uhr, Do geschlossen.

Reisebüro ABV Agenzia Brauntour Viaggi, organisiert Tauchkurse (mit dem Elba Diving Center, s. u.) und Inselrundfahrten mit dem Boot, außerdem Zimmervermittlung und Fähr- und Zugtickets. Via Cavallotti 10, ganzjährig geöffnet, im Sommer Mo–Sa 9–13 und 16–20 Uhr. ☎ 0565-996873, ☏ 0565-996824, www.abviaggi.it.

• *Übernachten* ⋆⋆⋆ **Marinella**, Viale Margherita 38. Zentrale Lage am wenig attraktiven Dorfstrand. Großer Swimmingpool und Tenniscourt. Komfortable Zimmer mit Bad und TV, z. T. mit Balkon, DZ mit Halbpension 164–190 €, Übernachtung mit Frühstück nur unwesentlich günstiger. Anfang April bis ca. Ende Sept. geöffnet. ☎ 0565-99018, ☏ 0565-996895, www.elbahotelmarinella.it.

⋆⋆⋆ **Yacht Club**, Via Aldo Moro. Gut ausgestattete und geräumige Zimmer, DZ mit Frühstücksbuffet 142 €, EZ 99 €. In einer Seitengasse der Promenade (in Hafennähe, beim Pisanerturm). Die meisten Zimmer ohne Balkon, dafür sorgt eine Klimaanlage für kühle Frischluft. Üppiges Frühstück mit frischem Obstsalat. Ende März bis Anfang Okt. geöffnet. ☎ 0565-904422, ☏ 0565-904465, www.hotelyachtclub.it.

⋆⋆ **Imperia**, Viale Amedeo (Seitenstraße von der Uferpromenade), DZ 106 €, EZ 68 €, Frühstück inbegriffen. Angenehmes kleines Mittelklassehotel in zentraler Lage, sympathischer Service, günstig. Anfang April bis Anfang Nov. geöffnet. ☎ 0565-99082, ☏ 0565-998742, www.hotelimperia.it.

• *Essen* **La Scaletta**, hervorragende Pizza in einer Seitengasse der Piazza Vittorio Emanuele, jeden Abend bis auf den letzten Platz besetzt. Auch empfehlenswertes Ristorante. Nur abends ab 19 Uhr geöffnet. Via della Fossa 6, ☎ 0565-997071.

Capo Nord, Nobelrestaurant am Pisanerturm, gediegen, gehobenes Preisniveau. Herrliche Lage am Meer. Mittags und abends geöffnet, ☎ 0565-996983.

Ristorante/Pizzeria La Fiaccola, Piazza della Vittoria 6. Hervorragendes Risotto mit Meeresfrüchten, überhaupt sehr gute Fischgerichte und nicht zu teuer. Guter Hauswein, nette Terrasse, mittags und abends geöffnet, abends auch Pizza. In der Nebensaison Do geschlossen. ☎ 0565/99094.

First Love, viel gelobt, vielfältige Antipasti (Selfservice). Man sitzt in der engen Gasse entlang der Hauswand. Gute, günstige Pizza, ansonsten eher gehobenes Preisniveau. Via G. Dussol (Seitenstraße von der Piazza della Vittoria). Nur abends geöffnet. ☎ 0565-99355.

Exzellentes selbst gemachtes Eis gibt es bei **La Perla** an der Piazza della Vittoria.

• *Feste und Veranstaltungen* Am 12. August illustres Fest mit Feuerwerk zu Ehren der Santa Chiara. Der Ort im Festschmuck: Entlang der Hafenmauer stehen Kerzen, und um Lampions beleuchtete Fischerboote fahren aufs Meer hinaus.

• *Tauchen* Die italienische Tauchschule **Elba Diving Center** vermietet nebenher Taucherausrüstungen und ist um Flaschenfüllungen besorgt. Tauchgang 33 €, Open Water Diver 310 €, die Kurse finden in englischer Sprache statt. In der Parallelstraße zur Hafenpromenade, nahe Hotel Yacht Club und Friedhof, www.elbadiving.it, ✆ 0565-904256, ✆ 0565-904363. Infos auch bei *Brauntour Viaggi*.

• *Auto- und Zweiradverleih* Bei **Mazzei Bibi** in der Via XX Settembre (✆ 0565-99447); Motorboote bei **Elba Yacht Assistance** am Dorfstrand (gegenüber dem Hotel Marinella), ✆ 338-7433696 oder 338-2637254 (mobil), ✆ 0565-998047.

Procchio

Ein Touristenort ohne Vergangenheit – im grünen Tal verstreut liegen einige Pensionen und Hotels. „Zentrum" des Dorfes ist die Durchgangsstraße mit Café-Bars und Andenkenläden im „Salotto di Procchio", einer modernen Ladenpassage. Eine schöne Kulisse im Hintergrund bilden die auslaufenden Berghänge des Monte Capanne. Einzige Attraktion von Procchio ist der ca. 1 km lange und bis zu 20 m breite Sandstrand. Am linken Ende der Bucht laden bizarre Felsformationen zum Schnorcheln ein. Etwas längeren Atem braucht man, wenn man zu dem gesunkenen römischen Handelsschiff vordringen will, das seit gut 1800 Jahren ca. 50 m vor der Küste liegt. In der hübschen *Spartaia-Bucht* westlich des Orts bräunt sich vor allem die Klientel des Hotels Désirée.

• *Übernachten* Hauptsächlich Hotels der gehobenen Kategorie, nur wenige Pensionen im Ort. Kein Campingplatz, dafür ein Wohnmobil-Parkplatz.

*** Monna Lisa, am Ortsausgang Richtung Marciana Marina, links ab, beschildert. Etwas altmodisches Mittelklassehaus, sehr freundlicher Service, im Salon lächelt die Namensgeberin. DZ mit Halbpension 150–184 €, EZ 93–110 €. Anfang April bis Ende Sept. geöffnet. ✆ 0565-907519, ✆ 0565-907279, www.hotelmonnalisa.it.

• *Essen* Einige Strandbars und -restaurants versorgen die Badegäste tagsüber mit Snacks, abends bieten sie neben der herrlichen Terrasse am Meer oft auch das volle Menü-Programm, z. B. das **Ristorante Il Delfino**. Weitere Restaurants (z. T. auch ziemlich gehoben) auf der Promenade zum Strand. Sehr gute Bruschette und andere Snacks gibt es bei der **Bar Pippo** im „Salotto". Günstig, freundlicher Service, auch Gelateria. Ganztägig geöffnet.

Die Bucht von Biódola

Die traumhafte Biódola-Bucht mit ihrem breiten Sandstrand ist verständlicherweise ein sehr begehrter Liegeplatz, der allerdings mehr oder weniger den Gästen der Luxus-Hotels vorbehalten bleibt. Das *Biódola* und an der Westseite das *Hermitage* beanspruchen einen großen Teil der Bucht für sich. Ein kurzer Fußweg in Richtung Osten über die Klippen führt nach **Scaglieri**. Durch eine vorspringende Felsnase hat sich hier eine winzige Bucht gebildet, die ruhiger und schöner als die Hauptbucht ist. Knapp 1 km weiter gelangt man nach **Forno** (Abzweigung von der Straße hinunter nach Biódola, beschildert) – nicht mehr als eine Hand voll bunter Häuser in einer winzigen Seitenbucht. Im Sommer pendelt der *Marebus* etwa alle eineinhalb Stunden zwischen Portoferraio und der Biódola-Bucht.

• *Übernachten/Camping* ***** Danila**, Scaglieri-Bucht, sehr geschmackvolles Hotel in ruhiger Lage. Rückwärtig in einem schönen Garten gelegen. DZ mit Halbpension 184–224 €, EZ 161–196 €. Mitte März bis Mitte Okt. geöffnet. ✆ 0565-969915, ✆ 0565-969865,l www.hoteldanila.it.

*** Casa Rosa, hübsche Lage, das Hotel ist auf verschiedene Häuser am Hang ca. 300 m oberhalb des Biódola-Strandes ver-

Sehr einladend und oft überfüllt: die Scaglieri-Bucht

teilt. Geräumige Zimmer, die meisten mit eigenem Hauszugang. Pool, Tennisplatz, Restaurant. DZ inkl. Vollpension 182–214 €, EZ die Hälfte, bei Halbpension/Frühstück verringern sich die Preise nur minimal. Ende März bis Mitte Okt. geöffnet. ☎ 0565-969919, ✆ 0565-969857, www.elbasolare.it.

Camping Scaglieri, schattige, terrassenförmige Anlage, eine der schönsten der Insel, aber teuer. Auch Bungalows. Vom untersten Teil ein Katzensprung (über die Straße) ins Meer. Ein sauberer Pool ist auch vorhanden, außerdem Bar, Ristorante, Mini-Market und Animation. Mit über 40-jähriger Geschichte einer der ältesten Campingplätze Elbas. Geöffnet von Ostern bis Mitte Okt. ☎ 0565-969940, ✆ 0565-969834. www.campingscaglieri.it.

● *Essen* **Da Luciano**, Scaglieri-Bucht, Restaurant und Bar mit einer schattigen Terrasse direkt am Meer. Pizza aus dem Holzofen, mittags und abends geöffnet, Mi Ruhetag. ☎ 0565-969952.

L'Ostrica, in der Nachbarbucht Forno, unser Tipp! Kleine Trattoria mit Terrasse. Nur wenige, aber erlesene Gerichte, fast ausschließlich Fisch, auch wechselnde Tagesgerichte, mittags und abends geöffnet, gehobenes Preisniveau, für abends sollte man besser reservieren, ☎ 0565-969922. Von der Straße nach Bíodola rechts ab, beschildert.

Piccolo-Bar, Scaglieri-Bucht, schöne Strandbar. Badekabinen, Sonnenschirm-, Liegestuhl- und Tretbootverleih.

Insel Capraia

Der Schulatlas zeigt nur einen kleinen Fleck zwischen Italien, Korsika und Elba. Das ca. 19 qkm große Capraia diente bis 1986 als streng bewachte Gefängnisinsel.

Nach der Schließung des Gefängnisses wurden weite Teile Capraias 1996 zum Nationalpark erklärt, sodass die einmalige Landschaft mit ihren vielen endemischen Pflanzen- und Tierarten erhalten blieb. Der Besucher findet hier eine italienische Variante des sanften Tourismus vor: Größere bauliche Veränderungen dürfen nicht mehr durchgeführt werden, und so platzen im Sommer die wenigen

Hotels, Pensionen und Appartements aus allen Nähten. Der Fischerhafen ist dicht belegt mit Jachten aus Elba oder Korsika, und die einmal täglich eintreffende Fähre aus Livorno bringt zusätzlich noch Tagesbesucher auf die Insel. Trotzdem ist Capraia auf jeden Fall einen Besuch wert – mit Ausnahme der Hauptferienzeit.

Schroff ins Meer abfallende Steilküsten, kristallklares Wasser und die herbe Wildheit der mediterranen Landschaftsform zeichnen die Insel aus. Es gibt kaum Strände, sodass der Badewillige fast alpinistische Fähigkeiten beweisen muss, wenn er sicher das Meer erreichen will – immerhin befindet er sich auf einer ehemaligen Gefängnisinsel (der bekannte Roman „Papillon" lässt grüßen).

Heute hat die Insel noch nicht ganz 300 Einwohner, im Winter sind es nicht mal 100. Die Häuser stehen am Hafen und im etwa 2 km entfernten kleinen Dorf *Capraia Isola*, wohin auch die einzige Straße der Insel führt.

Für Naturliebhaber, Wanderer, Taucher und natürlich für Ruhe suchende Urlauber ist Capraia noch so etwas wie ein kleines Paradies – eben ein Naturpark mitten im Meer.

● *Diverses* Es gibt am Hafen die **Tauchschule Capraia Diving Club** in der Via Assunzione 72 (✆ 0586-905137, www.capraiadiving.it), außerdem ebenfalls am Hafen einen **Motorbootverleiher** (Via Assunzione 42, ✆ 0586-905071, ✆ 0586-905274, www.isoladicapraia.it), der auch Inselrundfahrten mit dem Boot organisiert. Die **Touristeninformation** (am Hafen, Via Assunzione 42) ist vom 1. April bis 30. Sept. tägl. 9–12.30 und 16.30–19 Uhr geöffnet, ✆ 0586-905071. Ein weiteres Info-Büro befindet sich im Dorf in der Via Carlo Alberto 42. Informationen auch im Internet unter www.isoladicapraia.it.

● *Geographie* 19 qkm groß, 8 km lang, 4 km breit, 27 km Küstenlinie, größtenteils aus schwer zugänglicher Steilküste. Die Berge sind 300 bis 400 m hoch. Die Quellen und der Gebirgssee sind ausgetrocknet.

● *Wandern* Ein dichtes Wegenetz (ca. 50 km) durchzieht die Insel, darunter Wanderrouten unterschiedlichster Schwierigkeitsgrade. Infos unter www.isoladicapraia.it oder www.toscanatrekking.it.

● *Anreise* Von Livorno aus **per Fähre** mit Toremar 1x täglich (samstags 2x), 2,5 Stunden, pro Pers. 10,50 €. In Livorno: Porto Mediceo, ✆ 0586-896113, ✆ 0586-887263; auf Capraia: Toremar-Agentur in der Via Assunzione 18 (am Hafen), ✆/✆ 0586/905069; www.toremar.it.
Alternative: Mit Ausflugsbooten einmal pro Woche ab Portoferraio oder Marciana Marina, pro Pers. 25 €, Kinder 15 € (hin und zurück).

● *Preise* Allgemein etwas höher als auf Elba und in der Toscana.

● *Übernachten* Während der italienischen Ferien von Mitte Juli bis Ende August, dem Ferragosto, ist Capraia hoffnungslos ausgebucht.

**** Hotel Il Saracino**, beim oberen Dorf (etwas außerhalb Richtung Steilküste). 35 Zimmer mit Bad, TV, Kühlschrank, DZ mit Frühstück 194–220 €, EZ um 120 €, es werden auch einige Appartements vermietet (800–900 €/Woche). ✆ 0586-905018, ✆ 0586-905062. Etwas günstiger die angeschlossene **Residence Milano**, hier kostet ein 4er-Appartement 680 € pro Woche. Via L. Cibo 40, ✆ 0586-905032, ✆ 0586-905062, www.ilsaracinohotel.it.

*** Da Beppone**, am Hafen, mit Restaurant, DZ mit Bad und Halbpension 112 €. Via Assunzione 78, ✆ 0586-905001, ✆ 0586-905842.

● *Camping* **Campeggio Le Sughere**, einziger Platz der Insel, in Hafennähe, ca. 200 m vom Meer. Mit Bar und Mini-Market, nur etwa 100 Stellplätze, für die Hochsaison sollte man reservieren! Anfang Juni (manchmal auch schon im Mai) bis Ende Sept. geöffnet. ✆/✆ 0586-905066.

● *Essen/Trinken* **Al Vecchio Scorfano**, von italienischen Gastroführern mehrfach ausgezeichnetes Feinschmeckerlokal am Hafen. 1953 eröffnet, viel frische Pasta, meist mit Meeresfrüchten in verschiedenen Varianten, sehr köstlich z. B. die Spaghetti mit Scampi in Zitronensauce. Gute Weinauswahl, gehobenes Preisniveau, mittags und abends geöffnet (Donnerstagmittag geschlossen), Via Assunzione 11, ✆ 0586-905132.

Capraiadoc, originelle Trattoria mit Fischdirektverkauf (der einzige auf der Insel), korsischem Kastanienbier und phantastischen Dolci. Am Ende der Via Porto.

Am Hafen weitere Restaurants (**Da Beppone**) und Bars, z. B. die **Bar Massimo**.

Karte S. 396/397

Elba

Typische Mugello-Landschaft

Mugello

Wer sich von Florenz aus auf der Via Bolognese oder der Via Faentina dem Mugello nähert, wird voller Staunen feststellen, dass man hier – kaum 30 km vom hektischen Getriebe der Großstadt entfernt – buchstäblich in die Vergangenheit eintaucht. Ein ums andere Mal überraschen alte, romantisch verfallene Gehöfte und kleine, verwinkelte Dörfer, in denen die Zeit stehen geblieben zu sein scheint.

Der Mugello, der Vorgarten von Florenz, die „unrasierte" Toscana, durch den sich unverkennbar und landschaftsbestimmend der Gebirgskamm des Apennin zieht, war seit jeher das Land der einfachen Leute, der Wald- und Bergarbeiter, der Handwerker und Bauern. Trotzdem hat der Landstrich auch eine Reihe von Berühmtheiten hervorgebracht: Bedeutende Künstler wie *Giotto*, *Fra Angelico* und *Andrea del Castagno* wurden hier geboren, und mit den Medici hat sogar ein ganzes Herrschergeschlecht seine Wurzeln im Mugello. *Giovanni di Bicci de' Medici* (1360–1429) kam in Cafaggiolo zur Welt, wandte sich später in Florenz dem Bankwesen zu, schuf durch Finanzgeschäfte mit dem Papst den Grundstock für das gewaltige Familienvermögen und wurde 1421 als erster Medici zum Florentiner Stadtoberhaupt gewählt. Ihn selbst und auch seine Nachfahren zog es immer wieder in den Mugello zurück, und so entstanden hier einige prachtvolle Familienresidenzen wie das imposante *Castello del Trebbio* oder die *Villa di Cafaggiolo*, wo sich die Medici während der heißen Sommermonate mit Jagdpartien und rauschenden Festen die Zeit vertrieben. Andere einflussreiche Familien aus der Arno-Metropole zogen nach und bauten sich im Mugello Landgüter, von denen einige immer noch bewirtschaftet werden.

Heute ist der Mugello ein vom Tourismus noch weitgehend unberührtes Gebiet, das sich am besten zu Fuß oder mit dem Fahrrad erkunden lässt. Gekennzeichnete

Wanderwege gibt es mehr als genug, und neuerdings hat die *Comunità Montana* von Borgo San Lorenzo, die sich um die spezifischen Belange der Berggemeinden kümmert, sogar einen ausführlichen Tourenplan für Radfreunde ausgetüftelt (siehe unten „Wander- und Radtouren").

Wer will, kann auch auf den Spuren der Medici wandeln und sich deren bauliche Hinterlassenschaften anschauen. Zu den bekanntesten zählen neben dem bereits erwähnten *Castello del Trebbio* und der *Villa di Cafaggiolo* die *Villa Demidoff* mit ihrem prächtigen Park kurz vor Pratolino, die Festung *San Martino* und der *Palazzo dei Vicari* in Scarperia.

• *Information* Die beste Anlaufstelle, um allgemeine Informationen über das Gebiet einzuholen, ist das **Ufficio Informazioni Turistiche Mugello** in der Villa Pecori Giraldi in **Borgo San Lorenzo**. Hier erhält man u. a. eine Hotelliste für den gesamten Mugello sowie Wander- und Straßenkarten, eine Broschüre mit sieben Radtouren (siehe unten „Wander- und Radtouren") oder auch Adressen von Pferdefarmen mit Reitschulen und geführten Ausflugsmöglichkeiten. Viel Info-Material bekommt man auch in der dem Informationsbüro angeschlossenen kleinen Buchhandlung. Speziellere Fragen können Sie Stefania Bucelli stellen, die im Gang um die Ecke arbeitet und gut Deutsch spricht. Geöffnet Mo–Mi und Fr 10–13 Uhr, Do 10–13 und 15.30–17.30 Uhr. Villa Pecori Giraldi, ✆/✉ 055-8456230, info@villapecori.it, www.mugellotoscana.it.

• *Anfahrt* Im Westen wird der Mugello von der A 1 begrenzt, die in diesem Streckenabschnitt (Bologna–Florenz) als unfallträchtige Tunnelautobahn bekannt ist. Von Norden her verlässt man sie eine Ausfahrt vor Florenz-Nord in Barberino di Mugello. Wer nach Firenzuola möchte, wählt eine Abfahrt früher (Roncobilaccio). Der Weg führt über den 900 m hohen Passo della Futa, die Straße ist zwar kurvenreich und stellenweise steil, aber in gutem Zustand. Firenzuola erreicht man nach einer knappen Stunde. Die Anbindung an Florenz und die Verbindungen unter den größeren Städtchen des Mugello gewährleisten im Wesentlichen vier Straßen: Die alte *Via Bolognese* (SS 65) führt über den Futa-Pass (903 m) nach Bologna, drei weitere Staatsstraßen verbinden Imola (über den Giogo-Pass, 882 m), Faenza (*Via Faentina*, SS 302, über Colla di Casaglia, 913 m) und Forlì bzw. Ravenna (SS 67, über Pontassieve) mit Florenz.

• *Bahnverbindung* Der Nahverkehrszug Florenz–Faenza hält an 22 Kleinbahnhöfen, darunter Vicchio (Sievetal-Linie) bzw. Vaglia, San Piero a Sieve (Faentina-Linie, bis

auf weiteres Abfahrt am Bahnhof Campo di Marte), Borgo San Lorenzo und Ronta. Von 6 Uhr früh bis etwa 18.30 Uhr verkehrt der Mugello-Bummelzug fast stündlich, aufpassen heißt es aber abends: Der letzte Zug nach Florenz fährt gegen 20 Uhr in Borgo San Lorenzo ab!

• *Busverbindung* Die Gesellschaften *Sita* und *CAP* bedienen die Region von Florenz aus (s. Florenz/Überlandbusse).

• *Wander- und Radtouren* Auf den Wanderwegen des florentinischen „Alpenvereins" **Sorgenti di Firenze Trekking (S.O.F.T.)** kann man den ganzen Mugello erlaufen oder erradeln. Der Haupthöhenweg führt über den Gebirgskamm des Apennin vom Passo della Futa (903 m) bis zum Monte Falterona (1654 m), an dem der Arno entspringt. Daneben gibt es 22 ringförmig angelegte Nebenwege, die man jeweils an einem Tag schafft. Sieben davon werden ausführlich in der Broschüre **Cycling among chestnut trees and vines** beschrieben (nur auf Englisch, aber inkl. Einsteckkärtchen mit exakten Entfernungsangaben), die wie weitere Informationen und Karten beim Informationsbüro in Borgo San Lorenzo erhältlich ist bzw. unter www.mugellotoscana.it als pdf-Datei heruntergeladen werden kann.

Besonderer Art sind die Exkursionen des Ökovereins **Ischetus**, auf denen man seltene Pflanzen entdecken und Tiere in freier Wildbahn (u. a. auch Wölfe) beobachten kann. Information bei Ischetus, Piccola Società Cooperativa, Viale IV Novembre 14, 50032 Borgo San Lorenzo, ✆/✉ 055-8457056 oder in Florenz, Via Ugo Bassi 6r, ✆/✉ 055-5535003 (www.ischetus.com, info@ischetus.com).

Führungen in den **Parco Nazionale delle Foreste Casentinesi** organisiert die Comune di San Godenzo. Südöstlich davon, in Castagno d'Andrea (Geburtsort des Renaissancemalers Andrea del Castagno) beginnt diese gebirgige Region (s. Kapitel „Durch das Casentino"), die bis in die Emilia Romagna hinüberreicht und die Grenze des

Mugello
Karte S. 443

Mugello bildet. Information unter ☎ 055-8374023, 🖷 055-8374118.

● *Fahrradverleih* **Mugello Bike**, Via Beato Angelico 5, Borgo San Lorenzo. Auch Reparaturen. ☎ 055-8458713.
Pro-Bike, Via Divisione Partigiana Garibaldi, Borgo San Lorenzo. Auch Reparatu-

ren. ☎ 055-8458584.

● *Auf der Spuren der Medici* Informationen bei **Associazione Turismo e Ambiente**, Via Bandini 6, Borgo San Lorenzo, ☎/🖷 055-8458793 oder ☎/🖷 055-8456230. tea@terraditoscana.com.

Von Pratolino nach Barberino

Villa Demidoff in Pratolino

Die alte Via Bolognese, vor dem Bau der Autobahn die einzige Verbindungsstraße zwischen Florenz und Bologna, führt über viele Kurven und 15 km nach Pratolino mit der Villa Demidoff und ihrem berühmten Park. Trotz des russischen Namens hatten auch bei der Entstehung dieses Anwesens die Medici ihre Hand im Spiel. Der wenig gesellige, mehr an alchimistischen Studien als an Regierungsgeschäften interessierte Francesco I de' Medici trotzte diesen riesigen Park im wahrsten Sinne des Wortes der Natur ab, verwandelte das unwirtliche Gelände, das den Bauern nicht mehr als die gerade zum Überleben notwendigen Früchte gab, in einen Lustgarten mit Teichen und Wasserspielen, künstlichen Grotten und Nischen, in denen aus Stein gehauene Nymphen und Faune ihre lasziven Spielchen trieben. Und das alles, um sich hier, abgeschieden von der wirklichen Welt, den sinnlichen Reizen seiner schönen Geliebten Bianca Cappello hinzugeben. Das Unternehmen nahm zwölf Jahre in Anspruch – von 1569 bis 1581, dem Jahr der Fertigstellung der prachtvollen Villa – und war eines der großartigsten, langwierigsten und kostspieligsten Projekte, die sich ein Medici-Fürst jemals erlaubt hatte. Auch Francescos Nachfahren verschmähten diesen Wundergarten nicht, taten aber nicht viel, um ihn zu erhalten. Villa und Park verfielen, bis sich der lothringische Großherzog Ferdinand III. 1820 dazu entschloss, die Villa sprengen zu lassen. Später kaufte der russische Prinz Demidoff das Anwesen auf und errichtete an derselben Stelle einen neuen Landsitz. Seit 1981 kann das jetzt staatliche Anwesen besucht werden. Zum Teil sind die zu Francescos Zeiten angelegten Grotten, Brunnen und Statuen noch erhalten. Überwältigend ist die aus einem riesigen Steinblock gehauene Figur des Apennin, der sich nachdenklich über den Rand eines Teiches lehnt – ein Werk des großen flämisch-italienischen Bildhauers *Giambologna*.

⊕ 2007 wegen Instandsetzungsarbeiten geschlossen. Früher galt: April–Sept. Do–So 10–20 Uhr, im März und Okt. nur an Sonn- u. Feiertagen von 10–19 Uhr. Eintritt 2,60 €. ☎ 055-409427, 🖷 055-409225.

Vaglia: Das eher unscheinbare Straßendorf liegt etwa 5 km hinter Pratolino. Sehenswert sind das stattliche Rathaus und die romanische Pfarrkirche *San Pietro* (8. Jh.), in deren Innerem ein hölzernes Kruzifix von *Giambologna* aufbewahrt wird.

● *Übernachten/Essen* **** Hotel Paterno**, kurz vor Vaglia geht es links in die Ortschaft Paterno mit einem netten, kleinen Landgasthof mit Pizzeria. Im Sommer sitzt man im lauschigen Garten am Ufer eines Bergbachs. In der Pizzeria trifft sich am Wochenende die ganze Dorfbevölkerung. Großfamilien vom Kleinkind bis zum Uropa versammeln sich um die Tische und sorgen

dafür, dass der Wirt die Schweißperlen auf die Stirn treten. Natürlich mit dem entsprechenden Geräuschpegel, ein billiges Vergnügen, wenn man die Nähe zu Florenz bedenkt (allerdings lärmen nebenan die Maschinen eines Steinbruchs). Restaurant Mo/Di geschlossen. Das DZ kostet 80 €. Via di Paterno 2483, Vaglia, ☎ 055-407930, 🖷 055-407594.

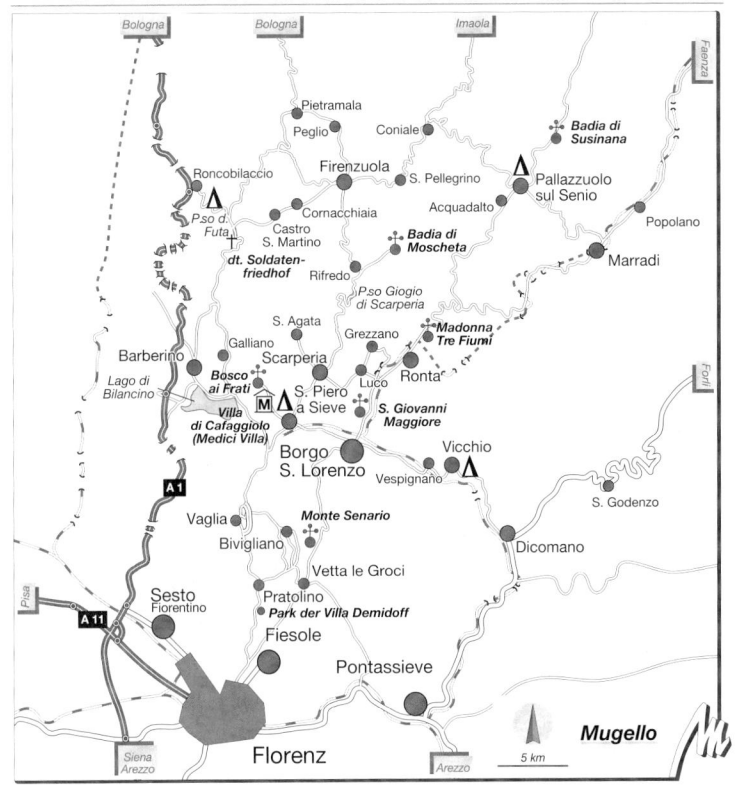

Bivigliano/Monte Senario: Der 585 m hoch gelegene Luftkurort wird im Sommer von Frische suchenden Florentinern überschwemmt. In der etwas außerhalb gelegenen *Villa di Bivigliano* (16. Jh.) finden das ganze Jahr über kulturelle Veranstaltungen und Kongresse statt.

Von Bivigliano gelangt man durch einen traumhaften Nadelwald hinauf zum Servitenkloster *Monte Senario*, das von seinem über 800 m hohen Hügel aus den ganzen Mugello beherrscht – ein großartiges Panorama!

Das Kloster wurde 1234 von sieben frommen Florentiner Adligen gegründet, die 1888 allesamt heilig gesprochen wurden. Die heutige Ausstattung der Kirche ist weitgehend ein Werk des 18. Jh. und bietet wenig Aufregendes. Noch täglich wird die Messe abgehalten, und im durch ein Holzgatter abgetrennten Chor gehen die Mönche der spirituellen Tätigkeit nach. Neben dem Spirituellen spielen im Kloster aber auch die Spirituosen eine Rolle: Hier wird ein schmackhafter Kiefernlikör, die *Gemma d'Abete*, gebraut.

● *Übernachten/Camping* **Kloster**, nur Pilger dürfen dort übernachten! ℡ 055-406441 oder -406442, ✆ 055-406554.

** **Camping Poggio degli Uccellini**, knapp vor Bivigliano. Terrassiertes Kastanienwald-gelände, wo man zwischen den wochenweise vermieteten Wohnwagen auch sein Iglu aufstellen darf. Via di Campagna 38, Bivilignano, Vaglia, ℡/✆ 055-406725, www.ccft.it.

Barberino di Mugello *(ca. 10.000 Einw.)*

Kurz vor San Piero a Sieve macht die Via Bolognese einen Knick nach links und führt – vorbei an der *Villa di Cafaggiolo* (s. San Piero a Sieve) und dem Stausee Bilancino (auch als Lago di Toscana beschildert)– zur Abzweigung nach Barberino, bevor sie sich über den Futa-Pass weiter nach Bologna schlängelt.

Barberino di Mugello (nicht zu verwechseln mit Barberino Val d'Elsa) entwickelte sich um eine im 11. Jh. entstandene Burg der Cattani (heute in Privatbesitz), wurde aber schon bald von den Florentinern einverleibt, die den Ort zu einem blühenden Marktflecken machten. Am Hauptplatz, der vor allem als Parkplatz genutzt wird, ist der kleine **Palazzo Pretorio** aus dem 15. Jh. mit seinem pittoresken Uhrturm der einzig bemerkenswerte Bau. Die Bogengänge von *Michelozzo* (14. Jh.) gegenüber, unter denen man in vergangenen Jahrhunderten seine Waren feilbot, sind dagegen in einem bedauernswerten Zustand, die einfache Gastronomie, die sich hier angesiedelt hat, wird der kunstvollen Architektur in keinster Weise gerecht. Barberino scheint wenig Wert auf seine Vergangenheit zu legen und konzentriert sich lieber auf den Ausbau seiner Kleinindustrie, die von der Nähe zur Autobahn A 1 profitiert.

• *Markt* Samstagvormittags auf dem Hauptplatz.

• *Veranstaltung* **Canta Maggio**, ein Begrüßungsfest des Wonnemonats Mai mit folkloristischen Darbietungen und Volksliedwettbewerben. Information unter ☎ 055-84771.

Von Borgo San Lorenzo nach Marradi
(Rundreise durch den Apennin)

Borgo San Lorenzo

Die Kleinstadt, mit über 15.000 Einwohnern der größte Ort der ganzen Region, liegt im Herzen des Mugello und ist heute dessen Verwaltungszentrum.

Das Schicksal des einstigen Bischofssitzes (seit dem 10. Jh. dokumentiert) und kurzzeitig freien Städtchens war es, die bedrohliche Nähe des übermächtigen Florenz ertragen zu müssen, das es 1290 in seinen Herrschaftsbereich einverleibte. Mitte des 14. Jh. wurde ein Festungswall um die Stadt gezogen, von dem nur noch die Porta Fiorentina und die Porta dell'Orologio sowie einige Mauerreste übrig geblieben sind. Große Sehenswürdigkeiten bietet Borgo San Lorenzo nicht. Zu den schönsten Bauten zählt der 1935 wieder aufgebaute, wappengeschmückte **Palazzo del Podestà** (das ehemalige Rathaus) an der Piazza Garibaldi, heute Sitz der Stadtbibliothek. Die dem Stadtheiligen geweihte Kirche **San Lorenzo** geht auf das 12. Jh. zurück und bewahrt in ihrem Inneren ein mysteriöses Madonnenbildnis, das keinem Geringeren als *Giotto* zugeschrieben wird. Besonders auffallend ist der sechseckige romanisch-gotische Glockenturm aus rotem Backstein, der 1263 erbaut wurde. 1919 fügte ein Erdbeben der Kirche, dem angrenzenden Oratorium und dem Rathaus erhebliche Schäden zu, die natürlich längst behoben sind.

Im Osten des Orts steht die **Villa Pecori Giraldi** mit ihrer weitläufigen Parkanlage, heute der kulturelle Mittelpunkt von Borgo. In dieser altehrwürdigen, aber oftmals umgebauten Patrizier-Villa wurde das **Museo della Manifattura Chini** eingerichtet, dessen Exponate Einblick in die vielseitigen Aktivitäten der zur vorletzten Jahrhundertwende europaweit bekannten Künstlerfamilie Chini gibt.

Im Hochsommer wird im angrenzenden Park der Villa Giraldi ein Freilichtkino aufgebaut. Einmal wöchentlich, im Wechsel mit den anderen Mugello-Städtchen, wird kostenlos ein Film gezeigt – ein folkloristisches Ereignis mit lärmenden Kindern, schnarchenden Großvätern und vielen Zwischenrufern.

Fido – ein Hundeleben

Generäle bekommen ihr Denkmal und Kriegsgefallene ebenso. An der Piazza Dante in Borgo San Lorenzo hingegen gedenkt man eines Hundes; allerdings spielt auch hier der Krieg die entscheidende Rolle. Eine kleine Bronzeskulptur mit der Inschrift „Fido, esempio di fedeltà" erinnert an das Tier. Vierzehn Jahre lang soll dieses Beispiel hündischer Treue Tag für Tag an die Bushaltestelle gelaufen sein, um seinen Besitzer, einen Arbeiter namens Carlo Soriani, abzuholen. Vierzehn Jahre lang vergebens – das Herrchen war nämlich beim Luftangriff von 1943 auf Borgo San Lorenzo ums Leben gekommen. Am 9. Juni 1959 wurde Fido im Greisenalter von 18 Jahren tot im Straßengraben gefunden.

Auf dem Hauptplatz des Städtchens, unter der **Torre dell'Orologio** (Uhrturm), trifft sich an lauen Sommerabenden alles, was Beine hat. Die Bar stellt Tische, Stühle und Sonnenschirme raus, sodass man seinen Aperitif im Freien einnehmen kann. Samstags und sonntags ist auf der Piazza einiges los: Es treten lokale Musikgruppen auf, und so mancher angehende Dichter liest aus seinen Werken vor. Im angrenzenden **Corso Matteotti**, der Haupteinkaufsstraße von Borgo, liegt links die Konditorei und Bar Vallecchi, ein richtiges Café alten Stils mit gemütlichen Innenräumen. Man sollte es kaum glauben, aber auch hier kann man bis spät in die Nacht bei leiser Musik und einem Gläschen Wein seinen Tagträumen nachhängen.

• *Postleitzahl* 50032

• *Information* **Ufficio Informazioni Turistiche Mugello** in der Villa Pecori Giraldi. Hier erhält man u. a. eine Hotelliste für den gesamten Mugello sowie Wander- und Straßenkarten. Geöffnet Mo–Mi und Fr 10–13 Uhr, Do 10–13 und 15.30–17.30 Uhr. Villa Pecori Giraldi, ✆/✉ 055-8456230, info@villa pecori.it, www.mugellotoscana.it.
Associazione Turismo e Ambiente, Via Bandini 6. Mo, Mi und Fr 9.30–12.30 Uhr. ✆/✉ 055-8458793 oder 055-8456230. tea@ terraditoscana.com.

• *Internet* Die Moderne hat im historischen Gemäuer Platz genommen: öffentlicher Internet-Anschluss im Erdgeschoss des Palazzo della Podestà.

• *Fahrradverleih* **Mugello Bike**, Via Beato Angelico 5, Borgo San Lorenzo. Auch Reparaturen. ✆ 055-8458713.
Pro-Bike, Via Divisione Partigiana Garibaldi, Borgo San Lorenzo. Auch Reparaturen. ✆ 055-8458584.

• *Museen und Führungen* **Museo della Manifattura Chini**, Villa Pecori Giraldi. Mo und Mi 10–13 Uhr, Di, Do/Fr und So 10–13 und 15–18 Uhr, Sa 15–18 Uhr. Das Interieur des Museums ist zu großen Teilen selbst ein Werk von Galileo Chini, ausgestellt sind zudem Keramiken im Liberty-Stil (Art déco) und Gemälde von Pietro Annigoni (1910–1900). Eintritt 3 €.
Die Führung **Itinerario Liberty** zeigt an 27 ausgewählten Orten in der Stadt und der Umgebung Arbeiten aus der Chini-Manufaktur (1906–1944). Zu sehen sind u. a. das Chini-Haus, das sich bis heute im Besitz der Familie befindet und deshalb nicht betreten werden kann, das Büro des Bürgermeisters, ein einzigartiges Schmuckstück des italienischen Jugendstils und verschiedene Ornamente an Kirchen. Mai–Sept., Auskünfte unter ✆ 055-8457197.

• *Märkte* **Fiera agricola mugellana**, zweites Wochenende im Juni. Agrar- und Viehmarkt.
Wochenmarkt jeden Dienstagmorgen.

• *Schwimmbad* Am Ortsausgang (an der Straße nach Vicchio) liegt das Hallen- und Freibad von Borgo, man erkennt es schon von weitem an seinem runden Kuppeldach.

Riesige Liegewiesen mit tollem Blick in die Landschaft.

• *Übernachten* **** **Park Hotel Ripa Verde**, seinem romantischen Namen zum Trotz („Grünes Ufer") liegt das Business-Hotel mitten im Industrieviertel von Borgo San Lorenzo. Das DZ in diesem hochmodernen, von Spesenrittern frequentierten Glasbau kostet 206 €, in der Nebensaison 140 €. Viale Giovanni XXIII 36, ℘ 055-8496003, ℗ 055-8459379, www.ripaverde.it.

*** **Locanda degli Artisti**, das einzige Hotel in der Altstadt von Borgo zeigt sich seit seiner Renovierung vor einigen Jahren als moderne Interpretation des bekannten Liberty-Stils. Ein solches Remake ist vielleicht nicht jedermanns Sache, doch das 150 Jahre alte Haus wurde mit viel Liebe zum Detail ausgestattet, Kitsch hat man dabei weitgehend vermieden. Die 8 Zimmer haben alle Bad, Klimaanlage, Satelliten-TV, Telefon und eine Internetverbindung. DZ 100–140 €. Piazza Romagnoli 2 (leicht zu finden, zu Beginn der Altstadt), ℘ 055-8455359, ℗ 055-8450116, www.locandaartisti.it.

B&B Vittoria, fünf Gehminuten von der Altstadt entfernt. Die einfachen Zimmer sind sehr geräumig und hell, Abstriche muss man beim etwas schmuddeligen Bad machen. Warmes Wasser fließt nicht zuverlässig. DZ mit Frühstück ca. 60 €. Via Vittorio 16, ℘ 055-8495024 oder 338-4299122.

Wenn man etwas anderes sucht, fährt man entweder knapp 10 km bis zum Kurort **Ronta** (s. dort) oder zum Weiler **Ferracciano** (ca. 3 km entfernt, erst Richtung San Piero a Sieve, dann rechts nach **Luco di Mugello** abzweigen). Dort findet man das *** **Hotel Villa Ebe**, eine stattliche Villa mit Park und Restaurant. DZ ca. 90 €. Via Ferracciana 11, Luco di Mugello, Borgo San Lorenzo, ℘ 055-8457507, ℗ 055-848567, www.ebeweb.it.

• *Essen* **Ristorante degli Artisti**, unter den Restaurants in Borgo schießt dieses an der Piazza Romagnoli gelegene (im Stadtzentrum) zweifellos den Vogel ab. Die Preise sind zwar nicht ganz billig (zwischen 40–45 €), dafür sitzt man aber in einem gepflegten Wohnzimmer-Ambiente mit leiser Hintergrundmusik und lässt sich die erlesenen Speisen munden. Im Sommer findet das Ganze im grün überwölbten Innenhof statt. Die Adresse für den Gourmet! Mi geschlossen. Darüber befindet sich das gleichnamige Hotel (s. oben). ℘ 055-8457707.

La Taverna dell'Ozio, an der Piazza Cavour 15 (beim Uhrenturm über dem Corso Matteotti). Klassisch toscanische Küche (bistecca fiorentina) zu durchschnittlichen Preisen, aber auch Pizzen. Kleine Betischung auf dem Platz. Mo geschlossen. ℘ 055-8495130.

Bar Piazzetta, beliebte Eisdiele an der kleinen Piazza Garibaldi (Corso Matteotti). Man sitzt mit Blick auf das alte Rathaus mit den Familienwappen an der Außenwand (heute Sitz der Stadtbibliothek) und unmittelbar neben der originellen Kirche San Lorenzo mit dem asymmetrischen Turm.

Pasticceria/Bar Bencini, hervorragende Brioches und Süßes aller Art serviert diese nur ein paar Minuten vom Informationszentrum entfernte Pasticceria. Via Leonardo da Vinci/Ecke Viale Pecori Giraldi.

Zum Verwaltungsbezirk von Borgo gehört **Il Feriolo** (etwa 15 km von der Stadt entfernt: an der Via Faentina in Richtung Fiesole kurz nach dem Örtchen Mulinaccio links den Berg hochfahren). Ehemaliges Kloster, in dessen Gemäuern man vorzüglich speist. Wunderbarer Ausblick über die Berg- und Hügelketten des Mugello! Di geschlossen. ℘ 055-8409928.

San Giovanni Maggiore: Die Kirche mit dem oktogonalen Campanile (11. Jh.) lohnt einen Abstecher. Man findet sie auf halbem Weg nach Ronta, noch vor dem Weiler Panicaglia. Die Kirchenfenster stammen aus der Keramik- und Buntglasmanufaktur Chini.

Ronta: Das etwa 410 m. ü. M. gelegene Städtchen hatte sich in den 1970er und 80er Jahren einen Namen als Luftkurort gemacht. Heute ist es wieder in seinen Dornröschenschlaf verfallen, nur die Palazzi und Drei-Sterne-Hotels entlang der Hauptstraße lassen noch auf den Wohlstand seiner Bürger schließen. Am Ortsausgang befindet sich ein öffentliches Schwimmbad. Der winzige Bahnhof an der Strecke Florenz–Faenza liegt oberhalb des Ortes.

• *Übernachten* Vier Hotels mit je drei Sternen zeugen von der einstigen Prosperität Rontas. Das preiswerteste unter ihnen: *** **La Rosa**, kein unnötiger 3-Sterne-Schnickschnack, dafür geräumige, gepflegte Zimmer mit großem Bad. Mit Restaurant. DZ 60–83 €. Via Faentina 105a, ℘ 055-8403010, ℗ 055-8403385, www.hotellarosamugello.it.

Madonna dei Tre Fiumi: Der Ort, knapp oberhalb von Ronta an der Via Faentina gelegen, besteht nur aus ein paar Häusern und der gleichnamigen Wallfahrtskirche (16. Jh.). Im angrenzenden ehemaligen Armenhaus des Dorfes befindet sich heute ein Drei-Sterne-Hotel mit Restaurant, Bar und Lebensmittelladen. Lassen Sie sich hier belegte Panini einpacken, wenn Sie den Wanderweg zum *Monte Giuvignana* (972 m) bewältigen wollen. Hinter der Brücke links ist eine Quelle (Trinkwasser für unterwegs abfüllen!), dann immer die Schotterstraße weiter, bis der Pfad Nr. 34 links im Kastanienwald verschwindet. Hin- und zurück ca. 4 Stunden, es lohnt sich wegen der einzigartigen Aussicht! Unten am Fluss kann man sich in der täglich für Besichtigungen geöffneten alten Dorfmühle (Antico Mulino Margheri) vor Augen führen, wie in Zeiten ohne Elektrizität das Korn gemahlen wurde. Seit damals hat sich hier fast nichts verändert! Wenn Sie mögen, können Sie hier auch frisch gemahlenes Weizen-, Mais- und Kastanienmehl kaufen (Information unter ✆ 055-8403051).

● *Übernachten/Essen* ***** Tre Fiumi**, Frühstück inklusive. Nach hinten traumhaft schöner Garten. Restaurant Di geschlossen. DZ 80 €. Madonna dei Tre Fiumi 16, Ronta, ✆ 055-8403015, 📠 055-8403197, www.albergotrefiumi.com.
Die Via Faentina führt weiter über den höchsten befahrbaren Pass des Mugello, den *Passo Sambuca* (1061 m), nach Palazzuolo sul Senio. Auf halber Strecke, an der Abzweigung nach *Marradi*, liegt links die

*   Locanda della Colla, eine ehemalige Poststation mit gemütlichen Zimmern und anheimelndem Speisesaal. Im Sommer wegen der annehmbaren Preise gern von Florentinern und Bolognesern besucht, die hier ihren Urlaub verbringen. DZ mit Bad 32 €, mit Du/WC auf der Etage 30 €. Passo della Colla di Casaglia, Borgo San Lorenzo, ✆/📠 055-8405013, www.locandadellacolla.com.

Luco: Selbst dieser unscheinbare, von Neubauten verunstaltete Ort hat eine Sehenswürdigkeit aufzuweisen: das ehemalige Nonnenkloster aus dem 11. Jh. mit der angrenzenden *Kirche San Pietro* (12. Jh.) und einem wunderschönen Kreuzgang. Bis 1989 war hier das Krankenhaus des Mugello untergebracht; dann wurde es nach Borgo verlegt. Seither ist das Kloster geschlossen und mangels Einigung über seine weitere Bestimmung im Begriff zu verfallen.

Grezzano: An der öden Piazza weist ein Schild auf die *Casa d'Erci* hin, ein **Heimatmuseum** etwas außerhalb des Dorfes. Draußen und drinnen sind zahlreiche Gerätschaften ausgestellt, die das Leben der Bauern und die örtlichen Handwerkstraditionen dokumentieren. Besonderen Wert hat man auf die Rekonstruktion der bäuerlichen Wohnräume gelegt. An der Casa d'Erci beginnt auch ein einstündiger Rundgang durch eine von Naturfreunden angelegte Mugello-Flora (etwa 120 gekennzeichnete Pflanzen). Die 1963 restaurierte *Kirche Santo Stefano* (11. Jh.) birgt u. a. einen Terrakotta-Tabernakel aus der Della-Robbia-Schule.

● *Anfahrt* Am südlichen Ortsausgang von Ronta in Richtung Luco abzweigen, das man nach etwa 2 km über ein äußerst enges Sträßchen erreicht. In Luco rechts hoch nach Grezzano. Wenn man von Borgo kommt, steht am Viale della Repubblica ein Hinweisschild nach Luco/Grezzano.
● *Heimatmuseum* Öffnungszeiten der **Casa d'Erci** Mitte Juni bis Mitte Sept. Sa 15.30–19.30, So 14.30–19.30 Uhr; Mitte Sept. bis Mitte Juni So 14–19 Uhr.
● *Übernachten* **Azienda Agricola San Vitale**, die tatkräftige „Jungbäuerin" Anna

kocht abends für die Gäste und ihre Freunde selbst. Hervorragende Küche, nette Leute und viel Ruhe. DZ mit Bad im restaurierten Nebengebäude zwischen 60 und 90 € pro Tag, Frühstück inbegriffen (die Preise variieren je nach Zimmer, Saison und Aufenthaltsdauer). Via Campagna 20, Loc. San Giorgio, 50030 Luco di Mugello, ✆/📠 055-8401158, www.agriturismosanvitale.it.
● *Essen* **Ristorante/Pizzeria La Bottega**, Grezzano, deftige Küche, dazu Mugello-Wein. Montagabend geschlossen. ✆ 055-8492526.

Mugello
Karte S. 443

- *Wandertipp* An der Kirche von Grezzano vorbei die Straße ca. 2 km weiter bis ans Ende (Weiler Marzano) fahren. Knapp davor beginnt der Pfad Nr. 40 zum Giogo-Pass (882 m) durch Laubwälder und über Steinklippen. Hin und zurück ca. 4 Stunden. Wem das nicht reicht: Ein gekennzeichneter Höhenwanderweg, der die Apennin-Pässe miteinander verbindet, führt am Giogo-Pass vorbei. In Richtung Futa-Pass geht es über Stock und Stein (6 Stunden vom Giogo-Pass), in Richtung Colla di Casaglia wandert man auf einer Forststraße. Einkehren kann man im

* **Albergo Il Giogo**, (auf der Passhöhe). Das Restaurant serviert zu moderaten Preisen authentische Mugello-Küche (z. B. tortelli di patate mit Ragout oder frisch geriebenem Trüffel und danach Wildspezialitäten). Restaurant Di geschlossen. DZ 60–70 €. Via del Giogo 19, Scarperia, ✆/📠 055-846051, www.passodelgiogo.it.

San Piero a Sieve   *(ca. 4000 Einw.)*

Keine andere Provinzstadt war dem Hause Medici so treu wie San Piero a Sieve. Bereits im 14. Jh. vertrieben die Medici ihre Rivalen, die Ubaldini, aus dem Ort. Auf den stadtnahen Ruinen der zerstörten Ubaldini-Festungen ließen sie ihre Sommerresidenzen *Trebbio* und *Cafaggiolo* errichten. Das Schicksal wollte es, dass der Meuchelmörder von Lorenzino dei Medici in San Piero a Sieve zur Welt kam.

Die letzte architektonische Heldentat der Medici war der Bau der gewaltigen **Zitadelle San Martino** oberhalb der Stadt. Ein schöner Spazierweg führt von der Hauptstraße im Tal durch die Altstadt hinauf zu der labyrinthartigen Anlage, die über einen Kilometer lang ist und um das Jahr 1600 fertig gestellt wurde. Die Bevölkerung wurde aufgerufen, im Innern Häuser zu errichten. Zahlreiche Waffen- und Munitionskammern wurden angelegt, aber das trutzige Fort kam niemals zum Einsatz. Die Lothringer hielten diesen Militärkomplex aus der Renaissance für unnütz und begannen mit seiner Abrüstung. Heute ist die Festung in Privatbesitz, auf den Mauerresten trotzen Zypressenreihen dem Feind.

Ein weiteres Relikt aus der Medici-Zeit sind die **Villen Schifanioa** und **Adami**, die im obersten Teil des Ortes auf dem Weg zur Festungsanlage liegen. Leider kann man sie nicht besichtigen, die heutigen Besitzer weigern sich, Fremde in ihre heiligen Hallen einzulassen. Im Erdgeschoss der Villa Adami befindet sich die Stadtbibliothek, sodass man immerhin den Innenhof betreten kann. Die **Villa Le Mozzete** auf der Straße nach Scarperia – ebenfalls ein ehemaliger Sommersitz der Medici – macht da eine rühmliche Ausnahme. Die Tore zu ihrem weitläufigen Park öffnen sich wenigstens ein paar Mal im Jahr.

An der Straße nach Florenz liegt auf der linken Seite die Kirche **San Pietro** (11. Jh.). Ihr Schmuckstück ist ein sechseckiges marmornes Taufbecken von *Luca della Robbia*.

- *PLZ* 50037
- *Einkaufen* **Wochenmarkt** am Samstagnachmittag.

Cestenoli Terracotte, Via Casenuove Taiuti 45 (von Florenz auf der Via Bolognese kommend etwa 2 km vor San Piero). Eine ungeheure Auswahl an Terrakotta-Erzeugnissen: große Blumentöpfe, Amphoren und Figuren für den Garten.

- *Veranstaltungen* **Palio della Fortezza** (Festa del Regolo) findet am letzten Maiwochenende unterhalb der Festung statt. Traditionelles Volksfest, bei dem es darum geht, wer als Erster seine Schubkarre voller Backsteine ins Ziel bringt. Information unter ✆ 055-848751.

- *Übernachten/Camping* ** **La Felicina**, im Ortszentrum. Etwas älteres Haus mit Familienbetrieb. DZ 70 €. Piazza Colonna 14, ✆ 055-8498181, 📠 055-8498157, hotellafelicina@interfree.it.

- *Camping* **** **Mugello Verde**, nicht zu verfehlen, im ganzen Mugello großformatige Hinweisschilder. Eine moderne Camping-Maschine mit Bungalows, Restaurant, Supermarkt, Schwimmbad, Tennisplatz, Spielplatz etc. Ganzjährig geöffnet. 4 Pers. im Zelt ca. 40–50 €, im Bungalow ca. 65–75 € pro Tag. Via Massorondinaio 39, ✆ 055-848511, 📠 055-8486910, www.florencecamping.com.

Villa di Cafaggiolo – Schauplatz eines Mordes aus Eifersucht

Castello del Trebbio: Nicht weit von San Piero a Sieve liegt auf einer Hügelkuppe das Medici-Schloss Castello del Trebbio, das *Michelozzo* um 1430 auf den Ruinen einer Festung der Ubaldini errichtete. Zum Schloss, heute in Privatbesitz, gehört ein italienischer Garten mit gepflastertem Säulengang. Die Schlossgeschichte erzählt, dass der Seefahrer *Amerigo Vespucci* hier kurz als Medici-Gast weilte. Auch wenn man von den heutigen Besitzern nicht behandelt wird wie einst Amerigo Vespucci, der sicherlich den schönen Panoramablick vom Turm aus genießen durfte, ist das Castello ein hübsches Ausflugsziel.

• *Anfahrt* Von San Piero aus fährt man erst Richtung Florenz und zweigt dann rechts Richtung Bologna ab; nach 1 km führt links eine Schotterstraße hoch zum Schloss.

• *Besichtigung* Nur für Gruppen nach Anmeldung unter ☎ 055-8458793 oder 055-8456230.

Villa di Cafaggiolo: Direkt an der Hauptstraße zwischen San Piero a Sieve und Barberino liegt die Villa di Cafaggiolo. Wie das Trebbio-Schloss ist auch diese Renaissance-Villa aus dem Jahr 1450 ein Werk des Medici-Architekten *Michelozzo*. Hier hielt sich mit Vorliebe Lorenzo der Prächtige auf, wenn er sich von seinen Regierungsgeschäften erholen wollte. Einer der weniger ruhmreichen Sprösslinge der Medici, Don Pietro, erwürgte in Cafaggiolo im Juli 1576 eigenhändig seine blutjunge und bildschöne Gattin Eleonora, weil sie ihren grobklotzigen, ungebildeten Gemahl mit einem jungen Ritter namens Bernardo Antinori, einem Vorfahren der berühmten Winzerfamilie, hintergangen hatte. Früher hatte die Villa einen zweiten massiven Turm, der den Festungscharakter noch deutlicher zum Ausdruck brachte. Um 1900 ließen die damaligen Besitzer die Innendekoration auswechseln, woran sich die Keramikmanufaktur Chini aus Borgo San Lorenzo beteiligte. Heute gehört die Villa einer römischen Cateringfirma, die hier Modenschauen, Hochzeiten und Firmenevents organisiert.

Für die Öffentlichkeit werden die Zugangsmöglichkeiten zwar sehr restriktiv gehandhabt, aber immerhin – es gibt sie (s. unten). Beeindruckend ist der Speisesaal mit dem Medici-Wappen, Kostümen und Medici-Porträts. Zu den Medici di Cafaggiolo zählt auch Katharina, die sich Parfüms und Speisen aus Paris bringen ließ, bis sie selbst in die französische Hauptstadt zog, um den dortigen König zu ehelichen. Der riesige Baum im Zentrum des Vorgartens ist eine Libanonzeder, die der florentinische Entdecker *Giovanni da Verrazzano* angeblich vor einem halben Jahrtausend aus Nordamerika mitgebracht hat.

In den Stallungen und Wirtschaftsgebäuden hinter der riesigen Villa war im 16. Jh. eine bedeutende Keramikmanufaktur eingerichtet, bekannt als *Fattorini-Werkstätten*.

Besichtigung Mitte April bis Mitte Okt. Mi und Fr 14.30–18.30 Uhr, Sa/So 10–12.30 und 14.30–18.30 Uhr; Mitte Okt. bis Mitte April Sa/So 10–12.30 Uhr. Die Führung (Italienisch, Französisch oder Englisch) kostet 5 €.

Bosco ai Frati: Über 1000 Jahre alt, gehört Bosco ai Frati zu den ältesten Klöstern der Toscana. Im 13. Jh. übernahmen es die Franziskaner, die es wohl wegen der großen Pestwelle im 14. Jh. bereits wieder verließen. Darauf erwarben es die Medici, *Michelozzo* war auch hier in ihrem Auftrag aktiv. Er vergrößerte die Kirche erheblich und baute den Wohnzellenbereich aus. Der gewaltige vergoldete Hauptaltar aus Holz von 1626 birgt das Medici-Wappen mit den sechs Kugeln. Das hölzerne Kruzifix von *Donatello* ist das kostbarste Stück im Kloster. Seit Anfang dieses Jahrhunderts wird Bosco ai Frati wieder von Franziskanern, von blau gewandeten Frati della Immacolata, bewohnt.

● *Anfahrt* Das Kloster ist von verschiedenen Seiten aus erreichbar. Am einfachsten findet man es, wenn man der Beschilderung am Camping Mugello Verde vorbei folgt.

☼ Das Kloster ist im Prinzip täglich zugänglich. Besser erkundigt man sich aber vorher unter ✆ 055-848111.

Scarperia   *(7000 Einw.)*

Wer schon in Florenz war und den Palazzo Vecchio ohne Baugerüste bewundern durfte, dem kommt der **Palazzo dei Vicari** in Scarperia bekannt vor. Tatsächlich wirkt der wappenverzierte Bau aus dem Jahr 1306 wie eine etwas bescheidenere Ausgabe des gleichaltrigen, aber ungleich berühmteren Florentiner Rathauses. Gegenüber dem Palazzo sieht man das **Oratorio della Madonna di Piazza**, in dem einst die Staatskommissare vereidigt wurden.

Im 14. Jh., als die neue Handelsstraße über den Giogo-Pass nach Norditalien entstand, gewann die Stadt an wirtschaftlicher und politischer Bedeutung. 1542 wurde sie dann durch ein fürchterliches Erdbeben, bei dem 150 Menschen den Tod fanden, zerstört. An das Ereignis erinnert heute das unscheinbare **Oratorio della Madonna dei Terremoti**, dessen Altarbild Filippo Lippi (15. Jh.) zugeschrieben wird: Das Kind liegt gut eingewickelt auf den Oberschenkeln der „Erdbeben-Madonna“, die so beide Hände frei hat, um zu beten. Maria habe das Erdbeben hundert Jahre später zwar nicht verhindern, aber stoppen können, geht die Legende. Im 18. Jh. drängte die neue Nord-Süd-Verbindung über den Futa-Pass Scarperia ins Abseits.

Eine jahrhundertealte Tradition in Scarperia ist das Handwerk der Messerschmiede. Boutiquen mit Scarperia-Messern im Schaufenster findet man im Städtchen zuhauf, museale Exemplare sind im **Museo dei Ferri Taglienti** und in der alten Bottega del Coltellinaio ausgestellt. Eindeutig lebendiger geht es in den noch arbeitenden Werkstätten zu, z. B. bei Il Giglio.

Messerschmied in Scarperia

• *PLZ* 50038

• *Information* **Pro Loco**, im Palazzo dei Vicari. Juni bis Mitte Sept. Mi–Fr 15.30–19.30 Uhr, Sa/So und Feiertage 10–13 und 15.30–19.30 Uhr. Rest des Jahres Sa/So 10–13 und 15–18.30 Uhr. ☎ 055-8468165, 📠 055-8468862.

• *Einkaufen* **Coltellerie Il Giglio**, Via dell'Oche 48. Alle Arten von Messern, von Bubenträumen bis zum Küchenutensil. An der Werkbank hämmert und schleift der Messerschmied, während seine Frau die Kunden bedient.

Wochenmarkt am Freitagmorgen

• *Museen* **Palazzo dei Vicari**, Atrium und erster Stock werden auf dem Weg zum **Museo dei Ferri Taglienti** passiert. Juni bis Mitte Sept. Mi–Fr 15.30–19.30 Uhr, Sa/So und Feiertage 10–13 und 15.30–19.30 Uhr. Rest des Jahres Sa/So 10–13 und 15–18.30 Uhr. Eintritt 3 €.

• *Feste und Veranstaltungen* **Scarperia infiorata**, am letzten Sonntag im Mai. Die ganze Altstadt wird mit Blütenteppichen ausgelegt.

Manifestazione del Diotto, am letzten Sonntag im August und den ersten drei Sonntagen im September. Messer- und Schmiedeeisen-Markt, gekrönt von einem folkloristischen Umzug am 8. September.

• *Golf* **Golf Poggio dei Medici**, zwischen Scarperia und San Piero a Sieve erstreckt sich das ausgedehnte Gelände dieses 1995 nach amerikanischen Standards angelegten Golfplatzes mit Luxushotel und dem in einer alten Medici-Villa eingerichteten Klubhaus. ☎ 055-8468282, 📠 055-8430439, www.poggiodeimedici.com.

• *Übernachten/Essen* ***** Dei Vicari**, 2006 eröffneter, großer Bau an der Auffahrt. Kleiner Swimmingpool zur Straße hin. Modern eingerichtete Zimmer verschiedener Größe, in denen Temperatur und Licht per Touchscreen geregelt werden. Da passt denn auch das Flat-TV ins Design. 89–239 € je nach Luxusbedürfnissen des Gastes. Viale Kennedy 45/E, ☎ 055-846860, 📠 055-846680, www.hoteldeivicari.com.

Hotel Il Bronco, schöner Speisesaal mit Kamin, nach hinten raus eine Gartenterrasse mit Blick auf die umliegenden Felder und Wiesen. Die freundlichen Besitzer haben lange in Deutschland gelebt, aber dabei nicht die italienische Kochkunst verlernt. (Restaurant Mi geschlossen). Einfach eingerichtete, saubere Zimmer, alle mit Bad, z. T. mit schönem Ausblick. DZ 80 €, Menü 26–40 €. Viale Dante 95 (knapp außerhalb, an der Straße nach Firenzuola), ☎/📠 055-8430207.

Mugello
⟨arte S. 443

Rathausplatz in Scarperia

Fattoria Il Palagio, ein paar hundert Meter vom Il Bonco entfernt. Keine produktive Fattoria mehr, aber ein herrliches Landgut mit Parkanlage. Der große Speisesaal ist vor allem für Hochzeitsfeiern beliebt. Das stattliche Haus verfügt über ein paar geräumige Zimmer. Mo und im ganzen August geschlossen. DZ mit Dusche ca. 70 €. Menüpreise zwischen 26 und 40 €. Viale Dante 97, ☎ 055-846376, 🖷 055-846255, www.fattoriailpalagio.com.

Ristorante/Pizzeria Anna Trend, Viale Kennedy 50 (gegenüber dem Hotel dei Vicari). Helles, freundliches Lokal ganz in Gelb- und Orangetönen. Ausgezeichnete regionale Küche, auch Florentiner Steaks. Große Pasta-Auswahl und große Portionen. Auch die Dessert-Karte lässt sich sehen. Pizzen nur abends. Mo geschlossen. ☎ 055-846219.

Ristorante Il Torrione, Via Roma 78/80 (beim Palazzo). Fleisch, Fisch und Pizzen. Mi geschlossen. ☎ 055-846201.

Oratorio della Madonna del Vivaio: Am westlichen Ortsrand, an der Straße nach Sant'Agata, steht im Zypressenwäldchen unterhalb der Stadtmauer ein monumentaler Rundturm. Die für ein Oratorium unbescheidene Konstruktion wünschte sich im 18. Jh. *Gian Gastone dei Medici*, einer der letzten Sprösslinge des einst allmächtigen Florentiner Adelsgeschlechts.

Autodromo Internazionale del Mugello: Östlich der Stadt liegt in einer Talsenke das (gut ausgeschilderte) Paradies der Motorradfans und Formel-1-Piloten, die hier ihre Motoren ausprobieren. Mehrmals jährlich jagen dröhnende Maschinen um die Runden. Betonmauern schützen die Ohren derer, die dem Spektakel nichts abgewinnen können. Information unter ☎ 055-8499111, 🖷 055-8499251. www.mugellocircuit.it.

Sant'Agata

Ein mittelalterliches Dorf, inmitten einer fleißig bewirtschafteten Tiefebene gelegen. Das gesamte öffentliche Leben von Sant'Agata spielt sich in der *Osteriola* ab, einer Mischung aus Bar und Lebensmittelladen. Gleich ums Eck steht die **romanische Pfarrkirche** aus dem 11. Jh. An der nüchternen Außenmauer prangt als einziges Dekor ein kleines Mosaik: ein Schachbrett mit 8 mal 8 Feldern, aus weißem Kalkstein und grünem Schiefer gesetzt. Schmuckstück im Innern ist ein oktogonales Taufbecken aus hellem Sandstein, eingezäunt von einer fein ziselierten Balustrade mit teils arabesken Mustern. Interessant ist auch das für die toscanischen Kirchen so typische Gebälk, das hier direkt auf den steinernen Säulen der Schiffe ruht.

Dem ehrlichen Handwerk zollt Sant'Agata auf eine besondere Weise Anerkennung: Das kleine Museum mit der **Mostra di Personaggi in Movimento** (Ausstellung von Puppen-Automaten) zeigt Situationen aus dem Alltag der Handwerker. „Bevete più Vino" – „Trinkt mehr Wein", schlägt die Miniatur-Dorfkneipe vor.

• *Öffnungszeiten* **Kirche**, nur sonntags 9–12 Uhr, sonst nach Voranmeldung unter ✆ 055-8406926. **Museo di Vita Artigiana e Contadino**, Piazza della Libertà, am hinteren Ortsrand in den Giardini pubblici. Mitte Juni bis Mitte Sept. So 15.30–18.30 Uhr, Mitte Sept. bis Mitte Juni So 15–18 Uhr, ✆ 055-8046750.

• *Fischen* Kurz vor dem Ortseingang geht es rechts zum **Lago Il Molinuccio**, am Ende eines langen Tals, die man über eine holprige Straße mit vielen Schlaglöchern nach ca. 4 km erreicht. Ein Forellenteich lädt zum Fischen ein. Die Rute kann gemietet werden. Obendrein eine ideale Picknick-Möglichkeit!

Firenzuola

(ca. 4500 Einw.)

Firenzuola ist wie Scarperia eine der so genannten *terre murate*, d. h. eine der von den Florentinern im 14. Jh. angelegten Zitadellen, mit denen sie ihre Vorherrschaft über die einstigen Herren des Gebiets demonstrieren wollten. Die rechteckige Anlage dieser laut Vasari nach Entwürfen von *Arnolfo di Cambio* „konstruierten" Städte ist in Firenzuola noch deutlich zu erkennen. Die Bogengänge entlang der Durchgangsstraße lassen auf ein früheres reges Markttreiben schließen – aber es fehlt ihnen die Patina. Das Straßenpflaster im Zentrum ist hübsch gesetzt – und wirkt fast staubfrei. Spätestens beim Anblick einer Betonkirche aus den 1960er Jahren wird dem Besucher klar, dass hier etwas passiert sein muss. Tatsächlich wurde der Stadtkern bei einem Bombenangriff im September 1944 praktisch vollständig zerstört. Die beiden Stadttore, die *Porta Fiorentina* und die *Porta Bolognese*, sind nach Restaurierungsarbeiten wieder in guter Verfassung.

Im Palazzo della Rocca (Rathaus) wurde 1999 im Untergeschoss das **Museo della Pietra Serena** eröffnet, das gänzlich dem feinkörnigen, hellen Sandstein gewidmet ist, der seit Generationen hier in der Gegend abgebaut wird. Gebrauchsgegenstände und kunsthandwerkliche Produkte aus der „Pietra Serena" sowie eine informative Dokumentation über den Abbau werden gezeigt. Aus demselben Stein besteht übrigensauch die rätselhafte, moderne Brunnenskulptur der *Fontana della Pietra Dolce* neben dem Palazzo.

• *PLZ* 50033

• *Information* **Pro Loco**, Piaza Agnolo 15, in der Bibliothek hinter der modernen Kirche. Sehr begrenzte Öffnungszeiten. ✆ 055-8199007 oder 055-8199437, www.firenzuolaturismo.it.

• *Öffnungszeiten* **Museo della Pietra Serena**: Mitte Juni bis Mitte Sept. Mo und Fr/Sa 16–19 Uhr, So 11–13 und 16–19 Uhr; Mitte Sept. bis Mitte Juni Sa 15–17 Uhr, So 11–13 und 14–17 Uhr. Eintritt 3 €.

• *Wochenmarkt* montag.

• *Veranstaltungen* **Sagra del Fungo**, letztes Wochenende im Mai. Folkloristisches Fest mit hervorragenden Pilzspezialitäten. **Firenzuola Produce**, im Oktober. Ausstellung der lokalen Handwerkserzeugnisse, z. B. auch Steinmetzarbeiten aus Pietra Serena. Information unter ✆ 055-8199401.

• *Übernachten/Essen* * **Il Nuovo Cacciatori**, einfache, renovierte Zimmer, typische Küche (Tortelli mit verschiedenen Soßen, Wildgerichte). Auch Pizzen. Restaurant Mi geschlossen. DZ mit Bad 45 €. Piazza Agnolo 5 (zentraler Platz), ✆/℡ 055-8109009. * **Acconci**, die bescheiden eingerichteten Zimmer über dem gleichnamigen Restaurant sind eine Alternative zum alteingesessenen Cacciatori. DZ mit Dusche/WC 40 €. Piazza Agnolo 18, ✆ 055-819053, www.acconci.it.

Bar La Fonte, Piazza Agnolo 2 (direkt neben dem Cacciatori). Hier versammelt sich abends die Dorfjugend und diskutiert lautstark über Juve, Inter und Milan. Im Sommer sitzt man lange unter den Arkaden. Fr–So ab 19 Uhr gibt es Primi Piatti, Pasta und Pizzen. ✆ 055-819191.

Cimitero Militare Tedesco

Die Friedhofskapelle gleicht dem Bug eines Eisbrechers, daneben flattert Schwarz-Rot-Gold im Wind. Ein 2 km langes Mäuerchen zieht sich spiralförmig zur Kapelle hoch und terrassiert so leicht das Gelände, in das fast 16.000 Sandsteinplatten eingelassen sind. Jede von ihnen erinnert an zwei gefallene Soldaten der Nazi-Armee. Der Volksbund Deutsche Kriegsgräberfürsorge ist um ein gepflegtes Erscheinungsbild des größten deutschen Friedhofs auf italienischem Boden (30.713 Tote) bemüht. Gelegentlich halten Angehörige Gedenkgottesdienste in der Kapelle ab.

Die Todesdaten liegen ausnahmslos zwischen Juli 1944 und April 1945. Am Futa-Pass verlief die so genannte Gotenlinie, die von den Deutschen noch verteidigt wurde, als der Krieg schon längst verloren war. Gegen sie agierten im Mugello mehrere Partisanengruppen, von deren Vertrautheit mit der Region die Alliierten bei ihrer Offensive später profitierten.

• *Anfahrt* Von Firenzuola aus fährt man Richtung Futa-Pass. Der Friedhof befindet sich auf der Passhöhe (903 m).

• *Camping* **Camping La Futa**, gleich neben dem Soldatenfriedhof. Gepflegtes Wiesengelände. Strada per Bruscoli 889h, ℅/℡ 055-815297.

Im benachbarten **Ristorante Al Postiglione** essen Camper, Friedhofsbesucher und Durchreisende, die auf der Passhöhe einen Halt einlegen wollen. Mo/Di geschlossen. Via Bruscoli 889b. ℡ 055-815222.

▶ **Badia di Moscheta**: Die Abteikirche aus dem 11. Jh. hatte ihre Blütezeit im 13. Jh. Danach verfiel sie von Jahrhundert zu Jahrhundert, bis Mitte der 1990er Jahre Restaurierungsarbeiten in Angriff genommen wurden, die um die Jahrtausendwende zum Abschluss kamen. Im Klosteranbau wurde 1999 das lange geplante *Museo del Paesaggio Storico dell'Appennino* eingerichtet. Der Ausflug lohnt sich aber auch für Museumsmuffel. Ein Spaziergang führt an einem romantischen Bächlein entlang durch dunkelsten Nadelwald. Zudem gibt es vor der Abtei eine nette, kleine Trattoria, in der man sich „nach getaner Arbeit" stärken kann.

• *Anfahrt* Die SS 503 von Firenzuola nach Scarperia. Nach knapp 9 km beim Örtchen Rifredo links abzweigen, dann vorbei an den Weilern Fognano und Osteto. Die Abzweigung bei Violla (2 km südlich von Firenzuola) ist nicht empfehlenswert, viele Kurven, holprige Naturstraße.

• *Museum* Mitte Juni bis Mitte Sept. Do–Sa 16–19 Uhr, So 11–13 und 15–19 Uhr; Mitte Sept. bis Mitte Juni Sa 14–17 Uhr, So 11–13 und 14–17 Uhr. ℡ 055-8144900.

• *Reiten* **Moscheta Trekking**, kurz bevor man zum Kloster kommt, liegt rechts der Reitstall. Wer Lust hat, kann sich hier auf dem breiten Rücken eines Haflingers die Gegend anschauen. ℡ 055-8144167.

• *Agriturismo/Essen* **Badia di Moscheta**, in einem neuen Bau neben dem Kloster werden 2-, 3- und 4-Bett-Zimmer mit Dusche zur Verfügung gestellt, wer auf Laken und Federbett Wert legt, zahlt 5 € zusätzlich. Die Trattoria mit ihren Holztischen im Freien über dem Bach hat den Werbespruch „Wenn Sie zufrieden mit uns sind, sagen sie es anderen, wenn sie unzufrieden sind, sagen sie es uns!" – Wir waren rundum zufrieden, begeistert von der schönen Lage und sagen es anderen. Geöffnet März–Dez., Trattoria Montagabend und Di geschlossen. DZ 67 €. Billiger ist es im Massenlager im Klostergebäude: 9 € pro Pers. Via di Moscheta 8, 50033 Firenzuola, ℡ 055-8144015, ℡ 055-8144305, www.badiadimoscheta.com.

Pietramala: Wir empfehlen den Weg über *Peglio* (von Firenzuola direkt in nördliche Richtung, ab Peglio nichts für Wohnmobile), der in eine sanfte Hügellandschaft in imposanter Bergkessellage führt. Am Ortsrand Pietramala erhebt sich die gewaltige *Kirche San Lorenzo*, ein Bau aus dem 19. Jh., dessen oktogonaler Zentralbau mit den drei Tympana an eine griechische Kirche erinnert. Ein Kreuzweg führt von hier hoch zur *Madonnina del Castellaro*. Auch wenn man der modernen Madonnenskulptur (1985) nichts abgewinnen kann: der kurze Spaziergang wird mit einer wunderbaren Aussicht belohnt.

Von Firenzuola nach Palazzuolo sul Senio

Erst führt die schmale, gewundene Straße (Nr. 610) am Wildbach *Santerno* entlang, an dessen Ufer riesige Schwenkkräne zu sehen sind. An den steinigen Hängen wird *Pietra Serena* abgebaut, der feinkörnige, graue Sandstein, mit dem früher die Straßen und Plätze von Florenz gepflastert waren. In der Renaissance-Architektur wurde der Stein häufig zur Hervorhebung und Absetzung architektonischer Elemente eingesetzt. Noch heute wird er für Kamine, Brunnenschalen, Fenstersimse, Torbögen u. Ä. verwendet. An den Abhängen des Apennin findet man noch verstreute Weiler und ganze Dörfer, die vom Straßenpflaster bis zum Spülbecken in der Küche vollständig aus *Pietra Serena* bestehen. Kein Wunder, dass der Beruf des *Scalpellino*, des Steinmetzes, hier seit Jahrhunderten Tradition hat.

An den ausgewaschenen Ufern des Santerno und seiner Nebenflüsse haben sich zahlreiche Bassins gebildet. Im Hochsommer herrscht reger Badebetrieb. Man kämpft beherzt um die besten Plätze. Ansonsten aber ist man sich einig: Die Sonne verschwindet viel zu früh hinter den Bergen.

San Pellegrino: Den Weg zum Friedhof des Dörfchens am Santerno säumen 14 Steinpfeiler, in die Terrakottareliefs mit den Stationen des Kreuzwegs eingelassen sind. Ein Stück weiter führt eine Hängebrücke zur Mühle *Valtellere*, in der – wie in früheren Zeiten – Kastanienmehl vom Mahlstein rieselt. Daraus wird dann der Castagnaccio-Kuchen gebacken (Information bei Familie Livi, ℰ 055-819346 oder 055-819536). Außerdem kann man bei einem der Korbflechter hereinschauen, die noch heute in San Pellegrino arbeiten.

Möglicherweise findet die dörfliche Idylle aber bald ein Ende, eine gewaltige Baustelle kündigt die Trasse für den Hochgeschwindigkeitszug Bologna–Florenz an, der dereinst hier vorbeibrausen wird.

● *Übernachten/Essen* ** **Iolanda**, kurz nach dem Ortseingang links, gegenüber öffnet sich ein kleiner Parkplatz (das großzügige Haus macht einzig mit einem kleinen „Bar-Ristorante"-Schild auf sich aufmerksam), Zimmer mit rustikalen Bauernmöbeln, schöne „Lobby" im Erdgeschoss. Viel wichtiger als das Schlafen ist hier aber das Essen! Das beliebte Restaurant serviert klassische Mugello-Küche (selbst gemachte Nudeln und Tortellini mit kräftigen Fleischsoßen, Wild und Süßspeisen). Die Spezialität für zwischendurch ist eine Ficatolla, frittiertes Brot, je nach Geschmack mit Käse, Schinken oder Wurst belegt. „An guten Wochenenden", sagt die Dame des Hauses, „verbrauchen wir täglich ca. 300 kg Mehl allein für unsere Ficatolla-Kunden!" März–Dez. geöffnet. Restaurant außerhalb der Hochsaison Mi geschlossen. DZ mit Bad 60 €. Via San Pellegrino 239, ℰ 055-819020, ℰ 055-819659.

Knapp hinter San Pellegrino führt links ein Fußweg hoch ins verlassene Dorf **Brento Sanico** (628 m), das man in einer knappen halben Stunde erreicht. Dort waren bis in die 60er Jahre des 20. Jh. noch Nutzholzbauer und Köhler am Werk. Der Tabernakel (natürlich aus *Pietra Serena*) der ebenfalls aufgegebenen Dorfkirche steht jetzt in der Kirche von San Pellegrino.

Mugello
Karte S. 443

Bei **Coniale** (kurz nach der dreibogigen Steinbrücke, einer beliebten Badestelle am Santerno) zweigt die Straße nach Palazzuolo ab. Man fährt durch eine steinige Landschaft (Schiefer und *Pietra Serena*) mit einzigartigen Panoramen.

Palazzuolo sul Senio

Das *„Villagio Ideale d'Italia"*, wie das Ortsschild den Besucher begrüßt, ist im wahrsten Sinne des Wortes ein friedliches Dorf. Palazzuolo hatte zu keinem Zeitpunkt seiner Geschichte eine strategische Bedeutung und besitzt weder Festungen noch Verteidigungsmauern. Die einstigen Herren, die Ubaldini, hatten dem Ort den Rang eines Marktfleckens zugedacht. 1362 mussten sie das Lehen an die übermächtige Florentiner Stadtrepublik abtreten, aber die Medici waren hier eigentlich nur verwaltungspolitisch anwesend. Bauern und Marketender aus der Umgebung versammelten sich über Jahrhunderte auf dem Marktplatz.

Der **Palazzo dei Capitani** (14. Jh.) mit den eingelassenen Wappen der lokalen Notabilität, der auf den ersten Blick eher wie eine Kirche aussieht, ist ein geschichtsträchtiger Bau: Hier hielt sich einige Zeit der den Medici wohlgesinnte Papst Julius II. in Begleitung Machiavellis auf. Im Inneren beherbergt der Palazzo das **Museo della Vita e del Lavoro delle Genti di Montagna**. Hier ist die örtliche Bauern- und Handwerksgeschichte ausführlich dokumentiert. Daneben ein Saal mit archäologischen Funden aus vorgeschichtlicher Zeit.

● *Postleitzahl* 50035

● *Museum* Mitte Juni bis Mitte Sept. Di 20–23 Uhr, Do und Sa/So 16–19 Uhr; Mitte Sept. bis Mitte Juni Sa/So 15–18 Uhr. ✆ 055-8046008.

● *Wochenmarkt* Samstagmorgen.

● *Feste und Veranstaltungen* Auf keinen Fall versäumen sollte man das Fest **Medioevo alla Corte degli Ubaldini**, das an den letzten beiden Wochenenden im Juli begangen wird. Hauptplatz und Nebenstraßen präsentieren sich zu diesem Anlass in mittelalterlichem Gewand. Burgfräulein und Troubadoure flanieren durch die Straßen, Handwerker zeigen ihre Künste, und in düsteren Kaschemmen bekommt man recht undefinierbare, aber schmackhaft nach alten Rezepten zubereitete Speisen vorgesetzt, die man mit hölzernen Gabeln oder auch einfach mit den Fingern isst.

Ottobre Palazzuolese, an den Oktobersonntagen. Folkloristische Feste mit Kastanienspeisen und Waldfrüchten.

● *Übernachten/Essen* ***** Europa**, größeres Haus, gelegentlich von organisierten Reisegruppen ausgebucht. Parkanlage, Minigolf und Bocciabahn können den mangelnden Charme allerdings kaum aufwiegen. Geöffnet Mai–Sept. DZ 60 €. Via M. Pagani 2/4, ✆/✉ 055-8046011, www.heuropamugello.it.

* Biagi, freundliches Hotel mit einladendem Innenhof mit Rebendach. Cucina Casalinga. Restaurant Do geschlossen. DZ ca. 40 €, einige mit Dusche. Via Roma 55 (Ortskern, Straße nach Faenza), ✆/✉ 055-8046064, albergo.biagi@libero.it.

Osteria La Bottega dei Portici, Piazza Garibaldi 3. Typische Produkte der Gegend und eine umfangreiche Auswahl an Weinen und Grappasorten. Mo (Jan.–März auch Di) geschlossen. ✆ 055-8046580.

● *Camping* **Visano**, Straße nach Coloniale, kurz hinter dem Abzweig nach Visano. Sanitäranlagen eher bescheiden, aber hübsch terrassierte Lage im Mischwald. Stromanschlüsse vorhanden, relativ viele Wohnwagen. Einige Grillplätze (mit Holzstößen daneben), Boccia-Bahn, Snackbar. Geöffnet Mai–Sept. und an Oktoberwochenenden. Via della Faggiola 19, ✆/✉ 055-8046106.

Badia di Susinana: 5,5 km nördlich von Palazzuolo, Richtung Faenza. Die ehemalige Abtei der Vallombrosaner aus dem Jahr 1373 mit der 1995 restaurierten Klosterkirche birgt eigentlich nichts Besonderes. Erwähnenswert ist aber, dass hier der berüchtigte *Maghinardo Pagani*, Lehnsherr von Susinana und Ghibellinen-Anhänger, der im 13. Jh. sein Unwesen trieb, begraben sein soll. Da er sein Mäntelchen je nach Laune in den Wind hängte, mal auf der einen, mal auf der anderen Seite kämpfte, hat ihn Dante in seiner „Göttlichen Komödie" mit wenig schmeichelhaften Worten bedacht (geöffnet 9–12 und 15.30–19 Uhr).

● *Übernachten* **Azienda Agrituristica Badia di Susinana**, ganz in der Nähe. Hier kann man sich in einem der mit allem Komfort ausgestatteten Bauernhäuser einmieten kann. DZ 56–65 € je nach Saison. Via Badia di Susinana 36, 50035 Palazzuolo sul Senio, ☎ 055-8046630 u. 055-8045631, 📠 055-8046660, www.badiadisusinana.it.

Quadalto (Acquadalto): 1,5 km von Palazzuolo entfernt, an der Straße nach Borgo San Lorenzo. Direkt an der Straße liegt die mehrfach umgebaute Wallfahrtskirche *Santa Maria della Neve*. Ihr angeschlossen ist ein Franziskanerkloster aus dem Jahr 1744, heute von Nonnen bewohnt. Für den Durchreisenden interessanter ist der Panini-Laden direkt gegenüber der Parkbucht.

Die Straße führt weiter zum *Sambuca-Pass* (1061 m) hoch und stößt dann bei Colla di Casaglia auf die SS 302, über die man Borgo San Lorenzo erreicht.

Marradi

Fährt man dagegen auf der SS 306 weiter östlich, kommt man in diesen kleinen Ort mit seinem mittelalterlichen Zentrum, dessen Kern die malerische **Piazza delle Scalelle** mit einigen alten Palazzi ist, der schönste unter ihnen der kommunale mit seinen Arkaden. Etwas unterhalb liegt das **Teatro degli Animosi**, das die aristokratischen Familien der Gegend im Jahr 1792 als Sitz ihrer literarischen Zusammenkünfte errichten ließen.

Marradi verdankt seine Entstehung einer zur Römerzeit angelegten Straße, die Florenz mit Faenza verband und die Versorgung mit Getreide und Salz gewährleistete. Später, um das Jahr 1000, war es Lehen der Grafen Guidi. Aber wie die meisten ehemaligen Feudalherren der Gegend mussten sie im 14. Jh. den Truppen der Medici weichen.

● *Information* **Ufficio Turistico**, im Zentrum, von Palazzuolo kommend, nach der Flussüberquerung rechts. Mo–Sa 9–12 Uhr. ☎ 055-8042590, postmaster@marradibiblioteca.191.it.

● *Übernachten/Essen* **★★ Il Lago**, älteres Haus mit bescheiden eingerichteten Zimmern gegen den Ortsausgang Richtung Florenz. Freundlicher, familiärer Empfang. DZ 43 €. Via Sibille Aleramo 23, 50034 Marradi, ☎/📠 055-8045035, tulliascalini@libero.it.

Palazzo Torriani, elegante Landvilla aus dem 16. Jh. in der 4 Appartements vermietet werden. Die Räume sind spärlich, aber geschmackvoll möbliert, auch Kronleuchter und Fresken an den Decken tragen zum Wohlbefinden bei. Preise je nach Größe ab 140 €, Frühstücksbuffet inbegriffen. Via Fabroni 58, 50034 Marradi, ☎ 055-8042363, 📠 055-8042835, www.palazzotorriani.it.

Casa Fabbri, renoviertes Haus im Ortsteil Popolano (Straße nach Faenza): beim Schild "B&B Casa Fabbri" rechts hoch; wenn der Wagen stecken bleibt, das rosa Haus rechts. Der freundliche Gastgeber ist ein Sohn des Malers Eduardo Gordigiani, dessen Werke die Wohnstube zum Museum machen; Eduardos Vater wiederum, Michele Gordigiani, machte als Maler im 19. Jh. Karriere – Grund genug, die Nachbarstraße Via Gordigiani zu taufen. Gepflegte Zimmer, alle mit sehr schönem Bad. Hauseigener Parkplatz. DZ 60 €. Via Casa Fabbri 36c, Popolano, 50034 Marradi, ☎ 055-8044204, www.casafabbri.com.

Ristorante Il Camino, Viale Baccarini 38, an der Straße nach Faenza. Großes Angebot an regionaler Hausmannskost, z. B. mit vielen Kräutern gewürzte Hackfleisch-Gnocchi, dazu hausgemachtes Kartoffelpüree. Italienischkundige studieren nicht lange die Karte, sondern lassen sich vom Sohn des Hauses beraten, der sich für Details der Zubereitung begeistern kann, und vertrauen sich dann Rita Bassettis Kochkunst an. Man speist hier vorzüglich und obendrein preiswert. Mi geschlossen. ☎ 055-8045069.

Etwa 2,5 km außerhalb des Ortes in Richtung San Benedetto in Alpe erreicht man das Eremitenkloster **Badia di Borgo** mit seinem romanischen Campanile aus dem 11. Jh. Von Marradi aus geht es am Flüsschen Lamone entlang über Colla di Casaglia wieder zurück nach Borgo San Lorenzo.

Von Vicchio nach San Godenzo

Vicchio

Der 7000-Einwohner-Ort hat an Sehenswürdigkeiten wenig zu bieten, ist aber für die Kunstgeschichte von großer Bedeutung. Hier erblickten die begnadeten Meister *Giotto* und *Fra Angelico* das Licht der Welt. Auch *Benvenuto Cellini*, Goldschmied und Bildhauer in Medicis Diensten, wohnte einige Jahre in Vicchio (1559–1571), zog aber fort, nachdem er knapp einem Giftattentat entgangen war.

An *Giotto* erinnert im Stadtzentrum ein überlebensgroßes Bronze-Standbild aus dem Jahr 1901, an *Cellini* eine Gedenktafel an seinem sorgfältig restaurierten Wohnhaus, das ganz komfortabel gewesen sein muss. *Fra Angelico* hat dem **Museo Beato Angelico** seinen Namen geliehen, nicht aber seine Werke: Das Museum verfügt über kein einziges aus der Hand des Meisters und beschränkt sich auf weniger bedeutende sakrale Kunst aus der Region.

Wenn Sie Glück haben, ist das unscheinbare **Oratorio di San Filippo Neri** neben dem Cellini-Haus geöffnet. In einer Vitrine, wie sie üblicherweise zur Ausstellung körperlicher Überreste von Lokalheiligen verwendet wird, ist ein äußerst hagerer Leichnam Christi zu sehen, eine ausdrucksstarke Wachsskulptur aus dem Jahr 1798.

- *PLZ* 50039
- *Information* im Museum Beato Angelico. Öffnungszeiten siehe unten.
- *Museum* **Museo Beato Angelico**, Mitte Juni bis Mitte Sept. Do, Sa/So 10–12 und 16–19 Uhr, Mitte Sept. bis Mitte Juni Sa/So 10–12 und 16–19 Uhr. Eintritt 3 € (Karte auch gültig für den Besuch der Casa di Giotto in Vespignano).
- *Veranstaltungen* **Mostra Artigianato MAZE**, Kunsthandwerksmarkt an den letzten 10 Augusttagen.
- *Übernachten* **** **Villa Campestri**, auf der anderen Seite des Flüsschens Sieve in Richtung Borgo San Lorenzo. Eine alte Landvilla aus dem 14. Jh., von dem jetzigen Besitzer stilgerecht restauriert und eingerichtet. In einem der geräumigen Zimmer schläft man in einem rot betuchten Baldachinbett! Erlesenes Ambiente mit Swimmingpool und ebenso erlesenen Preisen. DZ 144–210 €. Via Campestri 19, ✆ 055-8490107, 📠 055-8490108, www.villacampestri.it.

Tenuta Casole, auf der hiesigen Seite der Sieve (etwa 3 km von Vicchio entfernt). In dieser ehemals gräflichen Residenz mit ihrem parkähnlichen Garten kann man sich eine Ferienwohnung (mind. 1 Woche) mieten. Die Besitzer sprechen Deutsch. Exklusives Haus. Preise ab 480 € pro Woche (März, April, Mai) bzw. ab 980 € in den Sommermonaten. Via Casole 26, ✆/📠 055-844098, tenutadicasole@tiscali.it.

Frutti di Bosco, Bed & Breakfast, altes Landhaus von Bernadette, einer Belgierin und perfekten Gastgeberin. Von Sagginale nach Dicomano auf der kleinen Landstraße die Abzweigung nach S. Martino a Scopeto hoch fahren (ca. 5 km von Vecchio entfernt). Reichhaltiges Frühstücksbuffet. DZ 65–75 €. Mindest. 2 Übernachtungen sind erforderlich. Via S. Martino a Scopeto 53, ✆ 055-8493568 oder 328-5385589 (mobil), 📠 055-8493568, www.bebfruttidibosco.it.

Montelleri – Residenza di Campagna, im Park über dem Lago di Montelleri. Eine ganz angenehme Bleibe in einem Landhaus in ruhiger Lage. Nebenbei ist man hier bemüht, mit Ausstellungen die Künstler des Mugello zu fördern. Restaurant mit großer Speiseterrasse. DZ 45–65 € je nach Saison, auch 3-Bett-Zimmer. Frühstück inbegriffen. Loc. Montelleri, ✆ 055-8448638, 📠 055-579405, www.montelleri.com.

● *Camping* ** **Vecchio Ponte**, unterhalb des Orts (am Fluss). Schöne Lage, etwas wenig Schatten. Großes kommunales Schwimmbad gleich nebenan. ☎ 055-8448306.

● *Essen* **Trattoria Giotto**, Corso del Popolo 57 (am Platz mit der Giotto-Statue). Einfach, unprätentiös, etwas laut – eben italienisch. Mi geschlossen. ☎ 055-844195.

Casa del Prosciutto, bei der Brücke in Ponte a Vicchio. Eine Mischung aus Lebensmittelladen, Tabakgeschäft und Osteria, betrieben von der ganzen Familie: dem rüstigen Gastwirt Gino, seinen beiden Söhnen, Tochter und Schwiegersohn. Saftige Schinken hängen von der Decke. In der gemütlichen Bauernstube nebenan kann man mittags (wenn man einen Platz bekommt) gut essen. Hervorragende hausgemachte Nudelspeisen, deftige Fleischgerichte und dazu ein kräftiger Landwein. Wem das zu mittäglicher Stunde zu viel ist, der verzehrt nur ein Panino am betischten Flussufer. Mo ganztags sowie Dienstagnachmittags geschlossen. ☎ 055-844031.

Ristorante La Casa di Caccia, hoch oben auf einem Hügel und ca. 5 km von Vicchio entfernt. Von der Straße nach Borgo San Lorenzo an der Kreuzung nach S. Maria a Vezzano rechts abbiegen und immer tapfer dem Hinweisschild folgen. Nicht aufgeben, auch wenn man meint, sich verfahren zu haben! Die Casa di Caccia war schon zu Großvaters Zeiten eine Jagdhütte, und dieser Tradition ist das Restaurant im Stil treu geblieben. Mirella, die resolute, stets auf das Wohl ihrer Gäste bedachte Wirtin, bereitet ihre exquisiten Gaumenfreuden alle selbst zu. Mit Abstand das beste Res-

Giotto-Denkmal

taurant im ganzen Umkreis. Voranmeldung obligatorisch. Im Winter Di geschlossen. ☎ 055-8407629

Mugello
Karte S. 443

Lago di Montelleri: Der kleine, künstlich angelegte See mit Parkanlage schließt sich im Norden des gleichnamigen Ortes an die letzten Häuser an.

Vespignano: Attraktion des Ortes ist die vor einigen Jahren restaurierte und groß wiedereröffnete *Casa di Giotto*. Eine Multimedia-Show thematisiert Leben und Werk des Künstlers, der vermutlich hier das Licht der Welt erblickte. Roter Faden der Dokumentation sind die vier Elemente, die die Projektionsflächen für Dias abgeben: Feuer (im Kamin), Erde (gegenüber), Wasser (am Boden), Luft (eigener Saal). Etwas außerhalb, mitten im Feld, steht einsam die kleine, von Zypressen umsäumte *Cappellina della Bruna* (1230) mit einem Muttergottes-Fresko. Es stammt zwar nicht von *Giotto* selbst, aber immerhin von einem Künstler aus seinem Umkreis. Den Schlüssel erhält man in der Casa di Giotto.

Nicht weit von Vespignano (Hinweisschild „Ponte di Cimabue") überquert der *Ponte di Ragnaia* die Ensa. Auf dieser Brücke sollen sich *Cimabue* und *Giotto* begegnet sein; Letzterer – noch ein Knabe – zeichnete gerade ein Schaf aus seiner Herde auf einen Stein, was den Meister dazu bewog, ihn in seine Werkstatt aufzunehmen. So zumindest geht die Legende ...

● *Anfahrt* Von Vicchio Richtung Borgo San Lorenzo, nach 1,2 km rechts abzweigen.

● *Casa di Giotto* Mitte Juni bis Mitte Sept. Di, Do, Sa/So 10–12 und 15–19 Uhr, Mitte Sept. bis Mitte Juni Sa/So 10–12 und 16–19 Uhr. Eintritt 3 € (Karte auch gültig für den Besuch des Museo Beato Angelico in Vicchio). ✆ 055-8439250.

Dicomano: Auch dieser Ort lohnt einen Abstecher, und sei es nur, um einmal hin und zurück unter den Arkaden (17. Jh.) in der Via Alighieri zu wandeln. Dicomano besitzt eine schöne romanische Kirche namens *Santa Maria* (12. Jh.), die verschiedene Kunstschätze birgt, u. a. Tafelbilder von *Bronzino*, *Santi di Tito* und *Vasari*, um nur die bekanntesten zu nennen, sowie drei Terrakotta-Reliefs aus der Della-Robbia-Schule. Dicomano hat aber vor allem wegen seiner Ausgrabungsstätte bei *Frascole* Bedeutung, wo man Zeugnisse einer etruskischen Besiedlung fand, die in den Zeitraum vom 6. bis 1. Jh. v. Chr. fällt.

San Godenzo

Das Kernstück, um den sich das Bergdorf nordöstlich von Dicomano schon vor tausend Jahren entwickelt hat, ist die gleichnamige **Abteikirche**. Sie wurde 1028 auf dem Grab des heiligen Gaudenzio errichtet, der hier im 7. Jh. ein Eremitendasein führte, und ist ein bemerkenswertes Beispiel romanische Basilika-Architektur, vergleichbar mit dem Dom von Fiesole und San Miniato al Monte in Florenz. Die Kuppel über der Apsis ziert ein farbenfrohes Mosaik mit der Krönung Mariens (1929), an der – nicht ganz unbescheiden – auch *Dante* (kniende Figur rechts) und seine angebetete Beatrice teilnehmen. Das Polyptychon des Hauptaltars stammt von *Bernardo Daddi* (1333), die Holzfigur des heiligen Sebastian von *Baccio da Montelupo* (1506).

Am 8. Juni 1302 fand in San Godenzo so etwas wie eine Verschwörung statt. Die Ghibellinen berieten gemeinsam mit den weißen Guelfen über einen Angriff auf Florenz; zu den Anwesenden zählte auch *Dante*, der kurz zuvor von den papsttreuen schwarzen Guelfen verbannt und zum Tode verurteilt worden war. An dieses Ereignis erinnert das Fest „Dante Ghibellino", das jedes Jahr am ersten Wochenende im Juli mit einem Umzug in historischen Kostümen gefeiert wird.

Castagno d'Andrea: Ungefähr 7 km in südöstlicher Richtung von San Godenzo entfernt liegt der Geburtsort des Renaissance-Malers *Andrea del Castagno*. In der Dorfkirche San Martino finden im August klassische Musikkonzerte statt. Achten Sie auf den gekreuzigten Christus über dem Hauptaltar, ein Werk des florentinischen Malers *Pietro Annigoni* (1910–1988), der vor allem wegen seiner Porträts der Mitglieder des englischen Königshauses bekannt ist.

Castagno ist das Tor zum Nationalpark *Parco delle Foreste Casentinesi* mit gut gekennzeichneten Wanderwegen, die zur Quelle des Arno auf dem Monte Falterona und zu dem von Dante besungenen Wasserfall *Acqua Cheta* führen. Im Besucherzentrum des Parks wurde jüngst ein **Museum** mit Fotos und Reproduktionen der großen Werke von Andrea del Castagno eingerichtet.

● *Information* **Centro Visite Parco Nazionale Foreste Casentinesi**, Via della Rota 8, Castagno d'Andrea. Mai, Juni, Sept. und Okt. Fr/Sa/So 9–12.30 Uhr; im Juli Mi–So 9–12.30, Sa/So auch 15–18 Uhr; im August Mi–So 9–12.30 Uhr, Fr–So auch 15–18 Uhr. ✆/🖷 055-8375125 (Besucherzentrum) oder ✆ 055-8376826, 🖷 055-8374118.

● *Museum* **Museo virtuale Andrea del Castagno**, im Besucherzentrum, gleiche Öffnungszeiten. Eintritt frei.

Mühlengebäude in Loro Ciuffenna

Von Florenz nach Arezzo

Zwischen Florenz und Arezzo zieht sich der Flusslauf des Arno wie eine große Schleife durch die toscanische Landschaft. Er entspringt an den Hängen des Monte Falterona etwa 40 km nordöstlich von Florenz, schlängelt sich dann durchs **Casentino** Richtung Süden, um kurz vor Arezzo einen Bogen durchs **Valdarno** Richtung Medici-Metropole zu schlagen. Dazwischen, gewissermaßen im Bauch der Arno-Schleife, erhebt sich das bewaldete **Pratomagno-Gebirge** mit Höhen bis knapp 1600 m.

Die reizvolleren Routen zwischen Florenz und Arezzo führen durchs Casentino (SS 70) und an den Ausläufern des Protamagno entlang. Wer zügiger unterwegs sein will, ist mit der Fahrt durchs Valdarno auf der parallel zur Autobahn verlaufenden SS 69 besser bedient. Viel zu sehen gibt es hier allerdings nicht, man kann von der SS 69 aber immer wieder problemlos nach Osten auf die Pratomogno-Route ausscheren.

Durch das Valdarno

Der Oberlauf des Arno ist Industrieregion, wichtigste Zweige sind die Stahlherstellung und der Braunkohletagebau, dessen Zentrum nahe Cavriglia (bei Montevarchi) liegt. Kein Wunder, dass sich um die Kerne der zum Teil recht alten Städtchen fast allerorten triste Wohnviertel und Gewerbegebiete breit gemacht haben. Auch die seit einigen Jahren angestrengten Bemühungen um eine touristische Aufwertung des Valdarno wollen nicht so recht in Gang kommen, sodass bislang eigentlich nur San Giovanni Valdarno, mit Abstrichen Montevarchi und gleich zu Beginn der Route die etwa 10 km vor Incisa gelegene, gut tausend Jahre alte imposante Burg

Torre del Castellano einen Abstecher wert sind. Letztere ist zwar nicht von innen zu besichtigen, die Fahrt auf den Hügel lohnt aber allein schon wegen der herrlichen Aussicht. Außerdem kann man im Bauerngehöft daneben Chianti kaufen und auf der anderen Seite der SS 69 im Ausflugslokal „Il Canniccio" mit schönem Garten und lokalen Spezialitäten Rast machen.

San Giovanni Valdarno

Die lebendigste Stadt im oberen Arnotal zählt ca. 17.000 Einwohner. Im Zentrum des schachbrettartig angelegten Ortes überrascht eine großzügige Piazza, die von einem mehr oder weniger harmonischen Gebäudeensemble umsäumt ist.

Genau genommen besteht sie aus zwei Plätzen, der Piazza Cavour und der Piazza Masaccio, die aber so eng miteinander verbunden sind, dass sie wie eine Einheit wirken. Die Piazza Masaccio ist nach dem berühmtesten Sohn der Stadt benannt, der hier 1401 als *Tommaso di Ser Giovanni di Simone Guidi Cassai* geboren wurde. Die **Casa Masaccio**, das Geburtshaus des Malers, der einer der Wegbereiter der italienischen Renaissance war, sich später *Masaccio* nannte und im Alter von 27 Jahren unter mysteriösen Umständen in Rom starb, steht am Corso Italia 83 und wurde zum Museum ernannt, obwohl es dort, abgesehen von gelegentlichen Kunstausstellungen, eigentlich nichts zu sehen gibt. Einzig ein Reliefporträt im Medaillon an der Mauer erinnert an den Meister.

Mitten auf der stets von schwatzenden Männergruppen bevölkerten (Doppel-)Piazza steht der **Palazzo Comunale** (auch Palazzo Pretorio), der von *Arnolfo di Cambio*, dem Baumeister des Palazzo Vecchio in Florenz, entworfen wurde. Mit seiner umlaufenden Loggia wirkt der Palazzo offen, und hätten ihm nicht zahlreiche Florentiner Herrscher ihren Familienstempel auf die Mauer gedrückt, würde man ihn eher für eine Markthalle halten. Am westlichen Ende des Platzes erhebt sich die großkuppelige Renaissance-Basilika **Santa Maria delle Grazie** (15. Jh.), ein recht uneinheitlicher Bau, in dessen Erdgeschoss eine **Kapelle der Monna Tancia** an ein Wunder aus dem 15. Jh. erinnert: Mehr noch als durch die guelfisch-ghibellinischen Auseinandersetzungen wurde die Bevölkerung damals durch die Pest dezimiert, und der verwaiste Säugling Lorenzo hätte bestimmt sterben müssen, wäre nicht seine Großmutter an Mutters Stelle getreten. Die 75-jährige *Monna Tancia* betete zu Maria, die umgehend ihre Brust mit Milch füllte. Eine drastisch-naive Darstellung der vollbusigen, stillenden Greisin findet sich in der ersten Etage der Basilika in einer dreiteiligen Bilderreihe links des Hauptaltars. Zwischen der Basilika und der Kirche San Lorenzo ist das kleine **Museo della Basilica** untergebracht, dessen Prunkstück die mit einer Alarmanlage gesicherte „Verkündigung" von *Beato Angelico* ist. Vertreten ist hier auch der weniger berühmte Bruder *Masaccios* namens *Giovanni* (genannt *lo Scheggia*), der auch die Kirche San Lorenzo ausgeschmückt hat.

- *PLZ* 52027
- *Museum* **Museo della Basilica**, Sommer 10–12.30 und 14.30–18.30 Uhr. Eintritt 3,50 €.
- *Information* **APT-Büro**, Piazza Cavour 3 (schräg gegenüber dem Palazzo Comunale). Mo–Fr 9–13 und 15.15–17 Uhr, Sa 9–12.45 Uhr. Man bekommt hier einen kleinen, aber reich bebilderten und informativen Stadtführer (nur auf Englisch). ℡ 055-943748, ℅ 055-9121123, infovaldarno@apt.arezzo.it.

- *Bahnverbindung* Mehrmals täglich nach Florenz und Arezzo.
- *Markt* Am Samstagmorgen rund um den Palazzo Comunale.
- *Übernachten* *** **Masaccio**, neueres Haus direkt an der Durchgangsstraße, etwas steril, mit Restaurant und Garage. DZ 85 €. Lungarno Don Minzoni 38, ℡ 055-9123402, ℅ 055-9121423, www.hotelmasaccio.com.

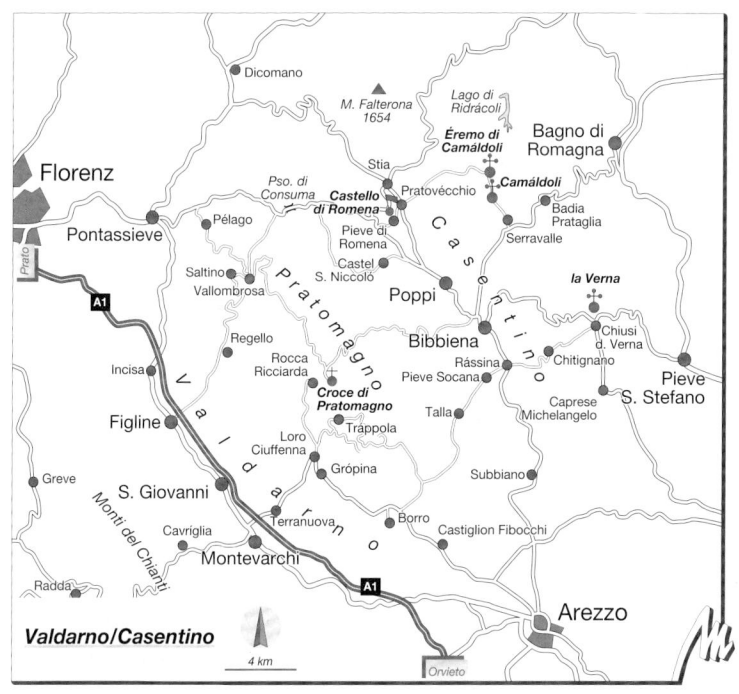

Valdarno/Casentino

4 km

Villa Casagrande, wer nobler residieren möchte, findet im quirligen Nachbarort Figline Valdarno eine passende Bleibe. Das luxuriöse Hotel ist in einem Renaissance-Palast aus dem 14. Jh. untergebracht und wurde im Empfangsbereich geschickt modernisiert. In den erlesen möblierten Zimmern haben Päpste und Könige gewohnt, bis heute übernachtet der italienische Adel gerne in den historischen Gemäuern. Zum Anwesen gehört ein Garten, der von Zypressen, den alten Stadtmauern und einem Wehrturm begrenzt wird. Serviert wird im alten Waffensaal und im traumhaft schönen Kreuzgang. Die Preise sind für das Gebotene erstaunlich günstig: DZ 130–150 €, Suite 170–190 €. Auch Appartements werden vermietet. Via del Puglia 26, 50063 Figline, ✆ 055-9544851, 📠 055-9544322, www.villacasagrande.it.

● *Agriturismo* **Locanda CasaNuova**, hoch über Figline Valdarno beim nahe gelegenen Weiler Brollo. Ein seit zwanzig Jahren unter deutscher Regie geführter Betrieb mit Einzel- und Doppelzimmern sowie großzügi-gen Aufenthaltsräumen. Eine köstliche Küche, viele Freizeitmöglichkeiten und ein nach modernsten Kriterien entworfener Badeteich geben der CasaNuova Pfiff. Es werden in Zusammenarbeit mit Veranstaltern aus Deutschland verschiedene Kurse angeboten. Nur Halbpension für 57 € pro Pers. San Martino Altoreggio 52, 50063 Figline, ✆ 055-9500027, 📠 055 9500211, www.casanuova-toscana.it.

● *Camping* ****** Norcenni Girasole Club**, ca. 3 km außerhalb Richtung Figline. Laut ADAC ein „Erlebnis-Camping": 2 Swimmingpools, 2 Restaurants, Disko. 4x täglich Transfer vom und zum Bahnhof von Figline, 2x täglich Direktbus nach Florenz. Geöffnet Mitte März–Okt. Via Norcenni 7, 50063 Figline, ✆ 055-915141, 📠 055-9500211, www.ecvacanze.it.

● *Essen* **Osteria dell'Angelo**, hinter einem Durchgang rechts der Basilika. San Giovannis beste Küche verarbeitet das Chianina-Rind zu Florentiner Steaks und serviert seine Lenden gegrillt. Sonntagabend und Mo geschlossen. Via della Madonna 5, ✆ 055-943799.

Da Giovannino, Ristorante und Pizzeria, ca. 100 m vom Palazzo Comunale entfernt. Schnörkellose toscanische Hausmanns- kost, große Pizzaauswahl, kleine Preise. Mi geschlossen. Piazza della Libertà 24, ☎ 055-9122726.

Montevarchi

Auch in dem etwa gleich großen Ort ein paar Kilometer südlich von San Giovanni Valdarno regiert die Industrie. Ein kurzer Stopp lohnt eigentlich nur, wenn man sich der Paläontologie verschrieben hat. Immerhin nämlich befindet sich im kleinen historischen Zentrum von Montevarchi eines der ältesten einschlägigen Museen Italiens, was damit zusammenhängt, dass das Arnotal wegen seiner besonderen geologischen Gegebenheiten schon zu Beginn des 19. Jh. das Interesse der noch jungen Forschung auf sich zog. Was der Boden des Arnotals im Laufe der Jahre an gut konservierten Funden preisgegeben hat, wurde katalogisiert, wissenschaftlich ausgewertet und schließlich im **Museo Paleontologico** auch der Öffentlichkeit zugänglich gemacht. Präsentiert werden u. a. Knochenfunde von Tigern und Mammuts sowie bis zu drei Millionen Jahre alte Fossilien.

- *Museum* **Museo Paleontologico**, Via Poggia Braccioloni 36. Di–Sa 9–12.30 und 16–18 Uhr, So 10–12.30 Uhr. Eintritt 3 €. ☎ 055-981227 oder 055-9108230.

- *Essen* **L'Osteria di Rendola**, Loc. Rendola, 4 km von Montevarchi entfernt. Ländliche, deftige Küche, gutes Preis-Leistungs-Verhältnis. Mi und Donnerstagmittag geschlossen. ☎ 0575-9707491. www.osteriadirendola.it.

Durch das Pratomagno

In der abwechslungsreichen Bergwelt des Pratomagno gibt es einiges zu entdecken: romanische Landkirchen, eine wuchtige Klosteranlage und nicht zuletzt so abgelegene, idyllische Bergnester wie Rocca Ricciarda. Die unteren Hänge des Pratomagno sind dicht mit fruchtbaren Wein- und Olivenfeldern bestanden, eine herrliche Panoramastraße führt auf ca. 300 m Höhe von Reggello nach Loro Ciuffenna. (Dort zweigt übrigens eine kurvenreiche Straße hinüber auf die andere Seite des Pratomagno, ins Casentino, ab.)

Gewissermaßen das Tor zur Pratomagno-Route Richtung Arezzo ist der ruhige Ort **Pelago**, der tief in einem Seitental des Arno liegt und aus einer etruskischen Siedlung hervorgegangen ist. Das hübsche Ortszentrum bildet die kopfsteingepflasterte Piazza Ghiberti mit ihrem mittelalterlichen Gebäudeensemble. Von dort führt die Via Roma unter dem Glockenturm des Rathauses hindurch auf die heimelige Mini-Piazza Cavalcanti. Ganz am Ende bietet der Bellavista-Balkon einen ungetrübten Blick über das Tal.

- *Festival* Seit 1989 findet in Pelago jedes Jahr (Mitte Juli) das internationale Straßenfestival **On the Road** statt. 4 Tage lang versammeln sich dann tingelnde Straßenkünstler aus allen Himmelsrichtungen im Ort und heizen die Stimmung mit ihren Darbietungen an. Die genauen Festival-Termine kennt das örtliche Infobüro, ☎ 055-8326236.

- *Essen* **Osteria della Sciòa**, in Pelago an der Hauptpiazza Ghiberti (Nr. 30). Gemütlicher, kühler Speiseraum, toscanische und römische Küche, von sympathischen Leuten geführt. Mi Ruhetag. ☎ 055-8326062.

Abbazia di Vallombrosa

Im Jahr 1028 zog es den Florentiner Adligen *Giovanni Gualberto* ins westliche Pratomagno-Gebirge, wo er als Einsiedler zunächst eine kleine Kapelle errichten ließ. Wenige Jahre später gründete er den Orden der Vallombrosaner und begann auf 1000 m ü. M. mit dem Bau des Klosters für die neue Glaubensgemeinschaft, die

1055 vom Papst anerkannt wurde. Im 15. Jh. wurde die kleine Abtei zu einer festungsartigen Klosteranlage ausgebaut, was sie 1526 jedoch nicht vor den plündernden Truppen Karls V. schützen konnte. 1866 säkularisiert, zogen erst 1963 wieder Vallombrosaner-Mönche ein. In der romanischen Klosterkirche berichten einige künstlerisch wenig wertvolle Gemälde aus verschiedenen Jahrhunderten aus dem Leben des heilig gesprochenen Ordensgründers.

Vor dem Kircheneingang verdient ein allegorisches Schnitzkunstwerk aus einer riesigen Olivenbaumwurzel Aufmerksamkeit. Am Haupteingang zum Kloster betreiben die Mönche in der ehemaligen Apotheke *(Antica Farmacia dei Monaci)* einen lukrativen Souvenirhandel mit Elixieren, Likören und Devotionalien (täglich 10–12 und 15–18 Uhr).

Im rechten Seitenflügel der Klosteranlage ist das kleine **Museo d'Arte Sacra** zu Hause, das verschiedene Klosterschätze, Monstranzen, Messgewänder, aber auch Majolika-Objekte aufbewahrt.

• *Busverbindung* Täglich mehrmals Busse von Florenz über Pontassieve und Saltino nach Vallombrosa.

• *Öffnungszeiten* Museo d'Arte Sacra, Do–So 10–13 und 15–19 Uhr; Juli/August zusätzlich Mo–Mi 10–12 und 15–18 Uhr. Eintritt 3 €.

• *Wandern* Die Abbazia Vallombrosa liegt mitten im Hochwald des Pratomagno, der auf einer Fläche von über 1200 ha als Naturreservat geschützt ist. Vom Luftkurort Saltino (unterhalb der Klosteranlage) führen gekennzeichnete Wanderwege durch den herrlichen Mischwald.

• *Übernachten* ***** La Foresta**, direkt beim Kloster. Von außen kein sonderlich schönes Gebäude, aber innen restauriert. Geräumige Zimmer. DZ 104 €, Frühstück inbegriffen. Via San Giovanni Gualberto 2, 50060 Vallombrosa-Reggello, ℰ 055-862161, ℰ 055-862181, www.albergolaforesta.

* Villino Medici, direkt neben dem Kloster, Pietra-Serena-Bau im Stil eines Florentiner Palazzo, ein sympathisches Haus, in dem die Zeit stehen geblieben scheint. Zimmer mit Parkett, die besseren mit Balkon über dem Eingang. Die hübsche Bar im dreibogigen Portikus ist den Gästen vorbehalten. Angeschlossenes Restaurant (Di geschlossen). DZ mit Bad 56 €, mit Bad auf der Etage 57 €. Via Vallombrosa 123, 50060 Vallombrosa-Reggello, ℰ/ℰ 055-862187, villino medici@libero.it.

*** Le Terrazze, in Saltino und dort eines der günstigeren. Nach hinten Blumengarten und alte Steinterrassen, die dem Haus den Namen gegeben haben. Geöffnet Mai–Okt. DZ 70 €. Via della Chiesa 1, Loc. Saltino, 50060 Regello, ℰ 055-862030, ℰ 055-862170, www.leterrazze.it.

San Pietro in Cascia

Cascia ist ein bescheidenes Örtchen südöstlich von Regello und hat mit der romanischen Kirche San Pietro aus dem frühen 12. Jh. eine echte Sehenswürdigkeit zu bieten. Den Sandsteinbau mit dem wuchtigen, viereckigen Turm ziert ein hübscher Portikus, an der Fassade werden die Säulen als Dekor fortgesetzt. Im dreischiffigen Kircheninneren befand sich bis vor kurzem ein kostbares Frühwerk des in San Giovanni Valdarno geborenen Malers *Masaccio*, ein Triptychon von 1422, das in der Mitte eine anmutige Madonna auf dem Thron zeigt, die ein fingerlutschendes, nacktes Kind stützt.

Aus Sicherheitsgründen und vielleicht auch, um Eintrittsgelder kassieren zu können, wurde hinter der Kirche das **Museo Masaccio d'Arte Sacra** eingerichtet, in dem das berühmte Triptychon Masaccios heute zu besichtigen ist. Die weiteren Gegenstände des kleinen Museums sind bedeutungslos.

• *Öffnungszeiten* **Museo Masaccio d'Arte Sacra**: Di und Do 15–19 Uhr, Sa/So 10–12 und 15–19 Uhr; Juni–Sept. zusätzlich am 1. und 3. Samstag des Monats 21–23 Uhr. Eintritt 3 €.

• *Essen/Übernachten* **Osteria Masaccio**, neben der Kirche San Pietro. Einfache Osteria und Pizzeria. Das Dekor ist etwas zu viel des Guten: Keramikteller, Kupferkessel, Bilder, Familienfotos, und natürlich fehlt auch nicht Masaccios fingerlutschendes Jesuskind. Doch das soll nicht davon abhalten, hier zu speisen, denn es gibt schmackhafte Hausmannskost zu akzeptablen Preisen. Tische auch auf dem Kirchenvorplatz. Mi geschlossen, ☎ 055-8667407.

**** **Fattoria Usignoli**, ein hotelartiger Komplex mit Pools, Reitbahn, Spielplatz und Ähnlichem mehr. Appartements ab 275– 845 € pro Woche, je nach Größe und Sai-son. San Donato in Fronzano, Donnini, 50066 Reggello, ☎ 055-8652018, ✆ 055-8652270, www.usignoli.it.

*** **Hotel Ristorante Archimede**, einsam gelegener Komplex aus mehreren alten Ziegelsteinbauten knapp 3 km oberhalb von Reggello, im Wald am Weg nach Vallombrosa. Das Hotelrestaurant, ein beliebtes Ausflugslokal, macht mit seinen lebenden Forellen Reklame und ist bekannt für seine authentische toscanische Küche. Tenniscourt und Swimmingpool. Große DZ mit Balkon ca. 90 € inkl. Frühstück. Via Pietrapiana 68, 50066 Reggello, ☎ 055-869055, ✆ 055-868584, www.ristorantearchimede.it.

Loro Ciuffenna   *(ca. 5000 Einw.)*

Das Dorf liegt auf 320 m Höhe am Fuße des Pratomagno-Gebirges, drum herum werden Getreide, Gemüse, Tabak, Wein und Oliven angebaut.

Hervorstechendes Gebäude an der kleinen Dorf-Piazza ist eine stattliche **Loggia** mit den Büsten von Giuseppe Garibaldi und König Vittorio Emanuele II. Die labyrinthartig angelegten Gässchen des alten Dorfkerns führen zu einer alten Bogenbrücke über den Wildbach Ciuffenna, der hier eine tiefe Schlucht in den Fels gegraben hat. Bei dem alten Mühlengebäude am Felsufer handelt es sich um die älteste Getreidemühle der Umgebung, sie stammt aus dem 12. Jh. und funktioniert immer noch.

Durchaus besuchenswert ist das **Museo Venturino Venturi**. Der 1918 in Loro Ciuffenna geborene und 2002 verstorbene Künstler hat so manchen Zeitgenossen in Stein porträtiert und dabei viele unterschiedliche Techniken und Stile angewandt. Auch eine Reihe öffentlicher Denkmäler in der Toscana stammen von ihm. Im Museum sind neben Skulpturen auch zahlreiche Bilder und Zeichnungen ausgestellt. Aus den Jahren 1958/59 stammen sechs Pinocchio-Bilder (bittender P.; meditierender P.; denkender P.; P., der seinem Vater die Zunge zeigt; P. als Kardinal; P. als König). Venturi hatte sich in den 1950er Jahren am Wettbewerb zur Gestaltung des Pinocchio-Parks von Collodi beteiligt und den ersten Preis eingeheimst. Ein weiteres bemerkenswertes Exponat der Ausstellung ist das „Autoporträt", eine Tuschezeichnung, auf der schemenhaft das Gesicht des Künstlers erscheint.

• *PLZ* 52024

• *Information* **Pro Loco**, beim Venturini-Museum. Mo–Do 9–13, Fr 9–12 Uhr (ohne Gewähr), ☎/✆ 055-9172771. U. a. Infos zur Gipfelbesteigung des Croce di Pratomagno, zu den romanischen Kirchen der Region und zum Trekking bzw. Mountainbiking.

• *Museo Venturino Venturi* Juni–Sept. Sa/So 10.30–12.30 und 16.30–19.30 Uhr, Okt.–Mai Sa/ So 16–19 Uhr, sonst nach Vereinbarung mit dem Pro Loco unter ☎ 055-9172771. Eintritt 2 €.

• *Verbindung* Tägl. mehrere **Busse** nach Arezzo und San Giovanni; von dort Zugverbindungen nach Florenz.

• *Internet* **OMNIA PC**, Via Gruissau (im oberen Ortsteil). 9–13 und 16.30–20 Uhr, Donnerstagnachmittag und So geschlossen.

• *Markt* Jeden Montag.

• *Übernachten* **Casa Eugenia**, sehr schicke Unterkunft in einem renovierten Altstadthaus. 6 große, ansprechend eingerichtete Zimmer, alle mit geräumigem Bad. Terrasse über die Ciuffenna, großer, eleganter Frühstückssaal. Wenn geschlossen ist, im Ristorante Vino al Vino nebenan fragen, das in gleichem Besitz und von gleichem gehobenem Standard ist (Außenbetischung nach hinten). DZ ab 132 €. Piazza Nannini 2/A, ☎ 055-9171257, ✆ 055-9170809 , www.dimoracasaeugenia.com.

** **Il Cipresso**, die vom Koch, Künstler und Hotelier Pietro Cioni ganz individuell gestalteten Zimmer erweisen sich als phantasievolle Alternative zum Standardhotelzimmer.

Der Komfort ist durchschnittlich, die Preise sind zivil. Der Betrieb lebt eindeutig vom empfehlenswerten Restaurant (siehe unten). DZ mit Dusche 52 €, EZ 32 €. Via Alcide de Gasperi 28 (am Ortseingang), ☏ 055-9172067, 📠 055-9171127, www.ilcipresso.it.

** **Al Tartufo**, ältliches Haus am Ortsausgang in Richtung Arezzo. Großer öffentlicher Parkplatz direkt vor dem Hotel. Das Restaurant (Schild: „Pizza no!") ist Mi geschlossen. DZ 50 €, mit Du/WC auf der Etage 45 €. Via del Fondaccio 10, ☏ 055-9172742.

• *Agriturismo* **Paterna, coop. agricola**, im Weiler Paterna (5,5 km Richtung Arezzo, dann Schotterstraße rechts ab und weitere 700 m). Die freundliche Kooperative vermietet ganzjährig 3 Appartements mit insgesamt 10 Betten. Die Appartements (30–60 qm) verfügen über Küche, Bad und Heizung. Auf dem Hof gibt es auch einen kleinen Campingplatz, der absichtlich auf nur 4 Stellplätze begrenzt ist. Außerdem unterhält die Kooperative einen großen Verkaufsladen: Olivenöl, Vinsanto und Paterna-Wein (DOCG-Qualität und teils in Eichenholzfässern gereift, prämiert auf der Biofac in Nürnberg). Besucher, die Interesse an Bienenzucht und Landwirtschaft haben oder im Herbst bei der Wein- bzw. Olivenernte mithelfen wollen (nach Absprache), sind gerne gesehen. 60 € pro Tag für 2 Pers., 300 € pro Woche, je Zusatzbett 10 € plus 10 € für Bettwäsche. Loc. Paterna 96, 52028 Terranuova Braccolini, ☏/📠 055-977052, www.paterna.it.

Podere Casa Rotta, 6 Wohnungen und eine Trattoria sind in dem Landgut bei Querceto eingerichtet worden. Das herrschaftliche Anwesen aus dem 18. Jh., zu dem 12 Hektar Land gehören, wurde von den französischen Eigentümern komplett renoviert. In Loro Ciuffenna auf der Straße Setteponti Richtung Malva fahren, danach dem Wegweiser „Querceto" folgen. Das Landgut ist ausgeschildert. Für 2 Pers. 460–770 €/Woche, für 4 Pers. 560–1050 €/Woche. Malva, Loro Ciuffenna, ☏ 055-969388, 📠 055-

969835, www.poderecasarotta.com.

• *Essen* **Ristorante Cipresso**, im gleichnamigen Hotel und wie dieses ein Ort der Gegenwartskunst. Je nach Ausstellung dienen die Gemälde manchmal als spanische Wände, um Séparées zu schaffen. Über die abstrakte Kunst mag man streiten, aber nicht über das, was der Maler in der Küche produziert. Die Adresse gilt unter Einheimischen als eine der besten der Region, die Dorfnotabeln der Umgebung finden sich neben Florentiner Gästen, die erst hier erfahren, wie ein richtiges Florentiner Steak schmeckt. Liebhaber des roten Fleisches wählen die Bistecca Panzanese, mit etwas Olivenöl angebraten und einer Gewürzmischung aus dem Chianti als einziger Zutat. Oder versuchen Sie Candole (hausgemachte Pasta) auf Kalbszünglein serviert – und zur Abrundung des Mahls einen Vinsanto mit Cantucci. Die Preise liegen eindeutig über dem Durchschnitt, aber ebenso eindeutig auch die Qualität. ☏ 055-9172067.

Trattoria La Torre, via Dante Alighieri 20, gleich hinter dem Torbogen. Gemütliche Trattoria im 1. Stock (So geschlossen). ☏ 055-9172032.

• *Außerhalb* **Osteria dell'Acquolina**, auf dem Hof des Agriturismo Paterna (s. o.), aber unter eigener Regie. Gerichte je nach Jahreszeit und stets leckere Fleisch-Secondi, z. B. Anatra in porchetta (eine Art Entenrollbraten). ☏ 055-977497 oder 055-977514, Mo/Di geschlossen.

Osteria Canto del Maggio, ca. 2 km Richtung Terranuova Braccolini, vor La Penna rechts zum alten Ortsteil abbiegen. Hervorragende toscanische Küche zu vernünftigen Preisen in einem Gebäude aus dem 16. Jh. Serviert wird auf beiden Etagen des Hauses, im Weinlager daneben gibt es kleine Gerichte. Vor dem Essen Händewaschen nicht vergessen – großartiges Marmorlavabo! Geöffnet April–Okt., Mo/Di geschlossen. ☏ 055-9705147.

Umgebung von Loro Ciuffenna

Gropina: Die liebenswürdige Ortschaft liegt etwas oberhalb von Loro Ciuffenna und ist von dort mit etwas Muße auch zu Fuß zu erreichen. Sie besteht aus einer romanischen Kirche, um die sich einige wenige Häuser gruppieren. Die Felder eines Weinguts stoßen bis an die Dorfmauern. In dem kleinen Verkaufsladen vis-à-vis der Kirche gibt es einen Chianti der *Fattoria di Gropina* (DOC).

Die *Kirche San Pietro* (täglich 8–12 und 15–19 Uhr, im Winter bis 18 Uhr, geöffnet) zählt zu den schönsten romanischen Gotteshäusern der ländlichen Toscana. Der dreischiffige Kirchenraum schließt mit einer Apsis, die mit einem zweigeschossigen Säulenaufbau verziert ist; die Außenmauer der Apsis nimmt das Säulendekor wieder auf. Die massive Steinkanzel sowie die Kapitele sind außergewöhnlich schöne Beispiele romanischer Steinmetzkunst.

Trappola: Das Dörfchen liegt ein paar Kilometer nordöstlich von Loro Ciuffenna, schon hoch oben im mit Nadelwald bestandenen Gebirge. Die kommunale *Unità Sanitaria* unterhält hier ein Ferienheim für Behinderte und Alte. Vom Kirchenvorplatz genießt man einen herrlichen Blick aufs Arnotal, Steinbänke unter Riesentannen laden zum Ausruhen ein.

● *Wanderungen* Kurz hinter Trappola endet die asphaltierte Straße im Wald. Von hier aus kann man in einer Stunde zum **Rifugio Seraio** (Pfad Nr. 24) wandern und in zwei Stunden auf einer Panoramastraße zu den **Tre Fonti** (Pfad Nr. 23).

● *Übernachten/Essen*   *** **Locanda Casablanca**, kleines, sympathisches Hotel mit Restaurant, das neben italienischer Küche und Pizzen auch Couscous anbietet und damit seinem Namen gerecht wird. Außerhalb der Hochsaison Mo–Mi geschlossen. DZ 60 €, mit Du/WC auf der Etage 50 €. ☎ 055-9173400.

Da Giorgio, Ausflugsrestaurant mit Terrasse, eine Spezialität des Hauses sind Waldpilze, abends raucht auch der Pizzaofen. Do geschlossen. ☎ 055-9173210.

Rocca Riccarda: Von Loro Ciuffenna klettert am Wildbach Ciuffenna entlang eine Straße den Berg hinauf. Einige Staubecken bieten unterwegs ausgezeichnete Bademöglichkeiten. Nach ca. 11 km endet die Straße vor dem idyllischen Bergdorf Rocca Riccarda auf 957 m Höhe. Zum Felsen, der dem Dorf den Namen gab, führt im Dorf eine Treppe hoch, die bei einer Aussichtsplattform endet. Grau wie der Gipfel des nahen Croce di Pratomagno ist auch der Bruchstein der Häuser, einzig die Topfpflanzen davor bringen etwas Farbe ins Bild. In den Sommermonaten sind die Häuser von Rocca Ricciarda bewohnt, und Wandergrüppchen sammeln sich hier zum Gipfelsturm.

● *Essen* Die Dorfbewohner loben die einfache Küche der **Osteria La Rocca** gleich am Ortseingang. Die Auswahl ist zwar klein, aber die Gerichte sind hervorragend zubereitet. Angeblich Juni–Sept. täglich geöffnet. Wer sicher sein will, vergewissert sich vorab telefonisch. ☎ 055-9704100.

● *Wandern* Von Rocca Ricciarda führt ein gekennzeichneter Wanderweg zum eisernen **Gipfelkreuz des Croce di Pratomagno** (ca. 3 Std., weiß-rote Markierung, Pfad Nr. 21 A).

Borro: Der mittelalterliche Weiler auf der Spitze eines Hügels liegt einige Kilometer südlich von Loro Ciuffenna auf halbem Weg nach Arezzo. Die intakte Dorfanlage mit den charakteristischen Bruchsteinhäusern und Pflastersteingassen ist vom Feinsten: ein Ort, um die Seele ein wenig baumeln zu lassen. Auch wenn Borro an vielen Stellen eher den Eindruck einer Puppenstube als eines lebendigen Dorfes erweckt – wie Architektur und Natur sich hier ergänzen, bleibt sehenswert. Einige Kunsthandwerker haben sich niedergelassen, u. a. ein Spezialist für mechanisch betriebene Puppen (Dorfleben in Borro, Mühle, Osteria, Hufschmied, etc.). In einem anderen Haus lebt Pinocchio dank demselben technischen Prinzip.

Nur einen Haken hat die Idylle: Der florentinische Schuhmagnat Ferragamo hat Borro weitgehend aufgekauft und daraus eine Art Renaissance-Ferienzentrum machen lassen. Die Wochenpreise für die etwas zu geschmackvoll restaurierten Häuser bewegen sich in Regionen, die man von seinen Schuhen gewohnt ist. Unter 1800 € ist in der Hochsaison keine Wohnung zu haben. Wem das zu günstig vorkommt, der hat die Möglichkeit, für den Aufenthalt in der vorgelagerten Villa Il Borro, ehemals Sommerresidenz der fränkischen Adelsfamilie Hohenlohe, gut 40.000 € auszugeben. Wer mehr wissen will: www.ilborro.it und www.villailborro.com (nur in russischer Sprache!) geben einen ersten Überblick.

Blick auf Pontassieve

Durch das Casentino

Das grüne Tal, durch das sich der Arno von seiner Quelle an den Hängen des Monte Falterona Richtung Arezzo schlängelt, wird im Westen von den Gebirgszügen des Protamagno und im Osten von den Alpe di Catenaia umschlossen. Letztere markieren auch die Grenze zum benachbarten Valtiberiana, dem Tibertal. Den Kern des Casentino bildet der **Parco Nazionale delle Foreste Casentinesi**, der weit in die Nachbarregion der Toscana, in die Emilia-Romagna, hineinreicht.

Beherrscht wurde das Casentino lange Zeit von den Grafen Guidi, die sich bis Mitte des 15. Jh. den Expansionsgelüsten der Großmacht Florenz widersetzen konnten. Zu ihren Hinterlassenschaften zählen ein paar zum Teil gut erhaltene Burgen, die schönsten findet man in Poppi und in der Nähe von Pratovecchio. Nicht weit von Poppi, in der Gegend um Campaldino, wurde übrigens auch die historisch bedeutsame Schlacht zwischen Florenz und den ghibellinischen Heeren aus Pisa und Arezzo ausgetragen (1289); an der Seite der siegreichen Florentiner kämpfte damals auch Dante Alighieri.

Von Florenz aus gelangt man über **Pontassieve** und den **Passo della Consuma** ins Casentino. Eine erste Sehenswürdigkeit gibt es bereits in Pontassieve selbst zu bestaunen: die zweibogige Ziegelsteinbrücke über den Fluss Sieve, die Cosimo I. 1555 errichten ließ. An der östlichen Stadtausfahrt schiebt sich diese imposante Brücke wie von selbst ins Blickfeld.

● *Essen* **La Casellina**, wird als Geheimtipp für köstliche Pasta fresca gehandelt. Alles zu moderaten Preisen. Hinter Pontassieve Richtung Rufina, Loc. Montebello, ℡ 055-8397580. Mo geschlossen, im Winter auch Di.

La Baita, beliebtes Ausflugsrestaurant am Consuma-Pass, großer, rustikaler Speiseraum, schattige Gartenterrasse, deftige Küche, akzeptable Preise. ℡ 055-8306534.

Von Florenz nach Arezzo
Karte S. 463

Stia

(ca. 3000 Einw.)

Das hübsche Casentino-Städtchen am Fuße des Monte Falterona beeindruckt vor allem durch seine lang gestreckte, leicht ansteigende Pflasterstein-Piazza Tanucci in der Altstadt, die links und rechts von schmalen Bogengängen gesäumt wird. Am unteren Ende der Piazza befindet sich die romanische **Kirche Santa Maria Assunta** (12. Jh.), die in der linken Seitenkapelle ein glasiertes Tonrelief (Madonna mit Kind) von *Andrea della Robbia* beherbergt.

An der Straße zum Passo La Calla findet man linker Hand die **Parkanlage Palagio Fiorentino,** an deren Ende eine von Efeu umrankte kleine Burg steht, die sich wie eine Miniaturausgabe der Guidi-Burg von Poppi ausnimmt. Tatsächlich geht sie ebenfalls auf die mächtige Familie zurück. Heute ist die Burg in kommunalem Besitz. Im ersten Stock wurde eine Pinakothek mit etwa 200 Arbeiten von regionalen Gegenwartskünstlern eingerichtet, außerdem ein ornithologisches Museum (✆ 0575-504596). Nicht zur romantischen Burg passen will die futuristisch anmutende Glas-Holz-Konstruktion im Park, die eine Reihe von Wasserhähnen überdacht. Der Bau ist der 1996 eröffnete Trink-Pavillon einer Thermalanlage, eines Projekts, das aus finanziellen Gründen nie verwirklicht wurde.

Nördlich des Orts erhebt sich das kleine **Castello di Porciano** (11. Jh.), eine weitere Kopie des Castello von Poppi und ebenfalls in Gemeindebesitz. Ein gepflegter, erholsamer Skulpturengarten und ein kleines Bauernmuseum gehören dazu. Im Sommer werden hinter den dicken Mauern Kunstausstellungen organisiert. Im Juli findet eine Antiquitätenmesse statt und alle zwei Jahre am ersten Septembersonntag eine Ausstellung für Schmiedearbeiten.

- *PLZ* 52017
- *Information* **Pro Loco,** Piazza Tanucci. Tägl. 10.30–12.30 Uhr, ✆ 0575-504106.
- *Öffnungszeiten* **Parkanlage Palagio Fiorentino,** Mai–Sept. 7–23 Uhr, Okt.–April nur bis 21 Uhr.
Pinakothek für moderne Kunst, Juni–Sept. am Wochenende und an Feiertagen von 16–19 Uhr geöffnet. ✆ 0575-582296.
Castello di Porciano, Mitte Mai bis Mitte Okt. So 10–12 und 16–19 Uhr, sonst nach Vereinbarung unter ✆ 0575-400517.
- *Bahnverbindung* Endstation der Nebenlinie Arezzo–Stia; die Fahrzeit nach Arezzo beträgt ca. 1 Std.
- *Übernachten* *** **Albergo Falterona,** kom fortable Herberge mit Charme in einem altehrwürdigen Palazzo am unteren Ende der

Altstadtpiazza. Unterschiedlich große Zimmer, tipptopp in Schuss, mit sehr schickem Bad. Kein Restaurant, dafür eine angenehme, populäre und preiswerte Hotelbar. DZ 100 € (inkl. Frühstück). Piazza Tanucci 85, ✆ 0575-504569, ✉ 0575-504982, www.albergofalterona.it.
- *Essen* **Da Filetto (Trattoria Falterona),** alteingesessenes Ristorante an der Piazza Tanucci (Nr. 28), rustikal eingerichtet, schnörkellose casentinesische Küche, dazu ein passabler Rotwein aus Fiesole. Am besten fängt man das Gelage mit einer Acquacotta an und beendet es mit Vinsanto und Cantucci. Gutes Preis-Leistungs-Verhältnis, sehr stimmungsvoll ist die Speiseterrasse an der Piazza. Leider nur mittags geöffnet und Sa ganz geschlossen. ✆ 0575-583631.

Pratovecchio

(ca. 3000 Einw.)

Die Geburtsstadt des Renaissancemalers *Paolo Uccello* (1397–1475) hat eine bildhübsche Altstadt. Nahezu alle Plätze und Straßen des verzweigten Centro storico werden von Arkadengängen gesäumt. Am Freitagvormittag lohnt sich ein Besuch ganz besonders: Dann ist Wochenmarkt, und Pratovecchio zeigt sich von seiner stimmungsvollsten Seite. Ganz in der Nähe des Ortes findet man zwei ausgesprochene Sehenswürdigkeiten:

Die eine ist das weithin sichtbare **Castello di Romena**, eine der schönsten Burgen, die die einstigen Feudalherren des Casentino, die *Conti Guidi*, errichten ließen. Mit drei Mauerwällen und 14 Türmen befestigt, konnte sie die feindlichen Florentiner lange Zeit abwehren und fiel erst 1357 in deren Hände. Glaubt man der Burgchronik, dann hielt sich *Dante Alighieri*. nach seiner Verbannung aus Florenz (1302) einige Zeit hier auf und schrieb an seiner „Göttlichen Komödie". Eine lange Zypressenallee (Schotterstraße) führt zum Parkplatz am Burgeingang. Der einzige unversehrte Turm des Castello ist leider nur nach telefonischer Voranmeldung zu besichtigen, ebenso das angeschlossene **Burgmuseum**, das eine mittelalterliche Waffensammlung sowie archäologische Fundstücke aus etruskischer Zeit beherbergt (✆ 0575-581353).

Etwa 1 km unterhalb des Castello befindet sich das zweite Kleinod, die aus der Mitte des 12. Jh. stammende **Pieve di Romena**. Der schlichte Baukörper mit seiner seltenen Arkadenapsis ist ein besonders schönes Beispiel romanischer Sakralarchitektur. Im Innenraum beeindrucken vor allem die üppig verzierten Kapitelle, die neben Tier- und Pflanzenmotiven auch Darstellungen aus der Petrusgeschichte aufweisen. Die beweglichen Kunstgegenstände sowie der Altarschmuck wurden aus Sicherheitsgründen in die Pfarrkirche von Pratovecchio gebracht. In der Krypta sind die Fundamente des lombardischen Vorgängerbaus aus dem 8. Jh. zu sehen. Außerdem konnte an dieser Stelle eine etruskische Kultstätte aus dem 4. Jh. v. Chr. nachgewiesen werden. Frau Cipriani, die Kustodin der Kirche, wohnt in dem Bauernhaus nebenan; in der Regel macht sie auch Führungen ohne telefonische Voranmeldung (✆ 0575-583725). Ein Obolus wird erwartet.

- *PLZ* 52015
- *Casentino-Nationalpark* Verwaltung und Informationsbüro des **Parco Nazionale delle Foreste Casentinesi**, Via G. Brocchi 7. Hier gibt es umfangreiches Info- und Kartenmaterial zum Nationalpark des Casentino. Eine der schönsten Wanderungen führt hinauf zum Quellgebiet des Arno. Mo–Fr 8.30–13.30 Uhr, Di und Do zusätzlich 15–17.30 Uhr, ✆ 0575-50301, ✆ 0575-504497.
- *Übernachten* Einige attraktive Agriturismi der näheren Umgebung haben sich unter dem Namen „La Via Della Salute" zusammengeschlossen. In der Regel sollte für mindestens 2 Tage gebucht werden, die Übernachtung (DZ) beginnt bei einem Preis von 45 €:

La Chiusa, Loc. Gavisseri 1, ✆/✆ 0575-509066.

Capannina, Loc. Casalino 39, ✆/✆ 0575-583191, www.agriturismocapannina.com.

Il Parco, Loc. Casalino 12, ✆ 0575-504249.

Matteraia, SS 70, Loc. Ponticelli, ✆ 0575-554047, ✆ 0575554500, www.ponticellimatteraia.com.

- *Essen* **Gli Accaniti**, über die Grenzen des Casentino hinaus bekanntes Feinschmeckerlokal, mehrfach für seine gute toscanisch-casentinesische Küche ausgezeichnet. Stilvoll eingerichteter Speiseraum und lauschige Veranda direkt am Arno-Ufer, gehobene Preise. Via Fiorentina 14 (an der Brücke), ✆ 0575-583345, Di Ruhetag.

Castel San Niccolò

Diese Burgruine, ebenfalls ein alter Besitz der Conti Guidi, mit dem angrenzenden winzigen Oberdorf überragt die Ortschaft **Strada**. Eine schmale mittelalterliche Pflastersteinbrücke führt über den Arno und verbindet Ober- mit Unterdorf.

Die Burg (11. Jh.) befindet sich in Privatbesitz. Giovanni Biondi, ein Lehrer aus Strada, hat sie vor etlichen Jahren gekauft – „für wenig Geld", sagen die Dorfbewohner. An der Innenrestaurierung ist die Gemeindekasse beteiligt, denn die Burg steht unter Denkmalschutz. Irgendwo am Mauerwerk, so will es die Burglegende, klebt ein Handabdruck des Teufels! Die kleine Dorfkapelle am Aufgang zur Burg diente früher als Burggefängnis. Wer sehen will, wie das Castel San Niccolò früher ausgeschaut hat, kann dies am benachbarten Haus Nr. 93 tun. Über der rechten Eingangstür befindet sich eine alte Steinzeichnung, daneben sieht man zwei Wappen.

Im Unterdorf Strada sind der Dorfplatz mit der offenen Markthalle und die perfekt restaurierte, dreischiffige romanische **Kirche San Martino** (täglich 8–12 und 15.30–19 Uhr) an der Durchgangsstraße mit ihren Freskenresten die einzigen Sehenswürdigkeiten.

Burgbesichtigung Manchmal hat man Glück, und der Besitzer befindet sich auf seinem Grundstück; ansonsten hilft nur die Voranmeldung unter ✆ 0575-572961.

Poppi
(ca. 6000 Einw.)

Wahrzeichen von Poppi ist die schon von weitem sichtbare Burg der Grafen Guidi, die einst das gesamte Casentino beherrschten. Arnolfo di Cambio, der Erbauer des Florentiner Doms, soll am Bau dieser prächtigsten und besterhaltenen Guidi-Burg mitgewirkt haben.

Eine Brücke über den Burggraben führt zum wappenverzierten Castello, dessen kostbar ausgestattete Wohnräume besichtigt werden können (täglich 10–18.30 Uhr, Eintritt 4 €). Kunstgeschichtlich besonders wertvoll sind die Fresken der kleinen Burgkapelle, die der Giotto-Schüler *Taddeo Gaddi* 1330 angefertigt hat. Die Bibliothek des Castello besitzt rund 25.000 Bände, 200 Manuskripte und 600 Inkunabeln. Im Erdgeschoss kann eine große Auswahl an Büchern über Kunst und Kultur der Region erworben werden.

Neben der Burg stieß man 2003 beim Bau einer neuen Wasserleitung ganz zufällig auf etruskisches Mauerwerk aus dem 4. Jh. v. Chr., in unmittelbarer Nähe der lauten Baumaschinen machten sich Archäologen mit Hämmerchen und Schäufelchen an die Feinarbeit. Auch 2007 war noch eine Baustelle zu sehen.

Poppi – Schloss der Grafen Guidi

Auf dem großen Vorplatz der Burg, der Piazza della Repubblica, herrscht im Sommer viel Betrieb; hier lebt das Dorf am Abend. Etwas unterhalb verläuft die von Arkaden gesäumte Via Cavour, die alte, pittoreske Hauptstraße. Anderswo wäre eine solche Straße längst von Boutiquen erobert, in Poppi spielt sich das Geschäftsleben jedoch im Tal unten ab, im neuen Ortsteil Ponte a Poppi. An einem Ende der Arkadenstraße steht das kleine **Oratorio Madonna del Morbo** (Seuchenkirche), ein kleiner Kuppelbau auf hexagonalem Grundriss (im Inneren nicht weiter interessant); erbaut wurde es, um Maria zu danken, dass Poppi die Pestjahre 1530 und 1631 heil überstanden hatte. Am anderen Ende der Arkadenstraße erhebt sich die **Badia San Fedele**, eine romanische Abteikirche der Vallombrosaner aus dem 12. Jh. mit einer wuchtigen Fassade und einem markanten Glockenturm.

Keinen Besuch wert ist der **Parco Zoo Poppi**, obwohl im ganzen Casentino dafür geworben wird: Die Anlage ist sehr ungepflegt, die Haltung der Tiere nicht artgerecht und der Eintrittspreis von 6 € eindeutig überzogen.

• *PLZ* 52014

• *Bahnverbindung* Züge über Bibbiena nach Arezzo und in nördlicher Richtung bis zur Endstation Pratovecchio-Stia. Der Bahnhof befindet sich unterhalb des Orts in Ponte a Poppi.

• *Markt* Jeden Dienstag.

• *Sprachkurse* **Centro di Cultura Italiana Piero della Francesca**, von einer Gruppe von Lehrern mit Unterstützung der Stadt gegründete Schule, die seit 1980 Ausländern Italienischunterricht erteilt. Differenziertes Angebot auf fünf verschiedenen Niveaus. Die Schule ist auch behilflich bei der Suche nach einer Unterkunft (Hotel, Agriturismo, schuleigene Appartements für mehrere Personen, Privatunterkunft). Via Cesare Battisti 5, 52014 Poppi (AR), ℡ 0575-529774, ℡ 0575-529559. arno@parlital.it, www.parlital.it.

• *Übernachten/Essen* ***** Casentino**, eine empfehlenswerte Adresse. Unterschiedlich große, mit alten Bauernmöbeln eingerichtete Zimmer, teils mit Holzdecke. Im Sommer wird im wunderschönen Hof und unter der Pergola gefrühstückt. DZ mit Bad 65 €. Piazza della Repubblica 6 (gegenüber dem Castello in den ehemaligen Wirtschaftsgebäuden der Burg), ℡ 0575-529090, ℡ 0575-529067, www.albergocasentino.it.

*** Campaldino, freundliches, älteres Albergo, gut ausgestattete Zimmer, gemütliches Hotelrestaurant mit hoch gelobter Küche. Einziger Nachteil ist die Lage an der Durchgangsstraße. DZ 65 €. Via Roma 95,

Loc. Ponte a Poppi, ℡ 0575-529008, ℡ 0575-529032, www.campaldino.it.

La Pace, Privatzimmer. DZ 33 €, Via Roma 77, ℡ 0575-529086, claudio14@technet.it.

• *Agriturismi* **Fattoria di Celli**, Agriturismo. DZ ab 45 €. Loc. Celli, ℡ 0575-529917, celli@elledi.it.

Fonte dei Serri, Agriturismo. DZ ab 45 €. Via San Martino a Monte 6, Loc. Fonte dei Serri, ℡/℡ 0575-509231, info@carne-biologica.it.

• *Camping* **La Pineta**, direkt an der Landstraße von Poppi nach Camaldoli, vor dem Ortsteil Avena. Kleiner, gepflegter Platz, schönes Bergpanorama, von April bis Sept. geöffnet. Auch Bungalows und Zeltvermietung. Via Camaldolese 33, Fraz. Avena, ℡ 0575-529082, ℡ 0575-529712, www.campinglapineta.net.

• *Essen/Snacks* **Ristorante Casentino**, im gleichnamigen Hotel (s o.). Das Restaurant befindet sich im alten Pferdestall des Schlosses und serviert deftige casentinesische Küche. Hier unbedingt mal die Primo-Spezialität *Ravioli con patate* (Kartoffelpüreefüllung) mit Fleischsoße probieren. Mi geschlossen. ℡ 0575-529090.

Osteria del Tempo Perso (Caffè Merende), im Zentrum von Ponte a Poppi, an der Hauptstraße, der Via Roma. Der schnauzbärtige Barkeeper macht die besten Panini weit und breit. Daneben Verkauf von Käse, Salami und Schinken, regionalen Spezialitäten, Nüssen und Eingemachtem aus Apulien.

Bibbiena

(ca. 11.500 Einw.)

Die ehemalige etruskische Hügelstadt ist heute der quirlige Hauptort und das Handelszentrum des Casentino. Beim gemütlichen Bummel durch das ansteigende Gassengewirr stößt man zwangsläufig auf die sehenswerten Baudenkmäler.

Der Herrschaftspalast der *Dovizi* aus dem 15. Jh. mit seiner Loggia in der zweiten Etage (von den derzeitigen Besitzern diskret verglast) ist das schönste historische Bauwerk der Stadt. Gegenüber steht die **Kirche San Lorenzo** (15. Jh.) mit zwei Seitenaltären, die *Andrea della Robbia* zugeschrieben werden. Den mittelalterlichen Ortskern bildet die am höchsten Punkt gelegene **Piazza Tarlati** mit dem Glockenturm und der kleinen Loggia des **Palazzo Vecchietti Poltri**. Von der Dachterrasse daneben hat man einen weiten Blick ins Casentino-Tal und auf das benachbarte Poppi. Rechts der Loggietta steht mit neuem Turm und neuer Fassade die **Chiesa San Ippolito** (12. Jh.), die älteste Kirche der Stadt. Im Inneren sind an der linken Wand noch drei Fresken aus dem 14./15. Jh. erhalten. Die Arme der „Madonna di Giova", einer bemalten Holzstatue aus dem 14. Jh., greifen seltsam ins Leere: am 4. Dezember 2001 – so vermerkt ein Zettel – wurde ihr das Kind geraubt.

Die Hauptattraktion unter den örtlichen Sakralbauten ist das **Oratorio di San Francesco**. Es stammt zwar aus dem 16. Jh., wurde aber 1756 komplett im Rokokostil umgestaltet und im 19. Jh. mit einer klassizistischen Fassade versehen. Der stilechte Rokokoausbau des Inneren ist einzigartig in der Toscana. In der Regel ist das Oratorium verschlossen, das äußere Holzportal aber geöffnet, so dass man sich mit einem Blick durch die gläserne Eingangstür von der prachtvollen Ausstattung überzeugen kann. Eine ausführlichere Besichtigung bedarf der Voranmeldung (✆ 0575-594195).

In einer Talsohle knapp 2 km nordöstlich vom Stadtzentrum steht das Dominikanerkloster **Santa Maria del Sasso**, ein Renaissancebau aus dem 15. Jh. Die Legende erzählt von der siebenjährigen Caterina, die an einem Junitag des Jahres 1347 am Fuß eines Felsens von einer weiß gewandeten Dame eine Handvoll Schoten geschenkt kam, die – wie sich in der Küche dann erwies – nicht mit Bohnen, sondern mit Blut gefüllt waren. Die Spitze des seither verehrten Felsens ragt hinter dem Hauptaltar aus dem Boden. Der Hauptaltar selber, von einem Tempel überdacht, zeigt ein Madonna-mit-Kind-Fresko von *Bicci di Lorenzo* aus dem Jahr 1435. Das Kind hat einen etwas eigenartigen Gesichtsausdruck (vielleicht weil ihm Maria mit ihrem überlangen Zeigefinger auf die Brust tippt). Links des Altars zeigt sich in einem Medaillon der gestrenge *Savonarola*, der 1484 das Kloster höchstpersönlich gegründet hat, an der rechten Wand ist ein wunderschönes Terrakotta-Relief (Jesus und Johannes der Täufer) von *Giovanni della Robbia* zu sehen. Der Chor ist der Klausur der Dominikanerinnen vorbehalten.

Das Kloster wird am Wochenende oft von Casentinern aufgesucht, die ihre Wallfahrt mit einem Picknick auf der Wiese davor verbinden.

⊙ Ap4ril–Okt. 7–12.30 und 15–19.30 Uhr, Nov.–März 7–12 und 14.30–18 Uhr.

• *PLZ* 52011

• *Information* **Ufficio informazioni turistiche Casentino**, Piazza Giacomo Matteotti 3 (am unteren Ende des Centro storico). Mo–Sa 9.30–12.30, Di, Do, So zusätzlich 16–18.30 Uhr, So 10–12.30 Uhr, ✆/✇ 0575-593098. turistico.bibbiena@casentino.toscana.it
Ufficio Agenzia per il turismo del Casentino, Via Berni 25, täglich 10–12 Uhr. ✆/✇ 0575-0575-593098.

• *Bahnverbindungen* Züge nach Arezzo.

• *Busverbindung* Nach Camaldoli, Chiusi della Verna und Badia Prataglia. Stadtbusse vom Bahnhof ins Centro storico.

• *Markt* Jeden Donnerstag.

• *Übernachten:* *** **Borgo Antico**, Bibbienas erste Adresse, hübsch restauriertes Altstadthaus, gut geführt, mit Restaurant. DZ 75 €, Via B. Doviizi 18, ✆ 0575-536445, ✇ 0575-536447, www.brami.com.

*** **Brogi**, ie Zimmer sind schlicht eingerichtet, Eisschrank, TV und Haartrockner sollen darüber hinwegtäuschen. Kinderfreundlicher Familienbetrieb. Das Essen ist zufriedenstellend, serviert wird in einem etwas dunkeln, geräumigen Speisesaal mit einer Wand voller Weinflaschen, aber auch auf der Terrasse vor dem Haus. DZ 37 €. Via Selvaggia Mazzoni 7 (untere Altstadt), ✆/✇ 0575-536222.

• *Agriturismo* **Casale Camalda**, schönes Landhaus auf den stillen Anhöhen des Parco Nazionale, biologischer Anbau. Loc. Castagnoli 33, 52010 Serravalle di Bibbiena (AR), ✆/✇ 0575-519104, www.agriturismocamalda.it.

Agricola Casentinese, großer, hotelartiger Betrieb für alle Aktivitäten rund ums Pferd (Pferdezucht, Reitunterricht, Exkursionen usw.) und Swimmingpool. DZ ab 80 €. Loc. Casanova 63, ✆ 0575-594806, ✇ 0575-539826, www.agricolacasentinese.com.

Podere Fignano, ein von deutschen Freunden des Tao gegründetes Haus am Rand des Nationalparks Casentino (vor Rimbocchi), der Raum einen Rückzug in die Stille bietet. Podere Fignano 14, 52010 Biforco, ✆ 0575-518106, www.fignano.com.

• *Essen* **Al Tirabuscio**, Via Borghi 73 (Hauptgasse, die zur Piazza Tarlati hochführt). Das 2004 eröffnete Speiselokal serviert eine ausgezeichnete toscanische Küche. u. a. Porchetta und Grigio del Casentino con fegatelli (hübsch eingewickelte Leberklöße). Die Preise sind zivil, der Service hervorragend. Einziger Nachteil: Keine Betischung im Freien. Di geschlossen. ✆ 0575-595474.

La Tavernetta di Michele e Marica, Altstadt, Via 28 Agosto 15. Recht preiswerte lokaltypische Küche, auch Pizza. Nur abends, Di und So geschlossen, ✆ 0575-593627.

Ristorante/Pizzeria Al Ritrovo, Piazetta Pieruoli 4 (neben der Piazza Tarlati), im wappenverzierten ehemaligen Palazzo del Podestà. Das Restaurant wechselt alle zwei Jahre Besitzer und Namen. Vielleicht bleibt das „Ritrovo" ein bisschen länger. Allerdings scheint es gewagt, hier oben Fisch-

spezialitäten anzubieten. Zur Sicherheit wird der Pizzaofen warm gehalten. Innen haben exakt drei Tische Platz, sodass es verständlich ist, dass das Lokal um einen offenen Vorbau vergrößert wurde, auch wenn dieser nun zu diesem hübschen Ort wie die Faust aufs Auge passt. Mi geschlossen. ✆ 0575-536209.

Babylonia Pub, Via Giuseppe Borghi 68, Altstadt. Hinter dunkler Verglasung eine moderne Kneipe fürs späte Bier (bis 1 Uhr, am Wochenende bis 2 Uhr nachts geöffnet).

Badia Prataglia

Bei schönem Wetter lohnt der Ausflug in diese friedliche Sommerfrische des oberen Casentino unbedingt. Badia Prataglia ist ein idealer Ausgangspunkt für ausgedehnte Wanderungen durch den Hochwald des **Parco Nazionale delle Foreste Casentinesi**. Gleich am Ortseingang findet man das *Centro Visite/A.P.T* mit einem modernen Informationsbüro. Ausstellungen sowie eine kleine Bibliothek informieren ausführlich über den Nationalpark, und das freundliche Personal macht gerne Vorschläge für Wanderungen auf eigene Faust. Eine der schönsten Wanderungen führt in die *Foresta della Lama*, einen weitläufigen Mischwald mit uraltem Baumbestand. Auch für Fahrradtouren eignet sich der 36.000 ha große Naturpark ausgezeichnet.

• *Information* **Centro Visite/A.P.T**, Via Nazionale 14a.Geöffnet März und Nov./Dez. Sa/So 9–12.30 Uhr; April/Mai Di–So 9–12.30 Uhr; Juni Sa/So 9–12.30 und 15.30–18 Uhr; Juli täglich 9–12.30 und 15.30–18 Uhr; August täglich 9–12.30 und 15.30–19 Uhr; Sept./Okt. Fr–So 9–12.30 Uhr. ✆ 0575-559477.

• *Übernachten* Ein halbes Dutzend 2- bis 3-Sterne-Hotels stehen zur Auswahl.

** **Bellavista**, schöner Natursteinbau mitten im Ort. Gemütliches Hotelrestaurant. April–Okt. geöffnet. DZ 60 €. Via Nazionale 34, Loc. Badia Prataglia, 52014 Poppi, ✆ 0575-559011, ✆ 0575-559440, bellavista@badiaprataglia.com.

** **La Torre**, im oberen Ortsteil. Großartige und ruhige Lage, das betischte Plätzchen vor dem Haus sorgt zusätzlich für einen an-

genehmen Aufenthalt. Ganzjährig geöffnet. DZ 49 €. Via Sassopiano 41, Loc. Badia Prataglia, 52014 Poppi, ✆ 0575-559005, ✆ 0575-559422.

• *Jugendherberge* **Locanda Carbonile**, 34 Betten, ganzjährig geöffnet, Anmeldung obligatorisch! Übernachtung 13 € pro Pers., Küchenbenutzung. Via Mandrioli, Loc. Badia Prataglia, 52014 Poppi, ✆ 339-6175107 (mobil), ✆ 0575-594188, locanda@carbonile.it.

• *Camping* * **Capanno**, ca. 3 km oberhalb von Prataglia. Einfacher, kleiner Platz auf einer schönen Bergwiese, mit Ristorante-Pizzeria. Juni bis Mitte Sept. geöffnet. Via Passo Fangacci, Loc. Capanno, Fraz. Badia Prataglia, 52014 Poppi, ✆ 0575-518015.

Kloster Camaldoli

Wie schon der Name verrät, ist das Kloster eine Gründung der Kamaldulenser-Mönche. Sehenswert ist vor allem die **Apotheke** aus dem 15./16. Jh. mit ihren kunstvollen handgeschnitzten Regalen (täglich 9–12 und 15–18 Uhr, im Winter Mi geschlossen). Verkauft wird, was die Kamaldulenser heute so alles produzieren: Shampoo, Tee, Eau de Toilette, Marmelade, Öl, Likör – und natürlich Devotionalien. In der Apotheke ist auch eine kleine Ausstellung untergebracht, u. a. mit einem weiblichen Skelett, das bereits im 17. Jh. auf dem Friedhof ausgegraben wurde und schon damals hier zu sehen war.

Von Florenz nach Arezzo

Karte S. 463

Eremo di Camaldoli – 50 Mönche leben hier

Seit seiner Gründung (1012) durch den heiligen Romuald wurde das Kloster architektonisch mehrfach verändert. Beispielhaft für diese Wandlungen ist die Klosterkirche, die Anfang des 16. Jh. anstelle eines mittelalterlichen Vorgängerbaus neu errichtet wurde und im 18. Jh. ihre überbordende barocke Ausstattung erhielt. Im Kirchenraum hängen drei Bilder von *Giorgio Vasari*, u. a. über dem Altar eine „Kreuzabnahme".

Eremo di Camaldoli: Die Eremitage der Kamaldulenser-Mönche liegt knapp 6 km oberhalb von Camaldoli auf 1111 m Höhe und ist eingebettet in eine herrliche, dicht bewaldete Berglandschaft. Der komplett ummauerte Bezirk der Mönchszellen (nicht zugänglich) besteht aus zwanzig kleinen Einsiedlerhäuschen mit jeweils einer Gartenparzelle davor. Die Mönche, die hier noch in relativer Abgeschiedenheit leben, legen zu besonderen Messen die typische weiße Kutte mit Kapuze an. Die Erlöserkirche des Eremo wurde im 17. und 18. Jh. völlig umgebaut. Üppigster neapolitanischer Barock mit viel Gold und Engelchen haben den einfachen romanischen Bau abgelöst. In der Kapelle hinten links ist ein Terrakotta-Werk von *Andrea della Robbia* zu sehen, eine seiner unzähligen Madonnen mit Kind.

⏱ **Kloster**, Mo–Sa 9–13 und 14.30–19 Uhr, ☎ 0575-556021, 📠 0575-556001. www.camaldoli.it.
Eremo di Camaldoli: Mo–Sa 9–12 und 15–18 Uhr, im Sommer bis 18 Uhr
• *Anfahrt* Gut ausgebaute Landstraße von Poppi, herrliches Bergpanorama. Von Badia Prataglia führt die Fangacci-Passstraße (teils Schotter) zum Eremo.
• *Busverbindung* Von Bibbiena aus an Werktagen 6x, an Sonntagen 4x, von Poppi aus an Werktagen 3x.

• *Übernachten* In den beiden nachgenannten Hotels von Camaldoli nächtigen vor allem Gäste, die an theologischen Kloster-Workshops teilnehmen:
* **Camaldoli**, mit Restaurant und Garten über der Straße. Nur Mitte Juni bis August geöffnet. DZ mit Bad 60 €. Loc. Camaldoli, 52014 Poppi, ☎ 0575-556019, 📠 0575-556073.
* **La Foresta**, mit Restaurant und Garten über der Straße. DZ mit Bad 55 €, ohne 45 €. Loc. Camaldoli 5, 52014 Poppi, ☎/📠 0575-556015.

• *Camping* * **Fonte del Menchino**, knapp oberhalb von Camaldoli auf dem Weg zum Eremo. Bescheidenes, leicht terrassiertes, schönes Wiesengelände mit altem Laub-baumbestand. Geöffnet Juni–Sept. Via del Eremo, Loc. Camaldoli, 52014 Poppi, ✆/✉ 0575-556202, 529719, campinglapineta@ aliceposta.it.

Kloster La Verna

Der Franziskanerkonvent liegt 1129 m hoch auf einem trostlosen Felsgrat des Monte Penna. Dorthin zog sich der heilige Franz von Assisi 1214 zurück, nachdem er den Berg vom Grafen Orlando Cattani geschenkt bekommen hatte. Berühmt ist La Verna als der Ort, an dem Franziskus die Stigmatisierung empfing und Abschied von seinen Mitbrüdern nahm.

Zwischen zwei Felsblöcken liegt die Grotte, die der Heilige zunächst als Zelle benutzte. Ein wenig bequemes Eisengestell auf nacktem Stein diente ihm als Nachtlager. Am Eingang zur Grotte versucht ein Schild, die Touristen vom Bekritzeln der Wände abzuhalten: „Wenn du glaubst, bete! Wenn du nicht glaubst, bewundere. Wenn du blöd bist, kritzle deinen Namen in die Mauer!" Es gibt augenscheinlich viele, die sich für die dritte Option entscheiden.

Die **Stigmatisierungskapelle** zeigt ein prunkvolles Chorgestühl und einen *Andrea della Robbia* zugeschriebenen gekreuzigten Christus aus Terrakotta über dem Altar. In der heutigen **Bonaventura-Kapelle** wohnte im 13. Jh. zeitweise der gleichnamige Ordensgeneral der Franziskaner und Franziskus-Biograph. Man darf annehmen, dass er nicht von allzu großer Statur gewesen ist; andernfalls hätte er sich bestimmt jedes Mal den Kopf am Gemäuer angestoßen, bevor er in sein asketisches Bett fand. Die **Antonius-Kapelle** war 1230 das Zimmer des berühmten Heiligen aus Padua, der für einige Monate hier zu Besuch weilte.

An einer als **Precipizio** (Abgrund) bezeichneten Stelle soll der Teufel versucht haben, den heiligen Franz den Felsen hinunterzustoßen – natürlich ohne Erfolg.

Schließlich betrachte man den großen Fresken-Zyklus im Wandelgang, der alle Kapellen des Klosters miteinander verbindet. Ein religiöser „Comic-Strip" zur Erbauung: Franz hat eine Christuserscheinung; im Wald von La Verna bekehrt Franz einen Banditen namens Lupo (= Wolf) zum Bruder Agnello (= Lamm); Franz kommt in La Verna an und wird von den Vögeln begrüßt; Franz bekommt vom Grafen Orlando Cattani den Berg geschenkt; Franz predigt in Anwesenheit des Sultans von Ägypten …

Die älteste Kirche des Klosters ist die kleine **Chiesa Santa Maria degli Angeli**, deren Grundstein Franziskus 1216 höchstselbst legte. Nebenan steht die Hauptkirche **Chiesa Maggiore**, mit deren Bau 1348 begonnen wurde und in der zahlreiche Reliquien des heiligen Franz aufbewahrt werden.

La Verna ist ein beliebter Pilgerort. Dies hat die angenehme Begleiterscheinung, dass man ein Ausflugslokal vorfindet, aber auch einen Souvenirshop mit allerlei Religiösem und Nichtreligiösem. Im Wald kann man übrigens wunderschöne Spaziergänge unternehmen. Die Gegend ist für ihre mineralhaltigen Trinkwasservorkommen bekannt – die Wege zu den verschiedenen Quellen sind ausgeschildert. Ein Wanderweg (ca. 45 Min.) führt auch auf den Gipfel des Monte Penna (1283 m).

• *Anfahrt* Von Bibbiena auf der S 208 über Chiusi della Verna.

• *Busverbindung* Von Bibbiena 8x täglich nach Chiusi della Verna; von dort führt ein Wanderweg (ca. 40 Min.) hinauf zum Kloster.

• *Übernachten/Camping* *** **Da Giovanna**, modern eingerichtete Zimmer. Im Restau-

Von Florenz nach Arezzo

Karte S. 463

La Verna –
der heilige Berg der Toscana

rant gibt es Menüs ab 15 € (Primo, Secondo mit Contorni), die Snackbar hat eine angenehme Sonnenterrasse zur Straße. Verkauf von Wanderkarten. Hinter dem Haus beginnt der alte Pilgerweg zum Kloster. Geöffnet April–Okt. DZ mit Bad 65 €. Via S. Francesco 33, 52010 Chiusi della Verna, ℡ 0575-599275, 📠 0575-599378, giovanna@technet.it.

** **Bellavista**, Durchschnittskomfort, die Terrassenbar zur Straße ist der Treffpunkt der Einheimischen. Restaurant mit passabler Küche. Nicht ganz verständlich bleibt, dass das Mineralwasser aus der Lombardei kommt, wo doch gleich in der Nähe das gute „La Verna" sprudelt. Dazu passt, dass die Äpfel aus Südtirol importiert werden. Verkauf von Wanderkarten. DZ 55 €. Via S. Francesco 17, 52010 Chiusi della Verna, ℡ 0575-599029, 📠 0575-599022, www.bellavistalbergo.com.

** **Letizia**, schmuckes Steinhaus mit großer Terrasse davor, Restaurant im Nebengebäude, alle mit Bad. DZ 50 €. Via Roma 26, 52010 Chiusi della Verna, ℡/📠 0575-599020, www.hotel-letizia.net.

• *Camping* **La Verna**, ab Chiusi della Verna ausgeschildert. Im Laubwald gelegen, klein, modern, mit Swimmingpool. Geöffnet April–Sept. Tagespreis: 22,50 € für 2 Pers. mit Zelt und Auto. ℡ 0575-532121, 📠 0575-532041, www.campinglaverna.it.

Pieve a Sócana: Etwa 25 km nördlich von Arezzo liegt bei Rassina eine kleine Ortschaft mit einer romanischen Kirche, die auf dem Fundament eines etruskischen Tempels gebaut wurde. Der dreischiffige Bau aus dem 11. Jh. wurde im Lauf der Geschichte mehrmals verändert und ist in der Regel geschlossen.

Kleine, aber feine Museen

Eine Reihe von kleinen Museen, die sich regionalen Besonderheiten widmen, wurden in den letzten Jahren unter der Bezeichnung **EcoMuseo del Casentino** eröffnet: Museo della Musica „Guido d'Arezzo" in Talla, Loc. Castellaccia; Museo della Castagna in Ortignano Raggiolo; Museo dell Ski in Stia; Museo Archeologico in Partina bei Bibbiena; Museo della Casa Contadina in Castelnuovo di Subbiano; Museo di Cultura Rurale in Castel Focognano, Museo del Bosco e della Montagna in Stia, Museo del Carbonaio in Cetica, Museo del Civiltà Castellana in Castel San Niccolò, Museo della Polveria e del Contrabbando in Chitignano.

Diese Mini-Museen sind in der Regel nur selten geöffnet. Meist steht eine Telefonnummer an der verschlossenen Tür, an die Interessierte sich wenden können.

Arezzo und Umgebung

Von Arezzo, der Hauptstadt der gleichnamigen Provinz, bieten sich Abstecher ins nordöstlich gelegene Valtiberina an, das sich als gutes Wanderrevier präsentiert. Im Süden breitet sich das Valdichiana aus, das in vorgeschichtlicher Zeit die Fortsetzung des Casentino war und heute u. a. als Zuchtgebiet der berühmten weißen *Chianina-Rinder* bekannt ist.

Arezzo   *(ca. 92.000 Einw.)*

Moderne Zweckbauten und Wohnsilos an der Peripherie – die Stadt ist weit in die hügelige Landschaft hineingewachsen, ihr verkehrsfreier mittelalterlicher Kern jedoch ist trotz schwerer Bombardierung durch die Alliierten im Zweiten Weltkrieg zum größten Teil noch gut erhalten.

Von der **Fortezza Medicea** am höchsten Punkt Arezzos stehen nur noch die Festungsmauern. Sie umschließen einen gepflegten Park mit einer Monumental-Skulptur *Francesco Petrarcas*, bisweilen ein beliebtes Ziel von Spraydosen-Attentätern. Leider sind deren Signaturen künstlerisch auch nicht wertvoller als das besprühte Objekt. Am besten, man missachtet die hier ausgetragene Kunstdebatte und genießt einfach den einzigartigen Blick über die Stadt.

In den zahlreichen Kirchen von Arezzo – so sagt man spöttisch – beten die Mütter für einen stabilen Goldkurs. Denn Arezzo ist als internationale Goldmetropole und reichste Stadt der Toscana berühmt-berüchtigt. An der Peripherie haben sich etliche Gold verarbeitende Betriebe angesiedelt. Zwei mächtige Familien kontrollieren das glänzende Gewerbe weitgehend. Über 10 Tonnen Reingold werden hier monatlich zu Goldschmuck verarbeitet, der dann weltweit exportiert wird. Neben der Schmuckherstellung ist auch die örtliche Bekleidungsindustrie von großer wirtschaftlicher Bedeutung.

Arezzo ist weniger wegen geschichtsträchtiger Großtaten bekannt als vielmehr für eines der wichtigsten Werke der Malerei des 15. Jh.: *Piero della Francesca* hat der Nachwelt einen umfangreichen Freskenzyklus hinterlassen, der die Geschichte des Kreuzes Christi darstellt. In einzigartiger Weise hat er in diesem Meisterwerk die mathematischen und perspektivischen Kenntnisse seiner Zeit verarbeitet. Lange Zeit verkannt, ist Piero della Francesca erst nach dem Zweiten Weltkrieg in den Blickpunkt der Kunstgeschichtler gerückt. Heute sieht man in ihm den „klassischsten" Meister des 15. Jh. (mehr darüber siehe Sehenswertes/Kirche San Francesco).

Geschichte

In etruskischer Zeit war Arezzo Mitglied des mächtigen Zwölfstädtebundes. Jahrhunderte später, in der römischen Epoche, als Hannibal „ante portas" stand, diente die Stadt als Lager für die römischen Legionärsheere. Im Mittelalter geriet Arezzo politisch und kulturell in den Einflussbereich des mächtigen Florenz, nachdem die Florentiner die kaisertreue Ghibellinenstadt in der berühmten *Schlacht von Campaldino* (1289) besiegt hatten.

Arezzo ist die Geburtsstadt zahlreicher illustrer Persönlichkeiten, darunter der große humanistische Dichter *Francesco Petrarca* (1304–1374) und der Maler-Architekt und Kunsthistoriker *Giorgio Vasari* (1511–1574). Auch *Guido von Arezzo*

Von Florenz nach Arezzo
Karte S. 481

(990–1050), der die Notenschrift in die europäische Musik einführte, erblickte in Arezzo das Licht der Welt.

Eine Marmortafel an seinem Geburts- und Wohnhaus am oberen Ende der Via Cesalpino erinnert an ihn. Das Geburtshaus Petrarcas und das Wohnhaus Vasaris sind ebenfalls erhalten (siehe unten).

Ein weiterer berühmter Aretiner hat die Stadt in seinen Namen aufgenommen: *Pietro Aretino* (1492–1556), der zu den gefürchtetsten Chronisten seiner Zeit gehörte. Der enthemmte Sex im Umkreis der Renaissancepäpste bot seiner spitzen Feder reichlich Anlass für ätzende Satiren. Wer diesen Spötter näher kennen lernen will, suche ein Antiquariat auf und frage nach Aretinos „Kurtisanengesprächen".

In jüngster Zeit hat Arezzo als Filmstadt auf sich aufmerksam gemacht. Auf der **Piazza Grande** und dem benachbarten **Corso Italia** wurden Szenen aus *Roberto Begninis* preisgekröntem Film „Das Leben ist schön" gedreht. Im Sommer wird der Film regelmäßig aufgeführt (Hinweistafel am unteren Ende der Piazza Grande).

Information/Verbindung/Feste/Treffpunkte

● *PLZ* 52100

● *Information* **APT-Büro**, Piazza della Repubblica 28 (Bahnhofsvorplatz). Täglich 9–13 und 15–19 Uhr geöffnet. ✆ 0575-377678, ✆ 0575-20839. www.apt.arezzo.it, info@arezzo.turismo.toscana.it.
In der kleinen Kirche San Sebastiano gibt es ein zweites Informationsbüro, das **Centro di Informazione San Sebastiano**. Dort kann man sich einen 13-minütigen Videofilm über die Stadt ansehen (2 €) oder einen Audioführer ausleihen (5 €), der in Deutsch durch die Stadt geleitet. Via Ricasoli, Mo–So 10–18 Uhr, ✆ 0575-403574, ✆ 0575-401968. centroturistico@creativearts.it.

● *Bahnverbindung* Arezzo liegt an der FS-Hauptlinie Florenz–Rom. Gute Verbindung auch nach Perugia (in Teróntola umsteigen). Außerdem führt eine Nebenlinie (LFI) ins Casentino (von Arezzo über Bibbiena und Poppi nach Pratovecchio-Stia).

● *Busverbindung* Der Busterminal befindet sich am Bahnhofsplatz. LFI-Busse z. B. nach Siena und Cortona, SITA-Busse ins Valtiberina, Lazzi-Busse nach Florenz.

● *Parken* Stets kostenpflichtig. Günstig, aber oft voll ist der Langzeitparkplatz rechts neben dem Bahnhof. Eine weit bessere Möglichkeit ist der Parkplatz Via Pietri, außerhalb der Stadtmauer, unterhalb des Doms. Von dort aus gelangt man bequem auf einer Rolltreppe in die Stadt.

● *Internet* **Entelia**, Via G. Monaco 61 (Nähe Bahnhof). Täglich 9–21 Uhr.

● *Feste/Veranstaltungen* **Giostra del Saracino**, am dritten Sonntag im Juni und am ersten Sonntag im September. Ein historisches Ritterturnier, bei dem lanzenbewehrte Reiter in mittelalterlichen Kostümen den Schild einer Holzpuppe zu treffen versuchen. Da die Puppe drehbar aufgehängt ist und eine „Geisel" drei Bleikugeln hält, die den Reiter aus dem Sattel werfen können, ist das Spektakel sehr spannend. Die jeweils zwei Mann starken Rittermannschaften rekrutieren sich aus vier verschiedenen Stadtteilen.
Arezzo Wave, großes Open-Air-Rockfestival im Fußballstadion Anfang Juli.
Fiera Antiquaria, am ersten Samstag und Sonntag eines jeden Monats auf der Piazza Grande (und in den Seitenstraßen). Größter Antiquitätenmarkt der Toscana mit bis zu 500 Ausstellern. Findet seit 1968 regelmäßig statt. Information unter www.arezzofiera antiquaria.it, ✆ 0575-377777.

Übernachten/Camping (Karte siehe S. 482/483)

**** **Minerva (9)**, moderner Neubau am Stadtrand, internationaler Standard, mit Hotelrestaurant und Garage. DZ 195 €. Via Fiorentina 4, ✆ 0575-370390, ✆ 0575-302415, www.hotel-minerva.it.

**** **Cavaliere Palace (14)**, insgesamt 27 sehr komfortable Zimmer. Ruhige Lage in einer Seitenstraße. DZ 135 €, EZ 93 €. Hotelgarage 15 € pro Tag. Via Madonna del Prato 83, ✆ 0575-26836, ✆ 0575-21925, www.cavalierehotels.com.

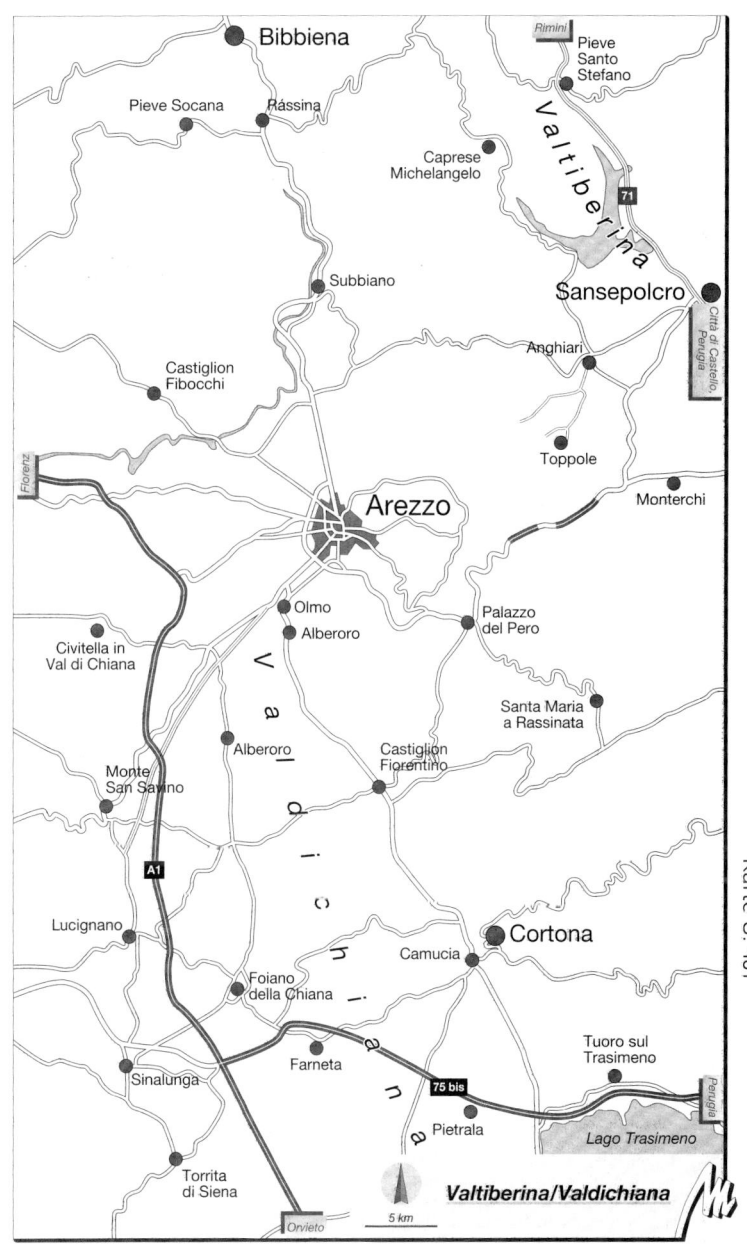

*** **San Marco (17)**, etwas außerhalb des Zentrums gelegen, dafür keine Parkprobleme. DZ mit Bad 68 €. Via G. Verga 4, ℡ 0575-903322, 🖷 0575-903323.

** **Cecco (16)**, in der Fußgängerzone gelegen. Der moderne Bau sollte einen nicht abschrecken. Die Zimmer sind sauber bis steril, aber preiswert. Restaurant im Haus mit akzeptablen Menüpreisen. Internet gegen Gebühr. DZ mit Bad 64 €, ohne 47 €, EZ mit Bad 42 €, ohne 32 €. Corso Italia 215, ℡ 0575-20986, 🖷 0575-356730, www.hotelcecco.com.

B&B Petrarca (18), DZ mit Bad 55 €, ohne 40 €. Via Veneto 101, ℡ 347-4954855 (mobil), 🖷 0575-902337, inbfo@bebpetrarca.it.

● *Außerhalb* * **Al Ciccho di Grano**, Castiglion Fibocchi (hoch über dem Arno), betrieben von einem freundlichen Ehepaar. Es gibt auch „Pizza integrale" zu guten Preisen. Anmeldung wichtig. DZ mit Bad 50 €. Via Meliciano 32, Loc. Meliciano, ℡ 0575-364480, janice.white@tin.it.

● *Agriturismi* **Barone Albergotti**, Richtung Bibbiena, ca. 3 km von Arezzo. Große Appartements für 4–5 Pers. zu 160 €, kleine Appartements zu 130 € (Mindestaufenthalt drei Nächte). Loc. Ceciliano 78, ℡ 0575-320017, 🖷 0575-20978, www.villaalbergotti.com.

Il Giogo, Palazzo del Pero, ca. 14 km in Richtung San Sepolcro. Appartements ab 52 €. Loc. Palazzo del Pero, Fraz. Castellonchio, ℡ 0575-369259.

Azienda Pioggio Primo, ein 1997 behutsam saniertes Landhaus. Ein Leser schrieb uns: „Die Familie Marini ist ein netter, sympathischer Gastgeber, der sowohl die eigene Produktion von Wein, Olivenöl, Käse etc. als auch die Bewirtung der Gäste mit viel Liebe betreibt. " Ein Pool (14 x 7 m) steht den Gästen zur Verfügung. Anfahrt: ca. 12 km auf der Landstraße nach Castiglion Fibocchi, hinter dem Ort die Ausschilderung beachten. Das kleine Appartement kostet pro Tag 70 €, die beiden größeren 90 €. Ein Appartement für 2–3 und zwei Appartements für 4–7 Pers., bei wochenweiser Anmietung billiger. Via Setteponti 126, Loc. Poggio I, 52029 Castiglion Fibocchi, ℡/🖷 0575-47061, info@poggioprimo.com.

Fattoria La Vialla, „mit ungewöhnlich günstigen Preisen und hofeigenen Bioprodukten", schreibt eine Leserin. Appartement pro Tag ab 47 €. Via di Meliciano 26, Loc. Meliciano 26, ℡ 0575-364372, 🖷 0575-477812.

Santa Lucia, ca. 25 km nördlich von Arezzo. Eigentümer dieses freundlichen, ausge-

E ssen & Trinken

1 Charleston Bar
2 Caffé Vasari
3 Lancia d'Oro
4 La Torre di Gnicche
5 L'Agania
6 Il Saraceno
7 Caffè Gli Svizzeri
8 Minerva
10 Buca di S. Francesco
11 Le Tastevin
12 Osteria dei Mercanti
13 Crispi's
15 Da Guido

dehnten und entlegenen Agriturismo inmitten von Bergen, Wäldern und Wiesen sind die Franken Hannes Roth und Gerdi Schneider, die hier seit ein paar Jahren Landwirtschaft betreiben. Jedes der drei über 400 Jahre alten, liebevoll restaurierten Häuser verfügt über Strom, Du/WC, Kühlschrank, Gasherd und Holzöfen. Jedes Zimmer ist mit individuell und mit handwerklichem Geschick, Phantasie und Liebe eingerichtet. Bettwäsche und Handtücher selbst mitbringen. Auch geimpfte Hunde (5 € pro Tag) dürfen mitkommen. Opulentes Frühstück mit hausgemachter Marmelade, auf Wunsch gemeinsames Abendessen. Ganzjährig (auch Weihnachten und Neujahr) geöffnet.

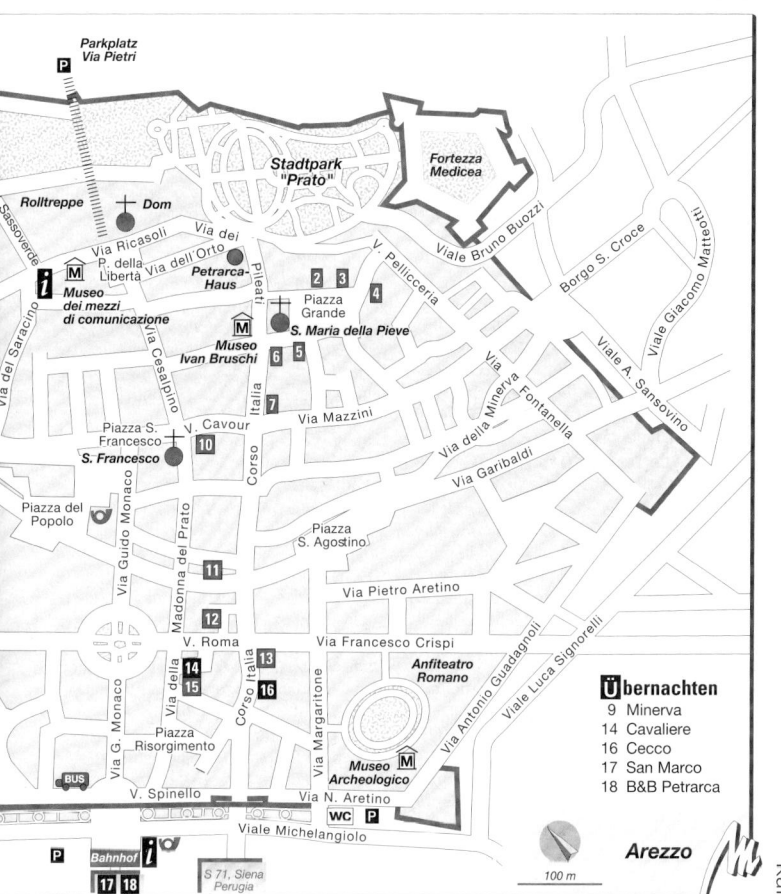

Hannes unternimmt mit seinen Gästen ausgiebige Trekking- und Städtetouren sowie Pilzexkursionen; ansonsten werden Boccia und ein Angelweiher, Tischtennis und Bogenschießen geboten. Anfahrt: Auf der Straße Nr. 71 Richtung Bibbiena, Ausfahrt Capolona-Nord. Am ersten Vorfahrtschild rechts abbiegen, ungefähr 8 km weiter bis Zenna. Knapp vor dem Ort links ein asphaltiertes Sträßchen hoch Richtung Lorenzano, dann erste Naturstraße rechts, nach Durchquerung eines Bauerngehöfts der Naturstraße bis auf die Bergkuppe von Santa Lucia folgen, dann links der Beschilderung folgen. Voranmeldung wichtig! Unsere Empfehlung! DZ ohne Frühstück ab 36 €, großes Frühstück 8 €. Ferienwohnungen für 2 bis max. 5 Pers. 60–70 € pro Tag (plus Heizung), Endreinigung 30 €. Mindestens 3 Nächte sollten gebucht werden. 30 % Anzahlung. Santa Lucia, Santo Lorenzano 82, 52010 Capolona, ✆ 0575-487160, www.santa-lucia-italien.de.

• *Camping* **La Chiocciola**, große, gepflegte Anlage in ländlicher Umgebung, gute Sanitäranlagen, 3 Swimmingpools. In den Abendstunden riskiert man laute Musik aus dem benachbarten Restaurant (Leserhinweis). Geöffnet Mitte März bis Mitte Okt. Erwachsene 10 €, Zelt und Auto 14 €.

Giulio Cesare Int. 14, Loc. Capannole, 52020 Bucine (in der Nähe des Orts Bucine, ca. 25 km auf der Nationalstraße Nr. 69 in Richtung Florenz), ☎ 055-9955084, 🖷 055-995776, tourcountry@virgilio.it.

Essen und Trinken (Karte siehe S. 482/483)

● *Essen und Trinken* **Buca di San Francesco (10)**, Via San Francesco 1. Durch ein unscheinbares schmiedeeisernes Türchen steigt man in den Keller hinunter. Lokale Spezialitäten in mittelalterlicher Umgebung. Preise etwas über dem Durchschnitt, üppiges Menü ab 35 €. Montagabend und Di geschlossen, Betriebsferien im Juli, ☎ 0575-23271. www.bucadisanfrancesco.it.

Minerva (8), Via Fiorentina 2/4 (Ausfallstraße zur A 1). Oft empfohlenes Feinschmeckerlokal auf dem Dach des gleichnamigen Hotels. Eher für Autofahrer. ☎ 0575-370390. www.hotel-minerva.it.

Ristorante Le Tastevin (11), Via de' Cenci 9. Ausgezeichnete toscanische Küche, kleine Karte, vernünftige Preise, Tische auch auf der schmalen Straße. Mo geschlossen, 10.–20. August Betriebsferien. ☎ 0575-28304.

L'Agania (5), Via Mazzini 10. Antica Osteria, ungezwungene Atmosphäre und guter Service. Regionale Spezialitätenküche. Beliebt, also auch belebt. Mo geschlossen, ☎ 0575-295381.

Il Saraceno (6), Via Mazzini 6. Angenehme Atmosphäre, aretinische Spezialitäten, z. B. Pici-Nudeln mit Wildschweinsoße. Mi geschlossen, ☎ 0575-27644. www.ilsaraceno.com.

Da Guido (15), Via Madonna del Prato 85. Antica Trattoria, geschmackvoll renovierter kleiner Speiseraum, sympathischer Familienbetrieb, viele Stammgäste. Dem Slowfood verpflichtete toscanische und kalabresische Hausmannskost zu durchschnittlichen Preisen. So geschlossen (außer am ersten So im Monat), 2. und 3. Augustwoche Betriebsferien. ☎ 0575-23760. www.anticatrattoriadaguido.it.

Osteria dei Mercanti (12), unprätentiöses, populäres Lokal, in dem auch Kinder gern gesehen sind. Die ausgesprochen freundli-

che Bedienung serviert toscanische Küche, Crostone und Pizza, Vinsanto und Cantucci – alles sehr preiswert. So geschlossen (ausgenommen am 1. So im Monat während des Antiquitätenmarkts). Piazzetta Sopra i Ponti, ☎ 0575-24330

La Torre di Gnicche (4), Enoteca und Tavola calda (oberhalb der Piazza Grande). Gemütliches Kellergewölbe, Wandregale mit ausgesuchten Weinen, man isst toscanische Snacks (Fette croccanti), Antipasti und Salate. Piaggia S. Martino 8. Mi geschlossen, ☎ 0575-352035.

Lancia d'Oro (3), gemütliches und absolut stilvolles Ristorante unter den lauschigen Arkaden der Piazza Grande, gehobene Küche, teuer. Sonntagmittag und Mo geschlossen, ☎ 0575-21033.

Crispi's (13), interessanter als die Pizzeria ist das Pub: weißes oder schwarzes Bier vom Fass, Kneipenatmosphäre. Gut besucht und bis 1 Uhr früh geöffnet. Mo geschlossen. Via Crispi 12, ☎ 0575-22873.

Caffè Vasari (2), Piazza Grande, Arkadencafé mit Jahrhundertwende-Charme und bester Aussicht.

Caffè Gli Svizzeri (7), Corso Italia 61. An die Schweizer Drogisten, die hier seit Mitte des 19. Jh. ein Geschäft betrieben, erinnert noch eine Uhr an der Wand. Pasticceria und Caffè in wunderschönem Interieur, kleiner Teesaal nach hinten. ☎ 0575-355757.

Charleston Bar (1), Via della Chimera, eine Enoteca am nordwestlichen Stadtrand mit großer Auswahl an Likören. ☎ 0575-356249.

● *Außerhalb* **Il Giardino**, Via Aguzzi Don Riccardo 61, Alberoro. Spezialität sind riesige gegrillte Fleischportionen vom Chianina-Rind. Wer danach nicht mehr reisefähig ist, findet vielleicht in einem der 6 Gästezimmer Platz, DZ 62 €. ☎ 0575-848072.

Sehenswertes

Piazza Grande: Umgeben von einer Vielzahl historischer Bauten, ist sie der architektonisch zentrale Punkt der Stadt. An der Oberseite des abschüssigen Platzes stehen der von Vasari gebaute *Palazzo delle Logge* aus dem 16. Jh., an der Stirnseite der mit seinem „gedrechselten" Säulendekor fast barock wirkende *Palazzo della Fraternità de' Laici*, daneben der *Palazzo del Tribunale* mit der kegelförmigen Freitreppe und die Chorseite der *Kirche Santa Maria della Pieve*. Am ersten Wochenende eines jeden

Monats belebt der größte Antiquitätenmarkt der Toscana die stimmungsvolle Piazza. Direkt oberhalb der Piazza liegt der ruhige **Stadtpark**, von dem man einen herrlichen Überblick über die Altstadt hat. In einem kleinen Café mit dem überdimensionalen Petrarca-Denkmal zur Seite und den dicken Mauern des Medici-Kastells im Rücken kann man sich erfrischen.

Kirche Santa Maria della Pieve: Die Kirche aus dem 13. Jh. zeigt eine überwältigende Fassade. Mit ihren unzähligen Säulen – man sollte sich Zeit nehmen, sie einzeln zu betrachten – macht sie einen äußerst fragilen Eindruck. Der „Glockenturm der hundert Löcher", wie er im Volksmund wegen seiner vielen Doppelbogen-Öffnungen genannt wird, wirkt trotz seines Namens im Vergleich zur Fassade fast massiv. Die Säulenpracht wird über dem Eingang und an der Chorseite (der Piazza Grande zugewandt) fortgesetzt.

Im Inneren ist ein mehrteiliges Altarbild von *Pietro Lorenzetti* zu sehen, der so genannte „Altar von Arezzo" aus dem Jahr 1320. Um den dreistufigen Mittelteil („Maria mit Kind", „Verkündigung", „Mariä Himmelfahrt") gruppiert sich symmetrisch (ebenfalls auf drei Stufen) eine Reihe Heiliger. Die eindrucksvollen Charakterdarstellungen versetzen den Laien in Staunen, während der Fachmann sich wundert, dass dieses Meisterwerk *Pietro Lorenzettis* nicht längst schon den Weg ins Museum gefunden hat.

Etwas mulmig kann's einem in der Krypta werden: Sie verwahrt einen Reliquienschrank mit Knochen aretinischer Märtyrer und in einem schauerlich beleuchteten Glassarg das Skelett eines Kamaldulensermönches aus dem 15. Jh.

ⓘ Mai–Sept. 8–13 Uhr und 15–19 Uhr, Okt.–April 8–12 und 15–18 Uhr. Corso Italia 7.

Kirche San Francesco: Von außen ist der gotische Backsteinbau (Bauzeit 1290–1377) schlicht; die einzige farbenprächtige Verzierung ist ein Rundfenster des französischen Meisters *Fra Guillaume* (siehe Dom). Ganz anders das Kircheninnere: Im Hauptchor befindet sich der weltberühmte Freskenzyklus „La Leggenda della Vera Croce" von *Piero della Francesca*, der zwischen 1452 und 1464 entstand. Auf ca. 300 qm wird die Geschichte des Kreuzes Christi erzählt, von der Pflanzung des Baumes, der das Material lieferte, bis zur Rückführung des geraubten Kreuzes nach Jerusalem im Jahr 615. Die Bildfolge beruht im Wesentlichen auf der Darstellung der Geschehnisse in der „Legenda aurea" von *Jacopo de Voragine*. Allerdings entspricht die Anordnung der Bilder nicht der chronologischen Abfolge der Ereignisse, wie sie *Jacopo de Voragine* überliefert.

Die erste Episode ist im oberen Feld der rechten Seitenwand dargestellt: Adams Sohn Seth erhält vom Erzengel Gabriel einen Zweig vom Baum der Erkenntnis und pflanzt ihn in den Mund des eben verstorbenen Vaters ein. Daraus wächst ein Baum, dessen Holz zunächst für den Bau einer Brücke verwendet wird. Bild zwei zeigt die Königin von Saba, die sich mit ihrem Tross auf dem Weg zu König Salomon befindet und die Brücke passiert. Die Königin erkennt sofort, was es mit dem Holz auf sich hat, und kniet betend nieder. In Bild drei spricht sie gegenüber König Salomon die Prophezeiung aus, an jenem Holz werde ein Herrscher gekreuzigt, durch dessen Tod das jüdische Reich zu Ende gehen werde. Daraufhin lässt Salomon das Holz vergraben, doch es wird wieder gefunden und dient schließlich zur Fertigung des Kreuzes Christi, womit Sabas Prophezeiung in Erfüllung geht.

Die Bildfolge, die nach einer Reihe weiterer Episoden mit der Rückführung des Kreuzes nach Jerusalem endet, ist nach einer längeren Restaurierung mittlerweile wieder zu bewundern (siehe auch www.pierodellafrancesca.it).

Von Florenz nach Arezzo

Karte S. 481

Abgesehen von den Fresken *Piero della Francescas* zieren weitere Wandfresken von *Spinello Aretino* und seinen Schülern die Kirche.

⏱ April–Okt. Mo–Fr 9–19 Uhr, Sa 9–18 Uhr, So 13–18 Uhr. Nov.–März Mo–Fr 9–18 Uhr, an den anderen Tagen wird eine halbe Stunde früher geschlossen. Die Fresken sind alle 30 Min. für max. 25 Pers. zugänglich. Tickets gleich neben dem Eingang. Eintritt 6 €.

Dom San Donato: Gotischer Bau in exponierter Lage, die riesige, erst im 19. Jh. angebaute Seitenkapelle verstört den Besucher geradezu, zumal er von einem schmiedeeisernen Gitter auf Distanz gehalten wird.

Der große, skulptierte Steinaltar stammt aus dem 12. Jh., eine weitere fein gearbeitete Steinmetzarbeit ist der Kenotaph von Bischof Guido Tarlati (14. Jh.) im linken Seitenschiff. Besondere Aufmerksamkeit verdient das detailgenaue Fresko von *Piero della Francesca* daneben: die heilige Magdalena zeigt auffallend fein gezeichnete Gesichtszüge.. Die gut erhaltenen Deckenfresken (mit Paradies und Sündenfall beginnend) im mittleren Schiff und am Anfang des linken Seitenschiffs stammen von *Guillaume de Marcillat*; das Studium der Details braucht viel Zeit, und leider fällt nur spärliches Licht auf die weit entfernten Fresken.

Im Dom liegen die sterblichen Überreste von Papst Gregor X., auf den das noch heute gültige Verfahren der Papstwahl zurückgeht. Seit 1274 ziehen sich die Kardinäle in einen abgeschlossenen Versammlungsraum zurück (Konklave), den sie erst verlassen dürfen, wenn sie sich über die Person des neuen Papstes einig sind. Mit der Einführung des Konklaves wollte Gregor X. den Entscheidungsprozess bei der Papstwahl beschleunigen. Falls es hinter geschlossenen Türen immer noch zu lang dauerte, war als verschärfendes Mittel Speiseentzug vorgesehen.

⏱ Täglich 6.30–12.30 und 15–18.30 Uhr.

Basilika San Domenico: Von außen überzeugt der asymmetrische Bau mit zwei Glocken im Turm auf den ersten Blick wenig. Im Inneren sind zahlreiche Freskenreste – meist von *Spinello Aretino* und seiner Schule – zu sehen, an der linken Wand wird der heilige Christophorus aus nächster Distanz mit Pfeilen erschossen. Die Hauptsehenswürdigkeit aber „schwebt" über dem Altar und wird auf Münzeinwurf hin effektvoll angestrahlt: ein Kruzifix von *Cimabue* (13. Jh.), das um die Jahrtausendwende renoviert wurde. Der leidende Christus wird links und rechts von Maria und Johannes betrauert, während Gottvater über ihm scheinbar unberührt teilnimmt.

⏱ Täglich 8.30–19 Uhr.

Museo Statale d'Arte Medievale e Moderna: Der Zusatz „Moderna" ist irreführend. Damit sind lediglich einige Gemälde aus dem 19. Jh. gemeint.

Innenhof: Einige Säulen der Kirche Santa Maria della Pieve – ungefähr ein Dutzend – sind hier ausgestellt.

Saal 1 Altarbilder aus dem 13. und 14. Jh., Hauptmotive: Madonna mit Kind und Franz von Assisi.

Saal 2 Hier fällt ein eigenartiges Gemälde aus dem 14. Jh. auf. Es stammt von *Niccolò di Pietro Gerini* und versinnbildlicht das Leiden Christi: Fragmente schweben im Raum – Hände in Unschuld, ein Messer, ein Ohr.

Saal 3 Fresken aus der Schule von *Spinello Aretino* (14./15. Jh.). Unter anderem sind in einer dreiteiligen Sequenz zwei Märtyrer zu sehen, die erst als Gefangene dem König vorgeführt, dann enthauptet und schließlich von den Christen aufgebahrt werden.

Saal 4 Hier wird eine Sammlung schmiedeeiserner Waffen präsentiert.

Saal 5 Der Saal enthält Großfresken von *Luca Signorelli.*

Saal 6 *Della-Robbia*-Terrakotten. Majolika-Teller, z. T. Exemplare aus dem umbrischen Deruta, wo die Tradition heute noch fortbesteht.

Großer Gang: Hier befindet sich eine der großen Attraktionen des Museums, *Vasaris* „Gastmahl von Esther und Ahasver" (1548). Mit einem Maß von 7,12 mal 2,85 m gilt das Werk als das großflächigste Gemälde des Cinquecento. Der viel beschäftigte Vasari stellte es in nur 42 Tagen fertig.

Das Wahrzeichen von Arezzo

Obergeschoss: Vom 19. Jh. (Gemälde von *Giovanni Fattori*) gelangt man wieder ins 16. und 17. Jh. zurück und damit auch wieder zu *Vasari*, von dem u. a. die „Allegorie der unbefleckten Empfängnis" zu sehen ist.
⏲ Di–So 8.30–19.30 Uhr. ✆ 0575-409050. Eintritt 4 €. EU-Bürger unter 18 und über 65 J. zahlen nichts. Via San Lorentino 8.

Museo Archeologico: Das archäologische Museum befindet sich auf dem Gelände des im Sommer für Open-Air-Veranstaltungen genutzten *Anfiteatro Romano* (von dem leider nur noch wenige Mauerreste übrig sind) und besitzt eine stattliche Sammlung etruskischer und römischer Funde aus der Umgebung Arezzos. Ein Highlight ist sicherlich die bronzene Chimäre aus dem 4. Jh. v. Chr., die zum Wahrzeichen der Stadt avancierte. Eine Kopie davon findet man auf dem Bahnhofsvorplatz. Absolut etwas für Spezialisten sind die korallenroten Tonvasen mit dem so genannten Terra-Sigillata-Dekor.
⏲ Täglich 8.30–19.30 Uhr. ✆ 0575-20882. Eintritt 4 €. Via Margaritone 10.

Vasari-Museum: *Giorgio Vasari*, mehr als Architekt und Künstlerbiograph denn als Maler bekannt, wurde 1511 in Arezzo geboren. Sein Wohnhaus ist heute ein Museum und vermittelt einen guten Einblick in sein malerisches Werk, das stark dem Manierismus zuneigt. Man bekommt mehrere Säle zu sehen, alle von Vasari selbst ausgestaltet. Die Kassettendecke in der *Sala del Camino* ist über und über mit allegorischen Darstellungen dekoriert, die *Sala della Fama e delle Arti* ist Vasaris Hommage an Dichtung, Architektur, Malerei und Bildhauerei.
⏲ Mo und Mi–Sa 9–19.30 Uhr, So 8.30–13 Uhr. Eintritt 2 €. EU-Bürger unter 18 und über 65 J. kommen gratis rein. Via XX Settembre 55.

Casa Museo di Ivan Bruschi: In einem stattlichen Palazzo gegenüber der Kirche Santa Maria della Pieve kann sich das Auge des Besuchers in einem auf drei Etagen verteilten Sammelsurium verlustieren: etruskischer und römischer Schmuck, Figurinen, Münzen, mittelalterliche Hellebarden, astronomische Geräte, Globen,

Von Florenz nach Arezzo   Karte S. 481

Stiche, afrikanische Skulpturen, Basisreliefs, Gemälde sowie Küche, Studierzimmer und Bibliothek von *Ivan Bruschi*, einem diplomierten aretinischen Antiquar. Der leidenschaftliche Sammler und Bewohner des Palazzo starb 1996. Die obligatorische Führung sowie Begleitblätter in italienischer und englischer Sprache helfen dem Besucher, sich in dem nur scheinbaren Durcheinander zurechtzufinden.

Sommer: April–Okt. Di–So 10–13 und 15–19 Uhr; Nov.–März Di–So 10–13 und 14–18 Uhr. Eintritt 3 €. Corso Italia 14.

Casa Petrarca: Der humanistische Dichter *Francesco Petrarca* kam 1304 in Arezzo zur Welt. Sein mutmaßliches Geburtshaus, 1944 zerbombt und später wiederaufgebaut, steht knapp unterhalb des Doms in der Via dell'Orto 28. Die Petrarca-Akademie hat hier eine umfangreiche Bibliothek untergebracht und verleiht seit 1974 den begehrten Petrarca-Literaturpreis.

Gegenüber dem Eingang steht auf der Straße der *Tofano-Brunnen*, benannt nach einem reichen Herrn, der ebenso trunk- wie eifersüchtig war und dem seine Frau böse mitspielte. Welche Rolle der Brunnen dabei spielte, erfahren Sie bei Boccaccio, Decamerone, 7. Tag, 4. Geschichte ...

Besichtigung nur nach Voranmeldung unter 0575-24700. Eintritt frei.

Per un museo dei mezzi di comunicazione (Für ein Museum der Kommunikationsmittel): Noch kein Museum, aber seit 2006 eine Dauerausstellung, von der die Initianten erhoffen, dass sie dereinst in ein städtisches Museum münden wird. Die Sammlung ist zur Hälfte in Privatbesitz, zur anderen Hälfte gehört sie der öffentlichen Hand.

Die Ausstellung gibt einen erfrischenden Überblick über die Entwicklung im Tonträger- und kinematographischen Bereich. Bekannt sind die Phonographen und Dioramen aus der Vor-Kinozeit. Aber auch dreidimensionale Bilder wurden damals geschaffen. Mit den Möglichkeiten der optischen Täuschung befasste man sich vor allem im 18. und 19. Jh.: Doppelspiegelkonstruktionen, Zylinderanamorphosen, konkave Spiegel, Laterna magica usw. Ein fast schon cineastisches Vergnügen bereiten die bemalten Serien, die man mittels Handkurbel durchblättert und so eine Vorform des Films erzeugt. Schließlich sind auch einige archaische Filmapparate ausgestellt, Plattenspieler, Transistorradios und Fernseher, wie sie in den 1950er Jahren die gute Stube schmückten. Die ersten auf den Markt gekommenen Handys bilden den Abschluss dieser kleinen, aber schön erzählten Geschichte der Kommunikationsmittel.

Di, Do und Sa 10–17 Uhr. Eintritt 3 €.

Nordöstlich von Arezzo: Im Valtiberina

Das obere Tibertal ist eine dünn besiedelte Wald- und Weidelandschaft, in der alte Traditionen wie die Spitzenklöppelei, die Holzschnitzerei, das Gold- und Silberschmiedehandwerk noch fortleben. Das Valtiberina hat aber auch zwei überragende Künstler hervorgebracht: Piero della Francesca und Michelangelo Buonarroti.

Heute ist das obere Tibertal um eine Attraktion reicher: Nördlich von Anghiari ist ein großer Stausee entstanden, ein mächtiger Wall aus verdichtetem Lehm hält die Wassermassen. Lehm hat gegenüber Spannbetonkonstruktionen den Vorteil, sich bei Erdbeben zu verformen, ohne zu bersten. Es ist bisher das größte Projekt dieser Art in Europa.

Das Valtiberina ist auch ein gut erschlossenes Wandergebiet. Für die Alpe della Luna gibt es gutes Kartenmaterial in den APT-Büros der Region.

Monterchi   *(ca. 1800 Einw.)*

Der mittelalterliche Ort mit seinem oberen und unteren Stadtring war in etruskisch-römischer Zeit eine Stätte des Herkules-Kultes, die Römer nannten den Ort *Mons Herculis*. Heute wird Monterchi vor allem wegen der **Madonna del Parto** von *Piero della Francesca* besucht. Die Darstellungsweise der Muttergottes ist für die italienische Malerei ungewöhnlich: Maria ist eine junge Frau, die – sichtbar schwanger – in stillem Ernst der Geburt ihres Sohnes entgegensieht. *Piero della Francesca* fertigte das Fresko um 1460 an, und so mancher Kunstexperte behauptet, die anmutige Maria würde der leiblichen Mutter Pieros ähneln, die tatsächlich aus Monterchi stammte. Das Fresko, das 1888 bei Restaurierungsarbeiten in der etwas außerhalb von Monterchi gelegenen Friedhofskapelle entdeckt wurde, wird seit 1993 in einer Sonderausstellung im alten Schulhaus des Ortes gezeigt – hinter Panzerglas, versteht sich.

① Museo della Madonna: April–Sept. Di–So 9–13 und 14–19 Uhr, Okt.–März Di–So 9–13 und 14–18 Uhr, ✆ 0575-70713. Eintritt 3.10 €. Via Reglia 1.

Wohin mit der Madonna?

Das alte Schulhaus ist kein befriedigendes Domizil für die berühmte *Madonna del Parto*. Seit längerem ist ein politisches Tauziehen um einen geeigneteren Standort im Gange: Der Bischof von Arezzo möchte die Madonna in der Ortskirche unterbringen, der Bürgermeister von Monterchi erklärt sich dazu bereit, verlangt aber eine Sonderkapelle, die an die Kirche angebaut werden soll, die Kulturbehörden von Florenz plädieren für den alten Standort in der Friedhofskapelle, sind aber willens, sich einer etwaigen Einigung zwischen Bischof und Bürgermeister zu fügen. Die entscheidende Frage, wem die kostbare Madonna gehört, ist mittlerweile beim zuständigen Gericht gelandet, und da die italienischen Gerichte ein besonderes Tempo an den Tag legen, haben wir die Chance, dass die schwangere Madonna auch bei der neuesten Auflage dieses Buches noch im alten Schulhaus zu finden sein wird.
Stand 2007: Noch steht die Madonna im renovierten, ehemaligen Schulhaus, das jetzt „Museo Madonna del Parto" heißt. Im Gespräch über einen angemesseneren Standort ist nun auch das Benediktinerkloster gegenüber. Aber noch ist nichts entschieden.

• *Essen* **Al Travato**, am Hauptplatz, der Piazza Umberto. Rustikale Trattoria im historischen Gemäuer, leckere Primi, Grillfleisch, Pilze, Polenta und mehr, ausgewählte Flaschenweine aus der Region, akzeptable Preise. Mo geschlossen. ✆ 0575-70111.
In der **Vecchia Osteria** am unteren Stadtring (neben dem Museo) isst und trinkt man preiswert und gut. Kleine Terrasse über der Straße. Di geschlossen. ✆ 0575-70121.

Anghiari   *(ca. 5800 Einw.)*

Die mittelalterliche Kleinstadt am felsigen Talhang bietet einen großartigen Ausblick auf das hier weite Becken des oberen Tibertals. Die Hauptstraße führt wie eine Sprungschanze geradlinig in die Ebene von Sansepolcro hinunter. In den Geschichtsbüchern verewigte sich der Ort durch die Schlacht von Anghiari (1440), in der die Florentiner die Mailänder besiegten und aus der östlichen Toscana vertrieben.

Der Ort wurde von Kamaldulenser-Mönchen gegründet. Die Mönche entwässerten im 12. Jh. das sumpfige Tal und leiteten den Tiber nach Sansepolcro um. Ein Spaziergang durch die Gassen ist unbedingt zu empfehlen. Am wappenverzierten

Palazzo Comunale bröckelt der Putz. In einem Winkel des alten Stadtkerns steht die mittelalterliche *Chiesa S. Agostino*. Die Fresken im Inneren sind stark lädiert. Auch wurde in letzter Zeit viel gestohlen, selbst eine Flügeltür aus der Sakristei ist verschwunden. Auf dem Antiquitätenmarkt in Arezzo würden die Stücke angeboten, vermutet das Mütterchen, das die Kirchentür pünktlich auf- und zuschließt.

Vom terrassenförmig angelegten Hauptplatz mit dem Garibaldi-Denkmal gelangt man durch die *Galleria Magi*, eine wuchtig überwölbte Passage (19. Jh.), zur Piazza IV Novembre, die vom Stadttheater und einer Kapelle zum Gedenken an die Opfer des Ersten Weltkrieges dominiert wird. Etwas unterhalb davon, in der Via Mazzini, produziert seit der Mitte des 19. Jh. die Tuchweberei *Busatti*. Hier zählt weniger modisches Design als hand- und reißfeste Qualität. Die Stoffe werden in Sansepolcro, Città di Castello, Umbértide und Arezzo verkauft.

• *Postleitzahl* 52031

• *Information* Direkt unterhalb des zentralen Terrassenplatzes finden Sie die freundlichste Touristeninformation der ganzen Toscana. Ein schöner Laden mit ältlichem Mobiliar, abends Treffpunkt Einheimischer, die einfach alles wissen, was in und um Anghiari passiert. Bus- und Zugfahrpläne für Fahrten ins Umland im Aushang. Tägl. 9.30–12.30 und 16–20 Uhr (ohne Gewähr!). www.anghiari.it.

• *Busverbindung* Nach Sansepolcro, Città di Castello und Arezzo.

Mit dem Mountainbike oder zu Fuß von Toppole nach Arezzo

Von Toppole (ca. 4 km südlich von Anghiari) gibt es die Möglichkeit, die gut erhaltende Sandstraße über die Alpe di Poti (974 m) mit dem Mountainbike (ca. 2–3 Std.) oder zu Fuß zurückzulegen (ca. 4–5 Std.). Die Gesamtstrecke beträgt ca. 26 km bis Arezzo und ca. 10 km bis zur Radiostation. Von Toppole aus sollte dabei immer rechter Hand dem Weg gefolgt werden. Nach ca. 8 km (Kreuzung) scharf rechts halten und dem Hauptweg über S. Severo nach Arezzo folgen. Als Belohnung gibt es phantastische Ausblicke auf das Valdichiana und die Apenninausläufer. Zurück mit dem Bus nach Anghiari.

• *Internet* **Punto Com**, Piazza Baldaccio (großer Terrassenplatz im Zentrum).

• *Wohnmobil* Ausgewiesener Parkplatz für Großgefährte am oberen Ortsende (Richtung Monterchi).

• *Feste* Im Juli und August finden zahlreiche Theater- und Musikveranstaltungen statt.

• *Übernachten/Essen* ***** La Meridiana**, modern eingerichtete, teils geräumige, teils kleine Zimmer – gepflegt auf jeden Fall. DZ mit Bad 58 €. Piazza IV Novembre 8 (hinter der Galleria Magi), ☎ 0575-788102, ☏ 0575-787987, www.hotellameridiana.it.

Ristorante Da Alighero, Via Garibaldi 8 (Seitengasse zum Hauptplatz). Hervorragende Küche, liebevoll zusammengestellt. Der Wirt stammt aus Anghiari, die Wirtin aus Deutschland. So kommt man neben den regionalen Gerichten auch zu Ochsenschwanz und Entenbrust. Teigwaren alle hausgemacht. Di geschlossen. ☎ 0575-788040.

Locanda Al Castello di Sorci, ca. 3 km außerhalb, an der SS 73 in Richtung Monterchi. Der Landgasthof ist seit Jahren weit und breit wegen seiner riesigen Portionen zu geringen Preisen bekannt. Im Sommer und an Wochenenden herrscht Massenbetrieb. Temperamentvolle Bedienung. ☎ 0575-789066, Mo Ruhetag. www.castellodisorci.it.

Il Campino di Toppole, der Ausschilderung nach Toppole folgen. Ca. 4 km nach der Abzweigung liegt die Trattoria (kein Namensschild) direkt an der Straße. Im Sommer wird draußen am Kinderspielplatz gegessen. Leckere Küche und gute Preise. Mo geschlossen. ☎ 0575-788149.

Azienda Agrituristica Cafaggio, knapp oberhalb des Weilers. Hier werden unterschiedliche Produkte (Getreide, Gemüse u. a.) biologisch angebaut. Ein Pool und Pferde stehen ebenfalls zur Verfügung. Appartement ab 88 €. Loc. Toppole 42, ☎ 0575-749025, www.cafaggio.it.

Azienda Agricola Valle di Mezzo, Alessandro und seine Frau halten hier französische Hochlandziegen mit großem Erfolg. Ein komfortables Haus wird an landfrohe Städter mit Kindern vermietet (125 € pro Tag). Loc. Toppole 25, ☎/☏ 0575-788103, www.valledimezzo.com.

Sehenswertes

Museo Statale: Das Museum befindet sich im teils historisch möblierten *Palazzo Taglieschi*; es handelt sich um eine Mischung aus Heimat- und archäologischem Museum.

⌚ Di–Sa 8.30–19 Uhr, So 9–13 Uhr. ✆ 0575-788001. Eintritt 2 € (EU-Bürger unter 18 und über 65 J. frei). Piazza Mameli 16.

Museo della Battaglia di Anghiari: Interessanter ist dieses private Museum im gegenüberliegenden *Palazzo del Marzocco*. Die aus der Schlacht von Anghiari (s. o.) als Sieger hervorgegangen Florentiner beauftragten Leonardo da Vinci mit einem monumentalen Schlachtgemälde, das der Meister allerdings nie vollendete und das im 16. Jh. zerstört wurde. Skizzen und Vorstudien zu diesem Werk findet man im *Codex Atlanticus*: Waffen, Krieger, Pferdehintern etc. Neben der Dokumentation von Leonardos Studien sind im Museum auch Kopien von zeitgenössischen Gemälden der Schlacht ausgestellt, u. a. sind auch Michelangelo und Raffael vertreten sowie unbekannte Künstler, die sozusagen als „embedded painters" an der Schlacht teilnahmen.

⌚ April–Okt. täglich 9–19 Uhr, Nov.–März Mo–Sa 10–13 Uhr und 15–18 Uhr, So und Feiertage nur eine Stunde Mittagspause. ✆/☏ 0575-787023. Eintritt 2 €. Piazza Mameli 1.

Sansepolcro   *(ca. 16.000 Einw.)*

Der Name bedeutet so viel wie „heiliges Grab" und geht auf zwei Pilger zurück, die mit Reliquien aus dem Grab Christi im Gepäck von einer Reise aus Palästina zurückkehrten.

Der größte Ort des Valtiberina wirkt auf den ersten Blick etwas zersiedelt. Erst wenn man durch eines der sieben Stadttore in den mittelalterlichen Stadtkern vorgedrungen ist, zeigt Sansepolcro seine Reize.

Im Zentrum der von einer Mauer eingefassten, rechteckigen Altstadt liegt die *Piazza Torre di Berta*, etwas oberhalb befindet sich die **Kathedrale** mit einem Himmelfahrtsgemälde Peruginos als Hauptsehenswürdigkeit (1997 mit Sponsorengeldern des Nestlé-Konzerns restauriert). Neben der Kathedrale, im **Palazzo delle Laudi** mit seinen hohen Arkaden, hat die Kommunalregierung ihren Sitz. Andere einst ansehnliche Bauten wie der *Palazzo Aloigi-Luzzi* aus dem 18. Jh. (Via Luca Pacioli 28) mit seinem kleinen Säulenvorbau sind nicht unversehrt geblieben – Erdbeben und der Zweite Weltkrieg haben deutliche Spuren hinterlassen. Besser erhalten sind die durch einen Torbogen verbundenen *Palazzi Ducci del Rosso* und *Graziani* an der Via XX Settembre. Im *Teatro Dante*, einem klassischen Theaterbau aus dem 18. Jh. in derselben Straße, treten heute Sylvester Stallone und Arnold Schwarzenegger auf – zweidimensional.

● *PLZ* 52037

● *Information* Piazza Garibaldi 2 (oberhalb der Kathedrale). Tägl. 9.30–13 und 15–18 Uhr. Unter anderem gibt es hier einen nützlichen Stadtplan. ✆ 0575-740536. infosansepolcro@apt.arezzo.it.

● *Parken* Gratis-Parkplatz an der Porta Romana, südöstliche Altstadtmauer, ansonsten fast überall gebührenpflichtig (1 € pro Std.).

● *Busverbindung* Von/nach Arezzo.

● *Schwimmbad* Schräg gegenüber der Porta Romana befindet sich die **Piscina Pincardini**. Die baumbestandene Anlage ist vermutlich das schönste öffentliche Schwimmbad der ganzen Toscana; in Sansepolcro hat es sogar den Sprung in den Postkartenständer geschafft.

● *Veranstaltungen* Am 2. Sonntag im September findet auf der Piazza Torre di Berta der traditionelle **Palio della Balestra** statt

Von Florenz nach Arezzo   Karte S. 481

(Wettstreit der Armbrustschützen aus Sansepolcro und Gubbio). Im September blüht die Stadt auch sonst auf: Viele (auch gastronomische) Ereignisse und eine **Renaissance-Woche** werden organisiert.

• *Übernachten* *** **Fiorentino**, angenehmes Altstadthotel, recht komfortable Zimmer. In der ersten Etage ist ein gemütliches, traditionsbewusstes Restaurant eingerichtet, das 2007 seinen 200. Geburtstag feiern durfte. DZ mit Bad 65. Via Luca Pacioli 56, ✆ 0575-740350, ✆ 0575-740370, www.albergofiorentino.com.

** **Da Ventura**, kleines, gepflegtes Albergo, ausgezeichnetes Hotelrestaurant (Sonntagabend und Mo geschlossen). DZ mit Bad 57 €. Via Aggiunti 30, ✆ 0575-742560, ✆ 0575-759500.

Marrani, Via Giovanni Buitoni 23 (Seitenstraße zur zentralen Ader der Altstadt), ✆ 0575-7735563.

• *Außerhalb* **Villa La Castellaccia**, DZ 85 €. Loc. Montedoglio 94, ✆ 0575-743891, ✆ 0575-741693, www.villalacastellaccia.com.

• *Agriturismi* **Podere Violino (Podere Gricignano)**, mit professioneller Pferdehaltung. DZ 103 €. Loc. Gricignano 99, ✆/✆ 0575-720174, info.podereviolino@tin.it.

La Conca, schöne Anlage am Wald. Appartements ab 80 €. Loc. Paradiso 16, ✆/✆ 0575-733301, www.laconca.it.

Il Giardino, keine Pferde, aber kinderfreundliche Anlage mit Pool. DZ ab 100 €. Loc. Rio II, Fraz. Giardino 44/B, ✆/✆ 0575-734370, www.il-giardino.it.

Calcinaia sul Lago, großzügige Anlage in Seenähe (Kanu, Surfen etc.). Appartements ab 80 €. Loc. Montedoglio, Fraz. Gragnano, ✆/✆ 0575-742777, www.calcinaiasullago.it.

• *Essen* **Al Coccio**, Via Aggiunti 83, innen gediegener als von außen. Klassische, gut zubereitete Küche zu moderaten Preisen, teurer, wenn man das Filet vom Chianina-Rind auf dem Teller haben möchte. Mi geschlossen. ✆ 0575-741468.

La Ghianda, Via della Fiorenzuola (Nähe des Hotel Da Ventura). Kleines, freundliches Lokal mit drei Tischen auf der Gasse. Preiswerte toscanische und apenninische Küche, freundlicher Service. Mi geschlossen. ✆ 334-8595277 (mobil).

La Cisterna, Via S. Giuseppe 27, Nähe Piazza Berta, volkstümliches Ristorante mit großer Primi-Auswahl. Mo Ruhetag. ✆ 0575-740938.

Le Mura, Via della Fraternità 22 (Nähe Torre di Berta), kleines, preisgünstiges Lokal, das neben regionaler Küche auch Pizzen serviert. Di geschlossen.

Sehenswertes

Museo Civico: Die gesamte Kirchenkunst von Sansepolcro ist hier versammelt – neben dem Schatz der Kathedrale vor allem auch die aus verschiedenen Kirchen hierher geschafften Fresken. Das Museum lohnt allein schon wegen *Piero della Francesca* einen Besuch. Der Mitbegründer der italienischen Renaissance wurde um 1416 in Sansepolcro geboren. Drei Fresken und ein Altarbild des Meisters sind im Museum ausgestellt. Am eindrucksvollsten ist die „Auferstehung" – weiche Farbgebung, realistische Landschaftsdarstellung; Meister Piero hat sich als Selbstporträt unter die am Grab schlafenden Soldaten gemischt. Außerdem sind Arbeiten seiner Schüler *Matteo di Giovanni* und *Raffaellino dal Colle* zu sehen. Ebenfalls von Piero della Francesca inspiriert sind die bemerkenswerten perspektivisch gestalteten Intarsien eines Chorgestühls. Ein ganzer Museumssaal ist *Santi di Tito* gewidmet, der ebenfalls aus Sansepolcro stammt. Von *Luca Signorelli* besitzt das Museum eine beidseitig bemalte Prozessionsstandarte.

⏲ Mitte Juni bis Mitte Sept. tägl. 9–13.30 und 14.30–19 Uhr; Mitte Sept. bis Mitte Juni täglich 9.30–13 und 14.30–18 Uhr. Eintritt 6 €. Via N. Aggiunti 65.

Aboca-Museum: Die Heilpflanzen-Azienda *Aboca*, untergebracht in einem Palazzo aus dem 17./18. Jh., zeigt auf zwei Etagen eines stattlichen Palazzo alles rund um gesunde Kräuter und deren Verarbeitung. Für Liebhaber.

⏲ Sommer: tägl. 10–13 und 15–19 Uhr; Winter: Di–So 10–13 und 14.30–18 Uhr. Eintritt 8 €. Via N. Aggiunti 75. www.abocamuseum.it.

Eremo di Montecasale: Die auf über 700 m in den Eichenwäldern gelegene Einsiedelei ist ein kleines Juwel. Sie wurde 1193 von den Kamaldulensern in unmittel-

barer Nähe eines von Friedrich Barbarossa zerstörten Kastells errichtet. Die Kamaldulenser unterhielten hier bis 1211 eine Station für Leprakranke, 1213 schenkten
sie das Kloster dem heiligen Franziskus persönlich, der den abgeschiedenen Ort oft
aufsuchte. Unter anderem soll er hier drei gottlose Räuber bekehrt haben, und zwar
so radikal, dass die drei um Aufnahme in den Orden baten und ihr Leben als Franziskaner in Montecasale beschlossen. Im 16. Jh. ging das Kloster an die Kapuziner,
die noch heute hier zugange sind.

Die kleine Kirche, deren raue Bescheidenheit den franziskanischen Geist widerspiegelt, besitzt einen aus Nussbaum geschnitzten Altar mit einer vom Volk verehrten bemalten Holzstatue (Maria mit Kind) aus dem 14. Jh. Links des Eingangs findet man einen Durchgang zum Oratorium des heiligen Franziskus. In einem der
Reliquienschreine werden zwei der drei bekehrten Räuberschädel verehrt, ein zweiter ist leer: Nicht bekehrte Räuber ließen 1974 einen wertvollen Messkelch und
weitere sakrale Gegenstände mitgehen. Vom Oratorium gelangt man direkt in den
klitzekleinen Kreuzgang, an den sich die Mönchszellen anschließen – mit Fenstern,
die eher an Schießscharten erinnern.

● *Anfahrt* Im Osten von Sansepolcro, knapp
außerhalb der Stadtmauer, von der Straße
nach Città di Castello links abzweigen
(Richtung Montagna La Villa), nach 1,5 km

Abzweigung rechts (ausgeschildert), weitere 4,5 km bis zur Einsiedelei.
⊙ Täglich 6.15–12.15 und 15.30–19 Uhr.

Caprese Michelangelo

(ca. 1600 Einw.)

Kleiner Weiler mit Castello, einsam auf einer Hügelkuppe gelegen. Hier wurde *Michelangelo Buonarroti* am 6. März 1475 geboren, sein Vater war als Statthalter von
Florenz hierher versetzt worden. Die Akten vermerken weiter, dass seine schwangere Mutter beim Umzug vom Pferd fiel und eine Weile mitgeschleift wurde, jedoch ohne Schaden an ihrer überlieferten Schönheit zu nehmen.

Im Geburtshaus des Meisters sind Kopien und Fotos seiner wichtigsten Werke ausgestellt, eine Dokumentation illustriert seinen Werdegang. Einige Arbeiten von Florentiner Malern des 17. Jh. zeigen Michelangelo in schillernden Farben als beinahe
göttliches Wesen.

In den Sälen der daneben stehenden Burgruine sind neben Beispielen zeitgenössischer Bildhauerei einige Kopien von Skulpturen des Meisters zu sehen. Dass der
Künstler selber mit der Schönheit, die er seinen Werken zukommen ließ, nicht gerade gesegnet war, zeigt ein Gemälde des mexikanischen Künstlers *Jorge Gonzales
Camarena*, die Interpretation eines Selbstporträts von Michelangelo – mit gewalti-
gem Kinn.

Eine Open-Air-Ausstellung mit Gegenwartskunst unterschiedlicher Qualität run-
det den Besuch bei Michelangelo ab.

⊙ April–Mai Mo–Sa 11–18 Uhr, So 11–19
Uhr; Juni/Juli und Sept. täglich 10–19 Uhr;
August täglich 9.30–19.30 Uhr; Okt. Mo–Sa
10.30–17.30 Uhr, So 10.30–18.30 Uhr; Nov. Mo–
Sa 11–17 Uhr, So 11–18 Uhr. ✆ 0575-793776,
✆ 0575-793589. Eintritt 4 €. Via Capoluogo 1.
● *Übernachten/Essen* ***** Buca di Michelangelo**, mitten im Ortskern, alteingesessen
und gut geführt, modern eingerichtete Zimmer, teils mit schöner Aussicht. Das Hotel-

restaurant serviert deftige Kost zu vernünftigen Preisen. DZ 60 €. Via Capoluogo 51,
52033 Caprese Michelangelo, ✆ 0575-793921,
✆ 0575-793941, www.bucadimichelangelo.it.
● *Camping* **Michelangelo**, ca. 1,5 km außerhalb Richtung Anghiari. Einfacher Platz in
schöner Lage. Geöffnet März–Okt. Loc.
Zenzano, 52033 Caprese Michelangelo,
✆ 0575-793886, ✆ 0575-791183,
campmichelangelo@libero.it.

Südlich von Arezzo: Im Valdichiana

In vorgeschichtlicher Zeit war das Chianatal die Fortsetzung des jungen Arnotals (Casentino), bis eine natürlich entstandene Flussgabelung den größten Teil des Arno-Wassers zur Wendung in Richtung Florenz (Valdarno) zwang. In der Folgezeit versumpften große Teile des Valdichiana, bis die Etrusker das Gebiet urbar machten und hier großflächig Getreide anbauten. Nach einer erneuten Versumpfung im Mittelalter – noch *Dante* bezeichnete das weite Tal als Pestsumpf – begannen die Aretiner mit der erneuten Urbarmachung. Aber erst der Bau eines Kanals *(Canale Maestro Chiana)* Mitte des 18. Jh. führte zur endgültigen Trockenlegung und intensiven landwirtschaftlichen Nutzung. Wie zur Zeit der Etrusker wird im Chianatal heute wieder Getreide angebaut; außerdem ist hier eines der größten Weißweingebiete der Toscana entstanden *(Bianco Vergine della Valdichiana)*. Und mitten im Valdichiana liegt das Zuchtgebiet der weißen *Chianina-Rinder*, die das Fleisch für die toscanische Steak-Spezialität *Bistecca fiorentina* liefern. Attraktiver Hauptort und touristisches Zentrum dieses Agrar- und Weidelandes südlich von Arezzo ist die alte Etruskerstadt **Cortona**.

Castiglion Fiorentino   *(ca. 12.000 Einw.)*

Am östlichen Rand des Chianatals liegt die hübsche Hügelstadt Castiglion Fiorentino, deren mittelalterliche Stadtmauern noch vollkommen intakt sind. Ein Stadtbummel führt zwangsläufig bergauf. Man geht am besten vom imposanten, theoretisch auch heute noch jederzeit verschließbaren Stadttor Porta Fiorentina die Hauptgeschäftsgasse Corso Italia hoch zur Rathauspiazza mit der wappenverzierten Aussichtsloggia. Ein paar Schritte höher befindet sich die Stadtfestung **Cassero** mit dem *Palazzo Pretorio* und daneben die *Chiesa di Sant'Angelo*. Durch die Sant'Angelo-Kirche betritt man die städtische **Pinakothek**, die neben wertvollen Goldschmiedearbeiten aus dem 13. und 14. Jh. auch Meisterwerke aus den Malerschulen von Arezzo und Siena beherbergt, darunter Gemälde von Margaritone, Taddeo Gaddi, Bartolomeo della Gatta, Giorgio Vasari u. a.

- *PLZ* 52043
- *Information* **Pro Loco**, an der Rathauspiazza. Di–So 9.30–12.30 und 15.30–18.30 Uhr. Mo geschlossen. ✆ 0575-658278.
- *Parken* Parkmöglichkeiten am Altstadttor Porta Fiorentina.
- *Bahnverbindung* Castiglion liegt an der FS-Hauptstrecke Arezzo–Cortona–Chiusi.
- *Pinakothek* April–Okt. Di–So 10–12.30 und 16–18.30 Uhr; Nov.–März Di–So 10–12 und 15.30–18.30 Uhr. Eintritt 3 €. Via del Cassero 6.
- *Einkaufen* Den besten **Honig** der Region gibt es bei Marco Valentino, Via Piero della Francesca 24, ✆/ 0575-740922.
- *Markt* Freitagvormittag vor der Porta Fiorentina.
- *Essen* Osteria 23, Via Dante 23 (Seitenstraße zum Corso). Große Antipasti-Auswahl (z. B. Gnocchi mit Salbei) und große Portionen, auch sonst ganz passabel. Mit

Terrasse nach hinten, wobei „panoramica" eindeutig übertrieben ist, immerhin sitzt man dort an der frischen Luft. Mo geschlossen. ✆ 0575657541.
- *Übernachten/Agriturismo* *** **Relais San Pietro**, im Bergdorf Polvano, ca. 8 km von Castiglion Fiorentino entfernt (ausgeschildert). Perfekt restauriertes Landhaus. Luxusherberge in völliger Abgeschiedenheit, Restaurant nur für Hotelgäste. Swimmingpool. Geöffnet April–Okt. DZ 240 €. Loc. Polvano 3, ✆ 0575-650100, 0575-650255, www.polvano.com.
- *Agriturismo* **La Pievuccia**, am südlichen Ortsrand von Castiglion Fiorentino (ca. 3 km vom Zentrum entfernt). Kleiner, gepflegter Gutshof (20 ha), der biologisch bewirtschaftet wird. Geführt wird La Pievuccia von Lydia und Zelindo Papini, den sympathischsten Gastgebern, die man sich vorstellen

Markantes Profil – das Castello di Montecchio

kann. Untergebracht wird man in geschmackvoll eingerichteten Appartements. Ein Swimmingpool steht zur Verfügung. Appartements mit Küche und Bad für 2 Pers. 65–75 € pro Tag oder 400–490 €/Woche, je nach Saison. Etwas teurer ist das 4-Bett-Appartement. Auf Wunsch kann man auch Abendessen bestellen, Lydias Kochkünste lassen bestimmt keinen Wunsch offen. Via S. Lucia 118, Loc. Pievuccia, ✆/✉ 0575-651007, www.lapievuccia.it.

Falls belegt, kann man auch bei den Nachbarn gut unterkommen:

La Guardata, Via S. Lucia 64, ✆/✉ 0575-650179, www.casaliinvaldichio.com.

Casa Spinabbio, von Castiglion Fiorentino 8 km bis zum Weiler Ristonchia und von da auf einer Schotterpiste noch weitere 2 km. Dann weist ein verwittertes Schild auf das prächtige Gutshaus, das man nach 400 m erreicht. Das 870 m ü. M. gelegene Haus bietet neben dem außergewöhnlichen Blick über das Chianatal vier großzügige Ferienwohnungen, jeweils mit Küche, Esszimmer, Schlafcouch und Bad ausgestattet. Die Eigentümer des Anwesens betreiben biologische Landwirtschaft und verkaufen ihre Erzeugnisse (Öl, Wein, Gemüse, Obst und Pilze) gern an ihre Feriengäste. Für Aktivitäten stehen ein Reitpferd und mehrere Mountainbikes zur Verfügung. Auskunft bei Signora Rosini, die im Tal unten, in S. Lucia, wohnt. 300–575 € pro Woche, je nach Saison, Tiere 50 € pro Woche. ✆/✉ 0575-651302.

Castello di Montecchio: Etwa 3 km südlich von Castiglion Fiorentino erhebt sich diese intakte mittelalterliche Trutzburg, die nachts beleuchtet wird. Eine 270 m lange Zinnenmauer umgibt die Bilderbuchburg, die im 14. Jh. vom englischen Söldnerführer John Hawkwood bewohnt wurde, der in Diensten der Florentiner Truppen stand.

Führungen Seit einigen Jahren und auch 2007 teilweise noch im Restaurationskorsett und wegen Brüchigkeit noch nicht wieder zu besichtigen. Der kurze Spaziergang hoch ist dennoch ganz nett: Parkplatz auf halbem Weg bei der Kirche, von da 15 Min. zu Fuß.

Lucignano

(ca. 3500 Einw.)

Die mittelalterliche Stadtanlage ist vom Feinsten und ruht in ihrer architektonischen Geschlossenheit nahezu unverändert auf einer sanften Hügelkuppe am westlichen Rand des Chianatals. Um den höchsten Punkt des Centro storico gruppieren sich die restaurierten Festungstürme der *Rocca* und die Hauptkirche *San Michele*

Arcangelo sowie die etwas tiefer gelegene gotische *Chiesa San Francesco*. Die kunstgeschichtliche Hauptattraktion von Lucignano beherbergt das *Museo Comunale* im Rathaus. Es handelt sich um den *Albero d'Oro* („Goldener Baum"), einen Reliquienschrein aus purem Gold in der Form eines über 2 m hohen Baumes. Diese einmalige Goldschmiedearbeit wurde im 16./17. Jh. in Arezzo gefertigt, wo das Goldschmiedehandwerk noch immer Konjunktur hat. Die Gemäldesammlung wartet mit zwei Bildern von *Luca Signorelli* auf: die Stigmatisierung des Franziskus und eine Madonna mit Kind.

• *Museo Comunale* April–Sept. Mo und Fr–So 10–13 und 15–18 Uhr, Eintritt 3,60 €.

• *Übernachten/Essen* ***** Da Totò**, Altstadt-Albergo mit Charme. Tolle Lage am höchsten Punkt des Centro storico mit lauschigem Garten und Swimmingpool. Die ausgezeichnete Osteria des Hotels (mit Garten) serviert verfeinerte toscanische Küche und wird von Lorenzo Totò, einem bekannten Fernsehkoch und Kochbuchautor, geführt. Restaurant Di geschlossen. DZ 78 €, EZ 62 € (HP 57 € pro Pers.). Piazza del Tribunale 6, 52046 Lucignano, ℡ 0575-836763, 🖷 0575-836988, www.trattoriatoto.it.

La Rocca, in der Altstadt. DZ 60 €, Mini-Appartement 75 €. Via G. Matteotti 13, 52046 Lucignano, ℡/🖷 0575-836175, www.residencelarocca.com.

La Tavernetta, Via Roma 15. Leckere Fisch-, Wildschwein- und Pilzgerichte zu moderaten Preisen. Auf der Terrasse lässt es sich an heißen Sommertagen gut aushalten. Mo geschlossen. ℡ 0575-836568.

Cortona   *(ca. 23.000 Einw.)*

Einer der schönsten Bergorte der Toscana: Von der meist dunstigen Höhe eines fast 500 m in den Himmel ragenden Bergkegels bewacht Cortona das Chianatal, vom Süden der Stadt aus erblickt man den Lago Trasimeno. Im Vicolo Iannelli, unterhalb des Doms, mit seinen überhängenden Häusern aus dem 13./14 Jh. zeigt sich der Ort am ursprünglichsten.

Cortona ist eine uralte Siedlung der Umbrer, die – bevor sie schließlich römisch wurde – einige Zeit dem etruskischen Zwölfstädtebund angehörte. Im Mittelalter wurde die Stadt von Arezzo erobert, dann von Siena befreit, um schließlich an den König von Neapel zu fallen, der Cortona 1411 an die zahlungskräftigen Florentiner verschacherte.

Gern schmückt sich Cortona mit dem Titel „Stadt der Künstler", denn immerhin sind hier *Luca Signorelli* (1450–1523) und *Pietro da Cortona* (1596–1669) geboren. Signorelli hat seiner Geburtsstadt mehrere ausdrucksstarke Werke hinterlassen – zu sehen im Museo Diocesano. Pietro da Cortonas Werke sind heute in Rom zu besichtigen.

Cortona hat sich zu einer recht lebendigen Kleinstadt mit etwas studentischem Flair gemausert. Die University of Georgia führt hier seit Jahren vom April bis September ihr „Studies Abroad Program" durch, eine dänische Organisation veranstaltet regelmäßig Studienferien, und ein Florentiner Institut bietet den Sommer über Italienischkurse an. Angesichts der jungen und internationalen Klientel haben sich im Zentrum einige Cafés ein schickes Outfit verpasst, z. B. das *Signorelli*, das *Caffè degli Artisti* oder die – welche Überraschung in der Toscana – Electro-Lounge *Route 66*. Die Via Nazionale, mondäne Flaniermeile und einzige durchgehend flache Straße der Stadt, startet an der viel fotografierten Piazza Repubblica, wahrlich ein Traum in Stein, und endet an einer baumbestandenen Aussichtsterrasse.

Nicht zuletzt hat *Audrey Wells'* Film „Unter der Sonne der Toscana" (2003), der in Cortona gedreht wurde, bei Amerikanern und Engländern Reklame für die Stadt gemacht, sodass man heute im hochtouristischen Zentrum mehr Englisch als Deutsch zu hören bekommt. Die Kehrseite dieses gewachsenen Tourismus: Mehr und mehr Altstadthäuser werden umgebaut und als Feriendomizile vermietet, und die Preise für Lebensmittel (oder auch nur einen Cappuccino) sind inzwischen so gestiegen, dass die Einheimischen es vorziehen, unten in Camucia einzukaufen.

Information/Verbindung/Adressen

• *PLZ* 52044
• *Information* **APT-Büro**, Via Nazionale 42. Mai–Sept. Mo–Sa 9–13 und 15–19 Uhr, So 9–13 Uhr; Okt.–April Mo–Fr 9–13 und 15–18 Uhr, Sa 9–13 Uhr, So geschlossen. Fahrkartenverkauf für LFI-Busse und FS-Züge. Geldautomat im Vorraum. ✆ 0575-630352, ✆ 0575-630656. www.cortonaweb.net, infocortona@apt.arezzo.it.
• *Bahnverbindung* Cortona liegt an der FS-Bahnlinie Florenz–Arezzo–Rom. Der Bahnhof Camucia-Cortona befindet sich ca. 4 km vom Zentrum entfernt; von 6–21 Uhr fährt alle 30 Minuten ein Bus zur Altstadt hinauf. 10 km südlich von Cortona liegt der Umsteigebahnhof Teróntola (Abzweigung nach Perugia).
• *Busverbindung* 8x täglich (Sonntag 4x) Verbindung nach Arezzo. LFI-Busse mehrmals täglich auch nach Castiglione del Lago (Lago Trasimeno).
• *Parken* ein großes Problem! Die Plätze an der Porta San Agostino (gratis) und auf

der Piazza Garibaldi (mit Rolltreppe nach oben) sind oft schnell gefüllt. Wer dort nicht mit seinem Auro anstehen will, findet eher eine Lösung beim Santuario di Santa Margherita, vorausgesetzt, dass dort keine Messe gefeiert wird.
• *Internet* **TELENET**, Via Guelfa 25. Mo–Sa 9–20.30 Uhr, So 10–20 Uhr.
• *Markt* Samstagmorgen auf der Piazza Signorelli. Allerdings ist wenig Platz für das Marktgeschehen. Empfehlenswert ist der Markt in Camucia, einer der größten der Provinz, jeden Donnerstagvormittag.
• *Feste/Veranstaltungen* **Sagra della Bistecca** („Rindersteak-Kirmes"), 15. August. Die besten Chianina-Rinder werden geschlachtet, um dann gegrillt verspeist zu werden.
Jedes Jahr Ende August findet außerdem die **Antiquitätenmesse** statt.
• *Kino* **Cinema sotto le Stelle**, im Juli/August Open-Air-Filmvorführungen im Giardino Pubblico.

Übernachten (siehe Karte S. 498/499)

**** Villa Marsili (21), am Stadtrand. Phantastische Panoramasicht, großes Frühstücksbuffet, Aircondition. Februar geschlossen. DZ ab 240 €, Frühstück inbegriffen. Via G. Severini 48, ✆ 0575-605252, ✆ 0575-605618, www.villamarsili.net.

**** San Michele (13), 42 komfortable Zimmer mit Aircondition in einem herrschaftlichen Stadtpalazzo aus dem 17. Jh. Der geschmackvolle Luxus ziert auch das Restaurant im Kellergewölbe. Geöffnet Mitte März bis Dez. DZ 220 €. Via Guelfa 15, ✆ 0575-604348, ✆ 0575-630147, www.hotelsanmichele.net.

**** San Luca (19), moderner, ansprechender Bau, Zimmer mit Blick auf die weite Talebene. DZ 120 €. Piazza Garibaldi 2 (am Ende der Via Nazionale), ✆ 0575-630460, ✆ 0575-630105, www.sanlucacortona.com.

*** Italia (9), solides Altstadthotel in einem festungsähnlichen Haus. DZ mit Du/WC 130 €, EZ 79 €. Via Ghibellina 5 (Nähe Piazza

Repubblica), ✆ 0575-630254, ✆ 0575-605763, hotel.italia@technet.it.
* Athens (6), hübsche Lage im oberen Teil der Altstadt – schöner Ausblick! Geräumige Zimmer, einige mit 4 Betten voll gestellt. Geöffnet Mitte März bis Nov., oft von amerikanischen Kunststudenten belegt. DZ mit Bad 42 €, ohne 37 €. Via S. Antonio 12, ✆ 0575-630508, ✆ 0575-604457.
Istituto S. Margherita (20), saubere und teilweise sehr geräumige Zimmer. Jugendherbergsatmosphäre. DZ mit Bad 32 €, Mehrbettzimmer 15 € pro Pers., Frühstück 3 €. Via C. Battisti 15, ✆ 0575-630336, ✆ 0575630549, comunitacortona@smr.it.
• *Außerhalb* ***** Portole**, Albergo mit Ristorante, ca. 7 km von Cortona in Richtung Città di Castello. In einer früheren Poststation auf 824 m Höhe in ländlicher Abgeschiedenheit. Sonnenterrasse mit Panoramablick. DZ mit Frühstück 95 €, besser gleich Halbpension für 65 € pro Kopf. Einfache

Badezimmer. Mindestaufenthalt drei Tage. Loc. Portole, ☎ 0575-691008, 🖂 0575-691035, www.portole.it.

● *Bed & Breakfast* **Casa Bellavista**, 12 km westlich von Cortona im Weiler Creti vermieten Simonetta und Guido 3 Zimmer. „Wunderschön, geschmackvoll eingerichtet, klein, ruhig, gepflegt und gemütlich. Zudem kocht Simonetta köstlich und Guido ist Weinliebhaber" (Leserbrief). Loc. Creti, Case Sparse 40, ☎/🖂 0575-610311   , info@casabellavista.it.

● *Jugendherberge* **Ostello per la Gioventù San Marco (15)**, ehemaliges Kloster an der südlichen Stadtmauer. Geöffnet Mitte März bis Mitte Okt. Übernachtung mit Frühstück 13 €/Pers., ca. 20 Leute pro Schlafraum. Abendessen auf Wunsch. Via Maffei 57, ☎/🖂 0575-601392, www.cortonahostel.com.

● *Agriturismi* **Villa Assunta**, ca. 12 km von Cortona (ausgeschildert), auch Appartements, im Hauptgebäude Gemeinschaftsküche. Kleiner Swimmingpool. Wir zitieren aus unserer Leserpost: „Das letzte Stück im Ort Bagnolo geht es dann über eine unbefestigte, aber gut befahrbare Straße zur Villa. Diese ist ein altes Landhaus (von einer hohen Natursteinmauer umgeben) mit einigen Nebengebäuden und einem großen parkähnlichen Garten, dessen große Zeit auch schon ein Weilchen vorbei ist. Das Schönste an der ganzen Anlage ist aber die Lage in den Bergen und die Ruhe. Und die beiden Pächter, die das Haus in Ordnung halten". Appartements 82 € (2 Pers.) bis 24 € (4–6 Pers.) pro Tag. Case Sparse 105, Bagnolo, ☎ 0575-690061, 🖂 0761-924029, www.villa-assunta.com.

Fattoria Landrucci, großzügige Fattoria mit 6 Appartements, Pool und weiteren Freizeitangeboten. Appartements ab 120 €. Loc. Landrucci 125, Terontola (Richtung Lago Trasimeno), ☎ 0575-67029, 🖂 0575-407021, landagri2004@libero.it.

Girifalco, vom Bergrücken des Monte Ginezzo mit toller Aussicht kann die Bergregion erlaufen werden. Im Angebot sind DZ

Übernachten

6 Athens
9 Italia
13 San Michele
15 Jugendherberge 'San Marco'
19 San Luca
20 Istituto S. Margherita
21 Villa Marsili

ab 40 € und ein separates Haus für 6 Pers. Loc. Monte Ginezzo, ☎ 0575-691014.

Cà de Carlicchi, kinderfreundlicher Hof (u. a. Pool und Spielplatz) in Richtung Città di Castello (27 km). Geöffnet März–Sept. DZ 50 €, Appartement für 6 Pers. ca. 150 €/Tag. Loc. Teverina 80, ☎/🖂 0575-616091, www.agriturismo.com/carlicchi.

Weitere Agriturismi (La Pievuccia und Ristonchia Nr. 6) siehe unter Castiglion Fiorentino

Essen und Trinken

Ristorante Tonino (18), Piazza Garibaldi 1, gehört zum Drei-Sterne-Hotel San Luca. Eines der bekanntesten Restaurants der Stadt. Etwas für die feine Abendgarderobe.☎ 0575-630500.

La Locanda nel Loggiato (8), Piazza Pescheria 3, unmittelbar oberhalb der Piazza

della Repubblica. „Es ist ein Traum, an einem lauen Sommerabend auf der Terrasse zu speisen ... Unten das Treiben auf der Piazza della Repubblica, dahinter das beleuchtete Rathaus... Innen ist es geschmackvoll eingerichtet. Die Speisekarte ist in allen Bereichen nicht sehr groß. Aber

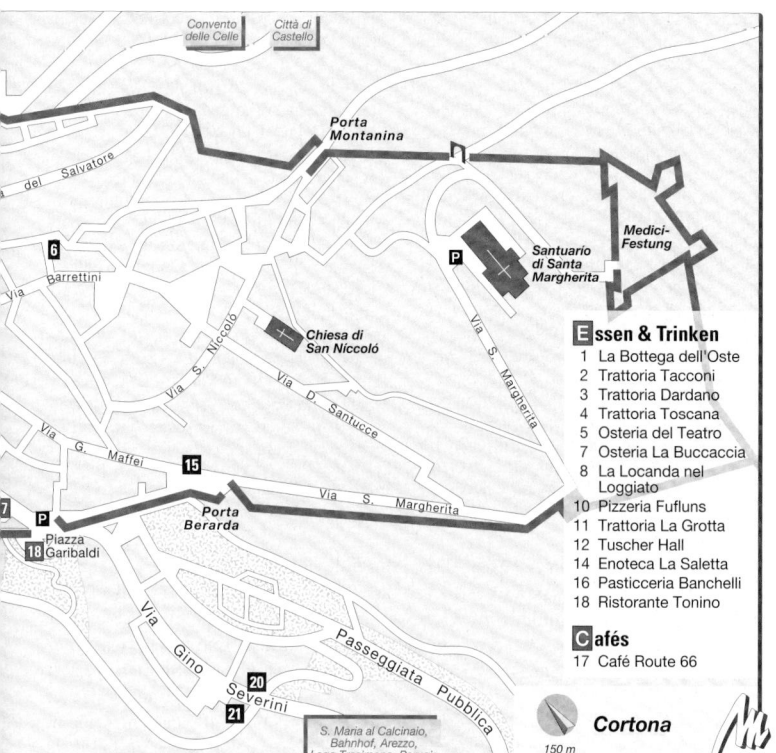

Essen & Trinken

1 La Bottega dell'Oste
2 Trattoria Tacconi
3 Trattoria Dardano
4 Trattoria Toscana
5 Osteria del Teatro
7 Osteria La Buccaccia
8 La Locanda nel Loggiato
10 Pizzeria Fufluns
11 Trattoria La Grotta
12 Tuscher Hall
14 Enoteca La Saletta
16 Pasticceria Banchelli
18 Ristorante Tonino

Cafés

17 Café Route 66

Cortona

150 m

Von Florenz nach Arezzo · Karte S. 481

was auf den Tisch kommt, ist wirklich sehr gut. Die Preise sind über dem Durchschnitt." (Leserbrief). Reservierung erforderlich Mi geschlossen. ☎ 0575-630575.

Osteria del Teatro (5), Via Maffei 2. mehrfach ausgezeichnete toscanische Küche zu leicht überdurchschnittlichen Preisen. Zwei gemütliche, aber kleine Speiseräume, in der Regel ausgebucht, und ein großer Speisesaal, in dem so viele Gäste essen, dass der Lärmpegel die Kommunikation erschwert. Reservierung erforderlich. Mi geschlossen. ☎ 0575-630556.

La Bottega dell'Oste (1), Vicolo Manini 10. Speiselokal mit kleinem, aber gutem Angebot, insbesondere auch an Weinen. Preise leicht über dem Durchschnitt. ☎ 0575-62153.

Trattoria Toscana (4), Via Dardano 12. Kleine, rustikale Trattoria, familiär geführt und gerne von Einheimischen besucht. Toscanische Küche zu durchschnittlichen

Preisen: Kutteln nach Art des Hauses oder Entenbrust mit Limonen- und Orangenstreifen. Der Wirt rückte das an der Straße groß angeschlagene „Menu a Prezzo Fisso" allerdings erst auf Anfrage raus. Reservierung empfohlen. Di geschlossen. ☎ 0575-604192.

Trattoria Dardano (3), Via Dardano 24. Arentinische Hausmannskost zu verträglichen Preisen. Seit das Lokal mit einer großen Tafel in englischer Sprache versucht am Tourismuskuchen teilzuhaben, hat es allerdings an Gemütlichkeit etwas eingebüßt. ☎ 0575-601944.

Trattoria La Grotta (11), Piazza Baldelli 3, etwas versteckt in einer kleinen Seitengasse der Via Nazionale. Unprätentiöse Trattoria mit guter toscanischer Küche zu durchschnittlichen Preisen, wenig ausländische Gäste. Im Sommer kleine Betischung zum Platz. Der Andrang ist groß, Reservierung also ratsam. Di geschlossen. ☎ 0575-630271.

Trattoria Tacconi (2), Via Dardano 46. Vermutlich Cortonas billigste Trattoria. Ein Fernseher im Eck und 5 Tische, von denen aus man direkt in die Küche schauen kann. Nachteil: Wenn man endlich einen Tisch erwischt hat, kann man kaum in Ruhe essen, weil die nächsten Kunden ungeduldig anstehen. Leider nur noch mittags geöffnet, Mo geschlossen, ebenso den ganzen Okt. ℡ 0575-603588.

Osteria La Buccaccia (7), Via Ghibellina 17. Am Eingang zur Altstadt versteckt sich dieses exzellente, preisgünstige Restaurant mit schmalem Außenbereich (wegen Platzmangel). ℡ 0575-606039.

Pizzeria Fufluns (10), Via Ghibellina 3. Preiswerte Pizzeria und deshalb oft proppenvoll. Jugendliches Publikum. Allerdings hat das Lokal nach einem Besitzerwechsel 2007 stark an Qualität eingebüßt. Die einst berühmte Pasta-Karte mit zahlreichen hausgemachten Pastagerichten gehört der Vergangenheit an. Nur abends geöffnet, Reservierung empfohlen. Di geschlossen. ℡ 0575-604140.

Enoteca La Saletta (14), Via Nazionale 26. Sympathische Enoteca. Am Wochenende Livemusik im Keller. ℡ 0575-603366.

Tuscher Hall (12), Via Nazionale 43, ein Leser schrieb: „Die Karte bietet kleine, aber feine Antipasti, Primi und Contorni an. Außerdem wurden wir durch die sehr schönen, hohen Räume angezogen. Freundliche, aufmerksame Bedienung, tolle Bilder." ℡ 0575-62053.

Café Route 66 (17), Via Nazionale 78. Großstädtische Lounge-Atmosphäre, elektronische Musik, dazu Cocktails. Zu essen gibt es Panini und andere Snacks. ℡ 0575-62727.

Pasticceria Banchelli (16), Via Nazionale 64. Vielleicht die beste Pasticceria zwischen Rom und Florenz.

Sehenswertes

Museo dell'Accademia Etrusca: Das Museum ist im imposanten, wehrhaft wirkenden Palazzo Casali an der Piazza Signorelli untergebracht und bietet eine außergewöhnliche Sammlung an Kunstwerken von der Zeit der Etrusker bis zur Renaissance. Einzigartig ist der etruskische Goldschmuck und ein etruskischer Bronzeleuchter (75 kg!) aus dem 5. Jh. v. Chr., der mit Satyrn und Sirenen verziert ist. In seiner Mitte prangt der Kopf von Gorgone, einer mythologischen Figur, die gleichzeitig das Gute und das Böse symbolisiert. Darüber hinaus ist hier die *Tabula Cortonensis* ausgestellt, eine der umfangreichsten erhaltenen Schriftzeugnisse in etruskischer Sprache aus dem 2. oder 3. Jh. v. Chr.

① April–Okt. täglich 10–19 Uhr; Nov.–März Di–So 10–17 Uhr; Weihnachten bis Neujahr geschlossen. Eintritt 7 €. www.accademia-etrusca.org.

Museo Diocesano: Das Museum befindet sich in einer ehemaligen Jesuitenkirche an der westlichen Stadtmauer (gegenüber der nicht sonderlich interessanten Kathedrale) und präsentiert eine überaus bemerkenswerte Gemäldesammlung. Unter anderem sind *Pietro Lorenzettis* „Thronende Madonna mit Kind und Engeln" (ca. 1315) sowie *Beato Angelicos* „Verkündigung" (1433/34) zu sehen. Besonders stark vertreten sind

Cortona – Piazza Repubblica

der in Cortona geborene *Luca Signorelli* und seine Schule; eines der eindruckvollsten Bilder des Meisters selbst ist die „Kreuzabnahme".

ⓘ April–Okt. täglich 10–19 Uhr; Nov.–März Di–So 10–17 Uhr. Eintritt 5 €.

Fortezza Medicea Girifalco: Die Medici-Festung wurde Mitte des 16. Jh. unter Cosimo I. auf den Grundmauern einer älteren Anlage erbaut. Die noch beeindruckenden Überreste lohnen einen Besuch.

ⓘ April, Mai, Juni und Sept. 10–18 Uhr, Juli und August bis 19 Uhr. Eintritt 3 €.

Santuario di Santa Margherita: Unmittelbar unterhalb der Festung befindet sich die Wallfahrtskirche Santa Margherita, ein großer, neoromanischer Bau aus der zweiten Hälfte des 19. Jh. Hier liegt in einem kostbaren Silberschrein die Patronin der Stadt begraben. Sie soll, nachdem ihr adliger Geliebter ermordet und sie selbst von ihrer Familie vertrieben worden war, ihrem Leben eine spirituelle Wendung gegeben haben. 1272 klopfte sie an die Stadttore und fand bei den Franziskanermönchen Aufnahme. Bis zu ihrem Tod 1297 widmete sie sich den Kranken und Armen Cortonas. Der Aufstieg zu Wallfahrtskirche vom Stadtzentrum aus ist steil, aber sehr schön. Zypressen säumen den kopfsteingepflasterten Pilgerweg.

ⓘ April–Okt. 7.30–12 und 15–19 Uhr; Nov.–März 8.30–12 und 15–18 Uhr. Eintritt frei.

Chiesa di San Niccolò: Im Inneren des schmucken Kirchleins im oberen Stadtteil wird eine beidseitig von *Luca Signorelli* bemalte Prozessionsstandarte aufbewahrt: Auf der Vorderseite sieht man eine Kreuzabnahme, auf der Rückseite thront zwischen Peter und Paul Maria mit Kind. Ein weiteres Werk des Meisters, ein vom Verfall bedrohtes Fresko, befindet sich an der linken Wand. Ein Signorelli-Eindruck ohne Museumseintritt!

ⓘ Sommer 9–12 Uhr und 15–19 Uhr; Winter 9–12 und 15–18 Uhr.. Als Eintritt schlägt ein Schild eine „offerta minima" von 1 € vor.

Umgebung von Cortona

Chiesa di Santa Maria delle Grazie al Calcinaio: Die Kirche mit der auf einem oktogonalen Turm ruhenden mächtigen Kuppel ist bei der Auffahrt nach Cortona kaum zu übersehen. Der Bau stammt von *Francesco di Giorgio*, einem der bekanntesten Architekten der Renaissance, der sich nebenbei auch als Maler und Bildhauer betätigte. Den Auftrag erhielt er dank einer Empfehlung des berühmten Luca Signorelli. Die 1485–1513 errichtete Kirche gilt als Schulbeispiel der Renaissance-Architektur. Der massive Bau mit nur drei Rosettenfenstern ist im Innern unerwartet hell, da durch die Turmfenster Oberlicht hereinströmt. Der Beiname „Calcinaio" erinnert an die Gerberei der Schuhmacher von Cortona, die einst an der Stelle des heutigen Gotteshauses stand; die Gerber bearbeiteten das Leder mit Kalk.

ⓘ Im Sommer 16–20 Uhr, im Winter 15–19 Uhr (gelegentlich auch außerhalb der angegebenen Zeiten geöffnet – einfach probieren).

Convento delle Celle: Das alte Franziskanerkloster liegt etwa 4 km oberhalb von Cortona in einer üppig grünen Bergfalte am Rande eines Gebirgsbachs. Es wurde 1211 von *Franz von Assisi* persönlich gegründet und von Elias, seinem Nachfolger, ausgebaut. Rund hundert Jahre später gerieten die Franziskaner von Le Celle mit der kirchlichen Autorität in einen Streit und wurden auf Veranlassung des Bischofs von Arezzo vertrieben. 1537 wurde das Kloster den Kapuzinern übergeben, die es bis heute bewohnen und im Sommer hier gelegentlich religiöse Seminare abhalten (Auskunft unter ☎ 0575-603362).

Convento delle Celle

Über all die Jahrhunderte hinweg hat das Kloster seinen beeindruckend einfachen Charakter erhalten: ein Ensemble aus lang gestreckten, aneinander gereihten Gebäuden mit winzigen Fenstern im grauen Gemäuer.

Anfahrt Von Cortona in Richtung Città di Castello, nach ca. 4 km weist ein Schild in einer Rechtskurve links zum Konvent. ⏱ Täglich 8.30–12 und 15.30–18.30 Uhr.

Etruskergräber: Am Fuß des südlichen Stadthangs (nahe Santa Maria al Calcinaio) befindet sich die *Tanella di Pitagora*. Diese Grotte hat nicht das Geringste mit dem berühmten Pythagoras zu tun; es handelt sich lediglich um einen kreisförmigen Bau über einer rechteckigen etruskischen Grabkammer aus der hellenistischen Periode (2. Jh. v. Chr.). Die Tanella di Pitagora ist nur im Rahmen einer Führung zu besichtigen.

Im Vorort Il Sodo (ca. 2 km nordwestlich vom Zentrum) liegen die beiden Etruskergräber *Melone I* und *Melone II*. Diese melonenförmigen Grabanlagen aus dem 6. und 5. Jh. v. Chr. haben mehrere Totenkammern. Die erste Melone kann nur mit Führung besichtigt werden, die zweite ist bis zur Grabungsabsperrung frei und kostenlos zugänglich: Blick auf einen von Steinskulpturen gesäumten, großen Terrassenaltar, der 1990 ausgegraben wurde. Die Archäologen haben hier bisher 17 Gräber ausfindig gemacht. Die Arbeiten werden fortgesetzt.

⏱ Tanella di Pitagora und Melone I sind nur mit Führung zu besichtigen, wobei diese die frei zugängliche Melone II mit einschließt. Anmeldung beim Museo dell'Accademia Etrusca an der Piazza Signorelli. Die Führung kostet allerdings stolze 15 € pro Pers.! www.accademia-etrusca.org.

• *Anfahrt Melone I und II* Von Cortona auf die Straße nach Arezzo bis zur Hauptstraße (SS 71). Ein paar Meter in Richtung Arezzo, dann direkt vor der Brücke (bei Frantoio Riuniti CA.DE.MA) die Naturstraße nehmen. Nach ca. 200 m stößt man auf Melone II. Auf der anderen Seite des Bächleins, bei einem Schwanenteich, befindet sich die ausgeschilderte, aber nur mit Führung zugängliche Melone I.

Ausflug nach Umbrien: Lago Trasimeno

Südlich von Cortona und direkt hinter der toscanisch-umbrischen Regionalgrenze liegt inmitten von grünen Hügeln das Meer. Genauer gesagt das umbrische Meer, wie der Lago Trasimeno von den Einheimischen in Ermangelung eines echten Meerzugangs auch genannt wird.

Leider ist der 128 km² Trasimenische See mit seinen maximal sechs Metern Tiefe zum Baden und Angeln nur bedingt geeignet, da sich besonders im Sommer das Wasser zu sehr erwärmt – tote Fische am Strand sind keine Seltenheit. Der heute so niedrige Wasserstand des Sees ist die Folge von wiederholten menschlichen Eingriffen, mit denen man sich vor Überschwemmungen zu schützen versuchte. Bereits die Römer errichteten unterirdische Abflüsse, später wurden dann zwei Zuflüsse in den Tiber umgeleitet und ein weiterer unterirdischer Abflusskanal kam hinzu. Das Problem der Überschwemmungen hat man damit zwar in den Griff bekommen, dem See aber gleichzeitig ein Ökosystem mit – so die offizielle Lesart – „fragilem Gleichgewicht" beschert. Kein Wunder, dass insbesondere in heißen Sommern mit langen Trockenperioden immer wieder Diskussionen über alternative Bewässerungsmethoden für die Landwirtschaft und ähnliche Maßnahmen aufflammen – viel Gerede, das in der Vergangenheit immer wieder abflaute, wenn der erste Regen kam.

Seit 2006 ist der See Teil des internationalen Netzwerks *Living Lakes*, das sich weltweit für den Schutz der Ökosysteme von Seen, Feuchtgebieten und sonstigen Gewässern einsetzt.

● *Information* Das ganze Jahr über in Castiglione del Lago und in Passignano. Während der Sommermonate zusätzlich in San Feliciano und Tuoro (an den Anlegeplätzen der Schifffahrtsgesellschaft). www. lagotrasimeno.net.

• *Bahnverbindung* Castiglione del Lago (Westufer) liegt an der Strecke Florenz–Rom. Nach Tuoro und Passignano (Nordufer): in Teróntola (Strecke Florenz–Rom) in den Zug nach Perugia umsteigen.

• *Busverbindung* Relativ häufige Verbindung zwischen Passignano und Castiglione; seltener verkehren Busse am Süd- und Ostufer.

• *Baden* In den Sommermonaten steigt die Wassertemperatur bis auf 25° C, Badegelegenheiten findet man vor allem an der Ost- und der Nordseite des Sees sowie in Castiglione. Aber Vorsicht: Der Legende nach soll eine Seejungfrau sich in den Prinzen Trasimenus verliebt und ihn zu sich in die Tiefe gezogen haben!

• *Festivals* **Trasimeno Blues Festival**, sehr beliebtes Open-Air-Festival in der 2. Julihälfte mit Konzerten in- und ausländischer Bluesgruppen in Castiglione del Lago, Passignano sul Trasimeno, Tuoro und den „Hinterland"orten Città della Pieve, Magione, Piegaro und Paciano.

Im 128 km^2 großen See liegen drei Inseln: die **Isola Polvese**, die **Isola Maggiore** und die **Isola Minore**. Die ersten beiden werden regelmäßig von kleinen Dampfern angefahren, die dritte ist in Privatbesitz und nicht zugänglich.

Castiglione del Lago

(ca. 13.500 Einw.)

Das auf einem Kalkhügel an der Westseite des Sees gelegene Castiglione ist ein ganz und gar malerischer Ort. Geprägt wird der mittelalterliche Kern durch den **Palazzo della Corgna** am Ende der schmalen Via Vittorio Emanuele, an der auch die Chiesa Santa Maria Maddalena mit klassizistischem Säulenvorbau und rot geziegeltem Turm liegt. In dem äußerlich etwas heruntergekommenen Renaissance-Palast, teilweise von der Stadtverwaltung in Beschlag genommen, teilweise als Kunstgalerie genutzt, sind in mehreren Sälen noch die originalen Fresken aus dem 16. Jh. erhalten. Besonders beeindruckend sind die restaurierten Gemälde von *Niccolò Circignani, Il Pomarancio* genannt. Die gesamte *Sala dell'Investitura* ist von ihm ausgeschmückt: Geschichten aus dem Leben der Familie della Corgna, Schlachten um Castiglione, Fechtszenen und mythologische Gestalten. Ebenfalls komplett mit Fresken ausgeschmückt, aber nicht restauriert ist die *Sala di Cesare*, in der der manieristische Stil dominiert: Cäsars Vita bis zu seiner Erdolchung, Kleopatra taucht in einer Lünette auf. In der *Sala d'Annibale* schließlich wird in einem großflächigen Deckengemälde die Schlacht am Trasimenischen See nachgespielt – Inszenierung 16. Jh.

Ein langer Tunnel in der Mauer führt zur mittelalterlichen **Rocca del Leone** (Löwenburg). Der Umgang auf der Festungsmauer – rund um den als Open-Air-Kino genutzten Innenhof – ist einfach großartig: eine Vogelperspektive auf den Lago, wie sie die Herzöge della Corgna genossen haben.

① April täglich 9.30–13 und 15.30–19 Uhr; Mai/Juni täglich10–13.30 und 16–19.30 Uhr; Juli/August täglich10–13.30 und 16.30–20 Uhr; Sept./Okt. täglich 100–13.30 und 15.30–19 Uhr; Nov.–März Sa/So 9.30–16.30 Uhr. Eintritt 5 €.

Information/Verbindungen/Adressen

• *PLZ* 06061

• *Information* **APT-Büro**, Piazza Mazzini 10 (am Ende der Via V. Emanuele, gegenüber der rottürmigen Kirche). Keine direkte Zimmervermittlung; das Büro führt aber eine Liste mit privaten Vermietern rund um den See. April–Sept. Mo–Fr 8.30–13 und 15.30–19 Uhr, Sa 9–13 und 15.30–19 Uhr, So 9–13 und 16–19 Uhr (in den restlichen Monaten reduzierte Öffnungszeiten). ✆ 075-9652484, ✆ 075-9652763. info@iat.castiglione-del-lago.pg.it.

Im Sommer unterhält die **Associazione Turistica Pro Castiglione** an der Porta Senese (unterhalb der Maria-Maddalena-Kirche) ein zusätzliches Informationsbüro. Sehr freundliches Personal.

* *Bahnverbindung* Täglich mehrere Züge nach Chiusi, Florenz und Rom. Der Bahnhof befindet sich 2 km außerhalb des Orts.
* *Busverbindung* Täglich mehrere Verbindungen nach Perugia.
* *Internet* Internet-Point bei **Edizioni Duca**

della Corgna, Via Roma 12/14 (Straße nach Chiusi). Mo–Fr 9.30–12.30 und 16–19 Uhr.
* *Fahrradverleih* **Marinelli Ferrettini Fabio**, Via B. Buozzi 14 (Richtung Bahnhof). Fahrräder, Mountainbikes und Mofas. ℘ 075-953126.
* *Markt* Jeden Mittwoch.

Übernachten/CAMPING

*** **Hotel Miralago**, im Centro storico, mit über 70-jähriger Tradition das älteste Hotel im Ort. Gediegen-biederes Ambiente. Gartenrestaurant mit Seeblick. DZ 62–93 €, Frühstück inklusive. Piazza Mazzini 5, ℘ 075-951157, ℡ 075-951924, www.hotelmiralago.com.

*** **Della Corgna**, 1,5 km außerhalb des Zentrums, Nähe Bahnhof. Gepflegte, moderne Anlage mit zwei Häusern. Einige Zimmer mit Balkon zum Garten, von anderen kann man fast direkt in den Swimmingpool springen. Fahrradverleih (nur für Gäste). Restaurant. DZ 65–90 €, Frühstück inklusive. Via B. Buozzi 143, ℘ 075-953238, ℡ 075-9652446, www.hotelcorgna.com.

*** **Hotel La Torre**, mitten im historischen Kern gelegen. Modern, sehr sauber und für den Komfort (alle Zimmer mit TV, einige sogar mit Eisschrank) preiswert. Reichliches Frühstück mit Produkten aus der eigenen Bäckerei. Allerdings sind die 8 Zimmer schnell ausgebucht. DZ 45–80 €. Via Vittorio Emanuele 50, ℘/℡ 075-951666, www.trasinet.com/latorre.

** **Hotel Fazzuoli**, kleines, moderneres Hotel unterhalb des alten Ortes. Zimmer mit Radio, Bad und kleinem Balkon. Die Hoteldirektion vermittelt auch Appartements für

3–4 Pers. (mit Kochgelegenheit), die ca. 100 m vom Bootssteg entfernt liegen. DZ mit Bad 41–60, Frühstück inklusive. Piazza Marconi 11, ℘ 075-951119, ℡ 075-951112.
* *Zimmer* Zu den vielen Zimmervermietungen am See (in der Regel DZ ab 40 €) zählen:
Casa Iris, DZ 62–78 €, Via dei Partigiani 51, ℘/℡ 075-9527079.

Il Torrione, bei der Porta Senese. Insgesamt 5 Zimmer, 2 davon in traumhaftor Lage mit Seeblick. Romantisches Gärtchen. Geöffnet März–Okt. DZ mit Dusche 60–70 €. Via delle Mura 4, ℘/℡ 075-953236, www.trasinet.com/iltorrione.

Bacioccola, südlich des Orts, direkt am See. DZ mit Balkon 45–65 €. Viale D. P. Garibaldi 26, ℘/℡ 075-951230, bacciocolagiuseppe @libero.it.

Casa Renato, DZ 40–50 €. Via del Forte 45, ℘ 075-9652741, ℡ 0575-603527, www.casarenato.it.

Fabrizi, DZ 26–40 €. Viale Umbria 3 (vor dem Camping Listro), ℘ 075-953592.
* *Camping* ** **Listro**, knapp 1 km außerhalb, direkt am Seeufer, mit großen Bäumen und eigenem Strand. Blau-weiß gestreifter Sichtschutz zum Dorf hin. 100 Stellplätze. Geöffnet April–Sept. Via Lungolago, Lido Arezzo, ℘/℡ 075-951193, www.listro.it.

Essen

Ristorante/Pizzeria La Cantina, im kühlen Gewölbe oder – im Sommer – im großen Garten. Wir haben das Lokal bislang empfohlen und uns damit zwei Leserbriefe eingehandelt, einen entrüsteten und einen begeisterten. Relativ preiswert. Große Auswahl an lokalen Fischgerichten wie Schleien, Karpfen etc. Menüs für 22 €. Mo geschlossen. Via Vittorio Emanuele 93, ℡ 075-9652463.

Ristorante La Fontana, im Hotel Miralago. Spezialitäten des Restaurants: *Spaghetti al fumo* (mit einem Sugo aus passiertem Räucherbauch, Tomaten und Sahne zubereitet) und *Carne in cartoccio* (Kalbfleisch mit frischen Pilzen, Schinken, Gemüse und Sahne, alles zusammen in Alufolie gebacken). Terrassengarten mit schönem Seeblick. Mo geschlossen. Piazza Mazzini 6, ℡ 075-9652910.

Ristorante L'Acquario, kleines, gepflegtes Lokal, das Einheimische und Touristen gleichermaßen anzieht. Mit Freundlichkeit servierte Fischspezialitäten. Menü 25 €. Außerhalb der Hauptsaison Mi geschlossen. Via Vittorio Emanuele 69, ℡ 075-9652432.

Baden: Der Sandstrand beginnt gleich nördlich des Orts (*Lido Arezzo*). Das Wasser ist extrem seicht, 20 m vom Ufer kann man noch immer stehen. Nach dem Camping Listro folgt ein kleines, dünnes Wäldchen mit einer Steinpromenade. Hier sitzen die Angler. Südlich des alten Stadtkerns setzt sich der Strand mehrere hundert Meter fort (*Lido Comunale*). Nur am Wochenende, wenn die ganze Familie in der Sonne schmort, ist er überlaufen. Zwischen Teerstraße – wenig befahren, am Wochenende gesperrt – und Strand erstreckt sich eine niedrige Allee, die in der glühenden Mittagshitze etwas Schatten spendet.

San Feliciano

Vor dem Ort steht das Schilf in großen Bündeln zum Trocknen auf den „Feldern". An der Straße liegt eine Werkstatt, in der dann daraus Matten geflochten werden. Die Macchia über San Feliciano versteckt zahlreiche Villen und wenig romantische Appartementburgen. Sehr verträumt hingegen ist der kleine Fischerhafen, das Wasser reicht zum Teil bis zur Straße. Südlich des Orts lässt sich leicht ermessen, welche Ausmaße der Trasimenische See einst hatte und wie er zusehends verlandete und verschilfte. Vielleicht aus der Sorge heraus, dass die Tage des Fischereigewerbes am Lago gezählt sein könnten, wurde an der Uferpromenade (Via Lungolago) ein Fischereimuseum eingerichtet. Das informativ und obendrein liebenswert aufgemachte **Museo della Pesca del Lago Trasimeno** prä-

Torbogen zur Altstadt von Castiglione

sentiert neben Fischerutensilien, Fotos und Textdokumente auch einen stimmungsvollen Videofilm, den man auch ohne Italienischkenntnisse goutieren kann.

⏱ Feb./März und Okt. Do–So 10.30–12.30 und 14.30–17.30 Uhr, April–Juni und Sept. Di–So 10–12.30 und 15–18 Uhr, Juli/August täglich 10.30–13 und 16–19 Uhr. Eintritt 3 €.

• *Übernachten/Camping* ** Hotel Da Settimio**, bei der Schiffsanlegestelle. Preiswertes Haus in schöner Lage, das aber vor allem für sein Restaurant (s. u.) bekannt ist. DZ mit Du/WC 62 €, Frühstück inklusive. Via Lungolago 1, 06060 Magione – San Feliciano, ✆ 075-8476000, 🖷 075-8476275, dasettimio@tiscali.it.

• *Camping* * Porto Cervo**, am südlichen Ortsrand, genügend Schatten, klein und gepflegt, direkt am See gelegen! Morgens besorgen die Frösche den Weckdienst. 35 Stellplätze. Geöffnet April–Sept. Via Case Sparse, 06060 Magione – San Feliciano, ✆/🖷 075-8479352, www.portocervotrasimeno.it.

• *Essen* **Ristorante Da Settimio**, Via Lungolago 1, im gleichnamigen Albergo. Im geräumigen Speisesaal zeigt sich die Leidenschaft des Wirtes – die Wände hängen voll mit ausgestopftem Federvieh vom Trasimenischen See. Zur Beruhigung der Badefreunde: Das Krokodil an der Wand stammt nicht aus dem Lago. Viele Fischgerichte frisch aus dem See (z. B. Coregone,

Aal). Beliebt sind die frittierten Fische, auch die Fischsuppe ist nicht zu verachten. Do und im Nov. geschlossen. ✆ 075-8476000.

Ristorante Da Massimo Via dei Romani 16, Loc. San Savino (ca. 1 km südlich des Ortskerns dem Schild mit dem großen Wal links hoch folgen, am Ende des asphaltierten Teils der Straße).

„Ob Pizza oder See- und Meeresgetier, hier findet man alles. Zwar ist die Speisekarte nicht übermäßig umfassend, dafür aber sind es die Portionen. Geschmacklich waren wir mit der Zubereitung der Fischgerichte zufrieden", schreibt uns ein Leser. Sehr schöne Speiseterrasse in großartiger Lage. Mo geschlossen. ✆ 075-8476269.

Ristorante Riva del Sole, Via Gandhi (knapp nach dem vorgenannten, an der gegenüberliegenden Straßenseite). Edelrestaurant, das neben frischem Fisch aus dem See auch Meeresfische und Muscheln anbietet. Lauschige Terrasse mit Pergola. Außerhalb der Saison Mi geschlossen. ✆ 075-8400185.

Isola Polvese

Die größte Insel im Lago hat eine Fläche von knapp 70 Hektar, sie ist weniger bewaldet als die Isola Maggiore, hat aber durchaus auch ihre Reize.

Die Insel-Annalen vermerken um die 500 Einwohner im Jahr 1342. Aufgrund der Malaria im 17. Jh. schrumpfte die Zahl beträchtlich, und 1772 waren gerade noch 80 Einwohner registriert. Heute ist die Isola Polvese unbewohnt. Einen letzten Wiederbelebungsversuch unternahm ein gewisser *Conte Citterio*, der 1939 die gesamte Insel kaufte, um sie zu seinem privaten Jagdreservat umzufunktionieren. Den gräflichen Swimmingpool verwandelte die Provinzregierung – seit 1973 Eigentümerin der Insel – in einen „Flora-Park".

Schöner als der etwas trocken angelegte „wissenschaftlich-didaktische Park" ist der freie Spaziergang quer über die Insel. Vom Landungssteg führt der Weg an einer Burgruine mit dem Kirchlein San Giuliano vorbei. Etwas weiter oben steht eine Ruine aus dem 20. Jh., ein verlassener Bauernhof – Zeuge eines Landwirtschaftsprojekts, das sich als unrentabel erwies. Ebenfalls Relikte aus hoffnungsvolleren Zeiten sind eine zinnenbewehrte Villa, die mitten aus den Olivenhainen hervorragt, sowie die Mauerreste des Klosters San Secondo im hinteren Teil der Insel; die letzten Mönche verließen den Ort während der Malaria-Epidemie von 1624.

Am Wochenende ist viel Betrieb, der Weg zur Spiaggia überlaufen – die umbrische Hauptstadt Perugia liegt nah. Am 100 m langen Sandstrand mit seinen Schatten spendenden Buchen merkt man nichts von der kargen Trockenheit, die im Inselinneren herrscht.

Überfahrt 10x täglich ab San Feliciano, hin und zurück 4,70 €.

Lago Trasimeno Karte S. 505

Monte del Lago

Ein pittoresker, kleiner Ort mit kaum mehr als einem Dutzend Häusern, die sich auf einem Hügel über dem See zusammendrängen. Die Hinweistafel am Ortseingang, dass die Straße nach 75 m endet, sollte man ernst nehmen und das Fahrzeug auf dem Parkplatz vor dem wuchtigen, polygonalen Wachturm abstellen.

● *Einkaufen* Wer sich mit frischem Olivenöl eindecken will, sollte sich an die **Azienda Agricola Fratelli Palombardo** wenden: Geöffnet Mo–Sa 8–12 und 15–18 Uhr.

● *Übernachten* **** Hotel Da Santino**, im Dorfkern. Schmuck und schnuckelig. Absolut ruhige Lage. Zimmer mit Seeblick. Der

Restaurant-Betrieb wurde aufgegeben, angesichts der schönen Terrasse doppelt schade. DZ mit Du/WC 62 €. Via della Strage 14, 06063 Magione, ✆ 075-8400130, 🖷 075-8400188, www.argoweb.it/hotel_dasantino. **Campingplätze** findet man nördlich von Monte del Lago.

Torricella

Ein wenig aufregender Ort an der Stelle, wo Auto- und Eisenbahn von Perugia kommend auf den Lago treffen. Ein paar Häuser ziehen sich am Meer entlang; vor allem gibt es eine Jugendherberge und einen äußerst einladenden Campingplatz.

● *Jugendherberge* **Casa sul Lago**, direkt an der Durchgangsstraße, ein sehr lebendiges, kinderfreundliches Haus. Schöne Räumlichkeiten und nach hinten ein betischtes Gärtchen mit Hängematten. Gebührenpflichtiger Internetzugang. Ein preiswertes, einfaches Restaurant ergänzt das Angebot. Rezeption 13–19 Uhr geschlossen. Geöffnet April–Sept. Pro Pers. 18 €, im DZ 25–30 €, Frühstück inklusive. Via del Lavoro

10, 06063 Magione-Torricella, ✆/🖷 075-8400042, www.lacasasullago.com.
● *Camping* *** Camping Eden Park**, im Süden des Orts. Kleines, sauberes Gelände mit 40 Stellplätzen, familiäre Atmosphäre. Während der Hauptsaison (Juli/August) sind PKW auf dem Platz nur begrenzt zugelassen. Fast ganzjährig geöffnet (Oktober Ruhepause). Via del Lavoro 18, 060063 Magione, ✆ 075-843320, 🖷 075-840485.

Passignano sul Trasimeno *(ca. 4800 Einw.)*

Neben Castigliano del Lago der zweite städtische Ort am Trasimenischen See, allerdings ist das Stadtbild wenig einheitlich.

An der Hauptverkehrsstraße gelegen, die Umbrien schon seit Jahrhunderten mit der Toscana verbindet, blickt Passignano auf eine bewegte Vergangenheit zurück. Der einstige Fischerort war im Mittelalter ein Zankapfel zwischen Arezzo und Perugia, das letztlich die Herrschaft über das Gebiet des Lago Trasimeno errang. Die Bewohner Passignanos bekamen die Geschichte in Form von Plünderungen, Bränden und Schlachten mit.

Fast gespenstisch überragt der mittelalterliche Kern auf dem vorgelagerten Hügel das pulsierende Leben am Seeufer. Steile Treppen führen in das alte Passignano hinauf, dominiert von seinen drei Türmen, die ebenso ramponiert sind wie zahlreiche Häuser in der Oberstadt. An vielen Stellen wird das Mauerwerk, das im Verlauf der Geschichte (ein Bombardement im Zweiten Weltkrieg inbegriffen) so sehr gelitten hat, mit neuen Ziegelsteinen ausgebessert – unschönes Flickwerk, aber besser als gar nichts.

Einzig in ihrem untersten Teil (bei der Piazza Garibaldi) hat sich die Altstadt ein paar lebendige Nischen in den Felsen hauen können. Hier schlägt das Herz des Seetourismus, der sich beiderseits der Stadt am Ufer entlang breit macht.

● *PLZ* 06065
● *Information* **Pro Loco**, Piazza Trento e Trieste 6 (hinter dem Rathaus). Täglich 10–

13 und 16–18 Uhr. ✆/🖷 075-827635.
● *Bahnverbindung* Gute Verbindungen nach Perugia und Assisi/S. Maria degli An-

*Passignano sul Trasimeno – der mittelalterliche Kern überragt
das moderne Zentrum am Seeufer*

geli (Eisenbahnstrecke Teróntola–Foligno).

- *Busverbindung* In beiden Richtungen am
See entlang. Häufiger wird die Nordstrecke
(nach Castiglione del Lago) gefahren.
- *Markt* Jeden Samstag.
- *Deutschsprachige Zeitungen* Erhältlich
in der **Mayfair Bar** (Piazza Garibaldi), die
auch für Nichtleser ein angenehmer Aufenthaltsort ist.
- *Feste* Meist am letzten Julisonntag findet
der **Palio delle Barche** statt. Der „Wettlauf
der Boote" wird von den vier traditionellen
Stadtteilen ausgetragen und macht seinem
Namen alle Ehre: Die mittlere der drei Etappen führt quer durch die Altstadt, die Ruderboote werden geschultert und im flotten Lauf durch die Straßen getragen.
- *Übernachten* ***** Hotel Lido**, am See. Die
von den Schwestern Borio geführte Nummer eins der Stadt, oft von Gruppen aufgesucht. Zimmer teils mit Seeblick, Restaurant mit Pfahlbau-Seeterrasse. DZ 60–130 €.
Via Roma 1, ✆ 075-827219, 📠 075-827251,
www.umbriahotels.com.
*** Hotel Trasimeno, relativ neuer Bau, von
der Hauptstraße etwas zurückgesetzt und
daher ruhig. Auch „erdbebensicher", wie
der Hotelprospekt vermerkt. Mit hoteleigenem Parkplatz. Freundlicher Besitzer, der
sich rund um den Lago Trasimeno hervorragend auskennt. DZ 55–75 €, Frühstück inklu

sive. Via Roma 16/A, ✆ 075-829355, 📠 075-
829267, www.hoteltrasimeno.it.
*** Hotel La Vela, Ortsende Richtung Tuoro, nach der Bahnlinie rechts abzweigen.
Backsteinbau mit angebauter Terrasse in
ruhiger Lage, Zimmer mit Balkon. Sat-TV,
hoteleigener Parkplatz, Garage. An
Wochenenden schnell ausgebucht. DZ 60–
80 €, Frühstück inklusive. Via Rinascita 2,
✆ 075-827221, 📠 075-828211, www.hotellavela.it.
- *Appartements* **Del Pescatore**, das frühere Billighotel hat 2003 komplett umgebaut
und vermietet jetzt 7 Appartements mit 1–3
Zimmern zu günstigen Preisen. Wochenweise (310–830 €) und tageweise (50–125 €).
Die Preise hängen von der Appartementgröße und der Saison ab. Via San Bernardino 5 (bei der Piazza Garibaldi), ✆ 075-829063,
📠 075-829201, www.delpescatore.com.
- *Essen* **Trattoria del Pescatore**, Via San
Bernardino 5 (bei der Piazza Garibaldi). Hübsche Plätze unter dem dichten Blätterdach,
das die Gasse überspannt. Fischspezialitäten vom Lago. Außerhalb der Hauptsaison
Di geschlossen. ✆ 075-829063.
Il Passo di Giano, Via Gramsci 14 (im selben Haus wie das Hotel Vela – trotz anderer Adresse). Umbrische und toscanische
Gaumenfreuden können hier zu moderaten
Preisen probiert werden. Außerhalb der
Hauptsaison Di geschlossen. ✆ 075-8296133.

Lago Trasimeno
Karte S. 505

Tuoro

Das Centro Storico liegt auf einem Hügel etwas abseits des Sees und bietet nicht viel: etwas Geschäftsleben und einige Bars rund um die zentrale *Piazza Municipio*. Wer mittelalterliche Romantik sucht, wird enttäuscht sein.

Unterhalb des Orts, neben dem Landungssteg, wurde Mitte der 1980er Jahre der **Campo del Sole** eröffnet, ein Skulpturenpark mit Werken in- und ausländischer Künstler, die Assoziationen zu Grabstelen der Frühgeschichte, Menhiren oder Obelisken wecken. Der verwendete Stein stammt ausnahmslos aus der Umgebung von Tuoro. Die Anlage soll – so zumindest das Konzept – als Gedenkstätte an die Schlacht am Trasimenischen See fungieren, die ganz in der Nähe von Tuoro stattfand (siehe Kasten „Drei Tage färbte der Bach sich rot").

Ein westlich von Tuoro Ende der 1990er Jahre angelegter *historischer Parcours* (siehe Schilder mit der Aufschrift „centro documentazione") will ebenfalls an die blu-

---

„Drei Tage färbte der Bach sich rot"

Noch im Halbdunkel der Sommernacht, vor dem Morgen des 23. Juni 217 v. Chr., machten sich die Legionen des römischen Konsuls *Flaminius* auf den Weg. Mehr als 20.000 Mann waren es, ein für damalige Zeiten gigantisches Heer. Schwer bewaffnet marschierten die Truppen im Nordwesten des Lago Trasimeno in Richtung *Tuoro* auf, wo sie das Lager *Hannibals* vermuteten. Und richtig: Auf den Anhöhen des heutigen Friedhofs konnten die Römer die Lagerfeuer der phönizischen Söldner ausmachen. Flaminius gab den Befehl, auf der anderen Talseite (Richtung *Sanguineto*) Stellung zu beziehen und sich auf den Kampf vorzubereiten.

Die Schlacht begann – doch anders, als es Flaminius sich vorgestellt hatte: Völlig unerwartet stürzten sich plötzlich von allen Seiten die Truppen Hannibals auf das riesige römische Heer, dessen Schlachtordnung sich in panischem Chaos auflöste, teils nach Norden Richtung Sanguineto, teils nach Süden in das sumpfige Gelände des Sees. Nur einem kleinen Teil gelang in einem verzweifelten Vorstoß der Durchbruch zum phönizischen Hauptlager bei Tuoro und zur Flucht aus der tödlichen Umklammerung in die nordöstlichen Hügel. Der Rest – und dies waren wohl 15.000 Mann – war dem Tod geweiht; der Großteil wurde beim heutigen Sanguineto („Ort des Blutes") niedergemacht, viele wurden in das sumpfige Gebiet des Trasimeno getrieben und ertranken. Auch Konsul Flaminius musste sein Leben lassen – wo genau, weiß man bis heute nicht.

Dem Massensterben („nur" etwa 1500 Leben soll der Preis für Hannibals Söldner gewesen sein) folgte eine viele Tage dauernde Bestattungsaktion, von Hannibal angeordnet, um die Götter nicht zu erzürnen und um Epidemien zu vermeiden. Die verstümmelten Leiber wurden verbrannt und verscharrt, nicht unterschiedslos natürlich, wie Grabbeigaben für die Bessergestellten beweisen. Auch wenn die moderne Wissenschaft in der Erkenntnis menschlichen Lebens nicht selten versagt, die Diagnose seiner Überreste ist hieb- und stichfest: Die C-14-Analyse einiger Schutthügel von *Ustrinen* (Verbrennungshöhlen) zwischen Tuoro und Sanguineto erlaubt zweifelsfrei die Zuordnung in das 3. Jh. v. Chr.

Nicht nur für Kenner der Bildhauerei interessant – der moderne Skulpturenpark Campo del Sole

tigen Ereignisse erinnern. An neun Stationen, größtenteils bequem mit dem Auto erreichbar, sind Schautafeln aufgestellt, deren informativer Gehalt so dürftig ist, dass man sich ebenso gut in die nächste Bar setzen kann. Vielleicht findet sich dort der von den lokalen Behörden herausgegebene Prospekt zur Schlacht, in dem auch über die damalige Ausdehnung des Sees nachgedacht wird: *„Aufgrund der Forschungen von Professor Giancarlo Susini soll der Trasimenische See 217 v. Chr. viel größer gewesen sein als heutzutage. Aber wenn man bedenkt, wie groß damals die Zahl der gegnerischen Streitkräfte war, muss man davon ausgehen, dass das Schlachtfeld viel größer war als man bisher angenommen hatte und der See kleiner und das Tal größer."* Manchmal schlägt die Logik eben Purzelbäume ...

● *Information* **Pro Loco**, an der Punta Navaccia. Nur Juni–August.

● *Parken* Großparkplatz gratis. Wer ganz vorne im Schatten (neben dem Camping) parken will· die Plätze gehören dem Restaurant „Ciao-Ciao" und kosten 2 € pro Tag, die zurückerstattet werden, falls man im Restaurant speist.

● *Surfbretter/Fahrräder* **Balneazione Tuoro**, Punta Navaccia. ☎ 033-0646281.

● *Übernachten/Camping* **Camping Punta Navaccia**, beim Landungssteg. Komfortables, großes Gelände mit Aussicht auf die Isola Maggiore und die Isola Minore. Teilweise Dauercamper, die ihr Revier wie ein Eigenheim ausstatten. Gleich daneben ein moderner Komplex mit Ristorante, Pizzeria, Bar, Diskothek. 186 Stellplätze. Geöffnet April–Sept. Via Navaccia 4, Loc. Punta Navaccia, 06069 Tuoro sul Trasimeno, ☎ 075-826357, ☎ 075-8258147, www.puntanavaccia.it.

● *Außerhalb* **Hotel Cima Trasimena**, schönes, hoch über dem See gelegenes Hotel (beim Restaurant Vecchio Mulino landeinwärts, ca. 5 km). DZ 60–70 €. Loc. Cosparini 105, Lisciano Niccone, ☎ 0/5-84433, ☎ 075-84426, lacimahotel@hotmail.com.

● *Agriturismo* **La Dogana**, ein Schild weist darauf hin, dass am „Zollhaus" schon Michelangelo, Galilei, Goethe, Lord Byron und Stendhal die Pferde gewechselt haben. Hübsche Lage über dem See, mit romantischem, leicht terrassiertem, bewaldetem Park. Idealer Stützpunkt für Reitausflüge und Wandertouren. Ca. 2 km in Richtung Borghetto. 13 Appartements, mit 2 Betten 30–75 €/Tag, mit 3 Betten 40–80 €/Tag. Via Dogana 4, Loc. La Dogana, 06069 Tuoro sul Trasimeno, ☎ 075-8230158, ☎ 075-8230252, www.agriturismodogana.it.

● *Appartements* **Ristorante Vecchio Mulino**, verfügt in der Stadt über zwei Appartements mit sehr schönem Bad und Waschmaschine, das obere mit einer phantastischen, geräumigen Wohnküche und einem kleinen Balkon. 2 Appartements im Centro storico, eines für 4 Pers. (350 €/Woche) und eines für 6 Pers. (450 €/Woche). Anmeldung im Restaurant: Via Firenze 6, 06069 Tuoro sul Trasimeno, ℡ 075-826185.

• *Essen* **Ristorante Vecchio Mulino**, an der Durchgangsstraße (knapp westlich des Abzweigs zum Strand). Ein altes Landhaus (ehemalige Mühle) mit Atmosphäre. Raffaele und Luciana bieten eine preiswerte, regionale Küche an. Wer sich nicht durch die Spezialitätenkarte hindurchessen will, kann sich im Nebensaal eine große Pizza bestellen. Im Sommer wird die große, schattige Terrasse zur Straße hin betischt. Mi geschlossen. Via Firenze 6, ℡ 075-826185.

Isola Maggiore

Die einzige bewohnte der drei Inseln im Lago Trasimeno ist von Tuoro aus nach zehnminütiger Überfahrt erreicht – dichtes Grün im unteren Teil, weiter oben Olivenhaine.

An der Anlegestelle liegt das einzige Dorf: eine Reihe von einfachen Steinhäusern. Jedes hat seinen eigenen kleinen Kanal bis vor die Haustür – Autos gibt es keine. Vor den Häusern sitzen die Männer und flicken Fischreusen. Die Frauen fertigen Klöppelarbeiten, die im kleinen Pavillon am Landungssteg verkauft werden. Ihr Spitzenprodukt ist der *Pizzo d'Irlanda*, um die vorletzte Jahrhundertwende von einer irischen Meisterin auf der Insel eingeführt.

Wer mehr über die Geschichte der Insel erfahren will, sucht die **Casa del Capitano del Popolo** auf, erkenntlich an der Hausuhr. Eine Art Comicstrip dokumentiert das einstige Leben mitten auf dem Trasimenischen See, u. a. ist auch ein ganz und gar weltliches Abendmahl im Schloss Isabella zu sehen.

Ein schattiger Fußweg führt vom Süden des Dorfes zur Klosterkirche **San Francesco** aus dem 14. Jh. Die naturliebenden Mönche haben vor dem Eingang Palmen und andere heute von Efeu umrankte Bäume gepflanzt; hier an der Nordseite ist die Insel besonders üppig grün. 1890 wurde das Kloster mitsamt Kirche in das Schloss Isabella des Marchese *Giacinto Guglielmi* integriert. Der aufwändige Wohnsitz mit seinen luxuriösen Sälen avancierte schnell zum Treffpunkt der Aristokraten von Rom bis Florenz. Tempi passati – nachdem die Erben der Guglielmi in den 1960er Jahren das Schloss verkauft hatten, moderte es jahrelang als freundliche Filmkulisse vor sich hin: millimeterdicker Staub über dem Kirchenmobiliar, im einstigen Theatersaal ein auseinander gebrochener Flügel, ein verlassener Billardtisch, zerbrochenes Pappdekor, zerschlissene Bühnenvorhänge und Ähnliches mehr. Die gespenstisch nostalgische Welt entwickelte sich zum Geheimtipp für Inselbesucher, bis das fürstliche Anwesen 1999 schließlich für die Öffentlichkeit geschlossen wurde. Die derzeitigen Besitzer planen den Umbau zu einem 5-Sterne-Paradies mit Beauty Farm und eigenem Hafen für die betuchte Klientel. 2007 war hinter der Absperrung der Lärm von Baumaschinen zu hören.

Wem es nicht zu heiß wird, der wandert in die „höheren" Regionen der Insel und besucht dort die Kirche **San Michele Arcangelo** aus dem 12. Jh. mit doppeltem Glockenturm und gut erhaltenen Fresken. An die Kirche schließt sich der Dorffriedhof an: die Gräber der Armen nur mit einer Nummer auf dem Sandhügel, die der Bessergestellten als aufwändige Familiengruften gestaltet. An der Friedhofsmauer gibt es frisches Wasser.

Von der Kirche aus gelangt man in ein paar Minuten hinunter an die Ostküste, wo eine Bronzestatue aus dem Jahr 1982 *Franz von Assisi* darstellt, der die Insel im

Jahr 1211 besuchte, um hier 40 Tage lang in Einsamkeit zu fasten. Etwas oberhalb steht eine kleine Kapelle über dem Felsen, den der Ordensgründer sich als kargen Wohnsitz aussuchte.

• *Überfahrt* 10x pro Tag ab Tuoro für 4,70 € hin und zurück (letzte Rückfahrt 19.20 Uhr), noch häufiger ab Passignano für 5,90 € hin und zurück (letzte Rückfahrt 20.20 Uhr), weniger häufig ab Castiglione für 6,40 € hin und zurück.

Wenn man den letzten Dampfer verpasst hat, hilft das **Seetaxi** – von Tuoro aus kaum teurer als das Linienschiff. ☎ 075-827157 und 330-280748.

• *Öffnungszeiten* **San Michele Arcangelo,** 10.30–14.30 und 15–18 Uhr. Das Kircheninnere (Fresken) ist eintrittspflichtig. Zusammen mit der **Casa del Capitano del Popolo** und dem winzigen **Museo Merletto** (Spitzenklöppeleien) bei der Informationsstelle 3 €.

• *Übernachten/Essen* *** **Albergo/Ristorante da Sauro,** einziges Hotel auf der Insel, daneben gleich ein Badestrand, in traumhafter Lage und obendrein preiswert. Sauro hat sich mittlerweile auf dem Festland zur Ruhe gesetzt und das Hotel seinem einstigen Koch, Matteo Garbi, übergeben, der die Tradition (von der Gastfreundschaft bis zur Speisekarte) unverändert aufrecht erhält. Im Erdgeschoss geräumiger Speisesaal. Im Sommer wird unter der Pergola gegessen oder auf der geräumigen Terrasse auf der anderen Straßenseite, man nimmt in dieser romantischen Lage sogar die Mücken in Kauf. Spezialität sind der Antipasto del Trasimeno und Fischgerichte, darunter "Tegamaccio", Aal mit Tomaten. Reservierung dringend empfohlen, an Wochenenden oft ausgebucht. 12 DZ für 70 €, Halbpension 50 €/Pers. Von Feb. bis Nov. werden auch Mini-Appartements vermietet (ab 80 €/Tag). Nov.–April jeweils Mi geschlossen. Via Guglielmi 1, 06060 Tuoro s. T. – Isola Maggiore (am Ende der Dorfstraße), ☎ 075-826168, ✆ 075-825130.

Ristorante L'Oso, mit großem Garten nach hinten, allerdings ohne die Patina von Sauro (dafür etwas billiger). Schnelle Fixpreismenüs und à la carte. Mi geschlossen. Via Guglielmi 39, ☎ 075-825002.

Baden: Um die Insel zieht sich ein breiter Schilfgürtel. Baden kann man an einigen Stellen, wo Felsen dem oft alles überwuchernden Schilf keine Chance bieten. Die besten Plätze findet man hinter dem Albergo da Sauro.

Borghetto

Eine kleine Häuseransammlung mit einem alten Wachturm am Nordwesteck des Lago Trasimeno. Noch bis vor wenigen Jahren stapelten sich Netze und Reusen am Weg zum Landungssteg. Die Fischer gibt es noch, aber es sind weniger geworden. Unvermindert geblieben sind die rege Landwirtschaft rund ums Dorf und die intensive Pflege des eigenen Gärtchens.

Der Verkehr rauscht auf der Schnellstraße vorbei und lässt Borghetto im Abseits liegen, also setzt man auf die Wasserwege. Mit dem neuen Landungssteg plant das Dorf seinen Einstieg ins Netz der Kursschiffe. Die Fischer wurden dabei nicht vergessen, sie haben einen neuen Hafen bekommen.

• *Übernachten/Camping* * **Albergo Tana del Pescatore,** im Dorfzentrum. Familiär und sehr sympathisch. Zur Herberge gehört ein Restaurant mit grün überdachter Terrasse nach hinten. Fischspezialitäten. Nur Einzelzimmer mit Dusche für 40 €. Piazza S. Martino 7, Loc. Borghetto, 06069 Toro sul Trasimeno, ☎ 075-8230194.

• *Camping* *** **Badiaccia,** großes Gelände mit ca. 150 Stellplätzen, Seestrand und Bootsanlegeplatz (auch Bootsverleih). Ausreichend Schatten, teils Schattendächer, saubere sanitäre Anlagen mit Warmwasserduschen. Grillmöglichkeit, Swimmingpool, Minigolf- und schöner Kinderspielplatz. Im Spielsalon Kicker, Pingpong, Billard und Videospiele. Sehr gefallen hat die Terrassenbar, auf der im Sommer kleine Gerichte serviert werden. Sehr freundliches Personal, z. T. auch englischsprachig. Geöffnet April–Sept. Via Trasimeno I 91, Loc. Badiaccia, 06061 Castiglione del Lago (am westlichen Ortsausgang noch etwas in Richtung Castiglione), ☎ 075-9659097, ✆ 075-9659019, www.badiaccia.com.

Lago Trasimeno
Karte S. 505

Badia a Passignano – im waldreichen westlichen Teil des Chianti

Chianti

Malerische Weinbauerndörfer, ein weiches Landschaftsbild und nach ein paar Hügelkuppen der Horizont. Ölbäume, grünschwarze Zypressenreihen, etwas Ackerbau und natürlich viel Wein: oft riesige, glatt gebürstete Flächen, gut für hohe Hektarerträge und rationelle Bewirtschaftung. Viele Weingüter (Fattoria) können besucht werden.

Schon die Etrusker haben in der Region Wein angebaut, und auch der „Chianti", ein Verschnitt aus vier verschiedenen Rebsorten, kann auf eine immerhin 600-jährige Geschichte zurückblicken. Hauptsorte ist die rote *Sangiovese*, der bis zu 30 % die weißen Trauben *Trebbiano* und *Malavasia* beigemischt werden.

Die Region des „einfachen" Chianti erstreckt sich von Pistoia im Norden bis Arezzo im Südosten der Toscana. Der *Chianti Classico* kommt aus dem Kernland zwischen Florenz und Siena. Hier haben sich die Winzer 1924 im *Consorzio del Vino Chianti Classico* zusammengeschlossen und sich ein Kontrollorgan geschaffen, das über die Qualität ihrer Weine wacht. Erkennungszeichen dieser Genossenschaft ist der *Schwarze Hahn*.

Die 1967 eingeführte DOC-Norm (*Denominazione di Origine Controllata* – kontrollierte Ursprungsbezeichnung) und die später fixierte DOCG-Norm (DOC + *garantita*) sollen für Qualität sorgen: Mindestens zwei Jahre muss der Wein gelagert werden. Nach drei Jahren erhält er das Prädikat „Riserva". Auch der Hektarertrag ist limitiert; beim DOCG-Wein dürfen höchstens 52 Hektoliter pro Hektar anfallen. Durch extremes Düngen und eng stehende Reihen ist eigentlich das Dreifache machbar.

Auch deutsche Aussteiger, allerdings solche mit gut gefülltem Bankkonto, haben sich hier als Winzer einen Namen gemacht und stellen oft erstklassige (Öko-)Weine her: Dievole bei Vagliagli, Nittardi in Cicellino (San Donato), Le Fonti in Panzano und Rignana zwischen Panzano und Mercatale, um nur einige zu nennen.

Ein paar der im Chianti abgefüllten Spitzenweine tragen allerdings nicht das Gütesiegel des Schwarzen Hahns. Die traditionelle Firma *Antinori* (siehe San Casciano) z. B. vertraut auf ihren Weltruf (mit Recht) und kann mit ihrem Marktanteil locker auf die genossenschaftliche Unterstützung verzichten. Ob die Einsparung von Abgaben dabei eine Rolle spielt (pro Flasche müssen ca. 6 Cent an die kontrollierende Genossenschaft abgeführt werden), mag dahingestellt bleiben.

Einige wenige Kellereien halten nichts vom Verschnitt verschiedener Rebsorten und produzieren hundertprozentige Sangiovese-Rotweine. Vermehrt wird auch „biologisch" angebaut, ein renommierter Schweizer Önologe und Gastronom experimentiert sogar auf der Basis der anthroposophischen Lehre. Die Trauben der konventionell angebauten Weine hingegen werden bis zu 20-mal pro Jahr gespritzt.

Die Legende vom Schwarzen Hahn

Nach der Legende machten sich die Florentiner Bürger das arme Federvieh auf äußerst heimtückische Weise zunutze, um alte Grenzstreitigkeiten mit Siena zu ihren Gunsten zu entscheiden: In den beiden Städten sollte jeweils ein Reiter auf den ersten Hahnenschrei warten und dann so schnell wie möglich in Richtung der gegnerischen Stadt losgaloppieren. Dort, wo sich ihre Wege treffen würden, sollte die zukünftige Grenze zwischen den jeweiligen Einflussbereichen gezogen werden.

Während die Sienesen ihren Gockel nach allen Regeln der Kunst verwöhnten, ließen die Florentiner ihren schwarzen Hahn tagelang Hunger leiden. Wie geplant krähte das verstörte Tier in der Schicksalsnacht viel früher als gewöhnlich, sodass es dem Florentiner Boten ein Leichtes war, seinen Kontrahenten schon kurz vor den Stadttoren Sienas abzufangen und so einen für Florenz günstigen Grenzverlauf herauszuschlagen.

Impruneta

Das Städtchen, das nur wenige Kilometer südlich von Florenz liegt, ist das Tor zum Chianti-Gebiet. Die Ursprünge des Ortes gehen bis in die Antike zurück. Schon die Etrusker und später die Römer haben sich auf den sanften Hügeln oberhalb der Arno-Talsenke angesiedelt.

Ein eigenständiges Dorf, das durch den Bau der Kirche Santa Maria (1060) als Wallfahrtsort eine gewisse Bedeutung erlangte, wuchs hier aber erst im Mittelalter heran. Doch auch Impruneta wurde früh von Florenz vereinnahmt und blieb immer eng an dessen Geschicke gebunden.

Trotzdem hat der Ort seinen eigenen Charakter bewahrt. Er präsentiert sich halb als Stadt und halb als Dorf, was die Mentalität seiner Bewohner überaus positiv beeinflusst. Berühmt war und ist Impruneta wegen seiner zauberhaften Lage inmitten von Weinbergen und Olivenhainen und vor allem wegen seiner jahrhundertealten Tradition der Töpferkunst (sogar die Briefkästen an den Häusern sind aus gebranntem Ton). Man sollte nicht versäumen, sich die Vielfalt der nach wie vor handgearbeiteten Terrakotta-Erzeugnisse der zahlreichen Betriebe in und um Im-

In Impruneta sind sogar die Briefkästen aus Terrakotta

pruneta einmal aus der Nähe anzuschauen und das eine oder andere Stück als Erinnerung mit nach Hause zu nehmen.

Auf dem abschüssigen Hauptplatz erhebt sich die ehemalige **Wallfahrtskirche Santa Maria** mit ihrem eindrucksvollen fünfbogigen Portikus (1634) und dem im 13. Jh. entstandenen Campanile. Vom ursprünglichen Bau sind nur die romanische Krypta und einer der beiden seitlich an die Kirche angrenzenden Kreuzgänge erhalten geblieben. Im Zweiten Weltkrieg wurde die Kirche nahezu vollständig durch Bomben zerstört, aber kurz darauf wieder aufgebaut. Im Innern sind zwei Kapellen nach Entwürfen von *Michelozzo* mit Altären von *Luca della Robbia* zu besichtigen.

Im linken Seitenschiff wird ein kleines Marienbildnis aufbewahrt, das zwei Bauern beim Pflügen eines Feldes genau an der Stelle gefunden haben sollen, wo man später das Gotteshaus errichtete. Der Legende nach stammt das Bildnis von der Hand des Evangelisten Lukas.

Die Besichtigung von Santa Maria kann man gut mit einem Besuch in der *Bar Italia* links neben der Kirche verbinden. Dort bekommt man das beste Eis in der ganzen Umgebung, das bei weitem die Produktion des berühmten Vivoli in Florenz übertrifft.

Eine gute Gelegenheit für einen Abstecher nach Impruneta bieten außerdem zwei traditionsreiche Veranstaltungen: das *Weinfest* am letzten Sonntag im September und die *Festa di San Luca* am 18. Oktober, die dem Stadtheiligen gewidmet ist.

• *Information* **Pro Loco**, Piazza Buondelmonti (neben dem Spielplatz), ✆ 055-2313729, www.proimpruneta.rtd.it oder www.soggiornareaimpruneta.com. Mo–Sa 9.30–12.30 und 15.30–18.30 Uhr, So 10–13 Uhr.
• *Busverbindungen* Etwa halbstündlich nach Florenz, außerdem 3x tägl. nach Gre-

ve (mit Umsteigen in Strada in Chianti). Bushaltestelle an der Piazza Buondelmonti im Zentrum, Tickets beim Tabakladen an der Piazza.
• *Übernachten/Essen* ***** Albergo/Ristorante Bellavista**, direkt am Hauptplatz (neben der Kirche). Auf der großen Dachter-

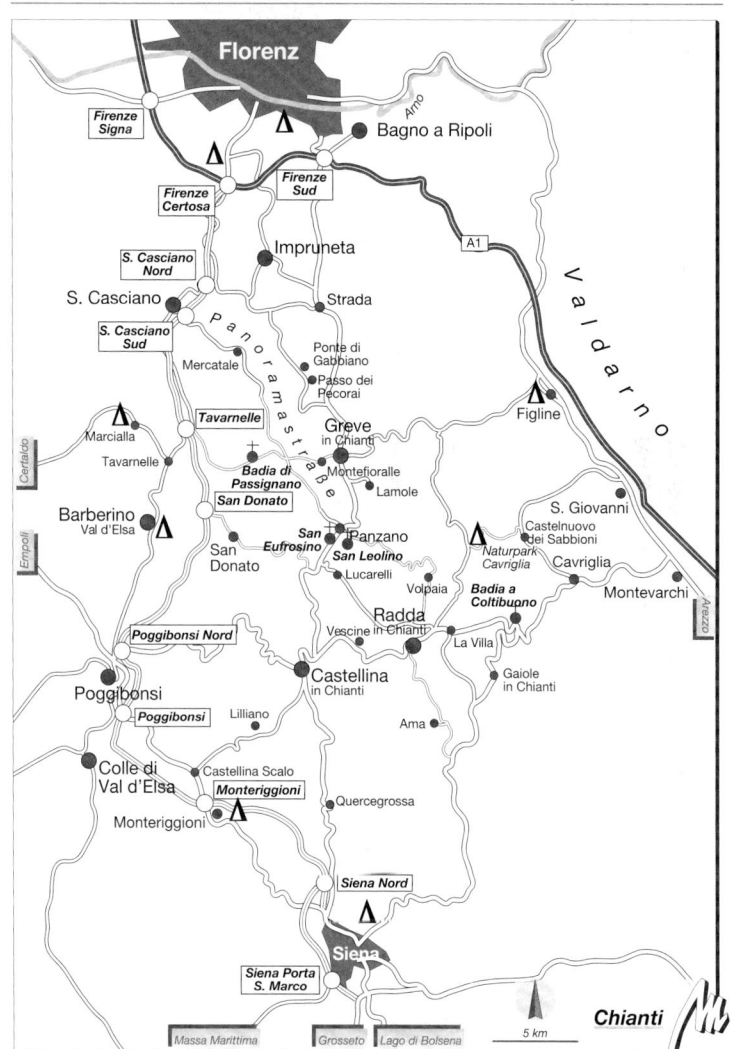

rasse kann man an lauen Sommerabenden bei Glockengeläute essen und sich das bunte Treiben unten auf der Piazza anschauen. Sehr herzlicher Service. Restaurant nur abends geöffnet, Menü 20–25 €. DZ mit Bad 80–90 €, EZ 65 €, Nachlass bei Aufenthalt ab drei Tagen. Via della Croce 2, ✆ 055-2011083, ✆ 055-2313929, www.bellavistaimpruneta.it.

Agriturismo Ristorante Inalbi, ca. 1 km außerhalb des Ortes (auf der Straße nach Strada in Chianti). Großes, kinderfreundliches Anwesen mit Garten und zwei Swimmingpools. Restaurant Mo geschlossen, Pranzo nur am Wochenende. DZ 100 €, Ferienwohnungen für 2, 3, 4 oder 6 Pers. 100–130 € pro Tag. Via delle Terre Bianche 32, ✆ 055-2011797, ✆ 055-2312347, www.inalbi.it.

Agriturismo – Bed & Breakfast I Pini, mit Garten und Swimmingpool. DZ mit Bad ab 88 €, EZ 47 €, Appartement 465–775 € pro Woche. Via delle Terre Bianche 34, ✆ 055-2313190, 🖷 055-2312399, www.ipini.com.

Villa Rosina, im Zentrum. Appartement für 2 Pers. ab 170 € für zwei Nächte. Via Roma 25, ✆/🖷 055-2011750, www.villarosina.it.

Osteria Lo Ziro, neben der Villa Rosina, gute Weinauswahl und toscanische Gerichte. Mi geschlossen, von Nov. bis März auch Mo. Via Roma 19/21, ✆ 055-2012232.

Ristorante Il Cavallacci, ein paar hundert Meter außerhalb (an der Straße nach Pozzolatico). Hier isst man auf einer schattigen Terrasse inmitten eines Pinienwaldes Pizzen aus dem Holzofen und andere Gerichte. Täglich, aber nur abends geöffnet. ✆ 055-2313863.

Bed & Breakfast Benedetta Bianchi, im Zentrum von Impruneta und für die Gegend ausgesprochen günstig: 12 modern eingerichtete Doppelzimmer mit Bad und Klimaanlage, außerdem Appartements. Angenehme Atmosphäre, man sollte zumindest für Ostern, Pfingsten und die Monate Juli/August reservieren. Parkmöglichkeit auf der Piazza. DZ 66–70 € (Frühstück 5,20 €/Pers.), Appartement 76–80 € pro Tag. Via Paolieri 26 (Seitenstraße der großen Piazza Buondelmonti im Zentrum, nach wenigen Metern auf der rechten Seite), ✆/🖷 055-2312558, www.bed-breakfast-bianchi.it.

San Casciano in Val di Pesa

Am Rande des Chianti gelegen und nur 20 Autominuten von Florenz entfernt, bietet San Casciano die ideale Wohnlage für Florentiner: nicht so teuer wie Fiesole und anders als Scandicci oder Sesto Fiorentino ohne Industrie. Das Städtchen ist vorrangig ein Zentrum der Landwirtschaft und für Touristen nicht sonderlich attraktiv. Doch befinden sich in der Umgebung einige interessante Weingüter und Restaurants, in denen man hervorragend speisen kann.

• *Information* **Pro Loco**, Piazza della Repubblica (Nähe Theater), ✆/🖷 055-8229558, prosanca@supereva.it. Mo 9–13 und 15.30–18 Uhr, Di, Do, Fr 9–13 und 15.30–19 Uhr, Mi 9–13, Sa 9–13 und 15.30–18.30 Uhr.

• *Busverbindungen* Jeweils etwa stündlich nach Florenz und via Tarvarnelle, Barberino und Poggibonsi (hier umsteigen) nach Siena. Abfahrt an der Piazza della Repubblica im Zentrum, Tickets im Tabakladen oder bei der Latteria Maranci gegenüber der Haltestelle.

• *Wochenmarkt* Montagvormittag.

• *Internet* **La Zona**, schräg gegenüber der Gemeindeverwaltung, Via Machiavelli 5. So geschlossen, Mo vormittags ebenfalls.

• *Übernachten* **** Minisoggiorno**, am Ortsausgang Richtung Empoli. Familiär geführtes, ruhiges Hotel, nach Auskunft von Einheimischen das einzige empfehlenswerte im Ort. Zimmer fast alle mit Balkon. DZ mit Bad und kleinem Frühstück 65 €, EZ 45 €, Suite für 4 Personen 110 €. Via Leonardo da Vinci 5, ✆ 055-822241, 🖷 055-8229853, www.minisoggiorno.it.

** Albergo Mary, 16-Zimmer-Haus gleich gegenüber vom Theater Niccolini. DZ 55–65 € (Frühstück 4 €). Via San Francesco 6, ✆ 055-820139, 🖷 055-8290140.

A Mezza Costa, von San Casciano ca. 2 km in Richtung Pancrazio/Certaldo, gleich nach Ortsausgang letztes Haus auf der linken Seite. Sympathische kleine Bed-&-Breakfast-Adresse, geführt von einem jungen englisch-italienischen Ehepaar. Die Zimmer in verschiedenen, bunten Farben. DZ 50–70 €. Via Borromeo 67, ✆ 055-6049911, 🖷 055-828692, www.amezzacosta.com.

• *Essen und Trinken* **Cinque de Vino**, Nähe Theater. Kleines Lokal, auch zum Draußensitzen. Keine große Speisekarte, dafür exzellente Zubereitung. Der sympathische Inhaber ist auch gleichzeitig der Koch. Ausgesprochen große Weinauswahl. Mo geschlossen. Viale San Francesco 32, ✆ 055-8228116.

Cantinetta del Nonno, im historischen Zentrum. Nicht gerade ein gecignotor Ort für den Familienausflug. Vorn werden Wurstwaren und Käse verkauft, im Hinterstübchen sitzen vorwiegend Arbeiter zu Tisch. Die Kutteln (trippa alla fiorentina) schmecken hier ausgezeichnet. Mi geschlossen. Via IV Novembre 38, ✆ 055-820570.

• *Gelateria* Ausgezeichnetes Eis aus eigener Herstellung kann auf der Terrasse der **Bar Turismo** genossen werden. Piazza della Repubblica.

● *Außerhalb* Einige sehr gute Lokale findet man in der Umgebung.

Tavernetta Machiavelli (Albergaccio), in S. Andrea in Percussina (ca. 4 km außerhalb Richtung Florenz, knapp außerhalb von San Casciano Richtung Spedaletto, hinter diesem Ort rechts abzuweigen). Die uralte Osteria mit hauseigener Kellerei ist berühmt, weil im 16. Jh. Machiavelli hier verkehrte, der sich in das gegenüberliegende Haus zurückgezogen hatte. Unbestritten gut ist die Qualität des Essens, unbestritten zu hoch sind die Preise. Nur Flaschenweine. Reservierung empfohlen. Mo/Di geschlossen. ✆ 055-828471.

Trattoria del Pesce, ca. 6 km außerhalb von San Casciano in Richtung Tavarnelle, Alternative zur Chianti-Romantik mit guten und nicht zu teuren Fischspezialitäten. Ein Lokal, das vor allem von Italienern frequentiert wird. Mi geschlossen. Via Cassia per Siena 124, Loc. Bargino, ✆ 055-8249045.

Die Tropfen des Hauses Antinori

... summieren sich jährlich auf knapp 10 Millionen Liter Chianti Classico. Damit ist das vor über 600 Jahren gegründete Unternehmen „Marchesi L. e P. Antinori" die Nummer eins unter den Chianti-Produzenten. Die Güter befinden sich vor allem in der Umgebung von Mercatale und San Casciano, aber auch beim Kloster Badia a Passignano. Nebenbei besitzt Antinori Weinberge bei Orvieto und auch im Ausland (im ehemaligen Jugoslawien und in Ungarn), doch machen die Chianti-Weine noch immer 80 % der Produktion und den guten Ruf des Hauses aus. Heute ist die Firma eine GmbH im Familienbesitz. An den Schalthebeln der Macht sitzt Piero Antinori, der mit seinem Önologenteam über die Qualität der Weine wacht. Ungefähr 70 % der Gesamtproduktion nehmen den Weg ins Ausland, Hauptabnehmer sind die USA, Japan und Deutschland.

In den gigantischen Produktionsanlagen von San Casciano (am Ortsausgang nach Empoli) werden die Arbeitsgänge weitgehend vom Rechner gesteuert und von Automaten verrichtet – von der Reinigung der Flaschen über die Abfüllung bis zum Aufkleben des berühmten Etiketts und der Verpackung von je sechs Flaschen pro Karton. Selbst die Gabelstapler sind mit einem Computer ausgerüstet, in den der Fahrer eingibt, wie viele Kartons welcher Marke und welchen Jahrgangs er wo deponiert hat.

Leider lässt das renommierte Haus keine Besichtigungen zu. Einzig für professionelle Importeure und von ihnen angeheuerte LKWs öffnet sich das videoüberwachte Tor. Wer nicht dazugehört, hat die Möglichkeit, sich im COOP von San Casciano oder in der Antinori-Boutique bei der Badia a Passignano mit Antinori-Flaschen einzudecken bzw. in der noch schickeren Antinori-Vinothek von Florenz zu degustieren (siehe Florenz/Einkaufen). In der hauseigenen Osteria gleich neben der Badia a Passignano können die Weine zu feiner toscanischer Küche probiert werden (siehe Essen und Trinken). Es werden auch Tageskochkurse veranstaltet (110 € inkl. Abendessen mit Weinen). So geschlossen. Osteria di Passignano, ✆ 055-8071278, marcello.crini@tin.it

---

Mercatale in Val di Pesa

Der nur 5 km von San Casciano entfernte mittelalterliche Marktflecken liegt bereits mitten in den Weinbergen. Am zentralen Platz, der einst dem Warenumschlag diente, laden heute zwei Cafés ein. Am Ortsrand sind neue Häuser gebaut worden, doch trübt dies den Gesamteindruck kaum. In der Umgebung liegen einige empfehlenswerte Weingüter und Restaurants.

● *Busverbindungen* Alle 90 Minuten direkt nach Florenz. Abfahrt an der Piazza Vittorio Veneto im Zentrum, Tickets in der Bar Italia oder in der Bar Briciolo im Zentrum.

● *Markt* Donnerstagvormittag, nicht mehr auf dem großen Platz, sondern – etwas bescheidener – auf einem kleinen Platz knapp davor, der sonst als Parkplatz dient.

● *Übernachten* * **Paradise**, unsere Empfehlung. Das kleine Albergo am Dorfplatz wird von einer sehr freundlichen älteren Dame geführt. Zum Frühstück sucht man die benachbarte Bar auf, die auch weiterhilft, wenn auf Klingeln an der Hoteltür keine Reaktion erfolgt. Zwei der Zimmer haben sogar eine Kochnische. DZ mit Bad 60 €. Piazza Veneto 28, ℡ 055-821327 oder 055-821281, ✆ 055-821327, www.hotelparadise.it.

● *Agriturismo* **Salvadonica**, Richtung San Casciano, hinter der Agip-Tankstelle links hoch. Ein klitzekleines, restauriertes Borgo aus dem 15. Jh. und eine Idylle mit insgesamt 7 Doppelzimmern und 12 Appartements – die neuen Bauten sind geschickt ins alte Gemäuer eingepasst. Hauseigener Wein, Honig und hauseigenes Olivenöl. Einladender Swimmingpool, Tennis- und kleiner Golfplatz sowie Reitmöglichkeit. DZ ab 115 €, Appartements ab 129 € pro Tag. Via Grevigiana 82, ℡ 055-8218039, ✆ 055-8218043, www.salvadonica.com.

Castello di Gabbiano, siehe unter „Wein".

● *Essen und Trinken* **Trattoria il Gabbiano**, in Ponte Gabbiano (Mercatale oberhalb des großen Platzes verlassen, immer gerade-

aus, bis man auf die Straße Greve–Impruneta trifft; gegenüber der großen Kellerei Grevepesa). Großes Lokal mit ausgezeichneter Küche und obendrein preiswert. Toscanische Spezialitäten (Ribollita, Bistecca alla fiorentina und andere herzhafte Grillspezialitäten kommen vom Holzkohlengrill). Nicht schick, sondern eher laut und fröhlich – gute Atmosphäre. Fr geschlossen. ℡ 055-821127

● *Wein* **Fattoria Le Corti**, nicht zu verwechseln mit der Fattoria Corti Anichini südöstlich von Greve. Zum Schloss führt eine hübsche Zypressenallee (auf halbem Weg nach San Casciano). Die ist allerdings den Corsini vorbehalten, die seit 1427 hier residieren. Normalsterbliche Weineinkäufer finden knapp hinter der Kuppe links eine Zufahrt. Sehr gute und preiswerte Weine sowie Olivenöl. Auch Unterkünfte. Mo geschlossen. ℡ 055-829301/8290105, info@princecorsini.com, www.princecorsini.com

Castello di Gabbiano, knapp 3 km von Mercatale entfernt (das Dorf oberhalb des großen Platzes verlassen). Ein anmutiges Schlösschen, dessen Weingut floriert, wie die dahinter versteckten Produktionsanlagen für gute Chianti-Classico-Weine zeigen. Das zugehörige Ristorante Il Cavaliere liefert die passenden Speisen. Mo sowie Dienstagmittag geschlossen. DZ im Schloss ab 130 €, im Appartment ab 1000 € pro Woche. Via di Gabbiano 22, ℡ 055-821053, ✆ 055-8218082, www.castellogabbiano.it.

„Off the beaten track" – auch auf asphaltierten Pfaden

Alternativ zur Hauptroute Florenz–Greve (Chiantigiana) bietet sich die landschaftlich interessantere **Höhenroute** von San Casciano über Mercatale nach Panzano an – ein sehr alter Fahrweg, der schon von den Etruskern benutzt wurde. Seit 1997 ist die Straße geteert. Der Automobilhersteller Daimler-Benz hatte sich die Strecke seinerzeit als Kulisse für einen Werbefilm ausgewählt und den Gemeinden die Asphaltierung gesponsert. Die Route lässt sich seitdem bequemer befahren, hat aber etwas von ihrem alten Reiz verloren.

● *Essen und Trinken* **Trattoria Da Pordo**, erst auf die Straße Mercatale–Panzano, dann ein paar Kilometer Richtung Mercatale, bis ein Schild links zum noch 100 m entfernten Gehöft weist (Loc. Valigondoli). Innen relativ klein, sehr gemütlich. Im Sommer wird auch draußen betischt. Geführt

von einem italienisch-englischen Duo, zählt es noch immer zu den preiswerten Geheimtipps. Spezialitäten: frittiertes Kaninchenfleisch und frittiertes Gemüse (je nach Jahreszeit). Mo und Di geschlossen. ℡ 055-821038

Badia a Passignano

Auf etwa halbem Weg zwischen Mercatale und Panzano sollte man einen kurzen Abstecher zu dem 1049 gegründeten Kloster Badia a Passignano machen. Die wunderschön gelegene, dicht von Zypressen umrahmte Abtei mit zinnengekröntem Kirchturm wird bis heute noch von drei Mönchen des Vallombrosaner-Ordens bewohnt. Bereits im Mittelalter wurde hier Wein angebaut, heute befinden sich die Weingüter des Klosters größtenteils im Besitz der weltbekannten Firma Antinori (siehe Kasten auf S. 519), die unterhalb des Klosters zum Einkauf und zur Verkostung einlädt. Für Besucher ist die herrliche Anlage leider bis auf weiteres geschlossen. Bleibt zu hoffen, dass man irgendwann wieder das berühmte Abendmahl-Fresko von Domenico Ghirlandaio (15. Jh.) bewundern kann, das die Wände des Refektoriums ziert.

• *Wein* Das bekannte **Weingut Antinori** unterhält am Kloster in der dazugehörenden Osteria eine Verkaufsstelle (mit Weinverkostung), in der es seine guten und teuren Weine anbietet (tägl. 10–23 Uhr, So geschlossen). Im Klosterkeller, der im Mittelalter als Getreidespeicher diente, reifen heute die Weine. Kellerführungen in Englisch mit anschließender Verkostung von vier Weinen finden Mo/Mi/Sa/So um 15.30 Uhr statt (12 €). ℡ 055-8071278.

• *Übernachten* **Podere Torcilacqua**, Agriturismo mit Pool unweit der Badia a Passignano, freundliche Besitzerfamilie. Im Angebot DZ (mit Frühstück 60 €) und Appartements. Strada di Greve 8, ℡ 055-8071452 oder 333-6402210, www.torcilacqua.it.

Fattoria di Rignana, das weiße Gebäude neben der Cantinetta di Rignana (s. u.). Deutsche Leitung. Schönes, gepflegtes Anwesen mit Pool, sehr ruhig gelegen, man sollte für den Sommer frühzeitig reservieren. In der Villa Stella 4 neu renovierte Zimmer. Hier kostet die Übernachtung in einem der elf DZ 95 € (mit Bad) bzw. 75 € (ohne Bad), jeweils inkl. Frühstück. Es gibt auch 2 Appartements. Via di Rignana 15, ℡ 055-852065, ℡ 055-8560821, www.rignana.it.

• *Essen und Trinken* **Osteria di Passignano**, gleich neben der Klosteranlage. Das hauseigene Restaurant ist eine verlässliche Adresse für die feinere toscanische Küche. Am Herd sorgt ein junges internationales Team mit besten Zutaten für eine kreative Speisekarte. Die Weinempfehlungen vom Maître (selbstverständlich ausgezeichnete Gewächse aus den Weinbergen Antinoris) und der aufmerksame und ungezwungene Service passen – die Rechnung ist allerdings entsprechend. So geschlossen. ℡ 055-8071278, www.osteriadipassignano.com.

La Scuderia, direkt gegenüber dem Kloster. Das kleine, einfache Restaurant serviert Hausmannskost und Pizzen (letztere nur samstag- und sonntagabends) zu Preisen, die 10–15 € unter denen der anderen Lokale in der Region liegen. Einige Tische auch im einladenden Garten. Ganztägig geöffnet, Do geschlossen, an Wochenenden wird Tischreservierung empfohlen. ℡ 055-8071623.

Cantinetta di Rignana, wunderschöne Terrasse mit toller Aussicht, das Restaurant wird u. a. auch vom „Feinschmecker" empfohlen. Der Service ist locker und unkompliziert, die Bistecca Fiorentina vom Holzkohlengrill ganz ordentlich. Tägl. 12.30–14 und 19.30–22 Uhr zum Essen geöffnet (Getränke werden auf der Terrasse jederzeit serviert). Man sollte für abends reservieren, Di geschlossen, an Feiertagen geöffnet. ℡ 055-852601.

Tavernelle Val di Pesa   *(ca. 7000 Einw.)*

Der lang gezogene Straßenort ohne Attraktionen liegt westlich der Autobahn und zählt schon nicht mehr zum Kerngebiet des Chianti. Im Gegensatz zu vielen anderen Dörfern der Region zeigt sich Tavernelle vom Tourismus völlig unbeeindruckt, weswegen man hier günstiger unterkommen und speisen kann. An der großen Piazza Matteotti, die im Jahr 2003 aufwändig restauriert wurde, spielt sich das

Chianti   Karte S. 517

bescheidene Leben des Ortes ab. In der Via Roma, der Hauptstraße von Tavarnelle, befinden sich zahlreiche Läden und auch die beiden einzigen Hotels.

Tavarnelle war bereits zu Zeiten der Römer unter dem Namen „Tabernulae" bekannt und lag an der wichtigen Handelsstraße *Via Cassia* (N 2). Später entwickelte sich der Ort zu einem bedeutenden Zentrum der Landwirtschaft. An Sehenswürdigkeiten bietet Tavarnelle einzig die Kirche *Santa Lucia al Borghetto* aus dem 13. Jh. (am Ortsrand). Im 4 km östlich gelegenen **Morocco** kann man die Kirche *Santa Maria del Carmine* (15. Jh.) mit Kloster besichtigen.

• *Information* **Pro Loco**, Piazza Matteotti, Mo–Sa 9–12.30 und 16–19, So 9.30–12.30 Uhr. Auskünfte teilweise auch auf Deutsch. ✆/℡ 055-8077832, info@prolocotavarnelle.it, www.prolocotavarnelle.it.

• *Busverbindungen* Busse fahren an der Piazza Matteotti ab, Tickets in der Bar schräg gegenüber (Via Roma). 12x tägl. nach San Casciano, 9x Florenz, 8x Barberino Val d'Elsa, 7x San Donato in Poggio und 1x tägl. Certaldo.

• *Taxi* ✆ 329-4171495 oder 335-5423249

• *Adressen* An der Piazza Matteotti befinden sich **Polizei**, **Post** und eine **Bank** (mit Bancomat). **Erste Hilfe** in der Misericordia, Via Naldini 24.

• *Übernachten* Die Auswahl an Unterkünften ist bescheiden, zum längeren Aufenthalt eignet sich der Ort aber ohnehin nicht.

**** Albergo Vittoria**, mit empfehlenswertem Ristorante (Borgo Antico) im Erdgeschoss. Mittags essen hier viele Einheimische. Nur 7 Zimmer, freundlicher Service. An der Hauptdurchgangsstraße gelegen, deshalb sollte man ein Zimmer nach hinten hinaus nehmen. DZ jeweils mit Bad und Frühstück 77 €, EZ 51 €. Via Roma 55/57 (ca. 100 m von der Piazza Matteotti), ✆/℡ 055-8076180, www.albergovittoria.it.

• *Bed & Breakfast* **Antica Pieve**, Landhaus mit 6 Zimmern und Pool, 200 m vom Dorfzentrum entfernt (in der Nähe des Sportplatzes). DZ 80–140 €, Preisnachlässe bei Wochenmiete. Strada della Pieve 1, ✆ 055-8076314, ℡ 055-8076522, www.anticapieve.net.

• *Zimmervermietung* **FK Stone Tower**, ein großzügiges Appartement bis zu 3 Pers. in einem Turm aus dem 11. Jh. inmitten der Altstadt von Barberino. Küche, Waschmaschine und Fernseher vorhanden, im Preis inbegriffen sind Bettwäsche und Endreinigung, Mindestaufenthalt zwei Tage. Ein Klavier wartet auf geübte Hände. App. 75 € pro Nacht, 500 € pro Woche. Via V. Veneto 26, ✆/℡ 055-8075174, www.fkstonetower.it.

• *Außerhalb* **** Hotel Zucchi**, kleine, bescheidene Herberge mit 13 Zimmern inmitten eines Industriegebietes. Vorteile sind die günstigen Preise und die unkomplizierten Besitzer. In Sambucca (zwischen Tavarnelle und San Donato in Poggio). DZ 59 €. Via Cellini 32, ✆ 055-8071780, ℡ 055-8071102, hotelzucchi@bbc.it.

• *Agriturismo* **Villa Spoiano**, in der herrschaftlichen Villa produziert eine Schweizer Familie seit Jahren Weine aus biologischem Anbau. Im Garten mit süditalienischem Flair und Biopool kann man herrlich entspannen. Freitags wird für Gäste eine Kellerführung mit Weinprobe veranstaltet. Man fährt auf der Cassia in Richtung Barberino und biegt kurz nach Ortsausgang Tavarnelle rechts auf die Schotterstraße zur Villa ab. Es gibt Zimmer mit großen Gemeinschaftsküchen (ab 80 € ohne Frühstück) und Appartements (ab 490 €). Eigentlich nur wochenweise, in der Nebensaison auch ab 2 Nächten. Strada Spoiano, ✆ 055-8077313, ℡ 055-8061369, www.toscanaholidays.com.

• *Jugendherberge* **Ostello del Chianti**, am südlichen Ortsausgang (Richtung Siena) auf der rechten Seite, ca. 300 m vom Zentrum. Wenig einladender Betonklotz. März–Okt. geöffnet. Reservierung empfohlen. Übernachtung im 2- oder 4-Bett-Zimmer mit Bad 20 €, ohne 16–18 € (Frühstück 1,60 €, Abendessen 9,50 €, Lunchpaket 7 €). Via Roma 137, ✆ 055-8050265, ℡ 055-8065039, www.ostellionline.org.

• *Essen und Trinken* Im **La Vecchia Piazza** schmeckten vor allem die Pizzen sehr gut, und das zu akzeptablen Preisen. Man sollte reservieren! Nur abends geöffnet, Mo geschlossen. Via Roma 58, ✆ 055-8076600.

La Fattoria, ca. 2 km außerhalb an der Straße nach Florenz. Weit über die Grenzen von Tavarnelle hinaus bekanntes und beliebtes Speiselokal. Di geschlossen. Via del Cerro 10.

La Gramola, ein Lesertipp: gemütlich, nicht die übliche Touristenkost und dabei günstig, nett zu Kindern. Di geschlossen. Via delle Fonti 1, ✆ 055-8050321, www.gramola.it.

Weitläufige Parkanlage in Barberino

Barberino Val d'Elsa (ca. 10.000 Einw.)

Eindrucksvoll auf einem Plateau zwischen den Tälern Val d'Elsa und Val di Pesa gelegen, bietet Barberino nicht nur ein herrliches Panorama, sondern auch einen gut erhaltenen mittelalterlichen Ortskern, der von einer Stadtmauer und den beiden Toren Porta Fiorentina im Norden und Porta Romana im Süden eingerahmt wird.

Ähnlich wie Tavarnelle (nur 3 km nördlich) findet Barberino beim Chianti-Tourismus nur wenig Beachtung. In diesem Fall aber zu Unrecht: Der kleine Ort aus dem 13. Jh. mit seinen schmalen Gassen präsentiert sich äußerst malerisch. Im Zentrum stößt man auf die Piazza Barberini, an deren Ostseite der wappengeschmückte *Palazzo Pretorio* aus dem 15. Jh. zu bewundern ist. Auf der Rückseite des Palazzo befindet sich die *Pieve di SS. Bartolomeo e Stefano* aus dem 14. Jh. (nicht zugänglich) mit ihrem weithin sichtbaren Campanile.

Wie auch Tavarnelle lag Barberino an der römischen *Via Cassia* (heute N 2). Diverse Funde aus der Gegend belegen jedoch, dass der Ort schon von den Etruskern besiedelt wurde. Erwähnt wurde Barberino, das nach seinem Gründer Francesco di Barberino benannt ist, erstmals im Jahr 1054. Als das benachbarte Semifonte 1202 zerstört wurde, machten sich die Florentiner daran, die steinernen Überreste des Ortes zum Bau der Stadtmauer von Barberino zu verwenden. Zu wirtschaftlichem Aufschwung gelangte der Ort Anfang des 15. Jh. Das heutige Zentrum von Barberino bildet die Piazza Mazzini am südlichen Ortsausgang. Ende August wird alljährlich das Fest des Ortspatrons San Bartolomeo gefeiert.

● *Information* **Pro Loco**, am Parkplatz an der Via Cassia die Treppen hinunter, beschildert. Mo–Sa 9–13 und 15–19 Uhr, sonntags nur von Juni bis Aug. geöffnet (9–13 Uhr). ✆ 055–8075622, www.barberinovaldelsa.net, ufficioturistico@barberinovaldelsa.net.

Chianti
Karte S. 517

• *Busverbindungen* Haltestelle am Parkplatz an der Via Cassia, Ticketverkauf bei der Bar Sport an der Piazza Mazzini. 9x tägl. nach Florenz via Tavarnelle und San Casciano, 10x über Poggibonsi (hier umsteigen) nach Siena. Teilweise nach Siena auch über Colle di Val d'Elsa.

• *Fahrradverleih* An der Shell-Tankstelle im Ort werden recht gute Fahrräder verliehen (12 €/Tag). Mo–Fr 7.30–12.30 und 15.30–19.30, Sa 7–13 Uhr. ☎ 055-8075060.

• *Internet* In der Bibliothek (Biblioteca Comunale) an der Porta Fiorentina, Mo–Fr 15.30–19.30 und Sa 9–13 Uhr.

• *Mode* Wer sich von den Preisen italienischer Designermode nicht abschrecken lässt, findet in der **Boutique Morandi** vielleicht seine Lieblings-Edeljeans. Via Cassia 33/37.

• *Übernachten* Kein Hotel im Zentrum von Barberino, das nächste befindet sich im 1,5 km südlich gelegenen Ortsteil San Filippo (Straße Richtung Siena):

** **Hotel Primavera**, in die Jahre gekommener, kaum ansprechender Betonbau, sicherlich keine Chianti-Romantik. Netter Service, von einigen Zimmern schöner Talblick. DZ 67–98 €, EZ 44–68 €, alle 27 Zimmer mit Bad und Balkon. Via della Repubblica 27, Loc. S. Filippo, ☎/✉ 055-8059223, www.hotelprimavera-chianti.it.

Zimmervermietung Il Nido dei Ciappi, Appartement für 2 Pers. für 75 € pro Tag, Via Francesco da Barberino 35 (im Zentrum), ☎ 347-9726831 oder 0577-941614, ciappi@freemail.it

Il Borgo Antico, einfache Unterkunft im Zentrum. Appartement für 2 Pers. 40–50 €, für 5–6 Pers. 70 €. Via Francesco da Barberino 74, ☎/✉ 055-8059271, mario.nannoni@tiscali.it.

• *Agriturismo* **La Spinosa**, ca. 2 km westlich von Barberino (beschildert). Herrliches Landgut mit biologischem Anbau (Wein, Oliven, Obst), ausgezeichnet mit fünf Ähren, der höchsten Klassifizierungsstufe für Bauernhofunterkünfte. Für die Gäste stehen Restaurant, Pool und Tennisplatz bereit, außerdem gibt es Möglichkeiten zum Bogenschießen. Die Zimmer sind großzügig und kosten pro Pers. 75 € (inkl. Frühstück), Appartements 90 €. Piazza Barberini 3, ☎ 055-8075413, ✉ 055-8066214, www.laspinosa.it.

La Colombaia, 4 km auf der Via Cassia in Richtung Poggibonsi bis zur Loc. San Mar-

tino ai Colli. Der nette Besitzer bietet 4 Appartements für 2–4 Pers. an. Mindestmietdauer 3 Nächte (ab 180 €), pro Woche ab 350 €. Via Cassia 16, ☎ 055-225618, ✉ 055-225036, www.lacolombaiagriturismo.it.

Il Cipressino, 9 km von Barberino entferntes Landgut mit 4 Zimmern, gepflegte Anlage mit Pool. DZ inkl. Frühstück 65–85 €. Loc. Cipressino, ☎/✉ 055-8079043, www.cipressino.it.

Il Paretaio, Reiterferien in einem rustikalen Herrschaftshaus mit 6 Zimmern einige Kilometer südlich von Barberino bei S. Filippo. Vom Hof phantastische, unverbaute Aussicht. Alles nett und unkompliziert. DZ 70–120 €, EZ 50–95 €. Strada delle Ginestre 12, ☎ 055-8059218, ✉ 055-8059231, www.ilparetaio.it.

• *Camping* **Camping Semifonte**, einer der raren Campingplätze der Gegend. Recht schöner Platz, nicht allzu viel Schatten, mit Pool. Geöffnet Mitte März bis Ende Okt., man sollte für die Sommermonate frühzeitig reservieren. Anfahrt: Von Norden kommend, muss man gleich in die erste Straße in Barberino links einbiegen (Via U. Foscolo) und der Beschilderung folgen. Etwa 300 m vom Zentrum. Pro Pers. 7,50 €, Zelt 8 €, Stellplatz 12 €. Via U. Foscolo 4, ☎ 055-8075454, ✉ 055-8075454, 055-705790 (im Winter), www.semifonte.it.

• *Essen und Trinken* Im Centro storico von Barberino gibt es zwei Möglichkeiten zum Einkehren, beide befinden sich neben der Kirche S. Bartolomeo:

Pizzeria/Spaghetteria L'Archibugio, von der Terrasse herrlicher Blick auf die Hügellandschaft. Tägl. ab 19 Uhr geöffnet, Mi geschlossen. Via Vittorio Veneto, ☎ 055-8075209.

Osteria Il Campanellino, das „Glöckchen" ist in der uralten Dorfbäckerei mit Gewölbe untergebracht. Gegrillte und frittierte Spezialitäten sowie hausgemachte Pasta, im Sommer auf der schönen Terrasse mit Panoramablick serviert. Mo geschlossen. ☎ 055-8079149

La Sosta del Papa, in dem alten Gasthof rechts an der Via Cassia nach Poggibonsi hat einst ein Papst Pius VII. übernachtet. Auch schön zum Draußensitzen. ☎ 055-8075626.

• *Wein* In der **Enoteca Il Canto di Bacco** an der Piazza Barberini kann man die biologisch angebauten Weine von La Spinosa (s. o.) und andere Erzeugnisse des Gutes probieren und kaufen. So geschlossen.

Sehenswertes/Umgebung

Pieve S. Appiano: Die sehenswerte romanische Kirche befindet sich 4 km südwestlich von Barberino. Einige Elemente (z. B. die halbrunde Apsis) stammen bereits aus dem 10. Jh., der größte Teil der bedeutenden Pfarrkirche mit herrlichen Fresken aus dem 14./15. Jh. wurde jedoch im 12. und 13. Jh. gebaut. Neben der Kirche sind noch einige Säulen einer antiken Taufkapelle zu sehen. Ein Abstecher hierher lohnt allerdings nur bedingt, denn die Kirche ist oft verschlossen.

Anfahrt Am südlichen Ortsausgang von Barberino rechts ab (Beschilderung Appiano), dann zweimal links der Beschilderung folgen.

San Donato in Poggio

Das mittelalterliche Dorf mit seiner gut erhaltenen Stadtmauer aus dem 13. Jh. liegt weithin sichtbar auf einem Hügel nahe der Autobahn Florenz–Siena.

Ähnlich wie das nahe gelegene Tavarnelle befindet sich auch San Donato etwas abseits der gängigen Chianti-Routen. Das Dorf gibt sich beschaulich, und es macht Spaß, durch die wenigen schmalen Gassen des historischen Ortskerns zu schlendern. Ein paar Geschäfte in der „Hauptstraße", eine Weinbar, das war's dann auch schon mit den touristischen Ambitionen des Ortes.

Eindrucksvollstes Gebäude im Zentrum von San Donato ist der im Renaissancestil gebaute **Palazzo di Malaspina** an der gleichnamigen Piazza, der sich im Privatbesitz befindet und daher nur von außen besichtigt werden kann (siehe Übernachten).

San Donato in Poggio wurde bereits im Jahr 989 erstmals in einem Dokument der nahe gelegenen Abtei Passignano erwähnt. Im 12. und 13. Jh. schlossen Florenz und Siena in der ehemals heftig umkämpften Burg von San Donato zweimal Friedensverträge. Von der ehemaligen Festung ist allerdings nichts mehr zu sehen, lediglich die später errichtete Ummauerung aus dem 13. Jh. weist auf die einstige Bedeutung des Ortes hin. Die Häuser innerhalb der Stadtmauer stammen zum Großteil noch aus dem 14. Jh.

Wer einen Abstecher nach San Donato macht, sollte auch den drei folgenden Kirchen Beachtung schenken: zunächst der **Chiesa S. Maria delle Neve** aus dem 14. Jh. mit ihren gotischen Stilelementen (im Ort), dann der schlichten romanischen Pfarrkirche **Pieve di San Donato in Poggio** mit Campanile aus dem 12. Jh. (etwas außerhalb an der Umgehungsstraße gelegen) und schließlich der Wallfahrtskirche **Oratorio Santa Maria a Pietracupa** aus dem 16. Jh. (an der Straße Richtung Castellina), in der ein Fresko der Jungfrau Maria mit Kind aus dem Jahr 1600 von Paolo Schiavo zu bewundern ist.

• *Information* In der Dorfstraße (Via del Giglio 47). Mo–Sa 9–12.30 und 16–19, So 9–12.30 Uhr. ✆ 055–8072338, www.sandonatoinpoggio.it. Im Haus der Touristeninformation wurde 2001 ein **kleines Museum** mit dem Handwerkszeug der Weinbauern eingerichtet. Die meisten Ausstellungsstücke stammen aus der zweiten Hälfte des 19. Jh.

• *Busverbindungen* 10x tägl. nach Tavernelle und 9x nach Florenz. Ticketverkauf in der Bar an der Piazza Orlandini im Zentrum (beim oberen Stadttor). Hier auch Abfahrt der Busse.

• *Fahrradverleih* in der Weinhandlung Vineria. Via del Giglio, ✆ 348-3851184 (Info auch im Proloco).

• *Übernachten* **Bed & Breakfast Palazzo Malaspina**, 5 Zimmer im alten Palast direkt im Zentrum, mit frischen Blumen dekoriert und nett eingerichtet. Es gibt selbst gebackenen Kuchen. DZ 100–120 €, EZ 90–110 €. Via del Giglio 35, ✆ 055-8072946, ✆ 055-8092047, www.palazzomalaspina.it.

Chianti Karte S. 517

• *Zimmervermietung* **La Locanda di Pietracupa**, am Ortsausgang in Richtung Castellina. 4 neue Zimmer werden über dem gleichnamigen Restaurant angeboten. DZ 60 € (ohne Frühstück), Zustellbett für 20 €. Via Madonna di Pietracupa 31, ✆ 055-8072400, ✉ 055-8072142, www.locandapietracupa.com.

• *Essen und Trinken* **Antica Trattoria La Toppa**, im historischen Zentrum nahe der Piazza Malaspina. Die Tische des Restaurants sind in der schmalen Gasse aufgestellt, gemütliches Ambiente. Bei Touristen und Einwohnern gleichermaßen beliebt, mittleres Preisniveau, mittags und abends (im Sommer nur abends) geöffnet, Mo geschlossen. ✆ 055-8072900.

La Taverna di Ciccino, direkt an der Piazza Malaspina, die günstigere Variante. Große Pizza-Auswahl, viele um 5 €. Außerdem gibt es Antipasti und Mozzarella mit gegrilltem Gemüse. Man sitzt gemütlich an der Piazza, nur abends geöffnet, Mi geschlossen. ✆ 055-8072307.

La Locanda di Pietracupa, gediegenes Restaurant mit Zimmervermietung (siehe Übernachten). Hausgemachte Pasta 9 €, Secondi 14 €. Di geschlossen. Via Madonna di Pietracupa 31 (Richtung Ortsausgang auf der Straße nach Castellina), ✆ 055-8072400, www.locandapietracupa.com.

Greve in Chianti

Das Zentrum der Region ist nicht so alt wie die anderen Orte, hat aber städtischen Charakter. Hübsch ist die zentrale Piazza Matteotti, auf der jeden Samstag ein überaus attraktiver Markt stattfindet. Ein Muss für jeden, der Wochenmärkte mag!

Mitten auf dem Platz thront eine Statue von *Giovanni Verrazzano*. Der Seefahrer, dessen Familiensitz im Ortsteil Greti liegt, erreichte 1524 die Hudson-Mündung an der amerikanischen Ostküste. In New York erinnert heute die Verrazzano-Bridge zwischen Brooklyn und Staten Island an ihn.

Die 170 Weinbauern der Genossenschaft von Greve gehören zu den größten Chianti-Produzenten. Auf insgesamt 850 Hektar reifen die Trauben für 2,5 Millionen Flaschen Wein! Entsprechend groß ist die Auswahl in den Enoteche von Greve, z. B. in der *Enoteca del Chianti Classico „Gallo Nero"* (im Sommer täglich geöffnet, sonst Mi geschlossen) am oberen Ende der Piazza Matteotti. Im hintersten Raum stehen die ältesten und kostbarsten Jahrgänge. Wie wäre es z. B. mit einem Jahrgang 1892 für 300 € als Geburtstagsgeschenk? Das teure Exemplar stammt aus der Badia a Passignano, als deren Weinberge noch nicht den Antinoris gehörten.

Eine weitere Enoteca mit glänzender Auswahl ist *Le Cantine* in den ehemaligen Weinkellern von Greve an der Piazza delle Cantine 2 (Eingang hinter dem COOP-Supermarkt an der Durchgangsstraße; täglich 10–19 Uhr durchgehend geöffnet, www.lecantine.it). In den weitläufigen Räumlichkeiten können über 140 verschiedene Weine probiert werden, viele im Selfservice-Verfahren: Mit einer vorher erworbenen Chipkarte kann das Probierglas per Schankautomat gefüllt werden. Nicht aufgebrauchte Guthaben werden rückerstattet (Kartenwert 10, 15, 20 oder 25 €).

Information/Verbindungen/Musikevents/Markt

• *Information* **Touristen-Info**, am Ortseingang (von Norden kommend) an der Hauptstraße rechts in einem Holzhaus untergebracht. Informationen auch zu Kochkursen, Weingutbesichtigungen etc. März–Okt. Mo–Sa 9.30–13 und 14.30–19 Uhr. Viale G. da Verrazzano 59, ✆ 055-8546287, ✉ 055-8544149, turistoffice@chiantichianti.it, www.chiantislowtravel.it

Chianti Slow Travel, von Nov. bis März kann man sich an diese Agentur wenden, die auch bei der Vermittlung von Zimmern und Fewos weiterhilft. Mo–Fr 9–13 und 14.30–19 Uhr. Piazza Matteotti, ✆ 055-8546299 oder 055-8546287, ✉ 055-8544240, info@chiantichianti.it, www.chiantislowtravel.it.

• *Busverbindungen* Stündlich nach Florenz, wo man nach 1 Std. Fahrt genau im Zentrum eintrifft (letzter Bus um ca. 19 Uhr); alle 90 Minuten nach Panzano und zweimal täglich nach Radda.

• *Parken* Großparkplatz direkt hinter der Brücke über den Greve-Bach an der Touristeninfo **Chianti Slow Travel** oder an der Piazza Trento. Beide bislang gratis.

• *Ferienhäuser* **Italhaus**, Piazza Matteotti, ℡ 055-8544470, www.italhaus.com.

• *Internet* Zugang zum Netz bietet das **Café Lepanto** auf der Piazza Matteotti versteckt in den hinteren Räumen links hinter der Bar.

• *Zweiradverleih* Fahrrad 10 €, Roller 30 € pro Tag. Marco Ramuzzi, Viale Falsettacci 6 (Zentrum), ℡ 055-853037

• *Konzerte* **Estate concertistica**, in der Kirche des Nachbardorfes Lamole finden von Juni bis Sept. Sa und So manchmal Kirchenmusikkonzerte statt (Schubert, Bach etc.).

Daniel-Ferro-Musiksommer, Gesangsdarbietungen, vom Klavier begleitet, im Juli/August. Oft in Schlössern, die sonst nicht der Öffentlichkeit zugänglich sind (www.ferrovocalprogram.org).

• *Museum* **Museo di Arte Sacra**, in den drei Sälen des alten Konvents ist Kirchenkunst aus der Region zu sehen. Do u. Fr 10–13 Uhr, Sa/So 16–20 Uhr. Eintritt 3 €.

• *Markt* **Wochenmarkt**, samstagvormittags auf der Piazza Matteotti. Alltägliches und Feinkost. Die Porchetta, ein Spanferkelbraten, ist eine Spezialität und sollte am Verkaufswagen probiert werden.

Ein **Biomarkt** mit allem, was „biologico" ist, findet jeden 4. So von 9 bis 19 Uhr auf der Piazza statt. Am 2. Maiwochenende ist **Blumenmarkt**. Balkon- und Gartenblumen verwandeln die Piazza in ein Meer von bunten Blüten. Am Ostermontag und am 2. Oktoberwochenende findet der **Mercatino delle Cose del Passato** statt, ein großer Trödelund Secondhand-Markt. Die **Weinmesse** am 2. Septemberwochenende ist Treffpunkt für internationale Weineinkäufer.

Übernachten/Essen und Trinken (siehe Karte S. 529)

• *Übernachten* ***** Del Chianti (4)**, im Zentrum. 16 Zimmer, nach hinten Garten mit Zitronenbäumchen, außerdem gibt es im Innenhof einen einladenden Swimmingpool. DZ mit Bad und Frühstück 85–95 €. Piazza Matteotti 86, ℡/℡ 055-853763, www.albergodelchianti.it.

*** Giovanni da Verrazzano (8), im Zentrum, schöne Lage genau „über" dem Marktplatz. Das Hotel, dessen Zimmer klein und auf der Rückseite ruhiger sind, hat auch ein gutes Restaurant, Mo geschlossen. DZ mit Bad und Frühstücksbuffet 110 €, ohne eigenes Bad 90 €, EZ 68/86 €. Piazza Matteotti 28, ℡ 055-853189, ℡ 055-853648, www.verrazzano.it.

*** Albergo Casa al Sole (3), im Zentrum (direkt an der Hauptstraße). 2007 renoviert und seitdem ein Hotel mit drei Sternen, das auch modernen Ansprüchen gerecht wird. So gibt es wireless LAN im ganzen Hotel und auch behindertengerechte Zimmer. DZ mit Frühstück je nach Saison 90–105 €, EZ 75 €. Viale Vittorio Veneto 82, ℡ 055-8546429, ℡ 055-8544084, www.casaalsole.net.

Agriturismo Pian del Gallo (1), kleines Anwesen knapp 1 km außerhalb; wer von Norden kommt, biegt links in die Via A. Gramsci ein und folgt ihr. Von außen mit viel Liebe und Geschmack hergerichtet, die zwei Appartements sind ebenfalls hübsch.

Ein kleiner Pool ist vorhanden. App. für 2/4/6 Pers. zu 60/80/120 €. Vermietet werden auch DZ zu 65 € (Frühstück 5 € extra). Via di Uzzano 31, ℡ 055-853365, ℡ 055-8546849, www.piandelgallo.it.

Agriturismo und Zimmervermietung Casa Nova La Ripintura (2), 1 km vom Zentrum entfernt (10 Minuten zu Fuß). Von Florenz aus an der Ampel hinter der Touristeninfo links und dann noch ca. 800 m (ausgeschildert). DZ ohne Bad 60 €, mit Bad 75 €, Dreibettzimmer 95 € (jeweils mit Frühstück). Via di Uzzano 29/30, ℡ 055-853459, www.casanova-laripintura.it.

Bed & Breakfast Casale Le Masse (14), ein paar Minuten vom Zentrum entfernt (Straße Richtung Friedhof/San Michele). Die freundliche Besitzerin vermietet 4 Zimmer, wobei sich jeweils 2 ein Bad (blitzsauber) teilen. Garten und Pool vorhanden. DZ 70 €. Via Case Sparse 41, ℡ 055-8547401, www.casalelemasse.it.

Belvedere (13), kurz vor Casale Le Masse (ausgeschildert). Ein einfaches Miniappartement zu 60–70 €. Die Preise sind seit 2000 gleich geblieben, eine erwähnenswerte und sympathische Seltenheit in der Toscana. Via Mantegazza 68, ℡/℡ 055-853070, ml.belvedere@virgilio.it.

• *Außerhalb* **Villa Vignamaggio**, traumhaft, bietet natürlich auch Unterkünfte, allerdings der Luxusklasse. DZ 150–450 €. Via Petriolo 5, ℡ 055-854661, ✆ 055-8544468, www.vigna maggio.com.

Agriturismo Bed & Breakfast Le Muricce, unser Tipp auf dem Land, ca. 2 km von Greve entfernt. Das Haus liegt schön, empfangen wird man von den zwei netten Besitzern. Die Bilder an den Wänden sind Werke aus dem eigenen Atelier. Zunächst in Richtung Panzano, dann am Abzweig nach Lamole links abbiegen und noch etwa 1,2 km weiter. DZ 78–85 €. Neben den Zimmern kann auch ein kleines Appartement für 95–105 € gemietet werden. Außerdem wird für die Gäste gekocht, das Abendessen kostet 24 € (bei längerem Aufenthalt gibt es Rabatt). Via di Petriolo 66, ℡ 055-8544522, ✆ 055-39031195, www.muricce.it.

** Albergo/Zimmervermietung Da Omero, Straßenlage, vermietet werden Zimmer und schöne Appartements. Im nüchtern gekachelten Restaurant findet man eine große Auswahl an einfachen und preisgünstigen Gerichten. DZ mit Bad 62 € (plus 7 € Frühstücksaufschlag), Appartement für zwei Pers. 70 €, für sechs Pers. nur 90 €. Passo dei Pecorai (ca. 7 km im Nordwesten von Greve, Richtung Castelgreve), ℡ 055-850715, ✆ 055-850495, www.cdaomero.com.

• *Agriturismo* **Poggio all'Olmo**, Lesertipp: „Der schöne Agriturismo liegt mitten in den Weinbergen und Olivenhainen zwischen Greve und Lamole (von Greve ca. 10 Min.). Herrlich kühler Pool ist vorhanden". 2 Appartements (90–110 €) in einem umgebauten Heuschober und 2 DZ mit Kochgelegenheit (75 €). Via Petriolo 30, ℡ 055-8549056, ✆ 055-853755, www.greve-in-chianti.

Agriturismo Castello di Lamole, rustikales Mittelalter im etwa 9 km von Greve entfernten Weiler Lamole. Am steilen Hang unterhalb der 9 Appartements (jeweils mit Terrasse) findet sogar ein Pool noch Platz. 2-Pers.-Appartement 105–135 € (mit Frühstück 10 € mehr). Via di Lamole, ℡ 055-8547006, 055-630498 oder 055-8547115 (Restaurant), ✆ 055-630611, www.castellodilamole.it.

• *Essen und Trinken* **Giovanni da Verrazzano (10)**, siehe gleichnamiges Hotel. Einladende Speiseterrasse über dem Platz, gute Küche, nicht zu teuer. Mo geschlossen.

Osteria Mangiando Mangiando (9), der Imbiss (mit kleiner Terrasse) auf der Piazza hat sich zu einer gemütlichen Adresse für

kleine Gerichte gemausert. Mo geschlossen. ℡ 055-8546372.

Auf der Piazza hat man darüber hinaus noch die Wahl zwischen dem rustikalen Gewölbe des **Nerbone (5)**, bei dem es freitags frischen Fisch gibt (℡ 055-853308, Di geschlossen), und dem Restaurant **Il Portico (6)** (℡ 055-8547426, Mi ganztägig und So abend geschlossen).

Bottega del Moro (12), ein empfehlenswertes Restaurant mit zeitgenössischen Rezepten, frischer Pasta und moderner Kunst an den Wänden. Mo geschlossen, ℡ 055-853753, www.labottegadelmoro.it.

La Torre delle Civette (7), einfache Pizzeria, von Einheimischen und von Touristen besucht. Gute Pizza aus dem Holzofen, nicht teuer. Oberhalb des Parkplatzes in der Casa del Popolo (neben dem Palazzo Torre), Di geschlossen.

Café Le Logge (11), nettes Café am Hauptplatz, mit regelmäßig veranstalteten Themenabenden, guter Küche und natürlich erstklassigen Pastagerichten. Außerhalb der Saison leider nur bis 21 Uhr geöffnet, es gibt dann auch nur Mittagessen. Piazza Matteotti 32, ℡ 055-853038, www.caffelelogge.com.

Pandemonio, wem der Sinn nach leckeren Panini oder frischen Backwaren (pikant oder süß) steht, der kann hier Brotzeit machen. Via Garibaldi (neben der Kirche).

• *Eisdiele* Hervorragende Qualität und gute Auswahl an Eissorten in der **Antica Gelateria** an der Hauptstraße neben dem Coop.

• *Außerhalb* **Ristoro di Lamole**, Restaurant im malerischen, aber einsamen Weiler Lamole (ca. 9 km von Greve entfernt). Mit schöner Terrasse, von der man einen herrlichen Blick auf die Chianti-Hügel genießt. Gute Küche, aber mittlerweile auch hier relativ teuer. Mittags und abends geöffnet, am Wochenende kann es Platzprobleme geben. Mi geschlossen. ℡ 055-8547050 oder 055-8547034

Locanda Borgo Antico, 15 km von Greve entfernt. Trattoria mit nettem Wirt und Florentiner Spezialitäten zu noch akzeptablen Preisen. Die mit uraltem Efeu eingerankte Terrasse mit entsprechendem Blick ist der Tipp sowohl fürs Mittag- als auch fürs Abendessen (Di geschlossen, im Winter nur am Wochenende). Auch Übernachtungsmöglichkeit. DZ ab 55 €. Loc. Dimezzano, Lucolena, ℡/✆ 055-851024, www.ilborgoantico.it.

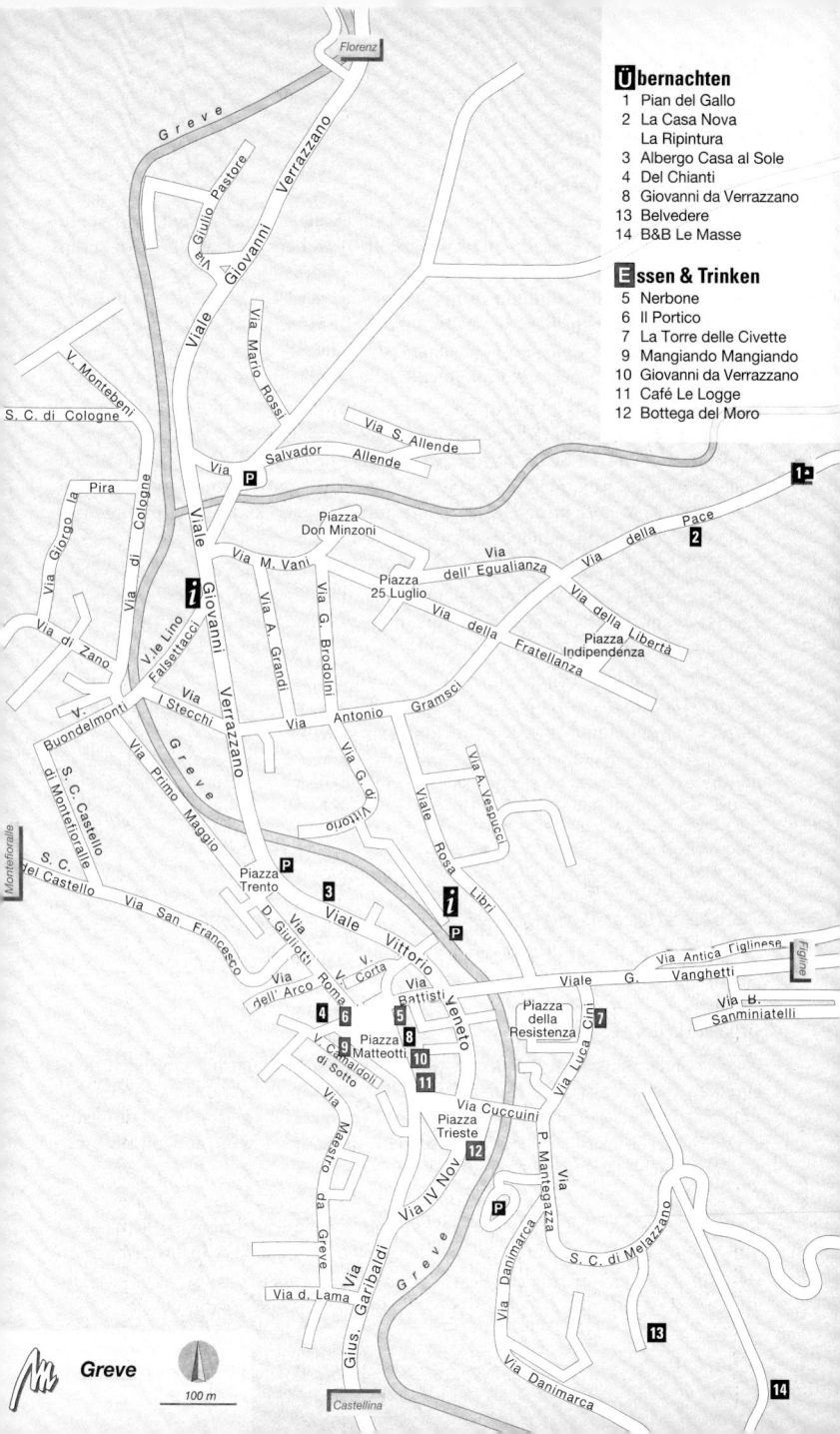

Greve

100 m

Greve/Umgebung

Castello di Montefioralle

Dieser wirklich schöne Weiler liegt knapp 2 km westlich von Greve und thront eindrucksvoll auf einem Hügel. Von hier zogen die Bewohner im späten Mittelalter ins Tal, um den Marktflecken Greve auszubauen. Der Ort selbst soll angeblich die Geburtsstätte des weltberühmten *Amerigo Vespucci* gewesen sein – eine These, die zwar heute kaum mehr haltbar ist, das Image von Montefioralle jedoch bedeutend hebt. Fest steht, dass hier im Mittelalter zahlreiche Adelsfamilien residiert haben, unter ihnen auch die bekannte Familie Ricasoli und die besagten Vespucci.

Das Castello di Montefioralle wurde erstmals 1085 erwähnt und 1250 zum Sitz der „Lega di Greve" ernannt. Nur zehn Jahre später wurde die einst militärisch bedeutende Festung bei der Schlacht von Montaperti zum großen Teil zerstört. Die zahlreichen Türme trug man ab und errichtete mit dem Material Wohnhäuser. Montefioralle konnte seine einstige Bedeutung nie zurückerlangen. Im Gegenteil: Viele Bewohner wanderten ins nahe gelegene Greve ab.

Sein heutiges romantisches Ortsbild hat Montefioralle im 14. Jh. erhalten. Im Inneren der ehemals oktogonal angelegten Festung (mit vier Toren) gibt es nur eine einzige Gasse, die als Rundweg um die romanische *Chiesa Santo Stefano* am höchsten Punkt des Weilers herumführt. Die Kirche ist allerdings meist verschlossen.

Wer sich um die Faschingszeit im Chianti aufhält, sollte sich auf keinen Fall die *Sagra delle Fritelle* entgehen lassen. Das Dorffest ist voll und ganz dem Faschingskrapfen gewidmet und vor allem für Kinder ein tolles Erlebnis.

● *Übernachten/Essen* **Taverna del Guerrino**, die einzige Übernachtungsmöglichkeit in der einzigen Gasse von Montefioralle. Außerdem gibt es hier die leckersten gegrillten Steaks der Gegend (vom Holzkohlengrill). Für das Gebotene nicht zu teuer, das Restaurant mit Terrasse ist weit über die Grenzen von Greve hinaus bekannt. Mo und Di geschlossen, im Winter auch Mi, es wird in der kalten Jahreszeit empfohlen, vorher anzurufen und zu fragen, ob geöffnet sein wird. Unser Tipp. 2-Pers.-Appartements (über steile Stufen zu erreichen) zu 70 € pro Tag. Im Sommer Reservierung empfehlenswert. Nr. 39/43, ✆ 055-853106, www.greve-in-chianti.com/guerrino.htm.
La Castellana, rustikales Restaurant gleich am Ortseingang mit kleiner Terrasse für schöne Sonnenuntergänge. Mo geschlossen. ✆ 055-853134, www.ristorantelacastellana.it.

Castello di Verrazzano

An der Stelle einer etruskischen, später römischen Siedlung befindet sich heute eine der Top-Adressen für Chianti-Wein: Das Castello di Verrazzano, in dem seit Ende des 12. Jh. Wein produziert wird, war nicht nur Gründungsmitglied des „Consorzio del Gallo Nero" im Jahr 1924, sondern liefert noch heute äußerst hochwertige, aber auch relativ teure Chianti-Weine.

Der Geburtsort des Lokalhelden *Giovanni di Verrazzano* (s. auch unter Greve) präsentiert sich heute als festungsartiges Anwesen mit zinnengekröntem Turm (1427). Von Verrazzano aus genießt man einen herrlichen Blick auf das Chianti-Gebiet.

● *Anfahrt* Von Greve in nördliche Richtung in den 3 km entfernten Nachbarort Greti fahren, an der Verrazzano-Probierstube (gleiches Angebot und Preise wie im Castello) links abbiegen (beschildert), dann noch 2 km bergauf, zunächst Asphalt, dann Schotter. Keine Busverbindung.
● *Wein* Das Schloss mit Garten und Weinkeller kann Mo–Fr um 11 Uhr im Rahmen einer etwa 2-stündigen Führung besichtigt

Montefioralle – ein Weinbauerndorf wie im Bilderbuch

werden (Reservierung erforderlich). Es gibt zwei Varianten: Führung und Verkostung von 4 Weinen zu 16 € oder Führung und eine ausgiebigere Degustation mit Salami-, Schinken- und Käsespezialitäten zu 42 €. Degustation in der angenehmen Probierstube ist aber auch ohne Führung ganztägig möglich (kostenlos). Die Preise für einen Chianti Classico D.O.C.G. liegen bei ca. 12,50 €. Darüber hinaus kann man bei Verrazzano auch Grappa, Vin Santo, Olivenöl,

Balsamico-Essig und Honig erstehen, alles jedoch auf hohem Preisniveau. ✆ 055-854243, ✆ 055-854241, www.verrazzano.com.
• *Übernachten* **Verrazzano**, in einem der Bauernhäuser des Anwesens in großzügigen Zimmern. DZ (103 € inkl. Frühstück), EZ 77 € oder im Appartement (2/4 Pers.) für 103/129 €. Via San Martino in Valle 12, ✆ 055-853211 oder 055-854243, www.verrazzano.com.

Castello Vicchiomaggio

Die „Nachbarburg" von Verrazzano liegt ähnlich exponiert auf einem Hügel und bietet einen herrlichen Blick auf das Grevetal und die Umgebung. Das Castello aus dem 10. Jh., ehemals eine langobardische Festung, diente später den Florentinern als wichtiger strategischer Stützpunkt bei den Auseinandersetzungen mit Siena. Umgebaut wurde Vicchiomaggio erstmals in der Renaissance. Heute beherbergt das Weingut u. a. auch ein Hotel (Appartements) und ein Restaurant.

• *Anfahrt* Auf der Chiantigiana (SS 222) von Greve in nördliche Richtung, 4 km nach Greve links ab (beschildert), dann noch 1,5 km auf Asphaltstraße den Berg hinauf. Keine Busse.
• *Wein* Probier- und Verkaufsstube von Vicchiomaggio direkt an der Abzweigung von der SS 222, tägl. 10–18.30 Uhr geöffnet, kostenlose Degustation. Chianti Classico S. Jacopo D.O.C. ab 10 €, im Angebot

auch Grappa und Olivenöl. Beim Castello Vicchiomaggio selbst keine Degustation oder Verkauf.
• *Übernachten* **Castello**, schicke Appartements im alten Gemäuer, für das Gebotene noch nicht mal allzu teuer. Zum Anwesen gehört ein sehr schöner Garten mit Pool. Ohne Auto langweilt man sich hier jedoch ziemlich bald. 2-Pers.-Appartement ab 700 € pro Woche (pro Nacht 112 €), 4er-Apparte-

Chianti

Karte S. 517

ment ab 900 € pro Woche. Via Vicchiomaggio 4, ☎ 055-854079, 🖷 055-853911, www.vicchiomaggio.it.

• *Essen und Trinken* Zum Castello gehört auch ein empfehlenswertes, stilvoll eingerichtetes Restaurant, das jedoch meist größeren Gruppen mit Vorbuchung vorbehalten ist. Am Wochenende auch für die Allgemeinheit geöffnet, telefonische Reservierung erforderlich (☎ 055-854079). Der edlen Küche und Einrichtung entsprechende Preise von Italiens Weinproduzenten der Jahre 1997, 2002 und 2005.

Castello di Mugnana

Das vielleicht eindrucksvollste Schloss im nördlichen Chianti-Gebiet liegt hinter hohen Mauern versteckt auf einer Anhöhe. Das Castello mit mächtigem Wachturm befindet sich an der Stelle einer etruskischen Siedlung, die einst „Munius" hieß. Später wurde dieser Ort – wie auch die gegenüberliegende Festung *Sezzate* – von den Langobarden eingenommen. 1198 rief Florenz auf Mugnana die „Lega Toscana", einen Zusammenschluss der Stadt Florenz mit einigen Orten des Chianti-Gebietes, ins Leben. Das Castello di Mugnana zählt zu den besten Beispielen der mittelalterlichen Architektur im Chianti-Gebiet. Leider ist die imposante Burg in der Regel nur von außen zu bewundern, lediglich Gruppenführungen werden mit etwa einwöchiger Voranmeldefrist durchgeführt (☎ 055-294151, info@castellodimugnana.com), seit kurzem kann man aber auch im Turm übernachten oder seine Hochzeit im Schloss feiern. Das Weingut Castello di Mugnana produziert neben Chianti Classico Gallo Nero auch hochwertiges Olivenöl.

• *Anfahrt* Aus nördlicher Richtung: auf der Chiantigiana (SS 222) kurz nach Strada halblinks ab (beschildert), 2,5 km von der Hauptstraße. Aus südlicher Richtung: in Chiocchio bei dem braunen Hinweisschild „Chiesa di San Donato a Mugnana" rechts abbiegen in die Via Mugnana und der Straße folgen.

• *Übernachten* **Montegonzi**, das Gut vermietet Appartements, jedes mit eigener Terrasse. Sehr ruhiges, einsam gelegenes Anwesen mit Pool, ideal für Ruhesuchende, schöner Ausblick. App. für 2–4 Personen, im Sommer (August) 560–1120 €/Woche. Via delle Grillaie, ☎ 055-8544809, 🖷 055-4620006, www.castellodimontegonzi.com.

Panzano in Chianti

Das malerische Festungsdorf erhebt sich auf einer Hügelkuppe, und zwar an der Stelle, wo der alte etruskische Fahrweg von San Casciano (siehe S. 683) auf die Chiantigiana (S 58) trifft. Die imposante Burg aus dem 12. Jh. mit ihren hübschen Ecktürmen ist nicht zu besichtigen. Ein Österreicher hat hier seinen Traum vom schöneren Wohnen realisiert.

Fast gradlinig führt die Dorfstraße von der Piazza Bucciarelli hoch zur **Chiesa Santa Maria**, einem wuchtig gemauerten Kirchenbau aus der Zeit der Jahrhundertwende. Dahinter sind noch gut erhaltene Teile der Befestigungsmauer zu sehen, dann folgt ein dichter Hain mit uralten, knorrigen und bereits mehrfach „verarzteten" Steineichen. Auf dem Weg zur Kirche kommt man an Keramikwerkstätten und anderen kleinen Handwerksbetrieben vorbei, u. a. an einem Schuhmacherladen, wo Lederwaren nach individuellen Wünschen gefertigt werden.

Auf der Piazza wird sonntagvormittags (!) der Wochenmarkt veranstaltet, auch alle anderen Läden am Platz haben dann geöffnet. Das in der Woche beschauliche Dorfleben findet ebenfalls auf der Piazza statt.

In Panzano haben sich schon seit längerer Zeit typische Handwerksbetriebe angesiedelt (Schuhmacherei, Restaurator- und Keramikwerkstätten etc.), die teilweise zu besichtigen sind und dem Dorf ein kreatives Flair verleihen. Den Höhepunkt bildet aber ganz ohne Zweifel die **Antica Macelleria Cecchini**, deren Besuch einer Theatervorstellung nahe kommt: Bei klassischen Opernarien kann hier Salami und toscanischer Schinken mit einem Gläschen Chianti-Wein probiert werden. Zwischendurch zelebriert Maestro Dario Cecchini sehr anschaulich seine Kunst des Wurstmachens und des Verkaufens! Manchmal finden auch kleine Ausstellungen oder Konzertveranstaltungen statt. Besonders an Wochenenden trifft man sich hier.

Information/Verbindungen/Adressen

• *Information* In Panzano gibt es kein Touristenbüro mehr. Für Infos wendet man sich an die Touristeninfo in Greve.

• *Busverbindungen* Alle 90 Min. Greve, 4x täglich Florenz.

• *Wochenmarkt* Sonntagvormittags treffen sich die Einheimischen auf der Piazza Bucciarelli, um inmitten von Gemüse, Schuhen und gegrillten Hähnchen alles zu besprechen, was sich in der vergangenen Woche so ereignet hat.

Am 1. Sonntag eines jeden Monats findet im Zentrum das Markttreiben **Aprilante** statt, eine Art Kunsthandwerksmarkt, auf dem auch toscanische Spezialitäten verkostet werden können.

• *Einkaufen* **Antica Macelleria Cecchini**, hier wird Fleisch und Würsten ordentlich mit Kräutern zugesetzt! 9–14 Uhr, Fr/Sa bis 19 Uhr, Mi geschlossen. Mittags gibt es Snacks und aus dem Röhrenverstärker klassische Arien, die gelegentlich vom Metzgermeister live untermalt werden (beim letzten Besuch aber ebenso laut die Doors). Via XX Luglio, ✆ 055-852020.

Macelleria Checcucci, auch im historischen Zentrum gibt es Fleisch und Geflügel aus einer eigenen kleinen Produktion. Zwar in unspektakulärem Ambiente, aber von sehr guter Qualität, und das zu moderateren Preisen. Piazza Ricasoli.

Il Giardino delle Essenze, schöne Tischdecken aus Leinenstoffen, handbestickte Handtücher, Keramik und andere Dekorationsartikel. Die ansprechende Verkaufsausstellung befindet sich etwas außerhalb des Zentrums. Man orientiere sich vom Zentrum in Richtung Mercatale bis zum Kreisverkehr und achte dann auf die Ausschilderung. Die Ladeninhaberin erteilt auch gern und ausführlich Auskunft über touristisch relevante Fragen. Via Case Sparse 39.

• *Geldautomat* Banca Toscana an der Piazza Bucciarelli (neben der Enoteca Baldi).

• *Handwerk* **Bottega Restauro Mobili**, Antiquitätenladen mit angeschlossener Werkstatt eines jungen Tischlers aus dem Ort. Hier kann man sich ansehen, wie toscanische Bauernmöbel im Arte-Povera-Stil restauriert werden. Via Chiantigiana 6–8.

Janine Loohuis – Keramik, Werkstatt und Verkauf, auch Zimmer unter ✆ 338-9257046. Piazza Ricasoli im historischen Zentrum.

• *Immobilien* **Studio Montagliari**, Immobilien-Agentur an der Piazza Ricasoli. ✆ 055-852606.

Toscana Casa Immobiliare, deutschsprachig, aufs Chianti spezialisiert. Via San Leonino 14, ✆/℡ 055-852749.

• *Internet* In der Bar/Pizzeria **Conca d'Oro** im Zentrum an der Via Chiantigiana.

• *Parken* Parkplatz oberhalb der Hauptstraße, kurz nach Ortseingang aus nördlicher Richtung (aus Greve kommend).

• *Zeitungen* Täglich Zeitungen aus Deutschland, der Schweiz und Österreich gibt es im kleinen Zeitungslädchen an der Hauptstraße gegenüber der Bar.

Übernachten

**** Le Barone, ein Leser aus Paris lobte das charmante Hotel mit folgenden Worten: „Die Atmosphäre ist dort wirklich wie in einem alten Privathaus. Die Leute sind sehr nett. Wir haben uns sofort willkommen und vom ersten Tag wie Gäste der Familie gefühlt. Die Zimmer sind sehr schön und der Garten ist ein Traum." Der einzige Wermutstropfen: Das Hotel ist nur von Ostern bis 31. Okt. geöffnet. DZ je nach Ausstattung und Größe 230–360 €, EZ 115–180 €, Frühstück und Dinner inbegriffen, auf Wunsch auch ohne Abendessen. In Panzano, von beiden Seiten kommend ausgeschildert, ✆ 055-852621, ℡ 055-852277, www.villalebarone.it.

*** Villa Sangiovese, ehemaliges Herrenhaus unter Schweizer Leitung mit vielen Stammgästen genau am Dorfplatz. 19 Zimmer, Pool, Restaurant (Mi geschlossen) und Garten mit schöner Aussicht aufs Umland. Jan./Feb. geschlossen. DZ mit Frühstück je nach Ausstattung 108–160 €, EZ 90–108 €. Piazza Bucciarelli 5, ☎ 055-852461, ✆ 055-852463, www.villasangiovese.it.

*** Relais Fattoria Valle, toscanische Villa aus den ersten Jahren des 19. Jh. von einem Park umgeben und in traumhafter Lage. Aus dem ehemaligen Wohnsitz florentinischer Adliger ist eine komfortable, etwas unpersönliche Ferienresidenz mit 13 schön eingerichteten Zimmern (teilweise mit tollem Ausblick) und Pool geworden. Kurz vor Ortseingang (aus Greve kommend) auf der rechten Seite (ausgeschildert). DZ mit Frühstück je nach Ausstattung 110–140 €, EZ 100 €. Via Case Sparse 56, ☎ 055-852482, ✆ 055-852716, www.fattoriavalle.com.

La Piazzetta, das familiär-freundliche Haus im Zentrum Panzanos ist eine Bereicherung in der Rubrik „bezahlbare Bed-&-Breakfast-Unterkünfte". Den Gast erwartet ein moderner Bau mit 7 geschmackvollen Zimmern (Telefon/Satelliten-TV), alles ist sehr gepflegt. Die aufgeweckte Besitzerin hilft mit Tipps für die Umgebung weiter. DZ 33,50-55 €. Via il Mascherone 45 (ausgeschildert), ☎/✆ 055-852933, www.infochianti.com.

Zimmervermietung Marco Vigni, in einem alten Stadthaus an der Hauptstraße in Richtung Panzano Alto. Die 4 einfachen, ordentlichen Zimmer erreicht man über steile Steintreppen. DZ ohne Bad 55 €, mit Bad 60 €, Frühstück 5 €. Via G. da Verrazzano 5/7, ☎/✆ 055-852748, www.vignituscanyrooms.it.

Zimmervermietung Sergio Sieni, an der Hauptstraße. 3 Zimmer, 2 davon mit eigenem Gärtchen. DZ 57 € für 2 Pers., 77 € für 3 Pers. Via Chiantigiana 29, ☎ 055-852328, www.panzano.com/sieni.htm.

● *Agriturismo* **Villa Il Palagio**, herrlich restauriert und umgeben von einem sehr gepflegten Garten mit Pool, außerdem hauseigene Cantina. Alles vom Feinsten, trotzdem rustikal und sehr familiär. Entsprechend hohe Preise. Mit dem Auto ca. 3 Minuten vom Zentrum in Richtung Mercatale. 67–110 €. Via Case Sparse 38, ☎/✆ 055-852933, www.villailpalagio.com.

● *Außerhalb* **Villa Rosa**, ca. 4,5 km südlich von Panzano gelegen, gepflegte, rosafarbene Villa aus dem 19. Jh. mit Pool und Restaurant für die Hotelgäste. Stilvolles Ambiente, geschmackvoll eingerichtete Zimmer, alle mit Bad, TV, Telefon und Minibar, allerdings nur 3 der 15 Zimmer mit Terrasse. Geöffnet von Ostern bis 1. Nov., man sollte spätestens einen Monat vor der Anreise buchen. Von Panzano auf der SS 222 in südl. Richtung, nach 3,5 km halblinks ab nach Radda, genau 1 km nach der Abzweigung liegt das unübersehbare Gebäude auf der linken Seite. DZ mit Frühstück 80–120 € (mit Terrasse 120 €), EZ 60–100 €. Via San Leolino 59, ☎ 055-852577, ✆ 055-8560835, www.resortvillarosa.it.

Essen und Trinken

Ristorante Il Vescovino, knapp vor der Chiesa Santa Maria. Hübsche, noch nicht ganz zugewachsene Terrasse mit großartigem Blick in die Chianti-Landschaft. Die neuen Besitzer haben sich trotz der Nähe zum Centrum storico für eine moderatere Preisgestaltung entschieden. Di geschlossen. ☎ 055-8560152.

Trattoria Oltre il Giardino, unterhalb des kleinen Hauptplatzes (Richtung Mercatale). Originale toscanische Gerichte, allerdings teuer. Tolle Terrasse mit Fernblick. Mo geschlossen. ☎ 055-852828.

Fattoria di Montagliari, das Weingut und Restaurant hat nach langer, langer Zeit einen neuen Besitzer. Man kann sich hier auch in den in der Villa neu ausgebauten Zimmern einmieten (DZ 85 € inkl. Frühstück). Das Restaurant ist nach wie vor rustikal-gemütlich eingerichtet. Mo geschlossen. ☎ 055-852014 bzw. 055-852184, www.montagliari.it

Pizzeria Conca d'Oro, die erschwinglichere Variante im Zentrum (an der Hauptstraße), Via Chiantigiana.

● *Außerhalb* **Osteria Le Panzanelle**, mit schönem Gärtchen. Die jungen Leute machen eine einfache, gute Küche. Ungezwungene Atmosphäre mit vielen einheimischen Gästen. Richtung Radda/Castellina an der SS 222, Ortsteil Lucarelli. Mo geschlossen. ☎ 0577-733511.

Bar/Pasticceria, mit ein paar Tischen und Stühlen davor. Die Bar für den caffè und ein, zwei Stücke Kuchen aus der reichlichen Auswahl der hauseigenen Bäckerei. Außerdem gibt es hier die Tickets für die Busse nach Florenz.

Café La Curva, die „Kurvenbar" ist eine exzellente Adresse für Eisgenießer.

Wein

Es gibt ungefähr ein halbes Dutzend Vinotheken vor Ort, darunter **Il Vinaio** im letzten Haus an der Dorfstraße (direkt vor der Chiesa Santa Maria) mit einer hübschen Panorama-Terrasse an der Rückseite. Do geschlossen.

L'Enoteca del Chianti Classico, in der Hauptstraße Via Chiantigiana. Die Weinhandlung bietet neben einer schönen Auf-machung und einer großen Weinauswahl auch kleine Speisen an, allerdings nur mittags.

Enoteca Baldi, die direkt an der Piazza Bucciarelli gelegene Enoteca lockt ebenfalls mit einer großen Auswahl an Weinen, einem einladenden Ambiente und einer kleinen Speisekarte.

Kunsthandwerk: Pro Arte

Der Laden von Federico, einem hier heimisch gewordenen Schweizer, ist außergewöhnlich. Die traditionelle Florentiner Keramik – weißer Grund, Hauptfarbe Blau – haben Sie vielleicht schon woanders gesehen. Die anderen Produkte aus der Terrakotta-Werkstatt jedoch, von der farbigen Maske bis zum dekorativen, frostbeständigen Blumenkübel, sind durchaus eigenständige Schöpfungen. Bewundernswert sind auch die edlen, handgemachten Schuhe aus Rindsleder – elegant bis rustikal, wie Sie es möchten, auch Sonderanfertigungen. Darüber hinaus wird Schmuck verschiedener Herstellungsart angeboten, und schließlich seien auch noch die von Federico aus Olivenholz geschnitzten Salatbestecke erwähnt.

Sie finden Federicos Laden in Lucarelli, das ca. 4 km von Panzano entfernt liegt (erst Richtung Castellina, dann nach Radda abzweigen). Mi und Sonntagnachmittag geschlossen.

Sehenswertes/Umgebung

Zwei Kirchen in der Nähe von Panzano lohnen alleine schon wegen ihrer Lage einen Besuch. Beide stehen im Zusammenhang mit dem *heiligen Eufrosino*. Der Legende nach soll er – aus Persien vertrieben – von Paulus persönlich gesandt worden sein, um die Menschen im Chianti zu missionieren. Wahrscheinlich wurde er jedoch erst in einer zweiten Christianisierungsphase im 7. Jh. von Rom hierher geschickt, um den eingewanderten Langobarden das Christentum zu verkünden.

San Leolino a Panzano: Die Kirche liegt etwa 1,5 km hinter dem Ortsausgang Richtung Castellina links oben am Hügel. Eine mit Ornamenten verzierte Sandsteinplatte vor dem Hauptaltar deutet auf eine vorromanische Gründung um das 8./9. Jh. hin. 1508 wurde die Kirche mit den 17 dazugehörenden Bauernhöfen dem Hospital Santa Maria Nuova in Florenz übergeben, dessen Wappen, ein Krückstock, an den Fenstergittern eingearbeitet ist. Aus dieser Zeit stammen auch der ungewohnt breite, fünfbogige Portikus und der zierliche Glockengiebel.

Im Inneren sind einige bemerkenswerte Gemälde aus dem 12.–15. Jh. aufbewahrt, die nach einem Kunstraub im Jahr 1979 wieder aufgefunden und teilweise restauriert wurden. In einer Nische des linken Schiffes befindet sich eine aus dem 18. Jh. stammende Terrakotta-Büste des heiligen Eufrosino. Zum Abschluss des Kirchenbesuchs sollte man einen Blick auf den schmucken ziegelgedeckten Kreuzgang werfen (rechts vorn durch die Tür).

täglich 10–12.30 und 15–19 Uhr.

Oratorium des heiligen Eufrosino: Etwas unterhalb des Abzweigs nach San Leolino führt rechts ein Schotterweg hinunter. Das von Bäumen versteckte Oratorium – einst ein beliebtes Pilgerziel – ist auf den ersten Blick von den Bauerngehöften kaum zu unterscheiden. Erst der Anblick des vor einiger Zeit ausgebesserten seitlichen Portikus verschafft Gewissheit, dass man sich vor einem sakralen Bau befindet. Hier soll Eufrosino seinen Lebensabend verbracht haben; angeblich wurde er fast 90 Jahre alt. Auf seinem Grab wurde später das Oratorium errichtet. Wegen

Baufälligkeit ist es schon seit längerer Zeit geschlossen. Eine Wiedereröffnung ist nicht vorgesehen. Zum Pilgerziel wurde das Oratorium vor allem wegen einer Quelle, der man Heil- und Wunderkräfte nachsagte. Sie befand sich direkt unterhalb des Altars. Der Priester konnte so das wundertätige Wasser schöpfen und in einer Zeremonie an die Gläubigen verteilen. Heute liegt über der Quelle ein kleines Kapellchen, dessen gläserne Tür nur am ersten Sonntag im Mai, am ersten Sonntag im September und am 3. November, dem Todestag des Heiligen, aufgeschlossen wird. Vermutlich wird aber auch die große Zisterne beim Portikus vom selben heiligen Wasser gespeist.

Unweit des Oratoriums steht das Tempelchen **Fontino di Sant'Eufrosino**, wo einst ebenfalls eine Heilung versprechende Quelle sprudelte. Wegen des dichten Brombeergestrüpps ist es allerdings fast nicht zu finden. Wer es dennoch versuchen will: im Tal zur linken Seite des Oratoriums (ca. 5 Minuten zu Fuß). Falls man – was in dieser Gegend durchaus möglich ist – im Schlamm stecken bleibt, tröstet eine Flasche Chianti-Wein am besten über die erfolglose Pilgerschaft zum heiligen Wasser hinweg.

● *Übernachten* **Agriturismo Volpaie**, restauriertes Bauernhaus mit Pool, stilvoll eingerichtet. Extrem ruhige, sehr schöne Lage am Waldrand, äußerst entspannend. Für die Sommermonate sollte man spätestens im April reservieren. DZ mit Bad und Frühstück 95 €, Suite für bis zu 4 Pers. 110–130 €. Ca. 1,5 km vor Lamole, ✆/📠 055-8547065, www.fattoriadilamole.it.

● *Weingut Cennatoio* Vom oberen Tor (falls verschlossen, klingeln) des exklusiven Weinguts führt ein Feldweg 600 m bergab zum Anwesen. Cennatoio wurde wiederholt vom „Feinschmecker" prämiert, weitere Auszeichnungsurkunden diverser Fachblätter sind in der schlichten Probierstube zu begutachten. Im Angebot befinden sich überwiegend Rotweine allerhöchster Qualität, viele von ihnen werden im Barrique-Fass ausgebaut. Außerdem gibt es Grappa, Olivenöl, Balsamico-Essig, eingelegte Oliven und Marmelade.

Das Weingut liegt herrlich auf einer Anhöhe, man kann einen Blick in den Weinkeller werfen, Probierstube und Verkauf sind normalerweise ganztägig geöffnet. Ein Besuch lohnt auf jeden Fall! ✆ 055-8963230, 📠 055-8963488, www.cennatoio.it.

La Piazza

Es gibt einen wirklich gewichtigen Grund, den winzigen Ort südlich von Panzano zu besuchen: die gleichnamige *Osteria*, schön gelegen und mit gemütlicher Terrasse, ist im ganzen Chianti-Gebiet als eines der besten Restaurants der Region bekannt. Ansonsten bietet der Weiler auf einer Anhöhe nur wenig Sehenswertes. Einen Abstecher wert ist allerdings die romanische **Chiesa di San Giorgio a Piazza** (beschildert, tagsüber geöffnet) aus dem 11. Jh. mit Gemälden aus dem 15. Jh. In der **Fattoria San Giorgio alla Piazza** kann man – nach vorheriger Terminvereinbarung unter ✆ 0577-733560 (Signora Eleonora Giovanoni) – Wein, Olivenöl und Honig kaufen. Informationen auch im Restaurant bei ihrem Sohn.

• *Übernachten* **Residence Borgo Sicelle,** 2 km von La Piazza entfernt im Weiler Sicelle (Straße Richtung San Donato). Appartementanlage mit Pool, allerdings ohne Restaurantbetrieb, auch kein Frühstück (Bar im Örtchen fürs Frühstück war bei der Recherche in Planung). Sicelle ist ziemlich abgelegen, dafür aber auch sehr ruhig (ein Schild weist auf das Hotel hin). Appartements für 2/3/4/6 Pers. je nach Saison 65–100 €, zu viert 105–165 €, zu sechst 165–210 €. Loc. Sicelle 60, 53011 Castellina in Chianti, ℡ 0577-749737, ✆ 0577-8077193, www.borgosicelle.it.

• *Essen und Trinken* **Osteria Alla Piazza,** der Tipp für die Umgebung von Panzano und Radda! Empfehlenswertes, vor allem bei den Bewohnern der Gegend sehr geschätztes Ristorante mit Terrasse, unübersehbar an der Straße in La Piazza gelegen. Jeden Abend bis auf den letzten der 100 Plätze besetzt, man sollte unbedingt einen Tisch reservieren. Sehr gute toscanische Küche, die Weinauswahl ist hervorragend. Für ein Menü (3–4 Gänge) ohne Wein muss man allerdings mit ungefähr 37–42 € pro Pers rechnen. Tägl. 12.30–15 und 19.30–22 Uhr, Mo geschlossen. ℡ 0577-733580

Castellina in Chianti

Der Ort liegt im lange umstrittenen Grenzgebiet zwischen Florenz und Siena und hatte häufig wechselnde Besatzer zu ertragen. Gut erhalten ist die alte Burganlage, die heute die Gemeindeverwaltung beherbergt.

In den Sommermonaten ist die Burg zugänglich, oft stehen Kunstausstellungen auf dem Programm. Die Gemeindekirche unterhalb des Burgplatzes ist ein „Neubau", im Inneren wird ein Fresko der Vorgängerkirche San Salvatore aufbewahrt. Nicht weit davon, parallel zur Fußgängerzone, findet man die tunnelartige Via delle Volte; sie ist ein Teil der Stadtbefestigung, in welche die Häuser integriert sind. Sehr schön restauriert und eindrucksvoll beleuchtet, lädt sie vor allem abends zu einem Spaziergang ein. Das dominanteste Bauwerk des Dorfes ist jedoch eine Futtermittelfabrik mit riesigen Silos.

Unter einem kleinen Hügel oberhalb des Hotels Colombaio, im Volksmund „Monte Calvario" genannt, liegt ein **etruskisches Schachtgrab**, dessen vier Eingänge an den Himmelsrichtungen orientiert sind. Gleich am Eingang des Geländes steht ein Kästchen, das auf Knopfdruck für die Beleuchtung der Grabkammern sorgt (Eintritt frei). *Filippo Buonarotti*, einem Nachfahren *Michelangelos*, verdanken wir die Überlieferung der Entdeckungsgeschichte: „Gegenüber dieser Stadt ist ein kleiner Hügel, wo im Jahre des Herren 1507, am 29. Januar, ein gewisser Lando Reben anbaute und dabei, indem er mit dem Eisenpfahl ein Loch machte, um die Reben einzupflanzen, mit dem Pfahl auf ein altes Grab der Etrusker stieß, und aus dem Loch entstieg ein Modergestank, und der Straße zugewandt fanden sie einen mit Kalksteinplatten verschlossenen Eingang, und der Raum war kreuzförmig."

Die meisten der gefundenen Grabbeigaben (2. bis 1. Jh. v. Chr.) sind heute im Archäologischen Museum von Siena zu besichtigen.

*I*nformation/*V*erbindungen/*A*dressen

• *Information* **Tourist-Info** zentral in der Fußgängerzone, hilfsbereit und recht gut organisiert (deutschsprachig). Gebührenfreie Zimmervermittlung, Fahrradvermietung (15 € inkl. Helm) und Internetpoint (1 € für 10 Min.). März bis Anfang Dez. tägl. 9.30–13 und 14–18.30 Uhr. Via Ferruccio 40,

℡ 0577-741392, ✆ 0577-741393, info@essenceoftuscany.it, www.essenceoftuscany.it.
Colline Verdi, Eckhaus an der zentralen Piazza del Comune. Reisebüro, ebenfalls gebührenfreie Zimmervermittlung (deutschsprachig). ℡/✆ 0577-740620, info@colline verdi.it, www.collineverdi.it.

Karte S. 517

Chianti

• *Busverbindungen* Bustickets nach Siena und Florenz gibt es im Tabakladen am Ende der Via Ferruccio und in der Bar Sangallo in der Via Trento e Trieste. Nach Siena 7x tägl., nach Florenz 2x, nach Radda 5x.

• *Internet* In der Touristen-Info im Ortszentrum (s. o.).

• *Medizinische Versorgung* An Englisch sprechenden Ärzten sind vertreten: Dr. Corapi, ☎ 0577-741203, und Dr. Pacella, ☎ 0577-740655. Notarzt unter ☎ 0577-740897.

• *Parken* Besonders am Wochenende wird es sehr voll. Am besten parkt man den Wagen auf dem gebührenfreien Platz, der von der Via Trento e Trieste links runter abgeht.

• *Tanken* 24-Std.-Shell-Tankstelle, 2 km außerhalb der Stadt an der Straße Richtung Siena/Castellina Scalo.

• *Camperparkplatz* Hinter dem Hotel Colombaio an der Straße Richtung Radda, 2 Min. vom Zentrum.

• *Markt* Jeden Samstagvormittag.

• *Einkaufen* Es gibt diverse Keramikläden, die von stilvollem Design bis hin zu Kitsch-keramik so ziemlich alles bieten. Lebensmittel kauft man am besten im kleinen Coop in der Via Trento e Trieste.

Kräuter, zu den üblichen Geschäftszeiten betreibt Duccio Fontani einen Marktstand mit hervorragende gemahlene Mischungen aus selbst angebauten Kräutern. Am südlichen Ende der Fussgängerzone. ☎ 0577-740662.

• *Feste* Weinfest zu Pfingsten im mittelalterlichen Gang der Via della Volte. Musikalisch wird es in der zweiten Septemberwoche, wenn die **Settimana musicale** stattfindet.

• *Kunstpark* Wer bei so viel Gotik und Renaissance mal moderne Kunst genießen möchte, sollte den **Parco Sculture del Chianti** besuchen. Der Ausflug lohnt sich auf jeden Fall, um hier in Ruhe die vielen außergewöhnlichen Installationen und Skulpturen internationaler Künstler in einem Steineichenwäldchen zu erwandern. Eintritt 7 €. Loc. Pievasciata, ☎ 0577-357151, www.chiantisculpturepark.it

Unterwegs

Castellina liegt etwa in der Mitte des Chianti-Gebiets. Die Straßen gehen in alle Himmelsrichtungen ab, sodass man von hier aus ideal Ausflüge unternehmen kann. So führt z. B. die von artenreicher Vegetation gesäumte Panoramastrecke in Richtung Poggibonsi (SS 429) durch schöne Waldgebiete und ermöglicht zwischendurch bemerkenswerte Ausblicke ins weite Land. Die Straße ist allerdings extrem kurvig und stellt hohe Anforderungen an die Fahrkünste. Hier einen Trecker vor sich zu haben kann bedeuten, dass man für die 20 km leicht ein Stündchen Fahrzeit braucht!

Die Route von Castellina in Richtung Monteriggioni/Colle di Val'Elsa ist dagegen ein echter Fahrgenuss, denn die Straße ist nur wenig befahren und führt – je nach Jahreszeit – an Raps-, Mohn- Ginster- und Sonnenblumenfeldern vorbei.

Wer sich von Castellina in Richtung Radda in Chianti orientiert, gelangt über kurvige Straßen in die bewaldeteren Gebiete im Zentrum der Chianti-Classico-Produktion.

Auch die Strecke in Richtung Autostrada Siena–Firenze über San Donato in Poggio ist in der Landkarte als Panoramastraße grün gekennzeichnet. Bei guter Sicht kann man hier aus weiter Ferne u. a. die Türme von San Gimignano erspähen.

Folgt man der SS 222, der Chiantigina, nach Süden in Richtung Siena, so verlässt man allmählich das Gebiet des Chianti Classico und nähert sich dem Weinanbaugebiet der Colli Senesi.

Übernachten

Außer den nachstehenden Hotels finden sich einige Luxushotels und Appartements in der Umgebung. Auskünfte in der Tourist-Info oder bei Colline Verdi (siehe Information).

**** Villa Casalecchi, ca. 1,5 km außerhalb, etwas abseits der Straße nach Siena. Für Leute, die gerne exklusiv nächtigen. Mitten im Wald, sehr ruhige Lage. Das 200 Jahre alte Gutsherrenhaus ist luxuriös mit Stilmöbeln und Holztäfelungen an den Decken ausgestattet. Familiäre Atmosphäre, großer Park mit Schwimmbad und Tennisplatz. DZ 120–245 €, Appartement 170–260 €. Loc. Casalecchi 18, ☏ 0577-740240, 📠 0577-741111, www.villacasalecchi.it.

*** Il Colombaio, an der Chiantigiana (Richtung Florenz, Ortsrand). DZ mit Bad 95 €. Via Chiantigiana 29, ☏ 0577-740444, 📠 0577-740402, www.albergoilcolombaio.it.

*** Salivolpi, 1 km in Richtung San Donato. Bestens renovierter Bauernhof, geschmackvoll eingerichtet, ruhig gelegen. Garten mit kleinem Swimmingpool. DZ mit Bad 98 €. Via Fiorentina 89, ☏ 0577-740484, 📠 0577-740998, www.hotelsalivolpi.com.

*** Palazzo Squarcialupi, Palazzo aus dem 15. Jh. genau im Zentrum der Stadt (Fußgängerzone). Telefon, Klimaanlage, Minibar und Satellitenfernseher machen den Aufenthalt in einem der 15 Doppelzimmer der gepflegten Herberge sehr komfortabel (es gibt darüber hinaus drei Appartements). Das reichhaltige Frühstück wird in der ehemaligen Küche eingenommen. Im Aufenthaltsraum mit Wandbemalung und Originalmobiliar kann man es sich mit einem Buch bequem machen. Kompetente, deutschsprachige Rezeption. DZ 105–110 €, Superior bis 160 €, Appartements 560–770 €/Woche. Via Ferruccio 22, ☏ 0577-741186, 📠 0577-740386, www.palazzosquarcialupi.com.

Bed & Breakfast Villa Cristina, freundliche Zimmer mit Bad (unbedingt nach dem Turmzimmer mit Panoramablick fragen), seit 2007 auch ein Pool. Die netten Damen machen für ihre Gäste auch Lunchpakete. An der Straße Richtung San Donato. DZ 78 €, EZ 57 €. Via Fiorentina 34, ☏ 0577-741166, 📠 0577-742936, www.villacristina.it.

● *Außerhalb* ***** Belvedere di S**, ca. 7 km außerhalb, erst Richtung Siena, nach ca. 6 km der Beschilderung folgend rechts abbiegen. Großzügig renoviertes Bauernhaus aus dem 15. Jh. in herrlicher Umgebung. Pool vorhanden. DZ 128–138 €. Loc. S. Leonino, ☏ 0577-740887, 📠 0577-740924, www.hotelsanleonino.com.

Residenzia del Sogno, in Richtung Greve/Florenz, Zimmer und geräumige Appartements. Die deutschen Besitzer sorgen für ein großes Frühstücksbuffet. Pool vorhanden. DZ 99–109 €, Appartement ab 125 € (bei längerem Aufenthalt wird es billiger). Loc. Pietrafitta 50/51, ☏ 0577-741394, 📠 0577-742039, www.residenziadelsogno.com.

Locanda La Capannuccia, in Richtung Greve/Florenz, vor der Loc. Pietrafitta auf die Ausschilderung achten. Wer die ca. 2 km lange Schotterpiste hinter sich hat, gelangt zum kleinen, liebevoll geführten Steinhaus im Wald (mit 5 gepflegten Zimmern), wo sich besonders Hausherr Mario um das Wohl der Gäste bemüht. Abendessen an der schönen Tafel zusammen mit den anderen Gästen möglich. Pool unter Olivenbäumen. DZ mit Frühstück (selbst gemachte Marmelade) 90–100 €. Loc. La Capannuccia, ☏/📠 0577-741183, www.lacapannuccia.it.

Casa Vacanze Poderi Val Verde, ca. 2 km außerhalb Richtung San Donato liegt das schöne alte Landgut, in dem man seine Ferien in einer der 6 Wohnungen (mit Pool) verbringen kann – besonders für Familien mit Kindern geeignet. Die deutsche Besitzerin steht mit tatkräftigem Rat zur Seite, kocht auch gerne für die Gäste und bietet Kochkurse an. Appartements in der Saison nur wochenweise (510–1390 €), auf vorherige Anfrage auch ab 3 Tagen möglich. Loc. Casanova di Ricavo 4, ☏/📠 0577-740266, www.poderivalverde.it.

● *Agriturismo* **Querceto**, ca. 7 km außerhalb in Richtung Greve an der SS 222 liegt der schöne Bauernhof aus dem 15. Jh. Pool, viel Platz zum Draußensitzen und guter Wein. Kochkurse kosten bis 4 Pers. 110 €, ab 5 Pers. 90 €. Bevor es an die Zubereitung geht, werden die ökologisch einwandfreien Zutaten gemeinsam eingekauft. Appartements für zwei Pers. 110–450 € (Appartements auch für 4/5/6/8 Pers.). Loc. Querceto 9, ☏ 0577-733590, 📠 0577-733636, www.querceto.com.

Agriturismo Cignan Bianco, 7 km außerhalb in Richtung Castellina Scalo. 4 Appartements, pro Nacht ab 80 €. Loc. Cignan Bianco, ☎/✉ 0577-743053, www.cignanbianco.it.

• *Camping* **Luxor**, Anfahrt von Castellina aus: weiter Richtung Siena, nach ca. 6 km rechts nach San Leonino abzweigen, weiter bis Lornano, von da noch ein Stück Schotterpiste. Geöffnet Juni–August. 7,70 € pro Erw., 4,10 € je Kind, 3,30 € fürs Auto, 4,60 € für den Anhänger und 4,10 € fürs Zelt. Loc. Trasqua, ☎/✉ 0577-743047, www.luxorcamping.com.

• *Camperparkplatz* Sein Wohnmobil kann man auf dem Camperparkplatz abstellen, der an der Straße Richtung Florenz/Greve ein paar hundert Meter vom Zentrum entfernt liegt.

Essen und Trinken

Antica Trattoria La Torre, gleich oben neben der Burg. Gehobenes Mittelklasserestaurant, das seit über 100 Jahren im Besitz derselben Familie ist. Sowohl bei Einheimischen als auch bei Touristen beliebt. Probieren sollten Sie die Risotto- und Pastagerichte und die Auswahl an Geflügel- und Fleischgerichten, die alle ausgesprochen schmackhaft sind. Ein empfehlenswertes Lokal mit freundlicher Bedienung. Fr Ruhetag, erste Septemberhälfte Betriebsferien. ☎ 0577-740236.

Albergaccio di Castellina, etwas unterhalb des Hotels Salivolpi (s. o.). Der sonst meist deftig-schwere Wildschweinbraten kommt hier in dünnen Scheiben mit leichter Soße auf den Tisch. Die im Chianti-Gebiet renommierte Adresse mit einem Michelin-Stern wurde erst kürzlich renoviert. Hohes Preisniveau. So geschlossen. ☎ 0577-741042.

Pizzeria Il Fondaccio, im autofreien Zentrum. Hervorragende Pizza aus dem Holzofen und Vorspeisenbuffet, auch draußen sitzt man hier gemütlich. Immer voll, daher viel Zeit mitbringen, reservieren zwecklos. Mo geschlossen.

Il Fondaccio dai Dottori, die Filiale der Pizzeria Il Fondaccio ist – wie der Name schon andeutet – im ehemaligen Ärztehaus untergebracht. Sie ist das elegantere Lokal, bietet auch andere Speisen als Pizza und hat bereits ab 17 Uhr geöffnet. An der SS 429 nach Poggibonsi. Mi geschlossen. ☎ 0577-742911.

Al Gallopapa, Ristorante-Enoteca im mittelalterlichen Gewölbegang. Gute, aber gekünstelte Küche, auch 2007 wieder mit einem Michelin-Stern ausgezeichnet und mittlerweile sehr teuer. Bei so viel typisch toscanischem Ambiente mit Kerzenschein sieht man nur selten italienische Gäste. Nur abends, Do geschlossen. Via delle Volte, ☎ 0577-742939.

Le Tre Porte, Ristorante-Pizzeria, ganz hübsch, sehr beliebt bei Touristen. Ganz im Zentrum gelegen, Di geschlossen. Via Trento e Trieste, ☎ 0577-741163.

La Tavolozza, wer einfach nur gut essen und dafür angemessen zahlen möchte, sollte sich für schmackhaftes Fleisch vom Holzkohlengrill hier niederlassen. Auch die Preise für gute Weine aus der Region sind zur Abwechslung mal reell. Do geschlossen. Ca. 1,5 km in Richtung Siena, Loc. Croce Fiorentina, ☎ 0577-741077.

• *Gelateria* **L'Antica Delizia**, es gibt einfach keine bessere Eisdiele in der Umgebung. An manchen Tagen mit bis zu 38 Eissorten! Di Ruhetag.

• *Außerhalb* **Pestello**, ca. 6 km außerhalb (an der Straße nach Poggibonsi). Besonders an Wochenenden, wenn die Florentiner in Scharen einfallen, ist trotz der gehobenen Preise kaum ein Platz zu bekommen. Stilvolle mittelalterliche Räumlichkeiten. Sehr gute Vorspeisen, z. B. Tagliatelle alla boscaiola, gute Grillgerichte (auch Bistecca fiorentina). Mi geschlossen, ☎ 0577-740215.

Ristorante Pietrafitta, der Ableger des mit einem Michelin-Stern gekürten Gallopapa (im Zentrum Castellinas) bietet eine einfachere Speiseauswahl und einen spektakulären Sonnenuntergang. Erst ein paar Kilometer Richtung Radda, dann Richtung Florenz. Di geschlossen. ☎ 0577-741123.

Osteria Il Mulino di Quercegrossa, die ehemalige Osteria di Fonterutoli ist in den Ort Quercegrossa umgezogen. Gute Küche, zu der die renommierten Weine Fonterutolis hervorragend passen. Via Chiantigiana (SS 222), Loc. Quercegrossa, ☎ 0577-328254.

Pizzeria Paola & Bianca, ein Lesertipp: in der Ortsmitte von Quercegrossa, Piazza Jacopo della Quercia, gute und günstige Nudelgerichte und Pizzen, auch mittags. Vorwiegend von Italienern besucht, man trifft jedoch auch auf Touristen, die meist in der direkten Umgebung ihren Urlaub verbringen. Di Ruhetag. ☎ 0577-328038.

• *Bars* **Bar Italia**, im Zentrum gelegen, ungemütlich, aber mit hervorragendem Cappuccino zum Frühstück.

Castellina in Chianti

Wein

Castellina ist einer der Hauptorte des Chianti-Classico-Anbaugebiets. Kein Wunder also, dass es mittlerweile viele Önotheken gibt, in denen man probieren bzw. die eine oder andere Überraschung für die Lieben daheim kaufen kann.

Das Weingut **La Castellina** hat seinen Direktverkauf im rustikalen Ambiente eines alten Palazzo. Eine kleine Ausstellung im hinteren Bereich des Ladens zeigt eine interessante Kollektion diverser Chianti Classici, die seit 1924 produziert worden sind (sehenswert auch, um mal alte Weinetiketten zu studieren). Im ehemaligen Brunnen aus dem 15. Jh. (die alte Pumpe ist noch vorhanden) lagern heute die Weinfässer. Verkauft werden auch diverse andere Produkte wie Olivenöl, Marmelade, Honig und eingelegtes Gemüse. Via Ferruccio 26 (im Zentrum Castellinas). Weinproben nach Anmeldung möglich (12,50 €). Auf Anfrage kann auch an Weinseminaren (9 €) teilgenommen werden. Infos unter ☎ 0577-740454 und www.lacastellina.it. Reservierung auch in der Tourist-Info.

Nobel präsentiert sich der ebenfalls im Zentrum gelegene Direktverkauf des Weinguts **Dievole**. Das schöne Weingut selbst befindet sich im Ort Vagliagli. Dort wird man nach telefonischer Anmeldung im neu entstandenen Besucherzentrum mit einem Probierglas ausgestattet und folgt dann der (deutschen) Besuchergruppe, die durch die mit Kerzen stimmungsvoll beleuchteten Gänge der Keller geschleust wird. 7 € inkl. Probe diverser Weine. Einmieten in der Villa oder den Nebengebäuden möglich. ☎ 0577-322632, www.dievole.com.

Le Volte, kleine Enoteca in der Via Ferruccio mit guter Auswahl an Chianti-Weinen.

Castellare, renommiertes Weingut, das sowohl für seine Chianti-Classico-Weine als auch für die charakteristische Gestaltung seiner Etiketten (einheimische Vogelarten) bekannt ist. Kellerführungen (auch auf Deutsch) mit Weinprobe nach tel. Voranmeldung (9 €). Von Castellina zunächst in Richtung Poggibonsi, nach einem Kilometer zum Weingut links ab (ausgeschildert). ☎ 0577-740490, www.castellare.it.

Rocca delle Macìe, auf der Straße nach Monteriggioni liegt man das große Weingut nach ca. 7 km auf der linken Seite. Kellerführungen auf Deutsch mit Verkostung dienstags um 10.30 Uhr auf Anfrage (5 €), Weinverkauf und Weinverkostung täglich 9–19 Uhr (uralte Traubenpresse). ☎ 0577-7321 oder 0577-732221, auch im Zentrum von Castellina

Chianti
Karte S. 517

in der Via Ferruccio 73 (9.30–19.30 Uhr), ✆ 0577-740631, www.roccadellemacie.com.

Lilliano, auf derselben Straße Richtung Monteriggioni geht rechts (ausgeschildert) eine wunderschöne Lindenallee zu diesem Weingut mit Direktverkauf ab. Besichtigung mit Degustation nur nach Vereinbarung zum Preis von 11 €. ✆ 0577-743070.

Aiola, großzügig angelegter Weinverkauf mit der Möglichkeit, ausgiebig zu probieren (sehr guter Grappa). Vagliagli, ✆ 0577-322615.

Nittardi, in Richtung San Donato in Poggio bzw. Richtung Autostrada Siena–Firenze geht nach ca. 9 km die Schotterpiste rechts ab (ausgeschildert). Die Fattoria bietet neben edlen Tropfen eine Art „Freilicht-Kunstausstellung" Der Garten ist voller Statuen und Kunstgegenstände, die hie und da fast zufällig herumzustehen scheinen. Auch was die Etikettengestaltung anbelangt, hat man sich einiges einfallen lassen: Jedes Jahr wird eine Anzahl von Flaschen mit von international bekannten Künstlern gemalten Etiketten versehen. All das inspiriert natürlich. Und so kann man hier in sehr persönlichem Ambiente seine Ferien als Sprach-, Mal- oder Kochurlaub verbringen. Darüber hinaus werden Ausflüge, Weinproben und mehr organisiert. Für Besichtigungen besser vorher anmelden. ✆ 0577-740269, 📠 741080, www.chianticlassico.com, fattorianittardi@chianticlassico.com.

Castello di Fonterutoli, auf der Chiantigiana ca. 7 km in Richtung Siena (SS 222). Feine Adresse für diverse Weinspezialitäten. ✆ 0577-740476 oder 0577-740522.

Radda in Chianti

Radda ist vielleicht der einnehmendste Ort des Chianti. Inmitten des ummauerten Städtchens befinden sich ein kleiner Marktplatz und das Rathaus aus dem 15. Jh. mit einer rustikalen Loggia.

Die erste urkundliche Erwähnung Raddas datiert aus dem Jahr 1002. Gut 400 Jahre später (1415) erhielt der Ort die höchste Gerichtsbarkeit im Chianti. Als Papst Sixtus IV. im 16. Jh. gegen die Florentiner kämpfte, wurde das Städtchen arg in Mitleidenschaft gezogen. Trotzdem ist das mittelalterliche Ortsbild weitgehend erhalten geblieben.

An manchen Tagen in der Hochsaison geht es recht international zu. Vor allem deutsche und englische Urlauber tummeln sich dann in großer Zahl in den Gassen des kleinen Ortes, dessen touristische Infrastruktur seit den Chianti-Boom-Zeiten Ende der 90er Jahre um eine Reihe (leider meist hochpreisiger) Hotels, Restaurants, Bars, Önotheken und Souvenirläden bereichert wurde. Beliebter Treffpunkt ist aber nach wie vor die alteingesessene Bar Dante, wo man das Straßengeschehen im Blick hat und beim Aperitif draußen vor der Tür wirklich einmalige Sonnenuntergänge erleben kann.

Trotz des zunehmenden Touristenandrangs ist der Charme des mittelalterlichen Städtchens keineswegs verloren gegangen. Folgt man z. B. dem **Camminamento medioevale**, einem Gewölbegang aus dem 12. Jh., kommt man an der alten Backstube Raddas vorbei, die dem Besucher wirklich einen Eindruck vom Leben „di una volta" („von einst") vermittelt. Wie in alter Zeit backt Bäckermeister Semplici in den frühen Morgenstunden mehlbestäubt in alten Kellern das leckere toscanische Brot (ohne Salz!). Moderner dagegen die wirklich geschmackvoll eingerichtete Önothek des Lebensmittelhändlers Porciatti: In einem mittelalterlichen Gewölbe strahlt dem Gast die ganze Wein- und Spezialitätenwelt der Region entgegen.

Information/Verbindungen/Adressen

● *Information* **Tourist-Info**, Piazza del Castello (oberhalb der Fußgängerzone Via Roma), März–Okt. Mo–Sa 10–13 und 15–19 Uhr, So 10.30–12.30, Nov.–März Mo–Sa 10.30–12.30 und 15–18.30. ✆/📠 0577-738494, pro radda@chiantinet.it. Gut organisiert werden hier ca. 100 Adressen von Vermietern (Agriturismo, Zimmer und Häuser) verwaltet.

Über die private Agentur **Bit of Tuscany** können ebenfalls Zimmer und Touren gebucht werden. Mo–Sa 10–13 und 14.30–18.30 Uhr. Via Roma, ✆/📠 0577-738637, www.tuscanytravel.it oder www.divinetours.com.

● *Busverbindungen* 3x tägl. Busse nach Florenz, 5x nach Siena (sonntags keine Verbindungen). Tickets im Zeitungsladen in der Via Roma.

● *Kinderspielplatz* Zwischen schöner Landschaft, Weinreben und alten Kirchen ist der Kinderspielplatz im Park von Radda (Dorfzentrum) für die kleinen Chianti-Besucher sicher mal eine willkommene Abwechslung.

● *Kino* Kulturellen Aufschwung erlebte Radda durch die Einrichtung eines Kinos neben der Bar Centrale (Caffè Sandy). Also alle Italienischkenntnisse zusammenkratzen und einmal eine Vorführung besuchen. Sehr zu empfehlen sind die Freiluftvorstellungen **Cinema sotto le Stelle** unterm Sternenhimmel in lauen Sommernächten.

● *Internet* Die Bar **Caffè Sandy** hat eine Ecke dem Internet gewidmet.

● *Einkaufen* Internationale Presse, Tabak, Zigaretten und Bustickets gibt es im Zeitungsladen in der Via Roma.

Porciatti, große Auswahl an lokalen Spezialitäten (Wein, Wurst, Käse). Piazza IV Novembre 1 (Ende der Via Roma, Richtung Florenz).

La Ceramica di Angela Pianigiani, Loc. Malpensata. Handwerksbetrieb, in dem Angela ihre Keramik selbst herstellt und nach traditionellen Motiven fein bemalt. Am Wochenende geschlossen.

Ceramiche Rampini, handbemalte Keramiken, teils traditionelle Motive, teils Eigenkreationen. Präsentiert wird das Ganze in einer ansprechenden Ausstellung. Casa Beretone di Vistarenni (auf der Straße zwischen Radda und Gaiole). ✆ 0577-738043.

Nel Tempo, neben der Bar Dante. Kleines Atelier für toscanisch gestaltete Inneneinrichtung und Dekorationen. Viale G. Matteotti.

Die Piazza von Radda mit dem Gewölbebrunnen

Outlet Pratesi, wer für italienische Schuhmode etwas übrig hat, sollte mal einen Blick in den kleinen Laden in der Via Chiasso dei Portici werfen.

● *Markt* Der Wochenmarkt findet an jedem vierten Montag des Monats auf der Piazza IV Novembre statt.

● *Medizinische Versorgung* Wer ärztliche Hilfe braucht, wendet sich am besten an die Apotheke im Zentrum. Gleich nebenan befindet sich eine Arztpraxis (✆ 0577-738007).

● *Tanken* Zwei Minuten vom Ortszentrum entfernt (in Richtung Montevarcchi/Florenz) findet man einen 24-Stunden-Selfservice.

Übernachten

**** Vignale, am Ortsausgang (Richtung Castellina). Das erste Haus am Platz. Stilvoll renoviertes Herrenhaus, Pool im Garten. DZ 215–260 €, EZ 135–150 €. Via Pianigiani 8, ✆ 0577-738300, 📠 0577-738592, www.vignale.it.

Palazzo Leopoldo, der Aufenthalt in der herrschaftlichen Villa im Zentrum von Radda lohnt sich wegen des stilvollen Ambientes. Großzügiges Frühstücksbuffet, das in der uralten Küche aufgebaut wird und im Sommer auf der schönen Terrasse genossen werden kann. DZ je nach Ausstattung und Reisezeit 160–230 €. Via Roma 33, ✆ 0577-735605, 📠 0577-738031, www.palazzoleopoldo.it.

Chianti

Karte S. 517

**** Hotel Radda, eine der neuen Luxusherbergen am Ortsausgang (an der Straße Richtung Castellina). Ob man wohl Einrichtungen wie einen Salzwasserpool vermissen würde? Alles kühl und eher modern eingerichtet. So richtig schön war eigentlich nur die Aussicht auf Radda, die man von einigen Zimmern aus genießt. DZ ca. 300 €. Loc. Calvana, ✆ 0577-73511, 🖷 0577-738284, www.myhotels.it.

● *Außerhalb* ***** Hotel Villa Miranda**, 1 km, von Radda (an der SS 429). Seit vielen Jahren steht Signora Miranda noch immer an der Rezeption ihres Hotels, wenn Sie nicht gerade am Herd des hauseigenen Restaurants kocht. Geschäftstüchtig wird vermietet, was es zu vermieten gibt. Einfachste, nur mäßig gepflegte Zimmer, in der gegenüberliegenden Villa Residence S. Cristina gibt es auch teurere mit besserer Ausstattung. DZ ab 69 €, EZ ab 40 €. An der SS 249, ✆ 0577-738021, 🖷 0577-738668, www.villamiranda.it.

● *Privatzimmer/Appartements* **Pistolesi**, schräg gegenüber dem Hotel Girarrosto. DZ mit Dusche/WC und TV für 55 €. Außerdem Appartements in einer Villa am Ortsrand. ✆/🖷 0577-738124, www.lodgingchianti.it.

Bottega di Giovannino, stattliche Herberge mit 15 Zimmern. DZ mit Frühstück (in der Bar) 62 €, Mini-Appartements 455 € pro Woche. Via Roma (direkt im Zentrum), ✆/🖷 0577-738056, www.labottegadigiovannino.it.

L'Angolino, 1 km von Radda entfernt im Ortsteil La Villa vermieten nette Leute. Untergebracht ist das Ganze in einem Bauernhaus mit kleinem Pool und schöner Terrasse. 2 DZ (45/55 €, mit Frühstück 53/68 €), 1 Appartement für 2 Pers. (65 €), ✆ 0577-738428, 349-3135944 (mobil).

Casa Lastrucci, in einem Einfamilienhaus bei der freundlichen Familie Lastrucci. Zwei ordentliche Zimmer mit Frühstück für je 60 €. ✆ 0577-738082 oder 339-4313305 (mobil).

● *Außerhalb* ****** Relais Vescine**, luxuriös renoviertes Landgut mit 45 Betten und Pool. DZ 250 €, EZ 150 €. In Vescine, auf halber Strecke nach Castellina in Chianti, ✆ 0577-741144, 🖷 0577-740263, www.vescine.it.

*** Le Noci, neues Hotel mit 15 Zimmern, mäßige Lage, 2 km von Radda entfernt an der Straße nach Gaiole. Ziemlich sterile Aufmachung, aber mit schönem Pool. DZ mit Frühstück 95 €. Loc. Le Noci, ✆/🖷 0577-738124, www.lodgingchianti.it.

Bar/Ristoro a Lucarelli, an der SS 222 in Richtung Florenz, im Ortsteil Lucarelli (ca. 8 km von Radda). In der alten Einkehr mit kleinem Laden gibt es 5 einfache, ordentliche Zimmer ab 60 €, EZ 40 € (mit Frühstück in der Bar). Via Chiantigiana 7, ✆/🖷 0577-733564, www.lucarelli.info.

● *Agriturismo* **Fattoria Castelvecchi**, zunächst Richtung Florenz, dann rechts ab → Volpaia, nach 500 m halblinks (beschildert). Auf neu asphaltierter Straße zum großen, alten Weingut mit Villa und den umliegenden Bauernhäusern, in denen ca. 15 Zimmer und 7 Appartements untergebracht sind. Zwei Swimmingpools, ein schöner, alter Park und ein auch für Nichtgäste geöffnetes Restaurant (Mo geschlossen) sind die touristischen Einrichtungen dieses Weilers. In rustikalem Ambiente kann man ruhige Ferientage verbringen, ohne allerdings Hotelservice geboten zu bekommen. DZ ab 83 €, Appartements ab 490 €/Woche. Castelvecchi, ✆ 0577-738050, 🖷 0577-738608, www.castelvecchi.com.

Podere Canvalle, im Ortsteil La Villa (Richtung Montevarchi). Auf dem Grundstück, umgeben von 6 ha Wein und Oliven, steht ein renovierter mittelalterlicher Turm, der zum Feriendomizil umfunktioniert worden ist. Im Erdgeschoss befindet sich die Küche mit Kamin. Über eine Wendeltreppe erreicht man die beiden oberen Stockwerke, dort jeweils ein Raum mit 2 Betten. Vermietung nur wochenweise ab 800 € (in der Nebensaison auch 3–4 Nächte möglich). ✆/🖷 0577-738321, www.canvalle.chiantionline.com.

Podere Mariotti, fünf Minuten vom Ortskern Raddas entfernt, vom Ortsteil La Croce auf der Straße in Richtung Lecchi in Chianti aus rechts abbiegen. Fünf ordentliche Zimmer in einem winzigen Weiler. Man kann auch Wein und Olivenöl kaufen. Vor dem Haus ein schattiges Gartenplätzchen unter Bäumen mit Panoramablick auf Radda. DZ ohne Frühstück 100 €. Loc. Malpensata 131, ✆/🖷 0577-738394, azmalpensata@hotmail.com.

Val delle Corti, Azienda Agricola, der Weinbauer Roberto Bianchi, der schon viel rumgekommen zu sein scheint, vermietet wochenweise ein renoviertes Häuschen für 4 Pers. Signor Bianchi kann gute Tipps für die Erkundung der Umgebung geben, und als Winzer erklärt er in seiner kleinen Cantina auch gern individuell die Geheimnisse des Wein- und Olivenanbaus. Häuschen 670 €/

Woche. Auf der Straße in Richtung Lecchi in Chianti, ebenfalls keine fünf Minuten von Radda entfernt (am Holzfass links runter),

☎ 0577-738215, ✆ 0577-739521, www.valdelle corti.it.

Essen und Trinken

Ristorante Vignale, im gleichnamigen Hotel (s. o.). Wegen der hervorragenden Küche und der gepflegten Atmosphäre über die regionalen Grenzen hinaus bekannt. Die Preise fürs Menü entsprechen leider nicht jedem Reisebudget. Do geschlossen. ☎ 0577-738701.

Le Vigne, mitten in den Weinbergen, knapp außerhalb des Orts, Abzweigung (Schotterstraße) von der Straße nach Montevarchi. Mäßige Preise, angenehme Atmosphäre. Das Lokal ist schon so bekannt, dass ohne Reservierung kaum ein Platz zu bekommen ist. Spezialitäten sind das Kaninchen in Weinsoße und als Nachtisch der berühmte Käsekuchen. Außerhalb der Saison Di geschlossen. ☎ 0577-738640.

Al Chiasso dei Portici, im historischen Zentrum. Das kleine, künstlerisch-modern eingerichtete Restaurant wird von zwei Frauen geleitet. Nettes Gärtchen, die in der Vergangenheit noch mäßigen Preise sind leider stark gestiegen. Di geschlossen. ☎ 0577-738774.

Ristorante-Pizzeria da Michele, die unkompliziertere Alternative zu den anderen Restaurants in Radda. Michele hat immer gute Laune und backt an manchen Abenden bis zu 100 Pizzen mit superdünnem Teig (nur abends). Im Zentrum unterhalb der Bar (mit großem Parkplatz). Mo geschlossen. ☎ 0577-738491.

Pizzeria Pizza Pie, Pizza vom Blech zum Mitnehmen oder aber vor Ort an einem der Tische. Di geschlossen. An der Hauptstraße von Radda (neben der Bar Dante).

• *Außerhalb* **L'Osteria Rifugio del Chianti**, eines der einfachen, alten toscanischen Gasthäuser mit Barbetrieb, Lebensmittelverkauf und soliden Preisen (hier kehren auch die Dorfbewohner ein). Freundlicher Familienbetrieb abseits vom Radda-Rummel in einem idyllischen, kleinen 35-Seelen-Dorf, in dem einst das Kloster Badia Montemuro stand. Das Dorf liegt auf dem Weg von Radda in Richtung Cavriglia/Lucolena. Loc. Montemuro (Badiaccia Montemuro), Radda in Chianti. Di geschlossen. ☎ 0577-738036.

Osteria Le Panzanelle, an der SS 222 in Richtung Florenz, Ortsteil Lucarelli. Unkomplizierte, rustikale Osteria mit einfacher, guter Küche, die von jungen Leuten geführt wird. Von Einheimischen und Reisenden gelobt. Mo geschlossen. ☎ 0577-733511.

Ristorante La Cantoniera, Loc. Vescine, Radda in Chianti (Straße in Richtung Castellina), gleich neben dem Landgut Vescine (s. o.). Vornehm, mit schöner Terrasse, teurer. Mi geschlossen. ☎/✆ 0577-741195.

• *Bars* **Bar Dante**, der Treffpunkt für Cappuccino und Aperitivo auf der Terrasse mit Blick auf das Dorfgeschehen. Schließt leider schon gegen 20 Uhr, Sa ganz geschlossen.

Bar Caffè Sandy, von der Dorfbevölkerung frequentierter Treffpunkt mit leckerem, hausgemachtem Eis und guter Konditorei für das erste, zweite oder dritte Frühstück. Bis spät abends geöffnet. Internetpoint. Mo geschlossen.

Wein

Arte Vino, Enoteca mit guter Weinauswahl, auch Snacks. 700 m außerhalb Richtung Florenz/Volpaia.

Castello di Ama, ca. 8 km südlich von Radda (den Ort Richtung Castellina verlassen, nach knapp 1 km links abzweigen, von da ab ausgeschildert). Eines der namhaftesten Weingüter des Chianti. Dementsprechend gut, aber auch teuer sind die Spitzenweine des Hauses: Vigna L'Apparitat (Merlot) und Vigna Il Chiuso (Pinot Nero). Hervorragende Verkostung mit verschiede-

nen Oliven, Brot. Bei Weinkauf kostenlos, sonst 4,50 € pro Pers. (Lesertipp). Es stehen auch einige günstige Weine zur Auswahl. ☎ 0577-746031.

Fattoria Poggerino, knapp 3 km hinter La Villa, rechts hoch; gut ausgeschildert. Besitzer sprechen gut Englisch, exzellenter Rosso di Toscana „Il Labirinto". Es werden auch zwei herrliche, rustikale, 110 qm große Wohnungen vermietet, ab 360 €/Woche. ☎ 0577-738958, www.poggerino.com.

Sehenswertes

Chianti Cashmere Company: Der Traum vom einsamen, zurückgezogenen Leben irgendwo in der Toscana. Die amerikanische Tierärztin Nora Kravis hat vor über 30 Jahren begonnen, sich diesen Traum zu erfüllen, und ihn immer noch nicht ausgeträumt. Wenn man die lebensfrohe, etwas eigensinnige Individualistin auf dem kleinen Biobauernhof besucht, erscheint alles herrlich unkompliziert und improvisiert. Trotzdem hat die Tierliebhaberin alles im liebevollen Griff.

Gezüchtet wird hier (neben Hunden) eine besondere Ziegenrasse, die Lieferant der kostbaren Kaschmirwolle ist, aus der in den umliegenden Handwebereien Schals und Decken anfertigen werden. Aus der handgemolkenen Milch der Tiere werden darüber hinaus allerlei Seifen und Körperlotionen hergestellt. Die hochwertigen Naturprodukte werden dekorativ verpackt und sind eine echte Alternative zum obligatorischen Urlaubsmitbringsel Chianti-Wein. (Kenner benutzen sie natürlich auch für den Eigenbedarf).

Wer den Betrieb näher kennen lernen will, kann sich in das Bauernhaus für maximal sechs Personen oder in das kleine Appartement für zwei Personen (auch tageweise) einmieten. Einen Besuch sollte man telefonisch kurz anmelden.
Adresse **Az. Agricola La Penisola**, Dr. Nora Kravis, 53017 Radda in Chianti (Siena), ✆/✉ 0577-738080, www.chianticashmere.com.

Area archeologica Poggio la Croce: Von Radda (Ortsteil La Croce) aus der Straße ca. 1 km in Richtung Castellina in Chianti folgen, den Wagen rechts an der Bauruine, aus der irgendwann mal ein Hotel werden soll, stehen lassen. Von dort führt ein etwa 20minütiger Spaziergang zur Area archeologica Poggio la Croce, wo 2000 Jahre v. Chr. eine etruskischen Siedlung entstand. Heute wird dort aktiv gegraben und geforscht, und in den letzten Jahren kamen Ruinen und Fundstücke zum Vorschein, die Aufschluss über die etruskische Kultur geben.

Volpaia

Der kleine Weiler, auf einem Bergrücken nördlich von Radda gelegen, ist ein Juwel – das pure Mittelalter.

Hinter den Gemäuern aus dem 12. Jh. verbergen sich allein sieben Weinkeller des *Weingutes Castello di Volpaia*, aber auch die Wohnungen der insgesamt 42 Bewohner des Ortes, die zum Großteil in der Wein- und Olivenölproduktion der Familie Mascheroni, der Besitzer des Weingutes, beschäftigt sind.

Volpaia, genau an der Grenze zwischen den einstigen Einflussbereichen von Florenz und Siena gelegen, entstand wahrscheinlich bereits im 10. Jh. als Schutzfestung. 1172 wurde der Ort erstmals offiziell erwähnt, 1250 wurde Volpaia Mitglied der „Lega del Chianti". Der Weiler war jahrhundertelang in die militärischen Auseinandersetzungen zwischen Florenz und Siena verwickelt, bis er im 16. Jh. in die Bedeutungslosigkeit versank. Mittlerweile wurden die meisten Gebäude originalgetreu renoviert; entsprechend schön und gepflegt ist das Ortsbild.

Neben den wuchtigen Mauern der Burg sticht aber auch ein weiterer Bau ins Auge: die **Commenda di San Eufrosino**, eine burgähnliche, turmlose Kirche aus dem Jahr 1456, die bis 1932 für ihren eigentlichen Zweck genutzt wurde. Mittlerweile finden hier Kulturveranstaltungen und Weinproben statt (im seitlichen Anbau wird Wein gekellert).

Kapelle in Volpaia

Die älteste Kirche des Weilers hatte schon im 14. Jh. ausgedient: Das ehemalige Gotteshaus an der Piazza erkennt man kaum noch, hier ist heute die Bar „La Bottega" untergebracht. An den Längsseiten des Gebäudes wurden später Häuser angebaut.

Da das malerische Örtchen schon lange kein Geheimtipp mehr ist, wurde die hübsche Piazza unlängst gleich um zwei neue Einkehrmöglichkeiten bereichert, um an Wochenenden alle Gäste satt zu bekommen. Das Auto sollte man unbedingt auf dem links vor dem Dorfeingang ausgewiesenen Parkplatz abstellen.

● *Wein* **Az. Vinicola Castello di Volpaia**, in der Enoteca an der Piazza von Volpaia kann man sich mit Chianti Classico (auch Riserva), Vin Santo di Volpaia und diversen anderen Weinen eindecken. Die Preise liegen bei 10,50–14.50 € für einen Chianti Classico, vergleichsweise günstig ist der weiße Val d'Arbia für knappe 6 €. Daneben werden auch hochwertiges Olivenöl und Honig angeboten. Die einstündige Kellerbesichtigung inkl. Weinprobe ohne Kauf kostet für eine Person satte 22,50 € (vorherige Anmeldung erforderlich). Tägl. 10–18 Uhr geöffnet (außer Jan./Febr.). Loc. Volpaia, Piazza della Cisterna 1 ℡ 0577-738066, 🖷 0577-738619, info@volpaia.com, www.volpaia.com.

● *Übernachten* **Castello di Volpaia**, die Familie Mascheroni bietet an der Piazza in Volpaia 5 Appartements in historischem Gemäuer an. Neu renoviert, jeweils mit Küche und Bad ausgestattet, den Gästen stehen außerdem ein Tennisplatz und ein Pool

zur Verfügung. Die Appartements kann man sich auch im Internet anschauen. 930 € pro Woche, 6er-App. 2070 €. Loc. Volpaia, Piazza della Cisterna 1, ℡ 0577-738066, 🖷 0577-738619, www.volpaia.com.

Podere Vergelli, (aus Radda kommend) am Ortseingang von Volpaia das erste Haus auf der linken Seite (handbemaltes Schild). 1 Appartement (75 € pro Tag) und ein DZ (ab 70 €, mit Kochnische), das ganze Haus für einen Wochenpreis von 1250–1800 €. Loc. Volpaia, ℡ 0577-738382.

Fattoria Castelvecchi, auf der Straße von Radda nach Volpaia. Das Weingut bietet als Agriturismo gute Unterkunftsmöglichkeiten (siehe Radda/Übernachten).

Podere Pruneto, an der Straße nach Volpaia links ab (beschildert). Es wird auch ein Studio vermietet. Kein Restaurant, es besteht jedoch die Möglichkeit, sich am Chianti Classico (Gallo Nero) des Guts zu laben. DZ mit Bad/Kochnische 130 € (350 €

pro Woche). Loc. Pruneto 37, ℡ 0577-738312, ℻ 0577-738400.

• *Essen und Trinken* **La Bottega** an der Piazza von Volpaia. Genau das Richtige, um sich nach anstrengender Wanderung zu stärken. Man sitzt unter Sonnenschirmen an der idyllischen Piazza. Carla kocht hier immer noch gute toscanische Küche. Di geschlossen. ℡ 0577-738001.

Osteria Volpaia, gehobene Gastronomie und damit auch eher für den dickeren Geldbeutel konzipiert. Mi geschlossen. ℡ 0577-738596, www.osteriavolpaia.it.

Bar Ucci, von 9 bis 21 Uhr durchgehend geöffnet. Getränke, Bruschette etc., kleine Speisen auf der Terrasse. Mo geschlossen.

Weingut Castello d'Albola (Cassero d'Albola)

Das terrassenförmig am Hang gelegene und von Zypressen umstandene Weingut liegt ganz im Osten des Chianti-Classico-Gebiets (von Radda die Straße Richtung Lucolena nehmen, das Anwesen liegt auf der linken Seite, beschildert). Zwar wird es Castello d'Albola genannt, doch es liegt nicht im Schloss selbst, sondern in dessen ehemaliger Schutzburg namens Cassero d'Albola. In diesem Gebäude aus dem 12. Jh. finden Produktion, Degustation und Verkauf der hochwertigen Chianti-Classico-Weine von Albola statt. Überaus angenehm ist die kühle Probierstube der ehemaligen Burg. Ein Besuch mit Weinprobe kann durchaus lohnend sein, zumal die Preise teilweise etwas niedriger liegen als bei manch anderem renommiertem Weingut (s. u.).

Ein Besuch des mittlerweile dem Verfall preisgegebenen Schlosses ist hingegen kaum lohnenswert: Der Festungsturm ist nicht zugänglich, und in direkter Nachbarschaft befinden sich einige private Anwesen, deren Besitzer über Fremde nicht unbedingt erbaut wirken. Einzig der Blick vom Castello auf die umliegenden Hügel ist recht nett (Anfahrt: vom Cassero auf der Straße Richtung Lucolena weiter, dann rechts ab auf Schotter, beschildert).

• *Weingutführungen* Bestens organisiert und bislang kostenlos sind die Kellerführungen (ca. 1 Std.), die auch eine Degustation mit einschließen. In der Saison täglich ohne Voranmeldung um 12, 14 und 17.30 Uhr.

• *Degustation und Verkauf* **Cassero d'Albola**, tägl. 10–18.30 Uhr. Chianti Classico 8 €, Riserva 12 €, Grappa 15 €, Olivenöl 8,50 €, Vin Santo 25 €. ℡ 0577-738019, ℻ 0577-738793, www.albola.it.

Parco di Cavriglia

Der Naturpark, eine Art Freilandzoo, liegt von Kastanien- und Eichenwäldern geschützt auf Kammhöhe in den Monti del Chianti. In dem gut organisierten, familienfreundlichen Freizeitpark mit weitläufigem Waldgebiet (600 Hektar) kann man allerlei unterschiedlichen Tieren begegnen: z. B. Bären, Affen, Bisons, Eseln, Lamas, Pfauen, allen Arten von Federvieh und – gleich am Eingang – einem Hängebauchschwein mit dem schönen Namen Priscilla. Für Kinder ein Erlebnis. Auf dem Gelände gibt es Picknickplätze, ein einfaches Restaurant und jede Menge Spazierwege.

• *Anfahrt* Von Radda Richtung Lucolena, auf Höhe des Bergkamms rechts ab, beschildert.

• *Eintritt* Nur am So 1 € (mit Auto 3 €), ansonsten ist der Eintritt frei. Das Auto sollte man jedoch vorm Eingang abstellen und den Park zu Fuß erwandern.

• *Übernachten* **Rifugio del Parco**, einfach, im Park. Geöffnet April–Okt., bei Vorbestellung für mind. 15 Pers. auch im Winter. DZ ab 60 €. Loc. Cafaggiolo, ℡ 055-967418,

℻ 055-967546, rifugiodelparco@parcocavriglia.com.

• *Camping* **Piano Orlando**, knapp oberhalb des Parks (Straße nach Radda). Einladendes, schattiges Gelände mit Pool, Tennisplatz und Boccia-Bahn. Geöffnet März–Okt. Es werden auch Bungalows für 4 Pers. vermietet (im Apr./Mai/Juni/Sept. 360 € und im Juli/Aug. 450 € pro Woche). Loc. Cafaggiolo, ℡ 055-967422, ℻ 055-967546, www.camping chianti.com.

● *Essen* Von April bis Sept. wird an Wochenenden der Holzofen in der **Pizzeria** im Park angeworfen, und es gibt leckere Pizzen (nur samstag- und sonntagabends). Einkehrmöglichkeit bietet auch das einfache **Ristorante del Parco** im Park.

Gaiole in Chianti

Der in einer Talsenke an der Straße ins Valdarno gelegene Ort ist ein alter Marktflecken und noch heute ein Zentrum der Landwirtschaft. Attribute wie „pittoresk" oder „Ort mit Charme" lassen sich auf Gaiole allerdings kaum anwenden.

Richtig schöne Bauten sucht man vergebens. Allenfalls das Ensemble der Häuser, deren Balkone über dem Wildbach hängen, ist ein Foto wert. Ansonsten ist Gaiole ziemlich zersiedelt, und auch eine lange andauernde städtebauliche Restaurierungsphase hat den Ort nicht zur schönen Prinzessin werden lassen. So ist es kaum verwunderlich, dass die Gaioleser selbst in der Hauptsaison weitgehend unter sich bleiben und es in den Geschäften rund um den mit ein paar Blumenkübeln geschmückten Marktplatz meist beschaulich zugeht. Am meisten los ist noch auf der etwas zu groß geratenen Terrasse des *Lo Sfizio di Bianchi*, dessen Gäste schon seit vielen Jahren von der Familie Bianchi kulinarisch bestens versorgt werden.

Reizvoller als Gaiole selbst ist seine Umgebung, die mit mittelalterlichen Weilern und jeder Menge Anlaufstationen für Weinliebhaber aufwartet, darunter auch eine Reihe von Burgen – schließlich beginnt in Gaiole ja die nach Süden verlaufende **Strada dei Castelli**. Bequem zu Fuß auf der mit Kastanien gesäumten Straße kann man die ehemalige Abtei Badia a Coltibuono erreichen, die sich ebenfalls in Sachen Wein einen Namen gemacht hat.

*I*nformation/*A*dressen

● *Information* **Pro Loco**, am Ortseingang links (aus Richtung Siena kommend). Mo–Fr 9.30–13.30 und 14.30–18.30 Uhr, Sa/So 10–18 Uhr. Via Galileo Galilei 1, ✆/✆ 0577-749411, prolocogaiole@libero.it.

● *Busverbindungen* Zwei- bis dreimal täglich nach Siena.

● *Markt* Jeden 2. Montag im Monat in der Via Galileo Galilei.

● *Handwerk* **L'Orditoio**, Handweberei auf der Straße in Richtung Castello di Brolio. Auf Webstühlen werden nach alter Tradition kostbare Textilien wie Decken, Handtücher, Schals und Capes aus Leinen, Wolle und Seide gewebt. Man spricht auch Deutsch. Loc. La Dudda, ✆ 0577-747275, chianti-telaio@libero.it.

Maniera – Handmade in Toscana, auch wenn die Reisekasse hier in der Regel nur zum Umschauen reicht, lohnt sich der Besuch des Ladens unterhalb des Castello di Meleto: schöne Stoffe, Keramiken, Glaswaren, Taschen, Schmuck und andere Deko-

Artikel. Von Gaiole Richtung Siena am ersten Abzweig links nach Castello di Meleto abbiegen (ca. 5 Min. vom Zentrum), ✆ 0577-744023, www.maniera.it.

● *Medizinische Versorgung* Dr. Bova, ✆ 0577-749462, Dr. Dell'Anna, ✆ 0577-749630. Beide Ärzte sprechen Englisch.

● *Immobilien* Im verlassenen und völlig verfallenen kleinen Weiler **Montefienale** sind in letzter Zeit Häuser und Wohnungen entstanden, die man als Feriendomizile mieten oder kaufen kann. Die Immobilien werden von einer Engländerin verwaltet. Von Gaiole über Castagnoli hoch nach Monteluco (834 m) fahren, von dort rechts die Straße (SP 73) nach San Gusmè einschlagen und noch vor dem Abzweig nach Fietri links der Ausschilderung nach San Vincenti/Montefienale folgen (schlechte Straße!). Info unter ✆ 0577-746202 oder 335-5738179, ✆ 0577-746691, sabina@ppmcompany.net, www.ppmcompany.net.

Chianti
Karte S. 517

Übernachten

Wer nur über einen schmalen Geldbeutel verfügt, hat hier keine reelle Chance!

**** Castello di Spaltenna, knapp 1 km außerhalb. Beim Castello handelt es sich um einen wuchtigen Komplex aus Pfarrkirche und Klostergebäuden, das 2005 mit dem Prix Villégiature für die beste Hotelarchitektur Europas ausgezeichnet worden ist. Und so bewohnen heute anstelle asketischer Mönche betuchte Touristen die Zellen und schwelgen im Luxus. Neu im Angebot ist die Olivenöl-Therapie für eine samtweiche Haut. DZ 230–330 € (Suiten 450–540 €). Abzweig von der Straße nach Vertine, ℡ 0577-749483, ℻ 0577-749269, www.spaltenna.it.

*** Le Fonte del Cieco, kleine Herberge mit idyllischem Gärtchen im Zentrum von Gaiole. Die 8 Zimmer sind größtenteils geräumig. DZ mit Frühstück 90–100 €, EZ 65-70 €. Via Ricasoli 18, ℡ 0577-744028, ℻ 0577-74407, www.lafontedelcieco.it.

● *Außerhalb* ****** L'Ultimo Mulino**, auf halbem Weg nach Radda. Die kleine, exklusive Landherberge liegt romantisch im Grünen und wurde um eine alte Mühle herum gebaut. Fast jedes der 13 Zimmer hat seine kleine Terrasse. Über dem Hotel liegt am Waldrand versteckt ein großer Swimmingpool. Absolute Ruhe garantiert. Auch Restaurant mit einfacher guter Küche (Kochkurse ab 85 €). DZ 160–232 €, die Suite oder Zimmer mit Whirlpool etwas teurer. Loc. La Ripresa, ℡ 0577-738520, ℻ 0577-738659, www.ultimomulino.it.

**** Hotel Le Pozze di Lecchi, mit viel Liebe zum Detail wurde eine alte Mühle, mitten im Wald an einem Bach idyllisch gelegen, restauriert und zu einem Landhotel mit 14 Zimmern umgebaut. Mit Restaurant und Pool. DZ mit Frühstück 170–224 €. Loc. Molinaccio, ℡ 0577-746212, ℻ 0577-746214, www.lepozzedilecchi.it.

Borgo Argenina, Bed & Breakfast vom Feinsten, dazu ein innenarchitektonischer Gaumenschmaus. Ein, zwei Tage sollte man sich schon mal den Aufenthalt gönnen. Von der Terrasse aus genießt man den schönsten Blick in die Chianti-Landschaft. DZ 150–170 €, Suite 180–240 €. Auch Häuservermietung direkt im kleinen Weiler. Von Gaiole auf der SS 408 ca. 12 km in Richtung Siena fahren, am Abzweig nach Monti links abbiegen und gleich rechts auf die Ausschilderung achten, ℡ 0577-747117, ℻ 0577-747228, www.borgoargenina.it.

Casa Guiggiani, unser Tipp für eine einfache, aber ordentliche Unterkunft mit Garten und Pool zu reellen Preisen bei netten Leuten. Von Gaiole in Richtung Siena am ersten Abzweig links nach Meleto/Nusenna/ Monteluco abbiegen und weiter zur Loc. Castagnoli, dort folgt man der Ausschilderung. DZ ab 50 € (ohne Frühstück 44 €). Appartements für 2/4/6 Pers., pro Pers. ab 25 € (ohne Frühstück 22 €). Via San Pietro 2, ℡/℻ 0577-731031, www.casaguiggiani.com.

Zimmervermietung Oliveta, mit Pool. 4 km von Gaiole entfernt. Ebenfalls in Richtung Castagnoli. Einfache DZ (60 € ohne Frühstück) und Appartements ab 25 € pro Pers. Loc. Rietine 36, ℡/℻ 0577-731047, www.oliveta.it.

* La Pineta, das preiswerte Gegenstück zu den vorgenannten Unterkünften, aber 12 km von Gaiole entfernt und völlig ab vom Schuss. Frühstück gibt's in der Bar. DZ 46–50 €, die billigeren mit Etagendusche (41 €). Loc. Monteluco, ℡ 0577-734007.

● *Agriturismo* **Vistarenni**, fährt man auf der Straße von Radda nach Gaiole, thront links oberhalb der Weinberge die Villa mit imposanter Fassade. Über eine längere, von alten Zypressen gesäumte Schotterstraße erreicht man das Weingut Vistarenni mit Direktverkauf und Appartementvermietung direkt in der Villa. DZ 130 €, Appartements 470–2840 €/Woche. Loc. Vistarenni, ℡ 0577-738476, ℻ 0577-738754, www.villavistarenni.com.

Essen und Trinken/Wein

● *Essen und Trinken* **Lo Sfizio di Bianchi**, die Institution auf dem Marktplatz von Gaiole. Freundlicher Familienbetrieb, seit Jahren mit eigener Eisproduktion, Konditorei und Bäckerei. Verkauf von Feinkost und selbst gemachten Spezialitäten. Auf der etwas überdimensionalen Terrasse auf der Piazza kann man mittags und abends gut essen, allerdings wird recht früh zugemacht. Di geschlossen. ℡ 0577-749501.

Carloni, „si mangia bene – si paga poco" („man isst gut – man zahlt wenig"), so das Motto. In erster Linie wird das Lokal, in dem ohne viel Firlefanz gekocht und aufgetischt wird, von Einheimischen besucht, da es *die* Adresse für eine gute Bistecca Fiorentina ist. Leider war die Preisdifferenz bei den Rechnungen für Einheimische und Touristen manchmal etwas irritierend. Am Ortsausgang. Mi geschlossen. ℡ 0577-749549.

Ristorante Le Conrade, oberhalb von Gaiole. Hier kann man ausgezeichnet essen. Das mit elegantem Interieur ausgestattete Restaurant bietet feine italienische Küche bei hohem Preisniveau. Lassen Sie sich von Silvan beraten, er kommt aus Norddeutschland! Im Sommer speist man auf der Terrasse inmitten der Weinberge. Von Gaiole in Richtung Barbischio, links auf die Ausschilderung achten. Do und Freitagmittag geschlossen. Loc. Vinci, ℡ 0577-749504, www.wilhelm-chianti.com.

La Romita, Trattoria-Pizzeria im Zentrum Gaioles (oberhalb des Parkplatzes). Toscanische Küche (auch eine Auswahl an Fischgerichten) und abends Pizza. Do geschlossen. ℡ 0577-749290.

Außerhalb **Trattoria Il Carlino**, bodenständige Hausmannskost (u. a. auch Wildschweinbraten, wie er sein sollte, allerdings nur nach vorheriger Anmeldung). Bis auf die Sommermonate leider nur Mittagstisch. Loc. San Regolo (gleich an der Kreuzung unterhalb des Castello di Brolio). Mo geschlossen. ℡ 0577-747136.

Osteria del Castello, unterhalb der Burg Brolio mit idyllischem Garten, wo man tagsüber im Schatten der Zypressen raffinierte toscanische Küche serviert bekommt. Abends speist man im geschmackvoll eingerichteten Restaurant. Manchmal gibt der irische Wirt, ein passionierter Bongospieler, etwas aus seinem afrikanischen Repertoire zum Besten. Seine Kochkunst hat er bei den Starköchen Europas gelernt. Die Preise sind dem Ambiente entsprechend gehoben. Do geschlossen. Loc. Brolio, ℡ 0577-747277, www.seamus.it/osteria.html.

Trattoria di Starda, das rustikale Gasthaus ist in einer restaurierten Ölmühle untergebracht und liegt schön einsam im Zehn-Seelen-Ort Starda (14 km von Gaiole aus). Im Angebot gute toscanische Küche, nicht zu teuer. Mo geschlossen. Es gibt auch Appartements für 406–980 €/Woche. Von Gaiole in Richtung Siena, dann links den Abzweig in Richtung Monteluco abfahren, immer weiter den kurvigen Straßen folgen, bis man links den Hinweis zur Osteria sieht. Nun folgen noch 3 km Schotterstrecke, ℡ 0577-734046, www.castellodistarda.it.

● *Bar* **Blu Bar**, endlich mal eine „richtige" Bar, nicht nur eine, in der alle nur Kaffee trinken! Das kann man hier ab 11 Uhr zusammen mit einem Stück selbst gemachtem Kuchen zwar auch, aber viel schöner ist, dass man hier abends nach dem Essen draußen im mittelalterlichen Ambiente dieses entzückenden Weilers noch einen Drink zu sich nehmen kann. Eine kleine toscanische Speisekarte gibt es auch. Loc. Vertine. Geöffnet bis Mitternacht, Di geschlossen. ℡ 0577-749029

● *Wein* **Enoteca Montagnani**, Via Baccio Bandinelli (im Zentrum). Von den ortsansässigen Vinotheken eine der empfehlenswertesten. Gute und teure Gallo-Nero-Produkte. Hier sind praktisch alle Weingüter der Umgebung vertreten. Als besonders gut gelten die Tropfen aus dem Castello di Ama, aus dem Castello di Cacchiano und der Badia a Coltibuono.

Roseto Botanico – Botanischer Rosengarten

Die duftende Idylle beim kleinen Ort Cavriglia präsentiert die gesamte Artenvielfalt der Rosen. In aller Ruhe kann man hier durch die Reihen der dicht an dicht gepflanzten Rosen schreiten und sich für die persönliche Gartengestaltung inspirieren lassen. Der Garten ist nur vom 10. Mai bis 30. Juni von 8 bis 20 Uhr geöffnet (Spende von 5 € erbeten, geführte Touren in Englisch, Französisch oder Italienisch möglich, ℡ 055-966638, www.rosetofineschi.org).

Anfahrt Cavriglia erreicht man von Gaiole aus auf der SS 408 in Richtung Montevarchi (ca. 11 km). Beim Ortseingangsschild biegt man links ab und folgt dem Straßenverlauf bergab bis zur ersten großen Kreuzung, die auch schon das Zentrum Cavriglias bildet. Hier geht es rechts in Richtung Montevarchi/S. Giovanni. Man bleibt auf der Hauptstraße, die einen Knick nach links macht, bis man zu einem Kreisverkehr kommt. Dort nimmt man die erste Ausfahrt wiederum in Richtung Montevarchi/S. Giovanni. Nach ein paar hundert Metern auf das Hinweisschild „Roseto Botanico" achten.

Chianti
Karte S. 517

Umgebung von Gaiole

▸ **Barbischio**: Der Weiler, nur 3 km von Gaiole entfernt auf einem Hügel gelegen, wirkt aus der Ferne eindrucksvoller und vor allem auch größer, als er letztendlich ist. Von den früheren Wehrmauern, die bei der Plünderung des Ortes 1530 zerstört wurden, ist nichts mehr zu sehen, einzig ein imposanter Turm aus dem 10. Jh. (nicht zugänglich) krönt noch heute das kleine Dorf. Ansonsten besteht Barbischio aus einer Hand voll Häuser und viel Beschaulichkeit. Im Dorf stößt man auf die schlichte romanische Chiesa S. Jacobo, die jüngst renoviert wurde (tagsüber offen und frei zugänglich).

▸ **Pieve di S. Giusto in Salcio**: Auf der Straße zwischen Lecchi und Radda geht es links ab (ausgeschildert) zu einem ca. 1000 Jahre alten Juwel romanischer Kirchenbauarchitektur aus Feldsandstein, das an heißen Tagen mit seinem schlichten Innenraum wie eine kühle Oase der Ruhe erscheint.

▸ **Montegrossi**: Aus der Entfernung wirkt dieser 1000 Jahre alte ehemalige Wachturm weit eindrucksvoller als aus der Nähe. Wer die kraxelige Tour dennoch auf sich nehmen will, sollte nicht enttäuscht sein, wenn er am Ende vor ziemlich desolaten Überresten steht. Unterhalb der Ruine hat man allerdings einen spektakulären Blick auf das Valle del Chianti. Möglicherweise ist die gesamte Gegend nach dem ursprünglichen Namen des Flusses benannt worden, der sich durch dieses Tal schlängelt. Dieser Fluss, früher eben Chianti genannt, heißt heute Massellone. Zu erreichen ist Montegrossi von der Kreuzung der SS 408 mit der SS 429.

▸ **Castello di Meleto**: Weingut und Schloss aus dem Mittelalter (12. Jh.), das während der kriegerischen Auseinandersetzungen zwischen Florenz und Siena heiß umstritten war. Die Besichtigung der wunderschönen Anlage mit den beiden Rundtürmen, der hübschen Renaissance-Innenausstattung und einem entzückenden schlosseigenen Theater lohnt sich. Tägliche Schlossführungen, außerdem Weindegustation und Direktverkauf.

● *Anfahrt* Etwa 3 km von Gaiole in Richtung Siena (ausgeschildert).
● *Schlossführungen* Mo 15/16.30 Uhr, Di–Sa 11.30/15/16.30 Uhr, So 11.30/16/17 Uhr, Führung (auch in Deutsch) inkl. Weinprobe 8 € bzw. 9,50 €. Infos unter ☎ 0577-749129
● *Übernachten* **Castello**, im Schloss sind schöne Zimmer hergerichtet worden, den Gästen steht ein Pool zur Verfügung. DZ mit Frühstück ab 148 € (im Nebengebäude ab 115 €). Gut eingerichtete Appartements für 2–4 Pers. in unmittelbarer Nähe des Schlosses. Alle mit Küche, Bad und Terrasse, teilweise auch zweistöckig. Nur wochenweise buchbar, in der Hochsaison liegen die Preise bei 791–1694 €/Woche. Castello di Meleto, ☎ 0577-749217, ✆ 0577-749762, www.castellomeleto.it.

▸ **Castello di Brolio**: Die große Kellerei befindet sich unterhalb des imposanten Schlosses mit trutzigen Burgmauern, das als beeindruckendes Wahrzeichen von weither sichtbar ist. Brolio ist sicherlich das interessanteste und auffallendste Schloss des südlichen Chianti. Am unteren Parkplatz (ein weiterer kleiner Parkplatz befindet sich weiter oben beim Schloss) liegt das einladend schattige, aber teure Gartenrestaurant „Osteria del Castello", in dem die Weine des Hauses Ricasoli (Castello di Brolio) ausgeschenkt werden. Als der Werbefotograf Barone Francesco Ricasoli das heruntergewirtschaftete Landgut seiner Familie Mitte der 90er Jahre übernahm, dachte er sicher nicht im Traum daran, dass es die Weinpäpste des Gambero-Rosso-Weinführers im Jahr 2002 zum Weingut des Jahres küren würden.

● *Anfahrt/Öffnungszeiten* Von Gaiole in Richtung Siena (11 km von Gaiole, ausgeschildert). Besichtigung der Gartenanlagen, Burgmauern und der Kapelle S. Jacopo 3 €. Tägl. 9–12 und 15–18 Uhr geöffnet.

• *Wein* Eine geführte Besichtigungen der Cantina Baron Ricasoli (Mo–Fr 10.30 und 15 Uhr) inkl. Weinprobe ist nach vorheriger Anmeldung und Bezahlung von 15 € pro Pers. möglich. Das Verkosten der Weine in dem großzügig aufgemachten Verkaufsraum an der Straße direkt an der Weggabelung unterhalb der Burg ist kostenlos. Mo–Sa 9–18 Uhr (im Sommer auch So 11–19 Uhr) geöffnet. ☎ 0577-7301, 📠 0577-730225, www.ricasoli.it.

▸ **Castello di Cacchiano:** Ein weiteres traumhaft gelegenes Chianti-Schloss an der Burgenstraße. Allein der Ausblick von hier oben auf das südliche Chianti und das gegenüberliegende Castello di Brolio lohnt den Abstecher. Das Castello befindet sich im Besitz der Familie Ricasoli-Firidolfi. Direktverkauf Mo/Di/Do/Fr 8–13 Uhr, Mi/Sa 10–13 u. 15–19 Uhr.

Loc. Monti in Chianti, an der Abzweigung beim Castello di Brolio links ab (beschildert). ☎ 0577-747018, 📠 0577-747157, cacchiano@chianticlassico.com, www.chianticlassico.com.

▸ **Casanuova di Ama:** Kleineres Weingut mit familiärem Charakter. Geöffnet Mo–Sa 9–12 u. 14–20 Uhr. Von Lecchi in Chianti ca. 2 km in nördliche Richtung, dann links ab (beschildert), ☎ 0577-746119.

▸ **Capanelle:** Kleines, schickes Weingut, das von Gaiole aus zu Fuß zu erreichen ist (dem Schild mit der Aufschrift „wine-tasting" folgen). Eine Führung durch die kleine, moderne Kellerei inkl. „tasting" kosten 13 € (Mo–Fr) und bedarf der vorherigen Anmeldung (☎ 0577-74511). Beim Einmieten in eines der Appartements bekommt man seinen persönlichen Butler gleich dazu (☎ 0577-749691).

▸ **Badia a Coltibuono:** Die Benediktinerabtei aus dem Jahr 930 ist allein schon wegen ihrer zauberhaften Lage einen Ausflug wert. Man blickt von hier oben ins Valdarno hinunter, meist weht eine leichte Brise, der alte, tiefgrüne Zedernwald bewirkt zusätzliche Frische. Der italienische Alpenclub hat die Situation erfasst und in der Umgebung einige Wanderwege angelegt (4–6 Stunden).

Die Abtei (mit Ausnahme der Kirche) wurde vor vielen Jahren von einem Mailänder Zeitungsverleger und Weinliebhaber gekauft. Zusammen mit seiner Frau Lorenza d'Medici hat er Coltibuono zu einem der international bekanntesten Weingüter der Toscana werden lassen. Die diversen Weine, die in den Weinbergen bei Monti in Chianti (ca. 20 km Richtung Siena) reifen und dort auch in der neuen, modernen Kellerei gekeltert werden, können in der Osteria (unterhalb der Klosteranlage) probiert werden. Mönche gibt es auf Coltibuono schon seit ca. 180 Jahren nicht mehr. Heute wird das Geschehen hinter den Mauern durch täglich Besichtigungen und Kochkurse belebt. Die restaurierte Klosterkirche in Form eines lateinischen Kreuzes lohnt einen Blick einzig wegen ihrer strengen romanischen Architektur.

• *Anfahrt* Von Gaiole fährt man zunächst in Richtung Montevarchi. Nach knapp 5 km geht es links ab, ein paar hundert Meter weiter hat man die Abtei erreicht.

• *Besichtigungen* Führungen durch den Kreuzgang, die historischen Keller und den wunderschönen Garten im Sommer Mo–Fr zwischen 14 und 17 Uhr stündlich, Eintritt 5 €. Besichtigung um 11 Uhr mit anschließender Wein- und Olivenölprobe nur nach vorheriger Anmeldung (12 € pro Person, mind. 10 Pers.).

• *Kochkurse* Es werden sowohl Tageskochkurse als auch mehrtägige Kochkurse mit Unterkunft (DZ ab 160 €) in der Villa von Coltibuono angeboten. Anmeldung unter ☎ 0577-74481/744832, 📠 0577-749235, Infos unter www.coltibuono.com.

• *Essen* **Ristorante Badia a Coltibuono,** das herrlich gelegene, renommierte Ausflugslokal präsentierte sich bei unserem Besuch mit nur mäßiger Qualität in Küche und Service, gekünstelt und überteuert. Im Sommer hat man es auf der Terrasse angenehm kühl. Tischreservierung wird angeraten. Am Nachmittag auch Bistro-Service. Im Winter Mo geschlossen. ☎ 0577-749424

Chianti
Karte S. 517

Badia a Coltibuono – an Sonntagen geht's hier turbulenter zu

Lecchi in Chianti und San Sano

Idyllische und gepflegte Chianti-Ortschaften mit viel Charme und auffallend netten Bewohnern. Am Abend sitzt man auf Stühlen vor den Wohnhäusern oder auf der kleinen Piazza und bespricht die Tagesereignisse.

Lecchi in Chianti liegt an der Straße zwischen Radda und der SS 408 und gehört zur Gemeinde Gaiole. Alles in allem zählt der Ort gerade mal 90 Einwohner, doch die sind – was die Gestaltung des Dorflebens anbelangt – überraschend untriebig. So gilt das in Lecchi organisierte Sommerfest im Juni als das schönste in der ganzen Gegend. Außerdem hat man in den vergangenen Jahren einen Fußballplatz angelegt und mit vereinten Kräften und ausschließlich mit privaten Mitteln einen örtlichen Jugendtreff geschaffen – für die Chianti-Gegend reichlich ungewöhnlich, denn normalerweise sind die Dorfgemeinschaften hier eher lose. Um Jahrhunderte zurückversetzt fühlt man sich, wenn man den Frauen von Lecchi am „lavatoio", einem mit frischem Wasser gefüllten Steintrog, beim Wäschewaschen zusieht. Hier kommt man garantiert mit Einheimischen ins Gespräch.

Ebenso beschaulich geht es im nahe gelegenen **San Sano** zu, das vor allem für seine Spitzenweine hervorbringenden Hänge bekannt ist. Hier zeigt sich das Chianti von seiner ruhigen und entspannten Seite. Die wenigen Touristen werden unter anderem von dem beliebten Restaurant und dem Wellness-Tempel Castellare de'Noveschi angelockt.

● *Einkaufen* **Alimentari Palmira**, eines dieser kleinen Lädchen, in denen es fast alles zu kaufen gibt.

● *Übernachten* **Castellare de'Noveschi**, ein Meisterwerk an Gastlichkeit, für Paare in

den Flitterwochen die Empfehlung: 4 traumhafte Suiten mit aus Stein gehauenen Waschbecken, versteckter Technik und täglich neu aromatisierter Luft. Wer sich noch mehr entspannen möchte, sollte sich das Bacchus Bad gönnen – eine Weintherapie, die auch noch gut riecht. Fragen Sie Tiziano unbedingt, ob das Zimmer noch frei ist, in dem sowohl Bad als auch Schlafzimmer in einem alten Weinfass versteckt sind! Die Pflegeprodukte, der beste Wein der Gegend und eigener Balsamico sind erhältlich. Suite 90–150 € (inkl. Frühstück). Via Padre Chiantini 12 (Loc. San Sano), &/℡ 0577-746905, www.castellaredenoveschi.com.

*** Hotel Residence San Sano, von Lecchi aus geht auf halbem Weg in Richtung SS 408 rechts eine scharfe Biegung ab, die nach San Sano führt. Das kleine, stilvolle Country-Hotel in dem gepflegten Örtchen ist in einem Gebäudekomplex aus dem 13. Jh. untergebracht und hält für seine Gäste 14 Zimmer und absolute Ruhe bereit. Abends wird nach alter Tradition für die Hotelgäste gekocht. Mit Pool. DZ 130–150 €. Loc. San Sano 21, & 0577-746130, ℡ 0577-746156, www.sansanohotel.it.

● *Essen/Wein*   **Ristorante Malborghetto**, kleines Restaurant mit einer verblüffend großen Auswahl an toscanischen Speisen, die hier von einem jungen Team zubereitet

werden. Bei schönem Wetter sitzt man draußen auf dem Vorplatz des Dorfkirchleins, der abends romantisch beleuchtet ist. Direkt im Ortszentrum von Lecchi. In der Saison immer geöffnet, außerhalb der Saison Di geschlossen. & 0577-746201.

Alimentari e Vini, Weinhandlung und Bar mit gut sortierter Weinauswahl der besten Weingüter aus der Umgebung. Der Inhaber Paolo berät fachkundig und engagiert. Tagsüber bietet die Bar mit einer kleinen Speisekarte die Möglichkeit einer *merenda* (Vesperbrotzeit), die man hier draußen auf der Straße sitzend einnimmt. Morgens gibt es italienisches Frühstück mit wirklich gutem Cappuccino. Geöffnet bis 19.30 Uhr, mittwoch- und sonntagnachmittags geschlossen. Via S. Martino. & 0577-746021, rinaldivini@si.technet.it.

La Grotta della Rana, familienbetriebenes Landgasthaus mit toscanischer Hausmannskost mit gehobenen Preisen. Es ist schön, hier im Sommer draußen auf der Terrasse zu sitzen. Das Lädchen nebenan ist bis auf mittwochs immer geöffnet. Loc. San Sano. Mi geschlossen. & 0577-746020.

Spaziergang/Baden

Monteluco di Lecchi: Ein schöner Spaziergang von 10 Minuten aufwärts in Richtung des alten Turms führt zu dieser 1000 Jahre alten Festung. Einst gehörte sie den Mönchen von Coltibuono, bis sie im Mittelalter von der Familie Ricasoli übernommen wurde. Die ringförmig angelegten Gebäude sind in privatem Besitz, doch kann der schöne Innenhof mit dem Brunnen besichtigt werden. Bei gutem Wetter hat man eine schöne Aussicht bis nach Siena. Der Turm von Monteluco gehört einem wohlhabenden Mailänder. Der im Inneren des Turmes eingebaute Aufzug ist im Gegensatz zum nicht besonders stilvoll modernisierten Dach glücklicherweise unsichtbar.

Le Pozze di Lecchi: Mitten in der Natur ein Wildbach mit eiskaltem Wasser, dessen Wasserfälle kleine Becken füllen, in denen man ein erfrischendes Bad nehmen kann. Hinter der Häuserzeile, in der auch die Weinhandlung/Bar integriert ist (s. o.), führt eine Schotterpiste links hinunter aus dem Ort heraus. Der Piste bis zum ersten Feld eines Weinberges folgen, dort scharf links den kleinen Pfad talabwärts durch die Macchia-Landschaft hinab bis zum Bach (ca. 20 Minuten Fußweg von Lecchi).

Castelnuovo Berardenga

Das Dorf, ursprünglich einer der ersten Weinorte des Chianti, liegt südlich der heutigen Chianti-Classico-Gebietsgrenzen. Da zahlreiche Weinberge von Castelnuovo Berardenga aber noch zum Chianti Classico gehören, wird auch der Ort selbst eng mit dem Wein in Verbindung gebracht.

Wenn man sich dem Ort von Norden nähert, fällt seine Randlage auch geographisch auf: Keine Hügel bis zum Horizont, nur weite und beinahe flache Landschaft mit entsprechend weitem Blick prägt die Gegend. Castelnuovo Berardenga selbst wirkt aus der Ferne größer, als es ist. Das Dorf wird von der Piazza Marconi dominiert, an der sich ein großer Teil des Lebens abspielt. Im gesamten Gemeindegebiet leben rund 7000 Menschen.

Castelnuovo Berardenga geht auf eine Festungsgründung der Republik Siena im Jahr 1386 zurück. Der Name Berardenga stammt jedoch schon aus dem 11. Jh. Er ist von einem gewissen Bernardo abgeleitet, einem der letzten fränkischen Grafen von Siena, der damals dieses Gebiet als Lehen erhielt. Mit dem Niedergang Sienas versank auch Castelnuovo Berardenga in die Bedeutungslosigkeit.

Eindrucksvollstes Gebäude des Ortes ist heute die **Villa Chigi Saracini**, die sich im Besitz der Bank Monte di Paschi di Siena befindet. Lediglich der Park des großzügigen Anwesens ist an Sonn- und Feiertagen für die Öffentlichkeit zugänglich. Sonst ist Berardenga mit Sehenswürdigkeiten kaum gesegnet, sieht man einmal von der neoklassizistischen Fassade der **Chiesa S.S. Giusto e Clemente** ab (im Zentrum). Am Ortseingang (von Norden kommend) wartet das bescheidene **Museo del Paessaggio** auf Besucher. Zu sehen bekommt man eine Fotoausstellung und einige archäologische Funde aus der Gegend um Castelnuovo.

• *Information* Am Ortseingang rechts (aus Richtung Gaiole kommend). Apr.–Okt. Di–Sa 10–13 u. 15–18, So 9–13 Uhr, Nov.–März Di–Sa 10–13, So 9–13 Uhr. Im selben Gebäude ist das Museo del Passaggio untergebracht. Eintritt 3 €. Via del Chianti 61, ✆/℡ 0577-355500, castelnuovo@vacanzesenesi.it, www.vacanzesenesi.it.

• *Busverbindungen* Busse fahren an der Via Chianti (nördl. Einfallstr.) ab, Tickets in der Bar/Trattoria della Berardenga (Via del Chianti 70). 8x tägl. nach Siena, 6x nach Villa a Sesta und San Gusmè.

• *Parkbesuch* An der Rezeption der vornehmen Herberge Villa Arceno (zwischen Castelnuovo und San Gusmè) bekommt man die Schlüssel fürs Vorhängeschloss des **Parco romantico**. In dem großen Gelände des herrlich verträumten Parks mit altem Baumbestand gibt es wunderschön verschlungene Wege und einen See, in dem sich Schwäne und Nutrias tummeln.

• *Übernachten* **La Foresteria dell'Aia**, im Zentrum. Schlichte Zimmer, nette Terrasse. An der Piazza Marconi gegenüber der Tankstelle durch den Torbogen gehen, dann gleich links, erstes Haus auf der rechten Seite. DZ 44 €, Frühstück 5 € pro Pers. Via dell'Aia 9, ✆/℡ 0577-355565, www.laforesteriadellaia.it.

Pozzo della Citerna, über steile Treppen erreicht man die 4 einfachen DZ im schmalen Gebäude. Auch Fahrradvermietung und Ausflugstipps von der Besitzerin, die selbst begeisterte Radlerin ist. EZ 30–40 €, DZ 40–45 €, Suite 50–70 €, alle Zimmer 145 € pro Tag, ohne Frühstück, aber mit Küchenbenutzung. Via Mazzi 19, ✆ 0577-355337, www.ilpozzodellaciterna.it.

• *Außerhalb* **Relais & Chateaux Borgo San Felice**, ca. 10 km in Richtung Gaiole wurde ein mittelalterlicher Weiler in eine vornehme Country-Herberge umgewandelt. Das Hotel liegt von Weinbergen umgeben in schönster Chianti-Landschaft. Selbstverständlich mit Pool, elegantem Restaurant und allem Komfort ausgestattet. Bekannt ist auch die Kellerei von San Felice. EZ 210 €, DZ ab 300 €. ✆ 0577-3964, www.borgosanfelice.com.

Casa Cernano, die sympathische Patronin und ihre ebenso sympathische Tochter stammen aus Österreich, sind aber schon lange hier und haben das alte Anwesen auf Vordermann gebracht. Die selbst gemachte Konfitüre zum Frühstück, der gepflegte Garten mit Hängematte und das für Gäste bespielbare Klavier tragen zur entspannten, familiären Atmosphäre bei. DZ 60 € (ohne BAd), 70 € (mit Bad), Frühstück satt 7 €. Strada Provinziale 7/5, ca. 2 km südlich des Dorfes, ✆ 0577-355580, www.casa-cernano.com.

• *Essen/Wein* **Enoteca Bengodi**, an der neu gestalteten Piazza Marconi, eher Restaurant als Weinstube. Ob kleine Gerichte oder viergängige Menüs – die traditionelle toscanische Küche ist sehr beliebt bei Einheimischen wie Gästen. Gleich an der Piazza, Mo geschlossen. ✆ 0577-355116, www.enotecabengodi.it.

Ristorante Da Antonio, allabendlich werden ausschließlich komplette Fischmenüs für 45–65 € (ohne Wein) angeboten. Mo geschlossen. Via del Chianti 28–32 (gegenüber vom Theater), ℡ 0577-355282.

In der im Mai 2007 neu eröffneten, daneben liegenden **Osteria del Teatro** unter gleicher Leitung gibt es weniger Raffiniertes, stattdessen Pizza aus dem Steinofen.

Osteria al Prato, an der schönen, neuen Piazza sitzt man auf Plastikstühlen recht gemütlich, die einfachen Gerichte scheinen aber überteuert. Mi geschlossen. Piazza Marconi 9/10, ℡ 0577-355411.

• *Außerhalb* **Il Bivacco**, in Colonna di Grillo (ca. 6 km südöstlich). Besonders empfehlenswert die Fleischgerichte (die Tiere kommen aus eigenen Ställen). Man kann auch im Freien sitzen. Mi Ruhetag. ℡ 0577-352009.

La Bottega del Trenta, s. u. Villa a Sesta.

Castelnuovo Berardenga/Umgebung

▶ **San Gusmè**: Das kleine, wirklich beschauliche Dorf mit kleinen Plätzen und verwinkelten Gassen ist unbedingt einen Abstecher von der SS 484 wert (aus Norden kommend, geht es kurz hinter Villa a Sesta links ab, beschildert). San Gusmè, eine ehemalige Befestigung der Stadt Siena, wurde in den ersten Jahren des neuen Millenniums restauriert und wirkt dementsprechend „herausgeputzt".

• *Essen* **Da Sira e Remino**, der Tipp im Zentrum für die toscanische Brotzeit: auf Holztellern werden gute Portionen von frisch aufgeschnittenem Schinken und Käse serviert. Dazu gibt es offenen Wein. Durchgehend ab 8 Uhr geöffnet. Die Enoteca **Terre delle Arti** mit demselben Besitzer ist ebenso beliebt bei den zahlreichen Gästen, ℡ 0577-358060, www.toscanamitica.com.

Wer im Restaurant speisen möchte, kehrt im Saal mit Kreuzgewölbe des **La Porta del Chianti** ein. Der deutschsprachige Besitzer Aldo Spinelli ist zu recht stolz auf seinen hervorragend bestückten Weinkeller (manchmal demonstriert er auch, wie wir Laien guten von schlechten Grappa unterscheiden können), sicht kann er aber auch auf die Wildschweinbraten und die hausgemachten Nudeln sein. Das alles ist seine überdurchschnittlichen Preise wert. So geschlossen. Piazza Castelli 10, ℡ 0577-358010, www.laportadelchianti.com.

▶ **Villa a Sesta**: Wenige Kilometer nördlich von Castelnuovo Berardenga liegt der winzige Ort an der SS 484. Kleiner als San Gusmè und ein total verschlafenes Nest, das aber im ganzen Chianti-Gebiet für sein hervorragendes Feinschmeckerrestaurant bekannt ist (s. u.). An der Piazza del Popolo befindet sich eine Bar (auch Snacks), gleich nebenan steht die neoklassizistisch restaurierte **Pieve di Santa Maria**, deren Gründung bereits auf das 8. Jh. zurückgehen soll – das war's dann auch schon.

• *Essen und Trinken* **La Bottega del 30**, chiantiweit bekanntes und geschätztes Restaurant mit nur zehn Tischen bzw. 30 Sitzplätzen im idyllischen Innenhof. Ohne vorherige Reservierung (im Sommer ca. 4–5 Tage im Voraus) geht hier gar nichts. Die hervorragende Küche wird Jahr für Jahr von „Veronelli", aber auch vom „Feinschmecker" ausgezeichnet, das Preisniveau ist entsprechend hoch. Dennoch: Ein kulinarischer Ausflug hierher lohnt sich. Nur abends (Ausnahme So) geöffnet, Di und Mi geschlossen. Es gibt auch Kochkurse. Infos unter www.labottegadel30.it, ℡ 0577-359226. Anfahrt: Aus Norden kommend,

muss man gleich am Anfang von Villa a Sesta von der SS 484 rechts abbiegen in die Via S. Caterina 2 (beim Spielplatz), dann das erste Haus auf der rechten Seite.

Villa di Sotto, malerisch gelegenes, kleines Bauerngehöft am unteren Ortsrand mit weitem Blick in die Umgebung. Einige Doppelzimmer im Haupthaus, weitere Zimmer und Appartements in flachen Giebelbaus daneben. Auch Degustation der besten Chianti-Weine, Verkauf typischer Produkte und Barbecueabende in der Enoteca. DZ mit Frühstück 62–85 €. Via S. Caterina 30, ℡ 0577-330220, www.villadisotto.it.

Chianti

Karte S. 517

Der Dom von Siena – vornehm schwarz-weiß gestreift

Siena

(ca. 50.000 Einw.)

Ruhig, beschaulich. Rotbraune Backsteinbauten, enge, schummrige Straßenschluchten, die sich gekrümmt den Hügelprofilen anpassen, auf denen Siena erbaut wurde. Die Altstadt ist durch und durch mittelalterlich, leider werden nur wenige der engen Gassen vom modernen Verkehr verschont.

Die Stadt ist nicht in das grüne Hügelland der Umgebung hineingewuchert, und ihre Einwohnerzahl hat sich seit ihrer Blütezeit nicht erheblich verändert. Die Silhouette wird geprägt durch die vollständig erhaltene Stadtmauer und die bis zur Plattform 88 m (!) hohe **Torre del Mangia**, den Rathausturm.

Zu Füßen des Turms erstreckt sich muschelförmig die **Piazza del Campo**, Italiens berühmtester mittelalterlicher Platz, meistens einfach nur Campo genannt. Fast sämtliche Gebäude wurden aus Backstein erbaut, auch die Adelspaläste. Eine Ausnahme bildet das Prunkstück Sienas, der grelle, mit Marmor verkleidete **Dom**. Auffällig sind auch die vielen geschmiedeten Ösen an den Häuserwänden – fast schon kleine Kunstwerke aus Eisen –, an die einstmals die Pferde angebunden wurden.

Siena ist ein einziges Ausstellungsstück der italienischen Gotik, die allerdings mit der himmelwärts strebenden nordischen Gotik, wie sie z. B. der Kölner Dom zeigt, wenig gemeinsam hat.

Seit der Blütezeit im 14. Jh. und insbesondere nach der Eroberung durch Florenz (1559) entstanden keine herausragenden Bauwerke mehr. Für kunsthistorisch Interessierte ein unschätzbarer Vorteil: Der mittelalterliche Baustil ist unverfälscht erhalten geblieben.

Geschichte

Siena war eine der mächtigen mittelalterlichen Stadtrepubliken und die große Konkurrentin von Florenz. In den Jahrhunderten der zermürbenden Kämpfe zwischen kaisertreuen Ghibellinen und papsttreuen Guelfen versuchte die Stadt, oft mit letzter Kraft, ihre Freiheit und Unabhängigkeit zu bewahren, bis sie schließlich im Jahr 1555 vor der geballten Militärmacht Kaiser Karls V. die Waffen strecken musste.

Seitdem ist es ruhig geworden in Siena, doch die ganze Stadtanlage, die Bauten und Kunstwerke, alles weist noch auf die große Zeit der Stadtrepublik zurück.

Der Sage nach wurde Siena von den Söhnen des legendären Rom-Erbauers Remus gegründet. Entsprechend ist die Wölfin mit ihren säugenden Kleinen nicht nur das Wahrzeichen Roms, sondern auch das Sienas. Historisch gesichert ist, dass die Stadtgründung in die etruskische Zeit (ca. 300 v. Chr.) fällt, doch war die Ansiedlung damals ohne große Bedeutung. Unter den Römern scheint sich dann ein gewisser Unabhängigkeitsdrang breit gemacht zu haben. So erwähnt Tacitus einen empörten Senator, der behauptet, von den Einwohnern Sienas aufs übelste verprügelt worden zu sein …

Im 12. Jh. begannen die erbitterten militärischen Kämpfe um die Autonomie, aus denen Siena gestärkt hervorging. Im Kampf gegen den Bischof von Volterra eroberten die Sieneser 1137 die bedeutenden Silberminen von Montieri und schufen sich damit die Grundlage ihrer Macht. Schon bald konstituierte sich Siena als unabhängige Stadtrepublik mit eigener Münzprägestelle und wurde zentrale Anlaufstätte für Geldgeschäfte aller Art. In dieser Zeit begannen auch die machtpolitischen Auseinandersetzungen mit Florenz. Siena war kaisertreu, während es Florenz mit dem Papst hielt. Dieser fundamentale Gegensatz, der die ober- und mittelitalienische Geschichte bis ins Hochmittelalter bestimmte, brachte erbarmungslose Kämpfe zwischen den beiden Republiken mit sich. Hineingerissen in die großen politischen und militärischen Auseinandersetzungen der Zeit, versuchten beide Kommunen, sich ein Stück vom großen toscanischen Kuchen zu sichern, und erweiterten ständig ihre Gebiete.

Der 4. September 1260 ging in die Stadtgeschichte ein. An diesem Tag brachten die Sieneser Florenz in der Schlacht von Montaperti (einige Kilometer südlich von Siena) eine vernichtende Niederlage bei. Tausende gefangener Florentiner wurden im Freudentaumel durch Siena getrieben. Das finanzielle Opfer des Patriziers *Salimbeni*, der seine gesamten Geldmittel für die Anwerbung von Söldnern eingesetzt hatte, um Sienas militärische Schlagkraft zu stärken, war belohnt worden.

Bereits 9 Jahre später allerdings drehte Florenz den Spieß um und besiegte die Sieneser bei Colle Val d'Elsa. In der Folgezeit kam es noch des Öfteren zu militärischen Auseinandersetzungen zwischen den beiden Stadtrepubliken.

Seine wirtschaftliche Blütezeit erlebte Siena unter dem „Rat der Neun" *(Consiglio dei Noveschi)*, einem Regierungsbündnis aus neun wohlhabenden Kaufleuten, das

Karte 1 S. 561 und 568/569

Siena

die Geschicke der Stadt unter Ausschluss des Adels zwischen 1287 und 1355 lenkte. Zu dieser Zeit muss die Stadt in ihrem Reichtum förmlich erstickt sein; einen Abglanz davon sieht man noch heute auf Schritt und Tritt.

Das jähe Ende des Wohlstands kam 1348, als die Pest in der Stadt ausbrach. Die Seuche, die in den schlechten hygienischen Verhältnissen der damaligen Städte einen guten Nährboden fand, raffte 80 % (!) der Stadtbevölkerung dahin. Von diesem schweren Schlag erholte sich Siena nie mehr ganz. Die Feinde der Stadt nutzten die Schwäche sofort aus, allen voran Kaiser Karl IV., dem die unabhängigen Stadtrepubliken in Italien schon lange ein Dorn im Auge waren. 1355 schürte er einen Volksaufstand in Siena, danach kam die Stadt nicht mehr zur Ruhe. Kämpfe der mächtigen Adelsgeschlechter untereinander, Kämpfe gegen die umliegenden Städte und Kämpfe gegen den Kaiser wechselten einander ab.

Die Stadtheiligen von Siena

Mitten im düsteren Kriegsgeschehen des 14. und 15. Jh. hat Siena zwei Heilige hervorgebracht, deren Lebensdaten chronologisch aufeinander folgen: *Katharina* (1347–80) und *Bernhardin* (1380–1444).

Die *heilige Katharina* war eine typische Vertreterin der spätmittelalterlichen Passionsmystik. Aus ihren 381 erhaltenen Briefen, die als bedeutende Dokumente der italienischen Sprache gelten, spricht eine innige Hingabe an Jesus mit durchaus religiös-erotischen Momenten („... er war mein Bräutigam und ich war seine Braut", „... möge er mich küssen mit Seinen Lippen"). Kirchengeschichtlich bedeutsam ist sie, weil sie mit ihren eindringlichen Briefen an Papst Gregor XI. einen Beitrag zur Rückführung des Papsttums aus Avignon nach Rom leistete. Ihr Wohnhaus in Siena ist zu besichtigen (siehe Sehenswertes).

Der *heiliger Bernhardin*, der „Apostel Italiens", verteilte sein großes Vermögen an die Armen; sein Vorbild war Franz von Assisi, in dessen Orden er eintrat. Bekannt geworden ist er vor allem als Volksprediger, dessen Zuhörer in die Tausende gingen. Um seinen Namen ranken sich zahllose Legenden. So soll eines Tages ein Kartenmaler zu ihm gekommen sein, der sich bitter beklagte, dass Bernhardin in seinen Predigten stets das Kartenspielen anprangerte und auf diese Weise seine Lebensgrundlage gefährdete. Daraufhin riet ihm Bernhardin, in Zukunft Jesusbilder zu malen – und siehe da, der Mann konnte auch davon leben.

Der Schlussakt folgte 1555: Kaiser Karl V. zog mit seiner Streitmacht gegen die Stadt. Unterstützt wurde er von Cosimo de Medici, dem damaligen Herrscher von Florenz. Nach einjähriger Belagerung fiel Siena, die kaiserlichen Truppen marschierten ein, und das Ende der freien Stadt war besiegelt. Karl V. übertrug Cosimo I. die ganze Toscana als Herrschaftsgebiet, Siena eingeschlossen. Über 700 sienesische Familien – mehr als die Hälfte der Bevölkerung – wanderten nach Montalcino aus. Zur Erinnerung an dieses Ereignis veranstaltet die Contrada della Tartuca alljährlich am 25. März einen 30 km langen Marsch in den damaligen Exilort.

Als nach dem Tod des letzten Medici 1737 die Lothringer die Macht übernahmen, verlor Florenz an Gewicht. Siena nutzte die Situation für einen wirtschaftlichen Aufschwung. Die alten Handelsfamilien erstarkten, das Bankwesen wurde

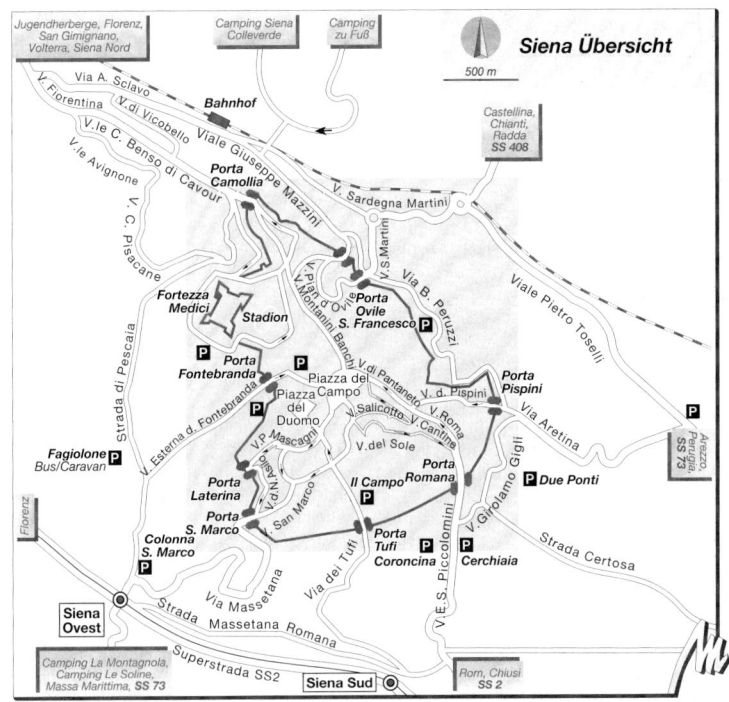

Siena Übersicht

500 m

wieder aufgebaut. Auch eine neue Straße nach Rom, die *Lauretana*, entstand zu dieser Zeit.

Das 19. Jh. verlief für die Stadt wenig spektakulär. Immerhin war Siena 1865 die erste Stadt Italiens, die per Volksentscheid dem neuen Königreich beitrat.

Information/Verbindungen

• *Information* **A.P.T.-Büro**, Piazza de Campo 56. Ganzjährig und auch an Feiertagen 9–19 Uhr geöffnet. ✆ 0577-280551, ✉ 0577-270676. www.terresiena.it, incoming@terresiena.it.

• *Zimmervermittlung* **Siena Hotels Promotion**, Piazza S. Domenico. Im Sommer 9–20, im Winter 9–19 Uhr (So geschlossen). www.hotelsiena.com, ✆ 0577-288084, ✉ 0577-280290. **Vacanze Senesi**, das Konkurrenzunternehmen im Parkhaus Il Campo und in der Via Mattioli 9/c, www.vacanzesenesi.it, ✆ 0577-45900.

• *Bahnverbindungen* Die Stadt liegt an der Nebenstrecke Florenz–Empoli–Poggibonsi–Siena. Außerdem fahren mehrmals täglich Züge nach Orvieto (umsteigen in Chiusi).

Der Bahnhof liegt 2 km außerhalb. Die Gepäckaufbewahrung ist rund um die Uhr geöffnet. Regelmäßige Busverbindung ab Viale Tozzi oder Piazza Gramsci.

• *Busverbindungen* Ungefähr stündlich fahren Busse nach Florenz, San Gimignano (umsteigen in Poggibonsi) und Volterra (über Colle Val d'Elsa), 4x täglich nach Arezzo, 2x täglich nach Rom. Ab Piazza Gramsci. Busunternehmen für Stadt- und Überlandfahrten: **TRA-IN**, www.trainspa.it, ✆ 0577-204246.

Stadtbusse fahren ab der Piazza A. Gramsci. Die Tickets (eine Stunde gültig) erwirbt man im Tabakladen.

*Adressen (siehe *K*arte *S*. 568/569)*

• *Fremdenführer* Als kleine Gruppe lohnt es sich unter Umständen, einen Führer anzuheuern: **Associazione Guide**, www.guidesiena.it, ☎ 0577-43273.

• *Fundbüro* Casato di Sotto 23. Mo und Fr 9–12, Di und Do 15–17 Uhr.

• *Bücher/Zeitschriften* **Libreria Ticci**, gut sortiert, zentral in der Via delle Terme 5/7. In ehrwürdigem Kreuzgewölbe mit frischen Deckengemälden.
Libreria Senese, Via di Città 64. Auch englischsprachige Bücher und deutsche Tageszeitungen.

• *Einkaufen/Wein* **Consorzio Agrario (12)**, Via Pianigiani 9 (Nähe Piazza Matteotti). Im Supermarkt der landwirtschaftlichen Genossenschaft bekommt man alles, was die Sieneser Erde hergibt: Wein, Olivenöl, Honig etc. Aber auch eine große Lebensmittelabteilung ist hier untergebracht.
Enoteca Italiana, Fortezza Medicea. Über 600 verschiedene italienische Qualitätsweine. Siehe auch „Kneipen".

• *Flohmarkt* Jeden 3. Sonntag auf der Piazza del Mercato (nicht im August). Tendenz: schicker Antiquitätenmarkt.

• *Internet* Auch in Siena sind die Internetläden wie Pilze aus dem Boden geschossen. Sehr zentral **Internet Train** in der Via della Città 121. 15 Min. kosten ca. 1,50 €. Von 11–22 Uhr ist der **Internet Point** in der Via Pantaneto 102 geöffnet. 1 Stunde kostet dort 2 €, 2,5 Stunden gar nur 4 €.

• *Italienischkurse* **Università per Stranieri di Siena**, Via Pantaneto 45 (Studentensekretariat und Information). Im Angebot ist eine breite Palette an Italienischkursen, u. a. dreimonatige Grund- und Aufbaukurse für Lernwillige aller Nationalitäten mit Hochschulreifezeugnis, einmonatige Kurse Handelsitalienisch, Fachitalienisch für Mediziner, für Musiker etc. Unterstützung bei der Zimmersuche. ☎ 0577-240185, ☏ 0577-281030.

• *Textilmarkt* Jeden Mi 7–13 Uhr an der Piazza La Lizza (Nähe Fortezza Medicea) und am anschließenden Viale XXV Aprile, sehr günstig! Achtung: Parkprobleme!

• *Öffentliches WC/Wickelraum* WC im Untergeschoss an der Piazza Gramsci (hier befinden sich auch die Schalter der Busgesellschaften).
Punto Servizi, Casato di Sotto (gleich hinter dem Campo). Toilette (0,80 €), Wickelraum und Infobüro in einem.

• *Waschsalons* **Ondablu**, gleich hinter dem Campo, Via del Casato di Sotto 17. Täglich 8–22 Uhr.
Wash & Dry, Via Pantaneto 38, ebenfalls in der Nähe des Campo. Tägl. 8-22 Uhr.

*K*onzerte/*M*usik

Im Sommer veranstaltet die Musikakademie Accademia Chigiana vor allem **klassische Konzerte** im gleichnamigen Palazzo Chigi Saracini und im Teatro Rozzi (Mozart, Bach, Strawinsky, Mussorgski etc.). Genaueres erfährt man im Touristenbüro. **Nationales Jazzmusik-Seminar**, Ende Juli bis Anfang August: Vorträge, Workshops, Konzerte, Jamsessions etc. Die Konzerte finden oft in den Gärten der Contrade-Häuser statt.
Die Vereinigung **Siena Jazz** bietet internationale Jazz-Seminare für Profis an. Ihren Sitz hat sie in der Fortezza Medicea (Infos unter www.sienajazz.it).

*A*utos & *P*arken

Die Altstadt ist für den öffentlichen Verkehr gesperrt. Neben Taxis und Anwohnern mit Sondergenehmigung dürfen nur Touristen mit einer Hotelreservierung in der Tasche einige wenige Straßenzüge benutzen. Die Zufahrten sind mit Videoanlagen ausgestattet. Halter/Fahrer von in Italien zugelassenen Fahrzeugen ohne hinterlegte Sondergenehmigung werden mit 150 € zur Kasse gebeten, Ausnahmen gibt es nicht. Wer ein Parkverbot missachtet, zahlt 31–71 €. Auch die Stadt Siena hat die Einnahmequelle Falschparken entdeckt! Nichts riskieren!

Nur wenige **kostenlose Parkplätze** unterhalb der Fortezza di Medici (meistens besetzt).

Auch die **gebührenpflichtigen Plätze** im und um das Stadio Comunale sind oft dicht belegt, am Markttag, dem Mittwoch, sind sie ganz gesperrt. Weitere gebührenpflichtige Plätze sind rund um die Altstadt verteilt. Der am günstigsten gelegene ist der neue Parkplatz Santa Caterina-Fontebranda, da man von dort aus per Rolltreppe direkt zum Dom hoch fahren kann (Ausfahrt Siena-Ovest).

Ein kluges **Parkleitsystem** unterstützt den verzweifelten Autofahrer (zumindest meistens). Schon am Stadtrand kündigen Schilder an, welche Plätze belegt und welche frei sind. Die Nummern der Parkplätze sind in der Innenstadt ausgeschildert, sodass man sein Auto oft schnell wieder findet. An den Parkuhren kostet die Stunde 1,60 €, die Parkhäuser sind genauso teuer.

● *Campmobil* Für 10 € am Tag kann das Fahrzeug auf dem Parkplatz Fagiolone abgestellt werden.

● *Großparkplätze* Außer den oben beschriebenen existieren noch einige weiter entfernte Parkplätze. Sie sind kostenlos, unbewacht und mit einem Shuttle-Bus, *Pollicino* genannt, ans Zentrum angebunden.

Die Pollicini verkehren Mo–Sa von 7 bis 24 Uhr im 15-Min.-Takt (sonntags nur alle 30 Min.), Fahrpreis 0,90 €.

Due Ponti, Viale Toselli (im Osten der Stadt). Pollicino Linea B, Haltestelle im Zentrum: Logge del Papa (hinter dem Campo).

Cerciaia/Coroncina, Cassia Roma (SS 2, ziemlich weit im Süden der Stadt). Pollicino Linea A, Haltestelle im Zentrum: zwischen Rathaus und Markthalle.

Strada Comunale di Certosa, verläuft entlang dieser Straße (außerhalb der Porta Romana). Pollicino Linea C.

● *Übernachtparken* Einige Hotels haben Vertragsgaragen, die pro 24 Stunden ca. 13 € verlangen. Die Parkhäuser kennen in der Regel keine reduzierten Langzeittarife; es gibt allerdings zwei Ausnahmen: Die **Parkplätze am Stadion** sind von 20–8 Uhr kostenlos, und im **Parkhaus Il Campo** bekommt man gegen Vorlage eines Übernachtungsbeleges Rabatt. Bei beiden Plätzen kommt man dann auf ca. 16 € pro Tag.

Die Contraden

So werden in Siena die einzelnen Stadtteile genannt. Ihre auf kleinen Keramiktafeln angebrachten Wappen (meist mit Tiersymbolen) schmücken fast jeden Straßenzug. Historisch waren die Contraden autonome Einheiten mit eigener Verwaltung und Gerichtsbarkeit. Heute erfüllen sie gemeinnützige Aufgaben in den Bereichen Altenpflege, Kinder- und Jugendarbeit und nicht zuletzt bei der Organisation von Festen, insbesondere bei der des Palio (s. u.). Darüber hinaus besitzt jede Contrada ihre eigene Kirche und andere stadtteileigene Einrichtungen wie z. B. ein Museum (s. u.).

Hervorstechende Eigenschaft der heute insgesamt 17 Contraden ist das ausgeprägte Gemeinschaftsgefühl, das unter ihren Bewohnern herrscht. Ebenso ausgeprägt ist allerdings auch die Rivalität untereinander, die sich besonders beim Palio dokumentiert. So wurden schon oft einige Contraden wegen „übertriebener Schlägereien" und sogar Messerstechereien vom nächsten Palio disqualifiziert, was das größte Unglück überhaupt ist! Aber auch aus anderen Gründen ist man sich untereinander bisweilen nicht sonderlich gewogen. So war lange Zeit die Contrada dell' Oca (Gans) der „Underdog" unter den Stadtvierteln, denn sie hatte die Farben der Nationalflagge in ihrem Banner und wurde unter Mussolini stark protegiert, was ihrem Ruf nachhaltig schadete. Ähnlich ging es der Contrada dell'Aquila, die ihr Fähnchen mit dem Habsburger Doppeladler in den Wind hing ...

Musei di Contrada: In den Museen sind Trophäen, historische Uniformen und andere Erinnerungsstücke aus der reichen Vergangenheit der Contraden zu besichtigen. Oft werden an den Wänden historische Szenen nachgestellt, in denen die Contrada treibende Kraft war, z. B. der „Fenstersturz der schlechten Regierung", zu dem die Contrada del Bruco (Raupe) entscheidend beitrug. Die Öffnungszeiten sind unterschiedlich. Während einige Museen sonntags zwischen 10 und 12 Uhr besichtigt werden können, vergeben andere nur nach Voranmeldung (mindestens eine Woche im Voraus) einen Besuchstermin.

Vorbereitung zum Palio – eine dicke Schicht Tuff schützt Hufe und Reiter

Der Palio

Das größte Fest in Siena ist der Palio, ein Pferderennen, dessen Tradition bis ins 13. Jh. zurückreicht. Es findet jährlich am 2. Juli und am 16. August auf dem Campo statt. Wild entschlossen, das Seidenbanner zu gewinnen, machen sich die Reiter auf den Weg. Zehn der insgesamt 17 Contraden nehmen an dem Wettkampf teil. Das Fiese dabei: Die Jockeys dürfen den Gegner durch Peitschenhiebe aufs feindliche Pferd behindern. Besonders in der Rathauskurve wird gepeitscht, geschoben und gedrückt, was das Zeug hält. Die professionellen „Rodeo-Künstler" werden übrigens von den Contraden eingekauft und kommen aus ganz Italien, mittlerweile sind es auch viele Toscaner. Die Teilnehmer tragen Kostüme aus dem 15. Jh. Jedes Stadtviertel wird von zwei Pagen, einem Oberpagen und einem Duce (Herzog) repräsentiert und verfügt über ein eigenes Symbol (Giraffe, Schildkröte, Schnecke etc.).

Das Wettrennen auf den ungesattelten Pferden, das zwischen 17 und 19 Uhr abends beginnt, dauert nur 70 bis 80 Sekunden, ist aber von komplizierten Zeremonien umrahmt, die schon vier Tage vorher beginnen. Unmittelbar vor dem Rennen findet der **Corteo Storico** statt, ein festlicher Umzug in historischen Kostümen aus dem 15. Jh. Den Kopf des Zuges bilden die Steuereintreiber, es folgen die Träger des städtischen Wappens, die Musiker, die verschiedenen Bannerträger und ganz zum Schluss der reich verzierte, von stattlichen Maremma-Bullen gezogene Kriegswagen, der so genannte „Carroccio" (Karren), der das Banner der Stadtverwaltung und den „Palio" trägt. Dies ist das Seidenbanner, das der Gewinner bekommt und das zu jedem Rennen von einem anderem berühmten Künstler gestaltet wird. 2002 war es der kolumbianische Künstler Bottero, der mit seiner rundlichen Madonna für hitzige Diskussionen bei den konservativen Sienesern sorgte, 2007 lieferten der Sieneser Grafiker Alessandro Grazi ein blutrotes und Ugo Nespolo ein von Pop Art und postmodernen Spielereien beeinflusstes Banner. Nach dem Rennen werden die

Gewinner gefeiert, und in den Straßen der Contraden gibt es oft Wein für alle. Einige Wochen später, im September, findet die eigentliche große Feier, ein abendlicher Festschmaus der Sieger unter freiem Himmel, statt, der bis tief in die Nacht dauert – das glückliche Siegerpferd ist auch mit von der Partie! 2007 konnten übrigens die Contraden Oca (im Juli) und Leocorno (im August) feiern.

Nachdem schon der WWF und Brigitte Bardot erfolglos wegen Tierquälerei (in der engen *Curva San Martino* stolpern die armen Pferde häufig, verletzen sich oder sterben dabei sogar!) gegen das Pferderennen gestritten hatten, sorgte 1991 der Filmregisseur Federico Fellini für einen Eklat. Nachdem seiner Crew – wie jedem anderen Filmteam auch – Aufnahmen vom Rathausturm herab aus Sicherheitsgründen verwehrt worden waren, erklärte der Maestro in einer Pressemitteilung die Bürger der Stadt und insbesondere den Bürgermeister kurzerhand für verrückt. Letzterer konterte mit einer Verleumdungsklage und schnitt sich damit ins eigene Fleisch, denn der hochkarätige Regisseur wollte die Aufnahmen als Teil eines Werbefilms über die Toscana verwenden.

Auf eine hintersinnige Weise hat sich auch die „Firma" Fruttero & Lucentini mit dem Palio befasst. „Der Palio der toten Reiter" – so der Titel ihres Romans – ist ebenso spannungsgeladen wie der wirkliche Palio.

Übernachten *(siehe Karte S. 568/569)*

Die meisten Hotels liegen innerhalb der Stadtmauer. Trotz der zentralen Lage sind sie relativ ruhig, da die Altstadt autofrei ist. Mit einer Hotelreservierung, die Sie bei der **Siena Hotel Promotion** oder **Vacanze Senesi** (s. o. „Zimmervermittlung") bekommen, dürfen Sie Ihr Gepäck zur Unterkunft fahren. Ob dies angesichts der vielen Fußgänger, Einbahnstraßen und völlig gesperrten Straßen sinnvoll ist, müssen Sie selbst entscheiden. Am bequemsten ist sicherlich das Taxi.

Nachstehend finden Sie eine Auswahl an Hotels und anderen Übernachtungsmöglichkeiten. Die angegebenen Preise liegen in der Vor- und Nachsaison etwas, in den Flautemonaten (z. B. im Februar) sogar wesentlich niedriger.

***** **Grand Hotel Continental (16)**, ein Luxushotel der Extraklasse, das jeden noch so exklusiven Wunsch seiner Gäste erfüllt, für die normale Brieftasche aber leider nicht bezahlbar. DZ ab 400 €. Via Banchi di Sopra 85, ℡ 0577-56011, ℻ 0577-5601555, www.hotel-royaldemeure.it/siena.

*** **Palazzo Ravizza (51)**, First-Class-Pension in alter Stadtvilla (17. Jh.) mit Terrassengarten und Springbrunnen hinter dem Haus. Schöner Blick über die Mauer. DZ mit Dusche 270 € (inkl. Frühstück), Pian dei Mantellini 34, ℡ 0577-280462, ℻ 0577-221597, www.palazzoravizza.it

*** **Villa Liberty (14)**, toprenovierte Villa im italienischen Jugendstil. Die Böden wurden aufwändig mit Marmor (in den Gängen) und Parkett (in den Zimmern) neu gestaltet. Blick auf die Fortezza Medici, Garten um das Haus. DZ mit Bad 119 €, EZ 68 €, Frühstück 9 €. Viale V. Veneto 11, ℡ 0577-44966, ℻ 0577-44770, www.villaliberty.it.

*** **Chiusarelli (13)**, stilvoller neoklassizistischer Bau, zentral gelegen, einige Parkplätze im Garten. Insgesamt 50 Zimmer, sehr ruhig die Zimmer zum parkähnlichen Stadion von Siena. DZ 195 €, EZ 85 €. Via Curtatone 9, ℡ 0577-200562, ℻ 0577 271177, www.chiusarelli.com.

*** **Santa Caterina (53)**, knapp außerhalb der Porta Romana. Toller Garten mit Blick ins Umland (Frühstück wird auch dort serviert). Bei den ruhigen Zimmern zum Garten hin stehen die Betten auf einer Zwischendecke, erreichbar über eine Treppe. Zur Straße hin Schallschutzfenster. Einige Parkplätze vorhanden. DZ 175 €, EZ 115 € Via E.S. Piccolomini 7, ℡ 0577-221105, ℻ 0577-271087, www.hscsiena.it.

*** **La Toscana (23)**, ca. 50 Zimmer, über mehrere Stockwerke verteilt. Hübsche Holzmöbel. Von den oberen Zimmern Blick über das Dächergewirr. DZ mit Bad 83 €, ohne 62 €. Via Cecco Angiolieri 12, ℡ 0577-46097, ℻ 0577-270634.

MiniResidence Il Casato (47), in einem alten Palast aus dem 18. Jh., erst seit 2000 zu einer geschmackvollen Herberge umgebaut. Steile Treppen führen zu den auf mehreren Stockwerken verteilten, meist geräumigen Zimmern. Tolle Deckenfresken, auch ein kleiner Terrassengarten ist für Gäste zugänglich. DZ 150 €, EZ 98. Zwei Eingänge: Via Dupré 126 und über die darüber liegende Via Casato di Sopra 33, ℰ 0577-236001, ℰ 0577-226997.

*** Moderno (7), mit 56 Zimmern zählt es zu den größten Hotels der Stadt. „Moderno" wirkt der Backsteinbau nicht. Da das Hotel knapp außerhalb der Mauer liegt, sind Anfahrt und Parkmöglichkeiten weniger prekär. Kehrseite der Medaille: Straßenlärm in den Zimmern nach vorn. Leser meinen, dass man das Frühstück einsparen kann und das Geld stattdessen für den Garagenplatz ausgeben sollte. Service nachlässig. DZ mit Bad 110 €, EZ 69 €. Via Baldassarre Peruzzi 19, ℰ 0577-288453, ℰ 0577-270596, www.hotelmodernosiena.it.

*** Minerva (3), das Hotel hat den außerordentlichen Vorteil, dass man (obwohl es innerhalb der Stadtmauer liegt) mit viel Glück einen Parkplatz vor dem Haus ergattern kann. Knapp dahinter beginnt das Fahrverbot. Modern ausgestattete Zimmer mit großzügigem Bad. DZ 132 €, EZ 73 €. Via Garibaldi 72, ℰ 0577-284474, ℰ 0577-43343, www.albergominerva.it.

** Piccolo Hotel Il Palio (6), leider etwas abgewohnt. Vorteil: Man kann mit dem Auto direkt vor den Eingang fahren, muss es allerdings nachher „entsorgen". Da an der Hauptverkehrsader der Altstadt gelegen, werden die Nächte wegen der vielen Vespas laut. DZ mit Bad 108 €, EZ 91 €. Piazza del Sale 19, ℰ 0577-281131, ℰ 0577-281142, www.piccolohotelilpalio.it.

*** Elda (29), alte, gepflegte Villa in ruhiger Lage, kleiner Garten ums Haus. Jedes Stockwerk hat seine eigene Farbe, die Möbel sind handgemacht. Einige Panorama-Zimmer mit schönem Blick auf die Altstadt. 2007 frisch renoviert, seitdem auch Fußbodenheizung in den Bädern. DZ 70–140 €, EZ 50–90 €. Viale XXIV Maggio 10, ℰ 0577-247927, ℰ 0577-221307, www.villaeldasiena.it.

** Centrale (24), helle Zimmer im 3. Stock (kein Lift). Eines der kleinsten Hotels der Stadt, nur 7 Zimmer, die meisten sind jedoch groß, haben Telefon und Minibar. DZ mit Bad 80 €, ohne 65 €. Via Cecco Angiolieri 26, ℰ 0577-280379, ℰ 0577-42152, www.hotelcentralesiena.it.

Antica Residenza Cicogna (20), teilweise Fresken und Himmelbetten in den Zimmern, dazu moderner Komfort wie Klimaanlage und Kabel-TV. Jedes der 5 Zimmer hat einen eigenen Charakter im Stil der Jahrhundertwende. DZ 83–100 € inkl. Frühstück. Via dei Termini 67, ℰ/ℰ 0577-285613, www.anticaresidenzacicogna.it.

*** Hotel Garden (2), ein sehr großes Hotel mit schönem Garten und Pool. Leider etwas außerhalb, ins Zentrum nimmt man besser den Bus. DZ 103–189 €, EZ 75–139 €. Via Custoza 2, ℰ 0577-47056, ℰ 0577-46050, www.gardenhotel.it.

** Piccolo Hotel Etruria (28), sympathisch, wenn auch etwas eng. Das hoteleigene Restaurant ist preiswert und wird gerne von Rucksacklern besucht. DZ mit Dusche 86 €, EZ 53 €. Via Donzelle 3, ℰ 0577-288088, ℰ 0577-288461, www.hoteletruria.com.

Villa Fiorita (1), Villa im Jugendstil direkt am Vortor der Porta Camollia mit wunderschönem Garten und familiärer Leitung, 10 Doppelzimmer, ein 2er-Appartement, alles sehr stilvoll und gepflegt, in der Nebensaison weniger. Zentrum zu Fuß zu erreichen. DZ mit Bad bis 80 €, EZ bis 65 €. Viale Cavour 75, ℰ 0577-44877, ℰ 0577-237392, www.miniresidencevillafiorita.it.

* Bernini (21), ein Leser schreibt: „... absolut familiäre Pension. Zur Not werden Gäste in den Stockbetten der Kinder einquartiert, Alessandro und Gattin nehmen wirklich alles locker. In der Hochsaison laufend al completo! Einige Zimmer mit phantastischem Blick auf den Dom und die Torre del Mangia. Super-Terrasse mit Panorama. Reservierung sehr zu empfehlen". DZ mit Dusche 85 €, ohne 65 €, EZ mit Bad 78 €. Via della Sapienza 15, ℰ 0577-289047, www.albergobernini.com.

* Tre Donzelle (26), der günstige Preis und die zentrale Lage sind die beiden größten Vorteile, für den romantischen Urlaub eher weniger geeignet. DZ mit Dusche 60 €, ohne 49 €, EZ ohne Dusche 38 €. Via Donzelle 5, ℰ 0577-280358, ℰ 0577-223933.

Miniresidence Casalbergo (18), den Gästen steht eine Küche zum Kochen zur Verfügung! Freundliche Bleibe mit 3 DZ (70 €), einem 3-Bett-Zimmer (100 €) und einem 4-Bett-Zimmer (115 €), Du/WC teils auf der Etage. Via del Paradiso 54, ℰ 0577-281458, ℰ 0577-280619, www.casalbergo.net.

Alma Domus (19), schlafen im Kloster Santuario S. Caterina. Funktionale Zimmer, einige mit tollem Blick auf den Domhügel.

Sogar eine Klimaanlage gibt es. Nachteil: um 20. 30 Uhr wird die Pforte geschlossen. DZ 65 €. Via Camporeggio 37, ☎ 0577-44177.

• *Außerhalb* **** Villa **Scacciapensieri**, ca. 3 km außerhalb, knapp hinter dem Campingplatz Siena Colleverde. Hübsch restaurierte Landvilla, umgeben von einem Park. Zimmer recht geräumig, alle mit einem kleinen Balkon. Im Erdgeschoss eine düstere, rustikale Bar und das Restaurant. Kleiner, nierenförmiger Swimmingpool und Tennisplatz. DZ 185–245 €, Via Scacciapensieri 24., ☎ 0577-41441, 📠 0577-270854, vilasca@tin.it, www.villascacciapensieri.it

• *Jugendherberge* **Guidoriccio**, im Ortsteil Stellino (vom Bahnhof mit Bus Nr. 10 erreichbar, von der Piazza Gramsci mit Bus Nr. 15, ab Piazza Sale mit Bus Nr. 4). Die Jugendherberge wurde komplett renoviert und umgebaut, auch Doppelzimmer vorhanden. Kein Jugendherbergsausweis notwendig, Beschwerden übers Personal sind aber keine Seltenheit. Übernachtung 14 €/Pers. Via Fiorentina 89, ☎ 0577-52212, www.ostellionline.org

• *Agriturismo* **Villa Caselunghe**, kleines Landgut mit 17 Hektar Land (Wein, Oliven) inmitten unzersiedelter Landschaft. Nur ca. 3 km östlich des Stadtkerns (nicht weit vom neuen Hospital). Pool vorhanden. 3 Appartements für 2–4 Pers., je nach Größe und Ausstattung 600–2800 €. Via delle Tolfe 9, ☎ 340-5093785, 📠 0577-270912, www.caselunghe.it.

Podere il Pero, kleines Landhaus, noch nicht kaputt saniert, mit vier Doppelzimmern und einer Wohnung für 2–4 Pers., wunderschön im Grünen gelegen und doch nur 10 Min. von der Piazza del Campo entfernt. DZ 75–105 €, App. 110–160 €. Strada di Montalbuccio 29 (Ausfahrt Siena-Ovest, Richtung Zentrum, 180°-Kurve Richtung Montalbuccio), ☎ 0577-236361, 📠 0577-205021, www.podereilpero.it.

• *Camping* *** Siena **Colleverde**, ca. 3 km nördlich der Stadt. Mit Bus Nr. 3 ab Via Tozzi oder Bus Nr. 8 ab Piazza del Sale, letzter Bus um ca. 22.50 Uhr. Wie der Name schon vermuten lässt, liegt das Gelände auf einem grünen Hügel mit vielen Bäumen. Wenn der Platz überfüllt ist (während der Hauptreisezeit die Regel), muss man mit weniger begrünten Flächen vorlieb nehmen. Swimmingpool-Benutzung (geöffnet ab Juli) wird extra berechnet. In der Kantine preisgünstiges Menü. Von der Pizzeria in der Nähe des Campingplatzes hingegen war ein

Fahnen schwenkende und trommelnde Contradenparade

Leser ganz und gar nicht begeistert. Geöffnet von Ostern bis Nov. Es scheinen keine einheitlichen Preise verlangt zu werden. Strada di Scacciapensieri 47, ☎ 0577-280044, 📠 0577-333298, campingsiena@terresiena.it.

• *Außerhalb* ** La **Montagnola**, → Karte S. Regionskarte bereit, in Sovicille, ca. 12 km westlich von Siena, erst 8 km entlang der SS 73 (Richtung Roccastrada). Großer, einladender Platz im schattigen Wald. Gepflegte Sanitäranlagen, absolute Ruhe. Busse nach Siena halten direkt im Campingplatz. Mehrere Leser waren von dem Platz begeistert. Unsere Empfehlung. Geöffnet Ostern–Ende Sept. Für italienische Verhältnisse günstige Preise. Strada della Montagnola 39, ☎ 0577-314473, 📠 0577-349286, lamontagnola@camping.it.

*** Le **Soline**, in Casciano di Murlo, ca. 23 km südlich von Siena (Richtung Grosseto, nach 20 km bei Fontazzi links nach Casciano di Murlo abzweigen, dann gut ausgeschildert). In der Regel ab April geöffnet, toller Swimmingpool mit Ausblick! Bungalows ab 357 € pro Woche. Via delle Soline 51, ☎ 0577-817410, www.lesoline.it.

Karten S. 561 und 568/569

Siena

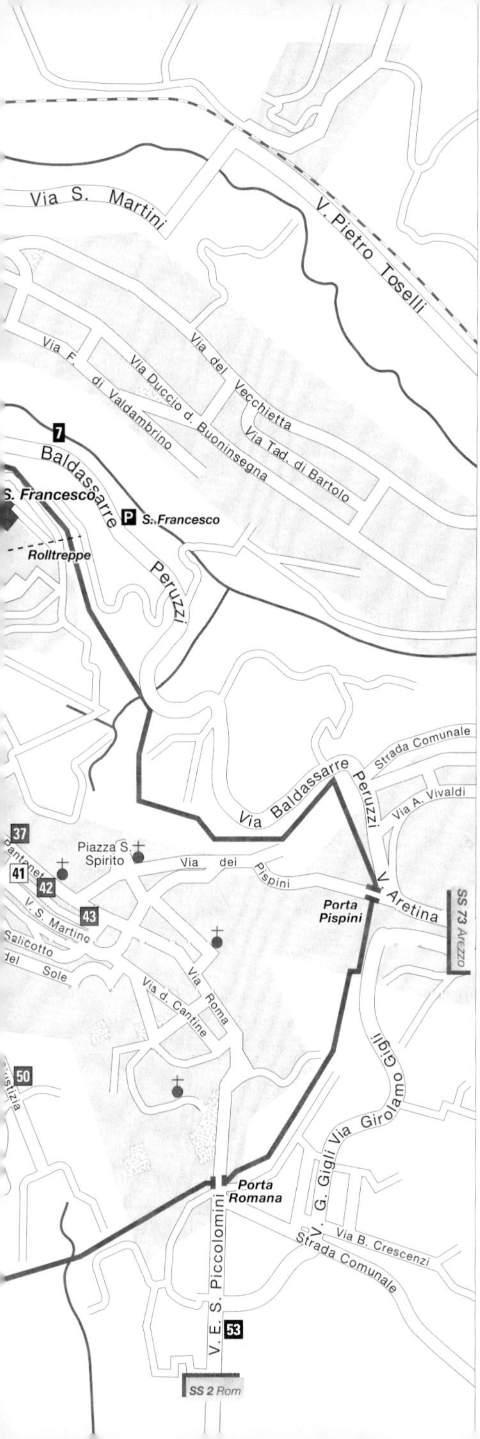

Übernachten

1 Villa Fiorita
2 Hotel Garden
3 Minerva
6 Piccolo Hotel Il Palio
7 Moderno
13 Chiusarelli
14 Villa Liberty
16 Grand Hotel Continental
18 Miniresidence Casalbergo
19 Alma Domus
20 Antica Residenza Cicogna
21 Bernini
23 La Toscana
24 Centrale
26 Tre Donzelle
28 Piccolo Hotel Etruria
29 Villa Elda
47 Mini Residence Il Casato
51 Palazzo Ravizza
53 Santa Caterina

Essen & Trinken

4 Da Enzo
11 Tre Cristi
17 Da Trombicche
33 Mugolone
34 Osteria Le Logge
35 La Torre
38 Osteria Enoteca Sotto le Fonti
39 Nello La Taverna
40 Gallo Nero
42 Rosticceria Cinese La Rosa
43 Cane e Gatto
44 La Taverna del Capitano
46 Osteria Il Tamburino
48 Castelvecchio
49 Osteria Nonna Gina
50 All'Orto de'Pecci
52 Osteria del Gatto

Cafés

15 Barché
27 Nannini
31 Gelateria Caribia
32 Bar Le Logge
37 Bar & Internet Caffè Alfieri

Nachtleben

5 Bar L'Officina
8 Dublin Post
9 Enoteca Italiana
10 Caffè 115
22 Caffè Novo
25 Barone Rosso
30 San Paolo
36 Al Cambio Music Hall
41 The Walkabout Pub
45 Tea Room

Sonstiges

12 Consorzio Agrario

200 m

Siena

Essen und Trinken (siehe Karte S. 568/569)

Wer in Siena unter Italienern speisen möchte, wird auf Glück hoffen müssen. Bis in den November hinein wird die Stadt so von Touristen geflutet, dass an den Nebentischen üblicherweise alles andere als Italienisch gesprochen wird; leider wird der nichtitalienische Tourist trotzdem manchmal (oder deswegen?) recht unfreundlich behandelt. Das Essen in den vielen Trattorien ist meist gut, preislich ist der Besuch in der Regel aber wenig erfreulich, doch gibt es auch Ausnahmen. Zum Nachtisch sollte man den *panforte* probieren, den „schweren Kuchen" mit Mandeln und kandierten Früchten (gibt es auch in vielen Cafés) oder auch die *cantucci* – die trockenen Mandelplätzchen werden dabei in den süßen, an Portwein erinnernden *vin santo* getunkt. Typische Nudelgerichte sind *pici* (spätzleartige Nudeln, aber länger) mit verschiedenen Soßen oder *papardelle al cinghiale* (breite Nudeln mit Wildscheinragout). Als Hauptgerichte kommen hauptsächlich Wildgerichte und Kreationen mit Steinpilzen auf den Tisch, die sienesische Küche ist dabei eher mächtig als mediterran-leicht.

Da Enzo (4), der renommierte Küchenchef führt das Lokal selbst. Preislich noch im Rahmen: Secondi ab 17 €. Mit dem Festpreismenü ab 35 € ist man ganz gut bedient. Via Camollia 49. ℡ 0577-281277. Mo geschlossen.

Cane e Gatto (43), wer sich etwas Luxus leisten möchte, der es sicher auch wert ist, muss dieses kleine Lokal mit nur 8 Tischen besuchen. 2 Stunden sollte man für die „Dinner Party" schon einplanen. Täglich nur ein Menü zur Auswahl, 6 Minigänge werden serviert, alles vom Feinsten, ca. 55 €, Wein extra. Nur abends, Do geschlossen. Via Pagliaresi 6. ℡ 0577-287545.

Mugolone (33), alteingesessenes gutbürgerliches Speiselokal mit traditioneller Küche (z. B. frittiertes Kaninchen für 11 €) und flotter Bedienung. Viele Einheimische und Handelsreisende, besonders beim Mittagstisch. Do ganztägig und Sonntagabend geschlossen. Via dei Pellegrini 8. ℡ 0577-283039.

Castelvecchio (48), vielfach ausgezeichnet, trotzdem erschwingliche Preise, Primi ab 7,50 €, Secondi ca. 9,50 €, komplette cena für 30-40 €, auch vegetarische Gerichte. Die moderne Möblierung steht im angenehmen Kontrast zu den rustikalen Räumlichkeiten. Di geschlossen. Via Castelvecchio 65. ℡ 0577-49586.

La Taverna del Capitano (44), das kleine Lokal liegt zwar an der „Rennstrecke" zwischen Dom und Campo, aber der Wirt spekuliert weniger auf die Laufkundschaft. Preiswerte und gute Gerichte (Ribollita für 6 €!) und ein freundlicher Service machen die Taverne empfehlenswert. Sogar so untouristische Gerichte wie Stockfisch stehen häufig auf dem Speiseplan. Hier muss man allerdings viel Zeit mitbringen. Via del Capitano 6/8, ℡ 0577-288094.

Osteria Il Tamburino (46), preiswerte, solide Küche: Pici, Ossobuco oder Kaninchen. Familiäre Atmosphäre, etwas abseits der Touristenströme Do geschlossen. Via di Stalloreggi 11, ℡ 0577-280306.

Osteria Nonna Gina (49), kleine, sympathische Osteria mit preiswerter sienesischer Küche. Gute Hausmannskost ohne Schnickschnack und Pasta aus eigener Herstellung, leider lange Wartezeiten. Mo geschlossen. Pian dei Mantellini 2. ℡ 0577-287247.

Osteria Le Logge (34), die Küche gehört zu den besten in Siena, auch die Toscana-Fraktion um Otto Schily und Joschka Fischer ließen es sich in der ehemaligen Apotheke schon schmecken, und Sting gehört zu den Stammgästen. Natürlich gibt es auch den hauseigenen Brunello di Montalcino vom Besitzer Gianni Brunelli, die Preise sind natürlich gehoben, aber noch erschwinglich. So geschlossen. Via del Porrione 33. ℡ 0577-48013.

Nello La Taverna (39), hausgemachte Pasta, alles liebevoll angerichtet, insgesamt eher Qualität als Quantität. Dafür viele interessante Kreationen statt der immer gleichen toscanischen Küche. Auch Gerichte für Vegetarier. So geschlossen. Via del Porrione 28. ℡ 0577-289043.

La Torre (35), Trattoria in zentraler Lage, ganz und gar vom Tourismus bestimmt. Küche ohne besondere Raffinesse, Menu turistico für 25 €. Do geschlossen. Via di Salicotto 7. ℡ 0577-287548.

Orto de Pecci (50), ein kleiner Agriturismo mit Restaurant und das noch innerhalb der Stadtmauern in einem Garten inmitten der Stadt! Auch Verkauf von Gemüse aus biologischem Anbau. Hier fühlt man sich, als ob man schon auf dem Land wäre … Via di Porta Giustizia 39. ✆ 0577-222201, www.ortodepecci.it.

Da Trombicche (17), kleine Osteria mit nur etwa 5 Gerichten zur Auswahl, alle sind links vom Eingang in der Vitrine auszuwählen und kommen dann in die Mikrowelle. Es handelt sich meist um gut zubereitete Suppen und Eintopfgerichte (z. B. leckeren Bohneneintopf). Gericht ca. 5 €. So geschlossen. Via delle Terme 66. ✆ 0577-288089.

Gallo Nero (40), authentische mittelalterliche Rezepte für Fleischliebhaber, jeden Freitag gibt es Bankette mit Livemusik für 30 €. Rechtzeitige Reservierung ist fast immer notwendig. Via del Porrione 65, ✆ 0577-284356, www.gallonero.it.

Tre Cristi (11), ein elegantes und teures Ristorante mit vielen Fischgerichten, empfehlenswert ist das schon vom Namen her poetische „Tarantello di tonno poco cotto con fantasia di pomodoro, crema di acciughe e capperi, riduzione all'aceto balsamico". Viccolo di Provenzano 1/7. ✆ 0577-280608, www.trecristi.com.

Osteria del Gatto (52), der neue Besitzer des Lokals ist gleichzeitig der Küchenchef. Relativ preiswert (cena für 15–20 €), gute Fisch- und Wildgerichte, mit einigen Tischen auf der Straße. So geschlossen. Via S. Marco 8. ✆ 0577-287133.

Osteria Enoteca Sotto le Fonti (38), etwas abseits im Viertel der heiligen Caterina gelegen, vielleicht auch deshalb gute Preis-Leistungs-Balance (cena für bis zu 30 €),

sehr geschmackvoll eingerichtet, viele einheimische Gäste. Besonders zu empfehlen: die hausgemachten Nudelgerichte („Pici") und die Antipasti. 150 Weinsorten, die man zu einem sehr fairen Preis auch direkt kaufen kann. Das deutsch-italienische Betreiberpaar versteht etwas vom herzlichen Service. Abends bekommt der Gast zur Begrüßung einen Prosecco serviert. Sonntag Ruhetag. Via Esterna Fontebranda 114 (gegenüber dem Parkplatz Santa Caterina-Fontebranda), ✆ 0577-226446, www.sottolefonti.it.

Rosticceria Cinese La Rosa (42), ein Fast-Food-Chinese, bei dem es aber gut und verblüffend authentisch schmeckt. Nicht nur wegen der günstigen Preise eine willkommene Abwechslung in Siena, auch Lieferservice. Via Pantaneto 68. ✆ 0577-42037.

● *Außerhalb* **Fontebecci**, nahe der Einfahrt zur Superstrada nach Florenz, gegenüber der Tankstelle. Empfehlenswert, weil für wenig Geld Köstlichkeiten geboten werden. Die beste Pizza der Stadt, der *Pizzaolo* ist Neapolitaner! Leider sehr lange Wartezeiten. Do geschlossen. Via Fiorentina 133, ✆ 0577-50259.

Eden, in Costalpino an der Straßengabelung SS 73 (nach Roccastrada) und SS 223 (nach Grosseto). Angenehmes Restaurant mit überdachtem Vorbau. Spezialität des Hauses ist Fisch, abends werden aber auch Pizzen gebacken. Ein Leser, der die hervorragende Qualität des Essens im Eden lobt, vermerkt als einzigen Nachteil, dass die überdimensionalen Portionen kaum zu schaffen sind! Durchschnittliche Preise. Mo geschlossen. Grossetana 3, ✆ 0577-391140.

Cafés & Gelaterie (siehe Karte S. 568/569)

Bar Le Logge (32), der beste Caffè und Cappuccino der Stadt. Schön sitzen kann man über der Theke auf dem kleinen Holzbalkon mit vier Tischlein. So geschlossen. Via Banchi di Sotto 11.

Nannini (27), hier kann man noch ausgebildete *baristi* bei der Arbeit bewundern und anschließend den formvollendeten Schaum auf dem Cappuccino. Aus der für ihre *paste* berühmten Sieneser Familiendynastie stammt übrigens auch die Sängerin Gianna. Via Banchi di Sopra 24.

Barché (15), in der Einkaufsgalerie. Sehr modernes, elegantes und versnobtes Café, in dem sich die Sienesen treffen. Von den Tischen der Terrasse hat man einen traumhaften Blick über die Stadt. Piazza Matteotti 17.

Caffè Novo (22), renovierte Kellerbar, weit verzweigte Räumlichkeiten, hell und gemütlich. Auch Bestuhlung auf der Straße. Ein zusätzliches Plus: diverse Spiele im Regal (u. a. Schach). Geöffnet 12–1 Uhr, im Sommer So, im Winter Mo geschlossen. Via Camporegio 13.

Bar & Internet Caffè Alfieri (37), riesige Auswahl an caffè, z. B. der *imperiale* mit Zabaione, Schokolade, Espresso, Rum, Sahne und Zimt für nur 1,50 €! So geschlossen. Via Pantaneto 59.

Gelateria Caribia (31), das vielleicht beste Gelato in Siena bekommt man hier direkt am Campo, und zwar auch ungewöhnliche Sorten wie Milchreis oder der Renner im Jahr 2007, Cacio (Schafskäse!) mit Birne. Von März bis Okt. geöffnet. Via Rinaldini 13.

Kneipen & Discos (siehe Karte S. 568/569)

Tea Room (45), etwas versteckt bei der Piazza del Mercato und wohl nur deshalb fast ohne Touristenverkehr. Ilario bietet seinen Gästen nicht nur ausgewählte Teesorten in verschiedensten Tassen und Kännchen, sondern auch eine hervorragende Trinkschokolade, frische Kuchen und Cocktails. Dazu passt die Einrichtungen mit dem Besten, was die hiesigen Flohmärkte zu bieten haben und die dezente Jazzmusik, meistens vom Band, manchmal auch live. Di–So 20–3 Uhr, Mo geschlossen. Porta Giustizia 11, www.tearoomportagiustizia.com.

Al Cambio Music Hall (36), Underground-Atmosphäre, laute Musik, viele Studenten, oft auch Livemusik (es wird auch getanzt). Seitdem in Italien Rauchverbot herrscht, sieht man auch wieder mehr in den früher völlig verqualmten, länglichen Innenraum. Via del Pantaneto 48.

The Walkabout Pub (41), eine australische Kneipe mit den besten Weinen aus Downunder. Dazu kommen Sportübertragungen und Känguru-Sandwichs für alle, die kein Wildschein und Chainina-Rind mehr essen möchten. Via Pantaneto 90, www.walkaboutpub.it.

Dublin Post (8), original Irish Pub, auch zum Draußensitzen. Piazza Gramsci 21.

Bar L'Officina (5), öfter Livemusik, viele verschiedene Biersorten. Geöffnet 18–3 Uhr, So geschlossen. Piazza del Sale 3 a.

Caffè 115 (10), gemütlich – viel Holz, Spiegel, fast wie ein English Pub, für Bayern gibt es Maßkrüge, abgesehen davon „gay-friendly". Via dei Rossi 115.

San Paolo (30), die wahrscheinlich besten *panini* der Stadt, auch perfekt für den abendlichen Ausklang mit einem kühlen Blonden. Viccolo San Paolo 2, www.sanpaolopub.com.

Barone Rosso Pub (25), Ausschank von Guinness-Bier, Livemusik, geöffnet 21–3 Uhr. Via dei Termini 9, www.barone-rosso.com.

Enoteca Italiana (9), großzügig angelegte Weinprobierstube in den mächtigen Gewölben der Fortezza. Sie können den Wein glas- oder flaschenweise (ab ca. 8 €) probieren, aber auch ganz einfach kaufen. Über 600 verschiedene Qualitätsweine Italiens zur Auswahl! Leider schlechte Beratung und Service, man sollte vielleicht nur einen Rundgang machen und sich in den kleinen Önotheken umgucken, wo man besser beraten wird und in der Regel weniger bezahlt! Geöffnet 12–1 Uhr (Mo nur bis 20 Uhr), So geschlossen. Fortezza Medicea.

Sehenswertes

Kartenreservierungen/Sammeltickets (Biglietto cumulativo)

Eintrittskarten können unter ☎ 0577-41169, ✆ 0577-226265 oder unter moira.cen cioni@comune.siena.it reserviert werden. Abholung am Palazzo Comunale.

„Torre und Museum": 12 €

„Musei Comunali": Museo Civico/Palazzo Papesse/Santa Maria della Scala 11 € (2 Tage gültig)

„S.I.A. Inverno": Museo Civico/Palazzo Papesse/Santa Maria della Scala/Museo dell'Opera/Battistero S. Giovanni 14 € (7 Tage gültig)

„S.I.A. Estato": Museo Civico/Palazzo Papesse/Santa Maria della Scala/Museo dell'Opera/Battistero S. Giovanni/S. Bernardino 17 € (7 Tage gültig)

„Museo dell'Opera, Battistero, Cripta, Oratorio San Bernardino, Museo Diocesano": 10 € (3 Tage gültig)

Il Campo

Der Platz, der sein heutiges Gesicht 1347 erhielt, ist sicher der schönste der Toscana und noch immer der Mittelpunkt des öffentlichen Lebens. Muschelförmig breitet er sich in der Senke der drei Hügel aus, auf denen Siena erbaut wurde. Rundum erhebt sich eine einzigartige Kulisse mittelalterlicher Paläste, die heute

Restaurants und Cafés beherbergen. In den kühlen Abendstunden herrscht oft eine berauschende Atmosphäre: spontane Aktionen, Gaudi, Straßenmusik.

Der Brunnen am Platz heißt *Fonte Gaia* („fröhliche Quelle"). Er wurde zu Beginn des 15. Jh. errichtet und erhielt seinen eigenartigen Namen, weil es bei seiner Einweihung zu wahren Jubelstürmen kam, als sich erwies, dass das über einen immerhin 25 km langen Aquädukt hergeleitete Wasser tatsächlich am vorgesehenen Ort hervorsprudelte. Die Reliefs sind Kopien, die Originale befinden sich im Palazzo Comunale.

Wer das Treiben auf dem Campo aus kontemplativer Distanz betrachten will, sollte sich in das kleine *Café Torreficazione* an der Via di Città 13 begeben; vom Balkon aus hat man einen wunderschönen Blick über den gesamten Platz.

Palazzo Sansedoni: Der auffallend schön und aufwändig gestaltete Bau liegt vom Palazzo Pubblico aus gesehen an der rechten Seite des Campo. Früher besaß er noch einen Turm, der fast so hoch war wie die Torre del Mangia (s. u.). Im Inneren sind einige Kunstwerke aufbewahrt; leider kann man sie nicht besichtigen, denn der Palazzo Sansedoni ist nicht öffentlich zugänglich.

Palazzo Pubblico (Palazzo Comunale)

Die Bauarbeiten am gotischen Rathaus mit seinem mächtigen Turm wurden Ende des 13. Jh. begonnen. 1327 standen der Mittelteil und der untere linke Teil. Bis 1680 folgten der Erker und die obere Fensterreihe. Mit seinen schlichten Verzierungen, den Zinnen und sienesischen Bögen über den Fenstern diente er vielen später erbauten Palästen als Vorbild.

Torre del Mangia: Der schlanke, 102 m hohe Glockenturm des Palazzo Pubblico wurde nach einem Glöckner mit dem wenig schmeichelhaften Namen *Mangiaguadagni* (etwa „Geldfresser") benannt. Wenn Sie den Turm besteigen, erwartet Sie eine Schwindel erregende Aussicht und eine tonnenschwere Bronzeglocke über dem Kopf!

⏱ im Sommer 10–19 Uhr, im Winter (31.10–16.3) 10–16 Uhr. Es werden jeweils 30 Pers. eingelassen. Besonders zu Stoßzeiten steht man u. U. eine Stunde lang an, obwohl ein Schild die Besucher ermahnt, sich nicht länger als 20 Min. auf dem Turm aufzuhalten. Am besten Ticket vorher reservieren. Oft ist der Turm gegen Mittag schon bis 16 Uhr ausverkauft. Eintritt 7 €, mit Reservierung nur 6 €.

Museo Civico: Prachtvolle, von den besten Künstlern der damaligen Zeit gestaltete, mit Fresken geschmückte Repräsentationsräume im 1. Stock des früheren Stadtpalasts:

Saal der Balia und der Prioren: Fresken aus dem frühen 15. Jh., darunter Episoden aus dem Leben Papst Alexanders III., eines erbitterten Gegners des Kaisers und Verbündeten der lombardischen Städte. Die Fresken vermitteln einen plastischen Eindruck vom Leben in der Renaissance-Gesellschaft.

Sala del Concistoro: Die außerordentlich hell leuchtenden Fresken an der in regelmäßige Felder aufgeteilten Decke stammen von *Domenico Beccafumi*, dem bedeutendsten sienesischen Vertreter des Manierismus. Dargestellt sind die Tugenden des bürgerlichen Lebens.

Die Cappelle del Consiglio ist vollständig mit Fresken von *Taddeo di Bartolo* ausgeschmückt. Im Vorraum sind heidnische Gottheiten und die politische Prominenz des antiken Rom dargestellt.

Mappamondo – Saal des Erdballs: Benannt nach einer allerdings nicht mehr vorhandenen drehbaren Weltkarte von Ambrogio Lorenzetti. Hier ist das berühmte Reiterbildnis des Guidoriccio da Fogliano bei der Belagerung von Montemassi zu sehen.

Es stammt von Simone Martini, dem neben Giotto bedeutendsten italienischen Maler des Trecento (14. Jh.). Das märchenhaft anmutende Bild, auf dem Ross und Reiter dank der einheitlichen Kleidung vor der kargen, unbewachsenen Hügellandschaft miteinander verschmelzen, ist ein Bestseller unter den Postkartenmotiven Sienas. An der gegenüberliegenden Wand ein Frühwerk um 1315 von Martini: die Maesta, eine thronende Madonna, umgeben von Engeln und Heiligen als Stadtpatronin Sienas.

Sala di Nove (oder auch *Sala della Pace* − Saal des Friedens): Das war der öffentliche Sitzungsraum der „Regierung der Neun" aus der Blütezeit Sienas (1292–1355). Allegorien von Ambrogio Lorenzetti stellen „die gute und die schlechte Regierung" und die jeweiligen Auswirkungen für Stadt und Land dar.

Das Fresko rechts zeigt die Folgen der guten Regentschaft: Friedlich und in Harmonie begegnen sich die verschiedenen Gesellschaftsschichten in Stadt und Land, Wohlstand und Frohsinn finden ihr Abbild in den blühenden Landschaften.

Ganz anders an der gegenüberliegenden Wand die Folgen der „Schlechten Regierung", die Tyrannei durch den Alleinherrscher: die Gerechtigkeit liegt in Ketten, es herrschen Gier, Grausamkeit, Betrug und Zerstörung.

Loggia: Ein Stockwerk höher hat man der großen Loggia einen weiten Blick über den Markt hinaus ins Land.

⏰ 10–19 Uhr (im Winter nur bis 17.30 Uhr). Eintritt 7,50 €, mit Reservierung 6,50 €. Studenten- und Rentnerermäßigung.

Dom

Er ist Sienas ganzer Stolz, und das nicht zu Unrecht. Denn mit seiner aufwändigen gotischen Zuckerbäckerfassade kann er ohne weiteres mit dem Florentiner Dom konkurrieren.

Erst wird man von der Fassade aus hellem Marmor regelrecht geblendet, dann verliert sich das Auge in vielen feinen Details. Vor allem im oberen Teil ist der Dom reich mit Ornamenten, Statuen, Mosaiken und Skulpturen ausgestattet. Im unteren Teil ist die Fassade genau wie der Glockenturm mit einer markanten Streifung versehen. 2007 wurde die Fertigstellung der Fassadenrestaurierung gebührend gefeiert. Der Dom sieht nun von außen noch eindrucksvoller aus als in den Jahren zuvor.

Früher stand an der Stelle des Doms eine Kapelle, doch als Siena im 13. Jh. zu großem Wohlstand kam, wollte man ein gewaltiges Werk zu Ehren der heiligen Maria errichten. Teile des alten Baus wurden abgerissen, das neue Werk wurde in Angriff genommen, doch bald erschien auch dieses – vor allem im Vergleich zum Florentiner Dom – zu klein. Der bis dahin gebaute Teil sollte nun das Querschiff bilden, das riesige Längsschiff sollte folgen. *Lando Di Pietro* und die Brüder *Agostino* machten sich um das Jahr 1339 ans Werk. Pest und Wirtschaftskrise zwangen jedoch 1348 zur Einstellung der Arbeiten. Erst 1376 vervollständigte *Giovanni di Cecco* den oberen Teil der Fassade. Die Glasmosaike wurden im 19. Jh. angebracht.

Wer von dem gigantischen, letztlich aber gescheiterten Vorhaben einen Eindruck bekommen will, betrete das Domareal vom Baptisterium her: Das wunderschöne gotische Portal ist Teil des nicht vollendeten Bauabschnitts. Die Piazza Jacopo della Quercia ist Teil des Längsschiffs, die Mauer mit dem Eingang zum Dommuseum bildet die linke Seitenwand.

Das Rathaus mit der hohen Torre del Mangia

Die Zuckerbäckerfassade des Doms

Das **Innere** ist von Säulen in gestreiftem Dekor unterteilt, vom Deckengewölbe leuchten aufgemalte Sterne. Über den Säulen reihen sich chronologisch in U-Form die päpstlichen Häupter von Siricius (384–399) bis Marinus II. (942–946). Auffallend schön ist die mit Flachreliefs mit Motiven aus dem Leben Jesu geschmückte Marmorkanzel von *Nicola Pisano*, deren Säulen auf zwei weiblichen und zwei männlichen Löwen ruhen. Sie entstand 1268 und zählt zu den Hauptwerken *Pisanos*.

Apsis: Neben dem Altar von *Peruzzi* gibt es hier noch einige andere Sehenswürdigkeiten: Im oberen Teil der Wandfresken entdeckt man *Beccafumis* Darstellung der Himmelfahrt Marias. Das außerordentlich hübsche, neunteilige Fenster ist eine Arbeit aus dem 13. Jh. Das Chorgestühl datiert aus dem 14. Jh., die großartigen Intarsien von *Liberale Da Verona* (16. Jh.) wurden erst Anfang des 19. Jh. eingefügt.

⏱ Im Sommer 10.30–19.30 Uhr, im Winter 10.30–18.30 Uhr (sonn- und feiertags jeweils ab 13.30 bis 18.30 bzw. 17.30 Uhr). Eintritt 3 €. In der Zeit vom 20.8. bis 19.10., wenn der Domboden freigelegt ist, zahlt man 6 €. Eine Schleuse sorgt dafür, dass sich nie mehr als 700 Besucher im Dom aufhalten. Saisonabhängig können sich lange Warteschlangen bilden.

Libreria Piccolomini (Dombibliothek): Sie befindet sich links in einem Nebenraum des Doms und wurde im Auftrag des Erzbischofs von Siena, Kardinal Francesco Todeschini Piccolomini, eingerichtet. Er war der Neffe von Pius II. und besetzte später als Pius III. selbst ein Jahr lang den Papststuhl. Unter den dekorativ bemalten Gewölbebögen stellen farbenprächtige Fresken von *Pinturicchio* zehn Episoden aus dem Leben Pius II. dar. Über dem Eingang der Bibliothek ist die Krönung Pius III. zu sehen. Im Gewölbe prangt das Wappen der Piccolomini, ein Kreuz mit fünf Halbmonden. Zweck des ganzen Aufwands: Die Bibliothek sollte die umfangreiche Sammlung Pius II. beherbergen. Dazu kam es nicht, weil der Auftraggeber vorher verstarb und die wertvollen Werke in die vatikanische Bibliothek wanderten. So beschränkt sich der Bestand noch heute auf die domeigenen Choralbücher aus dem 15. Jh.

⏱ Anfang März bis Okt. 10.30–19.30 Uhr; Nov.–Febr. 10.30–18 Uhr, So und feiertags nur am Nachmittag. Eintritt 3 €.

Domboden: Der größte Teil des einzigartigen Dombodens mit seinen 52 Bildern entstand zwischen dem 14. und 16. Jh. Bei den ältesten Teilen erzeugen eingeritzte, mit Teer gefüllte Fugen das Bild. Die neueren Bildwerke sind wertvolle Einlegear-

San Galgano – grüner Rasen am Kirchenboden ▲

▲▲ San Galgano – blumige Zufahrt zur Kirche Monte Siepi   ▲ Certaldo – Rathaus

▲ Chianti-Region – nicht mehr ganz taufrisches
    Hinweisschild zum Oratorium des hl. Eufrosino

San Galgano – ein roter Rundbau zu Ehren des Heiligen ▲▲

Montemassi – am Gipfel die spärlichen Reste vergangener Macht ▲

▲▲ Beim Pflügen glatt übersehen –
    erosionsgeschädigte Landschaften der Crete (JP)
▲   Montepulciano

beiten aus verschiedenfarbigem Marmor. Erzählt werden Episoden der Menschheitsgeschichte von den Ägyptern bis zum Neuen Testament. Um den „Marmorteppich" zu schützen, wurde ein Großteil mit Holzplatten abgedeckt (zu wechselnden Terminen – alle zwischen dem 20. August und Ende Oktober – sind alle Bildteile frei zu betrachten). Die Inschrift am Haupteingang erinnert den Besucher daran, dass er den „keuschen, der Jungfrau geweihten Tempel" betritt.

Das erste Feld zeigt den ägyptischen Mystiker und Philosophen Hermes Trismegistos, der in der Renaissance als Zeitgenosse und Lehrer Moses' galt. Seine Werke wurden erst im 15. Jh. vom Griechischen ins Lateinische übersetzt. Er beschrieb darin eine Naturreligion mit aufregenden magischen Elementen, was gut zum damaligen Zeitgeist passte. Das folgende Feld zeigt die sienesische Wölfin im Kreis der Wappenzeichen der verbündeten Städte (19. Jh., nach einem Original aus dem 14. Jh.). Das letzte Feld im Hauptschiff stammt von *Pinturicchio*: Eine Gruppe wohlhabender Leute nimmt, allen Schlangen und Eidechsen trotzend, den steilen, felsigen Weg zum Berg der Weisheit auf sich. Die

Der Dom im Innern

nackte Fortuna hat sie auf eine Insel gebracht, sie steht mit einem Fuß auf ihrem Boot, mit dem anderen auf einer Kugel und hält mit ihrer Linken das Segel hoch. Oben am Gipfel thront die Weisheit, flankiert von griechischen Philosophen. Sokrates reicht sie die Palme, Krates Mallotes ein Buch, während dieser Reichtümer ins Meer schüttet. Eine Inschrift unterstreicht: Der Pfad der Tugend ist beschwerlich, doch winkt als Lohn das höchste Gut: der Seelenfriede. In den Seitenschiffen sind die Sibyllen dargestellt, die Christi Kommen ankündigen: weiße Frauengestalten auf schwarzem Hintergrund.

Dommuseum (Museo dell'Opera): Der Eingang zum Museum ist Teil des neuen Doms, der unvollendet blieb. Neben Messgewändern, Gold- und Schmiedearbeiten sind einige Skulpturen von *Pisano* zu bewundern. Im Erdgeschoss befinden sich die Originalfiguren der Domfassade. Im ersten Stock wird das wichtigste Werk der Sieneser Schule aufbewahrt, die „Maestà" von *Duccio di Buoninsegna*. Das Gemälde entstand zwischen 1308 und 1311 und schmückte einst den Hochaltar. Im 15. Jh. wurde es aus dem Dom entfernt. Vom dritten Stock führt eine Treppe hinauf zur *Facciatone*, der großen Fassade des unvollendeten Domschiffes. Von hier genießt man einen phantastischen Blick auf die Stadt.

⊘ 15.3.–30.9. 9.30–19 Uhr, 1.11.–14.3. 10–17 Uhr. Eintritt 6 €.

Karten S. 561 und 568/569

Siena

Baptisterium (Battistero di San Giovanni): Es liegt im Unterbau des Doms, wurde 1382 fertig gestellt und ist in seinem Stil dem Dom ähnlich. Drei Portale führen in das Innere mit Kreuzgewölbe. Die Fresken in der Apsis und im Gewölbe stammen von *Il Vecchietto* und seinen Schülern (16. Jh.).

Das unbestrittene Prunkstück des Baptisteriums ist das Taufbecken (15. Jh.) mit Szenen aus dem Leben Johannes des Täufers. Mehrere Künstler haben an den Bronzereliefs gearbeitet, unter ihnen die bekanntesten ihrer Zeit: *Donatello*, *Lorenzo Ghiberti* und *Jacopo della Quercia*.

☉ 1.3-31.10. 9.30–19 Uhr. Eintritt 3 €.

Pinacoteca Nazionale

Die rund 700 Bilder vermitteln einen guten Überblick über die toscanische und speziell die sienesische Malerei des 13.–16. Jh. Der Rundgang beginnt in der zweiten Etage. Vom frühesten Meister Sienas, von *Duccio di Buoninsegna*, ist die „Madonna dei Francescani" (teilweise zerstört) zu sehen. Den Namen hat das Bild wegen der drei knienden Franziskanermönche erhalten, die – beschützt vom weiten Mantel der thronenden Maria – im Gebet verharren: eine sehr eindrucksvolle Komposition.

Der Saal 6 zeigt eine ganze Reihe Madonnen mit Kind, darunter auch einige von *Simone Martini*, der – anfänglich stark von *Duccio* beeinflusst – später zu einem dekorativeren Stil gefunden hat, wie der berühmte „Guido Riccio" im Palazzo Pubblico zeigt.

Ebenso berühmt wie *Simone* waren in der ersten Hälfte des 14. Jh. die Brüder *Pietro* und *Ambrogio Lorenzetti*. Von *Pietro* ist u. a. der „Karmeliter-Altar" zu sehen, ein großflächiges Gemälde in Gold- und Grüntönen. *Ambrogio* ist u. a. mit einer ausdrucksstarken „Beweinung Christi" und einer „Verkündigung" vertreten. Bei letzterem Bild achte man auch auf den Fußboden: Der Künstler hält sich intuitiv streng an die damals noch nicht formulierten Gesetze der Zentralperspektive.

Vermutlich ebenfalls von *Ambrogio* stammt die „Città sul Mare", ein Miniaturbild, das ein wunderbar märchenhaftes Städtchen mit Festung, Ziegeldächern und Geschlechtertürmen zeigt.

Giovanni di Paolo vertritt das 15. Jh., im Saal 14 ist sein „Weltgericht" mit böse quälenden Teufelchen zu sehen. Der Reigen sienesischer Künstler schließt sich in der ersten Etage in den Sälen 28 bis 30.

☉ Di–Sa 8.15–19.15 Uhr, So und Mo 8.30–13.15 Uhr, Eintritt 4 €, unter 18-Jährige frei.

Das „Geheimnis" der deutschen Kapelle in der Basilika San Domenico

Friedrich II. von Hohenstaufen trieb die Gründung von Universitäten stark voran. Deshalb war auch die erste Zeit der Sieneser Universität im 14. Jh. stark deutsch geprägt bzw. die Uni wurde von vielen deutschen Studenten besucht. Viele starben auch in Siena, die meisten von ihnen waren adliger Herkunft. Da man ja damals nur in bzw. unter der Kirche (geweihte Erde) begraben werden konnte, kauften sich viele dieser begüterten Studenten „ihre" Grabstelle in der Krypta von San Domenico. In Erinnerung an die zahlreichen deutschen Studenten wurde ihnen dann eine ganze Seitenkapelle gewidmet. Böse Zungen behaupten auch, dass viele von ihnen außer bei Duellen und durch Krankheiten auch durch übermäßigen Weingenuss starben und dass sie sich im Sarg ein kleines Reservoir anlegten, um so auch im Jenseits immer mit Wein versorgt zu werden!

Weitere Sehenswürdigkeiten in der Stadt

Ospedale di Santa Maria della Scala: Der mächtige Palast gegenüber dem Hauptportal des Doms ist eines der ältesten kirchlichen Hospize Europas.

Die Verkündigungskirche *(Chiesa della Santissima Annunziata)* gleich im Eingangsbereich ist ohne Eintrittskarte zu besichtigen, im Chor zeigt ein Fresko aus dem 18. Jh., wie Kranke zum heilenden Quellbecken getragen werden.

Prunkstück ist der Pilgersaal (Raum 7, *Sala dei Pelegrini*), der mit recht realistisch wirkenden weltlichen Motiven ausgemalt ist. Sie zeigen u. a. Szenen aus dem Alltag des Krankenhauses. Die meisten Fresken wurden im 15. Jh. von *Domenico di Bartolo* geschaffen, dessen Stil stark an *Masaccio* erinnert.

Die alte Sakristei (Raum 2, *Cappella del Sacro Chiodo*) ist komplett mit Fresken von *Lorenzo Vecchietta* ausgestattet: Neben dem Altar spuckt der Wal Jonas aus, an der linken Wand sieht man eine Darstellung der Geburt Christi.

In den restlichen Sälen werden wechselnde Ausstellungen präsentiert, die meist einen Bezug zur früheren Bestimmung des Gebäudes haben. Im Keller stehen die stark angewitterten Originalreliefs des Brunnens Fonte Gaia, der auf dem Campo steht.
⏱ Im Sommer 10–18.30, im Winter 10.30–16.30 Uhr. Eintritt 6 €, mit Reservierung 5,50 €. Studenten- und Rentnerermäßigung.

Basilika San Domenico: Der hohe gotische Bau aus dem 13. Jh. (im 15. Jh. erweitert) wirkt mit seiner kahlen Backsteinfassade beinahe modern im Vergleich zu den sonstigen historischen Bauwerken Sienas. Ein Besuch ist besonders in den Morgenstunden lohnenswert, wenn durch die blau und rot bemalten Glasfenster über dem Hauptaltar das Licht hereinflutet. Sehenswert ist die Cappella di Santa Caterina mit *Sodomas* „Die Ohnmacht der Heiligen Katharina". In der Cappella delle Volte ist eine weitere Darstellung der

Wird es wohl nie in die Pinacoteca Nazionale schaffen ...

Katharina zu sehen: Die in Blau gekleidete Heilige mit einem Blumenzweig richtet den Blick auf eine vor ihr kniende Gläubige. Das Fresko stammt von *Andrea Vanni*, der Sienas Stadtheilige persönlich gekannt hat, die Gesichtszüge gelten als authentisch. Katharinas Haupt wird in einer Seitenkapelle rechts aufbewahrt, daneben weitere Reliquien, u. a. ein in Silber gefasster Finger der Heiligen – so war das eben damals üblich.

Chiesa San Francesco: Die Kirche gehört zum Sieneser Franziskanerkloster, dessen weitere Gebäude zu einem großen Teil von der Universität genutzt werden; angehende Nationalökonomen und Kommunikationswissenschaftler schleppen Lehrbücher durch den Kreuzgang. Sehenswert die „Kripta", heute der Lesesaal.

Karten S. 561 und 568/569

Siena

Das zebragestreifte Innere ist groß und ziemlich kahl. In zwei Chorkapellen sind Fresken der Brüder *Lorenzetti* erhalten. Allerdings ist das Gold abgeblättert und nur noch die rote Grundierung zu sehen, was jedoch die Deutlichkeit der Darstellungen nicht wesentlich beeinträchtigt. Man betrachte z. B. in der zweiten Kapelle links die Figuren in *Ambrogio Lorenzettis* „Gelübde des Heiligen Ludwig": Vor dem Papst kniend, spricht Ludwig das Gelübde. Er wird in den Franziskanerorden eintreten und so seinem Bruder Robert den Weg zum Königsthron von Neapel freimachen. Kontemplativ das Kinn auf die Hand gestützt, verfolgt Robert die Szene, neben ihm Kardinäle, im Hintergrund das neugierige Publikum.

In einer Nebenkapelle wird das „Fortdauernde eucharistische Wunder" verehrt. Es handelt sich um 223 Hostien, die am 14. August 1730 geweiht und am folgenden Tag gestohlen wurden. Drei Tage später fand man sie in einem verstaubten Opferstock. Da man sie den Gläubigen nicht mehr zumuten mochte, aber auch nicht einfach wegwerfen konnte (schließlich waren sie geweiht), bewahrte man die Hostien einfach auf. Sie sollen noch heute allen chemischen Verfallsprozessen trotzen und frisch sein.

Oratorio di San Bernardino: Das zweistöckige Oratorium gleich neben der Chiesa San Francesco ist ebenfalls Teil des Klosters und vor allem wegen der Oberkapelle einen Besuch wert: Die Wände schmückt ein Marienzyklus von Geburt bis Tod, der größtenteils von *Sodoma* stammt. In der Unterkapelle hat *Francesco Vanni* die beiden Stadtheiligen von Siena mitsamt Stadtansicht an der Decke verewigt.
⏱ Mitte März bis Ende Okt. 10.30–13.30 und 15–17.30 Uhr. Eintritt 3 €.

Casa di Santa Caterina: Hier wurde Katharina als 25. (!) Kind eines Färbers geboren. Das „Haus" ist ein richtiger kleiner Gebäudekomplex geworden, mit Pilgerunterkünften und kleinem Kloster. Besonders schön ist der Eingangsbereich mit seinem doppelten Portikus. Die Kapelle befindet sich genau an der Stelle des elterlichen Wohnhauses (beim Altar, hinter Glas ein Fragment der Küchenwand). Hier fühlt man sich wie in einem bunten Schatzkästlein: eine schwer vergoldete Kassettendecke, die Wände voll mit großflächigen Ölgemälden aus dem 17. Jh., welche Episoden aus dem Leben der Heiligen zeigen.
⏱ 9–12.30 und 15–19 Uhr. Eintritt frei.

Synagoge: Die einst starke jüdische Gemeinde Sienas zählt heute nur noch rund 50 Mitglieder und wird vom Florentiner Rabbi betreut. Die Synagoge im alten Judenghetto Sienas wurde erst nach einer Renovierung in den 1990er Jahren, die das Innere wieder hell und feierlich erstrahlen lässt, öffentlich zugänglich gemacht. Sie stammt aus der Übergangszeit zwischen Rokoko und Klassizismus. Ein Schmuckstück ist der im Vorraum ausgestellte „Stuhl von Elias" mit seinen feinen Intarsienarbeiten. Verse in der Rückenlehne beziehen sich auf das Beschneidungszeremoniell, bei dem der Stuhl verwendet wurde.
⏱ So 10–13 und 14–17 Uhr mit Führungen zu jeder vollen Stunde. Eintritt 3 €.

Fortezza Medicea: Die westlich der Altstadt gelegene Stadtfestung ist wegen ihrer Lage einen Spaziergang wert. Die Verteidigungsanlage wurde 1560 von Cosimo I. in Auftrag gegeben und an der Stelle erbaut, an der die Florentiner nach dem Sieg über die Sieneser ihr Hauptquartier aufschlugen. Sie ist noch immer das Symbol der Niederlage und wird vielleicht deshalb von den Sienesern gelegentlich auch Forte Santa Barbara genannt – nach der Schutzheiligen der Artillerie.

Der Spaziergang zur Fortezza lässt sich mit einer Weinprobe in der Enoteca Italiana (s. o. „Kneipen") abschließen. Im Juli und August kann man hier wie in so vielen italienischen Städten „Kino unter den Sternen", also open-air genießen – Sitzkissen für die harten Steinbänke werden verteilt.

An die Festung schließt sich im Nordosten die **Lizza** (Turnierplatz) an, eine Parkanlage mit altem Baumbestand und einem Reiterstandbild Garibaldis.

Fontebranda: Die bis vor kurzem noch abseits vom Trubel gelegene Branda-Quelle wurde die letzten Jahre „aufgewertet": die alten Schuppen gegenüber machten einem Kunsthandwerkszentrum Platz („Siena Artefice"), in dem nun anspruchsvollere Toscana Souvenirs verkauft werden. Ebenso wurde der Parkplatz Santa Caterina-Fontebranda erweitert, von dem eine Rolltreppe direkt zum Dom führt. Unser Tipp: in den frühen Abendstunden hingehen!

Palazzo delle Papesse: Via di Città. Päpstinnen kennt die katholische Kirchengeschichte nicht, und auch die päpstlichen Kurtisanen sind mit „Papesse" nicht gemeint. Beim schmucken Renaissance-Palast handelt es sich ganz einfach um den Wohnsitz, den der Piccolomini-Papst Pius II. für seine Schwester Katharina errichten ließ. Architekt war angeblich *Bernardo Rosselino*, der Baumeister der Reißbrettstadt Pienza.

Seit 1999 ist im Palazzo das **Centro Arte Contemporanea** untergebracht, eine überaus ambitionierte Einrichtung, die auf drei Etagen mit wechselnden Ausstellungen dem gegenwärtigen Kunstströmungen nachspürt.

⏱ 12–19 Uhr, Mo geschlossen. Eintritt 5 €, mit Reservierung 4,50 €. Studenten- und Rentnerermäßigung.

Palazzo Chigi-Saracini: Der Palast am Campo (Eingang an der Via di Città) ist heute Sitz der weltbekannten Musikschule von Siena. In den Sälen, in denen viele Konzerte stattfinden, hat sich ein kleiner Kunstschatz angesammelt: *Botticelli, Pinturicchio, Sodoma* und viele andere sind hier vertreten (öffentlicher Zugang bis zum wappenverzierten Innenhof mit Zisterne, Besichtigung der Säle nur mit Sondergenehmigung).

Palazzo Salimbeni: Am gleichnamigen Platz. Hier wurde 1472 die erste Bank der Welt gegründet, die noch heute aktive „Monte dei Paschi". Siena war berühmt für seine stabile Währung – Fürsten und

Über den Dächern von Siena

Kardinäle kamen hier zum Geldpumpen vorbei. Im 19. Jh. wurde der Palast umgebaut und erhielt sein heutiges gotisches Aussehen.

Museo della Tortura: Im Viccolo del Bargello beim Campo. Zu sehen gibt es mehr als 100 Folterinstrumente aus dem 16. und 17. Jh. Darunter befinden sich auch einige sehr seltene Exemplare, die die grausame Phantasie der damaligen Henker zeigen.

⏱ tägl. 10-20 Uhr, Eintritt 8 €, erm. 5,50 €, Gruppen 3 €.

Parco Sculture del Chianti: mit den zeitgenössischen Skulpturen eine willkommene Abwechslung zu Sienas mittelalterlicher Kunst und Architektur. Näheres zum Skulpturenpark finden Sie unter Castellina in Chianti.

Karten S. 561 und 568/569

Siena

Volterra – grau ummauerte Etruskerstadt

Westlich von Siena

Castello di Monteriggioni

Schon der Blick von der Superstrada Florenz–Siena macht neugierig: Mitten aus den Weinbergen ragt märchenhaft eine Mauer mit Türmen in regelmäßigen Abständen heraus.

Beim anschließenden Besuch erweist sich das 1203 zur Verteidigung Sienas errichtete Kastell als ein hochkarätiges mittelalterliches Schmuckstück. Die Rundmauer (570 m) mit ihren 14 Wehrtürmen ist komplett erhalten. Seit 2006 kann man auf ihr entlang wandern (Eintritt 1,50 € von 10-17 Uhr) und dabei die Aussicht auf das hügelige Umland genießen. Im Inneren findet der Besucher eine winzige Dorfgemeinschaft von ca. 60 Einwohnern vor, die sich daran gewöhnt hat, dass Touristen um die paar Häuser streifen. Um den Hauptplatz mit dem Dorfbrunnen gruppieren sich ein Lebensmittelladen, ein Bioladen mit allerhand Kräutern in der Vitrine, drei Souvenirshops, drei Bars und die Kirche. Außerdem gibt es hier zwei Restaurants, das „Castello" und das „Pozzo", die beide eine sehr gute, aber auch recht teure Küche pflegen (s. u.), aber auch Sitzplätze fürs Picknick innerhalb und außerhalb der Mauern.

*I*nformation/*A*dressen

● *Information* Eine **Touristen-Info** befindet sich innerhalb der Burgmauern an der Kirche. März–Okt. 10.30–19.30 Uhr, sonst 11–17 Uhr (Mo geschlossen). Piazza Roma 23, turismo@comune.moteriggioni.si.it, www.

comune.monteriggioni.si.it, www.proloco monteriggioni.it, ✆/🖷 0577-304834.

● *Feste* Das berühmte Mittelalterfest Monteriggionis findet jährlich an zwei aufeinander folgenden Juliwochenenden statt. Gaukler,

Handwerker, Feuerschlucker und Wahrsager tummeln sich in den Gassen der Festung, sogar sein Geld tauscht man gegen die Mittelalterwährung „scudi" ein. Am überzeugendsten ist ein in Lumpen gehüllter, von der Pest befallener Bettler, der seit Jahr und Tag auf diesem Fest durch die Straßen humpelt und die Leute erschreckt. Abgerundet wird das sehenswerte Spektakel durch Tanz- und Musikvorführungen.

• *Parken* Parkgebühren pro Std. 2 €, ganzer Tag 3 €. Ein Stück weiter unterhalb kostet es nichts. Von hier erreicht man bequem in wenigen Minuten über eine breite Steintreppe die Burganlage.

*Ü*bernachten/*C*amping

**** Hotel Monteriggioni, 12 komfortable Zimmer und ein Swimmingpool inmitten der Mittelalterszenerie Monteriggionis. DZ 230 €. Via 1° Maggio 4, ☎ 0577-305009, ☏ 0577-305011, www.hotelmonteriggioni.net.

Il Piccolo Castello, 6 schöne DZ, teilweise mit noblem Wohnzimmer (Kamin!) und Blick auf Castellina in Chianti bzw. auf die Piazza. Auskünfte bei Mauro Maestrini im gleichnamigen Restaurant. 80–100 € (ohne Frühstück). ☎ 0577-307300, ☏ 0577-306126, www.ilpiccolocastello.com.

Apartment Monteriggioni Castello, einfache, ordentliche Unterkünfte für 2/3/4 Pers. zu 80/100/120 € pro Nacht. Piazza Primo Maggio (gleich neben dem Hotel), ☎ 0577-304217 oder 338-9270601, www.monteriggioni castello.net.

Bar il Feudo di Mariotti Giuliano, nur zwei Zimmer und ein Appartement, ebenfalls innerhalb der alten Burgmauern im Turm – in der Tat recht „mittelalterlich", d. h. eher spartanisch. DZ 65–70 €, das App. zu 75 €. ☎ 0577-304108 oder 0577-328334, info@sherpaid.net.

Camping Luxor, nah und doch nicht ganz einfach zu finden: von Monteriggioni erst auf die Landstraße ein Stück Richtung Siena, dann Abzweig Richtung Busano–Lornano, nach der Unterquerung der Superstrada links (ausgeschildert). Der relativ preiswerte Platz (mit Swimmingpool) liegt abseits auf einer dicht bewaldeten Hügelkuppe und gehört zum Areal der Fattoria di Trasqua, die einen Chianti Gallo Nero produziert. Ausgezeichneter Ausgangspunkt für Ausflüge nach Siena, San Gimignano und Volterra. Ende Mai bis Mitte Sept. geöffnet. Loc. Trasqua, ☎/☏ 0577-743047, www.luxorcamping.com.

• *Außerhalb* **Castel Pietraio**, Unterkunft in einer mittelalterlichen Burg 4 km außerhalb von Monteriggioni. Die Verwalterin stammt aus Regensburg, kennt sich aus und kann dementsprechend Tipps geben. Eigene Weinproduktion (Kellerbesichtigung für Gäste) kinderfreundlich und mit Pool, einige Zimmer mit Jacuzzi. Von Monteriggioni aus rechts der Via Cassia Richtung Colle Val d'Elsa folgen, durch den Ort Badia Isola fahren, nach 1,5 km liegt links die Burg. 8 DZ 110–170 € Appartements ab 440 €. Strada di Strove 33-37, ☎ 0577-300020, ☏ 0577-300977, www.castelpietraio.it.

*** Hotel Casalta, gepflegtes, kleines Hotel im idyllischen Örtchen Strove (ca. 6 km von Monteriggioni entfernt). Gutes (teures) Restaurant. Anfahrt zunächst wie Castel Pietraio, dann an der Burg vorbei bis nach Strove. DZ mit Frühstück 85 €. Via Matteotti 22, ☎/☏ 0577-301002, www.chiantiturismo.it.

• *Bed & Breakfast* **Casanuova**, Gastgeberin ist Maria Paola mit ihren zwei Hunden. Von Monteriggioni aus links die Via Cassia für ca. 4,5 km in Richtung Siena folgen, dann links den Abzweig nach Poggiolo nehmen. Das zweite Haus rechts ist das Casanuova. Geöffnet von 10. März bis 10. Nov. 2 einfache DZ mit gemeinsamem Badezimmer zu 65 €. Strada del Poggiolo 4, ☎ 0577-318366 oder 348-5112261, ☏ 0577-318366, www.casanuova-bed-and-breakfast.it.

*E*ssen und *T*rinken/*W*ein

Il Pozzo, renommiertes, gutes, aber auch recht teures Restaurant mit idyllischer Terrasse zum Draußensitzen. Sonntagabend und Mo geschlossen. ☎ 0577-304127.

Il Piccolo Castello, zweite sehr gute Adresse für toscanische Küche in schönem Ambiente zu entsprechenden Preisen. Täglich selbst gebackenes Brot und frische Pasta, umfangreiche Weinkarte. Auch Zimmervermietung (siehe Übernachten). ☎ 0577-304370. www.ilpiccolocastello.com.

• *Bars* **Antico Travaglio Bar**, Borgo Monteriggioni, täglich bis Mitternacht geöffnet, schönes Gärtchen zum Verweilen (kleine Speiseauswahl).

Il Feudo, Borgo Monteriggioni, Barservice auch draußen auf der Piazza. Pizza vom Blech, Kuchen und Panini. Auch Zimmervermietung im antiken Turm (siehe Übernachten).

• *Außerhalb* **Taverna del Gallo**, in Castellina Scalo (1 km nördlich von Monteriggioni), u. a. Fischspezialitäten, die wie überall teuer sind. Mo geschlossen. Via Berrettini, ✆ 0577-304245.

La Leggenda dei Frati (Antica Osteria), in Abbadia Isola. Auch heute noch lohnt sich die „Pilgerfahrt" in den kleinen Ort, der seit dem 11. Jh. nur aus einer Klosteranlage bestand. Auf dem Weg nach Rom kehrten hier die Pilger ein und machten letzte Station vor dem Halt in Siena. Im Unterschied zu damals ist in den alten Gemäuern der Klosterruine heute eine kleine, vornehme

Osteria untergebracht, die mit ihrer raffinierten Küche und einer exzellenten Weinkarte hervorsticht. Der Tipp für den besonderen Abend. Es lohnt sich auch, den winzigen Ort wegen des Fernblicks auf die Burganlage von Monteriggioni zu besichtigen. Mo geschlossen. Von Monteriggioni Richtung Colle Val d'Elsa, dann links ab (beschildert). ✆ 0577-301222.

Capitano Uncino, Pub mit Garten, von dem man ebenfalls den spektakulärsten Blick auf die Burg Monteriggioni hat. Mi geschlossen.

• *Wein* Castello di Monteriggioni heißt der lokale Tropfen. Die **Fattoria di Monteriggioni** unterhält innerhalb der Mauern einen Direktverkauf. Die Spezialität ist der Rotwein „Il Cigolino", drei Jahre im Barriquefass ausgebaut.

Poggibonsi   *(ca. 27.000 Einw.)*

Es gibt eigentlich keinen wirklichen Grund für einen Aufenthalt in der größten Stadt zwischen Florenz und Siena. Einziger Pluspunkt sind die guten Bus- und Bahnverbindungen, mit denen die Touristeninformation etwas großmundig wirbt: „Poggibonsi – der Verkehrsknotenpunkt Italiens".

Die Stadt, im Mittelalter „Castrum Podium Bonitii" genannt, wurde Anfang des 12. Jh. von Siena als Schutzfestung gegen Florenz errichtet. Später wurde sie von den Florentinern komplett zerstört, womit der Weg für die Einnahme des Val d'Elsa frei war. Heute ist Poggibonsi das größte Handelszentrum der Gegend und der Verkehrsknotenpunkt für die nördliche Toscana. Unschön ist dagegen der Verkehr in der Stadt selbst. Durch ein kompliziertes Verkehrsleitsystem kann Autofahren hier in Stress ausarten, vor allem, wenn man eine Abzweigung verpasst hat und das gesamte Einbahnstraßensystem um Poggibonsi noch einmal abfahren muss.

Hat man es dann aber doch einmal aus der unschönen Peripherie bis zum Centro storico um die Piazza Cavour im oberen Bereich der Stadt geschafft, eröffnet sich erstaunlicherweise ein recht idyllisches Bild: Sehenswert sind das **Museo Paleontologico** im wappengeschmückten Palazzo Pretorio (14. Jh.) und die neoklassizistische **Collegiata di Santa Maria Assunta** am oberen Ende der Piazza Cavour (nicht zugänglich). Unweit davon stößt man auf die abweisende, außerordentlich schlichte Fassade der **Chiesa di San Lorenzo** aus dem 14. Jh.

Einkaufsstraße von Poggibonsi ist die Via della Repubblica (Verbindungsstraße zwischen Largo Gramsci und Piazza Cavour) mit zahlreichen Bekleidungs- und Haushaltsgeschäften. Um die Piazza Cavour finden sich Bars und Cafés, oberhalb davon auch einige wenige Restaurants.

• *Information* **Ufficio Turistico**, Piazza Mazzini 6 (gegenüber dem Bahnhof), Mo–Sa 9–13 und 15–18.30 Uhr. Zimmervermittlung und Fahrkartenverkauf für Busse. ✆ 0577-935113, ✆ 0577-982509, poggibonsi@vacanzesenesi.it

• *Busverbindungen* Busse fahren am Largo Gramsci oder an der Piazza Mazzini ab. Von 5 bis 21 Uhr halbstündlich nach Siena,

des Weiteren häufige Verbindungen nach Florenz, San Gimignano, Colle Val d'Elsa, Castellina Scalo, Staggia Senese, Monteriggioni, Barberino, Tavarnelle und San Casciano.

• *Bahnverbindungen* Bahnhof an der Piazza Mazzini. Mehrmals täglich Verbindungen nach Siena und Florenz, nach Florenz muss man gelegentlich in Empoli umsteigen.

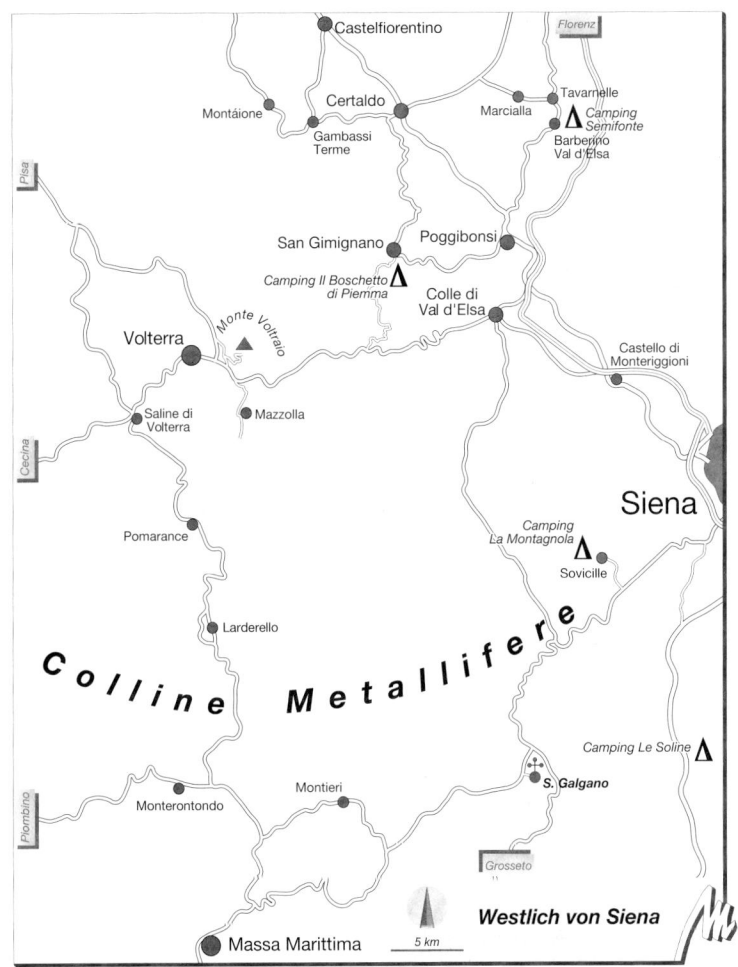

Westlich von Siena

• *Erste Hilfe* Das neue Krankenhaus befindet sich in der Loc. Campostaggia, 2 km Richtung Colle Val d'Elsa. ☎ 0577-919941.

• *Polizei* Via Galvani (Carabinieri), ☎ 0577-998600.

• *Post* An der Piazza Mazzini (beim Bahnhof).

• *Übernachten* **** **Hotel Villa Lucchese**, ca. 2 km südöstlich vom Zentrum in Richtung Basilica San Lucchese. In schönem Park im Grünen gelegen, moderne und komfortable Ausstattung, mit Pool. Bemerkenswert sind die Gartenanlage und der freundliche Service. DZ ab 166 €. Via San Lucchese 5, ☎ 0577-937119, ✆ 0577-934729, www.villasanlucchese.com.

*** **Hotel Alcide**, professionell geführtes Haus an der Haupteinfallstraße aus Norden, nicht gerade eine Augenweide. Bei Einheimischen ist das angeschlossene Fischrestaurant beliebt (Mo geschlossen). DZ mit Bad, TV und Klimaanlage. 90 €, EZ 65 €, inkl. Frühstücksbuffet. Viale Marconi 67, ☎ 0577-937501, ✆ 0577-981729, www.hotelalcide.it.

*** **Hotel Europa**, am südlichen Stadtrand an der Straße Richtung Siena gelegen, ca. 2 km vom Zentrum. DZ mit Bad und Frühstück 75 €, EZ 45 €, Dreibettzimmer 80 €. Via Senese 293, ☎ 0577-933402, 🖷 0577-936069, www.hotel-europa.it.

** **Hotel Italia**, am oberen Ende der Piazza Mazzini (beim Bahnhof). DZ mit Frühstück 77 €, EZ 50 €. Via Trento 36, ☎ 0577-936142, 🖷 0577-939970, www.albergo-italia.it.

> Historisch besonders Interessierten sei von Poggibonsi ein Abstecher ins nur wenige Kilometer südöstlich gelegene **San Lucchese** empfohlen. Hier kann man sich einige Relikte aus dem Mittelalter anschauen, von denen die eindrucksvolle Kirche aus dem Jahr 1213 und die unvollendet gebliebene Burg **Poggio Imperiale** hervorzuheben sind.

Colle di Val d'Elsa   *(ca. 20.000 Einw.)*

Die zweigeteilte Oberstadt erstreckt sich auf einem Bergrücken über dem Elsa-Tal: Im Castello dominiert das Mittelalter mit dem Dom im Zentrum, im Borgo die Renaissance mit ihren Prachtpalästen. Obwohl die Superstrada nicht weit von Colle entfernt ist, trifft man in den romantischen Gassen der Altstadt auf erstaunlich wenig Touristen. Die Mehrzahl scheint sich mit einem Blick von der Straße aus zu begnügen – schade!

Colle hat sich im frühen Mittelalter lange Zeit als selbstständige Kommune neben den mächtigen Städten Florenz, Siena und Volterra halten können. Die Florentiner, die im 16. Jh. fast die gesamte Toscana unter ihrer Kontrolle hatten, gestanden der Stadt 1592 den Status einer „Città nobile" mit einer eigenen Diözese zu. Die Paläste aus dem 16. und 17. Jh., die Burg und die Kathedrale erinnern den Besucher auf Schritt und Tritt an Colles vergangene Größe.

Colle di Val d'Elsa, der „Hügel des Elsa-Tals", ist seit Jahrhunderten als die Stadt des Kristalls und der Glasherstellung bekannt (daneben war der Ort bereits im Mittelalter ein Zentrum der Papierherstellung). Dokumente bezeugen, dass das Gewerbe schon im 14. Jh. ausgeübt wurde und dass ab dem 15. Jh. Trinkgefäße aus Glas für den Export hergestellt wurden. Noch heute sind fünf Betriebe mit der Herstellung von Tafelkristall beschäftigt. 95 % der italienischen Kristallwaren werden in Colle Val d'Elsa hergestellt, die größte Fabrik, *Calp*, beschäftigt über 800 Mitarbeiter.

Einen guten Eindruck von diesem alten Handwerk kann man sich im September verschaffen, wenn in der Oberstadt, also im alten Teil Colles, das Kristallfest **Cristallo tra le mure** veranstaltet wird. Der gesamte Altstadtbereich mit seinen eher düster wirkenden Hausfassaden verwandelt sich dann in eine interessante Verkaufsausstellung, im Rahmen derer das Handwerk demonstriert wird.

Überall in Colle di Val d'Elsa begegnet man übrigens „Herrn Arnolfo": *Arnolfo di Cambio*, ein berühmter florentinischer Baumeister und Bildhauer aus dem 12. Jh., wurde hier geboren, was ihm die Ehre einbrachte, diversen Örtlichkeiten und Einrichtungen als Namensgeber zu dienen – Piazza Arnolfo, Torre di Arnolfo, Hotel Arnolfo und dann natürlich das weit über die Grenzen von Colle hinaus bekannte Restaurant Arnolfo. Jeder, der in kulinarischer Hinsicht etwas auf sich hält, muss einmal hier eingekehrt sein. Arnolfos Denkmal steht in Colle Alta (Oberstadt) an der Piazza Canonica.

Auch die Neustadt (Unterstadt) ist durchaus einen Besuch wert – vor allem für Shoppingbegeisterte. Von der großen Piazza Arnolfo (mit Obelisk), auf der die

Unbedingt einen Abstecher wert – Colle di Val d'Elsa

Rentner Colles ihre Zeit unter dem großen Magnolienbaum verbringen, gehen die belebten Straßen in Richtung Piazza B. Scala und Piazza S. Agostino ab. Hier kann man Schuhe, Goldschmuck und in einigen Boutiquen auch modische Kleidung kaufen. An der Via Oberdan ist eine Art kleines Einkaufszentrum entstanden (schicker Schuhladen).Vom Zentrum der Unterstadt erreicht man die Oberstadt derzeit am besten über einen gepflasterten Weg namens „Costa". Der schöne Spaziergang dauert etwa 10 Minuten. Die 40 m Höhenunterschied zwischen Unter- und Oberstadt können mittlerweile mit einem Personenaufzug bewältigt werden.

Information/Verbindungen/Adressen

● *Information* **Pro Loco 1**, Borgo (Oberstadt), direkt an der Campana-Brücke, Via del Campana 43. Ostern–Mai 10–12 und 15–18 Uhr, Juni–Okt. 10–13 und 16–20 Uhr, im Winter 10–12 und 15–17 Uhr. ✆ 0577-922791, 📠 0577-922621. proloco.colle@tin.it, www. terrediarnolfo.it.
Pro Loco 2, nur im Sommer geöffnet ist die Filiale in Le Grazie (Richtung Volterra). Juni–Sept. 10–13 und 16–20 Uhr. ✆ 0577-922791
Punto Città heißt die Touristeninfo in der Unterstadt gleich an der Piazza Arnolfo Nr. 9 (in Kombination mit dem Busticketverkaufsschalter, der durchgehend 6.40–20.10 Uhr geöffnet hat). April bis Mitte Nov. 10–13 und 16–19 Uhr. Im Winter bekommt man auch am Fahrkartenverkauf Auskunft. ✆/📠 0577-921334.

● *Busverbindungen* Täglich geht es ca. 30x nach Siena (Fahrzeit ca. 30 Min.), ca. 25x nach Florenz (Fahrzeit ca. 1 Stunde), 4x nach Volterra und ca. 18x nach San Gimignano. Abfahrt an der zentralen Piazza Arnolfo in der Unterstadt. Fahrkartenverkauf beim Reisebüro Arnolfo an der Piazza.
● *Parken* An der Umgehungsstraße Florenz–Volterra befindet sich ein Gratis-Parkplatz (nur für PKW); von da 2 Minuten zu Fuß in die Oberstadt. Ansonsten lässt man sein Gefährt in der Unterstadt stehen und erreicht das alte Colle von da aus am einfachsten über die „Costa". In der Neustadt bekommt man auf der Piazza Arnolfo fast immer einen Parkplatz (jede Stunde 1 €). Es gibt auch ein kostenpflichtiges Parkhaus in der Via di Spugna (östlich der Piazza Arnolfo).

Westlich von Siena

Karte S. 585

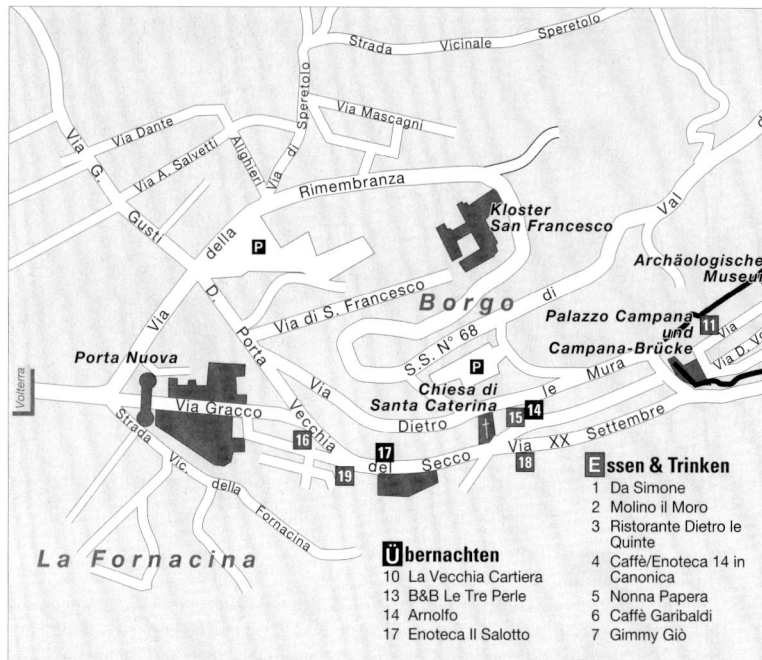

Strada   Vicinale   Speretolo

Via Mascagni

Via G.   Via Dante   Via A. Salvetti   Aligheri   Via di Speretolo

Rimembranza

**Kloster
San Francesco**

Gusti   della   **P**

Via di S. Francesco   *B o r g o*   di   **Archäologisches
Museum**

Palazzo Campana   und   **11**

Via   D.   Porta

Porta Nuova   S.S. N° 68   **Campana-Brücke**   Via D. Volte

P

Via Gracco   Vecchia   **Chiesa di
Santa Caterina**   le   Mura

Strada   Dietro   **15 14**

Volterra   Via XX   Settembre

Vic.   della   **16**   **17**   Secco   Via XX

Fornacina   **19**   del   **18**

La   F o r n a c i n a

Ü̈bernachten

10 La Vecchia Cartiera
13 B&B Le Tre Perle
14 Arnolfo
17 Enoteca Il Salotto

E ssen & Trinken

1 Da Simone
2 Molino il Moro
3 Ristorante Dietro le
   Quinte
4 Caffè/Enoteca 14 in
   Canonica
5 Nonna Papera
6 Caffè Garibaldi
7 Gimmy Giò

● *Fahrrad- und Mofaverleih* **Mario Antichi**, Via F. Livini 1/3 (Unterstadt, Ortsausgang Richtung Florenz, Abzweig Volterra). Fahrräder und Mountainbikes ab 15 €, Scooter ab 30 €. ✆ 0577-923366.

Gippo, Via Pian dell'Olmino 77. Nur Rennräder und Mountainbikes (ab 15 €), etwa 5 km außerhalb des Zentrums in Pian dell'Olmino (südlich von Colle in Richtung Grosseto bei Gracciano). ✆ 0577-904405, www.gippobike.it.

● *Kristallwaren*   Das traditionelle lokale Handwerk ist die Herstellung von Kristallwaren. Einschlägige Boutiquen mit gehobenen Preisen findet man v. a. in der Oberstadt: z. B. **La Moleria** in der Via delle Romite 26 und **La Grotta del Cristallo** in der Via del Muro Lungo 20. In der Unterstadt kann man in der **Cristalleria Loreno Grassini** einem Meister des Gravurhandwerks bei seiner Arbeit zusehen. Via di Spugna 124 (Zentrum).

Wen hingegen das Handwerk der Glasherstellung interessiert, sollte an einer kleinen Führung (in Englisch) im Betrieb **La Vilca** teilnehmen. Mo–Fr zwischen 9.30 und 11 Uhr (auch ohne Anmeldung). Loc. Graciano,

Via Fratelli Bandiera 53 (vom Zentrum Colles (Piazza Arnolfo) in Richtung Grosseto/Follonica fahren). ✆ 0577-929188. www.collecristallo.com, www.cristallo.org.

● *Feste* Im Rahmen des **Festival di Musica Antica** im Mai werden mehrere Konzerte im schönen Teatro dei Varii veranstaltet. www.comune.collevaldelsa.it.

Cristallo tra le mure (in den ersten 3 Septemberwochenenden), widmet sich dem Handwerk der Glasherstellung.

● *Wein* **Enoteca Il Salotto**, auch Weinproben möglich. Via Gracco del Secco 31 (Oberstadt), ✆/🖷 0577-926983.

● *Wochenmarkt/Einkaufen* Fr 8–13 Uhr zwischen Via Oberdan und Via Fontibona. Hier bekommt man vom Korsett über Töpfe, Kinderspielzeug, Süßwaren, Obst und Fisch bis zum Einmachglas wirklich alles. Jeden zweiten Sonntag im Monat Mercatini di Colle: Antiquitäten und Bioprodukte auf der Piazza Arnolfo.

Camminare & Viaggiare, Schuh- und Taschenladen in der Via dei Fossi (gleich neben dem Museo del Cristallo).

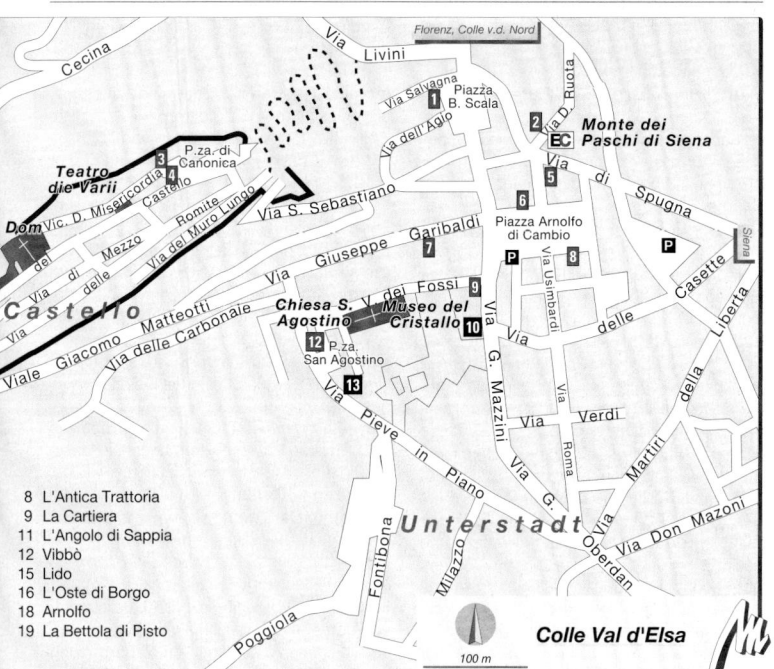

8 L'Antica Trattoria
9 La Cartiera
11 L'Angolo di Sappia
12 Vibbò
15 Lido
16 L'Oste di Borgo
18 Arnolfo
19 La Bettola di Pisto

Colle Val d'Elsa

100 m

La Selleria, verstecktes Lädchen an der Piazza Arnolfo 18. Reitsportartikel und ausgesprochen schicke Countrymode. www.la-selleria.com.

• *Internet* In der Via dei Fossi 59 (an der Piazza Agostino in der Unterstadt). Hier auch Pizza, Erfrischungen und Call-Center mit günstigen Telefontarifen ins Ausland, was den Laden zum Treffpunkt albanischer Immigranten macht. In der Oberstadt geht man bei **Openlinea** in der Via

Campana 37 (neben dem Proloco) online.

• *Schwimmbad* In Colle findet man eines der wenigen Schwimmbäder der Toscana. Zwei große Becken, ein Sprungturm (3,5 m und 10 m), eine Rollschuhbahn und eine riesige Liegewiese. Juni bis Anfang Sept. 9–19 Uhr, im Winter ist das Hallenbad geöffnet. Knapp außerhalb des Orts in der Via XXV Aprile 44. Anfahrt: erst Straße Richtung Siena, dann der Beschilderung folgen. www.piscinaolimpia.it.

Übernachten/Essen und Trinken

• *Übernachten* *** **La Vecchia Cartiera (10)**, Unterstadt, Nähe Piazza Arnolfo. Colles erste Adresse liegt in einer umgebauten Papierfabrik aus dem 13. Jh. (die 130 Fenster dienten der Durchlüftung der Papierlager). Alle 38 Zimmer blitzsauber und mit TV, einige mit tollem Blick auf die Oberstadt. Der seriöse Herr an der Rezeption ist der Besitzer. Er kommt aus Colle und kann daher einiges über den Ort berichten – und das in hervorragendem Deutsch! DZ ab 97 € (Frühstück extra). Via Oberdan 5-9,

✆ 0577-921107, ✆ 0577-923688, www.chianti turismo.it.

*** **Arnolfo (14)**, einziges Hotel in der Altstadt (Oberstadt). Steht in puncto Sauberkeit und Service dem Vecchia Cartiera in nichts nach. Das Frühstück gibt's im Gewölbe. DZ 80 €, EZ 60 €, Dreier 95 €. Via F. Campana 8, Borgo, ✆ 0577-922020, ✆ 0577-922324, www.hotelarnolfo.it.

**** **Relais della Rovere**, Luxusherberge in einer ehemaligen Abtei aus dem 11. Jh. Am Ortsausgang Richtung Siena (neben der

Glasfabrik), DZ 170–250 €. Loc. La Badia, 📞 0577-924696, 📠 0577-924489, www.chiantiturismo.it.

Bed & Breakfast Le Tre Perle (13), unser Tipp in der Unterstadt. Die quirlige Wirtin, die nach 20 Jahren Australien wieder nach Italien zurückgekehrt ist, empfängt ihre Gäste sehr freundlich und vermietet 3 schöne Zimmer. Ganzjährig geöffnet. DZ 65 €, Dreier 75 €, EZ 45 €. Via Pieve in Piano 23 (hinter der Piazza Agostino), 📞 0577-921489 oder 347-8302033, www.letreperle.com.

Enoteca Il Salotto (17), vermietet 2 einfache Doppelzimmer, Internet-Anschluss. Zwei DZ zu 60 €, Zustellbett 10 € extra (ohne Frühstück) und eine etwas luxuriösere Suite. Via Gracco del Secco 31 (Oberstadt), 📞/📠 0577-926983, www.enotecailsalotto.com.

Fattoria Mugnano, ein altes, denkmalgeschütztes Anwesen aus dem 12. Jh. im Stile einer Florentiner Villa mit Park. Ein Leser, der als Botaniker arbeitet, lobte vor allem "einige der schönsten Flaum- und Stein-Eichen in der Toskana" im Garten, aber auch die Küche von Monica Plata und die dafür fälligen "hochfairen Preise". App. 80 €. Via Volterrana, von Colle kommend in Richtung Volterra fahren und kurz nach der Altstadt zum Agriturismo wie ausgeschildert einbiegen, 📞 0577-959023, 📠 0577-958048.

Für **Appartements in der Oberstadt** sollte man sich beim Pro Loco der Oberstadt erkundigen. Es gibt einige Wohnungen in den mittelalterlichen Häusern, z. B. in der Via delle Romite und der Via del Castello, die wochenweise zu mieten sind (Infos auch unter www.toscanavacanza.com).

● *Essen und Trinken* **Ristorante Arnolfo (18)**, Borgo, in einer Parallelstraße unterhalb des gleichnamigen Hotels (hat mit diesem nichts zu tun). Gediegener Empfang für Liebhaber raffinierter Küche in einem der 2 kleinen, hellen Räume des renommierten Restaurants. Sehr intim und vornehm. Feinste Speisen sowohl à la carte als auch als Degustationsmenü, kreiert von Chef Gaetano Trovato (80–90 € ohne Wein), der 2007 das 25. Jubiläum gebührend feierte. Auch Zimmervermietung (DZ 180 €, EZ 150 €). Di/Mi geschlossen. Via XX Settembre 50, 📞 0577-920549. www.arnolfo.com.

Molino il Moro (2), gleich neben der Piazza Arnolfo in der Via Ruota 2. Die mittelalterliche Mühle – das Wasser fließt noch durch das Gebäude – wurde originalgetreu restauriert. Das schöne Ambiente entschädigt

für die Defizite im Service. Die Küche ist gut und bietet auch Fisch. Mo geschl. 📞 0577-920862.

L'Antica Trattoria (8), Unterstadt, altes, gediegenes Haus mit Tradition, das für seine innovative toscanische Küche von Michelin mit drei Gabeln ausgezeichnet wurde. Sehr gute Weinkarte. An der Piazza Arnolfo mit einigen Tischen draußen. Di geschlossen. 📞 0577-923747.

L'Oste di Borgo (16), winziges Lokal mit Auswahl an Crostini, Antipasti, Primi und Salaten, im Sommer auch auf der Piazza. Die Osteria bleibt Mi geschlossen. Via Gracco del Secco 58, 📞 0577-922499.

Vibbò (12), an der Piazza S. Agostino in der Unterstadt. Betrieben wird die Osteria von einem der Zöglinge des berühmten Arnolfo-Restaurantchefs. Die feine, innovative Küche wird in übersichtlichen Portionen bei ungezwungener Atmosphäre serviert. Mi geschlossen. 📞 0577-920231.

Ristorante Da Simone (1), vor allem für die frischen und teilweise raffinierten Fischgerichte bekannt. Piazza Scala 11. 📞 0577-926701, www.ristorantedasimone.it.

La Cartiera (9), während der Aktualisierung vorübergehend geschlossen. Man geht aber davon aus, dass bei der Neueröffnung an die guten Tage angeknüpft wird, in denen vor allem die Gerichte der Armen (poveri) überzeugen konnten. Via Oberdan 57, 📞 0577-924116.

Nonna Papera (5), kleiner Imbiss, schon der Duft von Pizza und anderen gebügten Speisen überzeugt. Di–Sa 10.30–14 und 17–21.30 Uhr, Mo nur nachmittags. Via Cennini 15 (20 m nördlich der Piazza Arnolfo).

Ristorante Dietro le Quinte (3), Castello, Durchgang bei der Piazza Canonica. Einladende Sonnenterrasse. Hausgemachte Pasta und ideenreiche Küche in höherer Preislage. Qualität und Service schwanken. Mi geschlossen. Piazza Canonica 2, www.dietrolequinteristorante.it.

Pizzeria Gimmy Giò (7), Pizzen in vielen Variationen, die Margherita kostet 8 €. So geschl. Via Garibaldi 16. 📞 0577-923523.

La Bettola di Pisto (19), Borgo. Pizza und toscanische Küche sowie einige vegetarische Gerichte. Di geschlossen. Via G. del Secco 40 (Piazza Baios).

● *Bars/Cafés* **L'Angolo di Sapia (11)**, Castello. Cocktails auf der Terrasse mit Sonnensegel und Tee drinnen im orientalischen Ambiente. Mo geschlossen. Via del Castello 14b.

Caffè/Enoteca 14 in Canonica (4), hier hat eine Leserin "die besten Panini auf der ganzen Reise gegessen". Der Besitzer schwärmte uns von seinen Plänen vor, 2008 ein neues Restaurant außerhalb der Stadt zu eröffnen, in dem es vor allem Gerichte der Armen geben wird. Piazza Canonica 2, ✆ 0577-923444.

Caffè Garibaldi (6), Unterstadt, an der zentralen Piazza. Sehr sonnig und daher sehr touristisch. Touristisch sind auch die Preise, und die Bedienung kann schon mal ein wenig schnodderig sein. Auch Mittagstisch. Piazza Arnolfo.

Lido (15), Borgo, eine schöne, alte Bar mit traditioneller Eis- und Kuchenproduktion. Auf einer großen Terrasse sitzt man hier unter Linden und hört das Plätschern des kleinen Brunnens. Treffpunkt der Oberstadt-Bewohner. Piazza S. Caterina 4.

● *Nachtleben* **Sonar – La Casa della Musica**, in der gesamten Umgebung für hervorragende Livemusik und experimentelle DJ-Sets bekannter Club. Auf der 541 Richtung Grosseto, 3 km außerhalb der Stadt in der Loc. Gracciano. ✆ 0577-909181, www.sonarlive.it.

Sehenswertes

▶ **Oberstadt**: Dorthin führen von der Piazza Arnolfo aus zwei Wege: Über die Via Garibaldi und ihre Verlängerung, die Via Matteotti, gelangt man exakt an die Schnittstelle der beiden Altstadtviertel Borgo und Castello. Romantischer, ruhiger und kürzer ist der Weg über die Via San Sebastiano, dann die breite La Costa hoch, die zum Bollwerk an der Ostseite (Stadtteil Castello) führt.

Campana-Brücke: An der Stelle der ehemaligen Zugbrücke verbindet heute eine steinerne Brücke die beiden Altstadtteile Castello und Borgo. Durch den gewaltigen Torbogen im Palazzo Campana – ein Palast aus dem 16. Jh. mit großen Fenstern, Säulen und sogar einem Balkon – gelangt man in den Stadtteil Castello.

Dom: Der zwischen 1603 und 1630 erbaute Dom ist nicht sonderlich aufregend. Einzig die Renaissance-Kanzel verdient Beachtung: eine hübsche, auf vier Säulen ruhende Marmorarbeit.

Archäologisches Museum: Das Museum gleich neben dem Dom zeigt in seinen drei sehr schön gestalteten Stockwerken vor allem Funde aus verschiedenen etruskischen Nekropolen sowie einige Fresken aus dem 13. und 14. Jh. Im Erdgeschoss sind sechs Gefängniszellen zu besichtigen, die noch Anfang des 20. Jh. als solche Verwendung fanden.
⏱ Di–So 10–12 und 16.30–19 Uhr. Eintritt 3 €.

Teatro dei Varii: Die vier großflächig verglasten Bögen der Fassaden werden von achteckigen Säulen gestützt und lockern so die gesamte Architektur auf. Im oberen Stockwerk fallen zwei hübsche, zweibogige Fensteröffnungen auf. Das Gebäude diente einst als Ratssitz der Gemeinde, dann zeitweilig als Krankenhaus. Wenn möglich, sollte man einen Blick ins Innere des Theaters werfen – eindrucksvoll! Die Möglichkeit dazu bietet das sehenswerte Programm des weit über die Grenzen Colles bekannten Theaters. Via del Castello 64.

Chiesa Santa Caterina: Die Kirche mit dem prächtigen, farbigen Fenster liegt am gleichnamigen, 1987 restaurierten Platz des Borgo-Viertels und stammt aus dem 15. Jh. In einem Nebengebäude an der linken Seite ist über dem Altar eine wunderschön bemalte Terrakotta-Gruppe aus dem 17. Jh. zu sehen: „Die Klagen über den Leib Christi" des Volterraners *Zaccaria Zacchi*.

Porta Nuova: Ganz im Westen schließt ein Torbogen mit zwei wuchtigen Wachttürmen den Borgo ab – Militärarchitektur aus dem 15. Jh.

Kloster San Francesco: Knapp außerhalb der Stadt, in der Nähe der Porta Nuova, stößt man auf eine zehnbogige Brücke, die über das Tal zum Franziskanerkloster

Westlich von Siena

Karte S. 585

Palazzo Campana als Eingang zum Castello

aus dem 12./13. Jh. führt. Das Kloster selbst hat nichts Atemberaubendes, doch der kleine Vorplatz mit den Zypressen ist ein herrliches Fleckchen zum Ausruhen oder Picknicken und bietet obendrein einen schönen Blick auf die gesamte Oberstadt.

▶ **Unterstadt**: Das Industriezeitalter ist weniger schmuck als das Mittelalter, dennoch kann man in der Unterstadt zwei Sehenswürdigkeiten in Augenschein nehmen:

Museo del Cristallo: Neueröffnung 2001, in einem Glasdom am Platz hinter dem Hotel La Vecchia Cartiera. Geboten wird ein Rundgang durch die Geschichte der Glasherstellung und -verarbeitung. Werkzeuge und Maschinen werden ebenso gezeigt wie wertvolle Exponate aus den im Ort ansässigen Glasfabriken. Originell ist das kleine Spiegellabyrinth im Keller der gläsernen Ausstellung. Das Museum entstand an der Stelle, an dem sich von 1820 bis 1953 eine Glasfabrik befunden hatte, von der nur noch die Überreste des Schmelzofen-Schornsteins übrig geblieben sind.
 ① Eine Woche vor Ostern bis Okt. 10–12 und 16–19.30 Uhr, im Winter 10–12 und 15–19 Uhr. Mo geschlossen. Eintritt 3 €. Via dei Fossi 8.

Chiesa Sant'Agostino: Die außen sehr schlichte Kirche in der Nähe der ehemaligen Cartiera di Mezzo (heute Hotel La Vecchia Cartiera) wurde im 13./14. Jh. erbaut und 1521 restauriert. Der neugotische Glockenturm kam im Jahr 1900 hinzu. Im Inneren ist rechts eine „Madonna mit Kind" von *Taddeo di Bartolo* zu sehen. Außerdem eine Darstellung des Martyriums der Katharina von Alexandria, der Schutzheiligen der Philosophen, aber auch der Papierhersteller. Wie auch immer, es bleibt zu hoffen, dass nach den jahrelangen Restaurierungsarbeiten etwas von den Fresken übrig bleiben wird. Auch die ganz in Marmor gehaltene Bertini-Kapelle (16. Jh.) verdient Beachtung.

Filiale der Bank Monte dei Paschi di Siena: Das umstrittene Werk in unmittelbarer Nähe der Piazza Arnolfo wurde 1983 vom Architekten *Michelucci* entworfen. Ob die Konstruktion aus roten Stahlträgern und Plexiglas in das alte Städtchen passt, muss jeder selbst entscheiden. Mutig ist die Konstruktion im Herzen Colles allemal.

Certaldo

Ganz aus rotem Ziegelstein gebaut, thront das befestigte mittelalterliche Städtchen auf einem Hügel, während unten im Tal die moderne Neustadt den schweren Durchgangsverkehr erduldet. Zwischen den beiden Welten pendelt seit 1999 eine Drahtseilbahn.

In der Oberstadt dominiert der alte **Palazzo Pretorio** aus dem 12. Jh. (Apr.–Okt. 10–19 Uhr, Nov.–März Di–So 10.30–16.30 Uhr, Eintritt 3 €/Kombiticket zu 6 € schließt das Wohnhaus Boccaccios und das Museo Arte Sacra mit ein). Außen bringen die Familienwappen früherer Nobilitäten etwas Abwechslung in das monotone Ziegelrot, innen sind einige restaurierte Fresken zu bewundern. Seit die Stadtverwaltung nach Neu-Certaldo umgezogen ist, wird der Palast vor allem für Ausstellungen genutzt.

Certaldo ist vor allem deswegen bekannt, weil *Giovanni Boccaccio* (1313–1375) hier seine letzten Lebensjahre verbrachte. Der große italienische Dichter war zu Lebzeiten ein armer Mann, der sich mit den verschiedensten Tätigkeiten über Wasser hielt – eine Zeit lang war er Gesandter in Mailand und Avignon, wo die meisten seiner Werke entstanden. Sein „Decamerone" (von Pier Paolo Pasolini verfilmt), eine Sammlung von 100 schriftlich überlieferten oder bei Gesprächen erlauschten Geschichten, wurde zum Wegbereiter der europäischen Novellendichtung. Hintergrund und Rahmenhandlung dieses streckenweise frivolen Werks ist die große Pestepidemie von 1348, die in der Toscana über die Hälfte der Bevölkerung dahinraffte.

Das **Wohnhaus Boccaccios** (Via Boccaccio 18) kann nach den umfangreichen Restaurierungsarbeiten seit September 2007 wieder besichtigt werden. An den Wänden im Erdgeschoss hängen Illustrationen aus dem „Decamerone", im Obergeschoss hat das Zentrum für Boccaccio-Studien seinen Sitz.
    ⏱ 1.4.–30.9. tägl. 10–19 Uhr, 1.10.–4.11. Mo–Fr 10.30–16.30 Uhr, Sa/So 10–19 Uhr (Di geschlossen), 5.11.–31.3. tägl. 10.30–16.30 Uhr (Di geschlossen). Eintritt 3,10 €/Kombiticket mit Palazzo Pretorio und Museo Arte Sacra 6 €.

Eine Steinplatte im Fußboden der Kirche **SS. Jacopo e Filippo** weist auf Boccaccios Grab hin. Ein größeres Grabmal aus dem 16. Jh. wurde 1783 zerstört – vermutlich von frommen Eiferern, die den „Gotteslästerer" in dem geheiligten Raum nicht länger ertragen konnten, möglicherweise aber auch von der Kirchenverwaltung selbst.

Information/Adressen

• *Information* **Pro Loco**, Certaldo Alto, Via Boccacio 16. Im Sommer 10–13 und 14.30–19 Uhr, im Winter 10–12 und 15.30–17.30 Uhr, Mo früh geschlossen. Eher ein Souvenirshop als ein Informationsbüro. Per Zufall wurde 1999 bei Renovierungsarbeiten im Büro ein etruskisches Grab entdeckt. ✆/🖷 0571-652730. prolococertaldo@katamail.com.

Ufficio Turistico, Unterstadt. Im Sommer Mo–So 9–13 und 15.30–19 Uhr, im Winter Mo–So 10–13 und 15.30–17.30 Uhr. Viale Fabiani 5 (Hauptstraße Richtung Poggibonsi), ✆/🖷 0571-656721.   info.turismo@comune. certaldo.fi.it, www.comune.certaldo.fi.it.

• *Drahtseilbahn* Sie pendelt von 7 bis 0.15 Uhr im Viertelstundentakt zwischen Ober- und Unterstadt. Hin und zurück zahlt man 1,20 €.
• *Parken* Die Auffahrt nach Certaldo Alto ist morgens ab 10 Uhr verboten; in der Saison würde das Hochfahren auch wenig Sinn machen, weil die Parkmöglichkeiten in der kleinen Altstadt sehr beschränkt sind. Wer erst gar nicht in das Gewirr der Einbahnstraßen Certaldos eintauchen möchte, lässt das Auto am besten gleich auf der Piazza di Macelli stehen (auch Schattenplätze), der auch der Abstellplatz für Camping-Caravane ist (ohne Parkgebühren). Ebenfalls gebührenfreies Parken ist hinter dem

Bahnhof möglich. Auf der Piazza Boccaccio ist das Parken gebührenpflichtig. Folgt man der ausgeschilderten Strada panorama (hält, was sie verspricht), kommt man zu einem Parkplatz, von dem man die Altstadt gut zu Fuß erreicht.

• *Einkaufen* In der Via 2 Giugno, der Fußgängerzone in der Neustadt, gibt es einige Boutiquen und Schuhgeschäfte.

• *Fest* **Mercantia** heißt das schönste und wichtigste Fest Certaldos. Es findet in der 2. oder 3. Juliwoche Di–So statt. In den Gassen von Certaldo Alto tummeln sich Straßenkünstler und Handwerker, die ihre Waren anbieten; außerdem gibt es Straßentheatervorstellungen und natürlich reichlich Speis und Trank. Eintritt 13 €. www.mercantiacertaldo.com.

• *Handwerk* **Stelle & Stalle**, in dem kleinen Laden werden vor allem Korbwaren aus Weidenruten verkauft, darunter auch Körbe für den Transport großer Glasbehälter, in die bis zu 70 Liter Wein passen. In Certaldo hatte das Handwerk des Flascheneinflechtens bis in die 50er Jahre große Bedeutung. Die ganze Geschichte des traditionellen Korbmacher- bzw. Korbflechterhandwerks kann man sich hier erklären lassen. Certaldo Alto, Via del Rivellino 11, ☎ 0571-663244.

Artesia, eine der vier Kunsthandwerkstätten im Palazzo Giannozzi. Den Keramikmalern, Schmuckdesignern, Lithographen und Graveuren kann hier bei ihrer Arbeit zugeschaut werden. Certaldo Alto, Via Boccaccio, Palazzo Giannozzi.

Museo del Chiodo, im selben Palazzo befindet sich das „Museum zur Geschichte des Nagels". Die einst vom Tischler Beppe Chiodo zusammengetragene Sammlung umfasst alles nur denkbare Holzwerkzeug, das das Herz eines jeden Heimwerkers höher schlagen lässt. Darüber hinaus sind alte Gebrauchsgegenstände ausgestellt, z. B. einige Modelle des „scaldaletto" (eine voluminöse Konstruktion aus Holz, in der ein Topf mit glühender Kohle aufgehängt wurde, um das Bett anzuwärmen). Normalerweise ist das kleine Museum nur samstag- und sonntagnachmittags 16–19 Uhr zu besichtigen. An anderen Tagen kann man sich an die Kunstwerkstatt Artesia gleich nebenan wenden oder direkt an Signora Renata, die Witwe Beppe Chiodos: ☎ 0571-667457.

• *Markt* Der Wochenmarkt findet mittwochvormittags auf dem Viale Giacomo Matteotti statt (Neustadt).

• *Medizinische Versorgung* Eine große Apotheke befindet sich in der Fußgängerzone (Via 2 Giugno).

• *Tanken* Auf der Hauptstraße, der Via Roma, gibt es zwei kleine Tankstellen.

Übernachten

*** **Il Castello**, in einem uralten Palast am unteren Ende der Via Boccaccio. Altmodische, aber sympathisch eingerichtete Zimmer. Die zur Altstadt sind empfehlenswerter als die mit Ausblick über das Val d'Elsa mit seinem entfernten Straßenlärm. Ein Highlight ist der Garten, den die Besitzerin als "schattige Friedensoase" bezeichnet. Restaurant angeschlossen. Romana Marcori pflegt die traditionelle toscanische Küche. Di geschlossen. Im November Betriebsferien. DZ 100 €, EZ 60 €. Via G. della Rena 6, ☎/℻ 0571-668250, www.albergoilcastello.it.

*** **Del Vicario**, rechts vom Palazzo Pretorio. Wenige Zimmer über einer historischen Osteria, die einst zum kleinen Klosterkomplex San Tommaso gehörte, von dem noch der kleine Kirche nebenan mit Fresken erhalten ist. DZ mit Frühstück 100 €, EZ 70 €. Via Rivellino 3, ☎ 0571-668228, ℻ 0571-668676, www.osteriadelvicario.it.

** **La Speranza**, an der Durchgangsstraße in der Neustadt. Restaurant angeschlossen. DZ mit Bad 57 €, ohne Bad 46 €. Borgo Garibaldi 80, ☎/℻ 0571-668014, albergolasperanza@libero.it.

Linando II, unser Tipp. Ein paar DZ in einem ganz außergewöhnlichen Ambiente: dunkle und angenehm kühle Räume mit antikem Mobiliar, einer etruskischen Münzsammlung (wohl eher unecht), alten Teppichen und allerlei Kuriosem. Untergebracht ist das Ganze in einem ehemaligen Stall aus dem 13. Jh. Außerdem gibt es einen kleinen Innenhof zum Draußensitzen und einen winzigen Kellerraum, eine Art Grotte aus Tuffstein, zum Kartenspielen und Ähnlichem mehr. Gemeinsam mit Ihrer Tochter Chiara Olivieri vermietet die Besitzerin DZ mit Bad/Frühstück zu 82 € und EZ zu 52 €. Via Valdracca 13/15, Certaldo Alto, ☎/℻ 0571-666806, 328-7872445.

• *Camping* **Toscana Colliverdi**, 12 km in Richtung San Casciano fahren, dann Abzweigung in Richtung Fiano, kurz vor dem Dorf Marcialla auf der rechten Seite. 60 Stellplätze und saubere sanitäre Anlagen in hübscher Hanglage Die familiäre Atmo-

Certaldo – der Palazzo Pretorio dominiert die Oberstadt

sphäre wurde von einer begeisterten Leserin so beschrieben: „Der Platzbesitzer macht einfach alles (!), empfängt die Gäste mit einer Flasche Rotwein, hat für alle ein offenes Ohr, gibt Ausflugstipps, ist also einfach klasse." Nächste Einkaufsmöglichkeit im nahen Marcialla (1 km). Schade nur, dass gerade hier eine Hochspannungsleitung vorbeiführt. Geöffnet April bis Okt. ✆/≋ 0571-669334, www.camping.it/toscana/colliverdi.
● *Agriturismo* **Il Rosolaccio**, siehe San Gimignano.

Essen und Trinken/Bar

Osteria del Vicario, im gleichnamigen Hotel. Toscanische Küche auf einer von historischem Ziegelgemäuer eingerahmten Speiseterrasse. Die Innenausstattung ist neu gestaltet worden. Der Spitzenküche entsprechende Preise, deutschsprachiger Service. Im Winter Mi, im Sommer sonntagmittags geschlossen. ✆ 0571-668228.

Dolci Follie, in der Neustadt. Bar, Enoteca, Pasticceria und Osteria. Im „Saletta", dem verspiegelten Hinterstübchen, werden inzwischen komplette Menüs, aber auch Bruschette, Panini, Parmaschinken und Käse serviert. Dazu das gute Weinangebot aus der angeschlossenen Enoteca zu „Enoteca-Preisen". Piazza Boccaccio 32.

Borgo Basso, gemütliche Pizzeria mit Pizza aus dem Holzofen und Gegrilltem vom Holzkohlengrill. Nur abends ab 18 Uhr. Mo geschlossen. Borgo Garibaldi 20 (Neustadt), ✆ 0571-664711.

Ristoro dell'Antica Fonte, kleine Taverne gleich neben dem B&B Linando II in der Altstadt. Lauschiges Gärtchen mit Fischteich, Blumen und kleinen Gerichten. Tägl. geöffnet. Via Valdracca 25, ✆ 0571-652225.

La Tinaia, Ristorante/Pizzeria in der Altstadt, großer Saal im alten Gewölbekeller. Via Boccaccio 35, ✆ 0571-656681, www.latinaia.com.

● *Außerhalb* **Il Piviere**, toscanisches Landgasthaus mit Terrasse und zwei Räumen, einer für Raucher und Gäste mit Hunden, einer für Nichtraucher und Gäste ohne Hunde! Einfach und nicht teuer. Mi geschlossen. Ca. 9 km von Certaldo in Richtung Fiano (an der Straße). Via Case Nuove, ✆ 0571-669080.

Il Paese del Campanelli, hier isst man sehr gut, aber nicht billig. Loc. Petrognano, Semifonte 4, ✆ 055-8075280.

La Taverna, in Marcialla (Anfahrt siehe Camping). „Wir sind dort gleich mehrere Male hin", schreibt eine Leserin, die an diesem einfachen Lokal schätzte, dass man sich hier nicht unbedingt vom Antipasto (hausgemacht!) bis zum Dolce durchessen muss, sondern sich auch nur zu einem Wein und einer Kleinigkeit niederlassen kann – und dies von 19 Uhr bis Mitternacht. Mi geschlossen.

● *Bar* **Boccaccio**, die einzige Bar in der Oberstadt. Auch ein paar Tische am Brunnen zum Draußensitzen. Den hier erhältlichen Milchkaffee bezeichnete eine Leserin als „kleines Kunstwerk".

Gelateria Bazzani, über 40-jährige Erfahrung bei der Herstellung von leckeren Eissorten, Torten und Teilchen. Via Agnoletti, 40/42, in der Nähe der Hauptstraße in Richtung Empoli.

Castelfiorentino

Nicht die hübscheste Perle der toscanischen Festungsstädte entlang der Franken-straße, doch ein untouristischer Ort, noch dazu mit einem intakten historischen Stadtkern, der nach Besuchen von S. Gimignano und Greve äußerst wohltuend sein kann. In der Bibliothek sind die bekannten Fresken von *Benozzo Gozzoli* anzu-schauen. Sie schmücken zwei Tabernakel, die einst in Kapellen an der Via Franci-gena außerhalb der Stadt standen.
① Di, Do, Sa 16–19 Uhr, So 10–12 u. 16–19 Uhr.

Die Stadtkirche (17. Jh.) mit ihrer mächtigen Fassade ist der heiligen Verdiana gewid-met. Sie reiste viele Jahre durch Spanien und Portugal, bis sie sich hier in eine enge Zelle zurückzog und 1236 starb. Unter der Kirche kann die so genannte „kleine Zel-le" besucht werden.

- *PLZ* 50051
- *Information* Via Ridolfi 1, ✆/✆ 0571-629049. Mo–Do 9.30–12.30, 15.30–18.30, Fr–So 9–12.30, 15.30–19 Uhr (Apr.–Okt.). Auskünfte und kostenlose Hotelbuchungen auch bei **Global Service Group** (ganzjährig geöffnet). Via Niccoli 61, ✆/✆ 0571-638324. www.globalservicest.it.
- *Übernachten/Essen* **Ostello Castelfioren-tino (Jugendherberge)**, schicker Neubau auf der anderen Seite des Flusses (neben dem Fußballstadion). Die Pizzeria La gatta matta ist praktischerweise gleich angeschlossen. 15,50 € pro Pers., im DZ 20 €. Viale Roosevelt 26, ✆/✆ 0571-64002, www.ostellionline.org.

Osteria da Carlo, im vorderen Raum Pizze-ria/Rosticceria mit Selbstbedienung, in den hinteren Galsträumen mit Service und Stofftischdecken. Piazza J. F. Kennedy 20/22, ✆ 0571-64127. Mo geschlossen.

Gambassi Terme

Der Ort hat leider kein Mineralwasserschwimmbad. Die heilenden Wässerchen werden für Trinkkuren und in Form von Wannenbädern verabreicht. Gambassi Terme war im Mittelalter ein wichtiger Herstellungsort von Glasbechern. Im Mu-seum für Glasproduktion sind Exponate aus der langen Produktionsgeschichte aus-gestellt (*La Produzione Vetraria*, im Gemeindeamt in der Via Garibaldi). Etwa 1 km weit außerhalb steht an der Straße nach Castelfiorentino die hübsche romanische Kirche *Santa Maria a Chianni*.

- *Information* Piazza Roma 8, ✆ 0571-661241, ✆ 0571-661201. Mo–Sa 10–12, 15–19 Uhr; So 10–13 Uhr. Auskunft erteilt auch **Global Ser-vices** (siehe Castelfiorentino).
- *Übernachten/Essen*: ***** Locanda dell' Agresto**, der kleine Landgasthof mit 8 fami-liären Gästezimmern besitzt einen Pool und die Zimmer werden mit einer Klimaanlage gekühlt. Die Herberge verfügt auch über ein gutes Restaurant. Ca. 3 km außerhalb, rechts der Straße nach Castelfiorentino gelegen. DZ mit Frühstück 93 €. ✆ 0571-663678.

* Le Torri, einfaches Hotel mit nur 5 Zim-mern, mitten im Ort. DZ 47 €, Dreibettzim-mer 60 €. Via Volterrana 3, ✆ 0571-638188, www.albergoletorri.it.

Osteria La Montagnola, Lesertipp: „Am besten ist der Salat alla Casa zum Preis von 7 €. Der reicht für zwei Personen. Die Piz-zen sind hervorragend, ebenso der Fisch. Die Preise sind so niedrig, für deutsche Verhältnisse nicht zu glauben. Die Bedie-nung sehr aufmerksam. Der Hauswein kos-tet pro Flasche 6,50 € ist lecker." Viale Gramsci, 127, ✆ 0571-638284. Mo geschl.

▶ **Montaione**: Oben auf einem Berg liegt die Altstadt. Der zentrale Treffpunkt der Ein-heimischen und Touristen liegt nicht in der Altstadt, sondern an der Piazza Cavour, direkt vor den Toren der Altstadt. Von diesem terrassenförmig angelegten Platz hat man herrliche, kilometerweite Ausblicke in die Umgebung. Oberhalb des Coop-Marktes, an der Via Italia, befindet sich das Restaurant *Corte Antica da Lido*, hervor-ragend, aber nicht ganz billig (Lesertipp: köstliche Holzofenpizzen).

San Gimignano

Die besterhaltene mittelalterliche Stadt der Toscana. Schon von weitem wirkt San Gimignano wie ein Miniatur-Manhattan: Schlanke, hoch aufragende Türme (bis 50 m) beherrschen das Stadtbild. Dagegen nimmt sich der mittelalterliche Kirchenbau eher bescheiden aus. Der Grund für die sonderbare Architektur: Die herrschenden Familien lieferten sich einen erbitterten Wettstreit um das höchste und damit prestigeträchtigste Gebäude der Stadt. Nur das Rathaus durfte nicht überragt werden.

Allerdings waren die Türme nicht nur Statussymbole, sondern dienten gleichzeitig als kleine Festungen. Sie sollten in erster Linie vor Übergriffen rivalisierender Familien schützen, denn wie in vielen anderen toscanischen Städten kam es auch in San Gimignano häufig zu blutigen Auseinandersetzungen zwischen papsttreuen Guelfen und kaisertreuen Ghibellinen. Aber auch nach außen hin war die Stadt jahrzehntelang in die großen Machtkämpfe des 13. Jh. verwickelt. Im 14. Jh. konnte sie sich als vergleichsweise kleine Kommune gegenüber den regionalen Großmächten nicht mehr behaupten und fiel an Florenz.

Die seit dem Mittelalter nahezu unverändert gebliebene (autofreie) Altstadt wurde von der UNESCO zum Weltkulturerbe erklärt. Anders als in den großen toscanischen Städten, bei deren Gestaltung viel Wert auf einheitliches Baumaterial gelegt wurde, präsentiert sich das städtebauliche Gepräge San Gimignanos als bunter Mix: Sandstein, rötliche Klinker, feine Travertin-Quader, bisweilen in ein und demselben Gebäude neben- bzw. aufeinander.

San Gimignano steht Siena und Florenz in puncto Tourismus in nichts nach, im Gegenteil: In den engen Gassen können sich die Besuchermassen nicht so gut verteilen, sodass die Stadt im Sommer tagsüber aus den Nähten zu platzen scheint, besonders an Wochenenden. Erst nach Einbruch der Dunkelheit wird es ruhiger. Dann sind die Tagesausflügler mit den Reisebussen wieder in Richtung Florenz abgefahren, und man kann sich hier richtig wohl fühlen.

Die Einheimischen stehen der Touristenflut übrigens auffallend gelassen gegenüber. Man ist an den Trubel gewöhnt und profitiert natürlich auch davon. Dicht an dicht reihen sich kleine Souvenir- und Feinkostläden aneinander und bieten ihre Waren an: Seifenartikel, Keramik, Lederwaren, Kunst und Kitsch aus Alabaster, Pecorinokäse und Salami in allen nur denkbaren Variationen. Ausgestopfte Wildschweine vor den zahlreichen Feinkostläden machen auf eine Spezialität der Gegend aufmerksam: Das Fleisch der *cinghiale* (= Wildschwein) wird in und um San Gimignano hauptsächlich als Schinken angeboten, in vielen Restaurants wird es auch in Kombination mit Pasta oder als Hauptgericht serviert.

Stadtspaziergänge

Passegiata delle mura: Stadtspaziergang außerhalb der Stadtmauern von der Porta San Giovanni zur Porta San Matteo über die Porta delle Fonti und die Porta S. Jacobo. Auf dieser Strecke gibt es keine Geschäfte, deshalb trifft man auch nur vereinzelt auf Touristen.

Camminamento medioevale: Der Spazierweg beginnt an der Porta San Matteo (Vicolo Mainardi über die Via Diacceto) und endet an der Piazza delle Erbe. Er verläuft an der Innenseite der Stadtmauer, aber etwas abseits des großen Trubels. Der

Gang ist teilweise offen und teilweise mit kleinen Brücken überbaut, die die Stadtmauer mit den Wohngebäuden verbinden.

Information/Verbindung/Adressen

• *Information* **Pro Loco**, Piazza del Duomo. Verkauf von Bustickets, kostenlose Zimmer- und Agriturismovermittlung (keine Hotels), Adresslisten für den Besuch von Weingütern auf der Strada del Vino, Anmeldung für organisierte Weingutbesichtigung. Audioguides zur Stadtgeschichte 5 €. März–Okt. 9–13 und 15–19 Uhr; Nov.–Feb. 9–13 und 14–18 Uhr. ℡ 0577-940008, ✆ 0577-940903. prolocsg@tin.it, www.sangimignano.com.

• *Zimmervermittlung* **Associazione Strutture Extralberghiere**, Via Cellole 81, ℡ 349-8821565, ✆ 0577-941268, info@asangimignano.com, www.asangimignano.com. Vermittlung von Privatzimmern, Appartements und Agriturismo-Unterkünften. Überaus freundlich und hilfsbereit, aber provisionspflichtig. Wer sich die Vermittlungsprovision (10 %) sparen will, bekommt auch im Touristenbüro eine Liste der Privatvermieter.

Siena Hotels Promotions, bei der Porta S. Giovanni. Vermittlung von Hotels in der ganzen Provinz Siena, also auch in San Gimignano. ℡/✆ 0577-940809. www.hotelsiena.com.

• *Bahnverbindung* Der nächste Bahnhof liegt in Poggibonsi. Fahrplanauskunft auch in der Tourist-Info mit Hilfe des PC.

• *Busverbindungen* Von und nach San Gimignano bestehen hervorragende Busverbindungen: ständig nach Florenz, mind. 10x tägl. nach Siena, fast stündlich nach Poggibonsi. Busbahnhof an der Porta San Giovanni (Piazzale Montemaggio).

• *Fahrrad- und Mopedverleih* **Bruno Bellini**, neben dem großen Parkplatz an der Straße nach Poggibonsi (beschildert). Verleih von Fahrrädern und Mountainbikes ab 15 €, von Mofas, Mopeds und Skootern ab 31 € (mit Reparaturwerkstatt). Helme sind im Preis enthalten. Seit kurzem auch Auto-

verleih. Tägl. 9–13 und 15–20 Uhr geöffnet. Via Roma 41. ☎/🖷 0577-940201, mobil unter 348-4125488 erreichbar. www.bellinibruno.com.

• *Parken* Praktisch alle Parkplätze sind tagsüber gebührenpflichtig. P1 1–5 €, P2 2–15 €, P3/P4 2–10 €. Gebührenfreie Parkmöglichkeiten findet man nur weiter außerhalb oder beim großen COOP-Supermarkt (mit Parkscheibe und nur für 1 Stunde).

• *Einkaufen* **COOP-Supermarkt**, Via Baccanella (südlich vom Zentrum). Werktags von 8.30–20 Uhr geöffnet.

• *Kino* im Sommer Vorführungen „Sotto le Stelle" (unter dem Sternenhimmel) im Parco della Rocca.

• *Feste* **Ferie delle Messi**, Mittelalterfest am zweiten oder dritten Juniwochenende mit Musik, Handwerkskunst, Reiterturnieren – alles in historischen Kostümen. Die Kulisse könnte nicht schöner sein.

Festival „Dentro e fuori le mura", Konzerte und Opernaufführungen unter freiem Himmel auf der Piazza Duomo im Zentrum der Stadt und auf Plätzen und in Kirchen außerhalb San Gimignanos. Ab Mitte Juni bis Mitte Aug. Programm unter www.sangimignano.com.

Tesori di San Gimignano, vom Ende Oktober bis Silvester zeigt die Stadt ihre kulturellen und vor allem kulinarischen Schätze.

• *Kunsthandwerk/Galerien* Zwanzig Kunsthandwerksbetriebe und Galerien haben sich zur *Associazione Artisti e Artigiani* zusammengeschlossen, darunter: **Galleria della Rocca**, zwischen Skulpturen und Zypressenbildern nimmt man sich hier Zeit für ein interessantes Schwätzchen, bei della Rocca; **Le Bateau Ivre**, u. a. moderne Malerei, Via Marsilli; **Studio d'Arte La Costarella**, Skulpturen, Via della Costarella. Einen Überblick kann man sich unter www.artsangimignano.org verschaffen.

Galleria Arte Continua, siehe unter Sehenswertes.

• *Markt* Der Wochenmarkt findet jeden Donnerstag statt.

• *Internet* **Tam Tam**, Via XX Settembre; Zeitungsladen **Tuscia** außerhalb der Porta San Matteo (gleich rechts); **Bar Boboli**, Via San Giovanni 30.

• *Fundbüro* **Ufficio Vigili Urbani**, Via S. Stefano 23, ☎ 0577-940346.

*Ü*bernachten (siehe *K*arte *S. 601)*

Unter 3 Sternen läuft in San Gimignano nichts! Allerdings werden auch etliche Privatzimmer angeboten. DZ ab ca. 26 €.

*** L'Antico Pozzo (7), hübsch restauriertes Stadthaus aus dem 15. Jh., jedes Zimmer hat seine spezielle Einrichtung, alle sehr einladend. In Nr. 14 schlafen Sie unter einem blütenweißen Baldachin. In der ersten Etage liegt ein sehr schöner „Innenhof", in dem auch gefrühstückt werden kann. Im alten Brunnen, der dem Hotel den Namen gab, hat man, so die Legende, einst widerspenstige Jungfrauen eingesperrt, die den Feudalherren „das Recht der ersten Nacht" verweigerten – drei Tage und drei Nächte lang. Keine Legende ist, dass der heutige Frühstücksraum im 18. Jh. ein Tanzsaal war, in dem rauschende Feste gegeben wurden. DZ mit Frühstück 110–170 €, EZ 80–100 €. Via San Matteo 87, ☎ 0577-942014, 🖷 0577-942117, www.anticopozzo.com.

*** La Cisterna (13), sehr schöne Lage im Zentrum der Altstadt. Die meisten Zimmer gehen nach hinten. Oft mit Balkon und Blick über die Dächer ins toscanische Umland. Im Haus auch ein empfehlenswertes Restaurant. DZ ab 98 €, EZ ab 78 €. Piazza della Cisterna 23, ☎ 0577-940328, 🖷 0577-942080, www.hotelcisterna.it.

*** Bel Soggiorno (15), seit 1886 von derselben Familie geführt. DZ mit Frühstück 95–120 €. Via S. Giovanni 94, ☎ 0577-940375, 🖷 0577-907521, www.hotelbelsoggiorno.it.

*** Graziano (19), 10 Fußminuten von der Altstadt entfernt. Über dem gleichnamigen Restaurant werden 6 geräumige, neu eingerichtete Zimmer vermietet, jedes mit hübschem Bad und eigenem Balkon. Schräg gegenüber in einer Dependance weitere 6 Zimmer mit Blick auf S. Gimignano. DZ 70–90 €. Via Matteotti 39/A, ☎ 0577-940101, 🖷 0577-940655, www.hoteldagraziano.it.

> Auch einige Restaurants vermieten Zimmer: die **Locanda Il Pino (2)** in der Via Cellolese 4 (DZ 55 €), das Restaurant **La Stella (9)** (DZ 65 €) und das Restaurant **Le Vecchie Mura (14)** in der Via Piandornella (DZ 50 €).

• *Außerhalb* ***** Casolare Le Terre Rosse**, ca. 5 km Richtung Volterra. DZ 95–124 €. Loc. San Donato, ☎ 0577-907046, 🖷 0577-902200, www.hotelterrerosse.com.

*** **La Cappuccina**, tolle Villa (mit Wellnessmöglichkeiten und Pool) in schöner Lage (Panoramablick auch auf S. Gimignano), ca. 2 km außerhalb Richtung Larniano (Pisa). DZ 90–150 €. Loc. La Cappuccina, 46A, ✆ 0577-940381, 🖷 0577-942031, www.lacappuccina.com.

*** **Le Colline**, ca. 1,5 km Richtung Poggibonsi. DZ 85–96 €, EZ 65–70 €. Loc. Sovestro, ✆ 0577-940225, 🖷 0577-907040, www.albergolecolline.com.

*** **Le Renaie**, ruhige Lage, 6,5 km außerhalb von San Gimignano, sehr idyllisch im Grünen. Mit Restaurant und Pool. Gediegenes Ambiente, Zimmer mit Klimaanlage, Telefon und TV. Man sollte mindestens 2 Monate vorher reservieren. Anfahrt: Von San Gimignano zunächst auf der Straße nach Certaldo, nach ca. 4 km geht es links ab und den Berg hinauf, der Beschilderung folgen. Das DZ mit Bad, Balkon und inkl. Frühstück kostet 134 €, ohne Balkon 110 €. Loc. Pancole, ✆ 0577-955044, 🖷 0577-955126, www.sangimignano.com/lerenaie/index.htm.

Camere La Fornace di Racciano, auf einem Hügel gegenüber von San Gimignano, schöner Blick auf die Stadt. Zum Anwesen gehört ein kleiner Pool. Schlichte, aber geschmackvoll eingerichtete Zimmer in einem renovierten Bauernhaus, allerdings ohne Balkon, daher z. T. etwas dunkel. Nur 5 Zimmer mit Bad, TV und Kühlschrank. Anfahrt: Von San Gimignano in südliche Richtung die Straße nach Volterra nehmen, nach 2,5 km geht es rechts den Berg hinauf (beschildert). Nur etwa 300 m vom Ristorante Il Rifugio (s. u.) entfernt. DZ 62–75 €,

reichhaltiges Frühstücksbuffet für 7,50 € pro Pers. Loc. Racciano, ✆ 0577-942156, 🖷 0577-907689, www.lafornacediracciano.it.

● *Agriturismo* **Il Rosolaccio**, ca. 8 km in Richtung Certaldo, dann rechts abbiegen (ausgeschildert). Schöne Lage auf einer Anhöhe. Großer Swimmingpool. Von Mai bis Oktober wird draußen vor dem Haus abends ein Menü serviert, 2007 wurde das 10-jährige Jubiläum gefeiert. Man spricht auch Deutsch. Appartements für 2–5 Pers. (ab 3 Tagen). DZ mit Dusche/WC für 90–109 € (Frühstück inklusive), Appartements ab 780 € pro Woche. Loc. Capezzano, ✆ 0577-944465, 🖷 0577-944467, www.rosolaccio.com.

● *Appartements* **Bellavista**, ca. 3,5 km außerhalb, Abzweig von der Straße nach Volterra. Kleine Wohnanlage mit netten Appartements (Schlafzimmer, Bad, Küche, Wohnraum), die alle über einen eigenen Garten oder eine eigene Terrasse verfügen. Swimmingpool. Tiere sind leider nicht erlaubt. Schöner Blick über San Gimignano. DZ 70 €, Appartement für 2 Pers. ab 95 € pro Nacht (mind. 3 Nächte Aufenthalt). Loc. Racciano, ✆ 0577-941942, 🖷 0577-941946, www.bellavistaappartamenti.com.

● *Camping* * **Il Boschetto di Piemma**, ca. 2,5 km außerhalb in Richtung S. Lucia (neben dem Fußballplatz). Die steile Hanglage mit dem harten und staubigen Boden macht das Zelten nicht gerade zu einem Vergnügen. Cafébar (mit preiswerten Standardgerichten) und Schwimmbad am Platz. Geöffnet April bis Mitte Okt. ✆ 0577-940352, 🖷 0577-907453, www.selvadelletorri.com.

Essen und Trinken

Weinspezialität von S. Gimignano ist der Vernaccia, ein trockener Weißwein, dessen Geschmack mit dem von Stachelbeeren und Äpfeln verglichen wird. Der Feinschmecker-Papst Martin IV. pflegte sein Lieblingsgericht – gebratene Aale – vorher in Vernaccia-Wein einlegen zu lassen.

Le Vecchie Mura (14), in einem liebevoll restaurierten Gewölbebau. Etwas abseits gelegen, mit schöner Terrasse mit Fernblick, nicht zu teuer, nur abends geöffnet. Di geschlossen. Via Piandornella 15, ✆ 0577-940270, www.vecchiemura.it.

Chiribiri (17), die kleine Trattoria liegt eine halbe Etage unter der Erde und serviert in angenehmer Atmosphäre eine gute Küche zu vernünftigen Preisen. Piazza della Madonna 1, ✆ 0577-941948.

Graziano (19), ein Leser schreibt: „Selten haben wir zu einem so günstigen Preis so

gut gegessen. Ebenfalls suchen die nur abends erhältlichen Pizzen ihresgleichen.“ Bleibt noch zu erwähnen, dass der Wirt und sein junges Personal überaus freundlich sind. Adresse siehe gleichnamiges Hotel. Mo geschlossen.

Beppone (4), Kellerrestaurant im touristischen Abseits. Toscanische Küche und Pizzen (z. B. Pizza del bosco mit Trüffelcreme und Steinpilzen) – alles zu vernünftigen Preisen. Do geschlossen. Via delle Romite 13, ✆ 0577-943135, www.beppone.net.

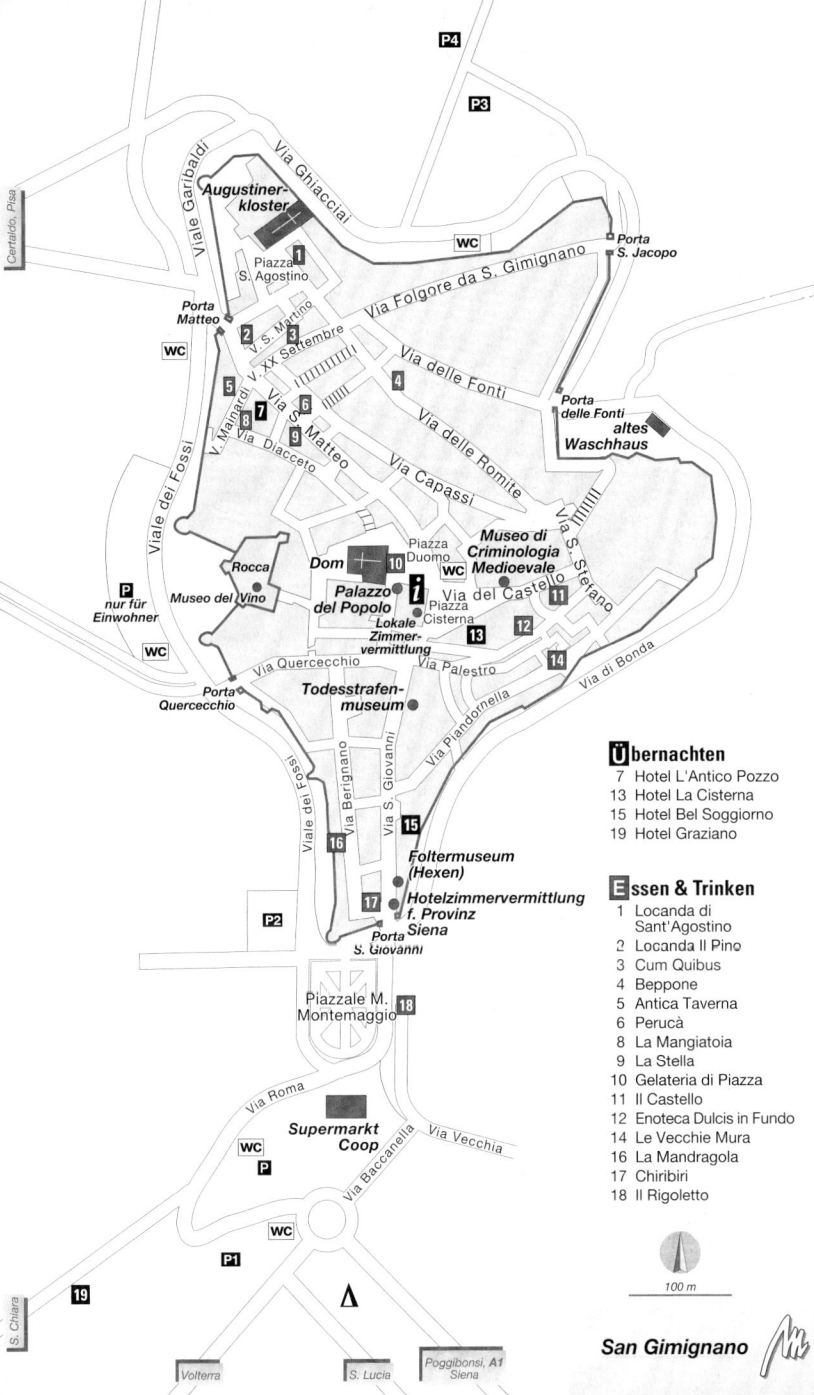

P4

P3

Certaldo, Pisa

Via Ghiacciai

Augustiner-kloster

Piazza
S. Agostino **1**

Porta
Matteo

WC

Porta
S. Jacopo

Via Folgore da S. Gimignano

2 V. S. Martino
3 Via XX Settembre

WC

V. Mainardi v.XX Settembre

Via delle Fonti

5

7

8

6

9

Via S. Matteo

Via Diacceto

Via delle Romite

4

Via Capassi

Porta
delle Fonti

**altes
Waschhaus**

Via S. Stefano

Viale dei Fossi

Rocca

P
nur für
Einwohner

**Museo del
Vino**

WC

Dom **10**

Piazza
Duomo

**Museo di
Criminologia
Medioevale**

**Palazzo
del Popolo**

i

Piazza
Cisterna

Via del Castello

11

12

Lokale
Zimmer-
vermittlung

13

Via Palestro

14

Via di Bonda

Via Quercecchio

Porta
Quercecchio

WC

**Todesstrafen-
museum**

Via Piandornella

Via Bergnano

Via S. Giovanni

15

16

**Foltermuseum
(Hexen)**

17

**Hotelzimmervermittlung
f. Provinz
Siena**

Porta
S. Giovanni

P2

Piazzale M.
Montemaggio

18

Via Roma

**Supermarkt
Coop**

Via Vecchia

WC

P

Via Baccanella

WC

P1

Δ

S. Chiara

19

Volterra

S. Lucia

Poggibonsi, A1
Siena

Übernachten

7 Hotel L'Antico Pozzo
13 Hotel La Cisterna
15 Hotel Bel Soggiorno
19 Hotel Graziano

Essen & Trinken

1 Locanda di
   Sant'Agostino
2 Locanda Il Pino
3 Cum Quibus
4 Beppone
5 Antica Taverna
6 Perucà
8 La Mangiatoia
9 La Stella
10 Gelateria di Piazza
11 Il Castello
12 Enoteca Dulcis in Fundo
14 Le Vecchie Mura
16 La Mandragola
17 Chiribiri
18 Il Rigoletto

100 m

San Gimignano

Locanda di Sant'Agostino (1), beim Augustinerkloster. Großes Angebot an Bruschette, aber auch Pizzen und Panini. Der kühle Wein wird im Becher serviert. Auf dem sonnigen Platz ist es fast so ruhig wie im Kreuzgang des benachbarten Klosters. Wären die Preise nicht so hoch, man müsste es geradezu empfehlen. Di geschlossen. Piazza Sant'Agostino.

Bel Soggiorno (15), toscanische und internationale Küche, höheres Preisniveau. Mi geschlossen. Via San Giovanni 41, ✆ 0577-940375.

Il Castello (11), typische toscanische Gerichte, die im reizvollen Innenhof noch besser schmecken. Dem luxuriösen Palast aus dem 12. Jh. entsprechen die Preise, billiger wird es bei den verschiedenen Menüs zur Auswahl. Via del Castello, 20, ✆ 0577-940878, www.enotecailcastello.it.

Il Pino (2), im rustikalen Ambiente wird traditionell gekocht, recht teuer. Do geschlossen. Via Cellolese 6 (neben gleichnamiger Locanda), ✆ 0577-940415.

Dulcis in Fundo (12), charakteristische Enoteca/Bar mit kleinen Antipasti. Mi geschlossen. Via degli Innocenti 21, ✆ 0577-941919, www.dulcisinfundo.net.

Ristorante La Mandragola (16), gehobenes Niveau, der Hauswein stammt aus der Fattoria Paradiso (s. u.). Gute Küche, sehr beliebt bei Touristen. Leider waren die Portionen manchmal recht klein und die Serviceleistungen eher unfreundlich. Mittags und abends geöffnet. Via Berignano 58, ✆ 0577-940377 oder 0577-942110.

Perucà (6), in der Küche eher einfache Gerichte als Spielereien, aber auf jeden Fall lecker. Und der gemütliche Keller in einem der ältesten Gebäude der Stadt zeigen San Gimignano von seiner romantischsten Seite. Auch DZ für 65 € pro Nacht. Di geschlossen. Via Caprassi, 16, ✆ 0577-943136, www.peruca.net.

Cum Quibus (3), typische toscanische Gerichte in der Nähe des Augustinerklosters.

Di geschlossen. Via San Martino, 17, ✆ 0577-943199, www.cumquibus.it.

Il Rigoletto (18) winzige Trattoria außerhalb der Porta S. Giovanni. Mo geschlossen. Via Roma 23, ✆ 0577-941981.

La Mangiatoia (8), der Wirt weiß sich in Szene zu setzen. Das muss er aber keinesfalls als Ausgleich zur Küche machen: das *cervo in dolce e forte* mit Nüssen, Pinienkernen und Schokolade war nämlich ebenso spektakulär wie die Desserts. Di geschlossen. Via Mainardi, 5, ✆ 0577-941528.

La Bruschetteria – Antica Taverna (5), nur Bruschette, aber in 90 Variationen. Sehr urig! Do geschlossen. Auf dem Camminamento medioevale, Vicolo Mainardi, 10, ✆ 0577-943174, www.lanticataverna.it.

Gelateria di Piazza (10), Piazza della Cisterna. Der Meister Sergio Dondoli bedient oft selbst, auch gern in deutscher Sprache. Der Gelatiere ist 2006 zum wiederholten Male Eisweltmeister geworden, was er nicht zuletzt seinen Schokoladenkreationen verdankt.

• *Außerhalb* **Casa al Chino**, um gut und relativ günstig zu speisen, empfiehlt es sich, von S. Gimignano erst ca. 1,5 km Richtung Certaldo und dann links in Richtung Gambassi zu fahren; nach weiteren 4 km erscheint rechts auf einer Anhöhe etwas oberhalb der Straße die Casa al Chino, zu der eine Zypressenallee hinaufführt (Beschilderung ca. 150 m vorher an der Straße). Es werden auch 3 einfache DZ ab 47 € vermietet. Loc. Larniano, ✆ 0577-946022. Do geschl.

Podere Il Caggiolino, ca. 12 km auf der Straße nach Volterra rechts auf den Abzweig in den Wald achten. Die deutsche Besitzerin vermietet in einem abgelegenen Bauernhaus 5 kleine, luftige DZ zu 55 €, das größere kostet 65 € (Frühstück 7,50 € extra). Familiäre Atmosphäre. Castel di San Gimignano, Loc. Il Caggio, ✆ 0577-953190 oder 338-2824081. caggiolino@gmx.net, www.toskana.net/caggiolino

Wein

In der Villa des Parco della Rocca ist das **Museo del Vino** untergebracht (vgl. Sehenswertes). Im Park geben Musiker manchmal ganz entzückende Ständchen auf dem Cembalo.

Convento San Francesco, ein ehemaliges Kloster aus dem 12. Jh. dient als Weindepot und Verkaufsstelle des Weinguts „Azienda Agricola Tollena". In den Rundbögen der

Räume sind Tausende von Flaschen Vernaccia, Chianti der Colli Senesi sowie Chianti Superiore aufgestapelt. Via S. Giovanni 71. www.tollena.it.

Azienda Agricola Il Paradiso, bei dem herrlich gelegenen, traditionsreichen Weingut von Vasco Cetti und seiner Frau Graziella Cappelli Cetti kann man ganz hervorragenden Vernaccia di San Gimignano (D.O.C.G.)

kaufen – und das sogar vergleichsweise günstig. Der leichte, junge Weißwein ist bereits ab 4,90 € pro Flasche zu haben, eine echte Empfehlung! Im Angebot sind natürlich auch teurere Weine, z. B. der Vernaccia in Barrique-Ausbau, daneben einige Chianti-Weine. Außerdem gibt es Grappa di Vernaccia und hochwertiges Olivenöl. Vom „Feinschmecker" ausgezeichnet wurde 1999 der schwere Rotwein Paterno II (Sangiovese), die Flasche kostet 13,50 €. Bekannt ist das Weingut aber hauptsächlich für seinen Vernaccia, der auch in vielen Restaurants in San Gimignano von der Weinkarte nicht mehr wegzudenken ist.

Anfahrt: Das Weingut liegt ca. 3,5 km außerhalb von San Gimignano. Zunächst fährt man auf der Straße Richtung Certaldo, kurz nach der Abzweigung, bei der es links nach Gambassi geht, weist ein Schild nach rechts zum Podere Paradiso. Ab hier noch 1 km auf Schotter (beschildert). Mo–Fr ganztägig geöffnet. Loc. Strada 21/A, ✆ 0577-941500 oder 0577-940213, ✆ 0577-941500. www.telematicaitalia.it/ilparadiso, poderidelparadiso@capelligraziella.191.it.

Tipp: Die Azienda Agricola Il Paradiso unterhält in San Gimignano eine Cantina (Verkaufsstelle mit Probierstube), gleiche Preise wie beim Weingut selbst. Tägl. 10–20 Uhr geöffnet. Am unteren Ende der Via S. Giovanni.

Gemäuer vergangener Macht: Geschlechtertürme in San Gimignano

Sehenswertes

Es werden verschiedene Kombinationstickets angeboten, die den Besuch mehrerer Sehenswürdigkeiten erschwinglicher machen.

Piazza della Cisterna: Zusammen mit dem Domplatz, der nebenan liegt, bildet die Piazza della Cisterna das Zentrum von San Gimignano. Mit ihrer dreieckigen Grundform, dem gewölbten Profil und den riesigen Hausfassaden stellt sie ein Stück Mittelalter in reinster Form dar. Die Zisterne in der Mitte des Platzes datiert aus dem Jahr 1273.

Piazza del Duomo: Hier sind die vielfältigen Bauformen hübsch verschachtelt – bogenförmige Loggia, Treppen, der Dom und ein hoch aufragender Turmkoloss.

Rocca: Vom Turm der alten Burgruine westlich vom Dom hat man den schönsten Überblick über San Gimignano.

Palazzo Comunale: Der links oben an der Piazza del Duomo gelegene Bürgermeisterpalast mit seinem 54 m hohen Turm wurde 1310 fertig gestellt und ist neben dem Dom das am meisten besuchte Bauwerk der Stadt. In den Obergeschossen befindet sich das Museo Civico (s. u.). Auf eine Besteigung des Turms *(Torre Grossa)* sollte man trotz des hohen Preises (5 €) nicht verzichten, denn der Blick über die Stadt ist phantastisch. Ein architektonischer Leckerbissen ist der Innenhof des

Westlich von Siena Karte S. 585

Palazzo mit seinem überdachten Treppenaufgang, seinen Rundbögen und den ausgeblichenen Wandfresken. Hier wurde im Mittelalter öffentlich Recht gesprochen; ob es dabei immer mit rechten Dingen zuging, sei dahingestellt. Jedenfalls wurde das Fresko mit dem heiligen Ivo (Schutzpatron der Advokaten) schon im 16. Jh. mit dem folgenden Spruch verunziert: „Ich verspreche, dass du siegen wirst, wenn du dich mit dem Geldbeutel beeilst".

Museo Civico: In den nüchternen, kahlen Sälen im ersten Obergeschoss kann man sich Fresken anschauen, u. a. von *Benozzo Gozzoli*. Im so genannten Dante-Saal ist die „Maestà" bemerkenswert; sie stammt von *Lippo Memmi*, einem Schüler, Mitarbeiter und Schwager *Simone Martinis*, des großen sienesischen Künstlers aus dem 14. Jh. Im Nebenzimmer, dem „geheimen Sitzungssaal", ist ein wertvolles Gestühl ausgestellt.

In den oberen Stockwerken wird die Sammlung fortgesetzt. Besonders beeindruckend sind hier zwei Rundbilder von *Filippo Lippi*, die „Verkündigung" und der „Engel" – schöne Farbgebung und bei der „Verkündigung" eine im flämischen Stil gemalte Landschaft.

Im Rückgebäude findet man den Eingang zu einer kleinen etruskischen Sammlung mit Fundstücken aus der Gegend von San Gimignano: Öl- und Weinamphoren, Urnen aus dem 2. und 3. Jh. v. Chr. etc.

Torre Grossa: Der einzige Turm, der bestiegen werden kann. Der Zugang erfolgt durch das Museo Civico. 200 Stufen führen durch den ausgehöhlten Turm zur Plattform mit der stillgelegten Glocke

① Museum März–Okt. 9.30–19 Uhr; Nov.–Febr. 10–17.30 Uhr. Eintritt 5 €, erm. 4 € (beinhaltet Besichtigung des Palazzo Comunale, der Pinakothek und des Torre Grossa). Das Kombinationsticket (biglietto cumulativo) kostet 7,50 € (erm. 5,50 €) und schließt die Besichtigung der Spezieria, der Galerie für moderne Kunst und des Archäologischen Museums ein.

Foltermuseum (Museo di Criminologia Medioevale): Das Mittelalter hat nicht nur Kunstwerke und Geschlechtertürme hervorgebracht, sondern kannte auch eine Justiz. Einblick in deren dunkle Kapitel gewährt diese Privatsammlung mit Folter- und Hinrichtungsinstrumenten. Zu den Ausgeburten des menschlichen Geistes zählen Daumenschrauben, Katzenpfoten, Schandflöten, Halsgeigen, Garotten und dergleichen mehr. Es wurde gehenkt und gepfählt, gerädert und geviertelt, auf dem Scheiterhaufen verbrannt oder ganz einfach lebendig eingemauert. Mit welch teuflischen Werkzeugen die Inquisition den Ketzern zu Leibe rückte, bis diese gerade noch ein „Ich gestehe" röcheln konnten, ist schier unfassbar. Schautafeln und ausführliche Legenden, meist auch in deutscher Sprache, erhöhen den Kitzel.

Ein Raum mit zeitgenössischen amerikanischen Hinrichtungsmethoden bringt den Besucher unvermittelt in die Gegenwart zurück. Elektrischer Stuhl (erfunden 1888), Gaskammer und Giftspritze wirken nach dem Parcours durch den mittelalterlichen Horror geradezu harmlos – als gäbe es so etwas wie eine humane Hinrichtung. Ein Verzeichnis an der Wand hält fest, wer wo wann und wie in den USA hingerichtet wurde – es wird fortgeführt ...

① 10–19 Uhr, im Sommer bis 20 bzw. 24 Uhr. Eintritt 8 €, Studenten 5,50 €, ebenso Kinder (für diese ist die Ausstellung jedoch gänzlich ungeeignet). Via del Castello 1/3.

Wer noch nicht genug hat, kann dann noch das spezielle **Foltermuseum für Hexen (Museo della Tortura e Stregoneria)** besuchen.

① tägl. 9–19 Uhr. Eintritt 6 €. Via San Giovanni 123.

Galleria Arte Continua: Zahlreiche Initiativen für moderne und zeitgenössische Kunst in einem Kino der 50er Jahre. Mario, der Initiator dieser Einrichtung, ist inzwischen auch für die Ausstellungen in den Räumen von Santa Maria della Scala zuständig. Alles recht spannend und gut gemacht.

⏰ Di–Sa 14–19 Uhr und nach Vereinbarung. Via del Castello 11, 📞 0577-943134, www.galleriacontinua.com.

Spezieria di Santa Fina (mittelalterliche Gewürzhandlung), Archäologisches Museum, Galerie für moderne und zeitgenössische Kunst: Die drei Ausstellungen sind in einem Gebäude untergebracht. Die Spezieria zeigt u. a. alte Keramik- und Glasbehälter, die der Aufbewahrung von Kräutern und zum Anmischen von Medikamenten dienten. Das Archäologische Museum stellt Funde vom frühen etruskischen Zeitalter bis ins 18. Jh. aus, die in der Gegend um San Gimignano zu Tage gefördert wurden. In der Galerie für moderne Kunst wird toscanische Kunst des 19. und 20. Jh. präsentiert, sie steht aber auch wechselnden Ausstellungen zur Verfügung.

⏰ April bis 6. Jan. 11–18 Uhr, Eintritt 3,50 € (erm. 2,50 €). Das Kombinationsticket kostet 7,50 € (erm. 5,50 €) und schließt die Besichtigung des Palazzo Comunale, der Pinakothek und der Torre Grossa mit ein. Via Folgore.

Museo del Vino: Das Museum widmet sich vor allem dem regionalen Vernaccia. Degustation gegen Bezahlung ist ebenfalls möglich.

⏰ tägl. 11.30–19 Uhr, Mi 15–19 Uhr, Di geschlossen. Eintritt frei. Rocca di Montestaffoli, Villa della Rocca.

Dom

Das außen schmucklose romanische Bauwerk aus dem 12. Jh. ist innen über und über mit Wandfresken bemalt.

Linkes Seitenschiff: Szenen aus dem Alten Testament, sehr realistische Darstellungsweise von *Bartolo di Fredi*, einem Schüler *Ambrogio Lorenzettis*. Der Bilderzyklus beginnt mit der Erschaffung der Welt. Nach den Pflanzen und Tieren folgt Adam und schließlich – im vierten Bild ganz plastisch aus seiner Rippe hervorsteigend – Eva. Etwas aus dem Rahmen fällt der „Durchzug durchs Rote Meer" (viertes Bild der unteren Reihe): Das Heer des Pharao trudelt ertrinkend auf der Bildfläche.

Rückwand: Oben sieht man eine grandiose Darstellung des „Jüngsten Gerichts" von *Taddeo di Bartolo*, beeindruckend ist vor allem die Illustration der Hölle. Die Details kann man besser auf den Postkarten der Kioske erkennen: die Unmäßigen, die Unzucht, viel Mord und Totschlag, gierige Teufel. Die öffentlichen Hinrichtungen und Torturen der damaligen Zeit bildeten die Vorlage für den Künstler. Über dem Eingang ist ein großflächiges Fresko von *Benozzo Gozzoli* zu sehen, das „Martyrium des heiligen Sebastian", der im Pfeilhagel stirbt.

Rechtes Seitenschiff: Szenen aus dem Neuen Testament von *Barna di Siena*. Die letzten Bilder wurden erst Mitte des 14. Jh. fertig gestellt, allerdings nicht mehr vom Meister selbst: Der verunglückte tödlich bei einen Sturz von seinem Arbeitsgerüst.

Kapelle Santa Fina: Die am Ende des rechten Seitenschiffs im Renaissancestil angebaute Kapelle bricht völlig mit dem Rest der Kirche. Die Hochkultur dieser Epoche zeigt sich in den Wandfresken von *Ghirlandaio*: Die Gesichtszüge mit ihrer individuellen Mimik verraten Porträtmalerei.

⏰ März Mo–Sa 9.30–16.40, So 12.30–16.40 Uhr; April–Okt. Mo–Fr 9.30–19.10, Sa 9.30–17, So 12.30–17 Uhr. Eintritt 3,50 € (erm. 3 €), zusammen mit dem Museo d'Arte Sacra (einer bescheidenen Ausstellung zur Kirchenkunst) 5,50 € (erm. 4,50 €).

Westlich von Siena Karte S. 585

Augustinerkloster

Der Spaziergang durchs mittelalterliche San Gimignano endet beim Augustinerkloster aus dem 13. Jh. im Norden der Stadt. Die ziemlich schmucklose einschiffige Kirche bietet eine einzige nennenswerte Sehenswürdigkeit: den großartigen Bilderzyklus von *Benozzo Gozzoli* und seinen Schülern. Er befindet sich im Chor und erzählt in 17 Szenen die Lebensgeschichte des heiligen Augustinus (354–430), zu lesen von links unten nach rechts oben:

Im ersten Bild (linke Wand, unten links) bringen die Eltern den kleinen Augustinus in die Schule. Die Szene spielt in Tagaste (im heutigen Algerien). Im Vordergrund wird gerade einem ungezogenen Schüler der Hintern versohlt ... Es folgen u. a. die Übersiedlung nach Italien, der RhetorikUnterricht in Rom, das Treffen mit Ambrosius (neben Augustinus der zweite große Kirchenlehrer der Epoche), der ihn drei Bilder später taufen wird. Im zwölften Bild (rechte Wand, Mitte links) wird die Parabel von der Unzulänglichkeit des menschlichen Verstandes erzählt: Augustinus weilt am Meeresufer und versucht, das vertrackte Problem der Heiligen Dreieinigkeit zu verstehen. Da erscheint ihm Jesus als Kind und macht sich mit einem Löffel daran, das gesamte Meer in sein Eimerchen zu füllen – Augustinus begreift, dass der menschliche Verstand nicht ausreicht, die unendliche Weisheit Gottes zu erfassen. Auf einem weiteren Fresko segnet Augustinus als Bischof von Hippo Regius (wieder in Nordafrika) die Gläubigen, das letzte Bild (rechte Wand, oben) zeigt die Begräbnisfeierlichkeiten.

Zum Abschied werfe man noch einen Blick in den doppelstöckigen Kreuzgang mit dem gepflegten Garten, der um einen alten Ziehbrunnen angelegt ist.

Volterra
(ca. 12.000 Einw.)

Inmitten einer waldlosen, sanften Hügellandschaft erstreckt sich auf einem Bergrücken Volterra. Die südliche Stadtmauer wird von der gewaltigen Medici-Festung abgeschlossen, an die sich eine größere Grünanlage anschließt – eine Oase in der sonst düsteren, durch und durch mittelalterlichen Stadt.

„Velathri", das heutige Volterra, spielte im Zwölfstädtebund der etruskischen Fürstentümer wegen seiner zentralen Lage und der Kupfervorkommen eine wichtige Rolle. Im 4. Jh. v. Chr. wurde ein 7,3 km langer Mauerring um die Stadt gezogen, der den 25.000 Einwohnern Schutz bot; doch war zu dieser Zeit die etruskische Macht bereits im Niedergang begriffen. Dem mächtig gewordenen Konkurrenten aus dem Süden konnte auch Volterra nicht mehr lange standhalten. Anfang des 3. Jh. v. Chr. wurde die Stadt römisch.

An die große etruskische Zeit Volterras erinnern die *Porta all'Arco*, durch die man noch heute die Stadt betritt, und die *Porta Diana* im Norden, die seit der mittelalterlichen Befestigung weit außerhalb der Stadt gelegen ist. Eine wichtige Erwerbsquelle der Etrusker war der Alabaster, ein weicher Stein, der zu Urnen, Vasen und Schmuck verarbeitet wurde. Das Handwerk hat sich bis heute gehalten und ist noch immer ein Hauptwirtschaftszweig der Stadt. Zahlreiche Läden verkaufen die Produkte; neben Kitsch gibt's auch Geschmackvolles.

Am Fuß des Berges, auf dem Volterra thront, liegt der neue Ort *Saline di Volterra*. Volterra entwickelte sich im Mittelalter wegen der hier im Boden vorkommenden Salzvorkommen zum Zentrum des italienischen Salzhandels. Heute wird in den

Fabrikanlagen der Salinen das mit dem Wasser des Cecina-Flusses ausgewaschenes Salz raffiniert. Früher führte von Saline, Endstation der Bahn von Cecina, eine Zahnradbahn nach Volterra hinauf.

Information/Verbindung/Adressen

• *PLZ* 56048
• *Information* **Ufficio Turistico**, Piazza dei Priori 20, ✆/☏ 0588-87257 (auch Hotelvermittlung), www.volterratur.it, ufficioturistico@volterra tur.it. Im Sommer tägl. 9–13 und 14–19 Uhr, im Winter 10–13 und 14–17 Uhr.
Pro Volterra, Via G. Turazza, ✆ 0588-86150, ☏ 0588-90350, www.provolterra it. April–Okt. 9–13 und 14–19 Uhr, Nov.–März 9–12 und 15–18 Uhr. Auch Verkauf von Busfahrkarten und Bahntickets.
• *Parken* Die Wegweiser ins Zentrum leiten den Besucher direkt ins Parkhaus **La Dogana** (P1) an der Piazza Martiri della Libertà (1,50 € pro Stunde, 11 € für 24 Std.). Derzeit noch kostenlos sind einige kleinere, oft besetzte Plätze um die Altstadtmauer. Für Wohnmobile wird der P 3 empfohlen (Wasser). Vom P 5 leichter Zugang über eine Metalltreppe ins Zentrum.
• *Busverbindung* Über Colle Val d'Elsa geht es nach Siena (4x tägl.), S. Gimignano und

Florenz; über Larderello nach Massa Marittima; über Pontedera nach Pisa. An Sonntagen meist keine Verbindungen.
• *Bahnverbindung* Die nächste Bahnstation befindet sich in Saline di Volterra (ca. 10 km vom Zentrum entfernt). Von dort fahren 3–6x täglich Züge zur Küste nach Cecina.
• *Einkaufen* **Enoteca Scali**, gut sortiert, auch Häppchen mit Brot. Via Guarnacci 13.
Kaffeerösterei, frisch gerösteten Kaffee und verschiedene Teesorten gibt es in der Via Gramsci 16.
Campingartikel, Gaskartuschen etc. (inklusive deutschsprachiger Beratung):in der Via Ricciarelli 13, ✆ 0588-86369.
• *Internet* **Web & Wine**, Internetpoint zwischen mittelalterlichen Mauern. 1 Std. kostet 4 € (ohne Wein!), Via Porta all'Arco 11–13; **Enjoy Caffè**, nett mit Tischen draußen. Piazza Martiri della Libertà 3, 1 Std. kostet 3 €.
SESHA, in diesem nüchternen Lädchen kostete die Stunde ebenfalls 4 €, Via Gramsci 14.

Übernachten/Camping/Agriturismo (siehe Karte S. 608/609)

Ob innerhalb oder außerhalb der mittelalterlichen Stadtmauer: Man muss für die Nacht mindestens 3 Sterne bezahlen.

**** Hotel San Lino (5), ehemaliges Kloster mit 43 Zimmern. Innen renoviert, die Zimmer einfach mit Holz ausgekleidet, etwas eng. Pool vorhanden. DZ mit Frühstück 85–90 €. Via S. Lino 26, ✆ 0588-85250, ☏ 0588-80620, www.hotelsanlino.com.
*** Villa Rioddi (17), ca. 1,5 km außerhalb in Richtung Cecina, Abzweigung Montecatini. Tolle Lage und von den geräumigen Zimmern meist schöner Blick. DZ 68–93 €. SP Monte Volterrano, ✆ 0588-88053, ☏ 0588-88074, www.hotelvillari"oddi.it.
*** Villa Nencini (4), außerhalb der Stadtmauer. Sehr ruhige Lage in einem rustikalen Gebäude aus unverputzten Steinquadern. Von den meisten der 35 Zimmer weiter Blick ins Umland (nicht von den billigeren Zimmern ohne Dusche im Souterrain). Swimmingpool im Garten. Zu Fuß ins Zentrum ca. 10 Min. DZ mit Bad 68–83 €, ohne 42–50 €. Borgo S. Stefano 55, ✆ 0588-86386, ☏ 0588-80601, www.villanencini.it.
*** Antica Badia (1), moderner, überschaubarer Bau mit 11 Zimmern. Etwas außerhalb

der Mauern Richtung Campingplatz. DZ ca. 70 €. Via Pisana 33, ✆ 0588-81600, ☏ 0588-90749, www.anticabadia.it.
*** Albergo Nazionale (11), in der Altstadt. Ein Albergo mit guter Tradition, und das seit 1890. Einige Zimmer mit Balkon. Restaurant mit regionaler Küche. DZ 78–83 € (Frühstück 6 €). Via dei Marchesi 11, ✆ 0588-86284, ☏ 0588-84097, www.albergonazionalevolterra.it.
Seminario Vescovile S. Andrea (6), im ersten Stock des Klosters S. Andrea. „Das Ganze erinnert an ein katholisches Schulinternat", schrieb ein Leser. Ist es auch. Nachdem jedoch die Zahl der Seminaristi von einst 80 auf 0 gesunken war, beschloss die Leitung des bischöflichen Seminars, die frei gewordenen Zimmer zu vermieten und sich schließlich auch dem profanen Tourismus zu öffnen. Die einfachen, aber geräumigen Zimmer ohne Bad liegen an einem breiten Flur, der um den Kreuzgang herumführt. Luxuriöser sind die Zimmer mit Zentralheizung, Bad und Blick auf Le Balze. Oft

Westlich von Siena Karte S. 585

von kirchlichen Gruppen ausgebucht, aber trotzdem nachfragen. DZ ohne Bad 28 €, mit Bad 36 €, Frühstück 3 €. Viale Vittorio Veneto 2, ☎ 0588-86028, ☏ 0588-90791.

Zimmervermietung La Torre (7), Altstadt, Kleiner Raum mit Kühlschrank und Herd für Selbstversorger vorhanden. Keine Klingel an der Tür, also anrufen! 7 einfache DZ ohne Frühstück ab 45 €. Via Guarnacci 47 (gegenüber 4-Sterne-Herberge Locanda), ☎ 0588-80036 oder 348-7247693.

Zimmervermietung Renzi (14), Altstadt, tolle Terrasse mit weitem Blick. 2 DZ zu 50 €, als Appartement (4 Pers.) kosten die beiden DZ zusammengelegt 75 €. Piazza Martiri della Libertà 8 (bei Renzi oder bei Fiume klingeln), ☎ 0588-86106 oder 0588-86133, ☏ 0588-85460, www.camere-renzi.com.

● *Außerhalb* ***** Hotel Africa**, freundliches, kleines Hotel mit 11 gepflegten Zimmern. Empfehlenswertes Restaurant (siehe Essen). DZ ohne Bad 42 €, mit Bad 55–65 €. Borgo Lisci 8, Saline di Volterra, ☎/☏ 0588-44193, www.albergoafrica.com.

● *Appartements* **L'Etrusca (12)**, in der Altstadt, nicht weit von der Porta all'Arco. Ziemlich geräumig, Kochgelegenheit in kleiner Diele, hübsche Dachterrasse. Für 2 Pers. ca. 490–540 € pro Woche. Auch tageweise Vermietung, Via Porta all'Arco 37–41, ☎ 0588-84073, ☏ 0588-87284, letrusca@libero.it.

Il Portone (3), ca. 1 km unterhalb des Stadtkerns. Schöne Lage (direkt neben dem etruskischen Stadttor Diana). 7 Mini-Appartements für 2 Personen zu 429–620 € pro Woch, Via Porta Diana 28, ☎ 0588-88888, www.residenceilportone.com

● *Camping* **Le Balze**, ca. 1 km außerhalb (bei den Abbrüchen). Der städtische Platz ist relativ klein und bietet wenig Schatten, aber gute Aussicht. Eigener Swimmingpool. April bis Mitte Oktober. Via di Mandringa 15, ☎ 0588-87880

● *Agriturismo* **Villa Palagione**, das ambitionierte Projekt einer Hand voll Deutscher und Italiener, die 1986 die feudale Ruine, ehemals Sommersitz einer Volterraner Adelsfamilie, in Besitz nahmen. Die hohen Räume der zweigeschossigen Hauptvilla besitzen alle ein Tonnengewölbe, deren Deckenfresken noch genauso frisch wirken, wie sie wohl Ende des 20. Jh. gemalt wurden. Die Wände sind mit bunten Mustern und Figürchen bedeckt und simulieren sehr plastisch französische Seidentapeten. Auch einige Räume im Nebengebäude (ehemals Kornspeicher und Orangerie) wur-

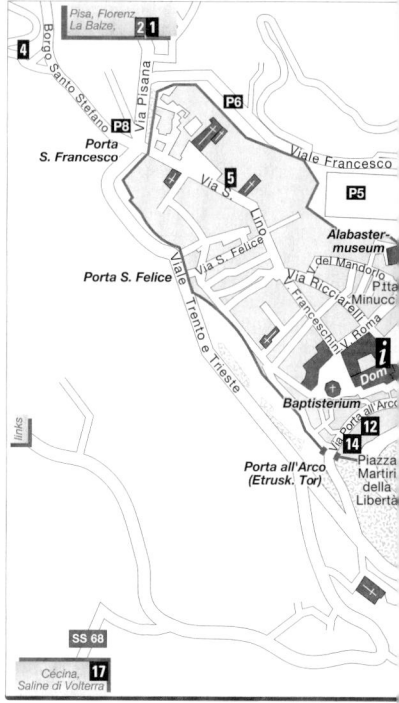

den restauriert und in Gästezimmer bzw. Ateliers verwandelt. Es gibt eine Vielzahl von Gesellschaftsräumen, die für Kursveranstaltungen genutzt werden. Es werden nebst vielen anderen Aktivitäten auch Sprach-, Mal- und Bildhauerkurse (Alabaster) angeboten. Insgesamt können ca. 50 Gäste hier unterkommen, auch Individualreisende sind gerne willkommen. Anfahrt: erst Richtung S. Gimignano, nach ca. 2 km zweigt links die Straße nach Pisa/Pontedera ab, ca. 800 m weiter zweigt rechts der beschilderte Schotterweg ab. DZ 62–95 € (Frühstück 9 €), auch drei Appartements sind zu mieten (3–4 Pers. zahlen 92–98 € pro Tag). ☎ 0588-39014, ☏ 0588-39129, www.villa-palagione.com.

Orgiaglia, 19 km von Volterra entfernt und in absolut einsamer Lage. Wanderer finden markierte Wege im Waldgebiet von Berignone, Pferdefreunde halten sich an die robust und gutmütig wirkenden Tieren des Hofes, die für weite Ausritte in die einsame Umgebung bereit stehen. Schwimmbad

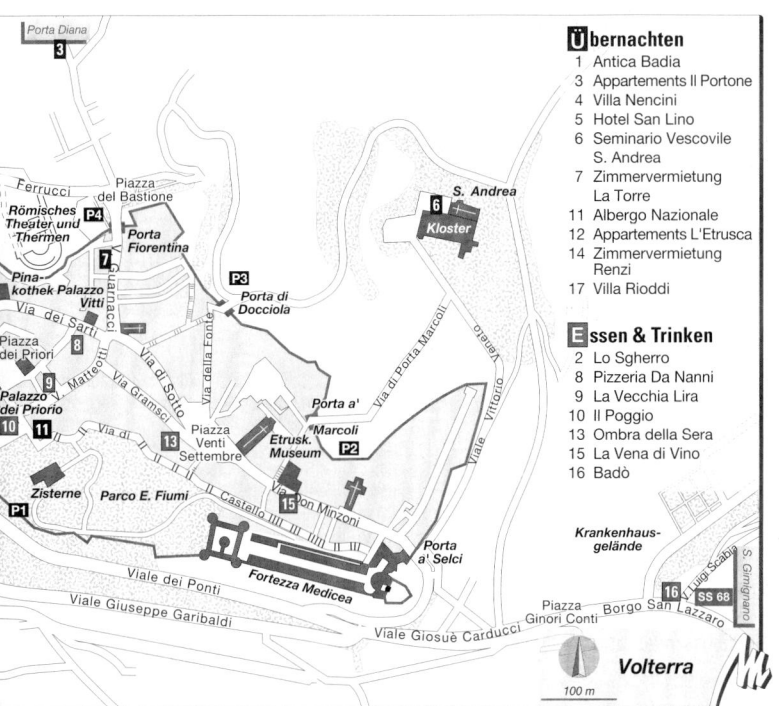

Ü bernachten
1 Antica Badia
3 Appartements Il Portone
4 Villa Nencini
5 Hotel San Lino
6 Seminario Vescovile
  S. Andrea
7 Zimmervermietung
  La Torre
11 Albergo Nazionale
12 Appartements L'Etrusca
14 Zimmervermietung
   Renzi
17 Villa Rioddi

E ssen & Trinken
2 Lo Sgherro
8 Pizzeria Da Nanni
9 La Vecchia Lira
10 Il Poggio
13 Ombra della Sera
15 La Vena di Vino
16 Badò

(20 x 10 m) und Tennisplatz vorhanden. Biologische Ernährung wird groß geschrieben. Langer Esstisch im Hauptbau, im Sommer wird draußen gespeist. Die Signora spricht ein bisschen Deutsch. Anfahrt: ca. 10 km in Richtung Colle di Val d'Elsa, noch vor Castel S. Gimignano rechts abzweigen (Richtung Pansano), von da ausgeschildert, die ersten 3 km noch asphaltiert, dann 5 km gut befahrbare Naturstraße und schließlich (nicht verzagen, der Weg ins Paradies ist steinig) noch 1 km Holperweg bis zum Gehöft von Orgiaglia. Die 4 Wohnungen befinden sich teils im Hauptbau, teils in einem Nebenbau und werden nur wochenweise vermietet; die 4 Doppelzimmer in einem weiteren Nebenbau, jedes mit separatem Eingang und kleiner Terrasse, auch tageweise. DZ mit Du/WC und Eisschrank 84–124 €. Im Sommer nur HP (ab 60 € pro Pers.). Ponsano di Volterra, ✆/☏ 0588-35029, www.orgiaglia.it.

Essen

Ristorante Ombra della Sera (13), frisch zubereitetes, deftiges Wildschweinragout in einer leichten Olivenölsoße mit Gewürzen. Liebevoll angemachte Salate. Menü ca. 26 €, mittags günstige Tagesgerichte. Mo geschlossen. Via Gramsci 70, ✆ 0588-86663.

Il Pozzo degli Etruschi, ein ehemaliger Kornspeicher, wo man im alten Gewölbe viele Volterraner Spezialitäten genießen kann, begleitet von einer der Flaschen aus dem gut sortierten Weinkeller. Via delle Prigioni 28-30, ✆ 058890507.

Trattoria del Sacco Fiorentino, gleich neben dem Ombra della Sera. Erst seit ein paar Jahren geöffnet, hat das Lokal sich einen vorzüglichen Ruf erworben. Gute Weinauswahl mit entsprechender Beratung. Primi ca. 7 €, Secondi ab 8,50 €, täglich wechselnde Meeresgerichte. Mi geschlossen. Piazza XX Settembre 18, ✆ 0588-88537.

Westlich von Siena
Karte S. 585

Ristorante Badò (16), ca. 200 m außerhalb der Stadtmauern Richtung Siena. Eine gepflegte Trattoria mit vielen Wildgerichten und eigenem Wein. Spezialitäten: Trippa (riesige Portion), Penne Boscaiola und Pappardelle di Lepre. Menü ca. 21 €. Mi geschlossen. Borgo San Lazzero, ☎ 0588-86477.

Ristorante Il Poggio (10), wird gerne weiterempfohlen, durchschnittliche Preise, auch Pizza. Di geschlossen. Via Porta all'Arco 7, ☎ 0588-85257.

Ristorante Lo Sgherro (2), Richtung Le Balze. Trotz der versteckten Lage hat man sich auf ausländische Gäste vom nicht weit entfernten Campingplatz schon eingestellt (deutschsprachige Speisekarte). Je nach Saison häufig Wildgerichte, am Abend auch Pizza. Menü ca. 18 €. Mo geschlossen. Borgo di S. Giusto 74, ☎ 0588-86473.

Pizzeria Da Nanni (8), klein und heiß, fast originell – man sitzt neben dem Backofen (Holzofen) an zwei langen Tischreihen. Die Pizzen sind riesig. Mo geschlossen. Via delle Prigioni 40.

La Vena di Vino (15), im winzigen Kellergewölbe der Weinbar kann man täglich außer Di durchgehend gut auf ein Gläschen Wein einkehren. Die „Weinvene" ist an die Slow-Food-Vereinigung angeschlossen, und so bereitet der engagierte Wirt auch kleine Speisen zu. Via Don Minzoni 30.

La Vecchia Lira (9), freundlicher Service, viele Sitzplätze, gemütlich. Für ca. 13 € kann man oft gut essen (mittags Self-Service mit großer Auswahl, schnell und preiswert). Do geschlossen. Via Matteotti 19.

Bar L'Incontro, gegenüber Self-Service im alten Gewölbe, geschmackvoll restauriert, tolle Konditorei und Eisdiele, auch belegte Brötchen. Via Matteotti 18.

Caffè dei Fornelli (Lesertipp), mit herrlichem Blick auf den Sonnenuntergang. Piazzetta dei Fornelli.

• *In Saline di Volterra*   **Ristorante Africa**, Ortszentrum. Riesige Spaghetti-Portionen, knackige Salate, regionale Secondi. Die beiden Schwestern Eva und Lorella bieten eine gute, preiswerte Küche und obendrein einen überaus freundlichen Service. Unsere Empfehlung! So geschlossen.

La Vecchia Pizzeria, am Ortsende. Die besten Pizzen der Gegend. Im Sommer kann es sehr hektisch zugehen. Mo geschlossen.

Sehenswertes

Porta all'Arco: Das alte etruskische Tor, das später von den Römern umgebaut wurde, bildet einen Teil der Stadtmauer aus dem 4. Jh. v. Chr. Noch heute ist die Porta all'Arco der Haupteingang zur Stadt. Von hier genießt man einen herrlichen Blick auf das Umland. Im Zweiten Weltkrieg wollten die deutschen Besatzer das Tor zerstören, doch die Bürger Volterras bewahrten es vor der Sprengung, indem sie den gesamten Torbogen mit Steinen ausfüllten.

Piazza dei Priori: Der düstere mittelalterliche Hauptplatz, der von hohen Palazzi gesäumt wird, bildet das Zentrum der Stadt. Man sollte erwarten, dass sich hier ganz Volterra trifft. Doch die einheimische Jugend hat anders entschieden: Sie drängt sich allabendlich in der benachbarten engen Via Matteotti.

Der mächtigste Bau am Platz ist der **Palazzo dei Priori**, das älteste Rathaus der Toscana aus dem frühen 13. Jh. Das Gebäude diente einigen anderen Palastbauten als Vorbild, u. a. dem Palazzo Vecchio in Florenz. Der Turm wurde erst später an Stelle einer früheren Holzkonstruktion errichtet. Der Ratssaal im ersten Stock kann besichtigt werden.

☉ 10.30–17.30 Uhr, im Winter nur am Wochenende geöffnet 10–17 Uhr, Eintritt 1 €.

Dom: Direkt an der Piazza dei Priori steht der Dom, Wer die Tür im zebragestreiften Mauerwerk neben dem Palazzo dei Priori betritt, findet sich unversehens neben dem Altar. Das Hauptportal liegt an der Piazza S. Giovanni mit dem Baptisterium. Der Dom stammt aus dem 12. Jh., wurde aber in den folgenden Jahrhunderten im pisanischen Stil umgebaut. Sehenswert ist vor allem die Kanzel, deren vier Granitsäulen von einem Bullen, zwei Löwen (der eine einen Widder, der andere einen Menschen als Beute) und einem gefräßigen Phantasieungeheuer mit menschlichem

Volterra – der fast schon düster wirkende Rathausplatz

Kopf getragen werden. Im rechten Querschiff beeindruckt eine bemalte und vergoldete „Kreuzabnahme" eines unbekannten Künstlers, die 1989 restauriert wurde. Fotografische Detailaufnahmen sind im Raum neben dem Altar ausgestellt. Links in der zweiten Seitenkapelle findet sich ein großformatiges Renaissancegemälde, die „Verkündigung". Und schließlich sei auch noch auf die beiden bemalten Terrakotta-Gruppen im Oratorium links des Hauptportals verwiesen: Sie stammen vom Volterraner Künstler *Zaccaria Zacchi* (1473–1544).

☉ 8–12.30 und 15–18.30 Uhr, Fr nur nachmittags.

Gegenüber dem Dom steht das **Baptisterium** mit einem berühmten Taufbecken von *Andrea Sansovino* rechts an der Wand. Es wurde 1502 geschaffen und zeigt an der Frontseite die Taufe Christi. Nicht minder eindrucksvoll das Taufbecken aus dem 18. Jh. mit einer Statue, die Johannes den Täufer darstellt.

Museo Etrusco Guarnacci: Die nach dem Gründer Mario Guarnacci (1701–1785) benannte Sammlung im bedeutendsten etruskischen Museum der Toscana zeigt einen Querschnitt durch die jahrtausendealten Überreste der Geschichte.

Erdgeschoss: Wenn man eintritt, sieht man zuerst Fundstücke aus der von den Etruskern verdrängten Villanova-Kultur (800 Jahre v. Chr.): u. a. prächtigen Goldschmuck und die Imitation eines Metallschöpfgefäßes aus Ton, bei dem sogar die Nieten gefälscht wurden. Auf dem Sockel eine Inschrift, die mit „Mich hat Venel Vhlakunaie geschenkt" übersetzt werden kann; die Schriftzeichen erinnern stark an die Buchstaben des griechischen Alphabets. Ein Großteil der dann folgenden etruskischen Sammlung besteht aus Grabbeigaben, Urnen und Sarkophagen, gefertigt aus Tuff oder Alabaster. Auf den Urnen wird oft die Beerdigungsszene dargestellt: der Sterbende auf dem Pferd, begleitet von seinen Freunden und der Familie, dazu die Frauen, die symbolische Gegenstände wie Eier oder Klappspiegel in den Händen halten (Fruchtbarkeit und Schönheit). Bekanntestes Stück ist die Urne des A. Caecina

Westlich von Siena

Karte S. 585

(„Reise eines Paares ins Jenseits") mit der lateinischen Inschrift auf dem Urnen-deckel (übersetzt: „Der Verstorbene wurde nur 12 Jahre alt.").

1. Stock: Hier werden die interessantesten Ausstellungsstücke der Sammlung präsentiert, z. B. die „Urne der Brautleute" aus Terra-kotta, auf der die Figuren mit abgeklärten, nicht erwärmten Gesichtszügen dargestellt sind. Es handelt sich wahrscheinlich um authentische Bildnisse der Verstorbenen.
Im Saal XXII kann man sich die schmale, 57 cm hohe Bronzestatuette „Abendschatten" (Ombra della Sera) anschauen, ein Werk aus dem 3. Jh. v. Chr.

2. Stock: In einer Vitrine sind rekonstruierte Werkzeuge der Etrusker ausgestellt. Die Exponate sind auf der Grundlage von Bearbeitungsspuren an behandelten Fundgegenständen hergestellt worden.
⏱ Mitte März bis 1. Nov. 9–19 Uhr; Nov. bis Mitte März 9–14 Uhr. **Sammelticket** (Museo Etrusco Guarnacci, Pinakothek, Museo di Arte Sacra) für 8 €; Familien (max. 4 Pers.) bekommen das Familien-Sammelticket für 18 €.

Alabaster

Der Stein besteht aus kristallisiertem Kalziumsulfat, ist etwas weicher als Marmor und lässt sich dadurch sehr gut bearbeiten. Er kann elfenbeinähn-lich und fast durchsichtig sein, hat aber meist eine unruhige Einfärbung, die vom Schwarzen bis ins Gelbe reicht. Die eiförmigen Alabasterblöcke werden im Umkreis von 30 km um Volterra (z. B. bei Santa Luce und Castellina Marit-tima) unter Tage aus dem kalkigen Gestein herausgeschlagen. 600 Leute sind noch heute mit der Förderung und Verarbeitung des Minerals beschäftigt, meist in Kleinbetrieben mit durchschnittlich drei Familienangehörigen.
Das künstlerische Einzelstück ist heute wegen des hohen Preises weniger stark gefragt. Stattdessen werden hauptsächlich Dekorations- und Einrich-tungsgegenstände in Serie hergestellt. Die Konkurrenz der Kunststoffindus-trie ist auch hier stark zu spüren. Nachahmungen aus Kunstharzen mit dem Phantasienamen „Alabastrite" können sehr preisgünstig hergestellt werden. Auch Speckstein wird oft für Alabaster gehalten.
Der Laden von *Rossi* hat wohl die größte Auswahl (der Chef, Piero Fiumi, spricht gut Deutsch). In der Werkstatt unterhalb der Ausstellungsräume wird auch heute noch produziert – über museale Transmissonsriemen wer-den die Drechsel- und Bohrmaschinen angetrieben. Im Sommer meist auch an Wochenenden zu besichtigen.

Pinakothek (Palazzo Minucci Solaini): Interessante kleine Gemäldegalerie in einem herrlich restaurierten Renaissance-Palast. Besonders in den oberen Ausstellungs-räumen sind beeindruckende Werke von *Pietro de Witte* zu sehen: lebensgroße Fi-guren, deren Mimik Wahnsinn, Verzweiflung, Trauer und Besonnenheit ausdrückt. Das berühmteste Werk der Ausstellung ist die „Kreuzabnahme" von *Rosso Fiorenti-no* („der Rothaarige aus Florenz"). Die Darstellung des hl. Johannes, der sich wei-nend vom Kreuz abwendet, wird als Selbstporträt des Künstlers gedeutet.
⏱ Öffnungszeiten und Sammeltickets wie oben bei Museo Guarnacci.

Palazzo Viti: Ein Adelspalast aus dem ausgehenden 16. Jh. 1850 kaufte Giuseppe Viti, im wörtlichen Sinn steinreicher Inhaber einer gleichnamigen Alabastermanu-faktur, den Palast und modelte das Innenleben im Stil seiner Zeit um. Das Ganze ist ein Zeugnis des unglaublichen Reichtums, den sich der Alabastertykoon durch den weltweiten Handel seiner Kunstwerke erwirtschaftete. Er bereiste mit Vorliebe den südamerikanischen Kontinent, um seine Kundschaft persönlich zu beraten. Ein

Gemälde im Speisesaal zeigt Viti, wie er mit einer voll bepackten Eselkarawane die Anden überquert. Die wertvollsten Stücke stehen gleich zu Anfang im Ballsaal: zwei riesige Kandelaber, die für den mexikanischen Kaiser Maximilian von Habsburg angefertigt wurden. Ausgeliefert wurden sie nicht mehr, da der Auftraggeber zwischenzeitlich hingerichtet wurde.

ⓘ Via dei Sarti 41. 16.3.–30.9. tägl. 9–13 und 14.30–18 Uhr, Di 9–13 Uhr, im Winter nur nach Voranmeldung. Eintritt 4 €.

Fortezza Medicea: Lorenzo de Medici ließ die Burg, die heute ein Gefängnis beherbergt, am Ende des 15. Jh. errichten, nachdem Volterra 1472 im so genannten „Alaunkrieg" den Kürzeren gezogen hatte. Ziel der Gebietsausweitung der Medici waren die neu entdeckten Alaunminen beim Ort Castel des Sasso, die sich auf Volterraner Gebiet befanden.

Parco Archeologico E. Fiumi: Der Park bildet eine erholsame grüne Oase neben der Fortezza Medicea. Unter schattigen Bäumen kann man die Aussicht über Volterra richtig genießen. Hier befand sich der älteste Siedlungskern der Stadt, die Römer legten unterhalb des kleinen Türmchens eine riesige Zisterne an (Fassungsvermögen 3000 m³). Gleich daneben befindet sich ein interessantes Ausgrabungsgebiet, die *Akropolis*.

ⓘ 15.3.–1.11. 10.30–17.30 Uhr, im Winter 10–16 Uhr, Sa/So geschlossen. Eintritt 2 €, Kombiticket mit Römischem Theater. Am Ausgang zum Viale dei Ponti stößt man auf einen geruhsamen Gartenkiosk mit Tischen.

Römisches Theater: Im Norden der Stadt wurden die beeindruckenden Überreste eines römischen Theaters aus der Zeit des Kaisers Augustus (1. Jh.) freigelegt. Von der Stadtmauer aus hat man einen großartigen Blick in das „Open-Air-Museum".

ⓘ 15.3.–1.11. 10.30–17.30 Uhr, im Winter 10–16 Uhr, Sa/So geschlossen. Kombiticket für das Teatro und die Akropolis 2 €.

Le Balze: „Die Steilhänge", so lässt sich die Bezeichnung für das unmittelbar westlich an die Stadt angrenzende Gebiet übersetzen. Die Abgründe tun sich direkt hinter dem Campingplatz auf. Mit ihrer ockerbraunen und grauen Färbung erinnern sie etwas an Roussillon in Südfrankreich. Durch den Regen wird hier immer mehr Erdreich weggespült, sodass ein Teil der etruskischen Stadtmauer und eine mittelalterliche Kapelle bereits hinuntergestürzt sind.

Auf einem nur ca. 20 m vom senkrechten Steilhang entfernten Hügel stehen die Mauern einer einst prächtigen Kamaldulenser-Abtei. Sie stammt aus dem Jahr 1130 und wurde 1864 nach einem Erdbeben von den Mönchen fluchtartig verlassen – ohne Gottvertrauen und, wie sich heute zeigt, völlig grundlos.

Colline Metallifere

Das Gebirge zwischen Massa Marittima und Siena ist ein wellenförmiges Gebilde aus rostig roter Erde und grüner Macchia mit vulkanischen Aktivitäten. Höchste Erhebung: Le Cornate mit 1060 m.

Die Colline Metallifere lieferten bereits den Etruskern und Römern wertvolle Erze zur Eisen-, Silber- und Kupfergewinnung, aber auch Kohle zum Betreiben der Schmelzöfen. Später wurden die Gruben von den Pisanern weiterbetrieben und waren eine der wichtigsten wirtschaftlichen Grundlagen ihrer Vormachtstellung während des 12. Jh. Inzwischen sind die Erzflöze erschöpft. Im 19 Jh. begann man, Borsalze aus den Dampfquellen zu destillieren.

Das Klima in den Colline ist rauer als an der nahen Küste, und die Temperaturen sind oft bis zu zehn Grad niedriger. Vor allem im Frühjahr kann das Wetter schnell umschlagen.

Larderello

Mächtige Kühltürme und glänzende, dicke Rohrleitungen, Dampfwolken und Gestank versetzen den Besucher unvermittelt in eine Industrielandschaft. Der Dampf aus dem Bauch der Erde treibt hier insgesamt 35 Turbinen zur Stromerzeugung an (bis zu 1700 m tiefe Bohrlöcher führen den 160–260 Grad heißen Dampf nach oben). Italien war das erste Land, das die Erdwärme zur Energiegewinnung nutzte; bereits 1905 wurde Larderello mit dem am Ort erzeugten Strom beleuchtet. Heute werden 2 % (= 650 MW) des italienischen Stroms aus geothermischen Quellen bezogen. Auch eine riesige, 40 ha große Treibhausanlage zur Blumenzucht am Fuße des Mt. Amiata wird damit beheizt.

Im Jahr 1777 entdeckte der Drogist Höfer Borsäure in den Thermalteichen von Larderello und begann, Borsalz als „Homberger Beruhigungssalz" zu vermarkten. Später fand das Salz zur Emaillierung und als Stahlveredler Verwendung. 1827 nutzte Doktor De Larderel, der Gründer des Industriebetriebs von Larderello und Namenspatron des Dorfes, die dampferzeugte Hitze als kostenlose Dreingabe der Natur, um dem Wasser die Borsäure zu entziehen. Seit den 1950er Jahren werden keine chemischen Grundstoffe mehr gewonnen. Heute arbeiten in Larderello knapp 900 Arbeiter im Sold des nationalen Stromkonzerns ENEL.

Im Zentrum des „Teufelsschoßes" befindet sich in einer Halbkugel das **Museo della Geotermia**. Die Ausstellung zeigt die Geschichte vom etruskischen Thermalbad bis zur Borsalz-Gewinnungsanlage aus der Zeit der Industrialisierung. Eine Dia-Show ergänzt die Informationen. Ganz in der Nähe kann der „Lagone Coperto" besichtigt werden, aus dem das Borwasser mit einer Temperatur von 75 Grad sprudelt. Im 19. Jh. wurde er mit einer Kuppel umschlossen, um die Dämpfe direkt in einen Heizkessel zu leiten, der dann andernorts das Wasser zur Verdunstung brachte und das Borsalz freigab.

⏰ 15. März bis 15. Sept. Mo–Fr 8–12 und 13.30–17 Uhr, Sa/So 10–12 und 13.30–18.30 Uhr. 16. Sept. bis 14. März Mo–Fr 8–12 und 13.30–16.30 Uhr, Sa geschlossen, So 9–12 und 13.30–17.30 Uhr. Eintritt kostenlos. Jeder Besucher erhält eine umfassende Broschüre (auch in deutscher Sprache vorhanden), in der Geschichte und Techniken der geothermischen Anlagen erläutert werden. Es liegt auch eine Videokassette in deutscher Sprache vor; bitten Sie den Pförtner, sie einzulegen. Bei Voranmeldung können Gruppen einen Rundgang inkl. Besichtigung der Kraftwerksanlage unternehmen. 📞 0588-67724, 📠 0588-22555.

Nach dem Zweiten Weltkrieg ersetzte die damalige „Società Larderello" nicht nur die zerstörte geothermische Fabrik durch modernere Anlagen, sondern wollte den ganzen Ort neu gestalten. Der Architekt *Giovanni Michelucci*, der schon mit seinem kühnen Bau des Florentiner Bahnhofs Aufsehen erregt hatte, wurde beauftragt, der losen Industriesiedlung ein miniurbanes Gesicht zu verpassen: Theater, Schule, Einkaufszentrum, Sportplatz etc. Hervorstechendes bauliches Dokument dieser „Gründerzeit" ist die **Kirche Santa Maria** aus den Jahren 1956–58, ein oktogonaler Bau, in den das Licht von allen Seiten einfällt. Wer noch mehr von Michelucci sehen will: Auch die Siedlung Lagoni di Sasso (knapp 10 km südlich von Larderello) ist sein Werk.

Ebenfalls den heißen Quellen verdankt sich der Umstand, dass man mitten in den Colline ein modernes **Schwimmbad** *(Piscina Natatoria)* vorfindet. Zwar handelt es sich nicht um ein Thermalbad, aber das Wasser ist geheizt – eine geothermische Pipeline führt direkt in den Bau.

🕐 Offensichtlich hat man hier eher an die Arbeiter von Larderello als an die Colline-Touristen gedacht: Di/Do 16.30–21.30 Uhr, Mi/Fr 14.30–20.30 Uhr, Sa 16–20 Uhr. Eintritt 4,40 €. ✆ 0588-042167.

● *Übernachten/Essen* ***** La Burraia**, in Pomarance, auf halbem Wege zwischen Saline di Volterra und Larderello. Am südlichen Ortsrand, zurückversetzt von der Durchgangsstraße. Moderner, zweigeschossiger Bau mit Pool, fast alle Zimmer mit Balkon. DZ mit Frühstück 74–82 €. Via Garibaldi 40, ✆ 0588-65617, 📠 0588-65618, www.hotellaburraia.com.

▸ **Monterotondo**: Durch eine herrlich grüne Mittelgebirgslandschaft erreicht man dieses kleine mittelalterliche Bergnest, das einst für seine Messerschmiede bekannt war. Heute ist das traditionelle Handwerk praktisch ausgestorben, einige frei gewordene Läden im düsteren Ortskern warten seit Jahren auf Käufer.

Auch in Monterotondo hat das italienische Stromversorgungsunternehmen ENEL zwei große Erdwärmekraftwerke errichtet. Der gigantische Kühlturm ist nicht zu übersehen, und wie ein futuristisches Spinnennetz schlängeln sich die silbrig glänzenden Metallrohre unterhalb des Orts durchs Tal.

Montieri

Das mittelalterliche Bergstädtchen, inmitten von Kastanienwäldern am südlichen Abhang der Colline Metallifere gelegen, war wegen seiner Erzvorkommen lange ein Zankapfel zwischen den Bischöfen von Siena und denen von Volterra. 1137 eroberten die Sieneser den Ort und schufen sich mit den umliegenden Silberminen eine solide wirtschaftliche Grundlage für ihre zukünftige Macht. Heute streitet sich niemand mehr um Montieri. Die letzten Minen wurden in den 1970er Jahren geschlossen, die Jugend ist abgewandert, geblieben sind relativ wohlhabende Minen-Rentner.

Der Ort mit seinen zwei Kirchen und einem schmucken Rathauspalast ist ein guter Ausgangspunkt für Wanderungen in die Colline, z. B. auf den *Poggio di Montieri* (1051 m). Gehen Sie vorher noch bei der alten Backstube *Il Fornaio* vorbei: Hier wird morgens das Brot direkt vom Ofen über die Straße verkauft.

Am oberen Ende von Montieri führt ein Kreuzweg zum turmlosen Kirchlein Beato Giacomo aus dem 11. Jh. Die Legende berichtet von einem Dieb namens Giacomo Papocchi, dem die rechte Hand und der linke Fuß abgehackt wurden. Die drakonische Strafe brachte ihn zur Besinnung: Als Eremit verbrachte Giacomo den Rest seines Lebens in einer kleinen Zelle an der Kirchenmauer, was ihm den Beinamen „Il Murato" (der Eingemauerte) einbrachte.

● *Reiturlaub* ***** Rifugio Prategiano**, knapp 1 km oberhalb des Orts. Das italienisch-österreichische Duo Roberto und Renate präsentiert ein weit gefächertes Angebot: Reitkurse, Halb- und Ganztagesausritte, Wochentrails durch die Maremma oder an die Küste (wobei der Reiter nachts ins Rifugio zurückgefahren und das Pferd am Tagesziel die Nacht über in den Stall gebracht wird). Die Programme gehen von einem einwöchigen Aufenthalt aus. Übernachtung mit Komfort im Rifugio oder ohne Komfort in der Reiterherberge oberhalb des Stalls (eigene Bettwäsche mitbringen, Etagenbad). Im komfortablen Refugio kosten die DZ mit eigenem Bad 80–124 € (je nach Saison). Loc Prategiano 45, ✆ 0566-997700, 📠 0566-997891, www.prategiano.com.

● *Essen* **Osteria Il Baccanale**, im Ortszentrum. Bruschette, kleine Gerichte, Menüs, abends auch Pizzen. Di geschlossen. ✆ 0566-997552.

Ponte della Pia bei Rosia

Südliche Toscana

Das an Siena südlich angrenzende Gebiet ist sehr vielseitig. Die Montagnola und die Colline Metallifere nach Westen sind waldreich und wenig besiedelt. Bergbau war hier für lange Zeit der wichtigste Wirtschaftsfaktor, für eine landwirtschaftliche Nutzung war das Gebiet zu hügelig und zu wenig fruchtbar. Hier finden sich ausgedehnte Eichenwälder, in denen sich nicht nur Wildschweine wohl fühlen.

Das oft schwer zu durchdringende Buschwerk, die *macchia mediterranea*, bietet vielen Tieren Schutz und macht die Gegend zwischen Siena, Murlo und Roccastrada bzw. zwischen den Flüssen Farma und Merse nicht nur im heißen Sommer zu einem interessanten Erkundungsgebiet. Einen starken Kontrast bilden die südlichen Crete, die bis nach Montepulciano und in das Val di Chiana reichen. Bis zur Getreideernte versteht man, weshalb die riesigen Flächen bereits in römischen Zeiten als Kornkammer betrachtet wurden. Wenig später, bis zum Frühjahr, gleicht das Meer aus Erde – insbesondere bei Nacht – einer Mondlandschaft. Dann werden die eigentümlichen geologischen Formationen mit ihren Schluchten noch plastischer.

Von Siena durchziehen alte Pilger- und Handelswege das Gebiet Richtung Süden. Die mittelalterliche *Massetana* führt von der Porta San Marco in Siena an der Abtei San Galgano vorbei bis an die Küste der Maremma, und die *Frankenstraße*, die ihren Anfang in Canterbury hat, führt von Siena fast schnurgerade über Viterbo nach Rom. An dieser Strecke entstanden zahlreiche Klöster und Einsiedeleien.

Ganz im Süden der Toscana, fast an der Grenze zum Latium, wird das Landschaftsbild vom kegelförmigen *Monte Amiata* dominiert, an dessen Hängen einige beschauliche und bisher wenig besuchte Orte liegen. Im Schatten des erloschenen Vulkans sprudeln heiße Quellen, die zum Baden einladen: ob im aufgeheizten Bachlauf beim Weiler *Bagni San Filippo* an der Nordostseite des Monte Amiata oder in Form einer gepflegten Thermalanlage mit angeschlossenem Luxushotel im östlich gelegenen *San Casciano dei Bagni*. Das eindrucksvollste Badeerlebnis bieten jedoch zweifelsohne die warmen Kaskaden von *Saturnia*, die mit ihren großzügigen Naturbecken jahraus, jahrein Tag und Nacht zum Baden einladen. Auch Wellness ist hier in den letzten Jahren zum Thema geworden. Wirkten die Thermalbäder von San Filippo, Chianciano oder Rapolano noch vor kurzer Zeit etwas angestaubt, finden sich heute moderne Anlagen für Wassertherapien und andere Anwendungen.

Lohnende Abstecher einer Entdeckungstour in den Süden sind die Tuffsteinstädte *Pitigliano* und *Sorano*, die dank der zahlreichen Etruskergräber und der in den Stein gehauenen Hohlwege in der Umgebung für Hobby-Archäologen ein wahres Eldorado sind. Etruskischer Kultur begegnet man auch in *Roselle* und *Vetulonia* bei Grosseto sowie ganz im Osten der Südtoscana im beschaulichen Städtchen *Chiusi*. Hauptanziehungspunkt der Gegend sind natürlich *Montalcino* und *Montepulciano* mit ihren weltberühmten Weinen, dazwischen *Pienza*, die „Città Ideale" der Renaissance mit ihrem eindrucksvollen Stadtbild. Weniger touristisch erschlossen, aber kaum weniger reizvoll präsentieren sich in der südlichen Toscana die kleineren Orte wie z. B. *San Quirico d'Orcia*, *Monticchiello* und *Montefollonico* (bei Montepulciano), *Semproniano* am Südhang des Monte Amiata oder *Magliano* ganz im Süden – Beschaulichkeit und toscanisches Landleben. Highlights der Gegend sind die vielen – oft romanischen – Kirchen und Klöster, von denen die *Abbazia Monte Oliveto Maggiore* bei Asciano, aber auch *Sant'Antimo* bei Montalcino und die Abtei *San Galgano* im Westen unbedingt einen Ausflug lohnen.

Die Abtei San Galgano

Etwas abseits der Route von Siena nach Massa Marittima steht eine Kirchenruine wie im Traum versunken auf einer grünen Wiese. Errichtet wurde San Galgano, eine der ältesten gotischen Kirchenbauten Italiens, von Mönchen des Zisterzienserordens.

Mit dem Bau wurde 1218 begonnen, und schon bald war die Abtei ein wichtiger Wirtschaftsfaktor für die Region. Die geschäftstüchtigen Mönche, die in den Diensten der Stadt Siena standen, legten Sümpfe trocken und schafften neue landwirtschaftliche Nutzflächen. Außerdem bauten sie Mühlen und Walkereien, in denen Wolle veredelt wurde. Der wirtschaftliche Abstieg begann aber bereits im 14. Jh., als durch Hungersnöte und Pestepidemien viele Mönche und Laienbrüder starben und marodierende Söldnerheere aus Florenz die Gegend unsicher machten.

Jahrhundertelang wurde mit der Abtei dann Schindluder getrieben – ein gewissenloser Abt verschacherte sogar das Bleidach der Kirche, was zum Verfall des Gewölbes führte. Nach und nach trugen die Bauern der Umgebung Steine vom Mauerwerk ab, um sich damit ihre Häuser zu bauen. Erst in jüngerer Zeit wurden die Außenmauern der Ruine wieder vollständig aufgerichtet. Für das Dach und die Fenstergläser reichte es allerdings nicht mehr. Und statt eines feierlichen Altars begnügte man sich mit einem nackten Steinbänklein. Abends wird die Kirche bis 23 Uhr mit Bodenstrahlern eindrucksvoll illuminiert. Geöffnet ist sie rund um die Uhr (Eintritt frei).

● *Information* Im ehemaligen Skriptorium von San Galgano, einem kühlen Kreuzkuppelgewölbe mit alten Fresken, ist ein **Pro-Loco-Büro** untergebracht. März bis Okt. tägl. 10.30–17.30 (13–14 Uhr Pause). Im Sommer bis 19 Uhr geöffnet. ✆/📠 0577-756738. info@prolocochiusdino.it, www.proloco chiusdino.it.

● *Parken* San Galgano hat sich in jüngster Zeit zu einem Tourismus-Magneten entwickelt. Folge: großer, gebührenpflichtiger Parkplatz, um den man zumindest in der Saison kaum herumkommt.

● *Busverbindung* San Galgano liegt an den Busstrecken Siena – Massa Marittima. San Galgano ist nur Bedarfsstopp, deshalb sollten Sie dem Busfahrer rechtzeitig Bescheid sagen. Busse nur 2x täglich ab Siena, Dauer ca. 40 Min. Die Busse halten an der Straße, von hier noch etwa 500 m zur Kirche.

● *Veranstaltungen* Im stimmungsvollen Ambiente der beeindruckenden Kirchenruine werden in den Sommermonaten (Juni/Juli/Aug.) klassische Konzerte und Opern aufgeführt. Infos und Tickets beim Pro-Loco-Büro (s. o.) oder unter www.festival opera.it und www.prolocochiusdino.it.

● *Übernachten* **Cooperativa Agricola San Galgano**, im renovierten Bauerngehöft vor der Kirche werden 12 Zimmer vermietet, alle mit modernem Bad. Schlichte, aber angenehme Einrichtung mit gefliesten Böden und altem Mobiliar. In der Bar mit Souvenirshop im Erdgeschoss kann man ein kleines Frühstück einnehmen. Angeschlossene Trattoria, schattiger Garten. DZ 45 €, 3-Bett-Zimmer 55 €. ✆ 0577-756292, info@san galgano.it, www.sangalgano.it.

● *Essen* Die **Weinbar Salendo** bietet zum Wein toskanischen Käse und Aufschnitt. Die Bar mit Garten liegt am emporsteigenden Fußweg zwischen der Abtei und der Cappella di Monte Siepi. Mo geschlossen.

● *Außerhalb* **Ristorante Le Torre di Stigliano** mit einladender Terrasse. Die Köchin kommt aus Deutschland und kocht gute toskanische Küche. Loc. Stigliano, von Rosia in Richtung Torri/Orgia bis zum Abzweig nach Stigliano (ca. 2,5 km). Mo geschlossen. ✆ 0577-342069.

● *Außerhalb* ✶✶ **Da Vestro**, im 6 km entfernten Ort Monticiano, 14-Zimmer-Hotel mit sehr gutem, preiswertem Restaurant (Mo geschlossen), Garten mit kleinem Pool, der gerade für eine Erfrischung ausreicht. DZ mit Frühstück 75 €. Via Senese 4, ✆ 0577-756618, ✒ 0577-756466, www.davestro.it.

Palazzo a Merse, Bed & Breakfast bei einer jungen, sportbegeisterten Familie, sowohl DZ als auch Appartements. Von der SS 223 Ausfahrt Orgia, das Haus erscheint nach 500 m auf der linken Seite. 2 Pers./pro Woche ab 320 €, tageweise auf Anfrage. Loc. Palazzo a Merse, 53010 Sovicille, ✆ 0577-342063, ✒ 0577-342900, palazzomerse@tin.it.

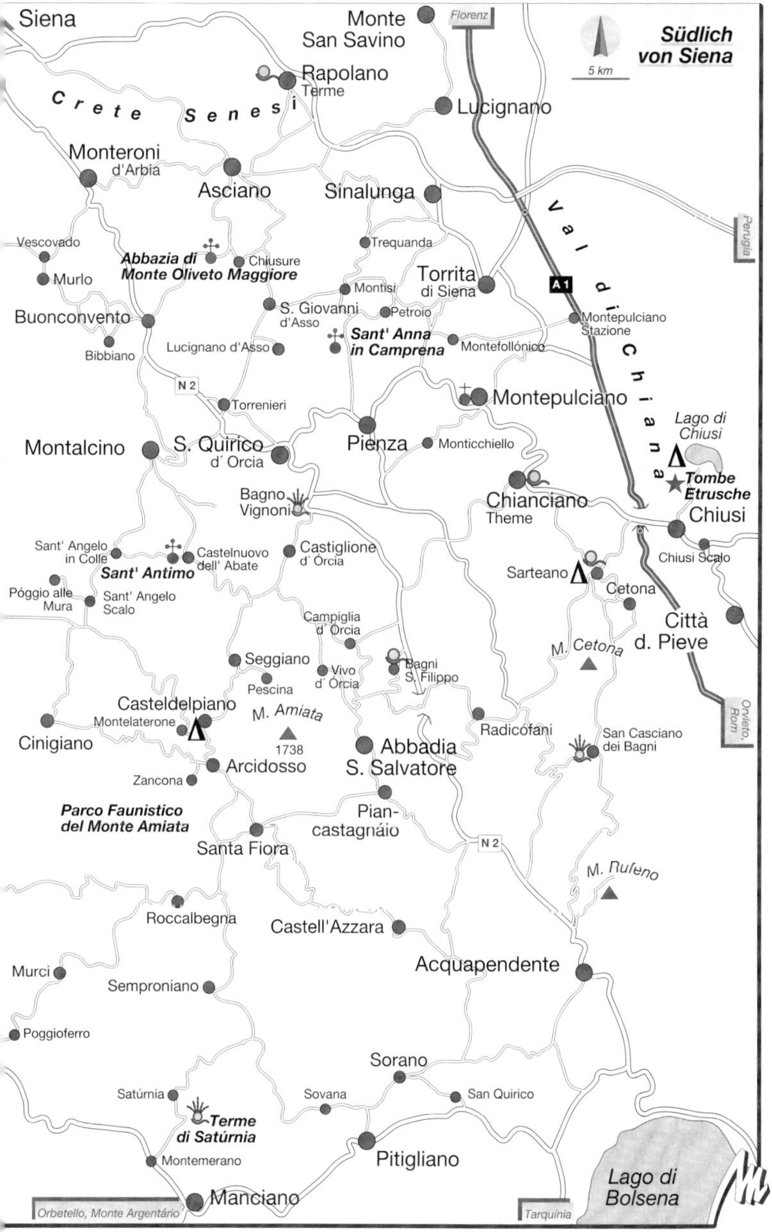

Siena

Florenz

Südlich von Siena

5 km

Monte San Savino

C r e t e   S e n e s i

Rapolano Terme

Lucignano

Monteroni d'Arbia

Asciano

Sinalunga

Vescovado

Murlo

Abbazia di Monte Oliveto Maggiore

Chiusure

Trequanda

Montisi

Torrita di Siena

S. Giovanni d'Asso

Petroio

Montepulciano Stazione

Buonconvento

Sant' Anna in Camprena

Montefollónico

Bibbiano

Lucignano d'Asso

N 2

Torrenieri

Montepulciano

Lago di Chiusi

Montalcino

S. Quirico d' Orcia

Pienza

Monticchiello

Tombe Etrusche

Val di Chiana

Bagno Vignoni

Chianciano Theme

Chiusi

Sant' Angelo in Colle

Castelnuovo dell' Abate

Castiglione d' Órcia

Chiusi Scalo

Sant' Antimo

Sarteano

Cetona

Póggio alle Mura

Sant' Angelo Scalo

Campiglia d' Órcia

M. *Cetona*

Città d. Pieve

Seggiano

Vivo d' Órcia

Bagni S. Filippo

Pescina

Radicófani

San Casciano dei Bagni

Casteldelpiano

Montelaterone

M. *Amiata*

1738

Abbadia S. Salvatore

Cinigiano

Arcidosso

Zancona

Pian- castagnáio

Parco Faunistico del Monte Amiata

N 2

M. *Rufeno*

Santa Fiora

Roccalbegna

Castell'Azzara

Acquapendente

Murci

Semproniano

Poggioferro

Sorano

Satúrnia

Sovana

San Quirico

Terme di Satúrnia

Montemerano

Pitigliano

Lago di Bolsena

Manciano

Orbetello, Monte Argentário

Tarquinia

Perugia

A1

Orvieto, Rom

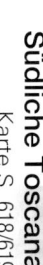

Azienda Agraria Montestigliano, im Weiler aus dem 18. Jh. ist die Uhr nur scheinbar stehen geblieben. Großzügige Anlage mit viel noblem Charme aus vergangenen Tagen. 11 Appartements, untergebracht in der Villa und in umliegenden Gebäuden. Jede Familie hat ihren eigenen Garten. Shop, Restaurant und zwei Pools. Nur wöchentliches Einmieten möglich. Preise in der Nebensaison: 4 Pers. ab 648 €, in der Hauptsaison ab 1234 €. Loc. Montestigliano Rosia, 53010 Sovicille, ℡ 0577-342189, ℻ 0577-342100, info@montestigliano.it, www.montestigliano.it.

▶ **Cappella di Monte Siepi**: Auf einem Hügel oberhalb der Abtei steht die eigenartige Rundkirche aus Ziegelstein, die nach Galganos Tod im Jahr 1182 erbaut wurde. In der Mitte des Rundbaus sieht man ein in den Fels gerammtes Schwert.

Galganos Schwert

Der Legende nach soll Galgano aufgrund einer Erscheinung des Erzengels Michael dem kriegerischen Leben den Rücken gekehrt, sich nach Monte Siepi zurückgezogen und hier sein Schwert in den Felsen geschleudert haben, aus dem es seither wie ein Kreuz herausragt. Später wurde darüber die Kapelle gebaut.

Notorischen Skeptikern sei verraten, dass man das Schwert noch bis in die 1920er Jahre aus dem Felsen herausziehen konnte, erst dann wurde es mit Blei ins Gestein gegossen. In jüngster Zeit hat mit kirchlicher Genehmigung Luigi Garlaschelli, Professor für Chemie an der Universität von Pavia und bekannt als Entmystifizierer katholischer Wunder, Untersuchungen vor Ort durchgeführt. Von einer großen Zuschauermenge umringt, starrte er mit einem Endoskop in den Felsen – und entdeckte direkt daneben einen Raum, der möglicherweise das lang gesuchte Grab des Heiligen ist. Das Schwert, so beschied der Professore, stamme tatsächlich aus Galganos Zeiten, es sei vermutlich später in eine Spalte des Felsens geschoben worden.

Eine andere Geschichte erzählen die knöchernen Arme im Reliquienschrein der Seitenkapelle. Sie stammen von einem bösen Individuum, das das Schwert in Galganos Abwesenheit aus dem Felsen zu ziehen versuchte. Mit dem Heiligen befreundete Wölfe eilten noch rechtzeitig herbei und fraßen den Mann kurzerhand auf – das Schwert also doch besser stecken lassen!

Die halbkugelförmige Kuppel über dem Schwert verwirrt den Blick, denn man schaut in konzentrische Kreise aus dunkelrotem Ziegelstein und hellem Travertin – ein mystisches Sinnbild der Unendlichkeit.

In der im 14 Jh. angebauten Seitenkapelle zeigen Fresken von *Ambrogio Lorenzetti* u. a. Begebenheiten aus dem Leben des Heiligen. So sieht man ihn zusammen mit dem Erzengel Michael, auf dessen Geheiß er sich – so die Legende – in die Einsamkeit des Monte Siepi zurückgezogen hatte. Den Mittelpunkt des gut restaurierten *Maestà-Freskos* auf der hinteren Wand bildet die ruhende Eva, die zu Füßen der thronenden Madonna liegt. Als Symbol der Ursünde hält sie eine Feige in der Hand, und als Sinnbild der Unkeuschheit sind ihre Schultern mit einem Ziegenfell bedeckt. In Lorenzettis ursprünglicher Version (die Rötelzeichnungen wurden bei den Restaurierungsarbeiten sichtbar) hielt die Madonna übrigens anstatt des Jesuskindes eine Weltkugel in den Armen. Den Auftraggebern missfiel diese Interpretation

der Rolle Marias offenkundig so sehr, dass Lorenzetti sein Werk entsprechend verändern musste.

ⓘ Die Kirche ist täglich von 9 Uhr bis Sonnenuntergang geöffnet, rechts vom Eingang befindet sich ein kleiner Shop (Souvenirs, Literatur, Getränke). Rechts der Kirchenruine San Galgano führt ein Fußweg hinauf zur Cappella di Monte Siepi (etwa 10 Minuten).

▶ **Sehenswertes in der Nähe**: Auf der Höhe von Rosia, zwischen Siena und San Galgano, liegt der winzige Ort **Torri**. Der Ausflug lohnt, um sich den wunderschön dekorierten, dreistöckigen Kreuzgang der ehemaligen Abtei der *Chiesa della Santissima Trinità* (13. Jh.). aus Marmortravertin und Alberese anzuschauen.
ⓘ Mo–Fr von 9–12 Uhr.

Chiusdino   *(ca. 850 Einw.)*

Das kleine Dorf liegt 2,5 km westlich von San Galgano am östlichen Rand der *Colline Metallifere*. Einst waren die erzhaltigen Hügel, wie überall in dieser Gegend, Quelle des Broterwerbs. Heute sind fast alle Minen geschlossen, es bleibt noch die Arbeit als Holzfäller, Tourismus gibt es kaum.

In Chiusdino erblickte der heilige Galgano 1148 das Licht der Welt. Sein Geburtshaus – im oberen Teil des Orts – wurde zur Kapelle umgebaut. Rechts des Altars liegt ein Felsbrocken, der eine eigenartige Vertiefung aufweist. Sie stammt angeblich von Galganos Pferd, das bei der Erscheinung des Erzengels Michael (siehe San Galgano) eine ehrfürchtige Kniebeuge auf dem Felsen vollzog. Wer noch eine weitere Gedenkstätte des Heiligen aufsuchen will, begibt sich zur nahen Pfarrkirche San Michaele Arangelo. Sie verwahrt Galganos Schädel, der bis 1977 die Sammlung des Museo dell'Opera del Duomo von Siena schmückte. Das Reliquiar ist – Reverenz an die Legende – von einem Schwert durchbohrt.

• *Markt* Donnerstagvormittag auf der Piazza XX Settembre, dem Hauptplatz des Orts.
• *Übernachten/Essen*: **La Palazzina**, vom Zentrum in Richtung Montieri/Massa Marittima, dann rechts ab (ausgeschildert). Bescheidene, aber freundliche 3-Zimmer-Pension mit beliebtem Restaurant, das für seine Wildspezialitäten bekannt ist. Mo geschlossen. DZ mit Bad auf der Etage 30 €. Via L. Santini 4, ✆/✉ 0577-751040.
Osteria Il Minestraio, direkt außerhalb der Mauer, zu empfehlen ist die toscanische Küche, die von der Wirtstochter serviert wird, einfach und nicht teuer, Dienstagabend geschlossen, Piazza Matteotti 28, ✆ 0577-751143.

Osteria La Grotta di Tiburzi, eine urige Taverne in den Gewölben einer ehemaligen Brennerei in der Altstadt. Einfache Gerichte. Man kann hier aber auch nur auf ein Gläschen bei Käse und Schinken einkehren. Mi geschlossen. Via Mascagni 15, ✆ 0577-752948.
• *Außerhalb* **Casa Italia**, zwischen Chiusdino und Montieri liegt das Dorf Ciciano mit einer gemütlichen Herberge (2 DZ) mit Bistro/Trattoria Dai Galli, die von Signora Isabelle, einer Französin geleitet wird. Von 12 bis 22 Uhr kann man hier einkehren. Mo geschlossen. DZ mit Frühstück 65 €. Via Massetana 5, Loc. Ciciano, ✆ 0577-750206, www.daigalli.com.

Roccatederighi

Das ehemals vom Grafen Tederigo beherrschte, an einen Fels geklammerte Burgdorf ist sicherlich das schönste der Umgebung. Roccatederighi liegt abseits der gängigen Rundtouren, die Besucher halten sich hier in Grenzen, der Tourismus spielt eine untergeordnete Rolle. Durch einen Torbogen gelangt man auf der Via Vittorio Emanuele II ins Centro storico, das sich auf einer Felsnase aus Vulkangestein ausbreitet. Das mittelalterliche Dorfbild ist unverändert erhalten geblieben. Hinter der Dorfkirche hat man eine tolle Aussicht auf rund abgeschliffene Felsformationen, darüber hinaus eröffnen sich von hier schöne Blicke auf die Maremma. Alljährlich am 14. August kämpfen die fünf Bezirke des kleinen Ortes mit einem Eselsrennen („Palio dei Ciuchi") um die dicksten Lorbeeren. Schon etwas früher, am ersten Augustwochenende, findet das mittelalterliche Stadtfest „Medioevo nel Borgo" statt. Im Zentrum gibt es einige kleine Restaurants.

• *PLZ* 58028

• *Information* **Pro Loco**, Via Roma 31 (Durchgangsstraße im Zentrum), im 1. Stock. Sehr auskunftsfreudig und hilfsbereit bei der Zimmersuche, man erhält u. a. eine Liste mit Unterkünften (Affitacamere/Agriturismo) in der Umgebung. Nur von Juni bis Ende Sept. geöffnet: Mo–Fr 9–12.30 und 16– 19 Uhr, Samstagnachmittag und sonntags geschlossen. ✆/ 0564-567244. proloco_rocca @hotmail.it, www.roccatederighi.info.

• *Busverbindungen* 3x tägl. nach Casone (dort Bahnhof), 3x Roccastrada, 4x Grosseto und 3x Piombino. Nach Siena und Florenz immer in Roccastrada umsteigen. Tickets in der Bar Free Time schräg gegenüber der Touristeninformation.

• *Fahrräder* kann man sich bei **Maremma in Bici** ausleihen (pro Tag, je nach Fahrradtyp 10–20 €). Riccardo und Mariella haben mit viel Sorgfalt ein schönes Tourenprogramm von über 30 Exkursionen zusammengestellt, mit dem historischen Straßen in der Maremma, Kirchen, verlassene Schlösser und Burgen entdeckt werden können. Dabei werden unterschiedliche Schwierigkeitsgrade mit den Kunden abgestimmt und auch Unterkünfte und Passagen organisiert. Via delle Cortine 1, ✆ 0564-569660. www.maremmainbici.it (auch Deutsch).

• *Weinverkauf* **Enoteca Le Volte**, kleiner Weinausschank im Gewölbe. Kostproben von Schinken und Pecorino-Käse zum guten Tropfen aus den umliegenden Anbaugebieten der Strada del Vino di Monterregio. Via Roma 35.

• *Übernachten/Essen/Trinken* **Trattoria Da Nada**, unbedingt lohnenswert ist hier ein Besuch: Genauso unspektakulär wie der Eingang dieser Cafébar sind die Preise. Was in dem kleinen, pieksauberen Speiseraum mit Panoramablick auf den Tisch kommt, wird seit Jahrzehnten in diversen „Fressführern" gerne empfohlen. Mittags und abends geöffnet, in den Wintermonaten Do geschlossen. Außerdem werden drei renovierte Zimmer mit Bad vermietet, nur kleines Frühstück in der angeschlossenen Bar. Via Trento 13 (Durchgangsstr. Richtung Massa Marittima auf der linken Seite). DZ 46–50 € (ohne Frühstück). ✆/ 0564-567226.

Ristorante/Pizzeria La Conchiglia, etwas verfeinerte Küche, auch für seine Fischspezialitäten bekannt, mit großer Terrasse. Di geschlossen, Via Roma 24c, ✆ 0564-567430.

Ristorante/Pizzeria Garum, auf dem Weg ins Centro storico, Mi geschlossen. Via delle due Porte 9, ✆ 0564-567445.

• *Außerhalb* **Da Momo**, im Nebenörtchen Sassofortino (Richtung Roccastrada) gibt es ebenfalls die Möglichkeit zur Einkehr und Rast. Das einfache Ristorante bietet Hausmannskost und Pizza bei „rustikalem" Service. Mo geschlossen. Gleich nebenan ist auch eine kleine, ordentliche Zimmervermietung gleichen Namens (anderer Eigentümer!) untergebracht. DZ im 50er-Jahre-Stil 40 € (ohne Bad etwas billiger). Via Cavour 18, 58029 Sassofortino, ✆ 0564-569701 (Restaurant), 569641 (Pension).

Podere Usignolo, ein Übernachtungstipp von Anna Engelberger aus Basel: "3 km von Sassofortino entfernt haben Barbara und Martin ein Olivengut und können in ihrem liebevoll umgebauten Landhaus bis zu 8 Personen unterbringen. Die große Sonnenterrasse ist ein Hit. Gekocht wird ebenfalls und die Diskussionen beim gemeinsamen Essen waren interessant und anregend.". Übernachtung im DZ mit Frühstück 57 €. Anfahrt über steinig, holprigen Weg, ✆ 335-5384033, www.usignolo.eu.

La Fattoria di Tatti, ca.15 km von Roccatederighi entfernt liegt das Örtchen Tatti. Direkt im Zentrum des malerischen Weilers steht die stattliche Villa, in der Maria ein äußerst gastfreundliches B&B betreibt. Die oberen Etagen der ehemaligen Sommerresidenz eines Marchese wurden mit Phantasie in 8 großzügige und komfortable DZ verwandelt. Die Schweizer Wirtin nimmt sich für Ihre Gäste viel Zeit, gibt hervorragende Tipps, und manchmal wird für alle gekocht. Herzlicher Empfang nicht nur für Stammgäste! Viel Platz und viel Ruhe garantieren einen angenehmen Aufenthalt. Ein einfaches Restaurant gibt es ebenfalls im Ort. März–Nov. geöffnet. Inkl. Frühstücksbuffet kosten die Zimmer 90–110 €. Via Matteotti 10, 58040 Tatti, ✆ 0566-912001 oder 333-9906520, www.tattifattoria.it.

Südliche Toscana
Karte S. 618/619

Montemassi – historisch auf dem Gemälde von Simone Martini (1328), Siena, Palazzo Pubblico

Montemassi

Berühmt wurde die Burg des Ortes als Vorlage für *Simone Martinis* riesiges Fresko im Mappamondo-Saal des Palazzo Pubblico von Siena. Das Gemälde zeigt die Eroberung von Montemassi 1328 durch Siena – auf dem Pferd der Söldnerführer Guidoriccio von Fogliano. Heute sind von der stolzen Burg nur noch Ruinen übrig. Wie ein Fremdkörper neben so viel Mittelalterlichem wirkt die Residenzlage am Dorfrand. Der Bau des heute unbewohnt wirkenden Gebäudekomplexes war umstritten, doch der von Landflucht gebeutelten Gemeinde eine willkommene Investition.

Durch den wenig spektakulären Ort zur Burgruine hinaufzusteigen lohnt einzig wegen der wirklich herrlichen Aussicht auf die Ebene.

• *Busverbindungen* 5x tägl. nach Roccastrada (hier umsteigen in Richtung Florenz/Siena), 3x Piombino und 4x Grosseto. Abfahrt an der Umgehungsstraße (beim Ristorante Il Grottaione).

• *Essen/Trinken* **Il Grottaione**, einfaches Ristorante an der Straße, die um Montemassi herumführt (am unteren Dorfrand). Schöne, einladende Terrasse mit tollem Fernblick. Gemäßigtes Preisniveau, mittags und abends geöffnet (am Wochenende nur abends), auch Pizzeria (nur abends ab 19.30 Uhr), Mi geschlossen. ✆ 0564-579290.

• *Appartements* **Tenuta di Montemassi**, ziemlich im Zentrum der Altstadt ist diese Appartementvermietung untergebracht. Via Pannocchieschi 6, 58020 Montemassi, ✆ 0564-578268, 📠 0564-562802. info@agrimassi.com, www.agrimassi.com.

Roccastrada   *(ca. 3000 Einw.)*

Wegen der großen Kupfer- und Silbervorkommen in der Umgebung war Roccastrada bereits zu etruskischen Zeiten ein reiches Städtchen. Im 19. Jh. reichte es sogar zu einem eigenen Theater, dem *Teatro dei Concordi*, das 1999 nach längerer

Montemassi heute

Restaurierung wieder eröffnet wurde. Etwas Industrie (u. a. Bekleidung) und viele kleine Weinbauern bilden heute das wirtschaftliche Standbein der angenehm wenig herausgeputzten Kleinstadt.

Einen Besuch wert ist die *Kirche San Niccolò*, ein romanischer Bau, dessen Eingangsfassade modernisiert wurde. Sehenswert sind hier vor allem das alte Taufbecken und ein Fresko, das die Auferstehung Christi darstellt. In der Via Pelligrini steht die *Casa Berzotti*, der Stadtpalast einer Adelsfamilie aus dem 15. Jh. Folgt man in der Altstadt der Ausschilderung „Collese Panorama", gelangt man auf eine Aussichtsplattform, die einen schönen Blick in die Umgebung bietet.

Museo della Vite e del Vino (Weinmuseum): Das kleine Museum ist in einem Tuffelsengewölbe in der Altstadt untergebracht (Via Independenza 9). Hier kann auch der regionale Tropfen, der *Monteregio di Massa Marittima*, degustiert werden. Der Eintritt ist frei. Im Museum befindet sich auch das Info-Büro des Ortes (Öffnungszeiten s. u.).

● *PLZ* 58036

● *Information* Beim Weinmuseum. Mai/Juni Fr/Sa 15–19.30 Uhr, So 9–13 Uhr; im Juli Mi 9–13.30 Uhr, Fr/Sa 9–13.30 und 15–19.30 Uhr, So 9–13.30 Uhr; im Aug. Di/Mi 9–13.30 Uhr, Fr/Sa 9–13.30 und 15–19.30 Uhr, So 9–13.30 Uhr; im Sept. Fr 15–19.30 Uhr, Sa 9–13.30 und 15–19.30 Uhr, So 9–13.30 Uhr. Piazza dell'Orologio, ✆/🖷 0564-563281.

● *Bahnverbindung* Bahnhof ca. 8 km außerhalb (Stazione di Roccastrada), hier führt die Nebenlinie Siena–Grosseto entlang, 2–3 Züge täglich. Ab Roccastrada nur unregelmäßige Busverbindungen hierher.

● *Busverbindung* Je 1x tägl. Florenz und Siena, 4x Grosseto und Follónica, 3x Piombino, 6x Roccatederighi. Tickets in der Bar Fuori Orario am Corso Roma 27, Haltestelle gegenüber.

● *Bar* Den besten Cappuccino trinkt man auf der Terrasse der zentralen **Bar Moderno** gegenüber dem Palazzo Comunale in der Via Roma 41.

● *Markt* Am Mittwochvormittag belebt sich das Städtchen durch den Wochenmarkt (Viale Marconi).

● *Außerhalb* *** **Sant'Uberto**, eine tatkräftige, junge, sympathische Belgierin hat 2005 diese überaus empfehlenswerte Anlage übernommen. Auf dem 4000 qm großen Gelände inmitten einer waldreichen Landschaft (1 km abseits einer ohnehin wenig befahrenen Straße) ist Einsamkeit garantiert. Die Zimmer sind im toprenovierten ehemaligen Verwaltungsgebäude einer stillgelegten Kaolin-Mine (Porzellanerde) untergebracht. Im „Fabrikgebäude" werden zusätzlich Appartements angeboten. Das Restaurant in einem Nebengebäude, hoch wie ein Kirchenschiff, von dem ein kleiner Sektor für die Küche abgetrennt wurde, serviert hervorragend zubereitete und preiswerte Küche. Großer Pool, Tischtennis, Fitness, Sauna. Idealer Ausgangspunkt für Spaziergänge, Mountainbike-Touren oder Ausritte. Nadine, die rührige Managerin, steht in Sachen sportlicher Betätigung gerne mit kompetentem Rat zur Verfügung. Neben Italienisch, Französisch, Holländisch und Englisch spricht sie auch ein wenig Deutsch. Anfahrt: 8,5 km nördlich von Roccastrada an der Straße Richtung Siena (SS 73) links ab, ausgeschildert, ab hier noch 1 km auf Naturstraße. DZ inkl. Frühstück je nach Saison 80–120 €, in der Hauptsaison in der Regel nur Halbpension, Appartement für 4 Personen je nach Saison und Ausstattung 68–110 € am Tag. Loc. Piloni, ☎ 0564-575466, 🖷 0564-575646, www.hotelsantuberto.it.

Casa Mazzoni, schön gelegen, gut organisiert und deutschsprachig, 9 komfortable Zimmer mit Pool, abends wird zusammen an der langen Tafel gegessen. Von Roccastrada 4 km nördlich in Richtung Sassofortino. DZ pro Person mit HP 57 € (Nebensaison) 63 € (Hauptsaison). Loc. Pod. Mazzoni, Sassofortino, ☎ 0564-567488, 🖷 0564-567473, www.casamazzoni.it.

Agriturismo Poggio Oliveto, herrliches Anwesen, Agriturismo vom Feinsten (auch B&B-Möglichkeit à 5 € fürs Frühstück pro Pers.) auf einem Landgut wie aus dem Bilderbuch. Schönes Ambiente in toller Lage am Hügel, nur sieben elegant-rustikale Appartements. Zum Anwesen gehört auch ein Pool. Loc. Venturi. Anfahrt: 5 km südlich von Roccastrada an der Straße Richtung Ribolla, ausgeschildert. Ab Juni bis Sept. nur wochenweise zu mieten, für jeweils 4 Pers. 800–1.000 €, außerhalb der Hochsaison auch tageweise (100 € für 2 Pers.). Loc. Venturi 36, ☎ 0564-577257, 🖷 0564-979518, www.poggiooliveto.it.

Agriturismo Il Bettarello, freundliche Familie, die auf ihrem einfachen Landgut Olivenöl produziert. Auch in Sachen Obst, Gemüse und Schafsmilch von 20 Schafen ist man hier autark. Zur Verfügung stehen mehrere Mountainbikes und ein Pool. Auf Anfrage wird für die Gäste auch gekocht (Anfahrt wie Poggio Oliveto, s. o., ausgeschildert). Es gibt 11 einfache, aber ordentliche Zimmer (DZ 55 €, mit Frühstück 59 €). Anfahrt wie Poggio Oliveto, ☎/🖷 0564-577582, www.bettarello.com.

● *Essen* **La Grotta del'Orso**, „die Bärenhöhle". Treffender Name, im Innenraum des sympathischen, kleinen Lokals in der Altstadt geht es urig zu: rustikale Einrichtung mit dunklen Holzbänken und -tischen, rustikal auch die hervorragende toscanische Küche. Im Sommer (August) wird hier an einigen Abenden ein typisches Maremma-Menü angeboten, Reservierung dringend empfohlen. Sympathischer Service, relativ günstiges Restaurant, es gibt auch eine kleine, schattige Terrasse. Mittags und abends geöffnet, abends auch Pizza, Mi geschlossen. Via IV Novembre 31, ☎ 0564-564183.

La Tavolaccia, kleine Osteria in der Altstadt. Sympathisch, preiswert und gemütlich. Auch Pizzen. Mo geschlossen. Piazza Garibaldi, ☎ 0564-565025.

● *Außerhalb* **Il Frantoio**, in Sticciano Alto (20 km südlich von Roccastrada, etwas abseits der SS 73), nette Atmosphäre und toller Panoramablick. Maremmische Küche und auch Pizza. Nur abends geöffnet, sonntags auch zur Mittagszeit. im Sommer tägl., im Winter nur Do–So. ☎ 0564-577091.

Bagni di Petriolo

An der alten Straße nach Grosseto. Die Schnellstraße (SS 223) führt auf einer schwindelerregend hohen Brücke über das Tal der Farma, am südlichen Brückenende ist unübersehbar ein riesiges Viersterne-Thermal-Hotel in moderner Klotz-Architektur entstanden.

Wer Thermalfreuden günstiger genießen möchte, wählt die alte Straße nach Grosseto, die im Tal unten verläuft. Hier findet man einen malerischer Badeteich im natürlichen Flussbett – tief genug, um darin zu schwimmen – und darüber einige badewannengroße, schlammige Kuhlen mit über 40 °C heißem Thermalwasser für ein Vollbad. Hohe mittelalterliche Mauerreste sorgen für eine stimmungsvolle Kulisse. Der schweflige Geruch, der an faule Eier denken lässt, ist eine unvermeidliche Zugabe, im Wasser aber schnell vergessen.

● *Übernachten* ***** Albergo Imposto**, knapp an der alten Straße von Bagni di Petriolo in Richtung Siena (3 km von Petriolo entfernt), mit Restaurant. Alle Zimmer mit Bad. DZ mit Frühstück 76 €/90 €/106 €, mit HP 90 €/108 €/130 € (Preise saisonal gestaffelt). Loc. Santo/Iesa, 53015 Monticiano, ✆ 0577-757094, ✆ 0577-757071, www.tenutailsanto.com.

Zimmervermietung Leccio, (3 km von Bagni di Petriolo entfernt). 2 DZ zu ca. 50 €. Loc. Leccio, Ortschaft Pari, ✆ 0564-908995.

● *Camping* **Agricamping Le Fontanelle**, idyllisch im Wald gelegenes Campingplätzchen mit nur 12 Stellplätzen und 3 Duschen. Stromanschlüsse für Camper vorhanden, Frühstück mit selbst gemachter Himbeer-marmelade und Abendessen (Barbecue) gibt es auch. SS 223 Richtung Siena, Ausfahrt Ponte Macereto, Richtung S. Lorenzo a Merse/Iesa. Loc. Le Fontanelle/Iesa, ✆/✆ 0577-758103, www.latoscanadanoi.it/fontanelle.asp.

● *Essen* **Hostaria Da Rosanna**, in Casale di Pari (3 km südl. von Bagni di Petriolo). Wer seinen Hunger im Ambiente einer unkomplizierten Trattoria bei äußerst moderaten Preisen stillen möchte, ist hier gut aufgehoben. Große Portionen, echte Hausmannskost. Menü mit Pasta, Wildschweinbraten und Obst ca. 15 € (inkl. Wein und Wasser!). Fr geschlossen. SS 223, Ausfahrt Casale di Pari, im Ort an der Piazza Milazzo, ✆ 0564-908810.

▶ **Civitella Marittima:** Etwa auf halbem Weg zwischen Siena und Grosseto gelangt man beim Verlassen der SS 223 in ein Gebiet mit einigen pittoresk auf Anhöhen, Hügeln oder Felsen positionierten mittelalterlichen Bergdörfern. Der erste Ort, an dem man vorbeikommt, ist Civitella Marittima, das bis auf einen in den Gassen versteckten Gasthof touristisch nicht viel zu bieten hat.

● *Übernachten/Essen* **Locanda nel Cassero**, rustikal, es lohnt die Einkehr nicht nur wegen der guten Küche, die der Gastro-Vereinigung Slow Food (nur lokale Produkte der Saison) angeschlossen ist. Di ge-schlossen. Der freundliche junge Wirt bietet auch Übernachtungen in einem der 4 schönen Zimmer. DZ, 60 € inkl. Frühstück. Via del Cassero 29/31, ✆ 0564-900680, oder 338-3030033 (mobil).

▶ **Paganico und Campagnatico:** Folgt man der SS 223 weiter in südlicher Richtung, kommt man zunächst an der Ausfahrt Paganico, dann an der von Campagnatico vorbei. Die Altstadt von Paganico liegt in der Ebene und ist von einer im Jahre 1334 erbauten, fast komplett erhaltenen sienesischen Stadtmauer umgeben. Durch die Tore der ehemaligen Wachtürme gelangt man mit dem Auto direkt ins Altstadtzentrum. Campagnatico liegt ca. 5 km von der Ausfahrt der SS 223 entfernt in den Hügeln und ist mit seiner hübschen Altstadt der einladendere Ort. Dante erwähnt ihn im Fegefeuer seiner „Göttlichen Komödie".

● *Übernachten/Essen* **** La Pace**, der große, unprätentiöse Bau am Ortsrand mit dem riesigen Parkplatz wird mehr von Lastwagenfahrern als von Touristen frequentiert. Die Zimmer sind geräumig, der Empfang freundlich, und von der Kantinenatmosphäre im Selfservice-Restaurant sollte man sich nicht abschrecken lassen. Die Gerichte sind stets frisch, hervorragend zubereitet und spottbillig. DZ 50–60 €. Via della Madonnina 1, Paganico, ✆ 0564-905046, ✆ 0564-905629, www.albergolapace.com.

Il Molino di Paganico, die Zimmervermietung (6 moderne, ordentliche DZ) mit der auffallenden Fassadenmalerei liegt am Ortsausgang von Paganico an der Porta Senese. Die alte Mühle aus dem 13. Jh. wurde vom Eigentümer, einem Kunsthistoriker aus Deutschland, nach und nach umgebaut. Gutes Preis-Leistungs-Verhältnis! DZ 60 € (incl. Benutzung der Lavazza-Kaffeeautomaten und abgepacktem Frühstückskuchen). Viale della Stazione 4, ✆ 0564-906048 oder 335-5449556, ✆ 0564-906931, www.ilmolinodipaganico.com.

Südliche Toscana

Karte S. 618/619

Podere Santa Maria, auf dem schönen Landgut in Familienbesitz, das wie eine Oase ca. 7 km von Paganico entfernt liegt, wird man von der fleißigen und nicht minder flotten Wirtin Elena empfangen. Das Bauernhaus bietet Übernachtungen in kleinen, hübschen Zimmern im Haupthaus und in der daneben liegenden Dependance. Die ausgezeichnete Küche kann im Sommer auch auf der überdachten Terrasse genossen werden. Es gibt einem gepflegten Pool (auch Indoor-Pool), Mini-Wellness und einen Verkauf der hauseigenen Produkte. Die das Anwesen umgebenden Wiesen teilt man sich mit einer Schafherde. Ein Aufenthalt lohnt schon wegen der zwei romantischen Schaukeln, auf denen man sich und seine Seele baumeln lassen kann! Viele Stammgäste. Auch bei Italienern für die Ausrichtung von Festen sehr beliebt. Anfahrt von Paganico ca. 2,5 km Richtung Monte Amiata bis zur Gabelung, wo man links unter der Bahn hindurch, in Richtung Monte Antico abbiegt. Nach 1 km hält man sich an der nächsten Gabelung wieder links in Richtung Casal di Pari. Nach 4 km liegt Santa Maria links an der Straße (schlecht ausgeschildert!). DZ mit Frühstücksbüfett 84–116 €. Loc. Dogana, Civitella Paganico, ✆ 0564-906082, 📠 0564-906945, www.poderesantamaria.net.

Podere di Piatina, im uralten Anwesen eines Konvents aus dem 13. Jh. sind nach der Restaurierung 8 DZ entstanden. Die rustikal-raffinierte Einrichtung mit toscanischer "Patina" ist das Richtige für Liebhaber alter Gemäuer. Das großzügige Gehöft besitzt einen Pool, hält Pferde und eine gute Küche für die Gäste bereit. Die Anfahrt von Paganico: 2,5 km in Richtung Monte Amiata, an der Gabelung nach Monte Antico fährt man links unter der Bahn hindurch. Nach 1 km folgt man an einer Gabelung der Straße rechts in Richtung Monte Antico. Nach 4 km erreicht man das Gut. B&B im DZ 60–90 €, HP 100–120 €. Loc. Monte Antico, ✆ 0564-991037, 📠 0564-991112, www.piatina.com.

*** Locanda del Glicine, schönes Hotel mit „Charme & Relax"-Label, das sich durch seinen bläulichen Verputz von den anderen Häusern des Altstadtzentrums abhebt. Hervorragendes Restaurant mit exzellentem und freundlichem Service (Mo geschlossen). 6 DZ ab 130 € (inkl. Frühstück). Piazza Garibaldi 6/7/8 Campagnatico, ✆ 0564-996490, 📠 0564-996916, www.locandadelglicine.com.

Villa Bellaria, schöne Villa aus dem 18. Jh. mit 3 ha Park und Pool. Das großzügige Anwesen wird von der Besitzerin, einer sympathischen Venezianerin, geleitet. Insgesamt 16 Appartements (teilweise auch in Nebengebäuden) für 2 Pers. 387–490 €, 4 Pers. 465–670 €, 6 Pers. 568–980 € (Vermietung auch tageweise). Via dei Granai 1, Campagnatico (in der Vorstadt westlich des historischen Ortskerns gelegen), ✆ 0577-281716 oder 335-6097438, 📠 0564-996626, www.villabellaria.it.

Ristorante La Cantina di Poggio Caiano, in Campagnatico, im historischen Zentrum von Campagnatico gelegen und von Einheimischen empfohlen. Im Sommer sitzt man im Innenhof zwischen mittelalterlichen Wohnhäusern. Nur abends geöffnet. So auch mittags. Mo geschlossen. Via Mazzini 19, ✆ 0564-996404.

Crete Senesi und Val d'Orcia

Eine fast herbe Hügellandschaft, keine Wälder, nur ab und zu unterbrechen Zypressenreihen und Weingärten die gleichförmigen Getreidefelder.

Eine von Bodenerosion geprägte Lehmhügellandschaft (*creta* = Tonerde), in der die winterlichen Sturzbäche die Hänge durchfurchen. Ursprünglich war das Gebiet völlig dem Bischof von Arezzo untergeordnet, das erstarkte Siena übernahm aber schon früh die Gerichtsbarkeit. Der feudale Großgrundbesitz, meist in der Hand Sieneser Bürgerfamilien, schürte soziale Spannungen. Bis in die 1960er Jahre hielt sich hier die Halbpacht, die „mezzadria" (siehe Buonconvento). Erst wegen der starken Abwanderungsrate der Bauern in die Industriegebiete wurde sie durch das System der Lohnarbeit ersetzt. In dieser Zeit des Umbruchs, als ganze Dörfer aufgegeben wurden, kamen Kleinbauernfamilien mit ihren Schafherden aus Sizilien und später auch aus Sardinien, um sich hier eine bessere Existenz aufzubauen.

Erosionsfördernder Ackerbau – Getreidefelder in der Crete

Der dünn besiedelte Landstrich hat einige der wichtigsten toscanischen Touristen-attraktionen zu bieten: *Montepulciano* mit seiner Kleinstadteleganz, *Pienza* mit seiner Renaissance-Architektur und dem weiten Val d'Orcia und *Montalcino* mit seinen edlen Weinen. Nicht zu vergessen schließlich *Chiusi*, das auf den Überresten einer legendären Etruskerstadt erbaut wurde.

Castello di Murlo

Ein niedliches Festungsdorf, herausgeputzt wie aus dem Spielzeugladen. Ringför-mig umschließen die wenigen Häuser den Bischofsturm, heute das Museo Etrusco. Es gibt kaum Souvenirläden, und auch die Besucherströme halten sich unter der Wo-che in Grenzen. Dem *Cappellone*, einer Skulptur eines etruskischen Prinzen, des-sen eigentümlicher Hut mexikanische Assoziationen hervorruft, begegnet man in dieser Region überall auf Plakaten, die einen nach Murlo weisen. Das Original ist im Museum (s. u.) ausgestellt und gilt als eine Art Wahrzeichen des Ortes, in dem heute ca. 20 Einwohner leben.

Die „Neustadt" von Murlo, *Vescovado di Murlo*, gibt sich im Vergleich zu Castello di Murlo sehr nüchtern und unspektakulär. Das moderne, wenig romantische Reihen-dorf liegt ca. 1,5 km nördlich der Festung. Hier befindet sich auch das einzige Hotel von Murlo, außerdem gibt es einige Restaurants und Kneipen. Wanderungen kön-nen zu den alten Minen in südwestlicher Richtung gemacht werden (auf die Schil-der achten). Außerdem verläuft entlang der Gleise der ehemaligen Werksbahn der landschaftlich reizvolle *Sentiero delle Miniere*.

Museo Etrusco: Auf drei Etagen werden Fundstücke aus der Umgebung ausgestellt. Hübsch sind die kleinen Bronzeschmuckstücke und die so genannte „Importkera-mik" mit vielen orientalischen Motiven im ersten Stock. Ebenfalls sehenswert ist die außergewöhnlich gut erhaltene Dachziegelkonstruktion in der dritten Etage, die in dieser Form wohl im gesamten damaligen Mittelmeerraum bekannt war.

Seit den 1970er Jahren legten amerikanische Archäologen am Poggio Civitate, einem Hügel etwas außerhalb von Murlo, einen etruskischen Palast aus dem 7. Jh. v. Chr. frei. Nach dem Verfall des Gebäudes wurde der Standort von den damaligen Bewohnern aufgegeben und ist deshalb nicht von späteren Epochen „verunreinigt" – ein ideales Betätigungsfeld für die Wissenschaftler. Die Grabstätten wurden noch nicht entdeckt, deshalb fehlen die in anderen etruskischen Museen so spektakulären Aschekästen und Grabbeigaben. Aber darauf kommt es den Altertumsforschern in Murlo auch gar nicht an. Wichtiger war z. B. der Fund einer Bronzewerkstatt, der die Archäologen zur Gründung von Arbeitsgruppen anregte, die vom Handwerker bis zum Verfahrenstechniker verschiedenste Disziplinen zusammenbrachte. Im Rahmen dieser Zusammenarbeit wurde ein zeitgenössischer Schmelzofen rekonstruiert (Ziegelfellblasebalg im Museum). Außerdem fertigte man in einer antiken Gießgrube (am oberen Rand des Parkplatzes) eine Bronzestatue.

① April–Juni und im Sept. tägl. 10–13 und 15–19 Uhr; im Juli/Aug. tägl. 10–19 Uhr; im März und Okt. tägl. 10–13 und 15–17 Uhr; Nov.–Febr. Mo–Fr 10–13 Uhr, Sa/So 10–13 und 15–17 Uhr. Eintritt 3,10 €.

• *PLZ* 53016

• *Information* Ein kleines Infobüro ist von Apr. bis Okt. Mo–Sa 10–13/17.30–19.30 Uhr an der Piazza delle Carceri 17 geöffnet. ✆/✉ 0577-814050, turismo@comune.murlo.siena.it.

• *Feste* Am ersten Sonntag im Juni findet im Weiler Murlo das Mittelalterfest *Medioevo a Murlo* statt. Die Kulisse des Weilers wird mit mittelalterlicher Tradition, Aufführungen und gastronomischen Ständen belebt. Eintritt 5 € (Museumsbesuch inkl.).

• *Übernachten* *** L'Albergo di Murlo, geradliniger Bau aus Ziegelsteinen und unbearbeiteten Travertinsteinen an der Eingangsfassade. 44 ordentliche Zimmer und aufmerksame Besitzerin, großer Pool, Restaurant. Geöffnet März bis Mitte November. DZ ca. 80 € (inkl. Frühstück). Via di Martiri di Rigosecco 2, Vescovado di Murlo, ✆ 0577-814033, ✉ 0577-814243, www.albergodimurlo.com.

B&B Il Castello, DZ 65–85 €. Piazza delle Carceri 14, Castello di Murlo, ✆ 0577-814188 oder 348-5534525, ✉ 0577-814188, www.affittacamereilcastello.it.

L'etrusco, die kleine Zimmervermietung mit 3 Zimmern befindet sich gleich neben der Pizzeria dell' Arco. B&B 70 €. Via delle Carceri 15, ✆ 0577-811102 oder 814046, www.etruscomurlo.it.

• *Außerhalb* *** **Mirella**, gepflegtes Hotel mit 30 Zimmern (8,5 km westlich von Vescovado). Im Erdgeschoss großer Speisesaal, freundlicher Service. Klimaanlage und Pool vorhanden. März bis Mitte November geöffnet. DZ 70–90 € (Frühstück inkl.), Halbpension nur unwesentlich teurer. Strada Provinciale di Casciano 43, Casciano di Murlo, ✆ 0577-817667, ✉ 0577-817575, hotelmirella @tin.it, www.hotelmirella.com.

• *Agriturismo* **La Palazzina**, freundlicher Empfang durch die Besitzerin Eloise auf dem gepflegten Anwesen mit Pool. 6 Appartements für 2–8 Pers., alle mit Küche und Bad, im Juli/August eine Woche Mindestaufenthalt. Übernachtung pro Pers. ca. 30–40 €. Strada Provinciale di Murlo 24, Loc. La Palazzina, Vescoavado di Murlo (auf halber Strecke zwischen Vescovado di Murlo und Casciano di Murlo), ✆ 0577-817776 oder 339-5437203, ✉ 0577-817797, www.lapalazzina.com.

• *Camping* **Le Soline**, 1 km außerhalb von Casciano di Murlo (8,5 km westlich von Vescovado), von dort aus bestens ausgeschildert. Gepflegte Anlage in sanfter Hanglage mit tollem Blick ins weite Val d'Arbia. Viel Schatten, sehr einladender Pool, Pizzeria, Ristorante, Mini-Mercato. Die nette Signora bemüht sich um das Wohl ihrer Gäste und ist sehr kinderfreundlich. Zum Platz gehört auch eine Gänsefamilie. Ganzjährig geöffnet. ✆ 0577-817410, ✉ 0577-817415, www.lesoline.it.

• *Essen* **Ristorante/Pizzeria dell'Arco**, Via delle Carceri 13, Castello di Murlo. Das Gasthaus des fotogenen Etruskerwirts (siehe Kasten „Murlo und seine etruskischen „Wiedergänger"). Einfache Speisekarte, man isst hauptsächlich Pizza. Im Garten hinterm Haus sitzt man besonders schön. Mo geschlossen. ✆ 0577-811092.

● *Außerhalb* **Ristorante Brunello**, Loc. La Befa. Gute und günstige Hausmannskost im etwas derben Gasthaus, Einheimi- schen besser unter „La Befa" bekannt. Mi geschlossen, ☎ 0577-806255.

Etruskische Verwandtschaften – alte Grabstele und der Wirt von Murlo (Fotomontage)

Murlo und seine etruskischen „Wiedergänger"

Für Schlagzeilen sorgten vor einigen Jahren Untersuchungen Turiner Wissenschaftler, die bei den Einwohnern von Murlo frappierende Ähnlichkeiten mit der Physiognomie der Etrusker feststellen konnten. Als Vergleichsgrundlage dienten die Abbilder auf den Urnendeckeln der längst verblichenen „Originale". Ein Artikel über diese Entdeckungen erschien im Magazin der französischen Zeitung *Le Figaro* im Jahre 1993. Illustriert war der Beitrag mit dem Foto eines ortsansässigen Kneipenwirts: Halb liegend und nur mit einem Bademantel bekleidet posiert er über einem im etruskischen Museum von Volterra ausgestellten Urnendeckel. Der Wirt zeigt sich als sichtlich zufriedener „Wiedergänger", sogar die Bauchphysiognomie ist identisch.

Asciano

(ca. 6300 Einw.)

Das „Centro delle Crete Senese" erweist sich als verschlafenes Städtchen mit einigen Straßencafés an der Hauptgasse Corso Matteotti und der Piazza Garibaldi. Auf dieser Hauptachse des Centro storico findet jeden zweiten Sonntag im Monat der *Mercatino delle Crete* statt, ein Markt, auf dem hauptsächlich landwirtschaftliche Produkte der Umgebung angeboten werden. Herausragend ist der Schafskäse *Pecorino delle Crete Senesi*.

Am oberen Ende des Corso Matteotti steht die besonders von außen hübsch anzuschauende *Kirche S. Agata*. Das Gemäuer aus hellem Travertin gibt zusammen mit der Umfriedung ein imposantes romanisches Bauwerk ab. Das Freskenfragment einer Kreuzabnahme an der linken Wand wird *Sodoma* zugeschrieben. Besser erhalten ist die „Thronende Madonna" seines Schülers *Girolamo del Pacchia* an der rechten Wand. Ebenfalls am Corso Matteotti (Nr. 22) zeigt das im Palazzo Corboli untergebrachte *Museo Acheologico e d'Arte Sacra* etruskische Funde, die größtenteils aus der ca. 5 km östlich von Asciano gelegenen Grabstätte *Poggio Pinci* stammen (Mi–So 10–13 und 15–19 Uhr, Eintritt 4,50 €). Dem Werk des einheimischen Malers Amos Cassioli (1832–1891) ist das *Museo Cassioli* in der Via Mameli 36 gewidmet. Die Besichtigung der Sammlung erfolgt nach Anfrage im Ufficio Turistico.

Im unteren Altstadtteil steht an der Piazza del Grano ein mächtiger Brunnen aus dem 15. Jh., der mit allegorischen Figuren verziert ist.

- *PLZ* 53041
- *Information* **Ufficio Turistico**, Corso Matteotti 78. Unter anderem Vermittlung von Unterkünften in Agriturismi (5 % Vermittlungsgebühr). Di–Fr 10.30–13/15–18 Uhr, Sa/So 10.30–13 Uhr. ☎ 0577-719510 oder 0577-718811, biancane@inwind.it.
- *Bahnverbindung* Der Bahnhof Asciano Centro liegt am Rand des Zentrums, 11x tägl. Züge nach Siena, genauso oft nach Chiusi.
- *Busverbindungen* Die TRA.IN–Busse fahren vor dem Bahnhof ab, Verbindungen nur nach Siena.
- *Weine* Val d'Arbia, ein lokaler DOC-Weißwein mit geringem Alkoholgehalt, strohgelber Farbe und kräftigem Bouquet.
- *Markt* Der Wochenmarkt findet am Samstag statt, der kleine *Mercatino delle Crete* jeden zweiten Sonntag im Monat.
- *Übernachten* *** **Il Bersagliere**, „Standard" mit Minibar, TV und Haartrockner. Ruhige Zimmer nach hinten, Lift. Garage für Zweiräder gratis. Empfehlenswerte Unterkunft, wenn auch direkt an der Ausfallstraße nach Rapolano/Arezzo gelegen. DZ ab 70 €. Via Roma 41, ☎ 0577-718629, ☏ 0577-710028, www.albergobersagliere.it.
- *Agriturismo* **Podere Finerri**, großzügig renoviertes Landgut mit herrlichem Panoramablick auf die Crete bis nach Siena, das unter neapolitanisch-neuseeländischer Regie zu einem ausgefallenen Ort mutiert ist. Daniela kocht neapolitanisch (es werden auch Kochkurse veranstaltet), und Malcome ist für die Olivenhaine verantwortlich. Fünf komfortable Appartements. DZ ab 100 €, Wochenpreis ab 550 €, Abendessen 30 € pro Pers. inkl. Wein. Loc. Finerri (Richtung Rapolano, dann Richtung Trequanda bis Poggio Pinci, dann noch ca. 2 km Naturstraße), ☎/☏ 0577-704475, www.thelazyolive.com.

Il Paradiso, gepflegtes Anwesen mit Pool, sympathische, kinderfreundliche Besitzerin. Angenehm eingerichtete Appartements, alle mit Küche, Bad, TV und Terrasse. Appartement je nach Größe und Saison. 450–750 €/Woche (nach Angeboten fragen!). Strada del Piano 32 (von Siena aus noch vor Asciano links ab, ca. 1,3 km auf Schotterstraße), ☎ 0577-710014, www.agriturismoparadiso.it.

Casanova, 5 modern eingerichtete Zimmer und ein Miniappartement auf einem einsamen Gehöft (deutsche Besitzerin), gemeinsame Küche. Die prachtvolle Chianina-Herde auf der Weide linker Hand gehört zum Hof. DZ 70 € (inkl. Frühstück). 3 km von Asciano in Richtung Monte Oliveto, dann links ab (ausgeschildert). ☎ 0577-718572, www.agriturismo-casanova.it.

Rofanello, nur ca. 300 m vom Casanova entfernt (dem Schotterweg folgen), noch einsamer. 3 Appartements mit Küche und Bad. Für 2 Pers. ca. 350 €/Woche. ☎ 0577-718395 oder 338-8945038 (mobil), ☏ 0577-718395, www.rofanello.it.

- *Essen* **La Mencia**, Corso Matteotti 77. Gehobene Mittelklasse in netter Atmosphäre, abends auch Pizza. Menü ca. 25–30 €. Lauschiger, schattiger Garten hinter dem Haus. Mo geschlossen. ☎ 0577-718227.

Locanda del Ponte del Garbo, neue Bewirtschaftung, die hausgemachte Pasta, Pizza und Fleischgerichte vom Grill anbietet. Auch ein Gärtchen ist vorhanden. Corso Matteotti 128, ☎ 0577-718011.

Ristorante/Pizzeria L'Angolo dello Sfizio, Corso G. Matteotti 14. Günstig. Mo geschlossen. ☎ 0577-717128.

- *Außerhalb* **Osteria La Pievina**, 6 km in Richtung Siena (SS 438), direkt an der Straße. Landgasthaus, das seit Jahren für seine opulenten Menüs bekannt ist (u. a. Fisch). Ein „bekannter Insider" inmitten der einzigartigen Crete-Landschaft. Reservieren! Mo und Di geschlossen.

Mit dem Zug durch die Crete Senesi – der Treno Verde

1994 wurde der reguläre Eisenbahnverkehr zwischen Asciano und Monte Antico wegen mangelnder Rentabilität eingestellt. Schon bald aber erkannte man, dass sich die außerordentlich panoramareiche Strecke durch die Crete Senesi und das Orcia-Tal gut für touristische Zwecke eignet und erweckte sie unter dem Label *Treno Verde, auch Treno Natura genannt,* zu neuem Leben. Seither kann man sich ganz entspannt in alte 50er-Jahre-Triebwagen setzen und die grandiose Landschaft an sich vorbeiziehen lassen; manchmal kommen sogar alte Dampfloks zum Einsatz.

Die aktuellen Fahrttermine können beim Ufficio Turistico in Asciano erfragt werden. Die Fahrten werden jedoch fast nur als Ausflugsfahrten an Feiertagen veranstaltet. Für die Strecke Asciano – Monte Antico und zurück zahlt man 10 € pro Person (jeder Erwachsene kann kostenlos ein Kind unter 10 Jahren mitnehmen), die Fahrt mit einer Dampflok ist allerdings teurer und kostet ca. 25 €. Es ist auch möglich, die Fahrt bis Siena zu verlängern bzw. dort zu starten (dann 15 €/Person). Detaillierte Informationen unter www.ferrovieturistiche.it.

℡ 0577-718368. Für den, der bleiben will: Appartement für 2 Pers. 90 €/4 Pers. 120 € (inkl. Frühstück). ℡ 0577-718093.

Gleich neben o. g. Gasthaus gibt es den herausgeputzten **B&B Alle Logge di Sotto**, kleine, romantische Zimmerchen für 47,50 € (pro Pers.!). Komfort wie Pool, Flatscreen und Ausblick auf die Crete (teilweise) kann man bei diesen Preisen schon erwarten. ℡/✉ 0577-717199, contact@alleloggedisotto.it, www.alleloggedisotto.it.

Rapolano Terme

(ca. 4700 Einw.)

10 km nordöstlich von Asciano liegt dieser kleine Thermalort. Oberhalb der „Neustadt" befindet sich der mittelalterliche Kern, der heute von einem modernen Brunnen auf der mit dunklem Travertin gepflasterten Piazza Matteotti dominiert wird. Bereits im 13. Jh. lebten in Rapolano – im Schutze einer Grenzburg der Republik Siena – etwa 100 Familien. Auch die beiden Thermalquellen des Orts waren bis ins ferne Rom bekannt.

Das ältere Thermalbad ist die *Antica Querciolaia* (ca. 1 km nordöstlich), wo Reste eines römischen Bades sowie etruskische Terrakotta gefunden wurden. Das Bad hat aufgrund seines eher niedrigen Schwefelgehalts das angenehmste Thermalwasser der Region. Im Sommer finden donnerstags Konzerte statt. Eines der ältesten Dokumente über den Badebetrieb ist eine Badeordnung des Jahres 1292, die der Bürgermeister von Siena erließ. Die größte Gefahr bildete damals offenkundig das gemeinschaftliche Badebecken beider Geschlechter. Glücklicherweise konnte die drohende Katastrophe im Jahr 1309 durch die Anbringung einer Trennwand abgewendet werden.

In den dem Thermalbad angegliederten, z. T. stillgelegten Travertinbrüchen finden sich zwischen den noch intakten Travertinfabriken sehr fotogene Relikte der Industriekultur aus der Vorkriegszeit.

Im Gegensatz zur Antica Querciolaia, die mit ihren beiden Outdoor-Pools in Richtung populäres Vergnügungsbad investiert hat, pflegt das etwa 2 km südlich des Orts gelegene *Thermalbad San Giovanni*, das mit einem überdachten Kuppelbad

Südliche Toscana Karte S. 618/619

und ebenfalls zwei Außenbecken ausgestattet ist, nach wie vor die Tradition des Kurbads. Doch hat man auch hier die Zeichen der Zeit erkannt und bietet zusehends mehr Relax- und Beautyprogramme an. Im kleinen Kurpark sprudelt in einem pyramidalen Glasbau die heiße Quelle. Es ist das ruhigere Bad von den beiden, und wenn am Wochenende die Antica Querciolaia hoffnungslos überfüllt ist, eine gute Alternative.

Travertin – Edelstein für die Hausfassade

Um Rapolano gibt es vier große Travertinvorkommen, das größte hat eine Dicke von ca. 40 m und umfasst eine Fläche von ca. 6 qkm. Bereits die Etrusker benutzten den harten, aber gut zu verarbeitenden Stein und fertigten daraus u. a. ihre Urnen. Abhängig von den im Stein gelösten Mineralstoffen haben sich helle und dunkle Travertinarten herausgebildet. Die auf den Steinen sichtbaren Strukturen wirken oft wie gemalt; entsprechend wird Travertin häufig für Fußböden verwendet.

Viele inzwischen angewitterte und deshalb ockerbraune bis eisengraue Palazzi und Kirchen der Gegend wurden gänzlich aus diesem Stein gebaut und geben den Städten ihr eigentümliches Erscheinungsbild. Auch in Deutschland wird Travertin gerne für Monumentalarchitekturen verwendet. So nutzte beispielsweise *Mies van der Rohe* das edle Material zum Bau der Neuen Nationalgalerie in Berlin (1968).

Die Entstehung von Travertin hat den folgenden geochemischen Hintergrund: Regenwasser nimmt aus der Luft und dem Boden Kohlendioxid beim Versickern auf und bildet Kohlensäure. Kalksubstanzen sind in diesem leicht sauren Wasser gut löslich. Das so durch Kalk angereicherte Wasser heizt sich in tieferen Erdschichten dermaßen auf, dass es durch vorhandene Erdspalten schnell an die Oberfläche zurückgedrückt wird. Dort angekommen, entweicht durch den verminderten Wasserdruck (wie bei einer Sprudelflasche) die Kohlensäure, worauf sich das gelöste Kalziumkarbonat ablagert und mächtige Kalktuffkeile formt. Das gleiche Prinzip ist übrigens bei der Bildung von Tropfsteinen wirksam.

Außer den Thermalbädern hat Rapolano wenig zu bieten. Im 7 km entfernten **Serre di Rapolano** finden Liebhaber das *Museo dell'Antica Grancia di Serra*. Es widmet sich neben der Geschichte der Olivenölproduktion und der Kornspeicher auch den Gebräuchen der mittelalterlichen Bevölkerung. Als Gebäude dient ein ehemaliger Kornspeicher.
⏱ April–Okt. Mi/Do 15–17.30 Uhr, Fr 10.30–13 und 15–17.30 Uhr, Sa/So 10.30–13 und 15–19 Uhr, Nov.–März Fr 10.30–13 und 15–17.30, Sa/So 10.30–13 und 15–18 Uhr. Eintritt 3,50 €.

• *PLZ* 53040

• *Öffnungszeiten* **Antica Querciolaia**, Mo–Fr 9–19 Uhr, Sa 9–24 Uhr, So 9–20 Uhr (im Sommer donnerstags Konzerte), Mo–Fr 11 €, Sa/So 14 €.
Terme San Giovanni, Mo–Fr 9–19 Uhr (12 €, nach 15 Uhr 8 €), Sa 9–24 Uhr (15 €, nach 15 Uhr 10 €) So 9–21 Uhr (15 €, nach 15 Uhr 10 €).

• *Information* Infobüro in der Via Provinciale Nord 1. April–Okt. geöffnet am Di/Mi 10–13 Uhr, Do–Sa 10–13 und 15–18 Uhr, So 10–13 Uhr.; Nov.–März Sa/So 10–13 Uhr (variabel). ☎ 0577-724079, 📠 0577-726591. inforapolano@inwind.it.

• *Markt* jeden Donnerstag.

• *Feste* **Festa di Ciambragina**, ein hübsches Mittelalterfest am zweiten Maiwochenende im 7 km entfernten Serre di Rapolano.

• *Übernachten* ✶✶✶ **Hotel Terme San Giovanni**, renoviertes und stilvoll eingerichtetes Thermalhotel mit 60 Zimmern, sehr gute Küche. DZ inkl. Frühst. 102–126 €. Via Terme

San Giovanni 52, ☏ 0577-724030, 🖷 0577-724053, info@termesangiovanni.it, www.termesangiovanni.it.

*** Hotel 2 Mari, Pool, Garten und ein beachtlicher Wellness-Bereich ("Aqua Dei"). Im 60-Zimmer-Haus kostet das DZ je nach Komfort und Saison mit Frühstück 64–98 €. Via Giotto 1, Loc. Bagni Freddi (1 km vom Querciolaia-Bad entfernt, unter der Schnellstraße hindurch, dann ausgeschildert), ☏ 0577-724070, 🖷 0577-725414, www.hotel2mari.com.

● *Zimmer*: **Bar/Trattoria Trento**, sehr einfache Zimmer ohne Bad. DZ 35 €. Via Provinciale Nord 100, ☏ 0577-724071.

● *Außerhalb* ****** Grand Hotel Serre**, in der Namensgebung etwas hochgestochen, hat sich das Haus eher auf Bustourismus spezialisiert. Der Riesenbau strotzt nicht gerade vor toscanischem Flair, bietet aber modernen Komfort zu reellem Preis. Vor dem Eingang tummeln sich im Teich nicht weniger als 25 Schildkröten. Restaurant gleich nebenan. DZ mit Frühstück 88 €. Loc. Crocevie in Serre di Rapolano (ca. 7 km entfernt, der Ausschilderung ab Rapolano Terme folgen), ☏ 0577-704777, 🖷 0577-704780, www.hotelserre.it.

● *Essen* **Osteria Il Granaio**, lobende Worte fanden Leser für das Restaurant in der Altstadt gegenüber der Kirche: "Gemütlich im Gewölbe sitzend, waren die Pici (dicke Spaghetti) ebenso wie die leckeren Fleischgerichte zu empfehlen. Wahrlich ein gutes Restaurant; und nicht einmal teuer." Di geschlossen. Via dei Monaci, ☏ 0577-726975.

Trattoria La Patria, einfaches Gasthaus mit ordentlicher Hausmannskost zu günstigen Preisen. Nur abends geöffnet, Sa geschlossen. Via Garibaldi 12, ☏ 0577-724464.

● *Außerhalb* Im ca. 7 km entfernten Serre di Rapolano versteckt sich schräg gegenüber vom Grand Hotel Serre das Restaurant **Ischieto**. Einfahrt durch Fahnen und den Hinweis "Agriturismo" auf Travertinsteinen gekennzeichnet. Wunderschön gelegen, sehr stilvoll. Nur abends geöffnet. Di geschlossen. ☏ 0577-705025.

Buonconvento

Der von hohen Ziegelsteinmauern umfriedete Ort mit der schachbrettartig angelegten Innenstadt entstand im 12./13. Jh. Seine Lage inmitten einer breiten Talsenke und an der alten Frankenstraße zwischen Nordeuropa und Rom machte ihn im Mittelalter zu einem florierenden Handelszentrum.

Händler, Gesandte und sogar gekrönte Häupter logierten hier mit ihrem jeweiligen Tross, so auch Heinrich VII., der auf seinem Feldzug gegen Neapel in Siena eine Zwischenstation einlegte. Er kam nicht mehr weit, in Buonconvento holte ihn die Malaria ein, die er sich vermutlich in der Maremma eingefangen hatte. Heinrich starb 1313, ohne Buonconvento wieder verlassen zu haben.

Heute teilt sich Buonconvento in eine wenig ansprechende Neustadt und das unerwartet idyllische Centro storico innerhalb der Stadtmauern, wo sich auch die meisten Geschäfte befinden.

Palazzo Ricci Soccini: Der alte Palast wurde 1909 im Jugendstil renoviert. Ganz oben im Treppenhaus sieht man die vier Jahreszeiten als Jugendstilfresko mit dem Wappentier der Familie Ricci (einem Igel). Hier oben beginnt auch der Rundgang durch das *Museo d'Arte Sacra della Val d'Arbia*: In Saal 1 sind alte Altarbilder ausgestellt, die aus den Dorfkirchen der Umgebung zusammengetragen wurden, darunter auch ein kostbares Werk von *Duccio di Buoninsegna* (Madonna mit Kind). Erwähnenswert auch *Il Brescianinos* Gemälde „Mutter mit Kind und Johannes der Täufer" in Saal 4, ein wechselvolles Licht- und Schattenspiel mit elegant ausgearbeiteten Figuren.

● *PLZ* 53022

● *Information* **Ufficio Turistico Comunale**, Piazzale Garibaldi 2, im Museo della Mezzadria Senese. Di–So 10–13, 14–18 Uhr. ☏/🖷 0577-807181. buonconvento@crete.siena.it.

Die Halbpacht in der Provincia di Siena

Ein Sprung in halbfeudale Vorzeit kann im **Museo della Mezzadria** in Buonconvento getan werden. Sorgfältig recherchiertes Material, eine suggestive Didaktik und eine rege Teilnahme der älteren Einwohner bei der Requisitensuche zeichnen dieses in der alten Stadtmauer untergebrachte Museum aus.

Die so genannte mezzadria ist eine besondere Form der Halbpacht, welche die landwirtschaftlichen Produktionsverhältnisse Mittelitaliens in den vergangenen Jahrhunderten stark geprägt hat. Dabei handelte es sich um ein System mit vertraglich geregelter Gewinn- und Risikobeteiligung: Der jeweilige Grundeigentümer stellte dem Bauern Land, Vieh und Haus zur Verfügung, der Bauer und seine Familie waren im Gegenzug dazu verpflichtet, die Hälfte der Erträge an den Eigentümer abzutreten. Das „Fifty-Fifty-Prinzip" galt auch für den Ankauf der zur Aufrechterhaltung des Betriebs notwendigen Güter bzw. Materialien: Beide Vertragspartner waren zu gleichen Teilen an den Kosten beteiligt. Anders als in der Latifundienwirtschaft waren die Betriebsflächen in der Regel so groß, dass die bäuerliche Familie von der ihr verbleibenden Hälfte der Erträge zumindest leben konnte.

Im ersten Jahrzehnt der einbrechenden Industrialisierung in Mittelitalien, nach 1950, kam es zu einer starken Migration nach Norden. In neorealistischen Filmen werden gerne die Eskapaden der jungen Generation gezeigt, wie sie als Akt der Erlösung mit ihrem Fiat cinquecento in die Großstadt schwärmen. Besonders in den 1960er und 1970er Jahren war der Sog nach Norden derart stark, dass Haus und Hof stehen und liegen gelassen wurde.

Eine bedeutende Fotosammlung (großformatige S/W-Aufnahmen) ergänzt die vielen landwirtschaftlichen Geräte und Gegenstände. Im zweiten Stock des Museums sind originalgetreue Einrichtungen alter Häuser und das Leben im Wechsel der Jahreszeiten dargestellt. Man blickt auf Feste und den Alltag einer alten, aber mittellosen Kultur.

⏰ Piazzale Garibaldi, Di–Fr 10–13.30 Uhr, Sa/So 10–13 und 14–18 Uhr, Mo geschlossen (Nov.–Feb. nur Sa/So geöffnet). Eintritt 4 €. ☎ 0577-809075, www.museomezadria.it.

• *Verbindung* Gute Busverbindungen nach Siena und Montalcino (7x tägl.), Züge nach Siena und Grosseto (8x tägl.).

• *Einkaufen* Einen großen **Coop-Markt** findet man südlich des Städtchens in der Via di Bibbiano (ausgeschildert). Die größte Auswahl an frischem Obst und Gemüse und hausgemachten Produkten findet sich bei **Tutta Frutta** an der Piazza Gramsci. Gleich rechts daneben gibt es Süßes bei **Le dolcezze di Nanni** (nicht nur für Mitbringsel!).

• *Markt* Jeden Samstag auf der Piazza Garibaldi.

• *Übernachten* ***** Ghibellino**, moderner Klotz mit 23 Zimmern, an der Rezeption war man jedoch sehr freundlich und hilfsbereit, 2001 vom Besitzer des Hotels Roma eröffnet. DZ 85–92 € (inkl. Frühstück). Via Dante Alighieri 1 (Neustadtzentrum an der Straße nach Montalcino), ☎ 0577-809112, 📠 0577-809025, www.hotelghibellino.it.

** Roma, 14-Zimmer-Haus. Preiswerte, angenehme Übernachtungsmöglichkeit, angeschlossen ein Restaurant mit Enoteca (Mo geschlossen). DZ mit Bad 56 € Frühstück extra. Via Soccini 14 (Hauptgasse des „mittelalterlichen" Zentrums), ☎ 0577-806021, 📠 0577-807284.

• *Zimmer* **L'Albergotto**, selten jemand vor Ort, daher telefonisch versuchen. Via del Sole 50 (Altstadt), ☎ 0577-806686 oder 347-4235978 bzw. 349-5659692 (mobil), 📠 0577-806686.

Caliani, einfache, schöne Zimmer in einem Privathaus, ganz zentral gelegen, Bar für's Frühstück gleich gegenüber. DZ 50 €. Piazza Matteotti 6, ☎ 333-6944662 oder 338-5725294.

Percenna, im gleichnamigen Restaurant (s. u.). 5 größere Gästezimmer mit neuen Bädern. DZ mit Frühstück 50 €. Ca. 800 m außerhalb Richtung Monte Oliveto, ✆/✉ 0577-809900, www.percenna.com.

• *Agriturismi* **Quarantallina**, es finden sich 2 freundlich eingerichtete DZ, 1 Dreier und 3 Appartements. Serena ist Hobbyköchin, Mario eigentlich Landwirt – in seiner freien Zeit verwandelt er Metallschrott zu großen Skulpturen. Serena spricht Deutsch. DZ/Frühstück 70–80 €, Abendessen 25 €. Podere Quarantallina 97 (Richtung Murlo, kurz vor der Steigung nach Bibbiano rechts, dann ausgeschildert), ✆ 0577-808365, ✉ 0577-808628, www.quarantallina.com.

La Ripolina, Landgut im mittelalterlichen Weiler, mit Weinanbau. Insgesamt 8 Appartements zu vermieten. Man kann sich auch tageweise im DZ einmieten. Die Inhaberin Laura Cresti spricht auch Englisch. B&B im DZ 78–85 €. Pieve di Piana (einige Kilometer Richtung Murlo), ✆ 0577-282280 oder 335-5739284 (mobil), ✉ 0577-282280, www.laripolina.it.

Agriturismo Fattoria Pieve a Salti, eine der größten Landhäuser-Anlagen Italiens. Auf dem weitläufigen Gelände mit Restaurant, Pool, Hallenbad, Pferden, Mountainbikes, Tennis- und Fitness-Center fehlt es einem an nichts. Sehr gute Ausstattung, ideal auch für Kinder. 12 Appartements, für 2 Pers. ab 520 €/Woche, für 4 Pers. ab 750 €/Woche, 40 DZ mit Frühstück 104 €, mit HP 132 €. Strada Provinciale Pieve a Salti (Schotterpiste zwischen Buonconvento und San Giovanni d'Asso), ✆ 0577-807244, ✉ 0577-809507, www.pieveasalti.it.

• *Essen* **Osteria da Duccio**, Via Soccini 76, teure toscanische Küche direkt im Altstadtzentrum. Do geschlossen. ✆ 0577-807042.

Il Poggioli, Via V. Tassi 6 (Nähe Hotel Ghibellino), die Adresse für frischen Fisch. In der offenen Küche kann man dem Chefkoch zuschauen. Es gibt aber auch Pizza aus dem Steinofen. Große Terrasse, elegantes Ambiente. Mo geschlossen. ✆ 0577-806546.

Percenna, ca. 800 m außerhalb Richtung Monte Oliveto. Hausmannskost mittleren Preisniveaus in einem hübschen Podere mit großer Panoramaterrasse. Auch Pizza. Mo geschlossen. ✆ 0577-809000.

Da Mario, Via Soccini 60 (Centro storico). Ohne Menükarte bekommt der Gast in der kleinen Trattoria des Familienbetriebes verschiedene Tagesgerichte (wie z. B. in Fencheldolden verpackte Schweinsleberknödel – veramente casalinga!) serviert. Die Frauen kochen gut, und die Preise stimmen auch; daher ist es hier mittags und abends sehr schnell voll. Im Sommer sitzt man tagsüber auch an der Straße, abends im kleinen Garten. Sa geschlossen. ✆ 0577-806157.

Bar Moderno, Piazza Gramsci (gegenüber dem Hotel Ghibellino), die Panini-Variante mit Terrasse. Mo geschlossen.

• *Außerhalb* **Taverna del TNT**, in Bibbiano, einem kleinen Dorf ca. 3 km südwestlich von Buonconvento (Richtung Murlo, ausgeschildert). Holzofenpizza, hausgemachte Nudeln, schön zum Draußensitzen. Am späteren Abend Kneipenbetrieb. Di geschlossen. ✆ 0577-807077.

Fahrradtour: Durch das Brunello-Anbaugebiet südlich von Montalcino nach Buonconvento

Mit dem Zug zunächst von Buonconvento bis zum Ausgangspunkt der Tour nach Monte Antico (ca. 15 Min., Abfahrtzeiten: 8.23 Uhr und 12.41 Uhr). Dauer der Radtour: 3–4 Std. Natürlich ist die Strecke auch gut zu Fuß zu machen, dann sollte man ca. 5–6 Stunden veranschlagen.

Nordöstlich (ca. 100 m) vom Bahnhof von Monte Antico über den beschrankten Übergang, dann sofort links in die Schotterstraße. Nach 200 m endet sie an einem Agriturismo. Dort linker Hand dem schmalen, parallel zu den Gleisen verlaufenden

Pfad in östlicher Richtung folgen. Nach ca. 800 m erreicht man eine alte Eisenbahnbrücke, die den Ombrone überquert (Achtung: mehrmals täglich Bummelzug).

Nach der Brücke folgt ein Eisenbahnhaus (Aufschrift: km 233), gegenüber führt ein kurzer Feldweg zu einem verlassenen Haus mit einem Weinfeld. Dieser Weg mündet in die Einfahrt eines renovierten Hauses. Hier beginnen bereits die Weinfelder der Azienda Banfi. Eine breite Schotterstraße führt nun in nördlicher Richtung 2 km langsam bergauf. Linker

Hand erscheint bald das Castello Poggio alle Mura. Der Straße weiter folgen bis zur Abzweigung links nach Camigliano. Für einige hundert Meter bietet sich ein weites Panorama über die Banfi-Ländereien bis nach Paganico. Nach weiteren 3 km liegt auf der rechten Seite die Pieve Poggio al Muro.

Nach weiteren ca. 2 km stößt man auf eine asphaltierte Straße und die Abzweigung nach Camigliano. Dieser nicht folgen, sondern Richtung Montalcino fahren. Einige Zeit später durchquert man den Weiler Tavarnelle, dann geht es nach einer Steigung links nach Castiglione del Bosco, rechts nach Montalcino. Man orientiert sich hier Richtung Castiglione und gelangt nach 200 m auf eine Schotterstraße, die ca. 9 km am Waldrand entlang nach Castiglione führt (mit weiten Panoramablicken in die Colli Senesi und nach Montalcino). Von Castiglione sind es noch ca. 8 km bis nach Buonconvento. Nach der Abfahrt von Castiglione ins Tal – Vorsicht beim Bremsen auf der kurvenreichen Schotterstraße – folgt im Tal ein Eisenbahnübergang. Von hier verbleiben 3 km asphaltierte Straße.

Monte Oliveto Maggiore

Eines der wichtigsten Benediktinerklöster des Landes, ein wuchtiger Ziegelsteinbau inmitten einer grünen Zypressen-Oase. Ein Genuss ist der Besuch besonders wegen der phantastischen Fresken im Kreuzgang, die von Sodoma und Signorelli stammen.

Als „Wüste von Accona" wurde die Einöde bezeichnet, in die sich der sienesische Adlige *Giovanni Tolomei* 1313 mit zwei Gefolgsleuten zurückzog, um in der Abgeschiedenheit ein gottesfürchtiges Leben zu führen. Schon nach wenigen Jahren scharte sich eine größere Gemeinschaft von Mönchen um Tolomei, der sich inzwischen Bernardo nannte (nach Bernhard von Clairvaux). Auch dem Areal hatte man einen neuen Namen gegeben: *Monte Oliveto* (= Ölberg), der Ordensname *Olivetaner* ist von dieser Bezeichnung abgeleitet. Die Mönche lebten nach der Benediktinerregel (Eigentumsverzicht, Ortsgebundenheit etc.) und waren dem benediktinischen Mutterorden formal unterstellt. Nur ihre Kleidung unterschied sich von der der Benediktiner: Sie war nicht schwarz, sondern weiß und entsprach damit den Gewändern von Jesus und Maria, die Tolomei in einer Vision erschienen waren. Bis zum 15. Jh. entwickelte sich das Kloster zu einem wichtigen religiösen Zentrum – gefördert von Papst Pius II., der mit Ambrogio Piccolomini einen Verwandten unter den ersten Mitgliedern der Klostergemeinschaft hatte.

Vom Tor mit der Zugbrücke führt ein kopfsteingepflasterter, von Zypressen und einigen Kapellen gesäumter Weg den Hügel hinunter zum riesigen Klosterkomplex. Die erste Kapelle, ein neoklassizistisch wirkender Bau aus dem Jahr 1760, ist dem Klostergründer gewidmet und steht an der Stelle, wo sich seine erste Behausung befand.

Klosterkirche: Gebaut wurde die Kirche zwischen 1400 und 1417. Sie entstand an der Stelle, an der Tolomei seine Vision hatte, in der Jesus und Maria ganz in Weiß gekleidet am oberen Ende einer silbernen, in den Himmel emporragenden Treppe standen. Im Kircheninneren, das 1772 im barocken Stil erneuert wurde, kann man sich ein wertvolles Chorgestühl mit feinen Einlegearbeiten von Fra Giovanni da Verona aus dem 16. Jh. anschauen, das im Jahre 2002 restauriert wurde.

① Täglich 18.15 Uhr (außer Sa/So) Vesper mit gregorianischen Gesängen (die Stunde lohnt sich!). Vorher beim Pförtner des Kreuzganges um Erlaubnis fragen, da die Kirche um diese Zeit bereits für die Öffentlichkeit geschlossen ist. So 11 Uhr Messe. Info (Pförtner): ✆ 0577-707611. abbazia@monteolivetamaggiore.it, www.monteolivetomaggiore.it.

Der Höhepunkt des Klosterbesuchs ist der Kreuzgang mit seinen 36 Freskenszenen von *Sodoma* und *Luca Signorelli*, die das Leben des heiligen Benedikt illustrieren. Die Darstellungen beruhen auf den „Dialogen" Papst Gregors des Großen, in denen sich die entsprechenden Hinweise zur Lebensgeschichte des Heiligen finden.

Den Rundgang sollten Sie neben dem Eingang zur Sakristei beginnen, denn dort sind die Illustrationen zu den Jugendepisoden zu sehen. Danach geht es im Uhrzeigersinn chronologisch weiter bis in die späteren Phasen der Lebensgeschichte (entstanden sind die Fresken dagegen in umgekehrter Reihenfolge).

① 9.15–12 und 15.15–18 Uhr (im Winter nur bis 17 Uhr). Eintritt frei. In das Refektorium, das noch heute den 30 Mitgliedern der Klostergemeinde als Speisesaal dient, kann man hineinschauen. Die Bibliothek mit 18.000 Büchern kann in der Regel nur von Gruppen mit Anmeldung besichtigt werden. (Klopft man hier höflich an die Tür, werden gelegentlich auch Ausnahmen gemacht!) Beim Besuch des Klosters wird generell um angemessene Kleidung gebeten: also keine Shorts oder Miniröcke und nichts Schulterfreies. Handys müssen ausgeschaltet werden, Ruhe ist erwünscht. Fotografieren ist nur ohne Blitz gestattet.
• *Information* Info-Büro in einem Gebäude kurz vor der Kirche links, vor allem Bookshop. Tägl. außer Mo 10–12.30 und 14–17.30 Uhr (variiert saisonal). ✆ 0577-707262.
• *Einkaufen* **Klösterliche Bottega**, hier werden Broschüren, Schönheitscremes und Duftwässerchen hergestellt (aus Kräutern) und auch Musikkassetten mit den gregorianischen Gesängen der Mönche verkauft. Tradition hat der Kräuterlikör *Flora di Monte Oliveto*, dem herzstärkende und verdauungsfördernde Wirkung zugeschrieben wird. Tägl. 9.30–12.30 und 15–17.30 Uhr.
• *Übernachten* **Foresteria monastica**, Gästehaus des Klosters mit insgesamt 52 Betten. EZ, DZ und Mehrbettzimmer. Anmel-

dung 9.30–10, 14.30–15.20 und 17.30–18 Uhr. Nov. geschlossen. DZ 25 € (nur Übernachtung). 53020 Chiusure, ✆ 0577-707652, ✆ 0577-707644, www.monteolivetomaggiore.it.

Der hl. Benedikt erteilt den Olivetanermönchen die Ordensregeln.

zur Kirche

Benedikt verlässt das Elternhaus, um in Rom zu studieren. Mit dabei ist seine Amme Cirilla. Im Hintergrund die umbrische Stadt Norcia, wo er als Nachfahre eines römischen Prokonsuls aufwuchs.

Ein Priester zweigt nach einer Eingebung Gottes einen Teil seines üppigen Ostermales an den Eremiten ab. Integriert in die Szene ist ein bogenförmiges Fenster mit zwei Mönchporträts.

In die idyllische Szenerie der Erimitage schleudert der Teufel einen Stein.

Der alte Mönch Romanus streift Benedikt die Eremitenkutte über.

Er verlässt angewiedert die römische Schule – die genusssüchtige und korrupte Gesellschaft Roms steht der antiken heidnischen um nichts nach. Hinten auf dem Thron der Rektor, rechts vorne Benedikt.

Zalla, der grausame Gote, überfällt einen Bauern. Der erzählt ihm, dass er seine Ersparnisse im Kloster abgelegt habe. Gemeinsam ziehen sie zum Kloster, wo Benedikt dem Bauern zur Freiheit verhilft.

Sodoma hat sich in der Episode "Wie der heilige Bedenkt den zerbrochenen Holztrog zusammenfügt" selbst verewigt: Er ist der Ritter mit den weißen Handschuhen; daneben eines seiner Haustiere, ein zahmer Dachs. Bei der rechts von ihm stehenden Mutter mit Tochter handelt es sich wahrscheinlich um seine Familie. Dieses Wandbild gilt als das ausgewogenste des Sodoma-Zyklus.

Harte Ordensregel Nr. 2: Ein Mönch bettelt, man möge ihn aus dem Kloster ziehen lassen. Kaum hat er die Klostermauern verlassen, wird er von einem Ungeheuer bedroht und kehrt reumütig zu seinen Brüdern zurück.

Harte Ordensregeln: Ohne Segen Benedikts besucht ein junger Bruder seine Eltern. Dort stirbt er, wird begraben, aber sein Leichnam findet keine Ruhe und liegt jeden Morgen erneut vorm Grab – bis Benedikt dem Verstorbenen eine geweihte Hostie auf die Brust legen lässt.

Zwei adeligen Nonnen, die wegen Misshandlung ihres Dieners exkommuniziert waren, erteilt Benedikt bei ihrem Begräbnis die Absolution. Ausdrucksstark die Sängergruppe rechts hinten.

Zwei Möche ziehen nach Terracina, um ein neues Kloster zu bauen. Immer nachts erscheint Benedikt im Traum und gibt Bauanleitungen. Über dem Schlafzimmerfenster der lateinische Spruch: "Die Nacht sei voller Schlaf und der Tag ohne Streit."

Das Mehlwunder: Nachdem alle Vorräte aufgebraucht sind, stehen plötzlich zweihundert Scheffel Mehl an der Klosterpforte. Die entspannte "Abendmahlszene" trägt diesem freudigen Ereignis Rechnung. Rechts vorne ein Mönch, der seinem Nächsten das Brot raubt.

Gotenkönig Totila, mit seinem Heereslager in der Campagnia weilend, stellt den Heiligen auf die Probe, indem er seinen Knappen in Königsgewändern zu Benedikt schickt. Von der grimmigen Soldateska-Mimik lässt der sich aber nicht einschüchtern.

Eingang

Oben rechts sagt Beneditk dem Besucher Thoprobus die Zerstörung Monte Cassinos voraus. Das Gemälde ist ein weiteres Meisterwerk Sodomas, ein Gewirr aus ausdrucksstarken Menschenfiguren und Pferdeleibern zeigt das Langobardenheer, das 581 das Kloster zerstörte.

Ein behörnter, hüftlahmer Pilger verführt seinen Pilgerbruder dazu, das Fastengebot zu brechen. In Monte Cassino angekommen, wird dem jungen Mann vergeben.

Im diesem Fresko verbeugt sich der leibhaftige Totila vor Benedikt. Die grimmigen Gesichter der Soldaten, die im Hintergrund Gefangene abtransportieren, werden nur durch die bissigen Pferdeköpfe übertroffen.

Beinahe übermannte ihn die nur mit einem durchsichtigen Schleier bekleidete, schwebende Sinnesfreude. Schwer lasten unkeusche Gedanken auf seinem Gemüt (links), dagegen hilft nur ein nacktes Bad im Dornenbusch (rechts).

Unterrichtung der Bauern in der christlichen Lehre.

Eremiten bitten ihn, ihr Abt zu werden.

Erstes Attentat: Seine Mönche vernachlässigen die Ordensregeln. Die gemaßregelten Mönche wollen deshalb ihren Abt loswerden. Gotteskraft lässt aber den Giftbecher zerspringen.

Die beiden Knaben Maurus und Placidus werden ehrfürchtigen Blickes in den Orden aufgenommen. Die Eltern mit einem großen Ge-folge haben die beiden Jünglinge aus Rom in die Provinz geleitet. Eines der besten Fresken Sodomas mit einer Vielzahl von verschiedensten Gesichtsausdrücken und Körperhaltungen.

Benedikt als Klosterbaumeister

Züchtigung eines Mönches, der – vom Teufel geritten – sich vom gemeinsamen Gebet entfernt. Oben im Himmel der schmerzverzerrte, herausgeprügelte Teufel.

Die vor Benedikt knienden Mönche bitten um eine Wasserquelle für ihre Bergklöster. In der darauffolgenden Nacht markiert der Heilige die Stelle, wo die Mönche graben sollen.

Links: Dem in der Erzählung "der Gote" genannten Mönch ist die Hacke vom Stiel gerutscht. Mitte: Der Heilige findet sie im See wieder.

Über dem Wasser schreitend, rettet Maurus seinen Mitbruder Placidus vor dem Ertrinken.

Ein Junge liefert von zwei Krügen Wein nur einen ab. Benedikt zaubert eine Schlange in den unter Büschen versteckten zweiten Krug.

Zweites Attentat: Florentius, ein Neidbruder, der regelmäßig von Benedikt gemaßregelt wird, setzt dem Heiligen ein Stück vergiftetes Brot vor. Er ahnt es und lässt das Stück Brot von einem gezähmten Raben an einem sicheren Platz entsorgen.

Auch diese beiden Szenen illustrieren den Bau des neuen Klosters im Kampf mit den teuflischen Wiedrigkeiten: Ein Stein lässt sich nicht verrücken, weil der Teufel draufhockt, Mauern brechen ein und begraben einen Mönch, der wieder zum Leben erweckt wird.

Als Florentius seinen vermeintlichen Sieg über den nach Monte Cassino ziehenden Benedikt feiert, bricht sein Haus zusammen und seine schwarze Seele wird von zufriedenen Teufeln zur Hölle getragen.

Drittes Attentat: Nach dem misslungenen Giftanschlag greift Florentius zu Botticelli-Schönheiten: Er schickte sieben wiegende Liebesdienerinnen zu den Mönchen. Da bleibt nur die Flucht mit dem Esel – zur Gründung des Klosters Monte Cassino. Hier endet der Freskenzyklus von Sodoma.

Zwei Mönche schlagen sich im Haus von Freunden den Bauch voll, das Speisen außerhalb des Klosters ist aber streng verboten. In der kleinen Szene rechts knien die ertappten Mönche vor dem Meister.

Benedikt bekehrt die Heiden von Monte Cassino, im Hintergrund wird ein Götzenbild Apollos vom Sockel gezerrt.

Von einem Schwiegersohn Sodomas gemalte Szene: Benedikt schickt Maurus zur Ordensgründung nach Frankreich und Placidus nach Sizilien.

Monte Oliveto – Großer Kreuzgang

• *Außerhalb* **Bar Gorelli**, Signora Licia vermietet im Ort ein einfaches Appartement (2–4 Pers.), auch tageweise. Mi geschlossen. Via del Cassero (Straße nach Asciano, nach 1 km rechts abzweigen), Chiusure, ☏ 0577-707025.

• *Agriturismo* **Laura Giannettoni**, das Haus liegt ca. 800 m in Richtung Buonconvento und bietet einen schönen Blick auf das Kloster. Appartement für max. 6 Pers. ab 60 € (für 2 Pers.). Loc. Cristena, ☏ 0577-806922.

• *Essen* **Restaurant/Café La Torre**, am Torhaus zum Kloster. Mittags und abends geöffnet, mit Terrasse und Bar. Gehobenes Preisniveau, aber auch für Snacks zu empfehlen. Di geschlossen. ☏ 0577-707022.

Ristorante San Valentino, für den Fall, dass die Miete für ihr Restaurant La Torre zu teuer werden sollte, hat sich die Familie alternativ ein zweites Standbein unweit des Klosters geschaffen, auch hier gute Küche.

Ein Hotelbetrieb mit 9 Zimmern zu 80 € (mit Frühstück) ist dem Restaurant angeschlossen. An der S.P. 451 in Richtung Monteoliveto gelegen, ☏ 0577-707153, www.piccolohotelsanvalentino.com.

• *Außerhalb* **Locanda Paradiso**, in Chiusure (Straße nach Asciano, nach 1 km rechts abzweigen). Eine Leserin schrieb: „Eine äußerst liebenswerte, kleine Trattoria im wunderbar gelegenen mittelalterlichen Dorf. Ein freundliches Ehepaar serviert auf der Terrasse ausgezeichnet zubereitete toscanische Spezialitäten (Bruschetta, Pecorino, Minestrone, Papardelle etc.). Der Ausblick – u. a. auf das Kloster Monte Oliveto – ist großartig." Mo geschlossen, ☏ 0577-707016.

Il Pozzo di Chiusure, gleich neben dem alten Brunnen im Ort kann man für gute Hausmannskost, wie Suppen und Picci bei der sympathischen Wirtin der kleinen Osteria einkehren. Mo geschlossen. ☏ 0577-707103.

San Giovanni d'Asso

Südöstlich von Monte Oliveto Maggiore liegt dieser Ort, in dem sich zwischen Oktober und Januar alles um die weiße Trüffel dreht. Interessant wird es an den mittleren Novemberwochenenden in der alten Burganlage (14. Jh.) über dem Ort, wenn zahlreiche kulinarische Events stattfinden. In den anderen Monaten wird der Marzuolo (Frühjahrstrüffel) und der Scorzone (Sommertrüffel) gefunden.

Sehenswert ist das imposante mittelalterliche **Castello di San Giovanni d'Asso**, heute Sitz der Gemeinde. Die *Sala del Camino* mit schönen Fresken und Familienwappen der Familien Pannilini und Piccolomini (16. Jh.) und der Saal, in dem die Trüffel-Ausstellung *Mostra del Tartufo bianco* stattfindet, sind für die Öffentlich-

Trüffel, schnüffel!

San Giovanno d'Asso und Montisi zählen zusammen etwa 900 Einwohner, von denen allein 50 Personen als offizielle Trüffelsucher registriert sind (genehmigungspflichtig!). Jeder der *Tartuffai* besitzt mindestens zwei Hunde, mit denen er in der Saison ab Ende Oktober den *tartufo bianco* aufzuspüren versucht. Eine Stunde vor Sonnenaufgang beginnt ein regelrechter Run auf die Knolle, die in manchen Jahren spärlicher Ausbeute mit bis zu 3.000 € pro Kilogramm gehandelt wird. Jedes gehobelte Gramm des nicht zu kultivierenden Gewächses mit dem unbeschreiblichen Aroma ist also kostbar! Die Hunde sind eigens für das Aufspüren abgerichtet. Wichtig ist, dass sie den Fund nicht fressen, sondern nach erfolgreichem Aufspüren schnell anderweitig belohnt werden, sonst ist der Aufwand vergebens. Aber gerade die weiße Sorte schmeckt auch Hunden sehr gut! Suchen sollte man den *Tuber magnatum* an den Gräben in der Nähe von Pappeln. Wo aber genau, das verraten die Tartuffai nicht! Noch mehr Infos unter www.assotartufi.it oder www.museodeltartufo.it.

keit zugänglich (Mo–Fr 9–12 Uhr, Di/Do auch 15–18 Uhr). In einem Teil des Castellos ist das kleine Museo del Tartufo, das sich dem Thema des weißen Trüffels widmet, untergebracht.

🕐 Sa/So 10–13 und 15–18 Uhr, Eintritt 3 €, ☎ 0577-803268. www.museodeltartufo.it.

Chiesa San Pietro in Villore: Um das von Zypressen umgebene, romanische Kirchlein (Ende des 11. Jh.) zu besichtigen, muss man sich an Signora Lydia wenden, die den Schlüssel verwahrt. Bei der individuellen Besichtigung sollte man sich auch die Krypta zeigen lassen. Von der Kirche aus den Parkplatz überqueren, durch das Castello di San Giovanni laufen, beim Hinaustreten auf die Piazza V. Emanuele auf die andere Straßenseite wechseln und gleich an der Kirche links in die Gasse einbiegen – dort am Ende wohnt Signora Lydia.

Ein Tipp nicht nur für Gartenliebhaber und Kunstinteressierte: Im nahen **Bosco della Ragnaie** ist unter der Regie des amerikanischen Konzeptkünstlers Sheppard Craige ein Park entstanden, in dem hundertjährige Steineichen auf subtile Spuren der Gegenwart treffen. Der ehemalige Maler hat sich ganz der Garten- und Landschaftsgestaltung hingegeben. Am Nachmittag trifft man ihn oft bei der Gartenarbeit bzw. bei der Realisierung neuer Projekte. Sehenswert! (Info unter www.laragnaia.com).

• *PLZ* 53020

• *Information* Im Castello, Mo–Fr 9–12.30, Do 15.30–18 (bei der Gemeinde), Sa/So 10–13 und 15–18 Uhr (im Museo del Tartufo). ☎ 0577-803101, 📠 0577-803203, info@comune.sangiovannidasso.si.it, www.comune.sangiovannidasso.si.it.

• *Einkaufen* Der holprige Weg zur schön einsam gelegenen **Käserei Vergelle** lohnt sich. Die sardische Familie mit ihren 600 Schafen stellt einen hervorragenden Pecorino her (auch Agriturismo, s. u.). Die Käserei liegt ca. 7 km südlich von San Giovanni d'Asso. An der Straße in Richtung Torrenieri rechts auf die Ausschilderung achten.

Terrakotta: eine Riesenauswahl von Figuren, Töpfen, Vasen etc. in der Verkaufsausstellung von Terrecotte Artistiche Senesi, Loc. Ampella, geöffnet Mo–Fr 8–13 und 16–17 Uhr, Sa 8–13 Uhr.

• *Übernachten* *** La Locanda del Castello, erst im Jahr 2003 eröffnet. Alles sehr schick und geschmackvoll eingerichtet; entsprechend teuer. DZ mit Frühstück ab 120 €. Piazza Vittorio Emanuele II 4 (im Castello), ☎ 0577-802939, 📠 0577-802942, www.lalocandadelcastello.com.

• *Außerhalb* *** La Locanda di Montisi (7 km östlich von San Giovanni d'Asso.), kleines Hotel in einem hübsch renovierten Haus an der Dorfstraße des Bilderbuchortes Montisi. DZ 75–90 €. Via Umberto I 39, Montisi. ☎ 0577-845906, 📠 0577-845821, info@lalocandadimontisi.it, www.lalocandadimontisi.it.

B & B Santa Caterina, Montisi. Eliana (genannt Lalla), die sich mit ayurvedischen Anwendungen befasst, und Sergio vermieten in einem kürzlich renovierten Haus 5 DZ und ein 3er-Zimmer. „Toller Panoramablick über die Hügellandschaft der Crete", verrät uns ein Leser, der sich hier sehr gut aufgehoben fühlte. Pool vorhanden. Lalla verabreicht auch Massagen. DZ Dusche/WC ca. 60 €. Via Umberto 187 A, ☎ 0577-845180, www.santacaterina-bb.it.

• *Agriturismi* **La Romita**, 11 Zimmer sowie 3 Appartements, Pool vorhanden. Im Herbst wird hier ein vielfach prämiertes Öl gepresst. Die Ölmühle kann während der Presszeit ab November auch besucht werden. Wer Oliven anliefert, erhält ca. 12–15 % des abgelieferten Olivengewichts in Öl. An der Durchgangsstraße. DZ/Frühstück 90–110 €. Via Umberto I 144. Montisi, ☎ 0577-845186, 📠 0577-845201, www.romita.it.

La Grancia, gegenüber dem Restaurant "da Roberto" (s. u.). Vornehme Appartements im historischen Gemäuer eines mittelalterlichen Kornspeichers, gepflegtes Anwesen mit Pool. Appartements ab ca. 850 €/Woche. Via Umberto I, Montisi, ☎/📠 0577-845041, www.lagrancia.net.

Vergelle, einsam gelegener Bauernhof (Käserei), wo einen nur das Glockengebimmel der vorbeiziehenden Schafherde stören könnte … Mit Pool, großen Zimmern und netten Besitzern. Appartements pro Pers./Nacht ca. 40 €, für 2 Pers./Woche ab 550 €. Loc. Vergelle 135 (Anfahrt ab San Giovanni d'Asso siehe „Einkaufen"), ☎ 0577-834046 oder 0577-834431, www.vergelle.it.

Bagnacci, das Gut gehört neuerdings einer Holding aus Südtirol. Hoffentlich bleibt der Bauernhof so gast- und kinderfreundlich, wie es viele der deutschen Gäste schätzen. Kleiner Zoo mit Schafen, Ziegen und Eseln sowie Pferde für Reitmöglichkeit. In Travertin geschlagenes Thermalbad aus römischen Zeiten und Restaurant. Mit der ca. 30 Grad warmen, mineralhaltigen Quelle wird ein weiterer Pool versorgt. 14 Appartements, 40–50 € pro Pers./Tag. Loc. Lucignano d'Asso, ✆ 0577-803151, www.agriturismobagnacci.it.

● *Essen* **La Locanda del Castello**, Anbau des gleichnamigen Hotels (s. o.). Vorzügliche, aber nicht billige Küche. Mi geschlossen. ✆ 0577-802939.

Osteria La Bottega delle Crete, Via XX Settembre 22. Mini-Imbiss mit Schinken, Käse, Wein und einem guten Sortiment an Produkten aus biologischem Anbau. Selbstverständlich auch Getrüffeltes.

● *Außerhalb* **La Romita**, im gleichnamigen Agriturismo (s. o.). Hier wird ein ausgefallenes Menü mit angeblich etruskischen Gerichten angeboten. (Was man sich nicht alles einfallen lässt…!) Mi geschlossen.

Da Roberto Taverna in Montisi, Via Umberto I 1, Montisi (7 km östlich von San Giovanni d'Asso), direkt am Ortseingang. Roberto versucht sich nun in der gastronomischen Sparte. Restaurant mit Terrasse mit noch (!) moderaten Preisen. Mo geschlossen. ✆ 0577-845159.

Pizzeria/Ristorante La Compagnia, Loc. Torrenieri (9 km von San Giovanni d'Asso). Holzofenpizza, knusprig und lecker, aber so dünn, dass der hungrig Einkehrende ohne eine Vorspeise nicht satt werden dürfte. Lebhafter Betrieb mit Terrasse, wo sich auch Kinder wohl fühlen (unbedingt reservieren!). Mi geschlossen. ✆ 0577-834265.

Osteria Bar Il Rondò, Via Umberto I, Montisi. Gegenüber von La Romita (s. o.) hat der Sohn die unkompliziertere Variante aufgebaut. Hier kann man auch nur auf eine Bruschetta und ein Gläschen einkehren. Beim letzten Check ließ der Service allerdings arg zu wünschen übrig.

Il Barrino, Via Umberto I 145, Montisi (schräg gegenüber von La Romita, s. o.), Snackbar und Kino. Hier gibt es einen Cinema-Club, der in einem gerade renovierten Kino der 50er Jahre von Video über DVD in Originalversion mit italienischen Untertiteln alles auf die Leinwand bannt. Freitags günstige Kombitickets für Abendessen mit Kinobesuch in den Restaurants von Montisi. ✆ 0577-845190.

Alimentari Giannetti Eraldo, Loc. Lucignano d'Asso. Kleiner Laden mit guten Käse- und Aufschnittspezialitäten. Auch ein paar Tischchen zum Einkehren sind vorhanden. Viel ist nicht los im idyllischen Weiler. Wenn aber Eraldo bei Laune ist und sein Akkordeon herausholt, kann es abends schon mal später werden. 8–20 Uhr geöffnet, Mo geschlossen. ✆ 0577-803087.

▶ **Trequanda**: Das harmonische historische Ortsbild von Trequanda (einige Kilometer nordöstlich von San Giovanni d'Asso) wird von schmalen Gassen und einem Schloss aus dem 13. Jh. geprägt. An der Piazza Garibaldi befinden sich der Palazzo Comunale und die Kirche SS. Pietro und Andrea mit ihrer auffälligen Fassade: ein Schachbrettmuster, in dem weißer Travertin und ockerfarbener Sandstein verwendet wurden. Im Inneren ist an der rechten Wand ein Fresko (Auferstehung Christi) zu sehen, das *Sodoma* zugeschrieben wird.

● *PLZ* 53020

● *Information* **Ufficio Turistico**, Via Roma 4 (Nähe Piazza Garibaldi). Im Sommer tägl. 10–12.30 und 17–19.30 Uhr, im Winter Mo–Sa 10.30–12.30 und 16–19 Uhr, So 9.30–11.30 Uhr (Do geschlossen). Einige Prospekte, aber vor allem Verkauf von Schinken, Pecorino und Wein. ✆/℡ 0577-662296. info@trequanda proloco.it, www.trequandaproloco.it.

● *Busverbindung* Über Asciano oder Sinalunga nach Siena und Florenz. An Sonntagen meist keine Verbindungen.

● *Bahnverbindung* Die nächste Bahnstation befindet sich in Sinalunga (5 km), sie liegt an der Strecke Siena–Chiusi. Von der Bahnstation verkehren Busse 5x täglich.

● *Übernachten* **Centro Turistico Moscadella**, exklusives Landgut mit Restauration, Weinbar und Wellness-Einrichtungen. Die Küche ist gut und teuer. 12 DZ ab 120 € (Frühstück), 2 große Appartements für 4 Pers. ab 140 €/Tag. Loc. Moscatella (bei Castelmuzio), ✆ 0577-665310, ℡ 0577-665807, www.lamoscadella.it.

● *Appartements* **Abbadia a Sicille**, an der Straße nach Sinalunga. In einem Teil der Anlage, die auch eine alte Kapelle besitzt, werden Appartements vermietet. Die Abtei ist auch für Hochzeitsfeiern beliebt. Ab ca. 700 €. ℡ 0577-665293, www.abbadiasicille.it.

● *Agriturismi* **Donatella Cinelli Colombini**, eines der architektonisch auffälligsten Landgüter südlich von Siena (2 km von Trequanda in Richtung Monte Oliveto). Im 12. Jh. diente es Leopold von Habsburg, dem Großherzog der Toscana, als geheimes Liebesrefugium. Heute werden in den historischen Räumen Weindegustationen, Kochkurse u. a. durchgeführt. In der Osteria wird, wie Signora Cinelli Colombini betont, ausschließlich nach alten Rezepten ge-

kocht. Mehrere Schwimmbäder, ein alter Park, ein Kinderspiel- und ein Tennisplatz. 4 DZ 86–105 € (mit Frühstück), 19 Appartements unterschiedlichster Ausstattung (ab 103 € für 2 Pers.). Loc. Fattoria Il Colle, ℡ 0577-662108, 📠 0577-662202, www.cinellicolombini.it.

Podere Casanova, Landgut mit schönem Panorama auf S. Anna di Camprena (kurz vor Castelmuzio). Es wird Käse und biologisches Öl produziert. DZ 70 €, große Appartements ab 500 €/Woche. Via G. Matteotti, Castelmuzio, ℡/📠 0577-665057.

▶ **Petroio**: Eine panoramareiche Straße führt von San Giovanni über Montisi und Castelmuzio nach Petroio. Der mittelalterliche Ort ist von alten Terrakottamanufakturen umgeben, wo seit Jahrhunderten Vasen und Töpfe produziert werden. Die handgearbeiteten Stücke sind natürlich etwas teurer als die Produkte der seriellen Fertigung im Chianti, dafür aber garantiert frostsicher. Die größte Auswahl findet sich bei Giuseppe Lorenzetti in der TAS (Terracotte Artistiche Senesi) zwischen San Giovanni und Montisi, der heute mit seinen Söhnen Ricardo und Fillipo die Arbeit der traditionsreichen Fabrik weiterführt. Ein kleinerer Betrieb, dessen Fabrikschlot fast an der Stadtmauer in den Himmel ragt, ist die Werkstatt von Mauricio Benocci, der seine Produkte im nahen Sinalunga verkauft. Anlässlich des Ölfests in Petroio (Anfang November) werden die schönsten Arbeiten ausgestellt. Wer sich für die Geschichte des Gewerbes interessiert, kann sich im kleinen *Museo della Terracotta* kundig machen. Historische Dokumente belegen, dass bereits um die vorletzte Jahrhundertwende mit England und Amerika Handel betrieben wurde. ⏰ April–Sept. Do/Fr 16–19 Uhr, Sa/So 10–12.30 und 16–19 Uhr. Eintritt 2,50 €.

Montalcino
(ca. 5100 Einw.)

Die grünen Weinberge um Montalcino beleben das Landschaftsbild der gleichförmigen, von Hügeln und Getreidekulturen geprägten Crete. Auf dem steinigen Boden gedeihen die Trauben für den roten Brunello, einen Nobelwein, von dem mehr als die Hälfte exportiert wird.

Der Ort selbst, auf einem schmalen Hügel gelegen und umschlossen von Verteidigungsanlagen, ist mittelalterlich und provinziell. An der *Piazza del Popolo* steht das handtuchschmale Rathaus, mehr Platz hatte man beim Bau einfach nicht zur Verfügung. Schauen Sie am Platz auch mal in die *Fiaschetteria Italiana* hinein: Das 1888 eröffnete Café mit seinen roten Plüschsesseln und Spiegelwänden könnte auch in Paris stehen (auch die Preise haben Pariser Niveau).

Am obersten Punkt der Stadt erhebt sich die *Rocca di Montalcino*, eine symbolträchtige Festung: Nach dem Fall von Siena (1555) riefen die vertriebenen Sieneser hier die „Republik von Siena in Montalcino" aus. Bis 1559 konnte die letzte freie und demokratisch regierte Stadt der Toscana noch ihre Unabhängigkeit bewahren, bevor sie der absolutistisch regierende Medici Cosimo I. aus Florenz unterwarf. Heute beherbergt die Festung eine kleine Enoteca, die Tische im Innenhof eignen sich hervorragend für ein Picknick.

⏰ Tägl. 9–20 Uhr, Eintritt 3,50 €. Vor der Festung befindet sich ein gebührenpflichtiger Parkplatz.

Südliche Toscana
Karte S. 618/619

Museo Civico: Eine der wichtigsten Kunstsammlungen im Umkreis von Siena ist im ehemaligen Kloster S. Agostino an der Via Ricasoli untergebracht. Das wohl wertvollste Stück der Ausstellung ist die „Madonna mit Kind" von *Simone Martini* gleich links beim Eingang in Saal B. Ebenfalls erwähnenswert ist die im selben Saal ausgestellte Holzskulptur „San Pietro" von *Francesco di Valdanbrino*. In den oberen Ausstellungsräumen ist u. a. ein Werk des lokalen Malers *Arturo Lucinani* (1861–1936) ausgestellt, das sehr plastisch die Missionierung der Amazonas-Indianer zeigt: tausche Hemd gegen Seele.

⏱ 10–13 und 14–17.50 Uhr (Nov.–März nur bis 17.40 Uhr), Mo geschlossen. Eintritt 4,50 €.

*I*nformation/*D*iverses

- *PLZ* 53024
- *Information* **Pro Loco**, im Municipio (Via Costa del Municipio 1), freundlich und kompetent, auch kostenlose Zimmervermittlung und Busticketverkauf. 10–13 und 14–17.50 Uhr, im Winter Mo geschlossen. ✆/📠 0577-849331. info@prolocomontalcino.it, www.prolocomontalcino.it.
  Gleich nebenan befindet sich das Büro des Konsortiums Brunello di Montalcino. Mo–Fr 9–13.30 und 14.30–18 Uhr (Fr nur bis 17 Uhr), ✆ 0577-848246, www.consorziobrunellodimontalcino.it.
- *Busverbindung* Ab Piazza Cavour 11x tägl. über Buonconvento nach Siena. Verbindungen nach Sant'Antimo und zum Monte Amiata (Privatbus ca. 4x tägl. außer So, Tickets im Bus). Wer nach Montepulciano will, muss in Torrenieri (auf der Strecke nach Siena) umsteigen. Tickets und Fahrplan in der Bar Prato. Sonntags ist die Bar geschlossen, dann werden die Tickets im Zeitschriftenladen in der Via Mazzini (200 m von der Piazza Cavour auf der rechten Seite) verkauft.
  In den Sommermonaten (Mitte Juni bis Anfang Sept.) fährt ab Montalcino jeden Morgen (ca. 8 Uhr) ein Bus der *Autolinea Mar Tirreno* zur Küste (nach Castiglione della Pescaia und Follonica) und abends (ca. 18.30 Uhr) wieder zurück: Abfahrt in der Via del Poggiolo 2 (Bar Le Terrazze) nahe dem großen Parkplatz bei der Festung.

Übernachten
1 Vecchia Oliviera
2 B&B Porta Castelana
3 Camere Anna
5 Il Giglio
7 Dei Capitani
9 B & B Il Palazzo
10 B & B Palazzina Cesira
14 Camere La Torre
15 Camere Idolina
20 Camere di Bacco
22 Giardino
26 Zimmervermietung
   Casa degli Orsi

Einkaufen
25 Coop-Supermarkt

Essen & Trinken
4 Re di Macchia
6 Pizzeria S. Giorgio
8 Belvedere Bar
11 Gelateria 'Why not'
12 Vineria Le Potazzine
13 Petto's Pizza
16 Ristorante/Pizzeria Il Grifo
17 Il Grappolo Blu
18 Fiaschetteria Italiana
19 Trattoria L'Angolo
21 Osteria al Giardino
23 Osteria di Porta al Cassero
24 Bar Prato

- *Einkaufen* **Coop-Supermarkt (25)**, Viale della Libertà (in der Nähe des Museo Civico).
  Enoteche findet man zuhauf in Montalcino. Einige unserer Leser schätzten *Franci* (direkt gegenüber der Fortezza), wo nebenbei auch diverse Honigsorten angeboten werden.
  Pasticceria Mariuccia, Piazza del Popolo 29. Seit 1935 gibt es hier leckere Törtchen, Gebäck und andere süße Köstlichkeiten.
- *Feste* **Sagra del Tordo** (Drosselfest), am letzten Sonntag im Oktober. Das Fest geht auf die herbstliche Drosseljagd zurück, von der die Jäger mit Beutetieren beladen zurückkamen und mächtige Gelage veranstalteten. Auch heute noch steht neben dem folkloristischen Bogenschießen ein gastronomisches Bankett im Mittelpunkt der Ver-

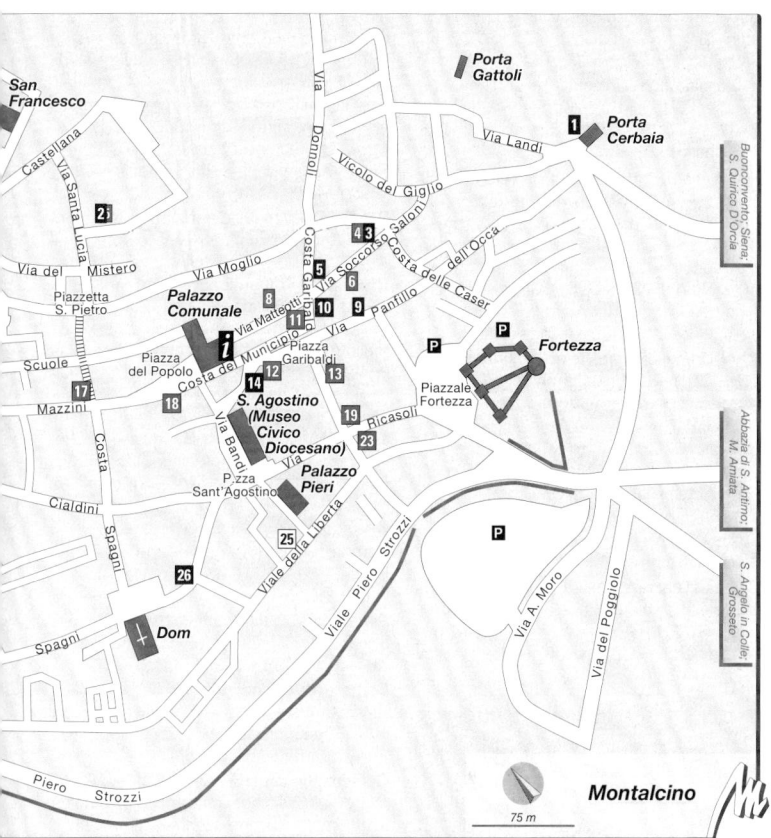

San
Francesco

*Porta
Gattoli*

1 *Porta
Cerbaia*

Via Landi

Via Donnoli

Vicolo del Giglio

Via Moglio

Costa Garibaldi

Via Matteotti

Costa Salicotti

Via Soccorso Saloni

Costa delle Caser

Costa dell'Occa

Panfilio

*Palazzo
Comunale*

Piazza
del Popolo

Costa del Municipio

Piazza
Garibaldi

Fortezza

Piazzale
Fortezza

*S. Agostino
(Museo
Civico
Diocesano)*

Via Bandi

Ricasoli

*Palazzo
Pieri*

Piazza
Sant'Agostino

Viale della Libertà

Viale Piero Strozzi

Via A. Moro

Via del Poggiolo

Piero   Strozzi

Via del   Mistero

Piazzetta
S. Pietro

Via Santa Lucia

Via Castellana

Scuole

Mazzini

Costa

Cialdini

Spagni

Spagni

Dom

Buonconvento, Siena, S. Quirico D'Orcia

Abbazia di S. Antimo, M. Amiata

S. Angelo in Colle, Grosseto

Montalcino

75 m

anstaltung. Anstelle von Drosselbraten werden heutzutage Wachteln verspeist. Viele kleine Buden mit Weinausschank und Snacks innerhalb der Burg.

Übernachten

*** **Vecchia Oliviera (1)**, klein und fein, in der ehemaligen Ölmühle neben dem Stadttor nach Siena. Nur 13 Zimmer, die meisten mit Panoramablick, was allerdings seinen Preis hat. Alle Zimmer mit TV und Klimaanlage. Unter österreichischer Leitung, freundlich-professioneller Service. Schwimmbecken im Garten. DZ ab 150 € (inkl. Frühst.). Via Landi 1 (Porta Cerbaia), ✆ 0577-846028, ✉ 0577-846029, www.vecchiaoliviera.com.

Settimana del Miele (Honigwoche), drei Tage lang in der ersten Septemberhälfte. Honigprodukte (Honiggrappa, Nüsse in Honig …) und vieles mehr zum Degustieren.

● *Internet* **Essepi Informatica,** Via Mazzini.

*** **Dei Capitani (7)**, tolle Lage an der unteren Stadtmauer. 24 Zimmer mit ungetrübtem Blick in die weitläufige Landschaft. Kleines, terrassenartiges Gärtchen mit Minipool zum Abtauchen. Auch einige Parkplätze. DZ ab 115 € (inkl. Frühstück). Via Lapini 6, ✆ 0577-847227, ✉ 0577-847239, www.deicapitani.it.

*** **Il Giglio (5)**, mitten im Zentrum. Gepflegte Zimmer mit TV und Telefon, die

Rückfront mit Ausblick. DZ 100 €, mit Frühstück 114 €. Via S. Saloni 5, ☎/℻ 0577-848167, www.gigliohotel.com.

✱✱ Giardino (22), einfache, meist geräumige Zimmer. Der Wirt ist Weinkenner. DZ mit Dusche 53 €, Frühstück extra. Piazza Cavour 4 (Bushaltestelle), ☎/℻ 0577-848257.

● *Außerhalb* **✱✱✱✱✱ Castello di Velona**, in 5-jähriger Renovierungsarbeit wurde das Mittelalter auf Hochglanz poliert. Die Burg aus dem 12. Jh. bietet heute 20 Suiten. Zwischen 250 und 650 € pro Nacht (je nach Saison und Ausstattung). Loc. Velona (ca. 9 km in Richtung Castelnuovo dell'Abate, ☎ 0577-800101, ℻ 0577-835661, www.castellodivelona.it.

✱✱✱ Al Brunello, knapp 2 km Richtung Grosseto. DZ 85–150 € (inkl. Frühstück). Via Traversa Osticcio, ☎ 0577-849304, ℻ 0577-849430.

✱✱✱ Bellaria, in unmittelbarer Nähe des Al Brunello. DZ ab 103 € mit Frühstück. Via Traversa Osticcio, ☎ 0577-848668, ℻ 0577-849326, www.hotelbellariamontalcino.com.

● *Privatzimmer* Fragen Sie im Pro-Loco-Büro, ob noch Zimmer frei sind. Wer es auf eigene Faust versuchen will:

B & B Palazzina Cesira (10), unser Tipp! Stilvolles Ambiente in einem Stadtpalast aus dem 13. Jh. Was am Eingang ganz bescheiden als „Camere" bezeichnet wird,

Fiaschetteria Italiana – städtische Eleganz mitten in der Provinz

entpuppt sich als edle Unterkunft. Zur Palazzina gehören ein großzügiges Wohnzimmer mit kleiner Bibliothek sowie ein stilvoller Frühstücksraum mit großer Tafel. Leider nur vier Zimmer, alle mit Geschmack eingerichtet, Frühzeitige Buchung ist ratsam. Jan./Febr. geschlossen. DZ 85 €, Mini-Suite 105 €. Via S. Saloni 2, ☎ 0577-846055, ℻ 0577-847904, www.montalcinoitaly.com.

B & B Il Palazzo (9), die freundliche Signora Sestili führt seit Jahren diese empfehlenswerte Pension. Ein tolles, verwinkeltes Haus, jeder Raum liebevoll und individuell eingerichtet. Die insgesamt 12 Zimmer sind groß bis riesig. Im Haus auch eine kleine Bibliothek mit Literatur zur Gegend. Das Frühstück spendet viele zuckersüße Kalorien. Hunde erlaubt, Fahrrad- und Mopedverleih, es werden auch Ausflüge organisiert. Ganzjährig geöffnet, frühzeitige Reservierung ist zu empfehlen. DZ 80 €. Via Panfilo dell'Oca 23, ☎ 0577-847251 oder 346-3877600, ℻ 0577-846900, www.dormireintoscana.it/ilpalazzo.

Camere Anna (3), Anmeldung im Hotel Giglio (s. o.). DZ 70 €/B&B 84 €. Via Saloni 23, ☎ 0577-848167.

Pierangioli, bei der Enoteca nachfragen. DZ ca. 45 € (ohne Frühstück). Piazza del Popolo 28, ☎ 0577-849113.

Camere di Bacco (20), Anmeldung beim Reisebüro daneben. DZ 70 €. Via Mazzini 65, ☎ 0577-849356 oder 348-5702298 (mobil), www.lecameredibacco.com.

Camere Idolina (15), die ältere Dame vermietet rustikal eingerichtete Zimmer, einige auch mit Kochgelegenheit und Kühlschrank. DZ ab 45 €. Via Mazzini 70 (Eckhaus an der Piazza Cavour), ☎ 0577-848634.

Camere La Torre (14), DZ 60 € (ohne Frühstück). Via Bandi 1, ☎ 347-4007457 (mobil), ℻ 0577-849103.

B&B Porta Castelana (2), 3 einfache Zimmer. DZ 75 € mit Frühstück und Parkplatz. Via Santa Lucia 20, ☎ 0577-839001 oder 328-2793202.

Casa degli Orsi (26), freundliche Zimmervermietung gleich neben dem Dom. 4 DZ 90 € (Frühstück), eine Mini-Suite 100 €. Via Spagni 20, ☎ 340-7155410.

● *Appartements* Außerhalb der Stadt werden in den folgenden beiden Anwesen Appartements vermietet:

Fattoria dei Barbi, siehe auch Essen. 2 Appartements, ☎ 0577-841111, info@fattoriadeibarbi.it.

Brunello – des Weinliebhabers roter Himmel

Dieser kräftige Rotwein mit dem weltbekannten Namen und dem vollmundigen Bouquet wird ausschließlich im Gebiet um Montalcino angebaut, und auch hier ist die Anbaufläche limitiert. Zwar röhrten im Sommer 1999 erstmals wieder seit zwanzig Jahren die Caterpillars, aber die Erweiterung der Anbaufläche fiel eher gering aus (lediglich 15 % auf jetzt ca. 1600 ha). Die stabil hohen Preise des edlen Rebensaftes werden dadurch sicher nicht beeinflusst.

Der Brunello wird aus der Sangiovese-Grosso-Traube gekeltert, die ursprünglich aus der Romagna stammt. Veredelt wurde sie um 1880 vom Montalciner Winzer Ferrucio Biondi-Santi, der resistente Sorten gegen den aus Amerika eingeschleppten Mehltaupilz und die Reblaus suchte.

Damit sie ihren Wein „Brunello" nennen dürfen, werden den Weinbauern strenge Auflagen gemacht. So darf der Ertrag pro Hektar nicht mehr als 80 Doppelzentner betragen, und der Wein muss vier Jahre in einem Eichenfass reifen, bevor er in den Handel gelangt. Um ihn noch begehrenswerter zu machen, haben clevere Marketingstrategen dem Brunello übrigens aphrodisierende Wirkung zugeschrieben.

Die Preise eines aktuellen Jahrgangs liegen bei 13–18 €, und von Kennern wird der bis zu 100 Jahre alte Wein wie eine teure Antiquität behandelt. Preiswerter ist der aus den Trauben zweiter Wahl gekelterte **Rosso di Montalcino**, ein einfacherer Wein, der in der Regel jung getrunken wird. Mitte Februar eines jeden Jahres wird der neue Brunello getestet, um ihn mit Sternchen zu prämieren. Damit diesem Event die notwendige Publizität erwächst, wird für jeden Jahrgang ein „Pate" gewonnen, mit Vorliebe ein international bekannter Modemacher oder Sportler. Verewigen darf sich jeder „Jahrgangsonkel" (bzw. jede „Jahrgangstante") in Form einer kunstvoll gestalteten Keramikkachel, die dann neben den uralten Bürgermeisterwappen an der Fassade des alten Rathauses angebracht wird. Im Jahr 2000 hatte Gianelli, Karikaturist des Mailänder *Corriere della Sera*, die Ehre und verewigte sich – selbstverständlich – mit einer Karikatur: die ziemlich beschwipste Mona Lisa. 2004 beehrte die Stadt eine Persönlichkeit aus Hollywoods Traumfabriken: diesmal fungierte der amerikanische Schauspieler Peter Weller als *Padrino*.

Die **Qualitätsstufen der letzten 18 Jahrgänge**: ** 1989, ***** '90, **** '91, ** '92, **** '93, **** '94, ***** '95, *** '96, ***** '97, **** '98, **** '99, *** 2000, **** 2001, ** 2002, **** 2003, ***** 2004, **** 2005, ***** 2006.

• *Urlaub auf dem Weingut* **Il Poderuccio**, das aus Südtirol stammende Ehepaar Renate und Giorgio hat sich hier niedergelassen. Weinbauerfahrung brachten sie mit und produzieren heute auf einem halben Hektar Rebfläche ca. 4000 Flaschen Wein (Brunello und Rosso). 6 Zimmer sind in dem top gepflegten Anwesen zu vermieten.

Pool und Boccia-Bahn sind vorhanden. Nachteil: Weder Kinder noch Hunde sind hier zugelassen. April–Nov. geöffnet. DZ mit Bad und Frühstück kostet 90 €. San Angelo in Colle (10 km von Montalcino an der Straße nach Grosseto, ca. 1,5 km nach dem Abzweig nach S. Angelo in Colle), ℡ 0577-844052, ℻ 0577-844150.

Essen/Trinken (siehe Karte S. 646/647)

Während der Honigwochen Anfang September sind in fast allen Restaurants honigkuchenartige Nachspeisen erhältlich; eine Ausstellung der zahlreichen Honigproduzenten der Region findet am ersten Septemberwochenende im Innenhof der Fortezza statt.
Bei der Wahl des passenden Restaurants sollte man nicht zu lange zögern; oft schließt die Küche bereits um 13.30 Uhr, abends um 21.30 Uhr.

Il Grappolo Blu (17), Via Scale Moglio, eines der besten Mittelklasserestaurants Montalcinos, freundliche Stimmung, nettes Ambiente, durchschnittliche Preise. Obwohl es versteckt in einer Seitengasse (bzw. Seitentreppe) der Via Matteotti liegt, ist es schwer, ohne Reservierung einen Tisch zu bekommen. Leckere Spezialität ist der „Sauerbraten" mit einer Soße aus Balsamico-Essig – so schwarz gefärbt, dass man meinen könnte, ein Tintenfisch habe dran glauben müssen. Fr geschlossen, ℡ 0577-847150.

Re di Macchia (4), Via S. Saloni 21, das edle Restaurant ist im Untergeschoss eines Palazzos untergebracht. Hervorragende Weinauswahl (Flasche ab 16 €, Menü ab 20 €, es geht natürlich auch wesentlich teurer). Gehobenes Preisniveau mit entsprechendem Service und Ambiente. Do geschlossen. ℡ 0577-846116.

Osteria al Giardino (21), Piazza Cavour, seit Alberto nicht mehr da ist, ist es im Mittelklasserestaurant teurer, aber nicht unbedingt besser geworden. An der Piazza Cavour eine hübsche, betischte Pergola, mittleres bis gehobenes Preisniveau. Nicht in derselben Hand wie das gleichnamige Hotel. Mi geschlossen, ℡ 0577-849076.

Ristorante/Pizzeria S. Giorgio (C), Via S. Saloni 10, in einem doppelräumigen Magazingewölbe. Leckere Pizzen für ca. 6–10 €, auch Gerichte à la carte. Und was bei der italienischen Gesetzgebung fast ein Ding der Unmöglichkeit ist: Smoker's Room!!! ℡ 0577-848507.

Ristorante/Pizzeria Il Grifo (16), Via Mazzini 18, großes Gewölbelokal, im hinteren Teil Panoramablick, regionale Küche und Pizzen. Mo geschlossen, ℡ 0577-847070.

Vineria Le Potazzine (12), Piazza Garibaldi 10, nur Primi, bzw. kleine Gerichte zu örtlichen Durchschnittspreisen, also zu leicht angehobenen Preisen. Einladende Terrasse zur Piazza hin. Mo geschlossen, ℡ 0577-846054.

Trattoria L'Angolo (19), Via Ricasoli 9. Das frühere „Sciame" hat nur den Namen gewechselt, nicht die Besitzer. Cesare und Maria führen das sympathische Lokal nach wie vor. Gute und günstige Hausmannskost, wahrscheinlich die besten Menüs in der preiswerten Klasse, in der Regel proppenvoll. Di geschlossen, ℡ 0577-848017.

Osteria di Porta al Cassero (23), Via della Libertà 9, kleine Gerichte auf etwas beengtem Raum. Mi geschlossen, ℡ 0577-847196.

Petto's Pizza (13), Piazza Garibaldi 1, Schnittpizza vom Blech.

• *Außerhalb* **Poggio Antico**, unser Tipp in der oberen Preisklasse. Ausgezeichnetes Feinschmeckerlokal in herrlicher Lage. Gediegene, noble Atmosphäre, toscanische Menüs mit 5 Gängen 50 €, mit 7 Gängen 70 €. Man kann auch à la carte bestellen. Auf dem herrlichen Landgut werden auch Weindegustationen angeboten, außerdem Direktverkauf. Reservierung empfehlenswert. Im Sommer immer geöffnet, im Winter Sonntagabend und Mo geschlossen. ℡ 0577-849200. Anfahrt: von Montalcino 4 km Richtung Grosseto, dann rechts ab (ausgeschildert), 1,5 km auf einer Schotterpiste, das letzte Stück dann durch eine malerische Zypressenallee.

Boccon di Vino, ca. 1 km außerhalb an der Straße Richtung Siena, ausgeschildert, rechter Hand das auffällig große, weiße Haus. Auch hier herrliche Lage, dazu eine gemütliche Terrasse mit tollem Blick. Spezialität des Hauses ist die florentinische Zwiebelsuppe. Menü ab 35 €. Im Juli und Aug. nur abends geöffnet. Die Küche hat dann oft noch bis 23 Uhr geöffnet. Di geschlossen, ✆ 0577-848233.

Fattoria dei Barbi, Schweine- und Schafzucht (Schafskäse) und hervorragende Weine, die Cantina ist tägl. von 10–13 und von 14.30–18 Uhr geöffnet, am Wochenende nur nachmittags. Im Restaurant herrscht gediegene Atmosphäre, korrekte Kleidung wird erwartet (nach Angaben eines Lesers erntet man mit Sandalen schiefe Blicke). Der Service ließ beim letzten Check eher zu wünschen übrig. Mi geschlossen, ✆ 0577-847117. www.fattoriadeibarbi.it, info@fattoriadei barbi.it. Anfahrt: von Montalcino 3,5 km nach Sant'Antimo, dann links ab (ausgeschildert) und noch 900 m auf Schotter.

Weingut Banfi und das Glasmuseum

Mit Lambrusco zum Brunello-Massenweinhersteller

Das mit Abstand größte Weingut der Gegend ist die Kellerei Banfi in *S. Angelo Scalo* (ca. 13 km südwestlich von Montalcino). Auf dem insgesamt 3000 ha großen Gut sind 860 ha mit Reben bebaut und verschaffen dem Brunello Banfi einen Marktanteil von etwa 20 %. Fast die Hälfte der Weinstöcke wird mittlerweile nach „amerikanischer" Manier maschinell geerntet. Der Rest der bewirtschafteten Fläche ist mit Oliven und Pflaumen (Trockenobst) bepflanzt. Seit den 80er Jahren des 19. Jh. sind die Latifundien im Besitz der Familie der Italo-Amerikaner John und Harry Mariani, zwei steinreiche Weinimporteure in dritter Generation. Namensgeberin Banfi war eine nähere Verwandte der Besitzer.

Die Geschichte der Weinflasche: So könnte man das Museum nennen, das im sehr schön restaurierten *Castello Banfi* (eigentl. Poggio alle Mura) eingerichtet wurde. Es handelt sich um die umfassendste Zusammenstellung alter Weinbehälter in Europa (Trinkgläser, Kelche und kleine Glaskunstwerke).

Das wohl älteste Gefäß zur Lagerung des Weines ist das so genannte *Dolion*, eine niedrige Amphore, die zu zwei Dritteln im Boden eingegraben war und mit Wachs und Holz versiegelt wurde. Trotzdem wurde der Wein mit der Zeit sauer und war eigentlich nur mit Wasser verdünnt genießbar. Im selben Raum wie das Dolion sind einige Vitrinen ausgestellt, in denen die Materialien zur Glasherstellung gezeigt werden: Quarz, Kiesel, Pottasche und Natron. Gerade das Natron, das im nördlichen Europa nicht vorkam, verschaffte dem Nahen Osten in früheren Zeiten ein Herstellungsmonopol. Ursprünglich war Glas wohl ein Abfallprodukt der Metallherstellung, erst die Römer erfanden im 1. Jh. das Glasblasen, um größere Behältnisse herstellen zu können.

Die erste Glasflasche im heutigen Sinn wurde erst Mitte des 17. Jh. in England gefertigt. Triebfeder war wohl das Verbot, das bis dahin übliche Holz als Brennmaterial für die Glasöfen zu verwenden. Die wenigen übrig gebliebenen Wälder brauchte das Land dringend für den Schiffsbau. Durch die höheren Temperaturen, die mit der Braunkohlefeuerung erzielt wurden, konnte die Qualität des Glases beträchtlich erhöht werden. Auch das Bleiglas kam damals auf, es war widerstandsfähiger und konnte geschnitten und geschliffen werden.

Öffnungszeiten: Museum/Cantina: Mo–So 10–19 Uhr, Eintritt 2,50 €, ✆ 0577-816001, Tickets für das Museum in der Probierstube (Cantina). Mo–Fr auch geführte Kellerbesichtigung (gratis), aber nur nach Anmeldung unter ✆ 0577-877505 oder 877514.
Anfahrt: Von Montalcino der Beschilderung Grosseto/S. Angelo folgen, nach etwa 10 km rechts ab zum Castello Banfi (Poggio alle Mura), ab hier noch 3 km.

- *Cafés*   **Fiaschetteria Italiana (18)**, Piazza del Popolo 6. Montalcinos 1888 gegründetes Nobelcafé, Tradition und Ambiente. Zur Weindegustation ebenso wie zum teuren Cappuccino empfehlenswert. Auf der Terrasse an der Piazza lässt es sich stundenlang aushalten. Tägl. 8–23 Uhr geöffnet.
Belvedere Bar (8), Via Matteotti 29. Die preiswerte Alternative zur teuren Fiaschetteria. Süßigkeiten aus der Pasticceria Mariuccia. Vom Hinterzimmer phantastischer Blick über die Weinberge von Montalcino. Hier auch Internetzugang.
Bar Prato (24), Piazza Cavour, für ein günstiges Frühstück: frische Panini und süßes Gebäck, ein paar wacklige Tische und Stühle an der Piazza, morgendlicher Treffpunkt in Montalcino. Auch Bustickets und Fahrplan. So geschlossen.

- *Gelateria*   **Why not (11)**, Via Costa Garibaldi 7. Mit einladender, kleiner Terrasse.

- *Disko*   **Kaffeina**, am unteren Ortseingang auf der rechten Seite. Bar und Livemusik, Musikvideos und Filme. Freundlicher Service, Bier in verschiedenen Farben vom Fass. Mi geschlossen.

14 km südwestlich von Montalcino im Dorf Camigliano gibt es an Samstagen im Sommer eine **Open-Air-Disko** (an der Piazza). Vor 23 Uhr braucht man nicht zu erscheinen.

Kloster Sant'Antimo

„Wenn die Menschen nicht sprechen, dann sollen die Steine schreien." Die Steine schrien ganze 530 Jahre, bis wieder Mönche nach Sant'Antimo zurückkehrten. Eindrucksvoll sind die gregorianischen Gesänge, mit denen die Padres mehrmals am Tag ihre Messen und Andachten untermalen.

Die herrlich gelegene Benediktinerabtei unterhalb des kleinen Dorfes Castelnuovo dell'Abate (10 km südlich von Montalcino) wurde bereits im 8. Jh. gegründet und in den folgenden Jahrhunderten stetig erweitert. Die mächtige Kirche, im 12. Jh. aus cremefarbenem Travertin errichtet, ist ein stattliches Beispiel des italienisch-romanischen Baustils. Sie wurde nie ganz fertig gestellt, da der aufwändige Bau wahrscheinlich den finanziellen Rahmen der Abtei überstieg.

Das schmale Hauptschiff beeindruckt durch seine Höhe von 20 m und seine Säulen, deren Kapitelle z. T. mit Ornamenten verziert sind. Besonders auffallend ist das Kapitell der zweiten Säule rechts mit dem Motiv „Daniel in der Löwengrube". Es wird dem *Meister von Cabestany*, einem Bildhauer aus dem französischen Languedoc, zugeschrieben. Rechts vom Chor befindet sich die so genannte *Karolingische Kapelle*, eines der wenigen Überbleibsel aus der Gründerzeit (8. Jh.). Die Tür zu diesem Raum ist meist verschlossen, da die Kapelle als Sakristei genutzt wird. Wer ihre Fresken sehen möchte, kann sich an den Kustoden am Eingang der Kirche wenden.

Vom 10. bis zum 12. Jh. regierten die Äbte des Klosters ein Gebiet, das von Montalcino bis zur Maremma reichte. Sie waren Feudalherren und kaiserliche Beamte in einem und trieben deshalb auch die Steuern ein. Der Niedergang begann mit dem erwachenden Machtstreben Sienas, das im Jahr 1200 Montalcino an sich riss. Im Laufe der folgenden Jahrzehnte schrumpfte der Besitz des Klosters auf ein Fünftel zusammen. Erst 1979 kam mit fünf Prämonstratensermönchen wieder kirchliches Leben in die Abtei. Inzwischen leben acht mehrheitlich aus Frankreich stammende Fratres in Sant'Antimo.

Wanderung: Vom Kloster führt ein markierter Wanderweg über *Villa a Tolli* nach Montalcino (Dauer ca. 2 Std.).

- *Öffnungszeiten*   Mo–Sa 10.30–12.30 und 15–18.30 Uhr, So 9.15–10.45 und 15–18 Uhr.

- *Gregorianische Gesänge*   u. a. während der 9-Uhr-Messe (ca. 1 Std.), sonntags um 11 Uhr (ca. 1½ Std.) oder täglich um 7, 12.45/14.45/19 Uhr (15–30 Minuten).

- *Literatur*   In der Kirche ist ein außergewöhnlich guter Klosterführer in deutscher

Sant'Antimo – eines der mächtigsten Klöster des Mittelalters

Sprache erhältlich.

• *Anfahrt* Am Ortseingang von Castelnuovo dell'Abate (aus Montalcino kommend) steil rechts ab, die Abbazia Sant'Antimo ist bestens ausgeschildert.

• *Busverbindung* Außer So 4x täglich nach Montalcino (Privatbus, nur im Sommer). Erkundigen Sie sich in der Touristeninformation in Montalcino.

• *Übernachten/Essen* **Locanda Sant'Antimo**, an der Abzweigung zur Abtei. Restaurant mit schöner Terrasse, auch Holzofenpizza. Di geschlossen. 5 einfache DZ für 70 €. Via Bassomondo 8, ✆ 0577-835615.

Osteria Bassomondo, gegenüber der vorgenannten Locanda. Imbiss mit verlockendem Angebot an Käse und Schinken – und einem guten Hauswein. Mo geschlossen. ✆ 0577-835619.

San Quirico d'Orcia

Ein mittelalterlicher Marktflecken an der Via Cassia. Außerhalb der noch fast intakten Ummauerung rauscht der Verkehr über die vierspurig ausgebauten SS 2 vorbei, innerhalb herrscht idyllische Ruhe.

Ursprünglich zogen die Reisenden über die alte Via Cassia und damit mitten durch S. Quirico. Am südlichen Tor befand sich das *Ospedale della Scala*, dessen Innenhof mit dem Ziehbrunnen besichtigt werden kann. Am anderen Ende der Via Dante Alighieri, der zentralen Geschäftsader, steht der *Palazzo Chigi* aus dem späten 17. Jh., einst Sitz der lokalen Herrscher, heute beherbergt er wechselnde Ausstellungen meist zeitgenössischer Künstler. Ganz in der Nähe steht die romanische *Stiftskirche* mit drei beachtenswerten Portalen. Das eine wird von zwei Ungetümen getragen, auf deren Schultern die miteinander verknoteten Tragsäulen ruhen; darüber kämpfen zwei Krokodile. Masken und Tierfratzen ergänzen die mittelalterliche Dämonen-Szenerie.

Über der Stadt liegen die *Horti Leonini* (geöffnet tägl. 8–19 Uhr), eine gepflegte Gartenanlage aus dem 16. Jh. mit einladenden Parkbänken unter Schatten spendenden Laubengängen aus Steineichen und geometrisch angeordneten Buchsbaumhecken.

Ein idealer Ort für die sehenswerten Skulpturenausstellungen, die hier in den Sommermonaten stattfinden. Im unteren Teil schließt sich ein kleiner Rosengarten an.

Die Märkte im Val d'Orcia

Castiglione d'Orcia: 4. Samstag des Monats; Campiglia d'Orcia: 1. Dienstag des Monats; Gallina: 3. Dienstag des Monats; Vivo d'Orcia: 2. Samstag des Monats; Montalcino: Freitag; Torrenieri: 1. und 3. Dienstag des Monats; Pienza: Freitag; Radicofani: 2. und 4. Donnerstag des Monats; Contignano: 2. und 4. Dienstag des Monats; San Quirico d'Orcia: 2. und 4. Dienstag des Monats.

- *PLZ* 53027
- *Information* Piazza Chigi, gegenüber dem gleichnamigen Palazzo. April bis Ende Okt. Mo–Fr 10–13/15–18 Uhr, Sa/So 10–13/14–17 Uhr, Mi geschlossen. ✆ 0577-897211. ufficioturistico@comunesanquirico.it, www.comunesanquirico.it.
- *Busverbindung* Sehr bescheiden: Nur 4x tägl. fährt ein Bus nach Siena.
- *Einkaufen* Weinverkauf im Weinkeller der **Cantine Sampieri**, Via Dante Alighieri 96. Verkostung von Wein (Orcia Rosso, der hier aus 80% Sangiovese und 20% Merlot besteht) und gutem Olivenöl, freundlicher, gesprächiger Herr.
- *Feste* **Festa del Barbarossa**, 3. Wochenende im Juni, zur Erinnerung an das Treffen Friedrich Barbarossas mit den päpstlichen Abgesandten 1154 in San Quirico, um über seine Krönung zu verhandeln. Wettkämpfe in Fahnenschwingen und Bogenschießen, vor allem aber wird kräftig getafelt.
- *Übernachten* *** **Relais Palazzo del Capitano**, ein schön restaurierter Palast im Zentrum der Altstadt. Jeweils inkl. eines auf der Terrasse servierten Frühstücks. Traumhafter kleiner Garten. 11 DZ zu 140 €, Suiten ab 170 €. Via del Poliziano 18, ✆ 0577-899028, 📠 0577-899421, www.palazzodelcapitano.com.
*** **Palazzuolo**, die Sonnenterrasse mit Swimmingpool (plus Kinderbecken) und der Ausblick über die Landschaft mögen mit dem nüchternen Bau und der weniger attraktiven Lage im Neubauviertel versöhnen. Restaurant. DZ inkl. Frühstück 98–110 €. Via S. Caterina 43 (am Stadtrand), ✆ 0577-897080, 📠 0577-898264, www.hotel palazzuolo.it.
** **Garibaldi**, eine Art Motel bei der TAMOIL-Tankstelle. DZ 52 € (inkl. Frühstück). Via Cassia (gleich außerhalb der Stadtmauern), ✆ 0577-898315.
- *Privatzimmer* **L'Orcia**, gleich neben der zentralen Piazza. 12 altmodisch eingerichtete Zimmer von sehr unterschiedlichem Komfort. Das schönste ist wohl die Nr. 3, allerdings liegt es direkt über der Bar Centrale. Am Nachmittag ist selten jemand da. DZ für eine Nacht 50 €, für mehrere 45 €. Via Dante Alighieri 49, ✆ 0577-897677 oder 349-4029686 (mobil).
La Dimora del Poeta, 4 Zimmer und ein Appartement im Zentrum. Die Handwerker waren beim letzten Check mit dem Ausbau weiterer Zimmer zugange. DZ ab 52 €. Via Dante Alighieri 91, ✆ 0577-776536 oder 328-0373638 (mobil), www.nautilus-mp.com.
Casa Lemmi, genau im Zentrum gegenüber der Kirche wohnt man in einem der antik-geschmackvoll eingerichteten 9 Zimmer. Der Palazzo war einst Domizil der Adelsfamilie Lemmi. B&B im DZ 100 €, Suite 130 €. Via Dante Alighieri 29, ✆ 0577-899016.
Villa Il Cedro, Signora Alessandra Sisani vermietet 5 ruhige, geräumige Zimmer mit Frühstück. DZ mit Bad ab 58 €, ohne ab 48 €. Via dei Canneti 27 (Straße, die um die Mauer führt), ✆ 0577-897526, masisani@virgilio.it.
- *Appartements*: **Casanova**, eine kleine Ferienanlage am südlichen Rand von Quirico. Die Flachbauten mit Giebeldächern beherbergen Zimmer und Appartements. Für den 2001 in Betrieb genommenen Trakt wurden nur ökologisch unbedenkliche Baustoffe verwendet. 2-Personen-Studio pro Woche knapp 600 €. Loc. Casanova, ✆ 0577-898177, 📠 0577-898190, info@residencecasanova.it, www.residencecasanova.it.
- *Agriturismo* **Il Rigo**, altes, von Weizenfeldern umgebenes Bauernhaus in den Hügeln der Crete. Neun mit Originalmobiliar ausgestattete Zimmer. Die hausgemachte Pasta wird abends gemeinsam an langen Holztischen in den ehemaligen Stallungen verzehrt. Auch Kochkurse. Anfahrt von

San Quirico: auf der Cassia Richtung Süden, nach ca. 2,3 km links auf die Ausschilderung achten. Ab hier noch 2,2 km gut passierbare Schotterpiste. DZ für 100–110 €, mit HP 144–156 €. Via Alighieri 24, Pod. Casablanca, Loc. Casabianca, ✆ 0577-897291, 📠 0577-898236, www.ilrigo.com.

● *Essen/Trinken* **Al Vecchio Forno**, Via Piazzola 8, sowohl von Touristen als auch von Einheimischen gelobt. Zentral liegende Trattoria mit toscanischer Küche der mittleren Preisklasse. Im Sommer sitzt man auch im schattigen Garten. Mi geschlossen, ✆/📠 0577-897380.

Osteria Il Tinaio, Via Dante Alighieri 35a (schräg gegenüber vom Palazzo Chigi), im gemütlichen Gewölbekeller gute Auswahl an toscanischen Spezialitäten. Do geschlossen. ✆ 0577-898347.

Trattoria Osenna, hier stimmen Preis und Qualität für typisch toscanische Hausmannskost, die vor allem von Ortsansässi-

gen gelobt wird (Primo schon ab 5 €). Hübscher, mit Glyzinen überrankter Garten. Zur Mittagszeit immer voll. Mi geschlossen. Via Dante Alighieri 42, ✆ 0577-897541.

Le Contrade, Via Nuova 18 (außerhalb der Stadtmauern). Holzofenpizza, Außenbetischung. Mo geschlossen. ✆ 0577-898098.

Bar Centrale, Piazza della Libertà. Gleich links nach Eintritt durch die Porta Nuova lädt die fast großstädtisch anmutende Bar ein. Treffpunkt der Dorfbevölkerung: gutes Eis, Pizza, Primi und Panini und nicht zuletzt Televisione. Der neue Pächter aus Sizilien hat das Angebot mit Süßigkeiten aus seiner Heimat bereichert. Sehr zu empfehlen.

Bar/Enoteca Angolo del Vino, gut sortierte Auswahl. Im kleinen Garten kann man auch gemütlich für ein Glas mit einem Panino einkehren. Mo geschlossen. Via Dante Alighieri 37a.

Bagno Vignoni

Der kleine Ort ist längst zu einem beliebten Ziel für Ausflugstouren (oft Busse) geworden, dementsprechend gibt es einige überteuerte Touristenrestaurants. Mittelpunkt des 3000 Jahre alten Thermalortes – Etrusker und Römer waren schon hier – ist ein großes Bassin mit ca. 40 Grad warmem Thermalwasser, in dem allerdings seit 1989 nicht mehr gebadet werden darf. Etwas oberhalb des Ortes liegt der ca. 2,5 km entfernte Weiler Vignoni mit seinem gut erhaltenen Turm und den erst kürzlich restaurierten Wohngebäuden.

Thermalbad Val di Sole: Gleich unterhalb des Hotels Posta Marcucci. Im einzigen öffentlichen Thermalbad von Bagno Vignoni rauscht das Wasser mit 38 Grad in den Pool, die Beckentemperatur liegt bei etwas über 30 Grad.

🕐 9–13, 14–18 Uhr, Einlass bis 17 Uhr. Do geschlossen. Eintritt 12 €. obligatorisch! Bei zu viel Andrang wird gelegentlich „aus Sicherheitsgründen" die Eingangstür vorübergehend geschlossen.

Kostenlose heiße Fußbäder kann man im Rinnsal unterhalb des Parkplatzes nehmen. Hier finden sich auch Relikte des mittelalterlichen Bads. Unterhalb des Hangs liegt ein kleines Becken zum Schwimmen, der Abstieg ist jedoch zu steil, man muss den Ort in Richtung SS 2 verlassen und dann die Piste am Tal entlang benutzen.

● *PLZ* 53027 (San Quirico, Loc. Bagno Vignoni)

● *Information* Pro Loco im Bungalow gegenüber dem Gratisparkplatz. Nur in der Saison tägl. 10–13 und 15.30–19.30 Uhr geöffnet (Do geschlossen), ✆ 0577-888975.

● *Parken* Großer Gratis-Parkplatz am Ortseingang, am Wochenende ist nicht groß genug. Gleich daneben gebührenpflichtig.

● *Übernachten/Essen* ******* Adler Thermae**, Auffahrt knapp an der Abzweigung nach Bagno Vignoni. 2004 eröffnete, sehr luxuriö-

se Wellness-Anlage, die sogar Saturnia und San Casciano dei Bagni in den Schatten stellt. Der Travertinkomplex aus mehreren flachen Häusern ist dezent über dem Dorf versteckt. Großes Angebot an Sport-, Fitness-, Wellness-, Massage- und Beautyprogrammen. Einchecken können Sie direkt mit dem Auto. DZ 330–372 €. ✆ 0577-889000, 📠 0577-889999, info@adler-thermae.com, www.adler-thermae.com.

Südliche Toscana

Karte S. 618/619

Als im Herbst 2001 das Wasser der Quelle immer weniger wurde, die gewohnte Sprudelintensität immer mehr nachließ und der Wasserpegel im antiken Becken sank, brach in der Gemeinde große Besorgnis aus. Ohne das heiße Quellwasser, das sowohl das Dorfbecken als auch das öffentliche Schwimmbad von Bagno Vignoni speist, wäre der Ort buchstäblich auf dem Trockenen sitzen geblieben. Ein Jahr später, im September 2002, konnten die Experten die Vermutung bestätigen, dass sich das Quellwasser unter dem Becken mit der Zeit andere Wege gesucht hatte als den in das Becken. Der Wasserverlauf wurde geortet, und mit Hilfe von moderner Technik konnte das Problem der Wasserversorgung behoben werden. Seit dem Frühjahr 2003 ist das Becken, wo Szenen des Kultfilms „Nostalghia" gedreht wurden, wieder gut gefüllt.

• *Außerhalb* **** **Osteria dell' Orcia**, aus der ehemaligen Poststation direkt am Pilgerweg der Frankenstraße ist ein elegantes Countryhotel geworden. Netter Empfang durch den Wirt aus Norditalien und Artus, den Berner Sennhund. Vom Garten mit Pool hat man einen schönen Blick auf den Sinterabhang von Bagno Vignoni. Teures Restaurant angeschlossen. DZ ab 120 €. Ca.2 km in Richtung Castiglione d' Orcia, ℡ 0577-887111, ✆ 0577-888911, www.hotelosteriadellorcia.com.

*** Le Terme, im ehemaligen Piccolomini-Palast mitten im Dorf (am alten Badebecken). Bei der Renovierung der 29 Zimmer wurde nicht viel Geschmack bewiesen, aber die Aussicht von einigen Zimmern auf die einzigartige Kulisse des Wasserbeckens lohnt den Aufenthalt (auch bei Gruppen sehr beliebt). Zum Hotel gehört das Restaurant „La Terrazza" mit Terrasse (und Winterterrasse). DZ mit Frühstück 116 €, bei längerem Aufenthalt günstiger. Piazza delle Sorgenti 13, ℡ 0577-887150, ✆ 0577-887497, www.albergoleterme.it.

*** Posta Marcucci, hat kürzlich, ohne seinen Charme zu verlieren, renoviert und seither ein eigenes kleines Thermalbad (gedeckt) und eine Sauna. Die Küche der Familie Marcucci gilt als hervorragend. DZ mit Frühstück ab 150 €, Suiten ab 176 €. Via Ara Urcea 43 (knapp unterhalb des Dorfbeckens), ℡ 0577-887112, ✆ 0577-887119, www.hotelpostamarcucci.it.

B & B La Locanda del Loggiato, Bed & Breakfast vom Allerfeinsten. Acht romantisch und phantasievoll dekorierte Zimmer (Baldachinbetten). Im gemeinsamen Wohnzimmer mit Kamin steht ein gestimmter Flügel. Infos über die Locanda auch in der Weinbar „Il Loggiato" schräg gegenüber, in der morgens ein tolles Frühstück serviert wird. DZ 130–150 €. Piazza del Moretto 30, ℡ 0577-888925 oder 335-430427, ✆ 0577-888370, www.loggiato.it.

• *Außerhalb* **San Buona Ventura**, an der Cassia (1,6 km nördlich von Bagno Vignoni). Bed & Breakfast eines Engländers aus Kent. 5 schöne Zimmer. Preise gelten auch für die Unterbringung in den 2 Appartements. DZ 70 €. ℡/✆ 0577-888967, www.termedibagnovignoni.com.

• *Agriturismo* Siehe Pienza.

• *Essen* **Osteria del Leone**, Piazza del Moretto, besonders am Abend sehr einladend, ganz im Zentrum, mit feiner Küche und schönem Ambiente – allerdings überteuert. Mo geschlossen. ℡ 0577-887300.

Trattoria La Parata, Piazza del Moretto 40, toscanische Küche auch auf der Terrasse. Was man beim Essen gespart hätte, zahlt man bedauerlicherweise bei der Wahl auch eines einfachen Weins wieder drauf! Man fühlt sich hier trotzdem gut aufgehoben. Di geschlossen. ℡ 0577-887508.

La Bottega del Cacio, Piazza del Moretto. Gartenwirtschaft mit Selbstbedienung. Es gibt Brotzeitteller und diverse Antipasti. Bei Hochbetrieb wird am Eingang eine Nummer gezogen. Di geschlossen.

Il Loggiato, urgemütliche Weinbar gleich am Becken, in der man Crostini, überbackene Polenta und andere Kleinigkeiten probieren kann. Außerhalb der Saison nur Fr/Sa/So jeweils abends geöffnet.

Castiglione d'Orcia

Bei der Fahrt auf der Cassia weist einen der weithin sichtbare Turm der *Rocca di Tentennano* darauf hin, dass man auf der Reise in die südliche Toscana in der Gegend des Orciatals angekommen ist. Die Besichtigung des innen aufwändig restaurierten Turms aus dem 13. Jh. sei sowohl wegen des spektakulären Blicks aus 620 m ins Umland empfohlen als auch für einen Besuch der zeitgenössischen Kunstausstellungen in der Rocca (Ostern–Okt. Di–So 10–13 und 15.30–18.30 Uhr, Eintritt 3 €.) Das Gelände um die Torre degli Aldobrandeschi war beim letzten Besuch bis auf weiteres abgesperrt und nicht mehr zugänglich. Auch hier sind Restaurierungsarbeiten geplant. Bis zum Erhalt der Genehmigungen bzw. Finanzierungen kann es Jahre dauern. In der Ortschaft Castiglione sollte man Zeit einplanen, um die wunderschöne *Piazza Il Vecchietta* zu besichtigen, die Mitte des 15. Jh. vom Bildhauer Lorenzo di Pietro erschaffen wurde.

Der mittelalterliche Weiler *Rocca d'Orcia*, der sich nördlich an Castiglione anschließt, zählt ca. 50 Einwohner. Das mittelalterliche Juwel, dessen Zentrum ebenfalls eine kleine Piazza mit Zisterne bildet, ist ein herrliches Fotomotiv und unbedingt sehenswert.

• *Information* In der Kirche San Giovanni hinter der Piazza Il Vecchietta, ✆ 0577-887211. Ostern bis Ende Okt. 10–13 und 15.30–18.30 Uhr, Mo geschlossen. Hier ist auch ein kleines Museum für Sakralkunst aus Castiglione (Sala d'arte sacra) in der Kirche untergebracht.

• *Übernachten/Essen* ** **Albergo Le Rocche**, das Hotel bekam nach der Renovierung einen Stern dazu. Francoise aus Paris ist am Empfang und verleiht der nach wie vor nüchternen Herberge ewas Herzlichkeit. Toscanische Hausmannskost (auch Pizza) im Saal. 8 einfache und praktisch eingerichtete DZ 45–65 € (nach hinten raus mit schönem Blick ins Val d'Orcia). Via Senese 10, ✆ 0577-887198 oder 338-7353634, ✆ 0577-888990, www.alborgoloroccho.it.

Hotel San Simeone, ein altes Konvent wurde unter der Regie eines geschäftstüchtigen Norditalieners in ein Hotel umgewandelt, das sich mit allem Komfort und hübschen Zimmern vor allem dem Standard amerikanischer Gäste anpassen möchte. Der Bruder betreibt die Bar La Locanda del Bardo im Weiler von Rocca d'Orcia (Mo und Di geschlossen.). Rocca d'Orcia, Via della Chiesa 11, ✆ 0577-888984, www.hotelsansimeone.com.

Pane&Companatico, ein unscheinbarer Imbiss auf dem Parkplatz der Rocca di Tentennano in Castiglione entpuppt sich als echter Tipp, der sich unter Ortsansässigen bereits herumgesprochen hat. Auch ohne Karte wird der Wirt garantiert das Richtige empfehlen.

Der Wein wird im Krug serviert, das Ambiente ist einfach und funktionell, das Essen ausgezeichnet, und die Preise sind okay. Durchgehend geöffnet. Mi geschlossen.

Cisterna nel Borgo, hübscher Ort, schöne Terrasse - nur leider hat die Qualität der Speisen von Laura und Marta sehr nachgelassen. Dazu auch negative Leserstimmen. Schade, trotz aller Freundlichkeit der Wirtin mit Tochter! Mo geschlossen. DZ ca. 75 € (inkl. Frühstück). Borgo Maestro 37, Rocca d'Orcia, ✆/✉ 0577-887280, www.cisternanelborgo.it.

Il Vecchietta, kleine Zimmervermietung bei einer Familie mit Garten im oberen Teil der Ortschaft von Castiglione d'Orcia. Es gibt eine Küche im Garten mit Grillgelegenheit zur allgemeinen Benutzung der Gäste. DZ pro Nacht 60 €, ab 2 Nächte 50 € (inkl. Frühstück),das Appartment ab 75 €. Via del Cassero 10, ✆ 0577-887367 oder 338-2262248, ilvecchietta@virgilio.it.

• *Außerhalb* Agriturismo La Valle del Sole, Bauernhaus im Orciatal, in dem Olivenöl und Wein produziert werden. Im Sommer wird man den Pool schätzen. Schöne Anlage mit 3 Appartements, ab 56 € (inkl. kleinem Frühstück). Podere San Giuseppe 48 (von Castiglione in Richtung Cassia rechts auf die Ausschilderung achten), ✆/✉ 0577-887103, www.lavalledelsole.com.

Agriturismo I Lecci, neben einem Wildpark schön gelegenes, gepflegtes Landgasthaus mit guter Küche, das an Wochenenden gerne von Einheimischen besucht wird. Pool vorhanden. Übernachtung im DZ

60 € (70 € inkl. Frühstück), teilweise mit Kochmöglichkeit 78€, Appartement je nach Größe und Saison ab 80 €. Loc. I Lecci (von Castiglione ca. 5,5 km in Richtung Vivo d'Orcia), ☎ 0577-887287, 📠 0577-887154, www.agriturismoilecci.it.

Pienza

(ca. 3000 Einw.)

Die erste am Reißbrett entworfene Musterstadt (Città Ideale) der Toscana entstand auf Wunsch von Papst Pius II. (1405–1464) in dessen Geburtsort Corsignano. In nur zwei Jahren Bauzeit sollte der nunmehr Pienza genannte Ort zur Perle der Renaissance werden. Doch Pius starb noch vor der Vollendung des gigantischen Projektes.

In Pienza wurde zum ersten Mal versucht, die Ideale der Humanisten städtebaulich umzusetzen. Mit dem Bau von Rathaus, Palast und Kathedrale wurde der Baumeister *Il Rosselino* beauftragt. Ferner wurden die Kardinäle angehalten, hier einen Palast zu bauen, aber nicht jeder hatte das Geld dazu.

Im Wohnviertel innerhalb der Stadtmauern wohnten die Beamten und Militärs. Am Stadtrand entstand eine Siedlung fürs Volk, von der allerdings kaum mehr etwas zu sehen ist, weil sie im Zweiten Weltkrieg fast vollständig zerstört wurde. Die Prominenz residierte an der *Piazza Pio II*. Für die Bauwerke ist der Platz allerdings ein wenig klein geraten, auch wenn durch die optische Täuschung der aus dem Winkel gedrehten Grundrisse Größe vorgetäuscht wird. Man hat den Eindruck, in einem Museum zu sitzen. Der Betrachter kann den Blick schlecht irgendwo fixieren – das Herz der Toscana hat eine unruhige Mitte.

Auch in Pienza spielt sich hauptsächlich Tagestourismus ab. Pro Jahr zählt das schöne Renaissance-Städtchen bis zu 1 Million Besucher. Bescheidene 6.000 verkaufte Eintrittskarten für das Museum der Stadt lassen erkennen, wie sich dieser Tourismus an manchen Tagen gestaltet: Busladungen von Gästen, für die in der Regel keine Zeit eines Museumsbesuches bleibt, werden durch den Corso Rossellino geschleust. Nach Möglichkeit sollte man Pienza daher nicht an sommerlichen Wo-

Blumenmarkt in Pienza

chenenden aufsuchen. Erst abends wird es im Renaissance-Städtchen ruhiger. Am Corso finden sich zahlreiche auf den Tourismus zugeschnittene, teure Önotheken und Feinkostläden. Der hier angebotene berühmte Käse von Pienza verbreitet in den heißen Sommermonaten allerdings keine Wohlgerüche.

Bei einem Spaziergang durch das Städtchen sollten Sie es auf keinen Fall versäumen, einen Abstecher zur Stadtmauer (hinter dem Dom) zu machen: Von hier eröffnet sich ein toller Weitblick auf die toscanischen Hügel bis hinüber zum über 1700 m hohen Monte Amiata.

Die **Kathedrale Santa Maria Assunta (Duomo)** mit ihrer Renaissance-Fassade präsentiert sich im Innern als typisch gotische Hallenkirche – eine ansonsten in Italien eher selten vorkommende Form der Sakralarchitektur. Im Mauerwerk sind große Risse sichtbar, die durch das Absinken der Grundmauern im Chorraum entstanden sind; Ursache war eine unterirdische Wasserader. Seit rund 500 Jahren sinkt dieser Teil kontinuierlich, bislang etwa 30 cm. Durch aufwändige Baumaßnahmen konnte das Gebäude bisher stabil gehalten werden. Das Wasser setzt seine bedrohliche Tätigkeit jedoch fort, und so werden die Risse auch in Zukunft dafür sorgen, dass den Restauratoren die Arbeit nicht ausgeht.

Links vom Chorraum zieht das Altarbild Mariä Himmelfahrt von *Il Vecchietta* (1412–1480) die Aufmerksamkeit auf sich. Dieses Meisterwerk der Frührenaissance zeigt Pius, wie er die abgeschnittenen Brüste der heiligen Agata segnet – eine schockierende Darstellung von physischer Grausamkeit. Ganz anders die erst 2005 anlässlich des 500. Geburtstags von Pius II. vom einheimischen Künstler *Piero Sbarluzzi* geschaffene Terrakotta-Skulptur links des Eingangs: Sie zeigt den Papst sitzend und in kontemplativer Haltung.

① Tägl. 7–13 und 14.30–19 Uhr.

Pius II. im Jahre 1459 bei einem Besuch in Corsignano (Pienza)

Über Corsignano, jetzt Pienza. – Von Darteano reiste der Papst weiter nach Corsignano. Über dem Tal der Orcia erhebt sich ein Hügel, dessen Kamm eine schmale, 1000 Schritt lange Plattform bildet. Dort, wo man im Winter gegen die aufgehende Sonne blickt, liegt ein kleiner, wenig bekannter Ort mit gesunder Luft, gutem Wein und guter Nahrung. Wer von Siena nach Rom reist und nach dem Kastell San Quirico in Richtung Radicofani abbiegt, kommt an Corsignano vorbei: Linker Hand sieht man, 3000 Schritt von der Hauptstraße entfernt, den sanft ansteigenden Hügel.

Der größte Teil des Ortes gehörte früher den Piccolomini, und Silvio, Pius' Vater, hatte hier seine angestammten Güter. Hier wurde Pius geboren, und hier verbrachte er die Jahre seiner Jugend. Bei seiner Rückkehr hoffte er auf ein freudiges Wiedersehen mit der Heimat und mit früheren Gefährten. Aber das Gegenteil traf ein. Fast alle Jugendfreunde waren gestorben, und wer noch lebte, war so alt, daß er das Haus nicht verlassen konnte. Nur wenige zeigten sich. Die Gesichter entstellt, die Kräfte verbraucht, erschienen sie als Vorboten des Todes. Wie in einem Spiegel erkannte der Papst an sich selbst die Zeichen des Alters. Wenn schon die Kinder derer, die er als Knabe verlassen hatte, alt geworden waren: wie hätte er sich selbst nicht als Greis fühlen sollen, der bald sterben muß?

(Andreas Tönnesmann: Pienza. Städtebau und Humanismus. Hirmer Verlag, 1990)

Südliche Toscana

Karte S. 618/619

Palazzo Piccolomini: Im Stil des Florentiner Palazzo Rucellai gehalten, mit Kreuzgang und Hängegärten, von denen sich eine tolle Aussicht auf das Orcia-Tal bis zum Monte Amiata bietet. Die erste Etage mit Speisesaal, Waffenraum und kleiner Bibliothek ist zu besichtigen. Gleich links vom Eingang das Musikzimmer, in dem vergilbte Fotos der letzten adeligen Bewohner zu sehen sind. Das Ganze wirkt authentisch: löchrige Polstermöbel, abgewohnt, speckig. 1962 verstarb der letzte Piccolomini, seitdem ist der Palast unbewohnt. Der unangemessen hohe Eintrittspreis sollte einen dennoch nicht von einem lohnenden Besuch abhalten!
⏲ Di–So 10–12.30 und 14–18. Die Führung dauert ca. 30 Minuten. Eintritt 7 €.

Museo Diocesano: Das 1999 eingerichtete Diözesanmuseum befindet sich an der Westseite der Piazza Pio II, im **Palazzo Borgia**, den der skrupellose Rodrigo Borgia – der spätere Papst Alexander VI. – gegen Ende des 15. Jh. errichten ließ. Das Prunkstück des Museums ist das bestickte Messgewand von Pius II. (*Piviale di Pio II.*), eine englische Arbeit aus dem frühen 14. Jh. Außerdem beherbergt das Museum *Pietro Lorenzettis* berühmte Madonna del Monticchiello (siehe unter Monticchiello).
⏲ Mitte März bis Oktober 10–13 und 15–19 Uhr, Di geschlossen, im Winter nur Sa/So geöffnet (gleiche Zeiten). Eintritt 4,10 €.

Vor der Stadtmauer weist ein Schild zur **Pieve di Corsignano**, wo Pius II. (damals noch *Enea Silvio de' Piccolomini*) und sein Neffe, der als Pius III. kirchengeschichtlich bedeutungslos blieb, getauft wurden. Das romanische Tuffsteinkirchlein ist allerdings nur unregelmäßig geöffnet.

Information/Verbindung

• *PLZ* 53026
• *Information* **Ufficio turistico**, Corso Rossellino 30 (im Museo Diocesano) Tägl. 10–13 und 15–19 Uhr (Di geschlossen). ☏/☒ 0578-749905, www.portaledipienza.it oder www.comunepienza.it.
Info Prospettiva Pienza, privates Info-Büro, Piazza Dante Alighieri (genau an der Porta al Murello). Tägl. 9.30–13 und 15–18.30 Uhr, Organisation von Touren und Verleih von Audioguides für Stadtspaziergänge, ☏ 0578-748359 oder 749071, info@ufficioturisticodi pienza.it, www.ufficioturisticodipienza.it.
• *Internet* Internet-Point in der Via del Balsello (kleine Seitenstraße rechts vom Hotel Il Chiostro.)
• *Parken* Parkplätze rund ums Zentrum, teils gebührenpflichtig, teils genügt die Parkscheibe. Umsonst parken kann man in den Seitenstraßen der Neustadt, von hier nur wenige Minuten ins Zentrum.
• *Busverbindung* 7x tägl. Busse der Gesellschaft TRA.IN von und nach Siena und Montepulciano. Abfahrt in der Via della Ma-

donnina (nahe der Piazza Dante Alighieri), Tickets beim Zeitschriftenladen im Eckhaus an der Piazza Dante Alighieri.
• *Einkaufen* Das Angebot an Pecorinokäse in allen Variationen ist besonders an heißen Tagen nicht zu verfehlen. Auf dem Corso Rossellino stapeln sich die Käselaibe u. a. in der **Bottega del Naturista**, Corso Rossellino 16. Hier kann man auch probieren.
Im Laden des **Consorzio Agrario Siena** gibt es neben Pienza-Käse auch Wein, Wurst und andere Lebensmittel. Viale Mangiavacchi 45 (außerhalb der Altstadt an der Durchgangsstraße).
• *Markt* Wochenmarkt jeden Freitagvormittag.
Fiera del Cacio, jährlich am 1. Sonntag im September. Mehr über das Käsefest siehe Kasten Fiera del Cacio auf S. 663.
• *Wäscherei* **Simonette Nisi** wäscht auch für den Folgetag. Corso Rossellino 101.
• *Fahrradverleih* **Cicloposse**, Via 1 Maggio 27, ☏ 0578-749983, www.cicloposse.com.

Übernachten

★★★★ Relais Il Chiostro (16), im ehemaligen Stadtkloster S. Francesco hat 1993 diese Nobelherberge ihre Tore geöffnet. Freundli-

cher Empfang. Die unkomplizierte, aber zuvorkommende Art des Teams wird vor allem von amerikanischen Gästen geschätzt.

Pienza

Siena, San Quirico
Montepulciano, A 1
50 m

Öff. Toilette

Piazza Dante Alighieri
Porta al Murello
S. Francesco
Piazza di Spagna
Palazzo del Comune
Corso Rossellino
Piazza Pio II
Palazzo Borgia
Palazzo Piccolomini
Dom
Porta al Santo
Porta al Giglio
Via Mencattelli
Via della Valle
Via del Fosso
Pieve di Corsignano
Spedaletto, Bagno Vignoni

Übernachten

1	San Gregorio	
2	Corsignano	
3	Hotel Rutigliano	
4	Ristorante Dal Falco	
6	La Chiocciola	
7	Camere Oliviera	
8	Camere Il Giardino Segreto	
10	Camere Andrei	
11	Piccolo Hotel La Valle	
13	Camere in Pienza	
16	Il Chiostro	
18	L'Affitacamere del Corso	

Essen & Trinken

5	La Mensa del Conte	
6	Trattoria La Chiocciola	
9	La Cucina di Fiorella	
12	Osteria Sette di Vino	
14	Sperone Nudo	
15	Caffè della Volpe	
17	Caffè la Posta	
19	La Bucca delle Fate	
20	Latte di Luna	

Viele der insgesamt 37 Zimmer mit Blick in den Kreuzgang. Im gepflegten Garten befinden sich Pool und Liegewiese. Frühstück auf der Terrasse im Garten des vornehmen Restaurants. DZ 160–220 € (inkl. Frühstück). In einem Seitentrakt des Klosters werden auch einige sehr kleine Zimmer (Nr. 401–409) mit Blick in eine dunkle Seitenstraße vermietet (DZ ca. 140 €). Corso Rossellino 26, ℘ 0578-748400, ℘ 0578-748440, www.relaisilchiostrodipienza.com.

*** **Piccolo Hotel La Valle (11)**, 2003 eröffnetes Hotel mit komfortablen Zimmern mit Klimaanlage, Eisschrank und Safe. DZ mit Frühstück 105–130 €. Via Circonvallazione 7, ℘ 0578-749402, ℘ 0578-749863, www.piccolohotellavalle.it.

*** **Corsignano (2)**, kompetente und freundliche Rezeption. Moderner Bau an der Straße nach Siena, 3 Min. außerhalb der Altstadtmauern. DZ mit Frühstück 85–110 €. Via della Madonnina 11, ℘ 0578-748501, ℘ 0578-748166, www.corsignano.it.

** **Rutigliano (3)**, neues, modernes Haus mit hellen Zimmern und angenehmer Atmosphäre. Außerhalb der Altstadt an der Hauptstraße direkt neben dem Wasserturm im Renaissancestil. DZ 90 €. Via della Madonnina 18, ℘ 0578-749408, ℘ 0578-749409, www.albergorutiliano.it.

Residence/Camere San Gregorio (1), 1999 eröffnet. Mit Restaurant. Moderne DZ für 90 €, Appartement für 2 Pers. 96–106 € (in der Saison nur wochenweise). Via della Madonnina 4, ℘ 0578-748175, ℘ 0578-748354, www.pienza.net.

• *Privatzimmer* **Camere Oliviera (7)**, unser Tipp! Sig. Ciacci vermietet Zimmer und Appartements in ruhiger Lage in einer Seitengasse des Corso Rossellino. DZ mit Bad ca. 50 € (Frühstück inkl.), Appartements (2–4 Pers.) für 60–80 €, alle angenehm eingerichtet. Ab 5 Tagen Aufenthalt gibt es ca. 10 % Rabatt. Via Condotti 4b, ℘ 0578-748274.

Camere Il Giardino Segreto (8), mit Garten. Frühstück bereitet man sich mit dem Wasserkocher auf dem Zimmer selbst zu. DZ 57–62 €, Appartement für 2 Pers. 50–67 €, für 4 Pers. 125 €. Via Condotti 13, ℘ 0578-748746 oder 338-8995879 (mobil), www.ilgiardinosecreto.toscana.nu.

Camere Andrei (10), sehr freundliche Herberge mit eigenem Parkplatz. Sechs geräumige Zimmer, komfortabel und mit elegantem Bad. DZ 54 €, mit Frühstück 60 €. Via Circonvallazione 7, ℘ 0578-748377 oder 380-5285394 (mobil), www.camereandrei.it.

Ristorante Dal Falco (4), hübsch eingerichtete, aber etwas enge Zimmer. Das Restaurant mit Terrasse bietet solide toscanische Küche. Fr geschlossen. DZ mit Dusche 65 €. Piazza Dante Alighieri 3, ℘/℘ 0578-748551, www.ristorantedalfalco.toscana.nu.

Südliche Toscana

Karte S. 618/619

La Chiocciola (6), siehe auch Essen. DZ mit Du/WC für 65 €. Via Mencatelli 4, ☎ 0578-748683, www.trattorialachiocciola.it.

L'Affittacamere del Corso (18), Zimmer in einem alten Palazzo, alle mit eigenem Bad, eher klein, dafür aber mitten im Zentrum der Stadt. DZ ab 50 €. Corso Rossellino 99, ☎ 0578-748550, www.santafrancesca.it.

Camere in Pienza (13), stilvolle DZ in einem Renaissance-Palast schräg gegenüber vom Dom. Infos in der Bar La Posta. Kleines DZ 53 €, die beiden größeren 65 €, Minisuite für 4 Pers. 94 €. Corso Rossellino 23, ☎ 0578-748500 oder 0578-748349.

● *Agriturismi* Im Gebiet von Pienza und Monticchiello gibt es rund zwei Dutzend Agriturismo-Betriebe – von der Luxuseinrichtung bis zum Appartement in der Einöde oder einem Zimmer im Bauerngehöft.

Lucignanello, komplett renoviertes Gut mit schöner Aussicht auf Pienza. Pferdehaltung. 2 DZ à 70 €, Appartement 90 € (ab 3 Tagen nur 80 €). Loc. Lucignanello, ☎ 0578-708306 oder 333-3928775 (mobil), www.lucignanello.it.

Podere Lamone, sehr freundlicher Familienbetrieb mit 2 großzügigen Appartements. Auch tageweise mit Frühstück 75 €, bei längerem Aufenthalt weniger. Monticchiello, ☎ 0578-755074, ✆ 0578-755749.

Barbi, Anfahrt: Von Pienza Richtung Bagno Vignoni, nach 6 km links ab nach Monticchiello, nach 3,5 km auf der rechten Seite (ausgeschildert) liegt das Anwesen. Einsames Landhaus an einer wenig befahrenen Straße, biologischer Anbau. Gepflegtes Appartement mit großer Küche, Bad, Waschmaschine, TV und hübscher Terrasse (max. 4 Pers., 65 bzw. 95 € pro Tag). 2 weitere Appartements für 2 Pers. zu 80 €, für 4 Pers. 120 € befinden sich im Gebäude unterhalb an der Straße. Via Podere Montello 26, Monticchiello, ☎ 0578-755149 oder 338-7705202, ✆ 0578-755149, www.agriturismobarbi.it.

Santo Pietro, 5 km von Pienza an der Straße nach Montepulciano (auf der rechten Seite). Zwar direkt an der Straße gelegen, doch tut das der Idylle keinen Abbruch: gemütliche, stilvoll eingerichtete Zimmer, alle mit Bad, unterhalb des Anwesens kleiner Pool mit Liegewiese. Netter Service. DZ 85 € (mit Frühstück), mit Halbpension 130 €. Mindestaufenthalt drei Nächte. Via Santo Pietro 29, Loc. Santo Pietro, ☎/✆ 0578-748410, santo.pietro@libero.it.

Podere Il Casale – Agricampeggio, auf einem Hügel bei Monticchiello. Ein überaus interessantes Projekt eines Schweizer Vereins, das an die Ursprünge des Agriturismo anknüpft: Leben auf dem Land, ferienhalber und/oder arbeitend. 1997 wurde mit Fröhlichkeit und Zuversicht aufgebaut, seit 1999 steht den Gästen ein kleiner Agricampeggio zur Verfügung, Gepflegte sanitäre Anlagen, alles ist behindertengerecht ausgestattet. Das Restaurant bekocht nur Schlafgäste, gegessen wird allabendlich gemeinsam an großer Tafel auf der wunderschönen Terrasse des Anwesens – toller Blick auf die Umgebung inklusive. Selbstverständlich stammt ein großer Teil der Speisen (auch Schafkäse) aus eigener Produktion. Es gibt auch einen Hofladen. Nette und angenehm ungezwungene Atmosphäre, dem Unternehmen gilt unsere Sympathie! Anfahrt: An der SP 146 von Pienza nach Montepulciano rechts dem Wegweiser nach Monticchiello folgen (Schotterstraße), nach ca. 3 km taucht das Il-Casale-Schild auf, dort links hoch. Agricampeggio: Stellplatz 5,50 €, pro Pers. 8,50 € (Kinder 4,25 €) inkl. Frühstück, Stromanschluss 3 € am Tag. ☎/✆ 0578-755109, www.ilcasale.ch.

Essen/Trinken (siehe Karte S. 661)

Latte di Luna (20), Via San Carlo 2–4. Täglich wechselnde Gerichte, typisch toscanische Küche, gerne von Einheimischen besucht. Benannt nach einer Erosionszone vor der Stadt, die wegen ihrer weißen Erde Milch des Mondes genannt wird. Da die Außenbetischung reicht oft nicht aus, deshalb sollten Sie reservieren. Mittleres bis leicht gehobenes Preisniveau. Di geschlossen. ☎ 0578-748606.

La Buca delle Fate (19), Corso Rossellini 38. Alteingesessenes Lokal im Zentrum, ebenfalls hervorragende Küche, hausgemachte Teigwaren (Pici). Klassisch-schöne Einrichtung im weiß gekalktem Gewölbe. Preislich in etwa wie das vorgenannte, aber etwas größer, daher findet man eher Platz. Mo geschlossen. ☎ 0578-748448.

La Cucina di Fiorella (9), Via Condotti 11. Täglich frische Pasta. Das kleine Restaurant ist schnell voll, daher reservieren. Serviert wird auf zwei Etagen. Gehobenes Preisniveau. Mittags und abends geöffnet. Mi geschlossen. ☎ 0578-749095.

Trattoria La Chiocciola (6), Via Mencattelli 4. Hübsch überdachte Plätze im Freien und unter der Loggia, leider direkt an der Straße. Mittleres Preisniveau. Mi geschlossen. ℡ 0578-748683.

Osteria Sette di Vino (12), Piazza di Spagna 1, nett zum Draußensitzen. Der Wirt ist bei seiner Mutter, der oben gelobten Fiorella, in die Schule gegangen. Serviert werden Crostini, Käse, Fladenbrot, Sardellen in Pesto, Rucola-Salat, leckeres Gemüse und andere Gaumenkitzler – eine raffinierte Auswahl an Snacks. Mittags und abends geöffnet, Mi geschlossen, ℡ 0578-749092.

Sperone Nudo (14), im Zentrum (ebenfalls Piazza di Spagna). Snacks und Primi dazu gibt es Bier vom Fass. Mittags und abends geöffnet, Mo geschlossen. ℡ 0578-748641.

Ristorante/Pizzera La Mensa del Conte (5), für die schnelle, unkomplizierte Einkehr. Mit niedrigeren Preisen vor allem bei jüngeren Italienern beliebt. Auf einer Art Biergartengarnitur sitzt man direkt an der Piazza D. Alighieri. Do geschlossen. ℡ 0578-748076.

Caffè la Posta (17), Piazza Pio II. Hinter dem hübschen Schild der ehemaligen Poststation von Pienza gibt es süße Köstlichkeiten aus der Gegend, außerdem Zigaretten, Zeitungen und Landkarten der Umgebung. Angesichts der zahlreichen Touristen, die sich hier herumtreiben, sind die Preise relativ zivil.

Pecorino-Käse aus Pienza

Caffè della Volpe (15), nettes Café in einer malerischen Seitenstraße. Via Case Nuove.

Fiera del Cacio

Seit alters gilt Pienza als die Hauptstadt des Schafkäses. Die aromatischen Gräser der Wiesen in der Umgebung begünstigten eine qualitativ hochwertige Schafzucht. Die Bauern lebten lange Zeit in der so genannten *mezzadria*, d. h. in Halbpacht. Die Familien wohnten und arbeiteten ziemlich isoliert voneinander, sodass die verschiedenen Käsesorten – jede Familie pflegte aufgrund geschmacklicher Vorlieben ihr ganz eigenes Rezept – untereinander nicht vermischt wurden. Deshalb gibt es bis heute eine riesige Auswahl der typischen pientinischen Caciotta. Einmal im Jahr trafen sich früher die Käseerzeuger auf der Herbstmesse in Pienza, wo die Produkte ausgestellt und verkauft wurden. Heute findet das traditionelle **Käsefest** der Stadt jährlich am ersten Sonntag im September statt. Wer zu dieser Zeit in der Gegend ist, sollte sich dieses kulinarische Highlight nicht entgehen lassen.

Liebhaber italienischer Spezialitäten können auch im Geschäft des Club delle Fattorie (gleich links hinter der Porta al Murello) einen Katalog bestellen, der Ihnen dann zugeschickt wird.

Pienza/Umgebung

Spedaletto: Auf dem Weg nach Pienza steht mitten in der Landschaft dieses zinnenbewehrte Kastell mit seinen Ausgucktürmchen und einer Kirche mit gotischem

Portal. Der Gebäudekomplex wird heute sowohl für Privatwohnungen als auch für den Fremdenverkehr genutzt, im hinteren Teil schließt sich ein landwirtschaftliches Gehöft an. Der *Agriturismo Grancia di Spedaletto* ist in einem der sechs noch existierenden *grancie* (Kornspeicher) untergebracht, die seit dem 12. Jh. als große Vorratsspeicher für das Ospedale der Santa Maria della Scala von Siena dienten. Einst gab es in der Gegend Sienas zwölf dieser Depots, aus deren Vorräten die Kranken, aber auch Pilger, die sich auf dem Weg nach Rom befanden, versorgt wurden.

Übernachten **Agriturismo Grancia di Spedaletto**, 7 DZ im Kastell und 3 weitere DZ in den Nebengebäuden (mit Frühstück jeweils ca. 75 €). Pod. Niccolò 151, Loc. Spedaletto, ✆/📠 0578-748158, www.agriturismocastellolagrancia.com.

Abbadia Sant'Anna in Camprena: Einsam liegt dieser 1324 von Bernardo Tolomei gegründete Ableger des Klosters Monte Oliveto Maggiore am unteren Rand der Crete Senesi. Eine malerische Zypressenallee führt zum Klostereingang – Toscana wie aus dem Bilderbuch. Im Refektorium befinden sich gut erhaltene Fresken von *Sodoma*, die der damals 26-jährige Maler als ersten großen Auftrag zwischen 1503 und 1507 anfertigte (die Fresken können Mitte März bis Oktober besichtigt werden). Zu sehen ist u. a. die Speisung der 10.000 vor einer lieblichen Hügellandschaft. Weltweit bekannt wurde Sant'Anna in Camprena jedoch erst 1996 durch den Kinofilm Der englische Patient, dessen Italiensequenzen (auch die Außenaufnahmen) zum größten Teil hier gedreht worden sind. Seit 1995 wird das Kloster restauriert und als Agriturismo und multifunktionales Kunstzentrum genutzt – mit einer Schule für Malerei, Freskenmalerei und Bildhauerei.

● *Anfahrt* Ca. 7 km nördlich von Pienza gelegen, ab Pienza 2 km auf der Straße nach Siena, dann rechts ab (ausgeschildert). Keine Busverbindung.

● *Sprachschule* Kurse für Anfänger und Fortgeschrittene. Den individuellen Bedürfnissen der Schüler wird Rechnung getragen: Die Preise sind abgestuft nach Teilnehmerzahl (Einzelunterricht, Gruppen von 2 oder 2–5 Schülern) und Intensität: vom gemächlichen Andante (10 Std./Woche) bis zum anstrengenderen Prestissimo (40 Std./Woche). ✆/📠 0578-749404. karen64@libero.it, www.scuolacamprena.it.

● *Übernachten* **Agriturismo Sant'Anna in Camprena**, spartanische Zimmer im einfachen Ambiente klösterlichen Lebens. DZ mit Bad 70 €, ohne Bad 65 € (Frühstück stets inkl., mindestens 2 Nächte), Halbpension 50 € pro Pers. Es gibt auch Appartements, die jedoch nur wochenweise vermietet werden. Das kleine für 420 €/Woche, die beiden großen für 700 €/Woche. Geöffnet Mitte März bis Okt. Loc. S. Anna in Camprena, 53026 Pienza, ✆ 0578-748037 oder 338-4079284, 📠 0578-748037, www.camprena.it.

Monticchiello

(ca. 120 Einw.)

Ein kleines Dorf, malerisch von einer Wehrmauer umgeben und herausgeputzt wie ein Freilichtmuseum. Monticchiello wirkt wie ein Bilderbuchdorf aus gelben Travertin-Legosteinen. Vom Platz am Stadttor bietet sich ein außergewöhnlich schöner Blick auf die umliegenden Hügel.

Ein Spaziergang durch Monticchiello führt unweigerlich zur **Chiesa dei Santi Leonardo e Cristoforo** aus dem 13. Jh. Bei Restaurierungsarbeiten im Jahr 1933 wurden hier einige bemerkenswerte Fresken zu Tage gefördert, darunter die monumentale Christophorus-Darstellung (fast 5 m hoch) im linken Chorteil, die vermutlich aus dem 15. Jh. stammt. Komplett erhalten (weil über Jahrhunderte von einer Ziegelmauer geschützt) ist das Grande Arcosolio genannte Fresko an der linken Wand: Im Zentrum thront der heilige Nikolaus von Bari, im unteren Teil werden Episoden aus seinem Leben erzählt, in Holzfässern warten die Verzweifelten auf Erlösung. Das kunstgeschichtlich bedeutendste Werk der Kirche, die Madonna del Monticchiello von *Pietro Lorenzetti*, wurde in den letzten Jahren gleich zweimal gestohlen und wiedergefunden; jetzt wird das berühmte Kunstwerk aus Sicherheitsgründen im Museo Diocesano von Pienza aufbewahrt. In der rechten Chorkapelle ist eine Reproduktion von Lorenzettis Madonna-Bildnis zu sehen.

Der Festungsturm im obersten Teil des Dorfes ist von einst vieren als einziger übrig geblieben. Er ist im Privatbesitz der Nachkommen der 2003 verstorbenen finnischen Bildhauerin *Eila Hiltunen*, die hier jahrelang gewohnt hat. Von ihr stammt eine kleine Eisenplastik, die an der Mauer links vom Stadttor angebracht ist, ein Spielmann mit Mandoline und Narrenkappe – ein ganz persönliches Geschenk an das *Teatro povero*. Dieses Arme-Leute-Theater entstand 1967, als Monticchiello stark von der Landflucht gebeutelt war und einen Großteil seiner Einwohner verloren hatte. Die im Ort Verbliebenen wollten mit der Einrichtung des Laientheaters ein Zeichen dörflicher Solidarität setzen und führen seither alljährlich in der letzten Juli- und den ersten beiden Augustwochen ein von ihnen selbst geschriebenes volkstümliches Stück auf. Es hat meist aktuelle Themen aus dem Dorfleben zum Inhalt.

Kartenreservierung Ab Mitte Juli Mo–Fr 10–13 und 16–19 Uhr unter ☎ 0578-755118. Während der Spielzeit Mo keine Aufführungen. Wer mehr erfahren möchte, wendet sich an das lokale Informationsbüro (siehe Information) oder schaut unter www.teatropovero.it nach.

Museum: Die Tradition des volkstümlichen Theaters ließ gleich nebenan das kleine Museo Tepotratos entstehen. Mit diversen Kommunikationsmitteln, Licht und Geräuschen wird Bühnenausstattung effektvoll in Szene gesetzt.
⏱ Di–So 10–13 und 15–19 Uhr. Eintritt 4 €.

Am 6. April 1944 war Monticchiello Schauplatz des Widerstands gegen die deutschen Besatzer: Etwa 70 Partisanen kämpften gegen eine Übermacht von 450 deutschen Soldaten. Letztere mussten zunächst das Feld räumen, kehrten dann aber mit Verstärkung zurück. Als sich die Partisanen zurückgezogen hatten, drohten die Deutschen, alle Einwohner des Ortes zu erschießen. Dank des Verhandlungsgeschicks des Pfarrers und der deutschen Frau eines Grundbesitzers konnte ein Blutbad verhindert werden. Eine Eisenskulptur des pientinischen Künstlers *Emo Formichi* gleich neben der oben erwähnten Skulptur von Eila Hiltunen) erinnert an die Ereignisse.

• *Information* Piazza Nuova 1, rechts der Kirche. Mo 9–12.30, Di–So 9–12.30 und 15–18 Uhr. Gute mündliche Information, Bücher, Presse und kostenlose Internetnutzung. ☎/📠 0578-755118.
infomontichiello@comunedipienza.it.

• *Privatzimmer* **B & B La Casa di Adelina**, (gegenüber der Kirche bei der Via di Mezzo 35 durch den Torbogen). Geführt wird dieses kleine, gemütliche Bed & Breakfast von den Söhnen des Theaterleiters. DZ 67–80 €. Piazza San Martino 3, ☎ 0578-755167 oder 333-9302520 (mobil), 📠 0578-755714, www.lacasadiadelina.it.

• *Agriturismo* Siehe Pienza.

• *Essen* **Taverna di Moranda**, Via di Mezzo 17 (Hauptgasse zur Kirche). Rustikales Ambiente, lokaltypische Spezialitätenküche zu gehobenen Preisen. Fr geschlossen. ☎ 0578-755050.

La Porta, Via del Piano 3. Osteria, Bar und Enoteca am Ortseingang. Große Primi-Auswahl, Snacks, offener Wein etc., durchschnittliche Preise, gemütliche Speiseterrasse mit Panoramablick. Do geschlossen. ☎ 0578-755163.

La Guarduola, am Ortseingang. Bar-Bruschetteria mit kleinem Garten. Mo geschlossen.

Montepulciano

(ca. 15.000 Einw.)

Der Ort an einem Steilhang am Rande des Chianatals ist bis heute über die Grenzen der alten Stadtmauern nicht hinausgewuchert – ein Stück Mittelalter, durchsetzt mit dem Renaissancestil der Adelspaläste.

Montepulciano galt als beliebter Ruhesitz für Kaufleute aus Florenz und Siena, denen die städtische Konkurrenz zu schaffen machte und die sich hier ein Landgut aus Kirchenbesitz erwarben. Die Einwohner wurden (und werden bis heute) Poliziani genannt, und genauso nannte sich auch der bekanntesten Sohn der Stadt *Angelo Poliziano* (eigentlich *Angiolo Ambrogini*, 1454–1494). Der Humanist und Dichter unterrichte am Hof in Florenz die Söhne Lorenzo di Medicis.

Im Mittelalter war Montepulciano im Kampf um seine Unabhängigkeit immer wieder Zankapfel der konkurrierenden Städte Siena und Florenz, bis die Stadt im August 1511 endgültig in den Herrschaftsbereich von Florenz fiel. Seine heutige Ausdehnung erreichte Montepulciano bereits im 13. Jh., lediglich im 16. Jh. wurden noch einige größere städtebauliche Veränderungen vorgenommen, z. B. um die *Piazza Grande* im oberen Teil Montepulcianos sowie hauptsächlich um die *Porta al Prato* am unteren Ende der Stadt. Heute ist Montepulciano das zweitwichtigste Verwaltungszentrum der Provinz Siena. Entsprechend viele Beamte leben in der Stadt.

Bravìo delle Botti

Der Palio der Stadt findet jedes Jahr am letzten Sonntag im August statt. Um 10 Uhr morgens startet der Wettstreit der acht *Contrade* (Stadtteile) von Montepulciano, jedes Viertel schickt zwei kräftige junge Männer ins Rennen, die von der *Piazza Savonarola* (Palazzo Avignonesi) den 1650 m langen Weg zur *Piazza Grande* zurücklegen und dabei ein 80 kg schweres Weinfass die steile Straße hoch rollen müssen. Die begehrten Startplätze in erster oder zweiter Reihe werden ausgelost, die durchschnittliche Zeit des Rennens liegt bei etwa 8 Minuten (!). Wer sich das Spektakel anschauen will, sollte möglichst früh an Ort und Stelle sein.

Eröffnet wird das traditionelle Stadtfest schon in der vorhergehenden Woche mit einer Reihe von Veranstaltungen: u. a. am Sonntag zuvor mit einer historischen Prozession und am Donnerstag mit einer Kerzenprozession. Infos und das Programm der Veranstaltungen erhalten Sie bei der Touristeninformation oder unter www.braviodellebotti.it.

Bekanntheit in der Musikszene erlangte Montepulciano, als der deutsche Komponist Hans Werner Henze hier 1976 das Festival Cantiere Internazionale d'Arte di Montepulciano ins Leben rief und so jungen und wenig bekannten Künstlern wie auch den Bürgern von Montepulciano selbst Gelegenheit zum öffentlichen Auftritt gab. Nachdem es zwischen Henze und den Verantwortlichen der Gemeinde Montepulciano zum Bruch gekommen war, wurde das Festival unter eine andere Leitung gestellt, die eine konzeptionelle Neuorientierung vornahm (s. u. Feste und Veranstaltungen). Vor ein paar Jahren trat die Kölner Musikhochschule in Henzes Fußstapfen und eröffnete hier im Sommer 2001 mit der Europäischen Akademie für Musik und Darstellende Kunst eine Begegnungsstätte für junge Künstler – eine Art musikalische Villa Massimo, wie die *Süddeutsche Zeitung* es nannte. Dafür stellten die Kölner die Gelder zur Restaurierung des Akademiesitzes im *Palazzo Ricci* unterhalb der Piazza Grande zur Verfügung.

Bei vielen Touristen erfreut sich Montepulciano vor allem wegen seiner hervorragenden Weine großer Beliebtheit: der **Vino Nobile di Montepulciano** ist ein önologisches Spitzenprodukt.

Information/Verbindungen/Adressen (siehe Karte S. 669)

- *PLZ* 53045
- *Information* **Pro Loco**, Piazza Don Minzoni. Viel Info-Material über die Stadt und Internetzugang (mit Drucker). Verkauf von Bus- und Bahntickets. Auch Fahrradverleih. Mo–Sa 9.30–12.30 und 15–20 Uhr, So 9.30–12.30 Uhr. ✆/✉ 0578-757341. info@prolocomontepulciano.it, www.prolocomontepulciano.it oder www.montepulciano.com.

Das Info-Büro der **Associazione La Strada del Vino Nobile di Montepulciano** befindet sich an der Piazza Grande 7 (gegenüber dem Dom). Hier auch Informationen zu Hotels, für Touristen wird eine Wine Tour mit Degustation bei verschiedenen Weingütern angeboten, Preis pro Pers. ca. 24 €, max. 2 Pers. Geöffnet während der Saison Mo–Sa 10–13 und 15–19 Uhr. ✆ 0578-717484, ✉ 0578-752749. info@stradavinonobile.it, www.stradavinonobile.it.

- *Internet* Im Pro-Loco-Büro (s. o.) oder an der Via di Gracciano del Corso 26, dort Mo–Sa 10–13 und 15–20 Uhr.
- *Bahnverbindung* 10 km entfernt liegt der Minibahnhof Montepulciano Stazione, die Lokalzüge auf der Strecke Siena–Chiusi halten hier. Buszubringer zur Busstation Piazzale Pietro Nenni.
- *Busverbindung* Große Busstation mit Bar und Ticketverkauf unterhalb der Ringstraße beim Hotel Granducato. 5x tägl. Pienza und Siena, 3x Florenz, fast stündlich nach Chiusi und Chianciano Terme.
- *Stadtbusse* Wem's zu heiß ist – ca. alle 30 Minuten fahren von der Via Sangallo bzw. vom Busbahnhof kleine Busse hoch zur Piazza Grande (7–20 Uhr). Tickets zu 90 Cent am Busbahnhof, beim Pro Loco oder bei verschiedenen Tabaccherie.
- *Taxi* unter ✆ 0578-716081 oder 348-2868790 (mobil) zu erreichen.
- *Parken* Umsonst Parken können Sie auf den Parkplätzen 1, 5, 7, 8, auf den Parkplätzen 3, 4 nur für eine Stunde (alle ausgewiesen), alle anderen sind gebührenpflichtig (ca. 1 € pro Stunde).

- *Wohnmobile* Genügend Platz auf dem Piazzale Pietro Nenni (neben der Busstation). Mit Toilettenentsorgungsstation. Do geschlossen.
- *Sprachschule* **Il Sasso**, Via di Gracciano nel Corso 2. Ein zweiwöchiger Sprachkurs kostet 370 €, Unterkünfte werden auf Wunsch vermittelt (ca. 34 € pro Pers. und Nacht). Zu den Sprachkursen wird ein vielfältiges Freizeitprogramm angeboten. ✆ 0578-758311, ✉ 0578-757547. info@ilsasso.com, www.ilsasso.com.
- *Mosaikschule* Der Besuch lohnt sich in der kleinen Werkstatt der **Scuola Italiana del Mosaico**. Aus unzähligen Glas- und Marmorsteinchen, die in Kisten und Kästen aufbewahrt werden, entstehen hier meisterhafte Mosaiken. ✆ 0578-757272, Via Opio del Corso 14.
- *Einkaufen* Zahlreiche Geschäfte und Boutiquen entlang der Via di Gracciano: Bekleidung, Accessoires, Schuhe etc. In der gleichen Straße auch einige Önotheken.

Conad-Supermarkt (2) durchgehend geöffnet, Via Bernabei 4a.

- *Wein* Bislang bieten die Weinerzeuger noch kostenlose Weinproben an. Unter anderen hier die bekanntesten Namen:

Poliziano, Piazza Grande, geöffnet 11–19 Uhr. Mi geschlossen. www.carlettipoliziano.com.

Contucci (siehe auch Info-Kasten Weine aus Montepulciano), sehenswerter Keller unter dem Palazzo Contucci, Piazza Grande. Durchgehend geöffnet.

Redi, genau 88 Stufen führen in den spektakulären Weinkeller aus dem 15. Jh., in dem die 100-Hektoliter-Fässer stehen. Der ca. 8 m hohe Eingangsraum erinnert an einen Kathedralenbau. Läuft man weiter, gelangt man in ein Tuffsteingewölbe, bis man schließlich durch eine automatische Tür wieder ans Tageslicht gelangt und sogleich ein Gläschen probieren kann. 10.30–13 und 15–19 Uhr geöffnet. Palazzo Ricci, Via di Collazzi 5.

Crociani, Via del Poliziano 15, sympathische Leute, deutschsprachig.

Am südlichen Ende der Via San Donato gelangt man zum hübsch gelegenen Parco Communale an der Fortezza, in dem man sich von Weinproben erholen kann. Vino Rosso di Montepulciano 6 €, Vino Nobile 10 € und ausgezeichneter Vin Santo 17,50 €. Wenn möglich zeigt einem der Winzer auch gerne den Keller, in dem auch die Flaschenabfüllung stattfindet. www.crociani.it.

● *Außerhalb* **Fattoria Ristorante Pulcino**, direkt an der Straße 146 nach Chianciano Terme (ca. 2 km außerhalb links an der Straße mit großem Parkplatz) liegt der große Familienbetrieb mit Direktverkauf und einem riesigen Restaurant mit Panoramaterrasse, vor allem für Gruppen. Im beeindruckenden Verkaufsraum mit originaler Einrichtung aus dem 15. Jh. türmen sich Waren wie Wein, Öl, Käse, Wurst, Gläser mit Marmelade und Honig, Konserven, Seife und Kosmetik. In einem gigantischen Kamin lädt die lodernde Glut der Holzkohle zu gegrilltem Fleisch, wie einem Florentiner Steak ein (46 €/Kilo). Den antiken Weinkeller und das Museum der Franziskanermönche sollte man besichti-

gen. Ziemlich touristische Aufmachung, aber dennoch sehenswert! Tagesmenü (inkl. Wein) 24 €, à la carte kann's teuer werden. www.pulciano.com.

● *Markt* Donnerstagvormittag auf dem Piazzale Pietro Nenni.

● *Feste und Veranstaltungen* **Cantiere Internazionale d'Arte**, zweite Julihälfte. Das jährliche Festival der modernen Klassik wurde 1976 vom deutschen Komponisten Hans Werner Henze initiiert, 1993 gab er nach Unstimmigkeiten mit der Gemeinde Montepulciano die Leitung ab. Die 30. Ausgabe des Festivals fand 2005 unter der Leitung des Engländers Jan Latham-Koenig und Carlo Cavalletti statt.

Während der Festwochen platzt die Stadt beinahe aus den Nähten − man sollte sich daher frühzeitig um Karten (und Unterkunft!) bemühen. Vorverkauf bei der Associazione La Strada del Vino Nobile di Montepulciano oder unter ✆ 0578-757007 oder 757089, ✆ 0578-758307, www.fondazionecantiere.it.

● *Nachtleben* Diskothek **La Capannina**, Tanz nicht nur für die ganz Jungen. Im Sommer täglich geöffnet, ansonsten Fr und Sa, außerhalb Montepulcianos, ca. 2 km in Richtung Chianciano.

Übernachten/Essen & Trinken

● *Übernachten* ***** Marzocco (4)**, teils hübsch renovierte Zimmer. Unser Tipp: Nr. 25 und Nr. 26, beide mit ausladendem Balkon und Aussicht. DZ mit Bad 90 €. Piazza Savonarola 18, ✆ 0578-757262, ✆ 0578-757530, www.albergoilmarzocco.it.

*** Granducato (1), DZ mit Balkon und Blick auf das städtische Fußballstadion. Großes, modernes und komfortables Hotel aus den 1990er Jahren, professioneller, freundlicher Service. DZ mit Frühstück 72−94 €. Via delle Lettere 62, ✆ 0578-758610, ✆ 0578-758597, www.hotelgranducato.it.

*** Albergo Duomo (19), modern-rustikal eingerichtetes Haus beim Dom (und somit ganz oben am Berg), Parkmöglichkeit in der Nähe. 13 z. T. recht große Zimmer mit Bad und TV. DZ inkl. Frühstück 85−106 €. Via San Donato 14, ✆/✆ 0578-757473, albergoduomo@libero.it.

** La Terrazza (15), mit Dachterrasse. Nur wenige, aber gepflegte und sehr ansprechende Zimmer, wenn auch etwas klein, alle mit Bad und TV. Stilvoll mit altem Mobiliar eingerichtet. DZ mit Frühstück 85 €. Via Piè al Sasso 16, ✆/✆ 0578-757440, www.laterrazzadimontepulciano.it.

Il Rondò (3), außerhalb der Stadtmauer bietet das schön gelegene Privathaus mit Garten und einem freundlichen Besitzer 7 DZ mit Internetanschluß, teilweise mit Ankleidezimmern ausgestattet.Vom Zentrum sind es ca.15 Minuten zu Fuß. DZ 98. Via Martiena 9, ✆ 0578-716899, ✆ 0578-716472, www.albergoilrondo.com.

● *Zimmer* **L'Agnolo Meublé (6)**, teilweise mit originalen Deckenfresken und Holzkassettendecken dekoriert. Signora Caroti vermietet in dem alten Renaissance-Palazzo ganzjährig 5 schöne und große DZ für 90 € inkl. Frühstück in der Bar. Via di Gracciano nel Corso 63, ✆ 0578-757095 oder 339-2254813 (mobil).

Meublè Il Riccio (14), herrliche Dachterrasse. Im gemütlichen Wohnzimmer liegen für die Gäste Zeitungen und Zeitschriften aus. Der ganze Traum in einem mittelalterlichen Palast mit Loggien im Innenhof. Modern eingerichtete DZ für 87 € mit Dusche, TV, Klimaanlage und Kühlschrank, zwei davon mit schwindelerregendem Blick auf das Umland. Via Talosa 21, ✆/✆ 0578-757713, www.ilriccio.net.

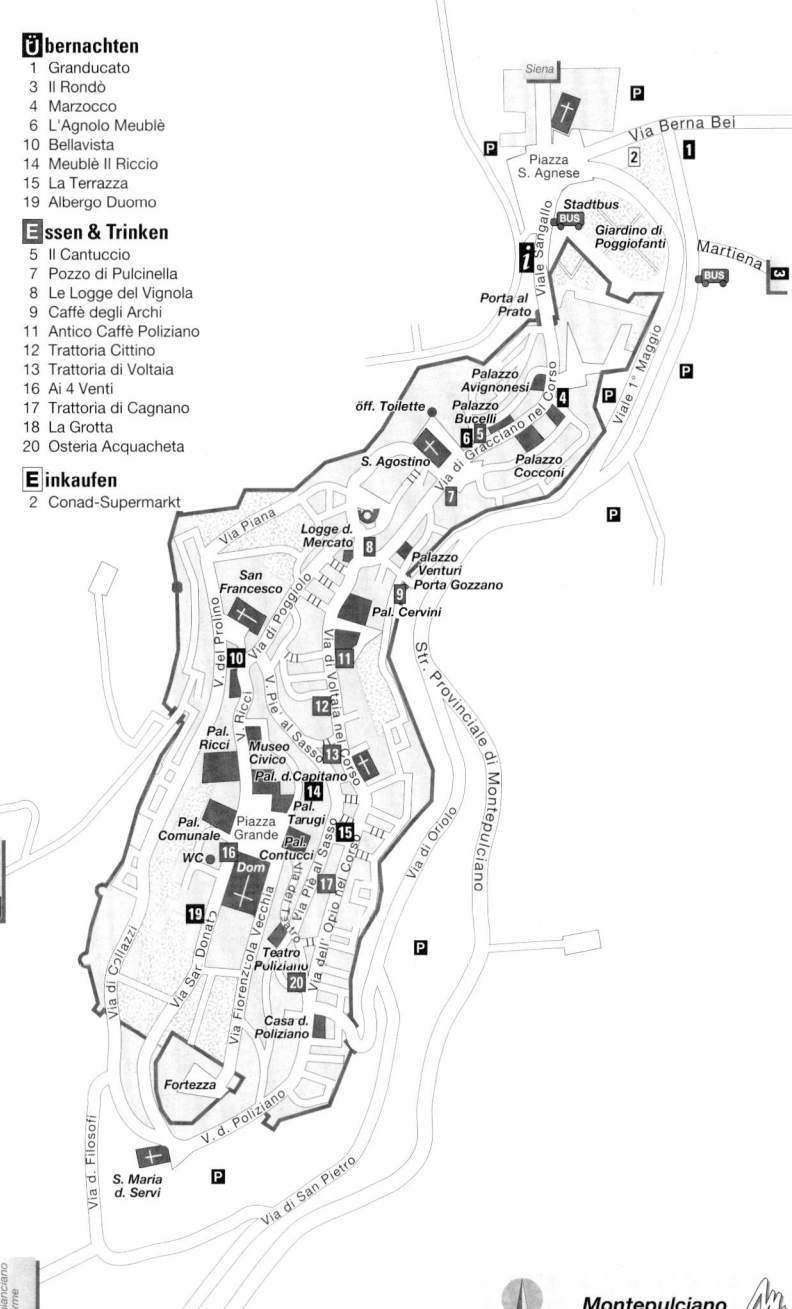

Übernachten

1 Granducato
3 Il Rondò
4 Marzocco
6 L'Agnolo Meublè
10 Bellavista
14 Meublè Il Riccio
15 La Terrazza
19 Albergo Duomo

Essen & Trinken

5 Il Cantuccio
7 Pozzo di Pulcinella
8 Le Logge del Vignola
9 Caffè degli Archi
11 Antico Caffè Poliziano
12 Trattoria Cittino
13 Trattoria di Voltaia
16 Ai 4 Venti
17 Trattoria di Cagnano
18 La Grotta
20 Osteria Acquacheta

Einkaufen

2 Conad-Supermarkt

Siena

Via Berna Bei

Piazza
S. Agnese

Stadtbus

Giardino di
Poggiofanti

Martiena

Viale Sangallo

Porta al
Prato

Via I° Maggio

Palazzo
Avignonesi

öff. Toilette

Palazzo
Bucelli

Palazzo
Cocconi

S. Agostino

Via di Gracciano nel Corso

Via Piana

Logge d.
Mercato

Palazzo
Venturi
Porta Gozzano

San
Francesco

Pal. Cervini

Via del Prolino

Via di Poggiolo

V. Pie' al Sasso

Via di Voltaia nel Corso

Str. Provinciale di Montepulciano

V. Ricci

Pal.
Ricci

Museo
Civico

Pal. d.Capitano

Pal.
Tarugi

Via di Oriolo

Pal.
Comunale

Piazza
Grande

Pal.
Contucci

WC

Dom

S. Biagio

Via di Collazzi

Via Sa Donato

Via Fiorenzuola Vecchia

Via di Opio nel Corso

Via di Piera Sasso

Teatro
Poliziano

Casa d.
Poliziano

Fortezza

V. d. Poliziano

Via d. Filosofi

S. Maria
d. Servi

Via di San Pietro

S. Biagio,
Chianciano
Terme

Montepulciano

100 m

Bellavista (10), vermietet sehr schlichte Camere (auch tageweise), (fragen Sie nach Zimmer Nr. 6 – mit Terrasse). DZ 50–70 €. Via Ricci 25, ✆ 347-8232314 (mobil) oder 338-2291964 (mobil), ✆ 0578-716341.

Cittino, im gleichnamigen Restaurant (s. u.). Einige DZ ohne Bad für 35 €. ✆ 0578-757335.

● *Außerhalb* ***** Panoramic**, ca. 3 km außerhalb Richtung Chianciano. Gepflegtes Hotel mit Pool in Toplage auf einem Hügel, in den 1960er Jahren erbaut und komplett im damaligen Stil eingerichtet. DZ mit Frühstück 90–150 €. Via Villa Bianca 8, ✆ 0578-798398, ✆ 0578-799205, www.hotelpanoramic.com.

● *Ferienwohnungen* **Terre Toscane**, vermutlich die kompetenteste Agentur für Ferienhäuser und -wohnungen in der Region Montepulciano wie in der gesamten Südtoscana. Großes Angebot. Deutschsprachig. Via del Teatro 19, ✆ 0578-758582, ✆ 0578-757098, www.terretoscaneagency.it.

● *Agriturismo* **Podere Fontecastello**, (am unteren Stadtrand, ca. 500 m vom Stadio Comunale). Hübsch restauriertes Landhaus mit geschmackvoll eingerichteten Appartements mit Küche für 2–6 Pers. Bei der netten Vermieterin Signora Paganelli können Sie Wein degustieren und kaufen, zudem auch Verkauf von Olivenöl. Mai–Okt. nur wochenweise für 390–500 € (im Juli/Aug. 470–570 €), Nov.–April auch tageweise für 60 € (2 Pers.). Via Acqua Puzzola 3, ✆ 0578-716831 oder 335-6644419, www.fontecastello.it.

● *Essen/Trinken* **Il Cantuccio (5)**, Via delle Cantine 1. Gute toscanische Küche zu gehobenen Preisen, begleitet vom relativ teuren Hauswein. Das Hühnchen auf etruskische Art oder Pici mit Ente lassen sich hier in gediegenem, etwas plüschigem Ambiente verspeisen. Mo geschlossen. ✆ 0578-757870.

Le Logge del Vignola (8), Via delle Erbe 6. Sehr schickes Ristorante mit jährlich wiederkehrenden Veronelli-Auszeichnungen. Gehobenes Preisniveau, in kurzen Hosen und Sandalen sollte man nicht kommen. Di geschlossen. ✆/✆ 0578-717290.

La Grotta (18), Via di San Biagio 15. Edelristorante gegenüber der Kirche San Biagio. Nobles Ambiente in zwei Speisesälen, kleiner Garten. Toscanische Spezialitäten, im Angebot selbstverständlich auch einige hervorragende Weine. Mi geschlossen. ✆ 0578-757607.

Osteria Acquacheta (20), Via del Teatro 22, der Tipp auch für kleinere toscanische Gerichte in gemütlichem Ambiente eines Familienbetriebes. Di geschlossen. ✆ 0578-717086.

Trattoria di Voltaia (13), Via di Voltaia nel Corso 86. Sehr günstig, frisch zubereitete einfache Küche, niedriges Preisniveau, aufmerksamer Service, angenehm unspektakulär. Ein paar Tische auf dem Corso. 12–23 Uhr geöffnet, Sa geschlossen. ✆ 0578-757582.

Trattoria di Cagnano (17), Via dell'Opio nel Corso 30, lebhafter Betrieb, in dem es in mehreren Sälen vor allem Pizza gibt. Ideal auch für Kinder. Mo geschlossen. ✆ 0578-758757.

Ai 4 Venti (16), Piazza Grande. Wer mit Blick auf die Piazza Grande speisen möchte, kann das hier bei klassischer toscanischer Küche tun. Do geschlossen. ✆ 0578-717231.

Pozzo di Pulcinella (7), Piazza Michelozzo 7. Toscanische Gerichte und Pizza im mittelalterlichen Gewölbe oder draußen auf der großen Terrazza. Preiswert. Viele Touristen. ✆ 0578-757040.

Trattoria Cittino (12), Vicolo della Via Nuova 2. Vermutlich das preiswerteste Restaurant von Montepulciano, TV inklusive. Speisekarte im Aushang studieren oder mit der Wirtin Marcella Italienisch parlieren. Sie hält nichts von der Cucina nobile, sondern pflegt Hausmannskost, die jedermann bezahlen kann, z. B. *Pici bianchi* mit Semmelbröseln. Weitere Spezialität ist eine Soße aus Wurstbrät mit Sahne und Pilzen. In der Nebensaison riskiert man Wartezeiten, die Wirtin ist dann oft allein für Küche, Bar und Service zuständig (ohne ihre Freundlichkeit zu verlieren). Mi geschlossen. ✆ 0578-757333.

Pizza al Taglio, für den kleineren Hunger. Leckere Pizze zum Mitnehmen gibt es in der Via di Gracciano 25.

Antico Caffè Poliziano (11), Via Voltaia nel Corso 27. Nobles, 1868 eröffnetes Traditionscafé mit Verspiegelung auf zwei Etagen, erstrahlt seit der Renovierung 1992 in neuem Glanz. Die grandiose Aussicht vom Judenstilbalkon (für gerade mal drei Personen) über die Landschaft hilft, die teuren Preise zu verdauen (an der Bar kostet der Cappuccino übrigens nur 1 €, im Gegensatz zur Nehmen-Sie-Platz-Variante, die für 3 € zu haben ist). Feines Restaurant im Kellergeschoss. ✆ 0578-758615.

Caffè degli Archi (9), Vicolo San Cristofano 2, großes Café im Neon-Stil, etwas versteckt gelegen. Erst abends um 23 Uhr wird es voll. Snacks, Bier, gelegentlich Livemusik (Jazz). 21–3 Uhr geöffnet. ✆ 0578-757739.

Wein aus Montepulciano – Cantina Contucci

Erwähnt wurde das Weinanbaugebiet um Montepulciano bereits in einer Schenkungsurkunde aus dem Jahr 790. 1549 dann attestierte Sante Lancerio, der Kellermeister Papst Pauls II., dem Nobile aus Montepulciano erstmals eine außergewöhnliche Qualität (vino perfettissimo), und im 17. Jh. kürte ihn der Dichter Francesco Redi sogar zum König aller Weine. Doch zum Spitzenwein wurde der **Vino Nobile di Montepulciano** erst 1980 durch die Erhebung in den DOCG-Status (Denominazione di Origine Controllata e Garantita) und die damit verbundene Festlegung von Rebsorten und Verarbeitungsmethode. Die Basis für den Vino Nobile bildet mit einem Anteil von 80 % die Rebsorte *Prugnolo Gentile* (eng verwandt mit der Sangiovese-Traube), für die besondere Eleganz des Weines sorgt mit 15 % der *Canaiolo Nero*, und das charakteristische Bouquet stammt von der *Mammolo*-Traube (5 %). Die vorgeschriebene Lagerzeit beträgt zwei Jahre im Holzfass; beim *Vino Nobile Riserva* sind es drei Jahre.

Der **Rosso di Montepulciano** ist die preiswertere Variante des Vino Nobile. Diese Appellation bietet den Winzern von Montepulciano die Möglichkeit, die für den Nobile angebauten Traubensorten auch zu einem leichteren, bereits früher genussreifen Rotwein zu verarbeiten. Die vorgeschriebene Lagerzeit des Rosso beträgt nur sechs Monate.

Probierstuben der Vino-Nobile-Erzeuger gibt es zahlreiche im Ort. Die älteste befindet sich im **Contucci-Palast** an der Piazza Grande, wo die gleichnamige Familie auf eine Tradition bis ins 11. Jh. zurückblickt. Hier werden die Spitzenweine der *Azienda Agricola Contucci* gelagert und zur Verkostung angeboten. Kellermeister *Adamo Pallecchi*, der seinen Beruf seit über 40 Jahren mit großer Leidenschaft ausübt, führt Sie herum – und plaudert ganz nebenbei ein wenig aus dem Nähkästchen: z. B. dass er seine Weine zweimal im Jahr umlagert, dies aber nur bei abnehmendem Mond und einem Hochdruck von 1000–1020 Millibar, oder dass er als Traditionalist vom Barrique-Ausbau rein gar nichts hält – man will ja schließlich den Wein schmecken, nicht das Fass. Im alten Weinkeller erwartet den Besucher dann ein riesiges labyrinthartiges Weinlager, dessen edle Gerüche ihn erwartungsfroh der Degustation entgegensehen lassen. Der Preis für einen Vino Nobile liegt in der Cantina Contucci bei ca. 11 €, der edlere Pietra Rossa kostet 14 €, ein Riserva 20 €, für einen einfacheren Rosso di Montepulciano zahlt man 7 €. Die Cantina ist täglich 8–12.30 und 14.30–18.30 Uhr geöffnet (Via S. Donato 15, ☎ 0578-757006, 📠 0578-752891, www.contucci.it).

Weitere Informationen über die Weine aus Montepulciano erhalten Sie an der Dom-Piazza bei der *Associazione La Strada del Vino Nobile di Montepulciano* (Piazza Grande 7), s. oben unter Information.

Sehenswertes

Centro storico: Kurz hinter dem unteren Ortseingang, der *Porta al Prato* aus dem 13. Jh. (im 16. Jh. restauriert), gelangt man zur *Piazza Savonarola*: Hier wurde 1511 die *Colonna del Marzocco* mit dem florentinischen Löwen als eindrucksvolles Machtsymbol der Republik Florenz aufgestellt. Zu sehen ist heute eine Kopie aus dem Jahr 1856, das Original des Löwen befindet sich im Museo Civico (s. u.).

Gegenüber stößt man auf den *Palazzo Avignonesi*, an dessen Architektur der Baumeister Vignola (1507–1573) maßgeblich beteiligt gewesen sein soll. Nur wenige
Meter weiter fällt der *Palazzo Bucelli* (Nr. 73) ins Auge; sein Gebäudesockel ist fast
vollständig mit Bruchstücken etruskischer Graburnen verziert.

Ein Stück weiter ragt die elegante Marmorfassade der *Chiesa Sant'Agostino* auf (außen
Frührenaissance und innen Spätbarock). Auf dem gegenüberliegenden Glockenturm
schlägt der in weißem Blech gewandete Commedia-dell'Arte-Clown *Pulcinella* die
Stunden. Es heißt, ein verbannter neapolitanischer Bischof habe das Glockenspiel der
Stadt überlassen, zum Dank dafür, dass er mehrere erfüllte Jahre hier verbringen durfte.

Piazza Grande: An dem von Palästen und Rathaus umgebenen Hauptplatz in der
Oberstadt dominiert als neuestes Bauwerk der frühbarocke **Dom**. Um 1600, in einer
Phase des wirtschaftlichen Niedergangs, begonnen, wurde die rohe Backsteinfassade
nie ganz fertig gestellt. Der unförmige, bauklotzartige Turm stammt noch vom Vor-
gängerbau aus dem 15. Jh. Über dem Altar strahlt ein großartiges, farbenfrohes
Triptychon von *Taddeo di Bartolo*, links neben dem Eingang ein Terrakotta-Altar von
Andrea della Robbia, die Seitenaltäre sind den geldklammen Stiftern gewidmet.

In einer Seitengasse betreiben drei alte Mosaikleger ihre kleinen Werkstätten – viel
Hübsches und auch manch Kitschiges. Dieser aussterbenden Zunft soll durch eine
jüngst eröffnete Fachhochschule für Mosaikkunst das Überleben gesichert werden.
① Der Dom ist täglich von 9.30–13 und von 15–19 Uhr geöffnet.

Museo Civico: Das Museum in der Via Ricci 10 umfasst vier Abteilungen: in der archäologischen Abteilung etruskische Urnen und Grabbeigaben sowie römische
Funde aus der Umgebung, in der Sezione Poliziano einige Travertin-Arbeiten aus
dem 14.–17. Jh. (u. a. der florentinische Löwe *Marzocco*). In der Pinakothek warten
zahlreiche Altar- und Madonnengemälde aus dem 13.–16. Jh. (das wertvollste
Stück der Sammlung schuf *Sodoma* zwischen 1530 und 1535: die Sacra Famiglia
con San Giovannino), außerdem Landschaftsansichten, Stillleben sowie Porträts

Fassrollen als Wettbewerb

Porto S. Stefano – lebendiger Fischerort am Monte Argentario ▲▲
Orbetello – Mittagsstimmung am Hauptplatz ▲

Porto S. Stefano – noch etwa 40 Fischtrawler sind gemeldet

100-Seelen-Ort im Süden der Maremma – Sovana ▲▲

Abseits der gängigen Rundtouren – in Roccatederighi ▲▲
Am Hügel gebaute Dörfer finden sich in der ▲
südlichen Toscana viele

▲▲ Capalbio – graues Festungsdorf am Südrand der Toscana
▲ "Zwerg-Monte" vor dem Monte Argentario

Montepulciano (665 m) – eines der höchstgelegenen Städtchen der Toscana

aus dem 17.–18. Jh. Eine eigene Abteilung ist den Terrakotta-Arbeiten von *Andrea della Robbia* gewidmet.

🕐 Im Sommer Di–So 10–13 und 15–19 Uhr (August durchgehend), im Winter Sa–So 10–13 und 15–18 Uhr. Eintritt ca. 4 € (ermäßigt ca. 2,50 €).

Teatro Poliziano: Man meint, eine hübsch renovierte Miniaturausgabe der Mailänder Scala zu betreten. Jede der ansässigen Adelsfamilien besitzt eine eigene Loge. Viele öffentliche Veranstaltungen vom Neujahrsfest bis zum Fastnachtsball finden hier statt. Das Theater ist nur zu den Aufführungen geöffnet.

San Biagio: Außerhalb der Mauern, am Fuße des Stadthügels, steht diese honigfarbene Hochrenaissance-Kirche aus Travertin. Der auffällige, frei stehende Bau wurde von *Antonio da Sangallo* 1518 begonnen, wobei er sich an byzantinischen Kreuzkuppelkirchen orientierte. Überraschend sind die frei stehenden und doch in den Grundriss integrierten Türme, von denen nur einer komplett erhalten ist. Das Innere ist dann eher enttäuschend. Im perspektivischen Zentrum steht das kleine Bild einer Madonna del Buon Viaggio, die den Reisenden eher skeptisch anblickt. Etwas von der Kirche entfernt steht die ebenfalls von Antonio da Sangallo entworfene *Canonica*, das ehemalige Pfarrhaus.

🕐 Tägl. 10–12 und 15–19 Uhr (im Sommer auch durchgehend geöffnet).

Nördlich von Montepulciano

Montefollonico

Ca. 10 km nördlich von Montepulciano, etwas abseits der SS 327, liegt das beschauliche kleine Dorf auf einem Hügel in 575 m Höhe. Die zum Teil noch erhaltenen Befestigungsmauern stammen aus dem 13./14. Jh., einer Zeit, in der Montefollonico – wie die ganze Gegend – hin- und hergerissen wurde zwischen den beiden Großmächten Siena und Florenz. Als strategischer Außenposten der Sieneser wurde Montefollonico immer wieder angegriffen, aber erst 1543 von den Truppen *Karls V.* eingenommen und den florentinischen Medici unterstellt. Heute herrscht hier dörfliche Ruhe. Ein Spaziergang durch das stille Centro storico führt von der *Porta della Pianello* zum höchsten Punkt des Ortes, an dem sich die romanische *Pieve di San Leonardo* aus dem frühen 13. Jh. erhebt. Touristen trifft man in Montefollonico nicht viele.

• *PLZ* 53040

• *Information* In der Porta della Pianello. Nicht sehr kompetent und bei einer zweiten Frage eher unfreundlich. Mo/Do/Fr 9–13 Uhr, Mi/Sa 15–19 Uhr, So 9–13 Uhr. ✆ 333-3128813 (mobil).

• *Übernachten/Agriturismo* **Antica Fattoria di Montefollonico La Costa**, 15 komfortable Zimmer stehen zur Wahl, die teureren größer und mit Balkon. DZ ab 120 €. Via Coppoli 11-27 (Centro storico), ✆ 0577-669488, 📠 0577-668800, www.lacosta.it.

• *Außerhalb* ***** La Chiusa**, etwas außerhalb gelegene Nobelherberge (am unteren Ortsende ausgeschildert) mit nicht minder noblem Ristorante. Luxuriöse Zimmer – v. a. die Badezimmer mit Wanne und z. T. mit Jacuzzi sind ein Traum. Sehr stilvolles Ambiente in renoviertem altem Gemäuer, alle Zimmer mit Kühlschrank und TV. Entsprechend teuer. Das DZ gibt es ab 200 €, die Luxussuite ab 400 €. Via della Madonnina 88, ✆ 0577-669668, 📠 0577-669593, www.ristorantelachiusa.it.

Agriturismo La Vigna, nettes Anwesen mit gepflegtem Pool. Die freundliche Signora De Giacomo kümmert sich um das Wohl ihrer Gäste. Freundlich ist auch Maya, eine Mischung aus Labrador und Maremmano. 5 Appartements. 2 Pers. zahlen ab 420 €/ Woche, 4 Pers. ab 660 €/Woche. Via la Vigna 1 (5 km in Richtung nach Torrita di Siena, dann bei einer Kurve auf der linken Seite), ✆ 0577-669714, 📠 0577-668828, www.agriturismolavigna.it.

• *Essen/Trinken* **Antica Fattoria di Montefollonico La Costa**, im gleichnamigen Hotel (s. o.). Vornehmes Restaurant, tolles Ambiente, herrliche Terrasse mit schönem Blick, allerdings sehr gehobene Preisklasse.

Osteria/Merenderia/Vineria La Botta Piena, Piazza Donisia Cinughi (Centro storico). Schinken, Salami, hausgemachte Pici und alles, was man mit einem Pecorino anstellen kann (Pecorino mit Erdbeeren, mit Kürbismarmelade, all'aceto balsamico etc.) – und der Rote kommt im Fiasco auf den Tisch. Ein Laden mit Spezialitäten aus der Region ergänzt das Angebot. ✆ 0577-669481.

Ristorante 13 Gobbi, direkt an der Porta del Pianello, gemäßigtes Preisniveau, kleiner Garten. Mi geschlossen. ✆ 0577-669755.

Bar dello Sport, direkt außerhalb der Stadtmauer an der Porta del Pianello, lädt zum Cappuccino im schattigen Garten ein.

• *Außerhalb* **Ristorante La Chiusa**, im Hotel gleichen Namens (s. o.) und nicht minder nobel. Traditionelle toscanische Küche, der Service zuvorkommend, die Preise gehoben. Di geschlossen.

Torrita di Siena

Der kleine Ort (ca. 18 km von Montepulciano) liegt auf einem Hügel über dem Valdichiana und wird von den meisten Touristen ignoriert. Torrita di Siena war, wie der Name schon sagt, eine Verbündete der Sieneser und spielte im 14./15. Jh. im Kampf mit Florenz um die Vormachtstellung in der Region eine nicht unbedeutende Rolle. 1554 wurde die Stadt nahezu zerstört (von den Befestigungsmauern aus dem 14. Jh. ist nicht mehr viel erhalten) und unterstand fortan Florenz. Einen wirtschaftlichen Aufschwung erfuhr Torrita, als im 18. Jh. die Sümpfe des Valdichiana trocken gelegt wurden und ertragreiche landwirtschaftliche Flächen entstanden.

Beim Bummel durch die ruhigen Gassen stößt man unweigerlich auf die etwa in der Mitte des Ortes gelegene *Piazza Matteotti* mit Café/Bar. Hier finden im Sommer Freilichtveranstaltungen – u. a. auch ein Jazzfestival – statt. Sehenswert ist die *Chiesa di Santa Croce* aus dem Jahr 1642, die nur wenige Schritte von der Piazza entfernt ist. Hinter der schlichten roten Backsteinfassade verbirgt sich eine reiche

barocke Innenausstattung. Auffälligstes Gebäude im Centro storico ist der mittelalterliche *Palazzo Pretorio* an der Piazza Matteotti. Geschäfte und Restaurants findet
man im alten Ortsteil von Torrita kaum, die ungleich größere Neustadt lohnt keinen Besuch.

Information **Ufficio turistico** in der Via Otavio Maestri (im Zentrum in der Nähe der Piazza).
Mi–So 9.30–12.20 und 15.30–18.30 Uhr, allerdings nur in der Saison. ☏ 0577-686571.

Südöstlich von Montepulciano

Chianciano Terme   *(ca. 7400 Einw.)*

**Vom alten Zentrum ziehen sich die unzähligen Hotelbauten etwa drei Kilo-
meter an einem sanften Talhang entlang nach Süden. Große Straßenzüge
prägen das Bild, von Toscana-Flair ist hier nichts zu spüren. Der Kurort für
Leberleidende konkurriert mit dem westlich von Florenz gelegenen Montecatini Terme.**

Die Heilquellen müssen schon den Etruskern bekannt gewesen sein. In der Neuzeit
wurden sie erst um die Wende zum 20. Jh. wiederentdeckt. Aus dieser Zeit stammt
noch das noble Grand Hotel mit seinem luxuriösen Foyer. Den eigentlichen Boom
erlebte der Kurort dann nach dem Zweiten Weltkrieg, besonders in den 1960er Jahren. 250 Hotels mit 13.000 Betten wurden insgesamt gebaut! Als Zentrum des neu-
städtischen Kurorts kann die *Piazza Italia* gelten. Nahezu unbehelligt vom Kurbetrieb liegt hingegen das beschauliche Centro storico von Chianciano mit seiner
Häuserkrone auf dem Stadthügel.

Nebenbei hat der Kurbetrieb zur Einrichtung zweier prächtiger Kurparks geführt.
Sie sind gut ausgeschildert und liegen praktisch nebeneinander:

Parco Acqua Santa: Hier werden Trinkkuren gegen Leber- und Magenbeschwer-
den verabreicht – auf nüchternen Magen!

⏲ ganzjährig tägl. 8–12 und 15–19 Uhr. Eintritt 9 € (Nebensaison 7 €) inkl. Heilwasser und Eintritt in den Parco Fucoli. 17–19 Uhr ist der Eintritt gratis.

Terme Sensoriali: Die Thermen der Sinne sind eine neue kleine, aber feine Well-
ness-Einrichung auf dem Gelände des Parco Acqua Santa. Um sich mit allen Sinnen
den wohltuenden Wirkungen der Elemente Luft, Feuer, Erde, Wasser zu unterzie-
hen, sollte man für den Parcours des Wohlbefindens ca. 3 Stunden einplanen. Ba-
dekleidung mitbringen.

⏲ täglich 10–22 Uhr. Eintritt 36 €. ☏ 0578-68480. www.termechianciano.it.

Parco Fucoli: Die üppig grüne und gepflegte Anlage verfügt über eine Boccia-
Bahn und einen Minigolfplatz. Während der Saison finden unter dem gigantischen
Zelt nachmittags oft Kurkonzerte und Tanzveranstaltungen statt (Infos unter
☏ 0578-68430).

⏲ Mitte April bis Mitte Oktober tägl. 8–12 und 15–19 Uhr. Eintritt morgens (7–12 Uhr) mit
dem Ticket des Parco Acqua Santa, nachmittags (16–19 Uhr) 5 € (in der Nebensaison 5 €).

La Foce: Wer sich für schöne Gartenarchitektur interessiert, sollte La Foce besuchen – Hecken von Buchsbaum, Lorbeer und Zypressen. Im Juni ist der mit blau
blühender Glyzinie berankte Laubengang am schönsten. Auch den Klassiker eines
jeden Toscana-Fotokalenders wird man hier entdecken: die berühmte serpentinen-
förmige Zypressenallee. Die Engländerin *Iris Origo*, die den Garten in den 1920er
Jahren anlegen ließ und damit einen lang gehegten Traum verwirklichte, ist später

Südliche Toscana Karte S. 618/619

La Foce

als Autorin verschiedener Bücher bekannt geworden. Ihr *Toskanisches Tagebuch 1943/1944* beschreibt, wie der Krieg im Orcia-Tal Einzug hielt und wie ihr Gut zum Auffanglager für elternlos gewordene Kinder und entflohene englische Kriegsgefangene wurde. Heute ist La Foce im Besitz der beiden Töchter der 1988 verstorbenen Autorin und kann jeden Mittwochnachmittag besichtigt werden.

⏱ Einstündige Besichtigung von April bis Sept. jeden Mi zwischen 15 und 19 Uhr; Okt.–März Mi 15–17 Uhr. Eintritt 10 €.

Museo Civico Archeologico delle Acque: Das kleine Museum kurz vor der Altstadt Chancianos am Viale Dante 8 (der ockerfarbene Palazzo links gleich am Kreisverkehr) zeigt einige Schätze aus etruskischer Zeit, wie z. B. eine beachtliche Sammlung von Urnen (200 Stück), so genannten *Canopi*.

⏱ April–Okt. Di–So 10–13 und 16–19 Uhr; Nov.–März Sa/So 10–13 und 17–19 Uhr. Eintritt 5 €.

- *PLZ* 53042
- *Information* **APT-Büro**, Piazza Italia 67. Mo–Sa 8–14 und 16–19 Uhr, So 9.30–12.30 Uhr. Kompetente Auskunft und Verkauf von Bahn- und Bustickets. ☏ 0578-671122, 📠 0578-63277, infoaptchiancianoterme@terresiena.it, www.chiancianotermeinfo.it, www.terrresiena.it.
- *Einkaufen* An Geschäften und Boutiquen besteht kein Mangel. Alles, was das Herz des Kurgastes begehrt, wird entsprechend teuer angeboten. Der **Coop** befindet sich rechts am Viale Dante Alighieri, der Straße, die in die Altstadt führt.
- *Markt* Jeden Mittwoch.

- *Übernachten* ****** Grand Hotel**, nostalgisches, großes Haus, das die Atmosphäre des einst mondänen Kurbads noch erahnen lässt. Großzügige, teilweise bereits renovierte Zimmer. Prächtige Empfangshalle mit wuchtigen Kristallleuchtern. Das Schönste ist der Speisesaal mit Pomp in altem Stil. Es gibt auch einen Pool im Hof. Oft von Gruppen frequentiert. DZ mit Frühstück 120 €. Piazza Italia 80, ☏ 0578-63333, 📠 0578-62014, www.grandhotelchianciano.it.
- *Ferienwohnung* **Palazzo dell'Opera**, schöne, aber nicht ganz billige Übernachtungsmöglichkeit in den 4 Appartements eines alten Palazzos, in dem sich alles um Giacomo Puccini dreht. Je nach Ausstattung pro Tag 105–160 €, pro Woche 620–930 €. Via

Casini 28, im Centro storico (gleich rechts nach dem Torbogen), ☎ 0578-63360, ☏ 0578-64675, www.dimorastorica.it.

• *Essen/Trinken*   **Ristorante/Pizzeria La Tavernetta**, Piazza Gramsci, Centro storico (vor dem Torbogen links). Trotz der seit 2005 anhaltenden Bauaktivitäten der größten Baustelle Chiancianos gleich neben dem Restaurant (ein Komplex aus Wohnungen, Büros, Geschäften und Garagen soll errichtet werden) hält sich die Tavernetta wacker. Hausmannskost und Pizze. Di geschlossen, ☎ 0578-31249.

Bar Centro Storico, Via Casini 22 (im alten Ortskern). Kuchen aus eigener Produktion, den man am besten auf der Panorama-Terrasse genießt. Auch Primi.

Chiusi   *(ca. 10.000 Einw.)*

Der auf einem kleinen Hügel erbaute Ort war Königssitz von Porsenna, dem wohl mächtigsten Führer der etruskischen Konföderation. Nach den Aufzeichnungen von Plinius dem Älteren, einem der ersten römischen Geschichtsschreiber, soll Porsenna im Jahre 507/506 v. Chr. Rom erobert und mit Tributpflicht belegt haben.

Plinius zitiert aus den Aufzeichnungen eines gewissen *Terenzio Varone*, nach denen sich unterhalb von Chiusi das mächtige pyramidenförmige Grab des Herrschers befinden sollte. Bei dessen letzter Ruhestätte handele es sich – so der Chronist – um eine pure Orgie in Gold: ein goldener Wagen, gezogen von zwölf goldenen Pferden, dazu ein goldenes Huhn und 5000 Küken, ebenfalls aus dem edlen Material gefertigt. Gesichert ist, dass ein Teil der Stollen zu Verteidigungszwecken erbaut wurde: Die Krieger konnten auf diesem Wege die Stadt verlassen und dem Feind dann in den Rücken fallen.

Der Tourismus hat für Chiusi nur eine geringe wirtschaftliche Bedeutung. Arbeitsplätze schaffen der Schlachthof, die Lederverarbeitung (Schuhe) und eine Möbelfabrik. Das ruhige Zentrum von Chiusi lädt zum Spaziergang ein. In der Hauptgasse Via Porsenna finden sich zahlreiche kleine Geschäfte, und von der *Piazza Olivazzo* (von der Via Porsenna über die Via Petrarca zu erreichen) mit ihren einladenden Steinbänken hat man ein herrliches Panorama über das Umland. Treffpunkt des Städtchens ist der kleine, schattige Park gegenüber dem Etruskischen Museum.

Die wenig idyllische Neustadt Chiusi Scalo befindet sich 3 km östlich der Altstadt. Hier kann man verhältnismäßig günstig übernachten (die meisten Hotels liegen allerdings nicht gerade ruhig in Bahnhofsnähe), von Chiusi Scalo bestehen außerdem gute Bus- und Bahnverbindungen nach Florenz, Siena und in die nähere Umgebung.

Information/Verbindungen/Feste

• *PLZ* 53043

• *Information* **Pro Loco**, Piazza Carlo Baldini (Domplatz). Mo–Sa 9.30–12.30 und 15.30–18.30 Uhr, So 9.30–12 Uhr. Hier erhält man die Eintrittskarten für alle unten genannten Museen und Ausstellungen. Das Sammelticket für alle Sehenswürdigkeiten kostet ohne den Besuch der Katakomben 8 €, mit Katakomben 11 €. ☏/☎ 0578-227667. prolocochiusi@bcc.tin.it, www.comune.chiusi.siena.it.

• *Bahnverbindung*   Chiusi liegt an der Bahnlinie Arezzo–Orvieto–Rom. Der Bahnhof befindet sich in der Neustadt Chiusi Scalo; von hier häufige Verbindungen (ca. stündl.) nach Siena und Florenz. Außerdem mehrmals tägl. nach Rom, Mailand etc. Busverbindung zwischen dem Bahnhof und der Altstadt (Via Garibaldi) alle 30 Min.

• *Busverbindung*   Busse starten vor dem Bahnhof in Chiusi Scalo. 3x tägl. Siena, 9x Chianciano Terme und Montepulciano, 2x

Cetona, 4x San Casciano dei Bagni, 4x Radicofani und weiter nach Abbadia San Salvatore sowie 4x tägl. nach Sarteano. Fahrscheine erhält man am Zeitungskiosk in der Bahnhofshalle.

● *Parken* Am Ortsrand von Chiusi (beim Teatro Comunale) mit Parkscheibe, in Chiusi Scalo ausreichend Parkmöglichkeiten in den Seitenstraßen.

● *Pasticceria* **Tiribocchi**, Via E. Baldetti 10 (im Centro storico). Der gute Duft ist nicht zu überriechen. Meister Francescos Erfindung sind die Dolce di Porsenna, eine Art etruskisches Früchtebrot. Alles aus eigener Produktion.

● *Feste und Veranstaltungen* Jedes Jahr am 3. Juli das **Patronatsfest** zu Ehren der heiligen Mustiola, einer römischen Patrizierin und Märtyrerin. Ihre Überreste befinden sich im Dom. Mit beeindruckender nächtlicher Prozession.

Palla al Bracciale, ein historisches Faustballspiel, das alljährlich an zwei aufeinander folgenden Sonntagnachmittagen in der ersten Septemberhälfte stattfindet.

Ein sehr beliebtes örtliches **Weinfest** fällt in die letzte Septemberwoche.

● *Einkaufen/Markt* Dienstags Wochenmarkt auf der Piazza Carlo Baldini (Domplatz). Am Montag konkurriert Chiusi Scalo mit einem großen Markttreiben.

Übernachten

** **La Sfinge**, gastfreundliche, nette Wirtsleute, gepflegte, größtenteils geräumige Zimmer. 12 DZ mit Bad und unterschiedlicher Ausstattung zu 60–77 €. Das Schönste ist die Nr. 15. Via Marconi 2 (am unteren Ende der zentralen Via Porsenna), ✆/℡ 0578-20157, www.albergolasfinge.com.

B & B La Casa Toscana, gepflegtes Bed & Breakfast im Zentrum der Altstadt mit acht geschmackvoll eingerichteten, kleinen DZ, teilweise mit bemalten Holzdecken. Vom Gemeinschaftsbalkon des schönen Palazzo aus dem 18. Jh. hat man einen Blick auf die Kathedrale. DZ mit Bad, TV, Kühlschrank und Frühstück 75–85 €. Via E. Baldetti 37, ✆ 0578-222227, ℡ 0578-223812, www.valerianigroup.com.

● *Außerhalb* *** **Centrale**, alteingesessen (seit 1910), aber gut in Schuss. DZ 54–62 €, kein Frühstück. Piazza Dante 3, Chiusi Scalo (beim Bahnhof), ✆ 0578-20118, ℡ 0578-222043.

** **I Longobardi**, Gesamteindruck: etwas zu steril. DZ mit Bad 50 €, ohne Bad 38 €. Via

Leonardo da Vinci 59, Chiusi Scalo (ebenfalls nur wenige Meter vom Bahnhof), ✆/℡ 0578-20115.

* **La Rosetta**, gepflegt, aber ziemlich einfach. Im angeschlossenen Restaurant wird deftige Hausmannskost serviert (sehr preiswert). Freundliche Besitzerin. DZ mit Bad 44 €, die günstigste Unterkunft in Chiusi Scalo. Via Mameli 53, Chiusi Scalo (ca. 300 m vom Bahnhof), ✆ 0578-20077.

Bed & Breakfast Le Rondine, Anfahrt: von Chiusi ca. 2,5 km in Richtung Chianciano, dann rechts auf das Hinweisschild achten und weitere 1,8 km der Holperstrecke folgen (Strada del Peraio). Auf Anfrage wird für die Gäste auch gekocht. Vermietet wird auch ein schönes Appartement mit Kamin und Wendeltreppe. Nette, familiäre Zimmervermietung mit 4 DZ zu ca. 80 €. Appartement bis 4 Pers. nur wochenweise. Loc. Fontepinella, ✆ 0578-274354 oder 347-6382858 (mobil), www.lerondini.it.

● *Camping* Siehe Umgebung/Lago di Chiusi.

Essen/Trinken

Eine Spezialität, die angeblich auf die Etrusker zurückgeht, ist der *Pesce Brustico*. Über offenem Feuer (aus getrocknetem Schilf vom See) wird der nicht ausgenommene Fisch mit Schuppen, Kopf und Schwanz fast schwarz gebraten und erst vor dem Servieren mit Zitrone, Öl, Salz und Pfeffer gewürzt.

La Zaira, Via Arunte 12. Chiusis vornehmste Adresse. Im Familienbetrieb geführt, sehr gepflegte, etwas steife Atmosphäre. Die Chefköchin schlägt u. a. vor: Wildschweinschinken, Kaninchen mit Zitronensoße, Filet vom Chianina-Rind mit balsamischer Weintraubenextraktsoße, Taube auf etruskische Art. Ein Dutzend Gastronomieführer, die

das Restaurant erwähnt haben, stehen auf dem Bücherbrett. Man sollte sich unbedingt den Weinkeller, der Teil des Porsenna-Labyrinths (siehe Sehenswertes) ist, zeigen lassen. Hier lagern ca. 20.000 Flaschen Wein. Außerhalb der Saison Mo geschlossen, ✆ 0578-20260.

La Solita Zuppa, Via Porsenna 21. Der Name (die gewöhnliche Suppe) verrät Bescheidenheit. Hier wird in modernem Ambiente traditionelle Küche serviert. Ein so reiches Angebot an Suppen findet man selten in Restaurants. Viele einheimische Gäste essen hier zu zivilen Preisen. Begeistert von der Solita Zuppa waren auch einige Leser, besonders von dem Wildschweinbraten in Rotweinsoße und der netten, zuvorkommenden Bewirtung. Di geschlossen. ✆ 0578-21006.

Il Bucchero, Via Bonci 28. Hübscher, mit Wein überrankter Hintergarten, gute, preiswerte Pizzen (nur abends), günstig sind aber auch die anderen Gerichte. Mi geschlossen. ✆ 0578-222092.

Osteria Etrusca, Via Porsenna 78 (beim Infobüro ums Eck). Die alteingesessene Rosticceria/Pizzeria Il Duomo hat mit dem neuen Besitzer den Namen gewechselt. Tägl. wechselnde Hauptgerichte, vor allem aber Pizze (auch vom Blech). Straßenbetischung. Di geschlossen. ✆ 0578-222243.

Il Grillo è Buoncantore, Piazza XX Settembre 10, geöffnet 7.30–15 und dann wieder ab 17 Uhr. Enoteca mit Pizza, selbst gebackenem Brot, Aufschnitt- und Käsespezialitäten sowie vielen kleinen Gerichten zu gutem Wein. Junge, nette Wirtin. Vom Neonlicht sollte man sich nicht abschrecken lassen; im Keller sitzt man abends gemütlich bei Kerzenschein. Mo geschlossen, ✆ 0578-20112.

Il Kantharos, Via Porsenna 37/39, winziger Gastraum mit 3 Tischen und einem originellen Wirt, der in seiner winzigen Küche winzige Gerichte zubereitet. Auch gut für ein Glas Wein an der Theke. Mo geschlossen. ✆ 0578-21936.

Caffè Venezia, lädt mit schöner Terrasse und hauseigener Eisherstellung ein. Mo geschlossen. Piazza Graziano 1.

Sehenswertes

Museo Etrusco: Die umfangreiche Sammlung mit einer Fülle an kleinen und großen Exponaten bietet einen hervorragenden Einblick in die hoch entwickelte Kultur der Etrusker. Der rege Handels- und Ideenaustausch mit Griechenland zeigt sich deutlich an den Motiven der zahlreichen Tongefäße. Ausgestellt sind daneben auch Toilettenartikel (Kämme), Haus- und Küchengeräte, Goldschmuck, Waffen, Masken, bemalte Graburnen und reliefverzierte Sarkophage aus Alabaster. Kurios sind die so genannten Fälschungen: Da wurde eine Graburne einfach entleert und zum zweiten Mal benutzt, nachdem man auch das plastische Porträt des Verstorbenen durch das seines Nachfolgers ersetzt hatte – etruskisches Recycling.

⏱ Tägl. 9–20 Uhr. Eintritt 4 €. Im Eintrittspreis ist auch der Besuch der Nekropole von Poggio Renzo, also der Tomba della Pellegrina und der Tomba del Leone (s. u.) inbegriffen. Begleitete Führungen für die Tomba della Scimmia finden nur nach Anmelung Di, Do und Sa statt (im Sommer 11 und 16 Uhr, im Winter 11 und 14.30 Uhr). Eintritt 2 €. Reservierungen unter ✆ 0578-227667.

Nekropole von Poggio Renzo: Auf halbem Weg zum See von Chiusi liegen drei größere etruskischen Grabstätten (Öffnungszeiten und Eintritt siehe Museo Etrusco).

Die **Tomba della Scimmia**, das Grab des Affen (5. Jh. v. Chr.), besteht aus einer Vorhalle und drei Grabkammern. Auf einem Wandfresko mit zahlreichen Sport-, Spiel- und Kampfszenen ist auch ein kleiner Affe zu sehen – daher der Name des Grabs, das von 1979 bis 2001 umfangreich restauriert wurde und erst seit einigen Jahren der Öffentlichkeit wieder zugänglich ist.

Die **Tomba della Pellegrina** und die **Tomba del Leone** enthalten kolorierte Urnen und reliefverzierte Sarkophage. Beim besser erhaltenen Grab der Pilgerin handelt es sich um ein so genanntes Ganggrab mit vier Grabnischen und drei Grabkammern. Auf einer der Graburnen sind Kampfszenen zwischen Griechen und Galliern zu sehen. Eine weitere Darstellung zeigt die Plünderung des Heiligtums von Delphi durch die Gallier.

Südliche Toscana

Karte S. 618/619

Fast schon futuristisch anmutend – das Grabmal des Etruskerfürsten Porsenna, das sich der Legende nach tief unter der Stadt befinden soll

Dom San Secondiano: Der Dom gehört zu den ältesten Kirchen der Toscana, ein erster Bau datiert aus dem 6. Jh. Aus dieser Epoche stammen noch die antiken römischen Säulen, die das Mittelschiff abstützen, und der Mosaikboden, auf dem der Altar steht. Der heutige Baukörper datiert im Wesentlichen aus dem 13. Jh. Die falschen Mosaiken hingegen sind eine Zutat aus dem 19. Jh. Das angeschlossene **Dommuseum** ist etwas für Liebhaber (u. a. Chorbücher aus dem 15. Jh.).

 Die Öffnungszeiten sind identisch mit denen des Porsenna-Labyrinths (s. u.). Eintritt 2 €, Sammelticket Dommuseum und Porsenna-Labyrinth 4 €.

Porsenna-Labyrinth: Das weit verzweigte etruskische Gangsystem mit Wasserversorgung und Belüftungsschächten wurde bereits in den 1920er Jahren erforscht. 1989–95 wurden die Forschungen fortgesetzt, und heute ist ein 120 m langer Abschnitt der Öffentlichkeit zugänglich. Das legendäre Porsenna-Grab harrt weiterhin seiner Entdeckung.

① Juni bis Mitte Okt. tägl. 9.30–12.45 und 15.30–18.30 Uhr; Mitte Okt. bis Mai Mo–Sa 9.30–12.45 Uhr, So 9.30–12.45 Uhr und 15–18 Uhr. In der Hauptsaison finden die Führungen etwa alle 30 Minuten statt. (Die Zeiten variieren allerdings von Jahr zu Jahr.) Eintritt für das Posenna-Labyrinth 3 €, das Sammelticket für Porsenna-Labyrinth und das Dommuseum 4 €.

Museo Civico: Das erst im Jahr 2004 eröffnete Museum umfasst eine kleine Ausstellung sowie die geführte Besichtigung (ca. 1 Stunde) eines weiteren unterirdischen Labyrinths. Interessant sind das System der damaligen Wasserversorgung, die Sammlung der Urnen und die Grabsteine mit Grabschriften, die den Übergang von der etruskischen zur römischen Epoche anschaulich verdeutlichen.

① Mai–Okt. Di–So 10.15/11.30/12.45/16.30/17.45 Uhr, auch von Nov. bis April finden regelmäßig Führungen statt. Eintritt 3 €.

Katakomben: Im 17. Jh. entdeckten Mönche beim Graben eines Brunnens 2 km nordöstlich von Chiusi die *Santa-Mustiola-Katakomben* aus dem 2./3. Jh.; auf die *Santa-Catarina-Katakomben* (in Chiusi Scalo) stieß man erst 1847. Es handelt sich in beiden Fällen um Grabstätten von Urchristen, die noch nach etruskischem Ritus bestattet wurden.

① Nur mit Führung (ca. 1 Stunde): Juni bis Mitte Okt. tägl. 11 und 16 Uhr; Mitte Okt. bis Mai Mo–Sa 11 Uhr, So 11 und 16 Uhr. Eintritt 5 €. Treffpunkt für die Führungen ist die Biglietteria am Dommuseum; hier erhält man auch eine Lagebeschreibung.

Umgebung

▶ **Lago di Chiusi**: 5 km nördlich von Chiusi liegt der kleine See mit etwa 1,5 km Durchmesser. Da das Seewasser, obwohl zeitweise stark mit Nitraten und landwirtschaftlichen Chemikalien verseucht, für die Trinkwasserversorgung verwendet wird, sollte das Baden eigentlich unbedenklich sein. Einladend ist der See allerdings nicht, dafür liegt vielerorts zu viel Müll herum, das Wasser wirkt trüb und nicht gerade sauber. Vogelfreunde mit Fernglas werden hier sicherlich einige interessante Zugvögel im Ufergras erspähen. *Ruderboote* (darunter auch einige sehr altersschwache Modelle) können für 3 € pro Stunde beim Ristorante Pesce d'Oro gemietet werden.

● *Übernachten/Camping/Essen* ***** La Fattoria**, 500 m vom Lago di Chiusi entfernt. Traumhafte, mit wildem Wein umrankte Landherberge mit acht komfortablen Zimmern. Von der großen Terrasse des beliebten Restaurants (Mo geschlossen) genießt man bei einer hervorragenden toscanischen Küche einen schönen Blick auf den 500 m entfernten See. Der kleine Campingplatz mit 29 Stellplätzen auf leicht abfallender Wiese mit Nadelbäumen gehört mit zum Anwesen und ist gut ausgestattet (auch elekt. Anschlüsse).Geöffnet von Mai bis Okt. DZ 85–95 € (inkl. Frühstück). Loc. Paccianese 48, ✆ 0578-21407, ✆ 0578-20644, www.la-fattoria.it.
Ristorante/Hotel/Camping Pesce d'Oro, mit netter Terrasse direkt am See gelegen.

Gute Vorspeisen und als besondere Empfehlung sei Pesce Brustico genannt, ein auf traditionelle Art gegrillter Fisch. Es werden auch einfache Zimmer vermietet (DZ 45 €). Die Einrichtungen des angeschlossenen Campingplatzes wirkten beim letzten Checkziemlich ungepflegt. Nur 27 Stellplätze, aber ausreichend schattig. Die Rezeption ist an der Bar des Restaurants. Di geschlossen. Via Sbarchino 36, ✆ 0578-21403, www.ristorantepescedoro.it.
Ristorante Da Gino, am See, beliebtes Ausflugslokal mit weit über 100 Sitzplätzen. Bodenständige Küche zu gemäßigten Preisen, auch einige Plätze auf der kleinen Terrasse. Auch Gino ist für seine etruskische Fischspezialität Pesce Brustico bekannt. Mi geschlossen. ✆ 0578-21408.

▶ **Cetona**: Etwa 9 km südwestlich von Chiusi liegt dieses pittoreske Dorf mit der mittelalterlichen Burg an seinem höchsten Punkt. Die Burganlage – inmitten von Zypressen und Pinien – ist nicht zugänglich (Privatbesitz). Zu besichtigen hingegen ist das

Südliche Toscana

Karte S. 618/619

Museo civico per la Preistoria del Monte Cetona in der Via Roma 37. Dort sind die frühgeschichtlichen Besiedlungsphasen am Monte Cetona von der Altsteinzeit bis zur Bronzezeit anhand von Funden aus Wohnhöhlen anschaulich dokumentiert. Die vorgeschichtlichen Wohnhöhlen selbst kann man im 5 km entfernt gelegenen *Parco Archeologico Naturalistico di Belverde* aufsuchen (an der Verbindungsstraße zur Straße Sarteano – San Casciano dei Bagni).

● *PLZ* 53040

● *Information* **Pro Loco**, Piazza Garibaldi 63, im Gebäude der Sala Santissima Annunziata. Geöffnet von Juni bis Mitte Okt. 9–13 und 17–19 Uhr. Freundliche, kompetente Auskunft. Falls geschlossen, kann man sich am Monitor mit Touchscreen versuchen (auch in Deutsch). ✆ 0578-239143. proloco@cetona.it, www.cetona.org.

● *Öffnungszeiten* **Museo civico per la Preistoria del Monte Cetona**, Juni–Sept. Di–So 10–13 und 16–19 Uhr, Okt.–Mai nur Sa 16–18 Uhr und So 9.30–12.30 Uhr. Eintritt 3 €. Kombi-Ticket Museo Civico und Parco Archeologico 7 €.
Parco Archeologico Naturalistico di Belverde, Juli–Sept. Di–So 9–13 und 16–19 Uhr. Zu den prähistorischen Höhlen und der Rekonstruktion einer Siedlung mit Nachbau von Hütten und Einrichtiungen auf dem Gelände nur mit Führung. Eintritt 6 €. In den anderen Monaten nur nach Vereinbarung (✆ 0578-239219).

● *Busverbindung* 4x tägl. nach Chiusi Scalo und San Casciano dei Bagni.

● *Markt* Samstags auf der Piazza Garibaldi.

● *Übernachten* **La Locanda di Anita**, jedes der fünf geschmackvoll eingerichteten Zimmer hat je nach Ausstattung einen anderen Preis. In der Nebensaison kostet das billigste DZ 90 €, in der Hauptsaison 110 €. Piazza Balestrieri 4/5/6, ✆ 0578-237075, ✆ 0578-237917, www.lalocandadianita.it.

● *Außerhalb* **Convento di San Francesco**, das Kloster aus dem 13. Jh. wurde in den 1970ern von Padre Eligio und der Mondo X, einer Gemeinschaft für ehemals Drogenabhängige, restauriert und bietet heute luxuriöse Zimmer in einem ganz außergewöhnlich gepflegten Rahmen an. Das unkonventionelle freundliche Personal besteht aus den ca. 35 Mitgliedern der Gemeinschaft, die auch kostenlose Führungen anbieten

(tägl. 8.30–12 und 15–19 Uhr). Das renommierte Restaurant des Klosters steht dem stilvollen Ambiente des Hotels in nichts nach: achtgängiges Degustationsmenü für ca. 100 € (ohne Getränke). Di geschlossen. DZ inkl. Frühstück 240 €. Via San Francesco 2 (1 km in Richtung Sarteano, dann links auf die Ausschilderung zum Convento achten), ✆ 0578-238261, ✆ 0578-239220, www.mondox.it.
Agriturismo Palazzo Bello/Casale Spagnoletto, Richtung San Casciano dei Bagni, nach ca. 3 km links ausgeschildert, von hier noch ca. 2,5 km Feldweg. Zwei große restaurierte Bauernhäuser, in denen gepflegte Appartements zu mieten sind. Pool und garantierte Ruhe inmitten von Weizen-, Mais- und Sonnenblumenfeldern. Appartement für 2 Pers. 560–620 €/Woche oder Wochenende mit 2 Übernachtungen zu 140 €, mit 3 Übernachtungen 195 €. Loc. Spagnoletto, ✆ 0578-244052 und 348-2549900 (mobil), www.traveltoscana.com.

● *Essen* **Sobborgo**, Piazza Garibaldi (etwas versteckt neben der Bar sub Sport). Sehr gepflegtes, gemütliches Ristorante mit lauschigem, überdachtem Gärtchen. Schmackhafte Fisch- und Fleischgerichte, sehr hohes Preisniveau. Mo geschlossen, ✆ 0578-239191.
Osteria Vecchia, Via Cherubini 11 (Seitenstraße der Piazza Garibaldi), ansprechendes Lokal mit Terrasse. Di geschlossen. ✆ 0578-239040.
Osteria Il Merlo, Via Sobborgo 1, kleine Osteria im alten Turm der Torre del Rivellino mit sehr ansprechendem Ambiente und raffinierten Gerichten. Mo geschlossen. ✆ 0578-238299.

● *Außerhalb* **Trattoria del Contadino**, Via dei Poggi 2 (ca. 3 km in Richtung Chiusi). Schmackhafte Pasta, gute Secondi-Auswahl und netter Service. Im Sommer auch im Garten. Unbedingt reservieren! Mo geschlossen. ✆ 0578-238461.

▶ **Sarteano**: Der kleine Ort auf 573 m Höhe wird überragt vom quadratischen Turm des *Castello dei Manenti*, das abends hübsch angestrahlt wird. Wer von Chiusi her kommt, fährt zunächst durch das kleine, eher triste Neubaugebiet Sarteanos und kann leicht in die Versuchung geraten, den Ort über die Durchgangsstraße schnurstracks wieder zu verlassen. Man sollte sich aber durchaus ein wenig Zeit nehmen, denn Sarteano hat mehr zu bieten, als es auf den ersten Blick scheint: einen schönen, an den Hang gebauten historischen Kern mit engen Gässchen, ein archäologisches Museum, das u. a. Funde vom Monte Cetona präsentiert (im Palazzo Gabrielli in der Via Roma 24, 10.30–12.30 und 16–19 Uhr, Mo geschlossen, Eintritt 2,50 €), die leider oft geschlossene *Chiesa San Martino* an der gleichnamigen Piazza mit der Verkündigung von Domenico Beccafumi, das kleine *Teatro degli Arrischianti* im Palazzo Comunale und die *Thermalquelle Santa Lucia*, die die Schwimmbäder im wirklich schönen *Parco Campeggio delle Piscine* speist – für Camper ein idealer Standort für die Erkundung der Gegend.

• *Information* **Pro Loco**, Corso Garibaldi 9. Juni–Sept. täglich 10–12.30 und 16–19.30 Uhr, Mai und Okt tägl. Mi/Do/Sa/So 10–12.30 Uhr. ✆ 0578-269204, ✆ 0578-268889. turismo@comune.sarteano.siena.it, www.comune.sarteano.siena.it.

• *Feste* **Giostra del Saracino**, jährlich am 15. August, Reiterspiel in historischen Kostümen. Das **Febbre di Cavallo**, das Pferdefieber, bricht jedes Jahr mit Ausstellungen und Vorführungen für Pferdefans in der 3. Juniwoche aus.

• *Thermalbad* Die **Santa-Lucia-Quelle** versorgt zwei Becken im Freien für Erwachsene (davon eines für die Campinggäste des Campeggio Parco delle Piscine reserviert) und eines für Kinder mit konstant 24 °C warmem Wasser. Die gesamte Anlage (Camping inklusive) macht einen sehr einladenden Eindruck. Mitte Mai bis Sept. 9–19 Uhr. Mo–Fr 10,50 € (ab 14 Uhr 9,50 €), Sa/So 13 € (ab 14 Uhr 11 €).

• *Camping* ****** Campeggio Parco delle Piscine**, am Ortsrand (gut ausgeschildert). Professionell geführter, kinderfreundlicher Campingplatz mit Thermalschwimmbecken (s. o.), über 500 teilweise schattigen Stellplätzen und gepflegten Sanitäranlagen.

Trotz der Größe sehr angenehme Urlaubsatmosphäre. Große Liege- und Spielwiesen, außerdem eine kleine Bar, ein Restaurant, ein Fernsehraum sowie Internetzugang. Einen Campingladen gibt es nicht, da die Anlage direkt in den Ort übergeht, wo man sich problemlos mit allem Nötigen versorgen kann. Einziger Nachteil ist der hohe Preis. Aber wo hat man schon ein Thermalbecken auf dem Campingplatz zur Verfügung? April–Sept. geöffnet. Pro Pers. und Stellplatz jeweils 10–14 €, Kinder 6–8 €, Wohnmobil 14–20 €, Auto 4–6,50 €. In der HS ist eine Reservierung ratsam. ✆ 0578-26971, ✆ 0578-265889, www.parcodellepiscine.it.

• *Essen* **Trattoria Tripolitana**, Corso Garibaldi 27, hervorragende selbst gemachte Pasta in einem Familienbetrieb in dritter Generation. ✆ 0578-265311.

Taverna di Merlino, Via di Fuori 16, rustikal, bodenständige Küche und gute Weine zu moderaten Preisen. Man kann auch im winzigen Innenhof sitzen. Mo geschlossen. ✆ 0578-266746.

La Giara, Viale Europa 1 (Straße Richtung Chiancano). Nara und ihr Mann servieren u. a. vorzügliche Pizzen zu mäßigen Preisen. Mo geschlossen, ✆ 0578-265511.

San Casciano dei Bagni

Schon die Römer priesen das Thermalwasser von San Casciano. 42 Quellen wurden in der Umgebung entdeckt. Viele sind privatisiert, z. B. die Doccia della Testa im unteren Ortsteil, andere, wie das Bagno Grande, sind weiterhin der Öffentlichkeit zugänglich.

Auch heute noch sind die Römer in dem gepflegten mittelalterlichen Städtchen mit Kurortcharakter zugange, als betuchte Hauptstädter, die sich auf die Suche nach einem noblen Feriendomizil machen. Viele der mittelalterlichen Bauten sind allerdings schon vergeben und von Grund auf renoviert worden. Das zinnenbewehrte *Castello Bologna* mit seiner riesigen Parkanlage befindet sich in den Händen derer von Bologna, und das 5 km außerhalb des Ortes gelegene *Castello Fighine* hat sich ein weitsichtiger Engländer rechtzeitig unter den Nagel gerissen.

Der Besucher, der mit Immobilien nichts am Hut hat, spaziert indes gelassen zum wappengeschmückten Rathaus. Vielleicht sucht er nachher das **Bagno Grande** auf,

Südliche Toscana
Karte S. 618/619

das im sonst teuren Ort eine Ausnahme bildet: es kostet nichts. Grande ist allerdings ein bisschen übertrieben, denn schon bei zwei Dutzend Gästen wird's voll: drei kleine Thermalbecken in freier Natur, eines mit Stein- und Schlammboden, eines mit Beton ausgegossen und eines derzeit geschlossen.

Anfahrt Von der Kreuzung am Großparkplatz die Via della Fontaccia hinuntergehen (Anliegerverkehr), nach ca. 1 km ist man an den Becken.

Teurer wird es im **Thermalzentrum Fonteverde**. Der Jahrhundertwendebau mit der kleinen Parkanlage wurde in den 1930er Jahren erweitert. Eine komplette Neugestaltung ist das Open-Air-Bad. Darüber verwöhnt das Fünf-Sterne-Hotel Fonteverde seine Gäste. Im Centro Termale wird Wellness total geboten: Beauty-Farm, türkische Bäder, Sauna, Fitness-Studio und natürlich sämtliche therapeutischen Applikationen des 38 Grad heißen Thermalwassers. Die im Jahre 2002 neu eröffnete Anlage zählt zu den bestausgestatteten in Europa.

Im Park der weitläufigen Anlage befindet sich das wohl älteste Bauwerk von San Casciano, das so genannte Heidentempelchen aus dem 5. Jh., heute als *Chiesa della Colonna* zum Christentum konvertiert.

🕐 9–19 Uhr (Di nur bis 17 Uhr). Eintritt Mo–Fr 14 € (nach 15 Uhr 10 €), Sa/So stets 20 €. 📞 0578-57241, info@fonteverdespa.com, www.fonteverdespa.com.

● *Information* **Pro Loco**, am Eingang des Centro storico. Tägl. 10–13 und 16.30–19.30 Uhr geöffnet (allerdings unzuverlässig). 📞 0578-58141. ufficioturistico@sancascianodeibagni.org. www.sancascianodeibagni.org.

● *Busse* Ab dem Piazzale del Ponte (am großen Parkplatz) 4x tägl. nach Cetona und weiter nach Chiusi. Tickets in den Bars im Zentrum.

● *Parken/Wohnmobile* Gebührenpflichtige Parkplätze am Stadttor, kostenlos ist der große Parkplatz unterhalb des Dorfes. Dort auch Camper-Service mit Wohnmobilplätzen und Chemietoiletten-Entsorgungsstation.

● *Übernachten/Essen* ***** Sette Querce**, 9 luxuriöse, farbenprächtig ausgestattete Suiten. 2 Pers. zahlen inkl. Frühstück 170–210 €. Viale Manciati 2/5 (neben dem kostenlosen Großparkplatz), 📞 0578-58174, 📠 0578-58172, www.settequerce.it.

*** La Fontanella, an der Straße zum Thermalbad, ein sehr gepflegtes, angenehmes Albergo, das nach einer Renovierung der 16 Zimmer gleich einen Stern hinzubekam. Komfortable, gut eingerichtete DZ für 135 € mit Frühstück. Via Roma 38a, 📞 0578-58300, 📠 0578-58336, www.albergolafontanella.com.

Bar Centrale/Restaurant Daniela, Piazza Matteotti 3 (vor dem Centro storico). Unter den luftigen Deckengewölben waren ursprünglich die Pferde der Postillions untergebracht. Guter Service und leichte, bodenständige Küche. In der Bar werden auch deutsche Zeitungen verkauft. Schöne Terrasse – das Ambiente hat aber seinen Preis! Außerhalb der Saison Mi geschlossen. 📞 0578-58234.

San Casciano

Herbststimmung am Monte Amiata

Monte Amiata

Der Gebirgszug um den 1738 m hohen, erloschenen Vulkan bietet ein Kontrastprogramm zu den Kunst- und Kulturoasen der nördlichen Toscana. Dünn besiedelte Landschaft, über weite Strecken einsame Kastanien- und Buchenwälder und heiße Thermalquellen lohnen den Besuch.

Der Gipfel, die *Vetta Amiata*, ist bis auf die letzten 200 m auch mit dem Wagen erreichbar. Hier oben hat man eine phantastische Aussicht auf die südliche Toscana bis hinüber zum Meer. Das eiserne Gipfelkreuz aus dem Jahr 1910 hatte schon einige Blitzschläge abbekommen, bevor es die Nazis bei ihrem Abzug aus der Region in die Luft sprengten. 1946 ließ es Papst Pius XII. wieder instand setzen. Daneben gibt es Souvenirstände und eine Bar zur Erfrischung. Wer den wenig anstrengenden Aufstieg vom obersten Parkplatz (Skilift und Hotels) zum Gipfel hinter sich gebracht hat, folgt am besten noch ein Stück weiter den Wegweisern zur Madonna degli Scouts: Nur etwa 5 Minuten vom Gipfelkreuz entfernt erhebt sich die Felsengruppe, von der aus man ein großartiges Panorama genießt.

Die kreisförmig um den Berg angeordneten Orte liegen alle auf 600 bis 800 m, einer Höhe, in der zahlreiche Quellen entspringen. Bis auf ca. 1000 m Höhe führen die Straßen durch dichte Kastanienwälder, deren essbare Früchte im Oktober Anlass für diverse *Feste della Castagna* geben. Fährt man weiter hoch in Richtung *La Vetta* wechselt die Vegetation in Buchen-Hochwald, in dem die riesigen moosbewachsenen Felsen der Waldlandschaft eine wild-romantische Atmosphäre verleihen. Ab Mitte August sind hier – an Pilzblick und Korb zu erkennen – passionierte Sammler unterwegs, deren Ziel die *Funghi Porcini* (Steinpilze) sind.

Wirtschaftlich liegt das Gebiet seit der Schließung der Quecksilberminen im Abseits. Der Wintersporttourismus, in den viel investiert wurde, ist in den letzten Jahren wegen etlicher milder Winter mager ausgefallen. Neue Impulse verspricht die verstärkte Nutzung der Erdwärme durch Kraftwerke und als Nebenprodukt die Beheizung 30 ha großer (!) Glashäuser zur Blumenzucht durch die Abwärme bei Piancastagnaio.

● *Anfahrt* Der Gipfel des Monte Amiata liegt 12 km von Abbadia San Salvatore (s. u.) entfernt und ist gut ausgeschildert, die meiste Zeit führt die schmale Asphaltstraße durch dichten Wald. Gelegentliche Busverbindungen von Santa Fiora und Abbadia San Salvatore. Vom folgenden Hoteltipp sind es noch ca. 200 m zu Fuß empor, vorbei am Fernsehantennenwald.

● *Übernachten* ✱✱✱ **Albergo General Cantore**, ein Berggasthof auf 1400 m Höhe mit einer schönen Wiese davor, der von der sympathischen und kernigen Wirtstochter Elisabetta geführt wird. DZ mit Frühstück 90 €. Loc. Il Rifugio Cantore 70, 53021 Abbadia San Salvatore, ✆/🖷 0577-789704, www.ilcantore.it.

✱✱✱ **Albergo Sella**, am großen Parkplatz beim Gipfel, ein wenig Berghütten-Feeling auf knapp 1700 m Höhe. Schöne DZ mit Bad und TV zu 75 €, Frühstück extra. Vetta Amiata, 53021 Abbadia San Salvatore, ✆/🖷 0577-789747, albergo.sella@tin.it.

● *Wandern* Das Schöne an diesem Wandergebiet ist, dass man sich je nach Kondition und Laune seine individuelle Route zusammenstellen kann. Nachteilig für Wanderfreaks: Die Aussicht wird meist durch den Wald eingeschränkt. Und: Uralte, verwitterte und z. T. schlecht erkennbare Markierungen sind für die Orientierung nicht gerade dienlich.

Es gibt einen rot-weiß-rot markierten **Rundwanderweg** *(Anello della Montagna)* um den Berg, der sich meist zwischen 900 und 1300 Höhenmetern bewegt. Er ist als erholsame, 29 km lange Zweitageswanderung gedacht und führt an zahlreichen Hütten und Rastplätzen vorbei. Eine gute Übernachtungsmöglichkeit nach der ersten Etappe bieten die Hotels im Ort Casteldelpiano. Anstrengend wird es erst beim Abstecher zum Gipfel, da geht es steil bergan. Teilweise sind auf wenigen Kilometern 700 m

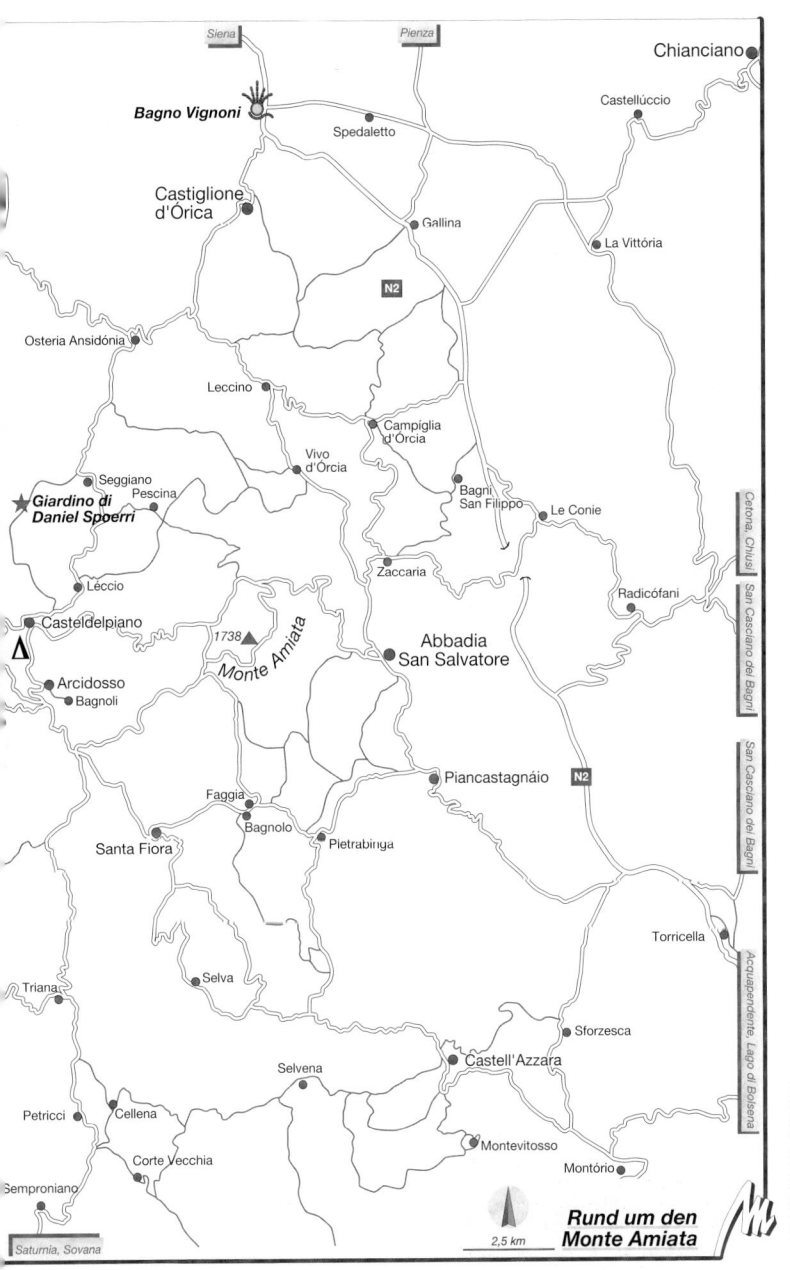

Rund um den
Monte Amiata

2,5 km

Höhenunterschied zu bewältigen. Die Wanderwege der *Strada della Castagna* sind 12 schöne Wanderrouten unterschiedlicher Länge (3–8 km) durch die Landschaft der Kastanienwälder des Monte Amiata. Infos im Touristenbüro in Abbadia San Salvatore.

• *Kartenmaterial* Empfehlenswert ist die Wanderkarte Chianciano – Valdichiana – Monte Amiata von Freytag & Berndt im Maßstab 1:50.000

• *Mountainbike* Die Umrundung des Berges, z. T. auf Wegen, aber auch auf Teersträßchen, ist in einem guten halben Tag zu schaffen – vorausgesetzt, man bringt einiges an Kondition mit. Fahrradverleih z. B. im Hotel Le Macinaie (Castel del Piano) oder im Parkhotel Lucesorgente (Arcidosso).

• *Skifahren* Ein Sessellift und 13 Skilifte ab 1300 m Höhe machen Abfahrten verschiedener Schwierigkeitsgrade zugänglich. Langläufer finden kilometerlange Loipen. Immer vorausgesetzt, es schneit auch ordentlich!

Abbadia San Salvatore

(ca. 6900 Einw.)

Die alte Bergarbeiterstadt ist der größte und höchstgelegene Ort am Amiata (830 m ü. d. M.). Der mittelalterliche Kern mit seinen ruhigen, autofreien Gassen kontrastiert mit dem pulsierenden Leben in den Straßenzügen der Neustadt.

Die seit dem Mittelalter ausgebeuteten Quecksilberminen von Abbadia San Salvatore wurden in den 1970er Jahren geschlossen. Seither sank die Einwohnerzahl von ehemals 9000 um ein Viertel.

1947, nach einem Anschlag auf Palmiro Togliatti, den Vorsitzenden der Italienischen Kommunistischen Partei, besetzten Arbeiter die Stadtverwaltung, worauf es zu heftigen Auseinandersetzungen mit der Polizei kam. Die Kommunisten kämpften für eine Verbesserung der Arbeitsbedingungen (sehr niedrige Lebenserwartung wegen des Quecksilbers) und für neue Arbeitsplätze. Noch heute wählt die Stadtbevölkerung zu 80 % links.

Sich in der relativ großen Neustadt zurechtzufinden ist nicht ganz einfach. Erschwert wird das Ganze durch ein trickreiches Einbahnstraßensystem. Am besten also das Auto abstellen und die Stadt in einem Spaziergang zu Fuß erkunden. Einen Stadtplan hält man in der Touristeninfo bereit. Der *Borgo Medioevale* (Altstadt) östlich der Neustadt ist nur für Fußgänger zugänglich. Die Hauseingänge sind teilweise mit schönen Türeinfassungen aus Lavastein dekoriert, besonders sehenswert in der Hauptstraße des Altstadtviertels, der Via Filippo Neri. Die Nr. 18 ist mit Hammer und Amboss verziert, hier war die Werkstatt des Schmieds, der Nummer 16 prangt eine Schere, und der Name des Gewandmachers, *Mastro Matteo*, ist neben der Jahreszahlangabe 1569 bis heute im steinernen Türbalken erkennbar.

• *PLZ* 53021

• *Information* **APT-Büro**, Via Adua 25 (im Zentrum der Neustadt, nahe der Piazza Gramsci). Sitz des Fremdenverkehrsamts des Monte Amiata, entsprechend gibt es hier Infos für Wanderer und Radfahrer. Mo–Sa 9–13 und 16–19 Uhr (im Winter bis 18 Uhr). ☎ 0577-775811, ✆ 0577-775877. info@ amiataturismo.it, www.amiataturismo.it.

Das **Pro-Loco-Büro** am Piazzale R. Rossaro (beim Museo Mineraia) ist weniger kompetent. Täglich 9.30–12.30 und 15.30–18.30 Uhr. ☎ 0577-778324, ✆ 0577-775221. info@terredi toscana.net, www.terreditoscana.net.

• *Busverbindung* 3x tägl. nach Siena, ca. 4x nach Buonconvento (an der Bahnlinie Siena–Grosseto), 3x tägl. nach Chiusi (Bahnlinie Rom–Florenz). Zu den Bergorten Arcidosso und Santa Fiora 6x tägl., nach Grosseto 4x tägl. Abfahrt der Busse: vor 9 Uhr morgens im Viale Roma 47 (Tickets in der *Agenzia Vale* oder in der *Bar Centrale* gleich an der Busstation), nach 9 Uhr in der Via Gorizia beim Stadion (Tickets beim Tabacchaio).

• *Einkaufen* Geschäfte findet man vor allem in der Via Cavour und der Via Roma.

Der **Coop-Supermarkt** befindet sich in der Via Bolzano (Nähe Krankenhaus).

• *Markt* 2. und 4. Donnerstagvormittag im Monat. Gemüse und Obst werden täglich vormittags an Ständen in der Via Italia (Nebenstraße der Via Cavour) angeboten.

• *Übernachten*   An Hotels besteht kein Mangel, die Preise sind in der Regel saisonabhängig.

*** Parco Erosa, das Haus präsentiert sich fast im Tiroler Stil, auch innen viel Holzverkleidung. Sehr ruhige Lage, gut ausgestattete Zimmer, Garten und Pool, freundlicher Service. DZ inkl. Frühstück ab 60 €, in der Saison nur Halbpension (ab 45 €/Pers.). Via Remedi 108 (am südöstlichen Ortsende, Straße Richtung Piancastagnaio), ℡ 0577-776326, ℡ 0577-779735, www.parcoerosa.it.

*** Gambrinus, die praktische Variante ohne besonderen Charme: modern eingerichtete Zimmer, teils mit Balkon und Aussicht bis zur Festung von Radicofani. Nehmen Sie ein Zimmer nach hinten hinaus, vorne verläuft die viel befahrene Straße. DZ mit Bad ab 55 €. Via Essaseta 38/40, knapp oberhalb der Stadt an der Straße nach Siena auf der rechten Seite, ca. 1,5 km vom Zentrum, ℡/℡ 0577-778307, www.gambrinusamaita.it.

*** Italia, zentral gelegenes, angenehmes Hotel mit Gärtchen und großzügigen Zimmern mit Blümchentapete. Gutes Restaurant angeschlossen. DZ ca. 45 €. Viale Roma 30, ℡/℡ 0577-778007.

*** Roma, zentral gelegen. Großes Haus, das eine Renovierung dringend nötig hat; es könnte ihm sonst der dritte Stern verloren gehen. DZ mit Du/WC 50–60 €. Via Matteotti 32, ℡ 0577-778015.

* Cesaretti, mit beliebtem Ristorante (s. u.). DZ mit Bad und Frühstück 45 €. Via Trento 37 (ca. 150 m oberhalb der IP-Tankstelle, Ortsausgang Richtung Siena auf der linken Seite), ℡ 0577-778198, ℡ 0577-775589.

• *Essen*   **Ristorante Italia**, Viale Roma 30. Die Empfehlung im Zentrum des Städtchens. Gute Adresse lokaler Küche, nicht teuer. Wird auch gern von Ortsansässigen besucht. Die Tortelli di Ricotta sind hervorragend. Do geschlossen. ℡ 0577-778007.

Ristorante Il Cantinone, Via Asmara 14/16 (Seitensträßchen gegenüber der ESSO-Tankstelle und unterhalb der Piazza Gramsci). Auch wenn der ehemalige Koch ins o. g. Restaurante Italia abgewandert ist, kann man hier nach wie vor zu reellen Preisen gut essen. Mi geschlossen, ℡ 0577-776552.

Ristorante Cesaretti, im gleichnamigen Hotel (s. o.). Beliebt und preiswert, exzellente Casalinga. Meist 4–5 Gerichte zur Auswahl. Im Winter Sonntagnachmittag geschlossen.

Osteria Re Ratchis, Via Pinelli 12, urgemütliches, kleines Lokal in der Altstadt mit ortstypischen Spezialitäten wie Schnecken, Eselfleisch oder gefüllte Hühnerhälse. Vor allem gern von jungen Leuten aus Abbadia besucht. Mo geschlossen. ℡ 349-7156955.

Ristorante/Pizzeria Il Gatto & La Volpe, Via della Pace 44. Einfache Trattoria neben dem Fußballstadion. Im Vorraum eine kleine Bar, daneben das familiäre Speisezimmer. Di Ruhetag. ℡ 0577-778751.

Ristorante Laccoria, oberhalb der Stadt und mitten im Grünen liegt dieser gemütliche Gasthof mit guter bodenständiger Küche (auch Holzofenpizza). Mi geschlossen. ℡ 0577-777107.

Caffè Staropramen, Via Cavour 42, eher eine Kneipe als ein Café. Der Name steht schließlich für ein gutes tschechisches Bier, weitere tschechische Reminiszenzen wurden ins Interieur integriert. Antipasti und knackige Salate, gute Stimmung. Nur im Sommer geöffnet. So geschlossen.

Sehenswertes

Klosterkirche: Am Ortsrand, etwas eingezwängt zwischen den Häusern, steht die Kirche des heute nicht mehr existierenden Klosterkomplexes, der dem Ort den Namen gab: **Abbadia San Salvatore** (7–20 Uhr geöffnet). Im Mittelalter war die Abtei ein bedeutendes Zentrum weltlicher Macht. Ausgestattet mit päpstlichen Privilegien beherrschten die Benediktineräbte das Gebiet bis zur Küste beim Monte Argentario. 1229 befand Papst Gregor IX., die Benediktiner frönten hier einem gar zu üppigen Leben, und übergab das Kloster den Zisterziensern. Das wahre Motiv lag wohl eher darin, dass die Benediktiner es mit Gregors Erzfeind, Kaiser Friedrich II, hielten. 1783 musste der letzte Zisterzienserabt sein Amt aufgeben, der Klosterbetrieb wurde per Dekret eingestellt. Erst 1939 hielten die Zisterzienser wieder Einzug.

Die Klosterkirche im romanischen Stil datiert aus dem Jahr 1035. Fresken aus dem 17. Jh. zeigen einige Episoden aus dem Leben des Langobardenkönigs *Rachis*, der das Kloster einer Legende zufolge im 8. Jh. gegründet haben soll. Er befand sich auf

Südliche Toscana

Karte S. 686/687

einem Feldzug gegen Perugia, als er auf einem Jagdausflug in den Wäldern des Monte Amiata eine Gotteserscheinung hatte. Rachis war davon so beeindruckt, dass er beschloss, fortan mit Frau und Kind unterhalb des Gipfels zu hausen. Aus der Mitte des 11. Jh. stammt auch die *Krypta Longobarda*. Um sie nach den Ausgrabungen zugänglich zu machen, wurde der Kirchenboden angehoben. Die Krypta, sehr eindrucksvoll ausgeleuchtet, ist durch 36 Säulen unterteilt, deren Kapitele noch nicht vollständig ausgedeutet sind: Ein gordischer Knoten ohne Anfang und Ende symbolisiert die Unendlichkeit Gottes, das bärtige Gesicht gehört vielleicht dem Langobardenkönig Rachis. Links der Kirche kann man den wenig spektakulären Kreuzgang der Abtei besichtigen. Das *Museo dell'Abbazia* bei der Kirche wird nur nach vorheriger Anmeldung an der Via del Monastero 42 oder unter ✆ 0577-778083 geöffnet.

Quecksilbermuseum: Auf dem weiten Minengelände am oberen Ortsrand von Abbadia San Salvatore wurde im Jahr 2000 das *Museo Minerario* eröffnet. In sechs Museumsräumen ist hier alles Wissenswerte rund um die ehemalige Mine zu erfahren (Geschichte des Bergbauzentrums, Abbaumethode, Arbeitsalltag der Minenarbeiter etc.). Eine eigene Abteilung ist den Arbeiteraufständen von Abbadia San Salvatore gewidmet.

Viele der ehemaligen Fabrikgebäude auf dem Gelände verfallen, zum Teil wurden sie an kleinere Firmen untervermietet. Die Stahltürme, in denen das Metall raffiniert wurde, stehen größtenteils noch. Der industrielle Quecksilberabbau am Monte Amiata begann in der zweiten Hälfte des 19. Jh. Das abgebaute Zinnober (Quecksilbersulfid), das früher auch zum Färben benutzt wurde, wurde auf 750 Grad erhitzt, bis das Quecksilber ausdampfte und als Kondensat gesammelt werden konnte. Die Mine war einst eine der weltweit größten ihrer Art. Als aufgrund fallender Weltmarktpreise die Förderung unrentabel geworden war, wurde dichtgemacht.

🕐 Tägl. 9.30-12.30 und 15.30–18.30 Uhr. Eintritt 3 €.

Galleria Livellos VII, auf dem Gelände des Museo Minerario ist neurdings auch eine ehemalige Stollenanlage zu besichtigen. Die Führungen durch die unterirdischen Anlagen des Bergbaus werden von einem ehemaligen Minenarbeiter geleitet (im Sommer auch mit Übersetzung). In der Regel findet die Besichtigung um 10 und 16 Uhr statt (Reservierung unter ✆ 0577-778324 im ProLoco-Büro, Eintritt 4 €, Sammelticket Museum und Stollen der Galleria Livello VII 6 €).

Vivo d'Orcia

Der 400-Seelen-Ort liegt ca. 8 km nördlich von Abbadia San Salvatore und wird vor allem seiner ehemaligen Einsiedelei wegen aufgesucht, die in romantischer Umgebung neben dem Flusslauf des *Vivo* unterhalb der Ortschaft liegt. Den Wagen lässt man am Hauptplatz stehen und folgt der Ausschilderung in Richtung *Eremo* (Via IV Novembre). Bald überquert man rechts eine steinerne Brücke. Von der Mühle auf der linken Seite sind nur noch Ruinen geblieben. Das in Privatbesitz befindliche Castello lässt man rechts liegen und gelangt durch den Torbogen in den Borgo Principale.

● *Übernachten/Essen* **I Tre Rioni**, auch was aus der Küche kommt, ist sehr ordentlich, und so wird das Gasthaus gern auch von Ortsansässigen besucht. Mo geschlossen. Restaurant mit ein paar gepflegten Zimmern ab 60 €. Via Campotondo 3 (wenige Kilometer östlich von Vivo d'Orcia),

✆ 0577-872015, www.itrerioni.com.
La Taverna del Piano delle Mura, der Tip im Örtchen von Vivo d'Orcia. In der Küche wird ausschließlich mit biologischen Zutaten gearbeitet. Das Resultat ist hervorragend. Freundliche, offene Atmosphäre im gemütlichen Gastraum und auf der

kleinen Terrasse. Di–Fr erst ab 17.30 Uhr auch für den Aperitif mit Imbiss geöffnet. Sa/So bereits ab Mittag. ☎ 0577-874009 Mo geschlossen.

Osteria Il Castagno, Via Amiata 117. Ohne Speisekarte wird regionale Küche aufgetischt, auch draußen unter einer großen Kastanie. Mo geschlossen. ☎ 0577-873508.

Radicofani

Ein einsames, verschlafenes Bergnest östlich des Monte Amiata, dominiert von einer weithin sichtbaren Burg auf einem Basaltfelsen in ca. 760 m Höhe. Die Burg wurde erst im 19. Jh. wiederaufgebaut, nachdem eine Explosion im Pulvermagazin 1735 sie hatte einstürzen lassen.

Der aus Siena vertriebene *Ghino di Tacco* machte sich Ende des 13. Jh. die strategisch wichtige Lage zunutze und betätigte sich als Raubritter, um seinen von den Sienesern hingerichteten Vater zu rächen. Er ging in die Literatur ein (Dante, Boccaccio) und wurde vom Volk als eine Art Robin Hood des Monte Amiata verehrt. Er plünderte nur die Reichen aus, arme Schlucker wurden schon mal mit einer Brotzeit gestärkt. Besonders amüsant ist die Episode mit dem fettleibigen Abt von Cluny, der erst nach einer wochenlangen Abmagerungskur und gegen entsprechendes Honorar laufen gelassen wurde. Dem Volkshelden spendierten die Bewohner von Radicofani im kleinen Park neben der Kirche S. Pietro eine Statue: *Tacco* mit Schwert und Schild – und einem abgeschlagenen Kopf in der Hand.

Das kleine Borgo ist äußerst schmuck. Die Hauptstraße ziehst sich durch dunkle Steinhäuser. Im Zentrum findet man die romanische Kirche **San Pietro** (13. Jh.) und ihr gegenüber die Kirche **Sant'Agata**, die der Schutzpatronin von Radicofani geweiht wurde. In beiden Kirchen ist *Andrea della Robbia* mit einer Terrakotta-Altartafel vertreten, in Sant'Agata ist rechts des Eingangs ein weiteres Terrakottawerk von ihm zu sehen: die Verkündigung Mariä.

Weithin sichtbare Landmarke – der Burgturm von Radicofani

Vom weithin sichtbaren Turm aus genießt man aus einer Höhe von ca. 940 m einen Rundblick über das Val d'Orcia. Die renovierten Wehranlagen und das Gelände der Ausgrabungen können besichtigt werden (Parco città fortificata, täglich 10–19 Uhr, Eintritt 3 €).

Radicofani lag an der Via Cassia, der wichtigsten Verbindung von Rom nach Norditalien und Frankreich. 300 m unterhalb des Orts steht an der SS 478 der **Palazzo La Posta**, Poststation und Zollhaus an der ehemaligen Grenze zwischen dem Großherzogtum Toscana und dem Kirchenstaat. Der imposante Bau aus dem 17. Jh. mit seinen zwei mächtigen, übereinander liegenden Loggien schlummert heute verlassen und verwahrlost vor sich hin. Einst war der Palazzo ein beliebtes Hotel am langen Weg von Siena nach Rom, und viele Berühmtheiten stiegen hier ab. So auch *Charles Dickens*, der an einem stürmischen Tag ankam und die Straßen menschenleer vorfand. Vielleicht war das der Grund für seinen düsteren Gesamteindruck. Er notierte, das Hotel mit seinen labyrinthartig angelegten Gängen sei extremly frightening.

Dem Palazzo gegenüber steht ein mit dem Wappen der Medici geschmückter Brunnen, an dem einst die Kutscherpferde getränkt wurden.

- *PLZ* 53040
- *Information* **Pro Loco**, Via R. Magi, neben Sant'Agata. Im Sommer in der Regel, aber nicht immer 10–12.30 und 16.30–18.30 Uhr geöffnet. ✆ 0578-55684 (meist nur Fax angeschlossen!).
- *Einkaufen* Seit über 200 Jahren in Familienbesitz, wird in der winzigen Bäckerei **Forno a Legna** vom älteren Bäckerehepaar täglich frisches Brot und Pizza gebacken. Via dei Forni 17, Ortszentrum.
- *Übernachten/Essen* ** **La Torre**, mit Bar und Restaurant (außerhalb der Hauptsaison Do geschlossen). Geöffnet Mitte März bis Mitte Nov. DZ mit Bad 50–60 €, Frühstück extra. 12 einfache, aber ordentliche Zimmer. Via Matteotti 7 (nur wenige Meter vom unteren Stadttor entfernt), ✆/🖷 0578-55943.

Ristorante La Grotta, im oberen Ortsteil (Durchgang bei Sant'Agata), zum Draußensitzen, innen eher etwas düster. Bekannt wegen seiner Wild- und Fleischgerichte. Es gibt aber auch gute Suppen, z. B. mit Steinpilzen. Auch die Nachspeisen sind nicht zu verachten. Einladend, der Vino della Casa steht schon auf dem Tisch. Di geschlossen. ✆ 0578-55866.

Ristorante Il Pama, Via Marconi 4 (aus Richtung Siena gleich am Ortseingang links, Straße zur Festung). Großer Garten, sympathischer, sehr um die Gäste bemühter Familienbetrieb. So preiswert und gut isst man selten: Touristenmenü (sowohl Fleisch als auch Fisch) kostet 12 €, das Degustationsmenü 20 €. Unsere Empfehlung! Mo geschlossen. ✆ 0578-55919.

Bagni San Filippo

Acht Kilometer nördlich von Abbadia San Salvatore und schon fast unten im Formone-Tal liegt dieser beschauliche, kleine Thermalort. An den Dorfpatron erinnert die **Grotta di San Filippo**, eine blumengeschmückte Einsiedelei im Felsen etwas abseits der schmalen Straße nach Campiglia d'Orcia. Am 22. und 23. August pilgern Gläubige aus der Umgebung hierher.

Bagni San Filippo besteht aus ein paar Häusern, einem trotz Renovierung noch immer ein wenig altertümlich anmutenden Kurhotel, immerhin zwei Einkehrmöglichkeiten – und einer wahren Naturattraktion, der idyllisch gelegenen **Fosso Bianco**: Der weiße Sinterfelsen mitten in einer bewaldeten Schlucht mutet unwirklich an. Unterhalb liegen natürliche Becken mit verlockend milchig-grünem Badewasser, vor allem das obere Becken gleicht einer Badewanne. Das mineralhaltige Wasser ist, nachdem es die hohe Felswand aus Sinterablagerungen heruntergerieselt ist, auch im Spätherbst noch lauwarm. Unter der Woche verirren sich nicht allzu viele Badegäste in diese Oase, voller wird es am Wochenende. Im Winter 1993/94 brach ein

Fosso Bianco – warmes Badewasser und Sinterablagerungen in strahlendstem Weiß

großer Teil der Galerie ab. Seitdem sorgen Absperrungen für Distanz; dem Badevergnügen mit Naturdusche kann man sich aber immer noch hingeben.

Fußweg von der Straße aus ca. 7 Min. Am oberen Ortsausgang (hier auch schattige Parkplätze) weist ein Schild den Weg ins Tal. Dem breiten Weg folgen, kurz darauf geht es über eine Holzbrücke und dann nach ca. 100 m links hinunter (Holzgeländer).

Baden kann man außerdem noch im 1997 renovierten **Thermalbad** des oben erwähnten Kurhotels. Das Becken mit dem 40 °C warmen Wasser mit dem kleinen künstlichen Wasserfall steht auch Nichthotelgästen zur Verfügung. Der Zugang liegt am unteren Ortsausgang (Eingang und Parkplatz sind ausgeschildert).

⏰ 8.30–18.30 Uhr (Di nur bis 16.30 Uhr). Eintritt Mo–Fr 10 € (ab 15 Uhr 7 €), Sa/So 12 €.

● *Busse* 4x tägl. nach Santa Fiora, gelegentliche Verbindung nach Abbadia San Salvatore.

● *Übernachten* ***** Terme San Filippo**, einziges Hotel im Ort, gediegene Kurhotel-Atmosphäre, Die geräumigen Zimmer wurden renoviert und sind hauptsächlich mit Kurgästen belegt. DZ 96–116 €, Frühstück und Eintritt in das Thermalbad inklusive. Im Zentrum, ✆ 0577-872982, ✉ 0577-872684, www.termesanfilippo.it.

● *Essen* **Osteria Lo Spugnone**, Via delle Terme 4/6, urgemütlicher, kleiner Keller gleich neben dem Kirchlein. Traditionelle Gerichte, von Mama gekocht und von den Söhnen serviert. Di geschlossen, ✆ 0577-872030.

Enoteca/Bar Il Ritrovo di San Filippo, Via San Filippo, etwas eleganter als die Osteria. Kleine Speisen und gute Weine, auch für den Aperitif geeignet. Mo geschlossen. ✆ 0577-872012.

Santa Fiora

(ca. 2800 Einw.)

Der hübscheste Ort am Monte Amiata – Mittelalter inmitten üppigen Grüns. Man betritt Santa Fiora über einen Durchgang im **Palazzo Sforza Cesarini** (oder Palazzo del Conte), der heute die Gemeindeverwaltung beherbergt. Von der zentralen Piazza Garibaldi gelangt man zu Fuß über die Via Carolina in den unteren Stadtbereich. Viele Hauseingänge im hinteren Gassengewirr (z. B. in der Via del Fondaccio, dem einstigen jüdischen Viertel) sind mit reliefgeschmückten Balken eingefasst. Besonders sei auf das Relief einer Jagdszene über der Tür der Hausnummer 7 hingewiesen. Trotz der überwiegend grauen Häuser wirkt das kleine Centro storico von Santa Fiora recht idyllisch und ansprechend.

In der ursprünglich romanischen, mehrfach umgebauten **Kirche Santa Fiora e Lucilla** findet sich eine ganze Kollektion Terrakotta-Reliefs von *Andrea della Robbia*. Die charakteristischen weißen Keramiken auf blauem Hintergrund werden nach ihrem Erschaffer *Robbiane* genannt. Auch die Kanzel (ohne Aufstieg) ist eine Terrakotta-Arbeit des Künstlers, der hier gemeinsam mit seinem Bruder *Luca* 1465–1490 wirkte; die Flachreliefs zeigen das Letzte Abendmahl, die Auferstehung und Himmelfahrt Christi. Die Kirche ist in der Regel den ganzen Tag über geöffnet. Geht man etwas weiter, kommt man am idyllisch gelegenen Wasserbecken der *Peschiera* an.

La Peschiera: Im ehemaligen Park des Grafen Sforza befindet sich die Quelle des Flusses Fiora. Im 15. Jh. ließ der Graf das kühle Quellwasser aufstauen, um mit einer Fischzucht seine Tafelrunde zu bereichern. Im klaren Wasser wimmelt es auch heute noch von Forellen. Die schwarze Schwänin Kleopatra hat nach einer langen, einsamen Phase des Witwendaseins vor einigen Jahren das Weite gesucht. Ein anderer Schwan wurde jüngst gestohlen, so dass man für den kleinen Park neue Bewohner importieren musste: Heute gleiten hier Nerina, eine schwarze Australierin, und ihr europäischer Freund, der weiße Calimero, übers Wasser. Im hinteren Bereich des kleinen romantischen Parks werden im Sommer Konzerte veranstaltet. Gleich rechts neben dem Eingang befindet sich ein schattiger Biergarten (nur im Sommer ab 15.30 Uhr geöffnet).

⏱ Juli/Aug. tägl. 9–20.30 Uhr, Okt.–Juni Sa/So 10–19 Uhr. So ganz sollte man sich aber nicht darauf verlassen. Eintritt 1 €. Anfahrt: Vor dem Palazzo Sforza Cesarini rechts die Via della Peschiera hinunter, der Park liegt ca. 500 m unterhalb des Ortes.

Gleich neben der Peschiera steht direkt über der Quelle die **Chiesa delle Nevi**. Ihr Boden wurde an mehreren Stellen aufgerissen und mit Glasplatten gedeckt, sodass man – 50 Cents für die Beleuchtung vorausgesetzt – direkt auf den steinigen Grund und das Quellwasser sehen kann.

- *PLZ* 58037
- *Information* **Pro Loco**, Piazza Garibaldi 39 (rechts neben dem Uhrturm). Tägl. 10.30–12.30 und 17–19.30 Uhr. ☎ 0564-977142.
- *Busverbindung* Schön kompliziert: quasi jede Richtung hat ihre eigene Haltestelle, erkundigen Sie sich beim Ticketkauf (im Zeitschriftenladen an der Piazza Garibaldi, wo Ihr Bus losfährt. Es bestehen folgende Verbindungen: 10x tägl. nach Abbadia San Salvatore, 4x Bagni San Filippo, ca. 10x Arcidosso und Castel del Piano, 4x Castell'Azzara, 5x auf den Monte Amiata, 3x Chiusi und 6x Grosseto. Wer nach Siena oder Florenz will, muss in Paganico (dorthin 5x tägl. ab Santa Fiora) umsteigen. Busse nach Süden (Saturnia, Sovana etc.) nur ab Arcidosso.
- *Feste/Festival* **Festa del Santissimo Crocefisso**, am 3. Mai. Drei riesige Kreuze,

die übers Jahr in der Chiesa del Suffragio (Via Corolina) zu sehen sind, werden in einer Prozession durch die Stadt getragen.
Santa Fiora in Musica, Musikfestival mit zahlreichen Konzerten namhafter Ensembles und Solisten. Von Juli bis Mitte Sept. Info: www.santafiorainmusica.com.
- *Übernachten* ***** Fiora**, zu beiden Seiten des Fosso del Carro, den eine hohe Brücke überspannt, befindet sich das Hotel: ein mächtiger Neorenaissance-Bau, der kürzlich renoviert wurde. Schönes und komfortables Hotel, auch bei Gruppen beliebt, alle Zimmer mit Bad und TV, z. T. mit Blick auf die Brücke. Restaurant im Neuanbau. Unser Tipp! DZ mit Frühstück 60–68 €. Via Roma 8, ☎ 0564-977043, 🖷 0564-978154, www.hotelfiora.it.

** Eden, gut geführt, etwas kleinräumiger als das Fiora, mit Lift. Restaurant. DZ mit

Bad 50–55 €, Frühstück extra. Via Roma 1 (auf der Altstadtseite der Brücke), ☎/☏ 0564-977033, www.hoteledensantafiora.it.

● *Außerhalb* ***** Il Caminetto**, wenn beide Hotels in Santa Fiora ausgebucht sind, eine gute Alternative. Gepflegte DZ für 50–58 €, Frühstück inklusive. Via F. di Giulio 98 (1,5 km in Richtung Piancastagnaio), 58037 Marroneto, ☎ 0564-977233, ☏ 0564-978396.

● *Essen* **Al Barilotto**, Via Carolina/Piazza 12 Giugno. Ob Wildschwein oder zartes Lamm – hervorragende Küche. Typische Gerichte: Pappardelle alla Lepre, Acquacotta. Mi geschlossen. ☎ 0564-977089.

Al Ponte, Via Roma 16 (neben dem Hotel Fiora), sehr beliebtes Restaurant mit freundlichem Ambiente. Die preiswerte Variante zum Veronelli-gekrönten Barilotto. Die Pici gibt es all'Amiata (mit Pilzen) oder al Ponte (mit scharfer Tomatensoße). Wenn Tagliolini mit Fiori di Zucca (feine Nudeln an Rahmsauce mit Kürbisblüten) auf der Karte stehen, nicht zögern. Auch tolle Holzofen-Pizzen. Di geschlossen, ☎ 0576-977295.

Für eingefleischte Reiter (und die, die es werden wollen)

Azienda Agrituristica Il Cornacchino, Loc Cornacchino, 58034 Castell'Azzara (ca. 20 km südöstlich von Santa Fiora, bei der API-Tankstelle die Straße hochfahren (Schild), das Gut liegt ca. 3,5 km vom Ort entfernt). Reiterferien in einer weitläufigen Azienda am Hang des Monte Penna (Naturpark). Den Gästen stehen etwa 45 Pferde zur Verfügung, geritten wird überwiegend im Western-Stil, einige Pferde können auch im englischen Stil geritten werden. Das Angebot des Reitzentrums richtet sich hauptsächlich an Fortgeschrittene, aber auch Anfänger können hier Reitstunden nehmen (ca. 13 €). Auf dem Programm stehen u. a. einwöchige Trekkingtouren zu Pferde (mit Vollpension, Übernachtung im Zelt), z. B. vom Monte-Amiata-Gebiet zum Thyrrenischen Meer, durch die Maremma Latiums, zum Lago di Bolsena oder durch das sienesische Hügelland (pro Pers. 775 €, alles inklusive). Wer sich eine große Tour noch nicht zutraut oder lieber einfach an einem Ort bleiben möchte, kann die nähere Umgebung in zwei- bis vierstündigen Ausritten erkunden, die Übernachtung im Doppelzimmer (Gemeinschaftsbad) mit Halbpension kostet pro Person 49–59 €. Zum Anwesen gehören Bar und Ristorante (nur für Gäste von Il Cornacchino), wo allabendlich gemeinsam an großer Tafel gespeist wird. Nette, aufgeschlossene Atmosphäre. Im Sommer veranstaltet der italienische WWF hier Jugendreiterferien. Geöffnet von Ende März bis Anfang Nov., aufgrund begrenzter Kapazitäten (12 Zimmer) ist eine vorherige Buchung (ca. 2 Monate vor Antritt) unbedingt notwendig. ☎ 0564-951582, ☏ 0564-951655, cornacchino@cornacchino.it, www.cornacchino.it (auch in deutscher Sprache).

Arcidosso

Das mittelalterliche Städtchen liegt, gekrönt von einer weiter nicht sehenswerten Aldobrandeschi-Burg, auf einem Hügel westlich des Monte Amiata. Vom Kreisverkehr im modernen Ortsteil führen Verbindungen in alle Himmelsrichtungen, in Arcidosso selbst ist nicht viel los. Das war nicht immer so. Im 19. Jh. sorgte hier *David Lazzaretti*, ein politisch-religiöser Heißsporn, für Aufregung (siehe Kasten). An der nach ihm benannten Straße (direkt vor dem Hotel Toscana) erinnert eine leicht zu übersehende Gedenktafel an den Ort, an dem Lazzaretti einst von den Carabinieri erschossen wurde.

Mehr über Lorenzetti erfährt, wer sich die Mühe macht, die zweite Etage des Rathauses aufzusuchen. Das tut allerdings kaum jemand, der graue Verwaltungsbau ist eher abschreckend als einladend. Wer sich jedoch nicht beirren lässt, wird oben vom *Centro Studi David Lazzaretti* mit aller Freundlichkeit, die dem seltenen Gast gebührt, empfangen. Das Dokumentationszentrum gibt einen sehr guten Überblick

Südliche Toscana　Karte S. 686/687

über Leben und Werk des Propheten des Amiata: Standarten, Fotos, Bücher, Handschriften, Zeitungsdokumente und biographische Tafeln (Mo–Fr 9–13/15.30–18 Uhr, Sa 9–13 Uhr, Eintritt frei).

● *PLZ* 58031

● *Information* **Uffficio turistico**, nur in der Hochsaison 10–12.30 und 16.30–19.30 Uhr (Mo geschlossen). Corso Toscana 5, ✆ 0564-916049, ✆/☏ 968042, infopoint@heimat.toscana.it.

● *Übernachten* *** **Hotel Toscana**, seelenloser 50-Zimmer-Kasten, der sich auf Gruppen spezialisiert hat. DZ mit Frühstück 65–83 €. Via David Lazzaretti 47, ✆ 0564-967486, ☏ 0564-967000, www.albergotoscana.it.

● *Außerhalb* **** **Park Hotel Luce Sorgente**, riesige, moderne Wellnessanlage. DZ mit Frühstück je nach Saison und Ausstattung 130–160 €. Loc. Aiole (Richtung Santa Fiora, dann an der Abzweigung nach Scansano), ✆ 0564-967409, ☏ 0564-967188, www.lucesorgente.it.

*** **Aiuole**, im Haus des gleichnamigen Restaurants (s. u.). DZ 75 €. Loc. Aiole, ✆ 0564-967300, ☏ 0564-966747, www.aiuoleristorante.it.

● *Camper* Ein Stellplatz befindet sich im Zentrum von Arcidosso (ausgeschildert).

● *Essen* **Ristorante Aiuole**, Loc. Aiole, eine Adresse für hervorragende lokale Küche, die in keinem Gastroführer fehlt. Speisesaal mit unkomplizierter Atmosphäre. In der Nebensaison Mo geschlossen. ✆ 0564-967300.

La Tagliola, im kleinen Bergdorf Bagnoli (ca. 1 km oberhalb von Arcidosso). Ausgezeichnete Pilzgerichte und Fleisch vom Grill. Gleich hinter dem Restaurant sprudelt verschwenderisch das Wasser der Quelle Casotto. Mo geschlossen, ✆ 0564-967351.

David Lazzaretti – Rebell Gottes

An den Abhängen des Monte Labbro agitierte im 19. Jahrhundert *David Lazzaretti*, der Rebell Gottes und Prophet des Amiata. Lazzaretti fühlte sich berufen, einen Gottesstaat zu errichten, und stützte sich dabei auf eine ziemlich krude Mischung aus christlichem und sozialistischem Gedankengut. Schon als Vierzehnjähriger hatte er Visionen und empfing auch später regelmäßig Offenbarungen göttlicher Art. Von Beruf Fuhrmann, gründete er nach einigen Eremitenjahren 1872 die christliche Bruderschaft *Giurisdavidici*, die sich den Wahlspruch Lang lebe die Republik, Gott und die Freiheit auf das Banner schrieb. Bei Arcidosso wurde eine landwirtschaftlich geprägte klösterliche Gemeinschaft gegründet, und am Monte Labbro entstand eine Kirche, deren Ruine Pilgerziel seiner Anhänger ist. Lazzaretti kämpfte für eine Landreform und wurde 1878 während eines Protestmarsches am Ortseingang von Arcidosso von Carabinieri erschossen.

Noch heute gibt es diese ungewöhnliche christliche Gemeinschaft. Jedes Jahr in der Nacht vom 14. August wird zur Erinnerung an den Gründer auf dem Monte Labbro ein großes Holzfeuer entzündet.

Castel del Piano   *(ca. 4500 Einw.)*

Auf der Westseite des Bergmassivs auf einer Hochebene gelegen, die sich im Norden zum **Fondo del Lupo** öffnet – ein sanfter Abhang, der nahtlos in die Wein- und Olivengärten der Talregion übergeht. Der kleine, geschäftige Ort wurde Anfang des 19. Jh. mit weitläufigen Plätzen und schattigen Baumalleen neu angelegt. Nur noch der Ortskern mit seinen engen Gassen erinnert an die mittelalterliche Vergangenheit.

• *PLZ* 58033

• *Information* Via Marconi 9 (bei der Piazza Garibaldi im Norden des Orts). Im Sommer tägl. 9.30–12.30 und 17–20 Uhr, im Winter Di–So 9.30–12.30 und 17–19 Uhr. ✆/℡ 0564-973534, info@comune.casteldelpiano.gr.it, www.comune.casteldelpiano.gr.it.

• *Verbindung* 9x tägl. Abbadia San Salvatore, 5x Castell'Azzara, 9x Grosseto, je 8x Florenz und Siena. Haltestelle am Viale Vittorio Veneto (beim Tennisplatz), Bustickets beim Tabacchaio neben der Touristeninformation.

• *Einkaufen* **Coop**-Supermarkt an der Piazza Carducci.

• *Markt* schöner Wochenmarkt mit vielen Ständen am 1. Mittwoch jedes Monats.

• *Übernachten/Camping* ***** Stella**, mit Bar und Ristorante. DZ mit Bad 55 €, Frühstück inklusive. Via Pozzo Stella 24 (am Ortsende, Richtung Monte Amiata, auffälliges, rotes Haus mit schmaler Terrasse zur Straße), ✆ 0564-955391, ℡ 0564-955478, www.stella-hotel.it.

** Da Venerio, knapp außerhalb des historischen Zentrums. Etwas ältlich. DZ mit Bad 40 €. Piazza G. Carducci 18 (Eckhaus), ✆/℡ 0564-955244.

• *Außerhalb* ***** Silene**, hübsche Zimmer zu mäßigen Preisen, Spitzenrestaurant angeschlossen (s. u.). DZ mit Bad 65 €, Frühstück inbegriffen. Via Capo Vetra 8, Loc. Pescina, 58038 Seggiano (6,5 km nordöstlich von Castel del Piano, Richtung Seggiano, dann rechts ab, Wegweiser), ✆ 0564-950805, ℡ 0564-950553, www.ilsilene.it.

Restaurant Da Luca, Loc. Pescina. Eine Leserin berichtet von wirklich guten Pizzen, Wildgerichten und einer Fleisch-Brot-Suppe. Eine Bar und ein Alimentari sind dem Lokal angeschlossen.

** Le Macinaie, schöner Borggasthof auf 1400 m Höhe mit 16 renovierten Zimmern und guter Küche. Auch Organisation von Trekking-, Fahrrad- und Motorradtouren. DZ mit Frühstück 78 € (HP ohne Getränke 59 €). Loc. Prato delle Macinaie, ✆ 0564-959001, ℡ 0564-955983, www.lemacinaie.it.

** La Scottiglia, freundliches Familienunternehmen mit 7 einfachen Zimmern (TV/Telefon). Restaurant angeschlossen. DZ 53 €. Loc. Pescina, ✆/℡ 0564-950993, lascottiglia@tin.it.

Camping Residence Amiata, der ehemalige Bauernhof hat sich zu einem kleinen Touristenzentrum gemausert, Signore Bernabei und seine Frau Giovana bemühen sich um ihre Gäste. Die Stellplätze des gepflegten Campingplatzes sind groß und relativ schattig. Mini-Market und Pizzeria auf dem Gelände. Im alten Gutshaus und einem moderneren Nebengebäude werden auch behindertengerechte Appartements mit separater Wohnküche und z. T. großen Balkonen vermietet. Ganzjährig geöffnet. In der Hauptsaison für 2 Pers. 324 € pro Woche, in der Nebensaison 222 €. Via Roma 15, Loc. Montoto (am Ortsausgang Richtung Arcidosso), ✆ 0564-956260, ℡ 0564-955107, www.amiata.org.

• *Essen* **Antico Frantoio**, Corso Nasini 35a. Relativ großes Ristorante mit Garten. Abends auch Pizza aus dem Holzofen. Do geschlossen, ✆ 0564-957089.

Trattoria Stuzzicomania, Via Vittorio Veneto 27. Wer ganz und gar nicht auf touristisch zurechtgefeiltes Ambiente steht, sollte mal die kleine, aber gute Auswahl in diesem bescheidenen Lokal probieren. Die Köchin serviert selbst, das Preis-Leistungs-Verhältnis stimmt. Fr geschlossen, ✆ 0564-955626.

• *Außerhalb* **Silene**, im gleichnamigen Hotel (s. o.). Spitzenrestaurant, Spezialität sind Trüffel- und Wildgerichte. Mo geschlossen. ✆ 0564-950805.

Da Vergiglio, im Bergdorf Montelaterone (5 km westlich von Castel del Piano, zunächst Richtung Paganico, dann links in Richtung Arcidosso und bald rechts hinauf nach Montelaterone). Einfache Osteria in netter Umgebung, ganz oben im Dorf. Spezialitäten vom Grill. Mo geschlossen. ✆ 0564-966830.

Antico Molino d'Orcia, Loc. Molino 1 (ca. 15 km in Richtung Paganico, unterhalb des Orts Montenero). Superessen zu reellen Preisen, die Familie schmeißt den Laden gemeinschaftlich. Außerdem ist das Ambiente sehr gemütlich, schreibt eine Leserin. Daneben auch Wurst, Schinken, Käse, Wein und Öl sowie diverse andere Produkte zum Verkauf. ✆ 0564-954310.

▶ **Parco Faunistico del Monte Amiata**: Der ca. 120 Hektar große Park liegt etwa 7 km südlich von Arcidosso an den sanften, dünn besiedelten Hängen des Monte Amiata. Er kann nur zu Fuß auf markierten Pfaden erkundet werden. Rehe,

Südliche Toscana

Karte S. 686/687

Hirsche, Damwild, amiatinische Esel und sogar Wölfe leben hier, sind aber nur mit etwas Glück auch zu beobachten. In den durch Zäune und Gatter abgetrennten Revieren können sich die Tiere frei bewegen. Der Ausflug zum Park ist eine schöne Abwechslung, gerade auch für Kinder. Eine Wanderung zum Monte Labbro (s. u.) beginnt ebenfalls hier am Parkplatz des Parks.

• *Öffnungszeiten/Anfahrt*   Di–So 7.15 Uhr bis Sonnenuntergang. Eintritt 3,50 €. Von Arcidosso Richtung Cingiano, in Serra links ab Richtung Macchie/Zancona. Der Park (Infos unter www.parcofaunistico.it) liegt hinter Zancona.

• *Camping/Essen*   Am Eingang stehen **Stellplätze für Camper** zur Verfügung. **Restaurant Podere dei Nobili**, am Eingang zum Park, auch vegetarische Gerichte. ✆ 0564-966867.

• *Agriturismo*   **I Rondinelli**, von Kastanien umgebenes, einsam gelegenes Bauernhaus mit 8 geschmackvollen und komfortablen Zimmern (auch 3- und 4-Bett-Zimmer) mit TV, Telefon, Frigobar und 3 Appartements. Der Empfang ist herzlich und aufgeschlossen, die Küche sehr gut, der rustikale Speiseraum gemütlich. Man versteht auch ein bisschen Deutsch. B&B 70 € oder 120 € mit HP für 2 Pers. Loc. Zancona (ca. 2 km vor dem Park), ✆/✇ 0564-968168, www.agriturismorondinelli.it.

Giardino di Daniel Spoerri

Spoerri ist ein international bekannter Künstler aus der Schweiz, der schon seit vielen Jahren in der Toscana lebt. Bei Seggiano hat er ein sehr großes Landstück in einen Kunstgarten verwandelt, in dem man stundenlang die Werke vieler verschiedener Künstler bewundern kann. Ein bleibendes Erlebnis für jeden Kunstfreund! Der Leser hat recht: Der Giardino di Daniel Spoerri bei Seggiano (ab Pescina und Seggiano ausgeschildert) ist tatsächlich einen Besuch wert. Das kleine Restaurant wird vom Wirt des Il Silene betrieben. Entsprechend gut ist die Qualität der kleinen Gerichte wie Panzanella oder Polpette, die italienische Version von kleinen Frikadellen. In Planung war auch ein Verkaufs- und Dokumentationsraum der Arbeiten des Künstlers. Vermietung von geräumigen Appartements zu 85–100 €. Geöffnet ab Ostern bis Nov. 11–20 Uhr, Mo geschlossen. Eintritt 10 € (Kinder unter 8 Jahren frei). Info auch in deutscher Sprache unter ✆ 0564-950026 oder www.danielspoerri.org.

Roccalbegna

Südlich des Monte Labbro (1193 m ü. M.), der im Gegensatz zum Monte Amiata aus Kalkstein besteht, liegt das mittelalterliche Roccalbegna mit seinem charakteristischen Kalksteinfelsen, dem Sasso Pinzuto. Der Ort wurde 1326 von der Republik Siena angelegt, ein frühes Beispiel systematischer Städteplanung. Vom Sasso della Rocca, der ehemaligen Felsenfestung der Stadt, hat man einen guten Blick auf die geradlinigen Straßenzüge. Im kleinen Zentrum ist die Kirche SS. Pietro e Paolo mit drei restaurierten Teilen eines nicht mehr kompletten, mehrteiligen Altarbilds von Ambrogio Lorenzetti zu besichtigen.

Den *biscotto salato*, das typische salzige Brezelgebäck mit Anisgeschmack, das erst gekocht, dann gebacken wird und wochenlang haltbar ist, gibt es beim Alimentari am Hauptplatz.

Übernachten/Essen   ***** Hotel La Pietra**, mit Restaurant. DZ 75 €. Via XXIV Maggio 69/B, ✆ 0564-989019, info@locandalapietra.it, www.locandalapietra.it.

Wahrscheinlich der älteste Olivenbaum der Toscana

Hügelland der südlichen Maremma

Grüne Hügel, die sich von den Ausläufern des Monte Amiata bis zur Küste der Maremma ziehen. Etruskische Hohlwege und Nekropolen im Tuffstein sowie die berühmte Quelle von Saturnia sind die Hauptattraktionen dieses Landstrichs.

Das Gebiet südlich des Amiata an der Grenze zu Latium ist mit seinen von tiefen Schluchten unterbrochenen Felsplateaus landschaftlich überaus reizvoll. Zudem locken einige verwegen auf den Tuff gebaute Mittelalterstädtchen.

Touristisch erfuhr die Gegend in den letzten Jahren einen immer größeren Aufschwung, erst bei Italienern, zunehmend aber auch bei deutschen Urlaubern. Allerdings steht nur ein relativ begrenztes Angebot an Übernachtungsmöglichkeiten zur Verfügung, so dass man – zumindest für Ostern, Pfingsten, die italienische Ferienzeit im August und für Wochenenden – besser schon vorab bucht.

Magliano

Auf einem sanften Hügel auf halbem Weg zur Küste und weitgehend geschützt von einer sienesischen Mauer (14./15. Jh.) liegt Magliano. Am Dorfrand, hinter der romanischen Kirche Santissima Annunziata, steht der vielleicht älteste Ölbaum der Toscana. Auf 2000 Jahre wird das Alter des Veteranen geschätzt. Eine Legende erzählt, dass sich bei heidnischen Riten eine Baumhexe in eine schreckliche Katze verwandelte, die noch heute in dem knorrigen Geäst auf der Lauer liegen soll. Also lieber nicht die wohlig schnurrende Katze vom Nachbargehöft streicheln. Zur Besichtigung des Baumes (Olivo della Strega – Olivenbaum der Hexe) muss der durch einen Zaun mit Gartentor umfriedete Privatgarten hinter der Kirche durchquert werden.

Gleich neben dem Ölbaum wurde ein etruskisches Grab entdeckt, das jedoch heute in Privatbesitz ist. Was der Besitzer mit der Gruft macht, war nicht in Erfahrung zu bringen.

Zwischen den zwei mittelalterlichen Stadttoren *Porta San Giovanni* (14. Jh.) und *Porta San Martino* führt der Corso Garibaldi gerade durch den kleinen, überschaubaren Ort; hier, an der Hauptgasse, spielt sich auch ein Großteil des öffentlichen Lebens ab. Auf ein wenig Tourismus hat man sich mit zwei Önotheken und zwei überaus empfehlenswerten Restaurants eingestellt – ansonsten liegt Magliano angenehm abseits der gängigen Routen.

● *Privatzimmer* **Il Baluardo**, Zugang zu einem großen, betischten Balkon in der 1. Etage, der eine wunderbare Aussicht bietet. 5 DZ mit Du/WC zu 50 €. Via IV Novembre 8 (Nähe Porta S. Giovanni), ☎/☏ 0564-592025.

Locanda delle Mura, kleine Zimmervermietung mit 5 Zimmern (auch Dreier) in geschmackvollem Stil. DZ ab 80 € (100 € im Aug). Piazza Marconi 5, ☎ 338-8733882, www.locandadellemura.it.

Giusti, Einkaufsladen und Bar mit 4 einfachen und zweckmäßigen Zimmern. DZ zu 60 €. Loc. Poderone dei Frati (2 km westl, von Magliano), ☎ 0564-592045.

● *Essen* **Antica Trattoria Aurora**, Via Chiasso Lavagnini 12–14 (bei der Porta S. Giovanni). Gutbürgerliche Trattoria. Man sitzt zwischen den Ruinen der alten Stadtmauer und hat von einigen Tischen einen Blick ins Umland. Mit Garten, gehobenes Preisniveau. Für abends sollte man reservieren. Mi geschlossen. ☎ 0564-592030.

Ristorante Da Sandra, Via Garibaldi 20, gepflegt und empfehlenswert, einige Tische auch draußen am Platz. Eine Leserin war begeistert von hausgemachten Nudeln, hervorragenden Wildgerichten und besonders der netten, zuvorkommenden Art des Wirts. Mo geschlossen. ☎ 0564-592196.

Scansano   *(mit Umgebung ca. 5000 Einw.)*

Das Städtchen in den Bergen am Rande der Maremma-Tiefebene erfuhr einen mächtigen Aufschwung, als die Machtzentrale Siena 1333 die so genannte Estatur herausgab. In diesem Verwaltungsakt wurde verfügt, dass alle Beamten die Stadt Grosseto im Juli und August zu verlassen hatten, um ihre Geschäfte von Scansano aus zu erledigen. Zu viele Bewohner hatten sich zuvor in den heißen Sommermonaten in Grosseto mit Malaria infiziert.

Namensgeber für den Ort war der heilige Ansano, der hier im 1. Jh. n. Chr. lebte und als Märtyrer starb. Heute ist Scansano bekannt wegen seines Weines und Olivenöls. Der rubinrote *Morellino* wird aus der gleichen Sangiovese-Traube wie der Brunello gekeltert, zu etwa 15 % sind aber auch noch Grinto- oder Alicante-Trauben am trockenen, kräftigen Geschmack beteiligt. Der Wein passt gut zu den hier in den Restaurants oft angebotenen Wildgerichten.

Die *Cantina Cooperativa Morellino di Scansano* befindet sich am Ortsausgang Richtung Grosseto und ist nur für Gruppen nach Voranmeldung zu besichtigen. In einem Verkaufsraum werden die verschiedensten Jahrgänge und Sorten angeboten (geöffnet Mo–Fr 8.30–12.30 und 14–18 Uhr). Wer von den Weinen nur ein Schlückchen probieren möchte, ist im Centro storico besser bedient, in der *Bar Le Cascine* (in der Via XX Settembre) oder in der *Enoteca Tre Pozzi* (Via Vittorio Emanuele II). 1884 schuf ein Signore mit dem wohlklingenden Namen *Dott. Vannuccio Vannuccini* die Weinsorte Morellino. Heute umfasst die Anbaufläche aller genossenschaftlich organisierten Morellino-Erzeuger ca. 150 ha. Die Anbaufläche steigt jedoch ständig, auch Antinori hat sich eingenistet. Die Lagen verteilen sich ziemlich weiträumig bis Manciano.

Archäologisches Museum: Seit 2000 ist im *Palazzo Pretorio* im Centro storico ein kleines archäologisches Museum untergebracht. Ausgestellt werden Fundstücke aus *Ghiaccioforte*, einem etruskischen Festungsort, der bereits im 6. Jh. v. Chr. existierte und ziemlich genau im heutigen Ortsdreieck Scansano, Magliano und Manciano lag (geöffnet Di–So 10–13 und 16–19 Uhr, Eintritt frei). Im selben Gebäude, im ehemaligen Gefängnis des Palazzo Pretorio, befindet sich auch das *Museo della Vite e del Vino*: Hier erfahren Sie (fast) alles über Geschichte und Kultivierung des Weins dieser Region.

Direkt gegenüber dem Palazzo Pretorio steht der Palazzo La Corte. Erklimmt man die steile Treppe, gelangt man empor zum mittelalterlichen Ortskern, in dem einst die Burg der Aldobrandeschi stand. Der kurze Spaziergang, der nur ein kleiner Umweg ist, führt einen durch die bewohnte Altstadt. Hält man sich hier links, gelangt man wieder auf die Via V. Emanuele II, um zum Hauptplatz Scansanos zurückzukehren.

• *Information* In der Hauptsaison im Palazzo Pretorio (Museo), Öffnungszeiten in der Saison Mai–Sept. tägl. 10–13 und 16–19 Uhr (Mo geschlossen). ✆ 0564-509106 oder 0564-509411, musei@comune.scansano.gr.it.

• *Einkaufen* Wem es die schicken maremmanischen Kleider angetan haben, der findet bei **Confezioni Brema** an der Via del Colle im 3,5 km entfernten Pancole (an der SS 322 in Richtung Grosseto) eine große Auswahl der Countrymode in Kord, Samt, Flanell oder Leinen. Mo–Fr 8.30–12.30/14–19 und Sa 15–19 Uhr, Via del Colle.

• *Wein* Enoteche und Cantine gibt es zuhauf in Scansano.
Überall wird mit großen Aufstellern auf die neue Cantina von **Erik Banti** hingewiesen. Die Kellerei liegt an der SS 322 in Richtung Manciano. Banti gilt als einer der Produzenten, die die Popularität des Morellino um einiges vorangetrieben haben. Die Weine können sich mit ornithologischer Etikettengestaltung sehen und mit obligatorischen 85 % Morellino (also Sangiovese) vor allem schmecken lassen. Nach telefonischer Anmeldung kann an Kellerführungen teilgenommen werden. Loc. Fosso dei Molini, Verkauf: Mo–Fr 9–12.30 und 14–18 Uhr. ✆ 0564-508006, www.erikbanti.com.
Enoteca Scansanese, großzügiges Angebot für eine Verkostung von Weinen aus der Region (bislang kostenlos!). Olivenöle können ebenfalls probiert werden. Mi geschlossen. Via XX Settembre 15/17.

• *Markt* Jeden Freitag.

• *Übernachten* **La Posta**, Privatzimmer.

Sehr einfache DZ mit Bad für 55 €. Piazza Garibaldi 6 (Straße nach Grosseto), ✆ 0564-507189, 🖷 0564-507516.

• *Essen* **La Cantina**, Via della Botte 1, die Weinkellerei Bargagli hat sich im Ort die hübsch rustikal gemachte Enoteca mit Restaurant im Gewölbe zugelegt. Hier können die Morellino- und Pitigliano-Weine des Herstellers getestet werden. Spezielle Vorspeise ist die Fagioli Caroli (Bohnen-Rosenkohl-Suppe). Auch kleines Angebot an exklusiven Modeartikeln und Lederwaren. Donnerstagabends und Mo geschlossen. ✆ 0564-507605.
L'Antica Botte, Via IV Novembre 1 (unterhalb der Piazza Garibaldi). Ausgezeichnete und preiswerte regionale Küche, die auf saisonales Gemüse achtet, in der 1. Etage. Raffinierte Vorspeisen. Nicht sehr groß, aber sehr beliebt, sodass man oft anstehen muss. Es lohnt sich. Im Winter Mi geschlossen. ✆ 0564-507437.
Ristorante/Pizzeria Il Grottone, vom Zentrum 500 m in Richtung Saturnia, Vicolo degli Addobbi 2, Mi geschlossen, ✆ 0564-507641.
Osteria Il Rifrullo, Via Marconi 3 (oberhalb der Piazza Garibaldi), preiswerte toscanische Küche im unkomplizierten Ambiente einer kleinen Osteria. Do geschlossen. ✆ 0564-507183.
La Frasca, Piazza Garibaldi 23, populäre Vineria/Bruschetteria. Bruschetti aller Art, Gemüse-, Salami-, Schinken- und Käseteller oder Alici con Cipolla. Große Portionen und preiswert. Sympathisch unprätentiös und durchgehend geöffnet. Mo geschlossen. ✆ 0564-507868.

Semproniano

(ca. 500 Einw.)

Das reizvolle Mittelalterdorf auf einem Hügel in 622 m Höhe ist von größeren touristischen Ambitionen bisher verschont geblieben. Ein Spaziergang durch die steilen, verwinkelten Gassen hinauf zur Rocca Aldobrandesca (12. Jh.) am höchsten Punkt des Ortes eröffnet immer wieder schöne Blicke auf das unverfälschte Ortsbild und auf die Hügel der Maremma. Ganz oben, gegenüber der Rocca, stößt man auf die oft verschlossene **Chiesa di Santa Croce**: Im 12. Jh. gebaut, wurde die Kirche in den folgenden Jahrhunderten mehrfach umgestaltet. Auffällig ist das mittelalterliche Holzkruzifix über dem Altar, das aus dem 12. Jh. stammt.

● *PLZ* 58055

● *Information* **Pro Loco**, Ortszentrum, unregelmäßig geöffnet. ✆ 0564-987164. www.prolocosemproniano.it.

● *Übernachten* *** **Locanda La Pieve**, das gepflegte Haus von Signora Passalacqua ist mit 8 originell und nett eingerichteten Zimmern (jedes mit Thema!) bestückt – zum Wohlfühlen. Die Wirtin ist auch eine ausgezeichnete Köchin, siehe Ristorante Il Giardinetto. DZ mit Frühstück 90–100 €, auch Halbpension ist möglich und lohnt sich hier. Via della Società Operaia 3 (im Zentrum), ✆ 0564-987252, 📠 0564-987756, www.laltramaremma.it/locanda_la_pieve.

Agriturismo Cortevecchia, empfehlenswerte Adresse für den Urlaub auf einem großen, alten Gutshof, der biologischen Anbau betreibt, wo das Vieh (Biofleisch) und die Pferde noch auf der Weide grasen, das Öl in der gutseigenen Ölmühle gepresst und sogar das Brot selbst gebacken wird. Das Herz des gut funktionierenden Betriebs (ca. 2300 ha), auf dem man fast autark ist, bildet eine herrschaftliche Villa, in der 12

originell eingerichtete Zimmer vermietet werden. 12 weitere Zimmer sind in der Dependance untergebracht. Restaurant im urigen Gewölbekeller (nur für Gäste), Pool, Tennis, Fahrräder, Pferde zum Reiten und großer Garten. Eine kleine, kostbare Kunstsammlung gibt es auch. DZ ca. 90 € (in der Hochsaison mindestens 2 Nächte), Abendessen 28 €/Pers. Loc. Cortevecchia (ca. 5 km in Richtung Arcidosso, nach der Ortschaft Marruchina rechts abbiegen, ausgeschildert), ✆ 0564-984075, www.tenutacortevecchia.it.

● *Essen* **Ristorante Il Giardinetto** gehört zur Locanda La Pieve (s. o.) und wurde 2005 für seine Slow-Food-Küche ausgezeichnet. Es wird auf Produkte aus biologischem Anbau und auf Biofleisch geachtet – und auf eine gute Zubereitung. Empfehlung: Ravioli di stracotto. Mi geschlossen. ✆ 0564-987252.

Ristorante Novecento, Via Toscana 4 (an der Abzweigung zur Hauptstraße ins Dorf). Im gepflegten rosaroten Speiseraum kommen regionale Küche, saisonales Gemüse und saisonale Früchte auf den Tisch. Auch

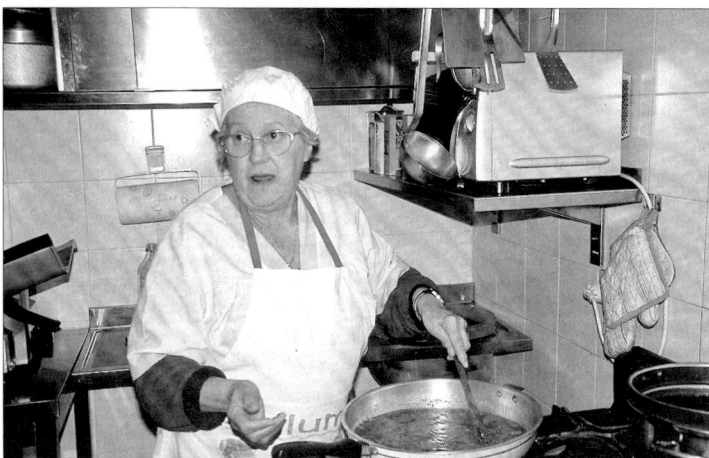

Köchin in der Osteria Rocchette di Fazio

die Lunghini Novecento haben geschmeckt. Mi geschlossen. ☎ 0564-986334.

La Vecchia Cantina, Via Società Operaia (im Erdgeschoss der Locanda La Pieve, hat aber mit dieser nichts zu tun). Billige, kleine Osteria mit Terrasse. Di geschlossen. ☎ 0564-987095.

Pizzeria/Birreria Lo Zenzero, Via Mazzini 95 (bei der Abzweigung zur Hauptsraße ins Dorf). Mo geschlossen. ☎ 0564-987004.

▸ **Rocchette di Fazio**: Erreicht man den 3 km westlich von Semproniano gelegenen mittelalterlichen Weiler mit seinen nur 35 Einwohnern, ist man auch schon im Zentrum des Orts. Ein Spaziergang führt hoch zur Pfarrkirche Santa Cristina aus dem 13. Jh. (Schlüssel zur Kirche in der unten erwähnten Osteria) und zur Ruine der Aldobrandeschi-Festung, von der aus man einen schönen Blick auf den WWF-Naturpark *Bosco Rocconi* genießt (Infos zum Naturpark unter ☎ 0564-989115).

Essen/Trinken **Bar/Osteria Il Piccolo Borgo**, das gemütliche Lokal lohnt allein schon den Ausflug nach Rocchette: eine Acquacotta, wie sie sein sollte, und frisch zubereitete Pasta. Mo geschlossen, ☎ 0564-986173.

Saturnia

(ca. 280 Einw.)

Spricht man von Saturnia, denkt man zuallererst an die Schwefelquellen und den traumhaften Wasserfall. Von den seit der Antike bekannten Thermen schwärmte schon Dante in seiner Göttlichen Komödie. Dank der konstanten Wassertemperatur (37,5 Grad Celsius) dauert die Saison das ganze Jahr; übers Wochenende kommen die Römer in Scharen. Die Thermen zählen zu einer der Topadressen, was ihre positive Wirkung auf Haut, Gelenke und die Steigerung des allgemeinen Wohlbefindens anbelangt. Ein Bad sollte also hier in jedem Falle eingeplant werden.

Das Dorf Saturnia liegt knapp 4 km nördlich des berühmten Wasserfalles auf einem Hügel. Es besitzt nicht die düsteren Reize eines Centro storico und auch nicht das schwindelerregende Landschaftsbild der Tuffsteinorte etwas weiter östlich. Das Prädikat nett bekommt vielleicht die großzügige *Piazza Vittorio Veneto* im Zentrum: viele Schatten spendende Bäume und schöne Restaurants.

Der Ursprung Saturnias verliert sich in grauer Vorzeit, genauer gesagt: in der Eisenzeit. Aus der etruskischen Epoche der Stadt sind noch Reste einer zyklopischen Ringmauer (neben der Porta Romana) erhalten. Die Römer nannten die Stadt erst *Aurinia* (die Goldene), dann *Saturniana Colonia*. Aus römischer Zeit stammen die Grundmauern, die hinter der Boccia Bahn auf der zentralen Piazza Veneto freigelegt wurden. Das heutige Stadtbild wird jedoch im Wesentlichen von Mittelalterbauten bestimmt.

Die **Burg** von Saturnia ist in Privatbesitz und daher nicht zu besichtigen. Unterhalb der Burg sieht man die *Porta Romana*, ein gut erhaltenes römisches Stadttor, von dem die antike *Via Clodia* (später in einen Trampelpfad übergehend) hinunter zu einer alten Mühle führt.

● *PLZ* 58050

● *Information* **L'Altra Maremma**, Via Mazzini 4, Mo–Sa 10.20–13 und 15–19 Uhr. ☎ 0564-601280, ✆ 0564-601257. saturnia@laltramaremma.it, www.laltramaremma.it.

● *Busverbindung* Es gibt tägl. ein halbes Dutzend Verbindungen nach Manciano, der Bus hält auch bei den Thermen und beim Wasserfall (fragen Sie den Fahrer). Tickets beim Tabacchaio an der Piazza V. Veneto (hier fahren auch die Busse), Fahrplan bei der Touristeninformation.

● *Camper* **L'Alveare del Pinzi**, gut ausgestatteter Parkplatz für Wohnmobile, 1 km vom Wasserfall entfernt. Das großzügige Gelände bietet 400 Stellpätze, 80 Stromanschlüsse und wurde erst 2007 eröffnet. Kaum Schatten, aber Gratis-Shuttle zu den

Thermen und zum Wasserfall. Außerdem gibt es einen Pizza-Liefer-Service! 10 € pro Tag oder Nacht, 12 € für 24 Stunden sowie Wasser und Toilettenentsorgung. Strada di Proquoio, Loc. Piane del Molino, ℡ 338-3069971, www.laltramaremm.it/gmasrl.

● *Wein* **Enoteca Cippi di Alessandro**, Piazza Vittorio Veneto 28/A. Großes Angebot an teuren Weinen, einige offene zur Degustation. Auch Verkauf von Käse und Marmelade.

Enoteca Bacco e Cerere, Via Mazzini 4. Ebenfalls gutes Angebot an Wein und Käse sowie anderen Köstlichkeiten. Nicht so protzig und mit dem Gärtchen nach hinten eindeutig sympathischer. Mi geschlossen. ℡ 0564-601526.

● *Übernachten* Die Übernachtungskapazitäten in Saturnia sind begrenzt, und auch in der Umgebung gibt es nur bedingt Ausweichmöglichkeiten. Das hat zu einem überhöhten Preisniveau geführt.

**** Terme di Saturnia, Zufahrt über den hoteleigenen, 2006 eröffneten Golfplatz (18 Loch). Das luxuriöse und exklusive Kurhotel, das angeblich zu den 10 besten Thermalanlagen der Welt zählt, liegt ca. 2 km außerhalb des Orts an den Thermalquellen (Straße Richtung Manciano). Hotelgäste haben neben der öffentlichen Pool-Landschaft ihr eigenes Schwimmbad, das direkt über der Quelle liegt, die mit 800 Liter/Sekunde hervorsprudelt. Die Preisliste der medizinischen Anwendungen (Stressbekämpfung, Antizellulitisprogramme u. Ä.) ist ellenlang und umfasst alles von der ärztlichen Visite bis zum kompletten Diätprogramm. DZ mit Frühstück 400–480 €. Via della Follonata, ℡ 0564-600111, ☏ 0564-601206, www.termedisaturnia.it.

*** Villa Clodia, alle mit Bad, TV, Klimaanlage und Kühlschrank. Renovierte Villa, piekssauber, geschmackvoll eingerichtet, ruhige Lage, sehr schönes Gartenareal mit Swimmingpool. Freundlichkeit wird groß geschrieben. Sauna und türkisches Bad sowie Fahrradverleih an die Gäste. 9 DZ mit Frühstück für 95 €. Via Italia 43, ℡ 0564-601212, ☏ 0564-601305, www.hotelvillaclodia.com.

*** Hotel Bagno Santo, Nutzungsvertrag mit dem 500 m entfernten Thermalbad. Modernes Haus. DZ 110 €, Frühstück extra. Loc. Pian di Cataverna (Straße nach Somproniano), ℡ 0564-601320, ☏ 0564-601346, oliveto @laztamaremma.it.

** Saturnia, saubere, gepflegte Zimmer mit TV, Kühlschrank und Ventilator. Reichhalti-

ges Frühstücksbuffet (verschiedene Säfte, Kuchen, Müsli, Obst). 14 DZ mit Dusche zu 70–85 €, Frühstück inkl. Via Mazzini 4 (50 m von der zentralen Piazza entfernt), ℡ 0564-601007, www.hotel-saturnia.it.

● *Außerhalb* **** Al Poggio**, Zimmer in einem modernen Erweiterungsbau eines Landgasthofs mit großem Ausflugslokal. DZ 90 €. Via della Posta 42, 58050 Poggio Murella (3,5 km entfernt, eine kleine Straße zweigt in der Nähe des Thermalbads ab), ℡ 0564-607953, ☏ 0564-607853., info@albergoalpog gio.it, www.albergoalpoggio.com.

● *Agriturismo* **Il Cavallino**, schön gepflegte Anlage, wo immer eine frische Brise weht (eigene Honigproduktion). Renoviertes Landhaus mit 6 DZ für 52–65 € (inkl. Frühstück) und einigen neuen Appartements für 100–120 €. Loc. Fibbianello (an der Straße nach Semproniano, ca. 4 km von den Thermen entfernt), ℡ 0564-984108, www.agriturismoilcavallino.com.

Il Cantiniere, kurz vor dem o. g. Il Cavallino liegt rechts am Weg der kleine Landbetrieb Poggio Mario. Auf dem Acker werden in einem Nebengebäude im modernen Schnellbaustil 4 Zimmer vermietet. Steril, aber günstig. DZ 30 €, Dreier 55 € (inkl. Frühstück). ℡ 0564-987128 oder 349-0524529.

Agriturismo Fantone, Tipp einer Leserin: Ca. 15 Minuten von Saturnia entfernt, in schöner, ruhiger Lage mit wunderbarem Blick. Belgisch-italienisches Pärchen vermietet 9 Zimmer zu 80 € und 4 Appartements. Man spricht viele Sprachen, macht Wein, Käse und Fleisch und kocht für die Gäste. Anfahrt von Saturnia in Richtung Semproniano. Nach dem Friedhof von Saturnia links in Richtung Usi/Murci abbiegen. Der Schotterstrecke bis zum Agriturismo Fornace folgen und daran bis zur Asphaltstraße vorbeifahren. Der Agriturismo ist ab hier ausgeschildert, ℡ 0564-519081, www.fantone.it.

● *Privatzimmer* Am besten in der nächsten Bar nachfragen. U. a. vermietet

Pian del Molino, zu Fuß in 5 Minuten am Wasserfall (Cascate del Molino). Netter Wirt. 6 großzügige DZ mit Frühstück zu 65 €. Loc. Pian del Molino, ℡ 0564-601226, ☏ 0564-601273, www.laltramaremma.it/pian_del_molino.

Fernanda und Monia Cherubini, einfache DZ mit Dusche zu 50 €. Via Italia 3 (gleich neben der Kirche), ℡ 0564-601034.

B & B Mazzini, schöne DZ zu 55–58 €. Via G. Mazzini 10 (neben Hotel Saturnia), ℡ 0564-601345.

Badevergnügen besonderer Art: Von den Cascate del Mulino stürzt das 37 Grad warme Wasser in die natürlichen Sinterbecken

L'Antica Locanda, Zimmervermietung bei der sympathischen Anna Maria mit ihrem Dackel. 6 DZ zu immer noch 52 €, Frühstück extra. Via V. Veneto 31 (um die Ecke bei der Trattoria Pizza in Piazza), ☎ 0564-601271, www.laltramaremma.it/lanticalocanda.

B&B Agresta, die teuerste B&B-Möglichkeit in Saturnia. Die 4 Zimmer sind, wie man bei diesem Preisen erwarten darf, entsprechend ausgestattet, inkl. einem Betthupferl und Wasser. DZ 90–100 €. Via Italia 9, ☎ 0565-763499 oder 329-5810637, www.agrestasaturni.it.

● *Essen* **Bacco e Cerere,** Via Mazzini 4 (im ersten Stock über der gleichnamigen Enoteca). Kleines Restaurant mit nur ca. 30 Plätzen. Freundlicher Service, gute Nachspeisen, gehobenes Preisniveau. Mi geschlossen. ☎ 0564-601235.

Da Mario, Via Mazzini 4, im gleichen Haus wie das Hotel Saturnia, aber unter anderer Leitung. Ordentliche Küche zu durchschnittlichen Preisen. Do geschlossen. ☎ 0564-601309.

Trattoria Pizza in Piazza, Piazza Vittorio Veneto 30. Toscanische Küche, vor allem aber der Pizza-Spezialist von Saturnia (Holzofen). Betischung zur Piazza. Do geschlossen. ☎ 0564-601095.

Wer die Panini-Variante, also die der belegten Brötchen bevorzugt, ist in der **Caffeteria Vittorio Veneto** richtig (im Zentrum an der Straße in Richtung Ortsausgang. Do geschlossen). Snacks und kühle Getränke auf der Terrasse oder zum Mitnehmen. Den besten Platz für's Picknick bietet dann der Hauptplatz mit viel Schatten unter den Steineichen. Das Wasser des Brunnens hat Trinkwasserqualität.

▶ **Wasserfall von Saturnia:** Wenn man aus Richtung Manciano kommt, ist der Wasserfall neben dem Gebäude einer restaurierten Mühle von der Straße aus schon zu sehen. Wer von Saturnia aus anreist, nimmt die Straße nach Montemerano/Manciano, ca. 4 km nach dem Ort geht es an einer Linkskurve rechts ab. Auf dem Weg stößt man zunächst auf ausgewiesene Parkplätze (Achtung: an Wochenenden im Hochsommer brechend voll!), dann auf die Bar Cascate del Mulino. Gleich daneben stürzt das Wasser mit immenser Wucht die Felswand hinunter, sammelt sich in Strudeln in einem runden Naturbecken und fällt aus einer halb offenen Grotte wieder in die Tiefe, wo sich in stufenförmigen natürlichen Sinterbecken die Badenden aalen – zu jeder Tages- und Nachtzeit. Vor allem in Vollmondnächten erfreut sich das gemeinsame Bade-Happening großer Beliebtheit und gilt dann als ganz besonders kultig, was zur Folge hat, dass sich dann recht dubioses Badepublikum hier aufhält. Der schwefelige Duft, der nach dem Bad an einem haftet, gibt einem das Gefühl, als sei man just der Hölle entstiegen. Dass bei allem Badespaß hier die hygienischen Verhältnisse auf der Strecke bleiben, ist einzukalkulieren. Die Wasserqualität lässt ebenfalls oft zu wünschen übrig. Toiletten und Duschen gibt es nicht.

Die Thermen bieten eine hervorragende Möglichkeit für kräftige Wassermassagen. Darüber hinaus wird ihnen eine Vielzahl von Heilwirkungen zugesprochen (bei Rheuma, Bronchitis, Arthrosen u. v. m.). Manche Besucher kratzen die lehmigen, schwefelhaltigen Ablagerungen von den Felswänden und reiben sich Gesicht und Oberkörper damit ein. Nicht vergessen: Vorher die Juwelen in Sicherheit bringen, Silber läuft im Saturniawasser schwarz an!

Vorsicht: Das Baden im Thermalwasser beansprucht den Kreislauf mehr als üblich. Bäder sollten daher nicht länger als 20 Minuten dauern. Nach einer halbstündigen Pause kann man sich jedoch unbesorgt erneut in die warmen Fluten stürzen. Auch auf Ihre Haut sollten Sie hier besonders Acht geben, da das Wasser einen natürlichen Peeling-Effekt verursacht. Die Haut ist daher intensiver der Sonneneinstrahlung ausgesetzt und bräunt sehr viel schneller als gewöhnlich. Gut eincremen und gegebenenfalls Lichtschutzfaktor erhöhen!

▸ **Thermalbad**: Das Bad liegt auf halbem Weg zum Wasserfall links in einer gepflegten Parkanlage. Es gehört zum 4-Sterne-Kurhotel Terme di Saturnia, kann aber auch von Nichthotelgästen besucht werden. Der Andrang an Hotelgästen und denen, die hier die komfortablere (und sauberere) Variante des Badens dem sehr improvisierten Ambiente am Wasserfall vorziehen, hat in den letzten Jahren stark zugenommen. Der Nachfrage am schwefel- und kohlenstoffhaltigen Quellwasser, in dem sich bereits die Etrusker vergnügten, wurde nachgekommen. Auch in Italien hat man Wellness als ein gewinnbringendes Tourismussegment erkannt. Nach Abschluss der aufwändigen An- und Umbauarbeiten der Anlage verfügt die Pool-Landschaft nunmehr über eine Gesamtwasseroberfläche von 3000 m². Das Schwimmbecken, in dem die Mutterquelle sprudelt, ist den Gästen des Hotels vorbehalten. Die Schwimmbecken für die Tagesgäste sind jedoch großzügig angelegt und erfüllen voll und ganz ihren wohltuenden Zweck. Es gibt Liegewiesen, Tennisplätze, sanitäre Anlagen und eine Snackbar.

⏱ 1. Apr. bis 31. Okt. tägl. 9.30–19.30 Uhr, im Winter nur bis 17.30 Uhr. Eintritt 22 € (ab 15 Uhr 17 €), Liege 7 €, Sonnenschirm 4 €, Parkplatz 4 € (ab 15 Uhr 3 €). Einige Hotels und Agriturismi der Gegend haben mit der Thermalbadverwaltung spezielle Abkommen, um ihren Gästen günstigere Eintrittspreise anbieten zu können.

Montemerano

Auf halber Strecke zwischen Saturnia und Manciano trifft man auf dieses idyllische Städtchen. Ähnlich wie in Capalbio fühlt sich der erholungssuchende Römer an seinem Weekend in der Maremma in dem herausgeputzten Bergdorf sehr zu Hause. Wenn sich's einrichten lässt, sollte man den Besuch nicht am Wochenende einplanen.

In mehreren Bögen führt eine kleine Straße hinauf zum alten Ortskern rund um das Kastell, dessen enge Gassen nur zu Fuß passiert werden können. Die kühle Brise, die selbst im Hochsommer über den steilen Bergrücken weht, macht den Aufenthalt in Montemerano für viele Großstädter wohl zur angenehmen Alternative zum

Urlaub an der überfüllten Küste. Allerdings lassen einen bereits die schwarzen Limousinen mit römischen Kennzeichen erahnen, dass der gehobene Tourismus in Montemerano eine wichtige Rolle spielt. Entsprechend ist das Angebot an Feinkostläden und teureren Restaurants. Liebhaber alter oder rustikaler Möbel kommen in den Antiquitätenläden auf ihre Kosten. Ein Spaziergang beginnt an der Bar *Il Glicine* am Eingang zur Altstadt auf der Via Italia, von der man nach ca. 50 m im spitzen Winkel rechts abbiegt, um zur malerischen Piazza del Castello zu gelangen. Kein einziges Geschäft befindet sich an diesem schönen Platz, nur malerische, alte Häuser – eine traumhafte Wohnlage. Nachher lässt sich erst mal unter den herrlichen alten Bäumen vor besagter Bar nieder, um sich mit eisgekühltem, selbst gezogenem Wein zu erfrischen.

Sehenswert ist die romanische **Pfarrkirche San Giorgio** an der Stadtmauer. Sie verfügt über einige wertvolle Fresken aus dem 15. Jh. *Vecchietta* (1412–1480) hat hier eine holzgeschnitzte, farbig bemalte Mariä Himmelfahrt hinterlassen, über dem Sarg wird Maria samt Thron von Engelchen gen Himmel getragen. Eine kostbare bemalte Holzstatue, die Petrus darstellt, stammt aus dem Umkreis von Vecchietta. Ein einheimischer Künstler aus dem 15. Jh. hat die Madonna della Gattaiola (Katzendurchschlupf-Madonna) geschaffen, die ein kreisrundes Loch im Gewand aufweist. Es handelt sich tatsächlich um einen Katzendurchschlupf. Das Tafelgemälde diente einst als Tür in einem Montemeraner Gutshof. Links im Chorbogen posaunen die Engel ins Paradies, während rechts die Teufelchen die Sündigen braten.

● *PLZ* 58014

● *Information* Kleines Büro am Eingang zur Altstadt (gegenüber der Bar Glicine, hinter der Bank). Öffnungszeiten sehr ungewiss. ☎ 0564-602571. montemerano@hotmail.it.

● *Einkaufen* Dem Duft von frisch gebackenen Keksen aller Art kann man in der Bäckerei **Pasticceria Mazzuoli** nur schwer widerstehen. Bei einem Tütchen Cantucci wird es daher nicht bleiben. Via Italia 32.

● *Übernachten* ***** Acquaviva**, tolles Landhaus, 2 km außerhalb an der Straße nach Scansano geht's rechts ab. Eine 300 m lange Allee führt zum Anwesen. Im Hauptgebäude 7 Zimmer, im Nebentrakt weitere 18, dazu ein netter, kleiner Pool mit Liegewiese im parkähnlichen Garten und eine Tennisanlage. Im Ristorante wird der eigene Hauswein Bianco di Pitigliano kredenzt. Das DZ mit Frühstück kostet je nach Größe und Komfort 118 €, 140 € und 163 €, alle Zimmer mit Kühlschrank und Klimaanlage. ☎ 0564-602890, ✆ 0564-602895, www.relaisvillaacquaviva.com.

*** L'Oliveto, Restaurant mit kleiner Loggia. DZ mit Bad und Frühstück ca. 100 €, an Wochenenden und bei mehrtägigem Aufenthalt in der Regel etwas billiger. In der Saison wird man bemüht sein, das Zimmer mit Halbpension zu vermieten (pro Pers. 75 €). Via E. Fermi 20 (ca. 500 m außerhalb, Nähe

Abzweigung nach Saturnia), ☎ 0564-602849, ✆ 0564-602426, www.loliveto.it.

** Ciavatta, 23 sehr ordentliche, große Zimmer, verteilt auf moderne, rosafarbene Bauten um ein ehemaliges Landhaus. DZ mit Frühstück 60–70 €. Loc. Ciavatta (gleich genüber von Acquaviva), ☎ 0564-602657, www.ciavatta.it.

● *Privatzimmer* **La Piaggia**, 5 sehr schöne, gepflegte Zimmer mit Bad, teils mit Direktzugang zum Garten. Einladende Aufenthaltsterrasse. Sehr freundliche Vermieter. Unsere Empfehlung. DZ mit Frühstück 55 €. Via E. Fermi 21 (in Montemerano nicht ins Centro storico, sondern auf der Hauptstraße weiterfahren, auf der man die halbe Stadt umkreist, dann weist rechts ein Schild den Weg zur schönen Auffahrt ins Landhaus), ☎ 0564-602909 oder 330-271846 (mobil), www.lapiaggia.com.

Locanda del Cafe Ole, eine üppige Schönheit ist neben dem Eingang gemalt, auch sonst ist die Fassadenkunst nicht zu übersehen. Die 7 Zimmer sind farbenfroh und phantasievoll eingerichtet. Für die Gäste wird auch gekocht. DZ ab 68 €. Via delle Collacchie 225, Poderi di Montemerano (3 km außerhalb an der Straße nach Manciano), ☎/✆ 0564-620662.

● *Essen* **Ristorante da Caino**, Via Canonica 3 (im Zentrum von Montemerano). Eines der besten, aber auch teuersten Restaurants der Maremma. Am Eingang prangt das Schild Jeunes Restaurateurs d'Europe, was als Auszeichnung für eine innovative Küche gilt. Die Gäste reisen eigens aus Rom an, um hier zu speisen. Für ein opulentes 9-gängiges Menü am Abend müssen aber schon 120 € pro Person eingeplant werden. Reservierung empfohlen. Mi und Donnerstagmittags geschlossen. ✆ 0564-602817.

Passaparola all'Antico Frantoio, Via delle Mura 21 (an der Stadtmauer), Restaurant in einer alten Ölmühle mit entsprechend rustikalem Ambiente. Toscanische Küche. Do geschlossen. ✆ 0564-602835.

Osteria Cacio e Vino, Via del Bivio 16. Käse und Wein – was braucht man mehr? Kleines Gasthaus, auch nur für einen Imbiss am Mittag geeignet. Do geschlossen. ✆ 0564-602939.

Trattoria/Pizzeria Il Nibbio, Via del Bivio 22 (gleich neben dem vorgenannten). Die preisgünstige Variante sind die Primi und Pizzen (nur abends) um 5 €. Terrasse zur Straße hin. Über die Zimmerverfügbarkeit im Ciavatta (siehe Übernachten) kann man sich hier ebenfalls erkundigen. Mi geschlossen. ✆ 0564-602770.

Manciano

(ca. 3000 Einw.)

Auf einem sanften Hügel (444 m), gekrönt vom 1424 errichteten sienesischen Kastell, liegt die Kleinstadt Manciano mit ihren dicht gedrängten Häusern. Das einstige Räubernest erlaubt mit seiner exponierten Lage einen herrlichen Rundblick vom Monte Amiata bis zum Bolsena-See und zur 25 km entfernten Küste.

Der Tourismus spielt in Manciano noch keine große Rolle, entsprechend ist das Centro storico nicht herausgeputzt wie im nahen Montemerano. Selbst im August bleiben die Bewohner des Städtchens weitgehend unter sich. Nun einige Römer unterhalten hier ihre rustikal ausgebauten Ferienwohnungen. Die Bevölkerung lebt in erster Linie von der Landwirtschaft und kleinen verarbeitenden Betrieben am Stadtrand. Attraktivität verspricht allerdings der Einfluss einer engagierten Stadtverwaltung, die den Ort mit zeitgenössischen Kunstausstellungen kulturell bereichern und durch neue Städteplanung vom Durchgangsverkehr befreien will. Manciano galt in vergangenen Zeiten als ein Ort, an dem sich die legendären Räuber der Maremma herumtrieben. Damals waren, wie überall in der Region, vor allem die Ungerechtigkeiten zwischen Armen und Besitzenden Grund für ihr Unwesen. Heute ranken sich um die Persönlichkeiten jener Tage abenteuerliche Geschichten. Vom mittelalterlichen Castello an der Piazza Magenta, dem Sitz der Stadtverwaltung und höchsten Punkt des historischen Zentrums, bietet sich ein schöner Blick auf die Hügel der Maremma. Das *Museo di Preistoria e della Protostoria della Valle del Fiora* (Museum für Vor- und Frühgeschichte) nebenan zeigt prähistorische Funde (Altsteinzeit bis Eisenzeit), die aus dem Tal des Flusses Fiora stammen (Via Corsini 1, Di–So 10–13 und 16–19 Uhr, Eintritt 2 €).

Information/Verbindungen/Diverses

● *PLZ* 58014

● *Information* **Pro Loco**, Via Marsala 1, in der Hochsaison tägl. 10.30–12.30 und 17–19.30 Uhr, in der Nebensaison nur Fr– So 10.30–12.30 Uhr (wenn überhaupt, da man auch hier auf freiwillige Mitarbeit angewiesen ist). ✆ 0564-629218.

Ufficio turistico, Via Marsala 73, März bis Sept. täglich 10–13 und 16.30–19.30 Uhr, ✆/✉ 0564-620532, ufficioturisticomanciano@email.it.

● *Busverbindungen* 5x tägl. via Montemerano nach Saturnia, 4x nach Pitigliano und 4x nach Grosseto, Bustickets gibt es im Zeitungsladen an der Piazza della Pace, Abfahrt an der Piazza della Pace und an der Via Circonvallazione Nord (vor der Bank Monte dei Paschi di Siena).

● *Einkaufen* Für entspanntes Shopping des Nötigsten hat das Städtchen gerade die richtige Größe, Mittwochnachmittag bleiben die Geschäfte geschlossen. Eine gute Auswahl an Käsespezialitäten aus der Region bietet das Angebot im Feinkostladen **La Torre-Casa dei Formaggi**, Via Ponticino 40.

● *Markt* Jeden Samstag.

● *Feste/Veranstaltungen* **Festa delle Cantine**, alljährlich werden am zweiten Septemberwochenende die alten *Cantine* (Probierstuben der Weingüter) im Centro storico geöffnet – das Weinfest der Stadt mit Weindegustation und lokalen Spezialitäten.

● *Sprachferien* Seit einigen Jahren veranstaltet in Manciano das *Centro di Cultura Italiana* aus Bologna von April bis Ende Okt. Italienisch-Feriensprachkurse. Neben dem eigentlichen Sprachstudium wird auch ein abwechslungsreiches Begleitprogramm angeboten, das zu etruskischen Ausgrabungsstätten führt oder Gelegenheit zum Probieren toscanischer Weine gibt. Das Kursangebot ist variabel; für Anfänger und Fortgeschrittene wird Individual- oder Gruppenunterricht mit einer Dauer von einer bis vier Wochen (Verlängerung bis 12 Wochen möglich) angeboten. Preisbeispiel: 2-Wochen-Kurs in einer Gruppe von 6 bis 12 Teilnehmern für 399 €. Quartiere bei Familien oder in Ferienwohnungen werden vermittelt (im EZ ab 119 €, im DZ ab 88 € pro Pers., Küchenbenutzung 19 €, alle Preisangaben gelten wöchentlich). Adresse der Schule: Via XX Settembre 79, 58014 Manciano, ✆ 0564-629382 (nur während der Schulzeit Mo–Fr 10–13 Uhr), info@culturaitaliana.it. Hauptsitz der Schule in Bologna: CULTURA ITALIANA, Via Castiglione 4, 40124 Bologna, ✆ 051-228003, ℻ 051-227675, info@cultura italiana.it, www.culturaitaliana.it. Informationen sind auch in Deutschland erhältlich: Centro di Cultura Italiana, Iglauer Str. 89, 89518 Heidenheim, ✆ 07321/48459.

Übernachten

● *Übernachten* ***** Rossi**, alles neu renoviert und mit Klimaanlage. Aufgrund der geschmackvollen DZ und des schönen Frühstücksraums erschien uns die Übernachtung zu 67–73 € (inkl. Frühstück) nicht zu teuer. Via Antonio Gramsci 3 (zentral am Kreisverkehr im unteren Ortsteil), ✆ 0564-629248, www.hotelrossi.it.

* Miravalle, ruhige Lage am Ortsrand. Wenn niemand da ist, im violetten Haus gegenüber bei Meloni klingeln. Am Sonntag keine Rezeption! DZ ohne Frühstück 50 €, mit Frühstück 60 €. Via Antonio Gramsci 47, ✆/℻ 0564-620245, www.ilmiravalle.it.

● *Außerhalb* **Locanda Laudomia**, (3 km Richtung Montemerano). Garten hinterm Haus. DZ mit Bad und Frühstück 65 €, Case Ciani 1/3, ✆ 0564-620013, ℻ 0564-620062, www.locandalaudomia.com.

● *Privatzimmer* **Maison d'Hôtes Le Pisanelle**, die Herberge erinnert eher an ein englisches Landhaus. Die Gäste werden abends zu einem sehr intimen, vom Hausherrn persönlich zubereiteten Dinner empfangen. Das Essen war ausgezeichnet, die Konversation über die Jagd, Gott und die Welt eine andere Sache. Man kann das Zimmer aber auch ohne Abendessen beziehen. DZ mit Frühstück 102–112 €, HP 82–87 €/Pers. Loc. Le Pisanelle (etwa 4 km außerhalb an der SP 32 in Richtung Farnese), ✆ 0564-628286, ℻ 0564-625840, www.lepisanelle.it.

Locanda Il Poderino, SS 74, km 30.650 (ca. 2 km außerhalb an der Straße nach Albinia auf der linken Seite). Zum Betrieb gehört ein gutes Restaurant der gehobenen Preisklasse mit netter Terrasse. DZ mit Bad und Frühstück 70–100 €, im Nebenhaus (etwas weiter von der Straße entfernt und einfacher ausgestattet) 60–90 €. ✆/℻ 0564-625031, www.3querce.it.

La Locanda degli Amici, die Wirtsleute der Trattoria Paolino haben die Zimmervermietung in einem Wohnhaus mitten in der Altstadt erst kürzlich übernommen und alle 5 Zimmer frisch renoviert. Man sollte die Signora unbedingt nach einem der beiden Zimmer mit Terrasse fragen. DZ 50–60 € (kein Frühstück). Via delle Piagge 5 (Centro storico), ✆ 0564-629388 oder 329-7170722, ℻ 0564-629388, info@dapaolin.it.

Le Camere di Paolino, sollte niemand da sein, wenden Sie sich am besten an die Trattoria da Paolino ums Eck (siehe Essen und Trinken, für die Zimmer ist aber nicht Paolino, sondern Paola zuständig). DZ mit Bad, TV, Kühlschrank und Kochgelegenheit 50–55 € (ohne Frühstück). Via Marsala 41 (zentral), ✆ 0564-620205 oder 347-4737279 (mobil), www.lecameredipaolino.it.

Camere Doriana, ordentliche Zimmer ab 44 € (Frühstück 2 €). Via Martiri della Libertà 10 (vom zentralen Kreisverkehr hoch, am Friedhof vorbei, dann das gelbe Haus auf der linken Seite), ✆ 0564-629724 oder 333-2994447.

Südliche Toscana · Karte S. 686/687

● *Agriturismi* **L'Antica Sosta**, im Restaurant wird für die Hausgäste gekocht. Die Wirtsleute sind sehr nett, haben Schafe und Olivenbäume. Es werden auch Ausritte vermittelt. Kleines Anwesen mit Mini-Appartements und 6 DZ mit Bad, TV und teilweise auch Kühlschrank zu 68 €, bei 5 oder mehr Tagen Aufenthalt 60 €, Frühstück inkl. Loc. Mondonovo 8 (ca. 2 km außerhalb Richtung Pitigliano), ✆ 0564-629706, ✉ 0564-629626, www.anticasosta.com.

Poggio Tortollo, SP 32 (ca. 4 km außerhalb Richtung Farnese), schöne Doppelzimmer mit Frigobar, Klimaanlage und TV im kleinen Landgut, wo auch ein gutes Olivenöl und Honig produziert werden. Zum Frühstück gibt es frischen Ricotta-Käse, alles ist picobello und die Vermieterin um jeden einzelnen Gast sehr bemüht. DZ mit Frühstück 70–80 €, bei längerem Aufenthalt günstiger. ✆ 0564-620209, ✉ 0564-620949, www.poggiotortollo.it.

Agriturismo Poggio Foco, mit biologischem Getreideanbau. Atemberaubendes Panorama in alle Richtungen (ein Sonnenuntergang, vom Feuerhügel betrachtet, ist ein Erlebnis!) und in absolut ruhiger Umgebung. Hier gibt es immer interessante Leute; wenn es nicht die Gäste sind, so sind es auf jeden Fall die kunstinteressierten Besitzer aus Verona. Man spricht Deutsch und Englisch, was in diesem Ambiente fast selbstverständlich wirkt. Viel Platz für Kinder. Hunde sind hier willkommen. Die Wohnungen für 2–8 Pers. im Bauernhaus des Landguts sind wochenweise zu mieten (für 2 Pers. ab 540 €). Loc. Poggio Fuoco (ca. 10 km außerhalb auf der SP 32 Richtung Farnese bis zum Abzweig rechts in Richtung Vulci, dann rechts auf die Ausschilderung achten), ✆ 0564-620970 oder 335-7720058 (mobil), ✉ 0564-620977, www.poggiofoco.com.

Essen und Trinken

Spezialität des Ortes ist der *ciaffagnone*, ein mit geriebenem Schafskäse bestreuter Crêpe.

Trattoria Il Rifugio, Via Trieste 9. Das Lokal heißt nicht nur Zuflucht, sondern ist es auch: angenehme Atmosphäre und gute Küche, z. B. Wildschwein- und Steinpilzgerichte. Ca. 100 m von der Bar Centrale am Rand des Centro storico. Mittags und abends geöffnet, Do geschlossen. ✆ 0564-620029.

Trattoria Laterna blu, Via dell'Imposto 18 (Ortsrand, noch vor der Gabel Scansano/Pitigliano an der linken Straßenseite). Die Terrasse zur Straße ist unauffällig und verbirgt ein gediegenes Kellerlokal. Muscheln, frischen Fisch oder toscanische Klassiker vom Land – alles ist hervorragend zubereitet. Gute Auswahl an Weinen aus Scansano. Mi geschlossen. ✆ 0564-625009.

Trattoria da Paolino, Via Marsala 41. Paolino hat sein einst spartanisches Lokal an einen Verwandten abgegeben, und dieser hat ausgebaut: zwei angenehme Räume, vom oberen wunderbarer Blick in die Landschaft. Die Preise sind leicht angehoben, aber die Küche ist hervorragend. Wildschwein gibt es alla Maremma (würzige Tomatensoße) oder mit Fenchel. Wie wär's mit einem Fasan im Weißweinbad? Als Primo unbedingt die hervorragenden Gnudi (Teigklößchen mit Spinat und einer Mozzarella-Tomaten-Soße) probieren. Einzig der Pecorino-Test verlief negativ: die Portion war enttäuschend klein. Mo geschlossen, ✆ 0564-629388.

Osteria Antica Compagnia, Via Circonvallazione Sud 48d, der Eingang wird verwegen mit Fackeln beleuchtet, verdächtig große Auswahl an Speisen für das kleine, rustikal gestylte Restaurant mit kleiner Terrasse. Mit einem der Antipasti-Angeboten macht man sicher nichts verkehrt. Do geschlossen. ✆ 0564-625125.

Pizzeria Osée, Via Circonvallazione Nord 35 (direkt bei der Total-Tankstelle), übersetzt so viel wie waghalsige Pizzeria. Das Lokal ist in Zirkusmanier dekoriert, und der Wirt, Mr. Pizzaiola Italia '99, lässt schon mal den Bären tanzen. Ein Foto des Pizzakönigs zusammen mit Miss Italia bei der Preisverleihung der Pizza-Weltmeisterschaft 2000 hängt auch aus. Die Einrichtung ist eher Geschmackssache – über die gute Qualität der Pizza und deren frische Zutaten war man sich einig. ✆ 0564-628300.

● *Außerhalb* **Locanda Laudomia**, Garten hinterm Haus. Auch 12 Zimmer zu vermieten. DZ mit Frühstück 65 €. Loc. Poderi di Montemerano (3 km Richtung Montemerano), ✆ 0564-620013, ✉ 0564-620062.

Einsiedelei von Poggio Conte: An der Stelle, wo die Straße nach Canino (Latium) den Fluss Fiora überquert, befindet sich – versteckt hinter einem dichten Vorhang üppiger Vegetation und nur zu Fuß erreichbar – eine archäologische Besonderheit, der *Romitorio del Poggio Conte*. Es handelt sich um eine Einsiedelei aus dem 12./13. Jh. Die Mönche, die sich an diese abgelegene Stelle zurückzogen, trieben nicht nur ihre Zellen ins Tuffgestein, sondern auch eine ganze Kapelle, die sie mit einem gotischen Gewölbe und großflächigen Wandgemälden ausstatteten. Eindrucksvolle Apostelbilder aus Poggio Conte findet man heute im Museo Civico in Ischia di Castro (Latium).

● *Anfahrt* Ca. 10 km von Manciano. Straße in südliche Richtung nach Farnese (Canino) nehmen. Nach der Brücke Ponte di Pietro geht es Richtung Canino. Nach 1,8 km bei der ersten Abzweigung rechts. Von dort zu Fuß bei der Weggabelung nach 100 m rechts und dann ca. 2 km dem sandigen Strächen nach, flussabwärts bis es in einen schmalen Trampelpfad inmitten üppiger Vegetation übergeht. Von dort sind es noch ca. 500 m bis zum Wasserfall. Links oberhalb davon ist durch die Bäume die Kapelle zu erkennen. Es ist empfohlen, sich im Museum anzumelden, ☏ 0176-425400. Wegbeschreibung lt. Leserbrief von Frau Neuhaus und Frau Steiger aus Bad Ragatz, Schweiz.

Pitigliano   *(ca. 4400 Einw.)*

Mitten im engen Tal ragt ein gewaltiger, steiler Tuffsteinfelsen in die Höhe, obenauf die Stadt. Man meint, sie nur mit riesigen Leitern erklimmen zu können. Die mittelalterlichen Häuser wirken wie ein Wildwuchs des Felsens, im östlichen Ortsteil sieht man die Reste eines Aquädukts aus dem 16. Jh., dahinter der mächtige Palazzo der Grafen von Orsini. Den besten Blick auf Pitigliano hat man vom Kirchlein Madonna delle Grazie an der Straße nach Manciano. Falls man sich noch dazu abends der Stadt nähern sollte, kann man von hier die einzigartige Kulisse in geradezu surrealistischer Illumination erleben.

Erst in den letzten Jahren konnte der langsam bröckelnde Stadtfels, den die Etrusker einst als Nekropole nutzten, mit Stahlklammern gesichert werden. Die engen, an

Pitigliano – ein Wildwuchs des Felsens

manchen Tagen ohne Sonne recht düsteren Gassen lassen keinen Autoverkehr zu. Selten hat man so viel *Ape*-motorisierte Verkehrsteilnehmer gesehen, die mit den knatternden Zweitakter-Pick-ups in den schmalen Gassen alles Mögliche hin und her transportieren. Schicke Geschäfte wie etwa in Montepulciano oder Montalcino gibt es hier nur wenige, und auch die bei Touristen beliebten *Enoteche* findet man nur vereinzelt – Pitigliano hat sich (noch) nicht herausgeputzt und dafür viel von seinem ursprünglichen Charme behalten. Die in den Felsen gehauenen Grabkeller unterhalb der Stadt werden heute noch zur Weinlagerung, als Ställe und Werkstätten genutzt. Auf einem Spaziergang in Richtung Altstadt gelangt man in den Teil, in dem sich einst das jüdische Viertel befand.

Vier Jahrhunderte Piccola Gerusalemme – Die Juden in Pitigliano

Bemerkenswert ist die Tatsache, dass Pitigliano einst über eine bedeutende *jüdische Gemeinde* verfügte, die hier ab 1535 von den damals aus Spanien kommenden hebräischen Siedlern gegründet wurde. Um 1880 waren 15 % der 3000 Einwohner von Pitigliano Juden – sehr viel, wenn man bedenkt, dass Juden in Italien damals (und auch heute) weniger als 0,1 % der Bevölkerung ausmachten. Es gab eine jüdische Bibliothek, jüdische Schulen und eine Synagoge, die in den letzten Jahren wieder hergerichtet wurde. In einem in den Fels gehauenen Kellergewölbe steht noch der Backofen, in dem die traditionellen Backwaren für das Passah-Fest hergestellt wurden. In jedem Lebensmittelladen von Pitigliano steht der Piccola Gerusalemme, ein koscherer Wein, im Regal. Ein stilles Zeugnis der jüdischen Vergangenheit ist der verschlossene Friedhof, der auf einem wunderschönen Hügel im Osten der Stadt liegt. 1938 verließen die meisten Juden die Stadt, 2005 registrierte Pitigliano gerade noch drei jüdische Einwohner. In der Bäckerei *Panificio del Ghetto* gibt es neben *Pane Azzimo*, dem ungesäuerten Brot, das ohne Hefe gebacken wird, auch die jüdische Gebäckspezialität *Lo Sfratto*, aus süßem Teig mit Nüssen, Honig und Muskatnuss die reinste Kalorienbombe, die folglich sehr lecker schmeckt. Mit seiner Form soll es an den Stock erinnern, mit dem die Stadtherren der Orsini bei den jüdischen Bewohnern an die Haustür klopften, was als Aufforderung galt, die Wohnungen zu verlassen und das Ghetto der Stadt aufzusuchen. Die Bäckerei befindet sich mitten im einstigen Ghetto Pitiglianos (Via Zuccarelli 167).

Spaziergang: Ein ca. 30-minütiger Rundgang führt von der *Piazza Petruccioli* die Treppe hinunter zum ehemaligen Waschhaus von Pitigliano. Von dort zieht sich ein Schotterweg unterhalb des Stadtfelsens an Schrebergärten und den Gehegen der Kleintierzüchter vorbei. Über die *Porta di Sovana* gelangt man wieder in die Stadt zurück.

Wandern: Im Gebiet zwischen Pitigliano und Sovana finden sich mehrere in den Tufffelsen geschlagene etruskische Hohlwege *(vie cave)*, die schattige Spaziergänge erlauben. Einer der schönsten ist die *Via Cava dell'Annunziata*, die auf ein Felsplateau führt; von dort sind es dann noch 90 Minuten bis Sovana. Der Spaziergang beginnt an der Straße nach Sovana (linke Seite) knapp oberhalb der Brücke über den Lente-Fluss. Gesamtdauer ca. 2 Std.

Ein ca. 7 m hoher Hohlwegabschnitt (der so genannte *Fratenuti*) ist 50 m links vor der Brücke Richtung Sovana zu sehen.

Information/Verbindungen/Weine

- *PLZ* 58017
- *Information* **Ufficio turistico**, Piazza Garibaldi. Di–So 10.20–13 und 15–19 Uhr (im Winter 14–18 Uhr). Kompetentes Personal. ✆/✉ 0564-617111.
infopitigliano@lamaremma.info.

Pitigliano Guide – Tufo Rosa, privates Unternehmen, das Souvenirs verkauft und Besichtigungstouren durch Pitigliano, Sovana und Sorano sowie geführte Wandertouren auf alten Etruskerwegen organisiert. Nur in der Hochsaison und nach vorheriger Reservierung (mind. 3 Pers.), pro Pers. ca. 12 €. Tägl. 10–13 und 15–20 Uhr. Piazza Petruccioli 101, ✆ 0564-617019, ✉ 0564-617784.

- *Busverbindung* 3x tägl. via Manciano nach Grosseto, 1x Saturnia, 2x Orbetello, 1x Sovana, 8x Sorano und 1x Semproniano.
Wer nach Siena oder Florenz will, muss in Grosseto umsteigen. Abfahrt der Busse gegenüber der Bar Golosone in der Via S. Chiara, Tickets und Fahrpläne in der Bar.
- *Internet* in der Weinbar neben dem Hotel Gustini.
- *Einkaufen* Die Straße zum Bummeln ist die Via Roma. Hier und in der Via Orsini gibt es einige Läden mit Möbelrestaurateuren. Mittwochnachmittag bleiben die Geschäfte geschlossen.
- *Weine* Nicht zu verachten sind die Weine aus Pitigliano: Rosso Rubino, Ildebrando Bianco, Sovana Rosso (Sangiovese), Aleatico, Bianco Amabile und vor allem der Bianco di Pitigliano, ein leichter, trockener Weißwein, der zu ca. 70 % aus der Trebbiano-Rebe gekeltert wird.
Eine Besonderheit sind die koscheren Weine, die mit einem Zertifikat des Oberrabbiners von Livorno versehen sind. Man bekommt einen weißen und einen roten Piccola Gerusalemme. Beide Weine sind frei von Konservierungsstoffen (Schwefel).
Größere Mengen Wein kauft man am besten in der **Cantina Cooperativa** von Pitigliano (knapp 1 km außerhalb an der Straße nach Orvieto rechts ab). Geöffnet Mo–Fr 8–13 und14–18 Uhr (Fr nur bis 17 Uhr), Sa 8–13 Uhr. Dieselbe Cantina unterhält einen Verkaufsraum in der Via S. Chiara 70, der regelrecht in den Fels gehauen ist. Hier werden auch Salami, Schinken und Käse angeboten.

Enoteca Ghiottoneria, Via Roma 111, Weine, Trüffel, Pesto – gute Qualität (Lesertipp).

- *Markt* Jeden Mittwochvormittag.
- *Feste* Am ersten Septemberwochenende heißt es **Settembre divino – cantine aperte**, das Weinfest der Altstadt, bei dem die uralten, in den Tufffelsen gehauenen Privatkeller geöffnet werden.

Übernachten

** **Guastini**, Signora Loreta Lazzeri-Guastini ist schon weit über achtzig, führt aber immer noch das Zepter im Familienbetrieb der 2005 sein hundertjähriges Jubiläum feiern konnte. Die kleineren, günstigeren Zimmer befinden sich im Stammgebäude und bieten teils einen großartigen Blick übers Tal, die größeren, teureren sind im Nebenbau ohne spektakuläre Aussicht, dafür mit Klimaanlage. DZ mit Bad und TV je nach Saison und Größe 62–90 €, Frühstück extra. Piazza Petruccioli 16 (gleich am ersten Platz, wenn man in den Ort hineinkommt), ✆ 0564-616065, ✉ 0564-616652, www.albergoguastini.it.

- *Außerhalb* *** **Valle Orientina**, 5 km außerhalb (nach 4 km Abzweig von der Straße nach Orvieto). Großartige, einsame Lage im bewaldeten Orientina-Tal, mit Tennisplatz, Sauna, Fitness-Studio und Mountainbike-Verleih. Zum Hotel gehört auch das ehemalige jüdische Thermalbadehäuschen mit einer 38 °C warmem Quelle. Manchmal wird für dessen Benutzung eine Gebühr von 5 € erhoben, aber eben nur manchmal. Nur 150 m hinter dem Hotel befindet sich ein hässliches Gebäude; es ist das gedeckte kommunale Bad, das mit demselben Thermalwasser gespeist wird wie das alte jüdische Bad, hier allerdings auf 28 °C abgekühlt. Vom Hotel führt ein Weg zu den etruskischen Grabkammern, die sich weiter hinten im Tal befinden (z. Zt. geschlossen). Geräumige DZ mit Bad 80–130 € inkl. Frühstück. Halbpension wird empfohlen, pro Pers. 60–80 €. ✆ 0564-616611, ✉ 0564-617728, www.valleorientina.it.

** **Corano**, SS 74, km 49.460 (ca. 3 km außerhalb Richtung Manciano, kurz nach Madonna delle Grazie). Etwas nüchterne

Anlage mit Pool, die oft von Gruppen genutzt wird. Restaurant angeschlossen. Alle Zimmer mit Bad und TV, DZ ca. 72 € (inkl. Frühstück). ☎ 0564-616112, 📠 0564-614191, www.hotelcorano.it.

• *Privatzimmer* **Locanda Il Tufo Rosa**, 6 Zimmer, teilweise ziemlich klein, aber sehr gepflegt und nett eingerichtet, schöne, moderne Badezimmer. Da fast direkt am Verkehrsknotenpunkt von Pitigliano gelegen, nicht immer ganz ruhig. DZ mit Bad 55–65 €, kein Frühstück. Piazza Petruccioli 97 (gegenüber dem Hotel Guastini), ☎ 0564-617019, 📠 0564-617784, info@iltuforosa.com, www.iltuforosa.com.

Maremma nel Tufo, gegenüber vom Corano vermietet der Bruder 3 einfache Doppelzimmer, die auch als Appartements gemietet werden können. DZ 65 €. Vgl. unter Corano, ☎ 0564-615471 oder 348-3924598, www.maremmaneltufo.com.

Camere La Magica Torre, wenden Sie sich zwecks Vermittlung eines Zimmer im Centro storico an die gleichnamige Pizzeria am Platz oder rufen Sie an. DZ mit Bad je nach Saison 50–60 €. Piazza Petruccioli (gegenüber von Tufo Rosa), ☎ 0564-616260 oder 347-1439194 (mobil).

*** Agricamping Poggio del Castagno, 8 km von Pitigliano entfernt, ist der kleine Platz ganzjährig geöffnet und für ca. 20 Zelte und einige Wohnmobile eingerichtet. Die Signora bietet abends auch einfache tocanische Menüs zu 17 €. Übernachtung 10 €. Anfahrt von Pitigliano 1 km in Richtung Manciano (74), dann links Richtung Viterbo/Orvieto. Dann der Ausschilderung nach San Quirico folgen (SP 127 Strada del Pantano). Nach ca. 4 km auf Ausschilderung zum Agricamping achten (Lesertipp), ☎ 0564-615545, poggio_castagno@tiscali.it.

*E*ssen und *T*rinken

Il Tufo Allegro, Vicolo della Costituzione 2 (in einem Seitengässchen der Via Zuccarelli in der Nähe der Synagoge). Kleines Lokal im Tufffelsen, neben zahlreichen Auszeichnungen auch vom deutschen *Feinschmecker* prämiert. Spezialität sind die Gnudi (große Gnocchi), gefüllt mit Ricotta-Käse. Oder als Hauptgericht Buglione d'Agnello, Lammbraten nach Pitiglianer Art. Bei dieser Qualität kocht der Chef natürlich persönlich – im Herbst mit frischen Pilzen vom Monte Amiata. Gehobenes Preisniveau, mittags und abends geöffnet, Di geschlossen. Reservierung unbedingt erforderlich, ☎ 0564-616192.

Osteria del Corso, Via Roma 92, sympathisches Lokal mit rustikalem Ambiente, toscanische Küche zu mittleren Preisen, netter Service. Mi geschlossen, ☎ 0564-617079.

Del Grillo, Via Cavour 9 (beim Aquädukt). Kleine Trattoria direkt im Centro storico. Die Hausfrau steht selbst am Herd, um die

zahlreichen Wildspezialitäten der Umgebung zuzubereiten. Gute Küche zu moderaten Preisen. Di geschlossen. ☎ 0564-615202.

Hostaria del Ceccotino, Piazza S. Gregorio 15, nette Terrasse am ruhigen Domplatz. Große Auswahl an Standardgerichten und typisch Toscanischem bei mittlerem Preisniveau. Do geschlossen. ☎ 0564-614069.

Trattoria La Chiave del Paradiso, Via Vignoli 36. Der Schlüssel zum Paradies liegt versteckt: von der Piazza Gregorio VII rechts neben der Hostaria del Ceccotino in die Via Orsini einbiegen, dann gleich rechts in einem Seitengässchen des Domplatzes. Sehr einfache Trattoria im ursprünglichen Sinn, rustikale und bodenständige Küche, vermutlich die günstigste Möglichkeit, in Pitigliano zu essen. Schlichte Einrichtung. Mo geschlossen, ☎ 0564-616823.

Pulp Fiction, Bar, Disko und Pub in einem. 4 km außerhalb von Pitigliano, an der Straße nach Orvieto auf der rechten Seite. Fr, Sa und So ab 21 Uhr geöffnet.

Sehenswertes

Palazzo Orsini/Diözesanmuseum: Der Palast der römischen Adelsfamilie Orsini, zu deren Grafschaft Pitigliano gehörte, überragt die zentrale Piazza della Repubblica. Auch heute noch ist er Sitz des Bischofs. Er wurde in den letzten Jahren des 14. Jh. erbaut und 1547 bei einem Volksaufstand geplündert. Für die Museumsgestalter des aufwändig restaurierten Baus war die Ausstattung der 18 Räume anscheinend problematisch – in etlichen Räumen herrscht gähnende Leere, andere sind mit Biedermeier-Möbeln oder sakralen Kunstgegenständen voll gestellt. Interessant allenfalls sind die alte Bibliothek und die originalen Holzkassettendecken in einigen Sälen.

⏲ Mai/Juli/Sept. Di–Do 10–13 und 15–19 Uhr, im Aug. bis 20 Uhr, Okt.–April Di–So 10–13 und 14–18 Uhr. Eintritt 3 €.

Museo Civico: In den drei Räumen des Museums im Innenhof des Orsini-Palastes (gegenüber dem Diözesanmuseum) ist eine kleine Sammlung etruskischer Fundstücke untergebracht.

⏲ Gleiche Öffnungszeiten wie der Palazzo Orsini, Eintritt 3 €.

Synagoge/Jüdisches Museum: Im Jahr 1598 erbaut, wurde die Synagoge in der zweiten Hälfte des 18. Jh. im Rokoko-Stil renoviert und brach 1960 als Spätfolge der gezielten und doch verfehlten Bombardierung im Zweiten Weltkrieg schließlich zusammen. Nach dem Wiederaufbau steht sie seit 1995 der Öffentlichkeit wieder zur Verfügung und es finden hier auch wieder jüdische Rituale statt. Schenkt man den aus den Trümmern geretteten Gedenktafeln im Inneren der Synagoge Beachtung, fallen einem die futuristischen Jahreszahlen auf. Die hebräische Zeitrechnung begann bereits 3760 Jahre vor Christi Geburt. Folglich beehrte Leopold II. die jüdische Gemeinde Pitiglianos mit seinem Besuch am 20. April 5589, entsprechend unserer Zeitrechnung also im Jahre 1829.

Die Synagoge ist heute integraler Bestandteil des Jüdischen Museums. Zu diesem gehören neben einer Sammlung sakraler Gegenstände auch die Räume der Ritualbäder, ein Schächtraum und ein Keller für koscheren Wein.

⏲ Im Sommer Di–Fr und So 10–12.30 und 16–19 Uhr, im Winter 10–12.30 und 15–17.30 Uhr, Mo und Sa sowie an jüdischen Feiertagen geschlossen. Eintritt 2,50 €. Im Eintrittspreis inbegriffen ist auch eine Kippa (traditionelle jüdische Kopfbedeckung) aus Kunststoff für Männer bzw. ein Schleier aus Kunststoff für Frauen für den Besuch der Synagoge. Nachher wieder abgeben.

Museo della Civiltà Giubbonaia (auch *Pitigliano Underground* genannt): Eine private Sammlung mit allerlei Kuriosem über Brauchtum und traditionelle Landwirtschaft findet man im Kellerlabyrinth unterhalb der Festung, Eingang von der Piazza Garibaldi. Das Museum ist seit Jahren im Aufbau begriffen. Feste Öffnungszeiten gibt es nicht. Die Führungen sind kostenlos, ein Trinkgeld wird aber nicht ausgeschlagen. Interessierte erkundigen sich im Touristenbüro oder unter ☎ 0564-617111.

Sovana

(125 Einw.)

Ein Museumsdorf aus braunrotem Tuffstein zwischen den Felsenschluchten der Flüsse Folonia und Calesina. Früher Hauptsitz der Adelsfamilie der Aldobrandeschi, die große Teile der Südtoscana und Teile des nördlichen Latium besaßen.

Die sorgfältig restaurierten Ziegelbauten des 125-Seelen-Ortes reihen sich an einer lang sich hinziehenden Straße auf. Das warme Rotbraun der Häuser findet sich im endlosen Zickzack-Ornament des Straßenbelags wieder.

Im Zentrum liegt die *Piazza del Pretorio* mit der *Kirche Santa Maria* an der südlichen, dem wappengeschmückten *Palazzo Pretorio* an der nördlichen Längsseite und dem *Palazzetto dell'Archivio* (heute Postamt) an der westlichen Kopfseite. Der östliche Ortseingang wird von einer gewaltigen Burgruine, der *Rocca Aldobrandeschi*

Südliche Toscana · Karte S. 686/687

(nicht zugänglich), beherrscht, neben der die kleinen Häuser Sovanas wie Miniaturen erscheinen. Im Westen liefert der mit seinem kurzen Turm ebenfalls wie eine Burg wirkende *Dom Pietro e Paolo* das Pendant.

Am Weg zum Dom erinnert eine Marmortafel an das Geburtshaus des Mönchs Hildebrand, der als Reformpapst Gregor VII. den Kampf mit dem deutschen Kaisertum aufnahm und dann dem büßenden Kaiser Heinrich IV. im Jahr 1077 die Absolution erteilte.

• *PLZ* 58010

• *Information* Bei der Rezeption des Dokumentationszentrums im Palazzo Pretorio. Ab April bis Okt. und Dez. tägl. 10–13 und 15–19 Uhr; im Nov. und von Januar bis Mitte März Fr–So 10–13 und 15–17 Uhr. Hier verkauft die Organisation **Arethusa** (Cooperative Zoe) auch Sammeltickets für die etruskischen Nekropolen (s. u.) sowie deutschsprachige Literatur zu Sovana und den Ausgrabungen. ☎ 0564-614074. aretusa.parcotartufo@virgilio.it.
Auskünfte über Übernachtungsmöglichkeiten erteilt das professionelle Reservierungsbüro **Pyrgos** an der Piazza gegenüber dem Infobüro. Via del Pretorio 12, ☎ 0564-616727, info@sovana.eu, www.sovana.net.

• *Einkaufen* Kleine Kunsthandwerks- und Antiquitätenläden bieten reichlich Gelegenheit zum Stöbern. Außerdem diverse Feinkostgeschäfte, in denen unter anderem auch der *Rosso di Sovana* (Hauptanteil Sangiovese) verkauft wird.

• *Übernachten* **** **Sovana Romantik Hotel & Resort**, 2004 eröffnet, im selben Besitz wie die Taverna Etrusca (s. u.) und das Hotel Fortezza in Sorano. Außen unscheinbar, innen luxuriös und mit großem Garten. DZ inkl. Frühstück 150 €, Suite 250 €. Via del Duomo 66 (Straße zum Dom), ☎ 0564-617030, 📠 0564-617126, www.sovanahotel.it.
*** **Scilla**, freundliche Rezeption, daneben eine Kopie der etruskischen Tomba della Sirena. 8 stilvoll renovierte Zimmer in historischem Gemäuer, in der Hauptsache lebt man hier vom großen Restaurant (von dem ein Leser berichtet, dass das Tiramisu gött-

lich sei). DZ mit Bad und TV 90 €, EZ 70 € (inkl. Frühstück). Via Rodolfo Siviero 3 (gleich hinter dem Palazzetto dell'Archivio), ☎ 0564-616531, 📠 0564-614329, www.sovana.eu.
*** **Taverna Etrusca**, kleines, gepflegtes Albergo im Zentrum mit ebenfalls kleinen Zimmern. DZ mit Bad 90 €, Frühstück extra. Piazza del Pretorio 16 (neben dem Palazzo Comunale), ☎ 0564-616183, 📠 0564-614193, www.scilla-sovana.it.

• *Privatzimmer* **Fünf Zimmer**, werden in der Altstadt an der Via del Pretorio zu 65 € vermietet und sieben weitere Doppelzimmer genau am Platz gegenüber der Kirche. Sie kosten 80–90 €. Vermittlung über das Buchungsbüro Pyrgos (s. o.), ☎ 0564-616727, www.sovana.net.

• *Essen* **Taverna Etrusca**, im gleichnamigen Hotel (s. o.).Das Restaurant bietet typische Gerichte der Maremma, z. B. Bistecca alla griglia. Stilvolles Ambiente, Garten, gehobenes Preisniveau, Mi geschlossen, ☎ 0564-616183.
Trattoria/Pizzeria La Tavernetta, Via del Pretorio 3. Hier geht es unkompliziert zu. Der Pizzateig ist dünn und kommt superknusprig aus dem Holzofen, ansonsten gibt es Hausmannskost. Do geschlossen. ☎ 0564-616227.
Ristorante dei Merli, gehört zum Hotel Scilla (s. o.). Auch hier stilvolles Dinieren bei gehobenem Preisniveau. Di geschlossen. ☎ 0564-616531.
Pizzeria Il Sileno, Via del Duomo 7. Kleine Pizzeria mit gemütlicher Terrasse auf der Gartenseite des Hauses. Mi geschlossen. ☎ 0564-616307.

Sehenswertes

Palazzo Pretorio: Im liebevoll restaurierten Palast aus dem 12. Jh. schmücken freigelegte Fresken aus dem 16. Jh. die Räumlichkeiten. Hier unterhält das Dokumentationszentrum des *archäologischen Parks* (s. u.) eine kleine Dauerausstellung über die etruskischen Gräber der Umgebung: Funde, Fotos, Ausgrabungspläne sowie ein Modell der *Tomba Ildebranda* (s. u.). Eine sinnvolle Einführung für den späteren Besuch der etruskischen Gräber.
① Unregelmäßig, bei der Touristeninformation zu erfragen.

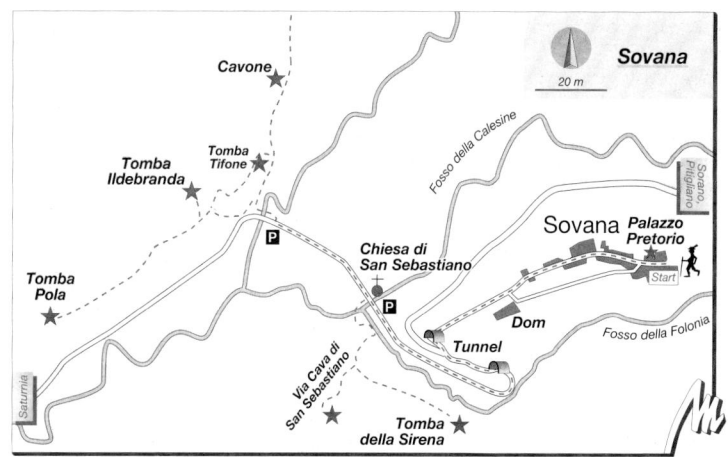

Kirche Santa Maria: Sie stammt aus dem 13. Jh., zeigt einige Fresken aus dem 16. Jh. und birgt als Prunkstück ein vorromanisches Ziborium (8./9. Jh.) aus weißem Marmor – eine fein ziselierte Steinmetzarbeit. Der mit Weinranken, Tauben und Pfauen verzierte Baldachin wird von Säulen getragen. Obenauf thront eine achtseitige Pyramide. Neben der Kirche am Platz erfreut ein Brunnen den durstigen Besucher mit erfrischendem Trinkwasser.

⏱ täglich 9–19 Uhr geöffnet.

Dom Pietro e Paolo: Das Bauwerk aus dem 11. Jh., das eine frühere Kirche ersetzte und im Lauf der Jahrhunderte mehrmals verändert wurde, wurde angeblich von Papst Gregor VII. seiner Heimatstadt gestiftet. Besonders imposant ist das Seitenportal mit seiner vor- und frühromanischen Ornamentik. Im dreischiffigen Inneren zeigt das zweite Kapitell der linken Reihe biblische Szenen, die restlichen beschränken sich auf abstraktes Dekor. Im linken Transept findet sich eine verschnörkelte Urne, die den Blick auf die knöchernen Überreste Mamilianos, des Schutzheiligen Sovanas, freigibt. Die ursprüngliche Urne war wesentlich strenger konzipiert; mit einer Skulptur des toten Mamiliano versehen, steht sie an der rechten Seitenwand. Die *Krypta* des Doms ist zugänglich und erweist sich als erstaunlich hell.

⏱ Im Sommer 9–13 und 15–20 Uhr, im Winter 10–13 und 15–18 Uhr.

Die etruskischen Grabmäler in der Umgebung von Sovana

Sovana ist berühmt für seine etruskischen Nekropolen, die teilweise bis auf das 7. Jh. v. Chr. zurückgehen. Auch einige tief in den Tuff gehauene etruskische Hohlwege *(vie cave)* liegen in der unmittelbaren Umgebung (siehe auch Pitigliano/Wandern). Nur einige der etruskischen Grabmäler rund um Sovana sind ausgeschildert und problemlos zu Fuß zu erreichen. Der *archäologische Park* der Gegend steht seit 2001 unter der Leitung der Organisation *Arethusa*, die auch das Dokumentations- und Informationszentrum im Palazzo Pretorio in Sovana betreibt. Die zum Park gehörenden Grabstätten liegen westlich von Sovana und sind ausgeschildert.

● *Eintritt* **Sammelticket** für 5 € (Kinder bis 12 Jahre gratis): Tomba Ildebranda, Tomba della Sirena, Tomba di Tifone und Tomba Pola (z. Zt. nicht zu besichtigen), Via Cava di San Sebastiano und Cavone Etrusco (im Sommer tägl. 10–19 Uhr zugänglich).

Südliche Toscana Karte S. 686/687

Die mächtige Tomba Ildebranda

Erweitertes Sammelticket für 7 €: zusätzlich zu den oben aufgeführten Sehenswürdigkeiten: Gänge und Räume im Untergeschoss der Orsini-Burg in Sorano, Ausgrabungen von San Rocco und Vitozza (in S. Quirico, 7 km von Sorano).

Verkauf der Sammeltickets im Palazzo Pretorio, bei der Tomba Ildebranda, Tomba Sirena, der Tomba Sirena, an der Kirche von San Rocco (Parco Archeologico Chiesa di San Rocco) und im Museum der Orsini-Festung in Sorano.

▶ **Tomba Ildebranda**: Das nach Hildebrand, dem späteren Papst Gregor VII., benannte Grab ist das spektakulärste. Es handelt sich um ein etruskisches Tempelgrab im hellenistischen Stil aus dem 3. Jh. v. Chr. Vom reich verzierten Fries ist links oben noch ein Stück erhalten. Zwölf Säulen (elf nur noch Stümpfe, eine vollständig erhalten) umgaben das Heiligtum über der Grabkammer, der sich seitlich eine weitere anschließt. In unmittelbarer Nähe der Tomba Ildebranda liegen die **Tomba Tifone** (rechts) und die **Tomba Pola** (links), das z. Zt. der Recherche allerdings nicht zu besichtigen war.

☉ April–Juli und Sept./Okt. tägl. 10–19 Uhr; im August tägl. 10–20 Uhr; Nov.–März Sa–So 10–17 Uhr. Eintritt siehe oben.

Beim Parkplatz unterhalb der Tomba Ildebranda nimmt rechter Hand der *Cavone Etrusco* seinen Anfang, ein langer Hohlweg; gelegentlich sieht man hoch oben im Tufffelsen etruskische Gräber.

▶ **Tomba della Sirena**: Das Grab, ebenfalls aus dem 3. Jh. v. Chr. und im hellenistischen Stil, wird von einem kleinen Raum gebildet, dessen Vorderseite geheimnisvolle Inschriften zeigt und, wenn auch undeutlich, mit der Figur einer Sirene und seitlich mit zwei geflügelten Wesen dekoriert ist. Die Tomba della Sirena bildet den Anfang einer ganzen Nekropole. Wer dem Waldweg weiter folgt, findet weitere Gräber. Eindrucksvoll sind die Zugangsschneisen zu den Grabkammern. Bei der Tomba Sirena beginnt übrigens die *Via Cava di San Sebastiano*, eine etruskische Straße, die eine Verbindung vom Tollena-Plateau zum Fiora-Tal herstellte.

☉ Wie Tomba Ildebranda. Eintritt siehe oben.

▶ **Tomba Pisa**: Die nach ihren Entdeckern vom Archäologischen Institut der Universität Pisa benannte Tomba wurde vom 3. bis zum 1. Jh. v. Chr. als Grabkammer benutzt. Sie ist das größte etruskische Kammergrab von Sovana. Nicht ausgeschildert, ein Fußweg führt von der Straße Richtung Saturnia (nach der ersten Brücke) rechts ab.

▶ **Tomba del Sileno**: Das Grabmal zeigt eine eigenartige Form: ein Zylinder mit sechs als Halbrelief herausgemeißelten Säulen. Es handelt sich um eines der wenigen Gräber, in der die Grabbeigaben noch in unberührtem Zustand gefunden wurden. Nicht ausgeschildert, das Grabmal liegt nordöstlich von Sovana.

Sorano   *(ca. 1000 Einw.)*

Von den Tuffsteinstädtchen im Hügelland der Maremma das höchstgelegene. Mit der Burg der Orsini im Süden konkurriert im Nordosten ein gewaltiger befestigter Tuffsteinblock, der Masso Leopoldino, um die optische Vorherrschaft.

Von den drei Tuffsteinorten Sorano, Pitigliano und Sovana scheint Sorano mit seiner spürbar strengen Ausstrahlung der Ort zu sein, der sich am meisten von den viel beschriebenen magischen Kräften bewahren konnte. In den 1970er Jahren ließen sich deutsche Aussteiger, die sich von der sonderbaren Stimmung der Gegend in den Bann gezogen fühlten, in der nahe gelegenen Ortschaft Elmo nieder.

Im Schatten der regionalen Tourismusmagnete Pitigliano und Sovana hat Sorano seine Ursprünglichkeit bewahren können. Souvenirläden sucht man vorläufig noch vergebens, und das erste Hotel am Ort eröffnete erst 1998. Dafür lädt der Ort zu einem angenehmen Spaziergang ein. Er beginnt bei der *Porta Ferrini* an der Via Giovanni Selvi, dem Eingangstor zur Stadt; dahinter erwartet den Besucher eine ganze Reihe fotogener steinerner Türeinfassungen. Wenn man ein Stück weitergeht, gelangt man zur *Nikolauskirche* mit der *Capella della Sindone*, in der zwei Fotos das Turiner Schweißtuch in Originalgröße wiedergeben, an denen sich angeblich Zeichen der Geißelung und Kreuzigung Christi ablesen lassen. Von der Kirche aus führt der Spaziergang dann durchs düstere Mittelalter: vorbei am *Masso Leopoldino* zur antiken *Porta dei Merli*.

● *PLZ* 58010

● *Information* An der Piazza Busatti (direkt vor der Porta Ferrini, dem Eingangstor zur Stadt). Tägl. 10–13 und 15–19 Uhr (Mi geschlossen). ℘ 0564-633099, ui.sorano@libero.it

> Geführte **Besichtigungstouren zu den etruskischen Grabmälern** und Hohlwegen organisiert Arethusa, ℘ 0564-614074 (siehe Sovana/Information). Ein Büro der Organisation befindet sich auch bei der Orsini-Festung, ℘ 0564-633767.

● *Kunsthandwerk* Im Sommer veranstaltet **Pandora** in einer Werkstatt direkt in der Orsini-Burg eine ganze Palette interessanter Kurse und Workshops: Fotografie, Glasbläserei und Malerei, Keramik (auch Raku und Bucchero) und Goldschmiedekunst.

Pandora, Via della Fortezza 3, ℘ 0564-633398 oder 338-1376675 (mobil). info@corsipandora.it, www.corsipandora.it.

● *Übernachten* *** **Della Fortezza**, in der Orsini-Burg, grandiose Zimmer. Wegen der niedrigen Fensterbrüstung hat man vom Bett aus einen tollen Blick ins Tal. Die gediegene Atmosphäre, das stilvolle Ambiente und der Service entsprechen durchaus vier Sternen. DZ mit Bad und Frühstück 120 €. Piazza Cairoli, ℘ 0564-632010, 🖷 633209, www.hoteldellafortezza.it oder www.sovanahotel.it.

Privatzimmer San Marco, am Ortsausgang Richtung San Quirico, gegenüber dem Fußballstadion. Größeres Haus mit einigen schönen Zimmern, einem freundlichen, alten Schäferhund und einer einladend großen Terrasse vor dem Haus. DZ 45–50 €. Via San Marco 30, ℘ 0564-633176 oder 349-7776528 (mobil).

• *Außerhalb* *** **Agnelli**, Landgasthof mitten im Nachbardorf San Quirico (ca. 6 km außerhalb). Geräumige, komfortable, gepflegte Zimmer und auch ein empfehlenswertes Restaurant La vecchia Fonte (Mo geschlossen) im Haus. DZ 70 €. Piazza della Repubblica 9, San Quirico, ☏ 0564-619015, www.lavechiafonte.com.

Privatzimmer Il Piccione, insgesamt 4 Zimmer in einem schönen Gehöft aus dem 15. Jh. teilweise mit Benutzung einer Gemeinschaftsküche, Garten und Pool vorhanden. In der Vorsaison ohne andere Gäste etwas einsam, da die Besitzer nicht vor Ort wohnen. DZ 60–70 € (je nach Ausstattung). Po-

dere Belvedere (1 km Richtung San Quirico, dann rechts ab Schild), ☏ 0564-633191 oder 338-3210342, sabrinavetrano@yahoo.it.

• *Essen* **Ristorante Fidalma**, beidseits der Porta Ferrini. Größeres Speiselokal mit regionaler Küche. Die Klimaanlage sorgt für eine kühle Atmosphäre, etwas gemütlicher sind die Tische in den Nebenräumen. Außerhalb der Hochsaison Mi geschlossen, ☏ 0564-633056.

Locanda dell'Arco, Via Roma 22 (im Centro storico). Überaus angenehmes Lokal, das neben einem langen Torbogen untergebracht ist. Lokale Spezialitäten, Primi und Panini. Mo Ruhetag, ☏ 0564-633608.

Sehenswertes

Orsini-Burg: Oft belagert und nie eingenommen, gilt sie als die am besten befestigte Burg des Geschlechts der Orsini in der gesamten Umgebung. Der Haupteingang liegt an der Straße nach San Quirico. Mit zwei Eckbastionen und einem Graben schützt sich die Festung gegen die offene Südseite. In einem der nördlichen Gebäudetrakte ist ein Museum für Mittelalter und Renaissance untergebracht ⏲ April–Okt. Di–So 10–13 und 15–19 Uhr (im Aug. auch Mo); Nov.–März Sa/So 10–13 und 15–17.30 Uhr. Eintritt 2 €.

Unmittelbar neben den Museumsräumen befindet sich das Laboratorium für angewandte Kunst mit dem hübschen Namen Pandora, in Anlehnung an die Frau aus der griechischen Mythologie mit der legendären Büchse, in der all das Böse und Schlechte der Welt aufbewahrt wurde. Inhalt der Pandora-Büchse hier sind interessante Kurse (siehe oben Kunsthandwerk).

Der **Orsini-Park**, der sich unmittelbar an die Burg anschließt, soll irgendwann wieder der Öffentlichkeit zugänglich gemacht werden. Wie der weltberühmte Orsini-Park von Bomarzo (Latium) steckt er voller skurriler Skulpturen. Einen dritten dieser bizarren Gärten haben die Orsini übrigens in Pitigliano angelegt; dieser allerdings ist komplett zerstört.

Masso Leopoldino: Der glatte Tuffblock, der wie ein gewaltiger Schiffsbug (mit einem hübschen Uhrturm und Glöcklein obendrauf als Gallionsfigur) aus den Häusern der Stadt herausragt, wurde Ende des 18. Jh. unter Großherzog Leopold II. bearbeitet. Ein großer Teil der Stadt stürzte im Jahre 1801 bei einem Erdrutsch in die Tiefe und begrub viele Frauen, Kinder und alte Menschen unter sich, während die Männer auf dem Feld arbeiteten.
⏲ April–Okt. tägl. 10–13 und 15–19 Uhr. Eintritt 2 €, Kinder unter 12 J. frei.

Parco Archeologico (Chiesa di San Rocco): Vom Gelände bietet sich ein einmaliger Blick auf Sorano, welches sich auf der anderen Seite des tiefen Flusstales emporstreckt. Die Grabstätten, die den gesamten Südwesthang einnehmen, stammen aus dem 3. und 2. Jh. v. Chr. Ein kurzer Spaziergang führt durch den schattigen Eichenwald zu einem Aussichtspunkt mit Tischen und Bänken unter Schatten spendenden Bäumen (Picknick!). Die *Chiesa San Rocco* ist leider meist geschlossen; von ihr führt der etruskische Hohlweg *Via Cava di San Rocco* nach Sovana.
Anfahrt 2 km außerhalb von Sorano an der Straße nach Sovana auf der rechten Seite. Ganztags geöffnet. Eintritt siehe unter Die etruskischen Grabmäler auf S. 717.

Etwas Italienisch

Aussprache

Einige Abweichungen von der deutschen Aussprache:

c: vor e und i immer „*tsch*" wie in *rutschen*, z. B. *centro* (Zentrum) = „*tschentro*". Sonst wie „*k*", z. B. *cannelloni* = „*kannelloni*".

cc: gleiche Ausspracheregeln wie beim einfachen **c**, nur betonter: *faccio* (ich mache) = „*fatscho*"; *boccone* (Imbiss) = „*bokkone*".

ch: wie „*k*", *chiuso* (geschlossen) = „*kiuso*".

cch: immer wie ein hartes „*k*", *spicchio* (Scheibe) = „*spikkio*".

g: vor e und i „*dsch*" wie in *Django*, vor a, o, u als „*g*" wie in *gehen*; wenn es trotz eines nachfolgenden dunklen Vokals als „*dsch*" gesprochen werden soll, wird ein i eingefügt, das nicht mitgesprochen wird, z. B. in *Giacomo* = „*Dschakomo*".

gh: immer als „*g*" gesprochen.

gi: wie in *giorno* (Tag) = „*dschorno*", immer weich gesprochen.

gl: wird zu einem Laut, der wie „*lj*" klingt, z. B. in *moglie* (Ehefrau) = „*mollje*".

gn: ein Laut, der hinten in der Kehle produziert wird, z. B. in *bagno* (Bad) = „*bannjo*".

h: wird am Wortanfang nicht mitgesprochen, z. B. *hanno* (sie haben) = „*anno*". Sonst nur als Hilfszeichen verwendet, um c und g vor den Konsonanten i und e hart auszusprechen.

qu: im Gegensatz zum Deutschen ist das u mitzusprechen, z. B. *acqua* (Wasser) = „*akua*" oder *quando* (wann) = „*kuando*".

r: wird kräftig gerollt!

rr: wird noch kräftiger gerollt!

sp und **st:** gut norddeutsch zu sprechen, z. B. *specchio* (Spiegel) = „*s-pekkio*" (nicht *schpekkio*), *stella* (Stern) = „*s-tella*" (nicht „*schtella*").

v: wie „*w*".

z: immer weich sprechen wie in *Sahne*, z. B. *zucchero* (Zucker) = „*sukkero*".

Die Betonung liegt meistens auf der vorletzten Silbe eines Wortes. Im Schriftbild wird sie bei der großen Mehrzahl der Wörter nicht markiert. Es gibt allerdings Fälle, bei denen die italienischen Rechtschreibregeln Akzente als Betonungszeichen vorsehen, z. B. bei mehrsilbigen Wörtern mit Endbetonung wie *perché* (= weil, warum).

Elementares

Frau …	*Signora*	Danke!	*Grazie/Mille grazie/ Grazie tanto*
Herr …	*Signor(e)*		
Guten Tag, Morgen	*Buon giorno*	Entschuldigen Sie	*(Mi) scusi*
Guten Abend (ab nachmittags!)	*Buona sera*	Entschuldige	*Scusami/Scusa*
		Entschuldigung, können Sie mir sagen …?	*Scusi, sa dirmi …?*
Guten Abend/ gute Nacht (ab Einbruch der Dunkelheit)	*Buona notte*	Entschuldigung, könnten Sie mich durchlassen/ mir erlauben …	*Permesso …*
Auf Wiedersehen	*Arrivederci*	ja	*si*
Hallo/Tschüss	*Ciao*	nein	*no*
Wie geht es Ihnen?	*Come sta?/ Come va?*	Ich bedaure, tut mir leid	*Mi dispiace*
		Macht nichts	*Non fa niente*
Wie geht es dir?	*Come stai?*	Bitte! (im Sinne von gern geschehen)	*Prego!*
Danke, gut.	*Molto bene, grazie/ Benissimo, grazie*		

Bitte	Per favore ...
(als Einleitung zu einer Frage oder Bestellung)	
Sprechen Sie Englisch/Deutsch/ Französisch?	Parla inglese/ tedescso/ francese?
Ich spreche kein Italienisch	Non parlo italiano
Ich verstehe nichts	Non capisco niente
Könnten Sie etwas langsamer sprechen?	Puo parlare un po` più lentamente?
Ich suche nach ...	Cerco ...
Okay, geht in Ordnung	va bene
Ich möchte/Ich hätte gern	Vorrei
Warte/ Warten Sie!	Aspetta/ Aspetti!
groß/klein	grande/piccolo
Es ist heiß	Fa caldo
Es ist kalt	Fa freddo
Geld	i soldi
Ich brauche ...	Ho bisogno ...
Ich muss ...	Devo ...
in Ordnung	d'accordo
Ist es möglich, dass ...	È possibile ...
mit/ohne	con/senza
offen/geschlossen	aperto/chiuso
Toilette	gabinetto
verboten	vietato
Was bedeutet das?	Che cosa significa?
Wie heißt das?	Come si chiama?
zahlen	pagare
Ich möchte gern zahlen	Il conto, per favore

Fragen/Smalltalk/Orientierung

Gibt es/Haben Sie ...?	C'è ...?
Was kostet das?	Quanto costa?
Gibt es (mehrere)	Ci sono?
Wann?	Quando?
Wo? Wo ist?	Dove?/ Dov'è?
Wie?/Wie bitte?	Come?
Wieviel?	Quanto?
Warum?	Perché?
Ich heiße ...	Mi chiamo ...
Wie heißt du?	Come ti chiami?
Wie alt bist du?	Quanti anni hai?
Das ist aber schön hier	Meraviglioso!/Che bello!/Bellissimo!
Von woher kommst du?	Di dove sei?
Ich bin aus München/Hamburg	Sono di Monaco/ di Amburgo
Bis später	A più tardi!
Wo ist bitte ...?	Per favore, dov'è ..?
... die Bushaltestelle	... la fermata
... der Bahnhof	... la stazione
Stadtplan	la pianta della città
rechts	a destra
links	a sinistra
immer geradeaus	sempre diritto
Können Sie mir den Weg nach ... zeigen?	Sa indicarmi la direzione per ...?
Ist es weit?	È lontano?
Nein, es ist nah	No, è vicino

Bus/Zug/Fähre

Fahrkarte	biglietto
Stadtbus	bus
Überlandbus	pullman
Zug	treno
hin und zurück	andata e ritorno
Ein Ticket von X nach Y	un biglietto da X a Y
Wann fährt der nächste?	Quando parte il prossimo?
... der letzte?	... l'ultimo?
Abfahrt	partenza
Ankunft	arrivo
Gleis	binario
Verspätung	ritardo
aussteigen	scendere
Ausgang	uscita
Eingang	entrata
Wochentag	giorno feriale
Feiertag	giorno festivo

Auto/Motorrad

Auto	*macchina*	Reifen	*gomme*
Motorrad	*moto*	Kupplung	*frizione*
Tankstelle	*distributore*	Lichtmaschine	*dinamo*
Volltanken!	*Il pieno, per favore!*	Zündung	*accensione*
Bleifrei	*benzina senza piombo*	Vergaser	*carburatore*
Diesel	*gasolio*	Mechaniker	*meccanico*
Panne	*guasto*	Werkstatt	*officina*
Unfall	*incidente*	funktioniert nicht	*non funziona*
Bremsen	*freni*		

Baden

See	*lago*	sauber	*pulito/netto*
Strand	*spiaggia*	tief	*profondo*
Stein	*pietra*	Ich gehe schwimmen	*Faccio il bagno*
Kies	*ghiaia*	braungebrannt	*abbronzata (f)/ abbronzato (m)*
schmutzig	*sporco*		

Bank/Post/Telefon

Geldwechsel	*cambio*	Brief	*lettera*
Wo ist eine Bank?	*Dove c' è una banca*	Briefpapier	*carta da lettere*
Ich möchte wechseln	*Vorrei cambiare*	Briefkasten	*buca (delle lettere)*
Ich möchte Reiseschecks einlösen	*Vorrei cambiare dei traveller cheques*	Briefmarke(n)	*francobollo/francobolli*
Postamt	*ufficio postale*	Wo ist das Telefon?	*Dov' è il telefono?*
ein Telegramm aufgeben	*spedire un telegramma*	Ferngespräch	*communicazione interurbana*
Postkarte	*cartolina*		

Camping/Hotel

Haben Sie ein Einzel-/Doppelzimmer?	*C'è una camera singola/doppia?*	mit Dusche/Bad	*con doccia/ bagno*
Können Sie mir ein Zimmer zeigen?	*Può mostrarmi una camera?*	ein ruhiges Zimmer	*una camera tranquilla*
Ich nehme es/wir nehmen es	*La prendo/ la prendiamo*	Wir haben reserviert	*Abbiamo prenotato*
Zelt	*tenda*	Schlüssel	*la chiave*
kleines Zelt	*canadese*	Vollpension	*pensione (completa)*
Schatten	*ombra*	Halbpension	*mezza pensione*
Schlafsack	*sacco a pelo*	Frühstück	*prima colazione*
warme Duschen	*docce calde*	Hochsaison	*alta stagione*
Gibt es warmes Wasser?	*C'è l'acqua calda?*	Nebensaison	*bassa stagione*
		Haben Sie nichts Billigeres?	*Non ha niente che costa di meno?*

Zahlen

der erste	il primo	halb	mezzo
zweite	il secondo	ein Viertel	un quarto di
dritte	il terzo	ein Paar	un paio di
einmal	una volta	einige	alcuni
zweimal	due volte		

0	zero	12	dodici	40	quaranta
1	uno	13	tredici	50	cinquanta
2	due	14	quattordici	60	sessanta
3	tre	15	quindici	70	settanta
4	quattro	16	sedici	80	ottanta
5	cinque	17	diciassette	90	novanta
6	sei	18	diciotto	100	cento
7	sette	19	diciannove	101	centuno
8	otto	20	venti	102	cento e due
9	nove	21	ventuno	200	duecento
10	dieci	22	ventidue	1.000	mille
11	undici	30	trenta		

Uhr & Kalender

Uhrzeit

Wie spät ist es?	Che ore sono?
mittags	mezzogiorno
	(für 12 Uhr gebräuchlich)
Mitternacht	mezzanotte
viertel nach	... e un quarto
viertel vor	... meno un quarto
halbe Stunde	mezz'ora

Tage/Monate/Jahreszeit

Tag	giorno
Woche	settimana
Monat	mese
Jahr	anno
halbes Jahr	mezz'anno
Frühling	primavera
Sommer	estate
Herbst	autunno
Winter	inverno

Wochentage

Montag	lunedì
Dienstag	martedì
Mittwoch	mercoledì
Donnerstag	giovedì
Freitag	venerdì
Samstag	sabato
Sonntag	domenica

Monate

Januar	gennaio
Februar	febbraio
März	marzo
April	aprile
Mai	maggio
Juni	giugno
Juli	luglio
August	agosto
September	settembre
Oktober	ottobre
November	novembre
Dezember	dicembre

Gestern, heute, morgen

| heute | oggi |
| morgen | domani |

übermorgen	*dopodomani*	jetzt	*adesso*
gestern	*ieri*	der Morgen	*la mattina*
vorgestern	*l'altro ieri*	der Nachmittag	*il pomeriggio*
sofort	*subito*	der Abend	*la sera*
später	*più tardi*	die Nacht	*la notte*

Maße & Gewichte

ein Liter	*un litro*	100 Gramm	*un etto*
ein halber Liter	*un mezzo litro*	200 Gramm	*due etti*
ein Viertelliter	*un quarto di litro*	Kilo	*un chilo, due chili*
ein Gramm	*un grammo*		

Einkaufen

Haben Sie ...	*Ha ...?*	Touristen-	*informazioni*
Ich hätte gern ...	*Vorrei ...*	information	*turistiche*
etwas davon	*un poco di questo*	Schreibwarenladen	*cartoleria*
		Lebensmittelgeschäft	*alimentari*
dieses hier	*questo qua*	Supermarkt	*supermercato*
dieses da, dort	*questo là*		
Was kostet das?	*Quanto costa questo?*		

Drogerie/Apotheke

Seife	*sapone*
Tampons	*tamponi, o.b.*
Binden	*assorbenti*

Geschäfte

Apotheke	*farmacia*	Waschmittel	*detersivo*
Bäckerei	*panetteria*	Shampoo	*shampoo*
Buchhandlung	*libreria*	Toilettenpapier	*carta igienica*
Fischhandlung	*pescheria*	Zahnpasta	*pasta dentifricia*
Laden, Geschäft	*negozio*	Schmerztabletten	*antidolorifici*
Metzgerei	*macelleria*	Kopfschmerzen	*mal di testa*
Reinigung (chemische)	*lavanderia/ lavasecco*	Abführmittel	*lassativo*
		Sonnenmilch	*crema solare*
Reisebüro	*agenzia viaggi*	Pflaster	*cerotto*

Arzt/Krankenhaus

Ich brauche	*Ho bisogno*	Fieber	*febbre*
einen Arzt	*di un medico*	Durchfall	*diarrea*
Hilfe!	*Aiuto!*	Erkältung	*raffreddore*
Erste Hilfe	*pronto soccorso*	Halsschmerzen	*mal di gola*
Krankenhaus	*ospedale*	Magenschmerzen	*mal di stomaco*
Schmerzen	*dolori*	Zahnweh	*mal di denti*
Ich bin krank	*sono malato*	Zahnarzt	*dentista*
Biss/Stich	*puntura*	verstaucht	*lussato*

Im Restaurant

Haben Sie einen Tisch für x Personen?	*C'è uno tavolo per x persone?*	**Getränke**	
Die Speisekarte, bitte	*Il menu/la lista, per favore*	Wasser	*acqua*
		Mineralwasser	*acqua minerale*
Was kostet das Tagesmenü?	*Quanto costa il menu del giorno?*	mit Kohlensäure	*con gas (frizzante)*
		ohne Kohlensäure	*senza gas*
Ich möchte gern zahlen	*Il conto, per favore*	Wein	*vino*
		weiß	*bianco*
Gabel	*forchetta*	rosé	*rosato*
Messer	*coltello*	rot	*rosso*
Löffel	*cucchiaio*	Bier	*birra*
Aschenbecher	*portacenere*	hell/dunkel	*chiara/scura*
Mittagessen	*pranzo*	vom Fass	*alla spina*
Abendessen	*cena*	Saft	*succo di ...*
Eine Quittung, bitte	*Vorrei la ricevuta, per favore*	Milch	*latte*
Es war sehr gut	*Era buonissimo*	heiß	*caldo*
		kalt	*freddo*

Speisekarte		(einen) Kaffee (das bedeutet Espresso)	*un caffè*
Extra-Zahlung für Gedeck, Service und Brot	*coperto/pane e servizio*	(einen) Cappuccino (mit aufgeschäumter Milch, niemals mit Sahne!)	*un cappuccino*
Vorspeise	*antipasto*	(einen) Kaffee mit Milch	*un latte macchiato*
erster Gang	*primo piatto*		
zweiter Gang	*secondo piatto*	(einen) Eiskaffee	*un caffè freddo*
Beilagen zum zweiten Gang	*contorni*	(einen) Tee	*un tè*
		mit Zitrone	*con limone*
Nachspeise (Süßes)	*dolci*	Cola	*coca*
Obst	*frutta*	Milkshake	*frappè*
Käse	*formaggio*	(ein) Glas	*un bicchiere di ...*
		(eine) Flasche	*una bottiglia*

Alimentari/Diversi – Lebensmittel, Verschiedenes

aceto	*Essig*	pane	*Brot*
brodo	*Brühe*	panino	*Brötchen*
burro	*Butter*	saccarina	*Süßstoff*
marmellata	*Marmelade*	salame	*Salami*
minestra/zuppa	*Suppe*	salsiccia	*Frischwurst*
minestrone	*Gemüsesuppe*	l'uovo/le uova	*Ei/Eier*
olio	*Öl*	zabaione	*Wein-Eier-Creme*
olive	*Oliven*	zucchero	*Zucker*

Erbe – Gewürze

aglio	*Knoblauch*	prezzemolo	*Petersilie*
alloro	*Lorbeer*	rosmarino	*Rosmarin*
basilico	*Basilikum*	sale	*Salz*
capperi	*Kapern*	salvia	*Salbei*
origano	*Oregano*	senape	*Senf*
pepe	*Pfeffer*	timo	*Thymian*
peperoni	*Paprika*		

Preparazione – Zubereitung

affumicato	*geräuchert*	frutta cotta	*Kompott*
ai ferri	*gegrillt*	cotto	*gekocht*
al forno	*überbacken*	duro	*hart/zäh*
alla griglia	*über Holzkohlefeuer*	fresco	*frisch*
con panna	*mit Sahne*	fritto	*frittiert*
alla pizzaiola	*Tomaten/Knobl.*	grasso	*fett*
allo spiedo	*am Spieß*	in umido	*im Saft geschmort*
al pomodoro	*mit Tomatensauce*	lesso	*gekocht/gedünstet*
arrosto	*gebraten/geröstet*	morbido	*weich*
bollito	*gekocht/gedünstet*	piccante	*scharf*
alla casalinga	*hausgemacht*	tenero	*zart*

Contorni – Beilagen

asparago	*Spargel*	finocchio	*Fenchel*
broccoletti	*wilder Blumenkohl*	insalata	*allg. Salat*
carciofo	*Artischocke*	lattuga	*Kopfsalat*
caroto	*Karotten*	lenticchie	*Linsen*
cavolfiore	*Blumenkohl*	melanzane	*Auberginen*
cavolo	*Kohl*	patate	*Kartoffeln*
cetriolo	*Gurke*	piselli	*Erbsen*
cicoria	*Chicoree*	polenta	*Maisbrei*
cipolla	*Zwiebel*	pomodori	*Tomaten*
fagiolini	*grüne Bohnen*	riso	*Reis*
fagioli	*Bohnen*	spinaci	*Spinat*
funghi	*Pilze*	zucchine	*Zucchini*

Pasta – Nudeln

cannelloni	*gefüllte Teigrollen*	fettuccine	*Bandnudeln*
farfalle	*Schleifchen*	fiselli	*kleine Nudeln*

lasagne	Schicht-Nudeln	tortellini	gefüllte Teigtaschen
maccheroni	Makkaroni	tortelloni	große Tortellini
pasta	allg. Nudeln	vermicelli	Fadennudeln
penne	Röhrennudeln	gnocchi	(Kartoffel-) Klößchen
tagliatelle	Bandnudeln		

Pesce e frutti di mare – Fisch & Meeresgetier

aragosta	Languste	polpo	Krake
aringhe	Heringe	razza	Rochen
baccalà	Stockfisch	salmone	Lachs
calamari	Tintenfische	sardine	Sardinen
cozze	Miesmuscheln	seppia/totano	großer Tintenfisch
gamberi	Garnelen	sgombro	Makrele
merluzzo	Schellfisch	sogliola	Seezunge
muggine	Meeräsche	tonno	Thunfisch
nasello	Seehecht	triglia	Barbe
orata	Goldbrasse	trota	Forelle
pesce spada	Schwertfisch	vongole	Muscheln

Carne – Fleisch

agnello	Lamm	lingua	Zunge
anatra	Ente	lombatina	Lendenstück
bistecca	Beafsteak	maiale	Schwein
capretto	Zicklein	maialetto	Ferkel
cinghiale	Wildschwein	manzo	Rind
coniglio	Kaninchen	pollo	Huhn
fagiano	Fasan	polpette	Fleischklöße
fegato	Leber	trippa	Kutteln
lepre	Hase	vitello	Kalb

Frutta – Obst

albicocca	Aprikose	lamponi	Himbeeren
ananas	Ananas	limone	Zitrone
arancia	Orange	mandarino	Mandarine
banana	Banane	mela	Apfel
ciliegia	Kirsche	melone	Honigmelone
cocomero	Wassermelone	pera	Birne
dattero	Dattel	pesca	Pfirsich
fichi	Feigen	pompelmo	Grapefruit
fragole	Erdbeeren	uva	Weintrauben

Verlagsprogramm

- Sizilien
- Südtirol
- Südtoscana
- Toscana
- Umbrien
- *MM-City* Venedig
- Venetien

Kanada

- Kanada – der Westen

Kroatien

- Istrien
- Kroatische Inseln & Küste
- Mittel- und Süddalmatien
- Nordkroatien – Kvarner Bucht

Malta

- Malta, Gozo, Comino

Marokko

- Südmarokko

Neuseeland

- Neuseeland

Niederlande

- *MM-City* Amsterdam
- Niederlande

Norwegen

- Norwegen
- Südnorwegen

Österreich

- *MM-City* Wien
- Wachau, Wald- u. Weinviertel
- Salzburg & Salzkammergut

Polen

- *MM-City* Krakau
- Polen
- Polnische Ostseeküste

Portugal

- Algarve
- Azoren
- *MM-City* Lissabon
- Lissabon & Umgebung
- Madeira
- Nordportugal
- Portugal

Schweden

- Südschweden

Schweiz

- Genferseeregion
- Graubünden
- Tessin

Serbien und Montenegro

- Montenegro

Slowakei

- Slowakei

Slowenien

- Slowenien

Spanien

- Andalusien
- *MM-City* Barcelona
- Costa Brava
- Costa de la Luz
- Gomera
- Gran Canaria
- *MM-Touring* Gran Canaria
- Ibiza
- Katalonien

- Lanzarote
- La Palma
- *MM-Touring* La Palma
- Madrid & Umgebung
- Mallorca
- Nordspanien
- Spanien – gesamt
- Teneriffa
- *MM-Touring* Teneriffa

Tschechien

- *MM-City* Prag
- Südböhmen
- Tschechien
- Westböhmen & Bäderdreieck

Tunesien

- Tunesien

Türkei

- *MM-City* Istanbul
- Türkei
- Türkei – Lykische Küste
- Türkei – Mittelmeerküste
- Türkei – Südägäis von İzmir bis Dalyan
- Türkische Riviera – Kappadokien

Ungarn

- *MM-City* Budapest
- Westungarn, Budapest, Pécs, Plattensee

Zypern

- Zypern

Aktuelle Informationen zu allen Reiseführern finden Sie im Internet unter
www.michael-mueller-verlag.de

Michael Müller Verlag GmbH, Gerberei 19, 91054 Erlangen

Tel. 0 91 31 / 81 28 08-0; Fax 0 91 31 / 20 75 41; E-Mail: info@michael-mueller-verlag.de

Was haben Sie entdeckt?

Bitte schreiben Sie uns, wenn Sie Kritik, Anregungen, Verbesserungen oder Empfehlungen haben. Wo war Ihre Lieblingstrattoria, in welchem Hotel haben Sie sich wohl gefühlt, welchen Campingplatz würden Sie wieder besuchen?

Michael Müller Verlag
Stichwort Toscana
Gerberei 19
91054 Erlangen
mmv@michael-mueller-verlag.de

Register

San Gimignano

Fotonachweis

APT Mugello: 440
APT Siena: 558
Sabine Becht: 71, 392, 401, 405, 413, 418, 421, 429, 433, 435, 438, 543
Bessi: 273, 275
Ghilardi: 207, 217
Commune di Fiesole: 174
Caroline Goltz: 29, 31, 33, 46, 49, 338, 353, 365, 369, 373, 380, 616 629, 658, 663, 676, 691, 702
Julian Press: 568
Michael Machatschek: 469, 478, 495
Martin Müller: 382
Michael Müller: 10, 14, 15, 22, 25, 28, 36, 40, 66, 83, 106, 107, 114, 116, 129, 130, 136, 135, 136, 140, 147, 153, 155, 161, 162, 166, 168, 172, 181, 192, 195, 206, 226, 227, 234, 240, 248, 249, 258, 276, 285, 289, 290, 293, 294, 307, 309, 312, 313, 325, 327, 330, 332, 341, 345, 355, 360, 361, 377, 378, 389, 452, 487, 514, 523, 531, 541, 547, 554, 564, 575, 576, 582, 587, 592, 595, 603, 624, 625, 638, 639, 648, 653, 672, 673, 684, 693, 699, 705, 711, 718, 735
Noferini: 459
Marcus X. Schmid: 75, 301, 451, 459, 472, 476, 500, 502, 503, 506, 509, 511
Magdalena Niedzielska: 79, 163, 567, 578, 581, 577,
Claudia Xander: 231, 233, 263